U0922580

2015

浙江非国有经济年鉴

于光远

《浙江非国有经济年鉴》社
浙江财经大学
浙江省统计局
浙江省民营经济研究中心　主办
浙江省民营经济研究会
浙江省工商业联合会
浙江省现代民营经济研究院

中华书局

图书在版编目（CIP）数据

浙江非国有经济年鉴. 2015 / 《浙江非国有经济年鉴》编纂委员会编. -- 北京：中华书局，2015.9

ISBN 978-7-101-11230-6

Ⅰ. 浙… Ⅱ. 浙… Ⅲ. 非国有经济－浙江省－2015－年鉴 Ⅳ. F121.2-54

中国版本图书馆CIP数据核字(2015)第217338号

责任编辑：朱 慧 李晓燕

浙江非国有经济年鉴2015

《浙江非国有经济年鉴》编纂委员会编

地址：浙江杭州文一西路83号169信箱

邮编编码：310012

电话：0571-88923759

*

中华书局出版

（北京市丰台区太平桥西里38号 100073）

http://www.zhbc.com.cn

E-mail:zhbc@zhbc.com.cn

杭州恒力通印务有限公司 印刷

*

787*1092 1/16 47印张 0.25印张插页 1550千字

2015年10月第1版 2015年10月第1次印刷

定价：400.00元

IISBN 978-7-101-11230-6

《浙江非国有经济年鉴》编辑委员会

《浙江非国有经济年鉴》社

编 辑 说 明

一、《浙江非国有经济年鉴·2015》是反映2014年中，浙江非国有经济（包括城乡集体经济、城乡个体经济、港澳台经济和外商经济）发展成就的大型资料性工具书。

二、本《年鉴》内容基本分以下几个部分：综述、非国有工业、非国有建筑业、非国有房地产业、非国有投资、农林牧渔业、教育卫生事业、非国有批发和零售业·住宿餐饮业、利用外资、金融业、民营科技、非国有制企业工会、地级市篇、县（市、区）选篇、统计资料、专题研究、政策法规及附录，每年略有差异。

三、各篇编写的体例虽不尽相同，但基本一致，即着重反映了三个问题：１.全省和各地级市、县（市、区）非国有经济的发展变化和特点；２.非国有经济发展中存在的问题；３.发展非国有经济的主要措施。

四、大量统计资料是由浙江省统计局、各级地方统计局和各级地方政府有关部门提供的，其中部分统计资料尚属首次公开发表。除表式已有注释外，现作如下说明：

１.统计资料中列入国民经济主要指标的国内生产总值、财政、金融等各表，既包括了非国有也包括了国有。这样便于读者了解整个国民经济的发展状况。

２.非国有农业应扣除国营农、林、牧、渔场，但由于现在资料较难剔除，故农业统计资料中仍含农、林、牧、渔场数据。

３.规模以上工业、建筑业和规模以上批发零售贸易·餐饮业扣除国有及国有控股企业则为非国有企业，也就是表中所列的非国有及非国有控股企业。

４.表式中符号的使用：“＃”表示其中主要项；“…”表示数据不足本表最小单位数；空格表示无该数据。

五、在编辑过程中，我们得到省和市县领导的重视和关心，以及省和市县各部门的大力支持，在此，我们表示衷心感谢。

六、《浙江非国有经济年鉴》自公开出版以来，受到了社会各界的重视和好评。但由于资料限制、国家统计指标体系的不够健全等原因，年鉴中尚存在一定的缺点和不足，为进一步提高年鉴的编辑水平，敬请广大读者指正。

编辑部

2015年10月1日

目 录

综 述

非国有工业

非国有建筑业

非国有投资

非国有房地产业

农林牧渔业

供销合作社

非国有制企业工会

地级市篇

宁波市

台州市

金华市

舟山市

嘉兴市

湖州市

县(市、区)选篇

统计资料

专题研究

政策法规

附 录

Contents

Overview

Non-state-owned Industry

Non-state-owned Construction Industry

Non-state-owned investment

Non-state-owned Real Estate

Agriculture Forestry Animal Husbandry and Fishery

Supply and Marketing cooperatives

Non-state-owned Enterprise Union

Prefecture Level City Article

Hangzhou

Ningbo

Taizhou

Jinhua

Zhoushan

County (City, District) Selected article

Pan´an

Luqiao District

Changshan

Suichang

Fuyang

Statistical Data

Monographic Study

Policies and Regulations

Appendix

综 述

2014年,面对严峻复杂的外部环境和经济下行压力,全省上下认真贯彻中央和省委省政府决策部署,突出转型升级主线,着力抓改革、促转型、治环境、惠民生,大力推进"五水共治"、"三改一拆"、"四换三名"、浙商回归等重点工作,取得积极成效,全年经济运行平稳健康,主要经济指标处于中高速增长合理区间,结构、效益持续向好,市场活力进一步释放,民生不断改善,省人代会确定的全年经济发展主要预期目标基本实现。预期2015年浙江经济将在认识新常态,适应新常态,引领新常态下实现平稳发展创新发展。

·经济增速稳中有升·

2014年,全省生产总值跃上4万亿元台阶,为40173亿元,按可比价格计算,比上年增长7.6%,增幅与一季度的7%、上半年的7.2%和前三季度的7.4%相比,呈逐季上行态势,从一季度低于全国的0.4个百分点转为全年高于全国0.2个百分点。GDP总量列广东、江苏、山东之后,继续居全国第四位。其中,第一产业增加值1777亿元,增长1.4%,比重为4.4%;第二产业增加值19175亿元,增长7.2%,比重为47.7%;第三产业增加值19221亿元,增长8.6%,比重为47.9%,三产比重首次超过二产。人均GDP为73002元,比上年增加4197元,增长7.3%,是全国46652元的1.56倍,列天津、北京、上海、江苏,继续居全国第五位。人均GDP按年平均汇率(6.1428)折算,达11884美元。从主要经济指标看,与全国和部分东部省市下半年增速明显回落的趋势不同,我省增速平稳,稳中有升,波幅较小。

1.农业生产稳步增长,粮食生产实现"三增"。2014年,农林牧渔业增加值1807亿元,比上年增长1.5%,其中,农、林、牧、渔业增加值分别增长3.6%、1.6%、-9.2%、2.7%,农林牧渔服务业增加值增长7%。粮食粮食播种面积为1266.8千公顷(1900万亩),比上年增长1.0%;单位面积产量399公斤/亩,增长2.1%;总产量为757.4万吨(151.5亿斤),增长3.2%,其中,春粮和秋粮分别增长6.1%和3.3%,早稻下降0.3%。生态效益农业持续发展。花卉苗木、药材等播种面积增长6.5%和14.7%,茶叶产量持平;肉类总产量157万吨,下降9.9%,其中,猪肉产量下降8.5%,禽、蛋产量分别下降17%和9.4%;水产品总产量575.1万吨,增长4.4%。

2.工业生产增速加快,小微企业较快增长。2014年,规模以上工业增加值12543亿元,比上年增长6.9%,增幅逐季回升,高于一季度的6.2%、上半年的6.4%和前三季度的6.6%。重工业增长快于轻工业,增加值分别增长7.4%和6.1%。在3.85万家规模以上工业企业中,3.33万家小微企业工业增加值增长8.4%,大型、中型企业分别增长6.4%和4.8%。

3.服务业增长较好,比重明显提高。2014年,服务业增加值增幅比GDP高出1个百分点,对GDP增长贡献率达50%以上,占GDP的47.9%,比重比上年提高0.4%。其中,信息传输软件和信息技术服务业、卫生和社会工作、科学研究和技术服务业、住宿和餐饮业、水利环境和公共设施管理业、批发和零售、教育、文化体育和娱乐、交通运输仓储和邮政、金融增加值分别比上年增长23.9%、17.7%、12.7%、11.6%、11.3%、10.2%、10.2%、9.6%、8.6%、2.1%,仅房地产业增加值下降0.7%。

4.投资增长较快,商品房销售面积降幅收窄。2014年,固定资产投资23555亿元,比上年增长16.6%。房地产投资从一季度的16.2%回升到全年的16.8%。商品房销售面积降幅从一季度的25.6%收窄到全年的4.3%。8月份我省全面取消限购政策后销售量明显上升,8-12月销售2629万平方米,同比增长14.6%,月均销量比前7个月平均增长79.8%。

5.消费增长平稳,网络零售快速增长。2014年,社会消费品零售总额17835亿元,比上年增长11.7%。据省商务厅资料,全省实现网络零售额5642亿元,比上年增长47.6%,省内居民实现网络消费额3193亿元,增长41.2%。从限额以上企业商品零售额看,汽车零售额为2973.5亿元,增长6.7%,增幅比上年回落4个百分点,受4月份起杭州对小客车限牌前的汽车销售井喷影响,汽车销售对社会消费品零售总额的增长贡献率从一季度的33.4%回落到全年的10.6%；建筑及装潢材料、家具、五金电料类零售额分别增长58.2%、36.9%和47.5%；服装、中西药品、文化办公用品、日用品、食品类零售额稳定增长，分别增长18.9%、16.5%、14.4%、14.1%、13.8%；家用电器类零售额回升，增长11.2%，增幅比上年回升5个百分点。餐饮收入保持增长。2014年，餐饮零售额1810亿元，比上年增长9.6%。

6.出口增势良好，进口下降。2014年，全省进出口总值为3550亿美元，比上年增长5.7%，其中，出口2733亿美元，增幅从一季度的2.3%回升到9.9%；进口817亿美元，下降6.1%。按人民币计价，2014年，进出口总额21817亿元，比上年增长4.7%，其中，出口16792亿元，增长8.8%，进口5024亿元，下降7%。规模以上工业出口交货值12085亿元，增长5.2%，增幅比一季度回升3个百分点。

7.市场活力进一步释放，新设企业大量增加。积极推进工商注册制度改革，激发市场主体活力。据省工商局资料，2014年，全省新设企业23.6万户，比上年增长10.3%；新设个体工商户52.3万户。至2014年末，全省共有各类市场主体420.7万户，比上年增长13%；在册企业127.1万户，增长17.1%，平均每13.1人中就有一位老板，平均每43.3人中就拥有一家企业。每万人拥有市场主体765.2户，拥有企业231.2户。

·质量效益持续改善·

1.财政收支平稳增长，民生投入继续加大。2014年，财政总收入7522亿元，比上年增长8.9%。公共财政预算收入4121亿元，增长8.5%，其中，税收收入3853亿元，增长8.7%，税收比重为93.5%，连续3个月回升。在税收收入中，企业所得税、增值税、营业税及改征增值税分别增长12.1%、7.4%和5.8%。公共财政预算支出5159亿元，增长9.1%，其中，卫生计生、节能环保、住房保障、城乡社区、商业服务业、社会保障和就业、文体传媒、教育等支出分别增长23.7%、22.9%、22.3%、16.8%、15.8%、9.7%、8.8%、8.5%。

2.企业效益有所好转，效率稳步提升。工业企业利润增速高于收入增速。2014年，规模以上工业实现利润3544亿元，比上年增长5.1%，增速高于主营业务收入0.8个百分点。2014年总资产贡献率11.6%；主营业务利润率为5.6%；每百元主营业务收入中的成本为85.6元，低于上年0.1元；劳动生产率为18.0万元/人，按可比价计算增长9.4%；人均创利税增长7.7%。

3.居民收入较快增长，农村快于城镇。根据城乡一体化住户调查口径测算，2014年，城镇常住居民人均可支配收入40393元，增长8.9%，农村常住居民可支配收入19373元，增长10.7%，城乡居民收入差距从上年的2.12倍缩小至2.09倍；全省居民人均可支配收入32658元，增长9.7%。低收入农户收入倍增计划顺利推进。根据扶贫统计监测，2014年全省省级扶贫标准低收入农户人均纯收入7251元，比上年增长17.4%，其中，工资性收入和非家庭经营性收入分别增长25.2%和28.7%，但经营纯收入下降3.4%。低收入农户（“低保”除外）家庭人均纯收入超过8000元的户数比重为36.0%，比上年提高20.1个百分点。

·创新驱动和产业升级加快推进·

1.科技投入不断增加，创新驱动作用增强。2014年，地方财政科技支出208亿元，比上年增长8.4%；规模以上工业科技活动经费支出674.8亿元，增长7.6%。R&D支出相当于GDP比例为2.26%。技术市场交易额182.8亿元，增长7.7%；发明专利授权量13372件，增长20%。规模以上工业新产品产值19415亿元，增长21.6%，增幅比规模以上工业产值高15.2个百分点；新产品产值率为29.2%，比上年提高3.6个百分点。

2.产业升级取得新进展，信息经济长足发展。装备制造业、高新技术产业、战略性新兴产业增加值增长较快，比重提高，2014年，增加值分别为4328、4283和3075亿元，比上年增长8.9%、8.5%和8.6%，增幅高于规模以上工业2、1.6和1.7个百分点，占规模以上工业的比重为34.5%、34.1%和24.5%，分别比上年提高0.5、0.5和0.4个百分点。装备制造业对规模以上工业增长的贡献率为41.4%，拉动规模以上工业增长2.8个百分点。八大高耗能行业比重下降，增加值为4496亿元，增长4.6%，增幅比规模以上工业低2.3个百分点，按可比价计算，占规模以上工业的比重为35.9%，比上年下降0.7个百分点。全省主动淘汰了3000多家企业的落后产能，关停取缔高污染小作坊1.88万家。信息经济发展势头较好。2014年，规模以上工业电子信息制造业增加值1133亿元，增长8.2%。电子商务交易额突破2万亿元，增长25%。规模以上软件和信息服务业营业收入增长17.5%，高技术服务业营业收入增长16%。

3.投资结构有所优化，投资主体多元化。新开工项目转降为升，为投资增长增添了后劲。2014年，投资新开工项目数达 27675 个,增速从一季度的下降 5.9%转为增长 9.6%;新开工项目投资增速从一季度的 2.2%回升到全年的 16.9%。新开工项目投资中,工业投资占 53.4%,增长 15.6%;基础设施投资占 32%,增长 25.2%;首次有 100 亿元以上的新项目开工。民间投资增长较快,为 14758 亿元,增长 19.9%,比投资总额增速高 3.3 个百分点,比重达 62.7%。工业和制造业投资缓中有升,技术改造投资、高新技术产业和战略性新兴产业投资增长较快,工业和制造业投资分别增长 12.2%和 11.2%,增速比上半年分别提高 4.4 和 6.1 个百分点,工业技术改造投资 5420 亿元,增长 16.2%,占工业投资的 68.8%。高新技术产业和战略性新兴产业投资分别增长 11.1%、16.4%;装备制造业投资增长 6.2%。服务业和基础设施投资增长较快,分别增长 18.8%和 21.6%。投资资金以自筹资金为主,投资资金本年来源 25975 亿元,增长 11%,其中,国内贷款占 13.9%,增长 13.3%;自筹资金占 62.5%,增长 18.2%。重点投资增长较快。海洋经济项目投资超过 2300 亿元。浙商回归态势良好。据省经合办资料,浙商回归引进项目累计省外到位资金 2236 亿元,比上年增长 27.6%。实际利用外资保持增长。2014 年,新批外商投资企业 1550 家,投资总额 439.8 亿美元,合同外资 244.1 亿美元,实际外资 158.0 亿美元,合同和实际外资分别增长 0.1%和 11.6%。截至 2014 年底,全省累计共批外商投资企业 54127 家,投资总额 4736.1 亿美元,合同外资 2628.4 亿美元,实际外资 1416.9 亿美元。境外投资和国际经济合作增势较好。全省经审批和核准的境外企业和机构共计 577 家,中方投资额 58.2 亿美元(折合 356.7 亿元人民币),增长 5.4%,实际投资 34.8 亿美元,增长 45.2%。国外经济合作营业额 53.4 亿美元(折合 327.5 亿元人民币),增长 18.3%。

4. 对外贸易结构继续改善,民营企业一枝独秀。2014 年,民营企业出口 1911 亿美元,增长 14.3%,占出口总额的 69.9%,而外商投资企业和国有企业仅分别增长 0.8%和 1.1%。全省出口机电产品 1125 亿美元,增长 10.8%,高于全省出口增速 0.9 个百分点,占出口总额的 41.2%。出口纺织品、服装、箱包、鞋类、玩具、家具、塑料制品等 7 大类传统劳动密集型产品 1051 亿美元,增长 8.3%,占出口总额的 38.4%。欧美市场需求好转带动外贸出口增长,对欧盟、美国和东盟出口分别增长 15.1%、11.5%和 12.8%,三大市场占出口总额的 50.9%,对日本出口 127 亿美元,下降 4.5%。服务贸易实现进出口总额 381 亿美元,比上年增长 17.0%,占全省外贸(货物与服务贸易)总额的 9.7%,比重比上年提高 0.8 个百分点。

·要素供给有所改善·

1.存贷款增幅回升,新增贷款实现多增。2014 年末,金融机构本外币存款余额 79242 亿元,比上年末增长 7.5%,新增存款 5509 亿元,同比少增 1543 亿元。本外币贷款余额为 71361 亿元,增长 9.2%,新增贷款 5806 亿元,同比多增 101 亿元,是自 2014 年 4 月以来首次多增。从境内贷款投向看,短期贷款增长 1.5%,中长期贷款增长 19.1%,票据融资增长 76.8%。

2.用电量企稳回升,发挥了对经济增长的保障作用。2014 年,全社会用电量 3506 亿千瓦时,比上年增长 1.5%,其中,工业用电量 2597 亿千瓦时,增长 2.0%,其中,制造业用电量 2191 亿千瓦时,增长 2.6%。用电量增幅总体较低的原因既有今年夏天高温天气比上年大幅减少的客观因素,也是主动加快节能改造、加大产业结构调整的成效。

3.客货运周转量保持增长,港口货物吞吐量稳增。2014 年,全社会铁、公、水路客运周转量为 1076.8 亿人公里,货运周转量为 9539.6 亿吨公里,分别比上年增长 5.0%和 6.6%,客、货运量分别下降 3.6%和增长 3%。全省沿海港口货物吞吐量达 10.8 亿吨,集装箱吞吐量 2136 万标箱,比上年分别增长 7.5%和 11.8%。其中宁波—舟山港完成货物吞吐量 8.7 亿吨,增长 7.9%,继续保持全球海港首位;集装箱吞吐量达 1945 万标箱,增长 12.1%。

4.工业生产者价格继续下降,购进价格降幅大于出厂价格。2014 年,全省工业生产者价格延续上年的下降态势继续下跌。其中,出厂价格同比下降 1.2%,降幅比上年缩小 0.6 个百分点;购进价格同比下降 1.8%,降幅比上年缩小 0.5 个百分点,购进价格降幅大于出厂价格降幅 0.6 个百分点。12 月份,工业生产者出厂价格比上年同期下降 2.1%,降幅比上月扩大 0.4 个百分点,为年内最大降幅;环比价格下降 0.4%,已连续 6 个月下降。

·资源利用与环境保护取得积极成效·

1. 单位 GDP 能耗大幅下降,建设用地利用率提高。2014 年,单位 GDP 能耗下降 6.1%,降幅比上年提高 2.4 个百分点。其中,一季度、上半年和前三季度单位GDP能耗同比分别下降5.7%、6.5%和6.8%，均为“十一五”以来较好水平。“十二五”前四年，单位GDP能耗累计下降率已达17.8%，2015年只要下降0.3%，就能圆满完成“十二五”节能降耗约束性目标。规模以上工业单位增加值能耗下降6.7%。38个大类行业中，33个行业的单耗同比下降，下降面超过八成。八大高耗能行业单耗同比下降4.4%，其中石油加工、非金属矿物制品和化学纤维行业单耗下降较快，分别同比下降15.6%、8.2%、8.0%。积极推进城镇低效用地再开发，盘活存量建设用地10.5万亩。

2.城乡环境治理进一步加强，环境质量有所改善。2014年，“五水共治”消灭垃圾河6496公里，治理黑臭河4660公里，新建污水管网3130公里。“三改一拆”改造旧住宅区、旧厂区、城中村1.84亿平方米，拆违1.66亿平方米。美丽乡村建设深入推进，全面启动并加快推进农村污水治理，开展6120个村治理，新增受益农户150万户。培育美丽乡村创建先进县11个。规模化养猪全面开展污染治理。

据省环保厅通报，2014年，全省11个设区城市环境空气PM2.5年均浓度平均为53微克/立方米，比上年下降13%。145个跨行政区域河流交接断面中，1-Ⅲ类水质断面占67.5%，比上年上升3.9个百分点；劣Ⅴ类占9.7%，下降5.5个百分点；满足功能要求的断面（即水质达标率）为67.5%，上升4.6个百分点。化学需氧量、二氧化硫、氨氮和氮氧化物4项主要污染物年度减排任务全面完成。

·民生继续改善·

1.就业形势基本稳定，社会保障切实加强。据省人力社保厅资料，2014年，城镇新增就业107.4万人，比上年增长2.96%。登记失业率为2.96%，比上年下降0.05个百分点。基本养老保险参保人数达3890万人，其中，企业职工参保2443万人，比上年末新增170万人；城乡居民社会养老保险参保人数为1342万人；基本医疗保险参保人数为4847万人，比上年末新增120万人，其中，城镇职工参保人数为1900万人。据省建设厅资料，2014年，全省新开工城镇保障性安居工程20.6万套，竣工13.3万套，分别完成省政府年度目标任务的137.3%、115.7%，新开工公共租赁住房3.1万套。

2.居民消费价格涨幅逐步回落，月度涨幅创近五年内新低。2014年，居民消费价格上涨2.1%。从月度走势看，下半年以来涨幅逐月回落，9月份起进入涨幅2%以下区间，11、12月涨幅处于1%以下区间，12月份仅上涨0.7%，创近五年内新低。全年八大类消费价格同比六涨二跌，食品、居住、娱乐教育文化用品及服务、医疗保健和个人用品、衣着类、家庭设备用品及维修服务价格分别上涨3.1%、2.4%、2.2%、1.9%、1.8%、1.5%，交通和通信、烟酒类价格下降0.3%、0.4%。

3.人口低速增长，城镇化率提高。2014年，常住人口为5508万人，比上年增加10万人，人口出生率为10.51‰，人口死亡率为5.51‰，人口自然增长率为5‰，外来人口的回流趋势和效应进一步显现。城镇人口比重为64.87%，比上年提高0.87个百分点。

综合分析，2014年，在省委省政府主动适应新常态、有效实施精准对策下，浙江经济走势呈现“平开稳走向好”态势，主要经济指标处于中高速增长区间，在下半年全国和东部地区经济出现明显回落的情况下，依然保持稳中有升态势，年初省人代会确定的年度经济发展预期目标基本实现。但受经济增速换挡和结构调整阵痛等“三期叠加”和国际经济复苏缓慢与国内需求不足的影响，我省经济运行中仍存在不少矛盾和问题。

一是行业分化明显，部分企业经营困难。从生产增长情况看，2014年，规模以上工业增加值增速（6.9%）比一季度仅回升0.7个百分点，回升幅度不大。在31个制造业行业中，烟草、废弃资源利用、医药、汽车、有色金属、化纤、石油加工、家具、通信电子等行业增长较快，增加值分别增长20.7%、19.7%、19%、18.5%、12.7%、11.9%、10.3%、9.6%、9.5%，但也有14个行业增加值增速比前三季度回落。从利润增长情况看，电气机械（占23.2%）、汽车（23.2%）、通信电子（15.4%）、医药（12.7%）、化纤（12.6%）、纺织（10.2%）、通用设备（9.5%）七大行业新增利润占到规模以上工业的93.2%，也有21个行业利润增速比前三季度回落，其中，铁路船舶、非金属矿物制品、有色金属等行业回落幅度在15个百分点以上。一批企业主动通过科技创新、机器换人等成为产业转型升级的引领者，但也有相当数量的企业生产经营困难，规模以上工业有4926家企业亏损，亏损面为12.8%，亏损额增长18.1%，亏损企业的应收账款增长12.2%。规模以上服务业有1943家企业亏损，亏损面达22.2%。

二是需求和成本双重挤压制约企业发展。国内外市场需求不足是制约企业发展的主要问题。工业生产者出厂价格同比已连续36个月下降，8月份开始降幅又出现扩大趋势,12月份下降2.1%,比降幅最小的7月扩大1.8个百分点,表明工业品市场有效需求仍然不足。四季度,规模以上工业平均产能利用率为75.0%,比三季度回落0.5个百分点。工业出口交货值增长不快。2014年,规模以上工业出口交货值增长5.2%,低于同期海关出口增速(8.8%,以人民币计价)。酒和饮料茶、烟草、石油加工、铁路船舶等4个行业出口交货值分别下降12.8%、1.7%、0.6%和0.3%,纺织、纺织服装、食品制造业仅增长0.2%、0.6%和1.8%。出口订单短期化和订单被转移。据省商务厅对重点联系企业调查,12月份,出口订单景气指数为99.2,连续2个月低于荣枯分界点,3个月之内短期订单为主的企业占58%;遭遇客户订单转移的企业面为14.8%。用工成本快速上升压缩盈利空间是企业问卷调查中反映的突出问题。规模以上工业应付职工人均薪酬在2012年和2013年分别比上年增长14.6%和12.2%的基础上,2014年增长12%,年人均薪酬水平为5.2万元左右,比2009年翻了一番多。

三是企业投融资意愿总体不足。由于市场约束强化、投资项目预期收益不佳、企业盈利与偿债能力下降、融资门槛提高等原因,企业投融资意愿不足。年末金融机构投向制造业的贷款余额为20144亿元,比上年下降1.7%,全年新增贷款为-348.5亿元,同比少增1205.4亿元。小微企业融资难与贷款有效需求不足并存。工业和制造业投资增长12.2%和11.2%,增幅分别低于上年3.7和4.6个百分点。

同时,房地产市场虽然销售有所好转,但去库存压力也不容忽视。2014年,商品房销售面积和销售额分别下降4.3%和8.8%,而商品房屋竣工面积则增长36.2%,待售面积增长46.4%。据浙江调查总队资料,12月末,11个设区市城区新建商品住宅库存套数约为30.4万套,比9月末增加1.29万套,按月平均成交1.5万套推算,现有库存量可以销售20个月。房价下跌。12月份,杭州、宁波、金华、温州新建商品住宅(不含保障性住房)销售价格同比分别下降10.3%、5.6%、4.9%、4.7%,降幅居全国监测的70个大中城市的前列,环比也均呈下降态势。潜在金融风险依然存在。不良贷款"双升",12月末,银行不良贷款余额1397亿元,比年初增加197.2亿元;不良贷款率1.96%,比年初上升0.12个百分点;关注类贷款余额比年初增加876.7亿元。

展望2015年,国际形势依然纷繁复杂,世界经济复苏疲弱态势难有明显改观。我国经济发展进入新常态,仍然处于增长速度换挡期、结构调整阵痛期、前期刺激政策消化期"三期叠加"阶段。浙江经济正处于转型升级的关键时期,既面临许多有利因素,也存在不少不确定和不利因素,机遇与挑战并存。近年来,省委省政府以"八八战略"为总纲领,主动适应经济新常态的趋势性变化,通过积极推进"五水共治"、"四换三名"、"三改一拆"、浙商回归等重点工作,倒逼推动浙江经济加快转型升级,这些"组合拳"已经并将继续产生积极效应,经济发展方式正在向质量效率型集约增长转变,经济结构正转向调整存量、做优增量并存的深度调整,经济发展动力正从传统增长点转向新的增长点,预期2015年浙江经济将在认识新常态,适应新常态,引领新常态下实现平稳发展创新发展,加快向增长速度中高速和质量效益中高端迈进。

(责任编辑:王怡然 金瑞锋 黄莹莹 杨丽君)

非国有工业

2014年浙江省贯彻落实省委省政府干好“一三五”、实现“四翻番”的决策部署,加快推进产业结构升级和增长方式转变。浙江非国有工业稳中有进,产业结构调整和转型升级取得进展。但影响工业产销增幅的不确定因素较多,产能过剩矛盾的化解尚需时日,工业经济面临下行压力。

·非国有工业保持增长·

(一)非国有工业保持增长,增幅略有回落,所占比重略有回升。2014年,全省年主营业务收入2000万元及以上(以下简称规上)非国有工业总产值57540.88亿元,同比增长6.61%,增幅比上年回落0.83个百分点。占全省规模以上工业企业的比重85.83%,比上年回升0.15个百分点。工业销售产值55551.27亿元,同比增长6.09%,增幅比上年回落1.39个百分点。占比重85.58%,比上年上升0.14个百分点。利润3185.89亿元,同比增长7.22,增幅比上年回落5.65个百分点。占比重85.43%,比上年上升1.56个百分点。利税4952.38亿元,同比增长7.26%。增幅比上年回落5.23个百分点。比重占78.57%,比上年上升1.57个百分点。非国有工业企业吸纳从业人员690.02万人,同比减少2.33%,占规模以上工业企业从业人员总数的95.47%,比上年回升0.05个百分点(见表1)。

表1 2014年浙江非国有规上工业企业情况及比重

指 标	合 计	其中:非国有	非国有占比(%)	比重变动
企业单位数(个)	40841	40118	98.23	+0.01
工业总产值(亿元)	67039.78	57540.88	85.83	+0.15
工业销售产值(亿元)	64914.41	55551.27	85.58	+0.14
出口交货值(亿元)	11927.07	11590.28	97.18	-0.18
利税(亿元)	6303.09	4925.38	78.57	+1.57
利润(亿元)	3729.13	3185.89	85.43	+1.56
从业人员(万人)	722.78	690.02	95.47	+0.05

(二)私营企业继续发展,比重继续上升;外商及港澳台投资企业,在全省非国有企业中的地位和作用有所下降。2014年,全省规模以上非国有工业企业中私营企业达27556家,比2013年增加1337家,占全省非国有工业企业的比重68.69%(见表2),较上年比重提高1.21个百分点。私营企业工业总产值27267.73亿元,同比增长5.88%,增幅比上年回落2.31个百分点,利润总额为1313.02亿元,同比增长5.49%,增幅比上年回落7.25个百分点;占全省非国有工业的比重分别为47.39 %和41.25 %,较上年分别降低0.41和0.99个百分点。2014年港澳台外商投资企业6162家,比2013年减少313家,占全省非国有工业企业的比重15.36%,较上年比重降低1.30个百分点。工业总产值14894.57亿元,同比增长4.42%,增幅比上年提高0.75个百分点,利润总额952.69亿元,同比增长6.26%,增幅比上年回落8.83个百分点;占全省非国有工业的比重分别25.89%和29.93 %,与上年相比分别降低1.12和0.95个百分点。

表 2　2014 年非国有规上工业企业主要经济指标结构情况

单位：个、亿元、%

	企业单位数		工业总产值		利润总额		出口交货值	
	合计	比重	合计	比重	合计	比重	合计	比重
非国有工业	40118	100	57540.88	100	3185.89	100	11590.28	100
集体企业	69	0.17	55.83	0.10	3.61	0.11	0.72	0.01
股份合作企业	334	0.83	175.88	0.31	8.74	0.27	25.43	0.22
联营企业	1	0	0.50	0	0	0	0	0
有限责任公司	5276	13.15	10436.32	18.14	501.55	15.76	1344.46	11.60
股份制企业	707	1.76	4701.82	8.17	406.18	12.76	956.22	8.25
私营企业	27556	68.69	27267.73	47.39	1313.02	41.25	4930.73	42.54
其他企业	13	0.03	8.23	0.01	0.10	0	0.03	0
港澳台外商投资企业	662	15.36	14894.57	25.89	952.69	29.93	4332.69	37.38

（三）经济效益增幅有所回落。全年规模以上非国有工业企业主营业务收入 55074.54 亿元，同比增长 4.58%，增幅比上年回落 3.24 个百分点。全年产品产销率 96.54%，比上年回落 0.48 个百分点。全年实现利税 4952.39 亿元，同比增长 7.26%，增幅比上年回落 5.23 个百分点；其中实现利润 3185.89 亿元，同比增长 7.22%，增幅比上年回落 5.56 个百分点。主要经济效益相对指标向好，主营业务收入利润率为 5.78%，比上年提高 0.07 个百分点。每百元销售收入实现利税 8.99 元，比上年提高 0.18 元；百元固定资产实现利税为 26.58 元，比上年减少 0.18 元；企业亏损面为 11.56%，比上年回落 0.84 个百分点。

表 3　2014 年非国有规上工业利润占比前 10 大行业

	利润（亿元）	比重（%）		利润（亿元）	比重（%）
非国有工业合计	3185.89	100	汽车制造业	211.13	6.63
电气机械和器材制造业	321.94	10.11	橡胶和塑料制品业	140.09	4.40
纺织业	288.02	9.04	纺织服装、服饰业	138.15	4.34
通用设备制造业	285.20	8.95	金属制品业	120.95	3.80
化学原料和化学制品制造业	270.57	8.49	专用设备制造业	112.39	3.53
计算机通信和其他电子设备制造业				249.21	7.82

(四)出口增幅有所回升,出口交货值占销售产值比重与上年基本持平。欧美市场需求依然低迷,外需持续疲软。2014年,全省规模以上非国有工业企业出口交货值11590.28亿元,同比增长5.11%,增幅比上年提高2.98个百分点。出口交货值占销售产值的比重为20.86%,与上年基本持平。从经济类型的构成分析,外商及港澳台企业出口交货值为4332.69亿元,同比增长3.53%,比上年提高1.09个百分点,在非国有工业中所占比重37.38%,比上年下降0.99百分点。私营企业出口交货值为4930.73亿元,同比增长6.02%,比上年提高0.57个百分点;在非国有工业中所占比重为42.54%,比上年提高0.57个百分点。

·非国有工业发展呈现的积极变化·

(一)工业结构重型化趋势明显。全省规模以上非国有工业中,重工业总产值为32414.15亿元,轻工业总产值25126.73亿元,重工业总产值占全省的比重为56.33%,比上年提高0.49个百分点。从轻重行业构成情况看,在总产值前10位的行业中,重工业行业占到8个,轻工业占2个。其中纺织、电气机械及器材行业继续在前两位,重工业行业中的通用设备制造业产值占非国有比重为7.59%,比上年提高0.11个百分点。

表4 2014年非国有规上工业产值占比前10大行业

	工业总产值(亿元)	比重(%)
非国有工业合计	57540.88	100
纺织业	6001.55	10.43
电气机械和器材制造业	5934.19	10.31
化学原料和化学制品制造业	5260.05	9.14
通用设备制造业	4365.42	7.59
汽车制造业	2843.04	4.93
橡胶和塑料制品业	2600.38	4.52
化学纤维制造业	2576.73	4.48
计算机、通信和其他电子设备制造业	2548.29	4.43
金属制品业	2534.58	4.40
纺织服装、服饰业	2484.18	4.32

(二)新产品产值继续快速增长。全省规模以上非国有工业新产品产值17973.93亿元,同比增长21.25%。2014年新产品产值率为31.24%,与上年相比提高3.32个百分点。装备制造行业新产品产值8518.73亿元,新产品产值率为39.02%,高于非国有工业总计7.78个百分点。装备制造行业的金属制品业,通用设备制造业,专用设备制造业,汽车制造业,铁路、船舶、航空航天和其他运输设备制业,电气机械和器材制造业,计算机、通信和其他电子设备制造,仪器仪表制造业新产品产值率分别为25.41%,35.94%,39.70%,48.29%,32.73%,38.97%,48.66%,47.89%。

(三)产业结构调整取得了成效。2014年装备制造行业中非国有工业企业16179家与上年相比增加715家。装备制造行业总产值21831.53亿元,占全省非国有工业比重为37.94%,比上年提高0.91个百分点;利润1375.97亿元,占全省非国有工业比重为43.19%,比上年提高1.32个百分点。

非国有工业企业装备制造业中汽车制造业在2014年继续增长。汽车制造业工业总产值2834.04亿元,占全省非国有工业比重为4.93%,比上年提高0.82个百分点;利润211.13亿元,占全省非国有工业比重为6.63%,比上年提高1.03个百分点;出口交货值434.21亿元,占全省非国有工业比重为3.75%,比上年提高0.38个百分点。

表5 2014年非国有规上工业装备制造业情况

	工业总产值(亿元)	比重(%)
非国有工业合计	57540.88	100
装备制造业	21831.53	37.94
金属制品业	2534.58	4.40
通用设备制造业	4365.42	7.59
专用设备制造业	1611.99	2.80
汽车制造业	2843.04	4.93
铁路、船舶、航空航天和其他运输设备制造业	1212.64	2.11
电气机械和器材制造业	5943.19	10.31
计算机、通信和其他电子设备制造业	2548.29	4.43
仪器仪表制造业	726.42	1.26
金属制品、机械和设备修理业	63.97	0.11

(四)在省委、省政府"大平台、大产业、大项目、大企业"的战略下,一批非国有企业脱颖而出。近几年来,政府强化企业在市场竞争中的主体地位,推动了一批非国有工业企业上规模、上水平。非国有工业企业主营业务收入1亿以上企业10340家,比去年增加350家,占非国有企业比重25.77%,这些企业主营业务收入42642.97亿元,占非国有企业的77.43%,比去年提高0.39个百分点;利润总额2743.19亿元,占比重86.10%,比去年提高0.63个百分点;出口交货值8587.46亿元,占比重为74.09%,比去年提高0.78个百分点。

表6 2014年非国有规上工业企业按主营业务收入分组情况 单位:个、亿元、%

按主营业务收入分	企业单位数		主营业务收入		利润总额		出口交货值	
	2014年	2013年	2014年	比重	2014年	比重	2014年	比重
非国有工业合计	40118	38855	55074.54	100	3185.89	100	11590.28	100
100亿及以上	18	16	2844.27	5.16	191.32	6.01	550.87	4.75
50-100亿	54	51	3728.78	6.77	241.12	7.57	517.25	4.46
10-50亿	659	639	13538.34	24.58	854.74	26.83	2110.79	18.21
5-10亿	911	861	6222.16	11.30	435.06	13.66	1353.07	11.67
1-5亿	8698	8423	17309.42	31.43	1020.96	32.05	4055.48	34.99
1亿以上合计	10340	9990	42642.97	77.43	2743.19	86.10	8587.46	74.09

2014年,全省主营业务收入居前50位的工业企业中,非国有工业企业有31家。其中,浙江远东化纤集团有限公司、上海大众联合发展(宁波)有限公司、宁波群志光电有限公司、桐昆集团股份有限公司、浙江大东南集团有限公司、浙江逸盛石化有限公司、浙江恒逸聚合物有限公司、纳爱斯集团有限公司、三花控股集团有

限公司、杭州华三通信技术有限公司、卧龙控股集团有限公司、万丰奥特控股集团有限公司、金海重工股份有限公司、衢州元立金属制品有限公司、浙江龙盛集团股份有限公司、宁波乐金甬兴化工有限公司、浙江盾安精工集团有限公司、玫琳凯(中国)化妆品有限公司等18家企业的主营业务收入超过100亿元，比去年增加2家；宁波申洲针织有限公司、浙江正泰电器股份有限公司、西子奥的斯电梯有限公司、宁波奥克斯空调有限公司、嘉兴石化有限公司、新凤鸣集团股份有限公司、浙江万凯新材料有限公司、浙江吉利汽车有限公司、振石集团东方特钢股份有限公司、宁波市江北大创铜线有限公司、精功集团有限公司、浙江泰普森休闲用品有限公司、浙江新纵横投资有限公司、浙江森马服饰股份有限公司、浙江海亮股份有限公司、杭州翔盛纺织有限公司、东芝信息机器(杭州)有限公司、宁波富德能源有限公司、浙江东南网架集团有限公司、浙江恒逸高新材料有限公司、浙江晶科能源有限公司、赛诺菲(杭州)制药有限公司、宁波金田铜业(集团)股份有限公司、浙江和鼎铜业有限公司、宁波群友光电有限公司、浙江日月首饰集团有限公司、宁波舜宇光电信息有限公司、杭州航民百泰首饰有限公司、浙江昱辉阳光能源有限公司、浙江富冶集团有限公司、天洁集团有限公司、铁牛集团有限公司、杭州海康威视数字技术股份有限公司、湖州长广浩天电源有限公司、杭州瑞成辉化纤有限公司、浙江协和首信钢业有限公司、浙江永通染织集团有限公司、浙江大华科技有限公司、台化兴业(宁波)有限公司、宁波科元塑胶有限公司、宁波远景汽车零部件有限公司、浙江巨科铝业有限公司、兰溪自立铜业有限公司、海天塑机集团有限公司、杭叉集团股份有限公司、宁波世茂铜业股份有限公司、浙江永利实业集团有限公司、中策橡胶(建德)有限公司、浙江古纤道新材料股份有限公司、德力西电气有限公司、得力集团有限公司、今飞控股集团有限公司、浙江大东吴集团有限公司、海亮集团有限公司等54家企业的主营业务收入超过50亿元，比去年增加3家。

·制约非国有工业持续发展的问题·

(一)以传统产业为主体的特征明显。从结构来看，我省在全国具有优势的工业仍集中在化纤、纺织等轻工领域。纺织业,纺织服装、服饰业,皮革、毛皮、羽毛及其制品和制鞋业三大行业占非国有工业产值比重17.50%。我省非国有工业经过多年的发展,企业规模虽不断扩大,总体上还是小型企业占绝大多数。产业组织规模低于国有企业和全国平均水平。与广东、江苏、山东存在较大差距。在规模以上非国有工业企业中,非国有工业企业户均主营业务收入和资产分别为13728.143万元、13487.18万元，比全国平均水平分别低41.62%、17.28%。港、澳、台外商投资户均主营业务收入和资产分别为23156.83万元、23778.87万元，比全国平均水平分别低44.34%、26.21%。私营企业户均主营业务收入和资产分别为9504.65万元、8456.83万元，比全国平均水平分别低45.40%、15.16%(见表7)。在一些规模经济要求较高的行业,企业规模小而分散，在生产、市场开拓和产品开发等方面都无法利用规模经济的优势，经济效益较低，相互之间进行过度竞争，阻碍非国有企业的整体发展。

表7 2014年全国非国有工业与浙江非国有工业指标

单位:个、亿元、万元/户

	企业单位数	主营业务收入	资产总计	户均主管业务收入	户均资产
全国非国有合计	359080	844340.24	585468.36	23513.99	16304.68
港澳台外商投资	53874	224129.12	173607.99	41602.47	32224.82
私营企业	213786	372171.79	213111.27	17408.61	9968.44
浙江非国有合计	40118	55074.54	54107.85	13728.14	13487.18
港澳台外商投资公司	6162	14269.24	14652.54	23156.83	23778.87
私营企业	27556	26191.00	23303.63	9504.65	8456.83

(二)出口企业面临挑战。2008年国际金融危机以来,国外市场萎缩,同时国际贸易保护主义抬头。针对中国企业的反倾销、反补贴调查案件急剧上升,浙江作为出口大省，更成了国际贸易保护主义肆虐的“重灾

表 8　2014 年部分省非国有工业与浙江非国有工业指标

单位：个、亿元、万元/户

	企业单位数	主营业务收入	资产合计	户均主营业务收入	户均资产
全　国	359080	844340.24	585468.36	23513.99	16304.68
江　苏	47748	126807.28	83495.72	26557.61	17486.75
浙　江	40118	55074.54	54107.85	13728.14	13487.18
山　东	39544	120885.38	67686.09	30569.84	14587.82
广　东	40116	97646.74	68265.05	24341.10	17016.91

区”。针对发展中国家崛起和世界经济格局变化,美国等发达国家制造业回流与其再工业化战略, 抬高我国出口门槛。2014 年,由于受到欧美日等发达经济体复苏疲软的影响, 国内生产经营成本的上升导致浙江出口企业竞争力优势削弱。

(三)企业生产经营压力增大。市场疲软产能过剩导致我省多个行业增产不增效。非国有工业企业船舶及相关装置行业利润盈亏相抵后为-11.27 亿。2014 年非国有工业从业人员平均人数 690.02 万人,同比下降 2.34,应付职工薪酬 3527.56 亿元,同比增长 11.98%。从资源能源要素成本看,随着资源、能源价格改革,企业面临的资源、环境、成本存在上升压力。从资金要素成本看, 各大金融机构银行机构通过各种办法来提高收费,这导致企业实体经济的融资成本不断增长。以资源、劳动力、资金为代表的生产要素成本增加将降低企业利润。2014 年四季度,全省规模以上工业企业主要产品生产能力利用率为 75.0%, 比二季度和三季度分别下降 1.2 和 0.5 个百分点, 同比下降 0.2 个百分点,产能利用率低,是产能过剩的直接反映。欧美国家一般认为,产能利用率在 79%至 83%区间属于产需合理配比。

(四)融资不畅仍然困扰着中小企业。由于中小企业规模小,还贷能力相对较弱,为了规避风险,金融机构往往采取更繁琐的申请手续,收取更多的中间费用,要求取得更高的利率,使得企业贷融资的成本增加。其次,对于中小企业来说,银行贷款数量较少,且程序繁琐申请时间长,与中小企业资金需求“快、急、频”相矛盾。

·采取积极的应对措施·

宏观经济开始转型和进行结构调整,从过去 10%左右的高速增长转为 7%—8%的中高速增长的新常态。从投资拉动,转向市场和消费拉动。在企业内部企业面临宏观经济结构调整和互联网浪潮带来的冲击,开始商业模式和管理的转型。不管是哪种转型,无论是国家还是企业都在追求可持续发展, 而可持续发展的动力是来源于变革和创新。按照省委的决策部署,围绕“八倍增”、“两提高”的创新驱动发展目标,以科技创新体制改革为动力,以激发企业创新活力为重点,不断提升企业自主创新能力,以创新引领转型发展,为打造浙江经济“升级版”提供强大动力。

落实省委《关于全面实施创新驱动发展战略 加快建设创新型省份的决定》,推动非国有工业企业创新发展。加快建立以企业为主体、产学研相结合的科技创新体系。鼓励非国有企业加大研发投入,参与组织实施重大科技计划项目和关键领域联合攻关, 建立企业技术中心。鼓励和引导非国有企业探索创新商业模式,着力培育一批以区域特色产业集群、专业市场为依托的电子商务平台,加快推进国际电子商务中心建设。

加快培育新兴产业, 支持战略性新兴产业加快发展,推动非国有工业企业节约集约和绿色发展。块状经济是非国有工业企业发展的主要形态, 是集聚集约发展的重要方式。要加快块状经济向现代产业集群转变,使之成为现代产业集群建设的核心区。以企业为主体,深化信息技术集成应用,加快“机器换人”,推动产品与装备制造向智能、绿色、服务、安全方向发展,增强企业核心竞争力; 以改革创新为动力, 创新管理与服务方式,着力优化资源配置,全面开发信息应用市场,形成电子信息、装备制造、软件及信息服务等相关产业集聚发展的新优。积极发展机器人产业,推进机器换人,提高产品质量,降低人工成本,走一条可行的产业升级路径。要大力培育龙头骨干企业,加强专业化配套协作,构建公共服务平台, 全面提升集群品牌竞争力。坚持“停劣上优”、“腾笼换鸟”, 鼓励非国有企业发展 “优、新、高、特”产业。坚持“以亩产论英雄”,鼓励非国有企业强化土地节约,提高土地利用效率。

(工业处　王怡川)

(责任编辑:王怡然　金瑞锋　黄莹莹　杨丽君)

非国有建筑业

2014年,面对复杂多变的国内外经济环境,浙江建筑业坚持稳中求进,提升质量、优化结构,建筑业迈进了稳健增长的"新常态"时代。2014年浙江建筑业增加值2467亿元,占全省GDP的6.1%,继续保持和发挥支柱产业的地位和作用。

非国有建筑业企业(注:本文中的非国有建筑业企业是指扣除国有及国有控股后的资质以上独立核算总承包、专业承包建筑业企业)是浙江建筑业的主体力量,2014年浙江非国有建筑业企业5972家,占全省总量的96.6%;非国有各项经济指标占全省的比重达95%左右(详见表1),比重与上年持平,但比2010年下降1个百分点左右。

表1:浙江非国有建筑企业情况及比重

指　标	2014年			2010年			2014年非国有比重比2010年+、−百分点
	合　计	其中:非国有	非国有比重(%)	合　计	其中:非国有	非国有比重(%)	
企业个数(个)	6185	5972	96.6	5111	4922	96.3	0.3
建筑业总产值(亿元)	22668.2	21360.4	94.2	12008.7	11442.4	95.3	-1.1
利税总额(亿元)	1198.1	1135.4	94.8	711.3	681.7	95.8	-1.0
注册资本(亿元)	2213.0	2081.4	94.1	1326.6	1260.6	95.0	-0.9
平均人数(万人)	742.3	707.8	95.4	561.5	546.2	97.3	-1.9

·非国有建筑业发展特点·

浙江建筑业企业紧紧围绕"创业富民、创新强省"总战略,按照加快转变发展方式、推进经济转型升级的要求,建筑业综合实力和竞争力持续提升。建筑业年产值总量规模超过二万亿,"走出去"发展战略稳步推进,市场占有率保持了全国领先地位。国家级技术中心、"鲁班奖"创建及工程建设地方化工作处于全国领先,各项经济指标稳定增长。2014年浙江非国有建筑业总产值21360.4亿元、实现利税总额1135.4亿元、注册资本2081.4亿元,分别比上年增长12.4%、8.9%、6.8%,但增速放缓,分别比上年下降3.6、6.0、11.0个百分点。吸纳了707.8万人社会劳动者。非国有建筑业的发展有以下几个特点。

1、私营企业占七成。非国有建筑业企业所有制呈现多元化,且结构变化明显。私营企业比重占3/4以上,股份及有限责任公司竞争实力强劲,这两类企业是浙江非国有建筑业企业的主体,集体等其他企业比重较小。

表 2:浙江非国有建筑企业各种登记注册类型比重

按登记注册类型分	各类企业比重(%)			
	2011 年	2012 年	2013 年	2014 年
非国有建筑企业家数(家)	5218	5517	5853	5972
总计比重	100	100	100	100
私营企业	76.3	77.6	78.0	77.8
有限责任公司及股份有限公司	20.9	19.7	19.9	20.3
集体企业	1.8	1.8	1.4	1.2
股份合作联营及其他内资企业	0.3	0.3	0.2	0.2
港澳台商及外商投资企业	0.6	0.6	0.5	0.5

---私营建筑企业占浙江非国有建筑业企业大壁江山。至 2014 年,非国有建筑业中私营企业 4648 家,占全省非国有企业的比重高达 77.8%,比重自 2010 年来首次出现下降, 比上年下降 0.2 个百分点 (详见表 2)。从经济指标分析,2014 年私营建筑企业建筑业总产值、实现利润、总资产分别为 11779.7 亿元、312.9 亿元和 5338.5 亿元,三项主要经济指标占全省非国有比重在 55%左右(详见表 3),比重分别比上年下降 2.0、2.8、3.7 个百分点。

---股份及有限责任公司建筑企业竞争实力强劲。股份及有限责任公司企业个数占非国有的比重在 20%左右, 但股份制企业是非国有建筑企业中平均规模最大实力最强的企业。2014 年股份及有限责任公司建筑企业 1215 家, 占全省非国有企业的比重 20.3%。建筑总产值、实现利润、总资产分别为 9236.72 亿元、224.5 亿元和 4373.2 亿元, 三项指标占全省非国有建筑企业比重均超过 40%(详见表 3), 比重分别比上年提高 2.0、3.1、3.9 个百分点。

表 3:2013 年浙江非国有建筑企业主要经济指标结构情况

单位:亿元、%

按登记注册类型分	建筑业产值		利润总额		资产总计	
	合计	比重	合计	比重	合计	比重
全部非国有总计	21360.4	100.0	541.9	100.0	9867.4	100.0
集体企业	171.6	0.8	2.4	0.4	82.8	0.8
股份有限及有限责任公司	9236.7	43.2	224.5	41.4	4373.2	44.3
私营企业	11779.7	55.1	312.9	57.7	5338.5	54.1
股份合作及其他内资企业	28.5	0.1	0.8	0.1	8.4	0.1
港澳台及外商投资企业	143.9	0.7	1.3	0.2	64.6	0.7

---集体建筑企业个数继续减少,2014 年为 70 家,仅占全省非国有企业的比重 1.2%,三项经济指标占全省非国有建筑企业比重在 0.4%-0.8%。股份合作及其他内资企业和港澳台及外商投资建筑企业的比重与上年基本持平,三类企业所占比重均在 1%以下。

2、行业结构调整优化。浙江建筑企业积极实施"大建筑"发展战略,调整结构,转换经营机制,逐步从比较单一的房屋建筑业和单纯施工为主向交通、水利、市政、地铁、轻轨、地下空间等多专业并进。通过合作、收购、参股控股等手段,进行多领域尝试,向设计、建材、房地产、园林等行业拓展,不断延伸建筑业的上下产业链,优化产业结构,提高附加值。2014 年从事铁路、市政、水利、安装、装潢等专业的非国有建筑企业已达 3576 家, 占非国有建筑企业的 60.4%, 建筑业产值 4458.2 亿元,比上年增长 14.5%,增速高于全部非国有 2.1 个百分点。产生了一批专业领域的排头兵。从事房

屋建筑业的非国有建筑企业2364家，建筑业总产值16254.4亿元，分别占非国有建筑企业的39.6%和76.1%。

3、规模企业实力提升。高资质建筑企业优势凸现，2014年非国有建筑企业特级、一级资质建筑业企业1066家，其中特级企业36家，特级企业是全国各省市中最多的。2014年特、一级非国有建筑企业企业家数仅占全省非国有的17.8%，而建筑业产值、利税总额、资产总计分别占全省非国有的76.3%、68.4%、67.3%。2014年建筑业产值超十亿元的企业400家，其中超五十亿元的企业88家，超百亿元企业由上年的23家上升为30家，中天建设集团有限公司是浙江建筑业的龙头老大，建筑业总产值超过500亿元，达582亿元，实现利润17.0亿元，紧随其后的是龙元建设集团股份有限公司（278.7亿元）和浙江中成建工集团有限公司(252.2亿元)，五家建筑企业产值达二百亿元以上。

大中型企业竞争能力增强，显示促进建筑业稳健发展的良好态势。2014年非国有建筑企业大型企业达164家，中型企业2234家，大中型企业家数占全省非国有建筑业企业的40.2%，而建筑业产值、利税总额、资产总计经济指标分别占全省非国有的93.9%、92.8%、89.8%。龙头骨干企业促进了资金、技术、人才的集中，提升了浙江建筑业的产业集中度，提高了浙江建筑业的区域竞争力，对浙江建筑业做大做强起到了示范效应和带动作用。

4、省外市场占有率成绩优异。在实施"走出去"发展进程中，浙江建筑业企业在外省建筑业市场的规模和影响力不断扩大，在省外建筑市场的份额不断提高，出省完成建筑业产值最多，居全国第一位。

2014年浙江非国有建筑业企业出省施工产值首次突破一万亿，达10895.6亿元，比上年增长12.8%，占全省非国有建筑业总产值的比重高达51.0%。浙江非国有建筑业分布全国30个省份，并以东部地区为主，江苏为最大，2014年浙江非国有建筑企业在江苏(1592.0亿元)、上海(1214.2亿元)、安徽(1167.0亿元)形成三个千亿元区域市场，占非国有省外完成产值的三分之一强。省外市场不断扩展，在巩固东部传统市场如长三角、珠三角的同时，在新兴的东北、中西部市场开拓中初显成效，已在全国各省(市、区)形成二十七个百亿元区域市场，其中超二百五十亿元区域市场十四个，占非国有建筑企业全部省外产值的81.5%(见表4)。坚持走出去的战略对浙江建筑业的平稳发展起到了扩展、补充市场的作用，更为各地区的城市建设和浙江的经济发展作出了重要贡献。

表4:浙江非国有建筑业企业在外省完成产值情况(2014年)

地　　区	外省完成总值(亿元)
非国有在外省完成总值	10895.6
其中:江　苏	1592.0
上　海	1214.2
安　徽	1167.0
山　东	776.6
江　西	644.2
广　东	570.9
河　南	486.6
湖　北	452.0
陕　西	428.2
天　津	392.7
四　川	299.8
河　北	293.6
湖　南	291.2
贵　州	272.2

5、建筑强市、强县集聚效应显著。近年来,我省形成了一批产业集聚的“建筑强市”和“建筑强县”。建筑强市和建筑强县的集群示范作用,有力地推动着整个建筑业的稳健发展。

绍兴市建筑业为浙江霸主,2014年绍兴市非国有建筑业总产值首次突破六千亿,达6154.0亿元,占全省非国有的比重达四分之一强,继续领跑全省。而省外市场的开拓力度更是全省的一面旗帜,2014年绍兴市省外建筑产值4389.3亿元,占全省非国有的比重高达40.3%。杭州、宁波、金华2014年建筑业产值都超过三千亿元,这四个“建筑强市”完成产值占全省非国有的73.9%。

“建筑强县”中98%为非国有建筑业。2014年全省7个“建筑强县”6个建筑业总产值突破1000亿元大关(详见表5),尤其是东阳市,首次突破二千亿元,已连续多年保持全国县级市建筑产业规模之冠。“建筑强县”完成建筑业总产值、实现利润总额、上缴税金,分别占全省的44.4%、43.6%、44.6%。“建筑强县”外向度比重高,省外施工的比重高达68.7%,比全省平均水平高18.7个百分点。“建筑强县”以建筑业为支柱产业,为县域经济社会发展、吸纳农村富余劳动力就业、改善当地人民物质文化生活发挥了重要作用。

表5: 2014年浙江“建筑强县”主要指标

	建筑业总产值(亿元)	利润总额(亿元)	税金总额(亿元)	出省施工产业(亿元)	出省施工占全省建筑业总产值比重(%)
东阳市	2102.5	63.6	63.0	1626.4	77.4
绍兴县	1866.1	36.1	54.1	1299.0	69.6
诸暨市	1689.7	41.1	49.0	1272.8	75.3
上虞区	1367.3	40.6	42.3	988.5	72.3
萧山区	1192.3	28.4	32.0	518.6	43.5
象山县	1119.5	21.4	20.6	732.1	65.4
温岭市	720.6	20.0	17.9	472.6	65.6
“建筑强县”小计	10058.0	251.3	279.0	6910.0	68.7
全省合计	22668.2	576.3	625.2	11325.6	50.0
“建筑强县”占全省比重(%)	44.4	43.6	44.6	61.0	

·存在的不足·

1、企业平均效益水平偏低。我省建筑业总体规模稳定增长,建筑业产值完成总量仅次于江苏,居全国第二位,但平均效益水平提高缓慢,部分效益指标有所下降。2010年–2014年建筑业产值利税率逐年下降,分别为5.9%、5.7%、5.5%、5.4%、5.3%。

按行业分析,房屋建筑业平均效益低于全省平均水平。2014年非国有房屋工程建筑业产值利税率4.9%、产值利润率2.2%、人均利税14776元、人均利润6659元,低于建筑行业中其他任何一个行业,建筑安装业是我省建筑行业中盈利水平、劳动生产率都相对比较好的行业(见表6)。我省建筑业企业中房屋工程建筑业占70%左右,而房建企业又是建筑行业中平均效益最低的,拉下了整个行业的效益水平。

按资质分析,专业承包企业平均效益指标明显好于施工总承包企业。我省建筑业企业中施工总承包企业完成经济指标占90%左右。

表6：2014年非国有建筑业主要效益指标

指标名称	产值利率(%)	产值利润率(%)	人均利税(元/人)	人均利润(元/人)	劳动生产率(万元/人)
总　计	5.3	2.5	16040	7655	30.2
一、按国民经济行业分组					
房屋建筑业	4.9	2.2	14776	6659	30.2
土木工程建筑业	6.4	3.3	18877	9798	29.3
建筑安装业	7.4	4.5	27478	16717	37.3
建筑装饰和其他建筑业	7.2	4.2	21949	12756	30.3
二、按企业资质等级分组					
施工总承包	5.2	2.4	15537	7200	30.0
专业承包	7.1	4.3	23067	14014	32.4

2、建筑业企业劳动密集型为主。浙江建筑业仍处于依靠规模扩张的外延扩大再生产，经营管理和效益在中低端居多。2014年建筑业全员劳动生产率30.2万元/人，仅比上年增长2.7%。科技应用和创新能力较弱，科技投入不足，许多建筑业企业看重规模、产值，缺乏自主知识产权的专有技术和专利技术，技术竞争优势不强，人力资源匮乏。一专多能、高层次复合型人才紧缺。相当多的企业，生产的发展依然走劳动密集型路子，资金、管理、技术密集，具有行业整合能力和国际竞争力的大型企业集团不多。投资建设一体化能力、工程总承包能力、重大工程技术管理能力欠缺。

3、市场机制不够健全。市场主体行为不规范，各类市场违规问题依然存在，虚假招投标，肢解发包，围标串标，转包挂靠，违法分包以及拖欠工程款问题依然突出。2014年我省非国有建筑业企业年末被拖欠的工程款达1879.6亿元，占全省非国有建筑业总产值的8.8%，比上年增长19.5%。拖欠工程款增加，不仅增大了建筑企业的负担，一定程度上造成企业资金运作困难，而且也恶化了社会信用环境，拉长了债务链。

·几点建议·

1、树名牌创效益。坚持走质量兴业之路，把每项工程都作为企业的品牌来做，以质量、信誉拓展市场，以科技创工程名牌。浙江建筑企业每年创建筑工程“鲁班奖”数量都在10%以上，白玉兰杯、楚天杯等省级优质工程获奖数量全国领先，在国内知名度颇高。树立浙江品牌也是提高企业经济效益的重要途径。通过提高品牌知名度，扩大国内、国际建筑市场占有率，在竞争中博采众长，学习借鉴先进管理经验，改变增长方式，实现粗放向集约的跨越，从而进一步提高企业经济效益，走良性循环的可持续发展之路。

2、提升核心竞争力。充分发挥股份制企业在建筑业企业中的比较优势，加强资本运作，抢占市场先机。鼓励高等级资质企业通过自我功能改造或重组整合，成为资金雄厚、人才密集、技术先进，具有科研、设计、采购、施工一体化优势的大型建筑业企业集团，既立足于国内需求，面向“大业主、大工程、大项目”等高端市场，又大力开拓国际市场，引领我省建筑业企业“走出去”。

建筑业行业能力的提升重点之一是行业结构调整。从传统的房屋建筑业向基础设施、社会公共事业转化，营造水利、铁路、轨道交通、装饰等专业行业新优势。延伸建筑产品两头，拓展建筑材料和房地产开发业务。建筑业行业管理的目标和发展战略，不仅注重产值规模的增长，更要注重打造行业竞争力的提升，培育新的经济增长点。

3、努力改革创新。不断深化改革解决发展中的问题，加强行业监管。深化建筑市场改革，转变建筑工程施工方式，推动施工总承包向工程总承包转变。通过加强建筑市场信用体系建设，建立健全建筑企业信用体系，建立完善建筑业企业、人员和项目三大基础数据库，实现市场和现场的两场监管联动，实施动态跟踪管理。深化建设工程招标投标制度改革，完善评标办法，倡导优质优价和综合最优价中标，引导企业良性竞争。加大巩固清欠工作成果，组织开展整顿和规范建筑市场秩序、工程建设领域突出问题专项治理，着力打造构建一个统一开放、竞争有序的市场环境。

（投资处　程彩霞）

（责任编辑：王怡然　金瑞锋　黄莹莹　杨丽君）

非国有投资

改革开放三十多年来，浙江经济快速发展，取得了令人瞩目的成就，这与民营经济的不断壮大密不可分。浙江民营经济发达，从“资源小省”发展成为“经济大省”，浙江非国有投资发挥了极其重要的作用。近些年，为了更好的引导和推进非国有投资以及非公有制经济的健康发展，国务院相继发布《国务院关于鼓励和引导民间投资健康发展的若干意见》、《国务院关于创新重点领域投融资机制 鼓励社会投资的指导意见》等政策措施，其后一系列配套措施又相继出台，致力于非国有投资的进一步发展。经过这些年的不断实践，取得了明显成效。

2014年，全省上下继续大力实施扩大有效投资的各项政策，加大重点项目推进力度，着力优化投资结构，鼓励与激活社会资本，全省非国有投资领域进一步扩大，投资结构不断优化调整，投资主体多元化格局已基本形成。但是，非国有经济在我省仍存在着基础领域投资不足和竞争性领域投资过度并存的局面。因此，浙江需要想方设法，不断进行制度创新，完善非国有投资服务体系，为非国有资本进入新的领域创造良好的条件，才能促使非国有投资更有效的发展。

·浙江非国有投资发展情况分析·

从非国有投资的发展进程看，作为民营经济率先发展起来的浙江，非国有投资的发展具有明显的先行性，在上个世纪80年代初，浙江非国有投资比重就超过半壁江山。此后，非国有投资发展很快。从非国有投资主体看，2014年全省私营企业、有限责任公司投资分别占非国有投资总额的42.0%和34.6%，构成非国有投资的主体。同时，股份制公司、集体企业、联营企业等不同所有制形式的民间投资都有了不同程度的发展，非国有投资主体的多元化格局已基本形成。

（一）浙江非国有投资增长较快，规模不断壮大

2014年，浙江固定资产投资23555亿元，比上年增长16.6%，其中国有及国有控股、非国有投资分别为7251亿元和16304亿元，占固定资产投资的比重分别为30.8%和69.2%，分别增长13.9%和17.9%。其中，民间投资占非国有投资的比重达到90.5%，比2003年提高了7.5个百分点。浙江非国有投资规模在2003年为2394亿元，2004年以来年均增长达19.1%，超过同期固定资产投资2.1个百分。以民间投资为主的非国有投资保持较快增长态势，投资总量进一步扩大。从全社会投资口径看，1980年浙江全社会非国有投资所占比重为51.9%，2007年达到了68.0%；从固定资产投资口径看，浙江非国有投资占固定资产投资的比重由2003年的57.3%提高到2014年的69.2%。2009年以之前，浙江非国有投资增长较为缓和，比重也基本稳定不变，但2009年金融危机以后，在国家和我省持续鼓励非国有投资相关政策等一系列有利因素的影响下，我省非国有投资，尤其是民间投资增速明显提高。

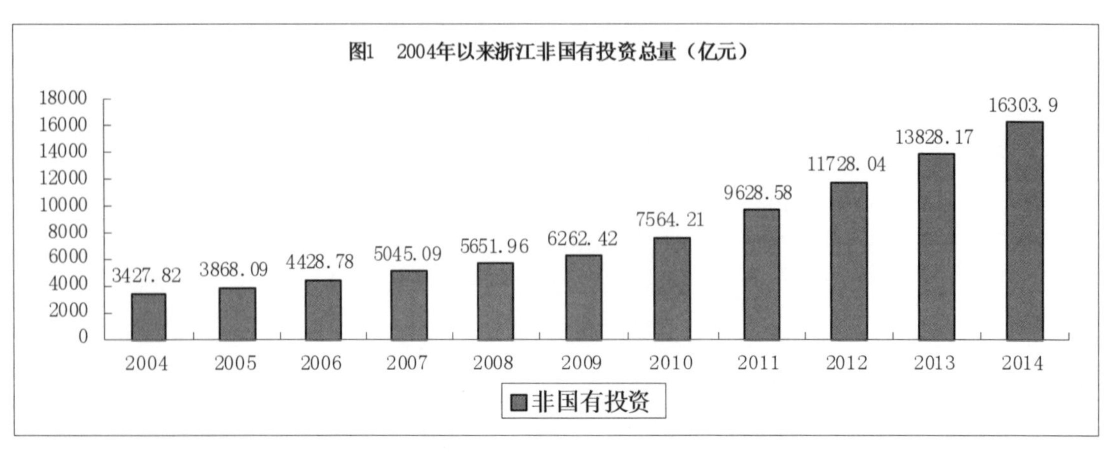

图 1(续) 2004 年以来浙江非国有投资增速(%)

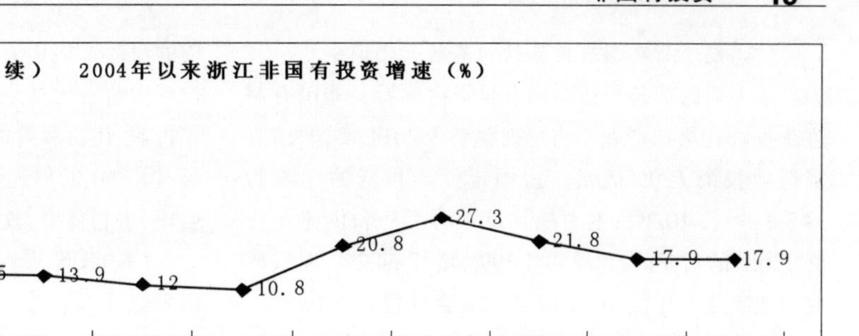

(二)非国有三次产业投资行业分布仍相对集中

近些来，我省非国有投资结构在优化调整中不断发展，但行业分布相对集中的状况还没有得到根本性改变。从涉及的行业范围看，我省非国有投资涉足的面已相当广泛，基本覆盖国民经济的各个领域。

从三次产业结构看，非国有投资投向仍主要集中于第二、三产业，第一产业的投资规模和所占比例都很小。2014 年，第一产业投资 175 亿元，仅占非国有投资的 1.07%，比上年同期增长 31.0%；第二产业投资 6691 亿元，所占比重为 41.04%，比上年同期增长 11.0%；第三产业投资 9438 亿元，所占比重为 57.89%，比上年同期增长 23.1%。其中，从具体行业投向看，制造业和房地产业投资是民营企业投资的主要领域，分别占非国有投资的 39.25%和 44.28%，两者合计为 83.53%。

表 1　2014 年浙江分产业、行业非国有投资情况表

产　业	投资额(亿元)	占非国有投资的比重(%)	行　业	投资额(亿元)	占非国有投资的比重(%)	占同行业全部投资的比重(%)
合计	16303.9	100.0		16303.9	100.0	69.22
第一产业	174.6	1.07	农林牧渔业	174.6	1.07	66.26
第二产业	6691.1	41.04	采矿业	42.4	0.26	94.07
			制造业	6398.8	39.25	93.80
			电力燃气及水的生产和供应业	226.7	1.39	22.40
			建筑业	23.1	0.14	46.08
第三产业	9438.2	57.89	批发和零售业	346.7	2.13	81.1
			交通运输、仓储和邮政业	364.4	2.24	21.07
			住宿和餐饮业	224.2	1.38	88.28
			信息传输软件、信息技术服务业	105.8	0.65	50.31
			金融业	60.3	0.37	65.16
			房地产业	7219.8	44.28	82.02
			租赁和商务服务业	312.4	1.92	69.9
			科学研究和技术服务业	36.2	0.22	39.54
			水利环境和公共设施管理业	370.2	2.27	16.61
			居民服务和其他服务业	22.4	0.14	45.27
			教育	64.0	0.39	18.78
			卫生和社会工作	61.0	0.37	34.77
			文化、体育和娱乐业	149.7	0.92	52.6
			公共管理和社会组织	101.1	0.62	44.34

(三)制造业非国有投资结构不断优化调整

从工业内部各行业非国有投资情况看，非国有制造业投资在第二产业中占绝对优势。2014年,非国有制造业投资6399亿元，占固定资产投资的比重为39.3%,增长10.2%;电力燃气及水的生产和供应业投资226.7亿元,所占比重为1.39%,增长34.2%;而采矿业和建筑业占比极小,2014年二者合计仅有0.4%。

近些年,浙江非国有制造业投资取到很大的发展。2014年,非国有制造业投资占全部制造业投资的比重达到93.8%。同时,非国有制造业投资结构也逐步趋于优化。

从2014年的数据看,在制造业内部,全部31个行业民间资本均有所涉及,其中有21个行业非国有投资占各自行业投资的比重超过90.0%，仅石油加工炼焦及核燃料加工、烟草制品等两个行业所占比重还低于50%。这表明我省制造业领域对民间开放程度很高,市场经济特征非常明显。

同时,2014年,装备制造业中的通用设备制造业、电气机械及器材制造业、汽车制造业等技术含量较高的行业中，非国有投资所占比重占据制造业投资的位居前列,所占比重分别为4.14%、3.59%和3.54%。传统优势行业纺织业投资584亿元,占比3.58%。尽管仍占据重要位置,但和前些年相比已经明显下降,且已经落后于一些装备制造行业。此外,非金属矿物制品业、化学纤维制造业、橡胶制品业、化学原料及化学制品业、黑有色金属冶炼及压延加工业等涉及“两高”行业投资比重均出现一定程度的降低，非国有制造业投资的内部结构趋于优化。

(四)部分非国有服务业投资快速发展

在服务业非国有投资中,房地产业投资一枝独大,占比远远超过其他行业。2014年,浙江非国有房地产业投资7220亿元,占全部非国有投资的44.3%,增长18.6%。

近些年，有利于产业结构调整的居民服务和其他服务业、租赁和商务服务业等行业发展较快,所占比重也有了明显的提高。2014年,居民服务和其他服务业、租赁和商务服务业等行业投资分别增长35.6%和51.9%。同时“民生工程”所涉及的水利环境和公共设施管理业、教育、卫生和社会工作等行业投资快速发展,2014年它们的增长速度分别为83.8%、1.4倍和55.6%。

从非国有投资进入服务业的情况看，除了国际组织还没有进入外,在其余14个行业中均出现非国有投资的身影。但从大多数非国有行业投资在同行业全部投资中所占比重还明显偏低。其中,房地产业、批发和零售业、住宿和餐饮业、房地产业等几个行业投资比重超过了80%,但还有不少行业比重低于25%,如交通运输、水利环境、教育等行业。

(五)投资地域差别明显,多数设区市非国有投资比重超过三分之二

从总量上看,全省非国有投资主要集中在杭州、宁波、温州、嘉兴、绍兴等市(比重均占10%以上),共占全省69.4%的比重,投资总量最小的是丽水市,只占全省2.5%的比重。2014年全省11个设区市中,非国有占限额以上投资总量比重最高的是湖州市,达81.0%;其次是绍兴市,达80.0%;而最低的舟山市也已达51.4%。所有市非国有占当地限额以上投资比重都超过一半(见表3)。

(六)融资渠道相对单一,金融市场支持力度明显不足

在2014年非国有投资的资金来源中,企业自筹资金和其他资金所占比重分别为65.56%和20.9%,银行贷款仅占11.81%,而利用外资、国家预算内资金、债券则微乎其微。

与全省全部投资资金来源各类所占比重相比,非国有投资本年资金来源中企业自筹资金、其他资金和利用外资占比高于全部投资资金来源的的占比，其他几类则低于全部投资资金来源所占比重。这表明了目前来自于金融市场的资金仍然十分困难，非国有投资资金来源中超过85%来自于企业自身，而只有一成多的资金来自于正规的金融体系。这一方面说明我省民营企业自有资金雄厚,自我积累能力较强,但同时也反映出非国有投资资金筹集渠道还比较单一，其他融资形式并未形成对非国有投资的足够支持。

随着民营企业规模不断扩大，所需投资资金必然不断扩大，企业只靠自身的积累来实现发展和转型升级将会变得愈加困难。

·浙江非国有投资面临的主要问题和困难·

近些年,总的说来,我省非国有投资发展较快。但是,随着浙江有效投资进程的不断深入发展,我省非国有投资尤其是民间投资发展面临着一些问题和困难。

表2　2014年浙江制造业非国有投资投向细分

	非国有投资（亿元）	增长(%)	占同行业投资的比重(%)	占全部非国有投资的比重(%)
制造业投资	6398.8	10.2	93.8	39.25
农副食品加工业	104.3	41.6	85.12	0.64
食品制造业	65.3	-5.7	97.88	0.40
酒、饮料和精制茶制造业	39.3	-1	92.34	0.24
烟草制品业	0.2	-14.9	0.88	0
纺织业	584	22.7	98.62	3.58
纺织服装和服饰业	166.2	4.2	99.09	1.02
皮革、毛皮、羽毛(绒)及其制品业	107.5	11.1	97.91	0.66
木材加工及木、竹、藤、棕、草制品业	64	22.8	99.68	0.39
家具制造业	115.3	37.8	99.59	0.71
造纸及纸制品业	182.7	33.2	99.61	1.12
印刷业和记录媒介的复制业	65.7	6.6	96.45	0.40
文教体育用品制造业	134	9.3	98.07	0.82
石油化工、炼焦及核燃料加工业	22.3	12.4	29.48	0.14
化学原料及化学制品制造业	477.7	20.8	91.85	2.93
医药制造业	169.9	14.9	88.26	1.04
化学纤维制造业	165.1	-18.3	99.06	1.01
橡胶和塑料制品业	314.2	12	94.75	1.93
非金属矿制品业	274.6	11.2	93.22	1.68
黑色金属冶炼和压延加工业	108.7	23.9	88.80	0.67
有色金属冶炼和压延加工业	111.2	24.9	96.23	0.68
金属制品业	372	1.1	98.56	2.28
通用设备制造业	675.7	4.5	97.47	4.14
专用设备制造业	406.1	4.5	92.67	2.49
汽车制造业	577.3	21.2	97.61	3.54
铁路、船舶、航空航天等制造业	106.6	-12.5	72.24	0.65
电气机械及器材制造业	584.9	4.3	97.99	3.59
计算机、通信和其他电子设备制造业	217.9	-9.1	88.60	1.34
仪器仪表制造业	78.6	29.4	96.38	0.48
其他制造业	50.3	-7.1	77.41	0.31
废弃资源综合利用业	46.8	41.2	81.23	0.29
金属制品、机械和设备修理业	10.5	-30.1	59.74	0.06

表3 2014年浙江按地区分限额以上非国有投资

	非国有投资(亿元)	增长(%)	固定资产投资(亿元)	非国有占本地固定资产投资比重(%)
浙江省	16304	17.9	23555	69.2
杭州市	3398	23.2	4953	68.6
宁波市	2464	13.7	3989	61.8
温州市	1939	24.2	3053	63.5
嘉兴市	1676	14.2	2221	75.4
湖州市	1007	16.2	1243	81.0
绍兴市	1845	13.9	2305	80.0
金华市	1243	11.1	1595	78.0
衢州市	546	21.5	782	69.8
舟山市	494	31.1	961	51.4
台州市	1288	16.5	1766	72.9
丽水市	404	20.3	665	60.8

表4 2014年浙江非国有投资本年资金来源情况

	非国有投资资金来源(亿元)	增长(%)	所占比重(%)
本年资金来源小计	18175.8	9.1	100
国家预算内资金	100.7	93.2	0.55
国内贷款	2146.4	7.2	11.81
债券	0.9	204.8	0
利用外资	213.8	-12.1	1.18
自筹资金	11915.5	18.6	65.56
其他资金来源	3798.6	-12	20.9

(一)非国有投资增速放缓，结果调整艰难前行

近些年，由于经济增长的不确定，再加上企业用工难、融资难等问题的普遍存在，使得非国有投资增长出现放缓的趋势。2014年，非国有装备制造业中的铁路船舶航空航天、计算机通信和其他电子设备制造业等行业投资出现负增长，金属制品业、通用设备制造业、专用设备制造业、电气机械及器材制造业等多个行业处于微增状态，非国有投资后劲不足。同时，部分“双高”行业投资仍然增长较快，如黑色金属冶炼和压延加工业等行业。非国有造业内部各行业投资增速差异较大，调结构难度增加，产业转型升级面临很大压力，加大工业、工业技术改造、制造业和新兴产业等投资形势紧迫。

(二)非国有投资完全进入国家产业目录还存在事实上的障碍

2010年5月《国务院关于鼓励和引导民间投资健康发展的若干意见》发布，外界称为“新36条”，在政策层面为非国有资本提供了广泛的投资领域。在此基础上，国务院又在2014年出台《国务院关于创新重点领域投融资机制 鼓励社会投资的指导意见》等政策措施。总的来说，尽管国家政策为非国有尤其是民间投资提供了广阔的舞台，但是，现实中非国有投资的投资领

域仍然受限制。如目前非国有投资在富有投资前景的服务业投资领域还不够宽泛，在公益性事业的投资比重也还很低。但在这些具体政策的贯彻落实中，还存在着很多不尽如人意的地方。很多新的措施理论性强，可操作性较差，在执行过程中，存在着许多意想不到的偏差。

(三)实体经济部门缺乏良好的投资机会，非国有投资意愿下降

浙江民营制造业企业大多位于世界乃至国内产业链的低端，难以延伸，投资领域难以拓展，而要进入投资回报率高的高新技术产业，又面临投入多、资源缺、难度大、周期长、风险高的困境。总体上说，浙江非国有资本难以找到新的经济增长点，投资需求受到抑制。同时，由于非国有投资主体获取资金难、总体实力不够强，应对市场风险的能力较弱，使得他们不能或者说不敢进入一些行业利润较高的行业进行投资。在这种情况下，对于我省广大中小微民营企业来说，由于实体经济部门缺乏良好的投资机会，投机成为其可选操作之一。近些年，萎靡不振的股市和销售不畅的楼市也使得部分民间资本出现缩水，反过来也削弱了新增固定资产投资的意愿和能力。

(四)民营企业融资能力较弱，投资资金来源困难仍旧较大

目前我省金融体系尚不健全，民营企业投资缺乏有力的金融支持，其中中小型民营企业融资困难的状况尤为突出。尽管与全国其他省市相比，我省的金融改革和金融产品创新算是比较超前的，但是正式金融体系所提供的资金仍然远远不能满足民营企业的现实需求。一方面，民营企业仍然很难从银行筹措到足够的资金。另一方面，我国资本市场融资门槛较高，而我省民营企业普遍规模小，产业层次低，客观上加大了上市的难度，另外面对众多民营企业而言，由于资本市场的容量毕竟还极其有限，大多数民营企业是很难在资本市场中融得资金。由于中长期发展资金的匮乏，限制了民营企业投资结构的改善和实现企业的转型升级。

此外，我省非国有尤其是民间投资主体自身素质不高、投资环境的复杂性等诸多方面的问题影响着非国有投资的健康发展，也不可避免的限制了非国有投资实现产业结构优化、顺利实现转型升级。

·加快浙江非国有投资发展的对策建议·

目前，浙江正处在经济转型升级的关键时期，我们既要看到启动非国有投资转型面临巨大压力，也要知道推进非国有投资结构调整客观必然性。我们必须紧扣“转型升级”这个主题，在更高起点上谋划和实施好非国有投资发展，以更优的服务、更好的环境助推转型升级顺利进行。

(一)继续拓宽非国有企业投资的领域和方式

目前，随着“新36条”及其一系列政策措施的出台，在政策执行层面我国民营企业面临的投资领域准入的问题得到了一定程度的解决，但从近几年的具体实施来看，要想仅仅靠这些还不能解决民营经济面临的各种困难，况且它的贯彻落实也不是件轻而易举的事情。面对这些政策措施具体贯彻落实中存在的问题，政府要以坚定的决心和勇气打破当前不合理的格局，不断建立和完善保护民间投资者利益的法律法规，逐步取消对于国有企业的补贴和“偏向”，坚决杜绝政府与国有企业既当“裁判员”、又做“运动员”的现象，使民营企业获得平等的待遇。在拓宽投资方式方面，我省民营企业可以广泛采取多种方式实现投资行为，实现企业发展和社会进步的“双赢”局面。如非国有企业还可以根据制造业、高新技术产业以及现代服务产业的不同行业特点，采取符合市场经济惯例的投资方式，例如公开招标、特许经营、知识产权入股和产业投资基金等。

(二)正确处理好国有投资与非国有投资二者发展关系，加大非国有投资力度

目前投资仍然是拉动经济发展的最重要因素之一，以民间投资为主体的非国有投资对于浙江经济发展方式的转变至关重要。非国有投资转型的基础是必须保障非国有投资良好的增长势头。如果浙江民间投资不能启动，投资结构不能转型升级，进而造成产业结构不能优化，经济发展方式转变也就成了无米之炊。当前，各级政府和相关部门要正确处理好国有投资与非国有投资二者发展关系，促进协调共赢发展。尤其要对非国有尤其是民间投资的发展给予更多的关注和支持，积极引导民资投入，切实解决影响存在的问题，着力提高民营经济的整体素质和竞争力，继续走在全国前列，实现产业升级和发展方式转变。

(三)要通过国有投资的带动和引导，促进非国有

投资转型发展

目前，我省推进非国有投资转型升级的关键举措就是加快创新发展。即鼓励民营企业加大研发投入、集聚创新资源、增加技术储备，培育更多的科技型、创新型企业。获取稳定收益是启动民间投资的根本动力，企业无利可图，投资就是一句空话。要改变目前产业结构状况，还须进一步引导民营企业加速转型升级，加大科技投入，让民间资本更多地流向资源消耗低、环境污染少、技术含量高、经济效益好的产业和项目。但是科技投入、自主创新等举措对于民间资本而言，也意味着风险的加大。要改变这种状况必须加大政府资金对相关企业和项目的支持力度，通过科技创新资金的投入，带动相应非国有间投资的跟进。

(四)进一步推动金融创新，拓宽非国有投资融资渠道

通常说来，草根企业需要草根金融。在民营中小微企业融资难状况不可能在短期内得到根本扭转的宏观背景下，地方政府可从以下几个方面推进金融创新，建立能够适应民间投资发展需要的多层次金融体系。一是努力提高我省重组的民间资本的使用效率，缓解民营企业资金来源的匮乏，可以适度放宽民间资本组建区域性银行、投资公司、租赁公司、资产管理公司、基金等方面的市场准入管制。二是要制定并完善鼓励民间投资的信贷政策。国有商业银行应完善机构设置，增强服务意识，增加贷款种类和贷款抵押物种类，适当提高现有资产抵押率。三是要建立多元化的资本市场融资机制。应该鼓励具备必要条件的民营企业运用发行债券和股票等多种手段进行直接融资，条件标准应与国有企业一视同仁，同时尝试建立符合我省实际的多层次资本市场体系，为民营企业提供多种融资形式。

为了促进我省非国有投资的更快发展，实现转型升级的需要，我省政府部门还应在建立和完善法律法规体系，依法保证非国有企业投资者权益，提高政府办事效率等方面下功夫，以提供更加适合民营企业投资的良好经济、社会环境，推动非国有投资的转型升级。

(投资处 杨士鹏)

(责任编辑：王怡然　金瑞锋　黄莹莹　杨丽君)

非国有房地产业

2014年,浙江省房地产开发投资一直保持平稳的运行态势,但受到宏观经济环境低迷的影响,商品房量价呈现同比下降,投资增速持续放缓。为进一步促进房地产市场平稳健康发展,国家通过信贷政策调整、棚户区改造等有效措施保障合理购房需求,稳定住房消费。各地则灵活调整,加速房地产市场转型。限购、限贷手段逐步退出,并通过公积金信贷、财政补贴、降息等多轮支持政策刺激住房需求,加快库存去化。自下半年以来,中央、地方政府一系列涉及房地产的信贷政策出台,改善型需求入市意愿强烈,拉动商品房销售,商品房销售面积降幅更为明显收窄。在中央以市场化为主导的决策思路下,房地产市场将逐步回归自身调节机制。

·非国有房地产投资增速与比重·

2014年,全省非国有房地产开发投资6557亿元,比上年增长17.7%,全年投资较为平稳。2001至2004年,浙江非国有房地产投资发展迅猛,年均增幅达46.0%。随着2004年以来中央系列针对房地产业宏观调控措施的陆续颁布实施,我省房地产投资从发展高峰步入调整期,2005、2006、2007、2008和2009年非国有房地产投资分别增长5.4%、6.7%、19.3%、12.7%和10.7%,与2004年及以前年份的高增长相比,增幅明显回落。但这种回落、调整有助于抑制房地产开发商的盲目投资,也有利于更好地促进我省房地产市场的健康有序发展。但是进入2010年后,由于受2009年一系列政策因素的后续影响,全省非国有房地产投资增幅比前几年出现明显提高。2011年,随着对闲置土地强制收回政策的加强,新开工项目个数大幅增加,在庞大的土地购置费的推动下,浙江非国有房地产投资全年保持快速增长,占总的房地产开发投资比重也达到90.2%的历史新高。2011年全年全省非国有房地产开发投资增速为48.5%。2012年和2013年,国家进一步抓紧房地产调控不放松,房地产开发投资增长态势有了明显回落,增幅分别为15.3%,19.7%。在房地产市场仍存在下行压力的情况下,2014年全省非国有房地产开发投资增速为17.7%。(见下页表1)

·房地产投资结构与分市情况·

1.住宅投资规模进一步缩小,投资结构有所调整。随着宏观调控措施逐步到位及市场自身调节的影响,住宅投资规模所占比重进一步有所缩小,投资结构有所调整。2014年,全省非国有住宅、办公楼、商业营业用房及其他物业分别投资4175、426、880和1076亿元,与去年同期相比增速分别为:13.1%、37.9%、31.5%和19.5%,占房地产开发投资的比重分别为63.7%、6.5%、13.4%和16.4%(见下页表2)。在住宅投资中,144平方米以上住宅出现负增长,下降14.1%。

2.全省各市投资情况差异明显。2014年,舟山、丽水、湖州、杭州市非国有房地产投资增速高于全省平均增幅,分别为45.6%、34.8%、30.4%和29.1%;宁波、绍兴、温州、台州、衢州、嘉兴市的增幅分别为15.4%、13.9%、12.3%、10.5%、8.0%和5.0%;而金华市出现负增长,下降了7.9%。增幅最高与最低市之间差距达到53.5个百分点,各地投资增长差异明显(见下页表3)。

·销售与土地供给·

1.商品房销售面积增速较为平稳。2014年,受宏观经济下行的影响,商品房销售降幅明显,在国家针对房地产市场出台一系列信贷政策措施逐步深入实施等因素的影响下,降幅有所收窄。2014年,全省非国有商品房销售面积4308万平方米,比上年下降3.5%。其中,住宅销售面积下降2.8%。其中,90平米以下住宅增速同比下降8.7%;144平米以上、别墅高档公寓销售面积增幅分别下降14.9%和1.0%;而办公楼和商业营业用房销售面积降幅明显,分别下降15.9%和3.5%。受成交量下降的影响,我省非国有商品房销售额同比下降8.0%。

表1 2002-2014年浙江省非国有房地产投资增速及比重

年 份	2002	2003	2004	2005	2006	2007	2008	2009	2010	2011	2012	2013	2014
房地产投资(亿元)	729	980	1353	1457	1574	1822	2023	2254	3025	4474	5226	6216	7262
非国有投资(亿元)	593	784	1184	1247	1330	1586	1788	1980	2717	4036	4653	5569	6557
房地产增长(%)	33.7	34.5	38.1	7.6	8.1	15.7	11.1	11.4	34.2	47.9	16.8	18.9	16.8
非国有增长(%)	36.9	32.3	50.9	5.4	6.7	19.3	12.7	10.7	37.2	48.5	15.3	19.7	17.7
非国有比重(%)	81.4	80	87.5	85.6	84.5	87.1	88.4	87.8	89.8	90.2	89	89.6	90.3

表2 2002-2014年浙江省非国有房地产投资的开发结构(%)

年 份	非国有房地产投资	住宅	办公楼	商业营业用房	其他物业
2002	100	75.1	3.9	15.0	6.0
2003	100	72.3	4.6	15.9	7.2
2004	100	72.9	5.1	13.8	8.2
2005	100	74.1	5.0	12.6	8.3
2006	100	71.6	6.9	12.7	8.8
2007	100	71.4	6.0	12.2	10.4
2008	100	70.0	7.0	10.8	12.2
2009	100	69.3	6.9	11.7	12.1
2010	100	67.9	6.3	11.9	13.9
2011	100	65.9	6.3	12.1	15.6
2012	100	66.0	5.3	11.7	17.0
2013	100	66.3	5.6	12.0	16.1
2014	100	63.7	6.5	13.4	16.4

表3 2014年浙江省非国有房地产投资分市情况

	投资额(亿元)	各市比重(%)	非国有(亿元)	各市非国有比重(%)	非国有增长(%)
全 省	7262	100	6557	100	17.7
杭州市	2301	31.7	2079	31.7	29.1
宁波市	1328	18.3	1115	17	15.4
温州市	809	11.1	759	11.6	12.3
嘉兴市	526	7.2	461	7	5.0
湖州市	343	4.7	313	4.8	30.4
绍兴市	614	8.4	590	9	13.9
金华市	368	5.1	339	5.1	-7.9
衢州市	95	1.3	94	1.4	8.0
舟山市	226	3.1	182	2.8	45.6
台州市	496	6.8	473	7.2	10.5
丽水市	158	2.2	151	2.3	34.8

2.房屋新开工面积、土地购置面积增速放缓。2014年,全省非国有房屋新开工面积8783万平方米,比上年上升3.6%(见表4);同时,房地产本年购置土地面积上升5.0%。受房地产投资增速放缓影响,新开工面积增幅放缓明显。

表4 2014年浙江非国有房地产开发面积与土地情况

	房地产投资		非国有房地产投资	
	绝对额	增速(%)	绝对额	增速(%)
施工面积(万平方米)	42100	11.9	37150	13.1
#新开工面积(万平方米)	9676	3.9	8783	3.6
竣工面积(万平方米)	6390	36.2	5578	40.4
土地购置面积(万平方米)	1888	7.2	1752	5

·存在问题·

1.房地产开发投资增速趋于平稳,但主要还是依靠土地购置费推动,投资增长持续性风险加大。从全国及各省市区非国有房地产开发投资中土地购置费的占比情况看,浙江2014年38.1%的比重与全国平均水平相比偏高。土地购置费在房地产开发投资中占比过高,房地产开发投资结构的不合理,增长过度依靠非实体投资推动不仅会造成全省房价的居高不下甚至持续上涨,而且也将对今后我省房地产开发投资的健康运行和持续发展产生不利的影响。

2.商品房销售价格仍处于高位运行。2014年上半年,商品房销售面积降幅不断扩大,为加快库存去化,部分楼盘出现以价换量,销售价格快速增长的势头有所控制,但商品房销售价格仍处于较高位,与居民所能够承担的合理的房价水平还不相适应。我省居民房价收入比大大高于国际公认3-6的合理区间。这也充分说明了我省居民购买住房的压力急速加大,越来越多的居民不能负担由商品房市场提供的住房。

3.中小房地产企业资金短缺、融资困难。目前我省大部分中小房地产企业实力弱、信誉等级较低,现金流量不稳定,公司主要资金都投入到所开发的项目中,造成中小房地产企业资金短缺。中小房地产企业无论是内部积累还是外部融资都较为困难,通过资本市场直接融资更是难上加难,目前房地产企业的主要资金来源依赖于银行贷款,当前房地产销售市场不景气,中小房地产企业从银行贷款愈加困难。目前个别房产企业由于资金链问题,对实体经济也造成一定影响。

4.中小户型商品房供应不足,商品房供应结构性矛盾依然存在。随着近几年中央及相关部门对房地产市场各项调控措施的逐步贯彻落实,以及对保障房建设的高度重视,经济适用房、中小户型普通商品房的市场供给数量明显增加,且销售也相对较好,表明我省的房地产市场供给结构出现了积极变化。但是同时也应看到,2014年我省90平米以下普通商品房等指标增长相对较慢,并且从总量上说,90平米以下普通商品房投资比重仅占26.4%,施工面积仅占22.4%,即与国家的要求还有较大的差距,也不能较好的满足较大的市场需求,供给的结构性矛盾依然突出。

5.市场行情调整期导致房地产开发项目隐性问题陆续暴露。房地产开发企业以本地中小型企业为主,融资渠道狭窄,部分房企依赖信托等高成本融资手段。在市场行情持续调整下,本地开发商在融资成本、项目开发以及抗风险能力等方面的差距将进一步显现。同时,当前银行机构房地产信贷政策导向已由业务增长点逐渐转向风险防控点,进一步增加了房地产开发企业的资金链在得不到银行信贷支持时出现风险的隐患。

·对策建议·

1.着力提振房地产市场信心。一方面,切实推进市场信息公开。建议相关部门逐步公开土地出让、商品房供应量、基准地价、基准房价等信息让房企和购房者更全面了解市场信息,能够根据市场供求信息做出合理决策判断。另一方面,进一步规范新闻媒体的房地产市场的舆论导向,对正方两面信息的报道要客观实际,为房地产市场创造良好的舆论氛围,促进房地产市场理性发展。

2.建立健全房地产企业资金运行预警机制。从宏观上建立房地产开发投资环境监测制度，关注国家各项方针政策变化，指导房地产企业根据政策变动及时调整投资策略，有效控制企业的投资方向，防范投资风险。从微观上建立房地产开发企业资金运行情况监测，及时掌握企业资金运行动态，充分发挥政府及行业协会的作用，对资金链存在风险的企业给予政策指导，对资金链已经出现问题的企业能及时采取措施，切实减少资金链断裂带来的社会负面影响。

3.千方百计消化库存。库存量高是当前各地房地产市场普遍存在问题，也是亟需解决的问题。一是适度运用以价换量手段。低价入市是消化库存的最直接办法，但个别项目过快降价会对市场预期形成不利影响，建议建立价格指导机制，有次序有节奏得调整商品房价格。二是加快配套设施建设。建议有关部门对我市一些新开盘比较集中，库存量大的板块进行小区配套设施优化，进一步加大交通、学校、生活设施建设投入力度，提高楼盘吸引力。

(投资处　王婧)

(责任编辑:王怡然　金瑞锋　黄莹莹　杨丽君)

农林牧渔业

·概况·

2014年,全省上下主动学习和适应新常态,按照改革赋权、转型强农、治水美村、惠民增收的总要求,全面落实强农惠农富农各项政策措施,大力推进农业发展方式、乡村建设方式、农民增收方式和基层治理方式转变,新农村建设各项工作取得了显著成效,有效推动了农业增效、农民增收、农村发展。

一、突出集约集聚,农业规模化经营水平持续提高

农业"两区"建设成效明显。全省累计建成粮食功能区6441个,总面积达571.8万亩;累计建成现代农业综合区63个、示范区139个、精品园440个,总面积约360万亩。

大力培育新型农业经营主体,推进农民专业合作社规范发展,发展家庭农场和股份合作农场,工商资本有序进入农业。全年新增土地流转面积50万亩以上,累计达915万亩,占家庭承包耕地总面积的48.0%。

积极探索专业合作、信用合作、供销合作"三位一体"的合作体系建设,努力拓展农民专业合作社的加工、信用、营销等功能,6个县启动"三位一体"改革试点。温州市培育126家示范性"三位一体"合作组织,214家农民专业合作社创办了加工实体,449家农民专业合作社开展内部信用合作,累计发放金额5.4亿元。

深化农业公共服务体制改革,完善农技推广服务机制,组建省级产业创新与推广服务团队10个。制定公共服务中心规范运行意见,"三位一体"的基层农业公共服务中心基本覆盖。完善农业社会化服务体系,温岭市实现农机、植保、育秧、收割和粮食烘干全程化服务。

加大农业基础设施建设力度,全年完成新增高标准旱涝保收面积77万亩,扩大灌溉面积69万亩,新增固定式喷微灌面积27万亩,分别完成年度计划的118%、123%和122%。

加快农产品质量安全追溯平台建设,88.9%县(市、区)建成了农产品安全快速检测室。农产品抽检总体合格率98.0%以上,初级水产品质量抽检合格率保持在96%以上。

二、突出确权赋权,农村产权配套改革深入推进

农村产权制度改革加快推进。农村土地承包经营权登记制度实现全覆盖,土地承包经营权权证颁发率97.5%。累计已完成宅基地登记农户744.8万户、850.3万宗,符合登记条件的农户发证率达到82.6%。有序推进农房登记,累计完成各类农房登记14余万件,其中今年新增5.1万件。累计完成村经济合作社股份合作制改革21826个村,占总村数的74.5%。农村产权交易平台建设加快推进,6个市本级和56个县(市、区)建立了综合性农村产权交易平台,累计产权交易47.8亿元。全省通过交易平台交易的品种逐渐丰富,交易机制逐步完善,交易管理逐步规范。德清县出台产权交易配套政策19项,实行交易规则、鉴证程序、服务标准、交易监管、信息平台和诚信建设"六统一"管理。

稳步推进农村土地制度改革。完善耕地保护补偿机制,积极探索开展流转土地经营权登记发证,探索土地经营权抵押、担保等权能。开展集体经营性建设用地入市流转试点,以存量集体建设用地和村级留用地为重点,在海宁市、德清县、桐庐县、衢州市柯城区等地区探索开展集体经营性建设用地入市流转改革,加快建立城乡统一的建设用地市场。深入推进农村土地综合整治和城乡建设用地增减挂钩,嘉兴市建立起城乡建设用地增减挂钩节余指标交易平台。深化农户宅基地用益物权保障机制改革,探索宅基地跨村置换和有偿使用、有偿退出、抵押担保机制,11个市和40多个县(市)开展了农房抵押贷款业务试点。乐清市自2009年以来农房抵押贷款累计超过400亿元,余额达到40多亿元。结合确权赋权和"三改一拆",开展一户多宅清理。

农村金融产品创新亮点纷呈。各地积极加快培育新型金融主体,完善农村信用体系,扩大农村信贷担保,积极探索农村住房产权、土地承包经营权、集体建设用地使用权、规模养殖场、地上农作物等抵押贷款试点,把农民的固化资产转化成创业资本。全省林权抵押贷款余额达75.8亿元,农房抵押贷款余额达112.4亿元。

户籍制度改革加快推进,继嘉兴全市、湖州德清、温州平阳成功试点取消城乡户籍差别后，其余8个地市均组织开展了试点工作。

改革试验平台不断涌现，新增省级农村改革试验区4个、新获批国家级农村改革试验区3个；全省20个农村改革试验区共开展试验项目102个，其中取得阶段性成效的试验项目94个，可总结推广的试点经验20多项。

三、突出新兴产业，农民增收进一步提速

2014年，全省农村居民人均可支配收入19373元，比去年增长10.7%，连续30年列全国第一，11个市农民收入增幅全部在10%以上；低收入农户人均纯收入达到7251元，增长17.4%，高于全省农民人均收入增幅6.7个百分点。全省城乡居民收入比缩小到2.09:1，是全国城乡收入差距最小的省之一，其中嘉兴、湖州、舟山、宁波、杭州、衢州的城乡居民收入比已缩小至2:1以内。

新兴产业成为新增长点。农村电子商务势头迅猛。全省已建成市县淘宝特色馆10个，建成县级电商服务中心30家，设立农村电子商务服务点4491个，电子商务成为农民创业好平台。农家乐、民宿经济加快发展。各地依托自然资源、人文资源、旅游资源，盘活农村闲置房产，出台扶持政策，加快发展现代民宿产业，增加农民收入。绍兴市开展“越乡民宿”建设，床位总量超过一万张。杭州市按照国内一流标准建设农村现代民宿群，努力打造全国农村现代民宿业发展的示范区。湖州市积极发展创意农业和城市微农业，提升发展特色农家乐，推进十大乡村旅游集聚示范区建设，休闲观光与乡村旅游经营年总收入增长15%以上。新兴产业发展方兴未艾。各地大力支持农民利用特色资源发展休闲旅游农业、来料加工、文化创意等新兴产业。丽水市加快来料加工重点专业村建设，打响“丽水丽人”来料加工基地品牌。

建立财产性收入体制机制。大力开展农民持股计划试点，让更多农民持有股份，全省土地流转租金收入60多亿元，村股份经济合作社按股份红比例达18%，分红额达30多亿元。

增强农民创业就业能力。分级分层农民培训体系加快建立，已建立农民学院11所，农民学校89所，全年培训农村实用人才14.2万人。

四、突出生活污水治理，农村基础设施持续完善

2014年是农村生活污水治理的全面铺开之年。全年累计开展农村生活污水治理6120个村，受益农户150万户，完成建设厌(兼)氧处理终端站点39383个，好氧处理终端站点7511个，村内主管敷设1113.5万米，化粪池改造93.03万户。全省36.5%的村实现生活污水有效治理(农户受益率80%以上)，农户受益率达到42%。

狠抓生活污水工程质量。围绕规划、设计、招标、施工、监理、验收、运维等环节，制定了18个政策文件和操作规范，努力实现建设过程规范化、标准化、专业化。强化源头保障，对主要管材实行统一采购、统一管理、统一抽检的“三统一”管理，原则上不得由施工单位采购。完善监管体系。建立了县级、乡镇级、村级、专业监理四级监督体系，对农村生活污水治理工程实施全过程监督。强化检查验收，明确了业主验收、乡级验收、县级验收、市级核查、省级抽查五级检查验收的重点和程序，县级验收覆盖到每一个治理村，省、市抽查覆盖到35%左右的治理村。

深入推进农村联网公路建设。全年建成农村联网公路1477公里，新开通农村客运105个行政村，农村客运通村率达到94%。

继续开展农村饮用水工程长效管理，完成17万农村人口饮水安全问题。推进小型水利工程管理体制改革，在开化、云和、德清、遂昌等开展试点。

提高河道建管水平。完成河道治理2224公里，新增绿化长度514公里，完成年度计划的111%和146%。全省已实施河道保洁长度累计达8万公里，基本实现河道保洁全覆盖。

推进乡村气象防灾减灾标准化建设，气象“四员”组织队伍实现100%覆盖到县乡村。

五、突出城乡均等，农村公共服务水平持续提高

以公共服务城乡一体化为目标，以统标准、提质量为重点，深化城乡基础教育、就业服务、农民培训、文化服务、社会保障体制改革，农村基本公共服务水平进一步提高。

推进中小学标准化建设，实施学生交通安全保障工程，解决进城务工人员子女就学和升学考试问题。继续提升“广电低保”工程，全省98.9%的农村低保户免费收看有线电视或卫星电视。深化农村电影发行放映体制改革，实行全省农村电影放映统一供片，累计订购各类影片26万场。推进公共图书馆城乡一体标准化建设，建成乡镇分馆388个，村图书室基本实现全覆盖；试行农家书屋“四统一”运作模式，将农家书屋纳入农村文化礼堂统一管理。积极构建农村养老服务体系，新建城乡社区居家养老服务照料中心5050个，居家养老服务设施基本覆盖75%以上的农村社区。

完善城乡社会保障制度,农民健康工程深入实施,新农合参合人数达2586万人,参合率稳定在97.7%,人均筹资标准649元,比2013年增长16.5%。探索建立基础养老金正常调整机制,基础养老金最低标准由每人每月80元调整至100元;积极推进被征地农民、老农保制度衔接并轨,全面完成城乡居民医保制度和职能的整合。稳步提高社会救助水平,完善最低生活保障制度,全省平均农村月低保标准487元,达到城市低保标准的82.9%,同比提高5.7个百分点。其中,杭州市、宁波市、嘉兴市、舟山市等地已经实现统一的城乡低保标准。深入实施残疾人基本生活保障工程,实现应保尽保、应补尽补。舟山市出台了原集体捕捞渔民生活补贴政策,按照集体捕捞年限10元/年的标准发放,受益覆盖人口约3万人。

六、突出财政投入,合力共建氛围持续强化

加大公共财政投入,全省各级财政社会主义新农村建设("三农")投入1797亿元,比上年增长9.8%。各市公共预算资金用于"三农"增长率均超过8%,其中绍兴、衢州、温州增幅在16%以上,分别为18.7%、17、7%和16.2%。

发挥基层组织的堡垒作用,农村换届平稳有序,2452个软弱涣散村(社区)党组织整顿转化率达100%。推进"民主法治村"建设。全年新建省级"民主法治村"200个,累计创建省级"民主法治村(社区)"878个,"全国民主法治示范村(社区)"110个。

充分发挥财政对社会资金的引导作用,引进市场机制,提高配置效率,工商企业、社会团体踊跃参与美丽乡村建设和农村生活污水治理。

(浙江省新农村建设领导小组办公室　祝美群)

(责任编辑:王怡然　金瑞锋　黄莹莹　杨丽君)

供销合作社

·概况·

2014 年，全省供销社牢牢把握为农服务这条主线，坚持以改革统揽全局，大力推进经营创新、服务创新、组织创新，各项工作都取得了良好成效。省供销社再次荣获全国供销总社综合业绩考核特等奖。

【深化改革实现良好开局】 2014 年是供销社大力推进改革的一年。我们积极申报全国供销总社综合改革试点单位，4 月 2 日获国务院办公厅批复成为四个试点省份之一。6 月 5 日省政府召开了供销社综合改革试点动员部署会，3 个设区市、22 个县(市、区)率先启动改革。慈溪等 6 个县被省委确定为"三位一体"试点单位。一年来，各试点供销社在党委政府的领导下，强化改革担当意识，紧紧扭住改革重点，推出了一系列改革举措。一是联系自身实际，扎实推进综合改革。宁波市社探索联合社与社有资产运营主体一体化运行，温州市社以合作社资金互助会为抓手创新农村合作金融服务，嘉兴市社通过农产品流通体系建设服务农民增收等等，都取得了实实在在的成效。9 月 27 日，汪洋副总理对上虞区供销社工作作出重要批示，强调"要注意总结、推广这样的典型，推动面上的工作"，省委、省政府主要领导也批示要求在全省推广。在综合改革试点工作阶段评估中，全国供销总社对我省试点推进情况给予充分肯定。二是"三位一体"改革试点不断深入。系统上下主动作为，为顶层设计方案贡献了智慧。各试点供销社充分发挥骨干作用，通过组建执行委员会、完善内设机构、划转服务职能、明确支持政策等途径，顺利完成了第一阶段改革目标，供销社在"农合联"建设中实现了功能强化、能力提升、机制搞活。三是创新农村合作金融服务取得新进展。以改革为契机，探索农村合作金融发展的有效途径，在完善原有融资担保体系的基础上，稳健发展封闭运行的资金互助会，新建合作社资金互助会 17 家。全系统累计创办农信担保、小额贷款、资金互助会等各类信用合作组织 97 家，全年为农融资额 93 亿元。建德、苍南、秀洲等地还积极开展"供销一卡通"、资金周转互助等金融服务。

【社有经济保持稳健增长】 全年完成总经营收入 4472.1 亿元、利润 34.2 亿元、上缴税费 33.2 亿元，比上年分别增长 16.2%、1.41%和 6%；资产总额和所有者权益分别增长 11.07%和 11.92%，金华、杭州、衢州、温州、台州、湖州等地总经营收入增幅超过全省系统平均水平，市县供销社盈利面达到 97.8%，有 10 家县级社进入全国百强县级社行列。全系统年销售收入在 10 亿元以上的企业有 41 家，比上年增加 5 家，百亿元以上企业有 3 家；省兴合集团实现销售收入 728.9 亿元，同比增长 4.1%。

【为农服务功能充分发挥】 一是服务现代农业扎实有效。农资供应主渠道作用充分体现，全年供应化肥、农药、农膜 339 万吨，市场占有率稳定在全省的 70%左右，春耕支农惠农服务活动、智慧农资服务等受到农民欢迎，庄稼医院建设稳步推进，总数达到 665 家，一些地方开展废弃农药化肥包装物回收收到良好成效。涉农企业服务转型不断加快，普遍开展合作化、一体化、个性化服务，发展植保、农机等农业社会化服务类合作社 111 家，服务面积 176 万亩。涉农培训进一步加强，累计培训 56 万人次，其中职业技能鉴定发证 4950 人，绍兴市社还开展了以农产品经纪人培训为主要内容的智力援疆。二是发展农产品流通实现新突破。以"网上供销百馆万店"为抓手，大力发展农产品电子商务，已在淘宝、1 号店、京东等电商平台开办"特色馆"19 家，各类农产品网商、网店达到 119 家，实现电商销售额 12.6 亿元。庆元中国香菇市场建成开业，台州中国农港城、金华农批市场迁建等重点项目建设稳步推进，农批、农贸市场达到 88 家，实现交易额 680.7 亿元，同比增长 20%。购销公司、连锁超市、社区菜店等购销主体达到 1106 家，比上年新增 156 家。产销对接力度持续加大，农市、农超、农校、农企"四对接"活动广泛开展。农产品经纪人协会体系不断完善，促进农产品流通的作用进一步发挥，协会联结的经纪人达到 6 万余人。三是参与美丽乡村建设成效明显。农村经营服务网络不断完善，日用消费品、医药等连锁企业达到 300 家，物流配送中心 470 家，网点 31952 个，连锁经营额同比增长 11%,达到 535.8 亿元。湖州浙北大厦等积极向农村市场延伸,建设乡镇商贸综合体和连锁超市,有效改善农村消费环境。废旧商品回收利用有序发展,累计建成区域集散市场、加工利用基地 13 家,回收网点 862 个,实现回收额 126.6 亿元,增长 10.1%。四是加强对茶产业发展的规划指导。省供销社增设了茶叶拍卖交易指导处,并积极培育茶叶产业平台,连续举办了名品茶叶拍卖会和"浙茶杯"优质红茶推选等重大活动。全年共举办了 5 场茶叶拍卖会,其中 1 场为网上拍卖会,首次实现茶叶电子化拍卖;继续举办了 2014"浙茶"杯优质红茶推选活动,评出 10 名金奖、10 名银奖和 50 名优胜奖,打造浙江红茶品牌;筹建了全省茶叶专业合作社联合社,并组建了中国茶叶拍卖交易服务中心,《中国茶叶拍卖交易监督管理办法(试行)》也将于近期发布。同时,下一步将以中国茶叶拍卖交易服务中心为主发起人,成立大浙江东海商品交易中心,开展茶叶等大宗农产品交易。

【基层组织基础不断健全】 基层供销社通过建设经营服务综合体、参与农业产业化经营、开展对口帮扶等,服务能力和发展活力有了明显增强全省系统,基层供销社家数比上年增加 114 家,实现销售收入 234.6 亿元,增长 26.8%,有 26 家基层供销社被全国供销总社评为标杆基层供销社;新建经营服务综合体 313 家,总数达到 586 家,涌现出丽水大港头、舟山干览等样板;薄弱基层供销社振兴计划稳步推进,对口双方围绕项目开发、网点建设、业务对接、组织创新、人力资源合作等重点,实施各项帮扶措施,全省系统实际已投入资金 3200 万元。农民合作社加快发展,全省系统新参办、领办合作社 614 家,总数达到 3617 家,入社农户 25.9 万户,年实现销售额 209 亿元,增长 28.3%,组建各类合作社联合社 96 家。综合服务社数量较快增长,结合基层组织建设、经营网络延伸,全省系统已建成 4205 家,比去年底新增 1577 家。

【联合社队伍建设明显加强】 确保中央和省委、省政府工作部署在供销社的落实,勇于作为,敢于担当。贯彻中央"八项规定"和省委"28 条办法"、"六个严禁",深入开展党的群众路线教育实践活动,抓好"四风"问题的查摆整改,广泛开展学习型、服务型组织建设,严格落实党风廉政建设的党委主体责任和纪委的监督责任。各级联合社管理体制不断健全,4 个市、24 个县建立代表大会、理事会、监事会制度;联合社机关职能、人员、经费等保障机制进一步落实;加强对业务工作的指导,不断推出新举措、新特色、新亮点,为农服务功能明显提升。省本级改革创新力度不断加大,兴合集团完成公司制改造和主要成员企业领导班子换届,产融结合成效明显,发起设立了 7 家涉金融服务企业;为农服务龙头作用充分体现,中茶拍公司积极探索拍卖交易新方式,农资集团转型升级迈出新步伐,浙茶集团茶产业布局更加完善,组建了省茶业加工技术研究院。行业协会功能有效发挥,各类协会组织达到 241 家,会员 2.82 万个。社属院校办学水平不断提升,浙江经贸学院被评为全国高校毕业生"就业 50 强",浙江农业商贸学院进入全国供销总社示范性高职院校建设计划。依托全省系统各类协会组织,积极发挥在职业培训、市场推广、信用评定、行业自律等方面的作用,打造农产品购销新军。目前,全省系统农产品经纪人协会已实现市县全覆盖,带动农产品经纪人 6 万余人。其中,有 14 名农产品经纪人、16 个农产品品牌入选全国双百奖。全年培训以行业特有工种为主的农村实用人才 4850 人。

【改革发展环境显著改善】 省委、省政府和全国供销总社十分关心支持我省供销社工作,夏宝龙书记、李强省长、王辉忠副书记、黄旭明副省长和全国供销总社领导多次作出重要指示批示,深化供销社改革写入了省委十三届六次全会工作报告。各级党委政府加强对供销社工作的领导,统筹谋划改革方案,专门出台政策文件,解决供销社面临的突出问题,为供销社加快发展创造良好条件。财政扶持力度不断加大,去年我省获得的中央服务业专项资金就达 7650 万元,比上年增加 3500 万元,据不完全统计,全年各地争取财政扶持资金达到 1.3 亿元。

(浙江省供销社办公室　董亮)

(责任编辑:王怡然　金瑞锋　黄莹莹　杨丽君)

非国有制企业工会

·概况·

【综述】 2014年,浙江省各级工会按照省委的总体工作部署,紧紧围绕全面深化改革、建设美丽浙江、创造美好生活的中心任务,结合工会工作实际,求真务实,开拓进取,不断推进“创新型、服务型、实力型”工会建设,各项工作取得新进展、新成效。截至2014年底,全省工会组织15.32万个,覆盖企事业单位54万多个,全省工会会员达到2055万人,其中农民工1112万人。全省工会组建率、职工入会率均达到85%以上。

【贯彻落实全总《关于新形势下加强基层工会建设的意见》】 为认真落实全总《关于新形势下加强基层工会建设的意见》(总工发〔2014〕22号),结合省委办公厅、省政府办公厅《关于进一步加强基层工会规范化建设的意见》的实施,省总工会下发了《关于贯彻落实全总<关于新形势下加强基层工会建设的意见>的实施意见》,明确要做好十个方面的工作:一是扎实推进乡镇(街道)、开发区(工业园区)建立总工会,努力将乡镇工会建设成为一级地方工会;二是配齐配好乡镇工会领导班子,建立总工会的乡镇,应设专职主席,享受同级党政副职待遇;三是抓紧配备专职工会干部。建立总工会的乡镇,工会专职干部不少于2名;四是建立完善乡镇工会经费保障制度;五是加快制定乡镇工会财务、经审等制度;六是学习、推广“上挂、下联、共建共享”工作制度;七是推动区域性、行业性工会规范化建设;八是加强企业和机关事业单位工会组建工作;九是按照全总提出的“六有”标准进一步推进基层工会规范化建设;十是建立加强基层工会建设的激励机制。

【开展省劳模评选表彰】 2014年是五年一次的省劳动模范、省模范集体评选表彰年。4月29日,浙江省庆祝“五一”国际劳动节暨劳模先进表彰大会在杭州举行。省政府共表彰省劳动模范500名,省模范集体98个,全国五一劳动奖状单位13个、全国五一劳动奖章获得者52名、全国工人先锋号集体43个、省工人先锋号集体100个。省委书记夏宝龙在会前看望劳模代表,并代表省委、省政府致辞祝贺,希望广大劳模肩负起光荣的历史使命,把热情、激情投入到推动浙江发展的伟大实践中,在各自岗位上为实现中国梦作出新的更大贡献,努力把浙江建设得更加富裕、更加平安、更加美丽。同时,要求全社会都要热爱劳模、崇敬劳模、学习劳模、争当劳模,凝聚起昂扬向上、奋发进取的强大精神力量。各级党委、政府要继续关心劳模的工作、学习、生活和身心健康,为劳模成长和发挥作用创造更好的条件。要切实加强和改善对工会工作的领导,支持工会做好维权、帮扶、服务三篇文章,使工会真正成为名副其实的“职工之家”。

【省政府与省总工会召开联席会议】 12月30日,省政府与省总工会召开联席会议,协商解决了六个事关职工切身利益和工运事业发展的重大问题,分别是:(1)支持开展建设“两美”浙江重点工程立功竞赛活动;(2)支持一年一评全省模范职工之家和优秀基层工会工作者;(3)支持工会聘用职业化工会工作者;(4)支持出台《关于加强浙江省职工疗休养管理工作的意见》;(5)支持工会兴建服务职工基础设施;(6)支持工会贯彻落实全总《关于加强基层工会经费收支管理的通知》。

【出台劳动模范评选和管理办法】 经省政府同意,《浙江省劳动模范评选管理办法(试行)》于2014年2月7日发布实施。这是浙江省首部涉及劳动模范评选和管理的规范性文件。该《办法》分总则、评选表彰、奖励和待遇、日常管理、荣誉称号的撤销和附则六章共二十九条,对省劳动模范评选组织机构和评选的范围、条件、程序以及劳模管理、待遇等方面作出了具体规定。《办法》明确,各级地方工会和产业工会是省劳动模范评选和管理的日常工作机构。该《办法》的出台,将为规范浙江省劳动模范评选管理各项工作,发挥劳动模范先进引领作用提供更好的制度保障。

【扎实开展“五水共治”立功竞赛系列活动】 省总工会与省“五水共治”领导小组办公室全面部署以治污水、防洪水为重点的立功竞赛活动。全省有1000多个县以上治水工程项目开展了立功竞赛活动,各级工会开展技能竞赛、技术攻关、技术服务、治水成果展示、治水科普宣传、“清三河”、“金点子”、认领河流、认养树木、职工志愿者、工会干部志愿者行动等活动480场次,形成了较大的社会影响力。其他重点建设立功竞赛进一步推进。新启动省属高校、溪洛渡(西电东送)、杭金衢(拓宽工程)3个省级立功竞赛赛区。全省各地的交通、电力、能源、水利、建设和援疆项目中,有20个成为全省重点建设立功竞赛示范工程。省政府表彰了2013年度全省重点建设立功竞赛先进集体49个、先进个人97名,省总工会择优授予7名2012年度省重点建设立功竞赛先进个人省五一劳动奖章。

【技能培训和岗位创新有新成效】 省总工会有序推进工会职工教育培训基地建设,完成首批20家省级培训基地的挂牌。各级工会按照培训、发证、鉴定、晋级一体化要求,重点抓好市场紧缺工种(岗位)高技能人才和城镇化中农民工融入城市职业技能培训和免费培训,全年完成培训职工40多万人次,8万实现技能晋级;推动企业职工技术职称内部评聘和职工文化学历、职业技能“双证制”、“双元制”培训取得初步成效,拓宽了新生代职工职业发展空间;以“四换三名”为导向,积极开展职工岗位创新活动。省总与省科技厅联合评审命名第四批浙江省高技能人才创新工作室47个,省级创新工作室总数达137个,全省全年新创建各类职工高技能人才(劳模)创新工作室200多个,全省各级职工高技能人才创新工作室近800家。实施完成各类技术创新项目3000多个,较好地发挥了职工高技能人才和劳模在岗位创新中的牵头引领和工作室在集聚职工创新人才、释放职工创新活力方面的独特作用。

【开展“争当好职工、奉献中国梦”主题教育实践活动】 开设职工道德大讲堂,22位劳模先进和职业道德模范网上在线讲课。举办征文、演讲比赛,2000多位职工参与了省级征文比赛,1500多位选手参加省、市、县三级的演讲比赛,并在全国总决赛上获得铜奖。浙江工人日报开辟“中国梦·劳动美”主题教育活动专栏,大力宣传先进典型,引导职工树立职业道德观念,立足岗位辛勤劳动、诚实劳动、创造性劳动。吉利集团职工吕义聪荣获全国“十佳最美职工”称号。

【大力提升工资集体协商实效】 制订《浙江省总工会深化集体协商工作规划(2014–2018年)》和《关于巩固扩大工资集体协商覆盖面 ,提升实效性的工作意见》,加强专职指导员队伍培训和集体协商指导站建设,规范工资集体协商工作程序。全省90%以上建会企业开展了工资集体协商,签订工资协议11.58万份,覆盖企业38万家,惠及职工1470万人。杭州、宁波出台了《工资集体协商条例》。

【深化劳动保护工作】 一是深入开展“安康杯”竞赛。参赛企业9.6万家,职工950万人,分别比去年增长10.3%和6.7%。二是继续深入推行企业工会劳动保护分级管理制度。参加企业达到8.11万家,比去年同期增加了约3.3万家,其中A、B级企业工会达到7.69万家,占到全部总数的94%以上。三是推动省有关部门调整提高高温津贴标准,由原来的每月200元提高到每月225元。

【积极发展和谐劳动关系】 劳动关系和谐企业创建工作,由规模以上企业向中小微企业拓展,全省开展创建活动的企业达22.2万家,达标10.5万家。出台《关于进一步加强劳动争议调解工作的意见》,发挥乡镇和企业工会在调处劳动争议中的作用。工会参与处理劳动争议案件2.14万件,成功调解1.25万件。

【提升工会组织服务能力和水平】 职工医疗互助保障工作全面推进。目前,全省县级以上工会(含省产业工会)职工医疗互助保障制度建制率达到99%,参保职工达到347万人,救助12.38万人次,救助资金1.15亿元。宁波、温州、衢州、舟山等4个市实现了市级统筹。职工服务中心升级步伐加快。95%以上的市、县(市、区)服务中心实现达标,成为集救助、维权、服务三位一体的综合性服务平台,为职工提供了便捷的服务。各级工会走访慰问困难家庭7.1万户、发放款 (物)1.1亿元,为1.3万名职工追讨欠薪1.6亿元,金秋助学、“爱心透析”等专项救助和平安返乡工作持续推进。

【以乡镇工会为关键切实加强基层工会建设】 一是进一步落实省 “两办”《关于进一步加强基层工会建设的意见》(浙委办[2013]5号),出台《浙江省职业化工会工作者管理办法》和实施细则,向社会公开招聘了190名职业化工会工作者,充实到乡镇(街道)工会;二是研究制订乡镇(街道)工会经费留成制度,对困难的乡镇(街道)总工会和村级工会予以经费倾斜;三是逐步建立基层工会工作规章制度,健全运行机制。基层工会特别是乡镇工会无人办事、无钱办事、无章办事的问题得到初步缓解。四是与省委组织部联合出台《关于进一步加强县级工会建设的意见》,完善县级工会职责,强化班子和干部队伍建设,规范工作制度,进一步发挥县级工会承上启下的重要作用。四是制订《浙江省职工代表大会操作规程》,指导企事业单位和基层工会规范召开职代会,提高职代会实效。全省14万家基层工会建立了职代会和厂务公开制度,涵盖企事业单位近51万家。

【大力推广“上挂、下联、区域共建”典型经验】 8月中旬,省总工会召开加强基层工会建设推进会,大力推广三个典型经验。一是海宁高新技术产业园区总工会“上挂”经验，主要是：将高新区内重点企业的基层工会主席，上挂到区总工会各个岗位来主持工作，既解决区总工会人手少的问题，同时也让基层工会主席工作能力得到锻炼和提升；二是天台县总工会“下联”经验，主要是：从全县工会干部中选派部分工作人员，深入企业，服务职工，并与乡镇（街道）工会工作联动，通过指导和帮助企业工会规范化建设，以点带面，推动县域工会工作的全面提升；三是德清县总工会“区域共建”经验，主要是：在一个企业相对集中的区域内，在具有示范引领作用的企业中，建设区域服务中心，其他企业工会可以共享资源，共享经验，相互促进，共同提高服务职工的能力和水平。

【稳步推进实力工会建设】 一是积极推进工会经费税务代收。目前，有9个市、62个县（市、区）实施了税务代收。出台《关于加强县级和乡镇工会经审工作的意见》，严格监管基层工会资产。二是稳步推进省总直属企事业单位的改革和发展。重点实施浙江工人日报社改革，取得了明显成效，报社面貌焕然一新，2014年实现了7年来的首次扭亏为盈。基本解决省职工国际旅行社改制职工的历史遗留问题。制订加强省总工会直属企事业单位资产和财务监管办法，努力提高资产运行使用效益。直属企事业单位的经营、财务管理中的不规范和历史遗留问题已基本解决。三是重点推进职工服务中心、文化活动设施、职工劳模疗休养场所建设，制定出台了《浙江省总工会职工服务设施建设专项资金补助管理办法（试行）》，明确补助的对象范围、方式方法、条件要求、补助标准、资金管理等内容，提升了补助资金使用效率，全年补助市、县（市、区）工会3440万元。

【巩固拓展教育实践活动成果】 一是各级工会按照省委统一部署，认真开展党的群众路线教育实践活动，针对“四风”突出问题，精心制订整改措施，进一步密切与职工群众的联系；二是注重把教育实践活动的成果体现在指导和服务基层工会建设的具体实践上。省总工会修订完善了42项规章制度，涵盖机关人事管理、财务审批、公务接待、会议培训等各个方面，用制度的方式引导机关干部积极转变思想观念，强化基层意识和职工观念，强化市场经济、依法治会、协商共赢、公平普惠、务求实效的理念，努力做到眼睛向下、重心下移，帮助协调解决下级工会工作中存在的重点、难点问题，切实解决“自转”、“空转”、“不落地”和自娱自乐的形式主义问题；三是大力清理整顿评选表彰工作，省总工会评比表彰项目从33项减少为13项，最近又进一步清理，仅保留6项，分别是“省劳动模范”、“省五一劳动奖状、奖章、工人先锋号”、“全省模范职工之家、优秀工会工作者”、“省重点工程立功竞赛”、“省职工职业道德评选”、“安康杯竞赛活动先进集体、先进个人”；四是各级工会坚决贯彻落实中央八项规定和省委“28条办法”，坚持厉行节约反对浪费，严控“三公”经费。2014年，省总工会机关“三公”经费和会议费比2013年总体下降26%。

【《浙江工人日报》创刊65周年】 1949年12月7日，《浙江工人日报》的前身《工人生活》在杭州正式创刊。作为浙江省第二张公开发行的报纸，65年来，日报秉承面向职工、服务职工、宣传职工、维护职工的办报理念，始终坚持正确的舆论导向，围绕中心，服务大局，紧紧围绕各个历史时期党和政府的中心工作，在宣传党的路线方针政策、弘扬工人阶级先进思想和事迹、反映职工群众合法诉求、展示工会主张和行动等方面，作出了积极贡献。2014年，报社在省总的领导下，全面推进各项改革，加强班子建设，明确办报方向，健全规章制度，整合办报队伍，报纸的可读性大大增强，精神面貌焕然一新，赢得了广大职工群众、各级工会干部和社会各界的好评。

（浙江省总工会　王琳）

（责任编辑：王怡然　金瑞锋　黄莹莹　杨丽君）

地级市篇

杭 州 市

·综述·

【历史变迁】 杭州历史悠久,自秦时设县治以来,已有2200多年历史。距今8000年前的杭州萧山跨湖桥遗址,是浙江境内已知最早的新石器时期文化遗存,4700多年前就产生了被称为人类闻名曙光的良渚文化。杭州曾是五代吴越国和南宋王朝两代建都地,是我国七大古都之一,被13世纪意大利旅行家马可·波罗赞叹为"世界上最美丽华贵之城"。杭州古称钱唐,隋开皇九年(589年)废钱唐郡,置杭州,杭州之名首次在历史上出现。民国元年(1912年),原钱塘、仁和县并置杭县。民国十六年(1927年),划杭县城区等地设杭州市,杭州置市始此。1949年5月3日,杭州解放,从此揭开了杭州发展的历史新篇章。

【区位与资源】 杭州是浙江省省会和经济、文化、科教中心,长江三角洲中心城市之一,国家历史文化名城和重要的风景旅游城市。杭州地处长江三角洲南翼、杭州湾西端、钱塘江下游、京杭大运河南端,是中国东南部交通枢纽,市区中心地理坐标为北纬30°16′、东经120°12′。杭州山水相依、湖城合璧,江、河、湖、海、溪五水共导。世界上最长的人工运河——京杭大运河和以大涌潮闻名的钱塘江穿城而过。杭州属亚热带季风性气候,四季分明,温和湿润,光照充足,雨量充沛。杭州物产丰富,素有"鱼米之乡"、"丝绸之府"、"人间天堂"之美誉。杭州市辖上城、下城、江干、拱墅、西湖、滨江、萧山、余杭、富阳9个区,建德、临安2个县级市,桐庐、淳安2个县。全市总面积16596平方千米,其中市区面积3068平方千米。

【经济发展】 2014年,面对复杂多变的国际环境和国内经济社会发展的新常态、新特点,我市坚持稳中求进的工作总基调,落实杭改十条,统筹稳增长、促转型、抓改革、惠民生各项重点工作,加快培育经济增长新动力、释放创新驱动新活力、形成质量效益新优势,全市经济社会发展呈现"稳中向好"态势。全市实现地区生产总值9201.16亿元,比上年增长8.2%。其中第一产业增加值274.36亿元,第二产业增加值3858.9亿元,第三产业增加值5067.9亿元,分别增长1.8%、8.1%和8.5%。人均生产总值103757元,增长7.7%。按国家公布的2014年平均汇率折算,为16891美元。三次产业结构由上年的3.1:42.6:54.3调整为2014年的3.0:41.9:55.1。

【民营经济】 2014年,我市民营经济稳定增长,为全市经济发展实现稳中有进发挥了重要作用。2014年,全市民营商贸企业实现商品销售总额13228.62亿元,比上年增长4.4%;民营商贸销售总额占全市商品销售总额的74.0%,比上年提高0.9个百分点。全市民营固定资产投资额为2851.41亿元,比上年增长26.5%;民营投资占全市固定资产投资额比重为57.6%,比上年提高4.7个百分点。民营工业销售产值、新产品产值和民营财政贡献增速略低于全市水平。2014年全市规模以上民营工业实现销售产值5983.54亿元,比上年增长3.9%,同比回落1.2个百分点,增速低于全市规上工业1.6个百分点;占全市规上工业的46.9%,比上年下降0.7个百分点。全市规模以上民营工业实现新产品产值1822.82亿元,比上年增长17.3%,同比回落1.4个百分点,增速低于规上工业1.3个百分点;占规上工业的45.1%,比上年下降0.5个百分点。全市财政收入中民营经济收入为788.68亿元,比上年增长7.0%,同比提高8.3个百分点,比全市增幅低3.7个百分点;民营经济占全市财政总收入比重为41.1%,比上年下降1.4个百分点。(详见下页表格)

【信息经济】 发展信息经济作为我市工作的"一号工程",是拉动当前经济增长的重中之重。2014年,全年实现信息经济增加值(剔重)1668.64亿元,增长18.3%,高于全市GDP增幅10.1个百分点,占全市生产总值比重达18.14%。分产业看,六大中心产业中电

2014 年民营经济发展监测指标

指　　标	计量单位	2014 年			
		绝对数	比上年增长%	比重%	上年比重%
民营商贸企业商品销售总额	亿元	13228.62	4.4	74.0	73.1
民营固定资产投资额	亿元	2851.41	26.5	57.6	52.9
规模以上民营工业销售产值	亿元	5983.54	3.9	46.9	47.6
规模以上民营工业新产品产值	亿元	1822.82	17.3	45.1	45.6
财政收入总额中民营经济收入	亿元	788.68	7.0	41.1	42.5

子商务、数字内容产业呈现良好发展势头，实现增加值560.25 亿元、860.84 亿元，增长 30.1%、19.2%，高于信息经济整体增速 11.8 和 0.9 个百分点。云计算与大数据、物联网、互联网金融和智慧物流平稳发展，实现增加值 409.65 亿元、238.97 亿元、172.18 亿元、49.79 亿元，分别增长 13.4%、15.9%、13.6%、11.4%。六大重点产业——软件与信息服务、电子信息产品制造、移动互联网、集成电路、信息安全和机器人产业分别完成增加值919.52 亿元、484.12 亿元、593.43 亿元、36.82 亿元、177.00 亿元、12.90 亿元，增长 18.4%、11.2%、28.7%、12.0%、15.0%和 5.6%。（详见下表）

2014 年杭州市信息经济增加值一览表

产业名称	实绩数(亿元)	增幅(%)	占比(%)
电子商务产业	560.25	30.1	6.50
云计算与大数据产业	409.65	13.4	4.45
物联网产业	238.97	15.9	2.60
互联网产业	172.18	13.6	1.87
智慧物流产业	49.79	11.4	0.54
数字内容产业	860.84	19.2	9.36
软件与信息服务产业	919.52	18.4	10.66
电子信息产品制造产业	484.12	11.2	5.26
移动互联网产业	593.43	28.7	6.45
集成电路产业	36.82	12.0	0.40
信息安全产业	177.00	15.0	1.92
机器人产业	12.90	5.6	0.14
合计(剔重)	1668.64	18.3	18.14

·农业·

【概况】 2014年，我市农业和农村工作以党的十八大、十八届三中全会和中央农村工作会议精神为指导，认真贯彻市委十一届六次全会精神和市人大、政协“两会”精神，深入实施城乡区域统筹发展战略，认真落实“杭改”十条，通过改革创新，着力打造美丽乡村建设升级版，促进农民持续快速增收和农村人居环境的不断改善，真正让农业成为有奔头的产业，让农民成为体面的职业，让农村成为安居乐业的美丽家园。全市实现农林牧渔业增加值278.58亿元，增长1.8%。其中农业增加值171.01亿元、林业增加值34.49亿元、渔业增加值28.24亿元，分别增长4.7%、1.1%和2.6%。牧业增加值40.62亿元，下降8.4%。新建省级现代农业园区19个，市级“菜篮子”基地49个，各级粮食生产功能区276个。全年粮食总产量62.54万吨，增长3.3%；水果产量87.65万吨，增长7.7%；水产品产量20.98万吨，下降5.9%；肉类产量29.85万吨，下降11.4%。

【突出保障农产品有效供给，现代都市农业进一步发展】 保供能力持续提升。据粮食生产统计监测，全年粮食播种面积160.88万亩、粮食产量63.09万吨，分别比上年增长2.7%和3.3%；全市建成肉禽蛋奶、水产和蔬菜“菜篮子”生产基地387个、面积12.1万亩、活体储备180万只。主城区蔬菜自给率58.3%，其中叶菜自给率79%，同比各增1.8%，全市主要畜禽产品自给率70%，水产品自给率74%。主城区“菜篮子”基地直供直销量达20.8万吨、同比增14.3%；蔬菜淡季、灾期的供应能力明显增强，春淡和秋淡期间叶菜(毛菜、青菜)日均上市量达150吨，确保了市场稳定供应和菜价平稳运行。两区建设稳步推进。省级现代农业园区建设整体推进，通过省级验收认定的园区67个，萧山江东现代农业综合区被列为全省标杆性现代园区；粮食生产功能区建设扎实推进，累计建成各级粮食生产功能区56.24万亩。新建省级现代农业园区19个，新建各级粮食生产功能区276个、面积12.84万亩，完成省下达“两区”建设年度任务。在全省率先开展旱粮生产功能区建设，出台《关于加快发展旱粮生产的实施意见》，新建旱粮生产示范基地112个、面积3.3万亩。生态农业扎实推进。创建省级生态循环农业示范县1个、示范区3个、示范企业2个，建成市级生态农业示范工程项目40个。积极推进农业水环境治理，科学编制了畜禽禁限养方案，关停养殖场6301家，整治养殖场1500多家；生态化改造水产养殖塘2.36万亩，推广稻鱼共生生态养殖1.3万亩，关停温室养殖189万平方米，增殖放流各类鱼苗1.16亿尾；深化农药化肥减量控污工作，推广病虫害绿色防控技术面积62.64万亩，完成测土配方施肥面积431.1万亩次，推广商品有机肥16万吨；深化农业废弃物资源化利用，严格控制秸秆焚烧，秸秆综合利用率达85%。开展渔业资源修复工作，放流各类水生生物1.147亿尾，圆满完成省、市下达的“五水共治”任务。农业基础条件不断改善。设施农业示范园进展顺利，建成市级设施农业示范园16个，实施设施农业推广项目88个；农田基础设施建设大力推进，改造中低产田项目66个、面积3.71万亩，新增提升标准农田质量3.5万亩，实施垦造耕地后续管护市级示范项目63个、面积7551亩；农机水平不断提升，新增各类农机具1.5万台(套)，全市农机总动力达353万千瓦；实施农机化促进项目24个，新建水稻育秧中心8个、烘干中心8个。山塘水库河道改造有序进行。全面推进“强塘”工程和农村水利建设。全市病险水库除险加固新增开工26座，完工22座。除险加固山塘159座，完工115座。完成农村河道整治304公里。完成农民饮用水安全工程建设投资1.24亿元，新增受益人口8.4万人。完成渠道改造617公里。中小河流重要堤防加固162公里。闲林水库工程、三堡排涝工程、钱江水利枢纽工程、钱塘江干堤三堡围堤等重点工程进展顺利。

【突出打造美丽乡村建设升级版，农村人居环境不断改善】 农村生活污水有效治理。按照省市“五水共治”的要求，把农村生活污水治理作为美丽乡村建设的重点和突破口。成立了市农村生活污水治理工作推进协调小组。目前，完成设计、工程招标的村分别为1031个、920个，全年有844个村、21.28万户全部完成污水治理任务，完成省定任务的117.8%。加强资金保障力度，市财政每年安排2.7亿元农村生活污水治理专项资金。全年累计完成工程建设投入21.2亿元，同时，通过成立技术指导组逐村进行指导、编制下发技术规范手册、开展师资培训班、加强工程监管等方式，规范有序的推进农村生活污水治理。美丽乡村建设继续深化。把美丽乡村建设作为新型城镇化的重要节点来抓。193个中心村建设，新启动62个精品村建设、第三批8个风情小镇、14条精品线路和7个精品区块有序打造。全年计划实施“美丽乡村”建设项目共2708个，实际实施项目2598个，占95.9%，其中完工2025项，完工率达到74.8 %，计划到位资金32.57亿元，已到位29.41亿元，资金到位率90.3%。“三江两岸”生态建设继续推进。淳杨环湖公路全线贯通，建德乾潭至子胥渡段、桐庐大坝至白云居绿道形象进度达到80%；新建沿江生态景观绿化带200多万平方米，累计完成715万平方米。继续开展沿江5个美丽乡村精品线路建设，实施绿道建设260公里，累计完成320公里。实施4个矿山整治，治理坟墓613穴，治理农业面源治理项目26个，整治和关停箱网养殖300多亩，全面完成三江流域沿线50米内构筑物整治工程，有效关停沿线畜禽养殖。

【突出促进农民持续快速增收，农村经济新型业态加快发展】 农村电子商务大力发展。以农村电子商务为主抓手，推动农村智慧经济和信息经济发展。建设农村电子商务公共服务平台，以杭州市农村电子商务公共服务平台为龙头，临安、桐庐、萧山、建德、淳安、富阳6个区县市共建成7个县级平台，初步形成了市县联动的公共服务格局。提供服务面积达到11371平方米，为575家农业电商企业提供服务，2014年平台电商销售额约为1.6亿元。制定出台《杭州市加快农村电子商务实施方案》与《杭州市农村电子商务项目扶持资金管理办法》，扶持4个电子商务特色村、20家农业电子商务企业、17个农村青年电子商务创业点、6个县级平台，举办农村电子商务培训班6场，授课38场次，培训700多人。据测算，全年全市优质农产品电子商务销售将超过50亿元，其中临安销售达16亿元，居全省第一。阿里巴巴选在桐庐试点，电商网与快递同时铺开，成为全国第一个农村电子商务试点。临安、桐庐等5个区、县(市)页和阿里巴巴及淘宝网进行合作，建设县级农村电子商务平台。成功与阿里巴巴淘宝网合作开展“中国杭州-淘宝临安山核桃”活动，4家参与企业一周销售额达到987万元，销售山核桃近5万斤，借网销售成效显著。新型农业经营体系积极构建。加大职业农民培育力度，全年完成农民素质提升培训12.22万人。建立以家庭承包农户为基础，专业种养大户、家庭农场和合作农场、农民专业合作社、农业龙头企业等为骨干，其他组织形式为补充的新型农业经营体系。修订出台《杭州市农产品加工企业培育和扶持资金管理办法》。新命名市级农业龙头企业40家，累计达到634家；扶持筹备上市农业企业项目9个，下达扶持资金320万元。新出台《杭州市示范性家庭农场认定管理办法(试行)》，培育36家市级规范化农民专业合作社、50家市级示范性家庭农场。开展农民专业合作社资金互助会试点工作。

【突出全面贯彻落实“杭改十条”，农村改革有序推进】

土地承包权登记管理制度基本建立。印发了《完善农村承包耕地确权登记工作操作规程》，在核查的基础上，围绕“不变不动、应发尽发、应变尽变、应销尽销、定面定位”原则进一步完善农村耕地承包确权登记工作。全市完成2235个村的土地承包调查摸底工作，新签、补签、变更承包合同户数17727户，新发、补发、变更、收回、注销承包权证28943本，分别占应调查、应签和应变的100%、19.6%和23.4%。村级股份制改革全面推进。在人口股和农龄股的基础上，增设土地(承包经营权)股，建立综合性股份经济合作社，实行“动静结合”的股权管理制度，进一步扩大集体股份分红覆盖面。全年新增784家，累计完成2011个，占全市村级集体经济组织总数的82.8%。农村土地流转与规模经营持续推进。加强对整村、整组、整畈土地流转和家庭农场、农民专业合作社等新型农业经营主体流转土地承包经营权以及对到期流转合同续签或二次流转工作的指导，确保农村土地承包经营权流转规范有序。全年新增耕地流转面积5.34万亩，累计达到106.5万亩。新出台有关推进农村土地流转经营权抵押贷款工作的指导意见，贷款上限100万元，享受在现行利率的基础上，至少下降10%的优惠政策。明确由杭州农信系统在全市率先推出农村土地流转经营权抵押贷款产品，着力破解农业经营融资难瓶颈问题。

【突出提高杭州整体发展的均衡性，区县协作进一步深化】 区县(市)协作力度不断加大。考虑富阳市经济社会发展的实际，调整了区县(市)协作联络组，由五个协作组优化调整为四个协作组，将萧山区、上城区分别调整到了建德市、淳安县，加强了淳安县、建德市的协作力量。四个协作组累计实施协作项目114个，落实协作资金3.58亿元。“联乡结村”帮扶机制继续深化。在原来帮扶集团的基础上新组建4个市级帮扶集团，分别联系淳安县石林镇、建德市莲花镇、桐庐县瑶琳镇、临安市清凉峰镇，市级帮扶集团达到42个。共落实帮扶资金1.62亿元，实施“联乡结村”共建项目1514个，总投资达13.54亿元。在帮扶项目落实中，进一步突出民生建设和产业发展，切实增强“造血”功能，同时，对扶贫资金的监管更加规范，扶贫资金、项目达到了公开、公正、透明的要求。低收入农户增收步伐继续加快。出台了《杭州市低收入农户收入倍增实施意见》，2014年从“联乡结村”市级财政专项资金中切出840万元，用于42个市级结对帮扶乡镇的低收入农户增收项目；安排600万元专项资金用于低收入农户“来料加工”产业补助；安排800万元用于150个低收入农户集中村的“来料加工”厂房建设项目，明确到2017年，全市低收入农户人均纯收入在2012年的基础上翻一番，达到12000元的目标，并将低收入农户增收列为市委市政府对各地综合目标考核内容。继续开展“一户一策一干部”活动，扩大最低生活保障覆盖面，全市纳入低保的低收入人数达73839人，占低收入人口总数的26.8%。下山集聚工程扎实推进。按照“移得下、富得起、稳得住、建得好”要求，积极做好居住在高山、深山及地质灾害地区农民下山搬迁，向城镇、中心镇和中心村集聚，全年完成下山移民1739户、5791人。

·工业和建筑业·

【抓产业培育，工信经济实现提质增效】 2014年，围绕市委、市政府“杭改十条”、“一号工程”等重大决策部署，聚焦信息经济、产业培育、有效投入、节能降耗、四换三名、企业服务六大重点工作，强化举措，优化服务，狠抓落实，全市工业经济保持提质增效的较好发展态势，信息经济发展实现良好开局。全市实现工业增加值3426.42亿元，增长8.6%，其中规上工业增加值2805.25亿元，增长8.9%。战略性新兴产业实现增加值813.12亿元，装备制造业实现增加值921.40亿元，高新技术产业实现增加值1096.63亿元，分别增长13.0%、9.3%和10.5%。新产品产值率由上年的27.9%提高到31.2%。全市规模以上工业企业实现主营业务收入12462.36亿元，比上年增长5.4%；实现利税1490.68亿元，增长9.5%，其中利润876.28亿元，增长10.5%。工业产品产销率为98.61%。

【多措并举，质量效益稳步提升】 着力抓投入、调结构、稳增长，全市召开实体经济大会、工业稳增长电视电话会议，制定出台《进一步优化服务促进企业发展稳定工业增长的实施意见》、《加快促进信息消费扩大内需的实施意见》以及“三名工程”、大企业大集团和小微企业上规模培育计划等政策意见，评选表彰突出贡献企业及其主要经营者，工业经济总体呈现较好发展态势。工业经济平稳增长，全年实现规上工业总产值12945.28亿元，增长6.2%，产销率达98.6%；实现规上工业增加值2805.25亿元，增长8.9%。质量效益稳步提升，全年实现规上工业利税1490.68亿元，增长9.5%，其中利润876.28亿元，增长10.5%。33家企业入选中国制造业企业500强，7家企业入选全省第一批38家“三名”培育试点企业，全年完成工业“小升规”500家。

【全力推进，信息经济势头良好】 软件产业、电子商务继续保持快速增长势头，其中软件业务收入1750.54亿元，增长22.9%；电子商务服务收入740.24亿元，增长48.4%。围绕市委、市政府“一号工程”的决策部署，各区、县(市)及各相关部门高度重视，行动迅速，全力以赴抓好落实。市委市政府建立了主要领导担任双组长的领导小组，以及市领导联系重大项目制度。制定出台了《加快发展信息经济的若干意见》，组织编制了《杭州市发展信息经济总体规划（2014-2020)》、“六大中心”建设以及智慧应用三年行动计划、《信息经济重点工作任务分工》。以“五区一体系”建设为重点的阿里巴巴战略合作以及与中国工程院、北京大学、中国电信、思科(中国)总部的战略合作项目稳步推进。首届中国电子商务博览会、阿里云开发者大会成功举办，云栖小镇、杭州云谷、西溪谷、梦想小镇、杭州湾信息港、望江智慧产业园有序推进，国家电子商务产品质量信息服务平台、智慧医疗等智慧应用加快推进。成功创建中国软件名城。深化“中国快递示范城市”建设，在主城区建成“E邮柜站”889个。

【创新投入，产业结构调整加快】 2014年，全市规上工业实现装备制造业增加值921.40亿元，增长9.3%；战略性新兴产业增加值813.12亿元，增长13.0%；高新技术产业增加值1096.63亿元，增长10.5%；工业新产品产值4038.00亿元，增长18.6%。计算机通信及电子设备、医药、汽车等制造业增长较快，产值分别增长15.1%、16.5%、18.7%。全力以赴推进以“机器换人”项目为重点的有效投入，实施技术改造项目2237个，完成工业投资913.40亿元，其中机器换人项目681个。3D打印、机器人、传感器等一批特色产业园以及长安福特、西子航空、比亚迪、海正药业、中烟二期等一批重点项目建设加快推进。物联网、半导体照明、分布式光伏发电等示范应用项目稳步推进。以国家新一轮新能源汽车推广应用试点城市为抓手，积极协调推进基础设施建设，推广微型汽车私人分时租赁模式，推广应用比亚迪纯电动公交车和出租车，已推广应用新能源汽车6164辆。积极推进技术创新和新业态发展。新认定14个重点产业技术联盟，20家企业成为省级企业技术中心，4家企业成为国家企业技术中心，2家企业荣获国家技术创新示范企业。

【攻坚克难，节能降耗决战决胜】 按照国家节能减排综合示范城市“五年任务四年必须完成”的要求，在市委、市政府的大力推动下，坚定“背水一战、确保全胜”的决心，扎实抓好工作落实，全市单位GDP能耗同比下降6.4%以上。全面推行用能预算化管理，实行用能量按季统计、考核、通报制度。以单位用能的增加值为主要指标，分地区对全市 2013 年综合能耗 3000 吨标准煤以上的 862 家重点用能企业进行 A、B、C 三档分类排序，并向社会公布，在有序用电、节能预警调控、项目审批等方面实行差别化政策。严格产业准入，通过节能评估审查，否定了一批高能耗项目；坚决禁止新上水泥项目，对造纸、化纤、印染等传统高能耗行业以及万元增加值能耗高于控制目标(0.67 吨标准煤)的项目一律实行等量或减量置换。加大"无燃煤区"三年行动方案实施力度，完成半山电厂 4 号燃煤机组关停工作，积极推进杭钢转型工作。完成淘汰落后产能任务 698 家(项)，完成重污染高能耗行业整治提升、搬迁入园企业 502 家，初步估算腾出用能空间 64.5 万吨标煤，盘活存量土地 13574 亩。

【加强对接，企业服务深入推进】 以送政策、促融资、拓市场、解难题为主题，深入开展转作风优服务强创新、"五帮一化"、服务企业服务基层蹲点抓点等专项活动。加强中小企业转贷引导基金运作，与 14 家银行机构建立合作关系，全年已帮助 821 家企业完成 1169 笔转贷业务，转贷金额 78.96 亿元，为企业节省支出 1 亿元。发挥金融超市平台服务功能，122 家企业通过平台服务获得银行贷款 3.9 亿元。积极开展中小微企业科技服务，已在平台上聚集了 8 个门类 46 支专业服务团队，建立了企业需求库、技术成果库等 6 大数据库，全年组织技术对接交流活动 77 场次，累计服务企业 2045 家。举办工艺美术、丝绸女装、工业设计等重大展会和活动，提升产业影响力。顺应信息经济发展需求，组织开展多形式、多层次的企业经营管理人才培育，全年举办各类培训班 150 期，培训人数 12000 人次，完成大学生实训 7800 人。扎实做好减轻企业负担工作。深化行政审批制度，取消 12 项、下放 4 项行政审批事项；全年受理 1033 个审批服务项目，全部当天办结。

【建筑业】 2014 年，在建筑业市场外部竞争激烈、要素制约增强的大环境下，全市实现建筑业总产值 3971.39 亿元，同比增长 5.7%。完成竣工产值 2166.59 亿元，增长 3.1%，增幅较上年回落 16.6 个百分点。从构成看，全市完成建筑工程产值 3489.41 亿元，增长 5.0%，增幅较上年回落 9.7 个百分点；安装工程产值 373.54 亿元，增长 14.2%，增幅较上年提高 8.4 个百分点；其他产值 108.44 亿元，增长 4.4%，增幅较上年提高 1.3 个百分点。分区域看，我市建筑业产值前三甲的区县(市)分别是萧山区、西湖区和滨江区，分别完成建筑业产值 1192.26 亿元、852.55 亿元和 852.55 亿元；分别占全市建筑业产值的 30.4%、21.8%和 9.8%。建筑业产值增幅居前三位的分别是余杭区、桐庐县和富阳区，分别增长 18.7%、14.1%和 11.9%。 2014 年，我市建筑业企业工程结算收入 3440.03 亿元，同比增长 3.1%，增幅较上年回落 11.2 个百分点 。高资质建筑业企业平稳发展。近年来，我市 7 家建筑业特级企业生产情况良好，市场份额进一步扩大。2014 年，7 家特级企业在手合同额 1287.83 亿元，增长 7.9 %，增幅比全市平均水平高 2.3 个百分点，其中本年新签合同额 831.89 亿元，增长 8.3%，增幅高于全市平均水平 4.8 个百分点。实现建筑业产值 767.86 亿元，工程结算收入 568.28 亿元，分别增长 8.5 %和 5.8%，增幅分别高于全市平均水平 2.8 和 2.7 个百分点。省外市场拓展步伐放缓。2014 年，我市建筑业企业在省外完成建筑业产值 1242.54 亿元，增长 3.1%，增幅较上年回落 4.7 个百分点。占全部建筑业总产值的 31.2%，较上年下降 0.9 个百分点。

·固定资产投资·

【概况】 2014 年，我市认真贯彻落实省委、省政府扩大有效投资决策部署，加大投资项目推进力度，全市固定资产投资呈现平稳增长态势。实现固定资产投资 4952.70 亿元，增长 16.2%，增速较上年提高 1.7 个百分点，高于全国平均水平 0.5 个百分点，但低于全省平均水平 0.4 个百分点。

【服务业投资支撑作用显著】 2014 年，全市服务业投资 4018.38 亿元，增长 20.2%，增幅高于全市固定资产投资 4 个百分点。占全市固定资产投资的 81.1%，较上年提高 2.7 个百分点。拉动全市固定资产投资增长 15.8 个百分点。其中，生产性服务业投资 561.99 亿元，增长 21.9%，高技术服务业投资 158.89 亿元，增长 39.1%，信息传输、软件和信息技术服务投资 89.31 亿元，增长 69.6%，增幅分别高于全市服务业投资 1.7、18.9 和 49.4 个百分点。随着省委省政府"五水共治"重大决策部署的推进，生态保护和环境治理成为各级政府的重要核心工作之一，我市生态保护和环境治理业投资也呈现较快增长态势，全年增长 21.1%，增幅高于全市固定资产投资 4.9 个百分点，高于全部服务业投资 0.9 个百分点。

【工业投资增幅"由负转正"】 2014 年，全市完成工业投资 913.40 亿元，增幅由一季度-8.3%转为 0.3%，回升 8.6 个百分点。其中制造业投资 794.29 亿元，增幅由一季度-6.0%转为 0.7%，提高 6.7 个百分点。工业投资中,完成技术改造投资662.20亿元,同比下降10.2%;技术改造投资占工业投资的比重为72.5%。一是大项目拉动作用增强。2014年,全市亿元以上工业项目488个,较上年增加40个,计划总投资1804.52亿元,增长7.3%,增幅较上年提高6.3个百分点;完成投资535.35亿元,增长6.8%,增幅高于全部工业投资6.5个百分点,较上年提高1.9个百分点,拉动工业投资增长3.7个百分点。二是战略性新兴产业投资增势好于工业投资。2014年,全市战略性新兴产业投资252.94亿元,增长3.0 %,增幅高于全市工业投资2.7个百分点。其中生物产业、海洋新兴产业和新能源汽车投资增长势头良好,分别增长27.9%、24.5%和19.9%。战略性新兴产业投资占全市工业投资比重达27.7%。三是高新技术产业投资降幅逐季缩小。2014年,全市高新技术产业投资233.39亿元,同比下降1.2%,占全市工业投资比重为25.6%。四是装备制造业投资降幅收窄。2014年,全市装备制造业投资354.28亿元,同比下降3.9%,降幅较上半年和三季度分别收窄7.6和6.3个百分点,其中专用设备制造业和汽车制造业投资增长较快,分别增长20.2%和26.7%。装备制造业投资占全市工业投资比重为38.8%。

【房地产开发投资引领增长】 2014年,全市实现房地产开发投资2301.08亿元,增长24.2%,增幅较上年提高8.2个百分点。其中,住宅投资1337.02亿元,增长14.3%;办公楼投资253.43亿元,增长50.1%;商业营业用房投资269.67亿元,增长54.2%;其他投资440.96亿元,增长29.7%。房地产开发投资对全市固定资产投资增长的贡献率由上年47.3%提高到65.0%,上升17.7个百分点。拉动全市固定资产投资增长10.5个百分点,较上年提高3.6个百分点。

【民间投资贡献率明显提升】 2014年,全市完成民间投资2851.41亿元,增长26.5%,增幅较上年提高17.1个百分点,高于全市固定资产投资10.3个百分点。占全市固定资产投资的57.6%,较上年提高4.7个百分点。对固定资产投资增长的贡献率为86.8%,较上年提高50.9个百分点。拉动全市固定资产投资增长14个百分点,较上年提高8.8个百分点。分产业看,第一产业民间投资15.29亿元,增长128.8%,占全部第一产业投资的80.2%;第二产业民间投资625.19亿元,增长1.4%,占全部第二产业投资的68.3%;第三产业民间投资2210.93亿元,增长35.6%,占全部第三产业投资的55.0%。

【基础设施投资力度加大】 2014年,我市积极推进基础设施建设,全市完成基础设施投资1005.53亿元,增长18.0%,增幅高于全市固定资产投资1.8个百分点,较上年提高8.5个百分点。基础设施投资九大行业中,六大行业保持不同程度的增长。其中,投资额居前三位的为水利环境和公共设施管理、交通运输仓储和邮政业、电力燃气及水的生产供应业,分别完成投资394.04亿元、312.97亿元和113.13亿元;增速居前三位的为广播电视电影和音像业、教育设施、交通运输仓储和邮政业,分别增长159.0%、49.1%和31.8%。

【新开工项目推进步伐加快】 2014年,我市新开工项目投资带动作用明显。全市新开工项目(不含房地产企业开发项目)3011个,较上年增加195个,完成投资1179.20亿元,增长17.2%,增幅高于全市项目投资7.2个百分点,高于全市固定资产投资1个百分点。占全市项目投资的44.5%,较上年提高2.8个百分点;占全市固定资产投资的23.8%,较上年提高0.2个百分点;拉动项目投资和固定资产投资分别增长7.2和4.1个百分点。在新开工项目投资中,工业新开工项目1519个,完成投资472.28亿元,增长8.9%,占全市新开工项目投资的40.1%;服务业新开工项目(不含房地产企业开发项目)1401个,完成投资690.44亿元,增长22.2%,占全市新开工项目投资的58.6%;基础设施新开工项目1143个,完成投资433.25亿元,增长27.8%,占全市新开工项目投资的36.7%。

·交通和邮电业·

【依托项目带动,加快基础设施建设】 全力推进"两张网"建设。轨道交通建设方面,地铁2号线东南段于11月24日开通试运营;4号线首通段顺利实现"轨通"目标;地铁1号线下沙延伸段、2号线一期工程西北段、4号线一期工程全面推进,2号线二期、5号线一期、6号线一期加快开展绿化、管线迁改等前期工作。快速路网建设方面,秋石快速路三期、秋涛南路改造提升工程、机场快速路改造、环城北路地下通道等重要节点工程全面推进,拱康路等15条主次干路已完成,萍水东路等7条道路已开工,12个人行过街设施全部开工建设。加大新城建设力度。新城新区建设工作全面突破,钱江新城、城东新城、奥体博览城三大新城完成投资314.8亿元。大江东、下沙、之江等新城的市政基础设施和公共服务设施项目建设加快。奥体博览城国际博览中心项目主体结构通过验收,主体钢结构安装完成。交通基础设施建设加快推进。杭长铁路浙江段电气化接触网全线贯通,杭黄铁路正式开工。萧山机场公路改建工程5月份实现了全封闭施工,整体进展良好。淳杨公路上江埠至汾口段改建、03省道杭州绕城高速至萧山临浦段等项目建成通车,富春江船闸扩建改造、杭新景高速公路建德寿昌至开化白沙关建德段、杭金衢高速公路拓宽杭州段、杭长高速公路延伸线(吉鸿路)工程、杭州绕城下沙互通至江东大桥高速公路等续建项目按计划平稳推进,京杭运河二通道、绕城高速公路西复线、临金高速公路、千黄高速公路、杭宁高速公路拓宽等项目积极协调推进。

【创新治理举措,交通拥堵有所缓解】 积极探索交通治堵新途径。全面推行小汽车"双限"新政,交通拥堵状况显著改善,早、晚高峰拥堵指数分别由5.5下降至4.6,5.0下降至4.2。大力推进公共停车产业化发展,鼓励社会力量投资建设公共停车场库,全市在建社会力量投资项目占公共停车场库建设项目的30%以上。开展老居住小区交通综合治理及拼车试点,采取大封闭、单行线、支小路整治、泊位挖潜、公共交通完善等综合措施,改善老居住小区出行状况。出台差别化停车收费政策,实行分类别、分时段、分地区的差别化停车收费标准,日均泊位周转次数由实施前2.6次提高至3.2次,长时间占用道路收费泊位的车辆明显减少。大力落实公交优先举措。新增公交专用道(双向建设)40.3公里,新增公交站点40个,建成公交首末站5个,新增公交车400辆、新增公共自行车6000辆。配合"双限"新政实施,已陆续开通了10条高峰地铁换乘线路、10条地铁接驳线路、推出第二批10条守时服务线路,开展20条拥堵线路整治提升、延长15条线路服务时间。目前,公共交通日均客运量达377万人次,比上年增长4.1%,主城区公交分担率全年提高3.1个百分点。其中,地铁1号线全天运营服务时间已达18小时,日均客流从开通初期的14万人次,提升到目前的约42万人次。地铁高峰客流"五一"期间创新高,突破80万人次。

【交通运营能力进一步增强】 综合交通运输结构不断优化,全年公路货运量23202万吨、客运量17431万人;港口货物吞吐量10084万吨、水路货运量5797万吨、水路客运量616万人;铁路货运量312万吨、客运量4689万人;民航货运吞吐量39.9万吨、旅客吞吐量2553万人次。平稳有序做好春运和假日运输及重大节日收费公路免费通行工作,4个节假日期间7座以下小客车免费通行总流量为1339万辆次,同比增长15.61%。之江大桥实现了免费通行。推进城乡统筹发展,建成200公里农村联网公路,完成160公里国省道路面大中修和539公里农村公路大中修,全市行政村客运通达率达99.6%,城乡客运一体化率达88.6%。

【邮政电信业稳步增长】 促进邮政行业蓬勃快速发展。全市邮政企业和全市规模以上快递服务企业业务收入(不包括邮政储蓄银行直接营业收入)累计完成117.67亿元,同比增长67.5%;业务总量累计完成178.37亿元,同比增长81.5%。其中,全市规模以上快递服务企业业务量累计完成8.46亿件,同比增长80.5%;业务收入累计完成102.23亿元,同比增长81.4%,增幅远超全国平均水平。业务量、业务收入均在全国各大城市排名第五,在省会城市中排名第二。推进投递能力建设。快递企业加快枢纽改造升级,全市新增快递分拨场地近20万平米,总分拨场地达50余万平米,日处理能力达到750万件。申通华东分拨中心投入运行,中通分拨中心落成,韵达、汇通等其他快递企业也完成新分拨场地扩建或租用。邮政企业继续加快商务投递网的建设,将重点区域投递服务区域并入商务投递,提升投递品质,全年投递商务邮件约300万件;新增国内商务小包分拣机,大大提高分拣效率,共处理国内商务小包约1425万件。推进邮政服务平台建设。全市共新建、改造邮政网点5个;新增信息化村邮站71个,累计便民服务交易189.44万笔,同比增长28.03%,网上预约挂号服务项、普惠金融建设、农村网购试点等工作逐步推进,村邮站服务内涵不断拓宽;新型报刊亭不断优化提升,居民足不出户即可享受缴纳电费、购买车票等服务,亭身LED屏滚动播放的公益广告占比达到50%以上。超额完成"E邮站"建设工作。在社区、院校、写字楼等地设立"E邮站",采取全自助、"人工+自助"和全人工三种模式,提供包裹自取、二次投递及其他便民服务。全市累计建设"E邮站"889个,提前超额"为民办实事"项目指标,为解决快递派送"最后100米"投递问题作出有力实践,大幅提高了快递末端配送效率。目前已有40多家快递公司在"E邮站"注册,注册快递员达5100余人,全年投递总量逾127万件。

·财政、金融、保险业·

【财政】 全年完成财政总收入1920.11亿元,比上年增长10.7%,其中地方一般公共预算收入1027.32亿元,增长8.7%。全市一般公共预算支出961.18亿元,增长12.3%,其中用于民生支出712.58亿元,增长

13.3%，占财政总支出的74.1%，同比提高0.7个百分点，住房保障、医疗卫生与计划生育、科学技术等民生项目支出分别增长21.0%、15.3%和13.3%。行政经费有效控制。全市各类会议、活动分别减少16.0%和35.5%，“三公”经费下降37.1%。

【金融】 2014年，全市金融工作围绕加快建设区域性金融中心目标，深化与在杭金融监管部门和金融机构合作，金融服务实体经济能力进一步增强，财富管理中心建设全面启动，私募金融、互联网金融等新兴金融业态快速发展，金融运行总体平稳。全年实现金融业增加值962.17亿元，同比增长9.8%，高于全市GDP增速1.6个百分点。金融业增加值占全市GDP比重10.5%，高于上年0.3个百分点。全年实现新增全社会融资总量2821.89亿元全市新增人民币贷款1767.5亿元，外币贷款9.06亿元，委托贷款145.17亿元，信托贷款337.88亿元，银行承兑汇票-128.19亿元。企业上市挂牌步伐加快。新增炬华科技、思美传媒、阿里巴巴等7家上市公司，募集资金1684.69亿元。13家上市公司实施定向增发，募集资金83.74亿元。目前，我市上市公司总数达到109家，其中境内上市企业80家、境外上市29家，累计募集资金2752.60亿元。全市有25家企业在全国中小企业股权转让系统（新三板）挂牌，浙江股交中心成长板挂牌企业新增8家，累计40家；创新板挂牌企业新增168家，累计314家。

【保险】 全市保费收入320.41亿元，比上年增长14.8%，其中，财产险保费收入141.09亿元，增长11.2%，人身险保费收入179.32亿元，增长17.7%。支付各类保险赔款119.03亿元，增长16.3%，其中财产险83.23亿元，增长6.9%，人身险35.80亿元，增长46.0%。

·商贸业和餐饮业·

【总量持续扩大，增速有所放缓】 2014年，全市实现社会消费品零售总额3838.73亿元，增长8.7%，增幅较上年回落4.3个百分点。从月度增长趋势来看，受汽车限牌政策因素影响，我市消费品市场高位开局，3月社会消费品零售总额增幅达35.2%，为近年来单月最高增速；4月由于暂停上牌，迅速下降至-2.4%；之后市场缓慢回复，9月逐渐升至10.6%；四季度由于上年基数较高，略有回落。从单月零售额完成情况看，4月份最低为258.29亿元，12月最高为396.77亿元。全年月均零售额为319.89亿元，比上年月均增加25.63亿元。

【商品销售增速回落，餐饮市场有所回暖】 2014年，我市批发和零售企业受多种因素影响，增速放缓，全年实现商品零售额3451.15亿元，增长9.1%，增幅较上年回落5.2个百分点；住宿与餐饮企业通过积极转变经营模式，拓宽服务领域，提高创新服务，经营环境有所回暖，全年实现餐饮收入387.58亿元，增长5.5%，增幅较上年回升2.2个百分点。

【市场发展不均衡，城郊差异有所扩大】 由于消费政策的影响，消费品零售额在各区、县（市）间差异进一步扩大。郊县受汽车限购政策影响较小，同时在市场基础设施建设方面日益完善，居民购买力不断增强，市场消费增长幅度明显快于市区。2014年市区实现消费品零售额3282.89亿元，增长7.9%，增幅低于全市0.8个百分点，较上年回落了4.7个百分点；占全市比重达85.5%，比重较上年下降0.6个百分点。五县市实现零售额555.84亿元，增长13.6%，增幅高于全市4.9个百分点，较上年回落了2.1个百分点。

【刚性需求增势平稳，时尚商品有所回落】 从限额以上批发和零售企业的商品类值统计看，基本生活类商品零售增势稳中有升。2014年，全市实现粮油食品饮料烟酒类零售额261.42亿元，增长14.6%，增幅较上年提升1.3个百分点；实现服装鞋帽针纺织品类零售额232.48亿元，增长10.8%，增幅较上年提升3.1个百分点；实现日用品零售额122.18亿元，在上年增长22.4%的基础上，继续增长11.7%。提高生活品质、追求时尚潮流的商品增速回落较快。电子出版物及音像制品类（-11.9%）、汽车类（-5.6%）和体育娱乐用品类（-5.0%）零售额同比下降；金银珠宝类零售额67.29亿元，增长1.4%，增幅较上年回落22.3个百分点；通讯器材类零售额40.41亿元，增长1.0%，增幅较上年回落26.1个百分点。

【汽车石油类回落较快，拉低作用明显】 汽车类、石油及制品类在我市商品分类零售额中总量排名前两位，其对我市消费市场的走势有着重要的影响。由于我市实行小客车总量调控管理政策，对小客车牌照进行增量配额指标管理，汽车消费受到一定程度的抑制。全年汽车类实现零售额737.32亿元，同比下降5.6%，增速较上年回落16.5个百分点；占全市零售额比重19.2%，较上年回落2.9个百分点；若剔除汽车类，全市零售额增长12.8%，汽车类拉低我市零售额4.1个百分点。石油价格持续走低，同时受煤炭、焦炭等替代品能源价格下行的影响，全年石油及制品类实现零售额369.58亿元，增长4.0%，增幅较上年回落6.6个百分点，拉动我市零售额增幅由上年的1.1个百分点减少为0.4个百分点。占全市零售额比重9.6%,较上年下降0.5个百分点。

【电子商务发展迅速，网络销售快速增长】 电子商务发展迅猛，我市越来越多的商贸企业借助互联网开拓新市场和新业务,拓展销售渠道,改变销售模式,从而搭上发展的快车道。尤其是“双十一”、“双十二”等网络购物节的成熟,进一步扩大了电子商务模式的影响力。2014年,我市限额以上批发和零售企业通过互联网实现商品零售额242.9亿元,增长38.4%,增速明显快于全市零售额增长幅度。

·旅游业·

【概况】 2014年,我市旅游经济运行呈现平稳缓升向好的发展态势,入境旅游止跌回升,国内旅游、出境旅游快速增长、乡村旅游蓬勃发展。各项指标均实现并高于年初目标。全年累计实现旅游总收入1886.33亿元,同比增长17.63%,高于去年同期2.44个百分点。

【旅游市场快速增长，运行趋势总体良好】 入境旅游止跌回升。我市入境旅游市场从5月份开始止跌回升,并保持了小幅增长的态势。全年接待入境旅游人数326.13万人次，同比增长3.2%，实现旅游外汇收入23.18亿美元,同比增长7.3%。入境人数和旅游外汇收入增幅分别去年同期上升7.77个百分点和9.1个百分点。国内市场快速增长。2014年全市接待国内旅游10606.43万人次,同比增长12.72%,增幅比上年同期回落1.49个百分点,实现国内旅游1743.88亿元,同比增长18.64%,增幅高于上年同期1.35个百分点。2014年,春节黄金周和清明、五一、端午、中秋和十一收费景区接待游客量和门票收入均有较大幅度的增长。增幅分别达到20.38%、36.91%、42.28%、27.84%和15.7%,门票收入增幅分别达到34.52%、42.8%、35.5%、55.72%和7.29%。出境市场保持强劲增长。全年旅行社累计组织出境旅游人数达119.15万人次,同比增长16.24%,增幅高于上年6.12个百分点。特别值得一提的是,受东南亚局势的影响,中日关系恶化,我市日本市场出现大幅下降,2013年赴日本旅游与2012年相比下降43.5%。但从2013年年底以来,日本市场呈现大幅度的反弹，每月都呈数倍的增长,2014年全年赴日接待13.36万人次,同比增长220%。拓宽项目投资渠道,项目建设稳步推进。加大休闲旅游投资是提升杭州旅游综合竞争力的重要因素。2014年,全市118个旅游项目年度计划投资90亿元,1-12月份全市旅游重大项目实际完成投资118亿元。萧山湘湖旅游度假区、富阳杭州龙门永安运动休闲综合体、桐庐富春江(芦茨)乡村慢生活体验区绿道、建德严州古城综保二期工程、淳安杭州华联千岛湖国际商务度假中心、余杭塘栖运河综保工程谷仓博物馆、运河申遗馆、余杭方志馆、老字号展示馆等建设项目正稳步推进,部分工程已经完工。

·对外经济·

【招商引资量质并进】 2014年,我市以完善招商引资体制机制为抓手,统一招商政策、整合招商平台、统筹招商力量、优化招商环境,着力推动招商引资工作朝着优化结构、拓展深度、提高效益的目标转变。全市实到外资63.35亿美元，同比增长20.1%，占全省比重40.1%;到位内资1054.07亿元,同比增长22.5%。积极打造浙商创业创新高地，支持浙商创业创新工作继续走在全省前列。全市浙商回归引进项目到位资金520.06亿元，完成市下达目标任务480亿元的108.35%,同比增长8.3%(完成省下达目标任务400亿元的130.02%,同比增长24.36%,总量位居全省第一)。全市浙商回归引进亿元以上项目149个，到位资金413.9亿元,占项目总到位资金的79.59%。其中,引进5亿元以上项目21个,到位资金180.61亿元,占项目总到位资金的34.73%。同时,引进优质项目(总部经济、总投资2亿元以上的产业项目)152个，到位资金387.96亿元。其中总部经济项目10个,到位资金24.31亿元,重大产业项目142个、到位资金363.65亿元。坚持招大引强,引资质量进一步提升。突出大企业、大项目招引。全市引进总投资3000万美元以上外资大项目108个，合计总投资109.39亿美元，占全市总量的82.3%。单个项目总投资较上年大项目增加了560万美元。引进世界500强项目12个,目前累计已有107家世界500强在杭投资设立项目179个，其中5家为我市首次引进的世界500强。全市引进亿元以上内资项目153个,到位资金426.72亿元。其中,引进四个500强企业(中国500强企业、中国制造业500强企业、中国服务业500强企业、民营500强企业)亿元以上项目17个,到位资金64.39亿元;引进央企项目12个,到位资金23.18亿元;引进总部项目10个,到位资金19亿元。突出招新引优,引资结构进一步优化。外资方面,服务业成为利用外资主阵地，实到外资50.5亿美元,同比增长31.6%。其中,批零贸易、餐饮业实际到资3.88

亿美元，同比增长22.9%；科创、研发及综合技术服务产业实际到资4.81亿美元，同比增长57.7%。内资方面，十大产业招引成效明显，到位内资545.38亿元，同比增长26.2%，占我市引进资金总额的51.7%，占比提高1.5个百分点。加强平台招商，引资渠道进一步拓宽。成功举办2014中国全球投资峰会和2014世界杭商大会，充分利用大会(峰会)平台加大洽谈对接力度，扩大招商引资工作成效。开发区在招商引资方面的主平台、主阵地作用进一步发挥，全市国家级开发区实际利用外资28.64亿美元，同比增长达28.6%，占全市比重达45.2%。

【对外贸易势头良好】 2014年，全市围绕"稳增长、促转型"的工作基调，全力以赴稳定外贸增长。全市完成出口491.66亿美元，同比增长9.8%，其中不含省属出口(以下口径同)427.68亿美元，增长11.3%，分别高于全省、全国1.4和5.2个百分点。开拓国际市场成效明显。积极发挥国际展会接订单、拓市场的作用，重点组织企业参加了广交会、华交会等境内外重要展会，举办了杭州户外展、东欧(波兰)中国家居品牌博览会等自办展，开展"千家外贸企业开拓国际市场培训"系列活动。重点市场开拓成效明显，传统市场中对欧盟、美国出口增长较快，分别增长15.3%、13.3%，新兴市场中对东盟出口增长较快，同比增长25.2%。外贸出口转型升级步伐加快。出口产品结构进一步优化，机电、高科技产品增速较快，成为杭州出口主力军，分别占出口总额42.6%和12.9%。其中，机电产品出口增长15.3%，高科技产品出口增长21.1%。民营企业成为出口增长主力军，完成出口264.01亿美元，占出口总额的61.7%，同比增长15.5%，高于全市平均增速4.2个百分点。积极打造外贸出口综合服务平台，浙江一达通企业服务有限公司落户滨江，并于9月28日正式启动运营，已完成全年出口5097万美元。出口品牌建设稳步推进，着力构建以技术、品牌、质量、服务为核心的出口竞争新优势，全市名牌企业完成出口97.31亿美元，占全市出口总额的22.8%。跨境电子商务蓬勃发展。积极推进跨境电子商务综合试验区建设，有关政策体系、业务体系、管理机制和保障措施初步建立。杭州(中国)跨境贸易电子商务产业园成功开启"直购进口"模式，杭州(下沙)出口加工区开通"保税网购"模式。跨贸园开园至今，完成共计B2C跨境零售出口贸易额1782万美元，进口累计验放清单104.26万票，进口货值2.2亿元。其中"双11"期间就完成业务交易订单超过37.08万单，交易金额7157万元。

【境外投资加快发展】 2014年，我市积极引导企业利用国内、国际两个市场、两种资源，不断完善"走出去"公共服务体系，加快企业"走出去"发展步伐。全市境外企业中方投资额10.86亿美元，其中新批对外投资项目128个，中方投资额7.58亿美元。截至2014年底，我市累计批准对外投资项目1095个。境外投资重大项目进展顺利。借鉴泰国罗勇工业园区建设经验，积极推进恒逸文莱石化项目、锦江印尼铝矿项目、华立集团缅甸工业园区等项目的前期工作。锦江集团印尼氧化铝项目中先行启动的水泥厂中方投资额9000万美元，成为我市继恒逸文莱石化项目后又一重大资源性境外投资项目。投资领域多元化发展。新批对外投资项目涉及实业投资、房产中介、影视制作、建筑咨询等。主要分布于香港、美国、德国、法国、意大利、泰国、莫桑比克等国家和地区。

【服务外包稳健发展】 全市承接服务外包合同签约额84.83亿美元，合同执行额为56.75亿美元，其中离岸服务外包合同签约额为53.57亿美元，离岸执行额为41亿美元，离岸执行额同比增长15.0%，占全省总量的72.6%。龙头企业引领作用明显。离岸服务外包合同执行额在1000万美元以上企业共45家，离岸执行额共34.31亿美元，占全市总额的83.7%。其中离岸执行额在1亿美元以上的企业有4家，离岸执行额在5000万-1亿美元之间的企业有8家。产业集聚发展。服务外包进一步向新兴产业、高端产业集聚发展。软件研发外包和信息系统运营维护外包等信息技术外包(ITO)占主导地位，占比达64.3%。发包市场进一步向发达国家集聚，承接美国、日本、欧盟的离岸执行额为24.92亿美元，占全市的60.8%。

【对外合作与交流不断深化】 空港经济繁荣发展。航空口岸国际客货运量取得新突破，杭州空港进出境航班22202架次，同比增长11.7%；进出境人员达308.63万人次，首次突破300万大关，同比增长14.0%；进出境物流量3.89万吨，同比增长18.2%。全球的国际航线网络进一步完善，先后开通杭州至清迈、曼谷、新加坡、济州、冲绳、莫斯科、巴黎(经停西安)等9条国际航线。截止目前，空港国际通航点达28个，国际(地区)航线增至近36条。杭州空港口岸正式获准实施72小时过境免签政策，成为继北京、上海、广州之后第10个实施72小时过境免签政策城市，也是国内继广州之后第2个把活动区域扩大到全省范围的城市。近年来，随着杭州"中国电子商务之都"、"中国快递示范城市"、"全国智慧物流中心"以及杭州跨境电子商务综合实验区建设的整体推进，一批航空总部、快递龙头、跨境电商相继在杭州临空区域进行产业项目布局，先后已有FedEx、EMS、顺丰、圆通、申通、中通、惠通等50多家物流龙头企业入驻。对外合作与交流成效显著。国际友城合作再结硕果，成功举办2014杭州国际友好城市市长论坛，克罗地亚历史名城斯普利特市长、新西兰探险胜地皇后镇市长、阿根廷旅游名城卡拉法特议长等来自国内外25个城市和11个国外驻华使领馆的宾客参加论坛，目前，我市的友好城市增至29个，友好交流城市达39个。杭州国际形象进一步提升，中国大运河项目申遗成功，第十六届中国杭州西湖国际博览会、第十届中国国际动漫节、2014中国(杭州)全球投资峰会等重大涉外会议会展圆满举办，杭州城市知名度和国际化程度进一步提升。杭台合作扎实推进。合作平台进一步拓宽。“2014杭台经贸文化合作周”系列活动成效显著，吸引250余名台商参加活动，签订投资协议19项，新增投资超3亿美元。“两湖论坛”成功举办，两地交流更加深入。加快推进连横纪念馆、富阳市黄公望隐居地等国家级两岸交流基地建设，连横纪念馆全年接待台湾来宾42批次1200余人，大陆民众46万余人次，同比增长15%；黄公望隐居地接待台湾来宾12752名。

【杭州都市圈建设加快推进】 以杭州都市经济圈转型升级综合改革试点正式获批为契机，加快推进杭州都市圈建设。区域综合竞争力进一步增强。2014年，杭州都市圈实现地区生产总值18775.75亿元，增长7.9%，高于全省0.3个百分点。都市圈地区生产总值占全省比重达46.8%，同比提高0.9个百分点。其中，一、二、三产分别完成增加值734.71亿元、8885.30亿元、9155.74亿元，三次产业比由上年的4.3∶48.3∶47.4调整为3.9∶47.3∶48.8。跨区域合作项目亮点纷呈。全面完成了2014年确定的30个合作项目。规划共绘空间布局不断优化，如期完成《杭州都市圈发展规划》中期评估，《杭州都市区规划纲要》完成编制，完成《副城发展研究——以临平副城与嘉兴海宁空间协调发展为例》和《组团发展研究——以瓜沥组团与绍兴杨汛桥镇、钱清镇空间协调发展为例》等课题研究。交通共联基础设施取得重大进展，杭长客运专线正式通车；杭州绕城高速公路西复线杭州至绍兴段可行性报告完成上报，杭黄铁路已于7月开工，杭州至海宁城际铁路环评已获国家环保部批复。产业转移合作步伐加快，继续推动总部经济向中心、副中心城市集聚，都市圈内企业交往更加密切，现代服务业合作继续强化，举办了都市圈杭产家电精品巡回展、优质农产品迎春大联展、新春旅游优惠月、旅游联合促销等一系列联合展示展销活动；开展杭州都市圈智慧旅游合作工作，创新杭州都市圈智慧旅游信息共享方式和智慧旅游信息发布平台；推动银行类等金融创新项目在杭湖嘉绍的推广和应用，不断增强区域金融创新和服务能力。合作机制得到完善。成功举办杭州都市圈第七次市长联席会议，建立了以市长联席会议决策机制、政府秘书长工作会议协商机制、协调会办公室议事机制、专业委员会项目合作执行机制为框架的都市圈区域合作机制。围绕“打造‘杭州都市圈’品牌，扩大都市圈影响力”目标，实施区域品牌共塑共推战略，继续在《杭州日报》编辑出版《杭州湾新闻》版面并编发《聚焦都市圈》专栏重点稿120多篇，继续在《杭州新闻联播》开设《聚焦长三角》专栏，制作了《杭州都市圈宣传片》，杭州都市圈网站进一步完善。

·科技、教育·

【抓科技合作，科技进步成果丰硕】 全市发明专利申请量14800件，发明专利授权量5559件，分别比上年增长5.3%和13.1%。新认定国家重点扶持高新技术企业251家，累计达2209家。年内新增11个中国驰名商标，累计132个。年末已有省级企业研究院38家，省级高新技术企业研发中心363家。技术市场共吸纳科技成果5412项，实现交易额75.43亿元。科技企业孵化器69家、其中国家级21家，孵化总面积226.78万平方米，累计孵化企业8133家。国家级孵化器数量居全国省会城市第一。全市研究和试验发展(R&D)经费支出相当于地区生产总值的3%。

【教育事业全面发展】 统筹各级各类教育发展，教育服务体系日趋完善。贯彻落实学前教育“1+4”新政，足额安排专项经费，加大幼儿园建设力度，全市新增班级455个，新增学位13000余个，学前三年幼儿入园率、等级幼儿园覆盖率、优质学前教育覆盖率分别达到98.7%、98.4%和76.7%。义务教育区域、校际均衡发展，100所学校通过省义务教育标准化学校评估，累计达553所，占义务教育学校总数的83.53%，增幅超过15%；继上年9个区、县(市)成功创建全国义务教育基本均衡县(市、区)后，其余富阳、临安、桐庐、淳安等区、县(市)也均通过国家督导评估验收。普通高中教育特色化多样化发展，7所高中学校成为首批省一级普通高中特色示范校，占全省首批示范校总数的22%。中等职业教育健康发展，共开设16个大类213个专业，基本覆盖全市一、二、三产业的全部行业；近3万名初三毕业学生通过“3+2”、“五年一贯制”、提前自主招生以及统一中考等多种升学渠道升入中等职业学校，与普通高中基本保持1∶1比例。现代职业教育体系建设实现新突破。畅通中高职人才成长“立交桥”，“3+2”、“五年一贯制”专业招生规模逐年扩大，2014年达到近5000人，增幅达30%，全市中职学校毕业生继续升学比例达45%。省中职教育现代化建设工程再获佳绩，25个项目通过评估，通过数位居全省第一，高质量完成省中职教育33个专业课程改革中13个项目的研发任务，作为省中职教育课程标准。2014年全国职业院校学生技能大赛获14金13银9铜，创历史最佳成绩。杭州职业技术学院和杭州市中策职业学校承担的两项教学成果荣膺首届职业教育国家教学成果一等奖（全国共50个），其中中策职校成为全省唯一获此殊荣的中职学校。教育国际化开启新格局。出台《杭州市推进教育国际化行动计划》，描绘了杭州教育国际化的新蓝图，重点加大教师交流研训、合作办学、课程建设、国际理解教育等领域力度，丰富和扩大教育国际交流合作。2014年，全市145批师生访问团1578人赴国（境）外开展友好学校互访活动，接待国外及港澳台地区友人来访247批约3600人，共结成姐妹学校235对，中小学聘请专职外教76名。新拓展英国纽卡斯尔学院为职业教育教师海外培训基地，杭高中美班获批成为本市第8个普通高中中外合作办学项目，浙大城市学院与新西兰怀卡托大学签署共建中外合作办学机构意向书。市属高校来杭留学生超过1000人。教师校长交流全面有序推进。优化教师队伍结构，推进师资均衡配置，在前期试点的基础上，全面推进全市义务教育公办学校教师校长县域内交流工作，探索建立学校发展群、骨干教师任期制、名师工作坊等多种交流机制；设立教师交流的柔性政策，包括安排专项经费，职称评聘、评优评先和提拔任用优先考虑等等，完善教师交流政策保障，重点关注骨干教师流动、岗位配置科学性，加大骨干教师到相对薄弱学校任教力度，有序推进此项工作，9月前所有交流教师校长全部到岗到位。全市1400余名教师校长参与了交流，其中骨干教师和校长482名，占符合交流条件骨干教师的18.38%。素质教育持续深入推进。开齐开足体育、艺术等课程，全面开展学生阳光体育活动，认真落实每天锻炼一小时。学校体育工作成效显著，全省高校浙江籍新生体质健康测试杭州总成绩和合格率两项指标均居全省第一。成功举办市区高中学生田径运动会、全市中学生健美操比赛和2014年市中小学生艺术节、学校社团文化节。继续做好中小学生艺术素养监测试点工作。深入开展健康学校创建工作，全市中小学卫生室建设覆盖率达到100%。切实推进“轻负高质”教改实践。规范小学教学管理，抓好小学一年级“零起点”教学。

·文化事业·

【概况】 全市有各类专业艺术表演团体21个、文化馆15个、公共图书馆15个，图书馆藏书1700万册，800余万市民卡用户免费开通图书借阅功能。街道（乡镇）文化站、社区（村）文化活动室实现全覆盖。建成街道（乡镇）、社区（村）基层公共电子阅览室427个，图书流通点2166个，全市公共文化设施总面积达到237万平方米。实施农村数字电影“2131”工程，共放映2.75万场，观影人数为520万人。京杭大运河成功入选世界文化遗产名录，杭州成为“双世遗”城市。新入选国家级非物质文化遗产代表性项目名录6项，累计有国家级非遗项目44项，入选数量和总量居全国同类城市第一。

【公共文化设施覆盖城乡】 覆盖市、区县（市）、街道（乡镇）、社区（村）的四级公共文化服务设施网络初步形成。截至目前，市本级和13个区县（市）文化馆全覆盖，其中一级馆13个，达标率为93%；建成社区（村）文化活动室3028个，覆盖率为100%。拥有市、区县级图书馆12个，覆盖率为86%，建成乡镇（街道）、村（社区）基层公共电子阅览室427个，图书流通点2166个，其中有969个已实现与区县（市）图书馆的联网，具备了通借通还功能；已建成农家书屋2080个，全市行政村覆盖率达到100%，部分农家书屋已纳入全市公共图书服务体系，实现图书资源与城市居民同步共享。全市公共文化设施总面积为237万平方米，按880万常住人口计算，每百人拥有公共文化设施面积为27平方米，超过《浙江省文化发展“十二五”规划》中提出的“到2015年底，每百人拥有公共文化设施10平方米”的创建目标。公共图书馆、文化馆等公共文化设施全部免费开放。

【文化事业发展可圈可点】 传统文化保护出成果，新入选国家级非物质文化遗产代表性项目名录6项，累计有国家级非遗项目44项，入选数量和总量居全省首位，国内同类城市领先。文艺精品创作生产受肯定，2部艺术作品获国家级资金扶持，2种印刷产品获中国出版政府奖提名奖，2件作品入选省广播电视创新创优栏目，62件作品获省广播影视政府奖，233件作品获市广播影视政府奖；市艺术创作研究中心余青峰凭借戏曲剧本《青藤狂歌》获曹禺剧本奖，杭州艺校原创音乐剧《灰姑娘的梦》获第四届中国校园戏剧节优秀剧目奖，桐庐深澳村村歌《相约深澳》入选“第六届全国村歌大赛十大金曲”。

【“非遗”保护工作突出重心】 探索“三位一体、五力合一、全民参与”的“非遗”保护新模式，大力弘扬中华优秀传统文化，我国常驻联合国教科文组织代表张秀琴对我市采取多种措施弘扬和展示地方特色文化、保护本土非物质文化遗产给予高度评价。加强名录体系建设，开展面向乡镇级名录保护的试点工作，45个项目新入选杭州市非物质文化遗产代表性项目名录，已累计公布五批市级非遗代表性项目名录共计334项。拓展“非遗”保护载体，王星记扇业有限公司(制扇技艺)、金星铜集团有限公司(铜雕像技艺)入选第二批国家级非物质文化遗产生产性保护示范基地名单，入选数量位居全省首位；6个地区被省文化厅命名为民间文化艺术之乡。注重传承和宣传展示，启动“非遗”展示系列公益活动，开办首期杭剧传习培训班，组织第四届“非遗”传统戏剧曲艺巡演、“非遗”进社区等系列文化活动。举办杭州市“非遗”保护传承论坛，充分调动社会力量参与保护工作。

【文化创意产业】 2014年，全市上下紧紧围绕建设文化名城文化强市和打造全国文化创意中心的奋斗目标，大力实施“文化引领”战略，着力增强产业发展后劲，有效推动全市文创产业平稳较快发展，为全市经济转型升级和发展方式转变作出了应有贡献。综合实力稳步提高。我市文创产业实现增加值1607.27亿元，增长15.9%，高于全市GDP增幅7.7个百分点，占全市GDP的比重17.5%，同比提高1.2个百分点。在利税指标方面，全市限额以上文创企业共完成利税705.29亿元，同比增长35.2%，保持快速增长势头。产业结构持续优化。文创产业核心层实现增加值1264.28亿元，增长17.9%，外围层实现增加值342.99亿元，增长9.1%，核心层增加值占文创产业的比重78.7%，同比提高4.9个百分点，核心层增幅高于外围层8.8个百分点，核心层的地位逐步增强，产业结构持续优化。从核心层构成看，信息服务业以实现营业收入1258.11亿元，位居首位；其次是设计服务业和现代传媒业，实现营业收入分别为566.67亿元和261.44亿元，分别位居第二和第三位。其中信息服务、设计服务业保持较快发展，增速分别为34.4%和10.1%，保持两位数增长。动漫游戏业共生产动画片近9948分钟，游戏作品近199款，实现总营业收入近67.09亿元。产业规模不断扩大。从资产规模来看，至年末，我市文创产业限额以上企事业单位资产总计达6674.58亿元，同比增长23.1%，增幅与上年同期相比提高4.2个百分点。从就业人数来看，年末我市文创产业限额以上企事业单位从业人员达55.55万人，增长4.1%。政策保障更加有力。2014年，市级文化创意专项资金规模达2.03亿元，共扶持483个公开申报项目。市国土局牵头制定出台了《关于创新型产业用地管理的实施意见(试行)》(杭政办发〔2014〕2号)。给予“基于神经科学的动漫游戏产品优化技术开发”等12个文化和科技融合发展项目共360万元资金扶持。用足、用好文创西进专项资金，2014年共有98个项目受扶持，扶持资金达2040万元。企业规模做大做强。截至2014年底，全市规模以上文创企业数达到3183家，在沪深两市上市的文创企业总数达到20家，天鸽互动在香港上市，瑞德设计、先临三维等一批文创企业在新三板挂牌，企业实力和影响力大幅提升。5月15日，由中宣部主持，光明日报和经济日报社联合发布的第六届“中国文化企业30强”名单中，宋城股份、思美传媒和华策影视3家企业入选，占总数的十分之一。重点项目扎实推进。2014年全市文创项目总投资额达239.49亿元，其中中国国际影视产业合作试验区(总部)、华数白马湖数字电视产业园、杭州创意设计中心项目等一批重点项目推进有序，宋城中国演艺谷顺利开谷。完成第三批20家市级文创园区(楼宇)和首批10家文创小镇的申报与评审工作，园区发展格局进一步优化，吸引了大批文创企业、项目和人才集聚发展。品牌效应不断放大。动漫节、文博会等会展活动影响力不断增强，其中第十届中国国际动漫节达成签约交易、意向合作项目285个，交易总额138.78亿元，在办展规模、参加人数、交易金额、节展效益等方面都取得了新突破。2014中国杭州文化创意产业博览会完成签约项目59项，实际成交及意向成交金额达25.52亿元；首次推出“文易网”网上文博会平台，访问量与关注度累计突破200万人次。人才队伍有效加强。落实现有人才政策，在引进莫言、麦家、余华、蔡志忠等一批名家大师的同时，扎实开展“青年文艺家发现计划”、“杭州影视业国际化青年人才培养计划”、“国大师带徒学艺”和“青年设计师人才发现计划”等本土文创人才培养项目，完成首批10支文化创新团队的评审与资助工作。成功举办3届文化创意人才对接会，累计提供就业岗位18000余个，达成就业协议5000余人。举办成长型文创企业家高端培训班和文创企业家孵化工程培训班6期，培训企业管理人员300名。

·卫生事业·

【概况】 年末，全市拥有各类医疗卫生机构4198个，其中医院218个，比上年末分别增加59个和10个。拥有床位5.58万张，其中医院床位5.08万张，分别增长7.2%和8.9%。有各类专业卫生技术人员8.56万人，其中执业(助理)医师3.2万人，注册护士3.47万人，分别增长9.3%、7.7%和12.0%。农村卫生服务继续改善。全市婴儿死亡率及5岁以下儿童死亡率分别由上年的2.49‰、3.47‰下降为2.01‰、2.76‰，每十万孕产妇死亡率为4.18人，下降0.37人。

【"智慧医疗"服务推陈出新】 围绕"四个全"实施了智慧医疗拓展工程，进一步改善医院诊疗流程。"全城通"应用：全市12家市属医疗卫生单位、16家县级医院、10家省级医院、2家民营医院及主城区45家社区卫生服务中心和276家社区卫生服务站推广实施了市民卡"诊间结算"，基本实现全市通用。"全人群"受益：面向自费病人和外地病人发行全市医院通用的"浙江杭州健康卡"，实现等同于市民卡的健康卡诊间结算功能。到12月底，9家市属医院发放健康卡146094张，市属医院省医保和省一卡通人群均实现诊间结算，累计省级医保诊间结算6.56万人次。"全自助"服务：患者可利用自助机完成充值、挂号、预约取号、发卡发证、化验单打印、结算、费用清单和发票打印等原先需要人工办理的手续。"全院通"结算：自2012年以来，累计736万人次的门急诊患者享受到诊间结算的便利。市属医院除门诊诊室、B超室等医技科室实现诊间结算外，凭市民卡还可以结算停车、院内购物刷卡等各项结算，目前市一医院和红会医院已上线停车和小卖部收费市民卡直接结算。

【公立医院改革有序推进】 4月1日零时起，我市顺利启动以破除"以药补医"机制为切入点的市级公立医院综合改革。数据指标监测结果显示，市级公立医院综合改革已经取得初步成效。药品比例有明显降低，4–12月，市级医院药品收入占医院总收入比例为44.9%，较去年同期下降9.5个百分点。医疗费用得到有效控制，4–12月，市级医院门急诊均费同比下降1.4%，住院病人均费较去年同期下降2.5%；医疗业务量平稳增长，4–12月市级医院门急诊量达819.65万人次，较上年同期增长4.65%；出院总人数达19.41万人次，较上年同期增长12.7%。群众就医满意度得到提高，我市委托第三方机构对公立医院改革当月的群众满意率作了专项测评，结果显示，群众对市级医院总体满意率为97.5%，较上年提高1.4个百分点。

【计划生育工作保持领先】 平稳实施"单独两孩"政策，通过摸底调查，全市共有符合"单独"政策夫妇12.5万对，其中愿意生育二胎的有8.2万对，占比65.7%。做好计生国策正面宣传和计生工作典型宣传，并坚持依法行政，落实了再生育审批、优生相关制度、社会抚养费征收和利益导向制度的衔接。全市共受理单独两孩再生育审批申请21663例，审批20867例。2013年10月至2014年9月，全市户籍人口性别比为105.24，继续保持在正常范围；全市省外流动人口出生性别比为114.57；全市综合出生人口性别比为108.35，比去年同期下降了1.2个比值，低于省109.55的考核指标。2013年10月至2014年9月，全市孕前优生检测达96.39%，免费婚检率达92.42%，均高于省定目标责任制考核要求。

【城乡卫生统筹力度加大】 开展市、县级医院紧密型合作办医，市级医院已与14家县级医院开展紧密型合作，全面参与托管医院的运行管理，长期下派管理及技术团队从事医院管理、专科建设及人才培养等工作。实施县域中心镇医疗服务能力提升工程，市级和县级医院以结对帮扶形式在全市26个中心镇设立分院，中心镇设有县级医院的由市级医院帮扶，设有乡镇卫生院的由县级医院帮扶。加快四大中心建设，建设以市一医院为中心，辐射两区五县(市)的医学影像、病理、产前筛查、危重孕产妇抢救等疑难会诊中心，实现疑难病例的网络会诊，进一步联结了市、县和乡镇(街道)卫生院(社区卫生服务中心)三级医疗服务体系，促进了优质医疗资源的纵向流动。深化示范中心和等级卫生院创建，全市完成9家省级示范中心创建。同时积极开展全国示范乡镇卫生院、乡镇卫生院等级评审，目前已申报创建甲级卫生院8家，乙级卫生院36家。

【公共卫生保障扎实有力】 继续做好禽流感防控，建立并实施联防联控机制、暂停活禽交易、加强疫情监测、积极救治病患等一系列科学防控措施。深入做好埃博拉疫情防控，推动市政府建立了埃博拉出血热疫情联防联控机制，作为联防联控机制办公室单位，加大对来自疫情的人员的监测和留观对象的控制力度，努力将疫情挡在国门之外。做好突发公共事件应急处置，组织医务人员开展"7·5"公交车放火案伤员救治，协调解决抗感染特效药多粘菌素B等救治药物及医疗器械等问题，实现了伤员零死亡。有效组织公卫实事项目，开展重点慢性病（脑卒中和肿瘤）高危人群筛查与干预，惠及人群达4万余人。开展"关注血脂、促进健康"活动，累计免费开展40岁以上人群筛查约2万人次。加强卫生监督执法工作，着力做好生活饮用水长效监管、食品安全风险监测等工作，下发《关于建立打击非法行医长效工作机制的意见》，严厉打击无证生产、非法行医等违法行为，保证了良好的医疗秩序。

·体育事业·

【群众体育扎实推进】 体育强市创建扎实推进。通过成立了由分管副市长担任组长工作领导小组、制定《实施方案》、组织开展培训会和指标分析对接会、加强工作督导和资料收集整理、充分各类体育载体宣传杭州体育成果等全面推进体育强市创建工作。根据省局有关文件精神，体育强市检查验收转变为委托第三方专业机构评估，及时转变观念和方式，积极深入查找工作的薄弱环节和难点问题，扎实推进体育强市创建。2014年共创建省级强乡(镇)1个、中心村体育休闲公园14个、特色乡镇4个、先进街道2个、先进社区183个、幼儿体育示范幼儿园19个、社区体育健身俱乐部59个，村级俱乐部57个、星级职工体育俱乐部1个、体育小康村175个。中小学校体育场地设施向社会开放扎实推进。市委市政府领导高度重视，分管副市长亲自抓工作的落实。积极与教育、公安、财政等部门沟通协调，建立完善了工作联席机制和督导机制。市政府办公厅下发了《关于转发市体育局等部门推进杭州市中小学校体育场地设施向社会开放的实施办法的通知》(杭政办函〔2014〕5号)指导性文件，并联合市教育局起草印发了《学校体育场地设施开放智能化管理操作办法》，杭州市主城区应该开放的251所学校(校园)体育场地实现向社会开放，开放率为100%。12月1日，全市共559所学校全部对外开放。社会体育公共服务体系建设扎实推进。深入推进为民办实事工程，新置并投入使用25处城乡公共体育设施，分别是健身中心(丙类)2个、健身广场8个、健身公园15个。以体育示范街道和星级社区评选为依托，不断完善社会体育公共服务体系，2014年共创建市级体育示范街道4个，五星级社区2个，四星级社区53个，三星级社区32个。扎实开展国民体质监测工作，圆满完成6-69岁人群体育健身活动和体质状况1280个有效样本测试及1680个有效样本问卷的填报工作，按时完成了对全市各区、县(市)的3600例样本的上门测试和申报。举办了10余次社会体育指导员、职业技能和健身业务培训，共有3000余人取得了社会体育指导员资格证书或职业技能证书。充分利用高新技术，对全市体育场地进行电子地图标注，并开发设计杭州市全民健身电子地图。全民健身活动开展扎实推进。积极参加浙江省第二届全民体育节各项活动，全市共有24538人参加了活动，特色活动达76项。组织参加了"全民健身与省运同行"杭州都市圈全民健身交流展示等活动，参演节目全部获得一等奖。举办了安利纽崔莱健康跑、无限极世界徒步日(杭州站）健身徒步走、横渡钱塘江大型全民健身活动等10余项特色品牌全民健身活动，参与人数近10万人。组队参加和承办风筝、壁球、毽球等省级以上群众项目比赛10余项，充分发挥各单项体育协会的作用，承办市级不同人群、不同年龄的各类全民健身活动100余项。统筹城乡，广泛开展"体育特色项目送下乡活动"，共推出"2014年杭州市第六届羽毛球俱乐部联赛"、"杭州市2014年健身特色项目集中展示送下乡活动"等体育下乡系列赛事活动共计20余场次；与市健康办、民政局、卫生局等部门联合开展了712场"健康进社区活动"。

【竞技体育持续发展】 省运会独占鳌头。全面抓好业余训练和备战参赛工作，10月18日—28日，浙江省第十五届运动会在绍兴举行，杭州体育代表团通过前期全力备战和预赛，共有784名运动员参加了21个大项27个分项的比赛，共取得金牌598.25枚、奖牌993.5枚、总分9472.3分的好成绩，蝉联省运会金牌数、奖牌数和总分"三个第一"，继续保持全省领先，并荣获"竞技体育贡献奖"和"体育道德风尚奖"称号，实现了运动成绩和精神文明双丰收。杭州籍运动员"闪耀"国际大赛。在韩国仁川举行的第17届亚运会上，共有10名杭州籍运动员入选中国体育代表团，分别参加了游泳、跆拳道、武术套路、沙滩排球等项目的比赛，共取得了11金4银1铜的优良成绩，为国争了光，为浙江添了彩。在2014年第二届南京青奥运会上，杭州籍运动会获得了1金1银的优异成绩。体教结合工作持续推进。积极贯彻"十年强基育苗"战略，深入持续推进"体教结合、市队联办"工作，强化机制建设，进一步完善了"体教结合、市队联办"工作管理办法。不断推进"体教结合、市队联办"点的业余训练，积极选派优秀教练员到各基地进行训练指导。进一步推进省队市办、市区共建等多种模式的体育后备人才培养工作，在省体育局的大力支持下，继续签订了杭州女子足球队的省队市办工作协议。加强市级体育传统项目学校布局，联合市教育局确定了新一轮70所市级传统项目学校。体育竞赛工作持续推进。组队参加了游泳、田径等30余项省青少年锦标赛和射击、田径、网球等12项省体育传统项目(体育特色)学校比赛;成功承办了2014年浙江省青少年排球锦标赛(男、女)、2014年全国跆拳道冠军赛等6项省级以上赛事。联合市教育局共同主办了网球、乒乓球、游泳等33个项目的杭州市中小学生阳光体育竞赛,全部顺利、圆满进行。参加2015年第一届全国青年运动会男子足球项目的组队工作。校园足球活动持续推进。继续开展2013—2014年度杭州市青少年校园足球联赛,并将高中学校纳入到校园足球联赛的范畴。开展了奥运健儿公益服务大行动、世界冠军走进行知中学等形式多样的校园足球活动。举办了校园足球活动管理干部培训班、"学转英超"基层足球教练员培训班等多次管理干部、指导员培训班。组队参加了全国校园足球冬令营和浙江省幼儿体育大会,充分展示了杭州校园足球活动的风采。杭州市校园足球活动开展取得广泛的好评,更吸引了斯洛文尼亚马里博市政府2次组团来杭洽谈合作。

【体育产业不断繁荣】 落实依法管体,不断促进本体产业发展。做好与市直相关部门的协调对接工作,完善体育依法行政规范。抓好《全民健身条例》的宣传、培训,开展体育系统"六五"普法工作。大力完善体育发展集团的运作机制,坚持集团化建设、企业化管理、产业化发展理念,不断增强集团发展实力,积极促进本体产业发展。引进大型体育赛事,促进赛事表演业的发展。积极与知名媒体、知名高校、世界知名体育部门合作办赛,成功举办"谁是球王"中国羽毛球民间争霸赛华东赛区争夺战、2014中国知名高校建德新安江龙舟赛、欧洲冠军篮球联赛中国巡回赛等赛事品牌。深入挖掘杭州城市内涵,大力培育杭州品牌赛事,举办杭州国际马拉松、钱塘江国际冲浪对抗赛、杭州国际毅行大会等本土品牌赛事。依托全国排舞运动推广中心落户杭州,举办"创体育强市,共创排舞吉尼斯世界记录"大型活动。杭州体育赛事表演业不断繁荣。大力培育体育旅游、体育健身等休闲服务业。积极将体育与旅游进行融合,大力培育休闲体育旅游产品,举办2014年第七届杭州骑游大会、亚瑟士杭州山地马拉松活动等10余项休闲体育活动。石林镇富溪水域(皮划艇探索旅行)—环千岛湖骑行绿道白小线(自行车骑游)—富溪源(漂流)—石林景区(露营)被列为2014年浙江省运动休闲旅游精品线路,皮划艇(湘湖旅游度假区)、帐篷露营(富阳新沙岛景区)被列为2014年浙江省运动休闲旅游优秀项目。大力培育体育健身服务业,推进体育与信息产业的融合,积极引入社会民间资本进入体育领域。继续推动体育制造业和体育彩票业的发展。继续培育富阳体育制造业的发展,打造杭州富阳体育制造业龙头。加强对体育彩票销售管理和彩票玩法推广,全年共完成体育彩票销售19.27亿元,继续位列全省第一、全国前列。

【全力申办国际大型赛事】 积极申办2018年世界游泳锦标赛(25米)暨2020年世界游泳大会。并于5月份赴瑞士参加申办2018年世界短池游泳锦标赛(25米)推介会,于9月1日—5日专门组团向国际泳联递交了正式申办文件,张鸿铭市长于11月底带团赴卡塔尔多哈成功取得2018年世界短池游泳锦标赛的承办权。

·城建、环境·

【城市建设有序推进】 全年完成基础设施投资1005.53亿元,增长18%。地铁建设力度加大,2号线东南段开通运营,4号线首通段建成。城市快速路初步成网,彩虹快速路滨江段、秋石三期高架主线、东湖路—德胜路立交建成通车;萧山机场高速公路改建、文一路地下通道、环城北路地下通道、紫之隧道等重大工程加速推进。大江东、下沙、之江等新城的市政基础设施和公共服务设施项目建设加快。奥体博览城国际博览中心项目主体结构通过验收,主体钢结构安装完成。

【借力"三改一拆",促进城市有机更新】 "三改一拆"保持强劲势头。全市共完成"三改"2098万平方米,拆违2902万平方米,提前并超额完成全年"两个1000万"工作目标。其中,拆除主要道路两侧违建15509处、272万多平方米,整治道路280条;拆除铁路沿线违建112处、14万多平方米;拆除河道边违建3707处、79万多平方米,涉及河道194条。我市被省政府授予"2013年度'三改一拆'先进集体"荣誉称号。"无违建"创建持续深入。在全省率先启动存量违建调查摸底,大力开展无违建道路、河道、小区、社区(村)、乡镇(街道)创建。全市"无违建"创建涉及的1431个村中,已验收通过1083个村,通过率76%。桐庐县完成"无违建县"验收申报。改拆成果积极转化。出台《关于加强"三改一拆"行动中违法用地建筑拆除和土地利用工作实施意见》等指导性文件,明确"三改一拆"项目用地的规划用途、规模布局、控制指标、时序安排和保障措施,妥善处理历史遗留问题,分类办理拆后土地利用手续,拆后土地利用率达60%以上。

【围绕“五水共治”，深化城市水体治理】 防汛排涝能力明显提高。防汛排涝“三年行动计划”确定项目顺利推进，要求主汛期前发挥效益的140项全部按期完工；清疏管渠2688公里，疏挖窨井5万余座（次），绘制160家主要在建工地排水分布图，启动桥涵和道路积水监测系统建设，城市内河行洪能力、住宅小区排涝能力、道路雨水收集和排放能力明显提升，基本实现“短时强降雨积水及时排除、道路交通不中断、居民家中不进水”的目标。清水治污成效显现。深化截污纳管、清淤疏浚、引水配水、生物治理等措施，主城区消除黑臭河道47条，创建生态示范河道5条，完成生态治理项目11个，完成截污纳管项目387个，完成截污量30179吨/日，消除晴天排污口640个，完成河道清淤53.6公里，提升改造河道闸站设施30个，引配水6.75亿立方米，城市河道水环境有效改善。抓节水保饮水统筹推进。加强节约用水管理，新增计划用水户3500家，完成节水器具改造16407套，创建省级节水型企业(单位)8家、省级节水型居民小区30家，推进祥符、九溪水厂饮用净水改造工程，高层住宅二次供水设施改造、河道水和雨水回收利用试点工作顺利展开。千岛湖引配水工程稳步研究推进。运河生态环境进一步改善。大运河成功申报世界遗产，其中运河杭州段共计11个遗产点段。运河景观提升及发展规划经专家论证，为遗产时代的运河景观建设进行总体构架。密切关注运河杭州段水质变化情况，每月定期开展运河市区段水质监测分析，主要针对干流11个断面、城市主要河道入运河口33个断面，共计44个断面进行8项常规指标的水质监测和评价，及时掌握水质变化情况。

【实施精细管理，推动城市共管共享】 加强城市洁化、绿化、亮化、序化管理养护。推进保洁作业市场化，新增保洁面积53.7万平方米，城市清洁度达98%以上，环卫市场化比例达到77.3%。强化重点区块和主要路段序化管控，组织开展城市乱象问题集中整治，城市序化度达95%以上。加强亮灯工程建设，景观照明和道路照明亮灯率均达到98%以上，推出西湖灯光秀、西湖文化广场裸眼3D秀、宝石山增亮等6项节庆亮化工程，城市亮化效果整体提升。开展损绿毁绿专项整治，确保绿化景观完好。大力破解城市管理顽症难题。建立定人、定点、定时、定责联系走访工作机制，推进服务重心下移和管理执法力量下沉。推进公共设施附属广告资源市场化拍卖，534处临时遮阳棚广告位运营权首拍成功。加强道路扬尘控制，推广环卫保洁“X+1”新模式，实施道路三项作业倍增计划，深化无证运输、偷倒渣土专项整治。积极建设“智慧城管”。加快数字城管转型升级，全市数字城管覆盖面积500.1平方公里，全年累计解决问题13万余件。强化信息协同，排水地理信息、2.1万路视频、40个雨量站点、400多家企业排污在线数据实现部门共享。通过开展城管体验活动、“城管志愿者在行动”系列活动、“门前新三包”、“城管议事厅”等活动，积极拓展群众参与城市管理的广度和深度，发现问题及时性、处置问题便捷性、解决问题高效性以及资源利用共享性显著提升。

【服务经济发展，电网建设大力推进】 加快电网建设。1000千伏浙北-福州特高压交流工程杭州段全线架通，具备通电条件。±800千伏灵绍特高压直流线路工程获得国家发改委核准并开工建设。500千伏杭州变、萧东变、钱江变建设工程取得阶段性进展。新建成110千伏及以上变电容量315万千伏安、线路300公里，电网容量在国网系统省会城市排名第一。加速推进农配网建设，治理配变台区2000余个。确保电网供电安全。合理安排电网运行方式，圆满完成迎峰度夏工作任务。市区架空线绝缘化率达到100%，电缆化率达到84%(全国电缆化率最高的城市之一)，创新开展“配电自动化+三双(双电源、双线路、双接入)”模式，市区配电自动化覆盖率达到90%以上。提前全面完成110处“两高跨越”(输电线路跨越高铁、高速)治理。实施配网智能抢修模式，配网抢修人员到达现场时间缩短至20分钟，同比减少33%，平均故障修复时间缩短至102分钟，同比减少27%。全年全网用户平均停电时间为2.53小时/户，用户平均停电次数为1.18次/户。做好供电保障服务。配合紫之隧道，秋石高架，地铁二、四号线等市政建设，完成52项电力迁改工程。圆满完成273次保供电任务。全面开展应急演练，开展省内首次跨县区应急救援联合演练等反事故演习90余次。深化“营业厅+便民服务点”辐射型服务网络建设，优化89个营业厅，对接1825个村级便民服务中心，建成20个乡镇行政办事中心便民点和23个社区便民服务点。优化业扩报装流程，做好“五水共治”、“浙商回归”项目服务工作，增加用电容量59.39万千伏安，年增售电量1.13亿千瓦时，业扩报装时间缩短3天。积极推广绿色能源。继续推进电动汽车发展，建设73座充换电站、620个交流充电桩，建成城区15分钟充换电服务圈。组建国内首家(最大)纯电动出租汽车公司，投入出租车达500辆，行驶里程5100万公里。完成国家863计划项目，底盘换电技术日益成熟。制作电动汽车充电设施用电业务知识问答手册，完成全省首例居民用户电动汽车充电设施报装业务。大力推进电能替代和节能工作，江干区政府、杭州供电公司、浙电节能服务有限公司签订三方《战略合作框架协议》，成立全省首个“合同能源管理示范区”，已签署18项合同能源管理项目，推动社会节能2627.18万千瓦时，企业内部节能4884.2万千瓦时。开展支小路路灯节能改造工作，共改造城市支小路灯2万余盏，节约电量70余万千瓦时。推进分布式能源和光伏发电项目投运和结算，共受理项目120个、94.59兆瓦，并网73个、51.09兆瓦。

【助力智慧经济，信息服务再上台阶】 宽带网络提速升级。光网覆盖超过300万的企业和家庭，可为企业、家庭提供100M接入。市区近85%家庭宽带用户已经升级为光宽带，4M以上宽带用户占90%以上，12M以上宽带用户占45%以上，20M以上宽带用户占30%以上，提前完成工信部目标。加强网络覆盖建设。在CDMA 2000网络全面覆盖市区及五县(市)的基础上，建成WLAN场点3200余个，AP（无线路由器)数34000余个，“无线宽带城市”初步实现。全年建设道路治安监控点位3300多个，人保、环保和其它企事业单位监控点位1200多个，3G/4G无线视频监控点位900多个，在加强城市治安防控体系方面发挥重要的作用。天翼信号覆盖地铁一号线全程28个隧道站点，二号线全程13个隧道站点，满足乘客通话和上网需求。积极扩大4G建设范围及应用探索。全年共计建成4G宏站3949个、室分RRU(射频拉远单元)设备2827个，覆盖面积500平方公里，覆盖人口500万，基本实现杭州市区、景区、高速、高铁、县市城区、发达乡镇全覆盖。实测最高速率可达150Mbps(兆位/秒)，在车辆移动过程中平均下载速率40 Mbps。杭州地铁4G网络覆盖全国领先。

【坚持工程治理和整治倒逼两手抓，治水工作取得新进展】 2014年，我市以“五个最严”为抓手，着力做到“六个坚持”，在治水、治气、总量减排、环境安全保障以及环保形象提升等方面取得了较好的成效。在大气环境质量方面：截至12月底，市区空气质量优良天数为228天，优良率为62.5%，较上年多13天，其中，二氧化硫平均浓度为21μg/m³，二氧化氮平均浓度为50μg/m³，分别较上年下降25%和5.7%；PM2.5浓度为64.6μg/m³，比上年下降5.4μg/m³，下降率7.7%。在水环境质量方面：钱塘江流域市控以上断面平均浓度达到Ⅱ类水质，较上年改善了一个类别，总磷平均浓度由上年0.110mg/L下降至0.095mg/L，下降了13.6%。统筹城乡水环境治理。积极推进杭州特色的“河长制”工作，落实官方河长、民间河长、河道警长“三长融合”，1824条乡镇以上河道均建立“河长制”、完成“一河一策”制定并设置公示牌。委托社会第三方力量对各地“河长制”工作绩效评估，探索社会融资(建德模式)、设立基金(桐庐模式)、民间捐款和三公经费结余划拨等多渠道筹资机制。全面清除“黑河、臭河、垃圾河”，完成71条460公里垃圾河，193条665公里黑臭河整治。试点开展“阳光排口”工程，完成122个阳光排口设置，发挥公众监督作用，受到《人民日报》点赞肯定。组织实施844个行政村的污水处理设施建设，全面关停余杭、西湖区温室甲鱼塘。推进重污染行业整治。着力推进重污染行业整治，定期公开通报四大重污染行业整治进展，完成对各地行业整治工作验收。全市已关停淘汰企业233家、整治提升企业479家，全面完成计划任务。搬迁入园企业47家，整治工作进度名列全省前茅。经过整治，重污染行业废水排放量同2010年相比削减39.3%，化学需氧量削减45.6%，氨氮削减67.3%。深化饮用水源保护。投入资金10亿元，完成饮用水源保护区内22家违法企业及污染源的关停搬迁工作。排查饮用水水源地安全隐患点31个并全部落实整改。进一步推进“三江两岸”全域治理、全程治理、系统治理和长效治理，完成18处码头拆除、120公里截污纳管、83公里河道综合整治和105公里绿道建设等工作，顺利推进之江船工业遗址公园和“三江两岸”工程展示馆建设。“四边三化”行动三年目标通过省生态办验收。成功承办千岛湖水环境保护论坛，深化院士工作站工作，邀请赵进东院士等参与杭州水环境保护研讨。

【坚持源头防控和专项治理两手抓，治气工作取得新成效】 制定完善各项工作计划和保障措施。编制完成《2014–2017年杭州市大气污染防治行动计划》并经市政府印发实施。建立和完善了大气重污染应急体系，做好各地、各部门上报的应急行动子方案审核，出台《关于建立空气质量信息发布与中小学校和托幼机构室外活动安排联动机制》等机制。开展了大气重污染监测预报预警工作，启动了3次大气重污染应急预案，为提高应急响应能力积累经验。在年底雾霾高发期，开展为期100天的“151百日治霾”专项行动，对“治气”的5个方面、10项重点任务进行专项督查。推进工业污染源治理与关停。投资近6亿，完成200台锅炉煤改气改造(其中主城区已完成仅有的51家企业65台燃煤锅炉改造，基本完成“无燃煤区”建设)。半山电厂4号燃煤机组已停产转备，削煤35万吨/年，另1台燃煤机组即将停产。全市煤炭消耗量与上年同比减少120万吨，下降8.6个百分点，削减量约占全省的七分之一。完成全市除计划关停外的33家热电企业122台锅炉和全市仅有的12家水泥企业15条生产线的脱硝改造工程，并投资1亿元关停3家2500吨/日规模的水泥企业。完成71台65t/h以上火电机组、48台20t/h以上燃煤锅炉和16家水泥行业的烟粉尘治理任务。开展各专项整治工作。实施柴油车、国Ⅰ排放标准汽油车提前淘汰财政补助政策（全国继北京之后第二个实施的城市）和"双限"措施，推进黄标车和老旧车淘汰更新。截止12月底，共淘汰黄标车和老旧车9.5万辆（实际报废6.28万辆，转出3.22万辆）；全市新增车辆28万辆（较上年减少8.3万辆），在经黄标车淘汰量抵消后，全市机动车保有量净增15.4万辆，而氮氧化物排放减少2000多吨。开展油气回收工作，全市回收汽油1128.8吨（其中主城区510吨）。开展挥发性有机物调查和整治工作，完成全市500多家企业的培训及调查，开展化工、涂装、合成革、生活服务业四大行业企业VOCs整治，截至12月底已完成143家。实时发布空气质量数据，持续开展主城区降尘数据每月统计并发布等相关工作，并通过"杭州空气质量"APP软件即时发布全市各监测点位大气数据。

【坚持项目推进和量化管理两手抓，总量减排取得新成绩】 周密部署全年减排工作。根据省下达的目标任务，确定减排项目281个已基本完成。我市四项主要污染物减排成效均达到时间进度要求，预计全年能顺利完成任务。积极协调推进国家级减排项目，目前26个项目已基本完成。加强减排监测体系建设，"三个率"达到国家考核要求。积极构建环境资源制度体系。探索总量配额分配工作，基本完成全市1400多家企业的初始排污权配额分配核准工作。构建全市统一的排污权交易管理体系，首次增加了氨氮和氮氧化物两项指标并成功交易，全市已累计实施11次交易，累计交易金额1.2亿元。开展区域主要污染物排放总量指标配额的分配工作，完成制定初始分配方案并公示。加快企业刷卡排污工作，全市所有市控以上应安装刷卡排污监控端的257家企业均已完成设备安装，安装刷卡排污企业数占全省七分之一。富阳市刷卡排污试点取得了显著成效，企业对污水的一级处理积极性增强，通过新增污染物治理设施，加大废水回用率，企业吨纸排水量大幅下降，富阳相关污水处理厂日均进水量从8万吨下降到5.5万吨，进水COD浓度从最高2000mg/l逐步降低到1000mg/l，SS浓度下降到800mg/l以内，水质明显改善。狠抓减排制度创新。研发杭州市污染物排放许可证管理系统，规范全市排污许可证核发和管理，全市已完成排污许可证发放11000多家，占全省排污许可证发放量的40%左右。抓好总量激励制度和削减替代制度实施，建立新（扩、改）建项目主要污染物总量指标管理办法。对列入2013年度环境统计重点工业企业名单的印染、造纸、化工、热（火）电、水泥行业企业分行业开展吨排污权税收贡献排名，实行差异化总量控制激励政策。生态环境基础设施加快推进。全年完成10条河道主体建设，28条河道开工在建；污水管网累计完成267.49公里，累计完成240%。加快推进七格污水处理厂三期提标改造、四期项目前期相关工作，做好城西污水处理厂试运行相关筹备。稳妥推进九峰环境能源项目，做实规划选址、环评、稳评等各项前期工作。实施焚烧厂提标改造，滨江、乔司、仓前3家焚烧厂基本完成烟气脱硝治理、烟气处理系统改造、臭气密封治理等工程。积极推进餐厨垃圾资源化利用和无害化处理试点城市建设，市环境集团200吨/日厨余垃圾处理项目投入运行。

【坚持美丽创建和平台建设两手抓，生态建设取得新突破】 健全"美丽杭州"建设工作机制。成立市生态文明建设（"美丽杭州"建设）委员会，构建生态文明改革专项小组，部署落实生态文明体制改革重点任务。建立生态文明形势分析会制度，开展"美丽杭州"专项督查，协调解决各地在治水、治气、治废等方面的重点难点问题。成立了公安环保环境犯罪侦查队伍，建德、临安等地建立环保巡回法庭试点。开展环境功能区划编制，西湖区已率先划定生态红线。深化生态文明体制改革。把"美丽杭州"作为"杭州十条"重要任务之一抓好落实。完善"美丽杭州"淳安实验区单列考评体系，取消GDP等多项指标，增加生态环保、民生保障、社会服务等指标考核比重。根据市场供求、资源稀缺程度、生态环境损害成本和修复效益原则，初步完成生态补偿专项资金使用管理办法的修订。完善生态文明建设工作考核，强化结果导向，把"美丽杭州"建设的关键指标和任务纳入各级政府目标责任体系，将治水、治气、治废等年度重点工作纳入2014年全市综合考评，节能目标和减排考核分列2014年度"一票否决"项目。积极探索将企业执证排污、产权确认、有偿使用、替代削减、余量交易、抵押贷款以及环保责任险等纳入法制化轨道。上半年，将排污费征收标准提高了一倍，以价格杠杆推进资源节约与高效使用，倒逼企业转型。加大国家生态市创建力度。市本级通过省级生态市验收（全省第一个），萧山、富阳等8个县(市、区)通过国家验收或核查,我市已经具备申报国家级生态市的基本条件。加强对乡镇(街道)和行政村的创建指导,稳步推进生态乡镇(街道)及生态村的创建工作,累计建成118个国家、131个省级生态乡镇(街道),163个市级生态(文明)乡镇(街道)和768个市级生态(文明)村。

·人口、居民生活、社会保障·

【人口保持低速增长】 据人口变动抽样调查,2014年末,全市常住人口889.2万人,比上年末增加4.8万人,其中城镇人口667.79万人,占比由上年末的74.9%提高至75.1%;人口出生率为10.1‰,人口自然增长率为5.1‰。公安部门户籍登记人口715.76万人,其中非农业人口404.27万人,占比由上年末的55.7%提高为56.5%;人口出生率为12.62‰,人口自然增长率为6.94‰。

【人民生活稳步提高】 据抽样调查,全市居民人均可支配收入39237元,增长9.7%,扣除价格因素,实际增长7.5%,其中城镇常住居民人均可支配收入44632元,增长9.1%,农村常住居民人均可支配收入23555元,增长11.1%,扣除价格因素,实际分别增长7%和8.9%。全体居民人均生活消费支出28492元,增长6.2%,其中城镇常住居民人均生活消费支出32165元,农村常住居民人均消费支出17816元,分别增长4.9%和11.2%。年末,城镇居民人均现住房建筑面积35.1平方米,每百户居民家庭拥有家用汽车45.4辆、空调201.5台、家用电脑110.6台、淋浴热水器93.7台;农村居民人均现住房建筑面积67.9平方米,每百户农村居民家庭拥有家用汽车34.3辆、空调135.9台、家用电脑67.3台、洗衣机82.7台、电冰箱99.5台。

【社会保障不断完善】 年末全市参加基本养老保险人数达663.45万人,比上年末增加26.35万人;参加基本医疗保险840.21万人,增加17.93万人;参加职工失业、工伤、生育保险人数分别达331.83、406.65、309.23万人,分别比上年末净增15.47、11.83、17.22万人。城乡基本养老、基本医疗保险参保率分别达97.07%和98.94%。保障性安居工程项目开工36534套,竣工36756套,全面完成省下达目标任务。主城区推出经济适用住房20万平方米,公共租赁住房2865套,全市新增廉租房货币补贴家庭569户。市区城乡居民最低生活保障标准由每人每月588元调整为660元,各县(市)最低生活保障标准同步提高。建成居家养老服务站2570家、老年食堂1092家,建设农村公益金居家养老服务照料中心1140家。年末全市拥有各类福利院、敬老院308所,比上年增加27所,床位56131张、收养人员24061人,分别增长15.4%和0.1%。被列为全国首批养老服务综合改革试点城市。全市城镇享受最低生活保障人数9938人,农村享受最低生活保障52512人。开展第十四次“春风行动”,共募集社会帮扶资金4880万元。

(杭州市统计局　卢学法)

(责任编辑:王怡然　金瑞锋　黄莹莹　杨丽君)

宁 波 市

·综合·

2014 年,面对复杂多变的外部环境和艰巨繁重的改革发展任务,宁波市上下紧紧围绕市委“双驱动四治理”决策部署,全面实施经济社会转型发展三年行动计划,着力稳增长、促改革、调结构、防风险、惠民生,经济运行呈现“低开、稳走、缓升”的发展态势,产业发展稳中趋好,创新转型取得进展,质量效益逐步提升,民生福祉持续改善,为实现“两个基本”、建设“四好示范区”奠定了坚实基础。

【地区生产总值】 2014 年全市实现地区生产总值 7602.51 亿元,按可比价格计算,比上年增长 7.6%。其中,第一产业实现增加值 275.18 亿元,增长 1.9%;第二产业实现增加值 3935.57 亿元,增长 7.9%;第三产业实现增加值 3391.76 亿元,增长 7.6%。三次产业之比为 3.6∶51.8∶44.6。按常住人口计算,全市人均地区生产总值为 98972 元(按年平均汇率折合 16112 美元)。

【财政收支】 2014 年全市一般公共预算收入 860.6 亿元,比上年增长 8.6%。一般公共预算支出 1000.9 亿元,增长 6.5%,其中教育、医疗卫生与计划生育、节能环保、城乡社区支出分别增长 7.5%、10.5%、28.8%和 22.2%。

【就业和再就业】 2014 年全市城镇新增就业岗位 17.46 万个,7.25 万名失业人员实现再就业,其中困难人员 1.84 万人。年末城镇登记失业率为 1.95%,为历年最低。创业带动就业工作成效显著,镇海大学生创业园被评为国家级创业孵化示范基地,新增市级大学生创业园 3 家,全年共发放小额担保贷款 5.34 亿元,新增创业实体 11.01 万家,创业带动就业 53.54 万人,高校毕业生就业率保持在 95%以上。为全市 703 家“小升规”企业减征社保费 1510.08 万元;为 4.6 万家中小微工业企业临时性下浮社保缴费比例,共减负 15.72 亿元。全市各级人力资源市场服务企业 10.7 万家次,提供岗位 176.43 万个。

【市场价格】 2014 年宁波市区居民消费价格上涨 1.9%,涨幅比全国、全省城市平均水平分别低 0.2 和 0.1 个百分点。在全国 36 个大中城市中列第 27 位;在全省 11 个城市中列第 9 位。八大类商品和服务项目价格同比涨跌呈“五升三降”格局:食品类上涨 2.7%,衣着类上涨 2.7%,医疗保健和个人用品类上涨 2.3%,娱乐教育文化用品及服务类上涨 2.0%,居住类上涨 2.4%;烟酒类下降 0.2%,家庭设备用品及维修服务类下降 0.1%,交通和通信类下降 0.5%。全年工业生产者出厂价格下降 2.19%,工业生产者购进价格下降 2.49%。12 月宁波新建住宅销售价格环比下降 0.4%,同比下降 5.3%,同比涨幅在全国 70 个大中城市中排第 54 位。

·农业、农村·

【农业生产】 2014 年全市实现农林牧渔业总产值为 431.6 亿元,按可比价格计算,比上年增长 1.6%。其中,完成农业产值 209.1 亿元,增长 4.1%;林业产值 12.6 亿元,增长 3.8%;牧业产值 53.2 亿元,减少 8.4%;渔业产值 150.2 亿元,增长 1.7%;农林牧渔服务业产值 6.5 亿元,增长 6.3%。据粮食生产统计监测数据显示,全年粮食作物播种面积 191.8 万亩,增长 2.0%,粮食总产量 76.0 万吨,增长 7.1%。生猪和家禽生产形势依然严峻,生猪存栏、出栏同比分别减少 13.6%和 7.1%;家禽存栏、出栏同比分别减少 20.4%和 26.3%。全年新增市级农业龙头企业 17 家,累计 286 家,其中产值(销售额)上亿元的达 95 家。

【新农村建设】 2014 年创建全面小康村 43 个、中心村 24 个、特色村 31 个、精品线 8 条,累计创建小康村 568 个、中心村 101 个、特色村 79 个、精品线 23 条。加快推进农村生活垃圾和生活污水集中处理,全市污水治理行政村覆盖率提高到 55%以上,农村垃圾集中处理率达到 100%。农房“两改”稳步推进,全年共投入 148.5 亿元,开工建设农村住房 11.5 万户,完成 4.66 万户,完成改建面积 664 万平方米,四年来累计完成农房建设投资 533.4 亿元,完成农房改建面积 3092 万平方米。村庄整治建设实现全覆盖,年内新确定 50 个村实施村庄整治建设提升行动,投入资金 1.7 亿元。农家乐休闲旅游业快速发展,全年农家乐休闲旅游业接待游客 2596 万人次,直接营业收入 27.94 亿元,比上年分别增长 19.3%和 28.0%。

·工业、建筑业·

【工业经济】 2014年全市实现工业增加值3490.1亿元,按可比价计算,比上年增长7.6%。其中规模以上工业企业实现增加值2540.2亿元,增长7.4%。分行业看,在规模以上工业35个行业大类中,26个行业增加值同比增长;有9个行业增加值超过100亿元,其中汽车制造业实现增加值232.9亿元,总量跃升至第三,增加值增长31.9%,增速居九大行业之首,对全市规模以上工业增加值增长的贡献率达30.8%。分企业类型看,规模以上工业大、中、小型企业工业增加值分别增长6.2%、6.1%和10.9%。分经济类型看,有限责任公司、国有企业增长较快,增加值分别增长17.6%和12.1%;港澳台投资企业、外商投资企业分别增长4.3%和3.5%。全年规模以上工业企业实现销售产值13387.4亿元,增长6.6%。其中,内销为10366.3亿元,增长8.5%;出口交货值为3021.1亿元,增长5.5%。全年规模以上工业企业实现利润648.1亿元,下降2.9%,实现利税总额1280.6亿元,增长1.2%。

【工业创新转型】 装备制造业增速加快,2014年全市规模以上装备制造业实现增加值1054.7亿元,比上年增长11.1%,增速比全部规模以上工业高出3.7个百分点。高能耗行业占比降低,八大高耗能行业实现增加值852.4亿元,增长2.7%,占整个规模以上工业的33.6%,比重比上年下降1.8个百分点。全年规模以上工业单位增加值能耗同比下降8.1%。创新驱动成效显现,全年规模以上工业新产品产值为3606.6亿元,增长25.0%,新产品产值率由上年的22.2%提高到26.2%,再创历史新高。全年规模以上工业企业劳动生产率为17.8万元/人,增长9.9%。

【建筑业】 2014年全市完成建筑业产值3714.1亿元,比上年增长18.5%。房屋建筑施工面积27367.2万平方米,增长9.3%。全年建筑业从业人员平均人数115.2万人,比上年增加14.3万人。

·固定资产投资、城市建设·

【固定资产投资】 2014年全市完成固定资产投资3989.5亿元,比上年增长16.6%,其中民间投资1955.0亿元,增长12.6%,占固定资产投资的比重为49.0%。分产业看,第一产业完成投资45.2亿元,增长113.3%;第二产业完成投资1264.7亿元,增长18.6%;第三产业完成投资2679.6亿元,增长14.7%。三次产业投资额之比为1.1∶31.7∶67.2。全年完成工业投资1263.2亿元,增长19.0%,其中工业技改投资940.7亿元,增长23.9%,工业设备购置542亿元,增长35.3%。全年完成房地产开发投资1328.1亿元,增长18.3%,商品房销售面积726.4万平方米,下降0.5%,其中住宅销售面积595.2万平方米,增长2.3%。

【现代都市建设】 深入实施现代都市战略“50100工程”,“一核两冀、两带三湾”网络型现代都市格局进一步形成。“三江六岸”品质提升取得阶段性成果,奉化江两岸正式建成开放,姚江东岸开工建设,沿江16万平方米绿地焕然一新。快速路网建设扎实推进,基本建成南北环快速路。实施新一轮打通“断头路”行动,年内打通11条断头路。完成江东北路(中山路-民安路)、兴宁路(世纪大道-福庆路)综合整治。继续实施背街小巷综合整治,全年完成整治90条。推进园林绿化工程,中心城区新增公共绿地面积170公顷。道路清爽行动持续开展,中心城区道路保洁数量达1223条,清扫面积3560万平方米,机扫率维持在75%以上。智慧城管二期建设全面启动,网格覆盖面积增至321.4平方公里,全年智慧城管共上报问题92.6万余件,主动发现率达96.43%,解决率99.97%。“三改一拆”保持强劲势头,累计完成“三改”建筑面积2041.6万平方米,拆除违法建筑面积1644.1万平方米。

·贸易、旅游、会展·

【贸易业】 2014年全市商品销售总额1.44万亿元,比上年增长18.1%。全年完成社会消费品零售总额2992.0亿元,增长13.5%。分城乡看,城镇消费品市场实现零售额2469.0亿元,增长13.1%,农村消费品市场实现零售额523.0亿元,增长15.7%。在限额以上企业销售的商品类值中,汽车类增长7.6%,石油及制品类增长14.9%,食品、饮料、烟酒类增长8.1%,服装、鞋帽、针纺织品类增长22.5%。年末全市限额以上贸易企业达2884家,全年实现营业收入9530.7亿元,实现利润总额108.5亿元。

【旅游业】 2014年全市实现旅游总收入1068.1亿元,比上年增长12.0%。接待国内游客6874.6万人次,增长10.4%;实现国内旅游收入1020.3亿元,增长12.8%。接待入境游客139.7万人次,增长9.7%。年末全市共有星级酒店148家,其中五星级22家;4A以上风景区30处,其中5A级1处。

【会展业】 2014年全市举办各类会展活动295个,比上年增长6%。其中，举办展会175个，增长9%，展览总面积达196万平方米，增长5%；展览面积2万平方米以上的大型展会达29个。县级以上举办商务会议(论坛)79个，增长16%；特色节庆活动41个，减少20%。年度荣获"中国十佳品牌会展城市"、"2014中国十大影响力会展城市"等奖项。

·对外经济、合作交流·

【对外贸易】 2014年全市口岸进出口总额2186.1亿美元，比上年增长3.1%。外贸自营进出口总额1047.0亿美元，增长4.4%，其中出口731.1亿美元，增长11.3%；进口315.9亿美元，下降8.7%。全年新增对外贸易经营备案登记企业3757家，累计达26147家。有进出口实绩企业14810家，比上年增加922家。其中，民营企业(包括私营企业和集体企业)出口额占全市出口总额的63.1%，拉动全市出口增长11个百分点。全年机电产品出口391.5亿美元，增长9.4%，占全市出口总额的53.6%。出口额上亿美元的产品157个，比上年增加22个；进口额上亿美元的产品47个。2014年直接与我市开展贸易往来的国家和地区218个，其中欧盟、美国、东盟、拉丁美洲、日本、大洋洲、非洲贸易额占比分别为21.4%、16.3%、8.3%、7.5%、6.3%、5.1%和4.5%。

【利用外资】 2014年全市合同利用外资70.2亿美元，比上年增长20.6%，实际利用外资首次突破40亿美元，达40.3亿美元，增长22.9%。第三产业新批项目321个，增长17.2%，合同利用外资33.3亿美元，增长3.1%，其中批发和零售业合同利用外资13.7亿美元，增长47.7%；金融业合同利用外资5.1亿美元，增长321.7%。第三产业实际利用外资21.4亿美元，增长16.6%，其中房地产业实际利用外资11.1亿美元，增长18.1%；批发和零售业实际利用外资7.1亿美元，增长122.3%。

【对外合作】 2014年全市新批境外投资企业和机构208家；核准中方投资额18.4亿美元，比上年增长16.9%，实际中方投资额8.4亿美元，增长24.3%。完成境外承包工程劳务合作营业额16.9亿美元，增长12.4%。

【服务外包】 2014年全市承接服务外包执行额140.6亿元，比上年增长30.1%；承接国际服务外包执行额9.1亿美元，增长50.8%。年末服务外包企业达1065家，从业人员4.14万人。

【国内合作】 积极开展"宁波周"、"宁波行"、"出宁波"活动，努力推进招商转型，2014年全市国内招商引资实到资金745.4亿元，比上年增长13.2%，其中深圳"宁波周"达成的31个合作项目均为引进项目，协议总金额265.8亿元，创历届"宁波周"活动引进资金之最。全年达成浙商回归项目889个，实到资金657.9亿元，增长30%。加大援助力度，帮扶黔西南州项目69个，资金6149万元；支援万州三峡库区800万元。推进山海协作工程，全年实施山海协作产业合作项目78个，实际到位资金30.7亿元。

·港口、交通·

【港口生产】 2014年宁波港口货物吞吐量5.26亿吨，比上年增长6.2%。完成外贸货物吞吐量2.97亿吨，增长7.6%。大宗散货三大主要货种呈现"两增一减"的态势，其中完成铁矿石吞吐量1.02亿吨，增长15.2%，完成原油吞吐量6152.7万吨，增长0.5%，完成煤炭吞吐量7412.8万吨，减少6.5%。全年宁波港集装箱吞吐量1870.0万标箱，增长11.5%，吞吐量超过釜山港，排名跃至世界第5位，全国第3位。调整优化航线数量和航班密度，积极开发东盟、南亚、西亚等经济板块的"21世纪海上丝绸之路"新航线，全年新开航线11条，现共拥有航线228条，其中远洋干线113条，近洋支线62条，内支线21条，内贸线32条。海铁联运业务进展快速，全年共完成海铁联运13.5万标箱，增长28.4%，增幅列全国6个示范通道首位。

【交通基础设施】 2014年全市完成交通基础设施投资183亿元。年末全市公路总里程11045.4公里，公路网密度112.5公里/百平方公里，达到中等发达国家水平。年末等级公路10506.9公里，其中高速公路495.8公里，一级公路1125.9公里，二级公路777.2公里，三级公路1575.8公里，四级公路6532.2公里。年内建成3个万吨级码头，万吨级码头总数达102个。铁路宁波北站搬迁及其配套工程完工，12月洪塘至宝幢段货运铁路正式开通运营，宁波铁路"南客北货、客货分流"的环形枢纽最终形成。机场三期工程加快推进，完成投资21.4亿元。

【综合运输】 2014年完成全社会货运量4.04亿吨，比上年增长7.7%，货物周转量2061.5亿吨公里，增长3.4%。其中，水路货运量1.61亿吨，货物周转量1726亿吨公里，分别增长3.7%和2.3%；公路货运量2.19亿吨，货物周转量335.6亿吨公里，分别增长15%和

10%;铁路货物运输量2364.1万吨,减少18.6%;机场货邮吞吐量8.2万吨,增长23.4%。全社会客运量1.65亿人次,下降2.6%。其中,公路客运量1.21亿人次,下降10%;水路客运量171.2万人次,下降24.2%;铁路客运量3556.4万人次,增长32.2%;民航客运量635.9万人次,增长16.5%。

【公共交通体系】 公交运能稳步增长,年内新辟公交线路20条,优化调整48条;年末公交标准运营车辆数7445.8标台,运营线路698条,新增公交专用道40公里以上,全年共完成公交客运总量6.9亿人次,比上年增长7.5%。5月30日轨道交通1号线一期工程开通试运营,日均开行243列次,电客车累计运营里程112.04万列公里,全线总计进站客流为1387.51万人次,平均64237人次/天,单日客流量最大为15.14万人次,列车兑现率100%、正点率99.94%;2号线一期工程全线基本实现"轨通",1号线二期工程年底车站主体结构全部完成,3号线一期工程开工建设。年末全市共有出租车6370辆,完成客运量2.08亿人次。年内新增公共自行车网点200个,新投放公共自行车6000辆,至年末,全市共建成公共自行车网点992个,投放公共自行车21035辆,办理租赁IC卡32万余张,累计租车量达2899.7万辆次。

·银行、证券、保险·

【银行业】 2014年末全市金融机构本外币存款余额13890.1亿元,比上年增长5.5%;年末金融机构本外币贷款余额14569.8亿元,增长9.4%。全年银行业金融机构实现税后利润148.5亿元,下降39.2%。年末全市银行业金融机构达63家,其中政策性银行3家,大型银行5家,股份制商业银行11家,城市商业银行12家,邮储银行1家,外资银行5家,农村合作金融机构9家,新型农村金融机构14家,非银行金融机构3家。

【证券业】 2014年全市证券成交总额3.17万亿元,比上年增长46.6%。其中股票和基金成交2.07万亿元,增长50.7%,证券客户交易结算资金余额144亿元,增长117.6%。期货代理交易量5535.7万手,增长4.5%,代理交易额5.31万亿元,下降0.7%。年末证券投资者开户104.5万户,增长6.2%。年内新增证券公司分支机构24家,期货营业部3家,年末全市共有98家证券公司分支机构,1家证券投资咨询公司,1家期货公司和38家期货营业部。年内新增境内上市公司3家,累计实现首发和再融资额73.9亿元;境内上市公司总数达45家。

【保险业】 2014年全市实现保费收入207.0亿元,比上年增长11.6%。其中,财产险保费收入111.6亿元,增长15.7%;人身险保费收入95.4亿元,增长7.6%。赔款和给付94.7亿元,下降8.9%。其中,财产险赔付支出74亿元,下降17.4%;人身险赔付支出20.7亿元,增长44%。

·科技、教育、人才·

【科技创新】 2014年全市有11项农业和社会发展领域科技创新获得"863"计划、科技支撑计划等国家科技项目支持,荣获省级科学技术奖26项,其中一、二等奖12项,三等奖14项。全年专利申请量58530件,其中发明专利12957件,比上年增长32.1%;专利授权量43286件,其中发明专利授权2832件,增长26.1%。年末全市共有企业研究院56家、省级高新技术企业研究开发中心284家,市级以上企业工程(技术)中心972家(其中国家认定企业技术中心8家);国家级创新型试点和创新型企业15家,省级创新型示范和试点企业56家,市级创新型试点企业220家;国家火炬计划重点高新技术企业60家,市科技型企业950家。培育创新型初创型企业5134家,产业技术创新联盟14家,科技部国际科技合作基地8家。

【教育事业】 2014年末全市共有各级各类学校2082所,在校学生总数132.07万人。其中,普通高校14所,在校学生15.09万人;普通高中83所,在校学生9.03万人;中职学校52所,在校学生7.28万人;初中209所,在校学生18.98万人;小学457所,在校学生48.26万人;幼儿园1254所,在园学生27.84万人。年内全市投入建成学校共106所,投资50.13亿元。完善普惠性幼儿园扶持和规范政策,认定普惠性民办幼儿园300所,普惠性幼儿园招生覆盖率达63%。年末全市共有全日制民办中小学(幼儿园)1089所,在校(园)生102.47万人,占全市全日制中小学(幼儿园)在校(园)生数的29.2%。27.58万名随迁子女就学问题得到妥善解决。

【人才开发】 2014年全市新增各类人才19.5万人,年末全市人才总量达167.8万人,比上年增长13.1%。其中,新增博士、博士后442人,总量达4069人;新增省"千人计划"专家23人;新评审出市"3315计划"人才23人、高端创业创新团队27个。引进海外人才1404人,总量达5804人。新建院士工作站10家,累计77家;新建技能大师工作室16家,累计38家;新建高技能人才公共实训基地3个,新增高技能人才2.9万人,总量达26.3万人。新引进人力资源服务机构25家,累计407家。4个团队入选首批"浙江省领军型创新创业团队"。

·文化、卫生、体育·

【文化建设】 文化精品创作取得丰硕成果,歌剧《红帮裁缝》等3个作品获得全国"五个一工程"奖。文化惠民工程成效明显,全年实施"天然舞台"等文化惠民演出活动6000余场。深化农村电影放映工程改革,推进"电影惠农331工程",创建室内固定放映点204个,公益电影放映基地58家,乡镇多厅数字影院54个厅。全年为农家书屋补充、更新、流转图书36.7万册。完成1401个行政村农村应急广播体系终端安装任务。申遗工作取得实效,6月22日中国大运河成功列入世界文化遗产。文物保护工作稳步推进,新公布宁波市第二批历史文化名村17座,县(市)区级文物保护单位(点)80余处。"前童元宵行会"、"董氏儿科"两个项目列入第四批国家级非物质文化遗产名录,非遗国宝数达23个,居计划单列市首位。文化走出去广受欢迎,市演艺集团舞剧《十里红妆·女儿梦》登上美国纽约林肯艺术中心舞台。宁波博物馆与香港历史博物馆签署五年合作意向书。文化产业和文化市场实现新发展,2家企业、1个园区被授予省文化产业示范基地、示范园区;9家企业、2个项目被授予2013-2014国家文化出口重点企业、重点项目;11个项目入围国家文化产业重点项目库。

【卫生事业】 2014年末全市实有病床3.0万张,拥有专业卫生人员6.4万人,卫生技术人员5.4万人,其中执业医师(含助理)2.1万人,注册护士2.1万人。按户籍人口统计,每千人床位数、卫技人员数、执业医师(含助理)数和注册护士数分别达到5.2张、9.2人、3.5人和3.5人。全市适龄儿童免疫规划疫苗接种率95.3%,免疫预防服务质量保持全省先进水平。加强妇幼保健服务与管理,全年常住人口孕产妇死亡率为7.2/10万,婴儿死亡率3.26‰,5岁以下儿童死亡率2.42‰,均稳定在较低水平。

【体育事业】 2014年全市共举办48项全国性以上赛事和活动,组队参加省第十五届运动会,共获得782.75枚奖牌,其中金牌数为414.25枚,总分7181.6分,均居全省第二。体育公共服务体系日趋完善,开通全民健身路径报修、维修平台,将海曙、江东、江北三区的健身路径管理纳入81890妇女儿童服务专线,自开通以来,实现零投诉,更好更便捷地服务了社会。建成各类球场173个,行政村体育健身路径拥有率达99%。积极推进大型体育场馆免费低收费向社会开放工作,有效提升体育系统直属体育场馆开放服务能力,年内新增5家大型场馆向社会开放,90%的城区公办中小学校体育设施向市民开放。全年体育彩票销售额达15.2亿元。

·人口、居民生活、社会保障·

【人口规模】 2014年全市出生56398人,在出生人口中,男性29411人,女性26987人,男女性别比为109:100。人口出生率、死亡率分别为9.69‰和6.10‰,自然增长率为3.59‰,比上年上升1.2个千分点,连续17年低于5‰。年末全市拥有户籍人口583.8万人,其中市区229.6万人。

【居民收支】 2014年宁波市全体居民人均可支配收入38074元,比上年增长9.9%。其中,城镇居民人均可支配收入44155元,增长9.2%;农村居民人均可支配收入24283元,增长11.0%。从收入构成看,城镇居民人均工资性收入27023元,增长9.9%;农村居民人均工资性收入15777元,增长8.7%。按一体化城乡住户调查新口径统计,城乡居民收入差距由2013年的1.85:1缩小为2014年的1.82∶1。2014年宁波市全体居民人均生活消费支出24324元,增长11.9%。其中,城镇居民人均生活消费支出27893元,增长11.5%,增幅较快的三类支出是医疗保健、食品烟酒和居住,人均分别支出1217元、8396元和7022元,分别增长15.9%、12.6%和10.9%;农村居民人均生活消费支出16228元,增长12.4%,增幅较快的三类支出是医疗保健、居住和交通通信,人均分别支出1105元、3230元和2592元,分别增长25.4%、18.8%和15.6%。

【社会保险】 社保覆盖面不断扩大,年末企业基本养老保险、职工基本医疗保险、失业保险、工伤保险、生育保险参保人数分别达542.23万人、368.54万人、243.39万人、291.09万人和252.25万人,比上年末分别净增33.29万人、22.26万人、11.65万人、7.71万人和6.71万人。全市城乡居民社会养老保险、被征地人员养老保障参保人数分别为124.76万和44.83万,16周岁以上应参保户籍人口养老保险参保率达91.5%。社保待遇持续提高,全市59.03万企业退休人员人均增发养老金243元/月,市区被征地人员养老保障按每人每月50元标准调整,城乡居民保险基础养老金按每人每月20元调整,惠及群体135万人。同时全市工伤保险、生育保险享受人数分别为3.95万人和3.68万人，待遇支出分别为6.94亿元和3.99亿元。政策范围内，职工医保和居民医保住院大病基金支付比例分别为86.8%和72.3%，新农合统筹地区住院医疗基金支付比例在75%以上。

【民生保障】 2014年市区居民最低生活保障标准从月人均588元提高到660元，年末全市共有最低生活保障对象5.13万人，低保资金实际支出2.4亿元。年末全市农村五保对象集中供养4245人，集中供养率为98.3%，城镇“三无”对象集中供养1220人，集中供养率为99.6%。各类收养性单位239个，床位数41996张，收养人员22701人。加大重度残疾人托(安)养工程的投入力度，一级残疾人集中托养补助从每人每年13200元调整到16200元，较省定标准高出1200元，年末全市累计托(安)养重度残疾人13003名。

【保障性安居工程】 2014年全市新开工各类保障性安居工程456万平方米、39960套，竣工213万平方米、24757套，解决9515户中低收入家庭住房困难问题。棚改项目融资进展顺利，我市已累计有3批、44个、总投资约966亿元的棚改项目向国开行申请棚改专项贷款，获批729亿元，放款总额64亿元。年末11个县（市）区已确定13个试点项目，计划改造住宅8491户、面积64万平方米，非住宅面积11万平方米。

【慈善事业】 2014年市县两级慈善机构募集善款6.13亿元，比上年增长11.1%。全年救助支出5.05亿元，受助的困难群众达43.2万人次。年末全市慈善机构累计募集已达46.03亿元，累计救助支出32.68亿元，受助257.4万人次。全年共开展各种志愿服务活动1800余次，参加服务的义工2万余人次，服务时间近4万小时。

·生态建设、社会安全·

【生态建设】 加强环境专项治理，组织清理垃圾河174条，治理黑臭河613公里，实现全市1929条河道“河长制”的全覆盖；累计淘汰改造高污染燃料使用设备1398台，“禁燃区”面积扩大到1053平方公里；扩大黄标车限行区域，淘汰黄标车6.5万辆，发放补贴资金3.5亿元。实现新建项目排污权交易机制全覆盖，累计征收排污权有偿使用费1.94亿元。推进现代化环境监测监控体系建设，累计建成污染源自动监控设施438台套，基本实现重点污染源全天候实时监控。继续开展生态县(市)区创建工作，镇海区获国家级生态区命名，宁海、象山通过国家级生态县现场验收，北仑通过国家级生态区技术评估，全市累计9个县(市)区创建成省级生态县(市)区。

【“平安宁波”建设】 2014年宁波市共发生各类生产安全事故2599起、死亡690人、受伤2480人，分别比上年下降9.3%、7.4%和12.5%，连续第十年实现同比下降。全年共受理群众信访7265件（人）次，下降31.3%，接待群众集体上访231批2877人次，分别下降18.4%和31.2%。

·中小企业·

【概况】 2014年，宁波市中小企业根据国家实施的积极财政政策和稳健货币政策，按照工信部和省政府的工作部署，重点围绕工信部扶助小微专项行动、省政府“小升规”专项行动，大力推进小微企业上规升级和服务体系建设，深入开展中小企业服务工作，着力帮助中小微企业解决困难，努力改善中小微企业发展环境，促进了全市中小企业平稳较好发展。

【着力推进小微企业转型升级为规模以上企业】 2014年是宁波市完成“小微企业转型升级为规模以上企业”三年培育升级目标任务的关键一年。全市对“小微企业转型升级为规模以上企业”推进工作注重政策引导，加强政策宣传和督查落实，优化培育工作机制，加强专项扶持服务，取得了阶段性工作成效。据初步统计，2014年我市新上规模小微企业达800余家，“小微企业转型升级为规模以上企业”培育企业入库数达2891家，超额完成年初600家、2300家的目标任务。

出台了《宁波市人民政府办公厅关于促进小微企业转型升级为规模以上企业的实施意见》，在减轻税费负担、加大财政资金支持等五方面明确了34条专门针对小微企业的扶持政策，政策含金量高，获得了企业的肯定。同时，在加强组织领导、建立责任机制、狠抓工作落实、加强督查指导、加强宣传引导等五方面，建立推进“小微企业转型升级为规模以上企业”工作保障措施和长效工作机制。落实财政奖励政策，对新上规模小微企业兑现奖励资金1406万元，减免地方水利建设基金“小微企业转型升级为规模以上企业”计531户，减免806.42万元，企业的基本养老保险、基本医疗保险单位缴费比例连续三年下浮，涉及“小微企业转型升级为规模以上企业”703家，3.73万参保职工受惠，减征社会保险费1510多万元。在《宁波日报》开辟大幅专版对“小微企业转型升级为规模以上企业”政策进行详细解读，并对2013年我市“小微企业转型升级为规模以上企业”进行通报，对省级和市级“小微企业转型升级为规模以上企业”、“成长之星”进行通报表彰和典型宣传，我市小微企业反响热烈。

【大力加强中小企业公共服务体系建设】 一是加强中小企业公共技术服务平台建设。新认定市级中小企业公共技术服务平台10家，培育市级示范平台、国家级示范平台各1家，全市已累计认定市级公共技术服务平台51家，市级示范平台12家，国家级示范平台9家，着力技术服务平台为中小微企业提供研发、设计、检验检测、科技成果转化、设备共享、政策咨询等技术服务。

二是加强小微企业创业基地建设。新认定小微企业创业基地1家，全市已累计认定44家小微企业创业基地，入驻小微企业6800多家，孵化规上企业145家，开展各类服务活动17279次，创业成功率达90%以上。目前，我市各创业基地已基本有完善的公共服务设施，同时，整合专门服务机构，为基地内的小微企业提供信息、代理、培训、融资、技术、人才、咨询、仓储等服务项目，具备连续滚动孵化小微企业的功能。同时，加快推进小微企业集聚区建设，开展了小微企业集聚区建设情况的专项督查调研，组织召开全市推进小微企业集聚区建设座谈会，并对专项督查情况进行了通报，下达了小微企业专项用地指标1400亩，全市新批复建设15个小微企业集聚区，对新建成的小微企业产业集聚区，纳入全市小微企业创业基地的规划、培育、认定和管理，拓展了小微企业创业发展新空间。

三是加强中小企业公共服务平台网络建设。已累计投入10868万元资金，完成计划101%，初步建成以市8718平台为总平台，各县(市)区8718平台为子平台，模具、文具等13个产业集群为窗口平台的全市中小企业公共服务平台网络系统，基本实现各平台间的互联互通，实现“一点提问、全网联动、件件着落、全程追溯”的中小微企业信息化服务体系，全年开展了信息、融资、技术、培训、市场拓展等各种服务活动366场次，服务企业19934家，服务人数96047人次。

四是加强小微企业市场拓展。组织我市20余家中小企业参加第八届APEC中小企业技术交流暨展览会、第十一届中国国际中小企业博览会，展示了我市工业设计企业和“专精特新”小微企业形象。

五是着力加强融资性担保服务体系建设。充分发挥财政资金的引导作用。2014年，市财政下拨融资担保风险补偿资金4000万元，引导融资性担保机构为中小微企业和“三农”提供融资担保服务。1-11月份，全市63家融资性担保机构提供融资担保总额110.67亿元，担保户数6163户，担保笔数7368笔，在保余额109.53亿元，放大倍数3.12。首创“政银担”三方共同分担融资性担保代偿损失机制。2014年10月份，我委联合市财政局、人行市中心支行制定出台了《关于试行政银担三方分担融资性担保代偿损失的通知》(甬经信中小〔2014〕323号)，从2014年起连续三年每年在市中小企业发展专项资金中安排500万元专项资金，对融资性担保机构为我市小微企业，特别是“小升规”及重点培育对象企业贷款提供担保发生的代偿损失，由政府、银行、担保公司三方按20%:20%:60%的比例共同分担。试行“政银担”三方共同分担融资性担保代偿损失的机制，既是为破解小微企业融资难、融资贵、担保难方面开辟了新途径，也是为解决融资性担保公司风险分散共担的有益偿试。融资性担保公司从原来需要承担100%的风险，减少到只承担贷款额60%的代偿损失，从一定程度上缓解了融资性担保公司的风险压力。支持融资性担保公司做大做强，我市有21家融资性担保公司被评为浙江省融资性担保机构百强，新增22家担保机构享受营业税三年免征政策。积极争取国家专项资金支持我市中小企业服务体系建设，全市43个中小企业服务体系项目获得国家专项资金支持，其中，改善服务环境项目27个3470万元，改善融资环境项目16个2815万元，为全国计划单列市之首。

【切实做好中小企业减负】 认真贯彻国务院进一步加强涉企收费管理减轻企业负担的部署，出台了《宁波市加强涉企收费管理减轻企业负担工作实施方案》，对涉企行政事业性收费、政府性基金和实施政府定价或指导价的经营服务性收费，实行目录清单管理并对外公开，规范涉企收费行为。全市清理取消专利纠纷案件收费等8项行政事业性收费，水土流失防治费等7项行政事业性收费。对全市35个部门1083家单位行政事业性收费进行审验，审验覆盖率100%，审验合格率为98.43%，全市发现问题并做出处理的收费单位17家，其中移交物价检查机构立案查处6家，建议整改11家。开展商业银行收费行为专项检查，2014年上半年，没收违法所得417万元，退还违法行为所得617万元，总计1034万元。加强“阳光工程网”企业减负专栏建设，对外发布企业减负有关政策法规和工作动态，接受企业咨询反馈和举报投诉，切实做好企业减负工作。

【大力开展中小企业服务】 充分发挥宁波市8718平台开展点对点、针对性、网络化、智慧化的企业服务，为中小微企业送政策、送信息、送服务、送温暖。宁波市8718平台网页浏览量16421万次，电话服务联系企业7.1万家次，短信送政策、送服务、送信息计51次累计83万条；企业政策库新增入库908条，查询450万次；受理企业问题(困难)7867件，已答复办结7823件，办结率99.4%。同时，推进服务企业长效机制建设，建立完善暂缓评价件评议、匿名反映协办、共性诉求协商等制度，对较长时间内仍未解决的问题(困难)，探索建立市长督查制度，同时积极推进将政府办理件的满意度评价结果纳入群众路线教育实践、机关效能建设、民主评议机关、文明机关等活动的评定指标体系。

·中小企业公共服务平台(8718平台)的巨大贡献·

【概况】 在宁波市委市政府的高度重视和市企服办的大力支持下，2014年宁波市中小企业公共服务平台(8718平台)运用新思维，取得新突破，实现新跨越，开启专家诊断服务，实现平台网络验收，启动员工绩效考核，步入政府合作新阶段，平台逐步做大做强。2014年度平台收入总额961.43万元，同比增长85.8%，主营业务收入522.92万元，同比增长278.1%；净利润88.0万元，同比增长2.4%。

【2014年服务中小微企业主要成效】 宁波市8718平台存在感和影响力逐步扩大，已成为中小微企业与政府的“连心桥”、各级政府部门联系服务企业的“高速路”。2014年，市8718平台电话服务联系企业72549家次，工作日日均290家次；企业服务信息采访发布8961条，“万家老总短信送”送政策、送服务、送信息计80.1万条；企业政策库新增入库908条，查询453.4万次，日均1.2万次；累计受理企业问题(困难)7867件，已答复办结7822件，办结率达99.4%。

2014年，市8718平台更注重整合社会资源服务企业，先后组织企业参加调研、对接、座谈、培训等企业服务活动35次，同比增长94.4%；帮助256家企业解决融资需求，搭建800家“小升规”企业网站，与2013年相比均实现翻番，分别同比增长118.8%、100.0%。

8718平台主要运行数据对比表

服务内容	主要指标项	2013年度	2014年度	增幅(%)
问题(困难)办理	受理总量(件)	6970	7867	12.9
	答复办结(件)	6930	7822	12.9
	办结率(%)	99.4	99.4	-
电话联系服务	总量(万次)	5.6	7.3	30.4
	日均联系(家次)	222	290	30.6
整合资源服务企业	办结企业融资需求(家)	117	256	118.8
	企业网上展厅建设(家)	400	800	100.0
	企业服务活动(次)	18	35	94.4
短信送	次数(次)	74	51	-31.1
	条数(万条)	199.3	80.1	-59.8
政策库	新增入库(条)	1113	908	-18.4
	查询总量(万次)	485	453	-6.6
	日均查询(万次)	1.3	1.2	-7.7
网页浏览量	总量(万次)	21414	17236	-19.5
	日均(万次)	58.6	47.2	-19.5

【专家诊断精准施策，开启服务方式新常态】 为解决中小微企业信息化应用、知识产权维权、新产品开发等“能不能办”、“怎么办”的问题，市8718平台强化精准施策、主动服务，借助行业专家、专业机构等社会力量及政府力量，组织开展一系列的小型专家义诊会，邀请专家为参会企业面对面、一对一的把脉开方。

一是开启服务企业新模式。自2014年8月以来，市8718平台先后举办了“研发费加计扣除”、“中小企业经营管理信息化”、“电子商务”、“知识产权维权”、“企业机器换人改造”、“小微企业政银担政策”6个专题共16场小型专家义诊会，累计为81家企业负责人面对面把脉开方，并在会后出具了《诊断报告》。

二是赢得社会各界齐夸赞。小型专家义诊会的开展得到了企业、专家、政府各界的一致好评，参会企业负责人全部给出“非常满意”评价，企业表示“专家的一些建议，操作性很强，帮我们进一步拓宽了思路，希望与专家再做深入沟通”。专家表示这种小型深度对话，对企业、对自己都有很好的收获。政府部门表示“小型专家诊断会是把浙江省委、省政府提出的‘实施精准对策，创新引领转型’的精神可落到实处的有效办法”。

【平台网络建设竣工，奠定服务载体新格局】 中小企业公共服务平台网络是国家建立的以省级区域为运营单位的全国统一信息平台，通过与全社会各类服务机构的互联互通，形成覆盖广泛、资源共享、服务协同、运行有效的网络，为中小企业提供便捷的信息、咨询和对接服务，让企业对服务资源“找得到、用得起、有保证”。

一是平台网络竣工验收，实现主体互联互通。公共服务总平台项目实际投资2010万元，并于2014年9月通过市经信委、市财政局联合组织的竣工验收。目前已经实现总平台、子窗平台、服务机构、中小企业等各类主体之间互联互通、资源共享、协同服务的全网络化，为“一点提问、全网联动、高效协同、全程追溯”的运营目标奠定良好的技术支撑基础。

二是整合各类社会资源，充分发挥服务功效。遵照工信部“边建设、边服务”的要求，至2014年12月，已建成以市8718平台为总平台，以11个县(市)区子平台为综合性窗口平台，以13个包括宁海模具城、余姚塑料城、信息化云平台等集聚区为窗口平台的服务网络，具有政策咨询、融资投资、财会税务、检验检测、信息化应用、工业设计、人才培训等服务功能；整合各类服务机构435家、提供特色服务产品532个、开展对接活动2210场次、服务企业7.9万家次。

【绩效考核成功启动，点燃企业服务新激情】 为激发公司员工的工作积极性，明确工作方向、工作目标、工作内容，最大限度实现员工的价值。8718平台于6月26日启动绩效考核，将各项工作任务进行分解，工作任务完成情况与员工绩效直接挂钩。

绩效考核启动以来，公司员工干劲十足，服务企业热情高涨，服务企业数量有较大提高。具体表现在：

一是员工工作时间明显延长。绩效考核前员工习惯于朝九晚五，下班后就匆匆离开，绩效考核后员工为了完成绩效加班加点常态，有的甚至晚上八九点仍迟迟未离开。

二是服务企业数量明显增加。2014年下半年，市8718平台电话服务联系企业41452家次，与上半年相比增长了33.3%；企业政策库新增入库600条，是上半年的1.9倍；累计受理企业问题(困难)5671件，已答复办结5660件，均是上半年的2.6倍。

三是企业员工绩效明显增长。绩效考核前员工月工资约3300元/人，绩效考核后员工月工资约4000元/人，员工收入增长了21.2%。

【政府合作促点成线，进入资源利用新阶段】 8718平台充分利用企业资源和政策资源，加强与宁波市政府相关部门合作，逐步推进与政府的深入合作。2014年市8718平台与市民主评议机关作风建设领导小组、市纪委、市经信委、市援疆办、市国税局、市教育局等政府部门，共开展20余项相关活动。

8718平台与政府部门的深入合作，加快推进合作有点到线。其具体表现在两个方面：

一是实现与政府部门多领域合作。2014年，8718平台与市教育局深化合作，在职工培训、校企合作、企业需求征集等多个方面开展合作，先后与市现代服务业公共职业培训平台开展9场“半月谈”培训会，与市教育局相关处室开展了11场成教合作培训，同时开展了宁波市职工培训和校企合作意向征集活动。

二是构建项目合作长效机制。目前，8718平台与市民主评议机关作风建设领导小组合作，已开展2012年、2014年两场民主评议机关活动，双方建立长期的“民主评议”项目的合作关系。

·个体私营民营企业·

【概况】 2014年，宁波市个体私营民营企业紧紧围绕科学发展主题和转型升级主线，深入开展“三思三创”主题教育实践活动，克服经济形势不景气的不利因素，全力实施“六个加快”总战略，坚持转型发展，全市个体私营民营经济运行总体形势良好,保持增长态势。

2014 年,宁波市新设私营企业 38052 户,注册资本(金)2213.5 亿元,同比分别增长 29%和 96%。新设个体工商户 70977 户,资金数额 58.73 亿元,同比分别减少 4%和 3.7%。新设农民专业合作社 444 户,成员出资总额 5.4 亿元,同比分别减少 27.3%和 35.6%。

1、按企业类型分:个人独资企业 4106 户,出资额 9 亿元;合伙企业 355 户,出资额 1365.41 亿元;公司 33559 户,注册资本 1104.43 亿元;其他企业 48 户,注册资金 482 万元。

2、按产业结构分:第一产业 779 户,注册资本(金)15.7 亿元,分别占新设企业总数的 2%和 0.6%;第二产业 10833 户,注册资本(金)216.3 亿元,分别占 27.7%和 8.7%;第三产业 27536 户,注册资本(金)2247.94 亿元,分别占 70.3%和 90.7%。

3、按行业分:新设户数位居前五位的行业分别是批发和零售业 14152 户,注册资本(金)266.92 亿元,分别占总数的 36.1%和 10.8%;制造业 8843 户,注册资本(金)133.44 亿元,分别占 22.6%和 5.4%;租赁和商务服务业 5407 户,注册资本(金)1656.36 亿元,分别占 13.8%和 66.8%;科学研究和技术服务业 2631 户,注册资本 (金)103.1 亿元,分别占 6.7%和 4.2%;建筑业 1943 户,注册资本 (金)77.09 亿元,分别占 5%和 3.1%。排名与 2012 年、2013 年保持一致。

2014 年,宁波市共注(吊)销个体工商户 36871 户(其中吊销 8995 户);注销农民专业合作社 42 户。

截至 2014 年 12 月底,宁波市累计实有私营企业 203627 户,注册资本(金)8007.02 亿元,同比分别增长 17.1%和 49.6%。累计实有个体工商户 401053 户,资金数额 252.12 亿元,同比分别增长 8.5%和 14.4%。累计实有农民专业合作社 4807 户,成员出资总额 55.32 亿元,同比分别增长 9.1%和 12.2%。

·以非国有经济为主的信息化和信息产业·

【概况】 2014 年,宁波市以非国有企业为主的信息化和信息产业在市委、市政府正确领导下,认真贯彻落实党的十八大精神,紧紧围绕全省四个“全面推进”任务要求和全市“工业强市”战略总体部署,结合智慧城市年度行动计划,以强化基础、促进应用为主线,以推动重大工程项目建设为抓手,在信息基础设施建设、信息资源整合、重点行业智慧应用、软件产业、智慧产业培育和电子信息产品制造业等方面,取得了显著成效。2014 年,国家工信部发布《国家电子政务发展报告》,宁波市和广州、杭州、深圳、厦门等五个副省级城市被列入发展优秀地区。

加快建设智慧城市应用体系,是推进全市信息化建设,促进信息消费,实现信息惠民,带动产业发展的重要途径和手段。2014 年,信息化推进工作按照“强化顶层设计,推进信息共享,突出民生工程,带动产业发展”的工作思路,认真执行《2014 年市政府工作报告目标任务责任分解表的要求》、《2014 年宁波市加快创建智慧城市行动计划》以及委年度工作计划,加强与市级相关部门的沟通协调,积极推进智慧交通、智慧健康保障、智慧教育、智慧空间等应用体系建设,加快推进市民卡工程建设,强化信息技术的推广应用和教育培训工作,我市信息化建设水平取得明显进步,

【加强顶层设计,确保项目建设的科学性】 随着信息化进程的加快,信息化建设已进入了资源整合和共建共享阶段,信息化项目已从单体项目向综合项目,从单一应用向跨部门应用的转变。为保证科学性、可行性,先后与市交通委、市规划局、市教育局等单位完成了《智慧交通一期建设方案》、《宁波市智慧交通运输综合指挥中心一期方案》、《宁波市火车南站综合管理平台》、《智慧空间总体规划》、《智慧空间一期建设方案》、《智慧教育一期建设方案》等方案的编制工作。同时,完成了《宁波市 E 邮站建设对策和建议》、《宁波市社区信息化建设对策和建议》等理论文章。

【加强统筹管理,科学确定项目计划】 2014 年智慧城市应用体系建设按照“统一规划、整合资源、促进共享和基础先行、民生优先、突出重点”的原则,经与相关部门协调沟通,并报市领导批准,确定智慧城市项目 14 个,计划安排资金 5648 万元。

【加强项目管理,严格做好前期审核】 按照智慧城市建设规划要求和历年项目建设计划,认真组织专家和第三方咨询机构对项目方案进行前期审核,保证建设项目符合智慧城市建设要求,有力地促进了信息资源共建共享。今年以来,先后完成了《宁波市公众健康服务平台建设议方案》、《数字化院前急救管理系统建议方案》、《宁波市建设用地全程监管系统建议方案》、《宁波市车用天然气信息化集成监管系统建议方案》、《宁波市智慧交通一期建议方案》、《宁波交通运输综合指挥中心一期》的前期审核工作。

【深化智慧健康保障项目建设,完成省级试点任务】

以省级试点为契机，积极推进智慧健康一期已经立项项目的实施和其余项目方案的编制，完成《宁波市公众健康服务平台》和《数字化院前急救管理系统》前期审核工作，跟踪已审批项目进展情况。9月12日，在部省两化融合国家示范区建设工作座谈会上，我市智慧健康保障项目作为典型案例做经验交流。

【积极推进智慧交通项目建设，缓解城市交通拥堵】一是推进《宁波市智慧交通一期项目建议方案》、《宁波市交通指挥中心项目建议方案》和《宁波南站智慧枢纽服务平台》等项目方案的编制工作，完成《宁波市智慧交通一期项目建议方案》和《宁波市交通指挥中心项目建议方案》前期审核和立项审批工作。二是跟踪已审批项目进展情况，协助市公安局交通警察局进行单一来源采购工作。三是推进"宁波通"手机APP功能的优化和完善，接入FM939实时路况信息，为市民提供出行参考，接入北仑、鄞州公交实时到站信息查询功能，实现市六区的公交信息查询功能，修正出租车电招模块中出现的程序错误。四是积极推进市民卡在公交、轨道交通、出租车、公共自行车等方面的应用。五是积极做好信息报送的相关工作，每周报送一篇工作动态，每月报送一篇工作月报，做到信息报送100%完成。

【加快推进智慧教育等项目建设，确保按时开工建设】

指导和推进《宁波市智慧教育项目(二期)》的编制，并多次组织市发改委、市教育局等部门召开研讨会，讨论规划内容。今年，智慧教育将建设教育云平台、教育公共服务平台和在线学习社区等项目。同时，完成《宁波市建设用地全程监管系统》、《宁波市车用天然气信息化集成监管系统》等项目的前期审核。

【以试点示范为引领，推进信息技术行业的应用】2014年度以物联网技术、云计算技术、移动互联网技术、遥感遥测技术等新一代信息技术为重点，经各单位申报，组织专家评审、验收，共确定17个项目为2014年度智慧城市应用示范项目，并给予共计500万元的资金补助，有效地调动了企业参加智慧城市建设的积极性。

【组织开展国家物联网发展专项资金项目申报工作】

根据国家工业和信息化部办公厅、财政部办公厅《关于做好2014年物联网发展专项资金项目申报工作的通知》精神，为争取国家财政资金支持，促进我市物联网健康有序的发展，会同市财政局共同组织了评审和申报工作，我市基于物联网的电网安全防御与预警决策系统、基于大数据管理的异地锅炉集中监测物联网系统、基于物联网技术的无线远程电梯安全参数监控系统和乳制品的质量安全追溯系统研制和应用示范4个项目申请国家专项资金。经国家相关部门审核，最终"基于物联网的电网安全防御与预警决策系统"和"基于大数据管理的异地锅炉集中监测物联网系统"两个项目分别获得国家300万元的资金扶持。

【以展示馆为载体，宣传智慧城市建设成果】 依托城市光网、无线宽带、移动互联网等通信手段，以云计算、物联网和下一代互联网等信息技术为支撑，借助云平台的强大信息整合能力建设而成的宁波市智慧城市科技馆，于2014年9月12日开馆，全面展现宁波市城市科技化、智能化、倡导低碳环保、推动城市绿色可持续发展的进程和成果，着力于提升城市管理、提高智慧城市综合信息应用服务水平，展现宁波作为智慧城市先行者与实践者风采，推动宁波智慧城市建设和"两化融合"升级。截至2014年9月底，宁波市智慧城市建设应用成果展示厅共接待50批787人次，宁波市物联网与智慧城市体验馆共接待100批1969人次，宁波市智慧城市科技馆72批1038人次。

【举办IT项目管理培训班，提高信息化项目管理能力】

随着智慧城市建设步伐的加快，解决我市信息化项目管理人才短缺问题，保证智慧城市项目建设的顺利实施。2014年上半年组织IT项目管理培训班，本次共培训85人，多为宁波本地企业精英，从事多年项目管理工作，实践经验丰富，这为提升我市项目管理从业人员理论水平，促进企业长远发展起到了积极地作用。

【开展农村综合信息服务站信息服务员培训工作】为促进农村信息化的发展，按照年度计划，组织各县市区经信局及相关业务部门，对全市各乡镇新增或变更的农村综合信息服务站信息服务员进行为期半天的培训，通过对农村综合信息服务站功能和操作方案的介绍、涉农电子商务介绍、工作经验案例的介绍，提高农村信息服务员的服务能力，推进农村信息化的发展，更好的发挥农村综合信息服务站在新农村建设中的作用。

【认真做好政府实事工程建设，加大市民卡工程的推进力度】 市民卡工作是2014年市政府实事工程之一，任务要求是推进市民卡在公共服务和商业领域的应用，实现市民卡功能整合。

完成股权优化，重组市民卡公司。引进中银通支付商务有限公司和市轨道交通集团有限公司入股市民卡公司，完成市民卡公司重组和治理机构的调整。7月份完成注册资本增资和工商变更登记手续，注册资本达到1亿人民币。

【确立三年规划，明确下阶段任务】 5月8日召开新一届宁波市市民卡工程建设领导小组(扩大)会议，会议审议并原则同意《宁波市市民卡工程建设发展三年规划(征求意见稿)》、《2014年宁波市市民卡工程建设推进计划(征求意见稿)》和《宁波市市民卡工程建设绩效考评办法(试行)(征求意见稿)》三个文件,经修改完善后,三个文件已于6月3日印发实施。

【新标准升级,稳步开展】 积极推进PBOC3.0标准市民卡的发行和环境改造工作。7月份完成市民卡PBOC3.0系统改造;8月完成市民卡所有服务网点的改造升级,受理PBOC3.0市民卡购卡、充值等业务;10月13日,PBOC3.0标准市民卡试发行,并携手轨道交通和银联开展新市民卡试发行宣传推广活动。

【多领域应用,全面推进】 一是轨道交通一号线完成PBOC3.0市民卡刷卡应用。自8月起轨道1号线开通市民卡公司发行的PBOC3.0标准市民卡的刷卡应用,轨道交通成为新市民卡的第一个行业应用。二是出租车刷卡项目刷卡应用进入倒计时。PBOC3.0标准市民卡刷卡项目车载机具改造已完成测试,10月13日启动市区4400余辆出租车召回改造工作,计划10月底完成全部改造升级任务。三是公交车项目完成技术突破和路测。8月,单卡槽支持多标准应用的技术方案已经过可行性论证,二合一PSAM卡的解决方案已通过测试。目前,1099张PBOC3.0PSAM卡和5000张二合一PSAM卡已全部到位,并开始部署进场安装工作,计划11月正式上线。四是咪表停车项目稳步推进。咪表改造实施方案、技术方案和业务流程已基本确定。9月,完成市区200台新咪表招标工作,相关技术、业务的对接工作已经启动,预计11月中下旬完成开发工作并正式上线使用。停车场项目年内城区30余个场地的改造计划正积极跟进中,相关可行性实施方案正在制定。五是标准化菜场支付项目稳步拓展。目前,已完成白沙、联心、钟公庙和甬港四家菜场市民卡支付应用上线;华严和阿拉两家菜场的支付应用也将陆续上线。

·以非国有企业为主的信息基础设施建设·

【概况】 以非国有企业为主的信息网络基础设施是智慧城市和信息化建设的重要载体和战略支撑。2014年,宁波市围绕"基础支撑、应用带动、产业突破"的智慧城市发展思路,大力推进信息网络基础设施建设,积极推动信息资源整合共享,完成了宽带中国专项行动任务,实施了无线城市、Iningbo免费无线上网工程、政务云计算中心、电子政务信息安全预警平台等项目,进一步优化了信息惠民和信息消费环境,取得了较好的成绩。

【项目引领,带动基础信息网络投资建设】 一是以"宽带中国"2014专项行动,引领城市基础宽带网络改造和建设,进一步提升光网城市质量。根据国家住建部关于住宅小区以及小区内光纤到户建设强制性标准要求,以及我市光纤网络共建共享建设标准,积极推进我市通信网络基础设施建设。2014年新建及续建项目的当年投资额约达到20亿元,并已全部完成。项目范围包括三大运营商的光纤到户工程、3G/4G移动网络工程、IDC枢纽机房等。

截止2014年9月,全市光网覆盖能力达334万户,已覆盖所有行政村以上住宅区域;城区平均接入能力达30兆,农村平均接入能力达6M;完成全市宽带接入免费升级,在保持原有费用不变基础上,能够实现4M以上接入。全市3G用户达439万户,4G用户达34万户,互联网宽带接入用户达272万户,互联网城域出口带宽2100G,光网城市质量指标进一步提升。

二是以Iningbo免费无线上网项目,引领城市多种网络泛载覆盖,促进信息消费和信息惠民环境提升。我处在积极推进信息基础设施建设时,特别注重民生服务领域的设施建设。2014年重点对Iningbo免费无线上网项目进行了运营模式完善和网络覆盖面的拓宽,使此项目发展更具持续性和稳定性。至目前,Iningbo免费无线上网项目已覆盖海曙、江东、江北、镇海、宁海等地区的主要公共场所,累计建设约300个热点,近3000个AP。日均认证用户达2万人,日均总流量达4500GB。免费上网的公共场所从原来的行政服务中心、医疗机构、图书馆等场所,逐步扩大到公交车站和公交车内,进一步扩大了市民免费无线宽带上网的范围。

通过政务Iningbo免费无线上网项目的引领,提高了通信运营商的无线业务范围,同时也带动了城市基础无线宽带网络的建设。至目前,全市累计开通4G基站8300个,全市4G商业用户已达75万户,覆盖全大市乡镇以上区域。

三是以驻地网共建共享项目,引领小区通信网络有序建设,逐步探索三网融合形势下的基础设施建设、服务、监管模式。2014年我处会同市住建委、规划局、通信管理局等有关职能处室,严格落实《住宅区和住宅建筑内光纤到户通信设施工程设计规范》(GB50846-2012)和《住宅区和住宅建筑内光纤到户通信设施工程施工及验收规范》(GB50847-2012)标准和我市《住宅小区及商住楼光纤网络接入规范》(DB 3302/T 1049—2012)标准,按照《关于进一步规范我市住宅小区及商住楼网络基础设施建设工作的通知》(甬经信信安〔2012〕148号)要求,加强信息化主管部门在设计会审、合同签署、工程验收等环节的监督,进一步落实新建住宅小区通信网络设施建设的共建共享。在具体实施过程中,积极探索三网融合形势下的有关管道、机房、配线箱、用户线等公共设施的建设、服务、监管模式,积极推动梅山岛通信基础设施建设试点。

【制度引领,保证市政务云计算中心项目的投资建设】

一是以政府采购相关制度,保证项目建设的各项任务顺利完成。2014年市政务云计算中心开始实质性建设,在建设过程中,我处严格按照政府采购办法等相关法律和管理制度,落实各项目采购任务。在工程管理中,明确任务和职责,会同监理单位认真把关,保证工程质量。至目前,市政务云计算中心已完成3600万元的投资任务,基础设施即服务层建设已基本完成,开始提供基础计算资源、存储资源、数据库管理资源、视频软件服务以及地理信息共享服务平台等服务资源。目前已有智慧宁波网站、省政府服务网、软件服务平台、宁波市地理信息共享服务平台(政务版)、宁波市规划局门户网站群和81890网站群6个系统正处于运行测试中。

二是以项目管理有关制度,保证项目预期作用的充分发挥。为使市政务云计算中心在智慧城市建设中的基础性、核心作用制度化、规范化,逐步形成以政务云计算中心为核心的市电子政务发展框架体系,我处经与市发展改革委、财政等相关部门多次沟通,形成了《宁波市人民政府关于加快推进市政务云计算中心建设的实施意见》和《宁波市政务云计算中心管理办法》,并于2014年6月以市政府名义正式下发。

在加强规范的同时,也着重服务质量的提升。在市政府下发文件的同时,我处制定了《宁波市政务云计算中心服务指南》,对各相关部门进行政策宣传,对拟申请服务的单位主动进行技术对接,做好服务工作。目前与质监局的宁波市车用天然气综合监管信息系统,国土资源局的宁波市建设用地全程监管系统,交通委的宁波市智慧交通一期项目和宁波交通指挥中心,规划局的智慧空间、组织部门、统计局的系统迁移等多个市级部门的应用系统进行了技术对接。

【任务引领,信息安全年度工作目标顺利完成】 以中央、省、市网络与信息安全工作任务引领,结合宁波实际,创新工作形式,确保各项任务落实。

一是根据中央、省任务,制定下发全市网络与信息安全工作年度要点,并进行落实。为指导全市信息安全工作,明确年度工作目标与任务,起草完成了《宁波市网络与信息安全协调小组2014年度工作要点》,并召开专题会议征求各成员单位意见。工作要点从工作机制、重点环节、监管举措、应急处置和培训宣传等六方面对今年全市信息安全工作做出了明确的部署和安排。

启动市电子政务信息安全预警及处置服务平台项目建设。为加强全市电子政务网络及应用系统安全和保障能力,提高安全风险的事前预警和事后处置能力,根据市发展改革委的批复,完成项目的政府采购计划,确定了项目实施主体,制定了实施计划,正式启动建设。

组织开展网络与信息安全培训。2014年7月,会同市公安局举办了为期3天的市级党政机关网站安全管理高级研修班,从国家管理、自身管理、社会观察等多角度、全方位深入研讨党政机关网站安全管理工作,有近200位市级党政机关网站安全管理人员参加了培训。

11月底,宁波市组织全市信息安全员、信息安全主管部门负责人、重要信息系统运营单位的安全员约100人进行了培训。本次培训通过在集中培训、演练和赴上海信息安全应急事务管理中心和上海交大考察学习,增强信息安全管理及技术人员对当前信息安全形势的认识,切实提高信息安全防范意识和技术手段,考察相关安全技术和保障支撑机构运作的成功案例,学习相关单位的网络与信息安全建设的先进经验,拓展视野,提高认识。

有序开展信息安全保护等级评定。按照国家、省市有关规定,积极开展全市基础信息网络与重要信息系统的安全等级定级、评审、备案等工作。全年对52家单位的75个重要网络与信息系统进行专家定级评审,其中二级为16个。

积极落实国防信息动员工作。按照市国动委下达的任务,组织电信运营企业和其它相关机构,按时限完成国防信息动员海上力量建设部分任务,并做好海上力量建设迎检工作。积极配合市国动委做好全省国防动员综合考评工作的迎检任务,接受考核组理论考核和现场检查。

二是根据中央、省网信办任务,组织开展信息安全专项检查。根据中央网信办《关于印发〈2014年国家网络安全检查工作方案〉的通知》和省网信办《关于印发〈2014 年浙江省网络安全检查工作方案〉的通知》的要求，会同市网信办及相关部门，组织实施本年度的信息安全检查。本次检查采取自查与抽查相结合、以自查为主的方式，对全市党政机关，金融、能源、通信、交通等重点行业，以及城市轨道交通、供水供气供热等市政领域的重要网络与信息系统进行安全检查，检查单位 114 家，涉及网络与信息系统 1265 个，检查内容涵盖信息安全管理、技术防护、应急工作、安全教育培训和安全问题整改等方面。中旬，在各部门、各行业自查的基础上，又会同市公安局等 6 个部门和机构组成抽查小组，通过检查，全面掌握了当前我市重点领域网络与信息系统的总体安全情况及存在问题，并为下阶段进一步提升全市网络与信息安全保障水平提供了参考和依据。

【政策引领，积极推进行业培育和引导】 一是根据软件产业政策，积极推进信息服务业孵化。我处积极利用市信息服务业孵化平台，积极扶持面向互联网的创业、创新项目，并通过政府免费提供 IDC 服务的方式，解决了互联网创业企业的入网门槛，提高了财政资金的效益。2014 年平台在孵企业有 20 家，提供免费 IDC 服务额为 144 万元。出现了甬易支付、仁通科技等具有较好发展前景的互联网企业。

二是加强协会发展政策，积极鼓励协会作用发挥。市互联网协会积极开展行业相关的咨询和调查工作，加强行业发展分析和不良信息举报工作。市不良信息举报中心网站 2014 年共受理举报信息 55 件，其中有效举报信息 55 件。

·以非国有企业为主的电子信息产品制造业·

【概况】 2014 年，宁波市以非国有企业为主的电子信息产品制造业紧紧围绕发展新一代信息技术产业，抓住“两化”深度融合的机遇，以龙头企业与重点企业增长为带动，促进全行业整体振兴和效益增长，全行业各项运行指标良好，全年实现工业总产值 1510.85 亿元，同比增长 3.68%。

2014 年宁波市 820 家以非国有企业为主的规模以上电子信息产品制造业企业累计完成工业总产值 1510.85 亿元、销售产值 1455.26 亿元、出口交货值 710.92 亿元，分别同比增长 3.68%、3.78%、1.99%，生产销售及出口全年趋势性稳步增长；累计产销率 96.3%；内销产值 744.34 亿元，同比增长 5.55%；实现主营业务收入 1454.34 亿元，同比增长 3.19%；实现利税总额 96.46 亿元、利润总额 71.91 亿元，分别同比增长 2.05% 和 1.81%。自 11 月份开始至年末，全市电子信息产品制造业产销、出口、主营业务收入、利税、利润六项指标全线飘红，均实现正增长。

【主要指标持续回升，全行业小幅平稳增长】 2014 年，宁波市以非国有企业为主的电子信息制造业工业总产值、销售产值和出口交货值分别同比增长 3.68%、3.78%、1.99%，分别比 2013 年全年增速回升 7.13 个、6.55 个和 10.2 个百分点。自 2013 年第四季度工信部调整电子信息产品制造业产品目录以来，我市纳入统计的行业规上企业数量减少近 200 家。但全市电子信息产品制造业 2014 年工业总产值占全省电子制造业比重 24.9%，出口则占全省电子制造业比重 40.1%；2014 年全市电子信息产品制造业产值占全市工业总产值比重 10.96%，而实现了全市工业中 23.5%的出口。在统计企业数量减少的情况下，各项指标比重基本持平。

分行业来看，2014 年电子信息产品制造业十大分行业中，家电产品增速、电子测量仪器、电子机电产品、广播电视设备 4 个行业的销售实现较快增长，增速分别是 46.2%、44.83%、9.35%和 7.36%，大大高于全行业平均增速；电子计算机产品、电子专用设备行业、电子元件、电子器件行业 4 个行业增速持平。通讯设备制造、电子专用材料行业销售增速为-9.4%，-3.25%，低于全行业平均增速。

分企业类型来看，2014 年大型电子制造业企业产、销及出口增速分别为 10%、9.5%及 0.67%；中型电子制造业企业 2014 年产、销及出口增速分别为-5.57%、-4.6%及 3.35%；小型电子制造业企业 2014 年产、销及出口增速分别为-37%、-14%、-21%；显示大型电子制造业企业 2014 年对生产销售起显著支撑作用，而中型电子制造业企业出口实绩增加对全行业出口起推动作用，小微型电子制造业企业抗风险能力差，仍然举步维艰。

分产品来看，2014 年全行业部分重点产品生产、销售增长较快，其中，新产品 4G 手机、半导体分立器件、半导体发光二极管(LED)、多晶硅电池等重点产品的产销增速提高较快，液晶显示模组产量略增加 0.33%达到 5504 万套，但产品单价略下降 10 元。

横向对比来看，2014 年全市电子制造业总产值增速仍然低于全省电子制造业平均增速及全市工业增速,但从全年趋势来看差距在缩小。

【出口实现正增长,内销增速创新高】 2014年,宁波市规上电子产品制造业企业实现出口交货值710.92亿元,同比增长1.99%,出口自2011年年底开始31个月后在2014年下半年首次实现正增长。全市电子信息产品制造业2014年外贸依存度(即出口占销售产值比重)达48.85%,分别比全省电子制造业、全市工业和杭州市电子制造业的外贸依存度高18.63个、26.28个和20.48个百分点,过高的外贸依存度决定了我市电子制造业更易受全球性市场因素影响。

内销方面,2014年全市规上电子产品制造业企业实现内销产值744.33亿元,同比增长5.55%,增速创2013年4月以来新高。全年内销增速分别比一、二、三季度提高2.92个、2.84个和0.8个百分点,比去年同期增加2.22个百分点,内销对2014年销售产值的增长贡献率达七成五以上。

【行业效益稳步提升,结构性缺陷仍较突出】 2014年,宁波市以非国有企业为主的规上电子信息产品制造业亏损企业114家,亏损面13.9%,比全省电子信息产品制造业亏损面低0.7个百分点,比全市工业规上企业亏损面低2.7个百分点;亏损企业亏损额7.44亿元,同比下降9.92%。

2014年,全行业利税总额96.46亿元,同比增长2.05%,分季度来看,一、二、三、四季度分别实现利税13.73、26.81、24.89和31.03亿元,三季度利税比二季度少收入1.92亿元,四季度比二、三季度利税分别增加4.22亿元和6.14亿元。2014年全行业利润总额70.91亿元,同比增长1.81%。全年利润率4.88%,比全国电子制造业同期水平高出0.78个百分点。一、二、三、四季度分别实现利润8.6、20.69、19.19和23.43亿元,全行业四季度比二、三季度多盈利2.74亿元和4.24亿元。

2014年全市电子信息产品制造业从业人员21.47万人,比2013年减少0.53万人(减少2.43%),但应付职工薪酬却增加9.75%;1-12月人均应付薪酬5.03万元/人,同比增长12%,大大高于其它生产要素增长水平。我市电子信息产品制造业获得每百元主营业务收入的支出成本高达87.09元,比全省电子制造业平均值高出3.55元,比杭州电子制造业同期水平高出10.07元,由此可见影响我市电子制造业效益增长的结构性缺陷如产品附加值较低、低端粗放型产品较大、全员劳动生产率较低等不利因素仍然较为突出。

【企业研发投入不断加大,全行业创新驱动加快】 2014年,在内外经济形势和生产要素成本不断上升态势的倒逼下,宁波市电子信息制造业企业坚持创新发展,牢牢抓住"两化融合"、"机器换人"等一系列改革发展机遇,依托各级扶持政策和创新平台,不断加大创新研发投入力度,行业科技投入持续保持较高增长速度,全年实现科技活动经费支出32.02亿元,同比增长1.64%,科技活动经费支出占主营业务支出的比重达到2.53%,比2013年同期高出0.1个百分点。2014年全市规上电子信息产品制造业完成新产品产值559.89亿元,同比增长15.42%,高出全行业总产值增速11.74个百分点,新产品产值率达到37.06%,同比提高4个百分点,比全市工业1-12月新产品产值率高出10.9个百分点。

【优势企业进一步做大做强,转型升级初见成效】 2014年,宁波市以非国有企业为主的电子信息产品制造业企业加快转变发展方式,进一步做大做强。我市舜宇集团、宁波一舟投资集团2家企业入选2014年(第28届)"中国电子信息百强企业"名单,分列第70和98位。宁波群志光电继续以近200亿元产值列全省电子信息产品制造业企业第一大企业。宁波群志光电等16家电子制造企业还入选2014年"浙江省电子信息产业百家重点企业"制造业三十强、出口十强、特色优势企业五十强名单。2014年139家重点监测企业中,由中型到大型升级的企业增加了4家,我市25家年产值超4亿元的重点监测企业,19家产销出口等总体增长较快,4家产销出口均小幅负增长,2家较大幅度负增长,综合总体情况好于2013年。

【部分骨干企业通过"走出去"战略实现快速发展】

2014年,宁波市以非国有企业为主的电子制造业企业积极实施"走出去"战略,通过直接投资、跨国并购等方式积极参与国际市场竞争,提高了企业核心竞争力和自主发展能力,使企业实现快速发展。2014年,我市光伏制造企业东方日升与墨西哥杜兰戈州签署合作意向书,将在该州分期建设300兆瓦太阳能光伏电站,总投资额达5亿美元,创下了我市单笔境外投资新记录,也是中国对墨西哥最大的投资项目;我市汽车电子零部件制造企业均胜电子,加快全球化步伐,继2012年海外并购德国著名汽车电子企业普瑞集团后,2014年又一次开展跨国并购,收购了德国汽车方向盘总成的龙头企业德国群英有限公司,成为了我市去年最大的并购项目,2013年均胜电子荣获国家商务部"最具创新力走出去企业50强"荣誉称号,同年作为浙江省省级重点企业汽车电子研究院立项，2014年均胜电子获得北美通用优秀供应商质量奖；国家级高新技术企业舜宇集团，致力于光学仪器、光电产品研发设计和生产，从2008年销售产值5.58亿元到2014年销售产值87.68亿元，目前已成为国内最大的手机摄像模组生产企业，已拥有发明专利38项，实用新型专利61项，外观专利43项，在韩国、日本、台湾建立分公司或设立研发团队办事处，2012年在美国硅谷成立舜宇光电北美分公司，真正以创新驱动方式实现了企业的腾飞。

【龙头企业对行业运行指标影响明显】 宁波市以非国有企业为主的电子信息产品制造业具有明显的“龙头效应”，在全市139家重点监测的企业中，5家龙头企业产销数据占比较大，对行业影响举足轻重，几家独大的格局容易造成行业运行的不稳定。如2014年前三季度，受液晶显示龙头企业增长乏力影响，我市部分传统优势行业增速下滑，拖累了全行业平均增速，特别是电子计算机行业工业总产值负增长10%以上。当前我市电子信息制造业需要积极培育一批高成长企业扩充产业实力，从而整体营造一个稳定的行业格局。

【产业发展压力仍然较大】 宁波市以非国有企业为主的电子信息产品制造业全行业经济形势面临的外部发展环境仍然较为严峻，特别是出口低迷，原材料及能源价格、劳动力和管理成本上升等问题使得企业生产能力利用率不高。

【关键技术攻关缺乏大、精、尖项目支持】 宁波市以非国有企业为主的电子信息产品制造业以企业为主导，各类创新载体共同参与的协同创新模式仍未发展成熟，各协同环节仍有待完善，产业缺少大、精、尖项目支持，除部分关键技术已顺利落地并获得国家或本市重大科技计划项目立项外，仍有关键技术由于缺乏创新要素支持，攻关工作相对滞后，从而未能获得相关各级项目立项支持。2014年，我市电子信息制造业在世界500强企业和中国百强企业项目引进方面仍未能实现较大突破。

【人才要素制约明显】 宁波市以非国有企业为主的电子信息产品制造业人才整体环境不佳，各层次人才紧缺现象较为明显，主要表现在学科带头人和技术领军人物集聚困难，面向中小企业的科技研发、管理以及高素质行业技术工人紧缺等。近年来，我市着力开展了多项人才创业创新重大平台建设，并取得了较大的成果，产业高端领军人才集聚效应明显，为产业发展充实了技术、管理、市场等多方面的人才，但相对于我市电子信息产品制造业尤其是新一代信息技术产业的长远发展来说，人才缺口仍然较大。

【产业发展支撑机制不完善】 宁波市以非国有企业为主的电子信息产品制造业中大量企业属于民营投资，资本规模小，获得国家的产业支持难度大，融资能力相对较弱，而现有的产业发展支撑机制还不完善，如部分细分产业发展政策不健全，致使其等同于一般产业按市场规律自由发展；新一代信息技术产业固有的资本密集、技术密集，投资风险较大的特性，决定了实现投资的有效引导非常困难；多层次投资机构、金融市场体系发育不成熟，科技担保体系不完善，缺乏金融资金和社会资金的有效支撑等。

·以非国有经济为主的软件和信息服务业·

【以非国有企业为主的软件产业继续保持较快发展】

2014年，宁波市软件产业主管部门以智慧城市建设为契机，以“两化融合”为抓手，开拓创新，务求实效，抓自主创新提升技术水平，抓招商引资优化产业结构，抓环境优化强化产业基础，软件和信息技术服务业快速健康发展。

2014年实现软件业务收入301.4亿元，同比增长28.86%，全行业实现增加值20.3亿元，同比增长36%。其中软件开发收入40.32亿，同比增长48.03%；信息系统集成收入52.15亿，同比增长35.37%、信息技术咨询服务收入14.22亿，同比增长39.91%；数据处理和存储服务收入55.32亿、同比增长15.12%；嵌入式系统软件收入131.63亿、同比增长48.03%同比增长27.37%；集成电路设计收入7.76亿，同比增长18.26%。截止到12月底，经过认定和年审的软件企业208家，系统集成资质企业54家(其中：两级资质2家，三级资质20家)，信息系统监理资质企业5家。新登记软件产品936个，12个软件产品列入《2014宁波市自主创新产品与优质产品推荐目录》。宁波世贸通网络科技有限公司等10家企业，分别被评为宁波市服务业十佳“创新之星”和“成长之星”企业，占受表彰企业总数的一半；2家软件企业成功登陆新三板上市，

【非国有企业规模效益平稳增长】 重点监控的软件企业实现利润总额17.15亿元，同比增长6.54%；实现税金总额6.84亿元，同比增长10.77%；实现软件业务出口1.25亿美元，同比增长1.59%；企业经济效益、税收贡献和出口保持平稳增长。软件企业的规模继续壮大，

收入超千万和上亿的企业数（不含按权数计算的嵌入式软件企业）进一步增加，年度收入千万元以上企业171家，总计软件业务收入82.44亿元，户均产值4820万元；其中超亿元企业23家，比上一年度增加5家，实现软件业务收入39.48亿，企业规模不断扩大推动了部分行业龙头企业的涌现

【软件非国有企业研发服务能力不断增强】 随着宁波市智慧城市建设和两化融合试点工作的推进，我市软件企业在各类项目中初露锋芒，正逐渐成为转型升级和信息化建设的重要支撑，同时，也成为产业的新增长点。软件产业中软件开发、系统集成、信息系统咨询服务收入均保持35%以上的增长速度，是增长最快的业态；在手机智能软件领域，以TCL移动通讯、波导软件为代表的手机软件收入已接近8亿元，其中TCL移动通信科技（宁波）有限公司当年软件收入4.37亿元，已成为我市最大的软件企业，使我市成为全国重要的手机软件开发基地；在机器换人、大中型装备生产线领域，江宸自动化装备的生产线装备，伊士通技术、宁波弘讯科技股份有限公司为注塑机提供智能控制系统，都为转型升级提供了支撑；在电子商务领域，商帮科技、国技互联等公司，为各类企业提供电子商务综合解决方案，2014年服务收入均过亿元；在物联网领域，2家企业工信部物联网产业专项资金支持，4家企业项目列入国家发改委物联网试点；传统软件企业在医疗、石化、电力等领域不断做深做专，以金唐软件、东海蓝帆、理工监测、东蓝数码为代表的软件企业正积极参与我市智慧城市建设。

【非国有企业多点发展的产业格局初步形成】 高新区和鄞州区是我市软件信息服务业发展的核心区域，其他地区结合当地产业特色，错位发展软件产业，“两翼联动、多点跟进”的发展格局业已形成。从业务规模看，2个地区软件业务收入60亿以上，2个地区软件收入30亿以上，10亿以上的4个地区，其余地区在3－10亿之间；从增长率看，2个地区增长率40%以上，7个地区增长保持在30%以上，4个地区增长30%以下。鄞州区和高新区2014年软件业务收入分别为69.9亿元和69.5亿元，同比增长32.58%和32.03%，占全市总收入的比重达到23.19%和23.06%，是两个主要集聚区。余姚市和慈溪市以嵌入式软件推进制造业企业转型升级，嵌入式软件收入均超过30亿，分别达到37.46亿和32.16亿；江东区和海曙区充分发挥区位优势，借助大力发展电子商务契机推进软件信息服务业发展，软件业务收入分别达到19.77亿和18.08亿。

各地推进软件产业发展。2014年，各县市区采取措施扶持软件产业发展，在产业园区建设、研发能力建设、公共平台建设等方面做了大量工作，取得了新的成效。

【建成一批新的产业园区】 各地区着力推进软件产业集聚区建设，一批新的软件产业集聚区投入使用，全市已建设软件集聚区面积达到40万平方米，软件产业发展的支撑载体得到进一步强化。高新区软件园二期，建筑面积5.1万平方米完成竣工验收，宁波太平鸟网络科技有限公司、宁波大家好网络科技有限公司等企业已入驻办公。鄞州区“科技信息孵化产业园”总建筑面积约12万平方米即将投入使用；慈溪浙大网新智慧谷，建筑面积11.9万平方米建成投入使用，已入驻企业16家，园区餐厅、银行、超市等配套服务已到位。江东区e淘电商园正式挂牌开园，一期运营面积1.3万平方米，是全市第一家由专业电商公司运营的电子商务产业园；镇海区大学科技园汇智大厦，建筑面积1.9万平方米开始招商，已有39家企业入驻；奉化市整合利用科技创业服务中心厂房等楼宇资源，引进软件开发、信息服务等相关企业，挂牌成立奉化市软件产业孵化器，建筑面积2.5万平方米，已有20多家企业入驻。全市除一个县市区外，都建立了软件孵化器或集聚区，全市软件园面积达到40万平方米。

【引进一批新的研发机构】 各地加强软件和信息技术研发机构的引进，着力提升软件产业技术创新能力，为软件产业发展提供技术和人才支撑。高新区与东软集团（宁波）有限公司共建了宁波（东软熙康）智慧健康云服务研究院，重点研究智慧健康云平台云服务、智慧健康大数据分析等核心技术，已完成智慧健康二期咨询和规划，启动一期健康云运行。慈溪市与中国科学院上海分院签订了战略协议，共建中国科学院慈溪应用技术研究与产业化中心，为软件及信息服务等行业提供技术开发、产业化等服务。镇海区与西安电子科技大学，共建了西安电子科技大学宁波信息技术研究院，依托西安电子科技大学的学科优势与人才优势，围绕智慧城市、北斗定位等重点领域，开展技术研究和科技成果转化工作。江东区引进创业团队设立了宁波克诺普信息科技有限公司，公司负责人入选国家“千人计划”，专注于动态个性化信息需求采集、高价值数据分析等核心技术研发和产业化。宁海县引进创业团队设立了宁波云航信息技术有限公司，公司负责人入选国家“千人计划”，主要从事北斗导航软件服务研发。

【搭建一批新的服务平台】 各地顺应软件产业发展趋

势，推进公共服务平台建设，提供低成本、简单、便捷的信息技术服务，促进两化融合。高新区支持中之杰、SAP公司等共同搭建SAP中小企业信息化云服务平台，为中小型企业提供前沿的信息化解决方案，已有112家企业入驻其中。高新区宁波中科院信研院与甲骨文合作共建的“宁波物联网家电网创新云平台”，为宁波家电企业物联化智能化提供平台支撑，已开始试点应用。江东区推动运用电子商务与服务外包的理“世贸通”一站式外贸综合服务平台念对传统外贸服务行业进行改造升级，建立一个集“找订单”和“做订单”于一体的一站外贸综合服务平台，一批进出口贸易企业已使用平台服务。鄞州区高格软件的中小企业信息管理服务云平台为中小企业提供了智能化的企业管理服务；微动天下的新媒体营销平台为广大企业开拓了微博、微信等新的营销模式，增强了企业线上线下的互动。

·以非国有企业为主的软件产业经济运行情况·

【宁波市以非国有企业为主的软件产业继续保持较快发展】 2014年，宁波市以中小企业为主的软件产业继续快速发展，产业规模和企业规模继续扩大，技术创新能力进一步增强，经济效益良好，“两翼联动、多点跟进”产业格局基本形成。

2014年实现软件业务收入301.4亿元，同比增长28.86%。其中软件开发收入40.32亿元，同比增长48.03%；信息系统集成收入52.15亿元，同比增长35.37%、信息技术咨询服务收入14.22亿元，同比增长39.91%；数据处理和存储服务收入55.32亿元、同比增长15.12%；嵌入式系统软件收入131.63亿元，同比增长27.37%；集成电路设计收入7.76亿元，同比增长18.26%。截止到12月底，经过认定和年审的软件企业208家，系统集成资质企业54家(其中：两级资质2家，三级资质20家)，信息系统监理资质企业5家。新登记软件产品936个，12个软件产品列入《2014宁波市自主创新产品与优质产品推荐目录》。宁波世贸通网络科技有限公司等10家企业，分别被评为宁波市服务业十佳“创新之星”和“成长之星”企业，占受表彰企业总数的一半；宁波畅想软件和宁波世游2家软件企业成功登陆新三板上市。

【非国有企业规模效益平稳增长】 重点监控的软件企业实现利润总额17.15亿元，同比增长6.54%；实现税金总额6.84亿元，同比增长10.77%；实现软件业务出口1.25亿美元，同比增长1.59%；企业经济效益、税收贡献和出口保持平稳增长。软件企业的规模继续壮大，收入超千万和上亿的企业数 (不含按权数计算的嵌入式软件企业) 进一步增加，年度收入千万元以上企业171家，总计软件业务收入82.44亿元；其中超亿元企业23家，比上一年度增加5家，实现软件业务收入39.48亿，企业规模不断扩大。

【软件非国有企业研发服务能力不断增强】 随着我市智慧城市建设和两化融合试点工作的推进，我市软件企业在各类项目中初露锋芒，正逐渐成为转型升级和信息化建设的重要支撑，同时，也成为产业的新增长点。软件产业中软件开发、系统集成、信息系统咨询服务收入均保持35%以上的增长速度，是增长最快的业态；在手机智能软件领域，以TCL移动通讯、波导软件为代表的手机软件收入已接近8亿元，使我市成为全国重要的手机软件开发基地，其中TCL移动通信科技(宁波)有限公司当年软件收入4.37亿元，是我市最大的软件企业；在机器换人、大中型装备生产线领域，江宸自动化装备的生产线装备，伊士通技术、宁波弘讯科技股份有限公司为注塑机提供智能控制系统，都为转型升级提供了支撑；在电子商务领域，商帮科技、国技互联等公司，为各类企业提供电子商务综合解决方案，2014年服务收入均过亿元；在物联网领域，2家企业获工信部物联网产业专项资金支持，4家企业项目列入国家发改委物联网试点；传统软件企业在医疗、石化、电力等领域不断做深做专，以金唐软件、东海蓝帆、理工监测、国研科技为代表的软件企业正积极参与我市智慧城市建设。

【非国有企业多点发展的产业格局初步形成】 高新区和鄞州区是我市软件信息服务业发展的核心区域，其他地区结合当地产业特色，错位发展软件产业，“两翼联动、多点跟进”的发展格局初步形成形成。从业务规模看，2个地区软件业务收入60亿以上，2个地区软件收入30亿以上，10亿以上的4个地区，其余地区在3–10亿之间；从增长率看，2个地区增长率40%以上，7个地区增长保持在30%以上，4个地区增长30%以下。鄞州区和高新区2014年软件业务收入分别为69.9亿元和69.5亿元，同比增长32.58%和32.03%，占全市总收入的比重达到23.19%和23.06%，是两个主要集聚区。余姚市和慈溪市以嵌入式软件推进制造业企业转型升级，嵌入式软件收入均超过30亿，分别达到37.46

亿和32.16亿;江东区和海曙区充分发挥区位优势,借助大力发展电子商务契机推进软件信息服务业发展,软件业务收入分别达到19.77亿和18.08亿。

·以非国有企业为主的宁波软件园建设·

【建成或扩容一批新的产业园区】 2014年,各地加快推进在建项目,加大已建成项目招商培育,努力开辟新的软件园,全市软件信息服务业发展载体进一步扩大,为做大做强宁波市软件产业提供了发展空间。

各地区着力推进软件产业集聚区建设,一批新的软件产业集聚区投入使用,全市已建设软件集聚区面积达到40万平方米,软件产业发展的支撑载体得到进一步强化。

一是高新区继续推进重点园区建设。总建筑面积50946.7平方米的软件园二期已完成企业入驻,软件园二期将定位于提供装备制造、电子电器、汽车及零部件、石化、高档纺织服装等宁波市五大优势产业转型升级过程中信息化整体解决方案、水电气等不可再生资源智能化管理系统方案、金融业软件与信息服务、互联网与移动通信领域增值业务等,将进一步完善了软件与服务外包示范园整体功能,促进了高新区软件产业的发展,有利于高新区产业的聚集和软件园整体品牌的树立。

二是鄞州区"科技信息孵化产业园"总建筑面积约3万平方米已投入使用;入驻南部商务区的软件信息服务企业数量进一步增加,目前已达近300家,约有5000名软件人才汇集于南部商务区,其入驻企业数和办公人员数量均占南部商务区总量的1/3左右。

三是镇海区重点建设的宁波西电产业园投入使用,产业园办公用房及配套设施达2万平方米,依托西安电子科技大学强大的学科优势与人才优势,重点发展智慧城市、北斗定位相关领域,通过建立专业化的技术创新服务平台,开展技术研究和科技成果转化工作,服务和集聚企业,形成校友集群,产业集群,目前招商情况良好;同时建筑面积18745.5平方米的宁波市国家大学科技园扩容工程——汇智大厦建成投用,已有39家企业入驻大厦,为该区软件信息服务业提供了发展空间。

四是慈溪市智慧谷进入运营阶段,目前已经签约的IT服务企业已经逐步陆续入驻,已有宁波亚联信息技术有限公司等10多家企业进驻办公;江东区e淘电商园正式挂牌开园,一期运营面积1.3万平方米,是全市第一家由专业电商公司运营的电子商务产业园。

【稳步推进在建软件产业基地建设】 一是高新区智慧园项目顺利推进,项目用地223亩,总投资25亿元;目前智慧园项目01地块桩基工程施工;02地块地下室工程达±0.000;03、04地块召开扩初设计会议。项目建成后,将重点引进软件研发、系统集成、互联网增值服务、物联网、云计算等支撑我市智慧城市建设企业;与智慧城市相关联的高端现代服务业企业、现代制造业和跨国企业区域总部以及公共技术与服务平台与工作、生活配套项目。

二是高新区意创国际动漫城项目稳步推进,项目投资方为联合集团,是美国一家专业从事动漫影视基地开发建设的企业,拥有包括美梦工厂、日本DK3等公司在内的全球动漫影视产业资源;项目占地64亩、总投资12亿元,目前已完成开展地下室施工,计划三年内建成投用;项目建成后成为动漫影视、院线管理、仿真娱乐、影视投资贸易等为一体的大文化创意中心。

三是慈溪慈星纺织软件园已累计完成投资27871万元,新增6844万元。目前主体工程已顺利结顶,装修工程也已经接近尾声。项目能够根据市场变化相应作出调整,对项目功能需求进行了调整,目前已经基本完成A和B地块,功能定位为"营销与服务体系建设项目"和"电脑针织机械研发中心建设项目",C地块调整为"40组软件、16000件软件加工产品生产线项目",鉴于项目当前市场形势发生较大变化,尚处于备案审批阶段。

四是江东区以和丰创意广场为载体,积极与和丰创意广场管理方协商,力求在政策上给予企业更大的空间,同时进一步做好对企业的服务工作,让企业在江东留住情,有空间、能发展。同时由于江东区软件孵化园将面临搬迁,积极与相关单位协调,重新选址设立江东区软件孵化园,留住孵化企业,引进软件和信息服务类企业以及相关的配套服务企业,着力打造信息产业新的特色集聚园区。

·以非国有企业为主的智慧城市建设·

【概况】 2014年,宁波市认真贯彻"智慧浙江"战略,落实市委市政府"六个加快"战略部署,加快推进智慧城市建设，取得了积极的进展。宁波市已被列为首批国家信息消费试点城市、信息惠民国家试点城市、中欧绿色智慧城市合作试点城市，获得了中国智慧城市推进工作十佳城市第2名、第四届中国城市信息化50强第4名和中国智慧治理领军城市等荣誉。

【信息基础设施支撑能力进一步加强】 以提升信息基础设施服务水平和承载能力为核心，坚持基础先行、适度超前的原则，大力实施宽带中国专项行动、无线城市和三网融合工程，着力构建宽带、泛在、融合、安全的信息通信基础网络。

一是实施"宽带中国"2014专项行动，提高城市宽带网络质量和覆盖范围。截至2014年底，全市光网覆盖能力达334万户，已覆盖所有行政村以上住宅区域；城区平均接入能力达30兆，农村平均接入能力达6M。截至2014年底，互联网宽带接入用户达285万户，3G用户达446万户，4G用户达137万户。互联网城域出口带宽2200G，市民上网已实现高速宽带化。

二是以行业应用推广和公共场所免费上网业务为重点，积极加快无线网络建设和模式创新。我市是全国TD-LTE 4G规模试点城市，于2013年底已完成一期试点工程，实现乡镇以上城镇区域的4G网络全覆盖，现场直播、远程专家医疗会诊、公交车车载视频数据传输等商业应用也已逐步推广。扩大"iNingbo"政府免费WIFI热点范围，提高城市信息惠民水平。在海曙区、江东区、江北区、鄞州区、镇海区、北仑区等地全面启动市民免费上网项目，免费上网的公共场所从原来的行政服务中心、医疗机构、图书馆等场所，逐步扩大到公交车站和公交车内，进一步扩大了市民免费无线宽带上网的范围。并进行运营模式创新，通过建设统一接入平台，将热点网络建设和平台运营分离，以商业养公益的方式，形成宁波市免费WIFI网络服务体系。全市已累计建设免费WIFI热点300个，免费AP数3000个。目前，海曙、江东、江北三区已超额完成网络覆盖任务。

三是加快推进三网融合试点，积极探索三网融合条件下的建设、服务、监管模式。以实施用户驻地网共建共享为抓手，实现三网融合基础设施共享，积极探索驻地网第三方维护管理机制，努力完善老小区光纤到户改造。宁波华数广电网络有限公司成立，宁波数字电视正式加入华数集团，全面启动"全省一网"工作。中国电信IPTV业务及中国移动手机电视业务逐步推进。

【政务信息资源整合水平进一步提升】 以推进大数据建设应用和产业化发展为目标，以"同城双中心"模式，推进市政务云计算中心建设，促进集约化建设、强化资源整合、促进共建共享。

一是市政务云计算中心基础设施即服务层建设已基本完成。截止2014年7月，政务云计算中心可提供基础计算资源、存储资源、数据库管理资源、视频软件服务以及地理信息共享服务平台等服务资源，目前已有智慧宁波网站、省网上政务大厅系统、中小企业软件服务平台、宁波市地理信息共享服务平台(政务版)、宁波市规划局门户网站群和81890网站群6个系统正处于运行测试中。

二是与市级有关部门的开展对接，引导和规范业务系统逐步入驻云计算中心。与质监局的宁波市车用天然气综合监管信息系统，国土资源局的宁波市建设用地全程监管系统，交通委的宁波市智慧交通一期项目和宁波交通指挥中心，规划局的智慧空间等6个市级部门的应用系统进行了技术对接，进一步确保了各应用系统基于政务云计算中心建设框架开展建设。

三是政务云计算中心相关的管理制度和运营机制逐步建立。为使管理机制长效化、制度化，通过市政府下发了《宁波市人民政府关于加快推进市政务云计算中心建设的实施意见》和《宁波市政务云计算中心管理办法》。为简化管理明确流程，制定了《宁波市政务云计算中心服务指南》，逐步实现政务云计算中心管理制度化。

【智慧城市重点应用项目建设成效显著】 我市按照"试点先行、示范带动、稳步推进"的思路，围绕解决经济转型升级、城市管理服务创新、民生改善等重难点问题，全面统筹推进智慧城市重大应用体系建设。

一是省级智慧城市试点项目稳步推进。智慧物流协同平台不断完善。智慧物流项目开展"1+7"智慧物流协同平台建设，其中"1"为宁波智慧物流公共基础平台，已正式启动建设，将为政府、企业和各类智慧物流应用平台提供广泛的公共基础服务和支撑；第四方物流市场综合应用平台、IBM智慧物流云平台项目一期公共云服务平台等7个智慧物流应用平台项目建设全面开展，部分已投入使用，进入宣传推广阶段，广泛服务于平台、企业，实现港口物流在途可视、资源交易、智能订仓、智慧供应链等服务功能。智慧健康应用不断拓展。我市以卫生专网、区卫信息平台、数据中心、居民健康档案、居民健康卡建设为重点，逐步实现卫生政务电子化、医院服务网络化、公共卫生管理数字化、卫生医疗信息服务一体化，提高医疗保障和健康服务水平，满足市民多样化的医疗卫生服务需求。智慧健康保障数据中心和专网进一步完善，为市级各医疗卫生机构和海曙、江东、江北区提供了基础平台和应用服务；医疗卫生专网已经实现了与11个县(市)区、8家市级医疗机构和5个市级公共卫生机构联网；全市11个县(市)区与市区域卫生信息平台实现了数据交换、信息共享，8家市级医院和疾控、妇幼、血液等公共卫生机构与市区域卫生信息平台实现了系统对接，截至2014年12月，共收集1200万健康档案信息和9.3亿多条健康档案数据，市公共健康服务平台服务量已日均超过8000人次，累计服务人次超过500万，实现了预约挂号、诊疗信息和医疗资源查询等服务。智慧健康系统获2014年智慧城市创新应用奖。

二是市级智慧城市试点项目进展良好。智慧交通一期项目建设启动，统筹及整体推进交通动态感知、资源共享、指挥管理、社会服务等功能。“宁波通”出行服务产品成功发布，依托移动智能终端APP、出行服务网站、短信服务平台、多媒体查询终端，基于智慧交通相关数据的提取和处理等，实时发布道路引导和交通服务信息，帮助公众高效、便捷、舒适地出行。完善公交、定制公交、轨道交通、公共自行车等立体公共交通出行服务体系，其中，公共自行车投放已超过15000辆，租车累计已突破1500万次，成为绿色智慧城市一道靓丽的风景。此外，出租车电召平台、城管停车诱导、交通指挥中心等项目相继开展，将有效地促进节能减排、缓解城市拥堵。我市以资源整合为抓手、以高效应用为目的，开展面向基础教育的“人人通”空中课堂、面向终身教育的宁波市终身教育公共服务平台和宁波市数字化阅读平台的建设。“人人通空中课堂”正式开通，现为全市初二、初三学生开设个人网络学习空间和名师网上直播互动课程，日均页面浏览量保持在1万左右，高峰期日页面浏览量可达2.5万次。终身学习网网站收录精品课程1.8万余节，涵盖了科学技术、职业技能等10个大类，方便老年人、外来务工人员等进行网上学习，接受网上教育。宁波市数字化阅读平台为广大市民特别是高校科研人员提供方便、流畅的数字化图书、文献、期刊等资源的查询和阅读服务。目前数字化学习平台文献数据库容量达到200TB，注册人数达85万，文献年下载量超过1500万篇。

三是社会各领域的智慧城市试点示范效应逐步显现。积极引导各县(市)区结合自身基础和特点，开展智慧城市建设试点探索，为更大范围的推广拓展奠定基础，全年开展了智慧城市创新试点项目申报工作，共认定了区域视频资源整合等6个项目为2014年第一批宁波市智慧城市建设试点项目，同时，以物联网技术、云计算技术、移动互联网技术、遥感遥测技术等新一代信息技术为重点，共确定17个项目为2014年度智慧城市应用示范项目，进一步带动社会各领域的信息技术应用。

【智慧产业融合水平进一步提高】 我市立足本地产业基础，加快信息产业发展，坚持以两化融合促产业转型发展，重点发展以电子商务为代表的信息服务业，培育和推广一批面向重点行业的新型工业云服务平台，推动产业集聚发展。

一是信息产业规模不断壮大。截止2014年底，全市819家规模以上电子信息制造企业完成工业总产值1510.85亿元，同比增长3.68%。我市舜宇集团有限公司、宁波一舟投资集团有限公司两家电子制造企业入榜2014年中国电子信息百强企业，宁波群志广电有限公司等16家企业入榜2014年浙江省电子信息产业百家重点企业名单。截止2014年底，我市实现软件和信息服务业实现业务收入301.4亿元，同比增长28.9%。同时，涌现出物联网、互联网金融等一批新的经济增长点，“基于物联网的电网安全防御与预警决策系统”和“基于大数据管理的异地锅炉集中监测物联网系统”物联网试点两个项目分别获得300万元国家物联网发展专项资金扶持。我市互联网金融项目据保守预计已超过15个，多数是P2P业务模式，涉足互联网金融业务的企业已有申贷网、凡奇P2P借贷平台、聚元财富、宁创财富、国骅集团、世贸通、浙江大道等诸多企业。

二是两化深度融合加快推进。编制了《宁波市加快推进信息化与工业化深度融合专项行动实施方案》，加大信息化项目重点扶持提升两化融合示范工程的引领作用，实施企业信息化普及工程，为广大中小企业提供低价(或免费)、正版、高效、便捷的信息化软件和服务；认真组织国家两化融合管理体系贯标工作，在全市选择15家工业企业开展信息化和工业化融合管理体系贯标试点。出台了《宁波市工业企业电商换市三年行动计划(2014–2016)》，引导企业积极应用电子商务手段，创新营销模式，促进传统优势产业与电子商务产业融合发展，带动产业链上下游企业协同创新。按照“一城两区一中心”布局，在宁波江北区、海曙区打造总规划面积达19平方公里的宁波电子商务城，产业集聚效应明显。积极开展跨境电子商务国家试点，已拥有跨境购、世贸通、敦煌网等B2B/B2C电商平台，以及大宗商品交易所、宁波航交所、第四方物流平台、宁波电子口岸等服务平台，第三方支付平台甬易支付上线运营。移动电子商务发展迅猛，中国移动宁波分公司与海曙区、江北区签署战略合作协议，共同推进基于4G高速网络的移动电子商务平台建设。

三是面向产业、行业的云服务平台发展势头良好。市政府与全球最大ERP软件企业德国SAP公司共建的“中小企业信息化云服务平台”已成功上线，可为中小企业提供信息化解决方案，200余家中小企业入驻运行。宁波市纺织服装创新云平台和智能家电物联网创新云平台等重大合作项目也取得积极进展。同时，积极开展云工程与云服务产业技术创新综合试点，宁波(东软熙康)智慧健康云服务研究院和宁波市中小企业信息化云服务平台研究院成功被列为省十大云服务与云工程省级重点企业研究院。

【智慧城市发展环境不断优化】 体制机制建设是智慧城市建设的重要保障。我市在推进智慧城市建设过程中，不断重视发展环境的优化。

一是智慧城市建设相关政策体系不断完善。出台《关于促进宁波信息消费的实施意见》，并正在研究制定《关于加快发展信息经济的实施意见》，建立完善有利于信息消费、信息经济发展的政策环境。

二是加强对智慧城市重大项目的统筹管理和协调推进。以重要领域重大项目建设带动智慧城市整体建设，发挥政府投资的引导作用，2014年按照“统一规划、整合资源、促进共享和基础先行、民生优先、突出重点”的原则，确定智慧城市项目13个，并不断建立健全有利于多种投资建设主体共同推进智慧城市建设的项目管理体系。

三是成功举办了第四届中国(宁波)智慧城市技术与应用产品博览会，共设2万平米展台、1100个标摊，设立了智慧交通、智慧教育、智慧医疗、智慧家居、两化融合等10大主题展区。参展企业近300家，包括11家央企、50余家上市企业、近三分之一的2013年软件百强企业，参观人数约5.8万人，其中专业客商约为3.5万人，同期有总投资达70亿元的28个智慧项目签约，智博会已成为国内智慧城市建设领域规模最大、专业性最强、层次最高的行业盛会。

四是广泛营造智慧城市共建共享氛围。智慧城市科技馆于9月12日正式开馆试运营，智慧城市建设应用成果展示厅和宁波市物联网与智慧城市体验馆建设不断完善，展示宣传了我市智慧城市的建设成果。同时，通过媒体宣传、科普活动、教育培训等方式，提高各界人士对于智慧城市建设的关注度、认可度与参与度，使建设成果更好地为民共享。

附表：

2014年宁波(地区)电子信息制造业人员构成情况

企业类别	企业数(家)	年末从业人员总数(人)	人员构成					
			工程技术人员(人)	在总人数中所占比例(%)	管理人员(人)	在总人数中所占比例(%)	研发人员(人)	技术工人
内资企业	65	50766					4586	
国有企业	1	277					47	
集体企业								
股份合作企业	1	73					8	
联营企业								
有限责任公司	23	29262					2210	
股份有限公司	16	14659					1572	
私营企业	21	4845					574	
其他内资企业	3	1650					175	
港澳台商投资企业	26	27465					1275	
三资企业	27	12367					1445	

数据来源：工信部电子制造业统计年报宁波数据

2012-2014年宁波(地区)电子信息制造业基本情况

单位:万元

项目名称	单 位	2012年	2013年	2014年
工业总产值(现行价)	万元	16276713	14347203	15108525
工业销售产值	万元	15275474	13803984	14552574
出口交货值	万元	7678074	6887564	7109238
流动资产平均余额	万元	10084030	8961668	8755935
固定资产净值平均余额	万元	14724941	12923102	1133785
资产总计	万元	15110834	12823102	139323138
负债总计	万元	9123359	7449525	7743571
主营业务收入	万元	15300192	13866397	14543371
税金总额	万元	290207	247031	255469
利润总额	万元	778150	637805	964578
应交所得税	万元	243202	199374	204891
从业人员年末人数	人	260128	208970	214648
从业人员工资总额	万元	1045566	988772	1079278

数据来源:浙江省经济和信息化委员会电子行业管理办

2012—2014年宁波(地区)电子信息制造业主要经济效益指标完成情况

项目名称	单位	2012年	2013年	2014年
全员劳动生产率	元/人	625719	686568	678000
流动资产周转率	次	1.47	1.57	1.56
产品销售率	%	93.85	96.21	96.32
总资产贡献率	%	8.31	8.32	8.31
资产保值增值率	%			
资产负债率	%	60.38	58.09	55.58

数据来源:浙江省经济和信息化委员会电子行业管理办

2012—2014 年宁波(地区)主要电子信息产品产销量情况

产品名称	单 位	产 量			产 量		
		2012 年	2013 年	2014 年	2012 年	2013 年	2014 年
手机	万部	76	587	441.07	67	595	438.07
显示器	万台	4	3	1	4	3	1
其中:液晶显示器	万台	4	3	1	4	3	1
电子元件	万只	863413	355503	419351.1	865517	366503	423364.5
其中:片式原件	万只	160806	134569	114327.1	161646	145118	124292.5
半导体分立器件	万只	4073840	3463407	4713138	3935992	3380409	4715681
单晶硅太阳能	公斤	105549	114593	1624	89825	104527	1448
电池	千伏安	289022	350081	324879	305926	351588	328057
液晶显示模组	万套	5994	5486	5504	6062	5503	5487
半导体发光二极管(LED)	万只	10598	91059.9	108714	107640	78949.6	95375

数据来源:工信部电子制造业统计月报宁波数据

2014 年宁波(地区)软件产业人员构成情况

企业类别	企业数(家)	年末从业人员总数(人)	人 员 构 成			
			管理人员(人)	在总人数中所占比例(%)	软件开发研究人员(人)	在总人数中所占比例(%)
内资企业	582	10679	10379	9.72	9159	8.58
国有企业	3	6	66	17.79	135	36.39
集体企业	3	371	4	1.59	61	24.3
股份合作企业	2	251	16	10	12	7.5
联营企业	0	160	0	0	0	0
有限责任公司	250	0	3388	8.46	3652	9.12
股份有限公司	48	40029	694	9.54	685	9.41
私营企业	223	7277	2927	8.34	3717	10.59
其他内资企业	12	35089	102	9.45	237	21.96
港澳台商投资企业	41	1079	1215	9.62	1117	8.84
三资企业	37	12636	747	7.54	763	7.7

数据来源:宁波市经信委和统计局

2012—2014年宁波(地区)软件产业基本情况

项目名称	单位	2012年	2013年	2014年
软件业务收入	万元	1787686	2338646	3014008
软件业务出口收入	万美元	18318	25641	53388
软件产品销售收入	万元	394623	454098	800177
增加值	万元	594284	849826	1349527
流动资产平均余额	万元	1022494	1329242	1812847
固定资产投资额	万元	55496	87684	109556
资产合计	万元	2635981	3368616	4081788
负债合计	万元	1320917	1637937	2042521
税金总额	万元	115586	109343	254889
利润总额	万元	172391	231000	300187
应交所得税	万元	28916	39349	47498
从业人员年末人数	人	49264	68970	86796
从业人员工资总额	万元	254114	345221	438785

数据来源:宁波市经信委和统计局

2012—2014年宁波(地区)软件产业三资企业基本情况

项目名称	单位	2012年	2013年	2014年
软件业务收入	万元	174795	234225	302587
软件业务出口收入	万美元	3653	4130	5903
软件产品销售收入	万元	16373	7261	41009
增加值	万元	45265	56581	78916
流动资产平均余额	万元	76693	104302	14479
固定资产投资额	万元	1360	1822	3150
资产合计	万元	199292	245129	326448
负债合计	万元	120864	159540	206095
税金总额	万元	7881	12292	16748
利润总额	万元	4711	6218	9470
应交所得税	万元	1011	1354	8492
从业人员年末人数	人	3513	4356	9904
从业人员工资总额	万元	15218	21609	25939

数据来源:宁波市经信委和统计局

2012—2014 年宁波(地区)软件产业主要经济效益指标完成情况

项目名称	单位	2012 年	2013 年	2014 年
全员劳动生产率	元/人	12.06	15.07	28.84
流动资产周转率	次	3.73	3.15	1.66
产品销售率	%	46.89	24	27.59
总资产贡献率	%	12.12	18	15.18
资产保值增值率	%	140	199	119
资产负债率	%	50.11	51	63.1

数据来源:宁波市经信委和统计局

2012—2014 年宁波(地区)软件产业三资企业主要经济效益指标完成情况

项目名称	单位	2012 年	2013 年	2014 年
全员劳动生产率	元/人	12.5	28.29	32
流动资产周转率	次	2.44	1.9	2.09
产品销售率	%	33.37	26	24.58
总资产贡献率	%	7.44	15	15.1
资产保值增值率	%	97.85	115	119
资产负债率	%	60.65	54	55.9

数据来源:宁波市经信委和统计局

(宁波市经济和信息化委员会　董其岳)

(责任编辑:王怡然　金瑞锋　黄莹莹　杨丽君)

台 州 市

·综 述·

【概况】 台州位于浙江沿海中部，中国黄金海岸线中段。北接宁波、绍兴、西邻金华、丽水、南连温州，东濒东海。台州陆地面积9411平方公里;海域面积8万多平方公里，约占全省海域总面积的1/3；大陆海岸线长745公里，约占全省海岸线总长的28%。辖三区，两市，四县，总人口597.10万人，其中市区人口158.12万人。人口密度634人/平方公里。台州是浙江省城市化格局中的大城市和一级经济亚区中心，也是长三角区域16个城市之一。接连荣获中国优秀创新型城市、中国最佳商业城市、中国金融生态城市、中国品牌经济城市、全国质量兴市先进市、中国优秀旅游城市、全国最具幸福感城市、国家知识产权示范城市、全国科技进步先进市、国家卫生城市等称号。

【经济发展】 2014年，全市上下深入贯彻落实党的十八届三中、四中全会精神，主动适应经济发展新常态，深化“以实干论英雄”工作竞赛，积极落实稳增长、促改革、调结构、惠民生各项政策措施，全市经济平稳健康发展，转型升级取得有效进展，各项社会事业全面进步。2014年，全市实现生产总值3387.38亿元，按可比价格计算，比上年增长7.5%;三次产业结构为6.4:46.6:47.0;人均生产总值为56876元，达9259美元。财政总收入为485.29亿元，其中地方财政收入265.21亿元，分别比上年增长8.2%和7.1%。固定资产投资额1765.93亿元，比上年增长17.1%。城镇常住居民人均可支配收入39763元，农民常住人均可支配收入为19362元，分别比上年增长9.0%和10.5%。

·非国有经济发展的现状·

【概况】 台州是我国民营经济的发祥地，中国第一家经工商注册的股份合作企业和第一个支持股份合作企业发展的政策文件均诞生在台州。2008年，台州被浙江省确定为省级民营经济创新发展综合配套改革试点市。近年来，台州市认真贯彻落实省委“八八战略”和“创业富民、创新强省”总战略，紧紧围绕“主攻沿海、创新转型”这条主线，着力推进民营经济转型发展、创新发展、开放发展、集约发展、和谐发展，在全省率先出台《关于贯彻落实国务院“新36条”加快我市民营经济转型升级的实施意见》，全面增强民营经济的综合实力和国际竞争力，促进民营经济大发展大提升。民营经济已成为促进台州当地经济发展、调整产业结构、繁荣城乡市场、扩大社会就业的重要力量。2014年末全市有非国有法人企业9.16万家，占全部法人企业数的99.0%，其中非国有工业企业4.98万家，占全部工业企业数的99.69%。全年实现非国有工业增加值1262.01亿元，占全部工业增加值的91.8%。2014年台州非国有单位完成固定资产投资额1287.89亿元，占固定资产投资额的72.9%。2014年末全市非国有建筑企业为429家，占全部建筑企业的99.3%。

【市场活力进一步释放】 台州市按照“非禁即入”原则，鼓励、引导和推动民间资本加快投资步伐，支持民间资本进入供水、液化气、管道燃气、污水处理、社会福利事业等领域。全市行政审批制度改革走在全省前列，“四张清单一张网”改革积极开展，市级行政审批事项从584项减少到216项，部门行政权力从8713项减少到4792项，非行政许可审批事项全面取消。市县两级部门全面完成清权、减权、确权工作，在全省率先公布“权力清单”。公共资源配置市场化改革有序推进，首宗海域使用权招拍挂项目完成出让。商事登记制度改革成效显著，市场主体呈井喷式增长，比上年增加7.2万户，公司制企业增长116%。农村综合改革深入推进，2753个村完成经济合作股份合作改革，市县两级农村产权交易所成立。2014年全市有民办各类学校1187所，在校生32.97万人，民营医院41所，民办社会福利机构已达203家；台州有三家以民营资本为主导的城市商业银行，民营资本占比高于90%，另有小额贷款公司33家，村镇银行7家;6个县(市、区)污水处理厂采用BOT、TOT等形式引导民间资本进入，吸引民间资金达50多亿元。建立资金补助、税收优惠等政策支持机制，新培育了一批内联基地、外拓市场、强化特色、做大产业链的民营农业龙头企业，全市有市级及以上农业龙头企业281家。当年全市新增股份合作农场30家，家庭农场582家。进一步放宽市场准入，推进政府服务外包，积极推动企业主辅业务分离，促进制造业和服务业融合发展,加快发展现代服务业。

【多元融资稳步推进】 台州市积极推动企业直接融资方式与融资渠道的多元化，进一步提高企业的融资能力。市政府出台了《关于扶持企业直接融资发展的若干政策意见》,进一步完善了支持企业上市融资、场外市场挂牌、债券融资、股权投资等方面的扶持政策,全市企业直接融资形成了企业上市、新三板挂牌、登陆省股中心、债券融资等多头并进的势头。2014 年 1 月 29 日跃岭股份在深交所上市, 10 月 10 日浙江九洲药业股份有限公司和浙江万盛股份有限公司在 A 股上市,这是台州企业时隔 11 年后，再次登陆上交所主板市场(上一次是华海药业于 2003 年 3 月在上交所上市)。年末我市累计已有上市公司 32 家,居全省第四位;其中中小板上市公司 22 家, 企业数量居全国地级市前列。当年全市有 8 家上市公司完成再融资，合计融资 70.5 亿元,至 2014 年末,全市上市企业累计融资总额达到 359.13 亿元。此外,2014 年我市还有 4 家企业在新三板挂牌上市,80 家企业在省股交中心挂牌,有 11 家企业通过发行各类债券进行融资，合计融资 53.4 亿元,其中企业债 27 亿元,中期票据 10 亿元,短期融资券 7 亿元。

【质量强市和名牌战略深入实施】 全国质量强市示范城市创建通过验收。企业制(修)订国家标准 9 个、行业标准 25 个。全年新增 7 件驰名商标,全市被国家工商总局认定的驰名商标达到 51 件。全市有中国名牌产品 19 个,浙江名牌产品 235 个,地理标志保护产品 3 个。全市有 480 家食品企业取得 QS 证书。年末全市有各类检验机构 112 家,其中国家检测中心 1 家,省级质检中心 9 家。

【民营经济发展面临的制约因素】 一是体制机制优势弱化。随着台州民营经济的壮大,家族“本位制”逐渐显现出与现代企业制度相悖的一面,缺乏专业化、制度化的管理分工,组织结构封闭、排外,所有权与经营权没有实现合理分离,这些都直接影响了企业的扩张能力、融资能力和创新能力，而且家族管理的多重权力结构导致了规则的不透明和家族成员的利益纠纷，不利于企业发展。二是竞争力不强。从整体上看,台州民营经济产业分工处于国际国内产业分工的下游，集聚度不高,竞争力不强。台州民营高新技术产业的相关产业链不长,下游企业发展的基础并不稳固,其竞争优势依然局限在成本和价格上。三是要素制约趋紧。一方面,与前几年“招工难”不同的是,目前的用工问题主要集中在“留人难”、“技工难找”等方面,大部分企业不得不采取提高工资薪酬的方式破解用工难题，但也因此增加了企业的运营成本，2014 年全市规模以上工业企业人均职工薪酬比上年增长 11.3%。另一方面,用地成本逐年上升，土地供应减少导致用地价格逐年上升,2014 年全市工业用地平均出让价格达 38.2 万元/亩,创近年新高,比上年增长 26%,其中温岭市高达 65 万元/亩,为九个县(市、区)首位,土地价格的攀升无形中抑制了企业的投资欲望,尤其是正处于发展中的中小型企业,面临高价购买土地与外迁的两难抉择。四是民营企业自主创新能力不强。据 2013 年的有关统计显示,全市年主营业务收入 2000 万元及以上工业企业中仅有 27.4%企业有 R&D 投入,也就是说近七成的企业没有开展自主创新活动。大部分企业的企业创新意识不强,科技创新活动仍处于一种分散状态，由于缺少必要的积累,自主创新能力很难提高。2013 年,我市 R&D 经费投入全省排在第六位,与 R&D 经费投入排在前三位的杭州市、宁波市和绍兴市从总量上来看,差距较大。

·农林牧渔业·

【概况】 全市实现农林牧渔业总产值 379.34 亿元,按可比价格计算，比上年增长 2.0%。其中，农业产值 134.06 亿元，增长 2.5%；林业产值 6.11 亿元，增长 1.9%；牧业产值 32.44 亿元，下降 5.0%；渔业产值 203.15 亿元,增长 3.0%;农林牧渔服务业产值 3.58 亿元，增长 3.8%。农村常住居民人均可支配收入 19362 元，比上年增长 10.5%，扣除价格因素实际增长 7.9%。

【农业生产保持稳定】 全年农作物总播种面积 203.55 千公顷，比上年增长 3.8%。全市粮食作物播种面积 96.10 千公顷，比上年增长 5.6%；全年粮食总产量 60.22 万吨,比上年增长 3.5%,每公顷单产为 6266 公斤,比上年下降 3.2%。全市非粮作物播种面积 107.45 千公顷,比上年下降 1.3%。粮食作物与非粮食作物播种面积的比例为 47.2:52.8。全年蔬菜产量 188.44 万吨,比上年增长 3.3%;油料产量 1.57 万吨,下降 4.0%;水果产量 126.48 万吨，增长 3.4%。全年肉类总产量 12.34 万吨，比上年下降 8.5%，其中猪肉产量 8.92 万吨,下降 5.2%。禽蛋产量 3.85 万吨,下降 19.2%。

【现代渔业转型提升】 2014 年,台州市渔业工作围绕“改革率先、工作争先、实干当先”和“渔场振兴”、“五水共治”的工作总基调,深化渔业各项改革,优化渔业产业结构和生产力布局,努力促进渔业可持续健康发展。

2014年，全市水产品总量148.39万吨，同比增长3.23%，其中国内海洋捕捞103.13万吨，同比增1.87%；渔业产值139.48亿元，同比增长4.37%。一是现代渔业园区建设加快推进。4家特色渔业精品园通过省级验收，海水铜围网和深水网箱养殖、虾蟹贝立体式混养、稻鱼共生轮作和生态养殖模式的推广运用都取得良好效益。二是大力开展渔业转型促治水。全市累计投入1312.3万元，新建稻鱼共生轮作8390亩；投入4547万元，新建生态化水产养殖塘9219亩；完成2357亩禁限养区划定和整治工作，关停牛蛙养殖场799家，清理牛蛙养殖面积4900多亩。三是远洋渔业不断发展壮大。我市在外远洋渔船达46艘，2014年远洋渔业产量1.99万吨，比上年增长74.66%，产值1.3亿元，增加值3834万元，实现重大突破。四是渔民人均收入稳步提高。2014年，全市海洋渔民人均纯收入19022元，较上年增长12.89%。五是继续推进标准渔港和渔港经济区建设。全年完成标准渔港建设投资额1.46亿元，玉环坎门渔港防波堤修复工程完成投资5366万元。三门健跳一级渔港、温岭中心渔港一期(石塘港区)、玉环鸡山渔港完成交工验收。玉环坎门中心渔港、路桥金清一级渔港完成预验收，路桥金清渔港二期、临海红脚岩渔港内港区完成竣工验收。椒江大陈渔港浪通门港区和三门湾避风锚地完成“工可”研究并上报省局。

【农业新型主体培育成效显著】 全市新发展股份合作农场30家。黄旭明副省长先后两次来我市开展蹲点调研，人民日报内参部部务成员罗庆华来我市开展专题调研，人民日报内参第1428期刊发《浙江台州发展股份合作农场促农民增收》文章。仙居新合股份合作农场农户以6亩土地入股可分红1500元，年收入达9000多元，是农户普通经营收益的2倍多。家庭农场蓬勃发展，全市新发展家庭农场582家。修订出台《台州市示范性(规范化)农民专业合作社管理办法(试行)》，17家合作社成功入选国家级示范社。启动实施骨干农业龙头企业培育计划，成功举办现代农业经营主体研修班，共安排各类农业龙头企业补贴资金430万元，新增年销售额亿元以上农业龙头企业4家。

【现代农业园区发展效益不断提升】 全市50个重点项目已完成投资4.36亿元，完成计划的119%；已建成3个省级现代农业综合区、3个主导产业示范区、10个特色农业精品园。温岭东部省级现代农业综合区，主导产业亩均产值、效益分别达到10676元和5719元，规模化农户户均纯收入高达13万多元；浙江宏野南美白对虾精品园年均亩产值20多万元，为全国规模最大的南美白对虾工厂化养殖基地。

【农产品营销成效显著】 在集团采购减少、市场趋紧的形势下，我市有关部门积极搭建营销平台，加大营销力度，台州农产品市场保持购销两旺局面。天台县希望田野家庭农场生产的红心火龙果每公斤售价达40元，每亩仅果实收入就达6万多元。成功在杭州举办2014台州农业博览会，现场销售额达285万元，签订订单46项、订货额达278万元，省委常委、省委秘书长赵一德、省农业厅厅长史济锡、市长张兵等领导莅临指导并给予高度评价。在2014浙江农业博览会上，我市有33个产品获金奖，连续12年保持全省第一。组织参加第十二届中国国际农产品交易会，3个产品获金奖。加强农产品供求信息服务，共发布“每日一助”服务短信1873条，帮助农民销售农产品4900余万元。广泛开展网上农博会服务，组织3104家企业在网上开设摊位。

·非国有工业经济·

【概况】 2014年，全球经济复苏艰难曲折，各大经济体经济运行分化加剧，外需仍然疲软，外向度较高的台州工业经济遭遇较大考验。全市工业企业积极调整发展战略，坚持修炼内功，加快转型升级步伐，工业生产保持了平稳增长态势。全市实现工业增加值1374.80亿元，按可比价格计算，比上年增长6.0%。其中非国有工业增加值1262.01亿元，占全部工业增加值的91.8%。

【非国有工业稳定发展】 2014年，全市规模以上(年主营业务收入2000万元及以上)非国有工业企业共有3755家，实现工业总产值3687.99亿元，主营业务收入3370.93亿元，利税总额297.37亿元，分别占规上工业总产值的91.0%、90.3%、84.8%。全市规模以上非国有工业中，重工业总产值2385.61亿元，轻工业总产值1302.38亿元，轻重工业比例为35.3:64.7。2014年，全市规模以上非国有工业企业实现出口交货值1081.03亿元，占规模以上工业出口交货值的97.8 %。其中私营企业全年出口交货值为403.18亿元，占比37.3%。2014年，非国有工业企业吸纳从业人员62.11万人，占规模以上工业企业从业人员总数的95.9 %。

【重点企业支撑作用明显】 2014年10月26日，由中国民营企业联合会、中国统计协会、中国管理科学研究院企业研究中心联合发布的信息显示，台州有10家民企成功入围“2014年中国民营500强企业调研排序榜单”，比上年增加1家，分别为新世纪控股集团、曙光控股集团、公元塑业集团、华太建设集团、中博建设集团、方远建设集团、九鼎建设集团、天颂建设集团、腾达建设集团、伟星集团。2014年，全市工业总产值超亿元的非国有工业企业共有844家，占全部超亿元企业总数的96.7%。其中超20亿元的共有8家，分别为浙江巨科铝业有限公司、浙江永强集团股份有限公司、浙江金刚汽车有限公司、台州齐合天地金属有限公司、中新科技集团股份有限公司、浙江华海药业股份有限公司、浙江爱仕达电器股份有限公司、新杰克缝纫机股份有限公司；工业总产值超过10亿元的有30家，分别为台州华迪实业有限公司、永高股份有限公司、中捷控股集团有限公司、浙江星星家电股份有限公司、浙江银轮机械股份有限公司、浙江巨东股份有限公司、浙江仙琚制药股份有限公司、东港工贸集团有限公司、中马集团有限公司、利欧集团股份有限公司、浙江陆虎汽车有限公司、信质电机股份有限公司、浙江豪情汽车制造有限公司、浙江伟星实业发展股份有限公司、苏泊尔集团有限公司、联化科技股份有限公司、飞跃集团有限公司、浙江中贝九洲集团有限公司、浙江海翔川南药业有限公司、双鸽集团有限公司、浙江永太科技股份有限公司、台州法雷奥温岭汽车零部件有限公司、浙江吉奥汽车有限公司、宝石新集团股份有限公司、索日新能源股份有限公司、东海翔集团有限公司、三变科技股份有限公司、浙江伟星新型建材股份有限公司、浙江金环铜业有限公司、浙江双环传动机械股份有限公司，这些民营企业具有较强的发展潜力和后劲。

【民营企业转型升级步伐加快】 在世界经济进入艰难复苏的“后金融危机时期”、国内经济体制性结构性矛盾叠加并存在下行压力的背景下，台州民营经济长期以来凭借要素低价格参与国际分工、以产品低价格拓展国际市场的发展方式和高投入、高污染、低产出的发展模式遭遇严峻挑战，宏观经济环境的变化和要素资源约束对台州广大的民营企业形成“倒逼”之势，再不加快转型，必将会成为台州经济发展的“硬伤”。面对复杂严峻的经济形势，民营企业勇于探索，创新思变，加大技术研发和产品创新，加快企业转型升级步伐。永高股份有限公司致力于高新技术的积累，已建有国家级博士后科研工作站、国家级企业技术中心、省级重点企业研究院等创新平台，2014年该公司花巨资实施“机器换人”战略，对存量设备进行自动化改造，引入物联网技术，建成了物联网的智能配混系统、产品配件的自动埋入系统、中央集中冷却输送系统、物联工厂系统，实现了生产过程自动化、连续化与可视化，真正做到了工业化与信息化深度融合。浙江金龙电机股份有限公司，是国内制造各类中小型电动机的知名企业，2014年，该公司在创新转型上下大功夫，通过人才培养、技术创新、管理创新等实现公司的转型升级，积极推进“机器换人”自动化技术改造项目，提高生产效率；研发新产品，推广高效节能电机，淘汰落后电机，公司生产的高效节能电机占总电机的70%以上；注重节能减排，积极创建绿色企业；加大研发力度，全年研发投入达2816万元，占主营收入的4.2%。浙江天台祥和实业有限公司是国内唯一一家拥有铁道专用扣件生产资质的民营企业，被评为“浙江省科技型企业”。公司积极联合铁科院参与高铁扣件和电子元件等产品的研发和生产，产品被广泛应用到甬台温、福厦、哈大铁路全线和京广线等，公司已拥有专利20项，其中发明专利5项。星星家电在公司管理升级的基础上，进一步引进“精益化生产”咨询改造项目，减少浪费，提高效率，提升质量，增强产品竞争力；大力推进新产品开发和新项目启动上马，用技术产品创新争做冷柜行业领头羊；积极破解技术贸易等各种壁垒，保证星星产品远销全球的道路通畅。在第116届广交会上，星星家电首次在显著位置展出了空气净化器，吸引了大批采购商的关注。

【电子商务蓬勃发展】 随着信息工具的普遍应用，电子商务作为新型、便利、低成本交易方式逐渐成为企业贸易渠道选择和人们普遍购物方式选择。近年来，台州把电子商务作为变革传统流通格局、创新新型商业模式、提升区域经济竞争力的撬动杠杆，不断出台相关扶持政策，推动市场优势和电子商务优势强强联合，电商企业在全市各地茁壮成长。2014年台州以创建国家电子商务示范城市为契机，加快推进跨境电子商务，加强与第三方电商平台的合作，引导鼓励外贸企业建立跨境电子商务营销渠道，努力争创省级跨境电子商务园区。制定出台了《关于加快电子商务创新发展的若干意见》、《关于促进电子商务发展的若干扶持政策》和《台州市电子商务创新发展规划(2013-2017)》，并召开了全市首次电商发展大会。深入推进实体企业发展电子商务，全市新发展745家实体企业应用电商，天猫店达2024家。台州上药自主开发的“药药好”电子商务平台已运行，填补了国内B2B+O2O模式的医药电子商务专业平台的空白；浙江长昌电子商务有限公司依托传统海鲜干货交易市场，建立了农产品现货订单交易模式；美莱美致力于整合家装全供应链，打造融合线上线下的一站式家装模式；纳联机电布局全国连锁经营的O2O水泵电机销售网络，推动台州水泵机电产业整合提升,目前已在全国建立40家加盟店。继续推进“电子商务进万村工程”,到目前全市已建成村级电子商务服务点1200多个,淘宝村13个,进一步拓宽了农村网络购销渠道。推进产业带建设,阿里巴巴黄岩模塑产业带、温岭鞋帽产业带、天台产业带和慧聪网天台汽车用品产业带均已签约。台州在全国内贸网商密度最高的25个城市中排名第8位,在外贸网商密度最高的25个城市中排名第11位,在零售网商密度最高的25个城市中排名第13位。2014年全市网络零售额376.93亿元,同比增长80.2%,位列全省第二;居民网络消费额252.70亿元,同比增长43.1%,位列全省第六;全市网络消费净流入(顺差)达124.23亿元。

【循环经济产业集聚区建设取得阶段性成效】 台州湾循环经济产业集聚区是全省规划布局的14个产业集聚区之一,是台州“主攻沿海、创新转型”的重要战场,也是台州发展的优势所在、潜力所在。2011年6月28日,台州湾循环经济产业集聚区正式挂牌成立,三年多来集聚区加大开发力度,不断优化产业结构、突出科技创新和主导产业集聚,加快提升发展,主要经济指标明显领先于全市平均水平,已成为全市产业转型升级、集聚集约发展、科技创新的主要平台与抓手。集聚区成立以来,东部新区入园企业达27家,协议投资额约150多亿元。2014年东部新区新引进企业10家,协议投资额约75亿元。当年集聚区又有一批项目签约落户,广汽吉奥项目9月30日正式签约;北车台州配套产业园11月12日正式签约。与此同时,集聚区加快重大基础设施项目建设,聚海大道、开发大道、甲南大道、蓬北大道、鲍浦大道、长浦路等主次干道全路幅建成,水、电、气、绿化、标志标识等同步完成,东部新区新增绿化面积约70万m2。2014年集聚区有规模以上工业企业347家,实现规上工业总产值560.20亿元,比上年增长11.3%。实现固定资产投资211.1亿元,比上年增长31.9%;其中,基础设施投资83.7亿元,增长29.0%;工业性投资134.4亿元,增长33.8%。

【政府加大扶持力度】 我市紧紧围绕“工业强市”目标,深入开展“服务企业、服务基层”、“强服务、促投资”、“企业服务月”等活动,深入企业一线听意见、送政策、办实事、促改革,并帮助协调解决实际困难和问题。狠抓行政审批提速提效,加大项目实施、资金支持和政策扶持力度,对重大项目前期代办、审批等手续的时限进行压缩,最大限度地给审批提速。台州市本级设立了总规模为1亿元的“台州市科技人才投资发展基金”,为台州科技型企业提供一站式综合金融服务,推动台州企业加快转型升级。市政府专门出台《关于推动现代装备制造业加快发展的实施意见》,《2014年度台州市“机器换人”实施方案》、《关于全面实施“三名”工程的若干意见》等文件,并根据省政府“三张清单、一张网”的要求,出台台州市企业投资项目核准目录(即“负面清单”),注重提高项目属地管理效能,推进简政放权。为加快“机器换人”步伐,管理部门强化政策引导,制定了“机器换人”技术改造投资分层分类的支持政策,对试点行业、重点项目、中介平台和“机器换人”高级形态分别予以支持,对纳入全市“机器换人”重点项目库的项目,明确可以降低项目总投资和单台设备金额门槛,并适当提高补助标准。市级层面成立由市政府决策咨询委、台州学院以及浙江力太科技有限公司等单位五位专家组成的全市综合性“机器换人”专家指导组,为市内“机器换人”企业提供政策咨询、需求分析、方案设计、技术指导等各项服务。召开医药产业发展大会,出台行业发展规划和政策,鼓励企业开展兼并重组、加快产品升级、装备更新。加快推进特色装备制造业基地建设,培育一批拥有自主知识产权、具有较强国际竞争力的装备制造企业。高度重视“两化”融合工作,启动实施了以推进关键环节、工业企业、重点行业、区域“两化”深度融合和推进“两化”深度融合服务支撑等为主要内容的五大专项行动。

·固定资产投资·

【固定资产投资规模继续扩大】 全市固定资产投资施工项目5547个,其中新开工项目2594个。全年固定资产投资总额1765.93亿元,比上年增长17.1%。固定资产投资中,非国有单位完成固定资产投资1287.89亿元,比上年增长16.5%,其中民间投资1266.79亿元,增长16.3%。

【二三产业投资增长较快】 2014年,我市三次产业固定资产投资比例为0.7:41.4:57.9。其中第一产业完成投资12.06亿元,增长6.5%;第二产业完成投资731.85亿元,增长19.8%;第三产业完成投资1022.02亿元,增长15.4%。固定资产投资中,工业性投资719.98亿元,比上年增长20.0%;基础设施投资439.25亿元,增长33.2%;民间投资1266.79亿元,增长16.3%。

【重点工程建设进展良好】 全年省、市197个重点项目完成投资466.82亿元。椒江二桥、沿海大通道、104国道改建天台段全面通车,头门港正式开港;担屿涂围垦主体工程、洋市涂围垦海堤填筑工程基本完成;

三门核电一期、台州第二电厂一期、仙居抽水蓄能电站、吉利V汽车、巨科铝轮毂项目、洪家场浦、栅岭汪排涝调蓄工程加快建设;沿海高速台州段、广汽吉奥、海正海诺尔项目、方溪水库、盂溪水库大坝主体工程开工建设。

【房地产投资有所回落】 全年房地产开发完成投资496.05亿元,比上年增长9.4%,比上年回落17.5个百分点。房屋施工面积3026.32万平方米,比上年增长11.6%,房屋竣工面积329.06万平方米,下降1.4%。全年商品房销售面积344.55万平方米,比上年下降2.0%。

·建筑业·

【建筑业稳步健康发展】 台州民营建筑企业在竞争日益激烈的市场环境中,不断改革创新,整合优势资源,拓展经营思路,转变经营模式,在全国经济下行的重大压力下,台州建筑业仍逆势上游,取得不菲成绩,首次突破2000亿大关。2014年,台州市共有非国有建筑企业429家,占全部建筑企业的96.6%,其中特级企业4家,一级企业72家,二级136家。方远、曙光、中博3家企业建筑业产值首次超100亿元,实现了历史性的突破。全年非国有建筑企业完成总产值2056.26亿元,占全部建筑业总产值99.3%,其中在外省完成建筑业产值1163.05亿元;非国有建筑企业新签合同额2039.07亿元,占全部新签合同的99.2%。全年完成房屋建筑施工面积18218.14万平方米,其中当年新开工面积7171.30万平方米。全市非国有建筑企业实现利润总额52.58亿元,占全部建筑企业的98.8%,上缴税金69.50亿元,占99.1%。全市非国有建筑企业中,集体建筑企业8家,产值84.44亿元,占全市的4.1%。股份合作制企业、有限责任公司、股份有限公司共170家,占全市企业数的38.3%;产值903.26亿元,占43.6%;营业利润21.94亿元,占41.3%;上交税金30.90亿元,占44.1%。私营建筑企业共250家,占全市企业数的56.3%;产值1068.45亿元,占51.6%;利润总额29.15亿元,占54.8%;上交税金36.10亿元,占51.5%。工程质量创新得到加强,优质工程继续保持全国领先水平。腾达建设、中博建设、东源建设、台州建筑安装工程公司、浙江大经建设、宇杰集团、天颂集团、曙光建设、华太建设、标力建设、中岭建设、鼎天建设获2014年度台州市建筑业“走出去”发展优秀施工企业。

·交通运输业稳定发展·

【概况】 在经济和社会快速发展的推动下,随着公路、水路、铁路、航空建设的全面兴起,台州大交通格局正快速成型,形成了较为完善的立体交通运输网络。全年完成货物周转量1471.78亿吨公里,比上年增长3.3%;旅客周转量为77.32亿人公里,比上年增长3.4%。

【港口强市】 台州是海洋资源大市,海岸线漫长,港口资源丰富。2007年2月浙江省政府批复的《台州港总体规划》中明确台州港是浙江沿海地区性重要港口,自北而南布置健跳、临海(头门)、黄岩、海门、温岭、大麦屿六个港区,以台州湾的海门港、三门湾的健跳港和乐清湾的大麦屿港“三湾三港”最为突出。台州港大麦屿港区是大陆仅有的两个对台海上定期客运直航的水运港口之一,也使该航线成为海峡两岸经贸文化交流、旅游观光的海上黄金通道。2014年11月29日,“中远之星”轮台州大麦屿港区至台湾基隆港航线正式实现海上货运功能,“台台直航”航线取得新跨越。“台台直航”航线全年完成对台直航72航次,运送旅客1.66万人次,比上年增长24%。乐清湾进港航道完成整治,并获得部省补助1.64亿元;海门港区台州湾循环产业物流中心码头通过工程质量鉴定和交工验收;健跳港区浙能台州第二发电厂3.5万吨级码头主体工程施工完成;温岭龙门港区2个3000吨级码头完工并投入运营。2014年全市水运基础设施建设投资完成9亿元,为台州建港以来年度投资最大的一年。现有各类生产用泊位180个,其中万吨级泊位8个。全年台州港完成货物吞吐量6049万吨,比上年增长7.5%。其中外贸吞吐量817万吨,下降16.4%;完成集装箱吞吐量15.43万标箱,下降7.4%。

【公路】 台州境内公路交通以甬台温高速公路、上三线高速公路、台金高速公路、诸永高速公路、104国道、13条省道和153条县道构成主要公路网。台州对外公路交通至杭州、宁波、温州、金华4大城市均已由高速公路贯通,台州至省城杭州已进入3小时公路交通圈,到上海的九小时缩短到四、五小时,台州经济正快速融入以上海为龙头的长三角区域经济快车。年末全市公路总里程(含村道)12283公里,其中等级公路12055公里,占公路总里程的98.1%,高速公路298公里。

【民航】 近年来台州(路桥)机场通过改善基础设施,主动引进航空公司,拓展机场航线网络,增加航班。2014年相继新增了青岛、大连、南昌、西安等新航线,机场通航16个城市,航线网络进一步完善,较好构建了发展新格局。2014年民航完成旅客吞吐量66.47万人次，货邮吞吐量7410吨，分别比上年增长8.8%和7.2%。同时，台州新机场正在紧锣密鼓地筹建中，台州新机场选址在路桥金清，场址距主城区中心25公里，以三山涂南边海涂作新机场部分跑道用地和助航设施的辅助用地，东临大海，南接路桥工业园区，西靠台州滨海工业区块，北端为台州湾浅滩。预计建成后，新台州机场规模将是现有机场的3倍，航班航线也将覆盖到全国主要大中城市。

【铁路】 甬台温铁路2005年动工兴建，历经4年，于2009年9月28日全线建成通车，它的建成改写了台州无铁路的历史。2014年全年铁路发送旅客695万人次，比上年增长27.1%。台州市还将新增一条东西走向的交通大动脉——金台铁路(金华至台州)，这条铁路将与甬台温铁路形成"T"字形框架结构。金台铁路全长235公里，为国铁I级电气化铁路，设计时速160公里，预计将在2015年正式开建，工期为三年半。对台州来说，这条铁路在推动沿海产业带建设、完善台州港集疏运系统、加快台州沿海港口发展、发展壮大台州临港产业基础设施、推动沿线经济发展等方面都具有重要的意义和作用。另外，《浙江省都市圈城际铁路近期建设规划》也已获国家发改委批复同意，浙江省都市圈城际铁路近期建设规划的城际铁路共有11条，其中台州都市圈2条，总里程221公里，有望在2015年开工。

·对外经济·

【积极应对外经贸复杂环境】 2014年，在全球经济复苏步伐弱于预期的大背景下，受外部需求不稳、国内成本上升、企业收汇风险增加等因素的影响，台州对外贸易企业转型升级发展面临着较大压力。台州相关部门根据台州出口的实际情况，贯彻落实支持外贸稳定增长的"新国十六条"，制订出台了《关于支持外贸稳定增长的实施意见》，并修订完善了《市级外经贸促进资金使用管理办法》，重点加大在龙头企业发展、外贸企业回归、出口信用保险、提高通关便利、改善融资服务和加快出口退税等方面的支持力度。积极培育外贸综合服务企业，支持外贸方式创新多元。研究确定了60个境内外专业展会作为重点展会予以支持。鼓励企业设立境外区域性总部，推动海外台州产品的全球分销中心、展示中心、海外派出机构和中介组织工作网点建设。加强出口品牌建设和自主知识产权保护工作，提高台州出口商品的品质和附加值，现共有"台州出口名牌"143个，"浙江出口名牌"122个。2014年我市有进出口实绩企业4923家，比上年增加230家，其中进出口超1000万美元企业有480家，比上年增加18家。出口国家和地区达212个。在出口额前五位的国家中，对美国出口33.57亿美元，增长8.7%，对德国出口10.21亿美元，增长10.2%，对印度出口7.9亿美元，增长12.6%，对俄罗斯出口7.53亿美元，下降8.8%，对英国出口7.38亿美元，增长16.3%；新兴市场表现比较亮眼，全年对印度、印度尼西亚、伊朗出口保持两位数增长，分别比上年增长12.6%、12.1%、40.4%。

【对外贸易微幅增长】 2014年全年外贸进出口总额220.79亿美元，比上年增长0.9%。其中出口总额193.51亿美元，增长3.4%，进口总额27.28亿美元，下降13.6%。全年外贸企业出口28.83亿美元，下降9.3%；三资企业出口23.57亿美元，下降4.4%；生产企业出口141.12亿美元，增长7.9%。在出口总额中，一般贸易出口178.33亿美元，增长5.4%；加工贸易出口13.67亿美元，下降8.9%。全年机电产品、高新技术产品出口分别增长3.2%和5.3%。

【引进外资实现新突破】 2014年全年新批外商投资企业40家，合同利用外资3.46亿美元，实际利用外资2.77亿美元。全年新批40个项目总投资平均为1353万美元，合同外资平均为865万美元。本年度总投资1000万美元以上项目23个，投资总额6.30亿美元，合同外资3.42亿美元，实际外资1.72亿美元，占全市实到外资总额的62.1%。其中新批项目16个(台州茂齐金属有限公司、台州托德实业有限公司、台州盈立照明科技有限公司、台州平盛机电科技有限公司、台州铭港能源科技有限公司、台州睿沣新能源科技有限公司、台州仁宝机械设备有限公司、浙江崇盛金属有限公司、临海市鹏兴机械设备有限公司、临海市扬天电压器有限公司、台州市华仔大林自动车有限公司、宝珑进出口(台州)有限公司、天台县双人鱼超市有限公司、天台朗歌建材科技有限公司、台州市利亨农林开发有限公司、仙居卓华环保科技有限公司；增资项目7个(浙江海外金属工业有限公司、浙江星星端金科技股份有限公司、浙江欧士凯房地产开发有限公司、浙江亿利达风机股份有限公司、耀达集团有限公司、台州富岭塑胶有限公司、新界泵业集团股份有限公司)。

【对外经济合作取得新成果】 全年新批境外投资企业35家，中方投资额8668万美元。全市累计境外投资项目513个，中方累计投资额6.83亿美元。

【服务外包发展良好】 新注册服务外包企业6家，全市累计已注册服务外包企业67家。服务外包离岸合同额3929万美元,比上年增长17.0%;离岸合同执行额3929万美元,增长16.0%。

·金融业·

【金融机构存贷款规模继续扩大】 我市金融业在深化改革中加快发展,金融业规模不断扩大,业务总量增长较快。银行业已形成了四大国有银行为主体,政策性银行、股份制商业银行、城市商业银行、农村合作金融机构、村镇银行、新型农村金融组织等并存的多层次金融体系。2014年4月、5月,绍兴银行台州分行和温州银行台州分行相继开业。截至2014年底,全市共有银行业金融机构41家。年末全市金融机构本外币存款余额5671.03亿元,比年初增加451.30亿元,贷款余额5039.37亿元,比年初增加585.26亿元;年末金融机构本外币存贷比为88.9%,不良贷款率为1.19%,信贷资产质量居全省第二位。

【金融产品不断创新】 台州金融业坚持金融服务地方发展的指导方针,积极开展金融创新,努力提供便利化、多样化、个性化的金融产品,围绕缓解融资难和推动产业转型升级,积极创新服务方式,推进组织载体创新,发展农村合作银行、村镇银行、小额贷款公司、信用担保联合体、金融超市。推进金融业务模式创新,推行联合担保、反担保方式和股权质押融资,为解决中小企业融资难增辟路径。2014年末,全市有小额贷款公司33家,合计注册资金54.7亿元,全年累计发放贷款144.12亿元。实现村镇银行县域全覆盖,全市有村镇银行7家,至2014年底7家村镇银行各类存款余额为72.12亿元,贷款余额为80.79亿元。金融改革创新取得新突破,探索建立"一平台一基金"(信用信息共享平台、信用保证基金),面向优质成长型小微企业开展担保服务。信用信息共享平台累计收集信息2900多万条,累计查询量突破13万次。信用保证基金已为全市106家小微企业累计担保授信金额2.12亿元。成立浙江(台州)小微金融研究院,小微金改探索得到李克强总理、马凯副总理和夏宝龙书记、李强省长等领导批示肯定。

【城市商业银行】 台州共有3家地方性城市商业银行,是全国唯一拥有3家城市商业银行的地级市。台州银行、泰隆商业银行、民泰商业银行3家城市商业银行以灵活的经营机制和市场应对能力,不断开拓业务领域,实现了跨区域经营。他们以独特的经营理念、服务微小企业的市场定位、保证贷款的金融服务,创出了台州金融业发展的自身特色,呈现出被业界称之为"台州现象"的高效益、低风险的金融业运行特征。泰隆银行的"融e贷"自助循环贷款产品获全国"2014年服务小微企业二十佳金融产品大奖"。2014年11月李克强总理亲临泰隆银行杭州分行调研并对其小微金融创新做法给予高度评价。到2014年底,上述三家银行已拥有总资产2428.48亿元,全年实现税后利润36.61亿元,上缴地方税收11.48亿元,为台州经济创造了新的亮点。年末3家城市商业银行各类存款余额达1080.83亿元,占全部金融机构存款余额的19.1%;发放各类贷款817.67亿元,占全部金融机构贷款余额的16.2%。同时,各家城市商业银行积极推进跨区域发展战略,已异地开设了27家分行,截至年末,3家城市商业银行异地分支机构各项存款余额达到763.93亿元,各项贷款达到624.11亿元。

·民营科技·

【概述】 台州是中国民营经济创新示范区和民营经济创新发展综合配套改革试点城市,民营经济占台州经济总量的97%以上。目前,台州已有椒江医药化工、黄岩模具、路桥再生金属资源、临海户外休闲用品、温岭泵业等36个极具地方特色和较强竞争力的块状经济和产业集群。其中,台州医化产业集群、黄岩模具产业集群、温岭泵业产业集群、临海休闲用品产业集群、路桥再生金属产业集群还被列入浙江省产业集群转型升级示范区试点。截止2014年,我市企业已承担国家火炬计划项目511项,国家创新基金项目202项,国家星火计划94项。

【创新型企业】 新增国家重点扶持的高新技术企业68家,省级创新型示范(试点)企业7家,省级科技型企业212家。截止2014年,全市共有国家重点扶持的高新技术企业407家,国家创新型企业3家,省级创新型示范(试点)企业49家,市级创新型示范(试点)企业86家,省科技型企业969家。

【企业研发机构】 新增省级工程技术研究中心和省级重点实验室4家,省级企业研究院17家,省级高新技术企业研究发中心31家,市级高新技术企业研究发中心137家,并购海外研发机构2家。截至2014年,全市共有市级以上企业研发机构863家,其中省级企业研究院39家(居全省第3位),省级工程技术研究中心和省级重点实验12家,省级高新技术企业研发中心258

家,市级高新技术企业研发中心554家。

【科技创新平台】 与浙江大学共建了材料研究所和传感技术与医疗健康工程研究中心,新建了人机工程、嵌入式系统开发、激光检测技术等实验平台,签订科技合作项目79个。浙江大学台州研究院被列为浙江省公共创新服务平台—机器换人(台州)服务中心。建立了中科院合肥物质研究院玉环成果转化中心,推进中科院西安光机所台州激光加工中心建设。浙江省高校产学研联盟台州中心与浙江海味鲜海洋科技开发有限公司共建了椒江区海洋与渔业研究所。与中国工程物理研究院合作共建了“国家城市污水处理及资源化工程技术研究中心台州技术转移中心”。与东南大学合作,共建了“东南大学国家技术转移(台州)中心”。

【科技创新载体】 新引进大院名校共建创新载体16家,累计247家。新增市级区域科技创新服务中心1家,累计67家。目前,全市还有国家生产力促进中心1家,国家技术转移示范机构1家,省重点科技中介机构2家,省级区域创新服务平台3家,省级区域科技创新服务中心18家。

【科技投入】 全市规模以上工业企业研究与试验发展(R&D)经费达54.54亿元,比2013年增长22.2%。

【科技项目】 全市共有47个项目被列为国家级科技项目,其中国家火炬计划项目40项、国家创新基金项目4项、国家星火计划项目3项。新增省级科技计划项目193项,其中省级重大科技专项16项,省级农业科技成果转化项目11项,省级公益性技术应用研究项目16项,省级新产品项目150项。

【科技创新成果】 获得2014年浙江省科技奖项目13项,台州市科技进步奖项目60项。完成省级科技成果登记31项(市本级及三区)。吸纳全国各地技术1022项,技术成交额达17.4亿元,居全省第4位。组织13家企业参加2014年浙江省科技成果竞价(拍卖)会,拍得6项科技成果,总成交金额达550万元,其中最高一项成交价达到168万元。

【知识产权】 专利申请量达20570件,其中发明专利申请量达2097件。专利授权量达16134件,其中发明专利授权量达791件。

【高新技术产业】 全市高新技术产值增加值达316.32亿元,占工业增加值比重的38.0%。新产品产值达1231.83亿元,增长15.71%。

【农业科技】 新增省级农业科技企业12家,省级农业科技企业研发中心3家。市农科院自主选育的‘台绿2号’品种,使台州市的西兰花育种水平处于国内领先水平,具备了替代日本西兰花品种的能力,极大地降低了农民的生产成本。台州经济开发区博仁工贸开发的蔬菜花卉精量播种流水线中试及应用示范项目获得了国家及省级科技资金支持,可望实现年产值1000多万元。

【科技金融】 积极探索科技、人才和金融的有效融合,推动民间资金更多地投向科技成果转化和高层次人才创业创新。台州市本级设立了总规模为1亿元的“台州市科技人才投资发展基金”,该基金将在地方政府相关配套政策的引导扶持下,借助浙江中新力合科技金融服务有限责任公司在股权和债权投资基金领域的运作经验,为台州科技型企业提供一站式综合金融服务,已为13家科技型企业融资3200万元。仙居县设立科技型中小企业贷款风险池基金,已向7家企业放贷1660万元。椒江区出资500万与台州银行共同设立科技型小微企业担保基金,已向8家科技型小微企业放贷720万元。积极推进专利质押贷款,万盛股份获得了建设银行1000万元的专利质押贷款。

(台州市统计局　王泮洒)

(责任编辑:金瑞锋　王怡然　黄莹莹　杨丽君)

金 华 市

·综述·

【区位、行政区划、人口】 金华地处浙江省中部，现辖婺城、金东两个区和兰溪、东阳、义乌、永康四个县级市以及浦江、武义、磐安三个县。全市总面积 10941 平方公里。2014 年末，全市总户籍人口 475.1 万人，其中市区 95.1 万人；非农业人口 109.9 万人，其中市区 32.7 万人。2014 年全市出生人口 58731 人，出生率 12.39‰；死亡人口 39664，死亡率 8.36‰。

【经济发展】 2014 年全市实现生产总值(GDP)3206.6 亿元，同比增长 8.3%。其中：第一产业增加值为 138.31 亿元，增长 1.8%；第二产业增加值为 1509.13 亿元，增长 7.8%；第三产业增加值为 1559.20 亿元，增长 9.5%。全市人均生产总值达到 67621 元(按 2014 年年均汇率折算为 11008 美元)，增长 7.8%。三次产业比重从 2013 年的 4.6:47.7:47.7 变化为 4.3:47.1:48.6。

【财政金融和保险】 2014 年，完成财政总收入 461.40 亿元、同比增长 10.9%。其中：上划中央财政收入 192.54 亿元，增长 11%；一般公共预算收入 268.87 亿元，增长 10.9%。全市一般预算支出 352.86 亿元，增长 9.5%。75.8%的一般公共预算支出用于保障和改善民生。金融机构本外币各项存款余额 6638.34 亿元，增长 7.7%。金融机构本外币各项贷款余额 5733.36 亿元，增长 11.2%。

保险机构全年保费收入 135.83 亿元，增长 12.45%。全年支付各类赔偿及给付 44 亿元，增长 6.23%。

【交通运输】 全市境内公路总里程达到 12269.4 公里。年内公路旅客周转量 47.83 亿人公里，货物周转量 61.21 亿吨公里。

【就业】 2014 年，居民人均可支配收入为 31599 元，同比增长 10.2%。其中，城镇常住居民人均可支配收入为 39807 元，增长 9.4%；农村常住居民人均可支配收入为 18544 元，增长 11.3%。新增城镇就业 76176 人，城镇失业人员实现再就业 31096 人，年末城镇登记失业率 2.80 %，低于 4.00%的控制目标。

【价格指数】 市区居民消费价格总水平比上年上涨 2.4%，涨幅较上年缩小 0.7 个百分点。调查的八大类消费品及服务项目价格“七涨一跌”，其中交通和通信类价格下降 0.8%。商品零售价格指数上涨 1.1%。全市工业生产者出厂价格下跌 1.2%，工业生产者购进价格下跌 2.7%，

·农业·

【概况】 2014 年，我市努力克服农业生产受灾害性天气多发、市场消费不振、重大动植物疫情形势严峻、农业面源污染治理任务繁重等困难，农业经济实现了平稳发展。完成农业总产值 223.85 亿元，同比增长 1.7%；农业增加值 141.96 亿元，增长 1.8%。

【两区建设】 全市粮食生产功能区 11.78 万亩，省级现代农业综合区 2 个、主导产业示范区 3 个、特色农业精品园 6 个。新创建省级以上标准化规模养殖示范场 9 个，改扩建标准化水禽场 8 个，累计建成星级场 162 家，三星级以上规模养殖场 85 家，其中 19 家被评为国家级标准化示范场，38 家被评为省级标准化示范场。

【农业主体】 全市共有农民专业合作社 4603 家，社员 17.5 万人，带动非社员农户 43 万户。新增工商注册家庭农场 1800 多家。市级以上农业龙头企业 317 家(其中国家级 6 家)。

【农业现代化】 累计发放农机购置补贴资金 3190 万元，设施大棚投入 1.3 亿元，新增农机装备 1 万台(套)、设施农业 1 万亩，新建区域性农机化服务中心 15 家，农机总动力达 266 万千瓦，水稻耕种收机械化率达到 65%，粮食生产基本实现了全程机械化。

·工业·

【概况】 2014 年，全市工业经济保持平稳运行，总体呈现“稳中有升、转中向好”运行态势。完成规上工业总产值 4796.34 亿元，同比增长 7.1%；规上工业增加值 945.32 亿元，增长 7.4%；出口交货值 1113.39 亿元，增长 5.84%。

【平台建设】 12 个省级以上开发区(园区)完成规上工业总产值 2692.95 亿元，同比增长 11.5%。规上产值超 100 亿元园区达 8 个，其中金华开发区和义乌开发

区突破500亿元。超20亿元的镇(乡、街道)达48个,比上年增加3个,其中超100亿元7个。48个工业强镇实现规上工业产值3116.54亿元,增长7.8%;完成工业投资410.41亿元,增长10.14%。

【创新驱动】 2014年,全市战略性新兴产业、高新技术产业在规上工业增加值中占比达到21.45%、30.27%,同比提高0.53和9.69个百分点。新增国家级高新技术企业65家(是新增国家级高新技术企业最多的一年)、省级高新技术研发中心32家、省级重点研究院6家。高新技术企业和科技型中心企业分别达到297家和729家,增长24.7%和42.7%。全市规上工业企业科技活动经费支出47.98亿元,增长25.5%。实现新产品产值1464.4亿元,增长25.7%。主导产业健康发展,17个行业产值超100亿元,比上年增加2个;超百亿行业产值总量占全部规上工业的82.6%,其中汽车制造、纺织、金属制品等传统优势行业增长较快。

【质量效益】 33个工业行业全部实现盈利,规上工业劳动生产率达到15.35万元/人,同比提高10.35个百分点。100家大企业大集团累计实现工业总产值1288.67亿元,增长12.3%,100家高成长企业累计实现工业总产值135.69亿元,增长20.3%。480家工业企业完成“小升规”。新增省级企业技术中心10家,省级重点产业技术联盟1个。全年申报立项省级工业新产品(新技术)258项,获省级优秀工业新产品(新技术)8只,17个产品被评为“浙江制造精品”,新产品产值连续四年保持25%以上的高速增长。

【清洁生产】 完成重污染高耗能行业整治提升349家,其中关停淘汰56家。完成清洁生产审核验收企业120家,创建省级绿色企业8家、工业循环经济示范企业4家。规模以上工业企业综合能源消费量、重点能耗企业综合能耗、全市单位工业增长值能耗分别同比下降2.8%、7.7%、9.5%。全市万元GDP能耗下降7%左右,提前一年达到“十二五”节能降耗要求。

·固定资产投资、建筑业和房地产业·

【固定资产投资】 2014年,全市实现固定资产投资1594.79亿元,同比增长16.9%。从产业看,三次产业投资结构从上年的0.3:48.9:50.8调整为0.3:46.2:53.5。其中,第二产业投资736.05亿元,增长10.3%;第三产业投资853.22亿元,增长23.1%。从投资主体看,国有投资346.68亿元,增长41.4%;民间投资1228.21亿元,增长12.4%,民间投资比重从上年的80.1%下降至77%。从行业看,工业投资720.01亿元,增长8.1%。其中,制造业投资完成654.51亿元,增长3.8%。

【建筑业】 2014年,全市建筑业总产值达3044.2亿元,同比增长12.3%,其中建筑工程实现产值2803.1亿元。完成房屋建筑施工面积3.8亿平方米,本年度新开工面积1.5亿平方米。年度从业人员总数101.8万人,其中工程技术人员15万人。房屋竣工面积1.1亿平方米,其中住宅面积0.67亿平方米。

【房地产业】 全市房地产开发房屋施工面积为2652.53万平方米,同比增长20.7%。当年新开工面积673.33万平方米,增长29.7%;竣工面积346.69万平方米,增长64.1%。商品房销售面积为336.60万平方米,下降14.3%;其中住宅销售面积294.98万平方米,下降8.9%。

·国内贸易、旅游·

【概况】 2014年,全市实现社会消费品零售总额1592.70亿元,同比增长13.2%,其中限额以上批零企业实现食品、饮料、烟酒类商品零售额33.52亿元,增长10.8%。其中:城区零售额1056.39亿元,增长13.4%;乡村社会消费品零售额237.36亿元,增长14.0%。

【电子商务发展】 2014年,电子商务交易额2356亿元,增长29.7%。网络零售额942亿元,增长41%。快递业务量6.1亿件,增长72.4%。快递业务量达6.12亿件,增长72.4%。

【批发零售业】 批发和零售业零售额1446.96亿元,增长13.3%。其中,批发业零售额224.07亿元,增长14.5%,零售业零售额1222.89亿元,增长13.1%。服装鞋帽针纺织品类、化妆品类、日用品类、中西药品类分别增长15.8%、20.8%、28.5%、18.0%;食品饮料烟酒类、石油及制品类、汽车类分别增长10.8%、10.7%、12.9%。

【住宿餐饮业】 住宿业和餐饮业零售额145.74亿元,增长12.3%,占全市社会消费品零售总额比重9.2%。其中,限上住宿餐饮企业经营情况比上年略有好转,零售额21.97亿元,增长6.8%,比上年同期提高11.8个百分点。

【重点流通企业】 2014年,我市加大培育“金华老字号”、“浙江老字号”的培育力度,22家企业新增入选第四批“浙江老字号”,数量列杭州之后,居全省第二位。浙江东阳中国木雕城、浙江金华农产品批发市场、义乌农贸城3家企业被认定为浙江省重点流通企业,至此,我市已有7家企业成为浙江省重点流通企业。

【旅游】全市共接待游客5982.01万人次，同比增长21.7%，实现旅游收入620亿元，增长26%，其中接待国内旅游者5897.88万人次，增长22.0%，实现国内旅游收入590.53亿元，增长27.8%；接待入境旅游者84.13万人次，增长5.6%，实现旅游外汇收入47954.22万美元，增长5.6%。

·开放型经济·

【概况】 2014年，我市外贸迈上400亿美元的新台阶，其中出口396.7亿美元，同比增长22%。按出口贸易方式分，一般贸易出口194.8亿美元，同比增长11.0%；加工贸易出口10.3亿美元，增长20.4%；市场采购出口191.6亿美元，增长35.8%。按出口企业性质分，民营企业出口375.4亿美元，增长23.4%；外商投资企业出口17.5亿美元，增长5.0%；国有企业出口3.8亿美元，下降9.4%。按主要出口产品分，机电、轻工、纺织产品占全市出口比重达80.6%。

【利用外资】 2014年，全市新批外商投资项目70个，合同利用外资5.72亿美元，实际利用外资2.78亿美元，同比分别增长18.6%、226.2%和20.9%。

【对外合作】 2014年，全市审批和核准境外投资企业和机构42家，实现境外投资总额5.3亿美元，其中中方投资额4.97亿美元，同比增长168%。全年实现对外承包工程劳务合作营业额2.82亿美元，下降7.9%，派出各类劳务人员2549人次，期末在外各类劳务人员3284人。服务外包合同签约总额2.13亿美元，其中离岸合同签约额2.09亿美元，离岸合同执行额1.68亿美元，增长6.6%。

·民营经济·

【概况】 2014年，我市民营企业为107884家，同比增长22.15%；个体工商户399502家，增长18.46%。注销民营企业4005家，增加0.58%，注销个体工商户本期数23173家，下降69.37%。从注册资本情况看，民营企业注册资本总额为31272938万元，增长24.99%，新设民营企业注册资金4221003万元，增长53.54%，全市个体工商户资金数额为399502万元，增长18.46%，本期新设个体户资金数额为923989万元，增长23.26%。从规模看，本期新增注册资金50万元以下的为9297家，占新增户数的42.30%；注册资金50—100万元的为5893家，占新增户数的26.81%，注册资金100—500万元的为4622家，占新增户数的21.03%。从各行业数量分布情况看，制造业占37.57%，批发零售业占38.57%。本期数增幅各行业同比，增幅上升较大的有文化、体育和娱乐业(183.78%)、水利、环境和公共设施管理业(250.00%)、金融业(80%)、交通运输、仓储和邮政业(76.00%)。

【发展动态】 新登记私营企业注册资本4221003万元，同比增长53.54%。一些注册资本小于3万元的公司应运而生，共登记注册资本小于3万元的私营企业2447家。一人有限责任公司数量大幅增长，共有私营一人有限责任公司7697户，增长274.91%，注册资本1176382万元，增长159.46%。其中自然人独资的一人有限责任公司7151户，增长267.66%，注册资本822768万元，增长302.59%。股权出质登记大幅增长，其中股权数额最大的三家企业均为房地产企业，出质股权数额均过亿。

·各项改革·

【重点领域改革】 义乌国际贸易综合改革试点第二个三年实施计划全面启动，“市场采购”贸易方式正式落地，义乌保税物流中心(B型)通过国家验收，航空口岸对外开放，“义新欧”货运专列常态化运行，成功创建国际陆港城市，个人跨境贸易人民币结算试点扩大至全市范围。全国现代服务业综合试点确定了首批58个、总投资457亿元的重大项目，国家首期补助资金3亿元已到位，首批项目通过专家评审，部分项目已开工建设，完成投资37.3亿元。低丘缓坡综合开发利用试点累计完成低丘缓坡试点区域内农转用征收报批面积4.98万亩，土地报批工作已基本完成；完成土地协议征地面积4.83万亩，完成率89.4%；完成土地平整面积2.65万亩，完成试点开发规模的49%；已供地项目87个，面积7063亩。“四破攻坚”改革试点处置僵尸型、圈地型和低效用地1362家，收回土地1.03万亩，盘活各类土地2.36万亩，消化批而未供土地2.37万亩。

【经济体制改革】 工商注册便利化改革加快推进，出台《深化工商注册便利化改革的十七条举措》，工商注册实现内资2天、外资3天、简易事项当天办结，新增市场主体11万户、注册资本576亿，分别增长8%和40.5%。行政审批制度综合配套改革继续推进，204项审批权限下放给县(市、区)；设立“中介超市”，126家中介机构进驻办事大厅。

【民主法制领域改革】 “四张清单一张网”加快构建，市级行政权力事项精简到4181项，“瘦身”54.4%；市级部门责任清单样本初稿编制完成；市本级部门专项财政资金由329项整合为37项；省企业核准目标清单全面执行；政务服务网已于6月25日正式上线。人大代表联络站实现乡镇(街道)全覆盖，全市共建立联络站177个。

【文化和社会体制改革】 “金华新闻”APP客户端下载超3万人，金华广众网更名为“金华网”，微信用户超过4万人。建成农村文化礼堂201家。基层医疗单位门诊人次同比增长15%，医疗业务收入增长14.3%。农村居家养老模式全面推开，新增城乡社区居家养老服务照料中心1201家，新增机构养老床位2155张。

【生态和城乡一体化体制改革】 建设项目环境影响评价承诺审批时限比法定时间缩短88.3%。防控违法建筑长效机制建立健全，全市累计拆除违法建筑1742.8万平方米，完成全年拆违任务的435.7%。城市有机更新机制建设扎实推进，完成城中村改造821万平方米，完成旧住宅区改造421万平方米，完成旧厂区改造370万平方米。农村“三权到户”改革有序开展，土地承包经营权确权登记制度实现全覆盖，全市村经济合作社股改工作完成18.2%，农村宅基地确权登记完成66%。

(责任编辑：王怡然　金瑞锋　黄莹莹　杨丽君)

舟 山 市

·概况·

舟山群岛新区处于我国南北海运大通道和长江黄金水道交汇地带,是江海联运的重要枢纽,是我国伸入环太平洋经济圈的前沿地区,也是我国扩大开放、通联世界的战略门户。舟山群岛新区深水岸线资源丰富、建港条件十分优越,全市岸线总长2444公里,水深在15米以上的岸线有200.7公里,其中水深在20米以上的103.7公里,船舶避风和锚地条件良好,多条国际航道穿境而过。2014年舟山港完成货物吞吐量3.47亿吨。依托优越的港口运输条件,已建成亚洲最大的铁矿砂中转基地、全国最大的商用石油中转基地、全国重要的化工品和粮油中转基地、国家石油战略储备基地、华东地区最大的煤炭中转基地。

舟山群岛新区岛屿众多,面积超过500平方米的海岛数量占全国的20%;海洋生物资源丰富,是我国最大的近海渔场和重要的海洋生物基因库;佛教文化、海洋文化底蕴深厚,拥有独特、丰富的旅游资源,是我国海洋旅游重点区域和国家旅游综合改革试点城市;油气及近海风能、潮流能等资源富集,开发利用前景广阔。海洋产业体系较为完善,是全国重要的修造船基地,港航物流发展迅速,海洋药物和生物制品、海水利用、海洋新能源等新兴产业不断兴起。2014年,舟山市海洋生产总值713亿元,占地区生产总值(GDP)的69.8%。

2011年6月30日,国务院正式批准设立浙江舟山群岛新区,新区范围与舟山市行政区域一致。2013年1月17日国务院批复《浙江舟山群岛新区发展规划》。新区三大战略目标定位是:成为浙江海洋经济发展的先导区、海洋综合开发试验区、长三角地区经济发展的重要增长极。新区五大发展目标是:建成我国大宗商品储运中转加工交易中心、东部地区重要的海上开放门户、重要的现代海洋产业基地、海洋海岛综合保护开发示范区和陆海统筹发展先行区,努力打造面向环太平洋经济圈的桥头堡。2014年1月,舟山港综合保税区通过国家验收并封关运作。

舟山区域总面积2.22万平方公里,其中海域面积2.08万平方公里,陆域面积1440平方公里,共有大小岛屿1390个。2014年末,全市户籍人口97.49万人,常住人口114.6万人,城市化率66.3%。

·经济发展情况·

2014年,在复杂多变的宏观环境下,舟山市坚持稳中求进、进中求快、快中求好工作总基调,扎实推进新区建设各项工作,全市经济运行在新常态下保持平稳较快增长,呈现稳中有升的态势,多项指标增速名列全省前茅。经济转型升级不断推进,产业结构进一步优化,运行质量得以提升,民生保障进一步完善。

一、经济运行总体情况

(一)稳中有进

全年经济走势逐季稳中向好。2014年,一季度全市GDP增长9.5%,上半年增速提高到9.8%,前三季度继续提高到10.1%,全年增长10.2%。据初步核算,2014年,全市实现地区生产总值(GDP)1021.66亿元,按可比价计算,比上年增长10.2%。其中,第一产业实现增加值100.82亿元,增长5.9%;第二产业430.07亿元,增长11.4%;第三产业490.77亿元,增长10.0%。在产业经济协调发展及三次产业划分标准调整作用下,三次产业结构比例调整为9.9:42.1:48.0,第三产业比重明显上升,比上年提高2.5个百分点。按常住人口计算,全市人均GDP约8.93万元,约折合1.45万美元。全市海洋经济总产出2435亿元,按可比价计算,增长15.1%。海洋经济增加值713亿元,增长12.8%,海洋经济增加值占GDP比重达到69.8%,比上年提高0.7个百分点。

(二)进中有快

主要指标增速居全省首位。2014年,全国GDP增长7.4%,全省GDP增长7.6%,舟山市GDP增速为全省唯一保持两位数增长的地市。同时,规模以上工业总产值和增加值、渔农业增加值、固定资产投资、城镇常住居民人均可支配收入、限额以上批发零售业销售额、工业用电量增速均居全省首位。

新区建设加快推进。新区在综合保税区、交通设施、海洋产业、海上花园城市、水利围垦、电力能源、生态环境和社会民生等方面加大投入,全市固定资产投资保持较快增长。2014年,全市完成固定资产投资961亿元,比上年增长28.1%,增速高出全省11.5个百分点。其中建筑安装工程投资651.8亿元,增长22.3%。召开加快新区建设大会和新区重大项目推进会,加大招商引资力度,全市项目集中开工等举措推动下,全市新开工项目728个,完成投资359亿元,增长16.3%。全市基础设施投资388.6亿元,增长17.8%。329国道舟山段改建、秀山至官山公路大桥等项目拉动下,道路交通建设投资完成45.2亿元,增长24.4%;衢山港鼠浪湖岛矿石中转码头、舟山国家石油储备基地扩建、老塘山港区外钓岛光汇油品码头等项目拉动下,仓储业投资完成87亿元,增长24.8%;多端柔性直流输电、浙能舟山六横电厂项目拉动下,电力燃气及水的供应业投资完成103.3亿元,增长55.2%。

(三)快中有好

年度主要目标任务总体完成较好。省对市的经济责任考核中,7个指标任务超额完成。2014年,全市地区生产总值(GDP)增长10.2%,超过目标(10%)。规模以上工业增加值增长12.3%,超过目标(10.5%)。渔农业增加值增速6.2%,超过目标(6%)。固定资产投资增速28.1%,超过目标(20%)。社会消费品零售总额增速13.5%,超过目标(13%)。公共财政预算收入增速9.1%,完成目标。渔农村常住居民人均可支配收入增速11.1%,完成目标。

居民收入稳步提高。2014年,全市全体常住居民人均可支配收入35330元,增长10.3%。其中,城镇常住居民人均可支配收入41466元,增长9.7%;渔农村常住居民人均可支配收入23783元,增长11.1%,增速分别居全省各市第一位和第四位。各县(区)城乡居民收入增幅和全市较为接近。城镇常住居民人均可支配收入定海区增长9.8%,普陀区增长9.7%,岱山县和嵊泗县均增长9.6%。渔农村常住居民人均可支配收入普陀区增长11.2%,定海区增长11.1%,岱山县和嵊泗县均增长11.0%。

财政、金融平稳增长。2014年,全市财政总收入148.93亿元,增长8.4%,其中公共财政预算收入101.02亿元,增长9.1%。公共财政预算支出188.19亿元,下降0.9%。12月末,全市金融机构融资总量余额2577.38亿元,比年初新增139.7亿元。其中,市内银行融资总量余额1702.3亿元,占全市金融机构融资总量的66%,余额比年初新增35.2亿元;市外金融机构融资余额875.08亿元,占融资总量的34%,余额比年初新增104.5亿元。全市金融机构本外币贷款余额1453.7亿元,同比增长9.0%,金融机构本外币存款余额1624.1亿元,同比增长8.5%。

二、主要行业发展特点

(一)工业生产较快增长

2014年,全市规模以上工业总产值1524.29亿元,比上年增长13.0%;规上工业增加值316.56亿元,增长12.3%。全市工业用电量23.50亿千瓦时,增长10.9%。规上工业中九大主要行业"七升二降"。船舶修造业产值762.1亿元,增长14.4%;石油化工业产值236.8亿元,增长14.5%;水产品加工业产值169.9亿元,增长9.7%;浙能中煤舟山煤电有限公司发电运行,电力生产供应业67.7亿元,增长55.5%;机械制造业、化纤制造业、医药制造业分别增长8.1%、27.9%和24.7%,电子电机业、纺织服装业分别下降21.6%和1.5%。

(二)服务业发展总体向好

批发贸易发展提速。2014年,全市限额以上批发业销售额1079.44亿元,比上年增长45.0%,占限上批发零售业销售额的比重为93.3%。大宗商品交易中心、综保区等重点交易平台快速发展。大宗商品交易所全年完成网上电子交易额15565.91亿元,比上年增长121.1%,入驻企业完成现货贸易额252.09亿元,增长116.3%。综保区跨境电子商务平台建设启动,保税燃料油外锚地供应开始常态化运作。2014年,全市保税燃料油直供量66.5万吨,比上年增长62.2%,调拨量210万吨,基本与上年持平,结算量337.2万吨,比上年增长17%。

海运业和港口稳步增长。2014年,全市水路货运周转量2157.10亿吨公里,增长16.0%。舟山港域完成港口货物吞吐量3.47亿吨,增长10.6%。12月末,全市海运运力542.81万载重吨,增长2.1%。

海洋旅游稳步增长。2014年,全市旅游接待人数3397.96万人次,比上年增长10.8%,其中接待国际游客31.58万人次,增长0.2%。普陀山旅游人数625.56万人次,增长5.2%。全市旅游总收入338.44亿元,比上年增长12.8%。全市有旅行社143家,比上年增加9家。全市星级宾馆客房入住率为47.9%,比上半年提高2.9个百分点。

服务业营业收入较快增长。2014年1–11月,全市规模以上服务业企业实现营业收入327亿元,同比增长28.5%。其中租赁和商务服务业、交通运输仓储邮政业营业收入同比分别增长66.0%、20.3%。

(三)渔业生产形势较好

2014年,全市水产品总产量166.94万吨,增长7.4%。远洋捕捞生产亮点明显。远洋渔业投产渔船增加、阿根廷鱿鱼捕捞形势较好等因素拉动产量提升,远洋渔业总产量 39.35 万吨,增长 32.7%;国内捕捞产量 113.79 万吨,增长 1.1%。从主要捕捞水产品产量看,蟹、墨鱿章鱼和小黄鱼分别增长 48.2%、31.0%和 13.5%,带鱼、虾分别下降 10.5%和 8.1%。

三、转型升级、结构调整不断推进

(一)工业转型升级提速

2014 年,全市规上工业中新产品产值 237.4 亿元,增长 40.1%,新产品产值率 15.6%,比上年提高 3 个百分点;规上工业中战略性新兴产业产值 611.1 亿元,增长 15.9%,占规上工业总产值的比重为 40.1%,比上年提高 1 个百分点。

船舶产业转型势头良好。7 家企业入围全国造船行业"白名单",造船三大指标占全国比重提高。海工装备产业发展提速,龙头船企加快转型海工生产趋势明显,企业努力开拓高附加值修船业务,承修了海洋钻井平台、集装箱船等高端船舶和海工装备。2014 年,全市船企手持订单 1882 万载重吨,增长 4.1%,订单价格有小幅回升,海工装备制造业产值增长 44.4%。

(二)投资结构不断调整

一是民间投资积极性逐季提升。2014 年,全市完成民间投资 466.9 亿元,增长 31.6%,增速比上半年提高 11.8 个百分点,超过全市固定资产投资增速。二是服务业投资高位稳增。2014 年,全市完成服务业投资 654.1 亿元,比上年增长 32.2%,占全市固定资产投资的比重为 68.1%。其中,住宿餐饮业、批发零售业分别完成投资 28.7 亿元、10.4 亿元,分别增长 183.8%、17.5%。三是房地产开发投资增速加快。在前二年土地出让较多,2014 年处于集中建设周期以及上年房地产投资基数较低情况下,绿城长峙国际休闲养生岛等一批楼盘相继开发建设,全市房地产开发投资 225.8 亿元,增长 57%,高出全市固定资产投资增速 28.9 个百分点。

(三)消费结构出现积极变化

2014 年,全市实现社会消费品零售总额 376.58 亿元,比上年增长 13.5%。从全市限额以上批发零售业统计数据来看,吃类商品零售额增长 26.2%,穿类增长 9.3%,汽车类增长 9.7%。

高档住宿餐饮企业向大众化转型的步伐有所加快。今年以来,高档住宿餐饮企业积极应对市场需求变化,调整经营模式和营销策略,逐步向大众化、亲民化的消费模式转变,限额以上住宿餐饮业营业额增速由负转正。2014 年,全市住宿餐饮业营业额 82.56 亿元,比上年增长 16.3%,其中限额以上住宿餐饮业营业额 21.45 亿元,增长 4.4%。

(四)民生实事不断完善

社会保障力度加大。财政支出保持较快增长,重点民生支出得到较好保障。2014 年,公共财政预算中社会民生支出 120.9 亿元,占公共财政预算支出的 64.3%。上调企业退休人员基本养老金、城乡居民社会养老保险基础养老金、渔农村低保标准、被征地农民养老保障待遇、最低月工资标准、失业保险金标准等。启动被征地农民养老保险转轨工作。2014 年末,全市基本养老、基本医疗、失业、工伤和生育五大保险参保人数分别达到 73.66 万人、94.9 万人、21.09 万人、29.35 万人和 19.7 万人,分别比上年末增长 1.1%、0.6%、4.0%、3.7%和 3.7%。城镇“三无”对象集中供养率 100%,渔农村"五保"老人集中供养率 98.6%。就业形势稳中向好。2014 年,全市城镇登记失业率 2.7%,新增城镇就业 1.18 万人。

价格水平温和上涨。2014 年,全市居民消费价格比上年上涨 1.7%,全年涨幅逐步回稳。其中,服务项目价格上涨 2.2%,消费品价格上涨 1.4%。商品零售价格上涨 0.5%。12 月份,居民消费价格比上月上涨 1.1%,其中,食品类价格同比上涨 1.1%;医疗保健价格比上月上涨 0.4%;燃油价格持续下调,汽油、柴油价格分别比上月下降 3.1%和 5.3%,与其关联等液化石油气价格比上月下降 9.9%。

环境治理进一步加强。2014 年,“五水共治”消灭垃圾河 100 公里,治理黑臭河 118 公里,改造和新建污水管网 41.8 公里。“三改一拆”改造旧住宅区、旧厂区、城中村 206.9 万平方米,拆违 166.1 万平方米。

2015 年,舟山新区将积极参与“长江经济带”和“海上丝绸之路”国家战略实施,正迎来千载难逢的新机遇。2015 年是建设舟山江海联运服务中心的开局之年,新区三年行动计划的冲刺之年,是“十二五”规划的收官之年,是“十三五”规划的谋划之年。打造江海联运服务中心、民营绿色石化基地、国际海事服务基地、国家远洋渔业基地、朱家尖国际旅游度假区,都将进一步推动新区加快发展。

·非国有经济发展情况·

非国有单位数量占绝对比重。根据第三次全国经济普查,全市 1.23 万家企业法人单位中,非国有企业 1.21 万家,占全部企业法人数的 98%,其中私营企业 1.06 万家,占全部企业法人数的 86%。从规模以上工业企业单位数看，2014年末，全市393家规模以上工业企业，其中非国有企业388家，占规模以上工业企业数的98.7%。其中，私营企业277家，占规模以上工业企业数的70.5%；外商及港、澳、台商投资企业25家。

非国有经济成为工业发展的重要推动力。2014年，舟山规模以上工业总产值1498亿元，比上年增长12.3%，其中非国有工业总产值为1474亿元，增长12.9%，占比达到98.4%。非国有工业总产值中，私营企业工业总产值471亿元，增长21.0%，占规模以上工业总产值的比重为31.5%；集体企业工业总产值2亿元，下降6.4%；外商及港、澳、台商投资企业工业总产值133亿元，增长0.4%，占规模以上工业总产值的比重为8.9%；股份合作企业工业总产值0.45亿元，增长28.6%；其他经济类型企业实现工业总产值867亿元，增长11.0%，占规模以上工业总产值的比重为57.9%。

非国有经济投资比重提高。2014年，舟山市完成固定资产投资总额961亿元，比上年增长28.1%。国有及国有控股投资467亿元，增长23.7%，占固定资产投资的比重为48.6%。在房地产开发投资较快增长等带动下，非国有经济固定资产投资额增长速度较快，占比提高。非国有经济投资额494亿元，增长32.5%，占固定资产投资的比重为51.4%，比上年提高1.7个百分点。其中，民间投资467亿元，增长33.2%；港澳台与外商投资27亿元，增长21.8%。

个人独资企业户数增加明显。2014年，“个转企”优惠政策的持续影响部分个体户转型升级为个人独资企业，个人独资企业户数增加明显。全市个人独资企业3084户，比上年增长28.2%，其中由个体户转型升级为个人独资企业的687户。

外商投资继续增长。全年新批设立外商投资企业14家，投资总额26.15亿美元，合同外资金额10.75亿美元，比上年增长4.8倍；实际使用外资金额2.00亿美元，下降4.6%。新批境外投资企业6家、境外机构2家、增资项目3个，中方投资额0.35亿美元。

·个体工商户发展情况·

2014年，全市新设个体工商户7397户，资金数8.07亿元，比上年分别增长1.0%和23.1%。注(吊)销个体工商户3813户。全市累计实有个体工商户5.14万户，资金数额31.14亿元，比上年增长3.6%和14.6%。城乡个体从业人数8.88万人，行业主要分布在批发零售业4.12万人，住宿和餐饮业1.74万人，居民服务业1.14万人。“个转企”政府奖励举措以及新公司法注册资本实缴制改为认缴制的影响，创业者投资设立企业的意愿更为强烈，新设个体户增幅较小。加之有一批个体户已成功转型升级为企业等因素，个体户的累计实有总户数增长较少。

个体家庭农场发展势头良好。创业者投资家庭农场的热情较高，全年新设家庭农场80户，资金数额3064万元，分别比上年增长128.57%和73.06%。新设家庭农场分布在各辖区农村，如定海马岙、盐仓，普陀桃花、展茅，岱山衢山等。

农民专业合作社稳定增长。全市农民专业合作社525户，成员出资总额4.7亿元，比上年分别增长15.6%和45.6%。新设农民专业合作社76户，主要集中在农业种植业，其中普陀新设21家农民专业合作社，有16家系果蔬、园艺作物种植业。注销农民专业合作社8户。

(孔海英)

(责任编辑：王怡然　金瑞锋　黄莹莹　杨丽君)

嘉 兴 市

·概况·

【地理与人口概况】 嘉兴位于浙江省东北部、长江三角洲南翼的杭嘉湖平原腹地，处于江、湖、河交会之位，扼太湖南走廊之咽喉，东接上海，南连杭州湾，北邻苏州，西通湖州，相距均不到百公里。市境介于东经120.18'至121.16'与北纬30.21'至31.2'之间，市境陆域东西长92公里，南北宽76公里，总面积3915平方公里，其中平原3477平方公里，水面328平方公里，丘陵山地40平方公里。海域面积1559平方公里，海岸线总长度74.1公里，从岸线至理论基准面的滩涂面积约合63.59公里。市境地势低平，平均海拔2-2.2米，市域北部低洼地面高程在1.57-1.97米。

嘉兴市处于暖(中)亚热带向冷(北)亚热带的过渡地带。气候温和，雨水充沛，日照充足，四季分明。年平均气温15.5℃至15.8℃。无霜期230天左右。年平均降水量1100至1200毫米，年日照时数2000至2100小时。四季中春、秋季较短，冬、夏季较长，属典型的亚热带季风气候。嘉兴市作为浙江省接轨上海的前沿阵地，地处长三角16城市的核心地带，与沪、杭、苏等城市均处一小时交通圈。随着杭州湾跨海大桥、嘉绍通道、嘉萧通道等重大工程的建成通车，杭州湾钱塘江天然交通屏障得以突破，嘉兴与上海、杭州、宁波等大城市同城效应日益显现。

嘉兴是中国共产党的诞生地。1921年7月，中国共产党第一次代表大会在上海召开，后因遭受法租界巡捕房的袭扰而被迫中断，转移到嘉兴南湖的一艘画舫上举行。嘉兴是马家浜文化(距今7000年)发祥地之一，民风秉承吴越遗俗，纯正、秀慧是根本特征，可谓温厚勤劳、秀慧工巧、崇文好学、进取求新。自唐宋以来，嘉兴一直是我国东南沿海重要的对外贸易口岸，大运河贯穿境内，被誉为"鱼米之乡、丝绸之府"。嘉兴市下辖南湖、秀洲2个区，平湖、海宁、桐乡3个县级市和嘉善、海盐2个县。2014年底户籍人口348.14万人；常住人口457万人。

【国民经济总体发展】 2014年，面对复杂多变的国内外经济形势，全市各地坚持稳中求进的工作总基调，科学统筹稳增长、调结构、促改革、惠民生，全市经济在新常态下呈现运行平稳、质量向好的发展态势。初步核算，全市生产总值3352.80亿元，按可比价格计算，增长7.5%，增幅低于全省平均0.1个百分点；比前三季度提升0.1个百分点；比上年回落1.8个百分点。其中第一产业增加值145.14亿元，下降0.2%；第二产业增加值1811.31亿元，增长7.8%，全市工业增加值1633.84亿元，增长7.9%；第三产业增加值1396.35亿元，增长8.0%。全市三次产业结构由去年的4.7:54.0:41.3调整为4.3:54.1:41.6，第三产业增加值比重提升0.3个百分点。

1.三次产业发展平稳。工业生产缓中趋稳。2014年，全市工业增加值1633.84亿元，按可比价格计算，增长7.9%，增速比前三季度提升0.3个百分点，但比上年回落2.5个百分点。工业对经济增长的贡献率55.4%，贡献4.2个百分点。全市规模以上工业增加值1328.26亿元，同比增长7.7%，高出全省平均水平0.8个百分点，居全省第4位；增幅比上年回落3.8个百分点，但比上半年、前三季度分别提升0.2、0.3个百分点。服务业增速略有回落。全市第三产业增加值按可比价格计算，增长8%，增幅比上年回落1.4个百分点，拉动GDP增长3个百分点。全市批零贸易业和金融业增加值较快增长，分别增长11.1%和11.9%。交通运输、住宿餐饮业平稳增长，分别增长9.4%和5.2%。全市房地产业增加值下降1.5%，增幅比上年回落13.2个百分点。全市信息传输、计算机服务及软件业等营利性服务业增加值5.8%，增幅比上年回落6个百分点；公共管理和社会组织等非营利性服务业增加值6.6%，增幅比上年提高1.4个百分点。现代物流业势头良好，嘉兴港货物吞吐量6880.35万吨、集装箱115.6万标箱，同比分别增长4.2%和14.4%。农业经济低开回稳。全市全年农作物播种面积469.21万亩，下降0.7%。其中粮食作物种植面积274.93万亩，增长0.7%。农业生产结构继续调整，初步统计，年末全市生猪存栏82.19万头，比年初下降71.6%，生猪出栏数374.83万头，同比下降10.7%。全市种植业产值比重由上年的48.6%提高到51%，牧业比重由上年的35.5%下降到33.5%。

2. 三大需求保持稳定增长。固定资产稳步增长。2014年，全市固定资产投资2221.21亿元，增长16.3%，增幅与上年持平，总量及增速分列全省第5和第8位。全市第一、第二、第三产业投资分别增长

52.4%、11.8%和19.7%，全市工业投资1000.81亿元，增长12%，其中制造业投资863.4亿元，增长6.4%，增幅比上年分别回落2.1个和7.7个百分点。全市合同利用外资44.15亿美元，增长30.2%，增幅比上年回落9.7个百分点；实际利用外资24.96亿美元，增长13.1%，增幅比前三季度提升7.1个百分点，但比上年回落10.8个百分点。消费品市场保持平稳。全市社会消费品零售总额1347.02亿元，增长12.5%；扣除价格因素，实际增长10.3%，实际增速比上年回落2个百分点。全市批零贸易业1215.35亿元，增长12.8%，增幅比上年回落0.7个百分点；住宿餐饮业131.67亿元，增长9.9%，增幅比上年回落0.1个百分点。全市城乡市场分别增长12.7%和11.7%。外贸出口增速回升。2014年，全市进出口总额337.34亿美元，增长6.2%，增幅比上年回落4.3个百分点。其中进口额100.83亿美元，下降1.7%，降幅比上年扩大13.8个百分点；出口236.51亿美元，增长10.0%，增幅比上年提升0.2个百分点。

3.运行质量继续改善。政府税收稳步增长。2014年，全市财政总收入中，税收收入556.18亿元，增长10.6%，占比达97.9%，比重比上年提高0.7个百分点。其中公共财政预算收入中，税收收入295.16亿元，增长10.2%，占比达96.1%，比重同比提高1.3个百分点。全市非税收入11.91亿元，同比下降18.2%，增速低于税收28.4个百分点。企业效益继续改善。2014年，全市规模以上工业总资产贡献率10.18%，比前三季度提高1.3个百分点；资产负债率58.1%，比前三季度下降1.3个百分点；成本费用利润率5.61%，比前三季度提高0.8个百分点；企业亏损率7.62%，比前三季度下降3.5个百分点。全市2591家规模以上服务业企业净资产利润率、固定资产产出率、劳动生产率分别为7.8%、32.3%、15.5万元/人，分别比上半年提高1.7个、1.2个百分点和1.2万元/人。民生水平继续提高。2014年，全市城乡居民收入稳步增长，城镇居民人均可支配收入42143元，同比增长9.0%，扣除价格因素实际增长6.9%；农村居民人均可支配收入24676元，增长10.2%，实际增长8.0%。深化统筹城乡就业，新增城镇就业10.7万人，城镇登记失业率2.9%。全市民生支出248.62亿元，增长9.6%，占全市财政支出的74.2%。比上年回落0.5个百分点。教育、卫生、文化体育支出分别增长6.8%、31.1%和22.4%。消费价格温和上涨。嘉兴市区居民消费价格同比上涨2.0%，涨幅比上年扩大0.3个百分点，低于全省涨幅0.1个百分点，列全省第7位。八大类商品和服务呈现六涨两跌态势。其中食品类价格上涨3.1%，涨幅比上年回落1.5个百分点；衣着类价格上涨3.5%，涨幅比上年扩大2个百分点；医疗保健类上涨1.8%，涨幅比上年扩大4个百分点。

【体制改革取得新成效】 2014年，全市全面贯彻落实十八届三中全会精神，紧紧围绕《嘉兴市2014年度重点突破改革项目》明确的工作任务要求，加大改革创新攻坚力度，全面推进各领域的体制改革工作。

1.开展资源要素市场化配置改革。在全省地市级层面率先出台了《关于加快推进要素市场化配置改革实施方案》，明确了工作任务和目标，制定《嘉兴市土地供应差别化管理实施意见》、《嘉兴市深化环境资源要素市场化配置改革的若干意见》等配套政策文件，将海宁可复制、可推广的先进经验在全市面上推广。5月，省政府出台《关于推广海宁经验加快推进资源要素市场化配置改革的指导意见》以后，我市南湖区、秀洲区、平湖市、海盐县、桐乡市均出台方案。9月，省政府正式发文推进资源要素市场化配置扩面改革，我市成为全省首个要素市场化配置改革全覆盖的地市。通过系统梳理和政策集成，在重要改革领域和关键环节中先行先试，及早在面上复制推广，发挥窗口、试验、示范和带动作用。

2.开展行政审批层级一体化改革。在全省率先开展行政审批层级一体化改革，通过梳理放权目录，规范放权事项，加强扁平化运行，加快审批流程再造等方式，全面下放市级审批权，减少审批层级，缩短审批链，建立了市县(市、区)两级扁平化、一体化的新型审批制度。428项省、市行政审批事项下放至县一级。海宁、嘉善在全省率先开展核准目录外企业投资项目不再审批改革试点。实行政府权力清单和责任清单制度，市级部门行政权力从11552项减少到3875项，明确市级部门主要职责492项，大大缩短了审批时间，大幅提高了审批效率。

3.实施企业投资“零审批”试点。制定《嘉兴市政府核准的投资项目目录(2014年本)》，加大简政放权力度。在嘉善县、海宁市开展核准目录外企业投资项目不再审批改革试点，对工业项目开展以负面清单制、企业依法承诺制、备案制和事后监管制为主要内容的改革试点。嘉善县“零审批”比常规审批缩短整整2个月时间，被收录为中宣部《改革热点面对面》典型改革案例。全省首个试点项目在海宁市开工，从项目立项起历时不到2个月完成所有开工前手续，6月起，海宁市进一步扩大改革试点范围：凡投资项目审批全流程权限在海宁市范围内的新建项目，经投资企业同意后，一律纳入不再审批试点范围。

4.加快政府职能转变。正确处理政府与市场的关系,最大限度地减少政府对微观事务的管理,加强政府公共服务、市场监管、社会管理、环境保护等职责,使市场在资源配置中起决定性作用和更好发挥政府作用。在全省率先启动综合行政执法改革试点,组建市、县、镇三级综合行政执法机构。推进市场监管体制改革,组建市场监管局。建立健全政府性债务风险管控机制。成立嘉兴市政府性债务管理委员会,充实政府债务管理力量,统筹推进改革。制定《嘉兴市鼓励和引导民间资本参与公共服务领域的实施意见》,重点鼓励民间资本以BOT、TOT以及委托管理、承包经营、合作经营等合作方式参与经营性及准经营性基础设施的建设运营,鼓励民间资本进入公共服务领域。目前有7个重大项目已列入浙江省民间投资项目推介示范名单,其中,3个项目已列入国家PPP项目库。

·个私经济与商品市场·

【个私规模平稳发展】 截至年底,个体工商户发展到21.37万户,从业人员30.5万人,资金数额158.15亿元,同比分别增长10.7%、18%和19.8%;私营企业8.6万家,投资者20.34万人,雇工86.54万人,注册资金2977.04亿元,同比分别增长10.4%、25.3%、8%、35.1%。注册资金保持增长。全市注册个体户均注册资本(金)已达7.4万元/户,比上年增长8.3%;私营企业户均注册资本(金)已达346.17万元/户,比上年增长17.7%。

【专业市场成交额继续扩大】 截至年底,全市拥有各类商品交易市场327个,比上年增加2个,增长0.6%;全年成交额达1492.74亿元,增长12.6%,增速回落6.2个百分点。从市场分类看,全市拥有各类消费品和生产资料市场个数分别为294个和33个,比上年均增加1个;消费品市场成交额1257.95亿元,增长12.0%,增速同比回落19.2个百分点;生产资料市场成交额234.79亿元,增速由2012年、2013年的下降到目前的增长15.6%。从商品分类看,年成交额排在前五位的分别是工业品类、干鲜果类、蔬菜类、肉食禽蛋类和汽车类,成交额分别为787.27亿元、123.40亿元、108.29亿元、87.28亿元和74.18亿元,占比分别为52.7%、8.3%、7.3%、5.8%和5.0%,除干鲜果类和蔬菜类占比同比分别提高0.4个和0.2个百分点外,工业品类、肉食禽蛋类和汽车类占比分别减少2.5个、0.2个和0.5个百分点。

【重点市场发展平稳】 农产品市场平稳。全市农副产品市场成交额381.14亿元,比上年增长1.7%。全市水产肉食品批发市场成交量和成交额分别为2.34万吨和4.58亿元,分别增长5.9%和4.3%;鲜猪肉成交量和成交额分别增长8.8%和4.4%;家禽成交量和成交额分别增长71%和82%;鲜鸡蛋成交量和成交额分别增长11.9%和27%;海水产类商品成交与上年基本持平。全市粮油副食品市场交易量和交易额为14.49万吨和6.6亿元,分别增长4%和9%。专业市场发展良好。嘉兴水果市场成交额和成交量分别为101.26亿元和158.68万吨,分别增长16.7%和3.6%。全年市场进口水果交易量4.06万吨,增长32.8%。桐乡濮院羊毛衫市场成交额280亿元,比上年增长21.5%。受世界互联网大会在桐乡举办的积极影响,网上销售再创新高,全年网上成交额约40亿元。嘉兴建材陶瓷市场成交额94.5亿元,其中网上交易额37亿元,实体交易额57.5亿元。年内嘉兴建材陶瓷市场举办的21周年庆典活动、“五一”名品橱柜地板节及“百厂联动,中秋盛宴”等系列活动促进了市场交易稳步发展。嘉兴汽车商贸园市场交易额94.37亿元,增长10.5%。其中新车销售4.31万辆,占全市总上牌量的47.1%;二手车销售3.01万辆,占全市总交易量的39%。市场呈现两大特点:一是嘉兴新车市场较平稳增长。全年全市小型汽车上牌量比上年增长6.9%;二是进口车豪华品牌增长较快。全市进口车总上牌量增长20%以上,主要集中在宝马、奔驰、进口大众、奥迪等主流品牌。茧丝绸交易量下滑,中国? 嘉兴指数呈持续下跌。全年市场总成交69.32亿元,其中网上交易额为61.52亿元,现货即期交易额为7.8亿元。

·开放型经济·

2014年,全市进出口总额337.34亿美元,增长6.2%。其中,出口236.51亿美元,增长10%;进口100.83亿美元,下降1.7%。全市新批外商投资项目246个,合同利用外资44.15亿美元,增长30.2%;实际利用外资24.96亿美元,增长13.1%。全市新批境外投资项目41个,境外中方投资额3.12亿美元,增长23.3%;境外承包工程和劳务合作营业额1.23亿美元,增长32.4%。全市服务外包接包合同签约金额13.23亿元,增长25.3%;合同执行金额10.88亿元,增长34.2%。其中,离岸外包合同执行金额7822万美元,增长29.3%。

【新兴市场出口增速加快】2014 年，与我市有贸易往来的国家和地区有 210 个，对新兴市场国家出口增速较快。全市对东盟、拉丁美洲、大洋洲的出口额分别为 15.3 亿美元、14.0 亿美元、5.8 亿美元，同比分别增长 10.6%、14.9%、17.2%，三大市场合计出口占全市出口的比重为 14.8%，比上年提高 0.4 个百分点。对金砖国家的出口规模不断扩大，对俄罗斯、印度、巴西、南非的出口额分别为 8.6 亿美元、5.7 亿美元、5.2 亿美元和 2.2 亿美元，对金砖四国出口占全市出口比重 9.2%，比上年提高 0.4 个百分点。在传统出口市场中，对美国出口 56.3 亿美元，增长 12.4%，比上年提高 3.4 个百分点，占全市出口总量的 23.8%，占比提高 2.4 个百分点；对欧盟出口 56.8 亿美元，增长 18.5%；对日本出口 21.5 亿美元，同比下降 6.3%。

【外贸结构不断优化】 2014 年，全市一般贸易出口额同比增长 12.6%，增速高于出口平均增速 2.1 个百分点。全市机电产品出口 76.6 亿美元，同比增长 14.7%，高出全市出口平均增速 4.7 个百分点，占出口总值的 32.4%，比上年提高 0.3 个百分点。其中，机械设备出口 19.9 亿美元，增长 18.6%；服装及附件产品出口 42.3 亿美元，下降 1.3%。全市纺织品、家具、塑料制品、箱包出口分别增长 12.7%、12.5%、8.5%、18.1%。全市高新技术产品出口 9.3 亿美元，同比增长 4.2%，占出口比重 3.9%。

【进口商品结构调整】 2014 年，全市共有进口实绩的企业 2159 家，比上年增加 158 家。前 20 位企业的进口总额 40.8 亿美元，下降 7.1%，占全市进口的比重 40.7%，较上年下降 1.2 个百分点。内资企业进口下降明显。全市内资企业进口 48.6 亿美元，下降 5.6%。民营企业进口 44.8 亿美元，下降 6.5%。有机化学品进口增速大幅下降。全市进口比重最大的有机化学品进口 22.6 亿美元，下降 19.8%，增速较上年回落 50.6 个百分点，比重由上年的 27.4%下降至 22.4%。其它资源类产品进口增长缓慢，如塑料制品、生皮及皮革、钢铁等进口同比分别增长 5.1%、7.2%、2.3%。机械设备类产品进口占全市进口比重由上年的 15.6%上升至 17.5%。

【外资质量有所提高】 2014 年，全市共引进世界 500 强、国际行业领先企业和超亿美元产业项目 32 个。总投资(净增资)3000 万美元以上外资项目 73 个，总投资 56.47 亿美元，注册资本 30.75 亿美元。高技术行业发展势头良好，合同利用外资 2.92 亿美元，增长 61%，实际利用外资 2.91 亿美元，增长 29.6%。制造业实际利用外资 16.63 亿美元，其中通信设备制造业实际利用外资 2.5 亿美元，增长 33%，交通运输设备制造业 1.7 亿美元，增长 41%。服务业中房地产合同利用外资 2.22 亿美元，下降 29%。全市外商投资企业主营业务收入 2046.3 亿元，增长 7.7%；规上工业外商投资企业利税总额 167.5 亿元，增长 5%。

【服务外包规模继续扩大】 2014 年，全市引进 49 个外商投资服务外包项目落户嘉兴，总投资 7.7 亿美元，涉及采购服务、专业咨询、软件开发等领域。截至年末，全市共有业务实绩企业 148 家，比上年增加 45 家。营业额 100 万美元以上企业 50 家，比上年增加 12 家，有离岸业务企业 66 家，比上年增加 14 家。全市服务外包重点业态、新型业务加速发展，物流管理、人力资源、工业设计等增幅超过 45%，财务管理、数据处理、检验检测增幅超过 100%。新增加了采购服务、工程设计、环境监测、金额外包等新型业务。离岸外包业务不断拓展。全市共承接来自 47 个国家和地区的离岸业务，主要集中在港台地区、日韩、欧洲和北美等国家及地区，离岸业务执行金额分别占 21.6%、16.0%、39.0%和 19.4%。英国、香港、美国、日本、西班牙是前五大业务来源国家和地区，五大来源地离岸业务金额 6777 万美元，占总量的 76.2%。

·农业·

2014 年，全市围绕城乡统筹发展、农业转型升级这条主线，按照“抓改革促统筹、重治水促转型、强服务促增收”的思路，着力深化统筹城乡综合配套改革，加快转变农业发展方式，全力推进农村治水和美丽乡村建设，优化农民收入结构，“三农”工作继续保持稳中向好态势。全年全市农业增加值 150.55 亿元，按可比价格计算，与上年持平。

【农业经济低开回稳】 2014 年，全市全年农作物播种面积 469.21 万亩，下降 0.7%。其中粮食作物种植面积 274.93 万亩，增长 0.7%；蔬菜种植面积 123.48 万亩，增长 0.3%。全市粮食总产量 122.34 万吨，增长 0.8%。初步统计，年末全市生猪存栏 82.19 万头，比年初下降 71.6%，生猪出栏数 374.83 万头，同比下降 10.7%；年末家禽存栏、出栏分别下降 16.0%和 15.2%。全市肉类总产量 31.99 万吨，下降 11.7%。全市渔业生产平稳发展。农业生产结构继续调整，全市种植业总产值比重由上年的 48.6%提高到 51%，牧业比重由上年的 35.5%下降到 33.5%。全年新建成粮食生产功能区 224 个、面积 15.07 万亩，累计建成 1067 个、面积 78.84 万亩，其中省级粮食生产功能区41个、面积6.57万亩；年内有4个综合区、4个示范区和11个精品园通过省级验收。

【扎实推进生猪养殖转型】 2014年，全市着力推进“五水共治”和“三改一拆”专项行动，加快推进生猪养殖减量提质。截至12月底，全市已拆除违建猪舍938.78万平方米（累计1518.4万平方米），生猪存栏量压缩至82.19万头，超额完成年度减量任务；生猪养殖场（户）数从12.75万户减少到3.84万户。市级畜牧业发展专项规划顺利通过专家审定，7个县（市、区）的专项规划正有序推进落实。无害化集中处理中心全面投运。桐乡高温生态循环、海盐高温干化、平湖高温炭化以及南湖、秀洲、嘉善、海宁高温生物降解等四种模式的无害化处理中心全面投运，全市死亡动物年处理能力达到2.5万吨，全市“村收、镇聚、县处理”的收集处理模式基本建成。

【深入推进美丽乡村建设】 实施美丽乡村四级联创机制，全市继平湖、海宁、桐乡之后，其它县（市、区）也都加大投入，积极争创美丽乡村先进县。全市新增市级美丽乡村先进镇15个。继续做精做优精品村，21个行政村已初显成效。61个村启动优美庭院建设，全市有40%以上的农户达到优美庭院示范户标准。全力推进农村生活污水治理。制定《嘉兴市农村生活污水处理技术指南》和《关于深化美丽乡村建设全面开展农村生活污水治理实施方案》，明确通过三年左右时间，全市基本实现农村生活污水规范化治理全覆盖。年内全市109个行政村计划实行纳管处理，其余138个行政村以自建终端处理设施为主。

【农村改革继续深化】 2014年，在统筹城乡综合配套改革五年实践总结及专题调研的基础上，市委、市政府出台了《关于全面深化统筹城乡综合配套改革加快实现更高水平城乡一体化的实施意见》，配套出台了《关于进一步优化完善村庄布点规划的指导意见》、《关于规范农村宅基地管理破解农民建房难的实施意见》、《嘉兴市农村土地整治增减挂钩节余指标交易管理办法（试行）》等政策。加强农村土地承包管理。在稳定和完善农村土地承包关系的基础上，推进农村土地所有权、承包权、经营权的分置。积极推进农村土地流转。开展土地经营权抵押试点，全市5个县（市、区）开展试点工作。推进农村集体资产产权制度改革。全市完成农村集体资产产权制度改革村20个，累计完成852个，占总村数的98.3%。大力培育新型农业经营主体。积极鼓励农民发展粮食生产型、农牧结合型等多种形式的现代家庭农场，年内新增552家，累计1136家，其中，省、市级示范性家庭农场分别达到36家、31家。继续扶持壮大农业龙头企业，已培育市级以上农业龙头企业239家，其中国家级4家、省级21家，浙江虹越花卉股份有限公司成功在新三板上市。

·工业·

2014年，全市各级党委政府积极应对国内外复杂的经济发展环境，深入推进工业强市建设，大力实施“四换三名”工程，全市工业经济保持平稳较快增长，质量效益稳步改善。

【工业生产稳步增长】 全市规模以上工业增加值1328.26亿元，增长7.7%（可比价，下同），领先全省平均水平0.8个百分点，位列全省第四位；增幅较2013年回落3.8个百分点，但较2014年上半年、前三季度分别提升0.2、0.3个百分点。其中，规模以上制造业增加值同比增长9.5%，高出平均增速1.8个百分点。重工业生产快于轻工业。2014年，轻、重工业分别实现增加值593.92亿元、734.34亿元，分别增长6.8%、8.4%，重工业快于轻工业1.6个百分点，领先幅度较上年回落4.5个百分点。大型企业快于中、小微企业。2014年，全市规模以上大型、中型、小微企业工业增加值同比分别增长12.2%、6.8%、5.7%，大型企业分别领先中型、小微企业5.4、6.5个百分点，较上年中型企业领跑变化明显。超八成行业实现增长。全市33个行业大类中，28个行业实现增长，上涨面达84.8%。其中电气机械业实现增加值78.70亿元，增长27.8%，占规上工业比重达5.9%，对全市规上工业增长贡献率近二成，达19.5%，较上年提高15.1个百分点。

【工业效益增长平稳】 2014年，全市规模以上工业企业主营业务收入6862.16亿元，比上年增长6.2%；利润总额366.19亿元，增长6.5%。全市规模以上制造业主营业务收入6443.96亿元，增长7.0%，利润总额299.93亿元，增长9.4%，增速分别高于全部规上工业0.8个和2.9个百分点。大型企业利润增长较快。全市76家规模以上大型工业企业实现利润总额109.69亿元，增长18.1%，拉动全市利润总额增长4.9个百分点。电气机械、化纤、通用设备行业对利润增长贡献突出。全市规模以上工业企业涉及的33个行业大类中，32个行业盈利，1个行业亏损。电气机械、化纤、通用设备行业利润总额比上年分别增长67.5%、123.1%和51.7%，三大行业拉动全市利润增长7.2个百分点。

【转型发展取得新成效】 2014年，全市规模以上装备制造业、高新技术产业、战略性新兴产业(省标准)分别实现增加值322.19亿元、508.03亿元、351.01亿元,分别增长15.7%、11.7%、9.6%,增速均高于全市规上工业平均水平,且位列全省同产业第一、第二、第五位;占规模以上工业比重分别为24.3%、38.2%、26.4%,分别较上年提高1.7、15.7[2014年高新技术产业计算范围较2013年有所扩大]、1.8个百分点。能源利用效率略有回落。2014年,嘉兴规模以上工业企业综合能源消费(等价值)1337.1万吨标准煤,增长3.9%;规模以上企业单位工业增加值能耗下降3.5%。产能扩张推动全市能耗增长。受新增企业(嘉化能源、嘉兴石化、合盛硅业等)产能扩张影响嘉兴港区能耗增长11.6%,是推动全市能耗增长的主要地区。高耗能行业能源利用效率低于全市平均。全市高耗能行业综合能源消费量1042.1万吨标煤,增长3.8%,单耗下降1.3%,低于全市平均2.2个百分点。

【工业开发区(园区)运行平稳】 开发建设速度有所放缓。全市开发区(工业园区)累计开发面积53万亩,其中,省级以上开发区(工业园区)30.3万亩。2014年当年累计新增开发面积8913亩,下降33.2%,其中省级以上4117亩,下降41.7%。集聚环境进一步优化。2014年,全市开发区(工业园区)基础设施投入141.1亿元,增长33.2%,其中省级以上开发区(工业园区)101.3亿元,增长30.6%。开展生态工业园区创建,成立市镇工业园区生态化建设促进中心,制订生态工业园区创建相关标准。王江泾、西塘工业园区实施方案已通过专家评审。推进标准厂房建设。全市30个标准厂房项目累计完成投资26.9亿元,建成面积70.84万平方米。海宁皮革城时尚产业园集聚约30家知名企业入驻。企业经济效益平稳增长。全市开发区(工业园区)工业总产值7749.5亿元,增长7.9%,其中省级以上经济开发区(工业园区)工业总产值3582.2亿元,增长3.6%。新丰、王江泾、魏塘、西塘、袁花13个市镇工业总产值超过100亿元。企业利润总额362.9亿元,增长9.5%,其中省级以上经济开发区(工业园区)188.5亿元,增长0.8%。

·建筑业·

【发展概况】 2014年,全市建筑业企业生产效益稳定增长。全市具有资质等级建筑业企业322家,比上年减少3家,全市施工总承包和专业承包建筑业企业建筑业总产值984.75亿元,增长4.5%;竣工产值693.01亿元,比上年增长3.9%;房屋建筑施工面积8526.77万平方米,增长5.8%;房屋建筑竣工面积3372.44万平方米,增长8.3%。

【经济效益】 2014年,全市建筑业经济效益有所下降,盈利空间缩小。全市施工总承包和专业承包建筑业企业营业收入723.98亿元,比上年增长1.7%;营业成本669.96亿元,增长2.4%;管理费用和财务费用分别为13.16亿元和5.94亿元,比上年分别下降2.3%和4.8%;利润总额10.7亿元,下降11.3%。利润总额的增幅明显低于营业收入,建筑企业的竞争日趋激烈,建筑企业的毛利率(营业利润/营业收入)1.42%。全市建筑业亏损企业37个。

·批发零售贸易、住宿餐饮业·

【商品销售稳步发展】 2014年,全市商贸市场呈现平稳运行态,市场规模再上新台阶,商品销售总额5698.69亿元,增长14.6%,增速比上年回落2.1个百分点。从季度看,商品销售增速逐渐趋缓。各季度销售规模分别为1314.60亿元、1395.39亿元、1392.05亿元和1596.65亿元,分季同比增速分别为16.0%、15.3%、12.2%和15.1%,呈现高开低走又缓慢回升的态势。从行业看,批发业占主导,批零增速均回落。全市批发业销售额3996.53亿元,占全部销售额的比重达70.1%,增长13.9%,增速同比回落2.8个百分点;零售业销售额1702.16亿元,占29.9%,增长16.4%,同比回落0.6个百分点。从地区看,各地商贸市场规模不均衡,增速差距缩小。销售规模分三个层次,第一层次是大于1000亿元,桐乡1533.44亿元和海宁1222.39亿元;第二层次是1000亿元-500亿元,南湖区947.70亿元、秀洲区654.70亿元、嘉善县526.35亿元和平湖市513.09亿元;第三层次是小于500亿元,海盐县301.02亿元。从增速看,桐乡、嘉善和海宁快于全市平均水平,增速分别为18.3%、17.1%和15.7%。平湖、秀洲、南湖和海盐低于全市平均,增速分别为14.3%、11.3%、10.5%和10.1%。

【住宿业餐饮市场平稳】 2014年,全市住宿业营业额28.93亿元,增长6.1%,增速比上年提高4.8个百分点。从季度看,各季同比增速分别为2.0%、7.2%、7.8%和6.9%,呈现平稳回升态势。从规模看,限上企业降幅收窄,限下及个体户经营平稳。全市限上住宿业企业营业额15.62亿元,下降1.5%,增速比上年收窄10.7个百分点。其中四星级以上酒店营业额下降4.5%,降幅较上年收窄8.2个百分点;三星及以下经济型酒店增长

0.7%,而上年同期下降12.2%。限下及个体户营业额增长16.5%,增速比上年回落6.4个百分点。从地区看,按经营规模分两个层次,第一层次是5亿元以上,分别是桐乡7.34亿元、市区6.70亿元和平湖5.27亿元;第二层次是5亿元以下,分别是海宁4.32亿元、嘉善3.61亿元和海盐1.68亿元。按增长率呈“五升一降”态势,依次是市区9.9%、桐乡8.5%、平湖7.6%、嘉善4.8%和海盐2.2%,海宁下降2.2%。

2014年,全市餐饮业营业额再上新台阶,达169.99亿元,增长15.1%;增幅比上年回落1.6个百分点。从规模看,全市限额以上单位(含限上个体户)营业额16.72亿元,增长0.3%。其中大中型企业营业额7.24亿元,增长12.9%,而上年下降4.6%,;小微型企业(含限上个体户)营业额9.48亿元,下降7.5%,而上年增长1.3%。限下及个体户营业额153.27亿元,增长17.0%,增速比上年回落3.2个百分点。

·交通运输业·

【运输概况】 2014年,全年交通运输业投资额87.26亿元,增长39.9%。全市公路通车里程8067公里,增长0.8%,其中四级以上公路7940公里,增长0.9%。各种运输方式(不包括铁路,下同)货物周转量245.32亿吨公里,增长7.5%,其中,公路104.06亿吨公里,增长16.4%;全年旅客周转量(营业性车辆)31.69亿人公里,下降14.3%。全市内河港口吞吐量1.01亿吨,连续第4年破亿吨,集装箱吞吐量15.15万标箱,占全省总量的54%。全年嘉兴港货物吞吐总量6880.35万吨,增长4.2%,其中,外贸货物吞吐量901.06万吨,增长4.8%,集装箱115.60万标箱,增长14.4%。

【交通设施建设扎实推进】 2014年,全市内河水运投资额15.14亿元,增长53%。杭平申线(浙江段)航道海盐段、五长段主线开工建设,平湖段完成投资一半以上,桐乡段和沪昆铁路桥初步设计获省发改委批复。全市首条三级航道——湖嘉申线嘉兴段一期工程建成通航。内河港口转型升级,新建码头泊位26个,海盐、海宁港区规划调整方案通过市政府审查并上报交通运输部。湖嘉申线嘉兴段二期、京杭运河“四改三”、丁诸线等项目前期加快推进。市域路网继续优化。钱江通道及北接线建成通车,“三横三纵”高速路网格局基本形成。国省道、县道项目完成投资24.3亿元,占交通建设总投资额的42.1%。开工建设油车港至黎里公路一期、嘉善县丁栅至新埭公路二期等7个项目,加快建设沪杭高速许村互通、08省道海宁马桥至尖山段等项目,按计划推进海盐至安吉公路、嘉善丁栅至天凝公路等项目前期。全市新建农村联网公路17.2公里,实施等级提升121公里、桥梁改造15座,完成大中修133公里。

【城市治堵工作取得成效】 2014年,市区新增停车位建设8500个,开发利用地下空间200万平方米,新建改造城市道路11.9公里,打通断头路2条,新建公交专用道10.45公里、公交站点21个,新增公交车60辆、公共自行车2200辆,查处违法行为机动车10.8万起、非机动车和行人2.1万起,超额完成省考目标。着力推进中山路、建国路、越秀路等3条重点道路整治,取消了建国路夜市,实施嘉兴学院路段摊点引摊入市,稳步推进中山路公交专用道建设。强化市县联动,海宁交通满意度达到省考要求,为全省通过考核的6个县市之一。

【公共交通服务能力提升】 2014年末,市区公交分担率达到13.7%,公交客运量8464万人次,增长4%,城市交通满意度达86.5%,超过全省平均水平5.7个百分点。市区以公交示范城市创建为抓手,着力完善公交场站建设,建成公交停保场1个、枢纽站3个、首末站9个、港湾式停靠站28个及一批候车亭、站牌等民生设施项目。认真落实公交路权优先,打通了汽车北站、客运中心、高铁南站3个交通枢纽的专用通道,公交运行实现提速。进一步优化公交线网,新增调整线路56条,开通秀洲区王店、油车港等夜班公交,镇夜班公交覆盖率90%,居全省第一。全市公交全部实现公车公营,新建县级客运站1个,农村客运站6个,所有县、市全部建成了一级站。

·金融业·

【省农信联社嘉兴办事处】 2014年,嘉兴农信克难攻坚,经营业务出现了“存贷款余额、市场份额稳中有升,小微、涉农贷款增速实现两个‘高于’,资产质量提高”可喜局面。年末,全市各项存款1180.34亿元,比年初增加153.14亿元,增长14.9%,高于全市银行业平均增幅5.7个百分点,各项存款余额和新增额分别占嘉兴市场份额为20.8和32%,存款市场份额比年初上升1个百分点;全市各项贷款余额759.49亿元,比年初增加76.14亿元,增长11.14%,贷款余额占全市银行业的16.4%。资产质量提高。至年末,全辖五级不良贷款余额比年初减少1.41亿元,不良率比年初下降0.37个百分点,基本持平全市银行业不良率平均水平。涉农贷款和小微企业贷款“双增”。至年末，全市涉农贷款余额652.87亿元，占全部贷款总量的86%，比年初增加72.18亿元,增长12.4%,高于各项贷款增速1.3个百分点，占全部贷款增量的94.8%；小微企业贷款余额645.64亿元,比年初增加80.29亿元,增长14.2%,高于各项贷款增速3.1个百分点。

【普惠金融推进取得实效】 至12月末,全市新增个人贷款5871户、新增小微企业贷款968家;小额信用贷款余额10.72亿元，较年初增加9.16亿元，增幅5.9倍。辖内各行社推出了多款信贷产品,如禾城农商行的“诚信通”、“科贷通”,平湖农合行的“拍易贷”,桐乡农信联社的“金翅膀”、“税融通”、“小微续贷通”受到市领导肯定性批示。在便捷普惠上,桐乡农信联社试点“全民付”项目,为持卡人提供包括水电煤缴费、信用卡还款、手机话费充值、卡卡转账等各类便民支付服务。在阳光普惠上,大力开展“整村走访、批发授信”,截至年末，全市整村批发试点行政村授信金额322.31亿元,贷款户数2.4万户,贷款余额58.68亿元。

【强化信贷风险管控】 一是制定出台《2014年全市农信机构业务管理风险和风险控制指导意见》,进一步增强风险防控的针对性和有效性。二是按照宏观政策导向,对信贷客户开展2014年风险分类排队,差异化制定相应的授信支持、退出计划,动态进优退劣。三是加强重点领域风险管控。对政府融资平台继续坚持“总量控制、分类管理、区别对待、逐步化解”原则,审慎稳妥地释放风险;严控房地产贷款风险,加强区域房地产市场研究和评估,完善风险防控预案。四是开展突发性支付风险应急演练，提升流动性风险防范化解的主动性和处置能力。五是加大不良资产处置进度,全年共清收处置不良贷款13.52亿元。六是加强重点项目检查力度,提升制度执行力。

【中信银行嘉兴分行】 2014年,全行坚持“强化客户经营、细化基础管理、提升风控能力、促进稳健发展”的经营方向,业务经营稳健增长,不良处置成效明显。年末，全行存款总规模259亿元，市场份额优势继续显现。

【业务转型取得新成效】 一是加快资产业务向低风险领域转型。通过“商行+投行”、“表内+表外”、“境内+境外”等方式,加大了优质重点项目、大型城镇化建设等领域的参与度,对公资产结构明显优化。围绕城镇化建设贷款及项目融资,落地22个政府平台类项目,为摆脱瓶颈制约、夯实负债基础,起到了积极的作用。二是加快零售业务向“双网并重”转变。建立了日常维护行为规范,推进KYC;抢抓机遇,以老板通、异度支付和信E通绑卡、薪金煲等为营销抓手,带动了资金归集和客户增长。三是加强金融市场业务突破和运用。通过直接融资、信用证、票据等表外渠道，我行累计融资260亿元以上,有效缓解了信贷资源紧张的局面,支持了业务的发展。

【构建信贷风险管控机制】 2014年,分行坚持审管并重，把授信风险防控和不良贷款清收化解作为各项工作的重中之重。一是严格授信管理。通过实施“双优”战略,积极培育基本客户群,引导信贷投向。重点做好了客户行业结构、评级结构和担保结构三方面的优化调整,加强了存量资产的管控,有效防范化解各类风险;二是加大考核管理。按月从存量、新增以及逾期三方面按比例进行考核，激发了各机构的责任意识和危机意识。三是加快清收化解。截至年末,运用重组、平移、核销等多种手段合计处置问题资产4.56亿元，不良率0.69%(考核口径),较上年下降1.2个百分点,实现了不良余额和不良率的双降。

·房地产业·

2014年,嘉兴市房地产开发投资运行呈现稳中趋缓,住宅投资结构调整加快,商品房销售回落,房地产供应指标缩量等特点。

【房地产开发投资稳中趋缓】 2014年,全市房地产开发投入增速呈现先提升、后趋缓的态势,全市654家房地产开发企业全年完成投资525.72亿元，增长2.9%,增速低于全省平均(16.8%)13.9个百分点,增速比上年回落19.9个百分点。其中,本年完成投资排名前50家企业完成开发投资额248.87亿元,占全市654家投资额的47.3%,比上年提高1.0个百分点,投资额更趋集中化。住宅投资结构调整加快。全市住宅投资341.52亿元,增长2.3%;办公楼25.37亿元,增长14.8%;商业营业用房92.36亿元,增长0.4%。住宅投资中,90-144平方米投资占比由上年的50.2%大幅提升至61.1%,投资额208.74亿元,增长24.6%,而90平方米以下和144平方米以上投资额分别下降4.7%和36.1%。

【土地购置开工面积回落】 2014年,全市房地产开发企业土地购置面积256.17万平方米，低于2010年至2014年平均值 (305.92万平方米)49.74万平方米,下降20.4%,增速比上年回落62.9个百分点。全市房屋施工面积4548.48万平方米,比上年增长5.0%,增速比去年回落13.5个百分点。其中,新开工面积1021.84万平方米,下降12.8%,降幅比去年扩大45.5个百分点。竣工面积631.93万平方米,下降7.1%,降幅比上年扩大51.8个百分点。

【商品房销售回落明显】 2014年,全市商品房销售较为严峻,上半年商品房销售面积下降达30%以上,下半年随着"限购、限贷"等政策的调整,房地产一级市场销售有所回暖,销售降幅收窄,全年商品房销售面积497.34万平方米,下降17.3%。其中,商品住宅销售面积下降18.2%,商业营业用房下降16.0%。全市商品房销售额353.96亿元,下降19.5%。其中,商品住宅销售额下降18.7%,商业营业用房下降26.1%。

·教育事业·

2014年,全市以深化教育领域综合改革为重点,深入实施"十二五"教育规划,教育内涵进一步提升,教育公平进一步凸显,教育活力进一步增强,各级各类教育和谐稳步发展。

【学前教育】 全市拥有幼儿园312所,在园幼儿11.44万人。等级幼儿园280所,占幼儿园总数的89.7%。其中省一级幼儿园47所,占总数的15%;省二级幼儿园99所,占总数的31.7%;省三级幼儿园134所,占总数的42.9%。户籍儿童学前三年幼儿入园率达99.3%,进入等级幼儿园儿童占儿童总数比例达93.7%。67个镇(街道)建中心幼儿园73个,中心幼儿园建成率达100%,公办中心幼儿园比例达100%。全市学前教育园长及专任教师6987人,教师资格持证率达91.2%。

【基础教育】 全市普通中学175所,在校学生17.02万人,专任教师1.44万人。其中高中36所,在校生5.99万;初中139所,在校生11.03万。小学170所,在校生24.54万,专任教师1.37万人。特殊学校6所,在校生0.11万,教职工122人。义务教育入学率、巩固率均达到100%。初升高比例99%。全市新居民子女就读义务教育段人数13.65万人,其中在公办学校就读11.06万人,占比81.1%。全市班均在校生小学40.5人,初中38.6人,高中43.5人。

【中等职业教育】 全市中等专业学校8所,职业中学8所,技工学校3所,成人中专6所,在校生5.27万名,专任教师2964人。全市已建成国家中等职业教育改革发展示范校4所,省级改革发展示范校7所,中央财政支持实训基地11个,省级实训基地20个,省级产学研联合体5个。拥有省级骨干专业9个,省级特色(新兴)专业7个,省级中职教育德育工作实验基地5个,省级中职学生创业教育基地4个,省级校外实习实训示范基地4个。拥有国家级社区教育示范区1个,省级社区教育示范区2个,省级社区教育试验区4个。省级示范社区教育学校2所,省级社区教育示范学校8所。省级新型农民素质培训示范基地8个,省级标准化成人文化技术学校63所。

【高等教育】 全市高等学校10所,在校学生10.27万人,教职工4355人,专任教师3324人。其中,普通高校4所,在校学生5.27万人,教职工3191人,专任教师2424人;高职学院2所,在校学生1.3万人,教职工727人,专任教师565人;成人高校4所,在校学生3.7万人,教职工437人,专任教师335人。

【民办教育】 全市民办高校5所,民办中小学33所(不含民办新居民子女学校),民办幼儿园130所。其中民办高校在校学生2.49万人,占全市高校在校生总数的24.2%。民办普通高中11所,在校学生1.45万人,占全市普通高中在校生总数的24.2%;民办初中12所,在校学生1.34万人,占全市初中在校生总数的12.15%;民办中等职业学校3所,在校生8790人,占全市中等职业学校在校生总数的16.68%;民办小学7所,在校生5889人,占全市小学在校生总数的2.4%;民办幼儿园在园学生数3.93万人,占全市幼儿园在园学生总数的35%。

·卫生事业·

年末,全市共有医疗卫生机构1374个,各类卫生工作人员28036人,其中医生9280人,注册护士11384人,医疗床位21038张。平均每千人(户籍人口)拥有医生2.67名,每千人拥有医院床位6.04张。全年急门诊病人3440万人次,住院63.9万人次。全市已建成81个社区卫生服务中心,其中,省级规范社区服务中心78个,社区卫生服务站780个。切实加强妇幼卫生保健工作,全市孕产妇死亡率3.58/10万;婴儿死亡率2.82‰。全市无偿献血45531人次,献血量1446万毫升;无偿献血占临床用血比例达100%。全市(镇)、村合作医疗覆盖率均达100%,镇初保达标率为100%。全市农村自来水受益率99.97%,农村农户改厕率99.07%。

【强化卫生监督管理】 一是进一步深化行政审批制度改革。按照省、市政府的要求,全面清理卫生行政权力41项,对涉及卫生的行政审批16项、便民服务事项21项进行全面梳理。二是组织开展各类专项整治工作。重点打击非法行医专项行动,并对生活美容、养生保健等机构的非法行医行为进行专项检查;开展公共场所333整治专项行动,组织开展校园卫生安全专项行动。组织开展城市饮用水网络试点监测工作,合格率100%。三是加强医疗机构监督管理,严厉打击无证行医。对1252家有证医疗机构的监督检查,检查履盖率100%。加强对医疗机构的医疗广告监管,对违法行为的医疗广告的以约谈方式予以纠正。四是加强传染病防治的监管和消毒产品监督管理。全市出动监督员951人次,对二级以上医疗机构全面开展执法检查。五是加强放射卫生监管。六是进一步规范卫生行政许可行为,加大行政处罚力度。

【构建疾病预控机制】 一是切实做好H7N9禽流感联防联控工作,协调相关部门对关闭活禽交易、活禽杀白上市制度进行调研、指导与检查。二是以监测为基础,进一步深化疾控管理、医院救治、社区随访的“三位一体”诊治管理模式。三是召开了全市第三十八次血防联防大会,全市有765个行政村开展钉螺普查(轮查),查螺面积973.59万平方米。四是全面开展慢病防控示范创建工作。扎实开展死因、慢性病、伤害监测和推进社区慢病的防治工作,加强网络直报工作,不断提高监测质量。五是加强免疫规划工作。创建规范化预防接种门诊和星级门诊,继续实施扩大国家免疫规划,完善监测系统,加强免疫规划疫苗针对疾病的防控工作。六是加强环境、职业和食品风险监测,对中央空调、医院消毒质量、有毒有害企业等开展环境卫生质量监测,有计划地开展食品安全风险监测。

【提升妇幼保健水平】 全市以“妇幼健康服务年”活动为抓手,提高妇幼健康服务水平;健全妇幼保健网络,加快县级妇幼保健机构建设,推进海宁市妇幼保健院、桐乡市妇保院迁建工程。加强资源整合,市妇保院托管秀洲区妇保院,提高基层妇幼卫生服务能力。落实重大公共卫生服务项目,提升妇幼公共卫生水平。落实婚前医学检查、住院分娩补助、育龄妇女增补叶酸、“两癌”筛查及艾梅乙项目,较好完成各项指标任务。强化产科质量管理。针对“单独两孩”政策实施后,进行摸底调研,预测分娩数,合理设置产科床位,提升县级医院产科能力,加强乡镇卫生院产科的建设与发展,满足区域居民分娩需求。

(嘉兴市统计局综合核算处　蒋明祥)

(责任编辑:王怡然　金瑞锋　黄莹莹　杨丽君)

湖 州 市

·综述·

【行政区划】 湖州市是环太湖地区唯一因湖而得名的城市，是一座具有2300多年历史的江南古城。现辖德清、长兴、安吉三县和吴兴、南浔二区。总户籍人口263.8万，其中市区人口110.6万；总面积5820平方公里，城市化水平达到61.4%，中心城市建成区面积99.2平方公里。湖州山水清远，东部为水乡平原，西部以山地、丘陵为主，概称“五山一水四分田”；地处长三角中心区域，是沪、杭、宁三大城市的共同腹地，是连接长三角南北两翼和东中部地区的节点城市，离杭州75公里，离上海120公里，离南京220公里。104、318国道，宣杭铁路，宁杭高速铁路，以及被誉为“东方小莱茵河”的长湖申航道穿境而过，高速公路形成了“三纵”(杭长扬、杭宁、杭湖苏)“两横”(申苏浙皖、申嘉湖)的网络，拥有全国一流的铁路、公路、内河水运中转港。湖州是国家历史文化名城、生态文明先行示范区、国家卫生城市、全国双拥模范城、国家园林城市、国家环保模范城市、中国优秀旅游城市、全国魅力城市和浙江省文明城市，被誉为“中国毛笔之都”“中国极限运动之都”和“世界丝绸之源”。

【经济发展】 2014年，面对错综复杂的宏观发展环境，湖州市积极应对挑战，奋力攻坚克难，突出聚力发展主题，把握稳中求进基调，激发改革创新动力，统筹稳增长、抓改革、调结构、惠民生,经济社会发展稳中有进。全年实现地区生产总值(GDP)1956亿元，按可比价计算比上年增长8.4%。分产业看，第一产业增加值121亿元，增长0.9%；第二产业增加值1001.6亿元，增长9.1%，其中工业增加值904.3亿元，增长9.2%；第三产业增加值833.4亿元，增长8.6%。三次产业结构比例为6.2:51.2:42.6。按户籍人口计算的人均GDP为74332元，增长7.9%，折合12101美元；按常住人口计算的人均GDP为66916元，增长7.9%，折合10893美元。全年实现财政总收入295.7亿元，其中地方财政收入167.8亿元，分别比上年增长8.9%和8.5%。全年城镇居民人均可支配收入达到38959元，农村居民人均可支配收入达到22404元，分别比上年增长9%和10.6%。

·个私经济·

【规模继续壮大】 2014年，湖州市大力推动民营经济发展，年末全市共有私营企业44881户，注册资本1608.49亿元，同比分别增长19.9%和29.3%；共有个体工商户177064户、资金数额135.59亿元，同比分别增长6.1%和12.2%。新设私营企业9881户，注册资本315.94亿元，同比增长65.8%；新设个体工商户19731户，资金数额23.28亿元，同比增加7.9%。

【实力不断增强】 截至2014年底，全市拥有民营企业自主产品出口品牌国际注册商标3364件，其中2014年新增国际注册商标309件；行政认定驰名商标27件，其中2014年新增行政认定驰名商标2件；省著名商标249件、市著名商标674件，其中2014年新增省著名商标20件、市著名商标70件。全市拥有浙江省名牌202个，湖州市名牌350个，浙江省区域名牌6个，湖州市区域名牌1个。成交额超亿元商品交易市场59个。

·农业·

【概况】 2014年，全市实现农林牧渔业总产值211.4亿元，比上年下降0.7%。其中，农业产值97亿元，增长2.1%；林业产值24.1亿元，增长3.8%；牧业产值37.4亿元，下降18.6%；渔业产值43.7亿元，增长8.2%。全年粮食播种面积159.6万亩；经济作物播种面积121万亩，其中蔬菜面积56.3万亩，花卉苗木面积30.3万亩。全年粮食产量73.7万吨；油菜籽产量2.8万吨；生猪出栏137.6万头，减少15.9%；肉类产量16.7万吨，减少13%；蚕茧产量0.9万吨，减少19.6%；家禽出栏4170万羽，减少9.8%；禽蛋产量4.8万吨，减少8.4%；水产品产量30.5万吨，增加5.9%。年末拥有现代农业示范园306个，其中省级88个；本年新建现代农业示范园51个，其中省级25个。全市年末拥有无公害水产品基地102个；拥有农业龙头企业223家；拥有省级无公害农产品基地111.8万亩，无公害农产品625只，绿色食品184只。

【产业结构不断优化】 紧紧围绕4231产业培育计划，加快推进农业产业结构优化调整，着力促进农业产业转型升级。2014年,全市粮食播种面积159.64万亩,总产量达73.75万吨;蔬菜面积56.3万亩,总产量84.6万吨;茶园面积33.63万亩,茶叶总产量1.03万吨;果园面积15.64万亩,水果总产量13.27万吨;全市水产养殖总面积73.16万亩,总产量30.58万吨;全年饲养生猪198.08万头、家禽5635.44万羽,肉类总产量16.68万吨。特种水产、蔬菜、茶叶、水果、畜牧五大特色优势产业产值达到160.88亿元,占农业总产值的80.1%。现有全国休闲农业与乡村旅游示范县2个,国家级休闲观光农业示范点4个,全市休闲观光旅游人数超过1000万人次,收入达10.9亿元。

【生产条件不断提升】 截至2014年底,全市累计建成粮食生产功能区59.9万亩,现代农业园区产业区块45.2万亩。其中省级粮食生产功能区、现代农业综合区、主导产业示范区和农业特色精品园累计分别达到27个、9个、42个、78个,占全省的比重均在10%以上。加快推进基层农业公共服务中心建设,全市建成省级农业公共服务中心58个,实现了涉农乡镇全覆盖。累计建成设施农业面积38.4万亩,农业物联网试验示范基地15个,农机总动力达到168.5万千瓦,主要农作物耕种收综合机械化水平达到78.3%。

【农业科技不断创新】 加快推进国家级农业科技园区建设,着力提升农业企业科技竞争水平,截至2014年底,全市省级农业科技企业和企业研发中心已经分别达到204家、98家。深化省级农技研发与推广体制机制创新试点,不断完善独具湖州特色的"1+1+N"农推联盟,组建市级产业联盟10个、县区产业分联盟54个,聘请高校科研单位专家105名、本地农技人员228名,服务经营主体1193家。加快筹建浙江湖羊研究所和浙江安吉白茶产业研究院,新增农业科技创新团队3个。积极探索技术入股新模式,产业联盟分别与相关主体签订了技术入股协议10个,形成了风险共担、利益共享的紧密合作关系。大力发展现代种业,确定了十大种业工程,30个种子种苗基地被列为市级创建点,着力提升现代种业水平。加强农产品"三品一标"建设,全市农业标准化率达61.2%,"三品" 生产面积134.71万亩。

【经营主体发展壮大】 加快农业大好高项目建设,2014年全市新引进农业大好高项目31个,开工项目32个,竣工项目23个,完成投资20.27亿元。截至2014年底,全市以农产品加工为主的农业龙头企业达1667家,其中市级农业龙头企业223家、省级31家、国家级5家,湖州老恒和、长兴茶乾坤、安吉永裕竹业成功挂牌上市。农民专业合作社达1617家,其中市级示范性农民专业合作社178家、省级示范性农民专业合作社101家。经工商登记的家庭农场达648家,其中6家被认定为首批省级示范性家庭农场。扎实推进全国新型职业农民培育试点市建设,首创"七位一体"新型职业农民培育湖州模式,被农业部列为全国十大职业农民培育典型模式之一,已培育认定新型职业农民2017名,为现代农业发展注入了新鲜血液。

·工业经济·

【概况】 2014年,全市规模以上工业实现增加值700.6亿元,按可比价计算比上年增长9.2%,其中轻工业增加值320.8亿元、重工业增加值379.8亿元,分别增长9.6%、8.8%。33个大类行业中,有29个行业实现增长,5个行业增加值超过40亿元。其中,纺织业94亿元,增长6.9%;非金属矿物制品业67.8亿元,增长9.7%;电气机械及器材制造业66.8亿元,增长5.6%;通用设备制造业44.1亿元,增长18.9%;电力热力的生产和供应业43.3亿元,增长3.1%

【综合实力不断增强】 2014年,全年规模以上工业实现主营业务收入3915.4亿元,比上年增长3.5%;利税361.1亿元,其中利润231.7亿元,分别增长11.5%、12.2%。10个工业行业达到了"主营业务收入超100亿元、利税超10亿元",共实现主营业务收入2803.6亿元、利税总额258.4亿元,均占全部规模以上工业的71.6%。7个行业利税超过20亿元。其中,纺织业46.8亿元,增长11.4%;非金属矿物制品业35亿元,增长7.6%;电气机械及器材制造业34.6亿元,下降0.3%;通用设备制造业31.2亿元,增长37.2%;黑色金属冶炼及压延加工业22亿元,增长3.6%;化学原料及化学制品制造业21.2亿元,增长6.1%;木材加工及木、竹、藤、棕、草制品业20.1亿元,增长3.6%。全市营业收入"超百亿"企业5家。

【转型升级步伐加快】 加快工业产业结构调整,大力培育新兴产业。2014年,全市战略性新兴产业(省口径)、高新技术产业和装备制造业(省口径)增加值同比分别增长11.4%、12.4%和12.4%,信息经济、新能源等产业加快发展。加快低端落后产能淘汰,盘活存量土地,深入推进四大行业、重污染高耗能行业整治,加快产业结构优化升级。全年淘汰428家企业的落后产能,腾出29.5万吨标准煤,完成243家企业的行业整治。全市四大行业整治、重污染高耗能行业整治工作均居全省第二位。狠抓"金象金牛"大企业和"高技术、高成长"企业培育，实施知名企业、知名品牌、知名企业家"三名"工程，认定12家明星企业暨市级"三名"培育试点企业。狠抓节能技改"双百"工程实施，全年实施完成节能技术改造项目128项，年节能量4.1万吨标准煤。大力推进光伏应用，全年确定的70兆瓦光伏发电建设项目全面开工，已累计并网的发电项目47.3兆瓦。全年单位工业增加值能耗下降5.2%，单位GDP能耗下降5.1%。

【工业投资持续增长】 2014年，全市工业投资逐月回升，投资结构进一步优化。累计完成工业投资569.61亿元，同比增长7.8%，较上年底回升了7.7个百分点；其中技术改造完成投资352.07亿元，占全部工业投资的61.8%，较年初提高了14.6个百分点。制定"百项重点"推进计划，2014年在建91项，新开工56项，竣工69项，累计完成投资52.69亿元。围绕纺织、机械加工、金属管道等重点行业，排摸1000项规模以上企业"机器换人"项目，市级重点实施100项3000万以上技改项目。

·典型企业·

【概况】 2014年，全市共有天能集团、超威电源、升华集团、栋梁新材、永兴特钢和德华集团6家企业入选"2014中国民营企业500强"。

【天能集团】 天能集团成立于1986年，主要以电动车环保动力电池制造为主，集新能源镍氢、锂离子电池，风能、太阳能储能电池以及再生铅资源回收、循环利用等新能源的研发、生产、销售为一体，是目前国内首屈一指的绿色动力能源制造商。目前，集团已发展成为拥有25家国内全资子公司，3家境外公司，销售收入突破500亿元，员工20000余名的大型国际化集团公司。

【超威电源】 公司创立于1998年，经过十多年来的高速发展，超威公司已发展成为一家专业从事动力型、储能型蓄电池研发和制造的全国行业龙头企业、香港上市公司、全国电池行业11家发起清洁生产倡议单位之一。主导产品年产销量位居全国同行业前茅，产品覆盖全国，并出口亚欧及拉美地区。

【升华集团】 公司是一家集传统制造、金融投资、贸易流通及地产开发于一体的国内超大型企业集团。升华集团是浙江省湖州市首家规模超百亿的企业，2014年，整个集团实现营业收入170多亿元，再创历史新高。目前，公司属国家火炬计划重点高新技术企业，拥有国家级企业技术中心1个、国家级博士后科研工作站2个、院士科研工作站2个和国家级重点支持高新技术企业4家。

【栋梁新材】 公司始建于1985年，于2006年在深圳证券交易所上市，股票代码：002082，成为专业生产铝型材行业在国内首家上市的公司。2007年9月，"栋梁牌"建筑铝合金型材被评为"中国名牌"产品。经过不断努力，规模不断壮大，年生产能力铝型材80,000吨、铝板材50000吨、PS版铝基板20000吨。

【永兴特钢】 公司成立于2000年7月，2015年在深圳证券交易所上市，股票代码：002756。公司专业从事不锈钢棒线材研发、生产和销售，是国家高新技术企业、中国特钢企业协会、不锈钢分会常务理事单位、浙江省工业行业龙头骨干企业、浙江省高新技术企业五十强、浙江省制造业百强企业。经过十余年发展，公司已成为国内不锈钢长材行业龙头企业之一，产品在国内长材市场占有率连续多年位居前三，双相不锈钢管坯交货量占据国内市场总额的50%以上。

【德华集团】 德华集团创建于1993年，是一家以木制品装饰材料为主体，涉及经济林营造、钢琴制造、创业投资、房地产、金融等多元化协调发展的跨行业、跨地区的控股型资产经营集团，为国家高新技术企业。现有员工约2700人。公司核心控股子公司德华兔宝宝装饰新材股份有限公司是中国贴面板行业首家上市企业，也是行业内产销规模最大企业。

·开放型经济·

【对外贸易较快增长】 2014年，全市外贸进出口总额99.9亿美元，比上年增长4.8%。其中，出口88.1亿美元，增长8.9%；进口11.8亿美元，下降18.1%。按出口贸易方式分，一般贸易出口80.3亿美元，增长9.6%；加工贸易出口7.7亿美元，增长1.8%。按出口企业性质分，生产企业出口49亿美元，增长11.9%；流通企业出口13亿美元，增长11.0%；外资企业出口26.1亿美元，增长2.8%。按主要出口产品分，纺织原料及纺织制品出口29.3亿美元，增长6.5%；机电产品出口28.4亿美元，增长14.4%。按主要出口市场分，非洲、欧洲和北美洲出口增长较快，分别达到13.5%、12.9%和10.9%；拉丁美洲和亚洲分别增长7.6%和5.4%；大洋洲下降6.6%。

【利用外资不断增加】 2014年，全市新批准及增减资利用外资项目157个。其中,外商投资企业86家,增资项目53个;总投资千万美元以上项目66个。全年合同外资15.7亿美元,比上年下降6.6%。全年实到外资9.8亿美元,比上年下降7.0%,其中第一产业687万美元,下降56%;第二产业5.9亿美元,增长11.6%;第三产业3.9亿美元,下降24.5%。

【外经合作加快推进】 2014年,全市共批境外投资项目30个,完成境外中方投资额3.81亿美元,完成全年目标的508%;完成外经营业额2553万美元,完成全年目标的106%。全年完成服务外包执行额1.82亿美元,同比增长30.7%,其中离岸外包执行额8171.6万美元,同比增长26.6%,完成全年目标任务的103.4%,在岸外包执行额1亿美元,同比增长34.3%,完成全年目标任务的115.8%。

·服务业·

【概况】 2014年,全市服务业保持平稳健康发展,实现增加值833.42亿元,增长8.6%,服务业增加值占生产总值比重为42.6%,比上年提高2.4个百分点,提前1年实现"十二五"末达到42%的规划目标。服务业增加值对GDP的增长贡献率达40.3%,拉动GDP增幅3.4个百分点。

【增长势头良好】 2014年,纳入服务业增加值核算的十大行业全部了实现增长,重点发展的休闲旅游、文化创意、现代商贸和现代物流等4大行业增加值占服务业比重达66.9%,同比提高4.7个百分点。以服务外包、文化创意为代表的新兴服务业迅速崛起。完成服务外包合同执行额1.82亿美元,增长30.1%,并且呈现了外包业态不断丰富,高端化步伐加快,在岸外包与离岸外包齐头并进的良好态势;文化创意产业实现增加值83.25亿元,增长16.8%,成为全市服务业增长最快的行业。以物流、金融为代表的生产性服务业加快发展。物流业实现增加值69.93亿元,同比增长3%,全市货运周转量143.32亿吨公里;金融业实现增加值130.9亿元,同比增长9.2%,占全市GDP的比重达到15%,居全市列入增加值核算的10大服务行业的第二位。以商贸、旅游为代表的生活性服务业充满活力。商贸业实现增加值287.11亿元,同比增长12.5%;网络零售额和居民网络消费额保持快速增长态势,增幅在50%以上;休闲旅游业实现增加值102.72亿元,同比增长10.1%;接待国内外游客5956.68万人,同比增长20.2%;实现旅游总收入503.24亿元,同比增长27.9%。

【税收贡献明显】 2014年,服务业完成国地税117.2亿元,占全部税收的比重达41.7%,其中金融业税收18.4亿元,增长16.1%;市本级服务业完成国地税51.2亿元,占全部税收的比重为46.8%,其中批发零售业税收14.4亿元,增长11.3%。

·固定资产投资和建筑业·

【投资较快增长】 2014年,全市限额以上固定资产投资项目2197个,完成投资1242.9亿元,比上年增长16.2%。其中,基础设施投资260.7亿元,增长18.8%;非国有投资1006.1亿元,增长16.1%。按产业划分,第一产业投资6.8亿元,下降0.3%;第二产业投资569.6亿元,增长7.6%,其中工业投资569.6亿元,增长7.8%;第三产业投资666.5亿元,增长24.8%。全年完成房地产开发投资342.7亿元,比上年增长28.1%。全年房屋施工面积2471.5万平方米,增长17.4%;房屋竣工面积454.0万平方米,增长87%;商品房销售面积304.9万平方米,下降1.1%,其中住宅260.0万平方米,增长3.6%;商品房销售额200.0亿元,下降7.3%,其中住宅164.0亿元,下降6.4%。

【建筑业稳步发展】 全市年末拥有建筑企业230家,其中一级资质企业42家、二级资质企业64家。全年建筑企业完成建筑业总产值590.9亿元,比上年增长12.2%,其中建筑工程产值524.3亿元,安装工程产值46.4亿元,分别增长12%和7.6%;房屋建筑施工面积4187.9万平方米,增长2.2%;竣工面积1806.4万平方米,增长10.5%。

·社会事业·

【教育事业】 全市年末拥有各级各类学校458所,全年招收学生11.66万人,在校学生43.47万人,毕业生11.90万人。高等教育毛入学率55.53%,比上年提高1.87个百分点;初中毕业升高中段比例99.05%,提高0.11个百分点;初中、小学入学率均为100%;十五年教育毛入学率99.13%,提高0.46个百分点。全市各类学校拥有专任教师2.77万人,其中中小学专任教师1.86万人;每百名中小学生拥有专任教师6.7人。(详见下页表格)

【科技事业】 全年专利申请量19886项,比上年增长19.8%;专利授权量12679项,比上年增加2353件,增长22.8%,其中发明专利700项,比上年增加179项,增长34.4%。全年经认定登记的技术成交项目389项，比上年减少19.5%；技术成交金额19804万元，比上年增长18.8%。全市年末拥有省级高新技术研究开发中心188家，比上年增加39家；拥有国家级高新技术企业377家，增加87家。全年获市级以上政府奖的科技成果100项，其中省级18项。全年列入国家级火炬项目38项，比上年减少15项。

2014年学校基本情况

	学校数（所）	招生数（万人）	在校学生数（万人）	毕业生数（万人）	专业教师数（人）
合　计	458	11.66	43.47	11.90	27686
#高等教育	4	1.40	4.54	1.35	2012
中等职业学校	12	1.08	3.23	1.16	2093
普通中学	123	3.89	12.20	4.21	10078
#高中	25	1.33	4.55	1.82	3689
初中	98	2.56	7.65	2.39	6389
小学	128	2.65	15.61	2.64	8556

【卫生事业】 2014年末全市拥有医疗卫生机构1359个，其中医院41家、卫生院73家、妇幼保健院4家、社区卫生服务站750个；等级医院24家，其中三级医院8家；拥有医疗床位12411张，其中医院（卫生院）床位11632张；卫生技术人员19027人，其中执业医师5665人、执业助理医师1154人、注册护士7319人。按户籍人口计算，每万人拥有医院（卫生院）床位数44张，每万人拥有卫生技术人员数为72人，其中医生26人。全年婴儿死亡率、5岁以下儿童死亡率分别为3.26‰、4.50‰，分别比上年上升0.28和0.62个千分点。

【文化、体育事业】 全市年末拥有影剧院5个，全年演出9420场；文化馆、艺术馆6个，全年举办展览144个，组织文艺活动1007次；公共图书馆5个，总藏量217.4万册件；乡镇街道文化站69个；博物馆（纪念馆）12个；文物保护单位360个，其中国家级24个，省级38个。深入打造“文化走亲”、“文化街景”、“博物馆在行动”等特色文化品牌，建成农村文化礼堂114个，顺利举办湖笔文化系列活动。大运河湖州段列入世界文化遗产名录，桑基鱼塘系统入选中国重要农业文化遗产，“钱山漾文化”获得考古学文化命名。全年共引进高雅艺术演出136场，举办大型广场文化活动598场，组织基层文化活动4711场，开展电影下乡放映1.4万场次。全年出版各类报纸4065万份，其中湖州日报1614万份，湖州晚报2201万份，湖州广播电视报250万份。全年共承办了2014第五届环太湖国际公路自行车赛（湖州赛区）、2014中国乒超联赛、“相约苏州世乒赛-李宁红双喜杯”2014年中国乒乓球协会会员联赛(湖州站)、中外男子篮球对抗赛、第五届二界岭国际山地自行车越野挑战赛、浙江省“大港.莹河”杯桥牌邀请赛等多项省级以上体育品牌赛事。全年我市运动健儿在省以上运动会上获得奖牌180枚，其中金牌94枚、银牌38枚、铜牌48枚。全年体育彩票销售额6.2亿元，比上年增长23.7%。

·各项改革·

【重大改革创新试点加快探索】 湖州生态文明先行示范区建设全面推进，启动实施先行示范区十大示范工程，全国水生态文明城市建设试点全面铺开，环境功能区划编制工作基本完成，自然资源资产负债表编制工作扎实开展。德清县城乡体制改革试点全面铺开，出台相关改革细则、改革办法等文件128件，被中国经济体制改革杂志社评为中国改革年度十大改革案例单位。明确农村土地股份合作社、农村集体经济股份合作社法人地位,发放土地流转经营权证,实现土地所有权、承包权、经营权三权分离;在农村宅基地跨村置换、农村综合产权流转交易平台建设、金融后台产业发展等方面取得了突破。核准目录外企业投资项目不再审批改革在吴兴区进行试点,对核准目录外符合准入标准的项目实行"立项备案全面承诺、技术审查全面代理、项目开工全面报备、建设过程全面监管、竣工投产全面验收",探索以第三方技术审查来替代政府行政审批,再造流程,宽进严管,真正让企业依法依规自主决策投资项目。杭州都市经济圈转型升级综合改革试点扎实启动,规划编制、机构建设等基础性工作稳步开展,并委托研究机构开展了课题研究,组织编制了三年实施计划和年度重点改革任务。

【政府自身改革深入推进】 实施"四张清单一张网"改革,政府权力清单、责任清单、专项资金管理清单和企业投资项目核准目录清单公布实施,政务服务网开通运行,市级部门行政权力由9377项精减到3800项。实施审批服务"三联动、全流程"改革,提速普遍达到50%以上。在湖州开发区实行"一站式"集中审批服务,基本实现"审批办事不出区"。推行工商登记制度改革,新注册市场主体30402户。实行四类社会组织直接登记制度,新登记各类社会组织190家。实施以转变政府职能为重点的新一轮机构改革,调整完善了市场监管和市区环境保护管理、农村公路管养以及中心城区城管执法体制。

【城乡体制和要素机制改革明显加快】 推进农村"三权"确权工作,村级集体资产股份合作制改革全面完成,流转土地经营权登记发证试点稳步实施,宅基地确权登记发证率达到69.9%。德清县城乡体制改革试点取得重大突破,织里镇、新市镇小城市培育试点深入推进,练市镇列入全省第二批小城市培育试点。八里店南片新农村综合改革、南浔城南城乡一体化发展两个试验区建设进一步加快。出台土地要素市场化配置十条以及城镇低效用地再开发、土地使用税调整等政策措施,消化批而未供土地14130亩,盘活存量建设用地10370亩,新增工业用地亩均投资强度提高到269万元,我市被列为全国工矿废弃地复垦利用试点。实施重点用能企业能源消费总量核定管理,对9个行业淘汰类、限制类产能执行用电加价措施。

【社会事业改革不断深化】 全面推进"幸福湖州 道德高地"建设,进一步规范简化文化行政审批事项,建立健全互联网管理领导体制和工作联动机制,大力推动传统媒体和新兴媒体融合发展,不断完善文化产业发展机制。实施单独二孩政策,公立医院综合改革稳步推进,基层医疗卫生机构服务能力不断增强,"医联惠民"工程覆盖面进一步扩大,一批社会办医项目有序实施,市和县区卫生创强工作联动推进。加快推进教育领域综合改革,推进义务教育集团化办学,普通高中课程改革、中等职业教育教学改革不断深化,高等教育办学水平持续提升。贯彻落实司法体制机制改革各项任务,稳妥推进涉法涉诉信访改革,着力创新社会治理体制。

(湖州市政府办公室综合处 杨雪伟)

(责任编辑:王怡然 金瑞锋 黄莹莹 杨丽君)

衢 州 市

·综述·

【区位与行政区划】 衢州，浙江省辖地级市；已有1800多年的建城史，历史上一直是闽浙赣皖四省边际交通枢纽和物资集散地，素有“四省通衢、五路总头”之称。衢州位于浙江省西部，地理坐标东经118°01′~119°20′，北纬28°14′~29°30′，境域东西宽127.5公里，南北长140.25公里，总面积8844.55平方公里，境辖柯城区、衢江区、江山市、龙游县、常山县和开化县。2014年末全市户籍人口255.67万人，常住人口212.4万人。衢州旅游资源丰富，有“神奇山水，名城衢州”之称。境内有江郎山、根宫佛国、烂柯山、龙游石窟等150多处景点，1994年被国务院命名为国家级历史文化名城，2012年、2013年连续两年入选中国十大宜居城市，2013年获首批国家循环经济示范城市，2014年入选中国十大特色休闲城市。衢州市地处四省交界，区位优势十分明显，交通便利，陆、水、空交通网四通八达，民航已开通北京、深圳、广州等多条航线。2014年底杭长高铁正式通车，衢州至杭州、长沙的时间大幅缩短，至此衢州迈入了高铁时代。320、205两条国道从境内穿越，杭金衢高速公路、杭千高速公路、黄衢南高速公路是连接沿海和上海经济圈以及周边地区的快速通道，衢州到四省边际各中心城市之间已形成两小时交通圈。衢州属亚热带季风气候，光热充足，温暖湿润，雨水充沛，气候宜人，农业生产历史悠久，物产丰富，是浙江农业综合基地之一。衢州市自然资源丰富，矿产赋存种类多，全境探明矿产约50余种，可供开发利用的矿产有30多种。衢州市已经建立起以化工、建材、钢材、造纸、纺织、食品、机械为主体的门类比较齐全的工业体系，是浙江省重要的化学工业基地和建材基地。

【经济概况】 2014年，面对复杂的国内外经济运行环境，衢州市委市政府坚持以科学发展观为指导，紧紧围绕“打造生态屏障、建设幸福衢州”，在“稳增长、保生态、惠民生、促改革”上下功夫，经过全市上下的共同努力，全市年内经济总体呈现“低开稳走回升”态势，但与往年相比，经济运行呈现增速趋缓、增长平台下移的新常态，经济增速从高于全国、全省平均水平转向了基本同步。根据省统计局统一核算，2014年，全市实现生产总值1115.1亿元，按可比价计算比上年增长7.2%，人均地区生产总值(户籍)43740元，增长6.6%，人均地区生产总值(常住)52500元，增长7.1%。实现规模以上工业总产值1541.4亿元，增长6.4%；完成固定资产投资782.1亿元，增长16.6%；实现社会消费品零售总额503.79亿元，增长13.6%；财政总收入126.82亿元，增长7.3%，其中公共财政预算收入80.32亿元，增长10.4%；城镇居民人均可支配收入30583元，增长9.3%，农村居民人均可支配收入15354元，增长11.2%。

【非国有经济概况】 经测算，2014年全市非国有经济增加值905.55亿元，按可比价格计算比上年增长6.6%，增幅低于全市地区生产总值0.6个百分点，占全市地区生产总值的比重为81.2%。在非国有经济增加值中，第一产业实现增加值82.64亿元，增长1.4%；第二产业实现增加值514.08亿元，增长6.1%，其中工业增加值438.43亿元，增长5.8%；第三产业实现增加值308.83亿元，增长9.0%。产业结构依然呈现二、三、一的格局，三产比为9.1:56.8:34.1，其中第一产业占比较上年下降0.4个百分点，第二产业由于工业增速的放缓占比回落较大，比上年回落0.8个百分点，第三产业占比较上年提高1.2个百分点。

·个私经济·

【概况】 2014年，全市实有个体工商户9.32万户，比上年增长6.5%，从业人员21.21万人，增长8.4%，拥有注册资金96.23亿元，增长26.2%；私营企业2.26万家，投资者4.16万人，雇工人数26.32万人，注册资金852.52亿元，分别增长16.7%、14.3%、17.1%和33.3%。2014年全市新发展个体工商户12727户，全年有5790户个体户吊销，分别下降11.4%和32%；新创办私营企业4609家，相当于平均每天有13家私营企业诞生，投资人数7450人，雇工人数达4.42万人。

【个私企业实力逐步增强】 2014年，全市个、私企业注册资金累计已达948.75亿元，增长32.6%，个体工商户户均拥有注册资金10.32万元，增长18.5%；私营企业户均拥有注册资金376.77万元，增长14.3%。全市新开业个体工商户户均投入20.68万元，比上年增长8.0%，新开业私营企业户均投入356.96万元，增长

141.4%。期末实有注册资本100-500万元私营企业4957户，比上年增长16.3%；500-1000万元私营企业2094户，增长43.4%；1000万元-1亿元2063户，增长38.0%；亿元以上企业98户，增长71.9%；期末实有私营企业集团55家，下降3.5%。一大批私营企业经受住了市场竞争的大浪淘沙，由小变大、由弱变强，成为引领一方经济发展的中坚力量。

【个私企业知名度不断提升】 近年来，农工商各类企业随着经济的发展而迅猛增长，品牌意识也逐年增强。国家工商总局公布了2014年驰名商标认定名单，全市共有2件商标名列其中，至此全市累计有15件商标被认定为“中国驰名商标”，分别是：“海力”、“好梦来”、“王字”、“百能”、常山胡柚、浙江开关厂有限公司的第1157305号图形、不老神、巨化JH、001、开山、开化龙顶及图形、红五环、恒亮、欧派门业、三菱塑料。其中除巨化JH外，其余均为非国有企业商标。至2014年末，全市共有浙江省著名商标131件，比上年增加4件，拥有江山市酿造厂、邵永丰食品厂2家“中华老字号”企业，衢州源庄食品有限公司、衢江区同字七号刀具厂等14家浙江老字号企业。衢州一粒志食品有限公司等多家企业获评2014年度浙江省知名商号，至此，全市已有55家企业获评省知名商号。2014年全市共有96个产品被认定为衢州名牌产品，其中工业产品68个，农业产品25个，服务业产品3个。这些经过长期积累快速成长起来的品牌产品的生产企业已成为各地区域经济的核心，有力带动当地的产业集群发展，推动了全社会质量意识的增强和产品总体质量水平的提升。

【个私企业创新能力增强】 衢州市坚持“环境、人才、平台、项目”四位一体，推进科技与金融、研发与市场、科技与经济紧密结合，加快公共创新平台建设，大力培育科技型企业，让企业真正成为技术创新的主体。一是科技与金融结合显成效。2014年，衢州市出台了《衢州市本级科技金融合作贷款试点工作方案》，开展科技金融合作贷款试点，首期设立2000万元风险池资金，科技型中小企业可以获得2亿元的贷款，截至2014年末，已向13家企业发放贷款4500万元。二是浙江中关村科技产业园建设进一步推进。中关村与中国技术交易所、北京嘉博文生物科技有限公司、北京昊业怡生科技有限公司已深入对接，并邀请中国技术交易所为150余家企业作“军转民”项目推介。三是省氟硅新材料产业技术创新综合试点有序推进。2014年衢州市召开了氟硅新材料产业技术创新综合试点工作推进会，并组织省重点企业研究院和企业负责人与中科院广州化学所、华南理工大学进行技术对接，截止2014年底，23名青年科学家已全部到位开展科研工作。四是一批科技型企业和科技研发中心迅速成长起来。全市新增国家高新技术企业27家、省科技型中小企业110家、省创新型试点企业2家、省专利示范企业4家、省农业科技企业16家，新增省级企业研究院3家、省级高新技术企业研发中心11家、省农业企业科技研发中心3家，新增市级工程技术研发中心14家、市级创新载体17家。五是一批个私企业科技计划项目获国家、省级立项。全市获得国家级立项的项目23项，省级项目143项，省级新产品240项，全年到位项目补助经费7500余万元。2014年，商用车EBS关键部件研究及产业化等40个项目获市科技进步奖，全年专利申请量和授权量分别为3957件和2891件，其中发明专利申请量和授权量分别为755件和176件。

·农业·

【概况】 2014年，全市按照“改革赋权、转型强农、治水美村、惠民增收”的总要求，全面实施农业农村十大专项工作，全市农业农村工作继续保持了良好的发展态势。2014年，全市实现农林牧渔业总产值138.67亿元，比上年下降1.1%；实现农林牧渔业增加值83.73亿元，按可比价格计算比上年增长1.5%；农村居民人均纯收入达15354元，增长11.2%。

【种植业结构进一步优化】 2014年全市种植业现价产值67.69亿元，比上年增长5.3%。全年农作物播种面积20.71万公顷，下降10.3%，其中：粮食播种面积11.05万公顷，下降17.6%；油料播种面积3.84万公顷，下降2.2%；蔬菜种植面积3.68万公顷，增长0.5%；果用瓜种植面积0.52万公顷，增长0.8%；花卉苗木种植面积0.51万公顷，增长16.6%；茶园总面积1.17万公顷，增长15.9%；果园种植面积3.44万公顷，下降5.8%。主要农作物产量两降四升。全年粮食总产量70.68万吨，比上年下降11.6%；油料产量6.5万吨，下降0.2%；蔬菜产量96.29万吨，增长5.1%；果用瓜产量14.64万吨，增长2.5%；水果总产量87.97万吨，增长6.7%，其中柑桔总产量67.55万吨，增长5.4%；茶叶总产量0.69万吨，增长10.8%。受农产品产量和价格的共同影响，全年各项农作物产值有增有减。2014年实现粮食产值17.04亿元，下降4%；实现油料产值2.56亿元，下降1.1%；实现蔬菜产值15.7亿元，增长7%；实现食用菌产值9.82亿元，下降3.2%；实现水果产值

11.21 亿元，增长 19.8%；实现茶叶产值 3.3 亿元，增长 9.5%。

【畜牧业主动调减】 2014 年，随着“五水共治”和“三改一拆”工作的继续推进，全省各地均面临着畜牧业调减的局面，但衢州这个传统的生猪养殖大市面临的阵痛更大。2014 年全市实现畜牧业产值 52.14 亿元，比上年下降 9.9%。全市年末生猪存栏 161.58 万头，下降 31.9%，其中能繁殖母猪存栏 17.23 万头，下降 39.7%；年内生猪出栏 400.45 万头，下降 10.7%。全年家禽存栏 1143.06 万只，下降 10%，年内家禽出栏 2750.29 万只，下降 7.4%。牛存栏 1.93 万头，下降 9%，出栏 1.36 万头，下降 8.1%；羊存栏 4.53 万只，增长 3%；出栏 4.8 万只，下降 7%。全年肉类总产量达到 27.08 万吨，下降 11.5%，其中猪肉 23.49 万吨，下降 12.4%；禽肉产量 3.3 万吨，下降 4.8%；牛、羊肉产量 2774 吨，下降 7.4%；兔肉产量 165 吨，下降 1.8%。全年禽蛋产量 2.23 万吨，下降 3.1%。水产品总产量为 5.71 万吨，增长 0.4%，蜂蜜产量 2.8 万吨，增长 23.2%，蜂皇浆产量 82.05 万公斤，增长 48.2%。

【林业较快发展】 2014 年，全市林业扎实开展了“生态林业、民生林业、品位林业”建设，生态建设和保护进一步加强，林业产业稳健发展。2014 年，全市种植花卉苗木面积 5106 公顷，比上年增长 16.6%，其中盆栽植物产量 351 万盆，比上年增长 21.5%。全市共有花卉市场 3 个，花卉企业 492 个，花卉从业人员 2.2 万人。2014 年，全市林业现价产值 11.23 亿元，比上年增长 1.4%。市民生态意识得到加强，各级林业部门对林木采伐管理加强，林农对树木生态功能开始重视。2014 年，全市木材采运 22.4 万立方米，与上年相比略有下降，竹材采运 2023.9 万株，比上年减少 21.7%。

【农业品牌建设取得新突破】 2014 年，全市“一村一品”建设继续推进，农村产业转型提升逐步铺开，农村产业规模化、标准化、品牌化水平不断提高。全市已形成粮油、柑桔、生猪、家禽、蔬菜、食用菌、茶叶、竹木、蜂产品、水产十大主导产业，享有 19 个中国特产之乡的美誉，是全国的柑桔大市、养蜂大市、生猪调出大市，是浙江省重要的食用菌、蔬菜、茶叶、家禽生产基地。已形成了一批区域特色品牌，有较高知名度，如开化龙顶、江山蜂产品、常山胡柚、衢州椪柑、龙游富硒产品等农业名牌。全市现有省级以上农业龙头企业 32 家，其中省级 28 家、国家级 4 家。

【促进农民增收增效】 近年来，衢州市以“五水共治”倒逼农村经济转型升级，农村产业结构不断优化，农村经济效益稳中有增。一是促进农民创业创收。到 2014 年底，全市共培训农村实用人才 17525 人，新增 1129 人，重点打造的衢州“金牌月嫂”就业率达 100%，月薪均在 6000 元以上。二是加快新兴产业扩面提升。加快农家乐休闲旅游转型提升，积极发展民宿、农事采摘等配套项目，目前已经建成 10 个“上海村”。全市农家乐游客接待数达到 1677.73 万人，直接营业收入 8.1 亿元，同比分别增长 31.5%和 39.3%。加快来料加工扩面提升。全市已培育各具特色、渐成规模的来料加工示范基地 295 个、专业村 70 个、从业人员达 25.3 万人，全年发放加工费达 25 亿元左右。三是实施低收入农户扶贫开发计划。以全国首个“扶贫日”为契机，深入推进精准扶贫、产业扶贫、金融扶贫、结对帮扶、特别扶持等举措，全年低收入农户人均收入增幅达 17.8%。四是实现农民异地搬迁。以偏远山区、重点水库库区、地质灾害隐患点农户为对象，以集镇为主要搬迁地，加快异地搬迁工作。全市投入资金 6 亿元，新建、续建异地搬迁安置小区 37 个、安置点 77 个，完成农民异地搬迁 4657 户 15433 人。

·工业·

【概况】 2014 年，衢州工业面临了前所未有的困难，全年工业经济发展总体处于低速增长区间，工业增加值增速为 2000 年以来最低。全市实现工业增加值 481.57 亿元，比上年增长 6.0%。规模以上工业实现产值 1541.4 亿元，增长 6.4%；实现主营业务收入 1603.4 亿元，增长 3.9%；实现利税 145.9 亿元，下降 4.0%，其中利润 90.9 亿元，下降 6.0%。非国有工业增速稍低于工业增幅平均水平。2014 年，全市非国有工业企业实现增加值 438.43 亿元，增长 5.8%，低于全部工业增加值增速 0.2 个百分点，占全部工业增加值的比重达 91%。规模以上非国有工业企业 997 家，比上年增加 19 家，实现产值 1344.22 亿元，增长 6.0%；主营业务收入 1281.18 亿元，增长 2.1%；实现利税 126.73 亿元，下降 3.8%；利润 80.6 亿元，下降 5.6%。

【非国有工业企业龙头作用明显】 2014 年全市年销售收入亿元以上非国有企业 271 家，比上年增加 21 家，实现工业总产值 995.84 亿元，增长 6.8%，占规模以上非国有工业企业比重分别达到 27.2%、74.1%。规上非国有工业企业中主营业务收入达到 1 亿-5 亿之间的企业有 235 家，比上年增加 18 家；5 亿-10 亿之间的有 21 家，增加 3 家；10 亿-50 亿之间的有 14 家，与上年持平;100 亿及以上的有 1 家,与上年持平。一批企业快速成长,浙江新禾管业有限公司、浙江仙鹤特种纸有限公司、浙江红五环机械股份有限公司等非国有企业成长为大型企业,龙头作用明显。

【个体私营工业快速增长】 2014 年,全市共有私营工业企业 5734 家,比上年增加 231 家,其中规模以上的私营工业企业有 816 家,增加 19 家,实现工业产值 827.97 亿元,增长 7.8%,实现主营业务收入 784.4 亿元,增长 4.9%,实现利税 82.83 亿元,下降 4.7%,实现利润 54.31 亿元,下降 5.7%。2014 年末全市城乡个体工业为 4801 户,比上年减少 50 户。

【外商及港澳台投资工业快速增长】 2014 年全市有规模以上外商及港澳台投资工业企业 55 家,比上年增加 2 家,实现产值 120.66 亿元,比上年增长 6.7%;实现主营业务收入 111.96 亿元,增长 6.4%;实现利税总额 15.95 亿元,下降 14.7%;利润 11.48 亿元,下降 11.3%。

·建筑业·

【概况】 2014 年,全市建筑业低速发展。全年建筑业总产值 405.98 亿元,比上年增长 9.2%,增速是 2005 年以来最低。其中建筑工程实现产值 365.9 亿元,增长 8.4%;安装工程实现产值 24.12 亿元,增长 9.0%。全年实现工程结算收入 359.38 亿元,增长 9.6%;利润总额 9.85 亿元,增长 18.3%;上交税金 15.31 亿,增长 9.9%。受工业、房地产市场不景气的影响,衢州建筑业面临了严峻挑战,但建筑业的发展大量转移了农村剩余劳动力,仍是衢州富民强市的重要支柱产业。

【规模企业实力提升】 建筑业企业升级步伐继续加快,“走出去”战略实施成效显著。全市建筑业产值超亿元的企业有 90 家,超 3 亿的企业有 46 家,比上年增加 2 家,超 5 亿的企业有 21 家,比上年增加 2 家,有 7 家建筑业企业产值超过 10 亿元。凌云环境建设集团有限公司、贝林集团有限公司、马金建设集团有限公司、卓越市政园林建设集团有限公司、浙江省衢州市交通建设集团有限公司被评定为 2014 年度衢州市建筑业集团化龙头企业。另有浙江万厦建设有限公司等 18 家企业被评定为 2014 年度衢州市建筑业骨干企业,其中房建工程施工企业 10 家、市政公用工程施工企业 4 家、园林绿化工程施工企业 2 家、电力工程施工企业 1 家、建筑装修装饰工程施工企业 1 家。随着衢州建筑业企业的不断发展壮大,全市外出的施工企业明显增多,全年共完成省外建筑业产值 136.12 亿元,同比增长 28.4%,占总产值的 33.5%。

【优质工程不断涌现】 2014 年,由建筑业企业承建的衢州市民防应急指挥中心和衢州市审计信息中心工程、衢州元立金属制品有限公司行政大楼、江山市畅达交通投资有限公司业务用房、江山凝秀南路保障性用房工程荣获“2014 年度浙江省建设工程钱江杯”奖。另外,衢州市社会养老服务特护中心项目等 31 个工程荣获“2014 年度衢州市建设工程衢江杯(优质工程)奖”,其中:房建工程 21 个、市政工程 4 个,市园林工程 1 个,水利工程 2 个,电力工程 3 个。衢州市工程技术学校二期工程(实训楼)等 45 个房屋建筑项目被评为衢州市房屋建筑“优质结构”工程。浙江怡园环境建设有限公司等 69 家企业被评为 2014 年度衢州市建筑业先进企业(含外地进衢先进施工企业)。浙江博园环境工程有限公司等 34 家企业被评为 2014 年度衢州市市政公用行业先进企业。随着全市大力推进建筑施工安全标准化工作,各地安全文明施工水平、管理能力明显提高,2014 年衢州颐高科技创业园项目等 56 个工程被评为 2014 年度衢州市建筑安全文明标准化工地。

【建筑业人才素质提升】 2014 年,全市建筑业从业人数达 17.11 万人,比上年增长 4.1%,其中工程技术人员 3.37 万人,增长 12.7%,占建筑业从业人员比重为 19.7%,工程技术人员中一级建造师 973 人,比上年增加 38 人,人员结构更加优化。同时,为了进一步提高农民工的综合素质,保证工程质量和安全生产,在市本级和各县市区均举办了多个农民工免费培训班,还深入到村里举办免费的返乡农民工建筑电工班、砌筑工班等建筑专业类培训。

·房地产业·

【概况】 2014 年,衢州市房地产业受阶段性过剩和房价下行预期等因素影响,房地产投资意愿不高,市场销售受阻。全年房地产开发完成投资 95.17 亿元,比上年增长 7.1%,投资规模比上年扩大 6.3 亿元,其中住宅投资 71.13 亿元,增长 0.9%。全年房屋施工面积达 776.17 万平方米,增长 7.3%,其中住宅施工面积 565.94 万平方米,增长 1.9%。全年商品房竣工面积 143.01 万平方米,增长 3.2%,其中住宅竣工面积 115.79 万平方米,增长 12.9%。商品房销售面积为 166.81 万平方米,下降 2.0%。2014 年,新建住房价格较上年略有下降,全年市本级商品住宅成交备案均价为 6993 元/平方米,同比下降 0.4%。市本级商品房销售备案 7881 件,同比下降

16.6%;备案面积89.36万平方米,同比下降13.2%。其中,住宅销售备案6647套,面积78.93万平方米;商业用房销售备案1234间,面积10.43万平方米。

·交通运输业·

【概况】 2014年,全年各种运输方式完成货物运输量9201.19万吨,比上年增长7.2%,其中:公路8877万吨,增长8.1%;水运3.66万吨,下降0.5%。全年各种运输方式完成旅客运输量5397.3万人,比上年下降2.5%,其中:公路5112万人,下降2.9%;水运4.34万人,下降28%。年末民用汽车拥有量24.48万辆,比上年增长15.2%,其中:载客汽车20.16万辆,增长31.4%;载货汽车3.59万辆,下降20.2%。私人汽车21.45万辆,增长21.6%。全市摩托车拥有量24.85万辆,增长0.3%。

·批零贸易、住宿餐饮业·

【概况】 2014年,全市消费品市场运行稳中向好,社会消费品零售总额规模稳步扩大,商品销售保持较好态势,热点消费有升有降。从限上批发和零售业商品销售分类情况来看:汽车类、石油及制品类消费较快增长,基本生活类商品消费平稳增长,文化、电器类商品销售冷热不均,奢侈品消费持续低迷。2014年全市实现社会消费品零售总额503.79亿元,比上年增长13.6%。其中限额以上批发企业零售额23.25亿元,增长13.9%;限额以上零售企业零售额126.82亿元,增长14.8%;限额以上住宿业零售额1.75亿元,下降2.9%;限额以上餐饮业零售额4.02亿元,增长2.1%。

【批发零售业集约发展】 2014年末,全市有个体批发零售6.41万户,从业人员10.73万人,注册资金46.34亿元,分别比上年增长5.5%、7.1%和22.6%;私营批发零售企业7869家,从业人员7.14万人,注册资金138.65亿元,分别增长15.7%、21%、32.8%。2014年,全市201个商品交易市场实现成交额436.77亿元,比上年增长11.5%,其中消费品市场287.06亿元,同比增长10.4%;生产资料市场149.71亿元,同比增长13.8%。全年亿元以上市场29家,超十亿元以上市场9家。亿元以上市场总成交额达301.97亿元,同比增长2.6%,占全市各类商品交易总额的69.1%。今年新增3家网上交易市场,至此全市共有7家网上交易市场,全年成交额75.25亿元,增长117.2%。

【电子商务蓬勃发展】 2014年,全市电子商务产业进一步推进,全年实现电子商务交易总额300亿元,同比增长100%,其中网络零售额39.08亿元,增长78%,居民网络购买额56.2亿元,增长43.2%,在国内第三方交易平台上开设各类网店达14000多家,其中淘宝天猫店222家。园区集聚发挥优势,衢州颐高电子商务产业园、常山佳熙电子商务孵化园相继开园,全市电子商务创业园增至9家,集聚电商企业近200家。平台作用日益显现,江山市列入第二批省级电子商务示范县,中国粮网列入“浙江省电子商务百强”企业,全市共有5个电子商务公共服务中心建成运营,入驻电子商务服务企业20多家。淘宝特色衢州馆、龙游馆相继开馆,集聚网店300多家、地方特色产品800多种。2014年中国网上粮食市场、搜搜茶网上商城、送花人网等8家第三方网上交易平台共实现网络交易额80.16亿元。电子商务与传统产业的融合发挥出巨大的经济效益,江山猕猴桃和蜂产品、龙游莲子、开化山珍、常山菌菇等农产品借助电子商务拓展网络市场,其中江山市390家淘宝网店全年销售本地及外地调拨猕猴桃2.5万吨,销售排名全国第一。2014年12月30日阿里巴巴江山产业带成功上线运行,130多家企业触网交易。电商人才培训强力推进,全市目前共有8家市级电子商务培训基,全年共培训初级学员4500多人,淘宝大学衢州精英培训中心挂牌成立,共开办16期培训,培训初中级学员910人。

【住宿餐饮业稳步发展】 2014年,随着城乡居民收入的提高、旅游业的发展、会展经济的带动以及价格上涨的拉动,带动和刺激了全市住宿餐饮市场的复苏。2014年底全市有个体住宿餐饮业8311户,从业人员2.35万人,注册资金10.92亿元,分别比上年增长6.9%、7.7%、16.2%;有私营住宿餐饮业133家,从业人员2507人,注册资金3.68亿元,分别比上年增长13.7%、3.5%和18.2%。

·旅游业·

【概况】 2014年,全市不断加大旅游项目建设投入,积极谋建各类适应旅游消费的平台,努力拓展旅游市场的发展空间,完善旅游景观布局,旅游大发展工作取得明显成效。全年共接待国内外游客3767万人次,实现旅游收入240.38亿元,分别比上年增长14.5%和21.9%,其中:接待国内旅游者3756万人次,增长14.6%,国内旅游收入236.89亿元,增长22.3%;入境的旅游者 11.6 万人次,下降 4.1%,国际旅游外汇收入 5696 万美元,下降 1.5%。江郎山景区创国家 5A 级景区和盛世莲花景区创国家 4A 级景区已经通过省级资源评估,桃源七里、浮盖山、古田山等风景旅游区成功创建成为国家 4A 级旅游景区,目前已实现 4A 级景区县(市、区)全覆盖。同时,衢州沟溪休闲农业旅游景区、衢州紫微星谷旅游区、江山最美碗窑景区、江山秀美耕读景区、常山奇石馆、开化金溪桃韵景区、开化九溪龙门景区成为国家 3A 级旅游景区。2014 年,衢州市入选 2014 年中国十大特色休闲城市,江郎山被评为"美丽中国"十佳景区,龙游红木文化小镇、开化根艺小镇入围全省首批重点培育的特色产业小镇。

·金融业·

【农村合作机构】 近年来,衢州市农村合作金融机构深化体制改革、加强业务管理、转换经营机制、改善金融服务,为促进农业增产、农民增收和农村经济发展做出了积极贡献。至 2014 年末,全市年末农合机构各项存款余额达到 468.25 亿元,比上年增长 18.9%,占全部金融机构存款余额的 28.6%, 比上年提高 2.2 个百分点,存款中储蓄存款为主体,储蓄存款余额 357.91 亿元, 占农合机构全部存款的 76.4%; 各项贷款余额 346.32 亿元,比上年增长 20.6%,占全部金融机构贷款余额的 23.6%。贷款投向主要集中在短期贷款,年末短期贷款余额 291.72 亿元, 占农合机构全部贷款的 84.2%。

【其他非国有银行发展迅速】 近年来, 衢州市委市政府积极引进股份制银行、城市商业银行以及发展村镇银行,不断完善全市银行业组织体系。2014 年,全市新引进 3 家城市商业银行,分别是北京银行、台州银行和民泰银行。浦发银行、温州银行等非国有银行年末人民币存款余额合计为 769.54 亿元,占全市人民币存款的 47.4%,存款余额比年初增加 105.97 亿元,新增存款占全市新增存款的 74.2%;人民币贷款余额 622.55 亿元,占全市人民币贷款的 42.8%, 贷款余额比年初增加 110.55 亿元,占全市贷款新增额的 50.8%。这些银行在衢州的设立开业,对增加衢州金融活力,增强银行业对经济发展的支持力度,产生了积极影响。

·其他行业·

【民营医疗】 目前,全市民营医疗机构发展势头良好,业务范围涵盖了心血管病、骨科、中西医美容、妇科、泌尿科、眼科、性康复等多个专业,民营医疗机构已成为全市医疗行业的重要组成部分和有益补充。民营医院中博爱医院、协和医院、龙游骨伤专科医院已成为衢州市有特色的专科医院之一, 江山贝林医院是衢州市最大的综合性民营医院。但根据省政府出台的《关于促进民营医疗机构加快发展的意见》,衢州市民营医疗机构床位数占比仍然偏低,民营医疗机构仍存在着"小、弱、散" 的问题,2014 年全市民营医疗机构床位数占比仅为 18.1%,与《意见》中要求达到到 20%以上仍有一定差距。

【民办教育】 近年来,全市民办教育逐步走向市场化、产业化、多元化发展轨道,呈现出良好发展势头,为衢州市普及学前教育和普及九年制义务教育都起到了重要的作用。据教育年报统计,2014 年全市各类民办学校(不含培训类学校)440 所,在校生 71948 人,占所有中小学和幼儿园学校数的 52.7%, 占在校生总数的 20.6%。其中,民办幼儿园 417 所,在校生 45211 人,占幼儿园在校生总数的 69.9%; 民办小学 5 所, 在校生 5151 人,占在校生总数的 3.6%;民办普通初中 8 所,在校生 11145 人,占在校生总数的 15.0%;民办普通高中 2 所,在校生 3567 人,占在校生总数的 9.4%;民办职业学校 8 所,在校生 6874 人,占在校生总数的 24.2%。

(衢州市统计局　蒋聪)

(责任编辑:王怡然　金瑞锋　黄莹莹　杨丽君)

丽 水 市

·综述·

【概况】 丽水市位于浙江省西南的浙闽两省结合部。面积1.73万平方公里，人口263.92万人，于2000年7月撤地设市。现辖莲都、龙泉、青田、缙云、遂昌、松阳、云和、庆元、景宁等九县(市、区)。

【经济发展】 2014年，面对国际国内经济环境复杂多变和经济下行压力加大的严峻形势，全市上下围绕市委、市政府决策部署，按照“绿色崛起、科学跨越”的战略总要求，坚定不移走“绿水青山就是金山银山”绿色生态发展之路，努力把生态环境优势转化为区域竞争优势，走出丽水特色的山区生态科学发展之路。强力推进生态产业发展，奋力打造经济发展升级版，加快推进转型升级，全市经济保持平稳增长，经济发展方式正从规模速度型粗放增长转向质量效率型集约增长，呈现“转型发展、稳中有进”的态势。据核算，全市实现地区生产总值1051亿元，按可比价计算，比上年增长7%，分别比全国、全省增速低0.4个和0.6个百分点。其中，第一产业实现增加值88.52亿元，增长2.4%；第二产业实现增加值509.41亿元，增长7%；第三产业实现增加值453.07亿元，增长7.8%，全市经济在规模、结构、质量等方面向好转变。常住人口人均生产总值49424元，增长6.6%。全市实现规模以上工业总产值1861.39亿元，增长4.2%；实现工业增加值438.37亿元，增长6.5%，工业对经济增长贡献率为40.5%，拉动经济增长2.8个百分点。在规模以上工业中，非国有工业总产值1790.86亿元，占96.2%；大力推进项目建设，积极扩大有效投资，全市固定资产投资始终保持较高增长态势。全年完成固定资产投资665.08亿元，增长16.6%，国有控股投资260.6亿元，比上年增长11.3%；非国有投资404.47亿元，增长20.3%，其中民间投资400.08亿元，增长19.8%，民间投资占比重为60.2%，比上年提高1.7个百分点。非国有投资主体的投资渠道主要为工业和房地产开发，非国有投资占固定资产投资额60.8%。全社会消费品零售总额476.35亿元，增长13.2%；财政总收入135.02亿元，增长8.7%，其中一般公共预算收入80.96亿元，增长9.8%；城镇居民人均可支配收入30413元，扣除价格因素，实际增长5.8%；农村居民人均可支配收入13635元，实际增长9.2%。

·农业·

【概况】 农业生产克服了宏观经济环境和复杂气候等不利因素影响，推进标准化生产、品牌化经营、电商化营销，大力推进生态精品农业发展，全年农林牧渔业总产值136.45亿元，比上年现价增长5.2%。农业产业化加快发展，其中菌、茶、果、蔬、药、畜牧、笋竹、油茶等八大主导产业产值达100.96亿元，现价增长6.6%。全年农林牧渔业增加值89.03亿元，可比增长2.4%，其中种植业增加值64.86亿元，增长4%；林业增加值14.80亿元，与上年持平；牧业增加值7.42亿元，下降5.5%；渔业增加值1.44亿元，增长2%；农林牧渔服务业增加值0.51亿元，增长6%。

从农业结构看，农业产业化和生态休闲农业加速推进，打造“丽水高山蔬菜”、“丽水香菇”、“丽水油茶”、“丽水香茶”等公共品牌，发挥品牌原产地效应。全省获国家生态原产地保护产品数量为7个，我市就占有4席。基本实现了农家乐在乡村旅游资源集聚区的覆盖，大力推进农家乐服务水平提升和品牌打造，实现全市农家乐从数量增长向质量提高的发展转变。充分利用丽水生态精品农产品网、淘宝丽水特色馆、农产品电子现货交易平台、农村农产品电子商务网店现有平台和资源，推动更多农产品网上溢价销售，扩大线上市场影响力，带动线下市场销售。

·工业·

【概况】 在全球经济深度调整、差异化复苏和国内经济向新常态转变的宏观背景下，面对纷繁复杂的国内外经济形势，整体工业经济艰难前行、步伐放缓，出现撤地设市以来最低增速，由高速进入中高速的换档期，积极应对各种困难和挑战，逐步从量的扩张为主向以质的提升为主转变，工业经济逐步进入新常态发展阶段。全市规模以上工业实现工业增加值357.98亿元，按可比价计算同比增长5.3%。工业总产值1861.39亿元，增长4.2%，工业对GDP增长贡献率从2013年的57.2%下降为40.5%；工业增加值占GDP比重从2013年的42.4%下降为41.7%。全市规模以上工业用电量45.13亿千瓦时，下降4.1%，占全部工业用电量比重为

85.3%。工业经济增速虽有回调但仍处在合理区间,工业规模依然保持平稳态势。实现工业销售产值1765.48亿元,增长2.7%,其中出口交货值158.73亿元,增长6.3%。内销产值占全部销售产值的91%。全市工业园区实现产值1315.10亿元,增长3.8%。工业经济在全市经济发展中仍有重要作用。

【主要特点】 重点行业发展稳中趋缓。全市纳入规模以上工业统计的35个行业大类中,累计产值超过50亿元的行业有11个,合计实现产值1468.9亿元,增长3.6%,占规模以上工业产值比重为78.9%,对规模以上工业产值增长的贡献率达69%,有力地支撑了全市规模以上工业的发展。但重点行业中的橡胶和塑料制品、皮革毛皮羽毛及其制品和制鞋、通用设备制造、金属制品业增速放缓,分别下降17.4%、7.8%、3.9%、0.9%。

2014年工业产值超50亿元行业

指　　标	产值(亿元)	增长(%)	占比(%)
黑色金属冶炼和压延加工业	436.42	16.0	23.4
金属制品业	220.56	-0.9	11.8
化学原料和化学制品制造业	134.46	0.8	7.2
通用设备制造业	133.35	-3.9	7.2
皮革、毛皮、羽毛及其制品和制鞋业	97.69	-7.8	5.2
橡胶和塑料制品业	93.07	-17.4	5.0
电气、热力生产和供应业	87.26	1.0	4.7
电力器械和器材制造业	78.89	4.5	4.2
汽车制造业	66.05	17.1	3.5
文教、工美、体育和娱乐用品制造业	64.67	21.2	3.5
纺织业	56.48	0.9	3.0

县域工业经济参差不齐。从规模看,莲都、青田、缙云等重点区域共计完成工业总产值1163.21亿元,工业增加值252.4亿元,分别占全市工业总产值、工业增加值的62.5%和70.5%,但工业总产值和工业增加值增速均处于全市中低位水平。而全市工业占比较小的龙泉、庆元、松阳分别以8.7%、8.5%、6.9%的增速居全市工业增加值增速前三位。全市各县(市、区)工业增加值均只有个位数增长,其中云和、丽水经济开发区两地出现负增长。云和主要受华宏钢铁集团重组和技改影响工业增加值下降2.8%;丽水经济开发区因合成革行业整体不景气和联保问题负面影响,工业增加值下降4.0%。

产业结构调整实现优化。亿元企业发展势头强劲,产值达亿元企业369家,较上年增加16家,实现产值1496.63亿元,增长9.1%,占规模以上工业产值的80.4%,拉动规模以上工业产值增长7.0个百分点,户均产值达4.06亿元;10亿元企业22家,较上年减少3家,实现产值579.10亿元,户均产值达26.32亿元。小微企业增长贡献率高。今年以来,国家相继出台“微刺激”政策,支持了小微企业的“实发展”。我市小微企业总体发展良好,增速持续高于大中型企业,对工业增长贡献提高。规模以上工业小微企业实现总产值1001.29亿元,增长5.7%,增速高于大中型企业3.2个百分点,对规模以上工业产值增长贡献率高达72%,较上年提高0.3个百分点,占规模以上工业产值比重由同期的53.0%提高至53.8%。轻工业增加值有所增长。轻工业实现增加值131.86亿元,增长7%,增速高于规模以上工业1.7个百分点,占规模以上工业增加值比重达36.8%,同比提高0.9个百分点。

创新驱动发展动力增强。企业创新投入不断加大,工业发展开始出现创新引智、工业智造的新特点。全市规模以上工业企业科技活动经费支出总额为8.1亿元,增长7.7%,增幅比主营业务收入高6个百分点,科技活动经费支出总额占主营业务收入比重有所提高。科技投入增加为质量效益的进一步提升奠定基础,促使工业加快转型升级。新产品产值保持高速增长。全市规模以上工业新产品产值558.34亿元,增长23.2%,高于规模以上工业产值增速19个百分点。新产品产值率从同期的25.4%提高至30%,同比提高4.6个百分点,产品升级换代取得成效。高新技术等产业表现突出。装备制造业实现增加值112.63亿元,增长8.6%,占规模以上工业增加值比重为31.5%,同比提高0.8个百分点;高新技术产业实现增加值76.86亿元,增长7.8%,占规模以上工业增加值比重为21.5%,同比提高1.1个百分点;战略新兴产业实现增加值66.33亿元,增长6.3%,占规模以上工业增加值比重为18.5%,同比提高0.4个百分点,增加值增速分别高出规模以上工业3.3个、2.5个和1个百分点。

生态工业实现绿色发展。绿水青山就是金山银山,不唯GDP,要求工业更加绿色发展。我市面对要素趋动型发展模式仍存在传统惯性的情况下,主动淘汰落后产能,通过工业治水、治气、治土、治山,节能降耗倒逼工业绿色发展。全市完成淘汰落后产能企业59家。印染、造纸、制革和化工四大重污染高耗能行业整治提升企业54家,淘汰关停21家,阀门行业实行全行业重点整治,钢铁产业整合重组压缩产能229.5万吨。节能降耗工作在2014年取得突破性改变,规上工业能源消费总量(等价能耗)同比下降4.9%,单位工业增加值能耗下降9.7%,降幅比上年扩大4.3个百分点。从企业能耗消费结构看,电力消费仍然占主导地位,占总能源消费的61.1%,同比下降1.4个百分点;煤碳占22.6%,同比下降0.3个百分点;其它能源消费占16.3%,同比提高1.7个百分点。单位GDP能耗和单位工业增加值能耗双双创下“十二五”以来较大降幅。

·建筑业·

【概况】 2014年,全市新增一级建筑施工企业1家,二级资质企业2家,三级及以下资质企业2家。截止2014年底,全市建筑施工企业250家,其中一级企业11家(包括专业承包)、二级企业58家;各类资质等级和范围继续提升扩大。2014年全市建筑业总产值达243.59亿元,增长17.0%,市本级产值达到110.18亿元,增长8.6%,省外产值达到17.92亿元,增长0.1%,实现持续稳定发展的良好局面。

·房地产业·

【概况】 虽然2014年楼市整体遇冷,但因我市的房地产开发的投资惯性,全年全市新增房地产项目56个。大批新开工房地产项目的涌入,拉动我市房地产开发投资保持高位增长,2014年,我市房地产开发完成投资157.63亿元,增长32.6%,增幅居全省各市第2位。房屋施工面积962.16万平方米,增长31.5%,竣工面积153.08万平方米,增长72.6%,销售面积135.4万平方米,增长4.9%,实现销售金额增长9.3%。全市房地产开发投资除缙云、云和、龙泉出现负增长以外,其他各县投资额呈上升趋势,莲都区与青田县两地共计完成投资102.12亿元,占全市比重的64.8%,两地同比增速分别为35.6%和100.5%,对全市房地产开发投资拉动作用明显。民间投资中,房地产开发投资比重上升,与工业投资比重相当。房地产民间投资148.80亿元,占民间投资的37.2%,比重比上年提高3.8个百分点,对民间投资增长贡献率为56.3%。

·服务业·

【概况】 我市坚持项目带动,大力推进生态旅游业与休闲养生(养老)业、商贸、信息等重点行业发展,全市服务业加快发展,实现增加值453.07亿元,同比增长7.8%,增速分别高于第一产业、第二产业5.4个、0.8个百分点。服务业增加值占GDP的比重达43.1%,比上年提升0.6个百分点。

【主要特点】 主要行业稳步增长。批发零售、住宿餐饮、非营利性服务业等增速较快。重点行业中,旅游、商贸、金融等发展势头良好。全年全市接待国内外旅游总人数5486.42万人次,增长20.1%,实现旅游总收入339.58亿元,增长27.5%;实现社会消费品零售总额476.35亿元,增长13.2%,电子商务发展势头良好,据省商务厅统计,全市实现网络零售额76.66亿元,增长53.6%,居民网络消费总额76.85亿元,同比增长40.3%;2014年末,全市金融机构本外币存款余额1858.36亿元,增长10.5%;贷款余额1420.56亿元,增长9.0%。

社会贡献度逐步提升。全市服务业地方财政税收收入44.77亿元,比上年增长11.7%,占全部地方财政税收收入的62.2%,比上年提升0.6个百分点。2014年1–11月我市338家规模以上服务业企业应付职工薪酬10.63亿元,同比增长18.4%,从业人员平均人数21785人,同比增长8.9%。职工人均发放薪酬4.88万元,同比增长8.7%,除科研技术服务业、水利环境设施业下降外,其它所有门类人均薪酬均有不同程度增加,文化、体育和娱乐业、卫生和社会工作、教育、租赁业等增幅居前。

服务业投资快速增长。2014年,我市服务业完成投资额458.59亿元,同比增长23.2%,成为我市投资的主力军,对全市投资贡献率达91.1%,占全部投资比重由上年的65.3%升至69.0%。其中,水利环境和公共设施管理业、信息传输软件和信息技术服务业、房地产业、住宿和餐饮业等增速较快,分别增长69.7%、64.4%、29.2%和25.6%。绿谷信息产业园、万地现代商贸广场、景宁畲族民族风情区、丽水无水港等一批服务业重点项目建设完成或加快推进。

2014年丽水市服务业增加值主要行业总量及增速

指标名称	增加值(亿元,现价)	增速(%,可比价)
第三产业	453.07	7.8
交通运输、仓储和邮政业	35.62	5.0
批发和零售业	104.68	11.3
住宿餐饮业	27.17	10.2
金融业	75.85	6.2
房地产业	41.29	2.4
营利性服务业	45.30	7.4
信息传输服务和软件业	13.21	5.8
其他营利性服务业	32.09	8.2
非营利性服务业	122.38	8.2
公共管理和社会组织	47.91	8.6
其他非营利性服务业	74.47	7.9

·批发零售住宿餐饮业·

【概况】 在宏观经济下行压力加大背景下,商贸流通业总体上仍呈较平稳发展态势,批发零售和住宿餐饮业实现增加值131.85亿元,比上年增长12.0%,占GDP比重12.5%,同比提高0.4个百分点,对全市GDP增长贡献率达19.2%,拉动GDP增速1.3个百分点。

【主要特点】 消费品市场缓中趋稳。2014年以来,消费品市场步入增长速度换档期,全市社会消费品零售总额增速从2013年的15.4%回落到2014年一季度的13.5%,上半年进一步下滑至13.0%,7月份曾有所反弹,但8、9、10月持续走低,11月起止滑回升,全年社会消费品零售总额476.35亿元,比上年增长13.2%。

行业集聚程度有所提高。一是单位规模逐步壮大。批发零售业销售额超10亿元单位7家,比上年增2家,其中超百亿元2家,比上年增1家,7家单位销售额309.86亿元,占限上批零售业的56.8%;零售额超1亿元单位31家,其中5亿元以上6家。二是支柱行业份额突出。2014年全市限上批发零售业销售额545.48亿元,其中食品、饮料、烟酒类182.73亿元(主要为浙江娃哈哈食品饮料营销有限公司、浙江省烟草公司丽水市公司),占三分之一强,日用品类119.58亿元(主要为纳爱斯丽水销售有限公司),占21.9%;限上批发零售业零售额161.78亿元,其中汽车类42.24亿元,石油及制品类40.76亿元,二者所占比重达51.3%。

电商业态快步发展。2014年电子商务快速发展势头不减,全市限上电商零售额增长183.7%,增速高传统企业171.8个百分点。据省商务厅资料显示,2014年丽水网络零售额76.66亿元,比上年增长53.6%,总量高衢州37.58亿元;全市居民实现网络消费额76.85亿元,增长40.3%,总量高衢州20.65亿元。

行业结构"一枝独大"。个别企业和个别行业对全局发展影响突出,亟需由“一枝独大”向“多点支撑”转变。一是从经营主体看,娃哈哈和纳爱斯两家超百亿元企业2014年合计销售额仅增长0.1%, 但占全市限上批发零售业销售额比重高达37.1%, 若剔除这两家企业影响, 全市限上批发零售业销售额增速可提高3.5个百分点达到9.1%。二是从商品类值看,汽车和石油制品类零售额83.00亿元,占限上零售额半壁江山,但由于当前汽车消费正处于从普及阶段到更新换代阶段的空档期, 石油制品则因国际油价暴跌十余次下调价格,两类商品全年零售额仅增长8.1%,低限上增幅5.2个百分点,若剔除这两类商品,全市限上零售额增速可提高7.3个百分点达到21.6%。

传统业态面临电商挑战。近年来随着网购快速普及和扩展,网络零售高歌猛进,而传统卖场的业绩增长乏力,电商给传统商业业态,特别是百货、服装、电器等实体店带来明显挑战。2014年,全市12家限上综合零售企业,9家业绩下降, 占四分之三;22家限上家电零售企业,11家业绩下降,占二分之一。2014年,我市网络零售额已相当于社会消费品零售总额的16.1%,电子商务正飞速抢占传统零售业的市场份额。

【对外贸易】 全年实现进出口总额29.08亿美元,比上年增长12.8%,其中进口2.71亿美元,增长32.5%;出口总额26.37亿美元,增长11.1%,出口额增幅高于全省水平1.2个百分点。机电产品出口12.88亿美元,增长10.2%;民营企业出口25.33亿美元,增长11.7%,占全部出口总额的96.1%;出口香菇、杏鲍菇、金针菇等各类鲜食用菌931.97万美元,增长51.9%;出口玩具31791万美元,增长19%。产品主要出口欧盟、美国、日本、澳大利亚、韩国等发达国家和地区。

全市新批外商投资项目18个, 增资项目8个,合同利用外资2.47亿美元,同比增长19%,实际利用外资实现1.78亿美元,同比增长40%,增幅位列全省第一,是继2012年首次突破1亿美元大关后第三次创历史新高。把引进外资作为构建生态产业体系、推进开放型经济发展的重要抓手, 我市全面超额完成利用外资年度目标任务,全市各县(市、区)和丽水经济技术开发区均完成了合同利用外资与实际利用外资年度目标任务, 全市实际利用外资在全省占比由上年的1%增至1.13%。引进外资项目中,大项目占比提高,新批总投资1000万美元以上项目7个, 合同利用外资9952万美元, 实际利用外资5330万美元, 分别占本年总数的39%、40%和30%,较上年同期有大幅提升。增资势头强劲,增资项目8个,合同利用外资增资9081万美元,因增资发生的实际利用外资9039万美元,合同与实际利用外资分别占本年总数的37%和51%,其中增资项目总投资1000万美元以上的有4个。

·个体私营(民营)经济·

【概况】 改革效应不断释放,新的增长动力正在生成,在册市场主体企业数2.62万户,增长12.3%,个体经营户数12.43万户,增长10.7%;高新技术企业179家,增长35.6%,科技型小企业239家,增长33.5%,正在成为经济增长新的支撑力量。2014年末全市共有实体商品交易市场103个,比上年增加4个,全年商品交易市场成交额325.14亿元,增长13.0%。成交额超亿元市场22个,全年成交额196.47亿元,其中,超十亿元市场7个,成交额152.10亿元。浙南茶叶市场、浙西南农贸城和丽水粮油批发市场分别以45.80亿元、30.30亿元和17.30亿元分列交易额前三甲。

浙江名牌战略推进委员会公布了2014年浙江名牌产品名单,我市新增17个浙江名牌产品,另有21个产品通过浙江名牌复评。新增浙江名牌包括“兰通”牌车用空调冷凝器蒸发器、“畅尔”牌拉床等工业产品10个,“处州” 牌山茶油、“振通宏” 牌茶叶等农业产品4个,“印象青瓷”牌景区管理服务、“山山商城”牌网购平台服务业名牌产品2个, 松阳银猴茶叶区域名牌产品1个。截至目前,我市共有浙江名牌84个。

全市免征注册登记费惠及市场主体78488家。根据财政部、国家发改委《关于公布取消和免征部分行政事业性收费的通知》(财综〔2012〕97号)精神,工商行政管理部门自2013年1月1日至2014年12月31日,免征企业注册登记费、年检费。这是近年来力度最大、惠及面最广的注册登记费用减免政策。新政推行两年来,丽水全市已有78488家市场主体享受免征政策,共减免企业注册登记费1478.84万元。

·卫生事业·

【概况】 全市共有民营医院26家, 其中非营利性医院13家、营利性医院13家,其中综合性医院8家、专科医院13家(其中康复医院1家)、中西医结合及中医医院5家,核定床位1524张约占全市医疗机构总床位数的15.2%。2013年9月以来,全市新增并投入使用民营医院2家(床位数58张),门诊部4家,诊所43家。营造民营医疗机构发展的良好环境。随着改革开放和医疗卫生体制改革的不断深化，特别是自2010年以来国务院、省、市政府相继出台鼓励和引导社会资本举办医疗机构的实施意见，为促进民营医院提供政策支撑和注入新的活力，也促使我市民营医疗卫生资源有了显著提升。建立民营医疗机构发展的快捷通道。市卫生局制定出台《丽水市区社会资本办医指南》，进一步规范审批步骤，简化审批流程，做到公开、透明，为社会资本投资办医提供便捷条件。不断放宽社会办医准入范围，开放医疗服务市场，凡符合区域卫生规划要求且法律法规没有明令禁止的，都向民间资本开放，实行"非禁即入"。建立民营医疗机构法人登记管理制度。明确由登记对象自愿提出办理社办公益事业单位法人登记的申请，由各级事业单位登记管理机关依法统一登记管理，核发《事业单位法人证书》，另外社办公益事业单位除经费财政不保障、人员财政不供养外，享有同类公办事业单位同等待遇，并享受政府对民办社会事业的扶持政策。我市民营医院得到较快发展，在解决人民群众看病贵、看病难方面发挥了专科优势并提供了一定的便利，成为本地区医疗卫生服务体系不可或缺的重要组成部分。

·民营科技·

【高新技术产业】 2014年，全年新增国家重点支持高新技术企业49家，高新技术企业认定新政策出台后，累计获批高新技术企业177家。全年省级新产品214个，国家、省创新基金项目13个。全年规模以上工业科技活动经费支出8.1亿元，比上年增长7.7%。购置技术成果费用2598万元，下降18.9%。

【知识产权保护】 2014年，全市专利申请量共计4221件，专利授权量达3656件。全年通过市级以上验收、结题科技项目79项，科技成果登记320项，获得省级科学技术进步奖2项。知识产权保护工作得到加强，共获专利授权3656项，其中发明专利159项。

·民办教育·

【概况】 深化改革创新，加快人才队伍建设，扎实推进素质教育，全面提升学校办学水平，努力提高教育教学质量，教育事业实现了较快发展。2014年，全市有民办学校507所，其中幼儿园485所，小学3所，中学18所，中职1所。在校生79389人，其中在园幼儿55229人，小学生9975人，中学生12466人，中职1719人。有教职工8026人，专任教师4728人，其中幼儿园3211人，小学284人，中学1141人，中职92人。

·主要政策措施·

【发展养老服务业】 完善土地供应政策：

1.保障用地指标。各地要按照到2020年养老床位占老年人口总数5%以上的要求和养老机构床位年增长10%的基数，规划养老机构设置，预留和落实年度建设用地指标。

2.规范用地方式。民办非营利性养老机构，可以依法使用国有划拨土地。民办营利性养老机构建设用地，参照成本逼近法或收益还原法进行地价评估后，可以以租赁方式供地，土地用途为医卫慈善用地；也可以以出让方式供地，土地用途为其他商服用地（养老机构用地）。民办养老机构建设用地使用权不得分割转让（转租），不得改变土地用途。探索政府以土地使用权作价入股，鼓励社会力量投资建设养老服务机构，并明确双方权利和义务。

3.盘活存量用地。原以出让方式取得的土地用于养老服务的，原土地用途不变，可以免缴土地出让金，需要改变土地用途的，按评估结果补缴出让金；原以行政划拨方式取得的，可以依法办理出让手续，按评估结果补缴出让金；经规划、国土资源部门批准临时改变建筑功能从事营利性养老服务的，按不同用途基准地价差额的一定比例收取土地收益金。

4.利用集体土地。农村集体经济组织可依法使用本集体所有土地，为本集体经济组织内部成员兴办非营利性养老服务设施。民间资本举办的非营利性养老机构与政府举办的养老机构可以依法使用农民集体所有的土地。

完善财政支持政策：

1.加大财政投入力度。从2015年起，市财政每年统筹安排700万元资金，期限三年，专项用于对各县（市）推进养老服务体系建设和促进养老服务业发展工作的绩效考评，具体办法由市民政局会同市财政局负责制订，各县（市、区）政府要根据本实施意见精神及本地实际抓紧制定具体实施办法。各地要加大投入，建立完善政府公共财政养老服务投入稳定机制，逐步增加养老服务体系建设专项资金总量，并将养老服务业务指导工作经费纳入同级财政预算。

2.完善养老服务补贴制度。各地要建立健全养老服务需求评估组织，规范养老服务需求评估和补贴发放程序。要将养老服务补贴及开展养老服务需求评估等相关经费列入当地财政预算，确保低保家庭中的失能、失智老人享受全额补贴。有条件的地方，要将养老服务补贴范围扩大到中低收入家庭中的失能、失智、高龄、独居老人。

3.加快养老服务机构培育。各地要充分利用中小企业、科技创新、创业投资等方面的扶持资金，发挥福彩公益金、医疗卫生资金投入合力，对符合条件的养老服务企业和组织给予积极扶持，引导民间资本快速进入养老服务领域。

落实税费优惠政策：各地要根据《浙江省人民政府关于加快发展养老服务业的实施意见》(浙政发〔2014〕13号)和《浙江省人民政府关于发展民办养老产业的若干意见》(浙政发〔2014〕16号)精神，认真落实好支持养老服务业发展的税收优惠和规费减免等支持政策。除法律法规明确的收费项目外，不得对民办养老机构另行收费。凡收费标准设置上、下限的，按有利于民办养老机构发展收取。居家养老服务企业、进行社区服务业登记或通过社区服务组织备案的居家养老服务组织和机构，享受家庭服务业相关扶持优惠政策。境内外资本举办养老机构享有同等的税费等优惠政策。

优化投融资政策：

1.加大信贷支持力度。金融机构要加大对养老服务机构信贷支持力度，拓宽贷款抵押担保物范围，合理利率定价，满足养老服务业的信贷需求。积极利用财政贴息、小额贷款等方式，加大对养老服务业的有效信贷投入。同时，完善配套制约机制和风险防控机制，切实保障养老服务对象的合法权益。

2.创新金融产品。鼓励银行等金融机构开发适合民办养老机构发展需求的金融产品和担保方式。支持养老机构以包括股权融资在内的各种方式筹集建设发展资金，各级财政出资的融资性担保机构应优先为符合条件的营利性养老机构提供担保。

3.拓展市场化融资渠道。支持养老服务企业通过多层次资本市场融资。支持采取股份制、股份合作制等形式发展养老机构，探索政府和社会资本合作(PPP)建设养老机构模式。

落实投资权益政策：

1.资产所有权归属。凡捐资举办的非营利性养老机构，所有净资产归社会所有，机构停办后，由相关部门负责统筹，继续用于养老服务事业；其余民办非营利性养老机构、居家养老服务组织，出资者拥有实际出资额(含存续期间追加投资额)的财产所有权。民办非营利性养老机构、居家养老服务组织，投入满5年后，在保证不撤资、不影响法人财产稳定、不改变用途的前提下，经单位决策机构同意，出资人产(股)权可按份额或整体转让、继承、赠与；民办营利性养老机构的相关产权归投资者所有。开办未满五年的民办非营利性养老机构停办后，原各级政府补助的建设资金按50%予以收回继续用于养老服务事业，其土地使用权连同地上建筑物由政府收回，具体办法参照《中共丽水市委办公室 丽水市人民政府办公室关于加快推进丽水市生态休闲养生(养老)基地建设的若干意见》(丽委办〔2012〕68号)规定执行。

2.投资收益分配。对民办非营利性养老机构、居家养老服务组织，在扣除举办成本、预留单位发展基金以及提取其他有关费用后，如当年仍有收支结余，经养老服务机构决策机构同意并经审计符合规定的，可以从收支结余中提取一定比例用于奖励举办人，年奖励总额不超过以举办人累积出资额为基数的同期银行一年期贷款基准利率2倍利息额；民办非营利性养老机构、居家养老服务组织经依法清算后，其资产增值部分主要以捐赠形式纳入当地政府养老发展专项基金，经养老服务机构决策机构同意并经审计符合规定的，可对举办人给予一次性奖励，奖励总额不超过资产增值部分的10%；营利性养老机构依法享有经济收益，按市场机制获取利润。

【发展民办养老服务产业】 切实保障养老服务用地用房：

(一)加强规划布局与用地保障。各县(市、区)人民政府要按照省政府规定的养老服务设施建设用地标准，于2014年前编制完成养老服务设施布局规划，今后新建养老项目原则上都要推向民办或以公建(办)民营方式实行市场化运行。对列入养老服务设施布局规划的民办养老项目，在各县(市、区)年度用地计划中重点予以保障。社会力量对空闲的厂房、学校、社区用房等社会资源进行改造和利用，兴办养老服务机构，经规划、国土资源部门批准临时改变建筑使用功能从事非营利性养老服务且连续经营一年以上的，五年内可不增收土地年租金或土地收益差价，土地使用性质可暂不作变更。鼓励社会力量以租赁或先租后让的方式取得养老服务设施用地，国土资源部门应当与用地者签订养老服务设施用地租赁合同，落实养老服务设施用地优惠政策，优先办理民办养老机构建设项目土地审批手续。

(二)积极提供社区养老服务用房。社会力量创办社区养老服务机构，就近就便为社区老年人提供集中照护和居家养老服务的，各县(市、区)人民政府对其从业资质进行审查确认后，双方签定合作协议，可由各县(市、区)人民政府无偿提供养老服务用房，用于举办社区养老机构或开展居家养老服务。对已建立的城市社区居家养老服务照料中心，可以以街道为单位，无偿提供照料中心设施设备，与具有从业资质的居家养老服务企业和组织签定合作协议，以连锁运营模式，实行集团化管理和集约化运营。

加大财政扶持力度：

(一)床位建设补助。从2014年起，对市区范围内床位数达到20张以上、符合有关部门规定资质条件的非营利性护理型民办养老服务机构，其护理老年人入住率达到60%及以上的，除省补资金和《丽水市人民政府关于深化完善社会养老服务体系建设的意见》(丽政发〔2013〕69号)文件规定的床位建设补助外，对用房自建的，按核定床位一次性给予每张床位1000元的补助；对租用用房且租用期3年以上的，按核定床位一次性给予每张床位800元的补助。

(二)床位运营补贴。对市区范围内符合有关部门规定资质条件的非营利性护理型和助养型民办养老服务机构，接收本市户籍的老年人入住的，按入住老年人实有数，根据自理、半失能、失能三种情况，分别给予养老机构每张床位每年500元、1000元、2000元的运营补助。公建(办)民营养老机构参照执行。

(三)床位综合责任险补助。鼓励养老机构投保各项社会保险，以减轻机构运营风险。从2014年起，对市区范围内非营利性民办养老机构参加政策性综合责任保险的，按所需保费的60%给予补助。

(四)完善政府购买服务制度。各县(市、区)人民政府要根据养老服务补贴对象的实际状况，在省定最低标准基础上适当提高补贴标准，并逐步将范围扩大到中低收入家庭中的失能、失智、高龄、独居老年人。对民办养老机构、居家养老服务组织接收养老服务补贴对象入住或提供服务的，民政部门应及时将养老服务补贴予以转入。对民办养老机构接收特困人员集中供养的，费用由户籍所在地政府全额支付。

加大融资信贷扶持力度：

(一)拓宽养老机构抵押贷款范围。民办养老机构可将有偿取得的土地使用权，产权明晰的房产等固定资产用于办理抵押贷款，国土资源、房产管理部门应予办理抵押登记手续。允许养老机构探索以经营权和股权质押贷款等方式进行融资。

(二)发放小额担保贷款。从2015年起，凡丽水市户籍、登记失业人员在市区范围内兴办养老机构，养老机构经设立许可并依法办理法人登记的，可以凭养老机构设立许可证、本人身份证、失业证等到指定银行申请5万元小额担保贷款，规模较大的可以放宽到10万元，期限为两年，并给予贴息。

(三)给予贷款贴息补助。从2015年起，在市区范围内的护理型民办养老机构基本建设项目，三年内其项目贷款可按同期银行基准贷款利率的50%给予贴息扶持，每个机构总贴息额最高不超过200万元。

扶持老年宜居社区(养老基地)建设：

(一)建设老年宜居社区(养老基地)。引导社会力量选择适宜老年人居住的区域，按照老年人居住建筑设计标准建设居住(小)区或养老基地，并配套建设护理型养老机构和居家养老服务设施，配备相应的护理服务人员和管理团队。对配套建设的养老机构依法独立登记后享受相应的扶持政策，通过业主自行运营或委托其他社会组织运营，为社区(养老基地)内老年人提供养老服务。

(二)鼓励入住老年社区(养老基地)。鼓励老年人将自有房产通过出售、置换等方式入住老年社区。房产部门加强对老年人自有房产市场交易的服务和监管，切实保障老年人合法权益。民政、建设(规划)、国土资源、房产管理等部门要及时制定扶持政策，明确操作程序。

(三)对养生养老机构实施许可。养生养老项目专门为本市户籍老年人提供养老服务的部分场所，符合养老机构设立许可条件的，依据养老机构设立许可程序进行审批，纳入养老机构管理，享受相应的养老机构优惠政策。

加大养医结合发展力度：

(一)优先发展养医结合养老机构。鼓励和支持社会力量重点发展集医疗、护理、康复、健康教育和临终关怀为一体的养医结合的服务机构，积极推进医疗机构设立"养老院"，养老机构中设立老年医疗机构。适时建立老年医院，大力推行养老机构和医疗机构协作服务。在机构设置上，对在养老机构中设立老年医疗机构符合《医疗机构基本标准》的，优先办理注册登记，核发《医疗机构执业许可证》。符合基本医疗保险定点医疗机构管理规定的，应支持其纳入定点范围。

(二)完善居家养老医疗服务。社区居家养老服务组织要以社区居家养老服务照料中心为平台，依托基层医疗卫生服务机构为老年人建立健康档案，与老年人家庭建立和医保支付制度相衔接的医疗契约服务关系,开展上门诊视、健康检查、保健咨询等服务。

(三)对医养结合机构实施许可。医疗机构内设有提供给老年人养老的养老床位,养老床位应独立分区,有专门的场所,由民政部门对该专门场所依据养老机构设立许可程序进行审批,经认定为养老机构的,纳入养老机构管理,享受相应的养老机构优惠政策。

规范养老服务行业管理:

(一)依法登记管理。民政部门要根据申请人筹建养老机构的需要和条件,在设立条件、提交材料等方面提供指导和支持。民办养老机构完成机构建设,符合设立许可条件的,申请人应向有管辖权限的许可机关提出设立许可申请,由有管辖权限的许可机关进行审批。民办养老机构在取得《养老机构设立许可证》的同时,依法办理民办非企业单位或工商注册登记,取得主体资格。具有国有资产成份的民办非营利性养老机构,也可登记为社会力量举办的公益性事业单位。

(二)完善准入机制。社会力量投资兴建养老机构项目,应按现有国家、省、市基本建设程序的有关规定进行。项目所在地有实施许可权的民政部门,根据申请人筹建养老机构的需要和条件,可通过复函等形式出具筹建指导意见。筹建方可凭筹建指导意见开展环评、消防、卫生防疫等项目前期工作,并在取得相关部门的验收报告或审查意见后,携其他相关资料,到民政部门办理养老机构设立许可手续。

(三)建立退出机制。民办养老机构因注销登记、终止、迁移等原因停止使用土地,或因债务纠纷须处置养老设施土地资产的,由当地政府收回土地使用权,按土地取得成本予以补偿,收回的土地优先用于养老事业发展。对将土地违规用于非养老服务等行为,应依法查处,直至撤销养老机构许可证书,并由当地政府收回土地。民办养老机构因变更、解散或终止等原因暂停、终止服务的,应当于暂停或终止服务 60 日前,向实施许可的民政部门提出申请并提交老年人安置方案,报送经有关部门确认的清算报告及相关材料,并由相关评估机构对其资产进行评估和处置后,按规定办理有关手续,并妥善安置收住的老年人。具体退出办法由各县(市、区)结合实际情况自行制定或通过项目合作协议进行明确。

(四)开展等级评定。民政部门要依照省里发布的养老机构和居家养老服务机构星级评定考核指标,对养老机构和居家养老服务照料中心进行等级评定。等级评定采取自愿申报的原则,凡符合条件的养老机构和居家养老服务照料中心均可申请参评,组织第三方进行等级评定。评定结果经公示无异议后,由市民政局向养老机构和居家养老服务照料中心颁发统一制作的标志。

(五)委托社会组织运营。探索社会组织承接养老服务的运行机制,实施“农村敬老院三年改造提升行动”,通过公办民营模式,对农村敬老院固定资产以县为单位进行融资贷款,委托专业化社会组织按“集团化管理,集约化运营”原则,将贷款资金用于扩大机构建设、完善内部设施、拓展服务功能,加强规范管理等,逐步将农村敬老院向区域性、综合性和护理型服务机构转型升级。

(六)加强收费管理。民办养老机构的床位费、护理费标准,由养老机构根据实际服务成本及合理利润自主确定。不同性质养老机构之间合作举办的养老机构的床位费、护理费标准,按投资比例最大合作方的定价形式管理。特需服务收费标准由养老机构与入住老年人或其委托人双方协商确定。其他服务收费中的代收代付收费按实际结算价格收取,养老机构不加收任何费用,不得收取任何回扣。伙食费标准由养老机构根据伙食成本合理确定。坚决纠正各种乱收费行为,维护正常的养老服务市场秩序。

(七)严格项目交付使用。新建、扩建、改建养老机构建筑的,应当依法向公安消防机构申请消防设计审核或消防设计备案,并在工程竣工后依法申请消防等各项综合竣工验收,消防等部门应就养老项目过程中加强指导、监督和服务,确保养老项目建筑质量安全,并在验收合格后投入使用。

(八)强化监督检查。民政、建设(规划)、国土资源、财政等部门要定期检查民办养老机构的建设和运营情况,对未达到要求的民办养老机构要责令限期整改,对违反有关规定的要依法予以处罚,收回床位建设补助资金,停发床位运营补助,并向社会公布。

【促进民营医疗机构加快发展】 进一步放宽民营医疗机构的准入条件:

1.开放社会资本进入的医疗服务领域与区域。进一步放开医疗服务市场,凡是法律法规没有明令禁止的,都要向民间资本开放,实行“非禁即入”。不同举办主体的医疗机构具有平等法律地位,在机构设置、执业监管、技术准入、设备配置、人力资源、医保定点等方面依法享有公平待遇。鼓励社会资本优先投向医疗资源稀缺领域以及特需医疗服务领域。严格控制公立医院的不合理扩张,禁止公立医院举债建设。在“十二五”期间,暂停受理市、县级公立医院在主城区内扩大床位规模的申请。控制公立医院开设特需医疗服务,逐步缩小特需床位规模。

2.鼓励社会资本举办各类医疗机构。鼓励各类社会资本投资举办专科医院、护理院、老年病医院、康复医院、临床检验中心等特色医疗机构。鼓励社会资本举办中医或中西医结合医疗机构,按照《中医坐堂医诊所管理办法(试行)》的要求,鼓励符合条件的医药企业申请设置中医坐堂医诊所,允许有资质的中医类别执业医师到中医坐堂诊所执业,并作为第二执业地点进行注册。鼓励有资质人员在医疗资源相对不足的城市新区、农村开办个体诊所。引导民营医疗机构通过资源整合、连锁经营、托管共建等方式向"专、精、优"方向发展,提供特色服务,实现错位发展,优势互补。

3. 多渠道引入优质社会资本参与发展医疗事业。引进优秀医疗团队和有实力的投资者举办各种高水平、上规模(二级以上)的民营医疗机构。鼓励境外投资者以合资、合作、独资等形式举办医疗机构。鼓励香港、澳门特别行政区和台湾地区的资本及韩国医疗美容等国际知名品牌医疗实体到我市举办医疗机构。积极探索委托知名品牌医疗实体与医院管理等办医模式,支持以品牌资产、知识产权作价入股参与举办医疗机构。探索发展混合所有制医疗机构。鼓励具有办医经验、社会信誉好的社会资本以合资合作、收购兼并、融资租赁等多种方式参与公立医院改制重组。鼓励公立医院支持民营医疗机构发展,实现互利共赢。

4.优先发展养生养老医疗服务业。根据《丽水市生态休闲养生养老经济发展规划》,鼓励社会资本参与"医疗与养生养老相结合"的医养结合型(以医为主)医疗机构建设,将中医养生、中医保健、老年护理、健康体检、疗养康复、临终关怀等服务机构和服务理念融入养生养老服务产业,达到养生医疗保健服务机构与养生养老基地统一规划、统一设计、统一建设、统一投入使用,打造一批既能养生、也能养老、更能养病的养生养老医疗服务基地。在原有和新建的养老敬老服务机构中,鼓励建立医疗机构与养老机构之间的业务协作机制,鼓励养老机构在内部设立中小型医疗护理服务机构,开通养老机构与民营医疗机构的预约就诊绿色通道,协同做好老年人慢性病管理和康复护理,构建起一批养医结合型(以养为主)的养老服务机构。

加强民营医疗机构人才队伍建设:

1.加强人才培养与引进。支持民营医疗机构加强人才队伍建设,不同举办主体医疗机构的卫生技术人员及其举办者、管理人员同等纳入卫生部门的各类培训计划。民营医疗机构在学科建设、职称评定、学术活动、科研立项、成果鉴定、评先评优等方面与公立医疗机构享有同等待遇。民营医疗机构要保障教育培训经费,加强教育培训工作。支持公立医疗机构以派驻专业团队或技术骨干的形式帮助民营医疗机构加强专科建设。经组织选派到民营医疗机构工作的公立医疗机构卫生技术人员人事关系、社会保险待遇等保持不变,并作为对口支援经历。鼓励民营医疗机构加大人才引进力度,所引进的高层次人才可参照享受《丽水市加强高层次人才队伍建设的若干意见》(丽委〔2011〕8号)有关政策。

2.提高社会保障水平。民营医疗机构中经有关部门核准,聘用为职业员工的在岗卫技人员,可按照公立医疗机构卫技人员标准参加事业单位社会养老保险,享受同等社保待遇。其卫技人员的人事关系,可委托当地人才管理服务机构实行人事代理。民营医疗机构医务人员参加企业职工基本社会保险的,按照当地企业职工基本社会保险缴费标准参保并享受相应保险待遇。鼓励民营医疗机构为医务人员建立年金等补充保险制度,进一步提高其退休待遇。

3.引导卫生技术人员合理流动。鼓励卫生技术人员在不同举办主体的医疗机构之间合理有序流动。公立医疗机构正式在编的卫生技术人员应聘到民营医疗机构工作,经原单位同意并报人力社保部门备案后,其人事关系5年内可保留在原单位,"五险一金"由聘用民营医疗机构承担;允许其回原单位申报专业技术资格,在民营医疗机构从事本专业工作期间的业绩,可作为专业技术资格评价的依据。公立医疗机构离退休医务人员可自由选择到民营医疗机构执业,原单位无正当理由不得阻挠,并要保留离退休医务人员的正常待遇。积极开展医师多点执业试点工作,鼓励在确保医疗服务质量和安全的前提下,将民营医疗机构作为第二执业地点注册,促进不同医疗机构之间的人才交流。

加大对民营医疗机构的政策扶持力度:

1.建立便捷高效的审批制度。以县(市、区)为单位,编制社会资本办医项目指南,并向社会发布。需要调整和新增医疗卫生资源时,优先考虑向社会资本开放。在同等资金、技术条件下,优先批准设置民营医疗机构。市发改、财政、国土、人力社保、卫生等相关部门要按照部门职责,抓紧完善民营医疗机构项目推进的具体规定,合力消除政策障碍。

2.完善土地与规划政策。由卫生、规划部门共同编制医疗卫生专项规划。各地在制定和调整区域卫生规划、医疗机构设置规划和其他医疗卫生资源配置规划时,要为民营医疗机构留有足够发展空间。符合规划要求的民营医疗机构可以通过土地置换进行迁建、扩建。非营利性民营医疗机构的各项建设项目规费与公立医疗机构享有同等待遇。民营医疗机构原则上应通过有偿使用方式取得土地使用权，非营利性民营医疗机构可以行政划拨方式取得土地使用权。非营利性民营医疗机构停办后，其通过行政划拨方式取得的土地使用权由政府收回或经批准后转由其他非营利性民营医疗机构使用,地上建筑物根据市场评估价予以补偿。民营医疗机构因迁建、扩建需要可依法申请使用新址土地、退出原有土地。原有土地及地上建筑物补偿应全额用于办医。社会资本举办养生养老与医疗相结合的机构,要严格明确区分项目土地规模，医疗机构建设部分用地按照医疗机构建设享受相关政策，养老建设部分用地按照养老政策执行，不得将享受养老用地用于医疗机构建设。

3.落实税收优惠政策。非营利性民营医疗机构与公立医疗机构享有同等税收优惠政策。营利性民营医疗机构提供医疗服务取得的收入免征营业税。对营利性医疗机构自用的房产、土地,如取得的医疗服务收入直接用于改善医疗卫生条件的,经地方税务部门核准,自取得执业许可之日起 3 年内免征房产税、城镇土地使用税。营利性民营医疗机构通过具备公益性捐赠税前扣除资格的公益性社会团体或县级以上政府及其部门用于公益事业的捐赠支出，计算应纳税所得额时按规定扣除。对非营利性医疗机构建设免予征收有关行政事业性收费，对营利性医疗机构建设减半征收有关行政事业性收费。

4.完善投融资政策。营利性民营医疗机构可以利用有偿取得的土地使用权、产权明晰的房产等固定资产为自身债务提供担保,申请抵押贷款,国土资源、房产管理部门应予办理抵押登记手续。民营医疗机构融资可以其收费权、知识产权作质押。支持民营医疗机构以股权融资、项目融资、融资租赁等方式筹集建设发展资金。

5.完善财政扶持政策。自 2015 年起,市本级财政每年统筹安排 200 万元资金，用于扶持市直民营医疗机构发展。重点扶持市直民营医疗机构学科建设、等级创建、基建项目、设备购置、队伍建设、所承担的公共卫生服务等,具体实施办法由市财政局、市卫生局另行制定。各县(市、区)政府可统筹安排资金,通过政府购买服务、项目补助等形式积极扶持本地民营医疗机构发展,优先用于支持非营利性民营医疗机构发展。

6.建立投资奖励制度。非营利性民营医疗机构在扣除办医成本、预留医疗机构发展基金以及提取其他有关费用后，如当年仍有收支结余并经审计符合规定的,可从收支结余中提取一定比例用于奖励举办者,年奖励总额不超过以举办者累积出资额为基数的银行一年期贷款基准利率 2 倍利息额，具体奖励方案应报卫生行政部门备案。非营利性民营医疗机构经依法清算后,其资产增值部分可以分红。

7.建立政府购买服务政策。符合医保定点相关规定的民营医疗机构,可按程序纳入城镇基本医疗保险、城乡居民医疗保险、医疗救助、工伤保险、生育保险等社会保障的定点服务范围，并执行与公立医疗机构相同的报销政策。各级政府同等支持不同举办主体的医疗机构进入公共卫生服务体系，采取政府购买服务等形式选择符合条件的医疗机构承担公共卫生服务以及政府下达的医疗卫生支农、支边、对口支援等任务。民营医疗机构药品销售可以不实行零差价，但纳入医保定点的民营医疗机构的药品销售价，不得高于药品集中采购结果确定的限价。

加强对民营医疗机构的服务与管理:

1.实行分类管理。民营医疗机构自主选择按照营利性或非营利性进行分类登记,并接受相应管理。非营利性民营医疗机构由民政部门按照民营非企业单位登记管理。营利性民营医疗机构由工商部门按照企业或个体工商户注册登记。非营利性医疗机构原则上不得转变为营利性医疗机构,确需转变的,需经原审批部门批准并依法办理相关手续。

2.界定明晰产权。民营医疗机构自主经营、独立核算、自负盈亏、自担风险,其出资财产属于举办者所有。非营利性民营医疗机构存续期间举办者不得抽回投资。民营医疗机构如发生产权变更,可按有关规定处置相关投资。民营医疗机构依法开展业务活动,按照规定进行会计核算和财务管理。

3.严格依法执业。民营医疗机构应按照法律法规和相关规定开展执业活动,接受有关部门的监督检查。民营医疗机构应按照临床必需的原则为患者提供获准从事的医疗服务,合理控制医疗费用,严禁诱导医疗和过度医疗。卫生部门应加强民营医疗机构卫生从业人员医德医风、行业作风建设,认真做好不良执业行为记分管理,督促民营医疗机构依法执业。对不当谋利、损害患者合法权益的,相关职能部门应依法予以惩处。

4.推行法人治理结构。探索建立民营医疗机构董事会(理事会)制度,董事会(理事会)成员由举办者代表、院长(负责人)、职工代表及社会人士代表等组成。接受较大数额公共财政资金投入的民营医疗机构,其董事会(理事会)或监事会中应有政府出资人代表。

5.维护民营医疗机构的合法权益和医疗秩序。支持民营医疗机构依法维护自身合法权益。鼓励民营医疗机构参加医疗责任保险。发生医疗纠纷时,卫生行政、公安等部门应积极指导和支持民营医疗机构依法依规处置,医疗纠纷人民调解委员会应主动协助解决医疗纠纷,维护医患双方合法权益和正常医疗秩序。

【促进民办教育加快发展】 积极推进民办教育体制机制创新:

1.建立分类登记办法。按照非营利性和营利性对民办学校进行分类登记管理,并形成差异化的分类扶持政策体系。非营利性民办学校由编制部门或民政部门进行登记管理,营利性民办学校由工商行政管理部门进行登记管理。分类管理管理办法由各登记管理单位另行制定。民办学校法人属性由董事会根据自愿原则选择,采用决议方式决定。法人属性选定后,原则上不得更改。新办民办学校按照本意见分类办法进行登记管理。现有民办学校在三年内分批次完成重新登记工作。

2.健全产权归属制度。民办学校对举办者的投入资产、国有资产、受赠资产以及办学积累等,依法享有法人财产权。非营利性民办学校的举办者在办学期间不得分配办学收益,营利性民办学校的举办者可取得办学收益,办学结余可依国家有关规定进行分配。民办学校终止办学时,捐资举办的非营利性民办学校依照国家有关规定清偿债务后,剩余财产继续用于教育事业;其他非营利性民办学校依照国家有关规定清偿债务后的剩余资产,按历史成本原则返还举办者原始及累积出资,仍有结余的,按办学效益和贡献给予举办者一定比例的奖励,其余部分继续用于教育事业。营利性学校终止时,按照公司法和学校章程的相关规定处置。

3.深化办学体制改革。积极支持各类办学主体通过独资、合资、合作、股份制等多种方式举办民办教育。探索建立混合所有制学校。鼓励行业、企业等社会力量出资、投资办学,或参与公办学校办学。鼓励民办学校教职工以知识、技术、管理、资本等多种方式参与办学。鼓励优质公办学校与社会力量合作办学。公办学校不得利用财政性经费参与举办混合所有制学校。混合所有制学校必须具有独立的法人资格、校园、基础教育教学设施,进行独立的财务会计核算,独立招生和颁发学业证书。现有的公办学校参与举办的民办学校,要在三年内按照要求完成转制工作。

4.规范民资办学准入。积极鼓励和支持民间资金进入教育领域,政府财政、税收等政策资源优先扶持非营利性民办学校。允许社会力量在各个教育阶段举办营利性民办学校,倡导在全日制教育领域举办非营利性民办学校,在非全日制教育领域举办营利性民办学校。允许在义务教育阶段适度有序放开举办营利性民办学校。允许条件成熟的地方举办营利性中外合作培训机构。允许以多种形式引进境外优质教育资源或开展境外办学。

5.健全投资融资体制。健全民办教育投融资体制,支持民办学校与多层次资本市场对接,开展股权、债券等方式融资,帮助民办教育实现集约化发展。鼓励银行业金融机构对产权明晰、办学规范、诚信度高、偿债能力强的民办学校,在风险可控的前提下,将学校非教学设施作抵押发放贷款;允许利用收费权、知识产权进行质押贷款、信用贷款等;探索设立民办教育产业发展基金,积极为民办学校提供金融服务。探索组建由国资引导、民资参与的民办教育担保公司,为民办学校提供贷款担保等服务。对于办学规范、信誉良好的民办学校,各地可建立贴息贷款机制。鼓励融资性担保公司为民办学校贷款提供担保服务。

6.推进教育引资引智。鼓励各地加大教育引资力度。各县(市、区)可结合当地教育发展规划,推出一批重点项目引进民间资金建设优质学校。探索通过将土地、校舍等要素低租金或者零租金等方式,交由有教育情怀、管理经验和经济实力的教育名家或品牌教育机构通过市场机制办学,建设高端民办学校。

积极探索公办学校与民办学校互相委托管理。鼓励将薄弱的公办学校交由优质民办学校托管,支持薄弱民办学校将管理权委托给优质公办学校。鼓励优质民办学校推进集团化办学。各地要采取有效措施,扶植一批优质民办学校建立教育集团,拓展优质教育资源。支持中外合作办学,鼓励民办学校引进国际先进教育品牌和优质教育资源,依据《中外合作办学条例》试点开设国际课程。支持民办学校引进先进的国际教育质量认证体系和标准。

大力完善民办教育扶持优惠政策:

1.加大公共财政扶持力度。从2015年起,市财政整合现有民办教育资金设立民办教育发展专项资金,每年安排不低于1000万元,并纳入市财政年度预算。

通过政府购买服务、安排生均教育经费、保障教师待遇和专业发展经费、补助学校教学科研经费等形式对民办学校进行扶持，探索建立定额补助、项目补助、奖励性补助等多元化的公共财政资助体系。专项资金可根据实际情况实施动态调整，专项资金具体使用管理办法另行制定。各县（市、区）也要设立适应民办教育发展需求的专项资金，并列入同级财政预算。

2.健全公共财政扶持制度。市、县两级政府要根据民办教育的发展需求，健全政府财政补贴、助学贷款、基金奖励和捐资激励等制度。政府财政补贴制度要明确补贴的项目、标准，加强资金绩效评价和监督管理，提高公共财政资金使用效益。完善学生资助制度，民办学校家庭贫困学生与公办学校学生享受同等的资助政策。鼓励民办学校建立校级助学金、奖学金制度。非营利性民办学校新购置电脑、多媒体、图书、课桌等教学设备，当地财政应给予一定比例的补助。捐资举办的民办学校，各级财政应安排一定比例的基本建设配套资金。探索通过丽水市人民教育基金会，吸纳社会对民办教育的捐赠资金和非营利性民办学校退出办学后的资产结余等资金。规范基金会的资金管理，健全基金会对民办学校及师生的奖励制度。

3.建立政府购买服务制度。探索建立政府向民办学校或社会组织购买就读学位、优质课程、科研成果、政策咨询、评估验收等服务的制度。当地政府将本行政区域户籍的义务教育适龄儿童、少年安排在民办学校就近入学的，应当与接收学校签订委托协议并拨付相应的教育经费。拨付标准按照本区域同级公办学校的生均教育经费标准的一定比例执行，具体由各地制定。民办学校承担符合规定条件的外来务工人员随迁子女接受义务教育，各级政府要按照有关规定给予一定比例的经费补助。

4.落实税费优惠政策。根据民办学校属性不同，依法落实相应的税费优惠政策。符合条件的非营利性民办学校依法享有公办学校同等的税费优惠政策。从事学历教育的民办学校提供劳务取得的收入免征营业税，民办学校、幼儿园名下的土地、房屋免征城镇土地使用税和房产税。经县级以上人民政府教育行政部门或人力资源和社会保障部门批准并核发社会力量办学许可证的教育机构，其土地、房产权属用于教学的，免征契税，并由财税部门出具免税联系单。企业和个人用于民办教育事业的公益性捐赠支出，符合税法规定的，可在所得税税前扣除。出资人将房产、设备投入到民办学校，不征营业税、暂免征收土地增值税，房地产开发企业以其建造的商品房进行投资和联营的应按规定征收土地增值税。非营利性民办学校各项建设规费减免与公办学校享有同等待遇，用电、用水、用气、排污、通信等公共服务价格，与公办学校执行相同政策。

5.落实用地优惠政策。民办教育用地与公办教育用地享受同等的用地优惠政策，各地要根据教育布局规划，预留民办教育发展空间。国土资源部门每年在安排用地指标时，要优先保障捐资办学用地需求。非营利性民办学校可通过行政划拨方式获得土地使用权，原以出让方式获得的土地，土地用途和教育用地功能均保持不变。营利性民办学校新增建设用地，一律以有偿出让方式供地。原以行政划拨方式供地需改为出让的，按国家《协议出让国有土地使用权规范》（试行）规定处理，出让金由原土地使用者支付。在规划许可的前提下，民办学校可以依法依规通过土地置换迁建、扩建学校，做大做强优质资源。

6.建立奖励激励制度。建立民办学校举办者的奖励激励机制，除捐资办学外的非营利性民办学校，在扣除办学成本，预留发展基金，以及按规定提取其他有关费用后，在办学有结余的前提下，经学校决策机构研究决定并报教育、财政部门核准，可按当年办学结余的一定比例计提，用于奖励举办者。专任教师具备同类学校教师任职资格的比例少于70%的民办学校，不列入奖励范围，且在各类评优评先、学校发展性水平评估等考核中实行一票否决。市政府对为民办教育发展做出突出贡献的个人、企业、社会组织，以及长期从事民办教育事业、教育教学业绩突出的校长、教师等，予以表彰和奖励。

扎实推进师资队伍建设：

1.落实教师社保待遇。民办学校应配备具有教师资格、数量足够、结构合理的师资队伍。各地要依法建立社会保险经费分担机制，落实民办学校教师社保待遇。积极实施职业员工制度。经有关部门批准聘用为职业员工，且符合具有相应任职资格、在职在岗的民办学校教师，按照公办学校教师标准参加事业单位社会保险，享受与公办学校教师同等的社会保险和福利待遇。社会养老保险、医疗保险、失业保险、工伤保险、生育保险和住房公积金等按规定缴纳，由学校统一收取后向相关部门办理。教师人事关系委托当地人才管理服务机构统一管理。对参加事业单位养老保险的教师，基本退休费以档案工资为依据，享受与公办学校教师同等的退休费。其他教师参加企业单位社会保险并享受相应的养老待遇。民办学校及教师应按规定缴纳单位及个人应缴部分的社会保险费。各级财政要通过一定比例标准的补助,支持民办学校建立教师社会保障制度,提高教师退休待遇。

2.提高教师工资水平。市、县两级教育部门要会同人力资源和社会保障部门在每年6月份以前,向社会公布各级各类民办学校教师工资指导线(最低标准)。民办学校教师的工资指导线(最低标准)不得低于当地同级同类公办学校教师平均岗位绩效工资的70%。民办学校应按照公办学校教师工资制度建立教师档案工资。民办学校教师经聘用为职业员工后,根据年度考核结果及时调整员工档案工资,报当地人力社保部门审批后,书面通知本人,审批表送人才管理服务机构存档。

3.健全人事代理制度。民办学校应积极组织教师参加人事代理,人事代理作为民办学校教师参加职称评审、培训培养、社会保险、评优评先、岗位流转等重要依据。民办学校教师与任教学校签订一年及以上聘用合同后,由所在学校提出申请,经教育行政部门审核,由学校、教师(申请人事代理人)与当地人才管理服务机构共同签订《人事代理协议》。人事代理手续每年8、9月份集中办理。人事代理费由当地财政专项补助,实行免费服务。

4.加大师资扶持力度。公办学校教师经组织委派到民办学校支教,其原有的公办教师身份、档案关系、社会保险等均保持不变,工资由受援民办学校支付,支教期满回原单位任教。公办学校教师应聘到民办学校任教,人事关系实行人事代理,工资由聘用学校发放,社会保险等按有关规定执行,聘用期满,可在编制许可范围内,经教育、人力社保部门批准,通过直接考核等方式由公办学校重聘。民办学校教师可在聘用期满后,参加公办学校的招聘考核,一经录用,符合规定的工龄、教龄经人力社保部门审核后予以连续计算。对距离法定退休年龄不足5年(含5年)且工作年限满20年或工作年限满30年的公办学校教师和教研、教科研人员,通过双向选择,自愿到民办学校支教的,允许所在单位为其提前办理退休手续。各地要对民办学校师资队伍进行分类扶持。捐资举办的非营利性民办学校,教育行政部门可按需派驻优秀公办学校教师任教,工资、社会保险等人员经费均由当地财政承担。其他非营利性民办学校,组织派驻支教的公办教师比例原则上不低于30%。营利性民办学校组织派驻支教的公办学校教师比例原则上不超过10%。

5.保障教师合法权益。民办学校教师在资格认定、职称评定、科研申报、评优评先、培训培养等方面,与公办学校教师享有同等待遇,各级教育部门、人力资源和社会保障部门要保障教师合法权益,将其纳入统一管理。民办学校培养或引进的特级教师等各类高层次人才,任教期间可参照丽水市高层次人才队伍建设及教师队伍建设有关政策规定,享受相应的政府岗位津贴。民办学校要按照当年生均公用经费的10%和教职工工资总额的3%足额提取培训经费,确保按要求完成培训任务。列入市培训计划的民办学校教师,享受与公办学校教师同等的财政补贴。各地要大力加强民办学校教师持证上岗培训,提高民办学校师资合格率。各级教育行政主管部门要督促民办学校教师在限期内取得相应教师资格证,逾期未能取得相应教师资格证的,不得从事课堂教学。全日制民办学校教师晋升高级教师职务不作支教要求,公办学校教师在全日制民办学校任教,可作为其支教经历。

加快建立现代学校制度:

1.完善学校法人治理结构。要推行科学管理,落实管办分离要求,健全董事会(理事会)决策机制和监事(监事会)监督制度,规范成员构成、议事规则和运作程序,明确董事会(理事会)和校长的权责,保障校长和学校管理机构依法行使教育教学和行政管理权利。举办者选派参与董事会(理事会)的代表要熟悉和热爱教育工作。民办学校要依法制定学校章程,按照章程规定治理学校。要推行民主管理,实行教职工代表大会、校务公开等民主管理和监督制度。

2.依法保障招生自主权。民办学校要遵循国家相关规定,行使教学、招生、收费等办学自主权,自主开展教育教学活动,自主制定发展规划,设立内部机构,聘任教职员工和管理学校资产财务。实施中高等学历及职业教育的民办学校,按照国家和省有关规定自主设置专业,自主制订人才培养方案。基础教育阶段的民办学校享有与同级同类公办学校同等的招生权利,可根据办学特色和需要,在省级以上有关部门政策允许范围内,享受民办学校招生相关政策。义务教育阶段民办学校可通过面试等方式选择符合学校规划的学生。普惠性幼儿园根据办学有关规定或约定组织招生。

3.依法规范收费自主权。按照优质优价、公开透明的原则,实行分类的收费政策。非营利性学历教育民办学校收费项目及标准实行政府指导价管理,收费基准价由价格行政主管部门会同教育行政主管部门或人力资源和社会保障主管部门制定;经教育行政部门认定的优质学校,可按不高于基准价50%的幅度内自主确定收费标准，其他学校按不高于基准价30%的幅度内自主确定收费标准，报同级价格主管部门备案并向社会公示后执行。营利性学历教育民办学校的收费标准，由民办学校根据实际自行确定，报同级价格主管部门备案并向社会公示后执行。享受部分政府财政补助(主要包括：政府优惠划拨土地、派驻公办教师、政府安排专项资金及补贴或奖励、政府购买服务以及其他政府优惠政策等）和以民办形式承办的公建配套幼儿园等普惠性民办幼儿园，实行按等级限额收费，由同级人民政府教育主管部门以合同约定等方式确定最高收费标准，民办公助幼儿园在最高标准范围内制定具体收费标准，报当地价格、教育、财政部门备案后执行。其他民办幼儿园保育费标准按照补偿教育培养成本，适应社会需求状况和适当考虑发展等因素自主确定，报同级价格主管部门备案并向社会公示后执行。民办学校收费应当按照有关规定向受教育者出具税务部门规定的票据，并向社会公示退费办法。各类学校收费标准应在收费前一周进行公示。

4.依法落实法人财产权。民办学校举办者应依法履行出资义务，将出资用于办学的土地、校舍和其他资产，经依法验资确认后，足额过户至学校名下。出资人以不动产用于办学，原有不动产过户到学校名下，不属于买卖、转让、赠予或交换行为的，只收取证件工本费。投入民办学校的货币资产要经法定验资机构验资后过户到学校名下，非货币资产要经有资质的中介机构评估后过户到学校名下。各级教育行政主管部门要督促各级各类民办学校限期及时完成资产过户工作。民办学校存续期间，学校名下所有资产由民办学校依法管理和使用，任何组织和个人不得侵占。民办学校出资人的产(股)权份额可以依法转让、继承、赠与。

5.规范财务管理制度。按民办学校法人属性不同执行相应的会计制度。非营利性民办学校参照执行公办学校的会计制度，营利性民办学校参照执行《企业单位会计制度》。完善民办学校固定资产管理制度，对出资者投入资产、财政拨款形成的资产、受赠资产和办学积累所形成资产要分别登记入账，定期盘点，做到账账相符、账实相符。民办学校要按相关法律法规规定，由符合资质要求的会计师事务所出具年度财务审计报告，并公布审计结果。对接受政府经常性资助的民办学校，各级教育、财政、审计、监察等部门要定期开展财务专项检查。

6.建立风险防范机制。民办学校均应按学费等收入的一定比例提取风险基金，主要用于一旦出现风险时，退还学生学费、补发教师工资、偿还债务等支出。风险基金属于学校资产，实行专户存储。任何组织和个人不得擅自动用风险基金。凡没有独立校舍的民办学校，风险基金最低必须提取并维持学费(保教费)年收入的7%。有独立校舍的学校，风险基金最低必须提取并维持学费(保教费)年收入的5%。6.加强教育教学改革。民办学校要始终把立德树人作为办学首要任务，切实改善办学条件，深化课程改革，推进素质教育，提升学校办学内涵。教育部门要加强民办学校质量管理和评估，创新载体引导民办学校积极升等创优，创建一批高质量有特色民办学校。鼓励基础教育阶段民办学校探索9年或12年一贯制办学模式，积极探索中职教育和高职教育衔接的“3+2”或“五年一贯制”办学模式，满足群众多样化的教育需求。

努力提升政府治理水平：

1.建立组织领导保障机制。各级政府要切实履行发展民办教育的重要职责，把民办教育纳入本地教育事业发展总体规划，制定发展战略和发展规划。教育等各有关部门要明确管理职责，切实履行职能，定期研究、协调解决民办教育工作中的重大问题，保证各项政策措施落实到位。

2.加强教育综合治理和日常监管。加强平安校园创建，落实“三防”措施和监管责任，防止和减少各种伤害、火灾事故。切实加强校园周边环境的整治力度，做好未成年人违法犯罪的预防和教育工作。完善民办教育联合执法工作机制，开展规范化教育培训机构建设，强化非学历教育培训机构的监管。教育、民政、市场监管等部门要依法健全非学历教育培训机构审批、登记管理、信息公开等制度，坚决查处存在无证无照经营、超范围经营、发布虚假广告等违法违规行为的教育培训机构。

3.加强教育督导和专业服务。要加强对民办教育的督导，完善年检、质量管理、信息公开、财务会计和审计监督等制度。市、县(市、区)两级教育部门要建立专门的民办教育管理机构，配足配优工作人员，健全内部工作机制，强化民办教育的宏观管理。要促进民办教育协会等行业组织建设，探索政府职能委托和第三方评价制度，发挥各级民办行业组织自律、协调和服务的作用。探索建立教育科研、教学研究、教育评估等教育类社会组织，加强对民办教育的指导和服务，形成政府主导、行业自律、社会参与，管理规范、运作高效的民办教育管理机制。

4.营造优良的改革和发展环境。鼓励全社会共同关心、共同支持社会力量兴办教育。广泛宣传推广先进经验。加大对民办教育发展成就的宣传表彰力度,大力宣传民办教育改革创新的优秀举办者、校长和教师的先进事迹,努力营造有利于社会力量兴办教育的良好环境。

【加快丽水市电子商务发展】培育发展电子商务公共平台:一是搭建行业电子商务公共平台。结合丽水产业特点,培育具有鲜明行业特色的本地电子商务公共服务平台,鼓励各地通过各种形式成立电子商务公共服务机构,对区域电子商务主体培训、孵化支撑、营销推广等进行立体化的公共服务,尤其是在服装、鞋革、玩具、竹炭、农特产品、医药、旅游、“丽水三宝”等领域,建成一批以传统产业为依托、特色明显、潜力巨大的产业集群电子商务平台,促进传统产业的转型升级。二是开通城市生活电子商务公共服务平台。为实现“秀山丽水,养生福地,长寿之乡”的战略目标,鼓励企业结合本地实际,开通城市电子商务公共服务平台,集住宿预订、旅游售票、农特产品销售等内容,推广“五养”文化,创建“丽水”名片。三是培育电子商务产业集聚区。在条件成熟的地方新建,或者结合丽水绿谷信息园区和孵化园区建设,或者利用已有的建筑设施和工作场站,建立大学生创业孵化基地,培育电子商务集聚区。采取免费入驻或租金补助的方式,并实行循环淘汰制度,吸引电子商务企业入驻。定期举办技术论坛和交流,引导企业聚集发展,形成产业集群。

积极利用电子商务开拓国内外市场:一是普及中小企业电子商务应用。鼓励中小企业利用国内外知名的第三方平台开展电子商务,积极开拓国内外市场。支持在影响较大的第三方电子商务平台开辟丽水产品专区,或者嵌入其网站作为一个子频道,把丽水城市品牌、优势产业、优秀企业、特色商品集中进行展示、宣传和推广。二是支持传统商贸企业发展网络零售业务。支持传统商贸企业、专业市场建立和完善电子商务体系,鼓励有条件的大型百货、购物中心、连锁超市、专业市场等企业依托原有实体网点、货源、配送等商业资源开展网络零售业务,进一步发展集电子商务、电话订购和城市配送为一体的同城购物。支持有条件的专业市场强化仓储、配送、采购等功能,发展一批以专业市场为依托的网商集聚区。三是鼓励生产企业直接开展网络销售。支持生产企业设立销售子公司,依托自身品牌,通过第三方零售平台开设网络旗舰店、专卖店等网络零售终端,有条件的可自建垂直零售平台,开展网络零售、网上订货和宣传展示、洽谈签约等业务。四是鼓励从事网络销售的电子商务企业通过淘宝网等第三方网络零售平台做大做强;培育一批第三方网络零售平台,规范发展网络团购平台。五是大力发展跨境电子商务。开展跨境电子商务试点,从电商平台、经营主体、仓储物流、快递配送、售后服务等环节入手,构建跨境电商业务体系;逐步建立适应电子商务模式的报关、报检、结汇和退税等管理机制。积极推动我市企业依托电子商务平台,直接将产品和服务销往境外消费者或零售终端,减少中间环节。六是加大电子商务向社区发展。支持有条件的社区商业、物业和家政服务等中小企业利用电子商务开展社区便民服务,为居民提供完善的电子商务服务平台。鼓励建立吸纳网络用户、保持用户互动、提高用户黏性的社区平台,让其与电子商务门户平台进行有效整合,成为电子商务交易平台的外围和包裹,改善丽水电子商务交易平台的生态系统。通过计算机、移动终端和电视等联合互动,提升居民的电子商务消费体验,培养居民的电子商务应用习惯,让电子商务亲近百姓,走进千家万户。七是加大电子商务向农村发展。以农村青年、大中专毕业生等群体为重点,以拓宽丽水农特产品网络销售渠道为目标,集中发展乡镇电子商务产业链,推动发展第三方平台与省内外大型农产品批发市场、生鲜连锁超市等对接,建立农产品网上直采系统。实施“电子商务进万村工程”,在城郊和主要行政村建设电子商务服务点,完善农村配送服务网络建设,改善农村居民网络消费环境,全面提升城乡居民的网络消费水平。八是开展网络营销推广活动。整合金秋购物节、庆元香菇节、云和木玩节等线下重点节庆活动资源,积极开展电子商务平台丽水特色“网络营销节庆”活动,塑造优势产业地标品牌。支持企业积极开展网络营销活动,对丽水产品进行营销推广。鼓励电子商务企业参加国内外电子商务发展论坛和展会,加强丽水电子商务产业对外宣传,扩大影响力。

建立电子商务公共服务体系:一是加强通信及数字基础设施体系建设。加快基础通信设施、光纤宽带网和移动通信网、广电有线网络建设,推动“三网融合”,大力支持无线宽带和光纤到户的接入,积极实施丽水全城 WiFi 的覆盖应用,推进农村宽带互联网等信息通信基础设施建设,争取乡镇以上宽带全覆盖。健全公共商业数据基础设施,形成主要行业公共商业数据库,形成指数化的公布机制,对应于义乌小商品指数,打造农产品指数体系;加强商品条形码等新型技术的广泛应用,逐步完善线上、线下商品条码、二维码、数字证书等设施;加快可信的数字认证机构建设,形成一批能够在网络上进行发布和公证有法律效力认证的数字机构。二是建立完善网络支付和金融体系。支持符合条件的互联网企业申请支付业务许可证;支持银行机构、支付机构创新支付产品和服务,督促其加强支付安全管理;鼓励有条件的第三方支付机构向境外扩展业务,建立完善多元化、多层次的支付服务体系。进一步完善在线支付资金清算体系,推动在线支付业务规范化、标准化并与省内先进地区接轨。引导本地电商与银行合作创新金融服务模式,努力将平台数据转化为银行认可的征信数据,银行可据此对电商授信及放贷。适时推行市民卡工程,推动大范围的电子商务金融体系建设。三是构建信用和认证体系。加强政府监管、行业自律及部门间的联合协调,鼓励企业积极参与,按照完善法规、特许经营、商业运作、专业服务的方向,建立科学、合理、权威、公正的信用服务机构;建立健全相关部门间信用信息资源的共享机制,建设在线信用信息服务平台,实现信用数据的动态采集、处理、交换,推进联合征信系统建设,积极推进网上远程核名及查询,实现与工商、国税、地税、质监、检验检疫、海关等单位的企业信息在线实时交换和联网共享,依法规范网上营业执照信息公示或身份信息公示;制订丽水电子商务安全认证管理办法,进一步规范密匙、证书、认证机构的管理,注重责任体系建设,形成可行的安全电子交易制度;整合丽水现有资源,完善安全认证基础设施,实现全丽水境内安全认证基础设施的合理布局。四是培育电子商务技术服务企业。有效整合基础电信运营、软件供应和系统集成等基础业务,培育一批专业化、拥有自主知识产权的核心技术或者成熟的运营模式的电子商务技术服务企业,为中小电子商务企业提供平台开发、信息处理、数据托管、应用系统和软件运营等外包服务。引进国内外知名电子商务服务企业来丽水设立区域总部或分部。

加强电子商务物流配送体系:充分整合铁路、道路、邮政、仓储、商业网点等现有物流资源,加快推动快递业、邮政企业和干线运输的横向联盟、优势互补,提高配送网络的城乡服务能力和农村覆盖面;规划建设面向丽水主要网售产品区域的电子商务物流节点和支线体系;引导第三方物流企业按电子商务供应链管理要求,主动创新商业模式,开发针对电子商务企业需要的物流服务产品;鼓励境内外企业参与丽水第三方物流、第四方物流等新型物流业态的发展,加大引导促进传统运输、仓储、货代、批发、零售等企业拓展服务范围,不断满足多样化物流服务需求。重点发展支撑面向长三角的丽水农产品直供基地的冷链物流配送体系。对建立标准化操作规范,冷链物流配送系统的物流快递企业,按其配送中心、冷链系统等建设项目的实际投资额给予一定补助。

加快发展面向电子商务网站、网络电视购物频道、移动购物平台的电子商务物流配送体系建设。一是在丽水建立服务于电商的专业化大型仓储配送中心,或支持丽水本地具备条件的商贸大企业和大集团,进行布点建网,建立集仓储、配送、快递、流通加工等功能于一体的电子商务仓储配送网络,并在此基础上鼓励和引导其逐步向第三方物流企业开放其物流管理平台,实现电子商务企业的共同配送;二是优化布局城市社区电子商务商品投送公共设施,开展网络商品投送公共设施建设试点,引导社会资金投入建设智能化第三方社区公共投递平台,为网络商品提供投递、寄存等服务,提高消费者网络购物便利程度;三是针对农村物流配送体系相对薄弱,在“电子商务进万村”工程引导下,切实推进“物流配送进农村”子工程,通过发展配送服务网点,提供原料和生活用品网络代购,以及农产品仓储配送等服务。

加强电子商务人才培养力度:鼓励本地大中专学校开设相关专业、建设实训基地,充分利用大中专院校资源,加强电子商务产业人才的培养和培训;鼓励社会培训机构、行业协会和有条件的电子商务企业开展电子商务法律法规培训、业务知识培训、职业化培训、技能化培训;加大电子商务高端人才的引进,鼓励企业面向国内外引进一批高素质、有丰富电子商务大型团队运营经验的职业经理人队伍。引进人才享受省市有关人才政策。

加大电子商务宣传力度:一是普及电子商务知识,运用媒体,采用高峰论坛、专题演讲、专题培训等形式,加强电子商务的宣传、知识普及和安全教育工作,转变经营者的经营理念,提高社会各界对发展电子商务重要性的认识,形成良好的社会发展氛围。二是强化丽水产品网络形象设计和宣传,在省内外媒体上对丽水产业、丽水品牌、丽水网商进行整体宣传推广,提高丽水产品在全国的影响力。

实施电子商务示范带动工程:培育重点电子商务企业、平台、项目。落实省委省政府提出“大平台、大产业、大项目、大企业”战略,在电子商务各领域中选出一批基础扎实、成长性好的企业、平台和项目,集中相关政策措施,进行重点支持和培育,发挥好示范带动作用,全面提升我市电子商务发展水平。

推动电子商务示范县(乡镇、村)建设:支持有条件的地方积极申报国家、省级电子商务示范城市。同时,综合考虑电子商务应用普及、电子商务企业集聚、电子商务支撑服务体系建设等要素,认定一批市级电子商务示范乡镇、示范村,通过区域示范,带动全市电子商务发展。

建立健全保障制度:1.加强组织领导。成立丽水市电子商务工作领导小组,统筹协调我市电子商务工作的相关重大事项。领导小组由市政府领导为组长,成员由相关部门负责人组成,领导小组办公室设在市商务局。各部门要结合自身职能,各司其职,分工合作,形成电子商务发展合力。2.加大财政资金支持。整合相关专项资金,市级财政每年安排1000万元用于扶持电子商务发展,主要用于支持培育发展电子商务公共平台、企业利用电子商务开拓国内外市场、健全电子商务发展的基础保障、电子商务相关培训宣传以及电商服务支撑体系建设、监管平台、诚信建设等工作;以及全市示范工程、行业统计和县(市、区)工作奖励。3.加大税收政策的支持。对省市重点电子商务企业纳税有困难的,报经地税部门批准,酌情减免房产税、城镇土地使用税;新入驻电子商务产业园、产业园孵化基地的电子商务企业、快递企业,如属新创立的符合产业政策的小微企业,自创立之日起3年内免征、第4–5年减半征收地方水利建设基金。支持电子商务及相关服务企业参与高新技术企业和软件生产企业认定,如符合条件并通过认定的,可享受高新技术企业和技术先进型服务企业税收政策。对电子商务企业交易平台符合加计扣除条件的研究开发费用,未形成无形资产计入当期损益的,在按规定据实扣除的基础上,按研究开发费用的50%加计扣除;形成无形资产的,按照无形资产成本的150%摊销。对电子商务企业引进高端电子商务人才而产生的有关住房货币补贴、安家费、科研启动经费等费用,按规定在计算企业所得税应纳税所得额时扣除。4.加大对电子商务用地的支持。对国家、省、市重点电子商务项目,优先安排用地指标,保障项目落地。对于优质的电子商务企业、快递企业优先安排入驻产业园孵化基地,享受孵化器优惠的房租减免政策。5.加大对电子商务企业金融支持。各银行业金融机构要加大对电子商务企业的信贷扶持力度,在利率、办理手续等方面给予优惠和方便。鼓励担保公司为电子商务企业提供融资担保。6.其他方面政策支持。创新登记注册服务方式,进一步放宽电子商务企业名称核准、经营范围、经营场所以及设立多级分支机构等市场准入的限制,实施一址多照,企业住所可放宽不受土地性质约束。工业企业分离成立商贸公司(或者电子商务公司)从事电子商务的,享受市政府企业分离发展服务业有关政策。小微电子商务企业可享受市政府扶持小微企业发展有关政策。电子商务企业、快递企业配送车辆可给予办理《道路通行证》。完善价格政策,电子商务企业用水、用电、用气与工业企业同质、同量、同价。7.建立电子商务统计监测制度。开展电子商务发展战略和政策研究,建立完善发展评价体系,提升电子商务统计监测、分析的科学化水平。研究制定电子商务产业统计指标体系,加强电子商务企业信息统计和采集,建立电子商务运行监测系统。8.加强电子商务行业监管。发挥商务、公安、市场监管、税务、文化、质监、邮政管理局、通信等部门在电子商务活动中的监管职能,研究制定电子商务监督管理规范,切实做好执法检查和日常监管,严厉打击依托网络的制售假冒伪劣商品、侵犯知识产权、传销、诈骗等行为。推进网上经营主体信息公开披露,探索建立电子商务信用管理和信息共享机制,推广信用产品在电子商务中的应用,促进我市电子商务规范有序发展。完善丽水市电子商务行业协会等社会中介组织,倡导行业自律。推行行政监管、行业企业自律、社会监督、消费者参与"四位一体"的网络商品交易监管模式,维护网络公平竞争秩序,保护网络消费者和经营者合法权益。

【促进丽水餐饮业发展】 加强餐饮网点规划:按照科学规划、合理布局、适度超前、特色突出的要求,结合城乡历史文化景观、民俗文化景观、农业生态景观,做好丽水市餐饮业发展布局规划。中心城市要着力建设商务餐饮、休闲餐饮和社区餐饮;在流动人口集聚区要建设美食街和夜市,在居民社区要设置方便消费、老少皆宜的大众化餐饮网点;乡镇要结合新农村建设,合理设置网点,规范发展农家乐餐饮。

加快培育餐饮品牌:1.打造"丽水美食节"。原则上每年举办一次,力争把"丽水美食节"培育成为丽水市重点会展。通过行业展览、技能比赛、美食展示等多种形式,开展名店、名厨、名吃、名点和餐饮业优秀企业家、服务员等各类评比活动,促进企业之间、厨师之间的学习与交流,引导和激励整个餐饮业的良性发展。2.提升丽水菜系品牌。设立丽水名菜(名菜、名点、名宴)认定委员会,组织编写"丽水名菜"标准,评选认定"丽水名菜",定期向社会公布具有丽水地域特色、饮食风俗和文化、深受消费者喜爱的丽水名菜。对制作名菜的厨师、企业授予牌匾和证书,并落实奖励政策。3.加强丽水菜系研究。鼓励餐饮企业、行业协会成立丽水菜系研究机构，总结丽水菜系文化内涵，提炼丽水菜系特色，收集整理地方名菜名宴，发掘乡村民间饮食文化和人文内涵，组织编写《丽水地方名宴》、《丽水养生菜谱》、《丽水名小吃》，提高丽水菜系品位。4.支持餐饮企业品牌建设。鼓励企业注册和使用自主商标，充分发挥品牌效应；抓好餐饮行业标准化建设，开展食养产业标准制定，引导和鼓励餐饮企业创建“浙江服务名牌”、“丽水服务名牌”，鼓励和支持餐饮企业做大做强。

培育餐饮龙头企业:推动餐饮企业规模化发展，支持有条件的企业通过兼并、收购、参股、控股等多种方式，组建大型餐饮集团。加快发展连锁经营、统一配送、网络营销、电子点菜等现代经营方式，鼓励企业与国内知名餐饮品牌联合，加快发展加盟连锁和特许连锁；促进传统餐饮企业升级改造。建立丽水市餐饮龙头企业认定办法及政策奖励机制，重点支持10家以本地特色菜为主的餐饮龙头企业。

加快发展大众化餐饮:1. 加快推进“早餐示范工程”。要把早餐工程作为政府关注民生、为民办实事的一项重要工作来抓。按照“政府推动、企业主体、规范运作、百姓共享”的原则，贯彻“以店为主、以车为辅，长效管理、巩固提高”的工作思路，加大资金扶持力度，推进主食加工配送中心建设，提高早餐加工配送能力，加快早餐网点建设，逐步建立规模化、规范化生产，连锁化经营，覆盖居民社区的早餐供应体系。2.积极发展大众化餐饮。促进早餐、快餐、特色小吃、社区餐饮、团体供膳、食街排档、农家乐等经营业态发展。鼓励连锁快餐企业进入社区，发展营养、卫生、美味、经济的中式快餐和风味小吃。引导餐饮企业面向社会开展配送服务，大力发展家庭送餐服务，开展居民电话点餐、网上订餐等服务。

抓好餐饮人才队伍建设: 加大餐饮业人才的教育培训，特别是加大对餐饮业经营管理人员和专业技术人员等人才资源的教育培训力度。鼓励企业加强在岗培训，不断增强从业人员的专业技术、经营管理、服务规范等方面的基本知识，提高餐饮业从业人员的整体素质。

切实保障餐饮安全卫生: 强化餐饮企业食品安全管理，严格执行《食品安全法》等法律法规，全面推行食品安全监督量化分级管理，建立完整的食品安全管理体系和操作规程，切实保障消费者身体健康。加强诚信体系建设，规范企业经营行为，探索建立餐厨废弃油脂回收利用方式和机制，大力发展环保型绿色餐饮消费。充分发挥行业协会作用: 进一步发挥餐饮行业协会提供服务、反映诉求、规范行为的作用，把协会真正办成会员之家。加强与政府部门的沟通协调，协助有关部门开展行业规划、标准制定、统计分析、政策研究等工作，积极开展技术交流、理论研讨和美食节庆等活动。加强协会自身建设，建立完善各项管理制度，加强信息交流，提高服务能力，建立自律性管理约束机制。

加大财政支持: 财政每年安排一定资金支持餐饮业发展，扶持资金按现行财政体制由各级财政分别承担。1.支持“早餐示范工程”建设。对建有主食加工配送中心，有30家及以上早餐配送摊点的企业，给予20万元一次性奖励。2.支持餐饮企业规模经营。对认定为市级餐饮龙头企业（认定办法另行制定）的给予一次性10万元奖励。3.支持餐饮品牌培育。对认定为名菜、名店、名师的给予奖励(认定办法另行制定)，对餐饮展会、美食节和技能比赛给予支持。

加大税收优惠:全面落实营业税起征点调高政策，自2012年1月1日至2015年12月31日，对年应纳税所得额低于6万元(含)的小型微利餐饮企业，其所得减按50%计入应纳税所得额，按20%的税率缴纳企业所得税。餐饮住宿企业纳税有困难的，按照审批管理权限，经地税机关批准，给予减免房产税和城镇土地使用税。

减轻企业负担: 适当降低餐饮住宿企业相关收费标准，支持符合条件的餐饮住宿企业申请大工业用电，执行大工业用电分时电价；对用水、用气实行价格优惠政策，自2013年8月至2014年7月按现行价格的70%执行。餐饮住宿企业数字电视基本收视维护费不高于居民用户的收费标准，同时下调建筑消防设施及电器消防安全检测费、电梯检验费、污水化验费、锅炉安全阀检测费等收费标准20%。对已缴纳污水处理费和污水进入城市管网的餐饮企业，环保部门不再另征排污费。对已经按有关要求参加年度餐饮服务食品安全知识培训并在省内餐饮企业流动工作的从业人员，无需重复参加食品药品监督管理部门组织的培训。简化餐饮企业灯饰、广告设置审批手续，对早餐、夜市的经营网点和车辆停靠，要统一规划、布局，城市管理和交通管理部门要予以支持。

给予金融支持: 各银行金融机构对餐饮企业改造经营设施、开设网点、购买生产设备、投建配送中心等所需资金，应积极采用有形资产抵押、商标权和经营权质押、融资性担保等多种方式，提供信贷支持，并落实相关利率优惠政策。对经认定的市级餐饮龙头企业，各银行业金融机构应给予重点支持。

提供用地保障：要在符合土地利用总体规划的前提下，合理配置土地资源，统筹安排餐饮建设项目用地。对餐饮龙头企业和早餐企业建设主食加工配送中心、原辅料配送中心的用地，要积极予以支持。

【促进光伏发电产业健康发展】 推广范围：光伏发电项目主要包括分布式发电项目和光伏电站项目。分布式光伏发电是指在用户所在场地或附近建设运行，以用户侧自发自用为主、多余电量上网且在配套网系统平衡调节为特征的光伏发电设施。光伏电站是指作为公共电源建设及运行管理的光伏发电设施。

(一)鼓励按照“自发自用，余量上网，电网调节”的方式建设分布式光伏发电系统。优先支持在工业园区厂房、商业综合体、专业市场、体育场馆、高速公路服务区等建筑屋顶建设规模化分布式光伏发电系统，支持在学校、医院、党政机关、事业单位、科研院所和城乡居民住宅等建筑屋顶推广小型分布式光伏发电系统。支持在城镇化发展和美丽乡村建设过程中，结合建筑节能加强光伏发电应用推广。

(二)现有年综合能耗超过5000吨标准煤且具备建设屋顶光伏发电条件的企业(项目)，原则上要利用屋顶配套建设分布式光伏发电系统，进行能耗减量置换。新建的年综合能耗超过5000吨标准煤的企业(项目)，具备建设屋顶光伏发电条件的，原则上按照同步设计、同步实施的要求建设分布式光伏发电系统。

(三)鼓励新建屋顶面积达1000平方米以上的工商业和公共建筑，按照光伏建筑一体化要求进行设计和建设。政府性建筑物，符合规划的，原则上应无偿提供屋顶用于建设光伏发电系统。积极试点和推广光伏玻璃幕墙。

(四)创新土地利用方式，提高土地利用效率，积极推进国有土地租赁方式，在滩涂、水面、荒山、护坡、废弃矿山等开发利用困难的空间，有序投资建设光伏地面电站。支持利用农业大棚、种养基地、鱼塘水库等发展集高效农业、现代渔业、休闲观光与太阳能光伏发电融合互补的“农光互补”、“渔光互补”项目。

建设模式：光伏发电项目的投资主体与建筑屋顶所有权单位(家庭或个人)可按照合同能源管理、租赁、合资参股、委托建设等模式进行合作。鼓励专业化的能源服务公司与用户合作，投资建设和经营管理为用户供电的光伏发电及相关设施，将合同能源管理模式引入光伏应用推广领域。

项目管理：(一)光伏发电项目按照国家和省级能源主管部门有关规定，实行年度指导规模管理。年度指导规模由市、县(市、区)发展和改革部门根据规划和项目前期推进等情况按规定要求申报，统筹管理。对纳入全省光伏发电年度建设计划并按规定时间要求建成投运且验收合格的项目，可按发电量获得国家资金补贴，享受省、市相关优惠扶持政策。对不需要资金补贴的光伏发电项目，不作年度建设规模限制。(二)简化光伏发电项目审批程序。分布式光伏发电项目由市、县(市、区)发展和改革部门实行备案管理。对个人利用自有住宅及在住宅区域内建设的分布式光伏发电项目，由当地电网企业直接登记并集中向当地发展和改革部门备案。光伏电站项目由市、县(市、区)发展和改革部门初审受理后转报省发改委(省能源局)备案。具体备案管理办法按国家和省能源主管部门有关规定执行。(三)光伏发电项目按照“谁投资、谁受益、谁负责”的原则，承担光伏发电的安全责任和义务。

并网服务：(一)加强配套电网建设。电网企业要加强光伏发电配套电网建设和改造，确保配套电网与光伏发电项目同步建成、同时并网。接入公共电网的配套电网工程、接入用户侧分布式光伏发电引起的公共电网改造部分由电网企业投资建设。电网企业应创造条件，方便分布式光伏发电低压并网。(二)优化并网审批程序。电网企业要简化光伏发电项目并网服务流程，明确申报材料内容和办理时限，开通审批“绿色通道”。对家庭光伏发电系统实行一站式并网接入服务。对不需要补贴的分布式光伏项目，如具备接入电网条件，可放开规模建设。电网企业不同意光伏项目接入的，应当书面说明原因，并向省级能源监管机构和当地能源主管部门报告。(三)完善并网运行服务。分布式光伏发电原则上以用户端自发自用、多余电量上网为主，也可选择全部自用或全部上网，用户不足电量由电网企业提供。电网企业对分布式光伏发电项目所发电量余量上网部分全额收购，免收系统备用容量费和相关服务费。上、下网电量分开结算，电价执行国家相关政策。

扶持政策：(一)各县(市、区)要积极发展光伏发电应用项目，对推广应用光伏发电较好的地区在年度能源消费总量上给予适当倾斜。(二)严格实行企业能源总量控制制度。对利用屋顶建设光伏发电系统的企业，依据企业年度能源“双控”目标，在执行有序用电时，降低一级有序用电等级，优先审批因转型升级所需的电力增容需求。光伏系统所发电量可以在其年度用能指标中予以抵扣，并在评选“绿色企业”时给予支持。(三)光伏发电项目自发自用电量不计入阶梯电价适用范围,计入地方政府和用户节能量,不纳入能源消费总量考核,并可作为用能指标进行交易。(四)实行按照电量补贴政策。市本级、各县(市、区)都要建立专项资金,扶持辖区内光伏发电项目建设。自2014年起到2016底,对市本级(含莲都区、丽水经济开发区)建成投运的光伏发电项目(含个人项目)所发电量,实行按照电量补贴的政策,补贴标准在国家、省规定的基础上,再补贴0.15元/千瓦时(补贴资金由市财政、莲都区或丽水经济开发区各承担50%,市财政补贴资金先由市级三电结余资金中安排),自发电之日起连续补贴5年。已享受国家"金太阳示范工程"、"光电建筑应用一体化示范项目"等投资补助的光伏发电项目,不再补贴。各县(市)可参照市本级制定补贴标准,所需补贴资金由县(市)负责。(五)加大金融政策支持力度。金融机构要创新金融服务,支持企业以光伏发电项目为担保,对光伏发电项目建设给予独立的信贷支持。(六)加大土地政策支持力度。光伏发电项目使用土地的,应依法办理用地审批手续。对经许可建设的光伏发电项目需利用土地资源的,在安排土地利用计划指标时给予适度倾斜。

【机器人产业基地建设】 平台建设:1.产业发展平台。在丽水经济开发区和丽缙五金科技产业园规划建设机器人产业发展平台。首期规划园区各1平方公里,共2平方公里;远期规划3—4平方公里。鼓励机器人整机及关键零部件产业化、系统集成应用和技术服务项目向机器人产业发展平台集聚。2.企业孵化平台。在丽水经济开发区和丽缙五金科技产业园建立企业孵化平台,为机器人小微企业和临时过渡量产企业提供快捷的发展空间和必要的发展支持,降低启动成本,加快成果转化,促进集聚发展。3.公共服务平台。由相关职能部门牵头在高等院校、职业学校和重点企业设立具有机器人技术及产品检测、科研成果转化、人才培养及技术交流等功能的公共服务平台,为相关机器人企业提供人才、技术、检测、研发方面的支持服务。4.杭州海创平台。在丽水杭州海创园中设立一定规模的机器人产业研发平台,多渠道、宽领域集聚海内外高层次人才入驻从事技术研发等工作。

招商引智扶持:1. 招商机制。优化整合市招商、经信、科技、人才办、丽水经济开发区、丽缙五金科技产业园等招商力量,创新招商方式,重点盯引一批能够产业化的机器人制造项目和具有较高机器人研发水平的技术团队项目。2.土地供应。确保工业机器人项目的土地供应,并以最快的速度落地。项目原则上以不低于国家规定的工业用地出让最低标准价为挂牌起始价。3.厂房建设。为鼓励集约节约用地,对机器人企业新建或改(扩)建多层自用生产性用房,并经审查符合容积率等条件的,在项目完成土建验收且投产1年后,对三层及以上生产用建筑面积给予补助。补助标准为:第三层厂房300元/平方米,第四层厂房400元/平方米,第五层及以上厂房500元/平方米。补助最高不超过500万元。4.科技孵化。对暂时不具备建厂条件的机器人及关键零部件项目,集中到孵化器先行孵化,在孵企业36个月孵化期内享受厂房、办公用房租金补助,即每月每平米补贴按实际租金计算,但不超过15元/平方米,每家企业最大补助面积原则上不超过2000平米。符合国家或省级"千人计划"、"绿谷精英和创业创新团队引领计划"的创业企业,可延长一年补助期限。 5.技工培训。鼓励市内相关职业院校、职业中学、技工学校、民办职业培训机构开展机器人产业职业课程设置和技工培训,并与相关拨付经费、奖励资金相结合。

财税金融扶持:1.创业投资基金。按照市场化运作原则,政府与国内外创投机构合作,按一定的出资比例,及时设立丽水机器人产业创业投资基金,用于扶持机器人产业发展。以实际投向机器人企业的基金额度为基数,按8%的年收益率给予创业投资基金补助,每年兑付一次,补助期限为3年。基金投向同一企业所获补助累计不超过800万元。补助资金由市财政承担。2.侨团基金。根据机器人产业招商的实际需要,鼓励侨团基金按计划代建专门用于机器人企业生产或孵化的厂房,解决机器人企业初期资金短缺问题。入驻的机器人企业享受3年免租优惠,与第十三条不重复享受。免租期满后,入驻企业可视发展情况选择购置厂房或继续承租。在厂房竣工验收合格且投入使用后,以土地购置和厂房建设的实际投资为基数,按8%的年收益率给予侨团基金补助,每年兑付一次,补助期限为3年。补助资金由市财政承担。3.税收优惠。认真落实国家、地方扶持机器人产业发展的相关税收优惠政策。项目(含孵化项目)自投产年度起1-5年,按企业实际缴纳的增值税、营业税、企业所得税的地方留成部分的全额标准予以奖励。新落户企业高管或高技术人才(限额6名)自企业投产起1-5年,按其缴纳的个人所得税地方留成部分的全额标准予以奖励。

科技进步扶持:1.设备投入。鼓励新入园机器人企业加大技术设备投入,按其实际投入金额的8%给予补助。2.产学研相结合。鼓励企业多途径与高校、科研院所开展合作,多方式引入高端人才,按照"共同投入、共同使用"的方式,创建企业技术研发中心、技术检测中心等平台。鼓励高校、科研院所在本市设立面向机器人产业的公共服务平台。经审核后，对企业技术研发中心、技术检测中心、公共服务平台等，自创建起5年内按其研发检测设备实际投入的30%给予补助。3.企业自主研发。对企业建立的研发机构，被评为省级研发机构的，给予省级扶持资金100%配套补助。4.科技进步。对获得国家科技进步特等奖、一等奖、二等奖的创新团队，分别奖励100万元、50万元、30万元。对获得省级科技进步一等奖、二等奖、三等奖的创新团队，分别奖励15万元、10万元、5万元。5.企业创新。在我市注册生产的机器人企业，被认定为国家级、省级创新型示范企业的，分别给予80万元、30万元奖励。6.对落户丽水经济开发区和丽缙五金科技产业园且发展良好的机器人企业，可优先参评绿谷精英和创业创新团队。

应用推广扶持:1.企业参展。已注册落户到丽水经济开发区和丽缙五金科技产业园的机器人企业参加机器人展会的，经审核后，按展览展示(展销)会费的80%给予补助。2.产品使用。鼓励本市企业采购使用本市地产机器人产品。经审核后，按采购发票总价(不含税)的10%给予采购使用企业补助，累计补助不超过50万元。

【加快建筑业转型升级健康发展】 (一)优化企业发展环境。发展企业总部经济。建设(规划)部门做好总部园区规划选址工作，国土部门要在近3年内安排一定数量的土地，专项用于解决本市规模建筑业企业办公、设计、研发、商务、仓储、人才用房等总部园区用地问题。对建筑业企业所需的土地，享受工业用地优惠政策。在供地方式上可设定建筑业产值、上缴税收等作为主要条件挂牌出让。

(二)鼓励企业做大做强。规范建筑业企业的税收征管，鼓励引导建筑业企业健全财务制度，完善成本核算。二级及以上施工总承包企业应建帐建证，对符合查帐征收条件的建筑业企业实行“查帐征收、预警管理”，税务部门做好企业查帐征收的指导和服务工作。对不符合查帐征收条件的建筑业企业实行核定征收企业所得税、个人所得税。

鼓励建筑业企业向高资质发展，鼓励企业向交通、水利、铁路、通信、轨道等非传统方向拓展，鼓励建筑业企业转型、兼并、重组和向总承包方向发展，鼓励企业向房地产、建材、装备制造、维护服务等上下游产业链延伸。

培育建筑业重点企业。每年评选一批建筑业龙头企业、重点骨干企业、优秀企业和开拓市场优胜企业。凡上年度建筑业产值达到7亿元，入库地方财政收入达到1000万元的建筑业企业(集团)；上年度建筑业产值达到5亿元，入库地方财政收入达到700万元的建筑业企业(集团)；上年度建筑业产值达到3亿元,入库地方财政收入达到500万元的建筑业企业（集团)，由市政府分别命名为“丽水市建筑业龙头企业”、“丽水市建筑业重点骨干企业”和“丽水市建筑业优秀企业”。凡上年度市外建筑业产值达到2亿元，且占当年企业建筑施工总产值40%以上的，命名为“丽水市建筑业开拓市场优胜企业”。

鼓励引进市外特级、一级施工总承包企业。加快推进企业结构调整，鼓励发展专业承包和劳务分包企业。总承包企业将工程分包或总承包企业、专业承包企业进行劳务分包，按全部工程额扣除分包工程承包额的余额计算缴纳营业税。

(三)减轻企业资金压力。在本市公开招投标项目中，允许本市施工企业选择银行保函等非现金形式提供投标担保和合同履约担保，同时招标人应向中标人提供相应形式的工程款支付担保。建立加快工程款结算速度督促机制，加快企业资金回笼。财政、审计等工程结算审核部门要及时审核工程竣工结算，送审造价在5000万元以下的工程，在提交完整的竣工结算文件之日起45日内完成竣工结算资料审核；送审造价在5000万元以上的工程，在提交完整的竣工结算文件之日起60日内完成竣工结算资料审核，并向建设单位(施工单位)提出书面资料审核意见书。加大对建设单位违反合同约定拖欠工程款、恶意不退工程质量保修金等行为的查处力度。市金融部门要对竞争力强、信誉好、业绩优的企业加大信贷支持力度，提高信贷授信额度或优惠贷款利率。推行银行以项目负责人资产和项目合同等为抵押的项目贷款品种，及时为企业出具资信证明和工程保函。

(四)鼓励企业科技创新。支持建筑业企业开发应用新技术。各级政府每年安排一定的科技三项经费用于建筑业新技术、新工艺、新材料、新设备的研究开发和推广应用，积极实施建筑业生产科技示范工程，推广“绿色环保型建筑”和“节能省地型建筑”。未形成无形资产计入当期损益的，在按照规定据实扣除的基础上，按照研究开发费用的50%加计扣除；形成无形资产的按照无形资产成本的150%摊销。鼓励建筑业企业技术改造。企业购置先进机械设备提升技术装备水平的，可享受市政府工业发展政策技改项目补助。建筑业企业购置并实际使用《环境保护专用设备企业所得税优惠目录》、《节能节水专用设备企业所得税优惠目录》、《安全生产专用设备企业所得税优惠目录》规定的环境保护、节能节水、安全生产等专用设备的，享受国家规定的税收优惠政策。

加快建筑业企业信息化建设。企业购置软硬件设施实际完成额在30万元以上的信息化建设项目，视为技术改造项目，可享受市政府工业发展政策技改项目补助。建筑业企业外购的软件，符合固定资产或无形资产确认条件的，可以按照固定资产或无形资产进行核算，其折旧或摊销年限可以适当缩短，最短可为二年。

(五)加大人才培养力度。鼓励企业引进高层次人才，引进人才享受本市人才引进优惠政策。施工企业引进市外一级建造师，并与企业签订5年以上劳动合同的，政府按引进人数奖励企业每人1万元。对建筑业企业中无相应学历但具有丰富实践经验，为本市建筑业作出较大贡献，业绩突出的工程技术人员，在中级专业技术资格评审时，人力社保部门会同相关部门要加大支持力度，在制定政策上予以倾斜。人力社保部门要加强对建筑行业申报高级专业技术职务人员评审材料的把关指导，提高通过率。鼓励建筑业企业开展职工职业技能培训。

奖励政策：每年对上缴税额在500万元以上且年增长率20%以上的房屋建筑工程(以主项资质为准)前3名、市政公用工程前2名、公路及水利等工程第1名的施工总承包企业，分别奖励20万元。对年上缴税额在200万元以上且年增长率15%以上的钢结构、装饰装修、消防等第1名的专业承包或监理企业，分别奖励10万元。建筑业企业在市外承接业务且所得税回注册地交纳的，按所得税地方留成部分的60%给予奖励。对施工企业资质主项由一级升为特级的企业，奖励120万元；主项资质由二级升为一级的施工总承包、施工专业承包企业，分别奖励30万元、20万元；主项资质由三级升为二级的施工总承包企业，奖励10万元。鼓励外地建筑业企业来丽水落户创业。对市外特级、一级资质企业直接在丽水注册或通过收购兼并本地企业后在市区注册的，3年内按其上缴所得税部分或按其上缴地方所得税新增部分的50%奖励给企业。给予丽水市建筑业龙头企业奖励30万元、重点骨干企业奖励20万元、优秀企业或开拓市场优胜企业奖励10万元。获得“国家AAA级安全文明标准化诚信工地”、“省级文明标化工地”和“市级文明标化工地”称号的，分别奖励15万元、10万元、5万元(同一工程获得同一性质不同级别奖项的，按最高级别奖励)。对获得国家、省、市优质优质工程奖的企业，按《丽水市人民政府关于推进品牌创建与质量建设的若干意见》(丽政发〔2012〕48号)文件的第七条执行。企业建成国家级、省部级、市级企业技术中心的，分别奖励30万、20万、10万元。对建筑业技术改造项目按技术、设备、软件实际投入额的5%补助，单个企业享受此项补助不超过50万元。

(丽水市统计局　胡林东)

(责任编辑：王怡然　金瑞锋　黄莹莹　杨丽君)

温 州 市

·综述·

【区位、行政区划与人口】 温州,以气候温和而得名,公元675年始称温州并延续至今。温州市位于浙江省东南部,地处中国黄金海岸线中段,是长三角地区与海西经济区的重要城市,是全国首批14个沿海开放城市、浙江省三大中心城市之一,也是全国十大最具有活力的城市、中国十大品牌之都和全国文明城市。全市辖3区2市6县,陆地面积12065平方公里,海域面积约11000平方公里,2014年末户籍总人口813.69万人,其中市区户籍人口152.45万人。据温州市第六次人口普查主要数据公报,温州市常住人口912.21万人,城镇人口比重66.02%,市外流入人口比重31.16%,是浙江省人口最多的城市,也是人口流动最大的城市。

【经济发展】 2014年以来,在经济运行进入新常态周期的背景下,温州全力落实"十大举措",以深化经济重点工作"五大攻坚"行动为主抓手,切实抓好金融风险化解,推进经济转型发展,经济运行逐步走出2012年的"低谷",进入金融风波以来的恢复发展阶段,总体发展企稳向好。但是由于国外经济复苏缓慢导致外需不足,"三期叠加"对温州经济发展影响逐步显现,金融风险成为影响当前经济增长的首要问题,实体经济回升动力不足。预计2015年仍然是化解金融风险、增强发展后劲的艰难之年,也是实现经济转型发展、赶超发展的关键之年,经济运行总体平稳,结构优化升级,质量逐步提升。

据初步核算,2014年全市实现地区生产总值4302.81亿元,同比增长7.2%,一产、二产、三产增速分别为2.1%、8.4%和6.2%。三次产业结构由上年的2.8:47.6:49.6调整为2.7:47.6:49.7。从2014年以来的经济发展趋势看,一季度和上半年GDP均增长6.8%,前三季度GDP增长6.9%,全年增长7.2%。全年经济增速呈现"低开、稳走、向好"的趋势,经济转型升级和运行质量指标好于经济增长指标。温州经济早于全国、全省进入新常态,目前继续处于新常态的增长周期,如果剔除局部金融风波的影响,总体处于合理的增长区间。

【非国有经济发展】 温州是中国民营经济的发祥地,是全国民营经济最发达的地区。温州市委陈一新书记提出:坚持和发展"温州模式",再创体制机制新优势。"温州模式"的本质是民本经济,鼓励进一步发展民营经济。2014年,经初步测算,温州市实现民营经济生产总值3588.87亿元,占全市生产总值比重83.4%。全市民营工业企业(含个体工业户)实现工业总产值7265.05亿元,占全部工业总产值比重94.7%;限额以上非国有单位投资1939.39亿元,占全部投资总额的63.5%;民营企业直接出口157.16亿美元,占全部出口总额的84.7%;民营企业上缴税收540.95亿元,占全部税收的88.7%。2013年,受内外部环境影响,温州市民营经济在国民经济中的比重趋于稳定。

2014年温州市民营经济主要指标情况

指 标	单 位	绝对值	占全部比重(%)
民营经济生产总值	亿元	3588.87	83.4
工业总产值	亿元	7265.05	94.7
民营企业出口额	亿美元	157.16	84.7
限额以上非国有经济投资	亿元	1939.39	63.5
民营企业上交税收	亿元	540.95	88.7

·个体私营经济·

【概况】2014年，温州市积极出台相关政策措施，鼓励大众创新，万众创业，继续推进"无证转有证"、"个转企"、"小转规"等工作，个体私营经济克服各种不利影响，保持稳定发展态势。据工商部门统计资料，2014年全市工商注册的私营企业141685户，投资者人数306400人，雇工人数1740157人，注册资金3861.67亿元；2013年全市工商注册的个体工商户481768户，从业人员1082433人，注册资金246.10亿元。从2014年个体私营经济发展情况看，温州市个体、私营企业总户数、投资者人数、注册资金均比上年有明显的增加。

【个体私营经济分布】 温州市个体、私营企业以城镇、街道为载体，主要分布在市区及周边经济比较发达的县城、重点乡镇，随着城镇框架的拉大，为个体私营经济发展创造良好的条件。从产业结构上看，主要分布在制造业与第三产业领域。2014年，全市141685户私营企业中，农林牧渔业3404户，占比重2.4%；制造业68838户，占比重48.6%；建筑业3213户，占2.3%；第三产业66230户，占比重46.7%。与上年比较，表现为第三产业比重有所下降，制造业比重略有提高。2014年全市481768户个体工商户中，农林牧渔业3997户，占比重0.08%；制造业110447户，占比重22.9%；第三产业330982户，占比重76.2%。三产业领域中，私营批发零售企业37576户，个体批发零售业279057户，占比重最大。

·农业·

【概况】 2014年，温州加大农业生产扶持力度，推进农业产业规模化发展，台风等自然灾害对温州影响较小，农业生产形势平稳向好。全市实现农业增加值119.92亿元，按可比价计算，同比增长2.2%，高出全省平均水平0.7个百分点，增速居全省第3位。从内部结构看，种植业增加值64.08亿元，增长5.0%；林业增加值2.99亿元，下降0.4%；牧业增加值17.40亿元，下降5.7%；渔业增加值33.46亿元，增长1.7%；农林牧渔服务业增加值2.0亿元，增长3.9%。全年粮食面积产量实现双增，播种面积为185.96万亩，比上年增长1.0%，粮食总产量75.98万吨，增长11.5%。农业规模化发展加快，农业"两区"示范集聚效应逐步显现。

【农作物生产】 全年农作物总播种面积368.48万亩，比上年下降0.6%，其中粮食播种面积233.46万亩，下降0.6%。全年粮食总产量83.06万吨，下降10.4%。在经济作物中，除蔬菜、糖料减产外，水果、茶叶、油料等作物增产。

【畜牧业与渔业】 全年肉类总产量12.22万吨，比上年下降5.2%，除牛肉增长外，猪肉、羊肉、禽肉和兔肉产量比上年有所下降。全年水产品总产量58.65万吨，比上年增长2.2%。其中海洋捕捞46.13万吨，增长1.7%；淡水捕捞0.43万吨，增长17.2%；海水养殖10.02万吨，增长3.7%；淡水养殖2.07万吨，增长3.9%。

【水利与农业设施建设】 全年水利建设完成投资127.93亿元，年末拥有大型水库1座，中型水库19座，小型水库310座。全市旱涝保收水田面积56.89千公顷，有效灌溉面积113.81千公顷。全市农(渔)业机械总动力219.17万千瓦，下降1.6%；农村用电量84.98亿千瓦时，增长1.4%。

·工业·

【概况】 我市积极落实促进工业经济稳定发展的政策措施，工业经济平稳回升，产业结构调整步伐加快。2014年，温州实现工业增加值1748.81亿元，比上年增长8.0%，其中规模以上工业增加值976.60亿元，增长6.2%，分别比上半年、前三季度上升1.2和0.7个百分点。工业用电量虽有波动，总体呈现同步上升态势，全年工业用电量增长0.6%，分别高于上半年、前三季度0.8和0.1个百分点。从温州与全省工业经济增长比较看，虽低于全省平均水平，但总体仍处于逐步回升态势。

【企业类型】 全市4266家规模以上工业企业中，大型企业42家，实现工业增加值195.95亿元，增长6.2%；中型企业540家，实现工业增加值286.30亿元，增长5.8%；小微企业3684家，实现工业增加值494.34亿元，增长6.4%。

【工业结构升级】 工业产业结构调整步伐加快。2014年温州装备制造业、高新技术产业、战略性新兴产业增加值分别增长8.0%、8.2%和8.3%，均高于全市规模以上工业平均增速。企业创新活力进一步增强。2014年温州规上工业新产品产值增幅达39.9%,增速居全省第2位；新产品产值率为20.9%，比上年提高3.9个百分点。"机器换人"成效显现，工业技改投资增长56.1%，较上年提高18.5个百分点，增速居全省第1位。工业技改投资占工业性投资比重为72.2%，比上年提高

14.8个百分点。"机器换人"成效显现,全年规上工业全员劳动生产率达12.97万元/人,同比增长10.5%,增幅高于全省平均1.1个百分点。

【重点行业】 规模以上工业中,有14个大类行业产值超百亿元,实现工业总产值4064.52亿元,占规模以上工业总产值比重85.7%,其中电气机械及器材制造业、皮革毛皮羽毛(绒)及其制品业、电力热力的生产和供应业、通用设备制造业、纺织服装服饰业、橡胶塑料制品业、化学原料和化学制品制造业等7个大类行业年产值超过200亿元

【工业效益】 全年规模以上工业企业实现主营业务收入4238.15亿元,增长3.7%;利税总额405.09亿元,增长9.6%,其中利润总额248.36亿元,增长13.2%。年末企业应收账款969.67亿元,上升5.7%;产成品存货233.54亿元,上升10.6%。

·固定资产投资、建筑业和房地产业·

【概况】 2014年我市继续加大有效投资,民间投资取得新的进展,全市完成限额以上固定资产投资3052.81亿元,增长16.6%。其中民间投资1911.86亿元,增长25.4%,占全部投资比重为62.6%。

【工业投资】 全年完成工业投资750.88亿元,比上年增长24.0%。其中工业技改投资完成541.84亿元,增长56.1%,战略性新兴产业投资完成210.87亿元,增长45.2%,装备制造业投资366.93亿元,增长36.6%。电气、仪器仪表、通用设备、专用设备、汽车制造业投资增速分别为70.3%、57.2%、50.5%、51.9%、49.1%。

【房地产投资】 全年房地产开发完成投资额808.88亿元,比上年增长10.1%。房地产开发投资占限额以上固定资产投资比重为26.5%,比上年回落1.5个百分点。全市房屋施工面积4672.84万平方米,增长10.2%;竣工面积539.99万平方米,增长47.1%。全年全市商品房销售面积420.17万平方米,比上年增长20.1%,其中住宅销售面积383.47万平方米,增长20.8%。

【建筑业】 全年建筑业实现增加值247.50亿元,比上年增长9.7%。全市拥有三级以上资质的建筑企业639家,实现建筑业总产值1149.14亿元,增长19.1%;实现利润总额24.34亿元,增长0.75%。年末拥有资产656.63亿元,其中固定资产原价103.61亿元。

【房地产业】 房地产开发投资比重降低,对投资拉动力减弱。全年房地产开发完成投资额734.37亿元,比上年增长6.8%。房地产开发投资占限额以上固定资产投资比重为28.0%,比上年回落4.5个百分点。全市房屋施工面积4242.04万平方米,增长12.5 %;竣工面积367.05万平方米,增长4.9%。全年全市商品房销售面积349.73万平方米,比上年增长71.2%。其中住宅销售面积317.41万平方米,增长74.5%。

【建筑业】 全年建筑业实现增加值298.13亿元,比上年增长10.7%。全市拥有总承包和专业承包资质的建筑企业652家,实现建筑业总产值1255.21亿元,增长9.2%;实现利润总额24.59亿元,同比增长1.1%。年末拥有资产711.19亿元,其中固定资产原价108.55亿元。

·国内贸易和旅游·

【概况】 从2013年9月开始,我市限额以上社会消费品零售额从原来的负增长转为正增长,消费需求有所回暖。全年社会消费品零售总额2410.36亿元,比上年增长12.8%。其中,城镇消费品零售额2182.76亿元,增长13.1%;乡村消费品零售额227.61亿元,增长10.3%。按行业分,批发零售贸易业零售额2121.85亿元,增长12.9%;住宿餐饮业零售额288.51亿元,增长12.5%。

【主要消费品】 在限额以上批发零售业零售额中,汽车类零售额382.57亿元,比上年增长11.1%;石油及制品类零售额168.73亿元,增长6.8%;食品饮料烟酒类增长11.9%,日用品类增长4.5%,金银珠宝类增长80.5%,鞋服、针纺织品类增长12.3%,化妆品类增长10.8%,中西药品类增长20.6%,家具类增长57.3%。

【专业市场】 年末全市有各类市场489个,其中消费品市场366个,生产资料市场87个,生产要素市场7个,网上市场27个,服务市场2个。全年各类市场成交额1209.53亿元,其中超亿元市场78个,年成交额846.91亿元;超十亿元市场21个,年成交额647.26亿元。

【旅游市场】 全年接待海内外游客6578.48万人次,实现旅游总收入681亿元,分别比上年增长14.4和16.9%。其中接待国内旅游人数6487.4万人次,增长14.3%,国内旅游收入651.43亿元,增长17.1%;接待入境游客91.08万人次,增长19.1%,国际旅游外汇收入4.81亿美元,增长15.6%。

·对外经济·

【对外贸易】 全年实现进出口总额207.82亿美元，比上年增长0.9%，增速比上年提高0.1个百分点。其中进口22.31亿美元，下降9.3%；出口185.51亿美元，增长2.2%。外贸依存度为29.7%，其中出口依存度为26.5%，分别比上年降低2个和1.4个百分点。至年末，与我市建立出口和进口贸易关系的国家和地区共计213个，有进出口业务的企业6127家。

【对外投资】 全年新签外资项目43项，实际利用外资5.33亿美元，增长6.2%。全年新批设立境外机构26家，中方境外投资额1.7亿美元，比上年增长91.7%。国际经济合作营业额6283万美元。

·非国有经济发展主要“亮点”·

2014年，温州经济运行逐步走出2012年的“低谷”，进入金融风波以来的恢复发展阶段。全年实现GDP 4302.81亿元，比上年增长7.2%，呈现逐季回升的态势，但是回升的基础较弱。温州民营经济受到国外贸易出口萎缩、国内产能过剩、本地“债务链”困扰、企业成本居高不下等多种因素影响，中小企业发展比较困难，但是企业转型升级加快，内生发展动力有所增强。

【民营经济比重相对稳定】 2014年，经初步核算，全市民营经济生产总值(GDP)为3588.87亿元，占国民经济比重83.4%，比上年上升0.3个百分点。

【工业经济平稳回升，产业结构调整步伐加快】

2014年，我市实现工业增加值1748.81亿元，比上年增长8.0%，其中规模以上工业增加值976.60亿元，同比增长6.2%，分别比上半年、前三季度上升1.2和0.7个百分点。工业用电量虽有波动，总体呈现同步上升态势，全年工业用电量增长0.6%，分别高于上半年、前三季度0.8和0.1个百分点。全市4266家规模以上工业企业中，大型企业42家，实现工业增加值195.95亿元，增长6.2%；中型企业540家，实现工业增加值286.30亿元，增长5.8%；小微企业3684家，实现工业增加值494.34亿元，增长6.4%。

【优势主导行业带动作用比较突出】 全市34个行业大类中，有28个行业实现正增长。在增加值前十大行业中，汽车制造业(15.6%)、电力热力(10.6%)、电气(9.3%)、通用设备(7.5%)、仪器仪表(6.5%)和化学原料与化学制品(6.4%)增加值增速均超过全市平均水平，占前十大行业比重61.0%，尤其是电气、汽摩配等行业对我市工业经济带动明显。但是鞋革(2.7%)、金属制品(2.8%)、橡胶和塑料制品(-5.8%)等行业增速趋缓，占十大行业比重29.0%。

【工业产业结构调整步伐加快】 2014年我市装备制造业、高新技术产业、战略性新兴产业增加值分别增长8.0%、8.2%和8.3%，其中装备制造业增加值增速排位比上半年提升1位，高新技术产业增加值增速排位比上半年提升3位，分居全省第9位和第6位。企业创新活力进一步增强。2014年我市规上工业新产品产值增幅达39.9%，增速居全省第2位，较上半年提升7位；新产品产值率为20.9%，比上年提高3.9个百分点。“机器换人”成效显现，工业技改投资增长56.1%，较上年提高18.5个百分点，增速排名也从上年的全省第3位上升到全省第1位。工业技改投资占工业性投资比重为72.2%，比上年提高14.8个百分点。

【服务业发展形成新的亮点】 2014年全市第三产业增加值增长6.2%，居全省最末位，低于全省平均水平2.5个百分点。今年我市网络销售、快递业、房地产、旅游业、航空货运、铁路运输业等行业发展趋好，零售业企稳回升。电子商务等新兴流通业态快速发展，实现网络零售额同比增长69.0%，占全省比重11.7%，网络零售额居全省第4位，居民网络消费额居全省第3位。与网络销售额紧密关联的快递服务企业业务收入24.79亿元，增长26.4%。旅游业创收681亿元，增长16.9%。航空货邮吞吐量6.88万吨，增长15.1%。铁路客、货运业分别增长39.2%和12.3%。

【房地产交易量快速上升】 我市房产销售形势继续向好，全年我市商品房销售面积增长20.1%，增速居全省第1位。全年我市社会消费品零售总额增长12.8%，较上年提升1.6个百分点，增速居全省第8位，较上年提升3位。

【投资保持较快增长】 2014年全市实现限额以上固定资产投资3052.81亿元，比上年增长16.6%。近年来，我市投资一直保持高速增长，随着基数的不断提高，以及企业投资意愿减弱，部分基础设施投资项目进展缓慢，对投资增长有所影响。2014年投资增长主要有三大有利因素：一是随着“温商回归”工作不断推进，我市招商引资力度不断加大。2014年我市完成内资引进968.79亿元，完成年度任务的121.1%，其中省外回归引进项目到位资金540.65亿元，增长31.8%。二是工业性投资增速回升。2014年我市完成工业性投资750.88亿元，同比增长24.0%，增速比上半年提高22.8个百分点。其中工业技改投资增长56.1%，较上半年提高31.2个百分点。工业性投资和技改投资增速均居全省第1位。三是房地产投资回稳。2014年，全市实现房地产投资808.88亿元,增长10.1%,增速比上半年提高1.0个百分点。

【投资结构逐步优化】 2014年我市工业性投资占限上投资比重24.6%,比上年提高1.5个百分点。其中工业技改投资占工业性投资比重为72.2%, 比上年提高14.8个百分点。服务业投资2208.05亿元,增长14%。民间投资增长较快, 完成1911.86亿元, 同比增长25.4%,占投资比重62.6%,比上年提高4.4个百分点。

【消费需求回暖】 2014年我市实现社会消费品零售总额2410.36亿元,比上年增长12.8%,继续保持回暖态势。其中,实现限上消费品零售额873.41亿元,同比增长11.3%,增速连续6个月保持回升,较上半年、前三季度分别提高1.8个和0.5个百分点。从分行业看,零售业表现较好,住餐业依然低迷。2014年,全市限上批发业和零售业单位零售额分别增长31.5%和10.7%。2014年不少商贸企业对接我市网络经济这个"一号新产业"发展政策来缓解销售压力,加强了网络零售业务,零售额增长较快。

【经济转好在效益方面更为突出, 回升幅度好于GDP增长】 2014年, 我市实现公共财政预算收入352.53亿元,增长8.8%,其中税收收入增长10.6%。从企业效益情况看,2014年1-11个月我市规模以上工业企业实现利润总额219.63亿元,同比增长11.6%,高出规上工业增加值增速5.7个百分点。从城乡居民收入情况看,2014年全市居民人均可支配收入33478元, 增长9.4%,其中,城镇常住居民人均可支配收入40510元,比上年增长8.7%; 农村常住居民人均可支配收入19394元,比上年增长10.5%。财政、企业、居民收入增长均高于GDP的增速,表明经济效益逐步转好。

【经济增长过度依赖信贷投入得到改善,回归实体经济意识增强】 12月末, 全市金融机构人民币贷款余额7223.63亿元, 比年初增加131.31亿元, 同比仅增长1.9%。工业企业贷款余额2271.66亿元, 较年初减少274.63亿元,其中十大特色产业贷款1502.34亿元,较年初减少129.9亿元。特别是2011年金融风波发生以来, 温州银行贷款增量每年都在递减。从贷款结构上看,以前我市以短期贷款投放为主,加速堆积了我市贷款余额的增速,近几年通过调整,我市中长期贷款比重逐步提高,12月末, 我市金融机构人民币中长期贷款余额1925.69亿元, 增长30.6%, 占贷款余额的比重26.7%,较上年提高5.9个百分点。在市委市政府振兴实体经济的系列政策措施作用下,我市企业回归主业,其他业务明显减少。1-11月份,我市规上工业的主营业务收入3779.96亿元,比上年增长3.5%,增速同比提高2.7个百分点。财政收入方面,2014年公共财政预算收入中企业所得税和增值税分别增长15.3%和10.9%,分别高出税收收入平均增速4.7和0.3个百分点。

·主要政策措施·

2014年,面对复杂的经济金融局面,温州市委市政府牢牢把握稳中求进工作总基调, 实施一系列针对性的政策措施,促进非国有经济发展,取得了积极的成效。

【以改革开放为抓手,创造更好发展软环境】 "四张清单一张网" 改革率先完成。市级部门行政权力从12723项减少到4168项,精减幅度居全省前列。市县政府责任清单公布实施。开展负面清单外企业投资项目不再审批试点。制定实施市级财政专项资金管理清单, 出台非税收入项目目录。率先开通五级政务服务网。首创政府职能向社会组织转移"第五张清单"。着力抓好要素市场化配置改革,乐清、瑞安列入省级扩面试点;全面推进市场监管体制和商事制度改革,新登记企业数增长20.7%。

【以发展实体经济为抓手,大力促进民营经济发展】

掀起工业强市建设高潮,制定实施助企强工"十条新政"。召开现代物流业发展大会,一批大型商贸设施投用。坚持企业风险、金融风险、房地产风险一起治。推出"双十条"升级版,市县两级处置办实体化运作,帮扶315家重点困难企业化解资金链风险, 政府应急转贷金循环使用达173亿元,银行不良贷款余额、不良率实现"双降"。落实税费减免缓政策,减轻企业负担62亿元。调整完善房地产调控政策,房地产市场趋于理性。

【以转型升级为抓手,不断提高民营经济竞争力】

深入实施"五一〇产业培育提升工程"。制定出台十大新兴产业发展规划、行动计划和配套政策,加快五大传统支柱产业改造提升, 电气产业率先成为千亿级现代产业集群。确立时尚产业作为温州最具标志性产业的战略地位。创成全国质量强市示范城市。浙南沿海先进装备产业集聚区发展规划获批, 南车车辆修造基地等一批超20亿元产业大项目落户瓯江口产业集聚区和温州经济技术开发区。

【以加大基础设施建设为抓手, 进一步优化发展硬环境】 都市基础设施网络加快构建。甬台温高速复线、绕城高速西南线和北线二期加快推进,龙丽温(泰)高速瑞安至文成段动工建设, 诸永高速延伸线 (瓯越大桥)建成通车;市域铁路S1线建设全线铺开,金温铁路扩能改造工程基本具备铺轨条件;乐清湾港区一期建成开港;龙湾国际机场新飞行区投用,T2航站楼加快实施。乐清湾港区铁路支线、状元岙港区二期、东部综合交通枢纽、瓯江四桥等项目开工建设。瓯飞一期、瓯江口二期等项目加快推进,瓯飞起步区堵口提前合龙。平阳顺溪水利枢纽下闸蓄水,永嘉县城排涝应急工程投用。获批信息惠民国家试点城市,4G网络实现乡镇全覆盖,市区主要公共场所开通免费WiFi。深化电网建设攻坚,500千伏市域环网基本形成。

(温州市统计局 高顺岳)

(责任编辑:王怡然 金瑞锋 黄莹莹 杨丽君)

绍 兴 市

2014年，面对经济发展新常态，全市上下认真贯彻十八届三中全会精神，深入实施省委“八八战略”，全面落实市委“重构绍兴产业、重建绍兴水城”战略部署，以提高经济发展质量和效益为中心，着力推进创新驱动，加快转型升级，努力化解经济发展中的风险与困难，实现了经济社会的平稳健康发展，而非国有经济在推动全市经济发展中起到了极其重要的作用。

·非国有经济基本情况·

初步测算，2014年全市非国有经济增加值3686.39亿元，占GDP比重86.4%，比重比2013年提高1.0个百分点。

非国有经济中，集体经济增加值301.22亿元，占非国有经济增加值比重8.2%，比重比2013年提高0.3个百分点；个私经济增加值2752.35亿元，占非国有经济增加值比重74.7%，比重比2013年提高1.2个百分点；港澳台经济427.57亿元，占非国有经济增加值比重11.6%，比重比2013年下降0.6个百分点；外商投资企业增加值205.23亿元，占非国有经济增加值比重5.6%，比重比2013年下降0.9个百分点。

非国有经济中，第一产业增加值194.28亿元，占非国有经济增加值比重5.3%，比重比2013年下降0.3个百分点；第二产业增加值2121.73亿元，占非国有经济增加值比重57.6%，比重比2013年下降1.5个百分点；第三产业增加值1370.38亿元，占非国有经济增加值比重37.2%，比重比2013年提高1.8个百分点。第二产业中，工业占比首次降到50%以下，为49.9%，比2013年下降1.3个百分点。

·规模以上非国有工业·

2014年全市规模以上工业中，非国有工业企业4173家，占比98.6%。与2013年比，规模以上非国有工业企业增加149家。按所有制分：集体企业5家，股份合作企业4家，有限责任公司392家，股份有限公司61家，私营企业2936家，其他内资企业3家，港澳台商投资公司491家，外商投资公司281家。按规模分：大型企业83家、中型企业512家、小型企业3254家、微型企业324家。其中亿元以上企业1411家，十亿元以上企业140家，百亿元以上企业7家，分别比2013年增加13家、6家、2家。按主要行业分：纺织行业1904家，占45.6%，其中纺织业1314家，纺织服装、服饰业406家，化学纤维制造业184家；化学原料和化学制品制造业158家；通用设备制造业392家；电气机械和器材制造业205家。

2014年规模以上非国有工业企业实现总产值9214.70亿元，占规上工业比重94.7%，比2013年增长4.1%；主营业务收入8933.11亿元，占规上工业比重94.5%，比2013年增长4.0%；利润总额532.14亿元，占规上工业比重97.2%，比2013年增长9.0%；利税总额776.68亿元，占规上工业比重96.1%，增长9.3%；平均用工人数784729人，占规上工业比重96.7%，比2013年下降0.1%。（详见下页表）

·限额以上非国有批零住餐业·

（一）限额以上批发零售业

2014年全市限额以上批发零售贸易企业中，非国有批发零售贸易企业1427家，占比97.4%。与2013年比，非国有批发零售贸易企业增加187家；实现主营业务收入1851.94亿元，占限额以上批发零售业比重88.8%，比2013年增长12.1%；利润总额25.83亿元，占限额以上批发零售业比重67.4%，比2013年下降8.4%。

（二）限额以上住宿餐饮业

2014年全市限额以上住宿餐饮企业中，非国有住宿餐饮企业193家，占比98.0%。与2013年比，非国有住宿餐饮企业减少3家；实现主营业务收入355880万元，占限额以上住宿餐饮业比重95.5%，比2013年下降0.9%；利润总额10839万元，占限额以上住宿餐饮业比重102.7%，比2013年增长96.3%。

·个私企业·

（一）个体工商户

1.个体工商户数

2014年全市有个体工商户265398户，比2013年增加29117户，增长12.3%。

分城乡看：农村个体户占比高于城镇，但城镇个体户数增长较快。2014年农村个体户数140034户，占个体户总数52.8%；城镇个体户125364户，占个体户总数47.2%。与2013年比，城镇个体户数增长15.7%，高于农村个体户增幅6.2个百分点。

分行业看：批发零售业个体户占比高居首位，2014年为139937户，占个体户总数52.7%。与2013年比，批发零售业个体户增长13.2%，高于个体户总数增幅0.9个百分点。其次为制造业，2014年从事制造业的个体户60531户，占个体户总数22.8%，比2013年增长6.6%。居民服务和其他服务业、交通运输仓储和邮政业分别列第3、4位，个体户数分别为21341户、17469户，占个体户总数比重分别为8.0%、6.6%。与2013年比，居民服务和其他服务业个体户数增长16.8%，交通运输仓储和邮政业个体户数下降0.5%。

规模以上非国有工业企业主要指标

	单位数（个）	工业总产值		利润总额	
		2014年	增长(%)	2014年	增长(%)
	4173	9214.70	4.1	532.14	9.0
按登记注册类型分					
内资企业	3401	7198.02	6.2	419.40	9.8
集体企业	5	2.89	-33	0.09	-37.6
股份合作企业	4	3.14	-46.9	0.13	-156.3
有限责任公司	392	1737.59	9.9	105.94	30.4
股份有限公司	61	674.86	19.3	67.58	21.0
私营企业	2936	4777.99	3.4	245.65	0.3
其他企业	3	1.54	310.7	0.01	302.2
港澳台商投资公司	491	1295.52	-4.5	71.48	5.0
外商投资企业公司	281	721.16	0.3	41.26	7.9
按企业规模(营业务收入)分					
1亿-5亿	1111	2447.61	3.2	134.22	3.2
5亿-10亿	160	1122.19	-3.1	75.73	2.9
10亿-50亿	124	2563.73	7.3	174.44	17.0
50亿-100亿	9	612.75	-30.3	31.63	-39.3
100亿以上	7	1220.38	38.2	77.16	60.2
按主要行业分					
纺织业	1314	2274.22	0.3	106.85	-3.2
纺织服装、服饰业	406	377.78	9.9	14.59	20.9
化学原料和化学制品制造业	158	1067.72	11	73.54	22.5
医药制造业	74	217.20	10.6	25.31	47.8
化学纤维制造业	184	828.09	-0.7	43.14	8.9
橡胶和塑料制品业	137	465.21	3.6	27.46	4.0
非金属矿物制品业	117	223.28	10.7	18.79	37.2
有色金属冶炼和压延加工业	111	552.68	0.7	16.84	-19.4
金属制品业	160	291.17	-5.1	17.05	-1.9
通用设备制造业	392	817.03	13	51.70	9.2
专用设备制造业	212	299.86	4.8	21.57	13.0
汽车制造业	106	260.51	3.6	23.92	31.2
电气机械和器材制造业	205	528.58	2.4	35.63	10.2

个体工商户数

	2014年	比重(%)	增长(%)
工商业登记户数(户)	265398	100.0	12.3
非城镇	125364	47.2	15.7
农村	140034	52.8	9.5
1.农林牧渔业	3518	1.3	33.6
2.采矿业	29	0.0	3.6
3.制造业	60531	22.8	6.6
4.电力、燃气及水的生产和供应业	46	0.0	-2.1
5.建筑业	297	0.1	35.6
6.交通运输、仓储和邮政业	17469	6.6	-0.5
7.信息传输、计算机服务和软件业	542	0.2	37.6
8.批发和零售业	139937	52.7	13.2
9.住宿和餐饮业	14893	5.6	35.4
10.房地产业	832	0.3	6.1
11.租赁和商务服务业	4124	1.6	23.6
12.居民服务和其他服务业	21341	8.0	16.8
13.卫生、社会保障和社会福利业	149	0.1	20.2
14.文化、体育和娱乐业	894	0.3	12.6
15、其他行业	24	0.0	-96.6

2.个体工商从业人数

2014年全市有个体工商从业人员606373人,比2013年增加138946人,增长29.7%。每百户从业人员228人,比2013年增加30人。

分城乡看:城镇个体从业人员大幅增加,2014年城镇个体从业人员310418人,占个体从业人员比重51.2%。与2013年比,增加101470人,占个体从业人员增加数的73.0%,增长48.6%,高于农村个体从业人员增幅34.1个百分点。

分行业看:个体从业人员大部分集中在批发零售业和制造业,分别为221496人和220047人,占个体从业人员比重分别达到36.5%和36.3%,两者比重合计达到72.8%。从业人员占比超过两位数的行业还有居民服务和其他服务业,从业人员76484人,占个体从业人员比重为12.6%。

个体工商户人数

	2014年	比重(%)	增长(%)
城乡个体工商从业人数(人)	606373	100.0	29.7
#城　镇	310418	51.2	48.6
农　村	295955	48.8	14.5
1.农林牧渔业	10021	1.7	33.6
2.采矿业	110	0.0	4.8
3.制造业	220047	36.3	34.0
4.电力、燃气及水的生产和供应业	97	0.0	1.0
5.建筑业	1003	0.2	66.6
6.交通运输、仓储和邮政业	19259	3.2	-0.3
7.信息传输、计算机服务和软件业	866	0.1	34.3
8.批发和零售业	221496	36.5	13.5
9.住宿和餐饮业	41307	6.8	32.4
10.房地产业	1310	0.2	9.6
11.租赁和商务服务业	7831	1.3	25.2
12.居民服务和其他服务业	76484	12.6	115.5
13.卫生、社会保障和社会福利业	341	0.1	23.6
14.文化、体育和娱乐业	4450	0.7	10.7
15、其他行业	39	0.0	-97.4

3.个体工商户注册资金

2014年全市个体工商户注册资金199.74亿元,比2013年增长26.9%。户均注册资金7.53万元,比2013年增长13.0%。

(一)私营企业

1.私营企业数

2014年全市有私营企业98704家，比2013年增加15277家,增长18.3%。

分城乡看:城镇私营企业多于农村。2014年,全市城镇私营企业52166家,占私营企业单位数52.9%;农村私营企业46538家，占私营企业单位数47.1%。与2013年比,城镇私营企业单位数增长20.4%,农村私营企业单位数增长16.1%。

分行业看：私营企业单位主要集中在批发零售业和制造业,单位数分别为39496家和38219家,占私营企业单位数比重分别为40.0%和38.7%，两者比重合计达到78.7%。私营企业单位数占比列第3位的是租赁和商务服务业,单位数为5222家,占比为5.3%,比2013年增长25.3%。

私营企业单位数

	2014年	比重(%)	增长(%)
私营企业单位数(家)	98704	100.0	18.3
#城　镇	52166	52.9	20.4
农　村	46538	47.1	16.1
1.农林牧渔业	1823	1.8	16.2
2.采矿业	60	0.1	3.4
3.制造业	38219	38.7	12.6
4.电力、燃气及水的生产和供应业	119	0.1	19.0
5.建筑业	3362	3.4	23.2
6.交通运输、仓储和邮政业	1083	1.1	21.4
7.信息传输、计算机服务和软件业	1351	1.4	18.6
8.批发和零售业	39496	40.0	22.0
9.住宿和餐饮业	709	0.7	15.8
10.房地产业	1945	2.0	12.1
11.租赁和商务服务业	5222	5.3	25.3
12.居民服务和其他服务业	1666	1.7	16.5
13.卫生、社会保障和社会福利业	22	0.0	83.3
14.文化、体育和娱乐业	408	0.4	37.4
15、其他行业	11	0.0	-99.5

2.私营企业投资者人数

2014年全市私营企业投资者人数186222人,比2013年增加25204人,增长15.7%。每百户投资者人数189人,比2013年减少4人。

分城乡看:城镇私营企业投资者人数较多,增长较快。2014年城镇私营企业投资者人数105823人,占私营企业投资者人数比重56.8%。与2013年比,增加15973人,占私营企业投资者增加数的63.4%,增长17.8%,高于农村私营企业投资者人数增幅4.8个百分点。

分行业看:与私营企业单位数一样,主要集中在批发零售业和制造业,投资者人数分别为70671人和68285人,占私营企业投资者人数分别为37.9%和36.7%,两者比重合计达到74.6%。私营企业投资者人数占比列第3位的是租赁和商务服务业,投资者人数为15379人,占比为8.3%,比2013年增长19.5%。

私营企业投资者人数

	2014 年	比重(%)	增长(%)
私营企业投资者人数(人)	186222	100.0	15.7
非城镇	105823	56.8	17.8
农村	80399	43.2	13.0
1.农林牧渔业	3530	1.9	16.0
2.采矿业	117	0.1	0.0
3.制造业	68285	36.7	10.3
4.电力、燃气及水的生产和供应业	334	0.2	3.1
5.建筑业	6503	3.5	20.1
6.交通运输、仓储和邮政业	1872	1.0	16.4
7.信息传输、计算机服务和软件业	2248	1.2	23.0
8.批发和零售业	70671	37.9	19.2
9.住宿和餐饮业	1072	0.6	13.7
10.房地产业	4388	2.4	7.7
11.租赁和商务服务业	15379	8.3	19.5
12.居民服务和其他服务业	2797	1.5	12.6
13.卫生、社会保障和社会福利业	47	0.0	95.8
14.文化、体育和娱乐业	782	0.4	31.4
15、其他行业	13	0.0	-99.8

3.私营企业注册资金

2014 年全市私营企业注册资金 3423.94 亿元,比 2013 年增长 21.3%。户均注册资金 346.89 万元,比 2013 年增加 8.63 万元,增长 2.6%。

·投资·

2014 年全市实现非国有投资 1844.89 亿元,比 2013 年增长 13.9%,增幅低于固定资产投资 1.2 个百分点。占固定资产投资比重 80.0%,比 2013 年下降 0.9 个百分点。

非国有投资中,民间投资 176.57 亿元,增长 15.2%。占非国有投资比重 95.7%,比 2013 年提高 1.1 个百分点。

非国有投资中,第一产业投资 13.33 亿元,比 2013 年下降 2.6%,占非国有投资比重 0.72%,比重比 2013 年下降 0.12 个百分点;第二产业投资 1059.83 亿元,比 2013 年增长 11.4%,占非国有投资比重 57.45%,比重比 2013 年下降 1.31 个百分点;第三产业投资 771.73 亿元,比 2013 年增长 18.0%,占非国有投资比重

41.83%,比重比2013年提高1.44个百分点。

非国有投资中，房地产开发投资589.76亿元,比2013年增长13.9%,占非国有投资比重32.0%,比重与2013年持平;基础设施投资112.75亿元,比2013年增长84.4%，占非国有投资比重6.1%，比2013年提高2.3个百分点;工业投资1059.83亿元,比2013年增长11.4%,占非国有投资比重57.4%,比2013年下降1.4个百分点；其中工业技改投资872.47亿元，增长23.6%,占非国有投资比重47.3%,比2013年提高3.7个百分点。

非国有投资中，有限责任公司投资677.60亿元,比2013年增长8.6%,占非国有投资比重36.7%;私营企业投资871.47亿元,比2013年增长23.2%,占非国有投资比重47.2%,比重比2013年提高3.5个百分点;港、澳、台商和外商投资企业投资104.56亿元,比2013年下降1.9%，占非国有投资比重5.7%，比重比2013年下降0.9个百分点。

非国有投资

	2014年	增长(%)	比重(%)
非国有投资(亿元)	1844.89	13.9	100.0
#民间投资	1765.72	15.2	95.7
#房地产开发投资	589.76	13.9	32.0
#基础设施投资	112.75	84.4	6.1
#工业投资	1059.83	11.4	57.4
#工业技术改造投资	872.47	23.6	47.3
按三次产业分			
第一产业	13.33	-2.6	0.72
第二产业	1059.83	11.4	57.45
第三产业	771.73	18	41.83
按登记注册类型分			
内资企业	1729.55	15.3	93.7
集体企业	37.38	26.2	2.0
股份合作企业	0.50	570.2	0.0
联营企业	0.45	-46	0.0
有限责任公司	677.60	8.6	36.7
股份有限公司	110.24	2.3	6.0
私营企业	871.47	23.2	47.2
其他企业	31.91	5.5	1.7
港澳台商投资企业	46.89	-28.7	2.5
外商投资企业	57.68	41.1	3.1
个体经营	10.65	-18.2	0.6

·进出口·

2014年全市非国有企业实现进出口总额3420103万美元，占全市进出口总额的98.6%，比2013年增长3.8%。其中进口482478万美元，占全市进口总额的97.8%，比2013年下降10.4%；出口29337625万美元，占全市出口总额的98.7%，比2013年增长6.6%。

非国有进出口总额中，出口占85.9%，进口占14.1%。

非国有企业中，私营企业为出口主力。2014年全市私营企业出口2110578万美元，占非国有企业出口总额的71.8%，占全市出口总额的70.9%。与2013年相比，私营企业出口增长10.9%，高于全市出口总额增长4.3个百分点。其次为合资企业，2014年出口511444万美元，占非国有企业出口总额的17.4%，占全市出口总额的17.2%。

按企业性质分类进、出口情况

	出口总额(万美元)	增长(%)	比重(%)	进口总额(万美元)	增长(%)	比重(%)
非国有企业	2937625	6.6	100	482478	-10.4	100
民营企业	2231069	10.1	75.9	258753	17.10	53.6
私营企业	2110578	10.9	71.8	188886	24.15	39.1
集体企业	110469	-2.1	3.8	69864	1.52	14.5
个体工商户	10021	0.0	0.3	3	24.89	0.0
外商投资企业	706556	-3.1	24.1	223725	-29.56	46.4
合作企业	2845	-32.5	0.1	459	-45.48	0.1
合资企业	511444	-4.6	17.4	201325	-27.64	41.7
独资企业	192267	1.6	6.5	21940	-43.10	4.5

2014年绍兴市国家级重点农业龙头企业

1.浙江中大饲料集团有限公司
2.千足珍珠集团股份有限公司
3.浙江阮仕珍珠股份有限公司
4.浙江金大地农业集团有限公司
5.浙江华发茶业有限公司
6.丰岛控股集团有限公司

2014年绍兴市省级重点农业农头企业

1.绍兴会稽山米业有限公司
2.浙江天天田园控股集团有限公司
3.浙江科盛饲料股份有限公司
4.绍兴仁昌酱园有限公司
5.上虞市东海食品有限公司
6.浙江舜地食品有限公司
7.浙江顾大嫂食品有限公司
8.浙江天利实业有限公司
9.浙江佳丽珍珠首饰有限公司
10.冠军集团有限公司
11.浙江省诸暨绿剑茶业有限公司
12.浙江长生鸟药业有限公司
13.浙江茂阳农发集团有限公司
14. 诸暨市光裕竹业有限公司
15.浙江蓝美农业有限公司
16.浙江诸暨十里坪茶业有限公司
17.诸暨市国伟禽业发展有限公司
18.嵊州市畜产品有限公司
19.嵊州市浙东农贸发展有限公司
20.嵊州市大鹏茶业有限公司
21.绍兴市一景乳业有限公司
22.浙江瑞丰农业发展有限公司
23.新昌县现代水产发展有限公司

24.浙江诚茂控股集团有限公司
25.新昌县江南名茶市场有限公司
26. 浙江省新昌县佳艺实业有限公司
27. 浙江省新昌县澄潭茶厂
28. 绍兴御茶村茶业有限公司
29. 绍兴中亚工贸园有限公司
30. 绍兴咸亨绍鸭育种有限公司
31. 绍兴市蔬菜果品批发交易市场有限公司

2014 年绍兴市非国有工业企业主营业务收入 30 强

1.浙江远东化纤集团有限公司
2.浙江大东南集团有限公司
3.三花控股集团有限公司
4.卧龙控股集团有限公司
5.万丰奥特控股集团有限公司
6.浙江龙盛集团股份有限公司
7.浙江盾安精工集团有限公司
8.精功集团有限公司
9.浙江新纵横投资有限公司
10.浙江海亮股份有限公司
11.浙江日月首饰集团有限公司
12.天洁集团有限公司
13.浙江永通染织集团有限公司
14.浙江永利实业集团有限公司
15.浙江古纤道新材料股份有限公司
16.海亮集团有限公司
17.浙江闰土股份有限公司
18.浙江天圣化纤有限公司
19.浙江南方石化工业有限公司
20.浙江无名皮塑集团有限责任公司

2014 年绍兴市非国有工业企业利润总额 20 强

1.浙江远东化纤集团有限公司
2.卧龙控股集团有限公司
3.浙江龙盛集团股份有限公司
4.浙江大东南集团有限公司
5.万丰奥特控股集团有限公司
6.三花控股集团有限公司
7.世纪阳光控股集团有限公司
8.浙江新和成股份有限公司
9.天洁集团有限公司
10.精功集团有限公司
11.浙江闰土股份有限公司
12.浙江盾安精工集团有限公司
13.浙江永利实业集团有限公司
14.金科控股集团有限公司
15.浙江无名皮塑集团有限责任公司
16.浙江华通控股集团有限公司
17.浙江绍兴苏泊尔生活电器有限公司
18.浙江天圣化纤有限公司
19.上峰集团有限公司
20.绍兴紫薇化纤有限公司

2014 年绍兴市非国有建筑企业综合实力 20 强

1.浙江中成建工集团有限公司
2.浙江宝业建设集团有限公司
3.中设建工集团有限公司
4.五洋建设集团股份有限公司
5.浙江展诚建设集团股份有限公司
6.中厦建设集团有限公司
7.浙江八达建设集团有限公司
8.浙江亚厦装饰股份有限公司
9.浙江天工建设集团有限公司
10.东方建设集团有限公司
11.浙江勤业建工集团有限公司
12.浙江中富建筑集团股份有限公司
13.华升建设集团有限公司
14.浙江万达建设集团有限公司
15.浙江舜江建设集团有限公司
16.浙江林盛建设发展有限公司
17.长业建设集团有限公司
18.浙江众立建设集团有限公司
19.中鑫建设集团有限公司
20.浙江中联建设集团有限公司

2014 年绍兴市非国有房地产开发企业综合实力 20 强

1.绍兴绿城金昌置业有限公司
2.绍兴市金地申兴房地产发展有限公司
3.浙江金昌房地产集团有限公司
4.绍兴世茂置业有限公司
5.华城地产集团有限公司
6.绍兴龙嘉房地产开发有限公司

7.绍兴世纪长江房地产有限公司
8.日月城置业有限公司
9.海亮地产控股集团有限公司
10.浙江聚亨置业有限公司
11.绍兴景祥置业有限公司
12.坤和建设(绍兴)有限公司
13.嵊州信源市场开发有限公司
14.上虞和昶房地产开发有限公司
15.浙江八达置业有限公司
16.卧龙地产集团股份有限公司
17.新昌县金泰房地产开发有限公司
18.绍兴中庆房地产发展有限公司
19.绍兴宝业四季园房地产有限公司
20. 浙江黑猫神地产有限公司

2014 年绍兴市非国有商场销售十强

1.浙江诸暨第一百货有限公司
2.绍兴大通商城股份有限公司
3.浙江上百贸易有限公司
4.浙江天宝坊黄金珠宝有限公司
5.浙江越王珠宝有限公司
6.浙江供销超市有限公司
7.绍兴市国商大厦有限责任公司
8.绍兴英特大通医药有限公司
9.嵊州市国商大厦有限公司
10. 浙江华联医药连锁有限公司

2014 年绍兴市非国有商场利润十强

1.绍兴大通商城股份有限公司
2.浙江上百贸易有限公司
3.浙江越王珠宝有限公司
4.浙江供销超市有限公司
5.嵊州市国商大厦有限公司
6.绍兴市国商大厦有限责任公司
7.新昌县国贸实业有限公司
8.绍兴市千客隆超市有限公司
9.诸暨市华天商贸有限公司
10.浙江雄城商贸股份有限公司

2014 年绍兴市非国有出口企业(集团)十强

1.浙江绍兴飞联贸易有限公司
2.万丰奥特控股集团有限公司
3.浙江新和成股份有限公司
4.浙江天乐集团公司
5.世纪阳光控股集团有限公司
6.浙江海亮股份有限公司
7.浙江三花集团有限公司
8.浙江古纤道新材料有限公司
9.浙江绍兴苏泊尔生活电器有限公司
10.浙江庆茂纺织印染有限公司

2014 年绍兴市非国有自营进口企业十强

1.浙江绍兴三圆石化有限公司
2.浙江绍兴三锦石化有限公司
3.浙江远东新聚酯有限公司
4.浙江绍兴飞联贸易有限公司
5.绍兴滨海石化集团有限公司
6.浙江海亮股份有限公司
7.浙江古纤道新材料股份有限公司
8.裕隆控股集团有限公司
9.浙江南方石化工业有限公司
10.浙江嘉利珂钴镍材料有限公司

(绍兴市统计局 朱美红)

(责任编辑:金瑞锋 王怡然 黄莹莹 杨丽君)

县(市、区)选篇

仙 居 县

·概况·

仙居县位于浙江省东南沿海、台州西部，近邻宁波，东界临海，西接缙云，南接温州、黄岩，北毗磐安、天台。仙居历史悠久，新石器时期就有人类在此繁衍生息、创造文明，东晋永和三年(公元347年)立县原名乐安、永安，北宋景德四年(公元1007年)，宋真宗以其“洞天名山，屏蔽周卫，而多神仙之宅”下诏改县名为“仙居”，意为“仙人居住的地方”，全县总面积2000平方公里，永安溪为境内主干河道，全长116公里，自西南向东北斜贯全境。仙居交通优势明显。台金高速跨越东西，诸永高速贯通南北，35省道临石线、41省道仙清线、40省道东仙线贯穿全境；金台铁路正在加快前期推进过程中。仙居与浙江省内城市杭州、宁波、温州、台州、金华、义乌等地行车时间1至2小时左右，与主要港口宁波港距离170公里、台州港距离80公里、温州港距离120公里，与周边机场台州黄岩机场距离80公里、温州永强机场距离130公里、宁波栎社机场距离170公里、杭州萧山机场距离220公里。区位条件优越，仙居已成为浙中地区的交通枢纽。

近年来仙居按照生态经济化、经济生态化的要求，以创新驱动为引擎，大力推进产业融合、产城融合、园城融合，加快构建起支撑中国山水画城市的现代生态产业体系。在生态农业方面，以打造中国最高端农业为目标，加强新型农业经营主体培育，推进主导特色产业发展，发展品牌农业、精致农业、休闲农业、生态循环农业，推进全国绿色农产品基地、长三角地区重要的绿色农产品配送中心、全国有机农业示范基地创建，推动农旅深度融合。在生态工业方面，牢牢抓住物联网、互联网以及大数据、云计算等多方面技术平台，推动工业化与信息化深度融合，加快“工业4.0”革命，建立国家新型工业化产业示范基地。通过“互联网+”，建设网上工艺礼品城，在网上建立销售平台，实现传统医药、橡塑和工艺美术行业的转型提升，同时引进医疗器械、汽摩配及汽车用品制造、现代装备、电子电器等新兴产业，特色制造业产业集群初步形成。在生态旅游方面，以全省旅游经济强县和旅游综合改革试点县为载体，通过大神仙居景区改造和扩容、神仙温泉度假区建设、西部旅游度假区平台设立以及相关配套健康产业开发，农业四季花海、农产品采摘等休闲观光旅游、仙居绿道休闲产业发展，仙居已基本形成规模效益比较显著的生态旅游产业。生态产业的蓬勃发展带动了农村电子商务、金融、住宿餐饮、总部经济等服务业快速发展，成功入围“中国电子商务发展百佳县”，现代服务业蓬勃兴起。

【综合经济】 地区生产总值。经初步核算，2014年全县实现地区生产总值151.65亿元，按可比价格计算，比上年增长10.1%。其中，第一产业实现增加值13.51亿元，增长2.3%；第二产业实现增加值65.10亿元，增长10.9%；第三产业实现增加值73.05亿元，增长10.5%。三次产业之比为8.9：42.9：48.2，第三产业增加值占地区生产总值比重比上年提高1个百分点。按户籍人口计算人均生产总值为29894元（按年平均汇率折算为4899美元），比上年增长9.4%。

财政收支。2014年全县完成一般预算总收入18.90亿元，比上年增长16.8%，其中地方一般预算收入完成10.56亿元，增长13.5%。在地方税收中，增值税、营业税、企业所得税、个人所得税分别增长27.4%、7.6%、8.0%和21.3%。全县财政总支出为23.70亿元，增长10.7%。其中交通运输支出1.34亿元，增长6.2%；教育支出5.38亿元，下降5.0%；医疗卫生支出2.70亿元，增长23.4%；社会保障和就业支出2.28亿元，增长10.1%；农林水事务支出3.38亿元，增长1.3%；一般公共服务支出2.94亿元，增长13.6%；城乡社区事务支出2.19亿元，增长245.2%。

就业和再就业。2014年全县新增城镇就业人员5587人，1566名城镇失业人员实现再就业，其中困难人员再就业351人，年末城镇登记失业率为2.6%。

【农业、农村】 农业生产。全年全县实现农林牧渔业总产值20.81亿元，按可比价格计算，比上年增长2.4%。其中，完成农业产值14.55亿元，增长4.1%；林业产值

2.03 亿元,增长 2.1%;牧业产值 3.55 亿元,减少 4.2%;渔业产值 0.52 亿元,增长 6.0%;农林牧渔服务业产值 0.16 亿元,增长 6.4%。粮食作物播种面积 26.56 万亩,比上年减少 2.8%,粮食总产量 10.1 万吨,比上年减少 0.8%。畜牧业生产明显回落,生猪存栏、出栏比上年分别减少 19.9%和 4.0%;家禽存栏、出栏分别减少 15.4%和 5.0%,肉类总产量 1.31 万吨,减少 1.8%。

现代农业。"两区"建设加快推进,新建省级示范区 1 个、精品园 2 个,建成粮食生产功能区 1.02 万亩,在省内率先通过全国绿色食品原料(水稻)标准化生产基地验收,被评为省级现代生态循环农业示范县。台创园建设稳步推进,完成投资 2 亿元。海亮有机农业示范园初显成效,国内首个农产品追溯"仙居云"系统研发成功并投入使用,闻道梦幻庄园、油茶博览园、大江南牡丹庄园等项目扎实推进。浙江杨梅产业研究院落户仙居,仙居杨梅列入浙江区域名牌。下各葵花景观入选中国美丽田园。大力培育新型农业主体,新发展股份合作农场 4 家、注册家庭农场 21 家。

新农村建设。"美丽乡村"建设深入实施,完成农房改造建设 2772 户,拆除旧房 3950 间,建成白塔上横街至东鲍美丽乡村精品线 1 条,新建森林村庄 45 个,基本完成县域范围黄皮屋整治。全面推进农村环境综合整治,动工建设 128 个村农村生活污水治理项目,新增受益农户 3.41 万户。在全省率先推行农村"人畜分离"改革,建成生态化养殖小区 140 个。农村保洁得到加强,3 个中心镇试行垃圾分类处理。高迁村入选全国最美休闲乡村。全县实现村村电气化。

【工业、建筑业】 工业经济。2014 年全县实现工业增加值 52.48 亿元,按可比价格计算,比上年增长 10.9%。其中规模以上工业企业实现增加值 29.31 亿元,增长 13.0%,快于全市平均增幅 6.7 个百分点,增速居全市首位。企业生产形势基本稳定,全县规模以上工业企业实现销售产值 114.78 亿元,比上年增长 6.7%。企业效益呈现稳步向好态势,全县 122 家规模以上企业实现利税 11.95 亿元,比上年增长 16.2%;实现利润 6.33 亿元,比上年增长 24.3%。

工业创新转型。2014 年规模以上工业企业科技活动经费支出 2.72 亿元,占主营业务收入的比重达到 2.4%。实现新产品产值 32.68 亿元,增长 25.0%,快于规模以上工业总产值增速 15.4 个百分点,新产品产值率达 26.1%,比上年提高 3.2 个百分点。高新技术产业、新兴产业和装备制造业发展势头良好,增加值增速分别快于全县规模以上工业增加值平均增速 1.6、1.9 和 3.3 个百分点。"机器换人"成果初现,全年规模以上工业资产总计增长 7.8%,而从业人员减少 2.0%,劳动生产率达 12.35 万元/人,增长 9.1%,人均创利税 5.11 万元,增长 18.6%。

建筑业。2014 年全县具有资质等级建筑企业完成建筑业产值 99.62 亿元,比上年增长 27.0%。全年总承包及专业承包建筑业企业本年新签合同额 98.73 亿元,增长 19.6%,省外业务不断拓展,全年完成省外建筑业产值 54.24 亿元,增长 24.8%。全年房屋建筑施工面积 325.75 万平方米,比上年增长 12.1%。

【固定资产投资、城市建设】 固定资产投资。2014 年全县完成固定资产投资 141.59 亿元, 比上年增长 19.6%。分产业看,第一产业完成投资 0.44 亿元,下降 54.2%;第二产业完成投资 60.68 亿元,增长 23.3%;第三产业完成投资 80.46 亿元,增长 18.0%,三次产业投资比例为 0.3∶42.9∶56.8。全年完成基础设施投资 40.08 亿元,增长 8.9%;其中完成交通运输、仓储和邮政业投资 21.97 亿元,增长 49.2%;完成电力、燃气及水的生产供应业投资 9.66 亿元 ,下降 18.2%;完成水利、环境和公共设施管理投资 7.35 亿元,下降 15.8%。全年完成工业投资 60.65 亿元,增长 23.5%,对固定资产投资增长的贡献率达 9.8%, 其中制造业投资完成 50.99 亿元,增长 37.5%,占工业投资的比重达 84.1%,比上年提高 8.6 个百分点。工业技术改造投资完成 52.34 亿元,增长 43.1%,占工业投资的比重达 86.3%,比上年提高 11.8 个百分点。生产性服务业投资增长较快,全年完成投资 33.49 亿元,增长 50.9%。

房地产开发。全年完成房地产开发投资 26.02 亿元, 比上年下降 2.0%, 商品房销售面积 25.78 万平方米,增长 10.4%,商品房销售额 20.69 亿元,增长 7.4%。

城市建设。新区建设进展顺利,完成晨曦路、纬二路、经六路等道路建设,大卫文化广场、豪生五星级酒店主体完工,春晓大桥开工建设,文化艺术中心投入使用。西区会展广场、建筑业总部开工建设,清水塘区块拆迁改造工作有序推进。老城区改造不断加快,庆丰街北段机动车道全线贯通,西二路、建设西路、河口路、二中东路南段、当铺巷、南门街北段等 6 条断头路顺利打通;中兴路、南二路和省耕路中段完成建设;环城南路、城北路完成"白改黑"。县中心水厂开工建设,新建城乡供水一体化管网 15 公里,改建 12.3 公里。铺设燃气管网 38 公里。完成公共自行车站点建设 30 个,投放公共自行车 666 辆,城市公共自行车系统投入使用。

【贸易、旅游】 贸易业。2014 年全县实现社会消费品零售总额69.89亿元,比上年增长14.1%。按销售单位所在地分,乡村增速快于城镇,城镇完成社会消费品零售额44.75亿元,比上年增长13.4%,乡村完成社会消费品零售额25.14亿元,比上年增长15.1%。按行业分,批发业完成消费品零售额4.73亿元,增长18.6%;零售业完成消费品零售额56.22亿元,增长13.7%;住宿业完成消费品零售额0.39亿元,下降10.9%;餐饮业完成消费品零售额8.57亿元,增长16.0%。电子商务迅猛发展,成功入选中国电子商务发展百佳县和省级农村电子商务试点县,1号店中国仙居馆正式开馆。

旅游业。高起点定位的神仙居旅游度假区游客服务中心投入使用。神仙居景区通过了国家AAAAA级旅游景区景观质量评审,永安溪绿道通过了国家AAAA级旅游景区景观质量评审。成功举办了首届高空扁带挑战赛、绿道彩虹跑、波兰·仙居文化旅游节等活动。杨梅节、油菜花节、葵花节等农旅节庆影响力不断增强。国内外旅游市场有效拓展,2014年全县实现旅游总收入71.33亿元,比上年增长71.0%。接待入境旅游者5.54万人次;旅游外汇收入1851万美元;接待国内旅游者734.99万人次,增长71.3%;国内旅游收入70.19亿元,增长72.2%。景点门票收入1.07亿元,增长57.7%。神仙居景区被评为国家级生态旅游示范区、仙居荣获“2014中国最佳乡村旅游度假目的地”、“浙江省十大养生福地”称号。

【对外经济、合作交流】 对外贸易。2014年全县完成外贸自营进出口总额7.04亿美元,增长10.9%,其中出口6.77亿美元,增长11.8%;进口0.27亿美元,下降7.6%。在出口企业中,生产企业自营出口4.58亿美元,增长19.1%;三资企业出口1.75亿美元,下降5.4%;外贸企业出口0.44亿美元,增长21.6%。在出口产品中,医药化工类2.88亿美元,增长8.3%;工艺美术品类2.8亿美元,增长4.7%;机械制造类0.62亿美元,增长71.2%;橡塑制品类0.2亿美元,增长42.3%;其他类出口0.27亿美元,增长23.9%。从出口目的地看,美国、欧盟仍然是我县工业产品主要出口所在地,对美国出口趋势稳定、欧盟出口增速强劲、西亚市场有所拓展。2014年出口美国1.44亿美元,增长7.3%,出口欧盟2.31亿美元,增长16.3%,出口西亚0.32亿美元,增长70.7%。

利用外资。2014年全县利用外资新签项目3个,协议利用外资3941万美元,实际利用外资1241万美元。

国内合作。2014年招商引资成效明显,共签约时间记忆、神仙居养生度假综合体、国药集团等重大项目14个,落地项目6个,回归引资到位资金14.79亿元

【交通、邮电】 交通基础设施。2014年全县交通完成基本建设投资21.97亿元。35省道城北过境线开工建设,40省道改建项目加快推进,金台铁路通过可研评审。年末全县公路总里程达到1812公里,公路网密度90.97公里/百平方公里。其中高速公路106公里,一级公路35公里,二级公路133公里,三级公路63公里,四级公路1447公里。

综合运输。全年完成全社会货运量349万吨,比上年增长3.2%,货物周转量47495万吨公里,增长3.1%;全社会客运量1240万人次,比上年下降6.8%,旅客周转量31831万人公里,下降2.2%。

汽车拥有量。全县年末汽车拥有量50201辆,比上年增加6997辆,增长16.2%,其中私人汽车拥有量46009辆,比上年增加7043辆,增长18.1%。

邮电通信业。年末全县邮电局34所,其中邮政局15所。实现邮电业务收入3.46亿元,比上年下降4.0%,其中邮政业务0.31亿元,下降23.2%,电信业务收入3.14亿元,下降1.5%。年末城乡固定电话用户63382户,比上年减少13.2%,移动电话用户400790户,增长5.9%,其中3G移动电话用户137075户,增长23.7%。互联网宽带接入用户74154户,比上年增长11.5%,移动互联网用户260350户,增长14.4%。

【银行、保险】 银行业。金融产业发展态势良好,广发银行入驻仙居并营业,富民村镇银行落地筹建,方正、财通2家证券公司入驻仙居。年末全县金融机构本外币存款余额257.02亿元,比上年增长15.3%,其中人民币存款余额255.07亿元,比年初增加34.34亿元,比上年增长15.6%,其中城乡居民储蓄存款余额142.52亿元,比年初增加16.04亿元,比上年增长12.7%。年末金融机构本外币贷款余额228.73亿元,比上年增长24.5%,其中人民币贷款余额226.84亿元,比年初增加44.6亿元,比上年增长24.5%,其中短期贷款余额143.48亿元,比年初增加20.7亿元,比上年增长16.9%,中长期贷款余额82.14亿元,比年初增加23.05亿元,比上年增长39.0%。全县存贷比达89%,创历史新高。年末银行业金融机构达到12家,比上年增加1家。

保险业。2014年全县保险业实现保费收入5.66亿元,比上年增长17.7%。其中,财产险保费收入2.13亿元,增长25.6%;人身险保费收入3.53亿元,增长4.0%。支出赔款和给付1.81亿元,增长12.8%。其中,财

产险赔付支出1.12亿元,增长9.0%;人身险赔付支出0.69亿元,增长19.7%。

【科技、教育、人才】 科技创新。创新能力显著提升,2014年全县新增省级企业研究院2家、省级工程技术研究中心1家、省级以上各类科技项目60项(其中国家级8项),获得专利授权394件,其中发明专利25件。

教育事业。年末全县共有各级各类学校175所,在校学生总数90500人。其中,普通高中6所,在校学生8177人;职业中学2所,在校学生5899人;初中17所,在校学生18711人;小学40所,在校学生40041人;幼儿园109所,在园幼儿17505人;特殊教育1所,在校学生167人。教育质量不断提高,高考上重点线人数328人,创历史新高。教育资源不断扩大,县职教中心一期主体结顶,仙居中学二期教学楼主体工程和县中心幼儿园主体工程顺利完工。

人才开发。2014年全县新增各类人才9318人,年末全县人才总量达66085人,有技能人才自主评价企业12家,全年完成技能人才培训4616人次,培养高技能人才2101人。全县新增高层次人才128人,其中新引进台州“500精英计划”专家9名。

【文化、卫生、体育】 文化建设。深入开展文化强县建设,加快推进文化体制改革,文化公共服务体系不断完善,建成农村文化礼堂21个。文化遗产保护得到加强,铁制仙居花灯通过联合国教科文组织“杰出手工艺品徽章”认证。慈孝仙居建设深入人心,“中国孝文化研究中心”实践基地落户仙居,被评为全国敬老模范单位。

卫生事业。城乡居民医疗卫生条件进一步改善,年末实有病床1266张,拥有专业卫生人员2461人,卫生技术人员2162人,其中执业医师(含助理)1004人,注册护士700人。按户籍人口统计,每千人床位数、卫技人员数、执业医师(含助理)数和注册护士数分别达到2.49张、4.25人、1.97人和1.38人。县人民医院新院区投入使用。社会办医力量不断壮大,批准设立民办医院6家。新型农村合作医疗顺利移交给城乡居民基本保险,参保人数为41.3万人,人均筹资水平从2013年的450元增加到2014年的530元。全县12000名35—59岁农村妇女实施了“两癌”免费筛查,为2417对夫妇提供免费孕前优生健康检查,为3072名食管癌患者免费开展早诊早治。

体育事业。率先在全市实现20个乡镇(街道)体育强镇全覆盖。成功举办了2014长三角全民健身大联动活动和中国首届水上攀岩大赛。竞技体育取得佳绩,在十五届省运会上取得7金5银4铜的好成绩。

【人口、居民生活、社会保障、社会组织】 人口增长。年末全县户籍人口508658人,比上年增加2708人,其中非农业人口51349人。全县人口出生率11.75‰、死亡率5.82‰、人口自然增长率5.94‰。

居民收入。2014年全体居民人均可支配收入21885元,比上年增长10.1%。其中城镇常住居民人均可支配收入28526元,比上年增长9.2%;农村常住居民人均可支配收入14398元,增长11.4%。城乡居民收入比由2013年的2.02∶1缩小为2014年的1.98∶1。

社会保障体系。年末企业基本养老保险、职工基本医疗保险、失业保险、工伤保险、生育保险参保人数分别达85822人、80969人、52925人、127567人和45453人,比上年末分别净增5172人、10111人、3813人、7003人和5253人,年末城乡居民社会养老保险参保人数259809人,比上年末净增23939人。社保待遇稳步提高,企业退休人员年人均养老金为2150元/月,增加209元/月;失业保险金发放标准增至1013元/月,增加113元/月。

民生保障。全年民生支出18.44亿元,比上年增长14.0%,占一般性财政预算支出的77.8%。2014年建设1家健康养老机构和1个残疾人托养服务中心,新建111个城乡社区居家养老服务照料中心,完成30个老年公共活动场所基础设施建设,新增机构养老床位426张。城镇居民最低生活保障标准从月人均555元提高到612元,农村居民最低生活保障标准从月人均407元提高到481元,年末全县共有最低生活保障对象3405户、5740人,其中农村低保对象3348户、5641人,低保资金实际支出1509万元。完善困难群众大病救助机制,救助城乡患病困难群众2879人次,支出医疗救助资金663万元。

保障性安居工程。2014年全县新开工保障性安居工程250套,竣工522套。改造旧住宅区46.12万平方米、改造城中村76.58万平方米,完成13072间农村木结构老旧房屋电线老化改造。

慈善事业。2014年全县慈善总会募集善款1171万元,全年救助支出1440万元,受助的困难群众达2979人次。全县注册义工1720人,全年共开展各种义工服务活动72次,服务时间累计达20100小时。

【生态建设、社会安全】 生态建设。生态建设持续推进,成功入选国家公园首批试点单位,编制全国首个县级生物多样性保护行动计划,完善永安溪流域保护规划。加大全县水环境监测力度,对20个乡镇(街道)共

40个断面和内河10个监测点实行每月一次的常规监测。扎实推进“五水共治”工作，清理大小河流1000条、垃圾河194条、黑臭河6条，关停采制砂场45家，完成80家沿河企业污水纳管。持续推进污染减排工作，淘汰黄标车1641辆、医化行业落后设备473台套，增加废气预处理设施10套、末端废气焚烧设施2套，有效消减PM2.5排放。2014年化学需氧量、氨氮排放量、二氧化硫排放量和氮氧化物排放量分别下降7%、7%、3.4%、3.73%。

“平安仙居”建设。社会综合治理不断创新深化，围绕“平安仙居”总体目标，信访积案化解大力推进，信访积案化解率达82%，省、市交办的83件重点疑难积案化解79件。火灾事故防控综合治理体系建设成效显著，消防安全得到加强。社区矫正不断强化，共建成村级社区矫正工作站147个、阳光驿站16个，解矫373人。流动人口管理逐步规范，建成流管所(站)16个。交通治堵工作稳步推进，优化公交线路5条，新增公交站点19个，新增停车位1300多个。构建了县域全覆盖的食品药品安全基层责任网络。安全生产、消防安全专项整治不断深入，应急处置能力进一步提高，社会治安形势持续好转，连续9年获得“平安县”称号。

·非国有经济发展特点·

2014年四大非国有经济主导产业实现规模上产值95.46亿元，占规模上总产值的76.34%，其中医化行业占规模上总产值的47.05%，橡塑行业占规模上总产值的15.07%，工艺行业占规模上总产值的9.64%，机械行业占规模上总产值的3.95%。2014年仙居非国有经济发展主要呈现以下几个明显特点：

1.企业效益继续改善。今年原材料价格的下跌使得企业特别是橡塑行业企业的效益改善，从1–12月企业的生产经营情况看，全县122家规模上企业实现利税总额11.95亿元，同比增长16.2%。122家规模以上企业中亏损29家，亏损面23.77%，同比下降12.1%，亏损额4816万元，同比减少19.4%。

2.用工成本提高，但招工难情况略有缓解。据省中小企业监测平台显示，我县12月进入平台的158家企业中，有46.2%的企业认为用工成本增加，51.9%持平，只有1.9%的企业认为用工成本减少。13.04%的企业认为招工难，78.26%认为一般，8.7%企业认为容易。

3.融资成本基本平稳，但融资难问题继续存在。监测平台显示，进入平台的158家企业中，有31.41%的企业认为当前融资成本上升，66.03%的企业认为融资成本平稳，只有2.56%的企业认为融资成本下降。另外，有56.33%的企业认为当前企业的流动资金稍显不足，5.06%的企业认为严重不足，38.61%的企业认为充裕。

4.制造业投资增速较快，但有效投资不足。今年制造业投资继续保持较高的增长，但其中的有效投资不足。近几年我县出现工业性投资后劲乏力的状况，原因主要有三方面：一是受出让工业用地减少的制约。由于出让的工业用地的减少，造成实际投资项目的减少。如今年出让的工业用地只有11宗200亩，比去年的16宗492亩分别减少31.25%和59.35%，更比2010年的45宗879亩大幅减少75.56%和77.25%。二是受资金趋紧的制约。为防控风险，这两年信贷趋紧，融资成本增加，加上整个宏观经济形势不好，影响了业主的投资意愿，造成项目推进意识不强，从决定投资到开工建设的周期过长，对办理各项施工前的手续不够积极，使建设进度明显放缓，影响了工业投资的增长。三是受产业特点的制约。我县产业以工艺、医化为主，工艺行业在国际金融危机后，形势一直不太好，加上近几年县里很少给工艺品企业安排土地，该行业的投资项目一直较少。而医化行业，因存在城区医化搬迁的问题，城区医化企业既使有技改项目也不敢上，影响了全县的投资增长。

5.企业发展信心增强，但投资愿望不强。监测平台显示，企业对下一阶段的发展预测总体比上月有好转，进入平台的158家企业中，看好的占26.28%，差不多的占65.38%，不看好的只占8.33%。另外，未来3个月内企业无投资意愿的占51.55%，观望的占40.99%，只有7.45%的企业有投资意愿。

·主要政策措施·

1.加强综合协调，推进工业强县建设。一是牵头组织开展工业强县推进年活动。制定《2014年仙居县“工业强县”推进年活动实施方案》，牵头组织开展“工业强县”推进年活动。加快推进“四换三名”、“五帮一化”及工业企业“234工程”建设，建立“411”企业服务制度，积极帮助企业排忧解难。活动完善了县领导联系“百企提升”企业、重点工业项目和成长型企业工作长效机制。二是开展行业帮扶。启动了2014年度联合国教科文组织“杰出手工艺品徽章”认证申报工作，对仙居花灯产品进行整理，成功通过“杰出手工艺品徽章”

认证。做好《中国工艺美术全集》编撰工作，完成了仙居彩石镶嵌、仙居针刺无骨花灯、仙居彩绘木雕等篇章的编写工作。做好“浙江省文化创意小镇”申报工作。成立了仙居县推进医药产业发展工作领导小组，整合资源，形成部门合力，联手推动我县医药产业发展。召开医化行业重点企业座谈会，组织企业参加2014年医药国际贸易形势发布会。三是推动服务平台建设。建设仙居工艺礼品产业集群“窗口”服务平台。目前，平台已拥有一套视频系统、一套呼叫系统(96871热线)、一套宽带电视、一个“网上工艺礼品城”、一个企业管理信息系统、三个授权展示中心，建立了“仙居县企业信息管理系统”。编制了1万册仙居工业“名优特”产品目录，2000本《仙居县工业政策选编》发至企业。四是推动扶企破难服务。审核小微企业风险补偿，上报风险补偿金43.57万元。对国资入股商联担保进行指导。启动企业信用评级，前期工作已完成，3年内力争完成评级企业150家。推动“两证”遗留问题办理。

2.狠抓工业投入，推动技术创新。一是深入开展机器换人。以“四减两提高”为目标，从加快重点工业技改和提升企业装备研发水平着手，通过出台一个实施方案、引进一个平台、选择一个行业进行试点、推进一批重点项目即“四个一”工作机制强势推进“机器换人”工作。二是加快推进城区医化企业搬迁。印发了搬迁实施方案，提出搬迁项目准入以及土地分配意见，拟定《城南医化企业搬迁旧厂区土地处置方案》，召开搬迁整治领导小组联席会，搬迁政策意见征询会，制定了《城区医药企业搬迁整治扶持办法(初稿)》。三是鼓励开展零增地技改。加大宣传，统筹协调，加快推进我县“零增地”技改项目的实施。截止目前，“零增地”技改项目在经信局窗口已立项备案7家企业，投资总额19505万元，“零增地”技改建筑面积10.95万平方米。四是落实工业招商工作。完成《县外企业(招商引资项目)意向入园项目库一览表》，精心编制工业招商政策，确定今后开发区、科技园区两个园区内招商选资工作的扶持重点。形成《鼓励外来工业企业投资的若干意见(初稿)》、《仙居县工业投资项目准入政策(初稿)》、《仙居县工业投资入园流程(初稿)》。五是引导技术创新。积极组织企业申报各类技改和创新项目，截止目前，列入省级新产品备案的有9个，列入省技术改造“双千工程”重点项目计划8个，列入省重大工业项目计划1个，列入省战略性新兴产业百项工程重点项目计划1个，列入市“三个一批”重点项目29个。

3.优化要素配置，推动模式转型。成功列入浙江省资源要素市场化配置改革扩面县，工业线获得综合改革权限，是台州市除椒江、临海外唯一一个欠发达县获得的该项改革扩面地区，同期报送的改革总体方案通过批复。积极实施企业评级，开展腾笼换鸟，2013年度，列入仙居县“腾笼换鸟”综合效益评级的企业共有665家。把企业评级与土地使用税挂钩、与政策奖励挂钩、与有序用电挂钩，倒逼企业增产增效。

4.深化三名工程，推动企业提升。完成制定《仙居县推进“三名”工程建设的实施意见(初稿)》，帮助仙琚制药制定了“三名工程”培育计划，并列入浙江省第一批“三名工程”培育试点企业，向上争取资金800万。拟定奋达工艺、欢喜家居为第一批集团化试点企业，推荐味老大工贸成功创建浙江省创新型示范中小企业。

5.加强信息应用，推动两化融合。一是加强规划引导和政策扶持。《全县信息化发展规划》编制工作顺利完成，已通过评审、发文。委托编制《仙居智慧城市总体规划》，搭建智慧城市模型，制定行动路线，明确仙居“智慧城市”建设五年计划。制定出台《两化融合实施意见》，明确三年行动目标。制定了《政府投资信息化项目管理办法》。二是继续推进两化深度融合。开展2014年区域“两化”融合发展水平评估工作，推进“两化融合”示范试点工作，推荐仙通等2家企业列为市级“两化融合”示范企业，5家企业列为市级“两化融合”试点企业，医化产业列为试点产业集群。三是保障信息安全。建立县网络与信息安全保障队伍，制定《2014年仙居县网络安全检查工作方案》。开展专业知识培训，集中组织全县网络与信息重点单位业务人员开展网络与信息安全业务知识。联合县委县政府信息中心，开展网络与信息安全演练。

(仙居县发展和改革局　夏明志)

(责任编辑：王怡然　金瑞锋　黄莹莹　杨丽君)

临 安 市

·概况·

【基本情况】 临安市总面积3126.8平方千米，是浙江省陆地面积最大的县级市。地处浙江省西北部天目山区，是长三角离大城市最近的森林城市，太湖和钱塘江两大水系的源头，1996年撤县建市，东邻杭州市余杭区，南连富阳区和桐庐县、淳安县，西接安徽省歙县，北接安吉县及安徽省绩溪县、宁国市。市境东西宽约100千米，南北长约50千米；中心城市锦城（概指临安市治所在城市）东距杭州市46千米、上海市258千米，西距黄山市128千米，处在杭州至黄山的黄金旅游线上，杭徽高速公路贯穿全境，交通便捷。拥有天目山、清凉峰两个国家级自然保护区、青山湖国家级森林公园、大明山省级风景名胜区。有国家级和省级重点文物保护单位各2处，素有“大树王国”美誉。临安优越的生态环境孕育着4700多个物种，享有“绿宝地”、“万宝山”的美称。特产以绿色有机食品为主，茶叶、笋干、山核桃被誉为“老三宝”，白果、萸肉、猕猴桃被誉为“新三宝”。是浙江省十七个享受扩权下放的县（市）之一，是全国综合发展百强县（市）和县域经济基本竞争力百强县（市），也是国家级森林城市、国家卫生城市、中国优秀旅游城市、国家首批生态建设示范区、中国竹子之乡、中国山核桃之乡，全国环保模范城市、国家级生态市。

【行政区划】 临安市辖5个街道13个镇298个行政村。5个街道分别是锦城街道、锦北街道、玲珑街道、青山湖街道、锦南街道；13个镇分别是高虹镇、太湖源镇、板桥镇、於潜镇、天目山镇、太阳镇、潜川镇、昌化镇、龙岗镇、河桥镇、湍口镇、清凉峰镇、岛石镇。

【人口资源】 全市年末户籍人口52.97万人，比上年末增加2693人；其中男性人口26.39万人，女性人口26.58万人，男女性别比为99.29（以女性为100），非农业人口11.25万人，农业人口41.72万人。全市人口出生率10.47‰，死亡率6.37‰，自然增长率4.1‰。

进一步深化计划生育优质服务，人口计划生育率为96.92%，免费婚前医学检查率达92.75%，免费孕前优生检测率达97.96%。全社会从业人员39.32万人，其中第一产业7.72万人，第二产业20.03万人，第三产业11.57万人。

【经济发展】 2014年实现生产总值432.33亿元，按可比价格计算，比上年增长8.2%。其中第一产业增加值37.51亿元，第二产业增加值235.35亿元，第三产业增加值159.47亿元，分别增长3.1%、7.8%和10.0%。全市按户籍人口计算人均GDP为81823元（按年平均汇率折算为13320美元）。三次产业占比为8.7:54.4:36.9。全市文化创意、旅游休闲、金融服务、电子商务、信息软件、先进装备制造业、物联网、生物医药、节能环保、新能源等十大产业实现增加值177.57亿元，同比增长10.7%，占全市生产总值的41.1%。

【人民生活】 根据抽样调查，城镇常住居民人均可支配收入37860元，比上年增长10.3%，农村常住居民人均可支配收入21578元，增长10.9%。年末城乡常住居民人均现住房建筑面积分别为42和76平方米；城镇每百户居民家庭拥有家用汽车38辆、电脑113台、空调243只；农村每百户居民家庭分别拥有汽车21辆、电脑71台、空调128台。

【社会保障、福利】 养老保险等“五险”参保人数新增47191人，城乡居民基本医疗保险参保人数达到346975人，最低工资标准1350元，比上年增长12.5%，居民户口失业保险金945元，比上年增长12.5%。?全年开工建设保障房383套，其中公租房96套、廉租房96套、经济适用房191套，开工建设面积3.6万平方米。深入推进创建充分就业市和创业型城市，全年新增就业岗位10007个，实现再就业4052人，城镇登记失业率为2.68%。截止2014年底累计发放市民卡近54万张。深入开展养老服务工作，建立政府购买服务项目与中介机构建立转换通道，确定於潜镇为改革试点，临安市居家乐养老服务中心为服务中介机构，自5月试运行以来，累计服务2100人次。建成农村居家养老服务照料中心100家，城市社区居家养老服务照料中心6家，全市累计建成162家，占居家养老服务站总数的52%。“智慧养老”服务平台建成投入运行，5273名老年人享受政府购买服务补贴，受益面占全市老年人5.67%。成立儿童福利指导中心，推动孤残儿童康复特教工作，发放33名事实无人抚养的困境儿童基本生活费18.1万元。福利企业共安置职工7702人，其中，残疾职工2848人，安置比例达35.3%。加大慈善救助力度，发挥慈善事业在社会保障体系的重要补充作用，全年共募集善款569.8万元，救助支出548.2万元，累计援助人数3000余人。

【城市建设】 加大城市规划编制力度，完成17项规划编制任务。启动数字临安地理空间框架建设，开展第一次全国地理国情普查。启动城市地下综合管线信息管理系统建设,实施城市北入城口排涝工程,完成东站钱王街等积水点整治和6.3公里排水管网清淤工作。泥山湾路、青山西环线、万马路北延断头路等道路全面提前完工;苕溪南北重要交通枢纽—新临水桥已完成桥梁主体工程;大学路北延三期、临中配套道路、林学院东侧道路已经完成前期报批工作。完成筑境北侧三角绿地等8处闲置空地整治复绿,新增绿化面积约2.3万平方米。完成人民医院前节点改造,新增停车位28个;完成城中花园小区改造,新增停车位80个;严格房地产开发车位配比,新增地下停车位1023个。完成林水山居南门港湾式公交站和吴越街公交车站台相关便道建设。完成日处理渗滤液300立方米的生活垃圾渗滤液处理改造升级工程,新增路灯200余盏;指导完成垃圾焚烧厂运行前准备工作。完成沥青(砼)路面修复1.6万平方米,人行道修复3万平方米,侧平石修复4千米,疏通管道18公里。

全市用电量30.55亿千瓦时,比上年下降0.5%,其中城乡居民生活用电4.27亿千瓦时,下降3.7%。年末市区自来水日供水能力达到16.7万立方米/日,全年供水量3611.04万立方米,其中居民家庭用水量1967万立方米。全年日常养护城区道路长度100公里,道路面积145万平方米,绿地面积49万平方米,鲜花面积9706.5平方米,行道树15292株。完成城区94万平方米草坪的修剪。

【环境保护】 《临安市生态环境功能区规划》修编通过评审,《环境功能区规划》编制工作扎实开展;污染物总量减排工作稳步推进,治污水、重污染行业整治等行动有序开展;环境质量持续改善,全市5个集中式饮用水源地水质达标率为100%,4个出境断面水质年均值达到Ⅱ类水标准;环境空气质量优良天数268天,优良率为73.4%;区域环境噪声保持在54.3分贝以下,符合环境功能区要求。新增城市污水主干管10.8公里、支管网25.3公里,提高了城区污水纳管率。制定出台《临安市2014年度主要污染物减排工作计划》(临政办〔2014〕31号)和《临安市2014年主要污染物排放总量削减目标责任书》,分解落实了各项污染减排工作任务。加快造纸、印染、化工三大行业整治工作,关停淘汰企业24家,原地整治提升55家。完成8家化工、5家印染、5家装饰纸、36家印制电路板、2家涂装企业有机废气治理。各镇(街道)规模以上工业能源累计消费总量为52.03万吨标准煤。

【科技教育】 创新主体不断壮大,新增国家重点支持高新技术企业7家,截止目前,全市拥有国家重点支持高新技术企业累计74家;新增杭州市高新技术企业24家,浙江省科技型企业59家;申报杭州市创新型试点企业5家,浙江省创新型试点企业2家;培育环申包装等10家科技型企业进军“新三板”。研发平台建设稳步推进,新增杭州市级高新技术企业研发中心4家,浙江省级高新技术企业研发中心2家。产学研工作逐步深化,组织我市100余家次企业先后赴上海大学、杭州师范大学、宁波大学等高校开展6场大型产学研对接活动,邀请中科院长春应化所、武汉科技大学、浙江工业大学等高校和科研院所的30多位专家来临对接50余家企业,与浙江工业大学、宁波大学、上海应用技术学院等6家高校建立产学研工作站;开展科技人才评选,评选产生程兴国等20位企业优秀创新人才,推荐西子富沃德公司的杨志华、得润宝油脂公司的黄小平等科技人才参加“科技新浙商”评选。全年发明专利授权134件。

高等教育稳步发展,浙江农林大学在校学生2.13万人,本年毕业5445人,教职员工1653人。2014年末,全市共有幼儿园74所,在园幼儿1.74万人;小学41所,在校学生2.9万人;初中18所,在校学生1.33万人;普通高中5所,在校学生0.82万人;职高5所(教育系统),在校学生0.39万人。

【文化、体育、卫生】 以“钱王文化艺术节”为载体,举办大型文艺活动40余场,文化走亲活动12场,送戏下乡300余场,受益群众12万余人,送电影下乡3336场,观众35万人次。完成可移动文物普查馆藏3000余件文物的账物核对;保护、修缮农村历史建筑,实施修缮项目30个,已完工26个。公布清明恭祭钱王、浙西马啸流水宴等11项为第六批临安市级非遗名录;完成杭州市第五批非遗名录申报工作,新增杭州市级名录7项。围绕“世界读书日”、“西湖读书节”等节日开展主题活动40余次,举办老年读书会30期、“集贤堂”讲座14期。全市拥有各类卫生医疗机构451个,其中市属医院7个,拥有床位1985张,卫生技术人员3351人,其中执业医师和执业助理医师1319人。市体育文化会展中心建设项目,体育馆、游泳馆建成投用。深入开展临安市第六次国家体育场地普查工作,共计普查单位439个、室内外体育场地1863。圆满完成国家体质状况抽测农村指标任务,获取有效样本749例,有效数据28087个。举办临安市第十三届运动会,组织完成5个组别,34个大项,159个小项的比赛,有3429名运动员参赛,创我市历年参赛运动员人数之最。全市53所中小学校体育场地向社会开放。

·非国有经济主要产业·

【农业】 全年完成农业总产值54.44亿元，比上年增长6.0%。其中：农业种植业产值24.83亿元，增长5.4%;林业产值18.17亿元,增长14.0%;牧业产值9.7亿元,下降4.6%;渔业产值0.90亿元,下降1.6%;农业服务业产值0.84亿元，增长10.0%。竹笋实现产值10.65亿元,增长14.2%;山核桃实现产值6.47亿元,增长3.6%;畜牧业实现产值9.32亿元,增长0.8%;蔬菜实现产值4.62亿元,增长10.8%;花卉园艺实现产值3.50亿元,增长5.5%;水果实现产值2.75亿元,增长12.9%;茶叶实现产值3.17亿元,增长9%;蚕桑实现产值0.85亿元，下降7.6%。八大主导产业实现总产值41.33亿元,占比达到75.9%。粮食作物总产量8.32万吨,下降6%。(主要农产品产量见表3)粮食功能区、现代农业园区建设稳步推进，新建粮食生产功能区1万亩,建成主导产业示范区2个、特色农业精品园4个;新建杭州市级“菜篮子”基地9个面积1890亩;完成杭州市中低产田改造项目12个、面积6010亩,实施杭州市设施农业配套项目8个,建成设施农业2650亩。

【工业】 2014年，全市规模以上工业企业达到571家,实现总产值673.91亿元,比上年增长3.2%;实现销售产值666.78亿元,比上年增长3.4%。全年实现规模工业新产品产值224.52亿元,增长4.0%,新产品产值率达到33.3%，规模工业高新技术产业销售产值达374.47亿元，增长2.3%，占规模工业销售产值比重56.2%,高新占比居杭州七县(市、区)首位。规模以上工业企业实现利税总额59.3亿元,比上年增长7.7%,其中利润总额35.32亿元,增长8.7%。工业产品产销衔接良好,全年规模工业企业产销率为98.9%。

【房地产业】 全市完成房地产开发投资61.93亿元,比上年下降2.8%。房屋施工面积471.72万平方米,比上年增长3.9%,其中本年新开工面积83.75万平方米,比上年下降36.5%;竣工面积90.01万平方米,比上年增长53.2%。全年商品房销售面积44.82万平方米,比上年下降27.7%,商品房销售额30.44亿元,比上年下降31.7%。

【商贸、餐饮业】 全年社会消费品零售总额实现135.32亿元,比上年增长13.6%。其中,城镇实现消费品零售额78.0亿元,比上年增长13.2%,乡村实现消费品零售额57.32亿元,增长14.0%。分行业看,批发零售业实现零售额118.27亿元,增长13.8%;住宿餐饮业实现零售额17.05亿元,增长11.7%。

【交通、邮电、旅游业】 全年公路完成客运量1211万人次，公路客运周转量51335万人公里。公路货运量528万吨,公路货运周转量70110万吨公里。年末高速公路里程103.99公里。

全市电信、移动、联通、数字电视公司完成业务收入7.34亿元，比上年增长6.1%。完成邮政业务收入6558万元，比上年增长17.3%。年末固定电话用户为18.3万户,移动电话用户为73.54万户;计算机宽带用户达到18.45万户。

全年旅游接待总人次850万，旅游景点接待游客442.46万人次,比上年增长5.3%,实现门票收入15909万元,比上年增长7.1%。全市“农家乐”共接待游客183.5万人次,比上年增长21.2%,其中接待过夜游客93.8万人次,增长20.6%,经营总收入11179万元,增长21.3%,床位数1.54万张,增长2.0%,直接从业人员1617人,增长2.1%。

【财政金融】 全年完成财政总收入52.6亿元,比上年增长8.1%,地方公共财政预算收入28.19亿元,比上年增长8%。其中税收收入26.96亿元,增长7.9%,非税收入1.23亿元，增长9.6%。全年地方财政支出45.66亿元,比上年增长9.2%,用于民生支出达34.01亿元,增长10.1%,高出地方财政收入2.1个百分点,占财政支出比重74.5%,其中文化体育与传媒、社会保障与就业、城乡社区支出分别增长12.6%、21.3%和51.1%。

年末,全市金融机构本外币存款余额达437.79亿元,比上年末增长9.1%,本币存款余额433.6亿元,增长9.5%,其中居民储蓄212.2亿元,增长5.8%;本外币贷款余额362.47亿元,比上年末增长8.2%,本币贷款余额357.79亿元,增长9.1%。

·非国有经济主要特点·

【产业结构加快调整】 强化农业基础地位,农业“两区”年度建设任务全面完成,蔬菜集约化育苗中心建成投用。完成山核桃生态化经营2.5万亩,优化改造竹林2.7万亩。完成104个村经济合作社股份合作制改革,规范流转土地 (林地)1.1万亩。全年实现农业总产值54.4亿元,增长6%。加快工业转型发展,新开发工业平台面积2000亩,完成基础设施投入4亿元。实施“机器换人”项目201个,淘汰落后产能企业48家。实现“个转企”1827家、“小升规”40家。3家企业入选民营企业

500强,创成“中国光电产业基地”。全年实现规模工业增加值118亿元,增长7%。全面实施旅游业优先发展战略,组建清凉峰旅游度假区管委会,成功举办第十届浙西旅游合作峰会,实现旅游业综合收入95.3亿元,被评为“中国最佳养生休闲旅游城市”。阿里巴巴农村淘宝项目进驻临安,农村电子商务交易额突破18亿元,荣获省级电子商务示范县、省“电商换市”十大创新样本和中国电子商务发展百佳县称号。全年实现社会消费品零售总额135.3亿元,增长13.5%。新增商业银行和小额贷款公司各1家,金融机构存贷款余额分别达435亿元和345亿元。实现自营出口15.9亿美元,总量连续6年居杭州五县(市)首位。

【有效投资持续增长】 大力开展“招商引资年”活动,成立招商引资工作指挥部,组建10个招商小分队开展专业招商。全年实到内资66.9亿元,实际利用外资1.78亿美元,引进浙商回归到位资金21.6亿元。强化用地保障,消化批而未供和盘活存量土地5761亩,实施农村土地综合整治735亩,落实城镇低效用地再开发503亩,征地拆迁“清零破障”专项行动深入推进。以资本为纽带助推企业发展,福斯特成功上市,美格机械等8家企业在四板市场挂牌。重大项目市领导“包保”制度不断完善,94个重点实施项目有力推进。全年完成固定资产投资198.1亿元,增长20.5%。

【创新体系加快完善】 大力实施创新驱动发展战略,科技企业孵化器建设不断深化,新增国家重点支持高新技术企业7家。产学研合作机制不断健全,建立产业技术创新战略联盟信息服务平台,实施产学研合作项目22个。完成“专利清零”企业108家,获得发明专利授权114件,居杭州五县(市)首位,成为省级知识产权示范创建市。规模高新技术产业销售产值占比和工业新产品产值率继续位居杭州七县(市、区)首位。引进各类高层次创新创业人才212名,其中“千人计划”人选2名。质量强市建设扎实推进,成功创建国家级工业出口产品质量安全示范区,杭氧股份获省政府质量奖。

【科技城建设全面推进】 集全市之力加快科技城建设,浙商研发总部和科技型中小企业产业化基地项目深入推进,科技企业孵化器一期和创新服务中心建成投用。香港大学浙江科学技术研究院等7个院所项目和金安国纪等6个产业项目竣工投用,杭电信息工程学院、省科技孵化基地开工建设,网络与信息安全等四大“科技园”启动规划建设。全年实现固定资产投资61.2亿元,规模工业销售产值320亿元,高新技术产业销售产值占比超过70%,在全省高新区中名列前茅。杭师大附小顺利签约,越秀城市综合体1.6万方商业街正式开业,滨河公园建成投用。科技城公交内环线投入运营,大园路等12条道路加快建设。

·政策措施·

【主城区建设步伐加快】 不断完善城市规划,城市道路等7个专项规划和城北等6个城区单元控规完成编制。城东新城钱锦大道一标段竣工通车,钱锦花园、望湖花园安置小区完成主体工程建设,滨湖新区城市综合体项目成功签约。锦南新城玲五路等5条道路建成通车,文体会展中心开馆运营。青山湖综保工程岸线整治项目完成可研报告编制。苕溪两岸水景轴带建设加快推进,银月廊桥建成投用。有序改造城市路网,万马路北延等项目顺利完工,临水桥改建工程竣工通车。“靓城行动”取得阶段性成效,城市精细化管理水平有效提升。顺利通过国家卫生城市复审。

【镇村联动发展不断深化】 於潜镇完成总体规划编制,南工北城建设加快推进,逸逸平台二期等项目进展顺利。昌化镇双塔大桥主体完工,沿溪开发项目扎实推进。高虹镇工业平台三期道路框架基本成型,高虹大街完成建设。太湖源镇中小企业创业基地开工建设,太湖源头(国家)生态公园规划启动编制。河桥古镇、湍口温泉小镇、潜川风情小镇建设深入推进,小城镇集聚能力不断增强。“联乡结村”活动持续开展,实施帮扶项目80个,完成下山移民搬迁535人。有序推进29个杭州市级中心村建设,完成10个杭州市美丽乡村精品村、33个“绿富”精品特色村创建。9个区市协作重点项目完成投资5.1亿元。

【城乡环境治理成效明显】 扎实推进“五水共治”,建立三级“河长制”管理体系。158个村的农村生活污水治理工程全面推进,城市污水处理厂脱氮除磷和污泥减量化项目建成投用,节能灯、印染、造纸、化工等行业整治基本完成。深入实施农村饮用水安全提升工程,新增受益人口2万人。加强大气污染防治,淘汰黄标车4630辆,完成57家企业有机废气治理。强势推进“双百攻坚”拆违大行动,全年拆除违法建筑267.1万平方米。出台违法建筑分类处置政策,“无违建”创建迈出坚实步伐。创造性开展城乡环境整治百日大行动,农村生活垃圾分类处置工作全面推进,垃圾焚烧发电项目点火运营。扎实推进“一廊十线”建设,太湖源山水田园精品线和科技大道精品线全新亮相。天目山、清凉峰两大国家级自然保护区管理工作不断加强。完成碳汇造林

5000亩、森林抚育增汇3万亩,碳汇林业试验成效亮相联合国气候大会。

【基础配套设施继续改善】 长西线主线(除城区段)建成通车,城际铁路临安线(临安段)项目启动前期。扎实推进农村公路改建和养护工程,横乐公路启动改建,白龙公路完成建设。水利基础设施加快建设,完成水库除险加固和万方以上山塘整治71座、堤防加固41公里,治理中小河流7公里。基础电网不断完善,110千伏胜联变、1000千伏特高压输变电临安段工程全面建成。"智慧临安"建设有序推进,完成无线网络站点建设300个。

【社会事业协调发展】 临安中学、浙医高专临安校区迁建项目扎实推进,天目外国语学校迁建项目完成建设。成功创建全国义务教育发展基本均衡县。临安人民医院迁建项目完成选址,骨伤科医院、计生服务指导站、昌化人民医院建成投用,临床影像会诊等"五大中心"建设全面完成。公立医院改革持续深化,市民卡智慧医疗诊间结算模式全面推广。建设提升农村文化礼堂27个,镇街图书馆实现全覆盖,53所中小学校体育场地向社会全面开放。成功举办市第十三届运动会,中国女子篮球联赛浙江队主场落户临安。省级双拥模范城创建实现三连冠,获得省征兵先进单位。

【社会保障日趋完善】 充分就业市创建工作深入推进,完成农民素质培训1.7万人次,新增就业1万人。农村社会养老保险(老农保)平稳转换,新增医疗等五大险种保险4.7万人,基本实现养老、医疗保障政策与杭州主城区接轨。"智慧养老"服务平台投入运行,建成居家养老服务照料中心106家,政府购买养老服务5273人次。开工建设保障性住房3.6万平方米,完成农村住房改造3816户、农村困难家庭住房救助298户,新增住房公积金缴存职工2742人。建立城乡低保动态增长机制,城乡低保标准分别提高到530元和385元。

【社会治理不断进步】 "四圈两网"建设扎实推进,平安创建有望实现"十连冠"。维稳常态化机制加快完善,涉法涉诉信访问题处置进一步规范。精细化警务建设深入推进,刑事案件发案数下降20.3%,市民安全感、满意度稳步提升。司法行政服务体系加快完善,社区矫正监管指挥中心建成投用。村(社区)建设不断加强,服务管理功能日益完善。全面落实安全生产责任制,深入推进"六打六治"打非治违专项行动,安全生产事故"三项指标"连续10年实现零增长。食品安全目标责任制考核排名居杭州市首位,学校主副食品实行统一配送。农村应急广播体系建设加快推进,突发事件应急处置能力有效提升。

【自身建设不断加强】 自觉接受人大依法监督和政协民主监督,广泛听取社会各界意见,办理人大代表建议168件、政协提案292件。加强法治政府建设,"四单一网"改革全面推进,重大行政决策机制、行政机关合同管理制度得到有效落实。建立行政执法与刑事司法信息共享平台,行政行为进一步规范。政府机构改革和中心镇扩权改革稳步推进,组建市场监管局、卫生和计划生育局,推动部门经济社会管理权限下放52项。深入开展"审批提速"专项行动,削减行政审批事项199项,政府采购网上商城投入运营。第三次经济普查取得阶段性成果。认真开展政府系统党的群众路线教育实践活动,"四风"问题整改取得明显成效,机关干部队伍作风进一步转变。"访企解难题、服务零距离"活动扎实推进,帮助企业解决难题515个。认真履行审计监督职能,完善财政预算体系,财政资金使用更加透明。全面贯彻中央"八项规定",基本完成机关公务用车制度改革,"三公"经费支出同比下降37.8%。民生保障支出占一般预算支出的比重达75.8%,政府为民十件实事全面完成。

(临安市统计局综合科 彭波)

(责任编辑:王怡然 金瑞锋 黄莹莹 杨丽君)

义 乌 市

·概况·

【自然地理】 义乌位于金衢盆地东部,东经119度49分至120°17′,北纬29°02′13″至29°33′40″,浙江省地理中心地处境内。东邻东阳,南界永康、武义,西连金华、兰溪,北接诸暨、浦江。至省会杭州百余里。市境东、南、北三面群山环抱,南北长58.15公里,东西宽44.41公里,境内有中低山、丘陵、岗地、平原,土壤类型多样,光热资源丰富。义乌属亚热带季风气候,温和湿润,四季分明,年平均气温在17℃左右,平均气温以七月份最高,为 29.3℃,一月份最低,为 4.2℃。年平均无霜期为 243 天左右。年平均降水量为 1100—1600 毫米之间。

【历史沿革】 义乌地处浙江中部,历史悠久,秦嬴政 25 年(公元前 222 年)置乌伤县,属会稽郡,传说秦时有个颜乌,事亲至孝,父死后负土筑坟,一群乌鸦衔土相助,结果乌鸦嘴啄皆伤,故称乌伤县。新莽时(公元 9 年)改县名乌孝。东汉建武初复称乌伤。曾为会稽西部都尉治。初平三年(192 年)分割西部辖境,设置长山县(即后之金华县)。

义乌是浙江省最古老的县(市)之一,明代嘉靖三十八年(1559)戚继光的戚家军成军于浙江义乌,总兵力四千人,主力是义乌农民和矿工。自成军起,大小数百战未尝败绩。1927 年废道制改为省县两级制,义乌直属浙江省。后设行政督察专员公属,义乌属金华专区或浙江省第四专区。1949 年 5 月 8 日义乌解放。新中国成立后,义乌属金华专区。1959 年浦江并入义乌,1967 年仍析出。1988 年撤销义乌县,设立义乌市(县级)。现下辖 6 个建制镇,8 个街道办事处。

【区划人口】 义乌市行政区域面积 1105 平方公里,现辖 8 个街道办事处、6 个建制镇,及其下属行政村 715 个、居民委员会(撤村建居)44 个和城镇社区(居委会)39 个。全市户籍人口 766604 人,比上年增加 6702 人;户籍人口中农业人口 523257 人. 非农业人口 243347 人;户籍人口中男性人口 388850 人,女性人口 377754 人。全年出生人口 8829 人,人口出生率 11.6‰;死亡人口 4294 人.人口死亡率 5.6‰;人口自然增长率 6.0‰。2014 年全市常住人口 125.1 万人,城镇化率 75.3%。

【经济发展】 经济增长平稳较快。初步核算,2014 年全市完成地区生产总值 968.6 亿元,按可比价格计算,比上年增长 9.5%。分产业来看,第一产业增加值 21.8 亿元,增长 0.4%;第二产业增加值 381.4 亿元,增长 7.8%,其中工业增加值 324.7 亿元,增长 7.5%;第三产业增加值 565.4 亿元,增长 10.7%。全年人均生产总值 127467 元(按户籍人口计算),按 2014 年平均汇率折算为 20751 美元。三次产业结构由 2012 年的 2.5:40.5:57.0 调整为 2.3:39.4:58.3。第三产业的比重提高了 1.3 个百分点。

全年实现公共财政预算总收入 119.0 亿元,同比增长 8.5%;其中完成地方公共财政预算收入 69.7 亿元,同比增长 10.1%。全市完成财政预算支出 72.3 亿元,同比增长 17.2%,其中一般公共服务支出 11.1 亿元,同比增长 2.8%。分项目看,教育支出、科学技术支出、社会保障和就业支出、医疗卫生与计划生育支出、城乡社区支出、住房保障支出和交通运输支出分别增长 16.5%、17.3%、0.4%、10.8%、61.0%、64.7%和 36.7%。

【国际性商贸城市】 义乌中国小商品城现有面积 550 万平方米、商铺 7.5 万个、从业人员 21 万多,日客流量 21 万人次,经营 26 大类、180 万个单品。共设国际商贸城一、二、三、四、五区市场、篁园服装市场和国际生产资料市场。2005 年 8 月,联合国与世界银行、摩根士丹利等世界权威机构联合发布一份中国发展报告,称"义乌为全球最大的小商品批发市场"。2014 年中国小商品城成交额 857.2 亿元,同比增长 25.5%,连续 24 年居全国各大专业市场榜首。

义乌市场是国际小商品采购基地。义乌市场上的商品行销欧美、东南亚、中东等地,商品辐射 215 个国家和地区,目前市场外向度已达 65%以上,欧美市场占出口总量的 34.3%。饰品、玩具、工艺品、日用五金、袜子等优势商品在国际占有 30%以上的份额。有 95%以上的经营户与外商发生外贸供货业务。"买全球,卖全球"的新型业态在义乌市场初步形成。2006 年 10 月,"义乌中国小商品指数"由商务部编制并定期向全球发布,成为全球小商品贸易的风向标和行业晴雨表。2008 年 11 月,义乌市场编制的部颁小商品分类行业标准正式实施,义乌成为小商品贸易的定价与定标促进中心。

·非国有经济主要产业·

【农业】 2014 年完成农林牧渔业总产值 31.4 亿元,下降 1.0%,实现增加值 21.8 亿元,扣除价格因素,增长 0.4%。

据粮食监测调查,全市粮食播种面积 12.8 万亩、总产量 5.1 万吨,分别增长 1.5%、4.0%;油料播种面积 2.3 万亩,增长 1.0%,产量 3486 吨,与上年持平;蔬菜种植面积 11.9 万亩,增长 9.2%,产量 18.9 万吨,增长 13.0%;西瓜、甜瓜等果用瓜种植面积 2.0 万亩,总产量 3.2 万吨,分别下降 4.2%、5.6%;花卉苗木面积 1.9 万亩,实现产值 2.0 亿元,分别增长 2.6%、15.0%。

截止 2014 年底,全市共创建金华市级美丽乡镇 2 个、金华市级精品村 10 个、金华市级秀美村 17 个、义乌美丽乡村 420 个。创建美丽家庭 9276 户、美丽家庭示范户 269 户。2014 年实施农村门口塘清淤整治 334 口。完成 42 个村自来水平面管网和"一户一表"改造提升工作,启动实施农村生活垃圾分类减量工作 80 个村,开展农村赤膊屋集中治理,完成零星赤膊屋粉刷 6.9 万平方米。

【工业】 2014 年，全市实现工业总产值 1795.1 亿元，同比增长 8.5%，其中:785 家规模以上工业企业累计完成产值 847.1 亿元，同比增长 7.6%;销售产值 805.1 亿元，同比增长 6.6%;产销率 95.7%，产销衔接良好。从增加值来看，2014 年，全市实现工业增加值 324.7 亿元，同比增长 7.5%(可比价)，其中规模以上工业实现增加值 173.3 亿元，同比增长 7.5%(可比价)。分轻重工业看，轻工业实现产值 705.4 亿元，同比增长 8.8%，重工业实现产值 141.7 亿元，同比增长 2.2%，轻重工业比例为 83:17。

企业效益增长平稳。2014 年，全市规模以上工业企业实现主营业务收人 753.9 亿元，同比增长 1.9%；利税总额 61.4 亿元，同比下降 1.7%，其中：利润总额 39.6 亿元，同比下降 5.2%。

规模以上企业中，纺织业、纺织服装服饰业、文教工美体育和娱乐用品制造业、其他制造业、橡胶和塑料制品业、化学纤维制造业、电气机械和器材制造业、金属制品业等八大行业是我市特色支柱行业，分别实现工业总产值 165.5 亿元、153.4 亿元、84.2 亿元、80.3 亿元、54.0 亿元、51.4 亿元、23.1 亿元、19.0 亿元，八大主导行业合计实现主营业务收入 561.7 亿元，同比增长 6.5%，占全市规模以上工业的 74.5%，合计实现利润总额 30.3 亿元，占全市规模以上工业的 76.3%。

【建筑业】 2014 年我市建筑业法人单位共有 170 家。其中，一级建筑企业 26 家，二级 63 家，三级 103 家，劳务分包企业 8 家。建筑业总产值稳步增长，完成建筑业总产值 189.8 亿元，比去年同比增长 12.1%。总承包和专业承包建筑业企业总产值名列金华各县(市、区)第二位，企业个数占金华市的 21.9%。2014 年房屋建筑施工面积达 1608 万平方米，增长 12.4%，房屋建筑竣工面积达 494 万平方米，同比下降 5.0%。省外市场开拓力度加大，全市在省外完成的建筑业产值 43.7 亿元，占全市建筑业总产值的 23.0%。

【商贸业】 商贸消费平稳增长。2014 年，全市实现社会消费品零售总额 466.6 亿元，同比增长 13.0%。其中城镇单位零售额为 351.3 亿元，增长 13.1%，乡村单位零售额为 115.3 亿元，增长 12.7%。限额以上单位零售额为 181.3 亿元，增长 11.2。汽车类零售额快速回升，全市实现汽车零售额 118.5 亿元，同比增长 6.3%。

【物流业】 2014 年，我市有内陆口岸场站，国际物流中心、江东货运市场、江北下朱货运市场等四个专业性物流场站，总占地面积 1400 余亩。规划的义乌国际陆港物流园区占地 43.6 平方公里，涵盖国内物流、国际物流、快递物流、电商仓储、铁路物流、航空物流、综合保税等十大功能区块。全市货运量达 6599.8 万吨，国内快件日均出票量达 95 万件，位居全国第六，国际快件日均出票量达 35 万件。国内联托运经营单位 1460 家，其中，公路货运 1447 家、铁路货运 13 家；快递 134 家，设立经营网点 600 多个，全球四大知名快递公司和 18 家国际知名船务公司设立了分公司或办事处。通过中国物流与采购联合会评审的 5A 企业 1 家，4A 企业 7 家，3A 企业 30 家，2A 企业 5 家。基本构建了以小商品市场为集散中心的巨大物流网络，货运可到达 1503 个县级以上城市，全国 20 多个铁路大站设中转托运站，快递开通直达 20 余个节点城市的快递(邮)班车。

【房地产业】 2014 年，全市房地产开发投资完成 94.2 亿元，下降 27.2%，占固定资产投资的 21.5%，增速比上年下降了 44.1 个百分点。其中住宅投资完成 61.4 亿元，同比下降 26.4%，占全市房地产开发投资的 65.2%。房地产新开工项目 8 个，计划总投资 96 亿元，是 2013 年的 2.65 倍。全市房屋施工面积达 588.5 万平方米，比去年增长 11.5%。其中:住宅施工面积 338.1 万平方米，比上年同期下降 7.7%，占全市房屋施工面积的 57.5%;商业营业用房施工面积 50.1 万平方米，比上年同期增长 60.9%，占全市房屋施工面积的 8.5%。2014 年商品房销售面积 55.4 万平方米，其中住宅销售面积 49.2 万平方米，占商品房销售面积的 88.8%，同比增长 134.6%。

【会展业】 2014 年，我市共举办各类会展活动 123 个，其中展览 87 个，会议、论坛以及节庆等活动 36 个。商业性展览 36 个；展览面积 76.3 万平方米；参展企业 13424 家，增长 3.6%；观众数 143.2 万人次，增长 8.7%；贸易成交额 397.2 亿元。1 万平方米以上的展览项目 18 个，同比增长 12.5%，展会档次层次进一步提升。文交会、旅博会、森博会分别被文化部、国家旅游局、国家林业局列入重点支持展会。义博会成功列入商务部、财政部 2014 年中小企业重点展会补助项目立项计划，首次享受国家中小企业专项资金的支持。消交会暨进口商品展成功列入 2014 年商务部引导支持展会目录。

第 20 届中国义乌国际小商品博览会转型升级稳步推进。实现成交额 170.7 亿元，同比增长 2.8%。其中，外贸成交额 17.5 亿美元，占总成交额的 62.7%，同比增长 3.2%。同期举办第三届采购商大会，共吸引境内外及连锁超市买家 282 家参会，举办专业采购洽谈对接活动 10 场，现场订单成交额 9785.4 万元，同比增长

28.9%。

2014 年，我市先后被评为中国最佳会展城市、全国会展业“金五星”优秀会展城市、中国十大影响力会展城市，义乌会展在国内外的知名度和影响力进一步提高，已成为城市对外宣传、推动经贸交流的重要平台。

·政策举措·

【深化国际贸易综合改革】 创新贸易体制机制。认真谋划和启动实施第二个三年计划，赋予改革试点新的内涵。围绕推进贸易便利化、增强国际竞争力的要求，全面试行市场采购贸易方式，完善联网信息平台及综合管理机制。启用海关监管代码，加快形成简化申报、管检分离、一般纳税人自行选择、外汇总量匹配等便利化配套监管体系，积极探索监管新模式。推动在跨境电子商务领域应用市场采购贸易方式，优化跨境电子商务通关、结汇、退税等机制。创建国家进口贸易促进创新示范区，打通宁波等口岸至义乌转检转关通道，创新物流、结算、质量等进口监管机制。创新贸易金融发展，引进外资银行，鼓励金融机构设立离岸分中心，深化跨境人民币业务试点，创新供应链、产业链金融产品，开展商业保理、票据服务、民间资本管理、金融综合服务等业务试点，全年新增贷款 200 亿元以上。大力发展互联网，力促“义支付”获批并开展跨境支付业务，培育“义乌贷”等新型互联网金融组织，支持电子商务平台打造互联网金融产业链。发行各类债务性融资工具，推行区域集优债券。搭建地方成长引导基金平台，发展电子商务、市场建设、科技创投等基金。

【增强义乌市场竞争力】 确保市场持续繁荣。完善国际商贸城、国际生产资料市场、篁园市场等主体准入和退出机制，根据行业分类调整租金和税收，有效降低经营成本。构建大型供应商和大渠道商对接通道，引进知名企业和国际机构进驻集中采购中心，完善市场采购商服务中心、综合服务休闲等功能布局。办好义博会、旅博会、森博会、装博会和 APEC 技展会，精心组织首届文交会。加快国际商贸城一期扩建，实现国际家居城一期开业，完成模具城招商。完善开放型经济促进政策，拓展东盟、中亚、中东欧等新兴市场，举办义博会马来西亚展、匈牙利展。整合中小企业资源，搭建拓展外贸平台。坚定不移地实施“走出去”战略，全力拓展内贸市场。以输出品牌、商品、管理、服务为核心，探索在全国重要商品流通节点城市市局市场，构建网络全、品牌响、竞争力强的“义乌系”市场网络。确保完成“义乌小商品市场”驰名商标申报工作，推进全国冠名“义乌”品牌的市场规范整治。不断扩大进口贸易，做强非洲、东盟和中东欧三大产品展销中心，引进一批具有经营实力的进口商。下大力气培育和引进一批进出口贸易综合服务商。

【做强做优工业经济】 深入贯彻创新驱动发展战略，强化科技创新和品牌营销“双轮驱动”，制定实施产业发展地图和项目带动工程。打造经济技术开发区、工业园区重大平台，争取储备优质项目 20 个，引进 20 亿元以上项目 2 个。深入实施“四换三名”工程，完成技改投入 80 亿元以上，充分发挥企业在科技创新中的主体作用，加快工业化、信息化深度融合发展。推进“个转企、小升规、规改股、股上市”，扩大企业上市资源库。支持传统制造业转型升级，加强对小微企业的服务。联动实施品牌、质量、标准、专利战略，启动“义乌名牌”创建工程。认真谋划科技教育园，加快建设科技创业园、高层次人才创业园、工业设计中心及创意园，深入开展“十倍增、两提高”科技服务专项行动。实施“义乌英才”计划。深化与中科院、工程院、浙大等合作。

【发展现代都市农业】 完善支农惠农政策，完成佛堂、义亭省级农业综合园区建设，新建粮食生产功能区 1.3 万亩，完成粮食播种面积 12.8 万亩，新建一批粮食、蔬菜、畜禽等外埠基地。大力发展家庭农场、专业合作社等新型生产经营主体，加强农业科技创新与应用，推进标准农田质量提升工程，加快农田水利标准化建设。加快畜牧业转型升级。

【优化提升城市综合承载能力】 加强规划指导，修编市域总体规划、土地利用总规和城市交通、道路网等专项规划，着力提升城市设计、建筑设计和景观设计水平，加快建设城市规划展示馆。谋划拓展国际商贸城分区规划红线范围，布局更多的城市国际服务功能和国际商务功能。开工建设疏港高速公路和疏港快速公路、铁路综合客运枢纽、义乌机场飞行区等级提升等项目，加快 03 省道改建、37 省道改建、37 省道复线、义乌至武义、义乌至兰溪等干线公路建设，提升供电、供热、供气、供水等保障能力。推进金融商务区、国际文化中心、开发区总部经济区等重大平台建设。加强政策宣传和典型示范，开工一批新社区集聚建设项目和配套产业用房项目，推动城市街道立面改造。积极推进北门街荷花芯、经济开发区中心区、宾王市场等区块重大项目建设，加快沿街商服开发。推进重大旅游综合体、佛堂古镇开发等项目，加快购物旅游配套服务设施建设，提升购物旅游。进一步完善房地产市场健康发展的长效机制,优化房地产结构,大力发展建筑业。

【扩大对内对外开放】 积极提升国际化软实力,主动参与经济外交,创新境外经贸区建设拓展模式,积极举办"中国—西亚北非"可持续发展论坛、中非智库论坛、新丝路发展研究等国际论坛,加强与新兴市场国家交流。主动接轨上海自贸区,设立国际贸易综合改革研究机构,加快打造丝绸之路经济带的重要节点、21世纪海上丝绸之路的东方起点。深化区域合作,积极参与浙中城市群建设,做好山海协作、对口支援等工作。

(义乌市统计局 骆晓斌)

(责任编辑:王怡然 金瑞锋 黄莹莹 杨丽君)

武 义 县

·概况·

武义县位于浙江中部,金衢盆地东南,辖8镇7乡,3个街道办事处,2014年底户籍人口33.85万人。全县总面积1577平方公里,耕地24万亩,山林173万亩,水域2万亩。地形三面环山,西南高,东北低,中部丘陵蜿蜒起伏,呈"八山半水分半田"的地理格局。紧邻义乌中国小商品城、永康中国五金城。

武义县山川秀丽、物产富饶、资源丰富。莹石资源名闻中外,贮量4000万吨,在国内外市场上占有重要地位;武义县温泉以量大、水优、温度适宜而著称,堪称"浙江第一、华东一流"。温泉日出水量在6000吨以上,水温42℃-45℃,水质透明,含有多种有益人体的微量元素,唐风温泉、清水湾沁温泉等已相继建成对外开放,武义温泉度假区被评为浙江省十大旅游休闲胜地。县境内山峦绵延起伏,森林覆盖率达70.2%。武义县文化源远流长、人文景观众多。有中国古生态村郭洞、俞源太极星象村、寿仙谷、清风寨、刘秀垅、大红岩、牛头山国家森林公园等景点,是旅游休闲度假的理想之地。俞源太极星象村于2001年被列为国家级重点文物保护单位。

改革开放以来,武义县基础设施条件明显改善。金温铁路穿境而过、金丽温高速公路通过县城,县城到杭州、上海只需2-4个小时。县境内公路四通八达,康庄工程全面完工,交通落后状况有了很大的改观。城镇面貌日新月异,全县常住人口35.94万人,其中城镇人口23.04万人,城市化率64.1%。县城建成区面积19.37平方公里。

近年来,武义县经济发展明显加快。2014年全县生产总值192.99亿元,比上年增长7.9%,人均国内生产总值56859元,固定资产投资112.46亿元,社会消费品零售总额72.25亿元,财政收入29.18亿元,城镇常住居民人均可支配收入28126元,农村常住居民人均可支配收入12429元。2014年武义县的非国有经济在全县生产总值中的比重约90%左右。

·各主要行业非国有经济状况·

非国有农业经济。武义县农业经济以非国有经济为主。2014年全县农业总产值达到23.87亿元,比上年增长2.8%,农、林、牧、渔业比重为64.0%、4.52%、26.94%和2.51%。武义县主要农产品生产有:

粮食生产。2014年粮食播种面积为27.75万亩,粮食产量10.70万吨。粮食主要品种为水稻,其它品种有玉米、薯类、大豆等,但占比较小。2014年水稻产量8.93万吨。

蔬菜生产。2014年蔬菜面积8.11万亩,产量10.58万吨。高山蔬菜又称反季节蔬菜,利用山区与平原季节差异的气候特点,在海拔600-800米的山区种植,全年种植面积超过2万亩。武义县高山蔬菜品种主要是四季豆、青毛豆,由于土质好,高山四季豆个长、肉厚、口感好,产品畅销宁波、温州、上海等城市,深受广大市民的欢迎。

茶叶生产。茶叶种植遍布全县,2001年被命名为"中国有机茶之乡"。近年来加快现有茶园的改造和转化,做大"有机茶"品牌。2014年茶园面积9.62万亩,茶叶产量11979吨,产值5.18亿元,增长11.1%,为全省十大产茶县之一。有机茶发展持续加快,全县有机茶颁证面积1.28万亩。2004年"武阳春雨"茶被评为浙江省十大名茶。同时通过整合,将县内的众多茶叶品牌统一使用"武阳春雨"品牌,提高了武义茶叶的知名度。

蜜梨生产。蜜梨在武义县种植有较悠久的历史,早在上世纪七十年代,就以"西湖蜜梨"的品牌出口香港。

近年来，县委、县政府高度重视水果产业发展，通过实施政策推动、资金扶持、品牌运作、市场营销等措施，不断扩大水果种植规模，提高产业化水平。“桐琴”牌蜜梨以其高品质闻名省内外，先后获得了国家级绿色食品标志使用权、浙江省十大名梨、省优质早熟梨金奖、第七届金华华东农交会金奖农产品等荣誉称号。2010年7月武义县举办首届“桐琴蜜梨节”，得到了省内外社会各界的广泛关注，之后每年均在7月蜜梨成熟时举办蜜梨节。桐琴蜜梨节成功举办，进一步提升了蜜梨的知名度和美誉度，上海、杭州等地多家果品公司和超市与武义县蜜梨生产专业合作社签署了产销合作协议，有力地推动了蜜梨产业的发展，使果农的收入得到大幅提高。2014年，全县梨园面积达1.17万亩，年产量18619吨。

宣莲生产。武义宣莲与湖南湘莲、福建建莲并称为中国三大莲子，是莲子中一个著名品种，也是武义县传统名贵特产，因产于原宣平县得名。始种于唐朝显庆年间(公元656年)，清嘉庆6年(1801年)列为贡品。宣莲颗粒硕大、圆润饱满、酥而不烂、味美爽口、营养丰富，药用价值高。宣莲主要产于武义的柳城、西联等乡镇。建国后种植面积变化较大，一度濒于断种。1978年后，经武义县有关部门扶持才逐渐恢复，并开始少量出口。经过各级政府的大力扶持和培育，如今武义宣莲这一土特产品牌在市场上越来越响亮，其独特品质越来越得到消费者的认可。到2014年，武义县宣莲种植面积已达5000亩，成为武义县农民的一大增收渠道。

畜牧业生产。畜牧业已成为武义县农业的支柱产业，2014年全县畜牧业生产有所调整，畜牧业产值6.43亿元，下降1.9%。2014年生猪出栏32.04万头，下降1.7%，家禽全年出栏达206万只。

非国有工业。2014年底，武义县有工业企业和个体户5653家，其中，国有和国有控股企业有12家，非国有企业和个体工业户5641家，占99.8%的企业是非国有企业。近年来，武义县从本地实际情况出发，提出了“工业强县”发展战略，抓住周边发达地区资本向外扩散加快的机遇，营造有利于外来企业到武义县发展的氛围，走出了符合武义县工业经济发展的路子。2014年全县工业总产值达到636亿元，比上年增长7.8%。其中非国有工业产值达622.55亿元，增长7.9%，非国有工业产值占全部工业产值的比重达到97.9%。全县规模工业企业488家，规模工业总产值476.28亿元。其中非国有规模工业企业486家，工业总产值462.55亿元，占97.1%。

非国有工业所有制分布。在规模以上工业企业中，国有企业2家，私营企业477家，港、澳、台商企业1家、外商投资企业8家。按企业规模分，大型企业2家，均为非国有企业；中型企业62家，其中非国有企业61家；小微企业373家。

非国有工业的主要产业。近年来，武义县积极承接先进发达地区的产业辐射，培育工业支柱产业。在规模以上工业中，金属制品、电气机械及器材制造、通用设备、化学原料及化学制品制造业、黑色金属压延、汽车制造业、有色金属冶炼和压延、家具制造、纺织、文教用品、工艺美术、体育和娱乐用品制造业等优势产业逐渐发展壮大。2014年这10个行业的主要数据如下：金属制品业170家，工业总产值141.98亿元；电气机械及器材制造39家，工业总产值37.65亿元；通用设备制造业53家，工业总产值37.18亿元；化学原料及化学制品制造业10家，工业总产值32.04亿元；黑色金属压延加工业17家，工业总产值31.58亿元；汽车制造业24家，工业总产值26.10亿元；有色金属冶炼和压延加工业13家，工业总产值25.07亿元；家具制造业23家，工业总产值24.94亿元；纺织业27家，工业总产值16.51亿元；文教用品、工艺美术、体育和娱乐用品制造业24家，工业总产值13.68亿元。

外贸出口生产发展较快。外贸在武义经济中占有相当重要的地位，在工业经济中占据三分之一以上的份额。武义县外贸出口生产全部是民营企业，2014年全县海关进出口额25.89亿美元，增长8.7%。其中出口25.56亿美元，增长9.0%。规模以上工业出口交货值164.94亿元，增长6.7%。工业出口占规模以上工业总产值的比重达到34.6%。

非国有建筑业。2014年非国有建筑企业27家，从业人员11870人，总资产26.34亿元，2014年完成产值39.69亿元，比上年增长14.6%，实现建筑业增加值亿元，实现利润9037万元，下降13.0%。

非国有交通运输业。武义县非国有交通运输业主要是个体运输业。客运以国有经营为主，货运则以个体运输为主。2014年全县拥有各种机动车106593辆，增长9.1%，其中汽车57506辆，增长16.5%。全年完成货运量450万吨，增长11.1%；公路客运量1803万人次，下降1.8%；公路货运周转量3.35亿吨公里，增长7.3%；公路客运周转量2.88亿人公里，下降2.9%。

非国有批零贸易、餐饮业。2014年，全县有商品交易市场45个，成交额22.04亿元，增长1.0%。私营、个体批发零售，住宿和餐饮企业13173家，全年实现社会消费品零售总额72.25亿元,增长13.6%。

*旅游业快速发展。*2009年被评为浙江省旅游经济强县。2010年县委县政府提出"旅游富县"战略,温泉旅游开发取得新进展。旅游促销活动丰富多彩,成功举办了全国摩托车越野锦标赛和全国汽车场地越野锦标赛武义分站赛。星级旅游饭店、旅行社接待能力不断提高。2014年全年接待国内外游客607万人次,旅游总收入48.74亿元,增26.8长%,景点门票收入1.24亿元。

*房地产开发。*2014年,全县有非国有房地产开发企业27家,房地产开发投资15.83亿元,实现主营业务收入17.44亿元,下降12.4%,房屋施工面积118万平方米,竣工面积6.10万平方米,商品房销售面积10.03万平方米。

·非国有经济发展特点·

*农业结构不断优化,农业综合生产能力明显增强。*一是粮食生产能力稳定在10万吨以上。2014年粮食总产量达到10.70万吨。二是农业结构不断优化,特色优势产业较快发展。农业产业结构不断得到调整,蔬菜、茶叶、水果、香菇、生猪养殖等五大特色主导产业生产形势良好、效益显著,五大特色主导产业的产值达到了16.87亿元。其中,茶产业和畜牧业成为全县农业特色优势产业和农民增收的主要渠道。近年来,武义县农业结构调整又出现新特色,花卉苗木、中药材种植、旅游观光农业等成为农业经济发展的新亮点。

*工业区建设成效显著。*工业区建设为非国有企业提供了良好的创业平台,全县紧紧围绕建设先进制造业基地的目标,主动接轨"金华、义乌、永康",自觉融入"长三角",结合实际、突出重点,狠抓进区企业的"开工率、竣工率、投产率"和投资强度、社会贡献率等工业区建设的效益指标,坚持以"亩产论英雄",工业区的产出效益明显得到提升。2014年县开发区和工业功能区开发面积达到22.08平方公里,累计进区企业1463家,竣工企业1423家,2014年开发区和工业功能区实现工业销售产值达到569.10亿元。比上年增长7.9%,占全县工业经济的89.4%。

*规模工业企业增加,总量提升加快。*近年来武义县非国有规模以上工业企业出现了强劲的发展势头。首先是非国有工业规模以上企业家数明显增加。2014年末已达486家,其次是生产规模明显扩大。2014年规模以上非国有工业产值达到462.55亿元,已占规模以上工业的97.1%。2014年净增亿元以上产值非国有工业企业4家,全年亿元以上产值非国有工业企业达到140家。另有104家企业生产规模在5000–10000万元之间。第三是非国有规模以上工业企业资产总量增大,实力增强。1998年武义县非国有工业资产只有4亿元,到2014年增加到406.44亿元。民营工业资本成为武义县工业资本的主要部分。第四是非国有工业经济运行质量明显提高。2014年全县规模以上非国有工业实现利税总额达到35.67亿元,其中利润总额达到18.1亿元。

*区域特色产业发展良好,集聚效应日趋明显。*该县工业经济主要集中在10大行业。在规模以上工业企业中,金属制品、电气机械及器材制造、通用设备、化学原料及化学制品制造业、黑色金属压延、汽车制造业、有色金属冶炼和压延、家具制造、纺织、文教用品、工艺美术、体育和娱乐用品制造业等10大行业产值规模均在10亿元以上,企业数达400家,占82.3%,工业总产值386.73亿元,经济规模占全县规模以上工业的81.2%。其中,2014年金属制品业工业总产值达到141.98亿元,工业销售产值133.52亿元,主营业务收入131.47亿元,资产合计120.63亿元。金属制品业的工业总产值、工业销售产值、主营业务收入和资产均超过百亿元,成为武义县首个过百亿元的产业。 武义县也是浙中地区最大的黑色金属压延加工中心,黑色金属压延工业产值占金华市34.0%左右。

*工业经济转型升级积极推进,结构调整取得明显成效。*科技创新取得实效。2014年全县高新技术企业实现工业总产值114.32亿元,占当年规模以上工业的比重为24.0%。实现工业新产品产值121.48亿元,占规上工业总产值的25.5%。战略新兴产业产值86.87亿元,占规上工业总产值的18.2%。品牌建设取得突破,非国有工业企业成为品牌建设的主力军。2014年全县有市著名商标108只、名牌产品64只,省著名商标30只、名牌产品26只,中国驰名商标5只、名牌产品1只。

*非国有投资成为武义县投资的主体。*从2000年国有工业改制完成后,武义县国有投资从竞争性领域退出,转向交通、城市道路建设、卫生、教育等公共领域。而非国有投资正大举进入制造业、房地产、农业等国民经济各个行业。2014年全县非国有投资等民间投资达88.81亿元,占固定资产投资的79.0%。该县非国有投资主要集中在制造业和房地产开发投资,2014年限额以上制造业投资61.45亿元,比上年增长6.7%;房地产

开发投资17.92亿元，增长7.4%。民间投资的大幅增长，为武义经济发展增添了活力。

非国有经济成为外向型经济的主要力量。2014年武义县利用外资取得了良好的成绩。全年实际利用外资1024万美元，海关进出口额25.89亿美元，增长8.7%。其中出口25.56亿美元，增长9.0%。

·政策措施·

武义县紧紧围绕“打造中国温泉名城，构建东方养生胜地”的总体目标，以全面深化改革统领全局，以依法治县为根本保障，主动适应新常态、稳中求进抓发展，深入实施“生态立县、工业强县、旅游富县、科技兴县”战略，力促武义县在欠发达县市中率先进入全省中等发达县市行列，努力开创“两美”武义建设新局面。

农业和农村：按照农业现代化要求，用新的理念发展现代农业，全面推进“美丽乡村”建设，加快形成城乡一体化发展新格局。 一是提升发展现代农业。有序推进“两区”建设和高标准农田示范工程，加快城西综合园区创建，推动设施农业和生态循环农业发展。提升发展观光农业，启动茶文化产业园规划建设。积极发展农产品物流业和精深加工业。大力发展有机产业，创建国家有机产品认证示范区。不断发展产业化组织。扎实推进基层农业公共服务中心建设，不断完善农技推广、动植物疫病防控和农产品质量安全监管“三位一体”的农业公共服务体系。二是加快绿色农业发展。打造有机品牌，深入实施有机农业发展规划，做大做强有机茶、有机国药，争创国家有机产品认证示范区和国家级出口茶叶质量安全示范区。壮大特色农业，推广山稻种植，优化发展畜禽产品、高山蔬菜、优质水果、油茶、宣莲等绿色农产品。加大强农惠农政策扶持力度，强化农田水利基础设施建设，促进农村土地有序流转，进一步引导工商资本、人才技术等优质要素向“两区”集中。培育新型经营主体，提升农业规模化、集约化和产业化水平，促进农业增效、农民增收。加快农产品交易检测中心建设，充分发挥浙中南农产品质量安全服务中心作用，确保农产品质量安全。三是打造景观美丽乡村。加快新农村建设，强化资金整合与村庄建设规划、土地利用规划、产业发展规划的有机衔接。大力实施绿化、彩化工程，推进农村危旧房、“赤膊房”改造。实施“浙派民居”改造，加强古村落、古建筑、古驿道等重要历史遗存的保护利用，着力发掘传统文化元素，打造农耕文化、矿产遗址、最美森林、古桥河道等一批富有人文特色的景观。四是加快山区经济发展。编制山区经济发展规划，完善扶持政策，加大生态补偿力度，优化中南部地区发展环境。深入推进农超、企超、旅超、银超对接，推动“超市经济”新一轮发展。进一步做大来料加工业，拓展农民增收渠道。积极发展毛竹、油茶、板栗、林下经济等特色林业产业，增强林业经济的贡献力。深入开展“山海协作”等结对帮扶活动，实施强基工程，增强“造血”功能，推动农村集体经济发展。加大农民创业帮扶力度，扎实开展农民素质提升工程，促进农民转移就业。启动新一轮“低收入农户奔小康工程”，力争低收入农户集中村农民人均纯收入增幅高于全县平均水平。

工业：坚持“工业强县”战略不动摇，加大对创新驱动、品牌培育、市场开拓的引导和支持力度，坚定不移推进大平台、大产业、大项目、大企业建设。一是加强发展平台建设。加快推进“两城三园”，充分发挥武义科技城、华东工业材料城、省级高端装备制造(机床)特色产业园、武义物流园、桐琴电子商务创业园等平台作用，集聚和引领高端装备制造、信息经济、新能源、新材料、生物科技、物联网等新兴产业和高新技术产业发展。二是推进绿色升级改造。制定完善促进工业转型升级系列政策，加大对重点产业、重点产品的扶持力度，推动汽摩配、文旅休闲、门业等传统优势产业信息化、绿色化、服务化发展，加快培育高端装备制造、健康产业，延伸产业链。加快“四换三名”和“两化融合”步伐。提高集约发展水平，实施“零增地”技改，强化“四破”硬性约束机制。大力推进清洁生产，加快煤改气，鼓励发展分布式光伏发电、风能发电项目。三是突出现代企业培育。结合规改股、股上市工作，加快培育现代企业，帮助和引导企业完善公司法人治理结构，建立现代企业制度，有效对接资本市场、先进技术和高端人才。继续开展“310”重点企业培育，进一步增强行业龙头企业的带动作用，鼓励企业兼并重组、组建集团公司。优化小微企业发展，实行分类指导。四是强化科技支撑。深入实施“科技兴县”战略，加快武义科技园建设，充分发挥国家大院名校武义联合技术转移中心的作用，深化和拓展产学研合作。加大对战略性新兴产业、高新技术产业和创新型企业的扶持力度，加快产业高端化发展。积极构建公共检测服务平台，有序推进智慧武义建设，深化工业化和信息化融合。深入推进“质量强县”、“品牌兴企”，切实提高产品附加值。五是努力破解要素制约。推进土地开发和农村土地综合整理，进一步规范国有工业建设用地流转，积极发挥存量土地作用。不断完善金融服务体系，加强政银企对接，鼓励支持民营企业通过上市、发行企业债券等方式到资本市场直接融资。加大紧缺人才引进与培养力度，推进人才队伍建设。六是优化企业服务。加强指导帮扶，引导企业增强信心，坚守实业求发展，做专做精做实产业，做大做强做久企业。完善部门信息互通共享机制，加强资金帮扶，指导督促金融机构积极创新金融产品，加强资金流向监测，引导新增企业贷款投向实体经济。全面落实支持中小微企业发展各项政策措施，切实减轻企业负担。加强外贸服务，帮助出口企业稳定传统市场、开拓新兴市场，提升发展外向型经济。

旅游业和服务业：突出组团建设和产业融合，推进生态景区全域化。深入实施“旅游富县”战略，县域整体按照生态景区的理念和标准进行规划、建设和管理，努力凸显旅游业的带动、吸附功能，加快现代服务业发展，打造新的经济增长极。一是加快旅游发展。深化旅游综合改革，编制旅游产业发展规划，合力推进生态景区全域化。建设“旅游四镇”。倾力打造“温泉小镇”，积极推进陌上花开溪里湾、飞神谷国际慢城、寿仙谷养生园、三美汽车主题公园等项目建设，璟园古民居博物馆、温泉萤石博物馆建成开放，打响温泉品牌。大力打造“畲乡古镇”，充分发挥牛头山国家森林公园带动作用，立足山水生态、畲乡风情，不断做大生态旅游和民族风情旅游。着力打造“田园美镇”，加快花田农业产业园等项目落地，加强大红岩大景区建设，推进农旅融合发展。全力打造“桃源福镇”，深入挖掘陶渊明隐逸文化、延福寺佛教文化和“福”文化资源，积极发展人文特色旅游。发展新型业态。建设上松线、武丽线、十白线等“三条精品线”，提升农家乐、农场、庄园、精品民宿等“四位一体”乡村旅游，积极开发创意农业、工业旅游、绿色体验、休闲体育等新业态。唱响“养生武义”。不断丰富气养、水养、体养、食养、药养等“五养”产品。统筹办好温泉节养博会等系列节会，培育十大养生养老福地，开展“寻找武义最美”活动，积极营造“月月有节会、乡乡有亮点”的良好氛围。加强旅游目的地建设，发展“后备箱”经济，提升旅游消费水平。坚持把泛长三角市场作为主攻方向，发挥新媒体作用，开展精准营销，努力拓展客源地市场。二是促进产业融合。加强旅游业与农林水、文化、体育、工业等产业的融合，促进旅游资源向旅游产品转化，积极开发新业态。提升住宿餐饮、休闲娱乐业发展水平，重点扶持休闲运动、康体疗养、餐饮美食、养老养生等行业发展。做大做强会展经济，办好汽车、桥牌、太极养生等“三大赛事”。培育会议经济、物业经济，推动建筑业发展，扶持金融保险、咨询中介、社区服务等其他服务业。三是加快现代服务业发展。大力培育网络经济，编制电子商务发展规划，推进县乡两级电子商务公共服务中心建设，强化电子商务行业协会管理，完善扶持政策，优化发展环境。推进电子商务进农村，建成村级服务点100个、便民“E邮站”30个。积极引导传统企业入驻阿里巴巴·金华产业带和特色馆，推进线上线下融合发展。加快物流仓储建设，积极培育现代物流等关联产业。推动超市经济转型升级，不断壮大商贸流通业。推进金融创新，加大对实体经济的支持力度，努力打造金融生态高地。积极推动科技服务、文化创意、保险等产业和会展经济，促进房地产业平稳健康发展。四是扩大生态优势。深入实施“生态立县”战略，积极创建国家级生态县、全国生态文明示范区和省级森林城市。推进生态屏障建设，加强生态公益林保护，加快平原绿化和城市绿地系统建设，加强绿化造林。严格饮用水水源保护，切实保障饮用水安全。抓好各领域的节能减排工作，积极开展造纸、印染、化工等重污染高耗能行业整治提升，提升污水与垃圾收集、处理水平。建立多层次的环境保护公共参与平台，不断提升全社会生态文明意识。

城镇建设和投资：一是建设精品温泉名城。规划引领发展，运用数字武义地理空间框架建设成果，明晰城区空间主形态、色彩主基调、文化主旋律，组织开展总规战略、多规融合等规划研究，重点做好绿色产业布局等专项规划编制，强化规划刚性执行。彰显山水特色，启动“三山三水”景观改造工程，精心实施熟溪滨水和环壶山绿带建设。完善道路框架，完成义武公路武义段、火车北站站前广场及道路建设，加快44省道武义城区段改建、客运北站、客运西站和环城南路延伸、武川路延伸等项目进度，积极谋划外环东路和永武、金武快速通道。扩大城市容量，加快北岭新区博物馆、规划馆、档案馆等公建设施建设。提升城市品位，推进数字化、市场化、精细化管理，让环境更洁美、交通更通畅。二是培育特色中心城镇。优化县域产业发展规划，整合提升东北部创业乐园，加快建设中部养生庄园，精心打造南部生态公园。完善中心镇规划体系，理顺中心镇管理体制，优化城镇空间布局、地下空间和管网建设。柳城畲族镇、桃溪镇要积极推进古城古街、古寺古村、特色村寨建设。桐琴镇、泉溪镇要加快新型城镇化、新型工业化，推进产城联动。王宅镇要加快现代农业、创意农业和养生旅游发展。履坦、新宅、茭道要发挥自身优势，打响特色品牌。三是强化资源要素保障。创新投融资方式，探索PPP、BOT、政府债券等模式，积极引导社会资本投向基础设施建设和社会事业领域。推进国有资产清查整改，健全监管体系，加强国有企业、国有资产重组整合，切实发挥国有资产效益。强化用地保障，科学修编土地利用总体规划，大力垦造耕地、恢复工矿废弃地，建设高标准基本农田，有序推进城镇低效用地再开发。强化人力资本支撑，深入实施"武川精英5330计划"，加强职业技能培训，提高劳动力素质。优化能源保障，继续实施农村电网升级改造，推进110千伏汤村变、北岭变、桐琴变建设，加快金丽温输气管网建设和入企入户工作。

（倪惠聪）

（责任编辑：王怡然　金瑞锋　黄莹莹　杨丽君）

桐　乡　市

·概况·

【地理位置与行政区划】 桐乡市位于浙江北部杭嘉湖平原，地理坐标为北纬30°28′~30°47′、东经120°17′~120°39′。东连嘉兴市秀洲区，南邻海宁市，西毗德清县、杭州市余杭区，西北接湖州市南浔区，北界江苏省苏州市吴江区。市区距上海市148千米，距杭州市65千米。沪昆高速公路(G60)、申嘉湖高速公路(S12)、320国道、沪杭铁路客运专线、京杭大运河等水陆交通要道贯穿全境。2014年，桐乡市辖9个镇、3个街道、176个村、35个社区。其中，乌镇镇辖16个村、3个居委会；濮院镇辖14个村、5个居委会；屠甸镇辖8个村、1个居委会；石门镇辖18个村、1个居委会；河山镇辖9个村、1个居委会；洲泉镇辖19个村、1个居委会；大麻镇辖11个村、1个居委会；崇福镇辖26个村、3个居委会；高桥镇辖15个村、1个居委会；梧桐街道辖17个村、16个居委会；凤鸣街道辖14个村、1个居委会；龙翔街道辖9个村、1个居委会。

【人口与自然环境】 2014年末全市户籍人口为686778人，比上年增加4006人，其中男性人口339758人，女性人口347020人。户籍人口中非农人口271776人，占总人口的39.6%。全年出生人口7021人，出生率为10.25‰，死亡人口4963人，死亡率为7.25‰，人口自然增长率为3.00‰。年末，全市暂住人口39.61万人，比上年减少0.9%。计划生育率达98.62%，一孩率为65.36%。

桐乡市境为长江三角洲平原的一部分，境内地势低平，无一山丘，大致东南高、西北低，略向太湖倾斜，平均海拔5.3米。东西宽约36千米，南北长约34千米，总面积727平方千米。

桐乡市土地肥沃，物产丰富。境内土壤为江、海、湖沼沉积物，分属水稻土和潮土两类，适宜种植水稻和经济类作物。全市有耕地3.9万公顷，占全市土地总面积的53.5%。其中：水田3.16万公顷，旱地7387公顷，分别占耕地面积的81%、19%。桑园7820公顷，占全市总面积的10.8%。桐乡是闻名全国的杭白菊之乡。2014年杭白菊种植面积5.37万亩，比上年增加0.13万亩，实现产值4.55亿元，比上年增长22.9%。

桐乡市境内河流属长江流域太湖运河水系。市境河流南接海宁长安上塘河水系，北经澜溪塘与江苏省接壤，京杭大运河流经市境段长41.77千米。全市有骨干河道46条，大部分河道与运河垂直相交，呈网状分布，与运河桐乡段相连的河道主要有金牛塘、白马塘、康泾塘、长安塘、含山塘、灵安港、羔羊港、西圣埭港、长山河等，河道总长2401千米，水域面积46.3平方千米，占全市总面积的6.4%，河网密度为3.3千米/平方千米，属典型的江南水网平原。

桐乡市境内生物资源种类繁多。主要植物资源有720种，其中孢子植物74种，种子植物646种(裸子植物25种、被子植物621种)。主要动物资源有451种，其中脊椎动物218种，节枝动物192种，软体动物32种，其他动物9种。

【经济发展】 2014年，全市实现国内生产总值610.72亿元，按可比价格计算，比上年增长8.1%。其中，第一产业增加值29.28亿元，增长1.9%；第二产业增加值318.93亿元，增长8.5%；第三产业增加值262.51亿元，增长8.4%。三次产业结构比例为4.8:52.2:43.0。按户籍人口计算，全市人均生产总值8.92万元，增长7.6%。全年财政总收入89.1亿元，增长9.3%，其中公共财政预算收入49.2亿元，增长8%。

农业经济平稳发展。全市第一产业投资3.69亿元，实现农林牧渔业总产值45.61亿元，按可比价计算，比上年增长1.7%。其中，种植业总产值23.13亿元，增长 6.2%;牧业总产值 16.62 亿元,下降 5.6%。全年农作物种植面积 86.54 万亩,其中粮食播种面积 38.79 万亩, 油菜种植面积 4.03 万亩, 蔬菜播种面积 28.75 万亩, 杭白菊种植面积 5.37 万亩。生猪饲养量 70.71 万头,湖羊饲养量 51.98 万头,家禽饲养量 1285.07 万羽。农业"两区"建设和农村土地综合整治扎实推进,全年新建粮食功能区 2.4 万亩, 新增土地流转面积 2.8 万亩;培育现代农业庄园等新型农业经营主体,新增农业庄园建设点 23 个、家庭农场 158 家、省级示范性家庭农场 5 家;新增无公害农产品 8 个、绿色食品 4 个、有机食品 2 个, 建成省、市各级生态循环农业示范区 1 个,示范项目 10 个,示范企业 1 家。

工业经济稳步增长。全市工业生产性投入 174.79 亿元,比上年增长 20.3%;实现规模以上工业企业总产值 1344.99 亿元,增长 7.2%。完成工业增加值 280.03 亿元,增长 8.4%。新增规模以上工业企业 92 家;年末主营业务收入超亿元企业 228, 其中 5 亿元及以上企业 38 家。全年规模以上工业实现主营业务收入 1291.77 亿元,增长 6.8%;实现利税 118.01 亿元,增长 18%,其中利润 70.47 亿元,增长 27.6%。全年规模以上工业新产品产值 573.23 亿元,增长 14.5%。新能源、新特材料、机械制造、电子信息等四大新兴产业得到大力发展,完成新兴产业产值 406.38 亿元,增长 12.4%。规模以上高新技术产业增加值 75.5 亿元,占规模以上工业增加值的比重为 34.1%。完成建筑业总产值 317.4 亿元,增长 12.9%,三级以上资质等级建筑业企业 60 家,其中一级资质等级企业 7 家。

服务业全面发展。全市完成服务业投资 193.61 亿元,比上年增长 20.7%,占全市固定资产投资的 52%。消费品市场持续旺盛, 全社会消费品零售总额 268.66 亿元,增长 12.6%。其中,批发零售业零售额 225.08 亿元,增长 13.4%;住宿餐饮业零售额 30.64 亿元,增长 9.1%;异地零售额 12.95 亿元,增长 7.8%。限额以上企业商品中汽车类保持较高增速,全年实现零售额 25.41 亿元,增长 26.8%,占全部限上企业的 36.2%。全年市场成交额 450.56 亿元,增长 18.4%,其中濮院羊毛衫市场成交额 280 亿元,增长 21.5%;拥有各类商品交易市场 63 个,成交额超亿元市场 21 个,其中 5 亿元以上市场 8 个。旅游业持续繁荣, 全年接待境内外游客 1627.29 万人次,增长 17.9%,其中境外游客 32.09 万人次, 增长 8.3%; 实现旅游总收入 164.52 亿元, 增长 28.5%。乌镇景区接待游客 692.35 万人次, 增长 21.7%,实现门票收入 4.78 亿元,增长 28%。全市有国家 A 级旅游景区(点)22 个,其中国家 AAAAA 级旅游景区 1 个。有旅行社 32 家,星级饭店 13 家,其中四星级以上 6 家。金融信贷发展较快,全市金融机构本外币各项存款余额 886.79 亿元, 比年初净增 59.4 亿元,增长 7.2%;各项本外币贷款余额 740.83 亿元,比年初净增 90.02 亿元,增长 13.8%。

开放合作巩固发展。全年实现进出口总值 42.87 亿美元,比上年增长 3.5%。其中,出口总值 30.63 亿美元,增长 13.7%;进口总值 12.23 亿美元,下降 15.6%。出口总值中一般贸易 25.01 亿美元,增长 9.9%;加工贸易 5.62 亿美元,增长 34.8%。全年新批三资企业 33 个,增资项目 25 个, 合同利用外资 4.69 亿美元, 增长 21.8%,实际利用外资 3.31 亿美元,增长 38.4%。新设境外企业(机构)6 家,增资项目 8 个,累计投资额 9829 万美元,境外承包工程营业额 10649 万美元。引进"浙商回归"项目 61 个,到位资金 37.4 亿元。

【城乡建设】 城乡面貌持续改善。城乡面貌进一步改观。深入实施城市建设三年行动计划,加快城市有机更新,全年完成项目投资 87.6 亿元。凤凰湖景观主体工程基本完工,市区建成生态绿道 13.7 公里、绿地 3894 亩。完成市区 7 个"城中村"改造,三年累计完成改造任务的 70%。调整市区保洁体制,实施城乡环境卫生"四位一体"改革。崇福新一轮省级小城市建设成效明显,濮院旧镇改建项目房屋征收工作有序推进,乌镇"镇区景区化"建设进展顺利。全市完成"三改一拆"总面积 474 万平方米。深化"美丽乡村"及"两新工程"建设,优化镇村布点规划,乌镇横港村、崇福店街塘村入围浙江省 2014 年度美丽宜居示范村。

生态建设持续推进。继续开展"五水共治",首创全省跨地市交界区域水环境联防联治机制, 新建污水管网 165.6 千米,新增入网企业 737 家,城镇生活污水入网改造 1.6 万户,农村生活污水治理 2.3 万户,市级骨干河道从五类、劣五类水质改善为以三类、四类水为主, 全省跨行政区域河流交接断面水质考核首次获优秀;"4+X"(在印染、制革、化工、造纸四大重污染高耗能行业整治的基础上,开展榨菜、机制丝绵、涉汞、小精炼作坊等行业专项整治)行业整治全面推进,关停淘汰重污染高耗能企业 199 家, 死亡动物无害化处理中心及收运体系建成投入运行;严厉查处环境违法行为,刑事打击环境犯罪涉案人员 62 人。开展大气污染防控整治,淘汰燃煤小锅炉,划定禁燃区,推广使用太阳能、天然气等清洁能源,浙江桐乡经济开发区(核心片区、临杭片区)被列为浙江省首批循环化改造示范试点园区,整治淘汰黄标车 4734 辆，新增绿化造林面积 11763 亩，成功创建省级森林城市。全市化学需氧量、二氧化硫、氨氮、氮氧化物排放量和万元生产总值综合能耗均完成年度削减目标。

【社会事业】 创新投入稳步增长，全社会研究开发经费占国内生产总值的 2.7%；科技创新继续深入，新增省创新型企业 1 家，累计达 10 家。新增高新技术企业 24 家，累计达 64 家；新认定省科技型中小企业 50 家、省级高新技术企业研发中心 8 家；新认定市级科技型企业 36 家；获得省科技进步奖 3 项、嘉兴市科技进步奖 16 项；全年专利申请受理量 5535 件，专利申请授权量 3488 件，其中发明专利 950 件。省教育基本现代化达标市通过督导评估，非法托幼机构整治、新居民子女积分入学管理成效显著。全市高考本科一类上线 806 人，技师学院获批筹建。设立市政府"医学助学金"，启动实施市域内医联体建设，医药卫生体制改革进一步深化。嘉兴市级卫生应急示范镇（街道）实现全覆盖，省级卫生强市通过复核。"单独两孩"生育政策平稳实施。公共文化服务体系建设整体推进，市文化中心建成开馆，成功举办第三届"徐肖冰杯"全国摄影大展、"子恺杯"第十届全国漫画大展，全国"茅盾文学新人奖"落户我市。成功创建省级示范文明城市，省体育强市通过验收。

民生保障稳步提升。城乡居民收入稳定增长，新增城镇就业人员 14810 人，城镇登记失业率 2.9%，城镇居民和农村居民人均可支配收入分别达 41438 元和 25195 元，分别比上年增长 9%和 10.1%。开展合作医疗大病保险，职工养老保险和基本医疗保险参保人数分别净增 27450 人和 18070 人，养老保险、医疗保险覆盖率分别达 98%和 99%；政策性农业保险扩面工作稳步推进；建成村（社区）居家养老服务照料中心 118 家；残疾人托养庇护中心建设启动，低保、医疗救助等社会救助不断增强；开工建设保障性住房 348 套，农村危房改造 159 户。文化中心建成开馆，成功创建省级体育强市；教育资源配置不断优化，高考本科一类上线 806 人，技师学院获批筹建，整治非法托幼机构；医疗机构推行"诊间结算"，启动市域医联体建设。

·非国有经济主要产业·

【概况】 2014 年，全市规模以上（年销售收入 2000 万元以上）企业 1057 家，比上年增加 92 家，其中年销售收入超亿元企业 228 家，增加 29 家，年销售收入 5 亿元及以上企业 38 家。全年完成工业增加值 280.03 亿元，比上年增长 8.4%，占全市国内生产总值的 45.9%。全市规模以上企业完成工业总产值 1344.99 亿元，增长 7.2%。全年完成生产性投入 174.8 亿元，增长 20.3%。完成工业技改投入 132.6 亿元，增长 26%，占工业投资的比重为 75.8%；完成工业设备投入 112 亿元，占工业投资的比重为 64.1%。装备制造等先进行业累计完成投资 40.7 亿元，占工业投资的比重为 23.3%，比上年同期提升 2.5 个百分点。122 项 3000 万元以上重大工业项目，累计完成投资额 87.8 亿元，占全市工业生产性投入完成总额的 50.2%，完成 3000 万元以上项目当年计划投资的 111.7%。全年引进市外内资项目 214 个，实到市外资金 106.1 亿元，增长 12.4%；实到市外注册资金 40.1 亿元，增长 19.8%。实现新产品产值 573.2 亿元，增长 14.5%；新产品产值率 42.6%，比上年提高 2 个百分点。

【纺织服装业】 纺织服装业是桐乡市工业经济的传统产业和主导产业。2014 年，全市有规模以上纺织服装企业 449 家，实现工业总产值 312.12 亿元，占全市规模以上工业总产值的 23.21%；实现销售收入 299.89 亿元，增长 6.18%；实现利税 32.31 亿元，增长 24.08%，其中利润 18.01 亿元，增长 34.1%。全市纺织服装产业新增浙江省著名商标 5 个、浙江省名牌产品 2 个，嘉兴市著名商标 8 个、嘉兴市名牌产品 3 个。

桐乡市纺织服装业经过多年发展，形成毛针织、家纺布艺、植绒、绢纺、服装、蚕丝被等特色产业集群。毛衫针织以濮院羊毛衫市场为中心，与屠甸镇、梧桐街道、龙翔街道等地形成完整的生产、销售产业链。全市毛衫针织企业 6800 多家（含个体户），规模以上毛衫针织企业 86 家，实现利润 10.28 亿元。2014 年 10 月 20~22 日，濮院镇、经济开发区、屠甸镇、龙翔街道等地 13 家针织服装企业，以整体组团的方式参加由中国纺织工业联合会主办的 2014"PH Value 时尚第一汇"。此次展会以"衣柜桐乡 毛衫之都"为主题，展馆面积 1000 平方米。2014 年 9 月，濮院 320 创意广场被列入省工业强市（县）省级工业设计基地。

家纺布艺主要集中在大麻镇、洲泉镇，以大麻镇特色工业功能区为支撑，专业化市场为依托，销售覆盖全国各省，远销欧美、中东、东南亚、日本、韩国等多个国家和地区，成为大麻经济的支柱产业。

蚕丝被是桐乡市特色产业，形成集养蚕、制绵、研发、生产、销售于一体的相对完整产业链，成为浙江省出口蚕丝被的重要产地。2014 年全市从事蚕丝被生产、销售企业180家，年产值30亿元，其中规模以上企业20家，年产各类蚕丝被、丝毛被4000多万条，约占全国产量的10%；年产真丝毯40多万条，约占全国产量的50%；出口约占全国的70%。

【化纤业】 2014年，桐乡市有规模以上化纤企业62家，比上年增加7家；实现工业产值431.39亿元，比上年增长9.3%，占全市工业总产值的32.07%；实现工业增加值37.86亿元，增长26.2%；实现主营业务收入411.5亿元，增长4.9%；实现利税7.9亿元，增长272.1%。

化纤产能惯性增长。2014年全市化学纤维实现总产量443.1万吨，比上年增长25.9 %，桐昆集团旗下恒邦厂区年产40万吨超仿棉差别化纤维项目，新凤鸣集团下属中盈项目一期投产，增长明显。桐昆集团连续多年成为世界最大的涤纶长丝生产企业，全年实现总产量501.54万吨，比上年增长13%，其中涤纶长丝产量比上年增长22.6%；聚酯切片产量增长13.4%。新凤鸣集团实现总产量177.25万吨，比上年增长25.4%，其中化纤丝168.79万吨，增长?44.1%。浙江方圆聚合纤有限公司生产锦纶6切片78067吨，锦纶6纺丝于9月投产，总产量3816吨。

科技创新能力增强。化纤企业继续加大技术创新和新产品开发力度。桐昆集团全年申报专利55项，其中发明专利10项，实用新型45项；申报立项的新产品30个，通过省级新产品鉴定10个；主持或参与《涤纶低弹丝》等国家、行业标准制（修）订合计6项；组织参与的十二五国家科技计划"新型超仿棉PET聚酯纤维制造产业化技术开发" 通过验收。桐昆集团科技项目"超低缩复合水晶麻纤维"被列入2014国家火炬计划；恒达厂区科技项目"FDY无油牵伸新技术的研发和产业化"获"纺织之光"2014年度中国纺织工业联合会科学技术进步二等奖。新凤鸣集团开发磁化保健纤维、耐热阻燃细旦异形纤维、隔离防护工业用细旦纤维等165个新产品；通过省科技厅立项140个，通过省级新产品鉴定14个；"多功能丙纶及其复合纱线的研发与产业化项目"获"纺织之光"2014年度中国纺织工业联合会科学技术进步三等奖；下属中驰公司的发明专利"纺丝箱体的脱过热加热方法以及实施该方法的系统"获第十六届中国专利优秀奖。桐昆集团、新凤鸣集团实施自动落筒及自动包装项目等"机器换人"项目，全年实际生产性设备投资17.73亿元，减少用工1022人，人均产值、产品优等品率明显提升。

【建材业】 2014年，桐乡市建材工业生产及主要产品产量平稳发展，行业整体经济效益持续回升。全市有非金属矿物制品业规模以上企业48家，实现工业产值95.47亿元，实现工业增加值27.06亿元，分别比上年增长16.9%和6.9%，在五大优势特色产业中增速较快；主营业务收入92.49亿元，占全市规模以上工业企业主营业务收入的7.0%；实现利税14.64亿元，比上年增长4.4%，其中利润9.55亿元，增长9.9%。

水泥行业回暖，产量稳步增长，全年生产水泥总量600.85万吨，增长8.4%。砖瓦行业全年生产新型墙体材料（折标准砖）4.7亿块，增长15.2%；黏土砖产量2亿块，下降5.2%，其中黏土实心砖产量为零；新型墙体材料占全部墙体材料的比例达70.3%，增长4.3个百分点。

玻纤行业龙头企业巨石集团2014年生产玻纤纱92.52万吨，比上年增长7.49%；生产玻纤制品5.68万吨，增长23%；玻纤电子布6863.93万米，增长51.42%。企业工业增加值综合能耗1.414吨标煤，下降15.23%；吨纱综合能耗0.4393吨标煤，下降6.72%。全年申报国内外专利78个，其中发明专利22个，实用新型专利56个，递交PCT国际发明专利申请2件；获授权专利71个，其中发明专利5个，实用新型专利66个；授权专利累计327个，其中发明专利41个，实用新型专利286个。其中，巨石集团桐乡本部全年申报国内外专利66个，其中发明专利19个，实用新型专利47个，递交PCT国际发明申请2件；获专利授权52个，其中发明4个，实用新型专利48个；授权专利累计288个，其中发明专利36个，实用新型专利252个。巨石集团承担省级工业新产品项目2个、省重点高新技术产品开发项目1个、省级新产品试制计划项目2个。

【皮革工业】 皮革、皮毛及其制品业是桐乡市工业经济的重要行业，包括制革、制鞋、革皮服装、皮毛制品等自然门类，生产企业主要集中在崇福镇、石门镇、高桥镇、洲泉镇。2014年，全市有皮革、皮毛及其制品工业企业2900多家，从业人员3.55万人，规模以上工业企业98家。规模以上企业实现销售收入86.01亿元，比上年增长1.59%；实现利税10.17亿元，增长9.47%。

皮毛业是皮革业重要分支之一，生产区域主要集中在崇福镇，有皮毛企业1750家，去上年增加24家。其中规模以上企业49家，小型企业1701家（含个体户）。全年皮毛企业实现产值101.27亿元，占全镇工业总产值的42%。崇福皮毛协会组织皮毛企业参加在北京、上海、广州、香港等地举办的毛皮服装服饰展览会，全年参加展会9次。2014年1月14~17日，参加在北京举办的第四十届中国国际裘皮革皮制品交易会,同时举行崇福皮草新闻发布暨投资环境推介会。2014年5月24日,由丹麦设计师讲授的"2014哥本哈根皮草设计讲座"在崇福镇举行,桐乡市雄鹰皮草有限公司、浙江中辉皮草有限公司、桐乡市鑫诺皮草有限公司等50多家皮毛企业的设计人员参加讲座。2014年12月,第四届全国毛皮产业联席会暨中国皮革协会毛皮经济动物养殖委员会成立大会在辽宁省灯塔市佟二堡镇举行,崇福皮毛市场、皮毛协会、皮草企业派员参加会议。会上,中国皮革协会授予崇福皮毛市场"中国毛皮价格指数采集基地"称号。行业龙头企业——中辉皮草公司全年实现销售收入8.14亿元,实现利税9093万元,其中利润5473万元。企业诚信建设扎实推进,崇福皮毛协会根据工商、税务、公安、环保、金融等14个职能部门的考核,综合评定2013年度崇福皮毛企业3A级信用企业4家、2A级信用6家。嘉兴市皮毛与制鞋研究所联合32家崇福皮毛企业,申报的"桐乡皮毛硝染企业清洁生产联盟标准的制定和实施"项目被列为2014年省级标准化试点项目,成为桐乡市立项的第三个省级标准化试点项目。规范网络市场竞争及产业转型升级,组织皮草企业入驻阿里巴巴·桐乡产业带,入驻企业24家。

皮鞋业是桐乡市的特色产业,主要集中在洲泉镇、石门镇,其总量约占全市2/3。全市有皮鞋企业1200余家,规模以上企业30余家,销售收入超亿元企业1家;年产真皮女鞋8300多万双,以OEM(原始设备制造商)、ODM(原始设计制造商)贴牌为主,其中行业龙头企业有嘉兴市圣丹丽鞋业有限公司、浙江卓怡鞋业有限公司、嘉兴市芭妮鞋业有限公司等企业。制革业主要集中在高桥镇,全镇有制革企业9家,桐乡市高桥皮革有限公司、嘉兴祥隆皮革有限公司、浙江牧羊人实业有限公司等企业规模较大。崇福镇有制革企业3家,企业规模较大,其中浙江开元皮革有限公司是全市生产能力最大的制革企业。2014年,制革行业继续依法整治,实施"统一排污削减标准",根据排污权证明确的废水排放量和化学需氧量排放量,对制革企业统一削减40%,全年更新500多台主要生产设备,18家制革企业完成整治任务。

【机械制造工业】 机械制造工业是桐乡市大力引进和培育的新型高新技术产业,主要包括通用设备制造业、专用设备制造业、汽车制造业和电气机械器材制造业,产品涉及煤矿机械、调速电机、微特电机、汽车及配件等。2014年机械制造行业有企业73家,其中亏损企业10家。

2014年,桐乡经济开发区休闲房车产业园入选第二批浙江省外商投资新兴产业示范基地。2014年1月21日,浙江戴德隆翠汽车有限公司设计开发、生产制造的首辆"隆翠LONG TREE"牌拖挂式房车在桐乡基地下线。2014年6月,2014中国国际房车展在北京举行,隆翠房车到现场参展;2014年?9月25日,戴德隆翠首批出口澳大利亚的8辆拖挂式房车在桐乡基地启程。首批订单出口拖挂式房车600台,余下订单陆续交付。

【化工医药工业】 化工医药工业是桐乡市相对较小的产业,主要生产油漆、涂料、农药、化妆品、化学助剂、药品等。2014年有规模以上工业企业57家,主营业务收入70.8亿元,比上年增加11.8%。

龙翔街道翔厚化工园实现园区整体转型升级,该化工园区占地120多亩,涉及化工企业14家,安全生产条件落后,缺乏科学管理且污染严重。市安监局、环保、工商、质监等部门多次协调沟通,联合执法,对区内化工企业采取整体集中停产关闭,统一腾退,营业执照均注销或变更。腾退后园区将建立"龙翔工业区翔厚小微企业科创园"。

【电子信息工业】 桐乡市电子信息工业以电线电缆制造、通信系统设备制造、电子元件及组件制造、半导体分立器件制造、其他电子设备制造、印制电路板制造、光电子器件及其他照明器具制造、光伏设备及元器件制造、工业自动控制系统装置制造、其他家用电力器具制造和软件开发应用等为主要行业。2014年,电子信息工业经济效益稳步增长,有规模以上企业46家,实现工业总产值54.42亿元,增长5.06%;实现主营业务收入51.29亿元,增长7.75%;实现利税5.5亿元,增长36.48%。行业中主营业务收人超亿元企业15家,比上年增加1家,其中百力达太阳能股份有限公司年销售收入6.02亿元,增长112.5%。

【橡胶塑料业】 橡胶塑料业是以橡胶塑料加工为核心,包括橡胶塑料合成、橡胶塑料加工及橡胶塑料模具在内的一个整体。2014年,全市规模以上橡胶塑料企业工业总产值47.31亿元,比上年增长16%;实现销售产值46.54亿元,增长16.6%,产销率98.4%。

橡胶塑料行业平稳增长。桐乡市橡胶塑料企业项目进展顺利。浙江双箭橡胶股份有限公司年产600万平方米环保节能型橡胶输送带技改项目,嘉兴和麟塑料制品有限公司年产30万只塑料桶(罐)项目竣工投产。浙江双箭橡胶股份有限公司年产500万平方米特种橡胶输送带生产线及研发中心大楼项目，浙江权威胶粘制品有限公司年产28万吨软塑包装新材料建设项目，桐乡市吉盛橡塑有限公司年产100万平方米橡胶输送带技改项目，桐乡市小老板特种塑料制品有限公司充气式连续型橡塑复合船舶防撞装置项目等顺利实施。双箭橡胶公司年产各类输送带3441万平方米，增长7.56%；销售各类输送带3331万平方米，比上年增长5.18%；实现销售收入11.02亿元，下降2.69%，利润1.63亿元，下降11.23%，其中主营业务利润1.47亿元，下降13.82%。

·政策措施·

【实施三大特色行业整治提升工程】 2014年，桐乡市政府制定出台《桐乡市榨菜(蔬菜)行业整治提升工作方案》、《桐乡市机制丝绵行业整治工作方案》和《桐乡市涉汞(电光源生产)行业整治提升方案》，开展特色专项整治，加快解决区域性、行业性、结构性的突出环境问题。深化蔬菜和机制丝绵行业整治行动，关停、兼并榨菜企业5家，35家企业进行整治提升；关停55家不具备兼并整合条件的机制丝绵企业，完成8家企业的整治提升验收工作;全市涉汞企业共计16家，其中15家已实施停产，1家落实搬迁整合提升工作，全面完成河山小精炼专项整治工作，关闭取缔小精炼作坊50家。

【启动预拌混凝土企业生产全封闭改造工作】 2014年，全市水泥总产量596.63万吨，其中散装水泥产量535.37万吨，散装率89.73%，高于嘉兴市平均水平3.04个百分点。年内，桐乡市推进预拌混凝土全过程清洁生产，要求企业做到"全封闭、零排放，无污染"。桐乡市钟大建材有限公司率先完成厂区封闭式生产改造，投入资金1000多万元。建造砂、石料堆放场封闭钢结构大棚，搅拌楼全封闭除尘装置，废水废料循环回收装置和车辆进出厂喷淋装置，实现清洁生产、清洁运输。至年底，全市10家混凝土企业启动生产全封闭改造工作。桐乡市预拌混凝土清洁生产管理得到省散装办的肯定。

【开展小化工企业安全综合整治】 2014年，桐乡市以生产植绒胶、纸管胶为重点的小化工企业安全综合整治被列入2014年浙江省安全生产综合整治试点名单。4月，市安全生产委员会印发《桐乡市以植绒胶、纸管胶为重点的小化工企业安全综合整治方案》，成立由分管副市长担任组长的领导小组。全市21家小型化工生产型企业纳入重点整治范围，其中植绒胶生产企业8家，纸管胶生产企业4家，硅胶等其他化工产品生产企业9家。根据各镇(街道)、经济开发区的实际情况，另有31家类似企业一并开展整治工作。整治工作历时8个月，通过综合整治21家企业，8家不符合安全生产条件且未能完成整治提升的企业已淘汰关闭，1家企业纳入"退二进三"，12家企业完成原地整治提升。31家参照执行的企业中，26家企业关闭淘汰，3家企业搬迁入园，1家企业纳入"退二进三"，1家企业淘汰部分落后生产线。整治中淘汰落后植绒胶生产装置8套，纸管胶生产装置2套，双氧水生产线1条，井冈霉素生产线1条，对羟基苯甲醛生产装置1套，氧化钴、氧化镍土法生产装置16套。

【推进关停黏土砖瓦窑企业】 7月28日，市政府下发《关于关停黏土砖瓦窑企业的实施意见》。《意见》明确计划在三年内，分批依法强制关停全市8家黏土砖瓦窑企业。到2016年年底,全市行政区域内一律停止生产黏土砖，淘汰黏土砖产能4.5亿块标砖，腾退粘土砖生产企业用地800亩。成立由分管副市长任组长，经信、公安、财政、国土等部门为成员单位的市黏土砖瓦窑企业关停工作领导小组。深入各砖瓦厂做好政策宣传工作，鼓励业主停止生产，引导其尽早拆除砖窑、烟囱，并为其转型升级、工人就业安置出谋划策。召开企业业主动员会、相关部门协调会，明确相关单位烟囱实施爆破的工作职责，组织专业爆破人员对4家砖瓦厂烟囱实施爆破。大力宣传和推广新型墙体材料，积极扶持和引导有条件的墙材企业进行提档升级，鼓励相关砖瓦企业转产国家产业政策鼓励的新型墙材。至年底，关停黏土砖瓦厂4家，削减产能2.3亿块标砖，盘活土地373亩。同时，利用盘活的土地引进高效工业项目。

·非国有经济发展成果·

【"互联网之光"主题展在桐乡市举办】 11月18~21日，首届世界互联网大会之"互联网之光"主题展在乌镇举办。展会分互联网发展理念、发展历程和企业展示三个篇章。发展理念篇主要展示中国对全球互联网发展、治理的基本主张，包括中国国家主席习近平关于互联网治理的重要论述，以及国家互联网信息办公室代表中方在ICANN伦敦会议上提出的七点共识。发展历程篇主要展示中国互联网20年的发展历程和取得的光辉成就，体现互联网对中国政治、经济、文化、社会等各领域带来的深刻影响，展现中国在互联网基础设施建设、技术创新、应用创新和产业发展方面的巨大成就和成功管理。企业展示篇主要展示国际前沿的互联网技术、产品和应用成果,包括互联网传媒、文化、商务,互联网技术,信息安全,智慧城市等四大主题,腾讯、阿里巴巴、百度、奇虎360等50多家国内外知名企业参展。

【举办首届工业设计大赛】 12月17日,2014桐乡市首届“凤凰杯”工业设计大赛结果揭晓。大赛由桐乡市政府主办,桐乡市经济和信息化局、濮院320创意广场共同承办,各镇(街道)、经济开发区、浙江传媒学院桐乡校区和相关市级部门协办。大赛是桐乡市首次举办的工业设计类赛事活动,以“设计引领制造”为主题,分产品类作品和概念类作品两个组别,面向桐乡市范围内的制造企业、设计机构、相关院校及个人征集作品。5月,启动征集工作,收到作品78件,其中产品55件、概念类作品23件,涉及机械装备、电子信息、家用电器、皮革皮草、床上用品、针织毛衫、家居用品、运动休闲用品和其他类9个行业。本届大赛邀请国内工业设计行业知名人士、专家学者、制造企业和工业设计机构负责人等组建参赛资料审核小组和评审委员会。经过初审、终审等环节,从创新性、实用性、经济性、工艺性、环保性、美学性等方面,专家评审委员会评出各类奖项21个,同时评出优秀设计师6名。其中,飞虎激光科技有限公司设计的高速控光纤激光切割机3015系列获金奖。

【浙江新澳纺织股份有限公司公开发行A股】 12月31日,浙江新澳纺织股份有限公司在上海证券交易所举行首次公开发行A股上市仪式。股票简称“新澳股份”,股票代码603889,发行价每股17.95元,12月23日实施网上、网下申购。此次公开发行股份2668万股,全部为新股。网下初始发行1650万股,占发行总量的61.8%;网上初始发行1018万股,占发行总量的38.2%。开盘当日涨幅为44.01%。新澳股份公司主营业务为毛精纺纱线的研发、生产和销售,主要产品为毛精纺纱线以及中间产品羊毛毛条,主要应用于下游纺织服装领域。公司本次发行的募投项目计划所需资金4.31亿元,首次公开发行募集资金4.79亿元。

【大麻镇获“中国沙发布生产基地”称号】 7月,大麻镇被中国家用纺织品行业协会授予“中国沙发布生产基地”称号。近年来,大麻镇围绕家纺布艺产业的转型升级,坚持“以小企业打造大集群”的发展思路,强化平台建设,培育出浙江飞帆纺织有限公司、桐乡市鑫宝莱纺织有限公司等为代表的龙头企业,专注于沙发布的生产与销售。2014年,该镇有家纺布艺企业3117家(含个体户),实现销售收入118.5亿元,增长46.5%,实现利税10.78亿元,增长254.61%。全镇家纺从业人员1.34万人,有剑杆机8028台,雪尼纱机近255台,加弹机近299台。全年生产各类装饰布2.09亿米,主要产品有沙发布、窗帘布、家居布艺等软家居用品;生产各类纱2.58万吨。

【桐昆集团科技项目获“纺织之光”二等奖】 11月25日,“纺织之光”2014年度中国纺织工业联合会科技教育奖励大会在北京召开。会上,桐昆集团恒达厂区科技项目“FDY无油牵伸新技术的研发和产业化”获科学技术进步二等奖。该项目的涤纶纤维无油牵伸工艺生产线是全球首创,拥有多辊加热、多级拉伸的均匀牵伸专有技术和特殊的预网络技术,获授权实用新型专利2项。项目投产后已开发出以75-85分特为主要系列的无油牵伸产品10多个。

【桐昆集团年产40万吨超仿棉差别化纤维项目投产】

4月18日,桐昆集团股份有限公司恒邦厂区年产40万吨超仿棉差别化纤维项目聚酯装置一次性投产成功,4月25日长丝逐步投产,至9月下旬12条生产线全部投产。恒邦项目根据市场变化,开始安装加弹设备,至年底46台加弹机中开出24台。恒邦厂区是桐昆恒通工业园四期项目,总投资18.6亿元,占地面积453亩,于2012年11月动工建设。项目设计一套年产40万吨聚酯装置、16条涤纶长丝生产线和46台加弹机。项目按照“一头两尾”的四釜工艺流程,两尾同时开车,一尾生产纤维级阳离子,一尾生产纤维级半消光产品,是国内最大的阳离子生产线。

【新凤鸣集团中盈项目一期投产】 3月,新凤鸣集团中盈项目一期投产,形成年产40万吨智能化、超仿真涤纶纤维的生产能力。项目总投资19.5亿元,新建聚酯车间、长丝车间等2.71万平方米,采用国内先进的聚酯熔体直纺在线添加吸光剂、柔软剂等连续化工艺技术,三釜流程,进口世界先进的新型牵伸卷绕设备,设置26条POY长丝生产线,以及配套的辅助生产装置及公用工程装置。中盈项目一期投产后实现销售收入17.08亿元,利税8401万元。

【方圆聚合纤公司锦纶丝生产线投产】 2014年,浙江方圆聚合纤有限公司引进日本TMT卷绕机,并配套北京三联虹普技术服务股份有限公司的锦纶纺丝机生产线3条,共72个位。9月,生产线投入生产,至年底生产锦纶POY、HOY丝3816吨,销售3443吨,产销率90.2%,实现销售收入7050.5万元。方圆聚合纤有限公司原有涤纶丝生产线3条108个位,年产能5万吨。公司在2013年投产聚合锦纶6切片的基础上,综合考虑经营方向,全部淘汰涤纶生产线,利用原有车间转型升级为附加值更高、市场需求相对较大的锦纶纺丝,是嘉兴市首家绵纶切片及绵纶丝生产企业。

【桐昆集团实施“机器换人”】 2014年,桐昆集团引进全自动落丝系统46套、全自动包装流水线11套。其中,恒腾公司全自动落丝系统10套,恒盛厂区全自动落丝系统10套,恒邦厂区套全自动落丝系统12、全自动包装流水线装置6套,恒嘉厂区全自动落丝系统14套、全自动包装流水线装置3套,园区厂区全自动包装流水线2套。全自动落丝系统实现满卷丝饼的自动落丝、搬丝;全自动包装流水线代替传统的人工打包包装,每条包装线生产由原来的20人减少至3人,节约人工成本30%,包装效率提高5倍。恒丰厂区等实施半自动卷绕改造全自动,提高机台效率。桐昆集团实施“机器换人”改造,全年节约人工700余人,节约成本约3000万元。

【新凤鸣集团实施自动落筒及自动包装改造】 2014年,新凤鸣集团投资5790万元,对中维公司、中盈公司全面实施自动落筒及自动包装改造,项目获相关实用新型专利9项。中维公司有12条生产线实施自动落筒项目,生产线满卷丝饼的落筒、装载、称重,及信息传输、标签打印实现全自动化。项目实施后,卷绕岗位减员180人,人均产值253.92万元,相比长丝行业人均产值200万元提升幅度26.96%,产品优等品率提升0.5%。中盈公司有14条生产线从满卷丝饼的落筒、装载、称重,到信息传输、标签打印、套袋、装箱、捆包、缠膜、成品入库实现全自动化,日处理能力5.5万个丝饼。项目实施后,卷绕岗位减员280人,年人均产值360万元,相比长丝行业人均产值200万元提升幅度180%,产品优等品率提升0.6%。

【桐昆集团外汇管理改革试点】 10月21日,嘉兴市首家跨国公司外汇资金集中运营管理试点推进会——桐昆集团业务启动仪式在桐乡举行。桐昆集团正式取得《跨国公司外汇资金集中运营管理备案通知书》,可以开展跨国公司外汇资金集中运营管理业务,成为嘉兴市首家获批试点企业。桐昆集团外汇资金集中运营管理包括境内外汇资金集中管理、境外外汇资金集中管理、集中收付汇、对外放款额度集中管理等,境外放款额25.5亿元。桐昆有境内企业8家、境外企业2家,海外投资和国际贸易业务逐年增加。外汇管理改革后,桐昆集团集中收付汇,节省结售汇汇兑成本,在25.5亿元的额度范围内,通过国内外汇资金主账户向境外资金融出,国内、国际账户内互联互通,方便企业内部调剂外汇资金余缺,促进贸易便利化。

【中国玻纤总部迁址桐乡】 10月8日,在中国巨石第二十届国际玻纤年会上,举行中国玻纤总部迁址巨石集团桐乡本部仪式。中国玻纤为注册在北京的上市公司,控股股东为中国建材股份有限公司,全资子公司是巨石集团有限公司。中国玻纤95%以上的收入和利润来自巨石集团。巨石集团在新加坡、加拿大、法国等建有14家海外控股子公司及两家海外独家经销商。5月,巨石埃及公司年产8万吨池窑拉丝生产线全线投产,产销率100%。中国玻纤迁址桐乡,对桐乡发展总部经济起到积极引导作用,有利于巨石做强做大玻纤产业,吸引上下游相关产业进驻;有利于桐乡建设以风力发电、汽车、船用复合材料为主的玻纤复合材料产业基地。

【巨石集团被认定为国家技术创新示范企业】 11月17日,工信部、财政部联合公布2014年国家技术创新示范企业名单,巨石集团榜上有名,成为桐乡市首家获此称号的企业。自2012年巨石集团被认定为国家级企业技术中心之后,先后建立浙江省“重点企业研究院”、浙江省“国际科技合作基地”。巨石集团在玻璃纤维大型池窑技术、玻璃配方和清洁生产等方面拥有核心自主知识产权。企业技术创新平如体系不断完善,相继研发出熔化部纯氧燃烧和通路纯氧燃烧技术,其纯氧燃烧技术使玻璃窑炉的综合能耗降低60%,废气排放量减少80%。

【巨石集团获中国产学研合作创新成果奖】 11月15日,由中国产学研合作促进会主办的第八届中国产学研合作创新大会举行。会上,巨石集团的“高性能无碱玻璃纤维关键技术的研发与产业化”被评选2014年中国产学研合作创新成果奖。巨石集团开发的E6、E7玻璃配方,比传统的E玻璃配方资源消耗低、应用领域广。E7玻璃纤维弹性模量提高约23%,拉伸强度提高约30%,软化温度提高约80℃。E6玻璃纤维配方成为中国玻纤行业首个在美国取得专利授权的配方。E6玻璃纤维系列配方实现无硼无氟,提高玻璃纤维的耐化学腐蚀性,特别是耐酸性,增强玻纤强度,可应用于大型风力叶片、超高压绝缘端子、光缆加强芯、汽车和飞机部件等高端领域。其核心专利“一种新型玻璃纤维组合物ZL200910096259.X”先后在美国、日本、墨西哥、中国台湾获发明专利授权,成为中国玻纤行业首个在国外取得专利授权的配方。E6、E7新产品销往全国各地和90多个国家和地区,国内市场占有率30%,国际市场占有率 20%。

【举办第五届“崇福杯”裘(革)皮服装设计大奖赛】

12 月 24 日,第五届“崇福杯”裘(革)皮服装设计大奖赛在崇福镇皮草大世界举行。大赛由浙江省皮革行业协会、崇福镇政府、崇福经济区管委会、崇福皮毛市场管委会主办,崇福皮毛协会承办。大奖赛自 4 月开始面向全国征集作品, 全国 30 家大专院校和 25 家生产企业参赛,参赛作品 400 多件。参赛作品体现环保理念,企业自身的设计作品增加,一些国外院校的大学生也首次参赛。经评委会评审,评选出金奖作品 1 个、银奖作品 5 件、铜奖作品 5 件、创意奖作品 6 件。桐乡市皮草企业参赛作品中有 12 件获奖,分别是桐乡银杉皮草有限公司李颖设计的作品《叠》获金奖;浙江中辉皮草有限公司项骏宇设计的作品《青铜时代》、桐乡市鑫诺皮草有限公司谢海伦的作品《穿越》、桐乡市德顺皮草有限公司的作品《海洋之约》获银奖;浙江雪球皮草制品有限公司等 4 家企业的 4 件作品获铜奖; 浙江领御时装有限公司等 4 家企业的 4 件作品获创意奖。

【石门镇获“中国女鞋名镇”称号】 9 月 2 日,石门镇被中国轻工业联合会、中国皮革协会授予“中国女鞋名镇”的称号。2013 年年底,石门镇启动争创“女鞋名镇”计划。石门镇政府从研发、企业管理、销售渠道、品牌建设等方面引导企业发展。石门镇制鞋企业从自身出发,引进高端设备,实现“机器换人”;在广州等地设立研发中心,克服设计软肋;投入大量资金,做好品牌包装推广。鞋业是石门镇的支柱产业,女鞋制造经过 30 多年的发展,有鞋业企业 680 家,年产女鞋 3000 多万双,产值 40 多亿元。石门镇的女鞋制造产业基地在全国排名第四,且以每年 20%以上的速度递增。在产业快速发展的同时,企业的品牌意识不断增强,石门鞋业有中国驰名商标 4 件,浙江省著名商标 2 件,中国真皮名鞋 1 件。

【双箭橡胶入选“浙江省专利示范企业”】 11 月,浙江双箭橡胶股份有限公司被浙江省知识产权局、浙江省经济和信息化委员认定为 2014 年“浙江省专利示范企业”。公司为国家重点高新技术企业,设有技术、检测和研究所等机构,近年来在专利技术开发、专利申请及维护、专利资产运营等方面取得较好成绩。公司高度重视专利管理维护工作,制订一系列规章制度,使专利管理工作制度化,提高员工专利发明积极性,累计获专利授权 78 项。

·主要非国有企业·

【桐昆集团股份有限公司】 公司是一家以 PTA、聚酯和涤纶纤维制造为主业的大型股份制上市企业。经过 30 多年的发展,下辖直属厂区 6 个、控股企业 14 家,总资产近 140 亿元,员工 1.6 万人,具备 300 万吨聚合和 350 万吨涤纶长丝年生产加工能力, 居世界涤纶长丝企业产能和产量之首。“GOLDEN COCK”牌涤纶长丝是中国化纤行业首批“中国名牌产品”;“桐昆”牌商标被认定为“中国驰名商标”,“桐昆”牌产品远销南美洲、欧洲、中东、南非、韩国、越南等 60 多个国家和地区。2014 年,公司研制开发的科技项目“超低缩复合水晶麻纤维”被列入 2014 年国家火炬计划项目;桐昆集团恒通年产 40 万吨差别化聚酯长丝成套技术及系列新产品开发项目荣获浙江省科学技术一等奖。桐昆集团主持制定的行业标准——《阳离子染料可染改性涤纶低弹丝》,桐昆集团浙江恒盛化纤有限公司主持制定的行业标准——《阳离子染料可染改性涤纶预取向丝》,于 2014 年 3 月 1 日实施。年内,主持国家标准《异形涤纶低弹丝》制订,参与国家标准《纤维级聚酯切片》《涤纶牵伸丝 》《涤纶低弹丝》的制订。桐昆集团旗下桐乡市中洲化纤有限责任公司是浙江省民政厅批准的社会福利企业。中洲化纤整体吸收合并桐昆下属的桐乡锦瑞化纤有限公司。新的中州公司有职工近 500 人,其中福利员工 130 多人。8 月,全国工商联公布 2014 中国民营企业 500 强榜单,桐昆集团列 2014 中国民营企业 500 强第 65 位、中国民营制造业企业 500 强第 46 位;同月,浙江省企业家联合会、浙江省企业家协会发布 2014 年浙江省百强企业名单,桐昆集团公司列浙江省百强企业第 28 位、浙江省制造业百强企业第 16 位。9 月,中国企业联合会、中国企业家协会发布 2014 中国 500 强企业榜单,桐昆集团连续 13 年入围,列 2014 中国企业 500 强第 287 位 (比上年前移 125 位)、2014 中国制造业企业 500 强第 143 位;2014 年, 公司实现总产量 501.54 万吨,实现销售收入 250.95 亿元,实现利润 1.87 亿元。

【巨石集团有限公司】 公司总资产 180 亿元, 员工 8000 余人,玻璃纤维生产能力超 90 万吨,拥有浙江桐乡、江西九江、四川成都三个国内生产基地以及国外埃及生产基地,并设立巨石南非、韩国、意大利、西班牙、法国、加拿大、印度、新加坡、日本、美国等生产和贸易型控股海外子公司。主要生产无碱、中碱、玻璃纤维及其制品,玻璃纤维大型无碱池窑、中碱池窑、环保池窑三大领域,拥有自主核心技术。2014 年 3 月,被工信部授予 2014 信息化和工业化融合管理体系贯标试点企业;11月,被工信部、财政部联合授予2014年度"国家技术创新示范企业"称号;同月,被再次评为国家火炬计划重点高新技术企业,这是自2009年被科技部火炬中心认定为首批国家火炬计划重点高新技术企业后,连续三次入选。年内,成为浙江省第一批"三名"培育(知名企业、知名品牌、知名企业家培育工程)试点企业;获浙江省首届工业大奖银奖,中国产学研合作创新成果奖;"高性能增强PP用玻璃纤维短切原丝" 入选国家火炬计划项目;"风能织物用无碱玻纤直接纱的浸润剂" 发明专利获中国专利优秀奖。2014年11月16日,在"2014中国经济发展论坛"上,集团董事长兼首席执行官张毓强获"2014中国经济最具影响力十大年度人物"称号。2014年生产玻纤纱92.52万吨,比上年增长7.49%;生产玻纤制品5.68万吨,增长23%;玻纤电子布6863.93万米,增长51.42%;出口创汇3.74亿美元,增长16.26%;实现利润7.77亿元,增长37.68%;缴纳税金5.75亿元,增长30.92%。

【新凤鸣集团股份有限公司】 公司下设新凤鸣化纤、中维化纤、中欣化纤、中驰化纤、中辰化纤、中盈化纤、进出口公司等多家子公司,母公司注册资金23850万元,总资产68亿元,员工6700余人。公司主导产品"凤鸣"牌涤纶长丝是浙江省名牌产品,"凤鸣"商标系浙江省著名商标。2014年,公司开发新产品165个,通过省科技厅立项140个,通过省级新产品鉴定14个;公司累计有专利171个,其中发明专利5个。新凤鸣集团中维公司加弹项目于11月动工,项目建设厂房14512平方米,购置国际先进的加弹机43台,项目投产后可实现年产4万吨超细扁平纤维的生产能力。8月,全国工商联公布2014中国民营企业500强榜单,新凤鸣集团列2014中国民营企业500强第297位、中国民营制造业企业500强第190位;同月,浙江省企业家联合会、浙江省企业家协会发布2014年浙江省百强企业名单,新凤鸣集团公司列浙江省百强企业第77位、浙江省制造业百强企业第49位;9月,中国企业联合会、中国企业家协会发布2014中国500强企业榜单,新凤鸣集团列2014中国制造业企业500强第362位。2014年,公司完成产量177.25万吨,实现营业收入153.73亿元,利税6.82亿元,其中利润3.62亿元。

【浙江双箭橡胶股份有限公司】 2014年,公司年产600万平方米环保节能型输送带生产线技改项目竣工投产;年产500万平方米特种橡胶输送带和研发中心大楼项目顺利实施。充分发挥企业技术中心和企业科研所作用,全年获国家授权实用新型专利20项、主持起草国家和行业标准2个;成功开发新产品6个。9月,被中国橡胶工业协会胶管胶带分会评为2013—2014年度全国输送带十强企业,并列十强首位;董事长沈耿亮被评为2013—2014年度胶管胶带行业"优秀企业家",总经理沈会民被评为2013—2014年度胶管胶带行业"优秀科技工作者"。年内,被列入嘉兴市精细化管理示范企业;被中国(青岛)橡胶工业博览会"金橡奖"评审委员会授予"2014年最具成长力企业"称号。2014年,公司生产各类橡胶输送带3441万平方米,比上年增长7.56%;实现销售收入11.02亿元,下降2.69%,实现利税2.2亿元,缴纳税金0.8亿元。

【浙江新澳纺织股份有限公司】 2014年,公司加快建设总投资4亿元的年产2万锭高档毛精纺生态项目、年产1万吨巴素兰毛条生产线项目和年加工3000吨倒毛毛纱技改项目。公司加大产品开发力度,成立嘉兴市级技术中心及省级浙江新澳毛纺高新技术研发中心,每年研发经费占销售收入的3%以上。全年开发新产品10多个,其中2个产品被列入省级新产品试制计划,新产品产值8.8亿元,占公司总产值的50%。2014年12月31日,公司在上海证券交易所公开发行A股,股票简称"新澳股份",股票代码603889,发行价每股17.95元。2014年,公司实现销售收入17.5亿元、利税2.3亿元,出口创汇1.01亿美元。

【浙江京马电机有限公司】 公司是一家专业制造高效节能变频电机、直流无刷电机、串激电机、直流无刷塑封电机和油烟机用直流电机产品的中型企业。公司注册资本2000万元,占地面积12万平方米,总资产6.9亿元,员工1100多人,中级以上技术人员193人。公司注重人才队伍建设,全年招聘应届毕业生31人、电机专业技术人才19人,聘请日本资深电机专家1人。持续扩大技改投入,全年投入技改资金9200多万元,科研经费3500多万元;加大科技成果的转化与应用,全年研发高效节能电机、串激电机、变频电机产品37个,投入批量生产21个,其中列入国家级高新技术产品2个,省级新产品7个,市级新产品和科研成果3个。2014年,公司年产各类电机1130万台,实现销售收入9.7亿元、利税1.4亿元,出口创汇5600多万美元。

【浙江华友钴业股份有限公司】 公司是一家专业从事钴、铜、镍等有色金属湿法冶炼及其化学品新材料制造的中外合资股份公司。公司创建于2002年,总部位于浙江桐乡,旗下有5家境外控股子公司和4家境内控股子公司。产品主要应用于锂离子电池材料、高温合金、硬质合金、磁性材料、石油橡胶催化剂、陶瓷色釉料等几大领域。公司先后获中国国际竞争力50强民营企业、国家火炬计划重点高新技术企业、浙江省高新技术企业、浙江循环经济试点企业、浙江省最具成长性中型企业100强等称号。1月,"华友"商标被国家工商总局商标评审委员会认定为中国驰名商标;4月,入选2014年浙江省高新技术企业百强榜单;7月,入选浙江省工业循环经济示范企业;8月,被浙江省经信委、浙江省环保厅评为2013年度浙江省绿色企业(清洁生产先进企业);11月,公司刚果(金)矿业开发项目被国土资源部授予"最佳开发奖"称号;12月,公司通过证监会发审会审核。2014年,公司实现销售收入19.32亿元,实现利税1.63亿元,其中利润9251万元。

【浙江新都水泥有限公司】 公司创建于1993年,是嘉兴市首家纯回转窑水泥生产企业,有日产2500吨熟料新型回转窑并配套纯低温余热发电生产线1条,?4.2×13米、?3.2×13米、?3.0×11米高细磨机各1台(套),年水泥生产能力300万吨,列嘉兴市单户水泥企业首位,产品被广泛用于高铁、高速公路、隧道、桥梁、高层建筑、防洪工程等国家、省、市重大或重点工程。2014年,公司实现水泥产量294万吨,实现销售收入8.25亿元,实现利税1.1亿元。

·桐乡经济开发区·

【概况】 2014年,桐乡经济开发区实现工业总产值388.13亿元,比上年增长7.51%。新增规模以上企业20家,累计144家;新增亿元企业7家,累计39家;新增限额以上企业11家,累计54家。全区企业缴纳税金12.97亿元,增长24.8%。其中,工业企业缴纳税金10.5亿元,增长20.3%;第三产业企业缴纳税金2.24亿元,增长43.6%。实现利润17.66亿元,增长22.5%,其中工业企业实现利润15.53亿元,第三产业企业实现利润2.13亿元。企业实现进口总额4.53亿美元,增长3.1%;出口总额12.54亿美元,增长20.3%。列入区内考核统计的规模以上工业企业124家,实现工业总产值176.1亿元,增长10.4%;完成销售产值173.8亿元,增长13.1%;累计产销率98.7%,新产品产值77.8亿元,新产品产值率44.2%;实现利润13.85亿元,缴纳税金9.87亿元。

全年完成全社会固定资产投资37.88亿元,增长3.9%。工业生产性投入28.17亿元,增长0.6%。其中,设备投入18.02亿元,占比64%,技改投入23.9亿元,占比84.8%。完成第三产业投资9.71亿元,增长32.5%。

【招商引资】 2014年,桐乡经济开发区继续围绕汽车及其零部件、玻纤及新材料两大主导产业开展招商;排摸现有闲置土地、厂房等,联系杭州、上海等地客商,促进适合的项目与区内资源相对接;与上海市外商投资企业协会、上海市"三玻"行业协会、杭州上市公司协会等沪杭行业(企业)协会建立合作关系;开展欧美招商,拜访美国密西根中国中心,接待美国各州驻华协会会长、德国马特汽车运动咨询公司总经理等。年内,新批外资项目31个,其中新建项目15个、增资项目16个;合同利用外资24146万美元,比上年增长6.7%;实到外资19826万美元,增长31.8%。

【休闲房车产业园入选外商投资新兴产业示范基地】

10月,浙江省商务厅、财政厅联合公布第二批浙江省外商投资新兴产业示范基地,桐乡经济开发区休闲房车产业园名列其中。休闲房车产业园区规划面积2.11平方千米,基地定位为国家休闲房车制造产业基地、国家汽车内饰产品制造产业基地、长三角地区房车文化创意产业基地。近年来,桐乡经济开发区坚持走特色化与错位化汽车产业发展之路,集聚了一批以浙江戴德隆翠汽车有限公司为龙头的国内外知名汽车企业,引进大批科技人才,初步形成了以开发研制、生产销售为主的产业园。

【桐乡经济开发区获"四换三名"示范开发区称号】

6月13日,在2014浙商开发区(园区)高峰论坛上发布2014浙江"四换三名"示范开发区,桐乡经济开发区获此殊荣。2013年以来,桐乡经济开发区全面实施腾笼换鸟、机器换人、空间换地、电商换市行动,大力培育名企、名品、名家,全面推动经济转型升级发展。2014年,全区盘活存量土地700亩,二次利用土地318亩;实施"机器换人"项目49个;区内企业获中国驰名商标和浙江省著名商标各1个,浙江省名牌产品2个,浙江省出口名牌1个,嘉兴市著名商标2个,嘉兴市名牌产品1个,新增高新技术企业7家。桐乡市电子商务中心累计入驻电商企业90余家。

【承担省重点领域深化改革试点项目】 2014年,浙江省商务厅筛选一批重点领域深化改革的项目,在全省开发区开展先行试点。桐乡经济开发区《推进要素资源全球配置改革试点》项目被指定为十项深化改革项目之一。开发区总结区内企业在要素资源全球配置方面的成效,制定《要素资源全球配置统计指标体系和统计调查办法》,印发给相关单位及企业;建立"企业对外投资意向库""区外招商项目信息库"和"投资中介机构"

等平台,服务企业;出台《桐乡经济开发区关于支持企业对外投资的若干政策意见》,鼓励企业通过直接投资或兼并等方式,设立工厂,建立营销机构、研发设计中心等推动自然资源、技术、市场要素资源全球配置;探索联动发展的可行路径,研究如何通过区内企业对外投资推进要素资源全球配置,反哺开发区,推动开发区综合实力提升和转型升级,实现跳出开发区发展开发区、区内区外联动发展的目标。

【浙江合众新能源汽车项目签约仪式】 11月4日,浙江合众新能源汽车有限公司、桐乡经济开发区项目签约仪式在桐乡举行。全国政协常委、清华大学学术委员会副主任、国家“863”计划节能与新能源汽车重大项目总体专家组组长欧阳明高,浙江清华长三角研究院院长王涛,河北微风集团董事长田京辉,嘉兴市副市长盛全生,桐乡市委书记卢跃东、市长盛勇军及四套班子领导出席签约仪式。浙江合众新能源汽车有限公司由河北微风集团出资,与清华大学,浙江清华长三角研究院的新能源汽车研发团队共同组建,集中国新能源汽车生产、研发和销售于一体。合众新能源汽车项目总投资45亿元,分两期建设。其中,一期投资20亿元,生产用地400亩,预计年产新能源汽车10万台,建设周期20个月。

·濮院针织产业园区·

【概况】 濮院针织产业园区工业经济稳中有升,规模以上工业企业实现产值43.5亿元,工业增加值率25%。深化企业梯级培育,新增亿元企业4家、规模以上工业企业12家,完成“个转企”78家。深化“两改两创”(技术改造、股份制改造,品牌创新、管理创新),获专利授权360项,实施科研项目18项。开展小印花产业和印染、化工行业整治。实施“两退两进”项目15项,腾退面积143亩,绩效调查工业用地350宗。盘活存量土地514亩,完成土地二次开发83亩。全年投入建设资金6000多万元,建设道路、桥梁等基础设施。开展“五水共治”,改造园区雨水管网,经测量、调研、设计、论证后,进入施工阶段;清运庙白港、叶子桥港、吴家浜等河道河面垃圾。工贸大道人行道二期改造工程、永越大道中央隔离景观绿化改造提升工程竣工;工贸大道、宏苑路、工旺路、联越路、凯旋路等路段,宏苑广场、永兴港、闵家兜小区、整烫区樱花林、永越片林等区域的绿化带改造工程完工。

举办和参加相关招商活动,2014中国·濮院毛针织服装博览会期间举办濮院镇投资说明会、PH value时尚第一汇等活动;组织企业参加桐乡市接轨上海产业对接会、北京?桐乡产业对接会、广交会、嘉兴市第一届浙(禾)商大会、“桐行天下,浙商回家”恳谈会、“时尚濮院,衫动鹏城”濮院毛衫产业推介会等活动。加强科技创新服务平台建设,加快毛针织设计创意园及毛针织创意孵化器建设,濮院小企业创业基地被命名为第三批浙江省小企业创业示范基地和第二批浙江省中小企业公共服务示范平台。加快创意设计产业发展,推进320创意广场整合提升,推进“全国毛针织行业知名品牌创建示范区”创建工作。9月,320创意广场成功创建为省工业强市(县)省级特色工业设计基地。

【濮院320创意广场列入省级特色工业设计基地】

9月18日,全省推进工业设计发展工作现场会召开,濮院320创意广场被列入省工业强市(县)省级工业设计基地,并获500万元省政府财政补助。320创意广场由桐乡市濮院毛针织技术服务中心运营,配备6名专职管理人员,坚持公司化管理,市场化运作。严格按照管理办法规定招驻各类工作机构,对入驻机构做好信息数据统计和绩效考核。入驻平台的创业团队提供100平方米以下的免费场所,给予一定的装修经费补助和提供开发设备等扶持。全年开展创业培训指导、交流合作10余次。320创意广场建筑面积1.5万平方米,累计入驻设计创意机构80多家,设计人员200多名。

【首届高级服装设计师培训班在开班】 9月29日,桐乡市首届高级服装设计师培训班在濮院镇开班,桐乡市毛衫设计师协会及理事单位、部分会员企业、濮院毛衫企业、濮院320创意广场的40多名企业代表和服装设计师参加培训。培训为期4开,特邀意大利籍国际著名设计师,原范思哲总设计师莫拉罗?吉恩?彼亚特罗(Muraro Gian Pietro)进行辅导。莫拉罗围绕设计灵感从哪里来,如何打造具有品牌特色的设计等相关主题,结合自己与国际知名品牌多年的合作经验,与学员们一起分享时尚前沿的国际资讯。近年来,濮院着力提高毛衫设计研发和品牌建设,连续多年举办“濮院毛衫杯”设计大赛、设计师论坛、设计师大讲堂等活动。

【毛衫企业组团参展“PH Value时尚第一汇”】

10月20~22日,由中国纺织工业联合会主办,中国国际贸易促进委员会纺织行业分会、中国针织工业协会、英国i2i会展集团联合承办的2014 PH Value & Pure Shanghai时尚第一汇暨中国国际针织博览会在上海新国际博览中心举行。桐乡市13家针织服装企业,以整体组团的方式参展。此次展会以“衣柜桐乡 毛衫之都”为主题,展馆面积1000平方米。期间举办“衣柜桐乡 毛衫之都”主题馆开馆仪式、国际交流对接会、设计师沙龙及专业买手对接会等活动。中国纺织工业联合会副会长杨纪朝、中国针织工业协会会长杨世滨等出席开馆仪式并参观濮院毛衫企业展区。参加展会的浙江浅秋服饰有限公司、浙江圣地欧服饰有限公司、浙江兰生羊绒服饰有限公司、浙江纯爱服饰有限公司、浙江森霸服饰有限公司、浙江千圣禧服饰有限公司、桐乡市纽纳斯服饰有限公司和嘉兴慕丽服饰有限公司8家濮院针织产业园区企业接到订单15起,完成成交额375万元,意向成交额1032万元。

【濮院毛衫品牌推介会在深圳举行】 12月17日,“时尚濮院,衫动鹏城”濮院毛衫产业推介会在深圳国际会展中心举行。会上濮院羊毛衫市场管理委员会与深圳市鹏城展览策划有限公司签订2015年推动濮院毛衫产业发展战略合作协议。协议约定,共同推动濮院毛衫区域品牌健康发展,建立资源互动、互助、互利关系;组织各种形式的贸易配对会、品牌交流推广、设计师交流等,增强濮院毛衫与深圳女装之间的联络与交流,扩大濮院毛衫区域品牌的影响力;在设计、研发、流行趋势及贸易展会等方面充分合作,增强企业间互动。圣地欧、纯爱、貂帅、东企等十余家濮院针织产业园区知名品牌企业代表在展会开展为期三天的自主品牌走秀互动展示以及静态模特样衣展示。来自全国纺织服装基地、著名服装交易市场、行业协会的领导,国内著名品牌企业、知名设计师代表,品牌服装、采购商代表以及桐乡羊毛羊绒企业界代表等参加推介会。

·崇福经济区·

【概况】 2014年,崇福经济区有工业企业245家。新增规模以上企业7家,累计达到126家;新增亿元企业1家,累计达到24家。实现工业总产值164.54亿元,增长10%。规模以上企业工业增加值27.27亿元,增长21%;实现利税16.57亿元,增长17.6%。合同利用外资3438.34万美元,实际利用外资2757.44万美元;引进市外内资9.2亿元,注册资金到位3.3亿元,浙商回归项目到位资金4.78亿。引进内资、外资均列入嘉兴市十强镇(街道)。

【中国节能(桐乡)环保产业园项目签约】 9月25日,崇福经济区管委会与中国节能环保集团下属中节能杭州环保投资有限公司签订建设中国节能(桐乡)环保产业园的合作投资协议。中国节能环保集团是以节能环保为主业的中央企业。项目注册资本金1亿元,计划总投资20亿元,占地面积约500亩,总建筑面积约20万平方米。环保产业园主要引进与低炭、环保、节能和新兴产业相关的企业入园,在3~5年内,建成集研发、生产、展示、孵化、配套为一体的高端节能环保园区,重点引进节能环保、新特材料、新能源、装备制造、电子信息、物联网等战略新兴产业和其他高新技术企业。预计项目亩均产出600万元以上,亩均税收30万元以上。

【“崇福皮草”获浙江省区域名牌称号】 崇福镇于2013年5月启动浙江区域名牌——“崇福皮草”申报工作,2014年1月,获得由浙江省名牌战略推进委员会办公室授予的“崇福皮草”浙江省区域名牌称号。崇福皮草产业现有浙江名牌产品的企业3家、嘉兴名牌产品的企业1家,标准化良好行为和计量检测体系确认达到100%覆盖,产品质量省级定期监督抽查合格率在90%以上,规模以上企业实现联盟标准比例达到100%。

【崇福皮草新闻发布暨投资环境推介会在北京举行】

1月14~17日,第四十届中国国际裘皮革皮制品交易会在北京国家会议中心举行。崇福镇以此为平台,于1月14日举行崇福皮草新闻发布暨投资环境推介会。来自国内外近百名客商及新华社、中央电视台、中新社、《人民日报》《经济日报》《中国经济时报》等10多家新闻单位参加会议。推介会介绍崇福皮草的历史沿革、产业发展情况、投资环境。2014年是崇福镇第12次组团参加中国国际裘皮革皮制品交易会,桐乡市雄鹰皮草有限公司、浙江中辉皮草有限公司、浙江雪球皮草制品有限公司等36家皮草企业参展,参展面积2700多平方米,占展会净面积的1/3。美国、加拿大、俄罗斯、丹麦、日本等国家的皮草客户到崇福展区参观、洽谈,订单成交量超10万件。

·高桥新区·

【概况】 2014年,高桥新区(含高桥镇)完成固定资产投资23.49亿元,比上年增长11.9%;工业生产性投入6.5亿元,增长29.8%;服务业投资16.6亿元,增长5.6%;实到市外内资9.73亿元,其中平安项目7.29亿元,桐乡旅游广场项目2亿元;合同利用外资3800万美元,实际利用外资2360万美元;“浙商回归”资金实际利用4.6亿元。年内,桐乡旅游广场、东润国际总部大厦、金凯悦总部大楼3个重大服务业项目开工建设,其中东润国际总部大厦、金凯悦总部大楼项目纳入嘉兴市2014年专项行动服务业开工任务项目。

完善基础建设，调整现代大道北侧区块控制性详细规划编制范围，调整后编制面积1.96平方千米。南日新社区基础设施建设工程完成总工程量95%，秀才桥港河道整治项目基本完成河道疏浚、护岸和绿化工程。安置区建设粗具规模。其中，新城花园安置小区C组团二期工程开工建设，开工面积3.56万平方米；续建项目B组团和C组团一期，开工面积11.97万平方米。高桥大道、现代大道、崇南路、南日新社区等7处绿化工程竣工，完成高铁广场、高桥镇区、高桥大道绿化养护项目。楼下角村建立苗木培育基地，种植苗木150亩。

【耀华国际教育学校落户高桥】 9月26日，耀华国际教育学校入驻高桥新区平安合悦·江南签约仪式举行。合悦·江南项目是一个大型养生养老项目，隶属平安不动产有限公司。桐乡市市长盛勇军、副市长费玉林出席签约仪式并讲话。耀华国际教育学校一期占地75亩，2015年开始筹建，学校提供从幼儿园到大学预科的全年级国际教育，聘用经验丰富的专业外籍教师和具备国际背景的中国教师，采用中英双语教学。

·临杭经济区·

【概况】 2014年，临杭经济区规模以上企业实现工业总产值448.2亿元，比上年增长7%；工业增加值42.4亿元，增长18.2%；实现利税19.2亿元，增长30.8%，其中利润9.9亿元，增长108.1%。全年合同利用外资3210万美元，实际到位外资550万美元；利用市外内资18.8亿元，注册资本1.23亿元，引进“浙商回归”资金10.24亿元。加大招商力度，成立招商选资工作领导小组，出台招商引资项目引荐奖励实施办法。以装备制造、机械电气、纺织新材料作为招商方向，组织各类招商活动，赴北京、上海、杭州等地开展招商活动100多次，会见客商1000多人次。签约桐昆加弹园项目、中电建光伏项目、卡希诺纺织项目、土畜凯兴畜产项目、达瑞纺织机械项目、奇翔纺织项目和恒耀纺织项目等7个项目，总投资20亿元。基础设施不断完善。昆鸣路、后塘桥、公寓安置房等工程相继建成，投入建设资金5476万元。新征土地578亩，拆迁安置农户110户，安置人员309人，支付被征地人员养老金5935万元。实施省级园区循环化改造示范试点工作，完成投资14.17亿元。

工业项目有效推进。全年完成工业生产性投入33.78亿元，7个项目建成投产。协调推进华能桐乡天然气热电联产项目“三线”(天然气管网、热力管网、特高压)工程管线建设，天然气管网开阀通气，热力管基本建成，电力输出工程完工；供热政策出台，周边燃煤小锅炉进入关停阶段。桐昆集团股份有限公司恒邦项目高压线搬迁；桐昆加弹园项目开工建设；桐昆恒邦项目、佑倡包装项目，新凤鸣中盈项目、纸箱项目，华能桐乡天然气热电联产项目，京马电机年产800万台新型高效节能变频电机项目，双箭技改项目建成投产；桐昆恒隆化工项目、新凤鸣中维特色纤维项目开工建设。

·石门湾现代农业示范区·

【概况】 石门湾现代农业示范区位于石门镇中北部，近期规划范围为石门镇所辖的民丰、墅丰、春丽桥、叶新、民联、白马塘等11个村，规划区域面积4000公顷；远期规划范围为运河以北，包括河山镇、龙翔街道、乌镇镇部分区域，总规划面积约6666.67公顷，辐射面积1.33万公顷。2014年，区域内农业人口3.04万人，耕地面积2720公顷，农民人均纯收入22537元，粮食产量7781吨、生猪饲养量44861头、湖羊饲养量101491头。

大力开展招商引资活动。开展大项目招商活动25次，其中接待境外客商12批次，赴台湾招商2次；引进招商项目5个，协议总投资4.6亿元，其中引进市外内资4.2亿元，实到市外内资7000万元，实际利用资金1200万元。全年完成现代农业产业项目投入2567万元，新建现代农业产业基地5个，新增现代农业基地土地1020亩。继续实行土地流转收储政策，流转土地面积1565亩。

【桐乡百花欢乐大世界项目】 12月11日，桐乡市石门湾百花欢乐大世界开工建设。项目位于石门镇春丽桥村、陆家庄村和墅丰村三村交汇处，练杭高速连接线西侧，占地面积880余亩，由总部位于佛山市顺德区的今日景艺生物科技有限公司投资建设，注册资金2亿元，总投资4亿元。项目以蝴蝶兰组培和种植为主，计划建设万种兰花生产展示中心、组培科研中心、兰花新优种苗示范基地、牛樟芝生产基地、台湾特色水果采摘园、花卉博览园及其他休闲观光配套设施等特色农业休闲观光景区。项目以公司+基地，基地+农户的形式，市场引领农户，农游结合，预计于2016年年底建成开园。

·文化创意产业园区·

【概况】 2014年,桐乡文化创意产业园区围绕“未来文化创意城市”的城市发展目标,以“文化影响生活方式改变,创意助推三次产业发展”为发展理念,围绕高等教育、版权产业、影视制作、新(融)媒体研发运用、创意设计、品牌培育、文化衍生品开发、互联网产业、娱乐游戏、文化旅游等业态,开展招商引资工作。在中央新影桐乡园等项目的基础上,开展产业链招商和以商引商工作,以北京、上海、广州、杭州为重点招商区域,以厦门、深圳等珠三角城市和香港为扩展区域,拜访或接待企业、机构100多家,就影视拍摄和制作、文化旅游综合体开发、新(融)媒体研发运用、互联网产业等项目开展洽谈。与住建部下属全国市长研修学院加强项目合作洽谈,依托中央新影电视艺术研究院与首都师范大学、上海戏剧学院、上海影视视觉学院等高等院校建立联系,与深圳创意协会、上海德稻传媒有限公司、上海外高桥进口商品直销中心有限公司开展洽谈,初步达成合作意向。至年底,园区注册企业17家,注册资金5470多万元,年产值1600多万元。中央新影桐乡园项目完成规划选址、方案设计、土地出让、可行性研究报告编制等工作,全年投入资金5000多万元。

【中央新影桐乡园启动四大板块工作】 2014年,中央新影桐乡园启动教育培训、影视制作、品牌培育、纪录片博物馆四大板块工作。中央新影电视艺术研究院先后开办纪录片导演班、摄影班、导演新秀班、编导班等培训班。5月15日,第一期中央新影大课堂在浙江传媒学院下沙校区举行,由中央新影集团总裁助理、副总编辑时间主讲《纪录片的视觉艺术与语言》。桐乡新影文化投资有限公司策划拍摄数字电影《御味》和《遇见自己的美丽》。由桐乡新影文化投资有限公司投资运作的品牌培育项目,管理运营团队基本形成,以纪录片绑定线上电商平台,链接线下实体体验店的R2O(RECORD TO ONLINE)商业模式基本确定。纪录片博物馆第一批展品在统计备案中,拟把博物馆建成中国首个纪录片主题馆,并复合商业模式及衍生开发,培育版权交易,打造成具有学术交流、教学研究、教育宣传和文化旅游相结合的特色文化地标。

(责任编辑:王怡然　金瑞锋　黄莹莹　杨丽君)

嵊　州　市

·概况·

【人口与资源】 2014年末,嵊州全市有户籍26.02万户,户籍人口73.31万人,其中男性37.66万人,女性35.65万人,有非农人口19.84万人。全市现辖4个街道11个镇6个乡。

嵊州位于浙江东部,曹娥江上游。地处北纬29°19′45"至29°49’55",东经120°27′23"至121°06’55"。东毗余姚、奉化,南邻新昌、东阳,西与诸暨相连,北接上虞、绍兴。北邻杭州150公里,东靠宁波110公里。嵊州是著名的“越剧之乡”、“领带之乡”、“围棋之乡”、“茶叶之乡”、“竹编之乡”、“中国厨具之都”、“中国电声零件之都”和“中国真丝之都”。

嵊州历史悠久。在新石器时代早中期,就有人类在市内甘霖小黄山生息繁衍。春秋战国时先后属越国、秦国。秦始皇帝三十七年,秦始皇东巡会稽,在剡山星子峰南侧挖坑以泄王气,曰剡坑,并建县称剡。唐武德四年剡县升置嵊州。北宋年间取‘四山为嵊”之义始名嵊县。1995年8月28日,经国务院批准撤嵊县设嵊州市。

嵊州市总面积1784平方千米,东西长64.1千米,南北宽55。4千米。嵊州四面环山,西北地势较高,中部到东南地势较低,境内海拔1000米至1100米的山峰共有8座,东面主峰海拔1096米的四明山为最高峰,西有主峰海拔1017米的西白山,南是天台山脉,中部为剡溪及其支流冲积而成的平原称“嵊州盆地”。境内有澄潭江、新昌江、长乐江三大水系在市区以南汇合于剡溪,在以下六公里处还有黄泽江汇入剡溪,四大水系呈向心状分布。嵊州地貌分丘陵、山地、河谷、平原四大类型,构成“七山一水二分地”的典型丘陵山地地貌。嵊州市年平均气温16.4℃,1月平均气温4.2℃,7月平均气温28.6℃。年平均降水量1446.8毫米,日照1988小时,无霜期235天。

嵊州市境内自然资源丰富,硅藻土储量约2亿吨,萤石(砩石)储量200万吨,黄沙、麦饭石储量各1亿吨左右。水力资源总蕴藏量6万千瓦,是全国农村初级电气化县之一。

嵊州山青水秀,风景如画,文化远源流长,是唐诗之路上的一颗璀灿明珠。2005年发现的嵊州小黄山遗址，其历史可追朔到9000年前的新石器时代，位列于当年全国十大考古新发现之首。境内的千年剡溪是锦绣灿烂的“唐诗之路”，据考证有451位唐代诗人曾徜徉过嵊州山水。“书圣”王羲之爱慕剡中山水而晚年隐居终老金庭；李白、杜甫、孟浩然、崔颢、王维、白居易、温庭筠、欧阳修、苏轼、陆游、朱熹、戴逵等诗人都与嵊州结下了情缘，留下了不少咏剡的佳作绝句和访剡遗迹。“东南山水越为最，越地风光剡领先”，“此行不为鲈鱼脍，自爱名山入剡中”，“剡溪蕴秀异，欲罢不能忘”等著名诗句，就是对嵊州秀美山水的由衷赞美。

嵊州钟灵毓秀，是现代著名经济学家人口学家马寅初、作曲家任光、作家魏金枝、越剧表演艺术家袁雪芬、“黄土画派”创始人刘文西、围棋国手马晓春、琵琶演奏名家章红艳等名人的故乡。嵊州发源的越剧已成为现代中国的第二大剧种而享誉海内外。

嵊州交通便捷，是杭州与温州、宁波与金华的交通枢纽。境内常台高速(原上三高速公路)、沈海高速联络线(原甬金高速公路)、104国道、32省道和37省道、嵊张公路贯通全市。

嵊州的景区有：马寅初故居、崇仁古镇、南山湖风景旅游区，百丈飞瀑、百丈飞瀑漂流、剡溪漂流、清溪漂流、城隍庙、书圣园、华堂村、中翔绍兴温泉城，覆卮山度假村、小黄山遗址、红佛寺等。

·经济社会发展·

【概况】 2014年是实施“十二五”规划的关键之年，也是发展面临重大挑战的一年。一年来，在嵊州市委市政府的坚强领导下，全市上下紧扣“工业强市、实干兴市”工作主线，稳增长促转型，抓改革优环境，强保障惠民生，全市经济在宏观“新常态”下，保持了全市经济社会平稳协调发展。2014年全市实现地区生产总值423.17亿元，按可比价计算，增长7.5%。

财政实力稳步增强。全年实现财政总收入41.46亿元，增长10.3%，其中公共财政预算收入25.05亿元，增长10.2%。在公共财政预算收入中税收收入增长10.6%，其中增值税增长4.0%，营业税增长-7.1%，企业所得税增长35.8%，个人所得税增长27.7%。做好“用财”文章，民生保障稳中有升。全年完成公共财政预算支出34.45亿元，增长13.3%，其中用于民生发展支出27.9亿元，占公共财政支出的81%。

投资规模进一步扩大。全年完成限额(500万元)以上固定资产投资192.12亿元，同比增长18.2%。其中一产投资5.39亿元，增长37.5%；工业性投资112.00亿元，增长15.1%；三产74.85亿元，增长22.1%。其中基础设施投资35.47亿元，增长30.4%。嵊州经济开发区完成固定资产投资43.18亿元，其中工业性投资37.85亿元，分别占全市的22.5%和33.8%。

居民生活稳步提高。城镇常住居民人均可支配收入(新口径)41058元，农村常住居民人均可支配收入20749元，分别增长9.5%和10.5%。城镇居民人均生活消费支出19935元，农村居民人均生活消费支出13056元，分别增长12.5%和5.6%。

【农业】 农业生产稳步增长。全年实现农林牧渔总产值56.06亿元，按可比价计算，增长3.1%，其中农业40.59亿元，增长4.2%；林业4.94亿元，增长3.6%；牧业9.74亿元，下降3.4%；渔业0.59亿元，增长2.7%；农林牧渔服务业0.19亿元，增长2.6%。全市农作物播种面积76.73万亩，下降8.9%。其中粮食播种面积39.37万亩，下降9.1 %；蔬菜播种面积19.43万亩，增长1.9%。水产品总产量0.43万吨，增长2.4%。全年生猪出栏45.21万头，增长9.8%，家禽出栏166.97万只，增长3.3%，肉类总产量3.35万吨，增长10.2%。绿城现代农业综合体和现代新有机农业园项目继续推进。

水利、林业建设取得成效。水利建设投资7.34亿元。完成赵家岩、托潭坑水库除险加固项目的主体工程。曹娥江治理工程堤防工程、排涝闸站工程、上东等5座水库除险加固工程等顺利开展。新增旱涝保收面积1.38万亩，扩大灌溉面积1.68万亩，新增固定式喷微灌面积0.91万亩，完成农田渠道衬砌改造及相应渠系建筑物配套125.1公里。以争创“省森林城市”为契机，大力发展生态林业、富民林业、人文林业。全年完成造林更新1.20万亩；森林抚育4.20万亩；重点防护林1.10万亩。创建省级森林城镇1个，省级森林村庄5个，绍兴市森林村庄11个。建成西白山、贵门乡等新的几条森林游步道，为市民提供感受森林生态之美的休闲去处。12月，“省森林城市”创建工作通过验收。

【工业】 工业生产稳中有升。规模以上工业产值383.70亿元，增长8.9%。规模以下工业产值605.88亿元，增长9.1%。从轻重工业看，规模以上轻工业实现产值240.34亿元，增长10.8%；重工业实现产值143.36亿元，增长5.9%。规模以上工业主要产品生产情况为：精制茶7.99万吨，增长-3.2%；领带14268万条，增长6.3%；服装9793万件，增长0.6%；电动机292.54万千瓦，增长15.4%；吸排油烟机189.68万台，增长16.0%，燃气灶具77.27万台，增长12.9%。

创新驱动作用增强。体现创新的一些指标明显提高。规模以上工业中新产品产值 167.52 亿元,新产品产值率 43.7%,比去年同期提高 2.4 个百分点。实现高新技术产业产值 125.99 亿元,增长 13.0%,占规模以上工业产值的 32.8%。实现战略性新兴产业产值 113.39 亿元,增长 9.9%,占规模以上工业产值的 29.6%,比上年同期提高 4.8 个百分点。

【建筑业】 建筑业稳步提升。建筑企业全年签订合同金额 382.75 亿元,同比增长 13.2%。全年房屋建筑施工面积 1692 万平方米,增长 20.8%。实现建筑业总产值 271.82 亿元,增长 16.4%,其中在外省实现 179.94 亿元,占 66.2%。评级创优着力推进,全年晋升一级企业 2 家,核准、增项三级企业 31 家。获得省优秀装饰工程 2 项,评定"越乡杯"优质工程 12 项,获绍兴市"兰花杯"优质工程奖 1 项;新人民医院、华汇大厦、文创园主题馆已通过绍兴市"兰花杯"优质结构验收,为申报"钱江杯"优质工程做好准备。

【城乡建设】 亮化美化城市环境。组织实施"一环二路"两侧高层建筑亮化工作和五大中心镇至中心城区亮化工程;实施市区路灯 LED 改造,共更换路灯 8064 盏;开展 14 个社区的设施改造,改造路面 22455 平方米,管道 7545 米,人行道 2818 平方米;环城南路景观改造工程,完成人行道、道路、绿化改造。改善城区交通。建成公共自行车租赁站点 38 个,投放自行车 1290 辆,已发放租车卡 18588 张,累计租车量已达 73.79 万辆;组建公共停车管理公司,缓解城市停车难题。保障城市基本功能。垃圾填埋场二期工程进展顺利;保障性住房建设继续推进,分配和管理政策进一步完善,完成全市危旧房安全大排查。

"美丽乡村"加快步伐。成功创建成为省美丽乡村先进县市,获评省农村生活污水治理工作优秀县。完成 125 个村的农村生活污水治理,新增受益农户 4.03 万户。实施温泉度假区整体区块打造、4 条精品带提升、60 个市级提升村、26 个精品村、第五批 8 个中心村、10 个历史文化村落、5 个民宿特色村等美丽乡村项目建设。60 个整治提升村累计硬化村道 13550 米,利用闲散空地改造成公共广场和停车场 65 个共 70500 平方米,安装路灯 2984 盏,新建无害化公厕 8 座。安排 7 个古树林森林公园改建项目,将村庄周边天然树林改建成为休闲公园。完成村内池塘整治项目 14 个,总面积 1.46 万平方米,砌坎加固池塘 1670 米,清淤 4830 立方米。结合财政"一事一议"试点县工作,实施 33 个村民公共活动中心项目,投资 2000 多万元,将农村中大会堂、学校、茶厂、加工厂等"旧大闲"式建筑,改造提升为集家宴中心、文化礼堂、室内文体场所于一体的村民公共活动中心。

全力开展"五水共治"。全市 909 条河道全部落实了"河长",其中 35 条市级河道设立三级河长制,由市四套班子主要领导担任一级河长。96 个机关部门与乡镇(街道)实行挂钩联系,主动到乡镇督促和指导工作,帮助解决困难和问题。"三清"集中行动整治"垃圾河、黑河、臭河"71 条,共清运生活垃圾 5 万余吨,清除河道障碍物 2 万余吨,清理污水坑、臭水沟 683 处。畜禽养殖整治集中行动,共关停畜禽养殖场 286 家,其中"五河"两岸禁养区关停 151 家,完成 519 家规模以上畜禽养殖场治理。

【国内贸易】 消费稳步增长。继续深化"万村千乡"市场工程,实现全市行政村连锁便利店全覆盖。举办了消费促进月活动,激发了城乡居民的消费潜能。全年实现社会消费品零售总额 205.62 亿元,增长 15.3%。按城乡市场分,城镇消费品零售额 144.66 亿元,增长 15.5%;乡村消费品零售额 60.96 亿元,增长 14.9%。限额以上社会消费品零售额 34.60 亿元,增长 24.5%,其中批发零售业零售额 31.81 亿元,增长 27.0%,住宿餐饮业零售额 2.79 亿元,增长 1.8%。汽车销售拉动明显,全市 21 家汽车销售企业,实现零售额 19.32 亿元,增长 52.6%。

市场交易繁荣活跃。组织开展省放心市场创建,提高农贸市场软硬件水平。全市商品交易市场 50 个,实现成交额 86.01 亿元,其中消费品市场成交额 85.20 亿元,生产资料市场成交额 0.81 亿元。大型商品交易市场活力彰显,年末成交额超亿元市场 3 个,实现成交额 58.94 亿元,占全市商品交易市场成交额比重 68.5%。其中中国领带城成交额和浙东农副产品批发市场成交额超 20 亿元。

【对外经济】 招商引资注重实效。继续深入实施招商引资"一号工程",以引进有助于形成产业聚集、产业升级、形成新的经济增长点的项目为重点,积极实施精准招商。全年在谈项目 82 只,其中亿元以上项目 49 只,10 亿元以上项目 18 只,30 亿元以上项目 6 只,共接待客商 600 余人次。全市实际利用外资 209 万美元。

对外贸易取得增长。全年实现进出口总额 16.36 亿美元,增长 0.4%,其中出口总额 15.50 亿美元,增长 1.9%,进口总额 0.85 万美元,下降 20.6%。从出口商品结构看,领带服装 7.88 亿美元,下降 0.1%;电器厨具 3.83 亿美元,增长 4.4%;机械电机 1.07 亿美元,下降

4.5%。

外经合作有新成绩。新批境外投资企业5家,境外企业总投资1061万美元,中方投资额1029万美元,增长2.9%。完成境外承包劳务营业额2904万美元,实现海外建筑市场零的突破。

【房地产】 房地产投资持续增长。全年完成房地产开发投资35.58亿元,同比增长23.5%,其中住宅投资23.59亿元,占66.3%。商品房施工面积293.95万平方米,增长5.7%,其中本年新开工商品房施工面积75.45万平方米,下降27.9%。商品房销售面积31.22万平方米,销售额23.64亿元,分别下降30.5%和39.8%。销售商品住宅2336套,面积26.97万平方米,销售额19.23亿元,分别下降29.9%、29.3%和40.8%。

【交通】 交通运输日趋发达。建成甬金高速嵊州互通及接线工程,环西桥抢险工程有望于春节前提前完工。年末公路里程2277.94公里,其中国道133.43公里,省道74.49公里,县道474.27公里,乡道349.23公里,专用道0.59公里,村道1245.93公里。更新老旧客运班车107辆、公交车17辆、出租车25辆,新增10辆公交车。年末营运客车393辆9879客位,营运货车5001辆19358吨位。全年道路客运量2720万人次,道路货运量1288万吨。港口吞吐量为56万吨,新增船舶4艘1154载重吨,完成水路货运量73万吨、周转量9659万吨/公里。

【旅游】 旅游业全面发展。全市接待国内外游客总人次762.91万人次,同比增长20.10%,旅游总收入62.65亿元,增长20.07%。其中接待国内游客755.85万人次,国内旅游收入61.44亿元,分别增长20.24%和20.38%;接待入境游客7.06万人次,旅游外汇收入1968万美元。全市有星级饭店5家,其中四星级1家,三星级4家,星级饭店床位数1380张,平均床位出租率56.06%。全市旅游业重点项目完成投资8.88亿元,其中度假区管委会温泉城项目完成投资1.33亿元,狮子山项目完成投资1.82亿元。

【金融】 金融运行平稳有序。年末金融机构16家,金融机构本外币存款余额510.05亿元,增长10.2%,当年增加47.27亿元;其中居民储蓄存款307.62亿元,增长15.1%,增加40.39亿元。召开市重大项目推进交流分析暨融资对接会和银企对接会,促进银行与项目、银行与企业对接。年末金融机构本外币贷款余额408.67亿元,增长12.8%,增速居绍兴市先列,当年增加贷款46.46亿元。年末小额贷款公司5家,贷款余额15.67亿元,成为金融业有益补充。

【科技】 科技事业再结硕果。新培育国家高新技术企业15家;新增省级科技型中小企业59家。新增省级企业研发中心3家;共建校企创新载体11家。列入省级及以上科技项目16项。列入省级新产品试制计划项目357项,同比增加16.7%。全年发明专利授权量103件,同比增长43.31%。

【教育】 教育事业全面发展。剡城中学教育集团城东校区、市重竞技训练馆、嵊州中学初中部教学楼、甘霖镇中心小学风雨操场、浦口街道中心小学扩建等一批项目相继完工并投入使用。一年来,新增学校建筑面积38373平方米、塑胶操场17167平方米、风雨操场4702平方米。全市小学55所,在校生3.62万人,专任教师2154人;初中26所(其中九年一贯制11所),在校生1.94万人,专任教师1574人;普高7所,职高3所,在校生合计1.82万人,专任教师1400人。高考一本上线590人,3人进入省文理科前100名。

【文化】 文化事业繁荣发展。成功举办第十三届嵊州·中国民间越剧节,3万多人次参与系列活动。全年送戏下乡231场,送书下乡2.1万册,送电影下乡5073场。年末,公共图书馆藏书量53.88万册,其中市图书馆藏书28.5万册,创建首批企业图书流通站4家,新推"送书进企业"活动。国家级文物保护单位4个,省级文物保护单位10个,嵊州市级39个,文物保护点119个,完成小黄山遗址规划编制,成立王氏宗祠文保所,实施马寅初故居、钱氏大新屋以及其他20多处各级文保单位(点)的修缮。

【卫生】 卫生服务能力提升。年末卫生机构407家,其中医院8家,护理院1家,卫生院21家;卫生技术人员3496人,其中执业医师1216人,执业助理医师223人,注册护士1258人;实有床位数2628张。新医院项目全面完成土建工程。4家县级医院诊疗182.21万人次,住院病人出院4.93万人次,医疗收入7.13亿元;21家乡镇卫生院诊疗241.24万人次,出院1.24万人次,医疗收入2.05亿元。

【体育】 体育事业精彩纷呈。成功争创省体育强市、省先进体育总会,创建省体育强乡镇(街道)3个,省小康体育村30个。顺利承办第十五届省运会射箭、散打和拳击比赛,举行火炬接力(嵊州站)活动,积极备战和参加省运会各项赛事,全市107位运动员代表绍兴市参加了17项比赛,共获34.33枚金牌,总分610.2分,金牌和团体总分均列绍兴市各县(市、区)第三名。完成了全国第六次体育场地普查工作,出台了《关于学校体育设施向社会开放的实施意见》,已有7个学校体育场地向社会开放。

【劳动就业】 就业形势保持稳定。全年共组织农民职业培训10850人,其中转移就业4365人。全市新增城镇就业人数15972人,完成122.9%;城镇失业人员再就业5338人,完成121.3%;就业困难人员就业1486人,完成123.8%;城镇登记失业率2.89%,控制在省、绍兴市要求的3.5%范围之内。受理各类劳动人事争议案件475件,涉及劳动者1534人,为劳动者挽回经济损失2635.54万元。受理各类劳动监察案件788件,涉及劳动者4835人次,为劳动者讨回工资2305万元。

【社会保障】 社会保障扩面提质。全市养老保险新增参保14743人,职工基本医疗保险新增参保12245人,工伤保险新增参保6211人,生育保险新增参保12904人,失业保险新增参保6698人。企业养老保险基金支付能力17.73个月。调整57078名企业退休人员养老金,调整后人均月养老金达1677元;城乡居民社会养老保险基础养老金标准,从每人每月100元统一调整为125元,并提高了高龄补贴标准;城乡居民医疗保险筹资标准提高150元,其中财政补贴提高100元,并提高了基层诊疗的报销待遇。受理工伤认定申请1905件,共调查案件相关人员2500余人次,依法作出工伤认定1730件,工伤认定结案率95.7%。

·特色经济·

【茶叶】 嵊州市是全国产茶大县(市)之一。嵊州茶业源于秦汉,名起盛唐,宋时成为进贡之佳品,"泉岗辉白"茶在清末时被誉为全国十大名茶之一。1996年3月,嵊州市被国务院发展研究中心授予"中国茶叶之乡"称号。嵊州市政府被评为全国20个"中国茶叶发展政府贡献奖"之一。1998年,经过在全市范围内对茶叶商标的征集、筛选,确定"越乡龙井"为嵊州市龙井茶的主导品牌。"越乡龙井"荣获中国国际农产品博览会名牌产品称号。在2014中国茶叶区域公用品牌价值评估中,"越乡龙井"品牌价值达18.89亿元。

近几年来,嵊州市政府每年出台扶持政策,落实专项资金用于茶叶品牌建设。每年赴杭州、上海、山东、河北等地举办专场推介活动,组织有关企业参加南京、太原、西安、北京、青岛、哈尔滨等地茶博会,推介越乡龙井。经过坚持不懈的努力,"越乡龙井"品牌价值和知名度不断提升,茶叶远销全国各地。

现在,在全国20多个省、直辖市,嵊州市已设立越乡龙井专卖店160家,开设网上专卖店50多家,在联华、大润发、欧尚等大型连锁超市设立专柜400多家,有36家企业(合作社)、160家专卖店使用"越乡"商标,年使用包装10万多套。

2014年,越乡龙井实现在东南大宗商品交易中心现货上市,成为龙井茶类首家。作为宾馆用茶,越乡龙井还进入绍兴、贵阳、武汉等地的中高档宾馆,并走进百年老店上海湖心亭茶楼,还远销德国、美国等10多个国家和地区。

近几年来,嵊州市先后承办浙江省·静冈县绿茶博览会、全国茶园替代农药示范现场会、国际茶科技与茶文化学术研讨会、全省龙井茶炒制技能大比武、第九届浙江绿茶博览会等活动,越乡龙井获得浙江省·静冈县2012绿茶博览会金奖、第三届中国国际茶业及茶艺博览会金奖、2013山西茶博会斗茶大赛(绿茶组)茶王状元、中国最具人气好茶、最具影响力中国农产品区域公用品牌100强等荣誉。

【长毛兔】 嵊州是全国长毛兔生产示范市。在20世纪70年代和80年代,嵊州两次引进纯种德系安哥拉长毛兔,经过长期培育成具有体型大、产毛量高、遗传性能稳定、适应性强的嵊州长毛兔。在长毛兔体形上具有长大、肩宽、背长、胸深、臀部圆大、四肢强健等特点,生产的兔毛以长、白、松、净闻名,成为世界最大的优质高产长毛兔良种群体。通过新品种推广,目前已实现长毛兔存栏良种率100%,核心群长毛兔只均年产毛量达到2200多克,处于国际领先水平。"白中王"长毛兔品种现已成功拥有了自主知识产权,获得了全国家兔育种委员会颁发的"创世杯"金奖,升格为国家级首只长毛兔新品种。嵊州长毛兔还成为省级畜禽遗传资源保护品种。嵊州已成为全国长毛兔良种繁育供应中心,优质兔毛和兔绒的生产出口基地。以白中王为主代表的浙江大型长毛兔已推广到国内20多个省市、自治区,累计向省内外提供种兔300多万只。

长毛兔产业作为嵊州市农业特色优势产业之一,已成为农村经济的一大支柱,全市共有3万多农户从事长毛兔养殖,长毛兔存栏量超过60万只,年养兔收入超过1.5亿元。

【领带服装】 全市现有领带企业1000多家,其中销售1亿元以上企业13家,2000万元以上企业45家。龙头企业浙江巴贝领带有限公司是全球最大的领带专业生产企业,具有完整的产业链及生产配套体系。全行业拥有专业技术熟练的生产工人近3万人,年产领带3亿多条,产量占全国的90%、全球的60%。拥有中国驰名商标6只,国家免检产品13只,浙江名牌5只,浙江著名商标10只,浙江出口名牌3只,浙江区域名牌2只,绍兴名牌6只,绍兴市出口名牌3只。获得了“浙江省首批区域名牌”、“中国领带名城”、“中国真丝之都”、“中国真丝产品流行趋势发布基地”、“领带产业国际合作基地”、“最具产业影响力纺织之都”、“浙江省领带工业专业区”等称号。2012年被商务部认定为专业型国家外贸转型升级示范基地,2013年被工信部认定为国家新型工业化纺织(真丝产品)示范基地,2014又首批被工信部认定为产业集群区域品牌建设试点单位。

全市现有服装企业800余家,其中规上企业59家,职工人数2万余人,覆盖服装加工、印染、织造等产业,年销售50多亿元。

全市现有针织服装企业390家,其中规上企业50家,从业人员近8万人(包括加工基地),年产针织服装8000万件,年产值70多亿元。

2014年领带服装受市场需求和国内劳动力成本等影响,实现产值130.65亿元,同上年增长8.0%。

【机械电机】 全市现有规模以上机械企业79家,从业人员近万名,主要集中在机械零部件、起重机械、锻压机械、工业制冷机、粉碎机械等领域,部分企业已成为细分行业的领军者,如中益机械是国内机械链轮的出口基地,其产量占全国60%以上,为全球最大的链轮、皮带轮生产基地;双鸟机械的手动和电动葫芦市场占有率达到20%以上;北峰制冷、高翔工贸等一批企业生产的工业制冷设备成为国内工业制冷领域的佼佼者;而锻压机械目前已有制造企业二十余家,全年产值超过5亿元,成为国内开式压力机的主要生产基地。两家弹簧机械企业则成为本领域国家标准和行业标准的第一起草单位,掌握了产品发展的话语权。目前拥有国家免检产品1只,中国驰名商标1只,浙江名牌产品4只,浙江省著名商标3只,浙江省知名商号1家。

全市现有电机企业1000余家,从业人员3万余人,年销售收入100多亿元。其中规模以上企业37家,超亿元企业8家。主要产品有高效节能电机、特种电机等100多个系列,1000多个品种。年产各类电机8000万台以上,其中冰箱压缩机电机约占全国的三成,吸油烟机电机约占全国的二成,2008年被中国电器工业协会授予“中国小功率电机生产基地”称号,浙江西门冲片有限公司被授予“中国电机冲片制造基地”称号。现有国家级高新技术企业3家,省级高新技术研究中心3家。省级名牌产品3只,省级著名商标3只。

2014年机械电机行业实现产值93.13亿元,比上年增长3.1%。

【电器厨具】 现有电子电声企业约250家(电子70家,电声180家),其中规上企业19家,亿元以上企业3家。年实现工业总产值50多亿元。电声主要产品为电动式扬声器、扬声器零部件等,代表性企业有天乐集团、科迪电子、宏鑫电子、佰音电子等。电子产业是近年来最大的经济增长点,代表性企业有天乐集团下属的天乐数码和天乐微电、三禾电子、欧宝太阳能、晨怡电子等,主要产品有:液晶电视机、液晶背光组件、节能灯等。

嵊州拥有“中国厨具之都”美誉(2005年由中国五金制品协会授予,2008年、2011年通过复评),是国内三大厨具产业基地之一。现有厨具企业及配套企业近450家,从业人员约3.5万人,形成25个系列产品、100多个品种,年产吸油烟机350万台、燃气灶400万台、消毒柜150万台,占全国总量的30%以上,产业规模约100亿元。年销售收入在1000万元以上企业有70多家,5000万元—1亿元企业23家,亿元以上企业8家。拥有一批在国内外市场具有较大影响力和一定知名度和占有率的品牌,其中,普田为中国名牌产品,普田、亿田、美多、德乐、奥田、帅丰、威普等商标为中国驰名商标。厨具产业具有强大的技术研发实力,与中科院、上海同济大学、浙江大学、中国家用电器研究院等科研院校建立了长期稳定的产学研合作平台,近十年来以年均获得300多项专利的数量,成为了中国厨具行业专利之最。现有3家国家级高新技术企业,5家省级专利示范企业,5家省科技中小型企业。嵊州厨具产业被授予“十一五轻工业特色区域产业集群先进集体”,“浙江省产业示范基地”,最近又成功创建省级高新技术特色产业基地。今年1至11月,厨具产业纳税销售20.46亿元,增长17.92%;入库税收0.77亿元,增长27.92%。2014年,电器厨具产值68.68亿元,同比增长26.7%,增速在三大主导产业中处于领先地位。

【电声配件】 嵊州电声产业起步于上世纪70年代,经过30多年的发展和积淀,嵊州的电声零件产业已形成集群效应,产业规模在全国领先,2011年6月,中国电子元件行业协会授予嵊州市“中国电声零件之都”称号。目前全市已有扬声器及配件生产企业100多家,年产各类扬声器7000多万只,扬声器振动系统配件8亿多套,产品国内市场覆盖率在80%以上,并远销德、日、美、韩等20多个国家和地区,嵊州已成为全国乃至亚洲最大的扬声器配件生产和出口基地。

【生物医药】 全市现有生物医药企业11家(中成药企

业1家、西药及原料类生产企业3家,医药包装企业1家、医用材料及器械5家、油脂化工1家),主营中药制剂、西药制剂、原料药生产等,2013年实现总产值15亿元,销售收入13亿元,利润7500多万元,税收6000多万元。4家规上企业(昂利康制药、新光药业、来益生物和康牧药业)销售、利税等指标占全行业的90%以上,年利税超千万的2家。其中昂利康康制药和新光药业均为国家、省级高新技术企业,省级高新技术中心。2014年嵊州医药行业实现产值16.22亿元,比上年增长7.0%。

【造纸】 全市造纸行业通过2013年的省级整治后,到今年6月整治验收合格止,造纸企业数量从原来的18家缩减至11家,产能从整治前的30万吨/年,增至为80万吨/年。企业个数下降了40%,产能、产值增长了170%,其中年产能在10万吨的企业由原来的宇丰纸业一家已增至为四家,目前正在试运行阶段或可试运行,预计明年将可释放全部产能。造纸业自前年整顿技改后呈现恢复性增长,2014年实现产值11.20亿元,比上年增长19.4%。

【竹编】 早在两千年前,嵊州人就利用盛产的各种竹子,巧妙地编织出各种简朴实用的竹箩、竹篮,后来逐渐形成一项重要的民间工艺。1950年,艺人们组织办厂,使嵊州竹编别开生面,编织技术日益精湛。在长期的艺术生涯中,嵊州竹编已首创并形成了"动物"、"漂白"、"花筋"、"蓝胎漆"和"防蛀防霉"五大工艺特色。竹编艺人们用竹丝篾片,能编织各种神形酷肖、情趣盎然的动物,深受国内外客户的喜爱。为提高实用价值,艺人们把动物与篮、盘、罐结合起来,创作了《鹅篮》、《鸭盘》、《鸡罐》等数百个品种的动物型器皿,其产值开创了广交会竹编一次性成交的最高纪录。其中动物编《白尾海雕》"飞"进了美国白宫,得到了当时的美国卡特总统和去白宫访问的邓小平同志的高度赞扬。

【嵊州果蔬】 嵊州市是中国果蔬之乡。近年来,嵊州市果业发展迅速,果业经济已成为广大农民增收致富的重要渠道,优质、高产、高效的新品种层出不穷。全市水果面积已达8万多亩,2014年水果总产量达12万吨。主要品种有:1、桃,面积3万亩,主要品种以冈山、砂子为代表的早熟水蜜桃系列,主要分布于甘霖、崇仁、鹿山、黄泽等乡镇(街道),其中"甘霖"牌水蜜桃基地获国家级无公害农产品认定,"品之喜"牌桃获浙江省精品水果展销会金奖。常年产量达1.5万吨,果品主要销往绍兴、萧山、宁波、杭州等大中城市。2、大青梅,面积2.6万亩,主要分布于长乐、里南、崇仁、北漳、剡湖等乡镇(街道),果品主要靠外地加工企业前来收购,嵊州市主要生产企业为"羲之"食品有限公司,产品加工后直接销往日本。3、李子,面积2万亩,主要分布于金庭、北漳、崇仁、长乐等乡镇。主要品牌有"羲之"桃形李,成立有"羲之"桃形李专业合作社,该品牌多次获国家、省展览会金奖,被评为浙江名牌农产品,获首届全国优质鲜食李称号。以灵鹅村为中心的万亩桃形李基地先后被命名为浙江省科教兴林示范点、浙江省森林食品基地、全国名特优经济林示范基地、国家级农业科普示范基地。4、梨,面积8000亩,主要分布于甘霖、崇仁、鹿山等乡镇(街道),主要品牌有"甘霖"牌梨、"越香园"牌脆冠梨、"丰尼"牌雪青梨曾获浙江省精品水果展销会金奖。另有柑桔1.2万亩,杨梅面积5000亩,葡萄2000亩,草莓面积1500亩,油桃面积1000亩,樱桃面积800亩等。

【嵊州花木】 2011年1月,中国经济林协会授于嵊州市"中国花木之乡"称号,嵊州还是中国木兰之乡、浙江省首批花卉苗木产业强县。嵊州花木栽培历史悠久,种植集中连片,区域分布特色明显,致富农民成效显著。2014年底,嵊州市有花卉苗木种植面积18.1万亩,比上年同期增长16.8%.其中新育苗4.4万亩,产苗量1.8亿株,其中容器育苗107万株,良种苗47万株。2014年全市花卉业总产值15.3亿元,其中观赏苗木12.5亿元,切花切叶823万元,盆栽植物350万元,药用花卉铁皮石斛1000万元,草皮48万元,其他类花坛花镜植物40万元,有花卉市场2个,有花卉生产企业7850家,其中大中型企业4760家,有花农2600户,从业人员8.2万人次,其中有专业技术人员3020人。有设施栽培面积763万平方米。鲜切花以百合、郁金香等高档鲜花为主,切叶以黄莺为主,盆栽植物以兰花为主,药用植物以铁皮石斛为主(面积500亩)。嵊州市花卉从大类上讲,以观赏乔木树种为主,占95%以上。今年苗木销售形势总体来说不及去年,但由于量增加,销售产值与去年基本持平。一年生樱花、红枫、海棠等花灌木小苗由于量激增,价格比去年同期下降30—50%,但销售量增加0.4亿株,苗木销售方向由发达地区沪苏浙为主转向安徽、江西、四川、贵州、昆明等中部及中西部并进。

·重点企业介绍·

【浙江美宁电器有限公司】 浙江美宁电器有限公司是专业生产吸油烟机、燃气灶、消毒柜,净水器,烤箱等厨卫系列产品的研发、制造、销售的现代化、专业化民营企业。公司座落于浙江省省级经济开发区,中国最大的厨具生产基地——浙江省嵊州市经济开发区,占地24亩,已建成20000多平方米的现代化标准厂房,固定资产达1500万元。

秉承"赢得人才,就赢得未来"的企业理念,美宁电器引进和培养了一支专业化、高素质、勇于创新的技术精英队伍,现有员工100多人,其中具有大中专学历和工程技术人员占公司人数30%以上,技术力量雄厚。公司拥有多条自动生产流水线和先进的专业检测设备,具有较强的自主创新能力。公司生产的吸油烟机(A)获得国家外观设计专利,目前年生产量达到5万台。美宁公司除了雄厚的本土设计实力外,还从德国、日本、意大利等国外公司引进先进的技术和管理营销经验,拥有德国、意大利原装高端厨房生产设备及国际工业制造先进设备,所生产的产品外观造型时尚、人性化,内在性能先进、品质卓越 ,符合现代人环保、健康的理念,在同行业中始终处于领先地位。公司已与国内多家著名大企业建立了长期友好的协作关系,为其专业生产吸油烟机、燃气灶等系列产品,深得客商的信赖。公司旗下品牌"美宁"已成为中国著名品牌,热销于全国30多个省市和地区。2014年实现产值3500万元,其中新产品产值超过40%,全年实现利税395万元。

为每一个中国家庭提供科技、环保、人性的家庭生活环境,这是全体美宁人的梦想和追求。

【浙江嵊州云电商信息科技产业园有限公司】 环保浙江嵊州云电商信息科技产业园有限公司(以下简称:产业园),位于浙江省嵊州市黄泽镇工业功能区恒丰路1号,总用地面积约为30804平方米,总占地面积为20800平方米,总建筑面积约为35000平方米。是由恒丰工艺、优森股份、本豆传播联合发起,经嵊州市人民政府批准建立的"互联网+"产业平台,第一期45家企业已于2014年底入驻并正常经营运转。为加快推进嵊州电子商务跨越式发展,积极响应市政府打造"时尚产业之都"战略构想,努力构筑"大众创业、万众创新"的创客家园。

一、产业园服务内容:

1、电子商务代运营。为各类企业产品提供网络信息平台,从线下实体单营转到线上线下共同推进。

2、跨境电子商务。"引进来",构筑嵊州市进出口商品集散中心;"走出去",让广大入园企业共享产业园跨境电商优势渠道。

3、商业模式设计。为入园企业定制商业发展模式,可以入股或者分红模式获得风投资金。

4、综合服务平台。为入园企业提供网商培训、物流、仓储、金融咨询等服务。

5、网上博览城。集聚线下商贸企业,落地网商线上平台,集产品展示及销售为一体,为嵊州产品打造一个网上博览城。

二、产业园适用项目:

1、时尚产业相关项目:主要是为我市打造时尚之都服务,对纳入我市时尚产业重点培育对象予以专门扶持。

2、农林土特产品项目:主要是指以农产品、农产品深加工品、农副产品销售推广内容的项目。

3、现代家庭服务业项目:主要是指为家庭提供衣、食、住、行、育、乐及社区服务等为内容的项目。

4、现代物流业项目:主要指驻园物流以及快递服务业为入园企业提供便捷的流通服务项目。

5、创意设计项目:主要指有独特的创意、设计、策划、广告、摄影、美术等为内容的项目。

三、产业园入园后享受的相关支持:

1、免费培训,免费参加电商技术培训。

2、免费使用办公场地和公共办公设备。

3、以成本价支付水电等物业管理费用。

4、符合条件的,可享受小额担保贷款相关政策。

5、免费接受创业专家指导咨询团全程服务等。

·大事记·

台湾纺织产业考察团来嵊考察 1月6日下午,由台湾纺织产业综合研究所顾问汪雅康为团长的台湾纺织产业综合研究所考察团一行来嵊考察。该研究所成立于1949年,是我国台湾地区纺织业最权威的研发和服务机构。考察团一行先后来到巴贝集团、九烽食品公司等进行实地考察,对嵊州市纺织产业的发展前景表示肯定,并表示将考虑与嵊州纺织产业建立合作关系,发挥台湾在设计理念和企业管理等方面的优势,为嵊州纺织产业的转型升级和跨越发展提供经验。

省体育总会来嵊验收创建省先进体育总会工作 1月9日晚,省体育总会对嵊州市创建省先进体育总会工作进行验收。据悉,嵊州市体育总会自1994年成立以来,发挥自身职能优势,引领体育单项协会,为满足广大群众健身需求、拓宽体育服务惠及面做了大量工作,全市不断掀起全民健身活动热潮。嵊州市体育总会下属16个单项体育协会，包括老年人体育协会、围棋协会、木兰拳协会等。全市22个乡镇(街道)均设立了体育总会分会,全民健身活动得到了快速健康发展。

中科院过程研究所亿田厨电节能环保技术研发中心授牌仪式举行 1月14日下午，中科院过程工程研究所亿田厨电节能环保技术研发中心授牌仪式举行。双方共建的厨电节能环保技术研发中心，开启了嵊州市厨具产业向节能环保、健康安全、智能化发展的又一里程碑。

浙江益龙向嵊州中学捐赠千万元奖教奖学基金 1月16日下午,在嵊州中学初中部,浙江益龙实业集团有限公司向嵊州中学、嵊州中学初中部捐赠1000万元"浙江益龙嵊州中学奖教奖学基金",并对两所学校2013年度在教育、教学工作中表现突出的教师和学生进行了表彰。该基金设立后,嵊州中学、嵊州中学初中部分别制定了奖励方案。在16日的表彰中,两所学校的优秀教师及学生被授予奖金共计人民币80万元。

全省青年书法家创作研讨会在嵊举行 1月18日，省青年书法家创作研讨会在嵊举行，来自全省的青年书法家汇聚一堂,交流书法创作心得。2013年,我省书法界成绩喜人,众多青年书法家在中国书协、省书协、省青年书协主办的各种展览中获奖、入围,其中,嵊州市书法家张永、斯金亮、石樟永更是发挥了书法创作的榜样作用,2013年入展中国书协主办的展览均在6次以上,逐渐成长为全省书坛的主力军。与会的青年书法家们还拜谒了王羲之墓，参观了艺术村、越剧艺校等地。

"中国梦越乡情"新春文艺晚会暨"我身边的好人好事"颁奖晚会举行 1月19日晚，在天乐剧场举行"中国梦越乡情"新春文艺晚会暨2013年"我身边的好人好事"颁奖晚会。弘扬社会公德,学习身边好人。8位历届道德楷模代表为8位2013年度身边好人进行颁奖,并一同观看了充满了欢乐、祥和,并具有浓厚地方文化特色的新春文艺晚会。

央视采访嵊州市乡村医生签约工作 嵊州市的乡村医生签约服务工作走在全国县(市)前列,是首批全国乡村医生签约服务重点联系县，也是我省推行乡村医生签约服务的唯一试点。1月20日,中央电视台中文国际频道（CCTV-4)《中国新闻》栏目策划的2014年"新春走基层"节目以嵊州市乡村医生签约服务试点的工作进展、典型案例及人物事迹为内容进行了采访拍摄,并将在春节期间播出。

省委宣传部领导调研嵊州文化产业和文化礼堂建设工作 1月23日上午，省委宣传部副部长唐中祥一行来嵊州市调研文化产业和文化礼堂建设工作。唐中祥一行首先来到嵊州艺术村,详细了解根雕、竹编、泥塑、紫砂等特色文化产业。随后,调研了仙岩镇西鲍村农村文化礼堂建设工作。嵊州市根据"总体规划、梯度推进,因地制宜、继承创新,建设为先、内容为要"的原则,在文化产业和文化礼堂建设上注重整合统筹、凝聚创建合力，在使用上注重打造精神家园、凸现礼堂魅力,在管理上注重健全体制机制、激活内源活力,现已建成42家农村文化礼堂,超过省定任务19家,并成功承办了绍兴市农村文化礼堂建设现场会,省、绍兴市主流媒体及浙江宣传信息(信息专报)等均对嵊州市"建得快、用得活、管得好"的经验做法作专门推介。

首批公共自行车投入运行 1月26日上午，全市公共自行车服务系统全面启动，首批300辆公共自行车正式投入运行。作为交通拥堵治理工作的重要内容之一,嵊州市从2013年8月份起开始筹建公共自行车服务系统,总体规划设置网点70个,投放自行车2000辆,目前一期以中心城区为主,设置服务网点35个,并计划在春节后将投放量逐渐增加到1000辆。

全市"五水共治"工作全面推开 1月29日,嵊州市"五水共治"工作领导小组举行第一次成员会议,全面部署"五水共治"工作任务。"五水共治" 作为2014年工作的重头戏,一段时间以来,市委、市政府在深入研究的基础上,形成了"五水共治"工作的总体意见,制定了工作方案,并且成立了领导小组,下设办公室和9个专项工作推进组。会议对各个机构的相关职责进行了明确和部署,节后各项工作将全面启动展开。会上还举行了捐款仪式,骨干企业、市领导和"五水共治"工作领导小组成员单位负责人率先捐款，其中雅戈尔捐助285万元,天乐、巴贝各捐助150万元。

经济开发区管委会与浦口街道办合署办公 从3月4日开始，市经济开发区管委会与浦口街道合署办公,实行两块牌子、一套班子、统一管理,统称为"经济开发区管委会(浦口街道)办事处",管理范围为原经济开发区管委会管理区域和原浦口街道管理区域。在嵊州跨越发展的进程中,开发区与浦口街道早已是"你中有我,我中有你"的关系。为加快推进经济开发区浦口区块开发建设，统筹干部资源，进一步理顺权责利关系,合力打造跨越发展大平台,调动各方面积极性,经市委决定成立"经济开发区管委会（浦口街道）办事处",两单位实行合署办公。

省经信委调研组来嵊调研 3月6日至7日,省经信委调研组来嵊州高新园区开展“转作风、抓改革、保落实、促升级”蹲点抓点活动。调研组一行听取了2014年嵊州市“五水共治”、“四换三名”、“两化”深度融合、创新驱动等方面的工作思路、工作举措和重点工作推进落实情况的汇报，还实地走访了帅丰电器、德美轴承、中空能源、福威重工、新锐焊接等企业，详细了解企业目前的生产、经营、新产品研发等情况。调研组充分肯定了嵊州市“工业强市”所取得的成绩，同时希望我市能抓住产业转型升级的契机，以重点工业项目建设为依托，进一步赢得工业发展的主动。

举行走进南美新兴市场暨机电纺织类展览会推介会 为鼓励全市出口企业积极开拓国际市场，3月7日下午，嵊州市举行“走进南美新兴市场暨机电纺织类展览会”推介会。浙江省贸易促进会副会长黄小杭应邀作专题介绍，副市长孔志刚致辞，各乡镇(街道)、行业协会以及重点外贸企业相关负责人参加推介会。据悉，以纺织和机电为主要出口产品的南美新兴市场方兴未艾，这对嵊州市出口企业来说是一个很大的市场拓展空间。本次推介会重点介绍了2014(第二届)浙江省机电产品出口(瓜亚基尔)展览会情况以及南美各国经济发展形势，并就境外参展相关问题进行了解答。

崇仁镇被命名为第六批中国历史文化名镇 3月11日住房城乡建设部和国家文物局联合下发通知，公布了第六批中国历史文化名镇名单。嵊州市崇仁镇名列其中。据了解，第六批中国历史文化名镇共有71个，其中浙江省4个，崇仁镇是绍兴市唯一入选第六批国家级历史文化名镇的乡镇。崇仁历史遗迹类型丰富，自明、清至民国序列保存基本完整。古镇区域面积30公顷，其中精华区域面积3公顷，为清一色传统建筑。2000年，崇仁被公布为省级历史文化保护区。2006年，古镇精华部分“崇仁村建筑群”被国务院公布为第六批全国重点文保单位。

省第二届全民体育节暨嵊州市民运动会启动 3月17日下午，2014年浙江省第二届全民体育节暨嵊州市民运动会启动仪式在文化广场举行。活动现场，有18个协会近1000位体育爱好者参加了排舞、自行车、轮滑、足球等12个群众体育项目展示。此次活动由市教育体育局和市体育总会主办，全市各体育协会承办。这次市民运动会跟以往有很大不同，它秉承“月月有活动，日日有精彩”的设计理念，充分挖掘现有的群体活动基础，广泛动员，让更多市民感受体育的魅力，提升市民身体素质和幸福指数，让体育逐步成为市民最真切的幸福体验。

省“千万农民素质提升工程”检查组来嵊检查 3月18日，省“千万农民素质提升工程”检查组来嵊考核检查农民素质提升工作。近年来，嵊州市的农村培训工作紧扣“三农”工作实际，着眼增强农民就业创业能力和助推农民增收致富，大力实施“千万农民素质提升工程”，广泛开展农村实用人才培训，农民转移就业技能培训，农业专业技能培训，不断提升农民培训的针对性和实效性。目前，全市共有市级农民培训学校6家，乡镇(街道)、村级培训基地42个，可培训厨师、领带服装、家政服务等50个技能工种。2011年到2013年，全市每年开展各类农民培训人数保持在1.2万人左右，其中农村实用人才培训3000个。

嵊州获省农村文化礼堂建设先进县(市、区)称号 从3月21日召开的全省农村文化礼堂建设工作现场会上获悉，嵊州市荣获2013年度全省农村文化礼堂建设先进县(市、区)称号。全省只有12个县市区荣获这一称号，嵊州为绍兴市唯一获奖县(市、区)。2013年以来，嵊州市已建成农村文化礼堂42家，开展各类文体、礼仪活动200余场次，在传承优秀文化、弘扬乡风文明、培育农民素质等方面取得了明显成效，群众精神风貌得到明显提升。

《国家中长期戏曲教育发展规划纲要》修订工作会议在嵊召开 3月25日上午，由文化部文化科技司、嵊州市人民政府主办的《国家中长期戏曲教育发展规划纲要》修订工作会议在嵊召开。会上，来自全国各地的戏曲专家就戏曲教育发展规划纷纷提出了意见和建议。

第十一届中国嵊州国际书法朝圣节举行 4月3日上午，由浙江省书法家协会、嵊州市人民政府、浙江省旅游信息中心主办的第十一届中国嵊州国际书法朝圣节在书圣墓前举行朝圣仪式，纪念一代书圣王羲之。中国书法家协会副主席聂成文，中国书协分党组成员、副秘书长张陆一，中国书协理事、浙江书协副主席兼秘书长赵雁君等出席朝圣仪式。王羲之是中国历史上最著名的书法家，是一个时代的集大成者，晚年归隐金庭。历代名流雅士为追寻书圣足迹，纷至沓来，留下了许多美丽的诗章。2004年以来，一年一度的书法朝圣节已在书法界形成一定影响，并成为嵊州市挖掘越乡特色文化，提升对外知名度和影响力的一大载体。

第十六届越乡龙井茶炒制大赛暨民间人才评鉴活动举行 4月11日，嵊州市举办第十六届“华发杯”越乡龙井茶炒制大赛暨民间人才评鉴活动。活动由市委组织部主办，市人才办、市林业局和浙江华发茶业有限公司承办。全市各乡镇(街道、开发区、度假区管委会)选送38位炒茶能手参加比赛。经过一个半小时紧张激烈的比赛，最终长乐镇张忠祥等10位选手脱颖而出，获得嵊州市第十六届“华发杯”越乡龙井茶炒制大赛“十佳能手”称号,同时被评为“四星级”民间人才。陈国仁、应江、胡苗忠等三位获得2014“浙江省龙井茶十大炒制能手”称号的茶农,则被评为“五星级”民间人才。

省“三改一拆”行动督导组来嵊督查 5月5日,省“三改一拆”行动督导组进驻嵊州开展为期5天的督查。督导组通过看现场、听意见、查数据和走访群众等方式,对嵊州市“三改一拆”工作的组织领导、行动进展、无违建县创建情况、配套政策实施、宣传发动、信访维稳和存在问题等七个方面进行督查和指导。在6日的工作汇报会上,市委副书记、市长阮建尧介绍了嵊州市去年以来“三改一拆”工作的措施、成效以及下一步打算。2013年我市共拆除违建1603起,拆除建筑面积115万平方米。

全市重大项目推进交流分析暨融资对接会举行 4月8日上午，全市重大项目推进交流分析暨融资对接会召开。2014年,全市共安排重点建设项目49项,其中实施性项目38项,总投资239.14亿元,当年计划投资51.72亿元,财务数40.87亿元,预备项目11项,总投资20.61亿元。1–4月,38项实施性重点建设项目已开工建设23项,累计完成投资12.31亿元,比上年同期增长37.8%,完成全年投资计划的24%,完成季度分解计划的88%。会上,各银行就重点工程项目融资进行了对接,达成总授信项目26个,总授信金额58.76亿元。13个项目负责人与银行进行现场签约,签约金额达17.65亿元，为各重点项目的进一步推进打下了基础。

嵊州获第20届亚洲旅游业金旅奖“最美人文休闲旅游目的地”称号 5月6日,第二十届亚洲旅游业金旅奖盛典暨2014大中华区旅游文化榜大奖发布会在安徽灵璧举行,嵊州荣获“最美人文休闲旅游目的地”称号。亚洲旅游业金旅奖颁奖盛典作为旅游业高端对话和集中展示平台，是大中华区最具影响力和权威性的旅游专业峰会,由亚洲旅游文化联合会、亚洲旅游业CSR研究中心、亚洲旅游业品牌研究会联合主办。金旅奖现已成为亚太旅游业最重要的奖项之一。近年来,嵊州充分利用“百年越剧诞生地、千年剡溪唐诗路、万年遗址小黄山、中华书圣归隐处”之誉,打造具有嵊州特色的旅游产业。

商科元喜获全国游泳冠军赛暨亚运会选拔赛两项冠军 5月17日,从2014年全国游泳冠军赛暨亚运会选拔赛上传来喜讯，嵊州市少体校输送的队员商科元与队友密切配合，以优异成绩击败对手，获得4X200米自由泳接力和4X100米混合泳接力两项冠军。

嵊州市文化创意产业园组团参加深训文博会 5月15日至19日,嵊州市文化创意产业园集合市内17家重点文化企业以集团军的方式亮相深圳文博会。在文博会上,展出了嵊州竹编、根雕、紫砂等为代表的八大类36件作品，这些作品赢得了参观者的一致好评。展会期间,省委常委、宣传部长葛慧君在市委常委、宣传部长孙海荣的陪同下参观视察文化创意产业园展区,慰问参展人员,并对嵊州展馆设计及展示展演给予了充分肯定。

央视《乡土》栏目来嵊采风 5月26日起,中央电视台七套《乡土》栏目摄制组走进嵊州进行采风,编导毛竞杨与独立学者、社会评论家、中国反伪科学代表人物司马南一起对嵊州的特色文化、乡土人情以及自然风光进行采访拍摄。专题将以越剧文化为主线,穿插王羲之故里、根雕文化、长毛兔产业等嵊州特色文化和产业的内容。

20多家厨具企业上海参展 5月28日至31日，被誉为厨卫行业“风向标”与“晴雨表”的第19届中国国际厨房、卫浴设施展览会在上海新国际博览中心举行,嵊州市20多家厨具企业代表“中国厨具之都”——浙江嵊州在展会上“扎堆”亮相,展出的面积达到4000多平方米,数历史之最,新产品、新技术令无数客商瞩目。

嵊州荣获浙江省“电商换市创新样本”荣誉称号 6月5日,在杭州召开的“电商视野全球机遇”浙江省电子商务百强大会暨省电子商务促进会年会上，嵊州市荣获2013年度浙江省“电商换市创新样本”荣誉称号。全省共11个县(市、区)获此殊荣。为打造农村电商的“嵊州模式”,全市通过网络平台嫁接各种服务于农村的资源,拓展农村信息服务业务、服务领域。全市已铺好村级服务网络点150个，服务内容包括物流、金融、信息便民服务、网络代购等,让农民足不出户就能买到来自全国各地的商品,打破农村原有消费的局限,拉近其与城市的距离。同时瞄准农村特产,寻求农产品走出去的捷径,将香榧、桃形李、榨面等嵊州特色农产品卖到全国各地,“网”住一个个看不见的大市场。

举办第十三届嵊州·中国民间越剧节 6月18日—24日,举行了第十三届嵊州·中国民间越剧节,本次活动由省文化厅和市政府共同主办。本届民间越剧节紧紧围绕“深化文化惠民活动，体现越剧民间情结，传承发展越剧艺术，彰显越剧故乡魅力，增强人民文化自信，提升嵊州和谐美丽”主题，突出“感恩祭祖、传承越剧、文化惠民”三条主线，与浙江小百花越剧团成立30周年庆祝活动融合举行，设计了11大系列25项活动，内容有浙江小百花越剧团回嵊感恩祭祖活动、浙江小百花越剧团建团30周年史料捐赠仪式、浙江小百花越剧团越剧电影新版《梁祝》国内首映暨广场展播、嵊州越剧艺校校园开放日活动启动仪式、浙江小百花越剧团经典剧目惠民演出、“相约越乡” 全国越剧名票擂台赛、嵊州市“信源杯”越剧戏迷角PK赛、嵊州市文化礼堂村特色节目展演、市越剧艺术保护传承中心惠民演出、现代越剧《马寅初》学术研讨会、经典越剧惠民演出等。

浙江亿厦在浙江股权交易中心挂牌交易 浙江亿厦建设股份有限公司完成了股份制改造，并经浙江股权交易中心批准，于7月9日在该中心挂牌交易，成为全市建筑业系统首家在浙江股权中心挂牌交易的企业。浙江亿厦建设股份有限公司成立于2001年，是一家从事房屋建筑、市政施工的建筑业企业，并覆盖建筑装修装饰、机电设备安装、钢结构、地基与基础等工程专业。公司先后被评为省“建筑业诚信企业”、绍兴市“先进企业”、“建筑业成长型先进企业”等荣誉。公司多项工程获得浙江省“钱江杯”、绍兴市“兰花杯”优质工程，浙江省“建筑节能示范”工程和浙江省“文化标准化”工地，所建的工程竣工验收合格率100%。

4家企业荣获中国吸油烟机行业优秀企业 7月10日在北京召开的中国五金制品协会吸油烟机分会第六届换届大会上，亿田公司、万事兴公司、帅丰公司、普田公司等4家企业荣获“中国吸油烟机行业优秀企业”称号；嵊州市厨具行业协会被高票增补为中国五金制品协会吸油烟机分会副会长单位。浙江万事兴电器有限公司高级顾问张晓钟被聘任为第六届吸油烟机分会副秘书长。亿田公司孙伟勇、万事兴公司张晓钟、帅丰公司商若云、松科公司王再丰、普田公司庞晓辉等5位个人荣获“中国吸油烟机行业模范工作者”荣誉。

省运会射箭比赛在嵊举行 7月20–23日，第十五届省运会射箭比赛在嵊州市爱德外国语学校举行。来自全省的10支代表队共154名运动员参加比赛，共决出14枚金牌。嵊州市24名运动员代表绍兴队参加全部项目的角逐。嵊州市运动员郑怡钗和15岁小将王欢益获得金牌。

“投资嵊州·共创未来”推介活动在沪举行 7月25日，嵊州市委、市政府在上海举行“投资嵊州·共创未来”推介活动，旨在吸引能够提升、完善、拓展嵊州市领带服装、电机厨具、机械电器三大传统产业的优质项目落户，助推我市经济转型升级，为经济持续发展注入新鲜活力。嵊州上海联谊会会长、上海中九投资(集团)有限公司董事长苏德科等在沪嵊州籍企业代表、知名人士，世界500强企业、央企和全国知名企业代表等参加推介活动。本次推介活动实现了总投资达45亿元的三项协议的签约。

上海经济文化交流促进联谊会奖学金颁奖仪式在嵊州中学举行 8月11日下午，上海经济文化交流促进联谊会奖学金颁奖仪式在嵊州中学高中部举行，在沪嵊籍同乡苏德科、魏小欣、吴尧安、周群、宓苏佳专程回嵊，为今年的43位优秀高考学子颁发奖学金。该联谊会自2009年成立以来，已连续五年对嵊州市优秀学生实施奖励，奖金已超过400万元。在11日的奖学金颁奖仪式上，对进入全省文科前100名的嵊州中学俞榕、韩圳斌、汪佳晖各奖励10万元外，还对全市文理科前三名、各普高学校文理科前三名的学生进行了奖励，总奖学金达86万元。

4少儿摘取“小梅花” 第十八届中国少儿戏曲小梅花荟萃比赛在江苏省泰州市举行，并于8月12日举行了佩花晚会。嵊州市4名参赛小演员获得了“金花奖”。这4名“小梅花”奖获得者分别是罗星幼儿园宋依能、吕欣泽和城南小学张可蓥、俞莹。宋依能今年6岁，是这次获得越剧“小梅花”中唯一的男生。他两年前开始学唱越剧，专攻小生毕派唱腔，在这次比赛中表演的是《唐伯虎点秋香》选段。10岁的张可蓥4年前曾获得过“小梅花”奖，在这次比赛中，二度梅开的她表演的是《梁山伯与祝英台》选段。

杭州嵊籍同乡支持嵊州发展教育基金2014年颁奖仪式举行 8月23日下午，杭州嵊籍同乡支持嵊州发展教育基金2014年颁奖仪式在嵊州中学高中部举行。杭州嵊籍同乡联谊会会长、省秘书学会会长俞文华，杭州嵊籍同乡联谊会副会长、省纪委常委周益扬，杭州嵊籍同乡联谊会副会长、省林业产业联合会会长邢最荣对获奖的教师、学生进行了颁奖。在杭嵊籍同乡支持嵊州发展教育基金通过在杭嵊籍企业家的捐赠已达250万元，8月23日当天又有8位企业家向基金会捐款50万元。

省运会武术散打比赛在嵊举行 9月15–18日，第十五届省运会武术散打比赛在嵊州市体育馆举行。在为期四天的比赛中，来自杭州、宁波、温州、嘉兴、绍兴等9个地区的100多名运动员争夺16枚金牌。杭州队以5块金牌位列金牌榜第一名。绍兴武术散打队、杭州武术散打队获“体育道德风尚奖”。

中科院专家组来嵊考察 9月22日,下午,中科院专家组来嵊考察生态环境建设及农村生活污水治理等情况。据悉,嵊州市自开展生态环境建设以来,坚持以治促调,先后关闭造纸企业4家,印染企业3家,电镀企业8家,同时加强水质自动监测站建设,推行刷卡排污建设;在农村生活污水治理中,总目标完成125个村治理,目前已有66个村确定施工单位,78个村确定监理单位,62个村已开工建设。专家组对嵊州市的生态环境建设及农村生活污水治理工作所取得的成绩表示肯定。

我国首个“黄茶”星火项目落户嵊州 据10月9日嵊州新闻传媒中心消息:长乐镇邢增初经过多年精心培育的黄色变异茶树新品种繁育栽培与优化生产技术示范,获得了国家级星火计划项目证书,这是国内首个“黄茶”星火项目。据悉,这种黄茶的氨基酸等理化指标明显高于绿叶色茶树品种。

商务部考察组来嵊考察领带服装(真丝织品)产业 10月11日下午,商务部市场运行和消费促进司司长陈国凯一行来嵊考察领带服装(真丝织品)产业。考察组先后到巴贝集团、麦地郎集团进行实地考察。领带服装(真丝织品)产业作为嵊州市的特色产业和主导优势产业,在行业内具有较高知名度和影响力。其中,茧丝绸研发、推广是嵊州市领带服装(真丝织品)产业实施的外经贸发展重点项目。自2011年以来,全市共有8家丝绸企业的9个项目列入国家外经贸发展专项,共获得国家专项扶持资金886万元,有力地促进了嵊州真丝产业的发展。

嵊州选手全国皮划艇锦标赛摘取2金 10月9日—12日,由国家体育总局水上运动管理中心主办,江西省体育局承办的2014年全国皮划艇(静水)锦标赛在江西南昌瑶湖国际水上运动中心举行,来自全国各地的21支代表队402名运动员参加了本次比赛。嵊州市少体校选手周海赛、黄晓阳与队友合作,勇夺男子四人皮艇500米金牌,周海赛还获得男子四人皮艇200米金牌、男子双人皮艇200米第三,黄晓阳获得男子四人皮艇1000米第四名的好成绩。

16位共和国将军走进嵊州 10月21-22日,来自中国将军诗书画院和中国军谊诗书画院的16名共和国将军走进嵊州,展开书画笔会活动。将军们饶有兴趣地参观了金庭王羲之故居、越剧博物馆、越剧艺校、马寅初故居等地。将军们表示,王羲之书法、越剧艺术、马老精神等给他们留下了深刻的印象,并对嵊州市的经济社会发展送上了最美好的祝福。

“嵊州香榧”获中国国际农交会金奖 10月25—28日,由农业部主办的第十二届中国国际农产品交易会在山东青岛国际会展中心举行。嵊州市组团参加这次盛会,并借助这一平台,开展嵊州香榧、越乡龙井展示展销,“嵊州香榧”获本次农交会金奖。

3只项目被列为2014年度国家星火计划项目 10月24日,科技部下达2014年度有关国家科技计划项目的通知,嵊州市有3只项目被列为国家星火计划项目。分别为嵊州市亭山蜜梨专业合作社的“优质黄花梨新品种园黄、雪青的示范与推广”、嵊州市叶峰茶业有限公司的“茶与其他天然产物复配综合利用及深加工技术示范”、嵊州剡湖青梅果林专业合作社的“碑山青梅培育及技术推广”。

第七届中国(嵊州)电机·厨具展览会暨高新技术成果交易会举行 11月5日-7日,2014第七届中国(嵊州)电机·厨具展览会暨高新技术成果交易会在市体育中心举行,这是全国电机厨具行业又一次迎来新技术新产品展示交流的盛会。展会共设展位676个,共有来自江苏、浙江、上海等国内11个省市的261家机械、电机、电器生产企业参展。在本届高新技术成果交易会上,浙江大学等30多家高校科研院所将以共建研发中心、高新技术成果转让以及新产品研发、新工艺开发应用等方式,与企业开展合作,项目涉及新材料、新能源以及电声、厨具、领带、机械电机等新兴和传统产业领域。

嵊州市获首批“浙江省传统戏剧之乡”称号 11月3日,省文化厅发文公布的我省第一批22个传统戏剧之乡名单中,嵊州市(申报项目为“越剧”)榜上有名。

6家企业获中国厨卫创新设计大赛大奖 11月5—7日,由中国五金制品协会主办的2014年中国国际厨房卫浴博览会(CIKB)在上海世博展览馆举行。作为CIKB的重要一环,“中国厨卫创新设计大赛”的获奖作品亦在同期展出。来自嵊州市的浙江亿田电器有限公司、浙江帅丰有限公司、浙江万事兴电器有限公司、绍兴板川电器有限公司、嵊州中科电子科技有限公司、嵊州市美多电器有限公司等6家企业的集成灶参选产品,荣获了“中国厨卫产品创新大奖。

“嵊州机械”组团亮相义乌装备博览会 11月19日上午,由省人民政府主办的2014中国义乌国际装备博览会在义乌国际博览中心开幕。嵊州市6家企业组团以"嵊州机械"这一区域性品牌集中参展引关注。本次展会,嵊州市经信局、嵊州市机械行业协会组织双鸟数码、福威重工、金狮弹簧等6家企业,以"嵊州机械"名义组团参展,集中展出了数控锻压机械、立式加工中心、数控卷簧机等产品,充分展示嵊州市装备制造业的水平和实力。

"中林股份"挂牌新三板 11月20日,浙江中林勘察研究股份有限公司在北京举行新三板挂牌仪式,成为嵊州市首家登陆新三板的企业。浙江中林勘察研究股份有限公司成立于2005年,为浙江省首批民营勘察企业,是嵊州和新昌区域唯一一家具有岩土工程勘察甲级资质的企业,具备岩土工程设计、岩土工程物探监测检测、地基基础检测、岩土工程治理等资质,拥有各类岩土工程高、中级专业技术人员80多名,集岩土工程研究、开发、设计和应用技术于一体。

嵊州荣获省美丽乡村创建先进县(市)称号 11月21日,日前嵊州市被省委、省政府评为浙江省美丽乡村创建先进县(市)。嵊州市立足实际,以"深化千万工程、建设和美越乡、共享幸福嵊州"为总载体,按照"四美三宜"的总体要求,坚持创新突破,采取有效措施,高标准严要求创建省美丽乡村先进县(市),大力推进美丽乡村建设。

两项文化活动获省农村文化礼堂群众文艺展演活动金奖 11月22日,长乐镇上南庄村吹打乐队在杭州西湖文化广场2014年浙江省农村文化礼堂成果展示暨"浙江省小城镇大文化示范样本"颁奖活动敲响开场演出"第一锣",并获得2014年浙江省农村文化礼堂群众文艺展演活动金奖。当天,经济开发区(浦口街道)浦东村农民表演了排舞,同时也获得金奖。

嵊州根雕在印度新德里展风采 11月21日—25日,"天工遗风—浙江省非物质文化遗产精品展" 在印度首都新德里举行。本次展览有嵊州根雕、东阳竹编、温州米塑、龙泉青瓷等31个浙江最具代表性的非物质文化遗产项目,嵊州市根雕大师郑兴国等8位艺术家还进行了现场表演,向印度人民展示浙江非物质文化遗产的多样性和丰富性。

省督导组来嵊督查安全事故防控综合治理体系建设 12月10日上午,省重点区域火灾等安全事故防控综合治理体系建设第二督导组来嵊,就重点区域火灾等安全事故防控综合治理体系建设情况开展督导检查。

美国JDT Mini—Max飞机公司董事长戴维一行来嵊投资考察 12月11日下午,美国JDT Mini—Max飞机公司董事长戴维一行来嵊投资考察。"JDT-Mini-Max公司" 是一家拥有30年历史的美国私人飞机制作公司,出售的飞行航材从几万元到几十万元的都有。该公司自己选择的"Mini-Max"飞机的基本设计理念就是以最少的价钱和时间,获得最大的乐趣,数十年来累计有3000架左右在世界各地飞行,安全记录卓越。

嵊州"省森林城市"创建工作通过验收 12月12日,由省人大常委会副主任程渭山带队的省森林城市考核验收组来嵊州,就嵊州市"省森林城市"创建工作进行考核验收,经过现场验收和观看专题片、听取汇报,考核验收组一致同意嵊州市通过验收。

嵊州获全国地质灾害防治"十有县"荣誉称号 12月18日,从国土资源部网站获得消息,嵊州市荣获全国地质灾害防治高标准建设"十有县"荣誉称号。嵊州市是地质灾害频发区域,为浙江省地质灾害重点县之一,现有地质灾害点139个。从2009年起,嵊州市积极组织开展全国地质灾害防治高标准"十有县"建设工作,并取得了卓越的成绩。

第十届全国丝品花型设计大赛决赛在嵊举行 12月19日,"中国领带名城"第十届全国丝品花型设计大赛决赛在嵊举行。此次比赛由中国服装协会服饰专业委员会、中国服装设计师协会学术工作委员会主办,主题为《寻梦》,自6月份征稿以来,收到来自国内外77所院校、26家企业和自由设计室的作品共1896件。

嵊州荣获2014—2016年度中国民间文化艺术之乡称号 12月19日,在全国公共文化服务体系建设工作会议上,文化部举行了2014-2016年度"中国民间文化艺术之乡" 命名颁牌仪式,正式公布442个2014-2016年度"中国民间文化艺术之乡"名单。嵊州市凭借越剧艺术的传统优势,榜上有名。这是嵊州市继2014年8月获得省文化厅命名的2014—2016年度"浙江省民间文化艺术之乡"荣誉称号后,更高层次的荣誉。

(国家统计局嵊州调查队 过庆东)

(责任编辑:王怡然 金瑞锋 黄莹莹 杨丽君)

乐 清 市

·概 况·

【区域位置】 乐清市地处浙江省东南沿海，地理坐标北纬28°07′，东经120°57′，东临乐清湾，南濒瓯江，与温州市区隔江相望、跨桥相连，为温州市北翼副中心。全市陆地面积1223.3平方公里，海域面积270平方公里，拥有海岸线193.33公里。境内地形属浙南中山区和沿海丘陵，河(溪)流众多，皆源于西北山区，短而流急，流向东南，注入乐清湾，分大荆、清江、虹桥、乐成、柳市五大水系，乐琯运河和乐虹运河横贯南部，连接众多河道，构成虹桥、乐成、柳市三块水网平原，形成南部柳市平原地区、中南部城关地区、中部虹桥平原地区和北部大荆山区等四大片区中心。其中，南部柳市地区是我国著名的低压电器之都，民营经济发达，是“温州模式”的发源地。

【历史沿革与人文情况】 乐清历史悠久、人文荟萃。远在四千多年前，东瓯先民即在此繁衍生息，东晋宁康二年(公元374年)置县，始称乐成县，置县已有1600余年，五代后梁开平二年(公元908年)，改县名为乐清，并一直沿用至今，1993年撤县设市，2006年被联合国地名专家组中国分部授予“千年古县”称号。乐清历代名人辈出，共出文科状元1人、进士196人，武科进士8人，古有王十朋、翁卷、李孝光、赵士桢、章纶、高友玑等杰出代表，近现代有版画家野夫、张怀江，国画家周昌谷，国学大师南怀瑾等名人，以及6位乐清籍中科院院士。王十朋为南宋开科状元；翁卷为南宋“永嘉四灵”诗派的杰出代表；李孝光为元朝一代文豪，《元史》称其“以文章负名于世”；赵士桢为明代杰出兵器专家，其火器发明列为当时世界先进；南怀瑾是“禅宗大师”和“国学大师”，中国传统文化的积极传播者，曾名列“台湾十大最有影响的人物”。同时，乐清还是“中国民间文化艺术之乡”、“中国工艺美术之都”和“中华诗词之乡”，民间工艺在海内外有广泛影响，黄杨木雕为浙江省著名三雕之一，细纹剪纸在国内独树一帜，龙档制造历史悠久，均被列入国家非物质文化遗产名录。

【人口与资源】 截至2014年末，乐清市户籍总人口128.73万人，户籍总户数37.13万，其中非农业人口12.00万人。登记的新居民人数达57.86万人。2014年，人口出生率为12.70‰，死亡率为5.41‰，人口自然增长率为7.99‰。

【经济发展】 2014年，全市实现生产总值704.8亿元，比上年增长7.6%，增幅比上年提高了1.1个百分点。其中，第一产业增加值20.28亿元，增长2.7%；第二产业增加值416.02亿元，增长8.2%；第三产业增加值268.40亿元，增长6.8%。服务业发展逐步趋稳，占GDP的比重比上年提高0.8个百分点，三次产业结构由上年的3.0:59.7:37.3调整为2.9:59.0:38.1。人均地区生产总值(按户籍人口计算)54950元，按年平均汇率折算为8945美元，比上年增长6.9%。全年完成限额以上固定资产投资485.90亿元，比上年增长16.1%，其中房地产投资84.17亿元，比上年下降25.7%。工业投资占比持续提高，全市限上工业投资187.89亿元，增长43.7%，占限上投资的比重为38.7%，占比比上年提高7.5个百分点；其中工业技改投入148.30亿元，增长77.5%，占工业投资的比重为78.9%，占比比上年提高16.1个百分点。民间投资活力增强，全年民间投资356.78亿元，增长21.6%，民间投资占限上投资比重为73.4%，占比比上年提高3.3个百分点，对全市限上投资的贡献率为94.1%。全年实现财政总收入111.22亿元，比上年增长8.7%；其中公共财政预算收入55.65亿元，比上年增长8.5%，占财政总收入的50.0%。为浙江省文明城市、科技强市、教育强市、体育强市、双拥模范城，被评为“长三角最具投资价值县(市)”。全年实现全社会消费品零售额273.39亿元，比上年增长15.9%，增幅比上年提高了2.9个百分点。城镇常住居民人均可支配收入42610元，比上年增长8.9%，农村常住居民人均可支配收入22668元，比上年增长10.2%。城镇居民人均消费支出27473元，下降3.6%，其中，人均食品支出8385元，下降12.8%，城镇居民恩格尔系数为30.5%。农民人均消费支出15119元，增长23.1%，其中食品支出6033元，增长15.6%，农村居民恩格尔系数为39.9%。

【城市化建设】 中心城市建设扎实推进，中心城区首个城市综合体南虹广场实现开业，新体育中心建成投用，正大乐清新生活城市中心加快建设，两大时尚慢生活区逐步形成，“五纵三横”外环和“八纵十横”内环道路网络更趋完善，大力整治市容市貌、交通拥堵、建筑垃圾运输等突出问题，城市功能品位进一步提升。建成大荆污水处理厂，新建污水管网442.36km(其中一级管网3.6km，二级管网75.95km，三级管网362.81km)，污水处理率达90.4%；开工建设195个村的生活污水治理项目，建成垃圾中转站10座、公厕51座，城乡生活垃圾无害化处理率达100%。大力开展公园绿地建设,建成滨水公园19座,城区新增绿化面积385公顷,人均公园绿地面积增加3.38平方米,达到10.08平方米,成功创建省森林城市。顺利完成"十大民生工程"和"十件为民办实事项目",市财政用于民生支出占总支出的比重达76.6%,社会民生事业持续改善。

美丽乡村建设力度加大,建成20个温州市级精品村,启动5个村的旧村改造。全面推进"五水共治",集中力量开展治水清淤百日会战,完成河道清淤项目406个、清淤量584万方,新建护岸30公里,全面消除垃圾河,完成黑臭河整治14条。大力开展"三改一拆""四边三化",完成旧住宅区改造61.4万平方米、旧厂区改造134.2万平方米、城中村改造314.7万平方米,拆除违法建筑207.3万平方米,完成私坟生态化改造653座,盐盆街道成功创建无违建街道。重污染高耗能行业整治有序推进,造纸、化工行业整治通过验收,环保产业园区投入运行,完成2家电厂提标改造,淘汰黄标车5492辆,环境空气质量优良率达85%以上,新增省级生态镇街2个,排污权有偿使用和交易试点工作全面启动,省市下达的节能减排任务超额完成。

【社会事业】 社会保障体系不断完善深化。全市参加基本养老保险参保人数39.93万人,其中参加企业职工养老保险人数36.85万人,机关事业单位参保人数3.08万人。全市参加职工基本医疗保险人数16.44万人;全市参加工伤、失业、生育保险人数分别为36.93万人、15.63万人、12.21万人。社保待遇水平不断提高,企业职工月人均养老金达2319元;新型城乡居民医疗保障工作扎实推进,出台实施城乡居民大病补充医疗保险,全市总参合人数97.38万人,参合率为98.8%。全市共有各类社会福利机构42所,拥有床位数4198张,每万人拥有床位数33张。农村五保和城镇"三无"人员的集中供养率达100 %。全市现有低保对象6088户9034人。大力推进社区居家养老服务照料中心建设,完成98个城乡新社区中的98个社区居家养老服务照料中心场地建设。大力培育社会组织,共登记社会组织810家,其中社会团体323家,民办非企业单位486家,基金会1家。

成功创建省义务教育发展基本均衡市,民办教育综合改革不断深化。全市现有幼儿园243所,在园幼儿4.94万人,3—5周岁幼儿入园率97%。全市现有小学89所,在校生10.16万人,小学入学率99.99%,小学专任教师5507人。初中64所,在校生4.00万人,12—14周岁初级中等教育阶段适龄儿童少年入学率100%,初中毕业生升入高中阶段比例为98.31%,专任教师3367人;普通高中16所,在校生1.9733万人,专任教师1516人;中等职业学校7所,在校生7241人。办学条件进一步改善,市实验小学、建设路小学滨海校区,市教师发展中心附属初中(筹)、育英学校小学部、北白象九小新校舍已建成投入使用。全市教育装备总投入5200万元,其中教育信息化装备投入2600万元。义务教育标准化学校覆盖率进一步提高,全年创建了义务教育标准化学校19所,累计96所,覆盖率62.75%。

文化强市建设不断深化,全年送戏下乡349场,送书下乡31000册,送电影下乡8379场。围绕"五水共治"、党的群众路线教育实践活动、农村文化礼堂建设、军民共建等工作,举办10场"文化礼堂?精神家园"、20场"党群心连心?共筑中国梦"文艺下乡巡演和"万众一心齐治水"五水共治主题晚会、"军民一家亲——纪念中国人民解放军建军87周年"文艺晚会等大型文艺演出,以及"世界读书日"系列活动等,全年举办大型文化活动379场。基层文化阵地建设进一步加强,新建成2个图书馆分馆、31个社区文化服务中心,累计11个图书馆分馆,88个社区文化服务中心,推进43个农村文化礼堂建设。市图书馆新增5.2万册(片),总藏量848万册(片);总流通26.3万人次。全市广播综合人口覆盖率99.3 %,电视综合人口覆盖率98.5 %。加快文化产业园区建设,一棵树创意园、井树艺术中心等文创园年内实现开业。

省卫生强市创建扎实推进,拥有医院18家,社区卫生服务中心34家,下设社区卫生服务站77家。年末医疗床位3552张,其中医院3225张,社区卫生服务中心327张。年末全市共有卫生技术人员6500人,其中医生3357人,注册护士1909人。孕产妇死亡率为13.54/10万,婴儿死亡率和5岁以下儿童死亡率分别为2.44‰和4.42‰。

公共体育设施不断完善,全年新建篮球场25个、省中心村体育休闲公园3个、新国标健身苑24个、全民健身拆装式游泳池1个、改建沙土门球场3个,更新改造健身苑50个。全市现有农村标准篮球场627个、全民健身苑895个、体育活动室(乒乓室)305个、门球场42个。全市体育场地面积244.7万平方米,其中全民健身路径855条,室内外乒乓场419片,室内外篮球场727片。积极开展体育创强创特工作,共有省体育强镇(街道)14个,体育强镇率82.3%。全市总注册运动员人数1076人。

·非国有经济主要产业·

【农业】 农业两区建设稳步推进，建成省级粮食生产功能区1个、省级现代农业园区4个、温州市级现代农业园区6个。国家铁皮石斛生物产业基地通过验收。全年实现农林牧渔业总产值30.46亿元，按可比价计算，比上年增长2.7%。其中农业产值13.40亿元，增长2.8%；林业产值0.14亿元，下降4.7%；牧业产值5.78亿元，增长5.0%；渔业产值9.73亿元，增长3.2%；农林牧渔服务业产值1.40亿元，增长3.4%。农作物播种面积48.02万亩，其中粮食种植面积32.77万亩，比上年增长1.5%，总产量13.64万吨，增长0.3%；蔬菜播种面积8.94万亩，增长2.3%，占总播种面积的18.6%，总产量12.37万吨，增长8.4%；药材种植面积0.91万亩，增长15.2%。生猪年末存栏13.58万头，下降5.8%；出栏17.71万头，增长3.0%；猪肉产量1.35万吨，增长0.5%。家禽行业逐步复苏，呈恢复性上涨，年末家禽存栏196.54万只，增长5.2%；禽肉产量0.31万吨，下降8.8%；禽蛋产量1.28万吨，增长5.5%。水产品总产量69021万吨，比上年增长1.1%，其中海水产品总产量64373万吨，增长2.1%；淡水产品4648万吨，下降10.5%。

现有农业龙头企业85家，新增村股份经济合作社86个，累计900个，工商登记在册的农业专业合作社共有1255家，新增农民专业合作社联合社2家，累计7家。深化“三位一体”合作体系建设，现有家庭农场228家，全年新增187家，取得省、温州市示范性家庭农场称号各8家。扎实推进农村金融配套改革，现有农村合作金融组织19家，全年新增16家，其中资金互助会3家、合作社信用部13家。完善农村产权市场体系建设，实现土地流转和集体性资产公开交易112宗，其中土地流转71宗，集体资产41宗。

【泥蚶养殖】 乐清是我国最大的泥蚶苗种生产基地和商品蚶集散地，泥蚶养殖整体技术处于国际领先水平。主要分布在沿海大荆、雁荡、清江、虹桥、天成等镇街。2004年11月，被中国地区开发促进会命名为“中国泥蚶之乡”。

【牡蛎养殖】 牡蛎是乐清湾的三大贝类之一，养殖历史悠久。清江镇是乐清牡蛎的主产区，建有浙江省首家省级浅海牡蛎养殖示范园区，是国家级牡蛎试点养殖基地。2004年11月，中国地区开发促进会命名乐清市为“中国牡蛎之乡”。

【鲨鱼加工】 乐清已有上百年的鲨鱼加工历史，目前不仅是全国鲨鱼市场的集散地，还是全国鲨鱼加工的主要基地，涉及9大类100多个品种，初步实现了渔工贸一体化，原材料采购、加工、销售、餐饮一条龙的格局。2004年11月，中国地区开发促进会命名乐清市为“中国鲨鱼加工基地”。

【工业】 工业生产稳步向好，全年实现工业总产值1634.27亿元，比上年增长7.1%；实现工业增加值374.32亿元，增长8.3%，增幅较上年提高0.2个百分点；实现规上工业总产值1178.49亿元，增长7.0%，其中轻工业产值65.05亿元，增长14.2%；重工业产值1113.45亿元，增长6.6%；实现规上工业增加值243.07亿元，增长7.0%，增幅较上年提高0.9个百分点。规模以上工业销售产值1126.64亿元，增长5.8%，其中出口交货值103.07亿元，增长8.7%。

【电气工业】 以柳市镇为主要生产基地，从业人员逾10万人。2014年实现电气产业产值1030亿元，在温州乃至温台地区率先创成千亿级电气产业集群。电气产品与近100多个国家建立贸易往来，国内市场占有率为65%，拥有“中国电器之都”、“中国防爆电器生产基地”、“中国断路器产业基地”、“国家火炬计划智能电器产业基地”等称号。

【电子工业】 分布在柳市、北白象、虹桥、翁垟、盐盆等镇(街道)，共有规模以上电子生产企业500多家，年产值达180多亿元，出口20多亿元，从业人员达20多万人。电子产品从原来单一的电子元器件发展到IT等高新技术产品领域，是我国目前生产规模最大、技术含量最高的电子元器件产业基地，电子元器件产品占有全国市场份额稳定保持在70%~80%之间，2003年被命名为“中国电子元器件产业基地”。

【五金工业】 以芙蓉镇为主要生产基地，现有生产企业100多家，主要生产冲击钻头、麻花钻头、电锤钻头等20多个200多种规格的产品。全市建工钻头工业产品不仅占国内市场份额的85%以上，而且远销欧美、中东、东南亚等30多个国家和地区。2003年被评为“中华全国钻头(建工)产业基地”。

【机械模具工业】 从上个世纪70年代开始，乐清市就加工制造各种精密细巧的塑胶、冲压模具。目前，全市共有模具企业2000多家，上规模模具制造企业300家，拥有电火花线切割机21000多台、电火花成型机12000多台，数量居全国之首，现有37000多名工人从事精密模具的设计和制造，在全国模具行业树立了区域品牌和企业品牌，形成了“模具找乐清”的行业优势和区域产业特色，2003年被授予“中国精密模具生产基地”。

【船舶工业】 船舶制造在乐清是一个既传统又新兴的产业。20世纪90年代初期，沿海一带建造500载重吨以内的钢质简易货船曾年达300艘左右，年产值曾高达5亿元。大部分船舶制造企业都能采取分段式造船工艺，与国际船级社的合作更加密切，目前已有10家船舶企业进入国际市场，产品远销希腊、德国、新加坡、意大利、法国、挪威、乌克兰等国家和地区。

【服装工业】 以北白象为聚集地，拥有100多家服装生产企业，拥有国家优等品产品10个，年生产休闲服饰、休闲型西服、西服套装等3200万套，扮演着乐清第三大经济支柱产业的角色。2004年被中国纺织工业协会授予“中国休闲服装名城”，并被列入全国纺织产业集群化发展的试点城市之一。

·非国有经济发展特点·

【产业集群化】 初步形成沿104国道产业带和沿海产业带两大产业带，有十几个优势特色产业集群。沿104国道产业带主要有高低压电器、电子、摩托头盔、服装、机械、钻头、精密模具等产业集群，沿海产业带主要有清江—蒲岐的水产品加工业和黄华—七里港的船舶制造业。

【企业规模化】 196家产值超亿元企业共实现产值882.07亿元，比上年增长10.7%，占规上工业产值总量的74.8%；超5亿元企业35家，其中超10亿元企业17家。现有上市公司5家，5家企业入围中国企业500强，8家企业入围中国民营企业500强。

【经济国际化】 2014年，全市完成进出口总额22.21亿美元，比上年下降0.5%，其中进口总额0.79亿美元，下降56.4%；出口总额21.42亿美元，增长4.4%。出口市场仍以欧盟、东盟和美国等市场为主，全年出口欧盟市场3.38亿美元，比上年增长9.1%；出口东盟市场2.86亿美元，增长6.3%；出口美国市场1.92亿美元，增长4.6%，以上三个市场占全市出口市场的比重分别为15.8%、13.4%和9.0%。全市新批外商投资企业4家，合同外资391万美元(其中新批合同外资326万美元，增资65万美元，减资0万美元)，实际利用外资9258.2万美元。全年新批境外机构3家，中方投资额210万美元，对外承包工程和劳务合作营业额4063万美元。

【发展科技化】 2014年，全市科技投入25.92亿元，比上年增长26.4%，研究和发展(R&D)经费支出14.36亿元，占地区生产总值的2.04%。全年新增高新技术企业19家，累计109家；列入国家火炬计划22项、科技型中小企业创新基金5项、国家重点新产品2项，列入省新产品试制计划259项；列入温州市科技进步奖16项。引导企业大力开发专利技术，全市专利申请量与授权量分别为7814和6054件，比上年分别增长11.8%和11.4%，其中发明专利授权量196件。积极实施国家知识产权试点城市建设工作计划，创建省专利示范企业2家、温州市专利示范企业5家，认定乐清市专利示范企业21家。加强市科技孵化创业中心建设，全年有12家企业新入驻孵化园区，扶持科技孵化创业种子资金项目9家。

【产品品牌化】 品牌建设、品牌创建意识不断增强，全市已形成了一批在全国具有相当知名度和美誉度的企业和产品，品牌经济成为全市经济增长的重要依托。2014年新增浙江名牌产品4个，累计45个；新增温州名牌产品18个，累计91个。全市拥有注册商标35349枚，驰名商标10枚，省著名商标62枚，温州市知名商标90枚，乐清市名牌商标167枚。

·重点企业介绍·

【正泰集团股份有限公司】 正泰集团股份有限公司创建于1984年，是我国工业电器龙头企业和新能源领军企业。现有总资产达200多亿元，在册员工3万余人。产业涵盖低压电器、输配电设备、仪器仪表、建筑电器、汽车电器、工业自动化、光伏发电和装备制造等，是国内规模最大、品种最齐全的清洁能源供应商和能效管理系列解决方案提供商。产品畅销世界100多个国家和地区，并已进入欧洲、亚洲、中东和非洲等国际主配套市场。集团旗下的浙江正泰电器股份有限公司系国内低压电器行业产销量最大的企业，也是上海A股首家以低压电器为主营业务的上市公司。

2014年，正泰集团面对复杂多变的国内外经济环境，紧紧围绕“强化战略、完善激励、加强服务，提升企业经济效益，促进企业健康发展”总体思路，加快创新驱动、转型升级的步伐，综合实力稳步增长，居2014年中国企业500强第373位、中国民营企业500强第94位。被评为“中国质量奖提名奖”、“浙江省百强企业”、“浙江省工商企业信用AAA级守合同重信用单位”、“温州市质量立市功勋企业”。集团董事长南存辉当选为全国政协十二届全国委员会常务委员，并被授予“中国电器工业十大领军人物”、浙江省“八八战略”立新功功勋企业家。

面对经济全球化的浪潮，正泰紧紧围绕“国际化、科技化、产业化”战略，坚定地朝着“打造世界一流电气制造企业”的宏伟目标迈进。

【德力西集团有限公司】 中国德力西控股集团有限公司创办于1984年，是一个集资本营运、品牌营运、产业营运为一体的大型集团，注册资本20亿元。集团现有员工21000余人，下属公司70多家，协作企业1000多家，综合实力荣登中国企业500强，位居中国民营企业500强前列。主要产业有电气产业、高科技产业、能源矿业、交通运输、环保工程、地产物流等。坚持以质量创品牌，获得了中国名牌产品、全国质量管理奖、全国文明单位等荣誉。成立了博士后科研工作站，拥有全国同行生产企业首家国家级企业技术中心，三次荣获国家科技进步奖；电气产品进入国防、冶金、交通、石油、化工等十几个重点行业数百个重大工程及援外项目，成功助力“神舟”、“嫦娥”和“北斗”卫星导航等工程，为我国航天事业作出了贡献。

德力西的发展战略是：坚持科学发展，实行战略管理，确立电气产业、高科技产业、能源矿业在行业中的领先地位，努力打造核心领域领先、综合优势突出的国际知名企业集团。

【人民电器集团有限公司】 人民电器集团是中国工业电器行业产销量最大的企业之一，始创于1996年，以工业电器为核心产业，拥有浙江、上海、南昌、抚州四大制造基地、12家全资子公司、85家控股成员企业、800多家加工协作企业和3000多家销售公司。产品畅销全球50多个国家和地区，广泛应用于浦东机场、京沪高铁、三峡水电、北京地铁、奥运场馆、南水北调、青藏铁路、嫦娥探月工程、越南太安水电枢纽等国内外重大工程项目，是中国电器行业产销量最大的企业之一。集团现拥有自主知识产权的新产品100多项，国家专利技术75项，其中自主研发的RDW智能型万能式断路器、RDATS智能型双电源切换开关被列为国家火炬计划项目。

2014年，人民电器集团继续深化卓越绩效模式，争优创先，经世界品牌实验室测评，“人民”品牌价值达高达202.92亿元，蝉联“中国500最具价值品牌”、中国工业电器领域第一价值品牌；综合实力位居中国民营企业500强第116位。被评为国家重点新产品、用户满意产品、浙江省信用管理示范企业。

人民电器集团凭着超前的理念、坚毅的品质、大胆的改革，以勤劳、智慧的精神，率领团队励精图治，后来居上，实现了从产品经营到品牌经营、从商品经营到资本经营的重大跨越，缔造出被经济理论界高度推崇的“人民模式”。

【天正集团】 天正集团是一家以工业电气为主、房地产为辅、金融投资为补充的适度多元化大型企业集团。总部位于上海，拥有温州、上海、南京、嘉兴四个产业基地，拥有浙江天正电气股份有限公司、上海天正机电(集团)有限公司、上海天正明日自动化公司、南京天正置业有限公司南京天正容光达电子有限(集团)公司、南京天正自动化有限公司、嘉兴天正智能电气有限公司等16家全资或控股子公司，要生产低压电器、仪器仪表、变频器、建筑电器等80大系列万余种规格电器产品。天正商标为“中国驰名商标”，荣登“中国最有价值商标500强”排行榜。

2014年，天正集团有限公司荣列中国民营企业500强第137位。先后荣获温州市百佳工业企业、首届温州市“百佳诚信企业”和温州市质量立市功勋企业等荣誉。荣获“温州市质量立市功勋企业”称号，天正的质量建设经验及典型事迹将入选《温州质量记忆(1993-2013年)》，既作为历史的见证，也供其他企业学习借鉴。

天正将一如既往地秉承“互信共赢，共同成长”的核心理念，坚持将转变发展方式、持续创新作为企业进步的不竭动力，进一步缩小与国际知名企业的差距，把天正建设成为一家具有国际地位的、受人尊敬的伟大企业。

·政策措施·

【深入推进“五市”建设，切实增强市域经济实力】

1.加快工业强市建设，全力振兴实体经济。持续深化省级工业强市建设，有力推进工业强镇强企强业建设，争取早日创成国家级经济技术开发区和国家绿色新城示范区，推进省级瓯江口产业集聚区两个分区理顺体制，有序运行。全面落实“一六五”产业发展计划，发展壮大电气支柱产业，培育发展信息经济、高端装备制造、生命健康、时尚旅游和文化、临港产业和现代物流、新材料等新兴产业，加快构建支柱产业引领、新兴产业驱动、特色产业突出、产业优势互补的现代产业体系。深入推进“四换三名”、“三转一市”，加强浙江名牌认证工作，培育打造一批主业突出、竞争力较强的企业成为龙头骨干企业，并充分发挥其引领带动作用，着力形成大中小企业协同发展的梯队效应。加大有效投资特别是工业性投资力度，加快省重大产业化项目和小微企业园建设，突出抓好以“机器换人”为主的技改投资。创新选商引资机制，实行精准式对接与组团式回归相结合，推动乐商回归创业。推进“两化”深度融合，加速“乐清制造”向“乐清智造”转变。狠抓企业金融风险防范化解，努力实现不良贷款余额和不良贷款率持续“双降”。同时，统筹抓好现代服务业和现代农业发展，促进三次产业联动推进、高端提升。大力推进现代服务业十大重点项目建设，加快打造集聚发展新平台，促进现代服务业特色化集约化区域化发展。大力推进五大现代农业发展集聚区建设，重点建设一批都市型农业综合体和现代农业精品园，努力实现农业规模化特色化产业化发展，积极创建国家现代农业示范区。

2.加快港口大市建设，全力打造亿吨级综合性大港。围绕打造省内亿吨级综合性大港和浙南闽东北地区水公铁联运重要枢纽目标，全力抓好通港大通道路网和交通码头工程等功能设施建设，加快构建集疏运大体系，提升港口集疏运能力。重点加快乐清湾港区铁路支线和疏港公路等重大项目建设，抓紧完成C区3个10万吨级兼靠15万吨级码头项目前期，争取年内启动建设。围绕打造千亿级现代临港产业集群目标，大力发展港口物流、临港工业、海洋新兴产业三大产业。狠抓乐清湾港区综合保税区建设，加快口岸开放步伐，努力形成省内一流的现代物流仓储基地、出口加工基地和重要的保税物流企业结算中心。深入实施乐清湾海涂围垦工程建设，加快实现陆上乐清向海上乐清发展。

3.加快旅游名市建设，全力打造浙东南旅游经济圈核心板块。注重规划引领、龙头带动，全面实施大雁荡旅游产业发展概念性规划，充分发挥雁荡山龙头带动作用，加快推进雁荡山、中雁荡山、乐清湾、美丽乡村联动发展，强力推动雁楠一体化发展，携手楠溪江启动世界自然文化遗产申报，努力在全省率先建成省旅游产业发展示范县市。注重项目建设、功能提升，重点加快雁荡山文化商贸交通综合体、中雁荡山旅游集散中心等重大项目和一批通景公路建设，提升旅游综合服务品质。注重特色挖掘、优势发挥，重点做好山水休闲、滨海度假和文化工艺旅游，彰显乐清旅游独特魅力。注重品牌宣传、市场营销，加强乐清旅游整体形象研究、策划、包装，扩大旅游知名度和影响力。同时，注重旅游与文化结合，加快蝴蝶广场等文化产业园建设，推动黄杨木雕等传统特色产业提升；加快农村文化礼堂等文化设施建设，加强文艺精品创作，深化“书香乐清·读书之城”活动，推动旅游资源与文化资源时尚化融合，努力打造集旅游休闲、会展演艺、时尚生活、文化创新于一体的国际知名旅游和文化城市。

4.加快现代都市建设，全力打造温州大都市北翼副中心。抓紧完成市域总体规划报批，推动现代都市出精品树形象。中心城区要重点建设文化商业精品休闲区、宜居宜业滨水休闲区等两大时尚慢生活区和正大乐清新生活城市中心；南翼柳白新城要重点推进“一城六中心”和现代商贸城等建设，加快打造国际电工电气产业城和现代服务业集聚区；北翼虹桥港口新城要重点做好谋划布局，建设精品项目，加快重塑虹桥商都新形象；大荆和雁荡、芙蓉、清江、仙溪“一副四点”要重点建设各具特色的美丽城镇、美丽乡村样板区和协同发展的山海休闲旅游区。深入推进区域协调发展，加大山老区等欠发达地区扶持力度，加强新农村建设。推动现代都市提功能强承载，加快推进甬台温高速复线南塘至黄华段、温州绕城高速北线二期、104国道虹桥至乐成段改线等重大项目建设，抓紧做好瓯江北口大桥、铁路S2线、甬台温高速复线乐清北互通等项目前期；深化智慧城市建设，完善数字化城市运行管理体系和公共服务应用体系；持续抓好综合环境整治，努力形成一批水清岸绿的示范河段、建设一批农村生活污水治理样板工程、创建一批无违建镇街、完成一批城镇绿化工程、打造一批美丽乡村示范点，加快构建“诗画江南”的美丽家园。

5.加快活力城市建设，全力增强创新发展能力。坚持先行先试，以重点领域突破带动面上整体推进，力争在民营经济创新发展、市场体系建设、地方金融发展、行政效能提升、民办社会事业发展、基层社会治理、生态文明建设等10项体制机制改革方面取得新进展，努力走在温州乃至全省前列。深化农村宅基地管理制度改革，制定出台“1+X”实施方案，争取尽快列入第二批全国农村改革试验区；加快推进省级资源要素配置综合配套改革试点工作；深化金融综合改革，抓好新型金融组织试点工作，积极探索担保新模式，创新金融产品；深化审批制度改革，大力推进“四单一网”建设，制定出台政府及其组成部门权力清单制度，抓紧编制责任清单，根据企业投资项目“负面清单”加快推进企业投资不再审批改革试点工作，完善部门专项资金管理清单，高标准完成政务服务网建设。同时，深入实施创新驱动发展战略，大力推进省创新型城市试点工作，统筹推进产业创新、科技创新、市场创新和创新人才队伍建设。

【扎实开展“六城联创”，切实增强城市综合实力】

1.大力实施文明素质提升工程，全力创建全国文明城市。坚持以提高市民素质为根本，以改善人居环境为重点，以加强城市建设管理为基础，以利民惠民为目的，扎实推进群众性精神文明创建活动，提升城市整体文明水平。深化文明礼仪教育，广泛开展“做文明有礼乐清人”主题教育实践活动，促进市民养成良好行为习惯。引导广大市民参与弘扬传统文化活动，突出抓好社会公德、职业道德、家庭美德、个人品德教育。大力净化社会文化环境和校园周边环境，完善学校、家庭、社会“三结合”教育网络，提升未成年人思想道德建设水平。健全社区志愿服务机制，广泛传播社会主义核心价值观，深入开展“最美人物”、时代楷模、善行义举的推荐和学习宣传，让文明善举引领社会，成为全社会的新风尚。2015年启动创建全国文明城市，力争2017年创成。

2.大力实施城市绿化提升工程，全力创建国家园林城市。完善城市绿化规划和管理，实施城市园林绿化信息动态监管。加强城市绿化建设，通过规划扩绿、见缝插绿、租地造绿等途径，加快公园绿地、街头绿地、庭院绿地、城区道路绿地建设，加快山体公园开发和滨水绿色景观带打造，着力形成立体式、广覆盖的绿化新格局。充分利用我市山中有城、城中有山的特有条件，把建筑小品、城市雕塑等与历史文化相融合，赋予绿地人性化内容和历史文化底蕴，丰富城市绿化韵味和品味。力争2015年创成省级园林城市，2018年申报创建国家园林城市，2019年创成。

3.大力实施公共卫生提升工程，全力创建国家卫生城市。加强公共卫生体系和卫生应急体系建设，加快提升公共卫生服务和卫生应急能力。加快市疾病预防控制中心标准化、规范化建设。加大对食品药品生产、流通和消费领域的监管执法力度，强化公共场所、学校、企业等重点场所执法监督管理，加强对“五小”行业等场所综合整治，切实保障食品药品、生活饮用水以及重点场所卫生安全。健全健康教育网络，大力开展健康教育宣讲活动，深入实施全民健康生活方式和公民健康素养促进行动，提高市民自我保健意识和健康文明素养。确保2015年基本达到国家卫生城市标准，2016年正式申报国家卫生城市，力争2017年创成。

4.大力实施生态环境提升工程，全力创建国家环保模范城市和国家生态市。认真执行新《环保法》，严格生态环境治理。坚持“五水共治”与治污先行、水下清淤与岸上截污、集中治理与长效管理并举，加大黑臭河整治力度，加强乐清湾治理与保护，组织开展“治水治心”大讨论，广泛发动全民参与治水治污，发挥主体主力作用。加快污水处理系统、污水管网系统、污泥无害化处置系统和城市生活垃圾处理设施等环保基础设施建设，强化工业企业生产日常监管，坚决切断污染源。加强重点区域、重点行业、重点环节的环境风险防范，强化对减排工程和措施的实施监督及管理，坚决淘汰落后产品、技术和工艺设备，稳步推进总量减排。推进生态镇街创建，加强自然生态环境保护，在巩固已达标任务的基础上着力打造一批生态示范亮点，促进全面提升。力争2016年通过省级环保模范城市验收并命名表彰，2017年启动创建国家环保模范城市，力争2019年创成；力争2016年省级生态市创建通过省专家组技术核查，2017年通过省生态办现场考核验收，并启动创建国家生态市，力争2019年创成。

5.大力实施文化遗产保护传承提升工程，全力创建国家历史文化名城。秉持正确保护理念，制定文化遗产保护利用工程规划，完善名城保护规划体系。抓紧推进一批名城创建项目，狠抓南閤、北閤、黄檀硐、黄塘四村和北大街历史文化街区、通井街百工历史文化街区保护整治，加快恢复传统村落文化原有风貌，建设集展览展示、瞻仰纪念、宣传教育一体的红色文化陈列馆，修复建立名人故居专题博物馆或陈列馆，切实完善名城阵地网络。做好文物古迹修复工作，完善县级以上文保单位“四有”档案，完成一批国家重点文保单位和一批省级重点文保单位的本体维修和环境整治，切实还原历史原貌。2015年申报创建省级历史文化名城，力争2017年创建成功并获得命名，2018年启动创建国家历史文化名城，力争2019年创成。

【全面深化法治乐清建设，推进依法治市】

1.坚持依法治市、依法执政、依法行政共同推进。改进和完善新时期下党的执政方式，充分发挥好党委统揽全局、协调各方的领导核心作用。加强党内法治建设，深化党的建设制度改革，强化“清廉乐清”建设，完善党员民主权力保障制度，全面实行党代表任期制；推进党务公开，建立健全“四具体两公开”、党内情况通报、党内事务听证咨询等制度。坚持和完善人民代表大会制度，优化“人民听证”的程序设计和做法，完善人大在监督、重大事项决定、人事任免等方面的职责体系。加快政府职能转变和机构改革，推进简政放权，深化政务公开，加大资源配置、公共服务、市场监管、依法行政、工作绩效等方面改革创新力度，不断提高行政效能和服务效率。坚持和完善党领导下的多党合作和政治协商制度，进一步发挥人民政协在发展协商民主中的重要渠道作用，建立健全协商议题提出、活动组织、成果采纳落实和反馈机制，完善民主党派直接向党委提出建议制度。巩固提高党管武装工作，关心支持国防和军队建设，更加重视各民主党派、工商联、无党派人士和工青妇及科协、文联、台联、侨联、社科联、残联、红十字会等群团组织依法开展工作，进一步加强民族宗教、港澳台侨、老干部、党史、老龄、慈善和关工委等工作。

2.坚持法治社会、平安社会、和谐社会一体建设。切实加强基层法治建设和群众法治服务，推动执法、司法力量向基层倾斜，建立健全矛盾预警、利益表达、协商沟通、救济救助等机制，加快构建党政主导的维护群众权益体系和覆盖城乡、惠及全民的公共法律服务体系。探索建立公益诉讼制度，对损害社会公共利益的行为依法提起公益诉讼。加大社会组织培育发展力度，建立健全社会组织参与社会治理的机制和制度化渠道，制订和规范政府向社会购买服务制度，积极发挥社会组织在社会治理中的重要作用。深化平安创建活动，完善立体化社会治安防控体系和“除恶治霸”常态化机制，继续加大对“村霸地霸行霸”等突出治安问题打击力度，强化安全生产、食品药品、环境污染、网络安全等重点领域治理，加大食品生产流通监管，完善应急处置和管理机制，加强新居民动态服务管理，切实保障公共安全。依法加强宗教事务管理，深入开展“同心同行·共建和谐”活动试点扩面工作，加快宗教活动场所规范化建设，切实维护宗教领域和谐稳定。统筹抓好基础教育、职业教育、民办教育，加快一批中小学校迁扩建项目和公办幼儿园建设，提升教育现代化水平。深入推进医药卫生体制改革，加快人民医院扩建、中医院改扩建等卫生基建项目建设，提升公共卫生服务水平。扩大体育设施覆盖面，加快体育产业发展，稳步提升竞技体育和群众体育水平。完善落实人口计生综合治理机制，促进人口计生工作健康发展。深入实施社保扩面提升工程，不断完善社会保障体系。加强老龄工作，加快构建现代社会养老综合服务体系。

3.坚持严格执法、公正司法、全民守法共同发展。全面推进综合行政执法改革，合理配置执法力量，完善执法协作配合机制，建立行政执法监督长效机制。大力推进法治信访工作，坚持法定途径优先，强化法律在化解社会矛盾中的权威地位，把涉法涉诉信访纳入法治化轨道，加快将行政复议打造成化解行政争议的主渠道，提升执法效能。深化执法监管和便民服务窗口专项整治，推进“治理中梗阻、优化软环境”专项活动。加快司法体制改革，大力推进“裁执分离”工作；探索实行法院、检察院司法行政事务管理权和审判权、检察权相分离；探索制订领导干部干预司法活动、插手具体案件处理的记录、通报和责任追究的具体措施。加强法治宣传，编发公民基本权利义务读本，引导公民正确行使法律赋予的权利并自觉履行法律规定的义务，进一步增强全民学法尊法守法用法意识，最大限度调动社会各界和人民群众投身法治乐清建设的积极性、主动性和创造性。

（中共乐清市委办综合科 陈博）

（责任编辑：王怡然 金瑞锋 黄莹莹 杨丽君）

玉 环 县

·概况·

【地理位置】 玉环位于浙江省东南沿海，东经121。05,~121。32,，北纬28。01,~28。19,，地处温州和台州两个港口城市之间。东濒东海，南连洞头洋，西嵌乐清湾，北接温岭市。全境由楚门半岛、玉环本岛、大鹿岛等135个外围岛屿组成。境域总面积2279.4平方公里，其中陆地面积(含岛屿面积)377.7平方公里，海域面积1901.73平方公里，是全国12个海岛县之一。

县域面积辽阔，全县海岸线总长为329.1公里，其中岛屿海岸线总长为261.65公里。大雷山主峰大雷头海拔443米，为全县最高峰。县境内约有大小河流200余条，总长495公里，水面总面积108平方公里，蓄水总面积1510万平方米。

【气候】 县境地处亚热带大陆东岸，属亚热带季风性气候区，有较明显的海洋性气候特征。常年温暖湿润，四季分明，雨量充沛，日照充足，无霜期长。冬暖无严寒，夏长无酷暑，秋短多夜雨，春冷时回寒。全年平均气温在16.9。C至17.6。C，平均降水量为1300至1500毫米之间，年平均降水量为52658万立方米，常年无霜期一般为252天至266天之间。

【行政区划】 玉环县下辖3街道6镇2乡,30个社区、276个行政村、11个居委会。分别为玉城街道、坎门街道、大麦屿街道、楚门镇、清港镇、芦浦镇、干江镇、沙门镇、龙溪镇、鸡山乡、海山乡。县政府驻地玉城街道,是全县政治、经济和文化中心。楚门镇入选浙江省省级小城市培育试点镇,沙门镇为浙江省省级中心镇。

【人口与资源】 2014年底,全县户籍人口为430239人。户籍人口中,非农业人口为24.88万人,占57.8%。全县人口密度为1138人/平方公里。

玉环是浙江省重要的制造业基地。多年来,玉环围绕打造先进特色制造业基地目标,大力拓展发展空间,破解要素瓶颈制约,形成了汽摩配件、阀门水暖、金属制品、家具、眼镜配件、医药包装、机床等七大特色产业集群,机械装备、海洋生化、新能源等新兴产业也发展较快。2003年7月,该县被中国五金制品协会授予"中国阀门之都"称号。2004年11月被中国汽车工业协会命名为"中国汽车零部件产业基地"。近年来玉环相继被命名为"中国五金建材(阀门)出口基地"、"中国水暖、阀门精品生产(采购)基地"、"中国水龙头生产基地"、"中国欧式古典家具生产基地"和"中国无菌医疗器械自动化装备制造产业(玉环)基地",是浙江省阀门商标品牌基地。拥有"中国新古典家具精品生产(采购)基地"、"中国眼镜零配件生产基地"等荣誉称号。并有"中国环保填料之乡"、"中国甲壳素之乡"美誉。

玉环境内旅游资源山海兼备,景色宜人且多名胜古迹。大鹿岛风景区,是1991年国家林业部批准的省级"森林公园",山秀石美,峰危岩峻,誉称"东海碧玉",被评为"国家AAAA景区"和台州市"十大旅游景观之一",自然景观与奇礁异石、岩雕艺术堪称"三绝"。总面积1.75平方公里,森林覆盖率87.5%,岛上奇礁怪石形成各种海蚀景观,是避暑、疗养、游览的胜地。漩门湾观光农业园是集生态农业、观光农业项目开发于一体,发展旅游观光、休闲度假的大型综合性项目,被评为"全国农业旅游示范点"、"浙江省农家乐特色点",也是国家AAAA级旅游景区。2011年经国家林业局批准建立的漩门湾国家湿地公园,是浙江省首个滨海型国家湿地公园,总面积31.5平方公里,其中水域面积7.1平方公里,内陆湿地21.5平方公里。龙溪动漫花谷位于玉环县龙溪镇山里村,已形成一定规模的特色乡村休闲旅游景区。水上乐园于2015年7月投入使用。白马岙黄金海滩也是较好的自然景观。玉环被誉为"中国文旦之乡",是国家级文旦商品基地。特产玉环柚(又称楚门文旦)被评为台州市首届"十大农业品牌",在全国柚类评比中曾获得"八连冠"。2002年玉环柚被评为中国柑桔博览会和浙江省农博会金奖产品,获得国家原产地地理标记注册认证,被中国国际贸易促进会列为向欧盟市场推荐产品。

【交通干线】 县境内交通网络健全,基础设施完善。截止2014年底,全县公路总里程约633公里。76省道泽坎线纵贯全境,境内各条支线已全部铺设水泥路面,村道全部硬化。境内港湾众多,其中大麦屿港是天然深水良港,属国家二类口岸,是中国航海学会推荐的中国沿海8个天然避风港湾之一,港内已建成码头14座,其中7.4万吨级兼靠10万吨卸煤码头泊位2座,5万吨级集装箱专用码头1座;坎门渔港是国家一级渔港;县内各大岛港与乐清、洞头、温州等地之间均有定期客轮航班,并有运输船直达上海、连云港、大连、福州和厦门等沿海港口及长江沿岸城市。海上航线得天独厚,可直达日本、韩国、新加坡、香港等地。2009年7月开通玉环(大麦屿)到台湾(基隆)海上客运直航。境内陆地交通便利,汽车可直达全国各大城市。浙江乐清湾跨海大桥及接线工程项目累计完成投资16亿元,完成总工程量的12%。航空运输便捷,西距温州机场32海里,北至台州路桥机场距离76公里。

【经济发展】 2014年,全县实现生产总值422.88亿元,比上年增长6.3%,人均国内生产总值达98535元,居全省第二位。其中第一产业增加值为26.92亿元,第二产业增加值为248.84亿元,第三产业增加值为147.12亿元。全年财政总收入达64.48亿元,比上年增长7.4%,其中地方财政收入29.84亿元,增长8.1%。全社会固定资产投资135.15亿元,增长20.7%。社会消费品零售总额141.95亿元,增长13.7%。城乡居民生活水平快速提高,城镇居民人均可支配收入为47761元,比上年增长8.5%;农村居民人均可支配收入为22950元,居全省前三位,增长9.6%。

这些年来,玉环相继获得全国综合改革试点县、全国科技工作先进县、全国农村电气化县、全国体育先进县、全国生态示范区建设试点县、全国农民收入先进县以及浙江省首批小康县、省文明城市、省知识产权示范县、省新农村建设优秀县和省教育强县,被列为浙江省首批提前基本实现现代化的县(市、区)和规划发展的中等城市之一。县境内建有仓容1.82亿斤的中央直属粮库。2006年11月28日,我国第一个国产100千瓦超超临界电站项目-华能玉环电厂一号机组正式投入商业运行。华能玉环电厂是我国目前国内装机总容量最大、单机容量也最大的电厂,2014年该厂发电量完成217.7亿千瓦小时。2008年国务院批复同意该县大麦屿港口岸对外开放,2009年大麦屿港被国家独立增设为大陆对台直航港口,同年实现对台海上客运首航。2013年2月，总投资达123.6亿元的浙江省乐清湾大桥及接线工程获得审批,现已开始施工。近年来,玉环曾八度跻身“中国综合实力百强县”行列,最后一次公布的2005年社会经济综合发展指数在全国2070个县(市)中排名第33位、浙江省第15位。2002年该县被浙江省列为全省17个强县市（即浙江省扩权经济强县)之一。2010年该县城乡统筹发展水平综合评价居全省第16位、全市首位。连续15届进入全国县域经济基本竞争力百强县(市)行列。

·非国有经济主要产业·

【概况】 数年来，玉环当地政府为民营经济的发展构建起一种自主性的、开放性的、合法性的制度环境,使得玉环成长成为我省乃至于我国民营经济较为发达的地区之一。玉环民营经济经历了解放思想谋生存、勇于实践搞建设、快速发展求超越的奋斗历程,创造了玉环经济的辉煌篇章。特别是改革开放以来,玉环县委、县政府抢抓机遇,通过采取舆论引导、政策扶持、环境优化、机制创新等一系列措施给民营经济注入了强劲发展的动力,闯出了一条独具区域特色的经济发展之路,使玉环这一交通闭塞、人多地少、资源禀赋贫乏的地区,民营经济得以顺利、快速地生成和扩散,并实现了从落后小县向经济强县的历史性的跨越。近年来,玉环通过实施全岛股份化等五大战略,通过还本租赁、转让拍卖、破产兼并、股份重组等形式,实现国有工业及流通企业经营机制的转换，形成了以非国有经济为主体的所有制格局。据统计,2014年全县实现生产总值422.88亿元，其中非国有经济部分约为342.69亿元,占81.0%。从产业构成看,第一产业增加值为26.92亿元,全部为非国有经济创造。第二产业增加值为248.84亿元，其中非国有经济部分约为221.19亿元,占88.9%。第三产业增加值为147.12亿元,其中非国有经济部分约为94.58亿元,占64.3%。

从玉环的经济结构来看，工业是支撑该县经济持续快速发展的主要产业。据统计,2014年全县实现工业总产值为1432亿元,其中非国有部分为1323亿元,占92.4%。非国有工业是推动该县经济快速增长的第一大动力。

2014年玉环县经济成分构成表

计量单位:万元

指　标	增加值	非国有经济		非国有经济	
		绝对额	比重(%)	绝对额	比重(%)
地区生产总值	4228783	801882	18.96	3426901	81.04
第一产业	269174	-	-	269174	100.00
第二产业	2488361	276430	11.11	2211931	88.89
工业	2359026	275063	11.66	2083963	88.34
建筑业	129335	1367	0.81	127968	99.19
第三产业	1471248	525452	35.71	945796	64.29
交通仓储邮政业	102595	7007	6.83	95588	93.17
批发和零售业	432018	-	-	432018	100.00
住宿和餐饮业	107801	3008	2.79	104793	97.21
金融业	217336	214076	98.50	3260	1.50
房地产业	148916	-	-	148916	100.00
其他服务业	453116	301361	66.51	151755	33.49
营利性服务业	206581	54826	26.54	151755	73.46
非营利性服务业	246535	246535	100.00	-	-

【汽摩配件行业】 玉环的汽摩配件产业起步于1966年。经过近50年的发展，目前全县汽摩零部件生产企业达1700多家，其中年产值起亿元的企业有41家、上市企业1家、被授予“国家汽车零部件出口基地企业”有5家。2014年该行业工业总产值达到473亿元，占全县工业总产值的三分之一，约占全国汽摩配行业总产值的2%，成为玉环工业的第一支柱产业。全县汽摩配件以其品种全、质量精、技术要求高为特点，赢得国内外众多客户的信赖。2004年11月，被中国汽车工业协会命名为“中国汽车零部件产业基地”;2007年12月，被浙江省工商局命名为“浙江省汽摩配专业商标品牌基地”;2012年12月，被浙江省质量技术监督局命名为“浙江省区域名牌”。2014年，玉环汽摩配行业自营出口已达到7.41亿美元，比上年增长14.3%，其比重占全县自营出口总额的20.9%。

玉环的汽摩配行业发展历史悠久，其成长历程是玉环工业发展的缩影，为玉环原始资本积累作出巨大贡献。玉环坎门在“八五”期间曾被誉为“我国南方最大的汽配工业基地”。经过多年来的发展，玉环汽摩配在全国已形成明显的区域优势。产品品种多、规格齐全，汽配产品包罗重、中、微、轿、轻、农用、专用等车型，摩配囊括除发动机、外壳以外的所有产品。其中高强度标准件、非标件系列、液压系列、传动机构、齿轮类、减震器类、起动电机等成为国内大宗配套或维修产品。

浙江双环传动机械股份有限公司是我国齿轮散件生产规模最大的企业之一，2010年在深交所上市，2014年产值达10.05亿元，是中国摩托车齿轮标准制定单位；专业生产发动机减震器的浙江骆氏减震件股份有限公司是省级高新技术企业，产品与一汽、上汽、奇瑞等众多厂家定点配套，并且产品远销美国、德国、台湾、香港等多个国家和地区，2014年产值达4.81亿元；玉环凯凌集团生产的摩托车盘式制动器是省级名牌产品，2014年产值为3.35亿元，在国内市场占有率达30%以上；浙江隆中机械制造有限公司成为国内摩托车制动盘最大的生产企业；浙江和日摇臂有限公司生产的摩托车摇臂，国内制造技术最强，产品配套率达到100%，在国内市场份额占到45%以上。

【阀门行业】 玉环是我国最大的中低压铜制阀门生产和出口基地，也是浙江省阀门专业商标品牌基地。低压阀门占国内出口市场50%左右，内销市场占有率在50%以上，已覆盖全国各个市场。2014年，该县阀门行业实现产值达301亿元，其中阀门水暖洁具行业出口额达17.23亿美元，出口份额已占据全县自营出口的48.6%。产品主要包括阀门、水暖器材、柱塞阀三大系列100多个品种1000多种规格，其中铜阀门及配件类占90%以上。

2003年7月，中国五金协会在北京人民大会堂正式授牌玉环为“中国阀门之都”，真正确立了玉环在国内阀门行业的地位。玉环阀门行业自1981年起步，经过30多年的发展，已成为玉环工业第二支柱产业和出口创汇的龙头产业。现拥有生产和加工企业1350家，其中年产值超亿元的企业有52家，主要集中在楚门、清港、龙溪、坎门、城关、陈屿等地。近年来，该行业技改力度不断加大，产品从过去专门生产球阀、闸阀、水嘴等近10个品种扩大到现在的30个品种600多个规格的系列产品及相关配件，且出口产品能根据不同国家、地区标准生产，已形成从各类模具制作到铜棒加工、锻造、电镀、抛砂、装配、包装等各个环节衔接完整的专业化分工配套协作产业链。产品质量档次逐渐接近意大利产品，且价位低，完全具备承接国际阀门制造产业转移的坚实基础，成为世界上一个主要的低压铜阀门采购基地。内销中拥有“宁锚”、“永德信”、“巨水”、“新颖”、“丰华”、“飞环”等数十个全国性品牌产品。并在多个国家注册自己品牌的商标，如“BH”、“TDB”、“HY”等品牌产品已打入欧美等发达国家市场。全行业有90家企业通过ISO9000系列认证，有71家企业获自营进出口权，并拥有自己的进出口公司。

阀门行业主要上规模企业有浙江艾迪西流体控制股份有限公司2014年实现产值3.3亿元，并于2010年在深交所上市；浙江华龙巨水科技股份有限公司2014年产值实现5.47亿元，台州华儒阀门有限公司产值为5.6亿元，沃茨水暖技术(台州)有限公司2014年实现产值4.01亿元；玉环县富立达金属有限公司2014年实现产值3.32亿元；浙江清源水暖洁具有限公司产值为2.4亿元。其它重点企业还有浙江苏尔达洁具有限公司，2014年产值实现3.2亿元，苏尔达水龙头还被评为国家免检产品。这些企业技术设备先进，资金雄厚，企业规模不断扩大，全年实行自营出口，产品远销欧美国家。

【家具制造业】 玉环的家具制造业始于20世纪80年代中后期，其以简洁流畅线条、典雅凝重色泽、美观大方造型、精工考究制作的套房家具系列在国内家具同行中独树一帜。2004年12月被命名为“中国新古典家具精品生产(采购)基地”。2007年被中国家具协会授予“中国欧式古典家具生产基地”称号。同年被授予“浙江省家具专业商标品牌基地”。

玉环家具以其自然和谐的产品文化品位与设计工艺手法的完美融合，构塑独具特色的“玉环派”家具文化。玉环家具的模拟仿真木纹装饰纸贴家具技术美学水平被业内人士称为“在国内家具界堪称一流，与国外意大利同类产品相媲美，有异曲同工之妙。”近年来，玉环县委、县政府把家具行业作为新兴主导行业进行扶持。成立行业协会，出台了《新产品保护方法》，规范行业健康发展，注重扩大对外交流，营造良好发展氛围。2000年专门投资1800万元建成玉环现代家具城，召开玉环首届国际家具展，参展9.6万人次。至今，该县已成功举办五届玉环国际家具博览会。据统计，目前全县家具企业拥有中国驰名商标3个，省名牌产品6个，省著名商标4个。

2014年，全县家具生产企业达260多家，其中能生产成套家具的企业82家。从业人员3万多人，实现总产值49.6亿元。现拥有玉环天源家具有限公司、台州金得利家具有限公司、玉环国森家具有限公司等30多家骨干企业，形成了年产中西式套房、办公系列、宾馆客房家具等15万套的生产能力。该县积极培育名牌企业和名牌产品，努力打造“玉环家具”区域品牌，已形成了相关的产业链。通过加大技改投入、新产品开发和管理创新，全行业已有20多家企业通过ISO9000系列认证，涌现出“飞龙”、“国森”、“雄族”、“诺贝”、“大风范”、“新光明”、“金得利”等一批知名品牌。木制家具因设计新颖美观受到了很多国家的欢迎。产品远销美国、日本、澳大利亚、东南亚、中东等20多个国家和地区。2014年全县家具出口创汇2.02亿美元。2014年全县家具行业工业总产值超亿元企业有5家，其中浙江天源家具有限公司产值达1.74亿元；浙江诺贝家具有限公司产值为1.61亿元；玉环国森家具有限公司产值为1.28亿元，台州金得利家具有限公司产值为1.05亿元，浙江欧宜风家具有限公司为1.26亿元。全县近90%的企业生产欧式古典家具，占据了全国同类产品市场30%的份额，成为华东地区重要的家具生产销售和出口基地。

【眼镜配件】 玉环是全国重要的眼镜配件生产基地，年产眼镜达420多万付，产值超10亿元，占全国眼镜配件产值的60%左右。产品以生产眼镜配件为主，整镜为辅，眼镜配件生产量占60–70%，产品远销港澳台、美国、印度、韩国、日本等国家和地区。2005年9月，“中国眼镜零配件生产基地”荣誉称号正式落户玉环。2014年4月，中国眼镜协会七届五次理事会决定在玉环设立中国眼镜零配件专业委员会。

经过近30年的发展，玉环的眼镜配件制造行业已逐渐成为玉环工业经济一个新的增长点。主要分布在大麦屿开发区、城关、鲜迭等地。现有企业近300家，从业人员1万余人，拥有产品2000多种，其中40多个产品已获国家专利。近年来，该行业依靠科技进步，加大技改投入，产业不断升级。眼镜品种规格扩大到高档次的白铜生产，由配件制造逐步发展成部分成品生产，形成了以规模效益为龙头、以小企业生产为基础的粗放集约相结合的生产格局。目前，玉环已建成大麦屿眼镜工业园区，统一标准厂房和产品销售、展览中心，改善了企业的生产环境。

玉环眼镜配件行业已初步构筑起专业化生产体系，培育造就了一大批技术专业人才、管理人才，建立了比较健全的销售网络，形成了较为完整的加工流程，配套生产线相对完善，液压、抛光、线切割、车面模、冷锻等一应齐全。其中重点企业有浙江康华眼镜有限公司，2014年产值达到8799万元。玉环县宏达眼镜有限公司当年产值实现6835万元。

【特色企业】 浙江苏泊尔集团有限公司是中国最大炊具研发、制造商。是国内炊具行业第一家上市的企业。是集研究开发、生产、营销为一体的股份制民营企业和省级高新技术企业。公司是全行业首家通过了质量、环境、职业健康安全三体系认证的企业，其通过了“ISO9002质量体系认证证书”、“中国方圆标志委员会质量认证证书”及“美国UL安全认证体系认证”等国内外权威机构认证。“苏泊尔”商标于2002年3月被国家工商行政管理总局商标局评为“中国驰名商标”。2004年8月，苏泊尔于深交所成功上市，同年9月，“苏泊尔”牌压力锅和“苏泊尔”牌不粘锅两个系列产品荣获了“中国名牌产品”称号。

苏泊尔集团始建于1994年，是一家无区域、多元化发展的企业集团。产业涉及港口物流、五金制造、制药、房地产、海岛旅游、金融商贸等领域，并形成了各自的产业链。目前，集团员工8000多名，总资产达56亿元。旗下拥有25家全资子公司、股份公司和合资公司，在浙江玉环、杭州、绍兴和湖北武汉、广东东莞、越南胡志明市等地建有4个药业生产基地、6个炊具小家电生产基地。苏泊尔系列炊具产品，在全球已拥有5000万个家庭用户，自中国行业企业信息发布中心1998年开始发布压力锅销量统计信息以来，苏泊尔已连续5年蝉联国内市场同类产品销量第一。苏泊尔集团有限公司通过实施跨区域企业兼并、收购，开发资本市场，推进资本动作，实现企业扩张，做大“苏泊尔”系列产品，进一步放大企业名牌效应，2014 年该企业玉环基地工业总产值达 13.99 亿元。

苏泊尔集团有限公司是中国典型的股份合作民营企业。经过几年的经营运作，苏泊尔在武汉先后成功地兼并了武汉液压阀厂、长江铝制品厂和武汉龙威工业园，在玉环又成功地兼并了浙江可立思安制药有限公司。并投巨资在武汉创建中国炊具企业最具规模的科研所。如今，集团以铝合金炊具为主导产业，经营范围涉及铝制品、家电、医药、塑胶、包装、五金、宾馆、进出口、旅游等行业。“苏泊尔”商标入选中国 500 最具价值品牌，其综合实力多次入选中国民营企业 500 强、浙江省百强企业、中国制造业民营企业品牌竞争力 50 强等行列。

【特色企业】 浙江双环传动机械股份有限公司（股票代码：002472）由原玉环县振华齿轮厂发展而来，成立于 2006 年 6 月，于 2010 年 9 月在深圳交易所公开上市。公司总部位于浙江杭州，下辖浙江台州、江苏淮安两大生产制造基地。截至 2014 年末，公司拥有总资产 23.98 亿元人民币，总占地面积 50 万平方米，建筑面积 35 万平方米，员工 3193 人。

公司发展至今一直专注于机械传动齿轮的研发、设计与制造，形成涵盖传统汽车、电动汽车、高铁轨道交通、非道路机械、摩托车及沙滩车、电动工具及工业机器人等多个领域门类齐全的产品结构，齿轮散件年产量超过 6000 万件，已经成为全球生产规模最大、实力最强的齿轮散件专业制造企业之一。

公司始终依托“专业化大生产”模式，本着“好一点，好很多”的经营理念，持续改善、锐意进取。在硬件设备上不断投入与升级，拥有全自动“滚-倒-剃”齿轮加工生产线，生产数控化覆盖率达到 95%以上，并配有国际领先的检验、测量和试验设备；在软件能力上持续改进与提升，坚持 20 年推进精益化生产（TPS）与精细化管理，深入推进信息化建设，全面实施国际标准化质量管理体系。

在“双环人”专业、执着的努力下，公司竞争力得到持续提升，赢得了市场的普遍认可与信赖。业务已经遍布全球，成为包括博格华纳(BorgWarner)、采埃孚（ZF）、康明斯（CUMMINS）、约翰迪尔（JOHN DEERE）、伊顿（EATON）、博世（BOSCH），以及上汽、一汽、重汽等国内外知名企业的供应商。

浙江事业部位于中国百强县的浙江省台州市玉环县，总占地面积 18 万多平方米，员工 2000 余名。浙江事业部由四个制造分厂和一个锻造子公司构成，其中一分厂专业生产摩托车、沙滩车和乘用车齿轮，二分厂专注于乘用车、商用车、工程机械的发动机、变速箱、分动箱、高端减速机等领域齿轮的生产，五分厂主要从事商用车、非道路工程机械的变速箱、发动机、车桥三大部位齿轮的研发及生产，六分厂产品主要应用于乘用车变速器、分动箱和农业机械发动机、变速箱等领域。事业部具有年生产量超 3500 万件，年产值超 15 亿元的齿轮（零件）散件生产能力。

目前，浙江事业部拥有美国格里森数控高效滚齿机、日本清和数控高效滚齿机、德国格里森 ZH125 强力珩齿机、德国 KAPP 公司的高精度磨齿机、法国 ECM 公司低压真空渗碳淬火炉、爱协林热处理连续线等国内外先进设备 2000 多台，德国格里森—胡尔特公司剃刀磨床、以及德国克林贝格公司生产的全自动数控齿轮测量中心 P26、P40C；美国 M&M 全自动数控齿轮测量中心、德国蔡司三坐标测量机、英国泰勒公司生产的圆度仪、轮廓粗糙度仪；美国热电公司的 ARL3460 光谱分析仪、滚刀检查仪、JX13 万能工具显微镜、理化检测设备、探伤机等检验、测量和试验设备；同时，设有计量室、理化室专门从事量值传递、精密测量、物理性能试验和化学分析各项工作。

浙江事业部坚持专业化大生产，产品主要涉及汽车、非道路机械、摩托车、沙滩车及电动汽车齿轮，可大批生产且符合 DIN3962 和 ISO1328 标准的 6 级精度齿轮。浙江事业部推行客户导向专线制造，打造专业化平台，拥有博格华纳、福特、康明斯、ZF、伊顿、约翰迪尔、一汽、上汽等世界 500 强客户和国内知名客户。

江苏双环齿轮有限公司为浙江双环传动机械股份有限公司的全资子公司，于 2006 年 12 月正式投产。公司坐落于江苏淮安市淮安经济开发区。公司占地 450 多亩，在职员工 800 多名。公司拥有锻造、电动工具齿轮、桥齿、精密成型四个制造分厂，其中锻造分厂主要从事齿轮锻件的生产加工，电动工具齿轮分厂主要从事工程机械、电工工具等小模数齿轮的生产加工，桥齿分厂主要从事大中型的伞状齿轮的生产加工，精密成型分厂专攻自动变速器以及分动箱的齿坯产品。公司目前已具备年产 2 万吨普通锻件、1200 万件小模数齿轮生产能力、50 万套螺伞齿轮和 2000 万件高精度齿坯的生产能力。

目前，江苏双环拥有哈德贝尔快速锻造设备、DMG 全自动精车生产线、斗山生产线、埃马克全自动生产线、龙泽全自动生产线、格里森 600 切齿机、格里森 275 切齿轮机、格里森 280 切齿机、格里森 BPG 磨刀设备、淬火压床、爱协林热处理设备等一系列先进的生产设备。以及德国克林贝格公司生产的全自动数控齿轮测量中心 P26、P40C,美国全自动数控齿轮测量中心 M@M、格里森 600HTT 噪音检测中心等检验设备。

该公司坚持专业化生产,产品主要涉及精车锻件、电动工具齿轮、高速缝纫机齿轮、小型减速器齿轮系列、SUV、汽车、工程机械螺旋伞齿轮等高精度、高端市场的中小模数齿轮的研发生产，可大批生产 6 级精度齿轮。公司致力于精益化生产,推行快速精密制造,严格执行“日本丰田 TPS 管理模式”,现场管理一直成为机械制造行业标杆。公司拥有美国百得公司、日本牧田公司以及、意大利康迈尔、青岛卡纳罗、五菱、长安福特、麦格纳、卡特彼勒、DANA、AAM 等国内外知名客户。

【特色企业】 浙江艾迪西流体控制股份有限公司（证券代码:002468,证券简称“艾迪西”)英文简称“IDC”,是一家集水暖器材、阀门、管件、建筑金属配件、智能家庭及环保节能控制系统相关产品的研发、制造、销售与服务的外商投资企业。2010 年在深圳证券交易所挂牌上市。

公司注册资金 2.76 亿元人民币,占地 34.5 万多平米,总资产近 20 亿元。拥有 40 多套先进的大型进口生产设备组成的生产线,如机器人、多功能专机、水车以及 800 多台数控车床和自动化组装线,具备年产值 20 亿的产能;公司现有员工约 3000 余人。其中,技术研发人员 281 人。

浙江艾迪西流体控制股份有限公司的前身是玉环艾迪西铜业有限公司,成立于 2001 年 11 月。2008 年 7 月经商务部商资批[2008]977 号《商务部关于同意玉环艾迪西铜业有限公司转制为股份有限公司的批复》批准，玉环艾迪西铜业有限公司整体变更为浙江艾迪西流体控制股份有限公司。公司设立时的注册资本为 89958510 元。2009 年 6 月,经浙江省商务厅出具的“浙商务外资函（2009)59 号”《浙江省商务厅关于同意浙江艾迪西流体控制股份有限公司增加注册资本的批复》批准，公司注册资本由 89958510 元增加到 120000000 元。

该公司管理规范，先后导入了 ISO9001 质量管理体系、ISO14001 环境管理体系和 OHSAS18001 职业健康安全管理体系并通过了体系认证。在产品设计与制造方面,严格执行相关的国际、国家标准,主要产品先后取得了欧美主要发达国家主要认证机构的认证,涵盖了英国 WRAS、德国 DVGW、荷兰 KIVA、法国 ACS、美国 UPS、NSF、UL、加拿大 CAS 和欧盟 CE,阀门、管件和卫浴附件等产品共 742 个系列 5695 种产品获得这些认证(止于 2014 年 6 月底)。内销产品通过了上海质量监督检验技术研究院、机械工业阀门产品质量监督检测中心和国家空调设备质量监督检验中心的各项产品认证。

2007 年公司被评为浙江省绿色企业,2008 年取得浙江省高新技术企业称号。公司自创立以来致力于水暖器材、阀门、管件产品的研发、制造、销售,服务于暖通、给水、消防、水暖配件及水处理五个市场;提供阀门、管件及软管等 200 多系列、上万种规格的产品;产品材质涵盖黄铜、青铜、铸铁、不锈钢等;应用于 DN8~1200、PN25 以下的中低压管路，可以实现对流量、压力、温度、水源节约及水质安全的控制。已成为中国流体控制领域的领导企业之一。

·非国有经济发展特点·

【布局发展战略】 充分发挥列入全国新一轮撤县设市试点和纳入台州“一都三城”城市发展战略布局的双重叠加优势,深化海岛统筹发展试验区建设,依托大麦屿港和漩门湾、乐清湾天然禀赋,依港而兴,拥湾发展,对接台州现代化港湾都市区建设,加快撤县设市,打造工业强县,激活港口潜力,建设生态文明,融入台州建设国际智造名城、海上丝路港城、山海宜居美城的战略部署,推动港、产、城互动融合发展。必须要抢抓区位条件迎来历史性改善的机遇。确保在“十三五”打通玉环对外高速、国道两大通道。要倍加珍惜环漩门湾 82 平方公里新增土地，全力推进玉环新城拓展和沿海产业带建设，破解长期制约城市建设和产业发展的用地要素瓶颈。

【港口开发深入】 大麦屿港开发开放步伐加快。集装箱运输专项扶持政策全面落实，大麦屿至丹东港集装箱新航线开辟,“弃陆走水”深入推进,港口货物吞吐量实现 3026 万吨,其中集装箱 5.2 万标箱;海峡两岸商品交易物流中心(旅检大楼)完成总工程量 65%,对台直航客货滚装码头、保税仓库投用;对台货运直航试运行启动,客运直航运行 72 航次,进出港 1.7 万人次。

【转型升级加快】 转型升级取得实效。“扶工助企”专项活动全面开展，工业强县综合评价居全省第 24 位。工业项目建设技术指标和促进工业转型升级政策优化,县级财政扶持资金兑现 1.7 亿元;全市“机器换人”工作现场会在该县召开，工业性投资完成 54.5 亿元,增长 21.3%；新增国家重点扶持高新技术企业 19 家、火炬计划项目 3 个、驰名商标 2 件、省级区域名牌 1 个；“电商换市”奖励办法出台，电子商务产业园新设 1 个；玉环·西安科技人才活动周成功举办；省、市出口名牌新增 6 个，自营出口额实现 35.4 亿美元，增长 5.2%。大润发超市完成桩基施工，现代旅游岛发展论坛成功举办。

【交通建设提速】 交通体系不断完善。全年完成投资 22.1 亿元，增长 220%。乐清湾大桥及接线工程全线开工，土地报批、征地进度全市领先；76 省道复线南延工程完成总工程量 85%，隧道和路基全部完成，桥梁、路面分别完成 91%、40%；226 省道温岭岙环至龙溪段改扩建工程全线开工；228 国道玉环段工程初步设计获省发改委批复，政策处理工作基本完成。城乡一体建设统筹推进。解放塘国有土地清理完成，老城 60 号区块全面完成净地出让准备，后沙旧城一期拆迁进入最后扫尾阶段；楚门小城市培育考核连续三年荣获全省优秀；大麦屿兴港路、清港垟根隧道及接线、沙门环沙北路实现通车；芦浦旧区和东塘新区控规完成评审；龙溪动漫花谷特色进一步打造；干江下栈头、海山横床等交通码头主体工程完工；鸡山渔港扩建工程建成投用。

【城市建设猛进】 玉环新城建设再上台阶。全年完成投资 32.5 亿元，增长 12.2%。县委党校交工验收，邻里中心通过初步验收，县广电中心、环保公路公证服务中心完成主体工程，方林汽车城、商业综合体分别完成土建工程、桩基工程，亿联国际阀门城市场区块主体结顶，家具精品城、观光园水上乐园分别完成总工程量 40%、70%。沿海产业带建设扎实推进。全年工业用地出让 2062 亩，其中海洋经济转型升级示范区一期供地 800 亩；沙门滨港工业城二期回填 930 亩、供地 809 亩，金属产业提升区企业进场施工；玉环盐场完成废转，干江滨港工业城控规通过评审，五金产业功能区加快建设；清港医疗器械自动化装备制造基地投用；龙溪阀门园区梅岙区块启动建设。

·政策措施·

【概况】 2015 年是全面贯彻落实县十四届四次党代会精神，深化全岛新型城市化主战略，在弘扬“拔钉”精神和优化“联创”机制中突出“互看互学互比”工作竞赛，主动把握和积极适应经济发展新常态，以稳中求进为总基调，以增进民生福祉为出发点和落脚点，力促经济转型升级，狠抓重大项目建设，努力完成“十二五”规划目标，全力打造“海上都市、美丽玉环”。

【优化县域发展】 坚持陆海联动，同步推进交通体系完善和港口开发开放，进一步畅通对外陆海通道。完成投资 30 亿元以上，重点推进 4 条道路建设。完成乐清湾大桥及接线工程征迁任务，确保无障碍施工，完成工程形象进度 42%，系统谋划沿线招商项目，提前对接“大桥经济”；实现 76 省道复线南延工程全线通车；完成 226 省道温岭岙环至龙溪段改扩建工程总工程量 45%以上；开工建设 228 国道玉环段工程。加快港口项目建设进度，建成海峡两岸商品交易物流中心（旅检大楼）。

【改善投资环境】 坚持突出重点，各有侧重完善城市功能、提升城市品位。强势推进新城建设，完成投资 22 亿元。启动建设玉环新城学校、新城科研中心（一期），完成县广电中心总工程量 85%，建成环保公路公证服务中心，投用县委党校；完成半岛·世贸大厦土建工程，实现百步纳商务楼、国贸大厦主体结顶，投用青年大厦、方林汽车城，完成苏泊尔·滨江壹号一期结顶，实现华龙·阳光星城一期交付使用。积极稳妥推进老城改造。启动后沙开发项目和 60 号区块建设，建成大润发超市，优化升级老城业态。

【加快产业提升】 坚持以重大产业项目为联结，促进产城融合、产业联动，强化转型升级项目支撑。主抓三大产业集聚平台建设，实现工业用地供地 1600 亩。完成海洋经济转型升级示范区一期回填、供地各 350 亩；实现沙门滨港工业城二期回填、供地各 600 亩；启动干江滨港工业城回填；推进芦浦医药包装园区二期、龙溪阀门园区梅岙区块开发。加强电力保障，开工建设 220 千伏九清、110 千伏古顺输变电工程和古城至灯塔 110 千伏线路工程。加快建设一批生产性服务业项目，配套服务先进制造业发展。推进电子商务产业园区建设，实现亿联国际阀门城一期交付、二期主体结顶，完成家具精品城主体结顶，完成开发区综合物流园项目一期总工程量 80%、玉柴润滑油华东销售中心总工程量 50%。

【培育精品农业】 探索永久基本农田保护制度，垦造耕地 1300 亩。建设粮食生产功能区 2060 亩，建成省级现代农业园区 2 个，新建市级以上重点项目 3 个，培育新兴农（渔）业基地 23 家，新增股份合作农场和家庭农场 10 家。创建省级生态循环农业示范主体 5 家，实现主要农产品“三品一标”认证比例 50%以上。建设省级现代渔业园区 2 个，建成中央现代渔业项目 2 个，实施国家海洋科技创新项目 1 个。新建省级农业综合开发项目3个，推进中央财政支持农民合作社创新试点工作。

【强化招商引资】 深化招商引资“一把手”工程，进一步构建“招大商、大招商”工作格局。严格ABC分组奖惩考核，建设浙台(玉环)经贸合作区招商平台，力争县外投资增长15%以上。巩固政府主导的招商引资渠道，丰富以企业、商会、中介组织、专业机构等共同参与的委托招商、以商引商形式。强化精准招商，重点引进龙头型、税源型大项目。健全招商引资项目评审制度，确保引进项目的质量和效益。建立招商引资落地项目跟踪服务机制，完善“四个一”工作推进模式。

【发展现代服务业】 调整服务业发展激励政策，培育现代服务业新增长点，支持总部经济、现代物流、金融保险、专业会展等生产性服务业发展，开工建设建筑业总部大厦，新增商业银行3家，设立民间融资服务中心。做大港口经济，加强与宁波港合作，加大集装箱运输扶持力度，增加集装箱航线航次，推动更多企业“弃陆走水”运输货物，实现大麦屿港货物吞吐量超3000万吨，其中集装箱6万标箱以上；巩固对台客运直航，加大力度推进赴台自由行申报，谋划建设两岸车渡基地，努力实现货运直航常态化。制订县域旅游发展总规，整合现有资源，推动全域旅游。

(玉环县统计局　陈君岳)
(玉环县商务局　金富盛)

(责任编辑：王怡然　金瑞锋　黄莹莹　杨丽君)

萧　山　区

·概况·

【地理位置】 杭州市萧山区位于浙江省北部，钱塘江南岸，属杭州市。地理坐标为东经120°04′22″-120°43′46″，北纬29°50′54″-30°23′47″。总面积1420平方公里。全境东西宽约57.2公里，南北长约59.4公里。四周边界：东邻绍兴县，南接诸暨市，西连富阳市，西北界杭州市滨江区，北濒钱塘江，与西湖区、江干区和海宁市隔江相望。杭州萧山国际机场坐落境内。浙赣铁路、萧甬铁路和公路104国道、03省道在境内汇合。沪杭甬、沪昆(杭金衢)高速公路穿越境内。萧绍运河东西横贯并沟通钱塘江、曹娥江等。

【概略】 2014年，区内行政区划作出调整，将原瓜沥镇、党山镇、坎山镇合并为瓜沥镇，宁围镇、新街镇、闻堰镇改称宁围街道、新街街道、闻堰街道。至年底，萧山区有12个镇和14个街道办事处。它们是楼塔镇、河上镇、戴村镇、义桥镇、所前镇、浦阳镇、进化镇、临浦镇、衙前镇、瓜沥镇、益农镇、党湾镇和城厢街道、北干街道、蜀山街道、新塘街道、钱江世纪城·宁围街道、湘湖新城·闻堰街道、空港新城·南阳街道、靖江街道、新街街道、新湾街道、义蓬街道、河庄街道、前进街道(前进工业园区)、临江街道(临江高新区)等。其中新街街道、新湾街道、义蓬街道、河庄街道、前进街道(前进工业园区)、临江街道(临江高新区)由杭州大江东产业集聚区管委会托管。全区有411个行政村，171个社区。

【人口与劳动力资源】 萧山是浙江文明之源头。早在新石器时代，这里就有人类繁衍生息，境内跨湖桥文化遗址距今有8000年的历史。春秋霸主越王勾践在这里留下了“卧薪尝胆”的立志典故；唐代著名大诗人贺知章为后人留下了“少小离家老大回，乡音无改鬓毛衰”的名句。萧山户籍人口以汉族为主。1949年，萧山总人口55.06万人。20世纪60年代后，人口开始过快增长，直至实行计划生育后，才得到控制。1995年之后，人口出生率连续控制在10‰以下。第六次全国人口普查，全区常住人口中，居住在城镇的人口为100.22万人，占66.31%；居住在乡村的人口为50.91万人，占33.69%。同2000年第五次全国人口普查相比，城镇人口增加50.57万人，乡村人口减少22.77万人，城镇人口比重上升26.05个百分点。2014年末，全区总户数37.47万户，户籍总人口125.54万人。其中男性61.51万人、女性64.03万人。户籍人口中，农业人口69.10万人、非农人口56.44万人。全年人口出生率12.07‰；人口死亡率5.56‰；人口自然增长率6.51‰。年末全区半年以上暂住人口108.48万人。全区有从业人员113.34万人，其中从事第一产业11.55万人，第二产业71.54万人，第三产业30.25万人。非国有经济从业人员约占劳动力总数的95.6%。

【萧山围垦】 萧山围垦，蜚声海外，被联合国粮农组织称为“人类造地史上的奇迹”。40余年的萧山围垦史，是萧山经济和社会发展历程的见证，是“奔竞不息、勇立潮头”萧山精神的集中体现。历史上钱塘江河口段河道多变,两岸坍淤无常,萧山人民深受其害。历代封建王朝和民国政府,虽采取过不少治江措施,但收效甚微。中华人民共和国成立后,萧山实行“治江和围涂相结合”的方针,制定钱塘江治理规划,以南沙为依托,有计划地向北向东围涂造地,开发利用大片滩涂资源,控制江流主槽摆动幅度和坍江失地。至2007年,在西起浦沿半爿山,东至益农闸的南沙大堤以北地区,共围垦33次,圈围土地364平方公里。

围垦之最:

1、新中国成立以后的首次围垦是1950年的长河、长一、江三、江二等村不约而同在钱塘江边的自发围涂,面积均比较少。

2、1966年下半年,浙江省、杭州市、萧山县联合在九号坝下游围得土地15平方公里,是萧山大规模围涂的开始。

3、1968年7~12月的24平方公里围垦,白虎山至蜀山段南沙大堤西、北、东三面临江,需三面筑堤,是历次大规模围涂中最具攻坚性的围垦。

4、萧山围垦史上面积最大的围涂是1970年11月至1971年1月的军民联围,面积达66.7平方公里。

5、萧山围垦史上出劳动力最多的是1986年的34.7平方公里的围涂,共出劳动力15.4万人。

6、萧山围垦史上第一次机械化围涂是1993年的8.9平方公里围涂。

7、最后一次围垦是2005年12月至2007年12月,在萧围二十工段至二十二工段围成的11.9平方公里围涂。

【荣誉萧山】 据初步统计,萧山历年来拥有“全国十大财神县(市)”、“全国明星县(市)”、“国家卫生城市”、全国百强县市第七名”、“大陆极具投资地第一名”、“中国园林绿化产业基地”、“中国最令人向往地方城市十强”、“浙江省首批小康县 (市)”、“浙江省品牌强县(市)”、“浙江省科技综合实力第一名”、“世界羽绒之都”、“中国羽绒之都”、“中国纺织生产基地”、“中国钢结构之乡”、“中国伞乡”、“中国镜乡”、“中国制造业十佳投资城市”、“亚洲制造业示范基地”、“中国汽车零部件产业基地”、“中国淋浴房之乡”、“中国卫浴配件基地”、“中国花边之都”、“中国纸业之乡”、“中国花木之乡”、“中国民间文化艺术之乡”、“浙江省青梅之乡”、“浙江省十大旅游休闲城市”、“华东地区十大旅游休闲风情城市”、“浙江省旅游强区”、“浙江省建筑强区”等荣誉。

【经济总量】 历史上,萧山是一个以传统农业为主的小县。1978年,全县生产总值只有4.03亿元,人均生产总值仅386元。改革开放伊始,萧山农村促富大会召开,掀起了勤劳致富的热潮,乡镇企业异军突起。20世纪90年代,萧山完成了由乡镇企业大规模向私有企业的制度转型,实现了由典型的农业社会向工业社会和市场经济体制的转型,经济社会呈跨越式发展。连续多年在全国发达县域社会经济综合发展指数排名中列第7位,主要经济指标居浙江省区、县(市)首位。近年来,萧山坚持以第一产业为基础,第二产业为主导,第三产业为新增长点,构筑三次产业协调发展新局面。经初步核算,2014年全区实现地区生产总值(GDP)1727.63亿元,按可比价格计算,比上年增长7.9%。其中:其中:第一产业增加值61.60亿元,第二产业增加值928.27亿元,第三产业增加值737.77亿元,分别增长2.0%、8.1%和8.0%。按户籍人口计算的人均GDP达到138255元,按当年平均汇率折算,人均GDP达到22507美元。2014年完成财政总收入243.21亿元,比上年增长6.2%。其中地方财政一般预算收入133.85亿元,增长5.8%。在税收收入中,增值税91.61亿元,增长6.3%;营业税32.53亿元,下降1.9%;企业所得税49.98亿元,增长12.4%;个人所得税15.42亿元,增长12.4%。是年地方财政支出120.20亿元,比上年增长3.8%。其中教育、社会保障和就业、医疗卫生、节能环保等民生支出增长4.9%。据测算:全区财政收入有94%以上来自于非国有经济单位。

【结构调整】 全区不断加大产业结构调整力度,坚持以第一产业为基础,第二产业为主导,第三产业为新增长点,构筑三次产业协调发展新局面。三次产业结构由上年的3.5:56.4:40.1调整为3.6:53.7:42.7。2014年新建粮食生产功能区27个,面积3.71万亩。至年底,全区已建成粮食生产功能区137个,实施面积15.06万亩。粮经兼顾、稳粮增效的粮田种植模式得到大力推广。初步建成的江东生态循环农业示范区已成为全省蔬菜病虫绿色防控的示范样板。蔬菜、花木、畜牧、水产和茶果五大特色产业产值88.95亿元,占农业总产值的比重为88.4%。2014年加大转型升级力度,加快发展信息(智慧)经济,传统产业提升发展持续推进。全区规模以上高新技术企业实现销售产值1181.45亿元,比上年增长5.5%,占规上工业销售产值的比重达到28.9%;实现高新技术产业增加值210.87亿元,增长10.1%。拥有区级以上新产品932项,市级以上创新项目70个。全年实现新产品产值1239.57亿元,增长18.9%,新产品产值率达29.7%，比上年提高3.2个百分点。规模以上工业占全部工业的比重88.0%。规上工业前四大行业依次分别是化学原料和化学制品制造业18.5%、纺织业16.9%、化学纤维制造业14.9%、汽车制造业6.8%。非国有工业经济比重占95%以上。

【农业】 历史上，萧山的农业以粮食、棉花和络麻等为主，随着工业经济和第三产业的发展，农业在国民经济中的比例逐年下降。1981年后，推行家庭联产承包责任制，逐步形成了畜禽、水产、蔬菜、花木、茶果等五大特色产业，并以此为依托，走农业产业化的道路，引进和应用农业高科技，增加农产品附加值，实现农业增效，农民增收，农村焕发了勃勃生机。萧山荣获了浙江省农业优势特色产业综合强县第一名、浙江省花卉苗木产业强县第一名、浙江省畜牧产业强县第三名、外向型农业考核县(市、区)第一名等。2014年，全区实现农林牧渔业总产值100.40亿元，比上年增长4.9%。其中，农业产值56.75亿元，增长12.3%；林业产值1.20亿元，增长2.6%；畜牧业产值26.13亿元，下降11.6%；渔业产值12.84亿元，增长15.5%。年末拥有农业机械总动力80.55万千瓦。据水利普查数据显示，全区有效灌溉面积66.08万亩，有效灌溉率继续保持100%。

【工业】 改革开放伊始，萧山充分利用传统工业、手工业的基础优势，兴办社队工业(1984年5月改称乡镇工业)，奠定了萧山的工业基础，实现了以农业为主向工业化发展的转型。1992年后，通过明晰产权，转换企业经营机制，培育和发展私营经济，建立和完善现代企业制度，萧山的工业产值连续位居浙江省各区、县(市)第一。进入21世纪后，为适应经济全球化和可持续发展，萧山加快了工业结构调整，正在形成汽车电子产业基地、数控装备产业基地、信息软件产业基地、生物工程产业基地、精密模具产业基地等。目前，萧山工业呈现出企业规模化、产业优势化、产品名优化、市场海外化等特点，率先进入工业化后期阶段。2014年实现工业总产值4740.00亿元，比上年增长5.6%；实现工业销售产值4644.87亿元，增长5.1%；工业产品销售率达到98.0%。其中，规模以上工业实现产值4173.46亿元，增长6.3%；实现销售产值4089.70亿元，增长5.9%。全部工业实现增加值861.66亿元，按可比价计算，比上年增长8.3%。

【建筑业】 萧山是浙江省首批“建筑之乡”之一，是中国钢结构产业基地、中国园林绿化产业基地、国家住宅产业基地。建筑业是萧山的传统产业，又是萧山的支柱产业。20世纪80年代以后有较大发展，90年代中后期开始快速发展，1999年建筑业产值首次突破50亿元，2002年突破100亿元，2004年突破200亿元，2012年突破1000亿元。全区有总承包和专业承包资格的建筑企业306家，主要从事房屋建筑、公路、水利、钢结构网架、园林绿化等项目的施工，其中钢结构和园林绿化工程施工是萧山的两大特色行业。2014年实现建筑业总产值1192亿元，增长8.8%，增加值75.84亿元，按可比价格计算，比上年增长13.4%。

【固定资产投资】 2014年，全区完成固定资产投资850.85亿元，比上年增长16.4%。从产业投向看，第一产业投资0.20亿元，下降31.3%；全区665个工业性投资项目完成投资288.75亿元，增长6.9%；第三产业投资561.91亿元，增长22.1%。

【房地产】 20世纪90年代初，萧山即正式开始实施大规模的住房改革，2001年萧山撤市设区融入大杭州发展，加之优越的区位优势和萧山人强劲的购买力等因素，知名企业纷纷抢滩萧山开发，萧山的房地产业快速发展。2014年积极采取有效措施，确保房地产市场整体趋稳。全年完成房地产开发投资318.74亿元，比上年增长28.6%。房屋施工面积1563.24万平方米，增长22.7%；竣工面积265.86万平方米，增长45.9%。全年商品房销售面积144.38万平方米，增长25.7%，其中住宅114.70万平方米，增长23.1%。

【国内贸易】 2014年末，全区实现社会消费品零售总额515.65亿元，比上年增长5.9%。其中，批发零售业448.57亿元，增长4.8%；住宿餐饮业67.08亿元，增长13.6%。是年末拥有各类专业市场共计159个。其中商品市场156个，亿元以上市场28个，百亿市场3个。星级市场共48个。其中四星级市场11个，三星级市场24个。全年市场成交额达1002.2亿元，比上年增长9.8%。

【市场价格】 全年居民消费价格比上年上涨2.0%。八大类商品和服务项目价格呈现“六升两降”格局。其中：食品类上涨2.8%，烟酒类下降0.7%，衣着类上涨1.6%，家庭设备及维修服务上涨1.1%，医疗保健和个人用品上涨1.3%，交通和通讯下降0.1%，娱乐教育文化用品及服务上涨2.2%，居住上涨3.0%。商品零售价格总指数为101.1%。农业生产资料价格总指数为101.0%。

【交通运输】 萧山是浙江交通之枢纽。萧山临江近海，地理位置十分优越。拥有排名全国十大机场之一的杭州萧山国际机场，境内铁路和公路交通路网稠密，已形成了区内40分钟交通圈和20分钟上高速的便捷交通网。随着“地铁一号线、二号线”建成运行,萧山已经真正完全融入杭州大都市发展。萧山境内有沪昆高速、沪杭甬高速、104 国道等干线公路,公路通车里程 2398.35 公里,其中高速公路 60.87 公里,一、二等级公路 728.73 公里。2014 年末拥有机动车辆 54.70 万辆,其中汽车 37.29 万辆。萧山水运资源十分丰富,杭甬运河和钱塘江、富春江、浦阳江在境内汇流。杭甬运河是杭州五大干线航道之一,国家水运主通道组成部分,是杭州、宁波两港水运货物集疏运的唯一通道。境内杭甬运河长 30.50 千米,经拓宽改造,通航能力为四级航道标准。杭州萧山国际机场是国内重要的干线机场、国际定期航班机场、对外开放的一类航空口岸和国际航班备降机场。萧山国际机场年末通航城市 119 个,比上年末增加 16 个;已开通航线 222 条,增加 37 条。全年起降航班 21.33 万架次,增长 11.9%;旅客进出港 2552.6 万人次,增长 15.4%;货邮吞吐量 39.86 万吨,增长 8.3%。沪昆、萧甬铁路在萧山城区交会,区内铁路客运、货运总里程约 50 千米。随着“四线两枢纽”铁路建设的实施,即杭甬高速铁路、杭长高速铁路、杭黄高速铁路、钱江隧道和萧山铁路客站综合交通枢纽(杭州火车南站)等项目的施工,铁路建设迎来了新的高潮。

【邮电通讯】 2014 年实现邮政业务收入 2.63 亿元,比上年增长 9.6%;累计完成函件业务量 1936 万件,完成包件业务量 15.26 万件;年末邮政储蓄余额达 61.89 亿元,增长 10.5%。年末全区共有固定电话用户 61.57 万户,移动电话用户 248.85 万户;年末全区登记注册的宽带用户数为 45.55 万户。

【旅游】 萧山旅游业从 20 世纪 80 年代开始起步,现拥有浙江湘湖旅游度假区、东方文化园、杭州乐园 3 家 4A 级景区;拥有华东地区较大的杭州极地海洋公园;还有浙江省农业高科技示范园区和浙江(中国)花木城 2 家全国农业旅游示范点。2010 年世博之旅将浙江湘湖旅游度假区、东方文化园、跨湖桥遗址博物馆和杭州极地海洋公园列为体验点。萧山旅游节庆活动内容丰富,除钱江观潮节、三江美食节、杜家杨梅节等三大节庆活动外,休博会、西博会、动漫节、中国国际(萧山)跨湖桥文化节以及部分镇街举办的节庆活动,如新街花木节、新湾沙地文化节、义桥渔浦文化节、坎山七夕文化节、党湾建筑文化节、三清茶文化节等,乡土气味浓厚,地方特色鲜明。2014 年湘湖三期顺利获批省重点项目,按期完成 2066 户农户和 134 家企业征迁。新旅游“1010”工程完成投资 33 亿元,各景区景点不断改造提升。成功举办花木节、旅游节、购物节和汽车展等促销活动。全年共接待游客 1753.51 万人次,比上年增长 8.1%,其中接待境外游客 39.5 万人次;实现旅游总收入 213.64 亿元,增长 12.5%。

【金融业】 萧山金融事业随着萧山经济社会的发展而飞速壮大,已基本形成以中国人民银行萧山支行为核心的银行业金融体系、保险业金融体系、证券业金融体系和邮政储蓄体系,门类齐全,功能完备。其中人民路和金城路沿线是萧山金融机构分布最密集的两个区域。2014 年末,全区金融机构本外币存款余额 3106.86 亿元,比年初增加 102.67 亿元。其中居民储蓄存款 1209.26 亿元,比年初增加 90.70 亿元。本外币贷款余额 2849.58 亿元,比年初增加 190.49 亿元。贷款余额中,短期贷款 1972.37 亿元,比年初减少 49.04 亿元;中长期贷款 780.26 亿元,比年初增加 189.68 亿元;个人消费贷款 200.88 亿元,比年初增加 13.40 亿元;工业贷款 1289.08 亿元,比年初减少 36.37 亿元;房地产贷款 111.48 亿元,比年初增加 38.38 亿元。

【教育】 2014 年末,全区共有中小学 155 所。其中,小学 84 所,初中 45 所,普通高中 9 所,职业高中 17 所。在校学生 184984 人。其中,小学 106212 人,初中 44076 人,普通高中 21113 人,职高学生 13583 人。幼儿园 183 所,在园幼儿 53613 人,学龄前儿童入园率 99.72%。普通高校 6 所,在校学生 3.62 万人,其中在校研究生 58 人。小学入学率、巩固率、升初中比例和初中巩固率均保持 100%;初中升高中比率达到 99.65%;残疾儿童入学率保持 100%;高考成绩创历史新高,高考上线率、本科率和重点率分别达到 95.3%、65.0%和 21.6%。高等教育自学考试参考 1.2 课次。社会力量举办的各级学校 33 所。21 个名校教育集团有效运行,深化名校集团化战略。

【文化体育】 近年来,萧山体育中心、萧山图书馆、文化馆、博物馆、跨湖桥遗址公园等一大批文体设施建成投入使用;萧山花边、西施传说、七夕祭星乞巧、细十番等 17 项列入杭州市级以上非物质文化遗产;21 个镇街场获得市级以上“东海文化明珠镇(场)”;广播、电视人口覆盖率均达到 100%;杭州东方文化创意园、智新塘创意文化园等建设加快,创意产业成为萧山十大产业之一。2014 年年成功举办第五届跨湖桥文化节;举办“周末剧场”60 余场;启动“你点我送、文化下乡”活动,送 200 余场文艺演出(展览)和 1.9 万册图书进基层。新建 34 个农村文化礼堂。“河上龙灯胜会”入选国家级非遗名录。全年文艺作品获得市级以上奖项 58 项,其中国家级奖项 13 个。艺术表演团体演出 76 场次，观众15万人次。全年放映电影6816场次，观众240.2万人次。年末图书馆藏书264.37万册，全年共流通225.23万册次。新的老年大学建成。编纂出版《萧山市志》,《萧山年鉴》荣获全国特等奖。广播电视公共服务能力有效提升。2014年成功承办第五届世界太极拳健康大会、2014年全国围棋锦标赛等赛事活动。全年获得国家级运动会奖牌4枚,其中金牌4枚；省级运动会奖牌56枚，其中金牌30枚；市级运动会奖牌211枚,其中金牌87枚。向省、市输送学生运动员40人。年末,全区共拥有等级运动员10人。全年共举办全区性比赛150场次,参加比赛人数达到4.1万人次；举办全民健身活动370场次,参与人数16万人次。至年底,成功创建20个省级体育强镇（先进街道）,61个体育先进社区。区体育中心三期改建工程投用，新增、重建130个健身场（点）,90所中小学体育场地实现向社会常年开放。

【卫生】 2014年完成区公共卫生中心、区计生指导站迁建和区一医院改建工程。大力提升社区卫生服务能力,完善社区卫生服务机构绩效考核机制。做好H7N9禽流感、埃博拉等疫情防控工作,创建成为省级慢性非传染性疾病综合防控示范区。加大社会资本举办医疗机构扶持力度。开展国家免费孕前优生健康检查项目,启动新一轮参保农民健康免费体检和适龄妇女“两癌”免费筛查工作。年末共拥有各类医疗机构678家,其中医院45家、社区卫生中心29家；各类医疗机构拥有病床6948张，比上年末增长2.1%；拥有卫生技术人员10658人,增长7.6%。其中执业(助理)医师3835人,增长5.0%。

【人民生活】 改革开放后，城乡居民的收入来源渠道增多,从老一辈梦寐以求的温饱到基本小康,萧山人民生活水平发生了翻天覆地的变化。在农村,农民收入来源由集体统一分配为主向家庭经营收入为主转换。同时，乡镇企业的异军突起和农村富余劳动力进城务工经商,拓宽了收入渠道,工资性收入占纯收入的比重大幅度攀升。在城镇,单一的公有制结构模式被打破,个体经济、私营经济和“三资”企业如雨后春笋般涌现,居民的工资性收入虽然还是主要的收入来源，但财产性收入比重开始逐年提高。根据抽样调查,是年城镇常住居民人均可支配收入47195元,比上年增长10.1%；人均生活消费支出32581元,增长14.9%。全年农村常住居民人均可支配收入26758元,增长10.8%；人均生活消费支出23511元,增长13.1%。是年末,城镇常住居民人均现住房建筑面积48平方米,农村常住居民人均现住房建筑面积67.3平方米。居民金融资产继续增长，是年末全区城乡居民储蓄存款余额（本外币）1209.26亿元,增长8.1%,城乡居民人均存款余额达到96324元,增长7.1%。

【劳动就业】 2014年末全区拥有39家职业介绍机构,全年提供职业介绍服务3.8万人次；全年组织各类培训491场次共2.42万人次,1.53万人失业人员实现再就业；年末城镇登记失业率2.18%。最低月工资标准为1650元。

【社会保障】 2014年末城镇企业养老保险参保人数52.84万人,比上年增长3.6%；机关事业单位养老保险参保人数4.11万人,增长1.2%；农村社会养老保险参保人数14.16万人,下降8.5%。全年新增各类养老保险参保人数3.38万人,参保率达到94.75%,比上年提高0.35个百分点。基本医疗保险累计参保人数135.66万人；工伤保险累计参保人数65.12万人；失业保险累计参保人数51.50万人；生育保险累计参保人数51.05万人。开建农户拆迁安置房171.3万平方米,竣工165.1万平方米。新增住房公积金建制职工24697人；完成农村住房改造7477户。

【社会福利】 2014年末，全区拥有各类集体办福利院、敬老院等福利机构45个,床位9682张,收养2478人,全年供给3798万元；城乡低保标准提高为660元,13870人获得低保救助。分别发放低保金、残保金、残疾人救助金和物价补贴7821万元、5643万元、5200万元和2381万元。开展低收入农户奔小康工程,结对帮扶低收入农户7673户。区慈善总会及其分会共募集资金(物资折价)6657万元,救助困难群众3.8万人次,发放救助款8048万元。全区97家社会福利工业企业安置“四残”职工4925人,实现工业产值135亿元。

【城市建设】 2014年以提质扩容为目标,加快城市化进程,促进城乡融合发展。强化规划统筹管理。开展“多规融合”省级试点,推进次区域规划、城区分区规划、土地利用总体规划等修编工作,实现城区控规、城镇总体规划、村庄规划覆盖。加快基础设施建设,地铁2号线东南段建成通车,5号线和平桥车辆段完成征迁签约。市心路全线整治一期工程基本完成，临浦快速通道建成通车。机场公路改建、九堡大桥南接线、风情大道改造及南伸、建设四路东伸二期等道路建设加快推进。加快推进小城市、中心镇和美丽乡村建设。大力推进“四边三化”、平原绿化等工作,完成绿化造林1.15万亩,加强20万亩生态公益林保护，创建省级森林城镇3个、森林村庄4个。扎实开展村级集体经济“一年一审”

和村会计出纳"双代理"工作,被授予全国农村集体"三资"管理示范县(区)称号。行政村(社区)"三多"清理有序推进。加快融入主城区步伐。户籍、教育、医疗等9大民生领域一体化并轨工作全面确认。配合做好大江东体制机制调整工作。宁围、新街、闻堰撤镇设街,是年末城区建成区面积达84.58平方公里。2014年全力推进电网"1377"工程,800千伏宁东特高压首基铁塔开工建设,500千伏萧浦变土建施工进度过半。全年全社会用电量207.86亿千瓦时,比上年增长0.5%。其中,城乡居民生活用电13.52亿千瓦时,下降9.5%。第三水厂深度处理工程基本建成,南片水厂扩建前期工作顺利推进,阶梯式水价机制全面实施,供水体制改革基本完成。供水能力达到125万吨/日;最高日供水量达到96.88万吨;年末供水干管总长度4348公里,增长29.7%;全年供水量达到31001万吨,增长0.7%。完成农村"一户一表"改造1.7万户;高层住宅二次供水改造工程顺利推进。进一步突出公交优先战略,市心路开通首条公交专用道,新辟420路、736路公交定时班车,优化调整340、360路等31条公交线路,更新天然气公交车75辆并全部投入使用。年末全区公交线路达到180条,公交里程、车辆和客运量分别达到4320公里、1232辆和14755万人次。新增公共自行车服务点50个、公共自行车2000辆;全区累计建成公共自行车服务点330个,投放公共自行车10800辆。新建公共停车位2042个,配建车位6441个。2014年末建成区绿化覆盖率37.8%;建成区绿地面积29.45平方公里,比上年增长2.3%;公园绿地面积8.24平方公里;人均公园绿地面积27.33平方米,比上年增长3.0%。

【环境保护】 2014年推进生态文明建设,国家级生态区创建通过国家技术评估。全力开展"五水共治"。实现镇街级以上河道"河长制"全覆盖,80条垃圾河、黑臭河全面完成整治,完成农村河道综合整治95公里,建成区镇两级污水管网80.49公里。推进农村生活污水治理,完成44个亮点村治理,134个一般村全面开工。钱江、临江两大污水厂提标改造完成年度任务。关停生猪养殖场898个,削减生猪存栏量80.7万头。完成28个排涝项目。拆除各类违法建筑459.09万平方米,拆违总量列全市第一。加大印染、化工、铸造等行业落后产能淘汰和整治提升力度,关停234家、整治提升347家,完成印染、化工行业整治并通过市级区域验收和省级抽查。实施136个区级重点节能项目,能源"双控"进行逐月管理,全社会能源消费总量削减5.35%,全社会单位GDP能耗下降12.4%。完成89个减排重点项目,其中国家级13个。淘汰黄标车及老旧车1.4万辆,完成锅炉煤改气172台。全年大气优良天数增加37天,主要污染物浓度均明显下降,其中PM2.5下降13.5%,SO2下降13.9%。

·非国有经济发展特点·

【概况】 萧山是浙江省的一个经济发达地区,在全国享有较高的知名度。2001年以来,连续五年获全国百强县市第七位、浙江省第一位。改革开放以来,全区民营经济的发展大致经历了三个阶段,每个阶段都是一个思想逐步解放的过程,因此,解放思想的过程,就是民营经济发展的过程。什么时候思想解放了,民营经济就发展了,思想大解放,民营经济就大发展。萧山的发展得益于率先崛起的乡镇企业;90年代以后,萧山的发展更多地得益于乡镇企业的机制转换;近几年来,萧山经济持续健康快速地发展开始得益于民营企业为主的经营决策方式。2002年萧山区委、区政府掀起民营企业"二次创业"高潮,推动萧山工业产值冲上"千亿"。在非国有经济的发展过程中,民营企业初步完成了从家庭小作坊到现代型企业的转变,走出了一条体现萧山特色的路子。这就是"奔竞不息,勇立潮头"的萧山精神,是萧山宝贵的精神财富。改革开放三十年来,萧山人民秉承"喜奔竞、善商贾"的传统文化,以巨大的创造力丰富、充实和发展着萧山精神,成为推进萧山现代化建设的力量源泉。萧山精神在不同时代具有不同的具体内涵,也见证了不同时代的辉煌成就。从战天斗地的围垦精神,到"历尽千山万水、吃尽千辛万苦、说尽千言万语、想尽千方百计"的"四千"精神,到"抢上头班车、抢抓潮头鱼、抢开逆风船、抢进快车道"的"四抢"精神,到"敢与强的比、敢同勇的争、敢向高的攀、敢跟快的赛"的"四敢"精神,都集中反映了萧山人民强烈的竞争意识、争先精神、创业激情和创新能力,见证了萧山速度、萧山实力和萧山荣誉。大力弘扬以"奔竞不息,勇立潮头"为核心的萧山精神,必将进一步凝聚全区人民力量,激励全区人民斗志,为我们"实现两个率先,建设文明幸福新萧山"提供强大的精神动力。

【发展历程】 新中国成立以来,萧山经济社会发展大致经历了四个阶段。第一阶段是改革开放前。这一阶段萧山人口多,土地少,是一个农业小县。60年代中期萧山揭开了大规模有计划围涂的序幕。萧山人民把治江和造地有机地结合起来,采取"围一块、保一块"的办法,进行了三十多期围涂,共围土地56.62万亩,累计投工7900余万工，完成土石方66.6多亿立方米，其中十七期达到万亩以上。萧山的围垦有效地缓解了人多地少的矛盾，为萧山经济社会的可持续发展提供了广阔的空间。第二阶段改革开放起至1988年撤县设市。这一阶段萧山乡镇工业如雨后春笋拔地而起，第二产业超越第一产业确立了萧山经济的先发优势。第三阶段自撤县设市到2001年撤市设区。这一阶段萧山及时进行企业转制工作，确立民营经济地位，较早完成了民营资本原始积累并进入二次创业阶段，再次将先发优势扩大。第四阶段自撤市设区至今。这一阶段萧山融入大杭州发展，开始全面建设小康社会，构建社会主义和谐社会。

【规模型】 改革开放以来，萧山区委、区政府注重强队工程建设，力促企业做大做强。先后创立了国家级萧山经济技术开发区和萧山现代农业开发区，省级临江工业园区、江东工业园区和浙江湘湖旅游度假区。近几年又进一步强化工业布局，为萧山非国有经济做大做强提供了一个发展平台。区委、区政府每年开展百强企业、苗子成长型企业、十强乡镇、现代化建设标兵村评选活动，2004年又开展了20强纳税大户评选，并对上榜企业予以重奖。2005年着手电子信息等五大高科技产业基地和"四大百亿市场"建设。由于导向正确，萧山规模经济开始形成，其形成过程可以归纳为"四个变"：一是"小厂"变"大厂"。昔日的家庭作坊变成了现代化的大公司。2012年全区规模以上工业企业已达1875家，销售产值超十亿元以上的企业达到74家，其中百亿元以上1家。上市公司累计达到27家。4家企业进入中国企业500强，28家企业进入全国民营企业500强。二是变"分散"为"集中"。经济技术开发区和工业园区的崛起，结束了昔日萧山工业"村村点火、户户冒烟"的分散经营、"满天星"布局的历史，代之的是基础设施齐全、交通便捷的现代化工业区块。三是变"小市场"为"大市场"。昔日的萧山工业以"小、散、加"为特点，市场主要在国内，且市场占有量较低，目前"小、散、加"的现状得以改变，国内市场占有量不断上升，纺织、羽绒及其制品、钢结构等行业处全国领先地位；国外市场不断得到扩张，产品出口40多个国家和地区，万向集团等企业在境外设立了公司(办事处)，加速了全区经济全球化进程。四是变传统产业为高科技产业。过去萧山经济依靠纺织等传统工业闯市场，纺织业"一业独大"，占工业比重达到近40%，近几年区委、区政府提出工业、现代服务业"两轮驱动"，现代服务业已成为推动萧山经济发展的新亮点，传化物流基地等民营企业的崛起，为萧山现代服务业发展开好了头，同时工业向"两高两低"即高科技、高效益，低污染、低消耗转变，纺织业"一业独大"的局面有较大改变。

【科技型】 近年来，萧山区委、区政府认真贯彻实施"科教兴区"战略，科技、教育经费支出逐年增加，全社会尊重科学、尊重教育、尊重人才、崇尚知识、热爱创造已蔚然成风。加快科技项目信息网、人才智力服务网和市场信息服务网建设，巩固和发展与中科院、浙江大学等科研院所的合作，增强企业技术创新力度和区域科技创新活力，达成多项合作项目，重大课题取得新突破。民办科技机构不断发展壮大。按照"大力发展高新技术产业、适度发展新型重化工业、提升发展传统优势工业"三位一体的发展思路，大力实施科教兴区战略，全面强化区域创新体系和自主创新能力建设，努力提升科技发展水平。科技发展为结构转型和增长方式转变提供了强大的支撑力。先后荣获全国科技进步县(市、区)与示范县(市、区)称号；创建了国家级星火技术密集区、杭州市国家制造业信息化试点城市示范区、浙江省区域支柱产业(机电产业)重大科技攻关试点县(市、区)和国家火炬计划高性能几点基础件特色产业基地；并连续获得浙江省科技综合实力第一名。被授予"浙江省科技强县(市、区)"称号。2014年海外高层次人才引进取得新成果。推进海外高层次人才来萧创业创新"5213"计划，新增国家、省"千人计划"和市"521"计划人选11名，其中国家"千人计划"人选5名。探索建立市场化引才机制，新增海外人才工作联络站1个。引进国外智力项目40个。年末拥有专业技术人员9.78万人，增长8.3%，其中副高以上职称5159人，增长11.3%。大力实施科创园建设"253"计划，推进萧山科技城、杭州湾信息港、化纤科技城等创业创新平台建设。创新动力不断加强，国家级博士后工作站达21家；新增省级重点企业研究院3家，省级企业研究院10家，总数分别达到7家和18家；新认定省级研发中心11家，总数达到97家。新增市级以上工业设计基地3家、企业技术中心12家、工业设计中心22家。新认定国家重点扶持的高新技术企业47家，累计达到283家。制(修)订国标、行标19项。全年专利申请和授权数分别达到4781件和4019件，其中发明专利申请和授权数分别达到733件和341件。全年实施科技项目92项。其中：国家级15项、省级30项。

【外向型】 适应经济全球化的新形势，大力发展开放型经济，基本形成了全方位、多层次、高水平的对外开放格局。区政府出台《鼓励外向型经济发展若干奖励意见》,财政部门及时落实出口退税政策,用活用好专项资金,外贸进出口乘势而上。2014 年完成外贸进出口总额 138.48 亿美元,比上年下降 1.6%。其中进口总额 38.55 亿美元,下降 16.5%;出口总额 99.93 亿美元,增长 5.6%。出口总额中,机电产品出口 28.94 亿美元,增长 9.7%;纺织品 28.31 亿美元,下降 1.6%;服装 9.47 亿美元,增长 3.4%;羽绒及制品 8.61 亿美元,增长 0.5%。出口总额中,汽车配件出口 3.80 亿美元,增长 14.6%;高新技术产品出口 3.13 亿美元,增长 14.7%。按贸易方式分,一般贸易出口 87.36 亿美元,增长 6.3%;加工贸易出口 12.54 亿美元,增长 0.6%。出口市场中,对越南出口增长 38.1%,对巴西出口增长 30.9%,对德国出口增长 4.4%,对日本出口增长 7.4%,对韩国出口增长 15.6%。美国依然是全区的主要出口目的地,其占全区出口总额的比重为 22.4%。2014 年新批外商投资企业 71 家,合同外资 19.10 亿美元,比上年增长 24.2%;实际利用外资 12.58 亿美元,增长 29.9%。截至年底累计批准外商投资企业 2185 家,总投资 275.20 亿美元,合同利用外资 148.67 亿美元,实际利用外资 86.54 亿美元。全年引进及结转注册资金 500 万元以上市外内资项目 166 个,实际到位资金 119.15 亿元,增长 34.6%;引进浙商回归项目 52 个,到位资金 74.09 亿元,增长 7.1%。

【质量型】 萧山区委、区政府积极组织开展“企业和产品树形象”、打击假冒伪劣行为、制止压价竞销、整顿市场秩序、推动企业梯队建设、扶持重点企业和重点产品上档次上水平等系列活动,取得了较好的成效。区域性、行业性的产品质量问题已得到较好解决,形成了一批在全省乃至全国有一定知名度的企业和产品。企业综合素质不断提高。企业综合素质不断提升。萧山荣获“中国制造业十佳投资城市”和“亚洲制造业示范基地”、“中国淋浴房之乡”、“中国卫浴配件基地”等称号。产品竞争力逐渐增强。2014 年底止,拥有各级名牌产品 335 只。其中:省级 116 只;市级 94 只。拥有各级著(驰)名商标 425 件,增长 5.5%。其中:国家级 63 件;省级 125 件;市级 115 件。全区通过企业实验室 CNAS 认证 5 家,新版 GMP 认证 7 家。全区加快先进装备制造产业、节能环保产业、新能源产业、生物医药产业、文化创意产业、物联网产业、信息软件产业、电子商务产业、金融服务产业、旅游休闲产业等十大产业发展。2014 年积极推进全省两化融合综合示范区建设,加快建设三大产业联盟首批提出的 18 个产业创新协作项目,破解产业发展共性瓶颈。出台《发展信息(智慧)经济的实施意见》,全面布局结构转型,着力推进产业智慧化、智慧产业化。2014 年完成十大产业(市口径)增加值 565.56 亿元,按可比价格计算,比上年增长 7.9%,十大产业增加值占 GDP 比重为 32.7%。全区共申报杭州市“智慧经济”重大项目 106 个,总投资达 309.6 亿元。

·政策措施·

【投资环境】 继续加大力度,优化和改善环境,进一步营造民营经济发展氛围。近几年来,政府始终把为企业服务放在工作的重中之重。在软件和硬件上,不断为企业的孵化和壮大营造良好的体制环境。在基础设施建设上,近几年来,萧山投入巨资实施道路工程两年大会战,建设 19 条交通道路和 18 条城市道路;开展城区改造、道路、绿化建设、供水、污水处理、供电设施等建设。在政策上,设立了专项资金,进一步引导和扶持企业做大做强做优。按照企业发展需要,切实帮助企业协调解决发展中碰到的实际问题,让尽可能多的民营企业实现生产规模、产业技术、竞争能力的进位升级,成为区域性、全国性的规模型企业。同时,萧山注重进一步深化审批制度改革,从创新机制上改进服务。建立了萧山区办事服务中心,减少了审批事项,简化了办事手续,方便了群众,改进了服务。正是政府创造优越的投资环境,使萧山在近几年连续多年被台湾机电电子工业同业公会列为大陆“极力推荐投资城市”之首。扶持非国有经济发展的主要措施是:进一步放宽市场准入,放开民营经济的投资领域和范围;对个私企业实行国民待遇,在用地、用电、资金等方面予以平等权利;进一步建立健全社会化服务体系,给民营企业在人才、技术、信息、出口、营销、管理等方面提供优质服务;进一步加快审批制度改革,取消不合理的收费项目和审批环节;进一步完善投融资渠道,完善民营经济向社会融资的政策规定;进一步引导民营经济向园区集聚,吸收、鼓励、支持个民营企业发展壮大;进一步坚持正确的舆论宣传导向,努力使个私经营者在政治上有荣誉、社会上有地位、经济中有实惠、事业上有作为。

【转型升级】 推进产业结构调整,加快产业升级,提高民营企业的整体素质。产业结构调整是“十一五”期间萧山经济跨世纪发展的主线。主要措施:一是进一步扶优促强。引导民营企业加快以特色优势产品为龙头,以“小巨人”企业为支撑,以主导产品为纽带的产业结构调整,走规模型、科技型、外向型的集约化发展道路。二是加快发展高新技术和信息产业。出台一系列政策,鼓励民营企业加大技术创新力度。三是大力改造传统产业。鼓励民营企业与优势企业、世界500强企业等合作,加快传统产业的技术和管理创新。四是加快发展第三产业。紧紧围绕“创大都市强区,建现代化萧山”的目标,鼓励民营经济涉足现代服务业领域。围绕转型升级,是年主要做了两件事:一是加快升级传统产业,快速发展先进制造业和高新技术产业。首先,保持了财政高投入力度,保障基础设施和重点项目的建设,形成有效的投资拉动。其次,积极研究出台促进产业链延伸、集群化发展和促进外贸出口的财税政策,稳工业、保出口。第三,大力推进工业结构调整,进一步加大对落后技术、工艺和产品的淘汰力度,发展高新技术企业。优化完善了现有的工业企业技改政策,认真落实高新技术企业的扶持政策,设立了1亿元创业投资引导基金,通过阶段参股、跟进投资等方式,重点投向萧山区域内的高新技术产业领域;第四,按照产业政策确定的方向,积极培育和支持新能源、新材料、电子信息、生物医药等新的经济增长点,大力推进产业集聚,出台了推进工业功能区建设及管理工作的意见,在基础设施建设、标准化建设、公共服务平台建设等方面加大扶持力度。二是提升服务业比重和水平。首先,积极筹措落实支持服务业发展的各项专项资金,集中财力支持服务业重点项目建设,调整服务业引导资金的支持范围。目前,区财政每年安排2000万元文化创意产业专项引导资金,2000万元旅游业发展资金,1500万元商贸物流业发展资金,集中财力支持相关产业的重点项目建设。其次,加大对服务业重大项目、服务业集聚区建设、服务业领域标准化建设和中介机构发展的支持力度,全面扎实推进工业企业分离发展服务业等。第三,充分发挥财税职能,通过出台和完善现代服务业发展政策,在前几年出台了对旅游业、商贸物流业、文化创意产业扶持政策并设立专项扶持资金的基础上,今年又出台了对信息化应用和信息产业发展、服务外包产业发展、现代物流业发展、楼宇经济发展的扶持政策,为引导服务业加快发展,优化产业结构,源源不断地输送“动力”。

【品牌战略】 区委、区政府出台一系列私营经济产品名牌战略的具体措施,把名牌战略从一般的口号变为实际行动。以实施名牌为突破口,促进民营企业加大技术投入,加快新产品研制开发步伐,全面提高产品质量。把全面提高民营企业产品质量放到经济战略的高度来对待,帮助企业树立品牌意识,注重名牌战略,立品牌、创名牌。加大国家、省、市著名商标和浙江名牌产品的认定推荐工作力度,对获得市级以上名牌产品、著名商标和驰名商标予以重奖。

【培育产业优势】 工业是萧山的主体和支柱、强项和名片。近几年来,坚持从实际出发,实施“工业兴区、工业强区”战略,通过推进工业园区集聚发展、加大技改投入力度、提升规模经济水平等措施,着力培育发展特色产业,增强了支柱产业的区域特色和生命力。近几年先后推出了民营百强企业、成长型企业、苗子型企业评比与培育政策,鼓励民营资本介入新兴战略产业,助推新兴战略产业做大做强。全区现已成为全国最大的羽绒业基地、全国钢结构开发制造业基地,是全国最大的轻纺生产基地之一。工业化还有力地促进了都市型特色农业和服务业大发展。物流业异军突起,现代物流市场和临空(港)产业加速成型,第三产业多元化、多层次、多业态、开放式的格局基本形成。

【体制创新】 萧山在经济发展中,始终坚持市场化改革抢先一步,坚持“谁先进就跟谁学,市场怎么要求就怎么去做,怎样对发展有利就怎样去争取”,不断增创发展的机制创新优势。从乡镇企业异军突起,到民营经济的蓬勃发展,萧山的民本经济表现出极强的竞争能力。以非公有制企业为主的新生市场主体发展迅速。近几年来,萧山又通过发展外向型经济以及推进民资与外资的合资合作,外贸依存度和国际竞争力也有很大提高,市场在萧山经济发展中已经成为资源配置的主要方式,经济体制已基本完成向初级市场经济转变。

【培育创业文化】 在加快发展的过程中,注重培育萧山独特的地域文化和强大的精神动力,形成了“奔竞不息、勇立潮头”的萧山精神。这种精神集中体现在脚踏实地、刻苦耐劳、勇于开拓、敢于创新的品质上,体现在较深的市场意识及务工经商素质上,也体现在那种“无工不富”、“兴工强区”的强烈发展意识上。在城市主导下的区域发展中,塑造一种“实力萧山、活力萧山、魅力萧山”的城市品牌。它的价值体现于无形,最具魅力之处在于它能够引起人们意识、观念和思维方式发生根本性变化,成为创造财富的巨大潜能并持续不断地创造新价值。

【和谐发展】 近几年,萧山在发展过程中也遇到了经济社会发展欠协调、城乡发展欠协调、地区间发展欠协调等现实和矛盾。为此萧山立足于统筹协调、全面发展,合理调整规划布局,以社会主义新农村建设为抓手,做到“富民为先、亲民为本、安民为重、智民为要、益民为旨”,解决了制约经济发展的许多难题。坚持以城带乡、以工哺农、统一规划、协调推进,打破城乡壁垒,推进户籍、就业、教育、土地等方面的制度创新和政策调整，构筑了低保、养老、医保、征地补偿、动迁补偿等“五道保障”，实现了城乡优势互补、互相促进、共同发展，初步展现了一幅城乡共荣的现代化新农村的美好蓝图。坚持以经济建设为中心，努力推进经济发展和社会的全面进步，较早摆脱了单纯强调经济建设的做法，做到优先发展教育，不断提高公共卫生管理水平，努力挖掘和弘扬以围垦创业为代表的“萧山精神”，大力推进生态城市建设，积极推进基层民主政治建设，大力加强党的先进性建设和执政能力建设，形成了经济、政治、文化、社会建设和党的建设互相促进、协调发展的良好布局。通过不断创新富民举措，缩小了贫富差距，社会中间群体日益扩大，真正做到了改革发展的成果惠及全体人民。

【服务型政府】 改革开放的30年里，萧山各级政府在富民的基础上，始终把为企业服务放在工作的重中之重。在软件和硬件条件上，不断为企业的孵化和壮大营造良好的体制环境。按照中小企业的发展需要，萧山政府努力改善企业所需的人力、资本、基础设施等资源的配置条件，切实帮助企业协调解决人才引进培训、融资担保、水电供应、设施条件、厂址迁移等方面碰到的实际问题，目的就是让尽可能多的中小企业实现生产规模、产业技术、竞争能力的进位升级，成为区域性、全国性的规模型企业。比如，为了进一步加快高新技术及科技型中小企业发展，自2003年起，区财政每年拿出专项资金1000万元，用于补助国家、省、市级高新技术企业和高新技术产品的技术开发费；每年安排专项资金500万元，投资于国家、省和高级企业高新技术研发中心、区域科技创新服务中心、科技示范基地，以及各类科技计划项目、专利的奖励和补助；每年安排专项资金1000万元，用于经批准引进的国内外高新技术企业或重大高新技术项目。此外，鼓励知识产权、信息、法律、管理、资信评估等中介机构的发展，鼓励民营企业和个人投资兴办孵化器，并对高新技术成果作为无形资产参股给予优惠政策。政府创造优越的投资环境从萧山被台湾电机电子同业公会2001年值得推荐的第20位上升到2003年极力推荐第1位，并连续多年保持第1位，可见一斑。

·民营经济发展载体·

近几年，萧山民营经济发展依托“五城、五区、五基地和四市场”开展“二次创业”，助力民营经济腾飞。

【空港新城】 空港新城规划面积73平方公里，主要包含靖江、南阳两个街道。按照“服务华东、辐射全国、面向全球”的总体定位和“一心一核四区六轴”的空间布局，杭州空港新城将重点发展航空物流、临空制造、商务贸易、特色旅游、生态居住等产业，致力于打造长三角南翼的空港经济中心、浙江省国际商务活动空中第一门户、杭州大都市空港产业集聚区和国际化、生态化、现代化的新型航空城，使空港经济成为杭州乃至浙江省经济的主要增长极。

空港新城是一座活力之城。具备了机场、交通、保税三大资源优势、区位优势和政策优势，将成为钱塘江南岸一颗璀璨的明珠。总投资12亿元的杭州保税物流中心（B型）顺利通过国家验收并正式对外运营。空港新城是一座宜居之城。具备钱江潮、“南阳八景”等丰富的自然资源，是一座人居之城、创业之都、休闲乐园。空港新城是一座高效之城。按照“办事不出新城”的原则，享有省级开发区和准国家级开发区的审批权限，将为投资者提供全程优质服务，成为成本最低、效率最高、环境最优、服务最佳、信誉最好的投资宝地。

境内杭州萧山国际机场是国内重要的干线机场、国际定期航班机场和国际航班备降机场，距杭州市中心27公里。机场工程按“一次规划、分期建设”的原则，分近、中、远三期实施建设。2012年，机场实现旅客吞吐量1911.53万人次、货邮吞吐量33.84万吨、航班起降量16.63万架次。目前，萧山国际机场新国内航站楼（T3航站楼）和第二跑道建成使用。扩建后的机场二期工程将达到年旅客吞吐量3000万人次、货邮吞吐量100万吨、航班起降量30万架次的规模。

【湘湖新城】 湘湖新城位于萧山城区西南部，范围涉及湘湖旅游度假区、闻堰镇全境和义桥镇、蜀山街道、城厢街道的部分，规划总面积约54平方公里。新城以生态建城为导向，总体突出“湖中有山、山中有城、城融湖山、江湖辉映”的格局，结构上突出“半边湖山半边城、三片五廊六核心”的特点。

湘湖，因其风景秀丽而被誉为杭州西湖的“姊妹湖”。湘湖还是浙江文明的发祥地。这里发掘的跨湖桥文化遗址，是国家级文物保护单位，这里出土了世界上最早的独木舟，把浙江文明史前推到八千年；湘湖城山之颠的越王城遗址，距今已有2500多年的历史，是当年勾践屯兵抗吴的重要军事城堡，见证了“卧薪尝胆”的历史风云，为迄今为止保存最好的古城墙遗址；湘湖是唐代大诗人贺知章的故里，李白、陆游、文天祥、刘基等历代名人在此留有不朽诗文。

目前，湘湖以5A级景区为标准，开发总面积10.6

平方公里，形成一湖二带三园四中心五大酒店十大景区五十个景点。即3.2平方公里一个湖面，105万平方米两个沿湖岸景观带；跨湖桥遗址、越王城遗址、少儿公园极地海洋世界三个主题公园；湘湖养生休闲中心、罗家坞野外体验中心、陈家埠休闲度假中心、眉山岛科普休闲中心四个休闲中心；水漾坞超五星级度假酒店、大樟树宾馆、湘庄、湘湖国宾馆、眉山宾馆五大酒店；老虎洞、石岩山等十大景区和五十个景点，达到年接待游客300万人次，使度假区成为集观光、休闲、度假、生态、文化、科普、健身、购物、演艺、会展的国际化旅游综合体。

【江东新城】 江东新城规划范围为东至钱江大道，南至红十五线、靖江街道北界和义蓬、南阳街道北界，西北至钱塘江岸线。规划总面积148平方公里，占大江东新城三分之一以上的面积。规划总人口30万人。

江东新城，源于2001年萧山区委、区政府作出的决策，由萧山经济技术开发区负责开发。2009年，杭州市委、市政府，萧山区委、区政府作出建设大江东区域一体化战略部署。2011年省委、省政府将大江东新城列为14个省级产业集聚区之一。而江东新城则是大江东"三城一区"的核心，拥有最佳的区位优势、交通优势、产业优势和空间优势，是萧山乃至杭州现代工业和现代服务业的重要发展区域、城市发展的重要功能模块，也是杭州经济社会发展的希望和潜力所在。

曾经的围海造田，被称为人类造地史上的奇迹。如今新时代的萧山人将在江东这片土地上再次创造奇迹，实现由"建区"向"建城"跨越，建设一个集先进制造功能、产业服务功能、现代城市功能于一体的都市型、生态型、现代化新城。

【临江新城】 临江新城的发展定位是以先进制造业为主，融商贸、物流、居住、办公等城市功能于一体，杭州湾畔产业集聚化、布局合理化、环境特色化、设施现代化、功能完善化的宜居型、科技型、生态型、低碳型花园式海港新城。

临江新城将重点打造城市核心、产业集聚、临江经济、生态休闲等四大功能区。

"昨日垦区，今日园区，明日城区"。临江新城，一座现代化的工业新城、海港新城、生态新城，将在杭州大都市东部迅速崛起。

【钱江世纪城】 钱江世纪城地处萧山城北江滨地区，东北到杭甬高速公路，西北至钱塘江滨，西南至七甲闸——利民河，南到前解放河，东至利群河和市心路。与杭州钱江新城隔江相望，规划总用地为22.27平方公里，可容纳人口12万人。

作为未来杭州城市中央商务区的重要组成部分和城市双心结构的核心内容，钱江世纪城的发展模式定位为：立足长江三角洲，作为以上海国际商务中心区为龙头的整体商务功能的扩展和延生，与钱江两岸遥相呼应，优劣互补。在发展中，充分结合地形，尊重自然，构筑现代生活。

建成后的钱江世纪城将具有行政管理、商务办公、金融贸易、科技信息、空港服务、生活居住、商业文娱等七大功能。这里已建成钱江第一隧道--庆春路隧道；这里讲涌现杭州最高的一批摩天大楼；这里将成为杭州江南新城的核心地带；这里将是杭州未来的中央商务区，这就是钱江世纪城。

【萧山经济技术开发区】 萧山经济技术开发区创建于1990年8月，1993年5月经国务院批为国家级经济技术开发区，是浙江省的重点开发区和日商、台商投资最密集的地区。建区二十多年来，一个以发展工业、引进外资、出口创汇为主导的外向型、现代化的工业园区已经形成。

萧山经济技术开发区区域位置优越，交通便捷。开发区位于中国东南沿海长江三角洲南翼上海经济区的浙江省杭州市萧山区境内，紧依萧山城区，沪杭甬、杭金衢高速公路穿境而过，距上海、宁波港口各150公里，距浙赣、杭甬铁路干线萧山火车站仅3公里，离杭州萧山国际机场10公里。

萧山经济技术开发区内设有杭州江东工业园区、萧山高新技术产业园两个省级开发区及国家级杭州软件产业基地萧山扩展区块。其中，江东工业园区将以打造环杭州湾产业带先进制造业基地为目标，是萧山开发区发展的新空间和主要平台，目前该园区已成功建有浙江数控装备制造业基地、杭州汽车产业园。同时，开发区内还成功建设了高新园区创业中心、日本静冈工业团地、台湾机械工业城、中国(杭州)女装产业园，为提升产业结构，聚集产业优势，促进区域经济发展发挥了重要作用。

【萧山现代农业开发区】 萧山现代农业开发区位于钱塘江南岸，是报国务院同意，经国家发改委批准的第一个国家级现代农业开发区。萧山现代农业开发区东濒杭州湾，南临绍兴，西连杭州，北接杭嘉湖平原，距上海180公里，距宁波110公里，离杭州萧山国际机场仅2公里。浙赣、杭甬铁路和104国道、沪杭甬高速公路穿境而过。开发区淡水供应充足，交通、电力、通讯、教育、卫生等基础设施一应俱全。

萧山现代农业开发区资源丰富、地域广阔、地势坦荡、土层深厚,适宜发展以粮棉为主的种植业、养殖业和农产品加工、贮藏业以及旅游观光业,特别是其远离城镇、天蓝水清的环境,是开发无公害绿色产品和现代高新农业的理想之地。

萧山现代农业开发区已形成粮棉油、特种水产、特种畜禽、名特优蔬菜瓜果花卉、农产品保鲜加工、高科技生物工程、旅游观光农业等七大主导产业。

【杭州萧山临江工业园区】 杭州萧山临江工业园区组建于2003年3月,位于萧山区东北部,地处钱塘江南岸,紧邻杭州湾出海口,总规划面积160平方公里,是大江东产业集聚区面积最大的一个区域。

目前园区正大力发展汽车整车及零部件、机械装备、新能源等主导产业,培育发展电子信息、激光装备、新材料等高新技术产业,积极发展研发设计、中介创意、文化旅游、商贸物流等现代服务业,提升发展轻工纺织等传统优势产业,力争建成杭州东部的现代化新城。园区获杭州市高新技术产业园称号,并被评选为"浙江省最具投资价值工业园区"和"中国最具台资企业投资价值园区",还被省政府定点为"浙江省台商投资区",被省发改委认定为"新能源高技术产业基地核心发展区",并且是"国家新能源高新技术产业化基地拓展区",综合竞争力和整体形象不断提升。已有东风裕隆汽车、东风大客车、东方电气、吉利汽车全球研发技术中心、中科院新松机器人等一批重大项目落户。"昨日垦区,今日园区,明日城区"。相信经过若干年的努力,一座以先进制造业为主,融商贸、物流、居住、办公等城市功能于一体,杭州湾畔产业集聚化、布局合理化、环境特色化、设施现代化、功能完善化的宜居型、科技型、生态型、低碳型、花园式新城,将在杭州大都市东部迅速崛起!

【杭州萧山前进工业园区】 正当大江东新城壮丽蓝图全面展现之时,一个新的前进已迈着矫健的步伐向您走来。前进街道位于萧山东北端,座落在前进工业园区,由临江、前峰、三丰3个行政村和22个镇、街的垦种"飞地"组成,行政区划面积40平方公里。随着前进工业园区开发建设的全面兴起,街道工业经济呈现出强劲的发展势头。

当前,区委、区政府对前进街道的发展、建设更加关切,园区给前进街道的支撑和支持更加有力,人民群众对前进街道的期待和希望更加迫切。机遇千载难逢,发展时不我待,需要我们只争朝夕、蓄势而发、强势而为,扎扎实实做好新一年的工作。

【浦阳江生态经济区】 浦阳江生态经济区以浦阳江以及永兴河为保护开发核心,整合萧山区南部临浦、义桥、戴村、所前、进化、浦阳、河上、楼塔等八个建制镇环境资源和人文资源,全力打造"生态经济"、"低碳经济"、"创意经济"。全区规划面积450平方公里。

按照区域发展的总体思路和目标定位,综合分析产业和城镇发展潜力、自然地理条件和空间潜力,浦阳江生态经济区总体空间布局可概括为"一心两翼、一轴三带、一城三区"的空间结构。

"一心",即浦阳江区域中心"临浦组团",是浦阳江生态经济区的经济中心、商业中心、居住中心和区域服务中心。"两翼",即东侧的"进化片区"和西南侧的"河上片区"。"一轴",即浦阳江发展轴,是整个区域发展的中轴线和灵魂所在。"三带"是03省道产业带、03省道东复线产业带、临浦组团快速通道产业带。"一城",即"浦阳江新城",是临浦组团的城镇功能区块、浦阳江沿江发展的重点启动区块,也是浦阳江生态经济区的城市核心区。"三区"是云石生态旅游度假区、青化山风景旅游度假区、大西畈休闲创意产业园区(含河上老街历史文化街区),为浦阳江生态经济区的重点启动区块。

【汽车电子产业基地】 空间布局:启动区块位于蜀山街道,规划面积1000亩,东至湘湖农场,西至部队农场,南至湖东村,北至亚太路。另在开发区桥南区块规划一定的面积作为汽车电子生产基地的延伸区块。具体目标:完成增加值7亿元,税收1.4亿元。发展方向:优先发展能够发挥龙头企业优势的以ABS和EPS为主导的汽车底盘电子控制产业。积极发展高成长性且易于接受国际产业转移的车载信息娱乐系统产业。

【数控装备产业基地】 空间布局:位于萧山江东工业区,规划面积1200亩,东起青六公里,南至江东三路,西至江东四路,北至综五路。具体目标:完成增加值10亿元,税收2亿元。发展方向:以现有龙头企业为依托,积极承接台资数控装备产业链向大陆转移。加快以数控化技术改造提升萧山传统产业。以中高档、精密、高速数控机床为核心,吸引数控核心技术研发、装配集成、整机生产企业集聚。积极发展数控机床相关配套产业。

【精密模具产业基地】 空间布局:位于瓜沥镇,规划面积1500亩,东接青六公路,南至三益线,西至临港工业功能区,北临光靖线。具体目标:完成增加值10亿元,税收2亿元。发展方向:重点发展既能满足大批量需要,发展前景好,又有较高技术含量,特别是目前国内尚需大量进口的模具和能代表发展方向的大型、精密、复杂、长寿命模具。主要有精密塑料模、精密冲压模、精密压铸模、多功能复合模具和主要模具标准件。

【信息软件产业基地】 空间布局：以国际创业中心和开发区创业中心为龙头，闻堰区块为产业化基地。闻堰区块规划面积1270亩，位于时代大道东侧山河村、长安村。在城区规划建设创业大厦作为孵化区。具体目标：完成增加值15亿元，税收3亿元。发展方向：加快塑造品牌，在区域间竞争中实现错位崛起。加强产业联动，以信息化提升萧山制造业能级。用好杭州国家软件基地萧山扩展区块的品牌和政策，大力发展以嵌入式为主的软件业，加快突破以半导体为主的电子信息产品制造业，重点提升以行业信息平台为主的信息服务业。

【生物工程产业基地】 空间布局：位于浙江省农业高科技示范园区内，规划面积1050亩，东至九号坝直河，南至沪杭甬高速，西至规划农科路，北至规划滨江二路。具体目标：完成增加值18亿元，税收3.6亿元。发展方向：运用基因工程、细胞工程、微生物工程和酶工程等技术，重点发展农业生物、生物医药产业。

【浙江(中国)纺织采购博览城】 中国纺织采购博览城立足杭州湾、依托长三角、辐射全国、影响国际，集商品的交易展示、行业资讯、电子商务、现代物流、技术创新、人力资源，以及金融结算等功能于一体，成为规模化、专业化、现代化、国际化、规范化的超大规模纺织原料和纺织品专业交易展览中心，成为环杭州纺织产业带商业商务平台。

中国纺织采购博览城位于“明华—钱清纺织原料商圈”是在“浙江明华轻纺原料市场”的基础上进行扩张、升级而成。由纺织原材料交易中心、纺织品交易中心、国际会展中心、跨国纺织采购中心、国际大酒店和仓储物流中心6大功能构成，集展示交易、仓储物流和金融结算为一体，倾力打造“中国纺织产业CBD”。

中国纺织采购博览城依据纺织商品交易市场五大发展趋势：公司化交易、电子商务、现代物流、会展博览和跨国采购等要求，在“物业形态”和“商业业态”上，充分考虑经营者的不同需求，推出“独立式—铺位式—商铺式写字间—跨国商务”等物业供业界选择，为纺织业构筑采购与营销平台。

中国纺织采购博览城建在萧绍交界处，有利于环杭州湾纺织产业的做精做强做大，有利于承接国际纺织产业的大转移，凸显萧绍纺织产业区域在国际跨国纺织采购商务中的地位。再加上中国纺织采购博览城在物业功能与商业形态方面，比一般的专业市场更能适应环杭州湾纺织产业格局的发展趋势和国际商业模式的升级，对提升萧绍纺织产业在全国及世界的地位将发挥特殊的作用。

中国纺织采购博览城所处的杭州市萧山区衙前镇，104国道穿镇而过，杭州萧山国际机场近在咫尺，沪杭甬、杭金衢高速公路畅通全镇，潜在的交通优势将随着杭甬航运运河的建设会进一步显现。杭甬航运运河现已动工，通航能力是500吨，现在是300吨。化纤原料类产品运输成本水运比陆运有很强的优势，成本更低，中国纺织采购博览城正好位于杭甬运河边，无论是进出宁波港还是上海港都很便捷。

【萧山商业城】 萧山商业城开业于1992年10月12日，座落在钱塘江畔的杭州市萧山区，南靠萧绍路，北依萧山经济技术开发区，沪杭甬、杭金衢高速公路依城而过，杭州萧山国际机场近在咫尺，海陆空交通便利，是杭州市的大型商贸城。

萧山商业城于1999年、2003年先后两次被浙江省人民政府确立为全省20大市场之一，2003年在全国综合类工业品市场中排名第四位，2004年被中国城市商业网点建设委员会评为“全国诚信规范市场”，并荣获萧山区服务业“十强企业”，2005年在全国民营企业峰会上被测评为“全国商品市场综合竞争力第十一强”，被中国商业联合会市场专业委员会评为“中国品牌市场基地”。

【浙江新世纪市场园区】 浙江杭州萧山新世纪市场园区，位于杭州市钱江南岸、萧山国家级经济技术开发区东北侧，规划用地6000余亩。东至104国道，西依03省道，北临机场路，紧靠城区，毗邻钱江二桥、三桥，为沪杭甬、杭金衢高速公路交汇处，与萧山国际机场近在咫尺。地理位置优越，交通便捷，是萧山区“十五”期间的重点工程和跨世纪十大发展战略工程之一。

园区一期工程总占地680亩，开发建设汽车、建材装饰和汽配五金三大市场，已建市场总建筑面积达27万平方米，总投资近人民币7亿元。市场内设高架天桥、楼顶独立车位、大屏幕放映厅、信息服务中心等众多现代化设施，并有11万平方米的配套居住小区和50余亩三产服务项目用地，100亩大型仓储群和直达全国各地的便捷的交通运输网络，提供全方位的先进物业管理。由政府组织织管理和提供服务、充分保证市场的协调运作。依托于强劲发展的区域经济，新世纪市场园区将是华东地区规模最大、档次最高、配套最全，集销售、展览、储运、电子商务、商情服务等诸多功能于一体的大型专业特色市场群，已初步展示出“浙江市场航母”形象。

园区环境优美怡人，建筑设计高档，绿化覆盖率高，喷泉、绿地、雕塑、彩灯相映成趣，大型休闲广场、露天公园、停车场等一应俱全。是具有浓厚商贸气氛的新兴城区，集天时、地利、人和于一体，是新世纪有识之士施展才华的首选之地。

【浙江萧然钢材物流中心】 浙江萧然钢材物流中心位于杭州市萧山区所前镇。项目规划930亩（一期工程315亩）是钱塘江以南在建最大的钢材物流中心。本中心地理位置优越：东依杭甬运河，连接钱塘江、京杭运河；西临03省道东复线；南靠杭州绕城高速，与杭甬、杭金衢高速贯通；距新建浙赣线铁路货运站3公里。市场辐射浙东、浙南、浙西各大城市。

浙江萧然钢材物流中心，凭借良好的地理位置，一期工程建设可容纳4艘500吨级船舶同时装卸的水运码头，年吞吐量100万吨以上；办公、交易及商业配套用房2万平方米；货场堆放面积3万平方米；配备32吨门吊4台，10吨以上吊机6台；拟建10万平方米室内仓储加工区。

萧然钢材物流中心举办者，具有十余年市场建设的历史，拥有举办萧山商业城、浙江世纪汽车市场的成功经验，现有省三星、四星级等各类市场20余家；市场拥有完善的管理组织机构和专业的员工队伍；市场提供仓储、加工、装卸、运输、交易24小时全程服务；市场采用高效、快捷、准确的智能化管理系统；市场提供优惠的税收、金融政策。

（杭州市萧山区统计局　汤金星）

（责任编辑：王怡然　金瑞锋　黄莹莹　杨丽君）

海　宁　市

·概况·

【地理位置与历史沿革】 海宁市位于浙江省东北部、杭嘉湖平原南端，东距上海120公里，西离杭州60公里，南濒钱塘江。地理坐标北纬30°15′~30°36′，东经120°18′~120°53′。地形狭长，东西长51.65公里，南北宽28.94公里，内陆面积700.50平方公里。

海宁市历史悠久。距今约6000年的新石器时代，就有人类在这里繁衍生息。三国吴黄武二年（公元223年）置县，称盐官县，因其境东南濒海，历代不断筑修海塘以御潮汐之患，至清乾隆年间，筑成长达二十多公里的鱼鳞石塘，海水始宁，乃易名海宁，沿用至今。新中国建立后为海宁县，1986年11月经国务院批准撤县设市。海宁是全国首批沿海对外开放县市之一，浙江省首批小康县市。

【人口与资源】 2014年末，海宁市总户数185510户，户籍总人口673782人。按户籍人口计算的人口密度为962人/平方公里。按性别分为男性330708人，女性343074人，人口性别比为96.40（以女性为100）。2014年，全市人口出生率为10.35‰，人口死亡率为6.75‰，人口自然增长率为3.60‰。

海宁市素有“鱼米之乡”之称，2014年粮食总产量18.05万吨，蚕茧总产量0.51万吨，油菜籽总产量1.14吨，水产品总产量2.99万吨，全年生猪饲养量32.86万头。物产丰富，工业经济发达，是全国皮革服装及皮革制品、家用装饰布、经编布的重点产区和集散中心。

海宁市地理位置优越，交通便捷。地处杭州都市圈、上海经济圈、宁波大都市经济圈、环太湖经济圈四大经济圈的交汇中心，沪杭铁路和沪杭高铁穿越境内，设有两个车站。二横三纵的高速公路贯穿境内，设有五个高速出入口。抵达杭州萧山机场只需45分钟，抵达上海虹桥机场也只需1个多小时。海宁3小时内辐射的港口有嘉兴、上海港、大小洋山港、宁波港。定级内河航道46条，主干道航线与京杭大运河相连。海陆空交通畅通便捷，为全市经济发展奠定了良好的基础。

【经济发展】 经济综合实力不断增强。2014年海宁市实现生产总值669.09亿元，比上年增长7.2%，其中，第一产业增加值22.75亿元，增长2.8%，第二产业增加值379.81亿元，增长7.3%，第三产业增加值266.53亿元，增长7.5%。产业结构继续调整，三次产业结构比为3.4:56.8:39.8，以第二、三产业为主要推动力的经济增长格局得到进一步巩固。2014年海宁市人均生产总值（户籍人口）为99647元，比上年增长6.6%；按平均汇率计算为15325美元。

财政收入较快增长。2014年完成财政总收入108.49亿元，比上年增长15.1%，其中公共财政预算收入60.03亿元，增长14.4%。全年公共财政预算支出60.68亿元，增长18.6%，财政在保持收支基本平衡的同时,对教育、科技和医疗卫生发展的支持力度继续加强,其中教育支出15.16亿元,科技支出2.90亿元,医疗卫生支出4.52亿元。

海宁市先后荣获了中国特色魅力城市、中国大陆最佳商业城市、长三角最具投资价值县市、中国金融生态城市等称号。在2014年发布的福布斯中国大陆最佳县级城市名单中,海宁名列浙江省内第三,全国第八,是长三角地区最具发展潜力的县市之一。

【文化特色】 海宁拥有三大文化。第一大文化是灯文化。海宁硖石灯彩是首批国家级非物质文化遗产,以其工艺独特、制作精细的“八字技法”闻名中外,堪称“江南一绝”,早在宋代就被列为贡品,现在,党和国家领导人多把它作为国礼赠送给国际友人。第二大文化是潮文化。天下奇观海宁潮,因大自然的特殊恩赐以及涌潮受地壳抬升和地形变化,形成了起头潮、交叉潮、一线潮和回头潮。历史上,白居易、李白、苏东坡等历代文人墨客观潮后留下了千余首咏潮诗词,清代乾隆皇帝六下江南中曾四次到盐官观赏海宁潮,毛泽东、江泽民、李鹏等党和国家领导人都曾来海宁观潮,给海宁人民留下了一笔丰富的“潮文化”资源。第三大文化是名人文化。海宁历史上涌现了许多名人,《影响中国的海宁人》一书收录名人88位。象唐代诗人顾况、宋代女词人朱淑真、明代史学家谈迁、清代数学家李善兰、近代“国学大师”王国维、著名诗人徐志摩、军事理论家蒋百里、戏剧家沙可夫、英语教育家许国璋、书法家张宗祥、篆刻书画家钱君匋、著名武侠小说作家金庸等,都是海宁人。

【城市建设、环境保护】 城市建设继续深入,城市空间不断拓展,城市功能日趋完善,积极打造“城在水中、城在绿中、城在文中”的城市特色。城市建城区面积扩大到46.57平方公里,市区绿化覆盖率达43.02%。供水网络不断拓展,总长已达643.54公里。天然气利用工程全年完成管网敷设,总长度达306.37公里。城市污水管网总长度达615.94公里。城区路网更趋完善,市区新建道路13.56公里,面积21.67万平方米。

生态市建设成效明显。绿化造林面积不断扩大,全年造林更新面积787公顷。至2014年底,建立起9个国家级生态镇、12个省级生态镇(已经实现海宁市全覆盖);有省级绿色医院3家,绿色社区52个(省级13个),绿色学校74所(国家级1所、省级19所);金叶级绿色旅游饭店1家,银叶级绿色旅游饭店9家;嘉兴市级生态村142个,浙江省生态文明教育基地、省级生态环境教育示范基地各1个。全市万元GDP综合能耗比上年下降4.2%,万元规上工业增加值能耗比上年下降3.0%。化学需氧量、二氧化硫排放量完成上级下达的削减目标任务。

【人民生活、社会保障】 城乡居民收入稳步增加。根据抽样调查,全年城镇常住居民人均可支配收入和农村常住居民人均可支配收入分别为44887元和25786元,增长9.1%和10.5%。城镇居民人均消费支出和农村居民人均生活消费支出分别为23759元和15938元,增长4.4%和27.2%。其中,城镇居民医疗保健、交通和通讯两项支出增长较快,分别增长9.3%和6.9%;农村居民交通、通讯和家庭设备、用品及服务两项支出增长较快,分别增长48.1%和35.3%。2014年城乡居民恩格尔系数较上年有所下降,分别为29.5%和29.7%。年末城镇居民人均使用住房面积30.04平方米,农村居民人均使用住房面积67.34平方米。

劳动就业工作继续加强。全年共举办各种劳动力交流专场94期,提供就业岗位12.25万个。举办各种再就业培训75期,使5950人次得到了专业技能培训。充分发挥“海宁市人力资源市场”功能,年内共帮助7203名城镇失业人员实现再就业。城镇登记失业率得到有效控制,2014年末全市登记失业人数3308人,城镇登记失业率2.91%。

社会保障事业日益完善。年末全市共有社会福利事业单位20个,床位4958张,收养1708人。社会救济总人数14897人,其中最低生活保障对象4918人,城镇居民和农村居民最低生活保障人数分别为688人和4230人,全年共发放低保金额1949万元。全市城乡社区居家养老服务照料中心建成188个,其中城市社区养老服务中心建成56个,覆盖率达89%,农村社区养老服务中心建成132个,覆盖率达82%。

全力推进职工基本养老保险覆盖面。年末全市基本养老保险参保人数38.8万人,比上年末增加2.7万人,其中企业参保人数34.1万人。全年共收缴职工基本养老保险基金17.21亿元,收缴失业保险基金1.64亿元,为4.11万人次发放了失业保险救济金。稳步推进城镇职工基本医疗保险制度改革,年末参保人数达37.4万人,其中大病统筹7.4万人。

·非国有经济主要产业·

【概述】 改革开放以来,海宁市的非国有经济不断发展壮大,在国民经济中的比重不断提高,地位日渐突出,作用日益明显。特别是在工业经济中的发展成绩更加突出，形成了皮革、经编、家纺三大支柱产业和太阳能、印刷包装、汽车零部件、机械装备、电子信息五大新兴产业等多行业、多元化发展的格局，有效推动了海宁市国民经济的健康发展。

【农业】 农业经济稳步增长。2014 年全市采取了一系列支农惠农的重要举措，有效地带动了农民生产的积极性和主动性。全市实现农业总产值 35.80 亿元，可比增长 0.7%，中农业完成产值 18.01 亿元，林业完成产值 0.28 亿元，牧业完成产值 11.07 亿元，渔业完成产值 4.47 亿元。

农业结构调整力度继续加大，产业化水平不断提高。花卉苗木、优质果蔬、特种水产等特色产业发展继续加快，第一产业的基础地位得到进一步巩固。全年农作物总播种面积 49.88 千公顷。其中，粮食播种面积 27.33 千公顷，经济作物种植面积 22.54 千公顷，其中油菜种植面积 4.47 千公顷，蔬菜种植面积 11.50 千公顷，花卉苗木种植面积 3.95 千公顷。粮经种植比由上年的 54.91:45.09 调整为 54.80:45.20。全年粮食总产量 18.05 万吨；蔬菜总产量 31.15 万吨；油菜籽总产量 1.14 万吨；蚕茧总产量 0.51 万吨。

高效生态都市型现代农业加快发展，全市拥有省级无公害农产品基地 67 个，有国家无公害农产品 66 只，绿色食品 30 只，有机食品 1 只，通过“三品”基地认定、认证面积 9679 公顷。农产品品牌建设加速推进，全市共有嘉兴市级以上著名商标 24 个，名牌产品 15 个，中国驰名商标 3 个；农业现代化发展指数列全省十强。农业龙头企业不断壮大，全市有农业龙头企业 48 家，实现产值 46.85 亿元；各类专业合作组织获得新发展，全市有各类农民专业合作社 155 家，工商登记的家庭农场 351 家。

全年农田基本建设完成土石方 562 万立方米，其中水利建设完成土石方 542 万立方米，水利建设总投入 5.40 亿元。农田有效灌溉面积 33.32 千公顷，旱涝保收面积 29.37 千公顷。疏浚河道 484 千米、长效保洁 2407 千米(已经实现全覆盖)。

【工业】 2014 年，海宁市继续坚持走新型工业化道路，扎实推进“工业强市”战略。注重以结构调整为主线，加大工业投入力度，海宁市的特色产业继续得到较快发展，工业经济总量快速攀升，成为拉动全市经济增长的主要动力。全年实现工业增加值 329.92 亿元，比上年增长 7.2%。其中，非国有工业经济实现增加值 322.99 亿元，占全部工业增加值的 97.9%，非国有经济有效拉动了工业经济的发展。

2014 年全市规模以上工业总产值达到 1385.61 亿元，增长 4.8%。其中，非国有工业实现工业总产值 1343.28 亿元，占规模以上工业总产值的 96.9%。私营企业和港澳台投资企业是我市规上工业生产增长的主要推动力。私营企业和港澳台投资企业共实现工业总产值 980.77 亿元，增长 6.6%，直接拉动我市规模以上工业总产值增长 4.4 个百分点，其中：私营企业实现工业总产值 774.99 亿元，增长 4.8%，直接拉动我市规模以上工业生产增长 2.56 个百分点；港澳台投资企业实现工业总产值 205.79 亿元，增长 13.7%，直接拉动我市规上工业生产增长 1.79 个百分点。

近年来，通过改制、改组、改造等形式，国有及国有控股工业企业数量在逐渐减少。同时，海宁市非国有经济通过扶强扶优扶新，紧抓当前难得的发展机遇，充分利用非国有经济基础良好的发展条件，努力做大做强一批品牌企业。通过加快工业经济的产业结构调整，以“三五”产业为支撑，有重点、分步骤实施工业产业集聚提升战略，大力培植具有海宁特色的产业群，形成了皮革工业、纺织工业(经编、家纺、袜业等)、机械工业(汽配行业)、印刷包装工业、电子工业、太阳能光伏行业等几大主导产业竞相发展的良好局面。

1、皮革工业

海宁素有“皮革之乡、皮衣之都”的美誉，皮革产业是海宁的传统优势产业，也是海宁重要的区域特色产业。作为海宁市重要的支柱产业，皮革产业经历了产业萌芽、发展、提升三个发展阶段后，目前海宁已经形成以制革、皮装和沙发为主导，在国内外具有相当知名度和影响力的皮革产业集群。2008 年，海宁皮革产业集群进入转型提升阶段以来，海宁皮革不再追求简单的规模扩展，不再局限于低附加值的制造环节，通过不断挖掘集群整体效应，实现区域、企业的联动发展。为实现成功转型，海宁市政府出台了一系列的扶持政策，在政府的正确引导下，海宁皮革产业集群的转型升级成就显著：2009 年“海宁皮革”被授予浙江区域名牌，2011 年海宁皮革被列为省级工业设计示范基地，同一年又被列为浙江省产业集群区域国际品牌试点产业。区域品牌建设方面，继 2009 年，“海宁皮革”被认定为浙江区域名牌之后，2013 年，海宁又荣获了“中国皮革皮草服装名城”，海宁皮革产业集群示范区被列为全省第一批区域国际品牌试点，“中国海宁皮革指数”发布标志着皮革产业指数时代的到来，中国海宁皮革指数不仅为企业生产经营提供了科学的风向标，更为推广海宁皮革区域品牌提供了有力的平台，提升了海宁皮革产业在国内的影响力和知名度。与此同时,部分规模较大的皮革企业与国外建立了长期的技术合作伙伴关系,皮革产品的科技含量逐渐提高。特别是近几年来,通过加快科技创新步伐,全市在皮革行业中建立起了一批技术研究中心,在科技开发和工业创新上再上新台阶。同时,在海宁中国皮革城新城启用和扩建后,依托这一全国最大的皮革服装市场,每年举办皮革博览会,举办国际时尚皮衣发布会,发布皮革服装流行趋势,海宁的皮革产业对外辐射力越来越大。在产业健康发展同时,品牌培育扶植步伐也继续加快,"海宁皮革"成为我市第二个省级区域名牌,通过"海宁皮革"这一区域品牌,调整产品结构,推动产业升级,鼓励和扶持企业向高端、品牌方向发展,走集体—个体、数量—质量、区域品牌—国内外品牌的创新之路。

2014 年全市拥有规模以上皮革企业 102 家,实现工业总产值 164.18 亿元,实现主营业务收入 159.43 亿元,实现利税 13.80 亿元,实现利润 5.70 亿元。海宁市皮革业的产销能力、国内市场份额和出口规模均位居全国前列,在国际国内市场竞争中具有一定的优势。2014 年皮革类产品(皮革服装、票夹箱包、毛皮裘革、皮沙发套等)出口 2.05 亿美元。同时,皮革工业企业尤其是规模骨干企业不断加大技改力度,皮革产品生产规模不断扩大。全年规模以上皮革企业生产轻革 2362 万平方米、皮革服装 618 万件、天然毛皮服装 13.53 万件。

2、纺织工业

纺织业在海宁市工业经济中占据重要地位,纺织业中又以经编、家纺、袜业为优势产业,具有明显的区域特色。2014 年,全市拥有规模以上纺织企业 507 家,实现工业总产值 415.91 亿元,实现主营业务收入 394.93 亿元,实现利税 36.69 亿元,实现利润 19.98 亿元。

经编工业是继皮革工业之后的又一大主要产业,也是海宁市"三五"产业工程发展规划重点培育产业。近年来,海宁经编产业正从"快速增长"过渡到"稳中求进"时期。经编企业已具备生产 2000 多种产品的能力,产品涉及产业用、装饰用和服装用三大领域。目前,海宁市经编产业规模全球第一;双轴向经编机拥有量全球第一;灯箱广告布、土工布全国市场占有率第一;创建全国规模第一的经编产品数据库;经编产品新产品开发数量全国排名第一;全员劳动生产率、每亩土地产出率全国第一。全市经编行业已拥有规模以上企业 214 家,实现工业总产值 194.51 亿元,实现主营业务收入 189.26 亿元,实现利税 15.46 亿元,实现利润 9.17 亿元。产业用经编产品在国内继续保持龙头和领导地位,并涌现出了海利得新材料、宏达经编、锦达新材料、德俊织染、明士达经编等一批具有代表性的企业,形成了一定的品牌知名度。浙江海宁经编产业园区是海宁市经编产业最为集中的区域。园区现有经编企业 200 多家,形成了以浙江海利得新材料股份有限公司、浙江锦达新材料股份有限公司、浙江万方新材料股份有限公司等为龙头以及众多中小企业为基础的经编企业群体。园区 85%以上的企业从事经编及相关产业,经济总量约占海宁市经编产业总量的 80%,占全国经编产业总量的 20%;园区主要产品灯箱广告布、蓬盖布约占国内市场的 80%,土工材料约占国内市场的 40%,形成了"原料——织造——后整理加工——深加工产品"特色经编产业链。品牌建设已在全行业形成共识,品牌建设的内生动力明显增强,品牌发展环境不断改善。"马桥经编"被认定为"浙江区域名牌"。海宁市被中国纺织工业协会分别命名为"中国经编名城"和"全国纺织产业基地县(市)"。省级经编特色产业园区所在地—马桥被中国纺织工业协会命名为"中国经编名镇"。浙江海宁经编产业园区被国家工信部命名为首批"新型工业化产业示范基地"。

家纺工业是海宁市根据市场需求变化而发展起来的工业,其产品经过多年来的不断创新,逐渐由原来的中低档窗帘布、沙发布等为主向高档沙发布、成品窗帘、地毯、桌布、台毯、垫子、浴帘和床上用品等方面发展,形成了以大提花色织物为主的家纺布艺产品特色,因而具有明显的产品特色优势。由于其用途广泛,花色品种繁多,深受市场喜爱,产品的经销范围逐渐扩大,在全国销售市场上树立了良好形象。海宁中国家纺城专业市场的建设与发展,进一步促进了海宁家纺产业量质并重的技术优势、产销联动的营销优势、外资外贸的外向优势。特别是近几年来,通过参与和举办家纺博览会,加强与中外客商的合作与交流,提升了家纺行业设计的整体素质,增进了创建家纺产品国际品牌的理念,加快了家纺产业、产品的结构调整和升级,推进了"家纺时尚,潮起海宁"的步伐,使海宁家纺业的发展走上了一条国际化的"高速公路"。2014 年,全市家纺行业已拥有规模以上企业 140 家,实现工业总产值 96.11 亿元,实现主营业务收入 92.67 亿元,实现利税 6.92 亿元,实现利润 3.50 亿元。许村镇是海宁市家纺产业的生产集聚地,该镇着力打响"中国布艺名镇",努力做大做强家纺产业,经过近三十年的发展,已基本形成了以中小企业集群为基础、特色工业区为支撑、专业化市场为依托的原料供应、面料织造、成品加工、印染后整理和产品研发设计、质量检测、销售一条龙的区域特色经济。海宁许村装饰布工业区,使海宁的家纺业从分散趋于集聚,提高了海宁家纺业的整体竞争力,促进了块状特色经济的发展。几年来,培育了一批上规模、上水平的装饰布个私工业大户,其集散中心在海宁市西部地区不断发展壮大,逐步成为海宁非国有经济的重要产业。

袜业通过海宁市近年来的积极培育和发展,继续在整个纺织业中占据着重要地位,生产企业主要集中在海宁经济开发区、海昌街道、袁花镇等范围。经过近年来的不懈努力,海宁市袜业的产业规模逐渐扩大,发展势头良好,在全国的地位也不断提高。2014 年海宁市袜业企业继续发展壮大,已拥有规模以上企业 50 家,实现工业总产值 28.62 亿元,实现主营业务收入 28.65 亿元,实现利税 2.13 亿元,实现利润 0.59 亿元。全市袜业企业以生产中高档产品居多,主要生产各种平纹袜、毛圈袜、双针筒提花袜等,大部分产品出口,销往欧美及东南亚国家和地区。经过几年来的发展,海宁市袜业逐步成为纺织业中继经编、家纺后的第三个特色纺织业。

3、机械工业和印刷包装工业

机械工业和印刷包装工业作为海宁市重点发展的两个重要行业,以市场为导向,加快产业结构调整步伐,机械工业和印刷包装工业基础和实力继续增强,机械产品和印刷包装的科技含量逐步提高,市场竞争力继续增强。通过科技投入和技术改造力度加大,机械行业和印刷包装工业走出了一条稳定可持续增长的发展之路。2014 年,海宁市机械工业拥有规模以上的企业 82 家(汽配行业 7 家),实现工业总产值 83.37 亿元(汽配行业 5.12 亿元),实现主营业务收入 80.46 亿元,实现利税 8.01 亿元,其中利润 4.56 亿元;印刷包装工业拥有规模以上的企业 14 家,实现工业总产值 20.27 亿元,实现主营业务收入 19.39 亿元,实现利税 1.08 亿元,其中利润 0.57 亿元。近年来机械和印刷包装企业经过不懈的努力,规模继续壮大,2014 年洁华控股股份、天通吉成机器、长海包装集团、诚信包装材料、粤海彩印等企业年销售收入均超 3 亿元。

4、电子工业

电子工业作为海宁市重点发展产业,科技含量高、经济效益好。经过多年的培植和发展,海宁市电子产业已形成一定的规模。国家科技部火炬中心组织专家组对海宁市软磁产业基地进行实地考察、评审,同意认定海宁市为“国家火炬计划软磁材料产业基地”,成为了海宁市高新技术产业发展的前沿阵地。2006 年被确定为“国家(嘉兴)机电产业园海宁磁性材料产业区”。当前,全市电子企业产品主要有三大类,第一类是软磁磁性材料,第二类是电子变压器,第三类是永磁元件和电子陶瓷片等电子配套产品。在电子龙头企业天通控股股份有限公司的带动下,电子行业发展迅速,2014 年,海宁市电子行业拥有规模以上的工业企业 30 家,实现工业总产值 29.42 亿元,实现主营业务收入 26.23 亿元,实现利税 2.36 亿元,其中利润 0.90 亿元。

5、太阳能光伏行业

太阳能行业是海宁市的新兴重点发展行业,该行业科技含量高,产品又具有环保节能的特点,因此市场潜力大,发展迅速。“美大”被认定为中国驰名商标。2014 年,海宁市太阳能行业拥有规模以上工业企业 27 家,实现工业总产值 103.96 亿元,实现主营业务收入 98.81 亿元,实现利税 7.83 亿元,其中利润 3.85 亿元。

【投资、建筑和房地产业】2014 年建筑业实现增加值 49.97 亿元,比上年增长 7.8%。全市建筑业施工产值 213.26 亿元,增长 4.6%。全年房屋建筑施工面积 1523.87 万平方米,下降 2.8%。全年完成固定资产投资 448.16 亿元,比上年增长 21.7%,其中工业生产性投资完成 200.36 亿元,增长 16.3%。固定资产投资中,第一产业投资 4.00 亿元,增长 93.3%;第二产业投资 200.76 亿元,增长 16.4%;第三产业投资 243.41 亿元,增长 25.6%。三次产业投资比重由上年的 0.56:46.84:52.60 调整为 0.89:44.89:54.31。全年投资项目 1377 个,其中,当年新开工项目 903 个,新开工项目计划总投资 648.55 亿元;建成投产项目 865 个,新增固定资产 245.52 亿元。2014 年完成房地产开发投资 90.87 亿元,增长 8.7%。全年商品房销售面积 54.39 万平方米,同比下降 37.0%,商品房销售额 43.11 亿元,增长 41.4%。

【交通和邮电业】运输和通信的服务水平不断提高,业务量总体稳定。全年邮电业务收入 9.25 亿元。其中,邮政业务收入 0.65 亿元,增长 17.3%;电信业务收入 8.59 亿元,下降 4.3%。年末固定电话用户 26.97 万户,下降 9.7%,普及率 32.8 线/百人;年末移动电话用户 97.42 万户,增长 1.6%,普及率 118.4 部/百人;年末互联网用户达 23.62 万户,增长 11.4%。

交通设施不断完善,全市公路(乡道以上)通车里程达 898 公里。客货运输总量保持较快增长。全年完成货物运输量 1742 万吨,其中铁路 3 万吨,公路 923 万吨,水路816万吨;完成货物周转量19.98亿吨公里,其中,公路8.59亿吨公里,水运11.39亿吨公里。全年客运量2541万人,其中,铁路188万人,公路2353万人;客运周转量7.11亿人公里,其中,公路7.11亿人公里。

【国内贸易和旅游业】 消费品市场发展稳定,消费结构继续优化。全年实现社会消费品零售总额304.01亿元,比上年增长12.9%。其中,城镇消费品零售额284.99亿元,增长12.9%,对整个消费品市场拉动12.1个百分点;乡村消费品零售额19.02亿元,增长13.0%,对整个消费品市场拉动0.8个百分点,农村消费市场增速快于城镇市场0.1个百分点。分行业看,批发和零售贸易业零售额279.84亿元,增长13.6%,住宿餐饮业零售额24.18亿元,增长4.3%。年末全市有各类商品交易市场58个,其中成交额超亿元的市场12个。全年城乡集市贸易成交额285.6亿元。在限额以上批发和零售贸易业零售额中,五金、电料类增长180.0%,家具类增长36.5%,中西药品类增长14.4%,食品、饮料、烟酒类增长13.0%,服装、鞋帽、针纺织品类增长12.1%。旅游资源丰富,旅游业较快发展。旅游业发展势头良好。全年共接待国内游客1366.69万人次,增长10.5%,接待入境旅游者12.5万人次,增长0.8%。旅游总收入达到143.75亿元,比上年增长10.9 %。旅游外汇收入(入境过夜)3728万美元,增长2.0%。2004年,海宁市荣获"中国优秀旅游城市"称号;2009年,盐官观潮景区荣获"中国最佳旅游目的地"称号。

·非国有经济发展特点·

【私营企业、三资企业拉动作用明显】 近年来,海宁市不断加大对工业的投入力度,特别是加强对规模以上工业企业的扶持,力求扶大、扶优、扶强。同时,继续优化非国有经济的发展环境,努力营造合力兴工的良好氛围,加快国有、集体企业的转制、改制,加强与外商企业的合作,股份制企业、外资企业得以迅速发展。当前,海宁市拥有上市股份有限公司9家,分别是浙江钱江生物化学股份有限公司、天通控股股份有限公司、浙江卡森实业有限公司、浙江海利得新材料股份有限公司、宏达高科控股股份有限公司、海宁中国皮革城股份有限公司、兄弟科技股份有限公司、浙江美大实业股份有限公司、浙江晶科能源有限公司。

【各镇、街道区域特色鲜明】 经过多年来的精心培育和扶持发展,各镇、街道充分利用自身资源优势和良好的产业基础,继续做好区域特色经济文章。全市基本形成了以中国皮革城为中心,辐射周边各镇、街道的皮革贸易、生产区域;以马桥为中心的经编工业园区;主要聚集在长安、盐官的五金工业;以许村装饰布市场为中心,辐射周边乡镇的装饰布生产、贸易区域;周王庙的皮革生产区域;郭店的电子工业园区;袁花的太阳能、装饰材料生产区域;斜桥的榨菜种植及加工区域;东西大道两侧的苗木花卉生产区域;黄湾、袁花的水果生产区域;丁桥的家禽养殖业。各镇(街道)凭借其特色产业竞相发展。同时,随着特色产业的发展,全市工业企业规模也不断扩大,企业带动作用愈加明显。

【开发区、工业园区平台建设不断提升】 开发区、工业园区建设是集聚生产要素,提升产业层次,推进中小企业快速发展的重要载体。海宁市把开发区、工业园区建设作为巩固和发展区域经济的基本战略之一,经过近几年的努力,现已初具规模。作为省级开发区的海宁市经济开发区继续保持良好发展势头,2014年海宁市经济开发区实现生产总值56.76亿元,实现规模以上工业总产值224.90亿元,完成固定资产投资57.85亿元,区内现有各类企业1000余家,其中规模以上工业企业147家,限上服务业企业54家,已形成以皮革、经编、家纺为支柱产业,电子信息、机械制造、太阳能利用、现代服务业等为新兴产业的独特产业格局,总体水平继续居海宁各镇(街道)、开发区前列,充分发挥了对全市经济的强劲带动作用。浙江海宁经编产业园区作为省级特色工业园区和省级开发区,产业特色优势继续显现,并成为全市经济增长的又一个亮点,2010年被授予"国家新型工业化产业示范基地"称号。海宁经编生产性服务业集聚区列入首批省级示范区。开发区、工业园区建设的不断推进,极大地带动了海宁市特色经济的快速发展。

【外向型经济发展总体向好】 海宁市外贸经济呈多元化发展,出口产品的水平不断提高。据海关统计,2014年全年完成自营进出口总额60.33亿美元,比上年增长4.8%,其中,出口总额50.85亿美元,增长11.5%,进口总额9.48亿美元,下降20.7%。全年完成一般贸易出口43.48亿美元,增长15.6%;完成加工贸易出口7.35亿美元,下降8.0%。在出口总额中,三资企业和自营出口企业出口分别达13.88亿美元和36.96亿美元。

对外招商力度继续加大。海宁市以开发区为招商引资的主战场,着力改善投资环境,全方位营造招商引资的良好氛围,引进项目质量不断提高。2014年,海宁市新批"三资"企业40家,成功引进世界500强、行业龙头企业、总投资超亿美元和总投资20亿元以上项目10个。新批外商投资项目70个。全年合同利用外资7.64亿美元,实际利用外资4.40亿美元,分别比上年增长33.4%和31.5%。

【科技创新能力继续增强】 海宁市继续积极推进科技强市战略,作为全国科普示范市和全国科技进步先进县(市),海宁市进一步完善全市科技创新体系,扎实推进"两创"战略,制革清洁技术国家工程实验室挂牌成立,成功举办首届中国海宁长三角科技博览会。积极推动知识产权、品牌和标准化战略,获得省级专利示范市称号。鼓励企业加大科技投入,不断提高产品的科技含量,科技队伍的建设得到明显加强,科技投入快速增长,企业的整体研发能力继续提高。2014年全市共有国家重点扶持的高新技术企业85家。科技经费投入逐年增加,全年财政科技投入2.90亿元,比上年增长19.2%。科技成果不断涌现,经省科技厅认定的科技成果106项,其中获省科技进步奖3项,嘉兴市级科技进步奖11项。列为国家级新产品1只,省级新产品827只。申请专利4089项,授权3159项。技术市场活跃,全年经认定登记和网上技术市场签约技术合同59项,合同金额9772万元。

·政策措施·

【注重农业转型发展 提高农业现代化水平】 海宁市积极落实各级各项扶助粮食生产的政策,包括继续实行粮油种植大户直接补贴政策、实行订单稻谷奖励等政策、完善农机购置和作业补贴政策;大力实施粮食生产功能区建设,新增粮食生产功能区1.95万亩,长安省级现代农业综合区全面建成,农业现代化综合评价列全省第10位。新组建12家土地股份合作社,新增土地流转面积1.8万亩,土地流转率51.3%。加大土地整治复垦和开发垦造力度,完成新增耕地5028亩。列入国家小型农田水利建设重点县;积极推进粮食生产规模经营和社会化服务。同时,充分利用自身的地理优势,积极发展高效生态都市型农业,加快建设现代农业园区,促进花卉、水果、特种养殖等特色优势农业提升发展。引导工商企业投资发展现代农业,推动农产品精深加工,大力发展设施农业。深入实施"2515"现代农业提升战略,大力提升农业新型主体,培育现代职业农民创业基地,着力培育农业龙头企业,提升农业龙头企业带动能力,巩固推广"公司+农户"发展模式,促进农业龙头企业加速壮大,加大对农村专业合作组织、专业市场和营销大户的扶持和培育,进一步完善农产品市场流通体系,提高农业产业化经营水平。加强农业社会化服务体系建设,抓好农业产业信息平台建设,加大成熟农机成套设备和技术的推广运用。扎实推进休闲观光农业发展,扩展农业产业范围,成功举办第六届农博会、尖山"杨梅节"和袁花"梨花节",有效提升农业品牌竞争力,获得"全国平安农机示范市"称号。

【强化工业平台建设 促进工业产业集聚】 推进长安镇(高新区)、经济开发区、尖山新区、经编产业园区开发建设,进一步集中资源、集中力量,强化平台整合提升,着力建设引领转型、支撑全局、代表形象的发展方式转变示范区。按照建设大平台、大项目、大企业、大产业的战略要求,调整镇级工业园区布局规划,拓展发展空间,提升产业平台承载能力;调整开发思路,提升产业集群发展水平,形成主导产业发展比较优势;提高管理层级,优化资源配置,有效形成市场化开发机制;加强龙头培育,推动产业组织结构完善优化,促进工业创新和结构调整;围绕产业集群培育,构建公共服务和社会化服务体系,增强园区配套服务功能。沪浙首个经济开发区合作项目漕河泾海宁分区建设加快推进。通过平台整合提升,营造了良好发展氛围。

【加大产业扶持力度 推动二三产业协调发展】 为进一步推动个体私营经济提升提速发展,海宁市加大对各项产业的扶持力度,围绕工业"三五"产业战略,全面实施皮革、经编、家纺三大传统产业提升规划,2012年海宁市成功列入全省首批"工业强市"试点,加快工业经济由大到强转变,四年来累计完成工业投资 亿元。积极实施先进装备制造业发展规划和战略性新兴产业、大企业倍增计划,出台了《海宁市战略性新兴产业发展规划(2012-2015)》。鼓励企业做大做强,鼓励企业兼并重组,鼓励企业上市,继续推动企业实施品牌战略,支持企业科技创新,切实维护个私企业合法权益,不断深化和完善服务内容,努力减轻企业负担,积极营造公平有序的市场竞争环境,为非国有经济发展提供更好的条件。同时,采取各项政策措施积极推动第三产业的发展,实施"服务业兴市"战略和服务业倍增计划,推进服务业集聚区和重大服务业项目建设,成功举办"两节两会";加快发展旅游、商贸会展、文化创意、现代物流、金融服务、科技研发、社区服务、总部经济等八大服务业重点产业。突出"一带十区"服务业集聚区建设,海宁经编产业生产性服务业集聚区和海宁(中国)皮革城获省级服务业聚集区示范区称号。整合节会资源、打造提升海宁品牌,"两节两会"升格为"潮博会",

央视连续直播海宁潮影响广泛。工业企业分离发展服务业、"个转企"工作和"营改增"试点稳步推进。出台《关于实施"服务业兴市"战略推动服务业优先发展的若干意见》、《海宁市影视文化产业若干扶持政策的意见》、《关于加快我市总部楼宇经济发展的实施意见》等政策意见，包含了对商贸流通、服务外包、集聚区、物流、会展、中介、总部楼宇、文化产业等服务业行业的准入条件、税收、财政等奖励扶持和土地、价格等优惠政策。实施浙江海宁经编生产性服务业集聚区发展规划，积极推进制造业和服务业的融合与联动发展。

【强化政府服务意识 提高政府服务效能】 积极推进行政管理体制改革，围绕服务型政府建设，不断加强政府自身建设，着力提升政府服务转型升级的能力和水平，机关办事效率进一步提高，政府执行力和公信力进一步提升。推进"四张清单一张网"改革，削减行政权力，下放镇(街道)行政审批事项118项，成为全省行政审批事项最少县(市)。推进行政审批"两集中、两到位"，抓好企业投资项目不再审批试点和商事登记制度改革，审批时限提速88%，新办市场主体增长25%。市场监管局、综合行政执法局组建成立，在加强事中事后监管上迈出新的一步。扎实开展潮乡先锋"创先争优"活动，认真办好政府实事项目，积极推进三级便民服务网络建设，切实为基层、为企业、为群众排忧解难。深入开展作风效能执行力建设，"热点面对面" 访谈直播实现常态化。广泛开展岗位廉政风险防范机制建设，精心打造"潮乡清韵"廉政文化品牌，始终保持惩治腐败高压态势，网格化惩防体系初步构建，反腐倡廉建设向纵深推进。进一步提高政务公开水平，政府网站建设不断加强，政府信息公开持续推进。继续办好"12345"市长电话和"96345"社区服务中心，实实在在为全市居民和企业排忧解难。

【加强对外合作交流 提升对外开放水平】 加强招商引资工作，围绕提升海宁市特色优势产业层次，强化产业配套能力，大力推进产业招商。强化开发区和工业园区招商主体作用，进一步拓展中介招商、驻点招商、以商引商，加强对招商项目的评估和筛选。探索创新招商联动机制，强化招商信息共享，创新招商考核体系，统筹招商资源要素，建立完善"大招商、招优商"的制度体系。完善外贸扶持政策，加大出口产品结构和市场结构的调整力度。进一步开拓国际国内市场，鼓励企业建立和完善境内外营销和售后服务网络，引导支持中小企业利用电子商务和专业市场等平台拓展市场，鼓励企业参加境内外展会和产品展示。完善外贸风险防范运行机制，在全市各重点出口行业建立应对国际贸易壁垒服务点。扎实做好"山海协作"和对口支援工作。

【聚焦要素改革，创新活力不断增强】 扎实推进改革攻坚，要素配置改革完成试点并获全省推广。深化拓展亩产效益综合评价范围，推动企业加快自觉转型，腾退低效用地2779亩，企业兼并重组转让房产面积创历史新高。供应各类建设用地7165亩，总量列嘉兴首位。建成"1+X"要素市场体系，江南要素交易中心二级市场交易额突破4亿元。推动金融要素创新聚合，股权运营中心、民间融资服务中心开业运营，信用联社改制为农商银行，德商村镇银行成功创立，全年新增直接融资88.9亿元。坚持以"四换三名"推动转型升级，成功创建省"两化"深度融合国家示范区，完成股份制改造15家，培育"小升规"160家、"个转企"1021家、"下转上"137家，分离发展服务业59家，"海宁太阳能"荣获省区域名牌。坚持创新驱动发展，科创中心等平台建设力度加大，新增国家高新技术企业20家，申报省级企业研究院7家。"淘科技"平台实现上线运行，沪浙人力资源服务产业园正式运营，新增"千人计划"专家15名。

·海宁中国皮革城·

海宁中国皮革城，始建于1994年，位于海宁城西，东至南北大道、西至广顺路，北起新悦小区、南抵钱江西路，占地870亩，建筑面积近100万平方米，是中国皮革行业的龙头市场，市场内经营户4200多家，直接就业人数近2万人。海宁中国皮革城是浙江省重点市场，全国规模最大的皮革专业市场，既是全国皮革服装、裘皮服装、皮具箱包、皮毛、皮革、鞋类的集散中心，也是皮革价格信息、市场行情、流行趋势的发布中心。2010年1月26日，海宁中国皮革城股份有限公司正式在深圳证券交易所挂牌上市，成为国内首个公发上市的皮革专业市场。2014年，海宁皮革城中国皮革贸易集散中心、长三角旅游购物中心的地位进一步巩固。全年完成市场交易额138.12亿元，再创历史新高，共接待旅游大巴车1.3万辆，小车101.4万辆，客流量达608.6万人次。再创历史新高，共接待旅游大巴车1.3万辆，小车101.4万辆，客流量达608.6万人次。9月，海宁会展中心投入使用，它是海宁首个专业会展馆，将成为海宁节庆活动向经济活动转型，经济活动往会展经济发展的转折。同月，海宁皮革博物馆建成开馆，成为国内首家以"皮革历史和文化"为主题的博物馆。中国海宁皮革指数截至2014年底，共发布月价格指数42

期、市场景气指数42期、周价格指数171期、皮革产品流行度指数11期、皮革企业创新活力指数4期。外拓连锁布点稳步推进，佟二堡海宁皮革城三期和哈尔滨海宁皮革城相继开业，济南海宁皮革城于6月26日开工建设，连锁分市场开业面积超过130万平方米。全年共举办各类流行趋势和品牌时尚发布活动30多场。其中，中国皮革时尚周共有31个品牌参与发布，历时11天，吸引了全国各地超过2.3万人次的客商和专业观众前来观看，达成意向成交10.5亿元，实现了企业品牌推广和经济效益的双丰收。

2014年，海宁中国皮革城被评为“2012-2013年度全国诚信示范市场”、“第一批国家级知识产权规范化保护培育市场”、“浙江商品国际采购中心”、“2013年度嘉兴市服务业创新十佳企业”等荣誉称号，同时在浙江省特色工业设计示范基地考核中荣获优秀评级。

(海宁市统计局　戴宗钰)

(责任编辑：王怡然　金瑞锋　黄莹莹　杨丽君)

松　阳　县

·概况·

【人口和自然资源】 2014年末，全县户籍人口24.06万人，比上年增长0.4%。其中，男性人口12.48万人，女性人口11.58万人，分别占总人口的51.9%和48.1%。全年出生人口2874人，出生率11.2‰；死亡人口1783人，死亡率为7.4‰；自然增长率4.5‰。出生人口性别比106.2。全县常住人口18.55万人。全社会从业人员13.33万人，其中，非国有经济从业人员比重93.9%。全年平均气温18.3摄氏度，年日照时数1497小时，年雨日170天，全年县城空气质量优良以上天数占比87.4%，主要水系监测断面水质三类以上比例达100%。建成区绿化覆盖面积355公顷。全年水资源总量15.18亿立方米，全年降水量26.38亿立方米，全年总用水量6715万立方米。其中，生活用水1952万立方米，工业用水988万立方米，农业用水3775万立方米。

【经济发展】 2014年，面对国内外复杂多变的宏观经济形势，全县上下紧紧围绕“田园松阳”战略任务，始终坚持走“绿水青山就是金山银山”的绿色生态发展之路，全力推进生态产业发展，奋力打造经济发展升级版，加快推进转型升级，全县经济运行平稳，产业结构调整出现积极变化，质量效益有所提高，民生保障继续加强，实现了经济社会持续稳步发展。

(一)总体经济运行稳健　结构调整稳步推进

据初步核算，2014年全县生产总值81.60亿元，按可比价计算，比上年增长8.5%，分别高于全国、全省和全市1.1个、0.9个和1.5个百分点。其中，第一产业增加值12.85亿元，第二产业增加值38.76亿元，第三产业增加值30.00亿元，分别比上年增长2.6%、8.9%和10.4%。人均生产总值44037元(按年平均汇率6.1428折算为7169美元)，比上年增长8.6%。三次产业结构由上年的16.2:47.7:36.1调整为15.7:47.5:36.8，三次产业对经济增长贡献率分别为10.4%、45.1%和44.5%。从三次产业发展情况看，松阳今后一段时期内仍然处于工业化发展中期阶段。

(二)三大需求总体平稳　发展动力有所减弱

1.投资需求趋缓。全年共完成固定资产投资48.29亿元，逼近50亿大关，同比增长16.3%，增速比去年同期下降7.5个百分点。三次产业投资结构比由上年的1.4:44.2:54.4调整为1.9:41.8:56.3。第二产业占比持续降低，第三产业份额则不断扩大。全年服务业投资27.17亿元，比上年增长20.3%，拉动全县投资增长11.0个百分点，占全县投资的比重为56.3%。基础设施投资继续保持稳定增长，完成16.30亿元，同比增长18.0%。基础设施投资中电力、热力生产和供应业、公共设施管理业和道路运输业投资始终占据主导地位，分别完成3.79亿元、7.16亿元和3.30亿元，比上年分别增长75.1%、23.1%、-11.9%。非国有投资力度加大，民间投资活力减弱。全年国有投资17.74亿元，增长29.1%；非国有投资30.56亿元，增长10.0%，其中民间投资29.88亿元，增长8.7%。工业投资平稳增长。全年工业投资20.19亿元，同比增长10.0%，其中制造业投资增长0.8%。房地产投资止跌回升。2014年在建的楼盘4个，全年房地产开发投资5.57亿元，同比增长19.2%。全县商品房销售面积7.39万平方米，下降3.0%。

2.消费需求发展平稳，电子商务发展迅速。全年社会消费品零售总额30.84亿元，同比增长13.0%。限额以上单位支撑作用相对疲软，全年限额以上消费品零售总额为2.19亿元,同比增长2.5%,比上年下降16.1个百分点。电子商务发展迅速。全年电子商务销售额4.88亿元,同比增长1.1倍。全县共有电子商务网店数(企业数)538家。农村电子商务创业孵化中心入驻网商65家,电子商务协会入驻8个电子商务团队,浙南茶叶市场建立了以茶产品销售的电子商务专业服务平台,入驻网商126家。

3. 外贸出口逐步回升。2014年全县进出口总额24155万美元,增长17.7%。其中出口24120万美元,增长17.6%。对亚洲出口12698万美元,占出口总额的52.7%,占据半壁江山,增长25.7%;对欧洲出口7264万美元,占出口总额的三分之一,同比下降4.2%;对俄罗斯出口3428万美元,下降10.6%。全县实际利用外资950万美元,比上年增长88.5%。不锈钢管材仍然是我县出口的主导产品,实现自营出口12109万美元,占出口总额的50.2%。

(三)三大收入稳步提升　民生保障日益改善

1.财政实力持续增强,民生支出增长较快。2014年，全县财政总收入6.73亿元，其中地方财政收入4.38亿元,分别比上年增长13.5%和12.2%。全县财政支出20.14亿元,增长10.4%。其中用于教育、文化、社保、医疗、农林水等民生支出共计16.43亿元，增长17.3%,占比达81.6%,比上年提高4.8个百分点,对社会民生保障能力提升明显。保障房建设积极推进。2014年,全县住房保障投资5200万元,增长40.8%。

2.居民收入水平不断提升,居民收入差距逐步缩小。全年城镇居民人均可支配收入26525元,名义增长8.2%，农村居民人均纯收入12039元，名义增长12.4%。城乡居民收入差距比由上年的2.88:1缩小至2.20:1。个人储蓄存款进一步增加,年末全县金融机构人民币个人储蓄存款61.07亿元,增长15.4%。

3. 企业效率不断提高，产出效能明显改善。2014年全县规模以上工业利润总额10.59亿元，较上年增长7.5%。全年工业全员劳动生产率21.89万元/人,较上年提高1.79万元/人,增长7.5%。

【非国有经济发展】 据测算,2014年松阳县非国有经济增加值70.22亿元,比上年增长9.5%,占全县生产总值的86.1%。其中一、二、三产业非国有经济增加值分别为12.56亿元、37.49亿元、20.18亿元，比上年分别增长0.4%、9.9%和14.7%，占本行业比重分别为97.6%、96.7%和67.3%(见下表)。

2014年非国有经济增加值测算

	非国有经济增加值(万元)	比重(%)	比上年增长(%)
合　计	702247	86.1	9.5
第一产业	125577	97.6	0.4
第二产业	374887	96.7	9.9
工业	325520	96.5	10.4
建筑业	49367	98.1	6.7
第三产业	201783	67.3	14.7
交通运输、邮政	29125	96.8	14.3
批发和零售业	75442	99.1	17.4
住宿和餐饮业	15437	100.0	13.2
金融业	26931	66.7	12.1
房地产业	24887	100.0	13.2
其他服务业	29961	26.6	13.0

·非国有经济主要特点·

1.农业生产平稳增长。农业生产克服了宏观经济环境和复杂气候等不利因素影响,推进标准化生产、品牌化经营、电商化营销,大力推进生态精品农业发展。全年实现农林牧渔业总产值19.17亿元,同比增长5.8%。茶叶生产保持平稳,特色产业发展喜人。全县现有茶园面积11.73万亩,茶叶产量11271吨,茶叶产值7.0亿元,浙南茶叶市场实现交易总量7.66万吨,交易总额46.15亿元。开通了浙南茶叶市场电子商务交易平台,松阳香茶在渤海商品交易所上市,"松阳银猴"被认定为"中国驰名商标"。食用菌产值2.43亿元,蔬菜产值1.30亿元。新发展香榧3098亩,新品种油茶3566亩。牧业生产回落明显。全年肉类产量1.30万吨,下降15.3 %,其中猪肉产量1.13万吨,下降16.0 %,禽肉产量0.14万吨。

2.工业经济增速进入换档期。2014年,全县工业总产值215.04亿元,增长8.8%,比上年回落12.2个百分点,其中规模以上工业总产值180.0亿元,增长8.1%。全县工业增加值33.73亿元,比上年增长9.0%,其中非国有经济增加值32.55亿元,比上年增长10.4%,占本行业比重96.5%。工业对GDP增长贡献率从2013年的60.1%下降为29.8%;工业增加值占GDP比重从2013年的41.8%下降为41.3%。工业经济增速由高速进入中速增长的换档期。主导行业呈现"二降二升"。2014年总产值超10亿元的行业有纺织业、橡胶和塑料制品业、黑色金属冶炼和压延加工业和有色金属冶炼和压延加工业,产值分别为17.02亿元、23.78亿元、67.63亿元和16.13亿元,同比增速分别为35.2%、-29.3%、22.4%和-1.6%。这四大行业累计产值124.57亿元,对规上工业增长的贡献率为49.4%,比上年(71.8%)低了22.4个百分点。创新驱动作用增强。2014年,全县规模以上工业中高新技术产业、战略性新兴产业和装备制造业增加值分别为2.71亿元、4.70亿元和3.02亿元,比上年分别增长21.9%、16.7%和20.4%,增幅高于规模以上工业15.0个、9.8个和13.5个百分点。园区生态化改造不断深化。2014年完成了4家不锈钢企业酸洗场地改造提升和20家不锈钢企业酸雾治理,完成泰鑫合成革高氨氮废水整治和二甲胺废气治理试点及4家企业"煤改气"试点,工业园区列入第二批省级循环化改造示范试点园区。

3. 服务业发展呈现新亮点。全县服务业增加值30.0亿元,比上年增长10.4%,其中非国有经济增加值20.18亿元,占本行业比重67.3%,上升0.2个百分点。传统服务业增速回暖。交通运输、批发零售、住宿餐饮等传统产业在大力发展旅游业的带动下,增速有所回暖。交通运输、仓储和邮政业增加值3.0亿元,比上年增长13.1%。全县公路货物周转量8.08亿吨公里;公路旅客周转量1.10亿人公里。年末公交运营车辆16辆,比上年增加6辆,年客运总量109万人次。全年邮电业务收入1.31亿元。年末固定电话用户3.65万户,年末移动电话用户23.15万户,固定电话、移动电话普及率分别为19.7部/百人和124.8部/百人。年末全县互联网用户数9.93万户,其中(固定)互联网宽带接入用户3.85万户。全年批发和零售业增加值7.61亿元,增长14.8%,增幅比上年提高3.6个百分点,非国有经济增加值7.54亿元,占本行业比重99.1%;全年住宿和餐饮业增加值1.54亿元,增长13.2%,增幅提高13.1个百分点,非国有经济增加值1.54亿元,占本行业比重100%。浙南茶叶市场继续走强。2014年,浙南茶叶市场茶叶交易总量7.66吨,交易总额46.15万元,交易量和交易额同比分别上涨了7.52%和19.51%。成为"中国绿茶第一市"和"全国百强商品贸易市场"。新兴服务业较快增长。旅游文化等新兴产业呈较快增长的良好态势。随着"田园松阳"、"浙西南明清风格古村落群"等差异化宣传推广策略,全县旅游业发展加快。成功申报田园风情省级旅游度假区和松阴溪国家级水利风景区。启动大木山骑行茶园、四都摄影休闲景区、双童积雪景区创建4A旅游景区工作。2014年有42个村入选七部委联合发布第三批中国传统村落,我县累计有50个村入选。2014年被评为"中国建设最美乡村旅游示范县"。2014年全县旅游收入8.04亿元,比上年增长30.6%;旅游总人数188.58万人次,增长33.1%。文化产业不断壮大。田园文化创意园、玉石文化城已开工建设。举办了石仓客家民俗文化节、象溪溪鱼节、樟溪田园文化节等民俗节会活动。"松古盆地古村落"写生、乡间摄影、"农家乐"等产业发展较快。

·非国有经济存在的主要问题·

1.农业方面:农业经济处于质量提升期。松阳的茶叶、蔬菜、食用菌、山茶油等主要农产品在数量上已达到一定规模,但农业生产受土地面积、气候因素、价格变化等影响较大。如茶叶生产,受种植土地面积、茶叶价格因素等制约较为严重。如何做好茶产业的深加工、品牌建设、市场流通、总部经济模式等,以相关的二、三产业的发展弥补一产的不足，是今后农业经济发展中要面对的问题。

2.工业方面：工业经济处于换档期。一是工业发展后劲不足。2014年，全县工业投资20.19亿元，增长10.0%，增速比去年同期回落了11.2个百分点，其中，制造业投资增长仅为0.8%，比去年同期回落了14.2个百分点。大的新建工业项目少，后期工业经济发展乏力。从今年的新增规上企业情况来看，新投产入库企业只有3家，“小升规”仅为1家，且规模偏小，对工业经济增长拉动作用不强。二是市场需求不足的矛盾仍然突出。工业生产者价格依然处于下降区间且降幅有所扩大。12月份，全省工业生产者出厂价格指数下降2.1%，已持续36个月同比下降，也是下半年以来最大降幅。从工业企业生产经营及景气状况调查数据显示，四季度企业主要产品生产能力利用率为76%，企业生产能力没有充分发挥的主要原因中，产品需求减少，订单不足占了47%。三是企业成本上升吞噬利润空间。从四季度工业企业生产经营及景气状况调查数据显示，企业生产经营过程中的主要问题，43%的企业选择了用工成本上升，23%的企业选择了原材料上涨，可见成本的上升对企业生产经营带来很大挑战。

3.投资方面：投资源动力不足。一是企业投资能力下降。受经济下行压力和银行贷款政策收紧等因素影响，企业生产经营难度加大且资金状况明显收紧，企业的投资源动力不足，无心也无力扩大投资。二是房地产开发投资减弱。2014年，受全国房地产严峻形势影响，一方面，市场观望情绪浓厚。全年房地产销售面积减少2.9%，销售额减少6.0%，与2013年销售面积增长195.5%，销售额增长183.9%，形成鲜明对比；另一方面，2014年我县新开工4个楼盘，还有一些依附项目存在的商品房相对较多，消费者选择余地增加，在一定程度上也影响房地产企业后续投资的热情。三是融资难制约民间投资。2014年全县民间投资类项目资金来源52.02亿元，其中国内贷款2.36亿元，比重仅占4.5%，民间投资项目通过贷款获得的项目资金不到半成。

4.消费方面：消费增长后劲乏力。一是缺乏消费新热点。前几年，国家推出家电下乡、以旧换新等刺激政策，带动了消费品市场的繁荣和活跃。但近两年来，家电升级换代基本完成，很难再保持前几年的高速增长，消费品市场缺乏新的热点商品的带动和刺激。二是“公款消费”被严格控制，信息消费等新引擎仍处于起步阶段，难以弥补传统市场的空缺。三是实体消费市场受挤压，购买力外流。随着电子商务的快速发展，网络购物迅速普及流行，对传统的实体零售冲击越来越大，另外以海外代购为主的“微商时代”，很大程度上都在抢占实体零售市场。

·政策措施·

总体要求：以省委“八八战略”为总纲，坚持“绿水青山就是金山银山”战略指导思想，围绕建设“田园松阳”战略目标，深入实施“生态立县、产业强县、文化名县、开放兴县”发展战略，把握新常态，抓住新机遇，坚持以“稳中求进、绿色发展”为工作主基调，全面落实市委生态保护和生态经济“双示范区”建设各项任务，为全面建设生活富裕、家园秀美、人文和谐的田园松阳奠定坚实基础。

（一）以绿色生态为方向，培育壮大田园经济

1.突出生态农业提质增效。加强农业平台建设，深入实施农业“258”工程和生态精品现代农业“161”工程，力争建成小港省级现代农业综合区，确保建成2个高标准休闲农业观光园和5000亩粮食生产功能区。加强农业产业培育，深入实施茶叶全产业链提升工程，启动赤寿生态工业区块绿色食品孵化园项目，推进绿色农产品精深加工区建设，引导茶叶加工企业“个转企、小升规”，进一步提升“松阳银猴”、“松阳香茶”品牌知名度，努力打造全国茶产业强县；加强农产品质量建设，全力推进全县域绿色食品、无公害农产品标准化生产基地建设，开展10万亩茶叶绿色食品原料标准化生产基地创建，实现“两区”内“三品”产地认定全覆盖；建立农产品质量安全责任追溯制度，可追溯体系主体达15家以上。继续鼓励发展家庭农场、种养大户、农民合作社、农业龙头企业等多种形式的适度规模经营。

2.突出生态工业扩量提质。坚持工业经济是第一经济地位不动摇，着力营造工业发展氛围，加快工业平台建设，推进赤寿生态园区、集聚区一期基础设施建设；开展“美丽园区、洁净企业”创建活动，打造新型生态化园林园区。加快工业转型升级，以省产业园区循环化改造示范试点为契机，全面推进不锈钢、合成革产业改造提升；深入实施“四换三名”、“四减二增”工程，完善生态工业“产业清单”和项目“负面清单”，健全用地差别化管理和企业落地机制，促进企业兼并重组、技改创新和转型升级，全年盘活低效闲置工业用地200亩以上。大力营造合力扶企、合力兴工氛围，完善扶工政策和常态化企业帮扶机制，帮助企业克服困难、渡过难

关;加大小微企业培育力度,全年新培育10家以上规模企业。

3.突出生态服务业特色发展。加快田园风情省级旅游度假区项目建设,推进四都摄影休闲景区4A创建,完成大木山骑行茶园创建国家4A旅游景区主体工程;加快推进民宿村、画家村、摄影村、养生养老村建设,打造2个以上精品村,年内乡村民宿接待规模达1000张床位以上。推进景区景点连线开发,优化提升8条艺术创作线路,建成松阴溪复合绿道工程;继续推进古道修复工程,加快推进以三都、新兴为重点的户外运动线路建设,争创国家级健身步道和户外健身基地。完善基础配套,完成天元名都大酒店、摄影主题酒店建设;加强旅行社、星级酒店和导游等旅游行业队伍建设。加快发展现代商贸、物流、金融业、总部经济,推进汽车综合服务园、松香产业孵化基地等项目建设。

4.突出生态经济与信息经济融合发展。深化“电商换市”,支持跨境电子商务发展,实施“电子商务进万村”工程,建成淘宝特色中国?松阳馆,积极谋划电商创业园项目,建设国家级农村电子商务强县。做大松香、香茶等大宗商品交易规模,积极推进浙南茶叶市场网上交易市场建设。支持发展大数据和云服务产业,探索开展智慧旅游、智慧城市、“健康云”养生养老等多样化“智慧应用”。

(二)以扩大有效投资为抓手,增强发展后劲

1.全力以赴推进项目建设。确保衢宁铁路松阳段、客运综合服务中心、2015年垦造耕地、新华南路(南段)道路、古市医院迁建、大木山骑行茶园景区、洞阳观旅游度假村等7个重点新建项目全开工。

2.千方百计抓好招商引资。坚持招商引资一号工程不动摇,以产业清单为导向,深度研究招商目标指向,主动承接全省七大产业,完善招商信息“九库”,绘制产业招商地图,实行精准招商,重点引进先进装备制造、新能源新材料、农产品精深加工等产业。建立健全项目签约和项目落地并重的考核激励机制,促进引进项目早开工早达产。

3.克难攻坚加强要素保障。围绕国家政策支持的重点领域,努力找准结合点,加强与国家部委、省级部门的沟通衔接,切实加大中央预算内投资项目的争取。主动对接省重点项目、重大产业项目和“五水共治”项目,积极争取省级专项资金、土地指标和政策支持。建立健全重点项目、重点工作进度公示制度,加大效能督查点评和问责力度,着力破解政策处理难题,保障项目落地。

(三)以城乡融合为导向,推进新型城镇化

1.不断完善城乡规划体系。以县域发展总体规划为纲,以城乡一体化发展和松古平原一城化发展为基础,科学编制“十三五”规划,推进“多规合一”,修编土地利用总体规划和生态功能区规划,完成松古平原空间概念规划。开展中心城区亮化、公共服务、地下管线等规划编制,继续深化火车站区块控规,完成潘村区块城市设计。编制田园乡村建设总体规划,开展2个农房改造示范村建设规划及龙丽高速公路沿线村外立面改造规划编制。

2.加快推进田园城市建设。围绕“生态绿城、休闲慢城、人文古城”城市定位,统筹推进“开发南城、提升古城、培育北城”工程。制定历史文化街区传统民居改造利用、业态培育政策。加快推进县城规划区一类村庄住房困难户公寓置换工作。继续深化古市“副城战略”,完善城镇服务功能。

3.全面推进田园乡村建设。围绕“幸福家园、休闲公园、文化乐园”目标定位,按照“一乡镇一特色、一乡镇一亮点”要求,深入实施“魅力乡镇”工程,积极申报省级特色小镇,支持各乡镇走差异化、特色化发展道路。推进传统村落保护发展,完善传统村落保护发展工作机制,开展第二批中国传统村落项目建设,启动第三批规划编制和项目申报;完成第一批省级历史文化重点村项目建设。推进美丽乡村风景线创建,加快“文化卯山”示范区块及风情四都线建设,提升水韵象溪、茶香江南两条风景线。

4.持续完善城乡基础设施建设。加强城乡路网建设,确保西叶公路建成通车,加快50省道二期、黄南水库淹没区公路、松云公路、竹玉公路等项目前期,推进农村公路建设养护和林区道路建设,发展城乡公共交通,完善“全县1小时、松古平原20分钟”交通圈。加强城乡水网建设,年内基本建成松阴溪松古平原段防洪闭合圈,力争黄南水库开工建设,全面推进中小河流治理重点县、小型农田水利工程,争取完成6万吨/日供水、庄门源水库、松古平原供排水一体化管道二期工程。加快城乡电网、信息网建设,启动新处110千伏输变电工程,有序推进农村电气化、信息化和“三网”进农村工程。

(四)以改善民生为重点,统筹发展社会事业

1.不断强化民生保障。建立政策扶持、创业培训、创业服务工作机制,重点推进大学生、农村转移劳动力、城镇困难人员等群体就业再就业,统筹推进新一轮特扶项目、农村发展六大行动计划和低收入农民收入

倍增计划，促进城乡居民稳定增收。不断完善社保政策,全面开展全民参保登记;推进被征地农民基本生活保障与城镇职工基本养老保障制度并轨。加快推进残疾人小康进程，积极发展社会福利、慈善和红十字事业,切实保障妇女、未成年人、老年人的合法权益。

2.繁荣发展社会事业。加快田园文化创意园等重点项目建设,确保玉石文化城建成投用;落实好全国山地竞速总决赛、省自行车系列公开赛等重大体育比赛;举办好第八届“中国茶商大会?松阳银猴茶叶节”,以及全国摄影大展、全国写生大赛、农民文化节、田园文化旅游周等活动;继续落实“乡乡有节会、月月有活动”民俗节会展演机制;加大非遗保护与传承,建立非遗数据库和县文化遗产网。启动县级中心馆和若干乡镇（街道)主题馆、村级展示馆建设。加快推进省级教育现代化达标县创建,优化城乡教育布局,确保第五中学建成投用;深化公立医院和基层医药卫生体制改革,加强乡镇卫生院建设，实施分级诊疗试点；深化省县合作办医，进一步提升县级医院医疗服务水平；整合优化卫生、计生资源,夯实计生基层基础。统筹抓好民族宗教、广播电视、史志、档案、统计、气象、红十字等工作,促进各项社会事业协调发展。

3.努力办好民生实事。坚持尽力而为、量力而行,明确任务表、时间表、责任表,努力办好 10 件民生实事,即建设 4 万平方米茶叶加工标准厂房、实施饮用水源保护提升工程、提升城东区块排水系统、实施老城区巷弄路灯补点工程、完善城乡公共交通网络、实施社区标准化提升工程、推进城乡居家养老服务照料中心建设、加快农村电子商务服务网络建设、加快村级公益事业建设、改造提升乡村道路。

(松阳县统计局　廖威云　吴叶青)

(责任编辑:王怡然　金瑞锋　黄莹莹　杨丽君)

上　虞　区

·概况·

【人口与资源】 上虞区地处杭州湾南岸，位于杭州与宁波之间,绍兴市东部,东邻余姚市,南接嵊州市,西连越城区和柯桥区，北濒钱塘江河口，隔水与海盐县相望。经纬度跨东经 120°36′23″–121°6′9″、北纬 29°43′38″–30°16′17″。全境基本轮廓呈南北向长方形,南北最长 60 千米,东西最宽 46 千米,面积 1403 平方千米,其中钱塘江河口水域 212.3 平方千米。2014 年末全区总户数 28.81 万户,户籍总人口 78 万人,其中男性人口 38.56 万人,女性人口 39.44 万人。户籍总人口中非农业人口 30.97 万人。全区现辖 3 个街道、18 个乡镇。上虞历史底蕴深厚,是中国青瓷的发源地,是梁祝传说中的英台故里。公元前 222 年设县,1988 年被国务院批准列入沿海经济开放地区,1992 年撤县设市, 2013 年 10 月撤销县级上虞市,设立绍兴市上虞区,纳入绍兴大城市建设。

上虞地形南高北低，南部低山丘陵与北部水网平原面积参半,整个地貌呈"五山一水四分田"的格局。南部低山丘陵分属两支,东南系四明山余脉,较为高峻,覆卮山海拔 861.3M,是全市最高点;西南属会稽山余脉,略为平缓,最高点罗村山海拔 390.7M。北部水网平原属宁绍平原范畴,地势低平,平均海拔 5M 左右。其中禹峰、双堰两地的海拔仅 3.6–3.7 M,为全区最低处。最北端是滨海高亢平原,平均海拔 10M 左右。

上虞是绍兴中心城市东部具有滨江特色、功能相对完善的综合性新城区。是省级区域交通枢纽,绍兴商贸中心,浙东新商都。境内高速公路,高铁,铁路,港口,运河等一应俱全。嘉绍跨海大桥,使得绍兴市纳入上海两小时交通圈。上虞北部拥有 45 千米海岸线,26.7 万亩的海涂,这是一片未经开发的土地,储备量大、开发成本低。上虞区获 2013 福布斯中国最富有的十大县级市。联合国迪拜改善居住环境最佳范例奖。设区前是全国综合实力百强县(市),浙江省 17 个经济强县市区之一,是全国科技工作先进县(市),国家园林城市,省级示范文明城市和省级卫生城市。

上虞历史悠久、名人辈出。古时有提出唯物论断的王充,投江救父的孝曹娥,在上虞隐居后东山再起的谢安;近代有气象学家竺可桢,当代茶圣吴觉农;现今又有原全国政协副主席经叔平,奥运之子何振梁,著名导演谢晋,六龄童章氏父子等。创办于 1921 年的春晖中学,早年享有“北南开、南春晖”美誉,朱自清、夏丏尊、丰子恺、李叔同、朱光潜、叶圣陶等一代名师名家都曾在这里任教或讲学,形成了文坛上颇有影响力的“白马湖作家群”,“与时俱进”当年就是它的校训。

上虞地处北亚热带南缘,属东亚季风气候,季风显著，气候温和，四季分明，湿润多雨。年平均气温16.4℃，无霜期251天左右，一般年降雨量1400毫米上下。

上虞境内矿藏有铁、锰、铜、铅锌、金银、叶蜡石、萤石、高岭土、石英、白云石、黄铁等，其中叶蜡石估计蕴藏量约200万吨，已有40余年的开采历史。

著名景区有曹娥庙、竺可桢故居、祝英台故里、大舜庙、舜耕公园、东山景区、凤鸣山、卧龙山景区、桃花源景区、白马湖春晖园、陈溪漂流、四季鲜果之旅等。

【经济发展概况】 2014年，上虞区在深化改革中积蓄力量，在攻坚克难中寻求突破。面对宏观经济新常态和区域发展新格局，在上级党委、政府和上虞区委的坚强领导下，深入贯彻落实十八届三中全会精神、全面深化改革。面对前进中的机遇和挑战，全区上下紧紧围绕建设“四个上虞”总体要求，坚持“稳中求进、进中求好”工作基调，全力打好“五水共治”攻坚战，深入实施招商选资“一号工程”，大力开展改革推进年、城乡建设年、作风提升年等“三个年”活动，深化改革，扩大投入，加快转型，经济运行呈现“平开、稳走、向好”的发展态势。

2014年上虞地区生产总值达680.85亿元，按可比价计算，增长8.5%。按户籍人口计算，全区人均地区生产总值87318元，增长8.4%，按年平均汇率(6.1428)计算，人均地区生产总值达14215美元。从三大产业看：第一产业实现增加值41.35亿元，增长1.8%；第二产业实现增加值371.92亿元，增长9.3%,其中工业增加值318.49亿元，增长10.2%；第三产业实现增加值267.58亿元，增长8.3%。产业结构进一步优化，三次产业比重由上年的6.7:55.1:38.2演变为6.1:54.6:39.3，对GDP增长的贡献率分别为1.2%、63.0%和35.8%。

全区继续实施积极的财政政策。2014年全区实现财政总收入86.70亿元，一般公共预算收入46.56亿元，分别增长10.6%和8.0%。在一般公共预算收入中，四大主体税种增长8.3%，其中增值税增长12.6%，营业税下降6.8%，企业所得税增长14.0%，个人所得税增长46.0%。财政支出重民生之本，全年完成一般公共预算支出50.01亿元，增长10.6%，其中民生领域共计支出37.07亿元，增长9.0%，占全年一般公共预算支出的74.1%。

2014年上虞投资规模稳步扩张。全年计划投资500万元以上项目完成固定资产投资409.05亿元，增长17.7%，其中项目投资322.54亿元，增长17.8%，占比达78.9%。完成工业生产性投资243.40亿元，增长18.2%，高出绍兴平均7.6个百分点居五县(市、区)首位。其中工业技改投资202.67亿元，增长49.7%，高于工业生产性投资31.5个百分点，占比达83.3%。高端项目有效推进，全年完成战略性新兴产业投资123.23亿元，增长21.7%，占工业生产性投资比重达50.6%。三产投资增势稳定，全年完成第三产业投资163.44亿元，增长17.9%，增幅比上年提高7.0个百分点。其中生产性服务业投资20.85亿元，增长37.5%，占第三产业投资比重达12.8%。

居民生活显著提高。根据抽样调查，全区城镇常住居民人均可支配收入43569元，比上年增长9.1%；农村常住居民人均可支配收入23018元，增长10.5%。城镇常住居民生活消费支出25590元，增长8.7%；农村常住居民生活消费支出15262元，增长11.7%。城乡收入差距比例缩小，去年城乡居民收入比为1.89，比上年末缩小0.02。

【农业农村】 农业经济稳健发展。全年实现农林牧渔业总产值66.81亿元，按可比价计算增长1.9%，其中农业总产值42.80亿元，增长2.5%；林业3.99亿元，增长4.2%；牧业8.24亿元，下降4.5%；渔业11.11亿元，增长4.1%；农林牧渔服务业0.66亿元，增长6.0%。

农业生产保持稳定。2014年全区农作物播种面积101.81万亩，其中粮食播种面积60.25万亩，粮食总产量25.17万吨，蔬菜播种面积23.73万亩，棉花1.66万亩，水果8.78万亩；水产品总产量3.79万吨；全年生猪出栏39.93万头，家禽出栏302.82万只，肉类总产量3.42万吨。

现代农业成果丰硕。2014年全区新建粮食生产功能区3.32万亩，累计建成粮食生产功能区13.99万亩，省级现代农业综合区1个，省级主导产业示范区7个，省级特色农业精品园15个，绍兴市级现代园区32个。加强农产品宣传推介，在省农博会中取得3项金奖和3项优质奖，居绍兴市之首。鼓励企业做大做强，至年末共拥有区级以上农业龙头企业95家，其中年销售收入超亿元企业6家，省级骨干农林业龙头企业9家。全年新增农民专业合作社22家，累计达452家，其中省级示范性专业合作社11家。完成270个村(居)农村集体资产股份合作制改革。完成土地流转交易服务平台建设，新增土地流转1.18万亩，土地流转面积占承包耕地总面积的60.7%，被认定为第二批全国农村集体“三资”管理示范县。加快农业品牌建设，至年末全区共有浙江名牌产品14只，浙江著名商标16只，绍兴名牌产品64只，绍兴著名商标24只。积极推进农产品认证，全区全年新认证无公害农产品8只、绿色食品7

只、无公害农产品基地面积22.3万亩。区级农产品质量检测中心和20个乡镇农产品安全快速检测室全部建成并对公众免费开放。

"五水共治"推进有力。全力开展"五水共治",实施截污堵源、引水活水、强库固堤、河道保洁"四大工程",建立区、镇、村三级"河长制",完成127条"三河"整治,98个行政村生活污水治理扎实推进,新增日均生活污水纳管量7240吨,整治提升化工、印染、造纸、制革四大行业企业203家,虞北平原滨江河-沥北河整治工程动工建设,实施"五查三问"保障"五水共治"、统筹推进防洪排涝体系建设做法得到省领导批示肯定。完成联网供水8个村、山区饮用水安全提升11个村、自来水"一户一表"改造30个村和工业节水项目8只。推进畜禽养殖污染治理,全区禁、限养区共清养、拆除畜禽养殖场735家。全年共开展完成了20家农牧循环工程建设、6家规模猪场的深度治理、1家家禽集中屠宰点和1家病死动物无害化处理厂建设等。完成城区截污排涝改造项目34只,新建标准海塘5.9公里,除险加固山塘水库30座,完成水产养殖塘生态化建设改造面积10450亩。加大林业生态建设和保护力度,全年已完成平原绿化面积7925亩,其中沿海防护林2000亩。成功创建省级生态循环农业示范县。

【工业】 工业经济增量提质。2014年全区实现工业总产值2147.84亿元,增长10.1%,其中规模以上工业产值1616.57亿元,增长12.1%,高于绍兴平均6.5个百分点居五县(市、区)首位。从轻重工业看,规模以上轻工业实现产值761.82亿元,增长12.8%,重工业实现产值854.75亿元,增长11.5%。分行业看,除照明电器增幅暂时滞缓外,其他四大行业产值均实现两位数以上增长。其中机械装备业实现规上产值364.97亿元,增长17.7%;医药化工业实现规上产值513.41亿元,增长16.4%;轻工纺织业实现规上产值252.98亿元,增长17.1%;光伏及绿色能源业实现规上产值1.96亿元,增长35.0%。2014年规模以上工业增加值286.96亿元,增长11.5%,高于绍兴平均5.1个百分点居五县(市、区)第一。

转型升级加快步伐。围绕建设"创新上虞",大力实施创新驱动发展战略。2014年全区规模以上工业实现新产品产值506.33亿元,增长17.2%,高于规上工业产值增幅5.1个百分点,新产品产值率达31.3%;高新技术产业产值779.84亿元,增长18.0%,高于规上工业产值增幅5.9个百分点,占比达48.2%,增幅和比重分别比上年提高1.8和7.6个百分点,均居绍兴五县(市、区)第一;战略性新兴产业产值600.82亿元,增长15.1%,占规模以上工业产值的比重达37.2%,比重比上年提高3.5个百分点。其中新能源产业、生物医药行业、先进装备制造业增势强劲,分别增长53.5%、26.8%、19.3%。

工业效益显著提升。2014年全区工业企业实现产销两旺,效益显著提升。全年实现规模以上工业销售产值1536.97亿元,增长11.9%,产销率达95.1%。实现主营业务收入1473.19亿元,增长9.6%。利税总额154.87亿元,利润总额112.77亿元,分别增长17.7%和22.6%,增幅分别比上年提高8.5和13.5个百分点。

大型企业贡献明显。2014年全区共有主营业务收入2000万元以上企业585家,其中年主营业务收入50亿元以上企业2家,10-50亿元企业25家,5-10亿元企业24家,1-5亿元企业154家。全区主营业务收入亿元以上企业实现产值1430.55亿元、主营业务收入1304.39亿元、利润总额109.61亿元,分别增长22.4%、14.2%和27.6%,占规模以上工业企业的比重分别达88.5%、88.5%和97.2%。全区99家大中型企业完成产值1063.67亿元,利润84.97亿元,分别增长13.7%和24.0%,对规模以上工业的贡献率分别为73.4%和79.2%。

节能降耗狠抓落实。2014年上虞积极推进燃煤、烧油重污染企业电能替代改造,节能降耗得到有效落实。全区585家规模以上企业综合能耗120.79万吨标准煤,增长11.0%,低于规上工业产值增幅1.1个百分点;万元产值能耗0.0747吨标准煤,下降1.0%。其中123家重点能耗企业综合能耗107.76万吨标准煤,增长10.3%,增幅小于规模以上工业综合能耗0.7个百分点;万元产值能耗0.0927吨标准煤,下降0.1%。全社会用电量44.65亿千瓦时,增长6.9%,其中工业用电量35.51亿千瓦时,增长10.0%。

【城乡建设】 2014年上虞区城市建设亮点纷呈。"一江两岸"17幢总部楼宇和曹娥江景观工程启动建设,高铁新城主干道路和华通体育馆、客运北站等项目加快实施,滨江新城"四横五纵"路网全面开工,滨海新城"三纵三横"道路框架和江南生态城、职工居住区等项目扎实推进,曹娥江旅游度假区完成总体规划评审。城区路网等基础设施配套不断完善,加快推进门户靓化工程,"称山北路门户靓化"、"104国道门户靓化"全面竣工;"人民东路门户靓化"完成总投资额的70%。建成规划支路(观山路—江东路)、兰芎路(江广路—四环)等路网工程。扎实推进民生工程,累计投资7550万元开展常规维护、小区提质改造和城区截污排涝等民生项目。环卫"一把扫帚"改革工作取得实质性进展。纵深推进农房改造救助,全年完成农村住房改造建设2504户,其中农村困难家庭危房改造203户。完成上虞城建集团组建,并发行18亿企业债券。完成道墟、永和等乡镇总体规划和36个组团式中心村规划修编。

"美丽乡村"深化建设。扎实推进美丽乡村建设,全区财政对农林水事务投入7.05亿元,增长13.1%。大力培育精品村和组团式中心村建设,分别新建项目11和43只。开展历史文化村落保护利用工作,重点扶持2个重点村和8个一般村古建筑修复工程。加速推进村级集体经济增收五年计划,全年实施村级物业经营项目53只,至年末竣工24只;启动培育"美丽乡村"精品村5个,创建环境卫生示范村13个,祝温村治村模式全国推广。新增村级集体经济增收达标乡镇乡镇(街道)5个、达标村84个。实施村级公共服务中心建设扶持项目20只,至年末竣工16只。完成98个行政村生活污水治理,积极探索农村垃圾减量化、资源化处理,曹娥街道外五甲村、岭南乡东澄村被列为省级试点村。深入开展"三改一拆","一户多宅"集中整治全面推进,宗教场所和城区住宅小区违建专项整治有效实施,完成征迁签约62.5万平方米、旧房拆除52.7万平方米、"三改"76万平方米,拆除违法建筑262万平方米,创建"无违建"乡镇4个、村(社区)136个。治理轧石轧砂企业86家,拆除高速公路沿线广告牌161块。

【建筑业】 上虞是全国建筑之乡、浙江建筑强市(县、区),2014年全年实现建筑业总产值1367.27亿元,其中在外省实现988.53亿元;实现主营业务收入1086.39亿元,利润总额40.57亿元,分别增长6.6%、7.5%、8.3%、9.1%。完成房屋建筑施工面积12245.67万平方米,房屋建筑竣工面积4037.19万平方米,分别增长7.0%和1.8%。评级创优着力推进,新增二级及以上资质企业4家,全年新获鲁班奖2项、国家优质工程奖2项、全国用户满意工程3项、全国建筑工程装饰奖19项、白玉兰奖23项、钱江杯3项、浙江省优秀建筑装饰工程奖60项、金石奖62项、结构优质类52项等荣誉。

【房地产业】 2014年上虞房地产市场在上年高基数上增长略显乏力,但总体形势逐月回暖。全年完成房地产开发投资86.51亿元,增长17.4%。实现商品房销售面积81.57万平方米,增长0.8%;商品房销售额69.77亿元,增长1.2%。

【国内贸易】 消费市场稳定增长。加快实施"服务业三年提升计划",着力推动服务业发展。第三产业增加值占GDP比重比上年提高1.1个百分点。随着浙东新商都(上虞)购物节、首届网络购物节的成功举办和"四季鲜果之旅"等品牌的持续打响,章镇、盖北商贸综合体建成开业,新增农村便利店40家。全区全年实现社会消费品零售总额243.85亿元,增长15.1%。按城乡市场分,城镇消费品零售额150.22亿元,增长15.5%;乡村消费品零售额93.63亿元,增长14.5%。从批发、零售、住宿、餐饮四大行业销售情况来看,批发零售业实现销售额549.02亿元,增长23.1%,其中限额以上单位实现销售额216.85亿元,增长21.1%;住宿餐饮业实现营业额36.10亿元,增长15.3%,其中限额以上单位实现营业额12.61亿元,增长1.7%。

商品市场繁荣发展。全区共有商品交易市场54个,实现成交额127.17亿元,其中消费品市场成交额83.38亿元,生产资料市场成交额43.78亿元。大型商品交易市场活力彰显,年末成交额超亿元市场9个,实现成交额84.20亿元,占全区商品交易市场成交额比重达66.2%。其中浙江石狮商贸城和浙江大通集团公司农副产品批发交易市场年成交额超20亿元。

【对外经济】 招商选资持续发力。全年新办外商投资企业32家,新批外商增资项目11只。合同利用外资3.46亿美元,下降1.1%;实际利用外资2.20亿美元,增长10.1%,增幅比上年提高31.2个百分点。外债势头较好,今年全区引进股东外债1.08亿美元,占实到外资的49.2%。加强对服务外包行业的招商力度,先后有两家外商投资的服务外包企业落户我区,合同外资达1215万美元。行业结构发生明显变化,三产商业服务业项目增多。今年新批项目中,属于第三产业的项目占68.8%,涉及合同外资1.57亿美元,占全区新批项目合同外资的45.5%。

对外贸易增势稳定。2014年在宏观经济形势低迷的情况下,我区出口始终保持"高开稳走"势头。全年实现进出口总额37.38亿美元,其中进口总额4.29亿美元,下降30.7%,出口总额33.09亿美元,增长6.1%。新兴市场开拓有力,全区有贸易往来国家(地区)185个,出口超1000万美元的国家(地区)51个,出口总量居前五位的国家(地区)依次为美国、日本、印度、韩国、印度尼西亚;出口超1000万美元的企业76家,比上年增加10家。从出口方式看,一般贸易出口30.17亿美元,加工贸易出口2.88亿美元,分别增长6.6%和1.6%。从出口产品结构看,机电产品出口10.92亿美元,增长6.6%;化工产品出口9.66亿美元,增长4.4%;纺织服装类产品出口5.29亿美元，增长1.2%。

外经合作有序进行。贯彻实施“开放兴区”战略，鼓励企业“走出去”，不断提高全区经济外向度和国际竞争力。2014年全区新批境外投资企业7家，境外企业总投资7441万美元，其中投资额超100万美元的6家。完成境外承包劳务营业额8329万美元，其中境外工程营业额4549万美元，增长73.4%。

【交通】 交通工程保障惠民。2014年上虞积极推进交通重点工程建设，全年交通基础设施项目完成投资8.9亿元。扎实推进续建新建工程项目，其中续建项目5个，新建项目15个。加快公交线路优化，虞南大环线路基工程基本完工，绍虞跨区公交开通运营。全年新增4条公交线路，并于5月1日顺利开通了全区第一条区间公交(上虞区至越城区)，加快了绍兴同城化进程；调整8条公交线路，新通公交村16个（通村率达到93.1%），新增9个乡镇10条二级公交(总量达到15个乡镇23条)。全力抓好融资保障，成功推出2亿元“上虞交投五水债”和1.2亿元“上虞交投民生工程债”，全年新增融资13亿元。开展交通治堵、马路市场等集中整治，新增公共停车泊位334个、公共自行车1600辆。

【旅游】 积极培育乡村休闲、商务会展、文化旅游等新型旅游业态。39个项目立项为四季仙果重点基地配套建设项目，以“四季仙果之旅”为重头戏的上虞旅游亮相CCTV1套新闻联播前广告。二都杨梅、野藤葡萄、舜阳红心猕猴桃成功入驻网络销售平台“1号店？上虞馆”，淘宝网“特色中国·上虞馆”正式上线。“四季仙果采摘游”获2013浙江旅游总评榜“年度最具吸引力旅游新业态奖”。加快推进重点景区创建，盖北野藤葡萄园被评定为“全国休闲农业与乡村旅游示范点”，中华孝德园通过4A景区资源评估，陈溪风情小镇成功创建3A，覆卮山景区创浙江省运动休闲旅游示范基地，“冰川攀浪”通过省运动休闲旅游优秀项目验收评定，东山湖园区通过“全国休闲农业与乡村旅游五星级示范园区”评估验收等。全区旅游总接待游客853.82万人次，增长17.6%，旅游总收入69.03亿元，增长18.5%，其中接待国内游客847.12万人次，国内旅游收入67.47亿元，分别增长17.7%和18.8%；接待入境游客6.7万人次，旅游外汇收入2537万美元，分别增长8.1%和10.1%。年末共有星级饭店6家，其中五星级3家，三星3家；共有旅行社15家，其中四星级2家，三星级2家。

【金融】 金融运行平稳有序。年末金融机构本外币存款余额912.97亿元，增长8.4%，本年新增70.48亿元。其中居民储蓄存款444.71亿元，增长7.2%，新增29.87亿元；本外币贷款余额790.55亿元，增长7.7%，新增56.23亿元。其中短期贷款576.33亿元，增长2.0%，新增10.54亿元；中长期贷款209.06亿元，增长25.1%，新增42.46亿元。

融资渠道开拓创新。2014年上虞积极拓展新型直融渠道。全区直接融资募集资金110.63亿元，增长54.2%，创历年新高，居绍兴市各县(市、区)第一。直接融资品种不断创新，发行PPN2.5亿元、资产支持票据6亿元、五水共治和民生项目定向债4亿元、实施融资租赁5亿元等。积极引导企业主动对接资本市场，新增上市公司1家，境内上市公司达10家，总市值1140亿元，增长52.7%。全区共有小额贷款公司5家，注册资本达15亿元；新引进银行2家，银行业机构累计18家；上虞农村合作银行顺利股改转制为上虞农村商业银行；新引进证券营业部3家，证券营业部总计7家；期货营业部1家。

【科技】 成功举办“创新-驱动转型升级”为主题的科技节，引进复旦大学和浙江工业大学上虞研究院，上虞虚拟大学园获省级大学科技园称号。全年新认定国家重点扶持高新技术企业19家，省科技型中小企业78家，省级企业研究院7家、省级高新技术企业研发中心7家、绍兴市企业研究开发中心18家。全力促进科技成果转化，全年共发布技术难题112个，网上签约项目57只，项目成交金额6514万元，技术市场交易额9285万元；认定省级及以上科技项目26项。全区专利申请量、授权量分别为3528件和2780件，其中发明专利申请量、授权量分别为650件和180件。

【教育】 2014年上虞深入推进教育发展，成为全国首批义务教育发展基本均衡县(市、区)。年末全区共有小学52所，在校学生43450人；普通中学34所，在校学生37089人；中等职业学校2所，在校学生7412人，九年制义务教育对象入学率100%。全力保障新居民子女入学，就读人数15219人，入学率达100%，其中13923人在公办学校就读，占91.5%。推进新一轮课程改革，获评省精品课程15门；举办好第六届课堂教学艺术节，5所高中已被命名为省一、二级特色示范高中，占绍兴市总数的50%。教学质量高位稳定，重点上线人数达1025人，普通高校录取率达91.97%，高于全省平均6.17个百分点。开展无证幼儿园专项整治工作，集中关停40家。

【文化】 2014年上虞充分发挥“文化引领”作用，全力打造“人文上虞”。大力传承发展青瓷文化，配合省考古所完成对小仙坛、凤凰山窑址周边区域考古调查；完成禁山窑址考古，发掘完整窑炉3座。全年共安排专项资金465.51万元实施文化“三送”服务。累计安排阳光文化惠民行动各类演出276场次，送戏下乡123场次，送电影下乡5478场次，送书下乡3.05万册。提增文化馆免费培训力度，开设摄影、舞蹈、剪纸等培训班99个，培训人次累计达3.19万人。文化遗产保护持续推动，至年末全区有国家级“非遗”项目3项，省级11项，绍兴市级35项。省级文物保护单位8家，文物藏品2.02万件。全区公共图书馆总藏量45.61万册，电视台1座，广播电台1座，剧场2个，电影院4个。有序开展有线电视用户数字化整体转换，年末数字电视用户23.31万户。

【卫生】 2014年上虞区着力深化医卫改革，切实推进城乡卫生一体化建设，被省人民政府命名为省卫生强区，被省卫生计生委命名为省卫生应急工作示范区。成功创建4家省甲等乡镇卫生院、12家省乙等乡镇卫生院，1个绍兴市卫生镇和3个、41个、42个省、市、区卫生村(单位)。人民医院丰惠分院易地新建和中医医院章镇分院扩建改造工程顺利推进。出台鼓励社会资本举办医疗机构“1+6”政策，上虞老年护理院建成投用，上虞五院和百信医院即将投用，5家非公立医疗机构正在建设。深入推进基本公共卫生服务均等化，建立居民电子健康档案累计建档68.18万份，完成60岁以上老年人体检10.11万人。全区共有医疗卫生机构361家，床位2790张，卫生技术人员4026人，其中执业(助理)医师1625人，注册护士1550人。全区5岁以下儿童死亡率为3.01‰，婴儿死亡率为1.88‰。

【体育】 2014年上虞体育事业成绩突出，被浙江省人民政府命名为浙江省体育强县(市、区)。成功承办省第十五届运动会柔道、举重、乒乓球三项比赛，参赛成绩创历史新高，比赛实时金牌、实时成绩、累计综合金牌数等核心指标均列绍兴第一。体育项目建设扎实推进，总投资7.8亿元的区体育中心项目正式启动，其中总投资1.63亿元的华通体育馆已动工建设。全民健身红红火火，举办区第十八个全民健身节，开展庆“三八”、迎“五四”等系列群体活动12次。组织参加浙江省第二届全民体育节、片区种文化活动，举办第六个全民健身日庆祝展演活动，举行区体育小康村农民运动会、杭州湾上虞工业园区第九届职工运动会等群众性运动会8次。

【生态环境】 生态建设稳步推进。2014年上虞深入开展生态绿色创建活动，新创建国家级生态乡镇1个，绍兴市级生态村16个，绍兴市级绿色社区2个，省级生态文明教育基地1个，绍兴市级绿色学校3所。

环境保护加大力度。大力实施重污染项目强制性淘汰改造新三年行动，对排名靠后的19家企业实施强制性改造，对5个项目实施强制性淘汰或排污总量削减。整治提升化工、印染、造纸、制革四大行业企业203家。持续抓好饮用水源保护专项行动，饮用水源水质达标率为100%。新增城乡生活污水纳管处理量7240吨/天。城区空气质量优良以上252天，城区环境噪声平均值52.5分贝，符合功能区要求。

【劳动就业】 加强人才引进力度，开展经常性“引智强企”活动，共组织招聘活动18次，其中大型招聘活动3次，高校专场10次，推出岗位8123名，累计引进各类人才9605名，其中硕士以上高层次人才313名。开展各类招聘会11场次，其中大型招聘会2场次，登记招聘单位527家次，岗位15870个，为896人成功求职搭建平台，缓解“两难”矛盾。继续抓好“零就业家庭”和就业困难家庭的就业援助活动，新增就业岗位18717个。其中下岗失业人员再就业6489人，就业困难人员实现就业1735人。城镇登记失业率控制在2.65%，比上年降低0.25个百分点。全年共完成各类培训1.16万人，鉴定各类人员职业工种1.05万人，核发职业资格证书9839本。

【社会保障】 职工基本养老、医疗、工伤、失业、生育等五大社会保险参保人数不断增加，至年末参加职工基本养老保险38.30万人，新增2.57万人；参加职工基本医疗保险28.46万人，新增1.06万人；参加工伤保险22.28万人，新增1.06万人；参加失业保险17.03万人，新增0.92万人；参加生育保险16.18万人，新增0.33万人。全年累计新增五大保险参保达5.94万人次，增长5.1%。城乡居民养老保险总参保20.64万人，有7330人向更高统筹层次的企业职工基本养老保险转移。城乡居民和未成年人医疗保障总参保47.86万人，参保率达98.2%。

民政服务提质增效。至年末全区共有最低生活保障家庭5649户8843人，其中城镇1045户1649人，农村4604户7194人。全年最低生活保障资金支出4986.16万元，其中城镇975.77万元，农村4010.39万元。创新开展低保家庭劳动力就业救助，全年共帮扶297名有就业需求的低保家庭劳动力实现了就业，其中安置在公益性岗位246人、企业岗位24人、自谋职业27人。抓好居家养老“三位一体”建设，共建立27个城市社区居家养老服务照料中心（站），覆盖率达

100%;159个农村居家养老服务照料中心(站),占行政村数46.4%。切实加强救灾救助,全年共支出医疗救助费用1021.35万元,救助17.2万人次。认真抓好优抚安置,全区共有各类优抚对象1578人,共发放各类抚恤补助金2407.21万元,临时生活困难补助144.44万元,义务兵家庭优待金1403.35万元。

·特色产业·

【化工】 化工是上虞一大高新技术产业,国家级杭州湾上虞经济技术开发区是这一产业的集聚区。上世纪90年代,在杭州湾入海口的上虞开辟化工园以来,吸引了一大批国内外大型化工企业前来栖居,化工产业逐渐跃居上虞主导产业地位。主要产品涉及染料颜料、医药中间体、化工助剂、化纤助剂、日用化工、无机化工、氟化工及各类专用化学品,形成了优势突出、领域较广的精细化学工业体系,部分企业已达到国际、国内同行领先水平。主要化工企业有:浙江龙盛集团股份有限公司、昶和纤维(绍兴)有限公司、浙江闰土化工集团有限公司、浙江新和成股份有限公司、浙江金科化工有限公司、上虞洁华化工有限公司、浙江新赛科药业有限公司、浙江国邦兽药有限公司、浙江捷盛化学工业有限公司、浙江启明药业有限公司、浙江捷虹颜料化工有限公司、上虞云涛化工有限责任公司、浙江洪翔化学工业有限公司、浙江正裕化学工业有限公司、浙江舜龙化工有限公司、上虞浙邦化工有限公司、浙江蓝天环保高科技股份有限公司、浙江立高化工有限公司等。

【照明】 上虞区照明产业起步于70年代,发展于80年代末90年代初,经历了从村办、乡办企业至目前的股份制企业、股份合作制企业、外商投资企业、私营企业等并存的格局。目前上虞区已发展成为世界上最大的节能灯生产基地。主要照明企业:浙江阳光集团有限公司、浙江晨辉照明有限公司、浙江东舜电器有限集团公司、上虞风光照明有限公司、上虞远东照明有限公司、上虞大东南照明有限公司、上虞五洲照明电器有限公司、上虞顺发照明电器有限公司、上虞舜力特照明电器有限公司等。

【汽车配件】 上虞现有汽车配件企业30多家,主要生产汽车用气泵、活塞、吸尘器、检修灯、检修工具、汽车应急电源、聚光灯、逆变器、取暖器、汽车制动蹄及凸轮支架、汽车油封、轿车塑料件、电子冷暖箱、汽车三滤、各种车型膨胀阀、各类汽车轴承等产品,产品远销到北美、欧洲及东南亚各国。主要汽车配件企业:?浙江华通模塑科技有限公司、上虞北方电子制造有限公司、浙江上虞油封制造有限公司、浙江春晖集团有限公司、上虞华侨电声有限公司、上虞腾达电器有限公司、上虞隆迪电器有限公司、上虞杰富盛电器有限公司、上虞万里汽车轴承有限公司、绍兴明星集团有限公司、上虞动力机械有限公司等。

【伞业】 上虞崧厦镇是中国最大的伞件生产基地,2002年被中国轻工业联合会命名为中国伞城,崧厦伞业以数量多、品种全、规格多而成为全国制伞基地之一。全镇形成了拉丝、制管、喷塑、伞布缝纫、丝网印刷、零配件生产、伞骨架组装、各类成品伞制作等一整套门类齐全的伞业生产格局。全镇共有伞件企业1000多家,从业人员达2.5万人,年产各类伞4亿把,占全国内销伞市场占有率达到25%,还出口到30多个国家和地区。重点伞业企业有:绍兴市金鼎伞业有限公司、绍兴天外天伞业有限公司、上虞天宝伞业有限公司、绍兴天玮雨具有限公司、上虞安欣制伞厂、上虞友谊菲诺伞业有限公司、上虞豪杰制伞有限公司等。

【风机】 上虞是国内风机机械制造业的先进地区,创办于上世纪70年代末的上虞风机厂曾是中国风机行业的标杆企业,之后,从“上风”分蘖出来的中小风机企业数已经超过百家,国内市场占有率达40%以上。依靠技术创新和成熟的风机产业链,上虞制造的风机产品在北京奥运会“鸟巢”工程、上海世博会主展览场馆等重大项目建设中广泛应用。上浦镇是上虞风机产业发展的大本营,镇内风机企业有80多家。目前上虞风机正积极进行转型升级,加快产品研发。

主要风机企业有:浙江上风集团、浙江联丰集团、浙江春晖集团、上虞专用风机厂、上虞志凌通风设备有限公司、上虞聚英风机有限公司、上虞明新通风设备有限公司、上虞专用风机有限公司、上虞制冷通风设备有限公司等。

【机电】 机电是上虞的一大支柱产业,以浙江卧龙集团为代表,在全国机电行业处于领先地位。浙江卧龙集团公司创建于1984年10月,经过30周年的发展,集团现拥有2家上市公司(卧龙电气600580、卧龙地产600173)、29家控股子公司、员工6000余人、总资产65亿元,主要经营制造业、房地产业、商贸金融投资业三大产业。是国家机械部定点生产企业,卧龙制造业专业生产各类工业电机及其自动化、微电机、家用电机、电源电池、电动自行车、特种牵引变压器和电气化成套装备等40大系列3000多个品种,主导产品在国内市场占有率达20%以上,并被评为“中国名牌”产品,获得国家免检产品资格，卧龙商标被工商认定为中国驰名商标。公司综合实力已连续多年位居中国电机制造业榜首。主要电机企业有:浙江卧龙集团、浙江齿轮减速电机厂、上虞曹娥电机制造有限公司、上虞机电厂、浙江上虞齿轮电机厂、浙江特种电机有限公司、浙江上虞星冠电机有限公司等。

·大事记·

【上虞获评最佳县级城市22位】 有限公司继2013年7月跻身福布斯中国最富有十大县级市榜单之后，上虞再度成为福布斯瞩目的上榜城市。新年前不久，福布斯发布2013中国大陆最佳县级城市榜单，上虞在30强名单中排名第22位。这是福布斯中文版连续第五年发布中国大陆最具商业竞争力和发展潜力的县级城市。昆山、江阴、常熟分列“中国大陆最佳县级城市”排行榜前3名。30强名单中,浙江省的义乌、慈溪、海宁、余姚、诸暨、上虞、温岭、乐清等8个县级城市排在榜单之列。

【“救火阿三”荣获央视年度“三农”人物】 1月12日，CCTV2013年度“三农”人物颁奖典礼在京举行。上虞区道墟镇肖金村农民消防员“救火阿三”阮炳炎获此项殊荣。阮炳炎是道墟镇一名普通农民，因家中排行第三,当地人都称他“阿三”。1989年,阮炳炎个人出资4500元组建了全省首支“家庭义务消防队”。之后,他每年花在消防设备维修费和油费上至少要5000元,而这些钱全靠他种田、种菜、种棉花、养猪、养牛等积攒下来。20多年来,他带领队员们义务救火达156起,为乡亲们挽回经济损失达600多万元。

【国家级杭州湾上虞经济技术开发区昨授牌】 1月22日上午，杭州湾上虞工业园区正式升格挂牌为国家级杭州湾上虞经济技术开发区,总投资53亿元的新和成新材料产业项目签约仪式同场举行。杭州湾上虞工业园区升格为国家级经济技术开发区，这是杭州湾上虞经济技术开发区建设史上具有里程碑意义的一件大事,也是上虞经济发展史上的一件喜事。

【上虞区成全国首批义务教育发展基本均衡县】 2月21日,国务院公布首批全国义务教育发展基本均衡县(市、区)名单,上虞名列其中。均衡发展是义务教育的战略性任务,是党中央、国务院作出的重大部署。全国共有325个县(市、区)接受首批督导评估,经国务院教育督导委员会组织材料审核和现场督导评估，首批认定命名293个。其中,浙江省33个,绍兴市为越城区、柯桥区和上虞区。成为义务教育发展基本均衡县,意味着上虞区已取得省教育现代化县市建设规划入围资格。

【省委宣传部调研组来虞调研文化礼堂建设工作】

2月21日上午,省委宣传部调研组一行来榘调研农村文化礼堂建设工作。调研组一行率先来到道墟镇新屯南村,走进该村的文化礼堂,就被浓浓的文化气息和优美的环境所吸引。调研组参观了该文化礼堂内的虞舜会堂、虞舜学堂、文体活动场所等文化礼堂硬件设施。随后,调研组一行还来到崧厦镇祝温村和百官街道路东村参观调研。

【上虞区政协九届三次会议和十六届人大三次会议隆重召开】 上虞区政协九届三次会议和区十六届人大三次会议，分别于2月25日上午和2月26日上午隆重召开。

【19家企业参展华交会】 3月1日至5日，第24届中国华东进出口商品交易会在上海新国际博览中心举行。上虞区共有19家企业参展,意向成交额2980万美元,比上届增长7.5%。中国华东进出口商品交易会(简称“华交会”)是中国规模最大、客商最多、辐射面最广、成交额最高的区域性国际经贸盛会。上虞区企业把华交会作为走向世界的重要平台,19家企业参展本次华交会,设23个摊位,主要展示了毛绒制品、服装、家纺、手套、袜子、雨伞、工艺品等。

【上虞四季仙果果园采摘游上浙江旅游总评榜】

3月7日下午,由浙江省旅游局、浙江日报报业集团和浙江省旅游协会共同主办的?2013浙江旅游总评榜?颁奖仪式暨全面深化旅游改革打造浙江旅游升级版”圆桌会议上,上虞区四季仙果果园采摘游上榜,成为“2013浙江旅游总评榜”年度最具吸引力旅游新业态。“四季仙果之旅”是上虞区探索走出的一条以水果串起旅游,以旅游拉动农业、带动商贸的发展之路。

【26只重点项目集中开工（投产)】 3月28日上午，全区26只重点项目集中开工(投产),总投资超过60亿元的项目涵盖全区工业、服务业和政府投资领域,为全区产业发展提档升级、城市发展能级提升注入澎湃新动能。

【王铁鑫摘得赛艇世界杯首站金牌】 3月30日结束的2014年赛艇世界杯首站澳大利亚悉尼站比赛中,上虞区奥运选手王铁鑫以7分5秒54的成绩,成功问鼎男子轻量级单人双桨冠军。这是他第二次斩获赛艇世界杯冠军。

【崧厦镇成为省小城市培育试点镇】 3月31日出炉

的浙江新一轮小城市培育扩围名单上，上虞区崧厦镇位列其中，成为此次16个浙江省小城市培育试点乡镇之一。孕育多年的"中国伞城"、上虞城市副中心崧厦镇自此正式跨入省级小城市培育行列。

【上虞孝德基金会获"浙江孝贤奖"】 4月14日，浙江省第三届孝贤奖颁奖典礼在杭州隆重举行，上虞孝德基金会被评为"浙江孝贤奖"先进集体，会长谢企韩前往领奖，并得到了省委常委、宣传部长葛慧君的接见。

【1号店中国特产频道"上虞馆"开馆上线】 5月6日，省供销社与网上超市1号店在杭州举行"一县一馆"战略合作框架协议签约仪式。发布会现场，1号店中国特产频道"上虞馆"正式上线，成为全省首批开馆上线的10家县级馆之一。从此，上虞的女儿红、协和乳瓜、母子酱油、白马湖醉鱼干、崧厦霉千张、梁湖年糕等名优特产都将通过网上平台销往全国各地。

【赵畅获第六届冰心散文奖】 5月31日，备受散文界关注的全国第六届冰心散文奖在济南市揭晓，上虞区作家赵畅的《青瓷碎片犹可读》获单篇散文奖。赵畅几十年如一日，笔耕不辍，尤其是近几年来，他利用业余时间，撰写了一批反映上虞历史文化的散文，先后发表于《人民日报》、《人民文学》、《中国作家》、《十月》等报刊杂志。2010年以来，他创作的散文先后三次荣登中国散文排行榜，并于2013年荣获浙江省作家协会颁发的"浙江省作协会员重要文学期刊发表成果奖"。

【上虞香港两大基金联合举办慈善晚会】 "大爱博美，情系上虞。"6月10日晚，上虞妇女发展基金联合香港博美天使基金在上虞国际大酒店共同举办慈善晚会，现场共募集22.34万元善款，分别捐助给7户因病致贫家庭。

【省级媒体聚焦杭兰英先进事迹】 6月13日，省委党的群众路线教育实践活动领导小组办公室组织浙江日报、浙江之声、浙江卫视、浙江在线新闻网站、钱江晚报、今日早报、浙江广电集团民生休闲频道、《共产党员》杂志等八家省级主流媒体，深度聚焦崧厦镇祝温村党总支书记杭兰英的先进事迹，深入挖掘杭兰英同志的精神实质，进一步做深做透做活宣传报道。杭兰英同志是我省第二批教育实践活动期间涌现出来的先进典型人物。

【"走基层·建设美丽浙江"主题采访活动走进上虞】

6月17日，由省委、省政府统一部署，省委宣传部组织的"走基层·建设美丽浙江"大型主题采访活动来到上虞区，就深入贯彻落实省委全会精神，挖掘农村污水治理的生动实践，对丰惠镇西湖村进行深入采访。丰惠镇西湖村作为今年上虞区20个农村生活污水治理示范村之一，根据区委、区政府的部署，早准备，早启动，是全区第一个全面实施农村生活污水治理的行政村。

【浙工大上虞研究院昨揭牌成立】 7月8日上午，浙江工业大学上虞研究院在崧厦伞业科创服务中心揭牌成立，这标志着作为全国科技进步先进县(市、区)，上虞在打造升级版产学研协同创新体系上又实现新的突破。

【"舜水仙毫"命名为"全国百佳农产品"】 据8月4日《上虞日报》消息，中国农产品流通经纪人协会公布的"2013年全国百佳农产品品牌"名单中，上虞区茶叶有限责任公司的当家品牌"舜水仙毫"绿茶跻身其中，成为全区唯一的上榜名茶。

【雷迪森和金科两酒店获"最受欢迎酒店奖"】 据8月11日上虞新闻网消息：上虞雷迪森万锦大酒店和金科大酒店同时获得携程旅行网发起的"携程旅行口碑榜"全国酒店类排行"最受欢迎酒店奖"。

【举行2014高铁区域发展经济论坛】 8月16日下午，由上虞万达广场举办的2014年高铁区域发展经济论坛在雷迪森万锦大酒店万锦厅举行。此次会议主要围绕高铁经济与上虞城市发展方向展开。

【省委政法委领导来虞调研平安综治工作】 8月21日上午，省委政法委副书记、省平安办主任朱贤良一行，围绕基层组织自治、"五水共治"、"三改一拆"等主题来上虞区调研和指导工作。

【丁欣欣杨言茶获第十三届"浙江省优秀企业家"】

在8月21日召开的2014浙江省企业领袖峰会上，由浙江省企业联合会、浙江省企业家协会联合评选的第十三届浙江省优秀企业家" 荣誉称号中，上虞企业家协会副会长、浙江亚厦装饰集团有限公司董事长丁欣欣和浙江春晖集团有限公司董事长杨言楞上有名。此次全省评出40位优秀企业家，上虞占两名，上榜人数在全省县(市、区)中最多。

【金盾、龙盛两企业获省首届工业大奖银奖】 8月21日，在嘉善举行的浙江省企业领袖峰会暨全球光荣浙商论坛2014年会上揭晓浙江首届工业大奖，上虞区企业浙江金盾控股集团有限公司、浙江龙盛集团股份有限公司夺得浙江省首届工业大奖银奖。

【上虞万达广场项目隆重开工】 上虞区高铁新城板块重量级投资项目——上虞万达广场8月22日正式开工建设。2014年6月，万达集团正式宣告落户上虞高铁新城。据悉，作为万达集团精心打造的第三代国际级城市综合体，总投资超过50亿元的上虞万达广场总建筑面积达70万平方米，整个项目由大型购物中心、滨河商业街、高档住宅、SOHO等多种业态组成。这是上虞目前规模最大的商业综合体，万达广场的建成投用，将有效推进新城区建设进程，进一步完善上虞商业格局，提升上虞区现代商贸服务业发展水平和城市品位，增强浙东新商都品牌影响力和区域竞争力。

【虞籍小伙张宇获全国大学生田径赛跳远金牌】 8月27日，从正在北京举行的2014年全国大学生田径锦标赛中获得喜讯，上虞籍运动员张宇以8米14的成绩拔得男子跳远金牌。这是继今年5月30日举行的全国田径大奖赛（昆山站）比赛中，张宇以8米06的男子跳远成绩获得季军后的又一次突破。

【区职业中专通过国家示范校建设省级验收评估】

8月底，省级检查验收组通过对上虞区职业中专国家示范校建设检查评估，专家组认为，该校的建设项目完成了预期建设任务，尤其是国家重点支持的建筑工程施工、机械加工技术、感恩文化特色等项目成效显著。

【举行各界人士中秋茶话会】 9月5日上午，区政协、区委统战部联合举办上虞区各界人士中秋茶话会，共叙浓情厚谊、畅谈发展大计、构想美好未来。区政协主席卢一勤主持茶话会，区委副书记陈坚致辞。应邀出席茶话会的有驻虞省政协委员、市政协委员代表，各民主党派、工商联、知联会负责人，非公有制经济代表，"三胞"眷属，留学生家属代表，侨台资企业代表，宗教界代表和社会各界人士代表。

【上虞富民村镇银行开业】 9月15日上午，上虞富民村镇银行举行开业暨公益捐赠仪式。上虞富民村镇银行是经中国银监会审批同意，由浙江温州鹿城农村商业银行作为主发起行发起设立的新型农村金融机构，是国家批准成立的正规银行。上虞富民村镇银行将以"做小、做广、做精"为战略方向，引进成熟的经营模式和产品，立足小微，贴近"三农"，把资金重点投向农户、商户、社区居民及小微企业，致力于打造一个"方便、快捷、灵活"的新型社区性零售银行。

【2014浙东新商都（上虞）购物节开幕】 9月15日，2014浙东新商都（上虞）购物节开幕式暨新闻发布会在上百·万和城举行。作为第16届中国杭州西湖国际博览会上虞分会场，今年的购物节以"浙东新商都、幸福上虞城"为主题，为期一个半月，精心安排了主题购物、网络购物、文化休闲等3大系列19项活动，昭示着这又将是一次"全城抢票"、"全城狂欢"的活动。

【举办上虞青年创新创业大赛表彰大会】 9月19日，一台洋溢着青春气息和梦想的上虞青年创新创业大赛表彰大会暨上虞青企讲堂将上虞区青年创新创业的氛围引向高潮。18名梦想学员与10位青春创业导师欢聚一堂，一起展望创新创业发展的美好前景。近年来，面对复杂严峻的宏观经济形势，上虞鼓励青年创新创业，深入实施"青年创业信用卡"、青年分类创业培训、青年创业基地建设、青工技能比武、"青春扬帆助就业"等活动，积极探索出具有上虞特色的青年创新创业服务体系，取得较好的成效，为推动上虞经济社会发展发挥了独特的作用。

【《中华孝道（一）》特种邮票在上虞发行】 中国邮政于9月30日在孝道之乡上虞区万和城发行《中华孝道（一）》特种邮票。据了解，此套特种邮票一套4枚，分别为孝感动天、涌泉跃鲤、替父从军、学医疗亲，全套面值5.40元。

【举行农民趣味运动会】 上虞区"中大君悦龙山杯"农民趣味运动会于10月12日举行，有986名运动员报名参加12个大项的比赛。据悉，这是继区职工运动会之后全区规模最大的一次综合性运动会。这次比赛设趣味类、集体类项目。其中趣味类个人项目由自行车慢骑、袋鼠跳、沙包投准、满载而归（挑担子）、滚滚向前（滚车轮）等组成；集体类项目由踏石过河、横渡长江（蟹行走）、担水保苗、拔河、穿越时空（钻过呼啦圈）、滚雪球等组成。表演类设健身舞和爱尔兰波尔卡健身舞等。

【浙江省第十五届运动会3个项目在上虞举行】 浙江省第十五届运动会于10月18日在绍兴市柯桥区中国轻纺城体育中心体育馆开幕。本届省运会在上虞区共设置了举重、柔道和乒乓球3个项目的比赛，其中，举重和柔道已先后在上虞外国语学校、百官中学的体育馆举行了比赛，而乒乓球项目比赛于10月20日至27日在区职业中专体育馆进行角逐。

【上虞农村商业银行成立运作】 10月17日，上虞区召开浙江上虞农村商业银行股份有限公司创立大会暨第一次股东大会。上虞农商银行的成立，标志着上虞区农村合作银行推进产权制度改革取得了阶段性成果，也标志着我区农村合作金融事业揭开了新的篇章。上虞农商银行的前身是上虞农村合作银行，一直以来，该行坚持以客户为中心，不断完善服务方式，持续推进品种创新，不断提高服务水平，在服务"三农"，支持中小企业发展、助推地方经济社会建设等方面作出了重要贡献。

【举行第七届退休教工运动会】 10月20日，区退教协会、区老年体协教体局分会举办第七届退休教工运动会，全区各乡镇(街道)、市直属学校退教分会的45支代表队、700多名运动员参加。这是上虞区退教系统单独举行规模最大的一次综合性运动会。这次运动会设集体项目“20米运球迎面接力”，个人项目有投篮、跳绳、象棋、乒乓球、地滚球等。

【全国妇联副主席崔郁来虞调研】 10月23日上午，全国妇联副主席崔郁在上虞区崧厦镇祝温村调研时，高兴地握着村支部书记杭兰英的手说：““新农村建设就是要有你这样的好带头人！””崔郁实地考察了崧厦镇祝温村服务型基层妇女组织建设情况后，又到丁宅乡百味园果蔬专业合作社“双学双比巾帼建功”活动开展情况进行了调研。

【陈建成获奥地利银质荣誉勋章】 10月1日，奥地利总统海因茨·菲舍尔签署命令，决定授予卧龙集团董事长陈建成“奥地利共和国银质荣誉勋章”，感谢他为奥地利共和国作出的杰出贡献。卧龙集团于2011年10月19日收购奥地利ATB集团后，ATB的经营形势随即得到了根本性的好转，收购当年ATB就扭亏转盈。2013年ATB实现净利润2616万欧元。10月下旬，陈建成前往上海，参加奥地利政府在上海外滩茂悦大酒店举行的授勋仪式，专程从欧洲赶来的奥地利副总理兼科研经济部长莱茵霍尔特·米特雷纳，亲手将八角十字星形勋章交到了陈建成的手上，并对陈建成表示最衷心的祝贺。据悉，陈建成是上虞区乃至浙江省第一位获此殊荣的企业家。

【胡愈之故居昨天对外开放】 从11月3日起，有着近300年历史的胡愈之故居敕五堂正式对外开放，同时被民盟浙江省委命名为“浙江省盟员传统教育基地”。民盟中央副主席郑惠强和区委书记孙云耀为故居揭牌。胡愈之是上虞杰出的乡贤，曾任新中国首任国家出版总署署长、中国民盟副主席、代理主席，全国人大副委员长。始建于清乾隆前期的敕五堂，坐落在古城丰惠镇城隍河沿，占地4000多平方米，是一座庭院周正的江南台门大院，中有大厅，东西两侧各有厢楼，外连接有跨院，形成走马楼格局，整体建筑宽敞宏亮，气势不凡。敕五堂大厅廊柱上“东方月上，忙开书卷课儿曹；南亩春来，预诫锄犁修稿事”的楹联，传递出敕五堂耕读传家的古风。

【成功创建省级生态循环农业示范县】 11月5日至6日，由省农业厅领导楼洪志带队的检查验收组一行，实地察看富强生态农业有限公司、祥盛农业有限公司等生态循环农业创建工作，并仔细查看相关资料和验收文本，对上虞区创建省级生态循环农业示范县进行验收。从2012年启动创建省级生态循环农业示范县以来，共创建成功省级生态循环农业示范区1个，生态循环农业企业1家，省级现代农业综合园区1个(园区内主导产业示范区3个、特色精品园区8个)，综合区外主导产业示范区3个、特色精品园区7个，绍兴市级现代农业园区27个，实施现代农业建设项目199个，为上虞区农业产业转型升级起到示范带头作用。

【广播电视文艺《曹娥江畔我的家》获全国大奖】

11月7日上虞新闻网消息：由上虞广播电视台选送的《曹娥江畔我的家》荣获中国广播电视文艺三等奖，绍兴市广播电视文艺作品政府奖(电视音乐节目)一等奖。《曹娥江畔我的家》系浙江高压开关厂有限公司董事长陶寿林作词，空政文工团著名作曲家李昕作曲，总政歌舞团青年女高音歌唱家王庆爽演唱。该曲蕴含上虞本土文化底蕴，以长达4分钟的MTV，配上优美的唱腔和动人的演唱，将上虞的秀美风光、虞舜精神、地域文化演绎的淋漓尽致，完美地体现了上虞的人文风情。

【区民族管弦乐协会获全国大奖】 11月8日上虞新闻网消息：区民族管弦乐协会在第五届全国青少年民族乐器演奏比赛中喜获“传统器乐合奏组”组委会特别奖，指导教师詹永明、孙宇嵘、闫龙良获“园丁奖”。本次大赛由文化部主办，文化部民族民间文艺发展中心和内蒙古师范大学联合承办。区民族管弦乐协会代表浙江省参赛，通过初赛、复赛和决赛，在众多参赛对手中脱颖而出，由闫龙良、徐和昌、张俊杰等14人组成的合奏团以一曲《江南丝竹·行街》斩获殊荣。

【上虞荣获“浙江最佳人文小康奖”】 由求是《小康》杂志社和浙江日报报业集团主办的第二届中国(浙江)全面小康论坛暨颁奖典礼于11月9日在杭州举行。论坛上揭晓了浙江省推进“全面小康”的8大奖项。上虞区荣获“2014浙江最佳人文小康奖”，崧厦镇祝温村党总支书记杭兰英当选“2014中国(浙江)全面小康十大贡献人物”。

【上虞再添中国驰名商标】 11月11日，从区市场监管局获悉 经国家工商行政管理总局商标评审委员会认定，上虞区浙江舜龙化工有限公司使用在燃料商品上的“舜龙”及图案注册商标被认定为中国驰名商标，成为区化工行业第四件驰名商标。至此，上虞区中国驰名商标总量已达13件。

【区慈善总会受到省慈善总会表彰】 11月13日，浙江现代慈善20年纪念表彰会在嘉兴举行,会上,区慈善总会获得第二届浙江省慈善优秀机构奖。区慈善总会常务副会长郑庆善被浙江省慈善总会授予第二届浙江慈善突出贡献奖。近年来,上虞区每年在春节前夕开展千名干部"进万家门、知万家情、解万家难、暖万家心"为主题的"送温暖"活动,对城乡低保对象、城镇"三无"人员、因病和因灾困难户、特困职工等十余类困难群体进行走访慰问,10年来共下拨救助资金5609万元,救助对象达16.5万余人次。

【两篇论文获首届全国敬老文化奖】 由中国老龄科学研究中心承办的首届全国敬老文化论坛11月?19日在京举行。上虞区严永良、徐景荣分别撰写的《漫谈精神赡养问题》、《中华孝德的起源、发展、传承与扬弃》两篇论文,在"首届全国敬老文化论坛"上获奖。此次征集相关领域论文500余篇。经过专家委员会认真评审,评选出获奖论文120篇。

【2014上虞科技节昨盛大举行】 12月12日上午,四年一届的上虞科技节迎来开幕盛会。作为全国科技进步先进县(市、区)和全省首批创新型试点城市,上虞正致力于加快推进创新驱动发展战略,本次科技节将"创新——驱动转型升级"作为主题,吸引了众多高校院所和区内科技企业参加对接。

【全国政协调研组来虞调研农业农村工作】 12月22至23日,由全国政协文史和学习委员会副主任、中国政策科学研究会副会长方立率队的全国政协调研组来虞,就上虞区农业农村工作展开调研。调研组先后走访了崧厦镇祝温村、崧厦科创中心,听取了上虞区农业农村工作及农村改革发展典型调研等情况汇报。

(寸之)

(责任编辑:王怡然　金瑞锋　黄莹莹　杨丽君)

磐　安　县

·概况·

【区位、人口、资源】 磐安地处浙江中部,与东阳、永康、新昌、仙居、天台、缙云等县市接壤。县名出自《荀子·富国》中"国安于盘石"之说,意为"安如磐石"。磐安是一个年轻的县。1939年开始设县,1958年并入东阳县,1983年恢复县建制。它是钱塘江、瓯江、灵江和曹娥江四大水系的主要发源地,素有"群山之祖,诸水之源"之称。全县行政区域面积1194.74平方公里,辖19个乡镇,363行政村,8个居委会,2014年末全县户籍人口21.19万人。

磐安山清水秀,环境优美,是全国首批"国家级生态示范区",是浙江省最重要的水源保护区和生态屏障,同时也是休闲养生好地方。全县森林覆盖率达81%,县城负氧离子含量是一般市区的6倍以上(境内负氧离子含量最高达到56600每立方厘米,而一般市区空气负离子含量峰值平均900个/cm3、均值平均250个/cm3),是名符其实的"天然氧吧"。夏季非常凉爽,年平均气温为16.8℃,是一个避暑胜地。磐安具有丰富的文化底蕴,国家级文物保护单位--"孔氏家庙"所在地是江南最大的孔子后裔聚居地;国家级文物保护单位--"玉山古茶场"国内唯一与茶有关的功能性古建筑,被誉为"中国茶文化的活化石"。"炼火"、"迎大旗"等一大批国家级和省级非物质文化遗产深受游客青睐。

磐安是个闻名遐迩的特产之乡。磐安是"中国药材之乡","浙八味"(白术、元胡、玄参、浙贝母、白芍、杭白菊、麦冬、郁金)药材中有五味(白术、元胡、玄参、贝母、白芍)主产地在磐安;境内大盘山国家级自然保护区,是迄今国内惟一的以药用植物种质资源为保护对象的国家级自然保护区,有野生药用植物1219种,占全省药用植物种类的68%,是个"天然的药材宝库"。磐安是"中国香菇之乡",有香菇品种20多个,年种植量4000万袋左右,年鲜菇出口量占全国的半壁江山。磐安也是"中国生态龙井茶之乡"、"中国名茶之乡",列入龙井茶原产地保护,现有茶园面积8万亩。磐安也是"中国香榧之乡",是我国香榧最早的发源地之一,境内百年以上古榧树6100多株,最大树龄达1500年以上,被誉为"中国香榧王"。此外,还有板栗、猕猴桃、山茶油、土鸡、高山蔬菜等众多生态绿色农产品。

【经济发展】 2014年磐安实现生产总值(GDP)73.64亿元,按照可比价计算,同比增长7.8%。分产业看,第一产业增加值10.61亿元,增长2.8%。第二产业增加值36.87亿元,增长7.4%。在第二产业中,工业增加值28.82亿元,增长7.5%;建筑业增加值8.05亿元,增长7.1%。第三产业增加值26.16亿元,增长10.3%。在第三产业中,交通运输仓储和邮政业、批发零售业、住宿餐饮业、金融业、房地产业增加值分别为0.71、5.74、1.29、4.10、3.77亿元，分别增长7.7%、10.6%、8.6%、17.5%、7.4%(参见表一)。全县人均生产总值达到34877元，折合5678美元。第一、二、三产业增加值占生产总值的比重由上年的14.8:50.3:34.9调整为14.4:50.1:35.5。

表一:2014年磐安县第三产业增加值构成表

指标	第三产业	其中:交通运输、仓储和邮政业	批发零售业	住宿餐饮业	金融业	房地产业	其他服务业
绝对数(亿元)	26.16	0.71	5.74	1.29	4.10	3.77	10.55
可比价增幅(%)	10.3	7.7	10.6	8.6	17.5	7.4	9.0

农业生产稳步增长。全年完成农林牧渔业总产值15.54亿元，剔除价格因素(下同)，比上年增长2.7%。其中，农业产值12.58亿元，增长6.1%；林业产值1.45亿元，下降0.6%；畜牧业产值1.30亿元，下降19.5%。

全年农作物播种面积26.10万亩。其中，粮食播种面积12.43万亩，同比增长1.5%；粮食总产量3.96万吨，增长1.5%。全年中药材种植面积6.76万亩，实现产值5.08亿元，增长3.1%；食用菌产值2.33亿元，增长9.0%；茶叶种植面积7.81万亩，实现产值1.44亿元，增长22.7%；蔬菜种植面积4.66万亩，实现产值1.34亿元，增长5.9%。全年生猪出栏4.74万头；蚕茧产量104.3吨，减少19.1%(参见表二)。

表二:2014年主要农产品产量情况表

农产品名称	产量(吨)	比上年增长(%)
粮食	39582	1.5
中药材	15835	5.5
食用菌(干)	6232	12.8
茶叶	2293	9.4
蔬菜	38182	0.0
肉类	4396	-24.0
其中:猪肉	3879	-22.7
禽蛋	931	-33.9
蚕茧	104	-19.1

现代农业结构优化。完成土地流转4000亩，命名了第二批9个农业休闲观光采摘园。成功创建“中国茶文化之乡”、“中国高山茭白之乡”。成功举办第八届药交会和浙江省首届药膳大赛。深化秀美乡村建设。以农村生活污水治理为龙头，推进秀美乡村建设。216个村完成工程设计，150个村完成施工招标，111个村开工建设；埋设管网5.2万米，总投资7060万元，新增受益农户6200户。

工业生产难中求进。全县完成工业增加值28.82亿元，按照可比价计算，比上年增长7.5%，工业增加值占GDP的比重为39.1%。全县128家规上工业企业完成产值74.40亿元，同比增长2.7%；实现销售产值67.77亿元，增长1.4%。其中，出口交货值19.84亿元，增长1.4%。产值超亿元的企业达到19家。全县规模工业实现利税总额4.48亿元,同比增长6.5%。全部工业用电量2.37亿千瓦时,同比增长8.0%。

平台建设稳步推进。完成土地平整800亩,基础设施投入1.5亿元。盘活低效闲置用地544亩。全县引进内资12.55亿元,同比增长24.6%。完善企业难题征集交办机制,征集难题306个,办结率92.4%,满意率82.7%。创新金融服务,发放应急周转金7.39亿元,惠及77家企业。

固定资产投资稳定增长。全县完成固定资产投资48.48亿元,同比增长16.5%。其中,房地产投资5.21亿元,增长3.2%;基础设施投资20.86亿元,增长14.8%;工业投资21.15亿元,增长10.9%。在工业投资中,制造业投资18.05亿元,增长4.9%。

房屋施工面积58.40万平方米,商品房新开工面积22.11万平方米,商品房销售面积7.10万平方米,商品房销售额3.99亿元。

消费需求稳健增长。全县实现社会消费品零售总额25.35亿元,增长13.2%。实现商品销售总额48.84亿元,同比增长16.4%。金磐开发区、新城区、工业园区电商创业园相继开园,磐安入选电子商务全国百强县。对外贸易低位增长。全年完成进出口总额3.81亿美元,同比增长7.5%。其中,出口额3.68亿美元,增长5.8%。实际利用外资70万美元,同比增长79.5%。

交通基础设施建设进一步加快。途经磐安的金台铁路项目建议书已批复,进入可行性研究报告审查阶段,磐安境内长19.77公里,计划投资15亿元。42省道下葛至潘潭段、40省道沙溪口至冲背段、磐新线窈川至万苍段三大干线公路路基工程基本完成。杭绍台高速公路项目完成前期工作,磐安境内主线长2.4公里。G351国道(金义东磐)磐安段改造项目建议书编制基本完成。

全县完成邮电业务总量1.44亿元。其中,邮政业务总量0.19亿元,电信业务总量1.25亿元(含电信、移动、联通)。年末固定电话用户2.77万户,移动电话用户20.24万户,国际互联网用户4.05万户。

旅游重点项目扎实开展。编制完成《磐安台地乡村休闲养生旅游示范区建设规划》。投资亿元以上的云山“浙中疗养度假中心”、高二“幸福里”项目开工建设。央视《地理中国》播出两集磐安旅游专题片。省文联电影家协会将磐安设立为“浙江省原生态电影创作基地”。农家乐发展势头良好,累计发展农家乐320家、床位6680张、餐位23030个,全年接待游客149.85万人次,直接营业收入6664万元,游客购物收入1007万元。

2014年,全县接待游客526.9万人次,同比增长31.8%;实现旅游总收入26.41亿元,增长46.7%。

财政收入持续增长。全县完成财政总收入11.05亿元,同比增长16.8%。其中,公共财政预算收入6.01亿元,增长15.6%。公共财政预算支出18.96亿元,增长8.0%。全县民生支出13.46亿元,占公共财政预算支出的71.0%,同比增长19.6%。

【社会发展与人民生活】 教育事业加快发展。新建、改扩建项目8个,完成投资6590万元。文溪小学一期工程、尚湖中心幼儿园、深泽小学改扩建一期工程、玉山小学学生宿舍楼已交付使用。磐中图书综合楼、二中改扩建二期的教学楼和学生宿舍楼即将交付使用。磐安第四中学、新城中学开工建设。义务教育发展基本均衡县通过评估验收,创建省标准化学校12所。年末全县拥有各级各类全日制学校29所。其中,小学15所,在校学生1.23万人,小学适龄儿童入学率达到100%;初中11所,在校学生0.62万人,初中适龄少年入学率达到100%;高中2所,在校生3123人;职高1所,职业高中在校生1601人;初中毕业生升入高中段学校比例为98.32%。全县学前儿童入园率为99.01%。

科技事业有序发展。组建“磐安技术市场有限公司”,实现科技服务社会化运作。科技项目立项34项(其中国家级5项、省级26项、市级3项)。科技创新奖励408.35万元,同比增长48.87%。申报国家高新技术企业4家,2家复审公示。专利申请量660件,其中发明114件、实用375件、外观171件;专利授权量603件,其中发明9件、实用375件、外观219件。

新增浙江省名牌1只,复评1只;金华市名牌复评4只。成功创建省级农业标准化综合示范县,标准化生产程度达60%以上。我县首个联盟标准《磐五味中药材联盟标准》发布实施。主导制定洗车配件用品(便携式节水洗车器)行业标准1个,参与制定行业标准2个。《城镇卫生保洁服务业标准化项目》成功获批全国首批社会管理和公共服务综合标准化试点项目。

文化事业发展良好。茶文化博物馆完成安防技防和场外景观改造等工程,免费接待游客6.2万人次。投资200多万元为4个文化站、15个文化示范村添置文化设施。送戏下乡161场次、送电影下乡2500场次、送培训191场次、送讲座115场次、送展览148场次。成功举办首届农民艺术节,历时8个月,参与创作演出农民达3000人次,观看人数15万人次。完成《磐安传统印染技艺》和《土索面加工技艺》的文本、图片和音像的制作。“国家级非物质文化遗产”申报项目《祭孔典礼》

通过省文化厅审定。首次举办"非遗"实物展和照片展。盘峰乡"婺州南孔宣传展示基地"成为市级非物质文化遗产宣传展示基地。中央电视台《地理中国》播出在磐安拍摄的《炼火》。引进横店影视城多厅影院并正式营业。引进2家影视企业,在磐拍摄电影10多部,其中"梦回古村"纪录片获省"五个一工程奖"。

县体育健身中心基本完成一期主体工程。磐安中学、实验小学体育场馆设施实行节假日向群众开放。成功举办磐安县第七届运动会30项比赛,举办5项全县全民健身日等大型活动。

卫生事业健康发展。创建"卫生强县"。启动中医药养生园暨县中医院整体搬迁项目。深化县级公立医院改革,开展分级诊疗试点,健全省市县乡四级合作办医、县属医院与基层卫生院结对机制,县域内就诊率达到72.5%。

绿化美化工作不断推进。完成绿地建设1167亩、道路绿化26.4公里、县城周边山体林相改造2500亩。完成森林抚育1.7万亩。新建油茶、香榧等经济林3800亩,新发展林下经济3000余亩。成功举办2014浙江磐安森林旅游节暨第二届浙中杜鹃花节,占地3000余亩的六十田天然阔叶林(位于园塘林场)获"浙江最美森林"称号。启动七仙湖省级湿地公园一期项目建设。国有林场改革实施方案通过县政府批准,建成全国首个香榧电子交易平台,新增市级林业龙头企业2家。林权流转1万余亩,累计发放林权抵押贷款达2.81亿元。

积极推进生态文明示范县建设。创建36个市级生态村,申报国家级生态文明建设示范乡镇试点(尖山镇)。完成磐安县生态功能区规划调整修编工作,开展环境功能区划编制工作;起草《农村环境卫生综合整治长效管理实施意见》。"五水共治"扎实开展。科学编制系列治水规划,实施乡镇治水三重考核,完成畜禽养殖场、采制砂场、企业污染等治理任务;农村生活污水治理年度任务全面完成;6个县际交界断面水质合格率100%。新增海螺山顶、管头村等6个PM2.5空气自动监测站,建立磐安环境空气质量发布平台,实时发布10个站点的PM2.5数据。完成治理淘汰黄标车工作。全县空气质量优良率达到95.3%,县城区域噪声监测平均值达到Ⅰ类居住区标准。

2014年,规模以上企业综合能源消费量5.33万吨标准煤(等价能耗),万元等价综合能源消费量0.0717吨标准煤,同比增长10.08%。

人居环境不断改善。"三改一拆"强势推进。以"无违建乡镇(村居)"创建为载体,全力争创省"无违建县"。全县共拆违59.2万平方米,完成旧住宅区改造44.2万平方米、旧厂区改造3.4万平方米、城中村改造5.8万平方米。保障房项目建设有序推进,建成新兴街、龙山安置小区5.95万平方米。实施新兴街主干道、公共自行车二期建设,新建临时停车场2个,新增停车位240个。

人口保持低速增长,全年出生1941人。其中,男1006人,女935人;死亡1280人。人口自然增长率3.13‰。

居民收入较快增长。据调查数据显示,全县全体居民人均可支配收入18663元,同比增长11.0%。城镇常住居民人均可支配收入27600元,增长10.1%;农村常住居民人均可支配收入12138元,增长12.2%。

人力资源和社会保障工作取得新成效。开展"春季企业用工服务月"活动,举办10场招聘会,参与企业484家,达成就业意向3639人。新增城镇就业1098人,城镇登记失业率为2.64%。首批18名无房高层次紧缺人才,拎包入住人才保障房。108名企业人才申报中、高级职称,培养高技能人才308名,完成职业技能鉴定2586人。全年办理被征地农民转职工养老保险1.44万人。年末全县城乡居民养老保险参保人数达7.03万人,城乡居民医疗保险参保人数18.13万人;职工养老保险参保人数4.88万人,职工医疗保险参保人数2.88万人。办理劳动争议和欠薪案件96件,为744人追回工资1234.4万元。

民政福利事业协调发展。核定2014年城乡低保对象3889户5648人,及时发放低保资金1756万元。从11月1日起,提高城乡居民最低生活保障月标准:城镇居民由432元提高到488元,农村居民由300元提高到352元。敬老院在院老人月保障标准由450元提高到500元。简化社会救助申报程序,实现县乡两级联网审批。对1376人次困难群众发放救助金513.52万元。出台《磐安县居家养老服务照料中心建设、运行考核办法》。89家居家养老服务照料中心完成建设。县福利中心开业运营。提高优抚对象抚恤和生活补助金标准,发放优抚金538.4万元。

·非国有经济概述·

据测算,2014年非国有经济增加值65.16亿元,占地方生产总值的比重为88.5%(参见附图一),其中:第一产业增加值10.61亿元,占GDP的比重为14.4%;第二产业增加值36.32亿元,占GDP的比重为49.3%;第三产业增加值 18.22 亿元，占 GDP 的比重为 24.74%。在非国有经济增加值中，集体经济 0.9 亿元，占 GDP 的比重为 1.22%；个私经济 61.4 亿元，占 GDP 的比重为 83.38%；港澳台投资经济 1.18 亿元，占 GDP 的比重为 1.60%；外商投资经济 1.68 亿元，占 GDP 的比重为 2.28%。从分行业情况来看，农业增加值 10.61 亿元，占 GDP 的比重为 14.4%，工业增加值 28.27 亿元，占 GDP 的比重为 38.39%；建筑业增加值 8.05 亿元，占 GDP 的比重为 10.93%；金融业增加值 2.36 亿元，占 GDP 的比重为 3.20%；房地产业增加值 3.77 亿元，占 GDP 的比重为 5.12%；交通运输业增加值 6177 万元，占 GDP 的比重为 0.84%；批发零售贸易业增加值 5.37 亿元，占 GDP 的比重为 7.29%（参见表三、四）。

表三：2014 年非国有经济增加值（分经济结构）构成表

指标名称	2014 年增加值（亿元）	占 GDP 比重（%）
集体经济	0.9	1.22
个私经济	61.4	83.38
港澳台投资经济	1.18	1.60
外商投资经济	1.68	2.28

表四：2014 年非国有经济增加值（分行业）构成表

指标名称	2014 年增加值（亿元）	占 GDP 比重（%）
农业	10.61	14.40
工业	28.27	38.39
建筑业	8.05	10.93
交通运输业	0.62	0.84
批发零售贸易业	5.37	7.29
金融	2.36	3.20
房地产	3.77	5.12
其他	6.11	8.30
合计	65.16	88.50

附图一　2014 年非国有经济增加值在 GDP 中的比重(%)

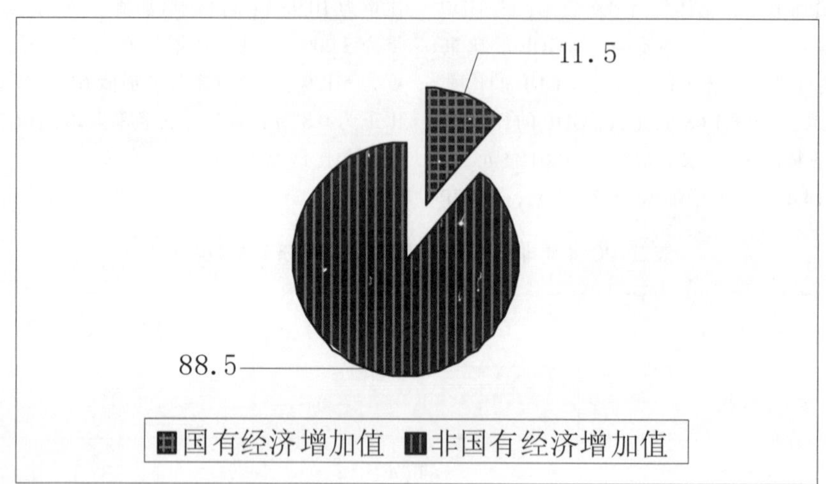

·非国有经济主要产业·

【非国有农业】 2014 年,全县以农业“两区”建设为抓手,以农业增效、农民增收为核心,以发展设施农业、休闲观光农业、生态循环农业为工作重点,全面深化农业农村改革创新,不断推动农业转型发展、创新发展和科学发展,各项工作取得了较好的成效,农业总产值 15.54 亿元,剔除价格因素增长 2.8%;农村居民人均可支配收入 12138 元,增长 12.2%。

1、农业“两区”建设稳步推进

以农业精品园建设为抓手,继续推进农业“两区”建设,增强农业综合生产能力,不断提高农业现代化水平。新增投资 1.48 亿元,完成好溪流域和始丰溪流域两个示范性现代农业园区服务中心建设并已投入运行;完成土地流转 4000 亩,新建各类钢架大棚 525 亩、喷滴灌设施 1240 亩、机耕路 10.4 公里、园区操作道路硬化 3.2 万平方米、蓄水池 0.15 万立方米、地力提升 3400 亩等农业设施。完成粮食生产功能区建设任务 4500 亩,新增农业机械装备 2000 台(套),水稻重大病虫害统防统治 7000 亩,全程机械化生产 2200 亩,玉山台地现代农业综合区和双溪蔬菜精品园通过省级验收。

2、农村改革进一步深化

为激发农民生产积极性,确保农民的合法权益,着力推进农村确权赋权改革,组织开展了农民土地承包经营权、农村集体经济资产股份权改革。全县 369 个村经济合作社,完成村经济合作社股份制改革 340 个村,占 92%,全面完成农村土地承包经营权改革任务,新发承包权证 331 户、补发 787 户、变更 9266 户、注销和收回 145 户,健全农村土地承包经营权证登记薄 363 个村。出台了《磐安县农村土地流转经营权抵押专项贷款实施办法(试行)》和《磐安县财政扶持农业项目专项贷款实施办法》,拓宽农民融资渠道,破解“三农”融资难题,有效激发了投资现代农业的积极性,为全面深化改革铺好了路、开好了道。

3、农村经济进一步强化

鼓励经营主体开展经营、种植、服务等模式创新,先后探索实施了“茭白田养鱼(鳖)”生态立体种养模式、“公司+农户+基地”联合发展模式、“药//甜玉米—晚稻”、“药//甜玉米//番薯等”粮经结合模式,“猪-沼-种”生态循环模式,生产经营方式不断拓展,推广“千斤粮万元钱”稳粮增收模式 3.4 万亩,推广机械化采茶 2000 亩,完成水稻机耕 2400 亩,机育 2300 亩,机插面积 5000 亩。大力推广“我的幸福计划”,有 11 个乡镇 29 家农业经营主体 0.7 万户农户 1.34 万人参与“我的幸福计划”,涉及土猪、土鸡、土鸭、本地黄牛、生态稻米、高山蔬菜、小京生等种养业,带动养殖业 0.4 万头,种植业 1.45 万亩,切实解决偏远山区留守人员的增收致富难题。大力发展村级集体经济。“三个三分之一”发展村级集体经济模式,列入省农村综合改革试点县,得到省财政项目扶持资金 3000 万元,在完成第一期异地物业项目出租的同时,启动第二期异地物业项目——磐安县农商综合体,总建筑面积 7186 平方米。该项目建成后出租收益约为 150 万元,能转化 60 个以上的经济薄弱村。

4、经营主体不断壮大

以做强农业龙头企业、规范农民专业合作社、发展家庭农场为重点，通过政府扶持、引导培育、加强管理，新型农业经营主体培育在数量质量上有新的突破。新培育县级农业龙头企业12家、示范性专业合作社10个、示范性家庭农场20家，新发展农民专业合作社35家、家庭农场106家。鼓励企业开展网络营销，推广营销市场，新增20家农产品企业开通电子商务，为我县农产品推向市场奠定了基础。切实加强品牌建设，通过举办"两节两会"，即磐安茶文化节、磐安高山茭白节、药交会和全省旱粮生产现场会，加强"磐安云峰"、"磐五味"、"翠都"等中心品牌宣传力度，实行品牌化营销。茶叶、茭白等农产品市场行情一路上扬，茭白收购价格达历史最高点每公斤7元。2014年我县被为"中国茶文化之乡"，"中国高山茭白之乡"；磐安云峰茶被命名为"中华文化名茶"。

5、农产品质量进一步放心

以确保不发生重大农产品质量安全事故为目标，创新质量监管机制，建立质量追溯机制，确保农产品质量安全水平稳步提升。一是加强质量监管。通过"绿剑"系列集中执法行动，强化高毒禁限用农药监管力度，高效低毒低残留农药普及率达90%；抽检农业投入品61批次，合格率85%。立案查处违法经营农资案件16起，收缴罚没款13.68万元。全面完成农资信息化平台建设，新安装信息化平台12家，达到全覆盖。开展了废弃农药包装物回收试点工作。开展农产品抽检8224批次，其中瘦肉精检测4087批次，合格率达100%，完成年度任务的137%。加强生猪屠宰和中药材硫磺加工的监管，处理病死猪7624只，病猪肉2084公斤，主城区全面实现家禽"定点屠宰、杀白上市"，中药材无硫加工率已达55%。二是建立质量追溯机制。以农业龙头企业、示范性专业合作社、规模家庭农场为重点，探索建立农产品质量安全追溯平台，健全农产品生产单位数据库，实现农产品从生产源头到产品上市的全程质量监管，已完成小春、绿福等5家蔬菜专业合作社的农产品质量安全追溯平台建设。三是推行标准化生产。加快推进农产品"三品一标"认证，"三品"认证产地面4.95万亩，新增无公害农产品5个，绿色、有机农产品5个，农业标准化生产程度达60.1%。修订县级农业标准(规范)4个，开展茶叶、水稻、蔬菜统防统治2万亩，推广农药减量控害增效技术1.55万亩。举办了海峡两岸中药材产销信息对接会，发布了"磐五味中药材联盟标准"，为确保中药材质量安全奠定基础。

6、农业转型步伐进一步加快

做好"接二连三、三产互动"文章，促进现代农业持续稳定发展。一是大力发展休闲观光农业。以发展休闲观光农业精品园建设为抓手，以去年创建的11个休闲观光农业为基础，加大推进力度，新增9个休闲观光农业精品园，完成了金土地和大青谷休闲农业观光示范园接待中心和金土地--大青谷道路硬化建设任务。已基本完成双峰--盘峰--维新--高二休闲农业观光线建设内容。新建休闲观光农业基地7个，接待游客20万人次，实现收入600万元。逐步把园区建成"景区"，把农业变成"风景"，使"干农业"向"看农业"转变。二是大力发展生态循环农业。以创建省级生态循环农业示范县为抓手，依托"五水共治"和"三拆一改"专项行动的有利时机，推进生态循环农业健康发展。全力抓好农业面源污染整治工作。坚持规划先行，整治与长效管理相结合，出台了磐安县生态畜牧业规划，印发《磐安县养殖场污染整治和规范管理手册》，全面开展养殖场污染综合整治，关停拆除147家，拆除房屋栏舍3.8万平方米，削减生猪饲养量2.45万头、家禽饲养量4.43万只、羊牛饲养量0.35万头；宜养区内82家规模养殖场完成治理设施建设，建成沼气池0.29万立方米、干粪房0.12万平方米、无害化处理池0.12万立方米，落实配套消纳耕地2.1万亩，养殖场沼液沼渣基本实现就地消纳。加强测土配方施肥。推广测土配方施肥16万亩，发放测土配方施肥技术资料2万份，举办科技赶集、施肥技术培训5期；完成取土475个，化验2632项次，提出作物施肥建议12份，落实配方肥、土壤调理剂、微量元素等肥效试验10个；推广专用配方肥0.35万吨。大力推广生态循环种养模式。大力推广"秸秆(木屑)-食用菌-中药材/蔬菜、食用菌废料+猪粪-有机肥-药菜果、猪-沼-种"等生态循环模式，创建省级生态循环农业示范县。

7、农业生产安全水平进一步提高

安全是第一要务，加强动植物疫病防控、农机安全和农村集体三资管理，确保农业生产安全和农村社会稳定。切实加强动植物疫病防控。抓好病死动物无害化处理、H7N9禽流感防控、漂浮死猪防控和春季重大动物疫病集中免疫四项专项行动，无害化处理病死猪0.76万头；排查H7N9禽流感疫情防控96场次，采集血清学病原学样品901份；免疫注射禽流感32.68万羽，生猪免疫5.5万头，重大动物疫病强制免疫率达100%。在磐安开展了全市重大动物疫情应急演练活动，提高了应对突发重大动物疫情的处置能力，检验和锻炼了防疫队伍的实战能力。开展重大农业植物疫情防控,做好“黄瓜绿斑驳花叶病毒病”、“梨枯梢病”、“加拿大一枝黄花”等有害生物的普查防除工作,坚决遏制重大农业植物疫情扩散蔓延,辖区内没有发生重大动植物疫情。切实抓好农机生产安全。积极开展“创建平安农机,促进新农村建设”活动。新创建创建省级平安农机示范乡镇1个,全年没有发生拖拉机人员死亡事故。切实加强农村三资管理。严格执行村级公务“零招待”制度,查处违规行为13起,处理干部36人。认真开展重点村财务清理审计工作,完成清理审计19个村,审计金额7851.75万元,其中违规资金9.8万元;出台了《磐安县农村集体公共用房管理办法》,为切实加强农村集体公共用房管理工作奠定了基础。

【非国有工业】 2014年,面对错综复杂的宏观经济形势,全县上下齐心协力、振奋精神、开拓创新、迎难而上,将稳增长、调结构贯穿始终,工业经济取得了可喜成绩。

全县完成工业增加值28.82亿元,按照可比价计算,比上年增长7.5%,工业增加值占GDP的比重为39.1%。全县128家规上工业企业完成产值74.40亿元,同比增长2.7%。平台建设成效明显,三大区五小区共平整工业用地800亩,基础设施投入1.5亿元,盘活闲置低效用地275亩。金磐开发区三期、新城区大麦坞工业区块二期、磐安工业园区二期建设进展顺利;冷水、仁川、深泽等红木产业园和两个小微企业创业园启动建设。

企业绩效明显提升,全县亿元企业达到了19家,工业企业纳税二十强的门槛由331万提高到了390万,金华威邦塑胶有限公司税收达到2557万,浙江罗奇泰克公司税收首次超2000万。企业创新能力不断增强,浙江鹏孚隆有限公司的氟硅特种涂料研究院成为我县首家省级企业研究院,磐安绿海工艺有限公司成为我县首家省级创新型试点企业。招商引资取得新成绩,全县共引进内资12.55亿元,增长24.6%;新引进投资3000万元以上工业企业17家,其中亿元以上企业5家。

开展“四破”专项整治行动。会同财税、发改、国土等部门以及各工业区块、有关乡镇,做好“四破”整治前期专项调研工作,出台“四破”专项整治方案,逐步开展整治行动。完成2008-2013年未落地项目清理,共取消28个未落地项目供地资格,节省工业用地470亩,完成闲置低效、围墙圈地等整治面积544亩。

抓项目破难题,有效投资平稳增长。2014年,我们以重大基础设施、产业项目、民生项目为重点,千方百计扩大有效投资,投资结构得到不断优化,完成基础设施投资20.86亿元,占固定资产投资的43%,民间投资完成28.21亿元,比例达58.2%。重点投资项目进展较快;省、市重点项目投资均超额完成。其中城乡污水治理、干线公路改建、移民小区建设、水利建设、风电开发等方面的项目建设进度快、成效好。重大项目前期进展较好,金台铁路、杭绍台高速公路、磐安抽水蓄能电站等项目前期取得突破。

推动工业转型升级。一是加大政策扶持力度。围绕我县“生态工业、转型发展”工作主线,起草出台《磐安县工业转型升级专项行动方案》,提升磐安工业的质量和效益,确保工业经济持续快速健康发展。二是开展工业企业绩效评价工作。完成2013年工业企业绩效整改的验收复核和2014年工业企业绩效评价工作,并完成优先类和限制类企业在《磐安报》上的公示工作。督促乡镇、工业区块抓好整改类、限制类企业落实整改措施,尤其是“十大”绩效挂牌整改企业,倒逼企业转型升级。三是加大节能降耗工作力度。贯彻实施《磐安节能降耗专项资金使用管理办 法》,与我县年耗能300吨标准煤以上企业签订节能降耗责任书,推行清洁生产审核,全面落实节能降耗工作措施。四是加快淘汰落后产能。按照省市统一部署,强化对电镀、化工、印染等高能耗、重污染行业的整治,拆除浙江恒隆五金有限公司2条半自动电镀生产线,淘汰落后电镀1万升,腾出用能0.4万吨,完成了省下达的2014年工业行业淘汰落后产能目标任务。

营造工业经济良好发展环境。一是完善企业难题征集交办机制。完善县领导和机关部门联系企业制度,规上企业、重点建设项目、成长型企业落实到80多个部门联系,要求每季深入企业走访,认真开展“送政策、送服务、解难题”大走访活动。全年共走访企业600多人次,企业489家,征集难题306个,主要涉及融资、用地、用工、规划、办证等方面,做到准确把握企业难处、及时了解企业需求。对于征集到的难题,现场解决76个,交办119个,目前已办结110个,办结率92.44%,满意率82.73%。二是创新金融服务破解企业融资难。为了加强企业资金链安全保障,提高资金风险防范与化解能力,增强银行对企业的信心,由县政府牵头,按照“政府支持、专业管理、临时应急、安全有偿”的原则设立磐安县企业应急周转金。县财政首期安排2000万元,由经商局企业服务中心按照“短期、应急、有偿、安全、救急不救穷”的原则统一进行运作,帮助银行信用良好的工业企业降低财务成本、减轻资金周转压力,进一步优化我县金融市场环境。全年发放应急周转金129笔,共计7.39亿元,惠及77家企业。同时,2013年年底设立的融资性担保公司已正常运作,为企业提供资金支持。三是发放创业绿卡。通过申报、审核,县政府决定授予浙江金华威邦塑胶有限公司等92家企业及陈校波等114名投资业主2014年度创业绿卡。

【非国有商贸】 全县实现社会消费品零售总额25.35亿元,增长13.2%。实现商品销售总额48.84亿元,同比增长16.4%。消费结构持续升级,进一步由生存型向享受型转变,全年房地产销售面积7.1万平方米,比上年增长17.1%。年末全县每百户城乡居民民用汽车拥有量27.5辆,比上年增长31%。

对外贸易低位增长。全年完成进出口总额3.81亿美元,同比增长7.5%。其中,出口额3.68亿美元,增长5.8%。实际利用外资70万美元,同比增长79.5%。

外经贸工作难中求进。一是做好政策兑现。对2013年的外贸出口、加工贸易、境内外参展等进行了认真细致的审核,共兑现县级外经贸扶持政策资金1344.77万元,其中,工业品、农产品出口、加工贸易进口、加工贸易保证金贴息、信保补助等奖励535.34万元;境内外参展补助809.43万元。二是帮助企业拓展市场。向上积极争取广交会、华交会、文博会等展位指标,千方百计帮助企业拓展市场。全年共组织企业境外参展129家次、展位240个,境内参展251家次、展位459个。三是完成小微出口企业信用保险全覆盖工作。县经济商务局、中国出口信用保险公司金华办事处联合组织我县2013年出口额在300万美元以下的出口企业举行2014年小微企业处口信用保险全覆盖签约会,参保率由73.2%增至89.90%。为促进我县外贸出口稳定发展,帮助小微出口企业积极开拓国际市场,减少收汇风险,将起到积极作用。

电子商务发展提速,初步形成新城区、金磐开发区、工业园区三大电商集聚区,网络零售总额达到7.2亿元,跻身电子商务全国百佳县。全县共有网上交易主体2520个,其中,企业自建网站175个,网页1000余个,各类网店1800多个,诚信通用户871家、天猫商城48家、出口通90多家、速卖通28家。阿里巴巴1月发布的县域电子商务研究报告显示,我县位列全国"电商百佳县"第79位,其中,百佳县的网商指数均值为8.23(磐安8.58),网购指数均值为26.66(磐安19.34)。为促进电子商务发展,实施了一系列举措,一是成立电商工作领导小组。成立了以县长为组长的磐安县电子商务工作领导小组,小组成员涵盖了供地、融资、规划、监管、保障、税收等多个部门。二是起草电子商务扶持政策。由县经济商务局牵头,组织开展专题调研,起草《关于加快商贸流通业(电子商务)发展的若干意见》,在多方征求意见的基础上,交由县电子商务工作领导小组讨论、修改,现已向县政府提交政策意见的送审稿。三是编制电子商务发展规划。《磐安县电子商务发展规划(2014–2020)》列入全县2014年的规划编制计划。完成项目的招投标,由浙江工商大学现代商贸发展研究院(电子商务研究院)编制,已提交初稿开展讨论。四是组织开展培训。举办了全县电子商务讲座,邀请浙江工商大学教授琚春华讲授电子商务的现状和发展趋势,在全县机关、企事业干部中营造了发展电子商务的氛围。

【非国有建筑】 建筑业发展异军突起。全县完成建筑业增加值8.05亿元,同比增长7.1%。房屋建筑施工面积1625.42万平方米,建筑业总产值132.85亿元。房屋竣工面积563.11万平方米,竣工产值93.92亿元。施工总承包一级资质建筑企业8家,二级建筑企业11家;专业总承包二级建筑企业5家。新引进或创办建筑企业7家。新培育产值超10亿元建筑企业2家。新开拓产值超10亿元建筑区域市场(广东)1个。建筑业带动了县内外近12万劳动力就业,成为我县的重要经济增长点和居民增收的重要来源。

【非国有旅游】 旅游业发展势头喜人。全年共接待游客526.9万人次,实现旅游收入26.41亿元,分别增长31.8%、46.7%。成功举办了第二届森林旅游节暨浙中杜鹃花节、磐安嬉水节、高山果蔬节、赶茶场等特色旅游节会,"休闲养生"品牌进一步打响。旅游项目建设有序推进,花溪景区完成进区道路和停车场建设,灵江源森林公园完成游客接待中心建设,云山旅游度假区启动浙中疗养度假中心和白云山休闲山庄建设,大盘山温泉山庄建成开业。

农家乐发展势头良好,累计发展农家乐320家、床位6680张、餐位23030个,全年接待游客149.85万人次,直接营业收入6664万元,游客购物收入1007万元。

【非国有金融】 金融业快速发展。全部金融机构存款余额128.68亿元,同比增长16.0%。其中,储蓄存款余额61.55亿元,增长8.1%。全部金融机构贷款余额105.68亿元,增长21.5%。其中,短期贷款88.77亿元,增长17.3%。浙江泰隆银行磐安小微专营支行正式开业。至此,全县各类商业银行已达9家。

统计数据显示,2014年全县实现金融业增加值3.47亿元,其中非国有金融增加值2.36亿元,占

57.5%。年末全部金融机构存款余额128.68亿元,其中:非国有金融机构存款余额81.45亿元,占全县金融机构存款余额的比重为63.3 %(参见附图二、三)。年末全部金融机构贷款余额105.68亿元,其中非国有金融机构贷款余额为53.16亿元,占全部金融机构贷款余额的50.3%(参见附表五)。

2014年非国有金融机构存贷款在全县金融机构中的比重

指标名称	非国有金融机构(亿元)	占全县金融机构的比重(%)
金融机构存款余额	81.45	63.3
金融机构贷款余额	53.16	50.3

附图二 非国有金融机构存款在全县金融机构中的比重(%)

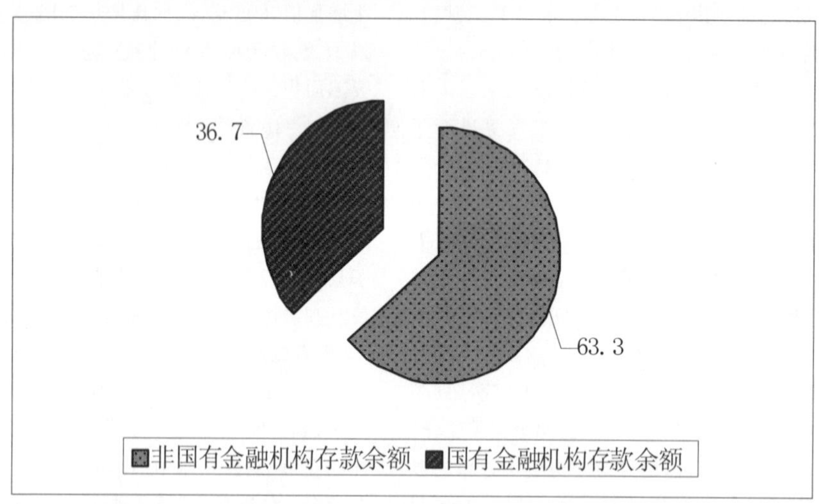

附图三 非国有金融机构贷款在全县金融机构中的比重(%)

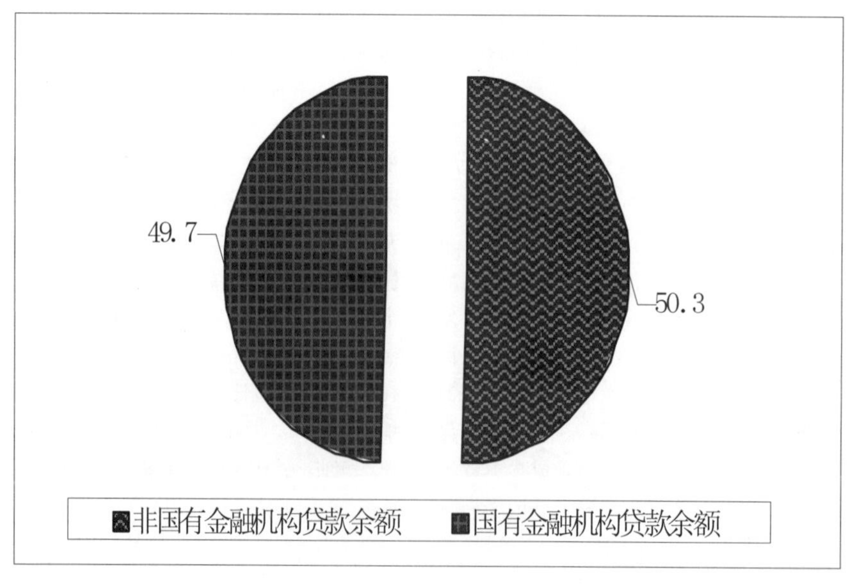

说明：

(1)本资料所列各项数据为年度初步统计数据。

(2)人口数为公安部门统计年报数，出生率、人口自然增长率为人口和计划生育部门提供的数据。

(3)资料中生产总值和各产业增加值绝对数按现价计算，增长速度按可比价格计算，人均生产总值按户籍年平均人口计算。

(4)规模以上工业企业指年主营业务收入2000万元以上工业企业。

(5)固定资产投资指计划总投资500万元以上投资项目和全部房地产开发投资。

（磐安县统计局 陈荣义）

（责任编辑：王怡然 金瑞锋 黄莹莹 杨丽君）

路 桥 区

·概况·

【区位与行政区划】 路桥地处浙江中部沿海，我国黄金海岸中段，境域东濒东海，南接温岭，西邻黄岩，北连椒江。海陆地东西最长33.3公里，南北最宽18.8公里；陆地总面积274平方公里。全区地形以平原为主，属于近海沉积平原，地势平坦、河道纵横，是温黄平原的中心部分，平均海拔3~4米，呈“水乡泽国”风貌。沿海海岸曲折，大陆海岸线总长26公里，港湾众多，剑门港是天然深水良港，岛屿星罗棋布，有黄礁、白果山、道士冠等大小岛屿15个、浅海滩涂宽广辽阔，面积达21.32平方公里。旅游资源山海兼备、景区众多。下辖6个街道，4个镇，分别为路桥街道、路南街道、路北街道、螺洋街道、桐屿街道、峰江街道、新桥镇、横街镇、蓬街镇、金清镇。路桥街道为全区的政治、经济、文化中心。

【人口与交通】 2014年末，全区户籍总人口452599人，其中男性人口227228人，女性人口225371人，男女性别比为100.82:100。全年共出生4778人，死亡2617人，人口出生率为10.55‰，比上年上升0.13个千分点，死亡率为5.78‰，与上年上升0.14个千分点，人口自然增长率为4.77‰，与上年持平。

路桥位置优越，交通便捷。拥有全国首家县级民航站——黄岩机场，直达北京、上海、武汉、广州、郑州、南京、厦门、福州、深圳等各大城市。104国道自北向南穿境而过，104复线路桥至太平一级公路已建成通车。区内乡镇路网四通八达，城区环线宽阔顺畅，为省级样板路段，台州市客运中心位居其中，班车直达全国各地，为台州最大的客运集散地，距省第二大港——海门港仅14公里，外轮可直达香港、日本、韩国及东南亚、欧美等地。甬台温高速公路紧邻其旁，市区路黄椒线连接网络日臻完善。贯穿境内的甬台温铁路路桥站已正式交付使用。

【经济发展】 2014年是全面深化改革的开局之年，也是路桥克难求进、开拓奋进、各项工作扎实推进的一年。一年来，区政府认真贯彻党的十八届三中、四中全会精神，全面落实区党代会决策部署，紧紧围绕“三个率先”奋斗目标，认真执行区人大各项决议，集中多主题、打好组合拳，全力以赴抓改革、扩投入、促转型，千方百计抓整治、优管理、惠民生，完成了区四届人大三次会议确定的主要目标任务。据初步核算，2014年，全区实现生产总值466.50亿元，比上年增长9.1%。其中，第一产业增加值11.22亿元，增长2.0%；第二产业增加值213.98亿元，增长8.1%；第三产业增加值241.31亿元，增长10.5%。三次产业结构为2.4:45.9:51.7。全区人均生产总值为103252元，增长8.7%。

【非国有经济发展】 路桥是全省非国有经济起步较早、规模大、密度高的地区，非国有经济的发展经历了改革开放至建区初的初创时期和建区后的发展提高时期。1978年后，随着中央“以经济建设为中心”的战略的确立，农村实行联产承包责任制，部分劳动力从务农中转移出来，民营经济破土而出，连续翻番，从初期的小手工小商贩逐步创办个体私营作坊式企业或乡镇企业，1994年路桥建区给非国有经济的发展带来了一次极好的发展机遇，在完成资金原始积累后，一批非国有企业的科技武装产业，着力打造品牌，扩大企业规模、提高产品档次，非国有企业步入了发展提高之路，出现了吉利、吉奥、巨科、腾达、双菱、三友、珠光等国内知名企业集团。

目前路桥非国有产业形成了十分明显的区域规模和集聚功能，成为路桥经济的主要组成部分的主要增长点，特别是路桥建区后，加快企业改制和机制转换，在加快工业化步伐、推进城市化过程中大力倡导发展非国有经济，使之在整个国民经济中占95%以上。

·非国有经济主要产业·

【农业】全区实现农林牧渔业总产值19.10亿元,比上年增长1.5%。其中,农业产值8.36亿元,增长2.0%;林业产值0.04亿元,下降3.9%;牧业产值1.18亿元,下降24.2%;渔业产值9.26亿元,增长5.8%;农林牧渔服务业产值0.26亿元,增长2.4%。

全年农作物总播种面积14742公顷,比上年增长3.2%。全年粮食播种面积5055公顷,增长2.5%。粮食总产量35165吨,下降1.6%,其中谷物产量32936吨,下降4.0%;豆类产量1047吨,下降3.6%;薯类产量1182吨,增长262.6%。非粮食作物播种面积9687公顷,增长3.6%。全年蔬菜产量175549吨,增长4.7%,水果产量58362吨,增长0.3%。

建成粮食生产功能区8300亩,完成高标准基本农田建设17468亩。峰江万亩花卉苗木基地新完成建设1400亩、累计建成8000亩。新设立家庭农场111家,股份合作农场3家。

全年肉类总产量4202吨,比上年下降25.1%,其中猪肉产量3522吨,下降22.6%。禽蛋产量1982吨,下降33.1%。

全年水产品产量60262吨,比上年增长4.9%。其中海洋捕捞产量41282吨,增长5.0%;海水养殖产量10380吨,下降5.5%。

全区注册登记的农民专业合作社288家,其中省级示范性专业合作社15家,市级规范化专业合作社88家。全区共认证绿色食品11个,国家无公害农产品20个,浙江省无公害农产品产(基)地15个。全区累计有44家区级以上农业龙头企业,其中市级35家、省级2家。

全年累计投入绿化资金1.11亿元,新增平原绿化面积2078亩。峰江街道已顺利通过省级“森林城镇”验收。30个“森林村庄(绿化示范村)”已建设完成,其中省级森林村庄3个,市级森林村庄10个。

【工业、建筑业】全年全区实现工业增加值196.07亿元,比上年增长8.3%。规模以上工业企业(年主营业务收入2000万元及以上)387家(快报数据),实现工业增加值96.61亿元,增长10.0%。其中,轻工业实现增加值17.94亿元,增长5.3%;重工业实现增加值78.67亿元,增长11.1%。规上工业实现新产品产值127.29亿元,增长18.0%,新产品产值率为22.0%;实现出口交货值121.00亿元,增长2.7%,出口交货值占销售产值比重为21.7%。全区工业总产值超亿元企业有115家,比去年增加4家,实现总产值465.50亿元;其中,超10亿元企业8家,实现总产值205.46亿元。

全区规模以上工业企业实现利税总额23.79亿元,比上年下降2.4%,其中,利润总额10.59亿元,下降3.6%。

全区建筑业实现增加值18.21亿元,按可比价格计算,比上年增长6.2%。资质以上建筑企业实现总产值230.85亿元,增长25.8%;房屋建筑施工面积621.51万平方米,增长1.6%;房屋竣工面积302.29万平方米,下降5.8%;实现利润总额7.19亿元,下降2.6%;税金总额7.35亿元,增长9.5%。

【固定资产投资】实现固定资产投资190.25亿元(包含台州经济开发区3.40亿元),比上年增长21.2%。其中,第二产业实现投资63.28亿元(包含台州经济开发区3.40亿元),增长26.5%;第三产业实现投资126.63亿元,增长18.5%。固定资产投资项目323个,投资额94.12亿元,增长11.3%。

全年省、市级17个重点项目当年完成投资额45.49亿元。其中,台州市金属资源再生产业基地当年实现投资5.31亿元,累计完成投资16.72亿元;路桥生活资料市场园区(一期)商城区块当年实现投资4.60亿元,累计完成投资9.09亿元;台州栅岭汪排涝调蓄工程当年实现投资2.51亿元,累计完成投资10.55亿元;内环南路当年实现投资2.99亿元,累计完成投资3.51亿元;环湖东路当年实现投资1.30亿元,累计完成投资1.30亿元。

全年房地产开发实现投资96.13亿元,比上年增长32.7%。房屋施工面积665.57万平方米,比上年增长53.6%,房屋竣工面积79.94万平方米,比上年增长342.4%。商品房销售面积28.99万平方米,下降32.4%。

【交通、邮电】全年完成货物周转量217.90亿吨公里,比上年增长0.1%;旅客周转量7.48亿人公里,与上年持平。沿海港口货物吞吐量(规模以上)42.13万吨。民用航空实现客运量66.47万人次,增长8.8%,民用航空完成货邮吞吐量7410.2吨,增长7.2%。

年末全区等级公路总里程620公里,增长了3公里。全区汽车拥有量15.55万辆,增长9.6%;其中,私人汽车拥有量14.08万辆,增长10.5%。

全年全区实现邮电业务收入8.90亿元,比上年下降5.1%。其中,邮政业务实现收入0.40亿元,增长8.0%,电信业务实现收入8.50亿元,下降5.7%。年末城乡固定电话用户为17.51万户,比上年减少0.35万户;移动电话用户91.81万户,比上年增加0.67万户。年末拥有互联网宽带接入用户数18.97万户,比上年增加1.27万户。

【贸易、旅游】 全年全区实现社会消费品零售总额273.00亿元,比上年增长13.1%。分行业来看,批发业实现零售额21.89亿元,增长30.6%;零售业实现零售额232.25亿元,增长12.3%;住宿业实现零售额1.07亿元,下降10.9%;餐饮业实现零售额17.79亿元,增长7.0%。全区年成交额超亿元的市场22家,成交总额414.63亿元。

全年共接待旅游总人数396.19万人次,比上年增长12.2%,其中国内游客395.87万人次,比上年增长12.3%;实现旅游总收入37.84亿元,增长12.7%,其中旅游外汇收入62.76万美元,下降39.3%。

全区共有星级饭店5家,客房638间,床位数950个,旅行社11家。

【对外经济】 全年全区外贸进出口总额33.92亿美元,比上年增长2.7%。其中进口总额12.51亿美元,下降13.4%;出口总额21.41亿美元,增长15.6%。在出口总额中,三资企业出口1.45亿美元,下降0.9%;生产企业出口17.46亿美元,增长12.3%;外贸企业出口2.50亿美元,增长6.7%。全年全区有进出口实绩的企业446家,比上年增加19家,其中进出口超1000万美元的企业有52家,比上年增加2家。出口国家和地区178个。

全年新批外商投资企业5家,合同利用外资5564万美元,实际利用外资4452万美元。

全年新批境外投资项目3个,中方投资额50万美元。全区累计境外投资项目70个,中方累计投资额5713.86万美元。

全区累计注册服务外包企业3家。服务外包离岸合同额41.29万美元,比上年增长275.3%;离岸合同执行额41.29万美元,增长275.3%。

【财政、金融】 全年全区实现财政总收入59.47亿元,比上年增长2.2%。地方公共财政预算收入32.83亿元,增长2.1%,其中税收收入31.14亿元,增长8.7%。公共财政预算支出25.47亿元,增长3.7%。

年末,全区金融机构本外币存款余额739.00亿元,比上年末增长2.8%。当年新增存款20.08亿元。其中城乡居民本外币储蓄存款余额447.50亿元,增长5.1%。年末金融机构本外币贷款余额707.52亿元,增长13.0%。当年新增贷款81.46亿元。

年末全区累计已有上市公司3家,与去年同期持平。年末有小额贷款公司4家,合计注册资金8亿元,全年累计发放贷款21.18亿元。

全年保费总收入11.93亿元,比上年增长6.3%。其中财产险保费收入8.49亿元,增长16.3%;人寿险保费收入3.44亿元,下降12.4%。全年各类赔款、给付支出5.38亿元,比上年增长19.0%。

【科学技术、教育】 全年全区规上工业研究与试验发展(R&D)经费支出6.67亿元,占GDP比重1.4%。高新技术产业规上工业企业69家,实现工业总产值164.12亿元,占规模上工业总产值28.4%。用于科技事业的财政一般预算拨款8261万元,增长4.4%。新增国家火炬计划4项;新增省级科技计划项目3项。新增专利申请1797件、授权1595件,其中新增发明专利申请量206件,发明专利授权量63件。

全区被国家工商总局认定的驰名商标3件。全区浙江名牌产品24个。全区有22家食品企业取得QS证书。年末全区有各类检验机构8家。

全区现有幼儿园148所,在园幼儿25825人,比上年减少907人;普通小学19所,在校生47268人,比上年减少401人;初中15所,在校生18158人,比上年增加721人;高中5所,在校生7422人,比上年减少271人。2014年高考报名人数2936人,录取率85.2%。文理科重点线人数276人,比上年增加8人。

年末,全区教育系统建筑面积88.7万平方米。全区教育经费投入9.6亿元。其中财政性教育经费7.18亿元,比上年增长11.4%。

【文化、体育和卫生】 成功创建浙江省体育强区,圆满完成村级文化基础设施建设三年行动计划,到2014年底,完成建设村居251个,建成26家文化礼堂;全年完成主题文化下乡演出165场,另送电影2601场,图书11000多册、讲座30多场、展览15场、体育器材550件到基层;全区运动员参加国际国内各项赛事,共获得国际级比赛银牌1枚,亚运会金牌1枚,全国比赛金牌3枚、银牌2枚,省级比赛金牌13枚、银牌14枚、铜牌23枚。

恩泽医院开诊。区中医院整体迁建工程进入二次装修阶段。区第三人民医院整体迁建工程顺利开工。金清镇卫生院新址正式开诊。台州市博爱医院、台州章氏骨伤医院扩建工程稳步推进。创建1家浙江省示范社区卫生服务中心,4家省级乙等乡镇卫生院,1家省级残疾人社区康复示范站。年末全区拥有各类医疗卫生机构285家,床位2224张,各类卫生技术人员3417人,其中执业医师和执业助理医师1370人,注册护士

1287人。年末每千人拥有卫生技术人员7.58人，全区拥有卫生防疫人员55人。

【能耗、环保】 全社会用电量26.93亿千瓦时，比上年下降1.1%。第一产业0.23亿千瓦时，下降4.9%；第二产业18.33亿千瓦时，下降1.2%，其中，工业17.85亿千瓦时，下降0.8%；第三产业3.57亿千瓦时，增长3.7%；居民生活4.79亿千瓦时，下降3.6%。全区规模以上工业企业等价能耗为35.13万吨标准煤，规上工业万元增加值综合能耗降低率为8.11%，万元GDP综合能耗降低率为6.13%。

完成废水排放达标整治和截污纳管165家企业，关停重污染高耗能企业385家，查处环境违法案件134起，刑事拘留55人，行政拘留63人。完成47个村农村生活污水治理，全面关停禁养区域内畜禽养殖场。全区空气质量优良率为80.6%。内河地表水环境质量监测断面综合污染指数为2.19，比上年下降16.4%。完成拆违375.35万平方米，“三改”248.58万平方米，20个村达到“无违建”标准。山马、洋洪、上马、南山等城中村改造顺利推进，路桥石浜公园绿化景观工程开工建设。

完成“美丽乡村”建设精品线路一条，精品村7个、重点村14个，田园式生态公园12个。

【就业、社保、人民生活】 充分就业社区创建率100%，完成农民素质培训3000人，新增城镇就业岗位12632个，安排下岗失业人员再就业2281人。

年末，全区城镇职工基本养老保险175815人，新增26154人；失业保险参保人数96263人，新增5646人；基本医疗保险参保人数127818人，新增15600人；工伤参保职工240856人，新增10850人；生育保险参保人数75449人，新增8806人。

全区拥有福利院16家，床位3345张。城乡居民最低生活保障人数3950人，其中农村最低生活保障人数3648人。全区农村五保供养人数297人。

根据城乡一体化住户调查，全年全体居民人均可支配收入38527元，比上年增长10.3%。其中，城镇常住居民和农村常住居民人均可支配收入分别为48416元和21825元，增长9.9%和10.0%。全年全体居民人均消费支出22708元，比上年增长11.0%。其中，城镇常住居民和农村常住居民人均生活消费支出分别为26449元和16391元，增长11.1%和10.2%。城镇居民恩格尔系数为30.0%；农村居民恩格尔系数为31.2%。年末城镇居民和农村居民人均住房建筑面积分别为48.3平方米和50.1平方米，每百户城镇居民家庭和农村居民家庭分别拥有生活用汽车70辆和54辆。全年城镇以上单位职工平均工资53578元，增长3.9%。

·政策措施·

【实施创新驱动、推动产业升级】 创新是发展的不竭动力，产业是发展的基础支撑。要把创新驱动和产业升级作为主抓手，打好经济转型的“组合拳”，优化结构，提升层次，增强核心竞争力，打造路桥经济“升级版”。以平台建设为依托，强化产业发展支撑。加快建设传统产业转型平台。基本完成金属资源再生产业基地基础设施建设，加快推进巨科铝轮毂、齐合天地铜铝纵向一体化等项目，力争35家企业基本建成，通过国家级“圈区管理”验收；完成峰江拆解园区整体搬迁，积极开展搬后利用；加快推进吉利V汽车项目建设，规划建设新的汽车零部件产业基地；确保黄琅盐场工业区块、熔铸园区入园企业全部建成投产，加快电镀园区建设；力争三山涂围垦竣工验收、黄礁涂围垦主体完工；深化路桥生活资料市场园区、台州市物流园区规划布局调整，加快推进商城区块、台州市粮食储备配送中心等项目建设。积极搭建新兴产业发展平台。加快建设电子商务产业园区，积极谋划中小企业创业示范基地和孵化基地。加大招商引资力度。深入实施“浙商回归”工程，完善招商引资重点项目库，坚持“招大、引强、选优”机制，加大项目推介和服务力度，重点引进符合路桥发展导向、带动辐射能力强的重大项目。加强要素资源保障。落实省、市土地政策，加快拆后土地利用，实施低效用地再开发，推进“空间换地”、“零地技改”，提高用地效率；加速政策处理，加大消化利用批而未供、供而未用土地力度；强化“亩产论英雄”导向，健全工业企业绩效评价体系，加快资源要素市场化配置，倒逼企业转型升级；探索建立服务业企业绩效评价体系。

以自主创新为引领，加快工业提质转型。把工业发展摆在突出的战略地位，全面实施“四换三名”工程，加快工业强区建设。完善区域创新体系。以“八倍增两提高”为抓手，加大自主创新政策扶持力度，加强与大院名校合作，谋划建设路桥科创园；大力培育科技型企业，新增各类研发中心3个、省级以上科技项目10个；优化引才聚才兴才环境，大力引进培养创新型、实用型人才，加快培育新一代企业家队伍；加强知识产权应用和保护，深化国家知识产权强区示范区建设。加快产业转型升级。完善工业主导行业发展规划，突出抓好汽车、机电、金属资源再生等产业，扎实推进块状经济向现代产业集群转型升级；推进工业化和信息化深度融合，争创省级“两化融合”实验区。深化企业梯队培育。坚持“抓大、扶中、育小、推上市”政策导向，积极实施工业企业“331”培育工程，大力发展总部型、品牌型、上市型、高新型和产业联盟主导型企业；继续推广精益生产、企业资源计划等先进生产管理模式，引导中小型企业与行业龙头企业开展深度合作，培育细分行业“隐形冠军”；鼓励有条件的企业积极利用多层次资本市场，推动优质企业上市；深入开展质量强区建设，推进名牌战略和标准化战略；鼓励外贸企业整合国际资源，加强内外市场联动，提高开放型经济发展水平。

以改革创新为动力，推进服务业改造提升。探索市场体制改革。积极开展国有商城公司股权重构，实现投资主体多元化，加快建立现代企业制度和上市步伐；选择条件成熟的村办市场进行改组改制试点，重塑市场主体，激发市场活力。创新市场管理机制。围绕“建设统一开放、竞争有序的市场体系”要求，探索建立符合路桥特色的现代市场经营管理体系，实行统一的市场准入制度和统一的市场监管，促进市场主体公平竞争、商品要素自由流动。加快现代业态创新。鼓励台州银行、浙江泰隆商业银行跨区发展，推动路桥农村合作银行股份制改造，争取小额贷款公司提质扩量；加强两岸小微金融合作，推进民间融资创新管理试点；继续加强信贷保障，全力维护金融稳定；壮大会展经济，做大做强中国塑料交易会、中国(台州)国际汽车展示会等一批专业品牌展会，扶持培育农业机械等地方特色展会；积极发展现代物流业，加强物流企业的引进和培育，加快台州市物流发展交易中心等项目建设；加快“电商换市”步伐，培育发展电子商务。

以转变方式为重点，深化现代农业建设。坚持以发展高效生态农业为方向，推进农业生产方式转变。建设粮食生产功能区8000亩；加快现代农业园区建设，重点推进综合区、特色渔业精品园建设，启动农产品物流中心建设；深化新型社会化服务体系建设试点工作。坚持以维护好、发展好农民土地承包经营权为重点，推进土地流转方式转变。力争建设高标准基本农田5000亩，复耕拆后土地1000亩；继续加快峰江万亩花卉苗木基地建设，推进路桥花木城项目；力争全面启用金清渔港。坚持以惠民增收为核心，推进农民增收方式转变。积极推动村级集体经济股份制改革，发展壮大村级集体经济；继续引导工商资本投资农业，提升农业龙头企业、合作社发展水平，鼓励发展家庭农场。

【推进城市建设、完善城市功能】 把高起点规划、高强度投入、高品质建设、高水平管理作为主基调，融入让群众生活更舒适的理念，打好城市发展的“组合拳”，加快中心城区扩容提质，不断增强城市综合竞争力。

优化城市空间格局。加强城市规划的深入研究和全面梳理，着重做好大南山片区、吉利“退二进三”区块、老城区城中村改造等规划研究，优化中央山周边及新行政中心区块城市设计，深化城区主次干道及入城口的景观研究，强化规划引领作用。加强中心城区开发，以环中央山、飞龙湖生态区为重点，以南官河、下分水河为主脉络，推进各重点区块联动融合。加快飞龙湖生态区开发建设，扎实推进道路、安置房工程，正式启动飞龙湖生态区产业开发项目。打造环中央山生态圈，完成中央山公园二期立新、上保区块建设，确保开园；启动中央山公园二期山马、新保区块建设；加快环中央山区块自行车道、游步道建设，使中央山逐步成为路桥的休闲中心。加快南官河、下分水河综合整治，建设沿河绿化休闲慢行道和沿河景观带，启动建设南官河以南绿廊。加快新城区块建设，启动金融集聚区建设，推进玉峰大厦、台州银行大厦、建筑装饰城二期等项目建设。加快旧城区块改造，重点推进南官新天地项目建设。合理开发地下浅层空间，提高城市空间利用效率。加快城市有机更新。完善城市建设机制。坚持“大城建”理念，强化建设系统牵头部门统筹协调职能，实施主城区范围“一盘棋”管理，增强城市建设的计划性、指导性、科学性；设立城市建设专项基金，加强城市日常维护更新；充分利用政府投融资平台，拓宽城市建设融资渠道，保障全区城建重点项目顺利推进。深入实施“三改一拆”。继续保持高压拆违态势，应拆尽拆、应改尽改；深入推进“六项整治”，大力创建无违建镇(街道)、村(居)社区；加速拆后利用，重点抓好石浜山等区块综合开发。全力推进重点区块城中村改造。加大山马、南山、洋洪改造力度，以重点突破打造典型、形成示范；积极推进辽洋、蔡於、河西、浃里陈、上马、肖王、上保等村改造；加强系统谋划，提高城中村改造的前瞻性、科学性、实效性，努力打造一批城市新社区。加快提升城市形象。完成路院路、路泽太一级公路等入城口改造；推进内环东线、内环南线、双水路东西延、北环线、卖芝桥东路等城区路网工程；完成路桥大道(南官大道至路泽太段)、银座街城市街景立面改造；提升财富大道、新安西街等道路绿化水平，推动城区形象提档升级。

加速城市功能完善。强化居住功能，让路桥人住在路桥。推进中央山公馆、金悦花苑、碧水豪庭等居住小区建设;加快邮电东路、后蔡后范、墙里贺等安置小区建设,抓好高峰埠头堂、丁前共和中后、建设等安置小区建设;基本建成方家公租房、南官金源等项目,开工建设石浜公租房;尽快启动新一轮经济适用房分房工作;完善保障性住房土地供应、融资、分配管理及退出机制,逐步向政府自建为主转变。强化购物功能,让路桥人购在路桥。以城市化带动商贸业发展,大力引进精品都市商业;推进会展东路商业综合体、南山街大型超市、欧雅生活广场、方林二手车市场二期等重点商贸项目建设,抓好藕池、洪洋等区块商业项目;增强中国日用品商城、电子数码城、方林汽车城等一批骨干企业的集散辐射能力。强化休闲功能,让路桥人休闲在路桥。充分发掘路桥自然资源和历史文化禀赋,培育休闲旅游空间,依托峰江万亩花卉苗木基地、中央山、石浜山等资源发展生态旅游、休闲娱乐、运动体验等功能;提前谋划飞龙湖旅游项目,打造观光休闲品质高地。

提高城市管理水平。深入推进“多城同创”。深化“破百难”活动,抓好环卫基础设施建设,深入开展城市秩序整治和城市管理专项行动;强化宣传引导,增强市民主体意识,激发市民参与创建的积极性、主动性,完成国家卫生城市、国家环保模范城市、全国文明城市提名城市创建任务。加快实施“交通治堵”。围绕“外畅、内序”目标,深化城市交通治理;打通银座街北延等3条断头路,改造城市交通拥堵点10个,新增地上公共停车位500个;加大路面执法力度,强化交通秩序专项整治;完善城乡公交网络,提高公交出行分担率;加快推进公共自行车系统二期、三期建设,倡导绿色出行。优化管理体制机制。整合城市管理资源,探索社会服务统一平台,充分利用“数字城管”系统,推进“智慧城市”建设;理顺城市管理机制,建立健全职责清晰、范围明确、反应快速的城市管理模式。

【统筹城乡区域、建设生态文明】 把城乡融合、生态宜人作为主方向,打好一体发展的“组合拳”,加快城乡基础设施对接,扩大绿色生态空间比重,改善城乡人居环境,着力提高城乡一体化水平。

加强基础设施建设。完善“七纵五横”路网格局,确保路院路一级公路拓宽工程、路泽太一级公路拓宽工程完工,推进路桥机场至温岭新河公路改建、台州市客运中心(南站)迁建、横山隧道等工程建设,启动吉利大道北延等工程,做好沿海高速等项目政策处理,加快南山至洋屿高架等项目前期,积极谋划城市轻轨,构建现代化城市交通体系。开工建设110千伏双和变、110千伏财通变2号主变扩建工程,落实110千伏马铺变选址。

深化生态文明建设。牢固树立“绿水青山就是金山银山”和“山水林田湖是一个生命共同体”的理念,大力推进生态文明建设。深入实施水环境整治。按照治污水、防洪水、排涝水、保供水、抓节水的要求,全面推进“五水共治”十大工程;加快截污工程建设,新建主干管线20公里,完成金清、蓬街区块截污建设,加快村庄污水纳管速度,基本实现截污纳管全覆盖,完成工业企业废水达标排放整治38家,全面关停禁养区域内畜禽养殖场;全面抓实“河长制”工作,继续落实“关心母亲河溪”河道整治活动,深入实施新桥镇镇村联动水环境整治试点;全面完成栅岭汪排涝调蓄工程,谋划建设城区涝水北排工程,继续抓好青龙浦东排工程,加速连通断头河;启动峰江水厂兼并工作,进一步推动城乡供水“同网、同质、同价”。持续改善环境质量。扎实推进省级生态区创建;健全完善全方位环境监管体系,加强固废重点行业监管,开展重污染行业综合整治;推进土壤综合治理国家试点项目建设;继续完善环保、公安跨部门联合执法机制,设立环保查处中队,保持打击环保违法行为高压态势;推进大气污染联防联控工作,改善区域空气质量。全力抓好节能降耗工作。落实能源“双控”、污染物排放总量控制和节能减排责任制,加快实施节能降耗项目,积极培育绿色企业,打造节能社会。

推进美丽镇村建设。加强镇村规划的编制和指导,逐步扩大四镇控规覆盖率。加快发展美丽城镇,支持金清镇建设滨海小城市、台州卫星城,加快蓬街镇打造滨海次中心,鼓励新桥镇建设近郊综合型田园式强镇,引导横街镇建设近郊综合型特色强镇。加快建设美丽乡村,继续打造精品村、精品线路和精品区块,建设重点村30个,建成田园式生态公园15个。继续推进“四边三化”和“双清”行动,完善“清洁家园、和谐乡村”长效机制,改善农村居住环境。深化平原绿化工作,实施青山彩化工程,推进景观道、景观林和休闲绿地建设,新增绿地2000亩。

【加快改善民生、促进社会和谐】 把路桥群众对美好生活的向往作为奋斗目标,加大公共财政对民生领域的投入,打好民生改善的“组合拳”,办好十件民生实事,努力提升居民的生活质量和幸福指数。

全面发展社会事业。推进文化繁荣发展。坚持文化建设与凝聚共识、凝聚人心相结合,弘扬新时期路桥精神,激发全社会干事创业的激情和改革创新的活力。健全公共文化服务体系,全面完成村级文化基础设施建设三年行动计划;推动文化产业发展,鼓励引导社会力量兴办文化产业；深入推进文化惠民工程，加强农村文化礼堂建设；做好文化遗产保护工作；深入开展全民健身运动，争创省级体育强区，启动全民健身中心建设，认真备战第十五届省运会。促进各类教育协调发展。积极创建省级义务教育均衡发展区，提升学前教育公益化水平，促进高中段教育特色化、多样化发展，鼓励发展职业教育和民办教育；加强师资队伍建设，完善校长教师激励机制，实行义务教育学校校长教师交流制度，加大名特优教师培养和引进力度；建成投用启智学校，推进金清镇中心小学(二期)、金清镇实验中学食宿楼等工程，加快路北二小建设。提升医疗卫生服务水平。深化医药卫生体制改革，加强基层医疗卫生机构基本药物管理，推进社区卫生服务机构规范化建设，提升公共卫生服务能力；合理布局医疗卫生资源，实现恩泽医院全面开诊，加快推进区中医院、区三院、蓬街镇卫生院迁建及金清镇卫生院改建工程，抓好台州章氏骨伤科医院改扩建项目；深入开展人口计生“优质服务提升年”活动，落实计生调整政策，提高出生人口素质。

完善社会保障体系。把做好就业工作摆到突出位置，实施更加积极的就业政策，新增城镇就业岗位7000个。整合新型农村医疗保险、城镇居民医疗保险，加快城乡医保并轨，健全社保服务管理体系。启动社会保险全民参保登记工作，本区户籍人口参保登记达到23万人。提高新农合保障水平，新农合人均筹资额提高到550元/人。做好农村住房改造建设，实施危旧房综合改造57户。积极谋划海岛移民工作。加大土地要素整合力度，进一步破解农民建房难问题。完善城乡社会救助机制，缩小城乡低保差距，加大重大疾病医疗救助力度。深入开展扶残助残活动，启动和畅托养康复院建设。加快社会养老服务体系建设，推进区社会福利中心迁建、镇(街道)敬老院改扩建，鼓励发展民办养老机构，新建居家养老服务照料中心60家。深化城乡社区建设，提升社区服务规范化水平。

加强和创新社会管理。深入推进“平安路桥”建设，完善社会稳定风险评估机制，强化社会应急管理体系建设。加大社会治安防控力度，严密防范和依法惩治各类违法犯罪活动。畅通群众诉求表达渠道，实行网上受理信访制度。推进安全生产标准化和诚信机制融合工作，深化安全生产网格化管理，认真抓好国家重大安全生产事故隐患排查治理体系示范样板地区建设。健全防灾减灾救灾体系，着力做好消防、防汛抗台工作。实行最严格的食品药品安全监管制度，深化食品药品安全管理。深入开展丧葬礼俗整治，完善长效管理机制。加强军民共建，推进军民融合式发展。

【政府自身建设】 必须以改革创新的精神加强政府自身建设，不断提高执行能力和服务水平，努力建设高效政府、法治政府、服务政府和清廉政府。

打造改革创新的高效政府。全面贯彻落实党的十八届三中全会精神，进一步解放思想，以更大的勇气和智慧、更大的力度和担当，突破因循守旧的思维定势，打破阻碍发展的利益固化格局，理顺加快发展的体制机制。大力加强执行力建设，着力提高在重大机遇面前统一思想、敢于决策的能力，在推进重点工作中雷厉风行、一抓到底的能力，在应对急难险重任务时靠前指挥、冲锋陷阵的能力，不断聚合路桥改革发展的正能量。

打造民主开放的法治政府。坚持依法行政，完善政府重大决策制度，注重发挥决策咨询、法律顾问等专家作用。建立和落实权力清单制度，深化行政权力规范化建设。整合执法资源，加强执法监督，做到严格规范公正文明执法。做好规范性文件和政府合同的合法性审查工作。自觉接受人大、政协、群众和媒体监督，认真听取社会各界意见建议，进一步做好人大代表建议、议案和政协委员提案办理工作。

打造勤政务实的服务政府。严格执行中央和省、市、区委的规定要求，开展党的群众路线教育实践活动，坚决纠正形式主义、官僚主义、享乐主义和奢靡之风，做到言必信、行必果。加快转变政府职能，深化行政审批制度改革，加强中介监管，规范中介行为，建立法定化、标准化和高效化的全流程公开审批机制。完善考核评价体系，优化指标权重，以实干之风实现实干之效。

打造廉洁自律的清廉政府。牢固树立节俭意识，全面落实厉行节约反对浪费有关规定，加快公车制度改革，严格执行因公出国、公务接待、办公用房、精简文件等规定要求，把更多的财力用在支持发展和改善民生上。强化对行政审批、项目招投标、土地出让、政府采购、政府合同等重点领域和关键环节的监管，从制度上预防腐败。加强监察、审计监督，严肃查处各类违法违纪案件。

(台州市路桥区统计局　朱灵敏)

(责任编辑：王怡然　金瑞锋　黄莹莹　杨丽君)

常 山 县

·概况·

2014年,在县委县政府的正确领导下,全县上下深入实施"实力工业、休闲城市、美丽乡村"发展战略,积极应对复杂的国内外发展环境,创新破难,狠抓落实,国民经济总体运行平稳。

据统计,全县实现生产总值107.1亿元,按可比价格计算,比上年增长6.8%。其中,第一产业增加值7.8亿元,增长1.5%;第二产业增加值54.7亿元,增长6.9%;第三产业增加值44.6亿元,增长7.7%。三次产业增加值结构由上年的7.4∶51.3∶41.3调整为7.2∶51.1∶41.7,第三产业占比稳步提升,产业结构进一步优化。全县人均生产总值按户籍人口计算为31504元,折5129美元,比上年增长6.0%;按常住人口计算为44306元,折7213美元,比上年增长6.7%。完成财政总收入10.8亿元,其中公共财政预算收入7.2亿元,分别增长7.9%和10.5%;固定资产投资103.0亿元,增长15.0%;社会消费品零售总额49.3亿元,增长13.0%;外贸进出口总额1.8亿美元,增长24.9%;农村居民人均可支配收入13939元,城镇居民人均可支配收入25899元,分别增长11.4%和9.2%。

【非国有经济概况】 非国有经济继续支撑全县经济的增长,但同样受到宏观经济偏紧的冲击增速也呈放缓态势。2014年全县非国有经济增加值为86.7亿元,按可比价格计算比上年增长6.7%,增速比上年回落2.1个百分点,非国有经济增加值占全县地区生产总值的81.0%。在非国有经济增加值中第一产业实现增加值7.7亿元,增长1.5%;第二产业实现增加值48.8亿元,增长6.8%;第三产业实现增加值30.2亿元,增长7.6%。

·个私经济·

2014年末,全县实有个体工商户10029户,比上年末增长6.9%,拥有注册资金10.3亿元,增长30.2%,从业人员2.2万人,增长11.4%;私营企业2720家,比上年末增长16.6%,注册资金77.4亿元,增长30.1%,从业人员4.9万人,增长9.0%;新设立公司制企业321家,新增注册资本15.8亿元,分别增长57.4%和90.0%;农民专业合作社1439户,出资总额7.5亿元,成员总数7778人。在上年提前完成三年任务的基础上,按照"个转企"提质扩面的新要求,持续推进"个转企"工作,截至年底,累计完成"个转企"473家,其中公司制企业151户,占比为31.9%;2014年新发展"个转企"139户,其中公司制企业113户,占比为81.3%。

·农业·

2014年,全县实现农林牧渔业总产值121775万元,比上年增长1.1%;完成增加值80395万元,增长1.6%。其中非国有农林牧渔业实现增加值80314万元,占全部农林牧渔业增加值的99.9%。

全县全年农作物播种面积30.1万亩,其中:粮食播种面积16.8万亩,油料播种面积6.1万亩,蔬菜种植面积5.2万亩,果用瓜种植面积0.6万亩(粮食、油菜籽播种面积取粮食生产统计监测调查,其他经济作物取全面报表)。全年粮食作物总产量7.1万吨,比上年增长2.7%;油料产量0.7万吨,增长3.0%;蔬菜产量8.6万吨,下降1.6%;果用瓜产量1.6万吨,增长17.9%。

全县柑桔总产量13.7万吨,比上年增长5.5%,其中胡柚产量为10.4万吨,增长3.6%;茶叶产量为127吨,增长8.5%;蚕茧产量为34吨,增长8.4%。

全年肉类总产量为1.5万吨,比上年下降3.5%,其中猪肉1.2万吨,下降4.2%;鸡鸭鹅蛋产量0.2万吨,增长0.3%。

生猪年末存栏为9.6万头,比上年下降21.9%,其中能繁殖的母猪为0.9万头,下降13.3%;肥猪年内出栏数为17.4万头,下降6.1%;家禽年末存栏138.6万只,下降6.3%;家禽年内出栏259.7万只,下降4.8%。全年水产品总产量为0.5万吨,增长2.4%。

2014年全县启动"常山三宝"振兴计划,新建胡柚精品园7500亩、猴头菇基地3个,常山胡柚和山茶油进入浙江舟山大宗商品交易所上市交易,胡柚切片有望纳入省中药炮制规范目录。开展有机农产品培育认证,新增有机农产品14个。培育壮大龙头企业,新增市级农业龙头企业6家。新建粮食生产功能区1.41万亩,启动建设2014年中央水稻产业提升项目12个,常山县省级现代农业综合区通过省级验收。

全县新增林地流转面积2370亩。强化公益林管护监管,完善公益林"阳光工程"。培育油茶容器嫁接苗350万株、其它绿化苗木80万株。

·工业·

全年实现工业总产值181.1亿元，比上年增长7.1%，其中，主营业务收入2000万元以上(即规模以上)工业企业116家，完成产值106.2亿元，规模以下工业完成产值74.9亿元。全部工业完成增加值44.0亿元，按可比价格计算比上年增长6.9%。其中非国有工业企业实现产值164.9亿元，比上年增长6.5%，其中规上非国有工业企业110家，完成产值90.0亿元，增长9.6%；非国有工业完成增加值38.3亿元，占全部工业的86.9%。

规上非国有工业企业中，亿元企业达到22家，实现主营业务收入43.0亿元，占全部非国有规上工业的52.2%。轻重工业之比为35.9:64.1，其中重工业完成产值57.7亿元，比上年增长1.1%；轻工业完成产值32.3亿元，增长29.0%。完成销售产值84.1亿元，增长7.7%，产销率93.4%，比上年回落1.7个百分点。完成工业出口交货值6.7亿元，下降1.7%，完成新产品产值14.5亿元，增长46.0%。

从产量来看，水泥产量180.8万吨，比上年增长14.5%，其中散装水泥60.7万吨，增长24.1%；水泥熟料162万吨，下降4.6%；纱5.5万吨，增长22.0%；轴承3951万套，下降26.0%；铜材3777吨，下降45.0%；机制纸及纸板7.7万吨，下降4.1%；精制食用植物油1004吨，下降8.4%；服装40万件，下降24.8%；钢材5985吨，下降41.7%；改装汽车690辆，下降23.2%；半导体分立器件1206万只，增长58.9%；印制电路板32.7万平方米，下降0.2%；互感器1269台，下降60.1%；金属切削机床231台，增长7.9%。

从运行质量来看，规上非国有工业企业全年实现利税4.4亿元，同比下降22.8%，其中实现利润2.2亿元，下降35.8 %。分主导行业来看，食品制造业实现产值4.5亿元，下降0.5%，利税4007万元，下降19.9%，利润3345万元，下降22%；纺织业实现产值16.3亿元，增长33.1%，利税3851万元，下降26.5%，利润1648万元，下降29.2%；钙产品加工业实现产值9.1亿元，增长23.9%，利税4.7亿元，增长2.5%，利润2465万元，下降0.2%；有机化工制造业实现产值2.3亿元，下降31.2%，利税496万元，下降49.6%，利润96万元，下降78.6%；水泥制造业实现产值8.5亿元，增长7.4%，利税-2.5亿元，同期1.9亿元，利润1.4亿元，下降24.6%；轴承制造业实现产值14.6亿元，下降9.4%，利税4259万元，下降45.2%，利润795万元，下降83.2%；金属加工业实现产值1.9亿元，同比增长92.6%，利税1066万元，增长147.9%，利润963万元，增长157.5%。

·建筑业·

2014年，全县建筑业继续实现快速发展，全年资质内建筑业企业实现总产值45.3亿元，比上年增长26.0%，其中非国有资质内建筑业企业实现产值44.7亿元，增长32.6%。全县资质内建筑业企业24家，具有一级资质企业2家，二级资质企业5家，三级资质企业17家，其中非国有资质内建筑业企业22家。

全县建筑业实现增加值10.6亿元，按可比价格计算比上年增长7.0%。其中非公有建筑业实现增加值10.5亿元，占全部建筑业的98.7%。

·房地产业·

2014年，全县房地产开发投资10.4亿元，比上年增长76.5%。房屋施工面积69.7万平方米，增长20.1%；销售面积8.9万平方米，下降33.5%，其中住宅销售7.5万平方米，下降28.5%。商品房实际销售额6.5亿元，下降23.1%，其中住宅5.6亿元，下降17.2%。全年房地产业实现增加值4.6亿元，下降0.5%。

·交通运输、仓储和邮政业·

全年完成交通运输和邮政业增加值33731万元，比上年增长6.1%。各种运输完成公路货物运输量939万吨，公路客运量526万人次；全县民用汽车拥有量22030辆，其中：载客汽车18120辆，载货汽车3349辆。全县摩托车拥有量28806辆。从非国有单位来看，完成增加值33664万元，占全行业的99.8%。

·批零贸易、住宿餐饮业·

2014年面对各种困难和不利因素，全县商贸企业积极应对市场变化，改变经营策略，住宿餐饮业恢复性增长，消费品市场延续上年平稳增长态势。全年实现社会消费品零售总额49.3亿元，比上年增长13.0%。分地域看，城镇消费品零售额36.6亿元，增长13.6%；乡村消费品零售额12.7亿元，增长11.3%。分行业看，批发业零售额4.5亿元，增长17.2%，零售业零售额34.9亿元,增长 12.1%;住宿业零售额 0.6 亿元,增长 24.4%,餐饮业零售额 9.2 亿元,增长 13.7%。全县共有成交额超亿元的商品交易市场 4 个,摊位数 519 个,实现成交额 7.4 亿元。

2014 年批发零售业实现增加值 106642 万元,同比增长 7.8%,其中非公有批发零售业实现增加值 105682 万元,占全行业的 99.1%。住宿餐饮业实现增加值 34049 万元,增长 8.9%,其中非公有住宿餐饮业实现增加值 33674 万元,占全行业的 98.9%。

·旅游业·

2014 年旅游业较快发展。三衢湖省级旅游度假区即将获批,常山奇石馆创成国家 3A 级旅游景区。全年接待景点旅游者人数 39.3 万人,增长 25.8%,景点旅游门票收入 642.4 万元,增长 25.7%。实现农家乐经营收入 9946 万元,增长 30.0%。

·金融业·

2014 年农村信用社继续发挥其主导作用,为促进农业增产、农民增收和农村经济发展,稳固经济发展基础,管理好通胀预期做出了积极贡献。2014 年末全县农村信用社各项人民币存款余额达到 51.0 亿元,比上年增长 22.4%,占全部金融机构存款余额的 34.2%,存款中储蓄存款为主体,储蓄存款余额达到 38.9 亿元,占农村信用社全部存款的 76.2%;各项贷款余额 37.6 亿元,比上年增长 21.9%,占全部金融机构贷款余额的 28.2%。贷款投向主要集中在短期贷款,年末短期贷款余额 29.0 亿元,占农村信用社全部贷款的 77.3%。同时非国有商业银行再添一名新军——金华银行,全县金融组织和服务体系进一步完善,金融市场日益活跃,对经济发展产生了积极的影响。据统计,2014 年末,温州银行、金华银行、泰隆商业银行、村镇银行四大银行人民币存款余额为 15.2 亿元,比上年末增长 63.9%,贷款余额为 15.6 亿元,增长 45.4%。

·卫生教育·

近年来,常山县医疗机构采取公立医院为主导,民营医院为辅的模式,民营医疗机构已成为医疗行业的重要组成部分和有益补充。目前,全县民营医疗机构发展势头良好,有 2 家规模较大的民营医院,分别是贞元医院、民康医院,个体诊所 31 家。

民办教育继续朝着多元化发展,为全县普及学前教育和普及九年制义务教育起到了重要的作用。据教育年报统计,2014 年全县各类民办学校(不含培训类学校)106 所,301 班级,在校生 10373 人,占所有中小学和幼儿园在校生总数的 25.1%。其中,民办幼儿园 104 所,250 个班级,在校生 7150 人,占在园幼儿总数的 81.7%;民办完全中学 2 所,51 个班级,在校生 3223 人,占在校生总数的 14.7%。

(常山县统计局　郑　燕)

(责任编辑:王怡然　金瑞锋　黄莹莹　杨丽君)

遂　昌　县

·概况·

【地理位置、行政区域与人口】 遂昌县位于浙江省西南部,地处钱塘江、瓯江之源头。东倚武义、松阳县,南邻龙泉市,西接江山市和福建浦城县,北和衢江、龙游、婺城毗连。总面积 2539 平方公里,是“九山半水半分田”的山区县。2014 年年末户籍人口 23.23 万人,常住人口 18.75 万人,辖 2 个街道、7 镇 11 乡,203 个行政村,7 个城市社区。境内山川秀美,林海氤氲,云雾飘渺,素有“金山林海、仙县遂昌”的美誉。

【历史与资源】 历史悠久。遂昌三仁畲族乡好川文化遗址的考古发掘,4200 年前,遂昌就有人类活动、生息、繁衍。夏、商、西周时属越,春秋属姑蔑,战国越亡属楚;秦统一中国后,分郡县两级,属会稽郡太末县;西汉分三级制,属扬州刺史部会稽郡太末县。遂昌建县于公元 218 年,239 年更名平昌,280 年又更名复称遂昌,有着悠久的历史文化。资源丰富。全县有耕地近 15 万亩,林业用地 327.7 万亩,人均 17 亩,林木蓄积量 592 万立方米,森林覆盖率 82.3%,是浙江省林业大县;县境内河流分属钱、瓯两系,水力资源蕴藏量 40 万千瓦,可开发资源 30 多万千瓦,总蓄水量 7000 多万立方米;全县已发现的金属和非金属矿藏点80余个，有金、银、铜、锌等30余矿种，遂昌金矿被誉为“江南第一大矿”，全县莹石储藏量为5000万吨，居全国县(市)首位；遂昌“龙谷丽人”茶具有高山云雾特色，获得国际金奖；遂昌竹炭和石练菊米以其特色优势，被中国经济林协会命名为“中国竹炭之乡”、“中国菊米之乡” 和“中国龙谷丽人名茶之乡”。自然景观独特。遂昌有“天地间的山水画”之称的国际摄影创作基地4A级景区南尖岩；有全球首个网络虚拟景区，被誉为“江南小九寨”的4A级千佛山(飞石岭)景区；有落差高达300米的中华第一高瀑的4A级景区神龙谷；有全国首批、浙江省首个国家矿山公园–4A级景区遂昌金矿国家矿山公园；有集丹霞风光、云海梯田、休闲运动、养生养老等众多元素为一体的综合性景区北斗崖；还有水天一色、养身健体的湖山温泉……人文资源深厚。遂昌拥有距今4000多年的好川文化；被世人喻为“东方莎士比亚”的明代著名戏剧家汤显祖，曾在这里任知县5年，其“兴教、劝农、安民”之政声、“清政爱民”的治县方略流传深远，这里也是其戏曲名著《牡丹亭》的创作圣地；遂昌的“石练十番” 清丽典雅，悦耳动听；遂昌是一个革命老区，南方三年游击战时，粟裕、刘英曾率部队建立了浙西南游击根据地，现还存有王村口红军挺进师革命旧址群。

【经济发展】 2014年，在县委、县政府的正确领导下，面对全国经济发展进入新常态压力，全县始终坚持“绿水青山就是金山银山”的绿色生态发展理念，进一步深化“目标强县富民、空间东进西拓、产业扬长补短、民生与时俱进、社会和谐幸福、发展科学持续”战略路径，全年经济保持平稳增长，社会发展和谐稳定，人民生活水平不断提高。

综合实力明显增强。全县实现生产总值(GDP)87.37亿元，按可比价计算，增长7.0%，与全市平均水平持平，其中:一、二、三产增加值分别为10.37亿元、38.09亿元和38.91亿元，同比增长2.2%、3.6%和12.3%，人均生产总值46596元。

全年实现农林牧渔业总产值16.59亿元，比上年增长5.3%，完成规模以上工业总产值181.09亿元，同比增长0.3%，固定资产投资47.92亿元，比上年增长17.9%。全年实现财政总收入9.54亿元，比上年增长3.1%；其中地方财政收入6.00亿元，比上年增长8.7%。城镇居民人均可支配收入31478元，比上年增长8.7%；农村居民人均可支配收入12908元，比上年增长12.3%。

【城市建设】 规划编制顺利推进。老城开展了《荷花滩地块修规》、《上溪滩地块修规》、《吴乐畈地块修规》、《东桥路迁建小区规划》等城市更新类项目的规划编制工作；古院新区完成《遂昌县行政中心修建性详细规划》、《遂昌县后江修建性详细规划》等在编规划的收尾工作；东城产业新城根据衢宁铁路线型走向和站场位置，加快洋浩、湖边、云峰相关规划调整。围绕重点工作，开展《遂昌县中心城区排水(雨水)防涝综合规划》、《遂昌县中心城区植物景观规划》、《水阁株树窟迁建安置地块规划》、《遂昌县燃气专项规划》等编制工作。加大村镇规划编制力度，顺利完成大柘镇城镇总体规划和大柘镇镇区控制性详细规划的编制工作并通过最终评审。

城市项目亮点纷呈。“两滩两路”城市更新工作有力推进。2014年，我县成功创建省级园林城市。低丘缓坡开发古院区块一期工程、北门桥头至三墩桥道路拓宽工程、污水处理厂二期工程、溪边路安置房项目、迎宾大道景观工程、遂昌县东城供水工程(云峰泵站)、遂昌县供水工程、古院新区后江区块路网二期工程等市、县重点工程有序开展。古院新区后江区块路网一期工程(吴突头桥梁工程)、后江区块路网二期工程、东桥路道路工程、凯恩路改建工程、园丁路延伸段(西段)工程、龙谷路二期道路工程等6条道路和2014年度保障性安居工程、水阁路拆迁及安置小区配套工程、古院大厦、后江双月大楼、古院安置小区工程等5个项目前期工作顺利推进。城市景观配套设施工程完成南北溪、四座桥梁和主要街道等32个点位的亮化工作；太保殿桥完成建设并通车，汤公园建设不断推进。路网工程加快建设，二都街农民新村道路及配套工程强势推进、龙谷路二期道路工程梅溪小学支路建成通车。

【社会事业】 各项社会事业持续发展。教育质量总体提升。2014年全县共有1218人参加高考。第一批上线人数125人，其中文科人数33人，创历史新高。职业中专参加高考总人数190人，上线172人，上线率达90.53%。科技创新能力增强。2014年全县发明专利申请量为29件，发明专利授权17件。获得立项29项，其中省新产品试制计划27项，省农业科技成果转化项目2项。

文体活动丰富多彩。全县开展“浙江省文化先进县”创建活动。举办“新春大舞台”春节系列广场文化活动，创办“美丽遂昌幸福家园”春节摄影抓拍赛，开展“共享工程”服务送年画、《春节那些事儿》浙江省各地民俗摄影展、“马年迎新春”猜灯谜、新春电影展播、“赈灾义演”文艺演出等活动。2014汤显祖文化节上，编排万人齐唱《牡丹亭》、千人齐跳《牡丹亭》广场舞、百人共奏昆曲十番《水龙吟》、村村上演《牡丹亭》、班春劝农典礼、全国曲友遂昌赛昆曲等节目，其中，万人齐唱《牡丹亭》创上海大世界基尼斯纪录。举办“乡村春晚”27场，广场舞《牡丹亭》、《七彩竹炭》获第十届乡村艺术节总决赛双金奖。出版了浙江省非遗代表作丛书《昆曲十番》。卫生事业健康发展。加快公立基础设施建设，县人民医院新住院大楼项目正式投入使用，在全市率先建成县影像和心电会诊中心。优质医疗资源全面下沉，2家县级医院通过全面托管、业务托管、协作帮扶等方式对21家乡镇卫生院建立全面对口支援关系。推行医疗阳光用药工程，2014年2家县级公立医院门诊均次费用173.9元，同比下降2.06%，出院均次费用6660元，下降9.24%。扩大国家免疫疫苗接种，各单苗接种率及脊灰疫苗强化免疫接种率均在95%以上。全年完成60周岁以上老年人体检2.16万人次，中小学生2.3万人次，0–6岁儿童1.33万人次。全面更新居民电子健康档案系统，完成梳理个人档案3.89万份。8家卫生院成功创成省级乙等卫生院。

社会救助工作得到进一步加强。困难群众基本生活有效保障。2014年10月1日起，农村和城镇低保标准分别每月提高了58元、56元，农村低保352元/月，城镇低保488元/月，农村低保标准达城镇低保的72.13%。全县共有低保户4342户4913人，其中城镇低保162户186人，农村低保4180户4727人，全年发放低保金1055万元。发放医疗救助金412万元，惠及全县困难群众万余人。全年共进行7次临时救助发放工作，共救助困难群众509人，发放临时救助金52万元。及时发放定期定量救助对象的生活困难补助费，全年共定补89人，共发放生活困难补助93万元。慈善救助共救助各类困难群众1841人次，发放救助金169.48万元。社会保险体系更加健全。2014年，全县基本养老保险新增2716人，完成118%；基本医疗保险、工伤保险、生育保险和失业保险分别新增1320人、110人、4400人和1320人，完成率均达到110%。社会保障卡持卡总人数达13.24万人，完成110%。城乡居民基本医疗保险大病保险制度实现全覆盖。城乡居民基本养老保险金提高25%，城乡居民基本医疗保险（县域内）政策范围内住院费用报销比例达75%。城镇登记失业率控制在2.91%。

【节能减排、生态建设】 节能降耗取得明显成效。节能降耗不断深入。近年来，我县通过督促企业加快技术改造，延伸产品加工链等措施，使得产业得到优化，经济调整和节能降耗工作取得明显成效，万元GDP能耗不断下降。2014年，全社会用电量8.15亿千瓦时，比上年增长5.9%，其中工业用电量6.43亿千瓦时，增长5.8%。

·非国有经济主要产业·

【农业】 农业生产平稳增长。全年实现农业总产值16.59亿元，同比增加0.95亿元，增长5.3%。其中，农业产值10.20亿元，增长10.3%；林业产值4.00亿元，增长2.8%；牧业产值2.19亿元，下降9.8%；渔业产值为1174万元，增长0.7%；农林牧渔服务业产值为1009万元，增长7.9%。

产业发展形势喜人。2014年全县粮食种植面积20.81万亩，粮食总产6.94万吨，粮食生产能力受到省政府肯定，被评为“示范性省级粮食生产功能区”。茶产业持续快速发展，2014年全县茶园总面积11.47万亩，全年实现产量9194吨。生态蔬菜规模持续扩大，全年商品性山地生态蔬菜生产面积达到4.6万亩，总产量5万吨，总产值1.8亿元。水果发展亮点突出，2014年全县水果产量突破8000吨。

“两区”建设继续推进。三仁省级现代农业综合区和高坪蔬菜省级主导产业示范区先后通过验收，截至目前已通过省级验收的主导示范区数4个，精品园数4个，省级现代农业综合区1个。全年农业“两区”累计投入资金4.19亿元，其中财政资金投入1.40亿元。新建粮食生产功能区11个，面积达8600亩，完成投资1250万元。全县提升和新建保障型蔬菜基地280亩，累计完成保障性蔬菜基地建设面积1030亩，其中已通过验收750亩。成功争取中央现代农业茶产业提升项目，2014、2015项目资金两年共1000万元。病死动物无害化处理场项目已完成建设项目选址、用地预审、土地规划调整、土地征收、项目环评和规划设计初稿。

安全生产全面落实。2014年是省级农产品质量安全放心示范县创建年，质量安全各项工作全面推进。县级农产品综合检测大楼检测工作试运行，全县20个乡镇（街道）全部建成农产品质量安全监测站并投入运行，快速检测室均对外免费开放，全年共完成县级年度农产品定量监测（送检）282批次，乡镇快速检测达4095批次。40家示范性合作社、农业龙头企业和37家农资店纳入信息化监管平台，农产品生产企业、专业合作社和规模种养殖场全面落实生产记录、产品自检或委托检验制度。制定《遂昌县农产品质量安全事故应急预案》和《农产品质量安全投诉举报处置制度》。开展农产品质量安全知识科普、法制宣传直通车活动29场次。全年无重大食品安全事故发生。

产业格局形成规模。全县共有县级以上农业龙头企业58家,其中省级农业龙头企业3家,市级农业龙头企业25家。农业局备案合作社193家,其中省级示范性合作社15家,市级示范性合作社18家,县星级合作社119家。工商注册家庭农场75家,培育生态精品示范性家庭农场35家。现有省级现代农业综合区创建点2个,省级主导产业示范区8个,省级特色农业精品园10个,已通过省级验收的示范区数4个,精品园数4个。完成申报三品37个,其中无公害农产品26个,绿色食品9个,有机农产品2个。截至目前,我县获无公害、绿色和有机认证的单位共58家73个产品,其中无公害农产品32个、绿色食品20个、有机农产品21个。生态精品农产品51个。

【工业】 工业发展经受考验。2014年,全县实现规模以上工业产值181.09亿元,同比增长0.3%,总量略超上年。工业五大主要行业中,电力生产和供应业形势较好,完成产值7.96亿元,增长28.2%;建筑五金业完成产值136.98亿元,增长0.3%;木材加工业、造纸及纸制品业和化工产品制造业产值受市场环境影响有所下降。工业经济虽经受经济下行、企业生产经营困难影响,但总体保持了平稳健康发展。

信息化建设进程加快。成功打造全新农村电子商务模式"遂昌模式",实现"电商换市"。我县以"省电子商务示范县"为契机,充分发挥县网店协会、浙江遂网电子商务有限公司的领路人作用,引导企业深度应用电子商务,促进企业提升管理水平。组织浙江凯恩特种材料股份有限公司的"片式电容器纸"申报2014年省电子信息产业重点项目计划,该项目成功列入A类计划并获省级补助。做好平安浙江信息安全保障工作,制定印发了《2014年遂昌县网络安全检查工作方案》,开展遂昌县政府机关年度信息安全检查工作。

【固定资产投资】 固定资产投资保持较高增速。全年固定资产投资完成47.92亿元,同比增长17.9%。其中项目投资41.39亿元,增长15.3%,项目投资中,基础设施投资20.22亿元,增长51.2%。房地产投资6.53亿元,增长37.6%。

招商引资成效显著。2014年,全县实际利用内资25.10亿元、外资760万美元,共引进项目63个,其中重大项目18个,浙商回归资金10.62亿元。运用"集中力量攻坚"的招商工作模式,推出"招商项目服务月"活动。围绕"在谈项目促签约、签约项目促落地、落地项目促开工、开工项目促达产"的要求,制定了服务"六个一批"招商项目的目标。并举办"2014年招商引资项目集中签约仪式",集中签约三墩旅游综合体二期等10个项目,合同投资达24亿元。对接大企业大项目,吸引高新技术项目。国企杭钢集团投资10亿元实施遂昌金矿创5A工程,国企浙能集团投资2亿元以上开发天然气综合利用项目,光大集团与凯兴置业合作开发五星级酒店项目,央企中农集团注资开发遂昌纳福尔山茶油项目,这些项目已经落地开工或已建成。国内行业龙头企业和民营500强企业佑康集团、省农业龙头示范企业华农实业与我县签订合作协议。

【第三产业】 第三产业日趋繁荣。消费市场稳中出新。2014年,全县社会消费品零售总额38.05亿元,同比增长13.1%;其中,限上社会消费品零售总额5.52亿元,增长6.4%。批发业、零售业分别实现商品销售额38.77亿元和44.27亿元,增长53.6%和18.9%;住宿业、餐饮业分别实现营业额2.27亿元和7.93亿元,增长18.2%和20.4%。旅游业的蓬勃发展,支撑全县住宿、餐饮业快速增长。网络电子商务发展迅速,全县共有网商2000余家,其中网店协会旗下网商会员1600多家,拥有200多家网货供货商,40多家第三方服务商,有力地将全县农特产品、文化和旅游产品推向网络市场,赢得良好的销售业绩。

外贸出口实现逆转。全年实现进出口总额2.22亿美元,同比增长47.1%。其中,进口总额0.75亿美元,增长304.8%;出口总额1.47亿美元,增长11.0%,全年出口增幅转负为正。

旅游经济创新高。2014年,全县接待国内外游客1210.20万人次,突破"千万"大关,同比增长22.1%;实现旅游收入60.46亿元,同比增长30.2%。其中接待国内游客1208.74万人次,实现国内旅游收入59.85亿元,分别增长22.1%和30.3%;接待入境游客1.46万人次,实现旅游外汇收入994.94万美元,分别增长21.9%和22.4%。

农家乐休闲旅游业全面提升。全县共有农家乐村(点)82个,经营户588户,床位6159个,餐位48510个,从业人员达9448人,其中有省级农家乐特色村(点)11个、市级精品农家乐综合体2个、市级特色村(点)25个,五星级农家乐点(户)3家,四星级经营点(户)7个。2014年,农家乐共接待游客262.95万人次,同比增长33.8%;经营收入2.66亿元,增长40.7%。积极创建农家乐综合体,2014年成功创建红星坪农家乐综合体、大田农家乐综合体。加快发展乡村特色民宿村(点),在大坑半岭村,利用古村落泥坯房改建乡村特色民宿15户,床位80个;原汤山头俱乐部提升改建红豆养生特色民宿点。加速农家乐提档升级:培育白马山石姆岩农家乐精品示范区,建设箍桶丘省级特色村,创建竹炭博物馆省级四星级经营点、半岭民宿特色村、坑口市级特色点。扩大农家乐村点覆盖面,新建茶竹岭、周村源、石坪3个高山避暑型农家乐特色村,新增经营户34户。

交通基础设施建设有力推进。全年完成交通基础设施投资2.76元,占年度计划的136%。我县大力推进遂昌县乌溪江大桥、51省道遂昌县王村口至老虎跳段公路改建工程等重点续建项目,稳步推进遂昌县峡湖金公路改建工程、遂昌县乌溪江水库大溪边交通码头工程、遂昌县乌溪江水库黄泥岭交通码头工程、遂昌县东城物流中心等计划完工项目,全力推进遂昌县连直线云峰段公路改建工程(一期)和遂昌县湖山水上应急救助指挥中心等计划开工项目,积极开展S228省道遂昌至江山段公路工程、50省道遂昌段公路改建工程的项目前期和遂婺公路、环城南路的项目谋划工作。公共自行车项目顺利启动并投入运营,截止12月底,共办理公共自行车租赁卡1000余张,出租车次达27800次。

邮政通信事业持续发展。全年完成邮政业务总收入1577万元。电信业务收入超过1.30亿元,年末固定电话3.71万户,宽带4.44万户。

·非国有经济存在的一些情况·

在转型升级中,遂昌的各行各业特别是非国有经济,需要关注如下情况:

(一)三产比重大幅度提高。从三次产业发展状况看,一产、二产增加值增速同时下降,其中二产增加值增速大幅度下降,从12.7%下降至3.6%,三产比重高于上年。三次产业结构中,三产比重得到大幅度的提高,主要原因是:一是一二产增速的下降,降低了一二产比重;二是在实体经济下行的形势下,三产的优势愈发明显,旅游业潜力显现,同时在批发零售、住宿餐饮业的带动下,三产保持了较强劲的发展势头。

(二)工业发展需要持续推进。从全年规上工业产值增速来看,总体处于下行趋势,至年底规上工业产值增速仅为0.3%。全国工业经济大环境还处在低位徘徊,同时前一阶段企业生产线新上项目优势逐步消失,这些均影响了工业增速的下滑。

(三)实体经济投资有待加强。从全年的数据看,工业投资和制造业投资处于负增长状态。投资规模的大小、速度的快慢直接决定了下一步经济发展速度的快慢,预示着经济发展后劲和潜力。

·发展非国有经济的主要措施·

(一)发挥三产优势。充分发挥农村电子商务产业优势,鼓励企业扩大规模,注重整合、包装提升,使品牌优势形成经济优势。培育零售批发骨干企业,培育一批有一定经营规模,有一定市场竞争力的批发零售企业,引领批发零售业健康稳定发展。发挥旅游产业优势,做好旅游景区开发建设项目,利用旅游业带动周边行业发展,为经济发展增添新的活力。

(二)加快工业经济发展。一是要继续加强基础平台的建设,突破土地、资金等发展瓶颈;二是要加强招商引资,选择性地引入高技术、高效益、无污染的企业入驻,减少产能过剩、结构调整等带来的市场冲击;三是要在产业政策上下功夫,产业政策要有清晰的思路导向,对不同产业制定针对性的扶持政策;四是要着力培育新上规企业,坚持外引、内育相结合,采取有力措施,培育规上工业。

(三)重视招商引资。一要关注浙商回归、遂昌-诸暨共建山海协作产业园等工作,迎接产业梯度转移,引进优质项目,加大工业投资力度。做好利用外资工作,充分调动民间投资积极性,鼓励外资和民营企业加大投资,同时为企业投资创造良好的政策环境。二要高度重视房地产,2014年我县房地产投资总量仅占全市的二十四分之一,与经济总量占比极不匹配,针对房地产发展面临的新形势、新问题,制订切实可行的发展措施,促进房地产业健康有序发展。

·主要非国有企业选介·

【浙江元立集团】 浙江元立集团(前身遂昌钢铁厂)成立于1991年,2001年企业改制组建集团,2003年至衢州进行异域技改,成立衢州元立金属制品有限公司,形成集矿山、炼铁、炼钢、轧材及金属制品为一体的现代化大型企业,集团产业链之长为国内之最,也是国内钉、丝类生产总量最大的企业。是国家大型工业企业、中国制造业企业500强、全国民营企业500强、全国先进基层党组织、浙江省"五个一批"重点骨干企业、浙江省百强企业、省百强民营企业、“浙江省出口名牌”企业。企业现拥有员工16000余人,下辖近30家子公司、两家四星级涉外酒店及一家在建五星级酒店，生产基地分别位于浙江遂昌、衢州、龙游和辽宁岫岩。

公司致力于发展循环经济，以超前的理念优选项目、设备和生产工艺,目前,公司设备与生产工艺均达国内同行业先进水平,企业利用余热、余气发电,实现了总用电量90%以上自给。公司主要生产金属制品母材和各种金属制品，其中元立牌镀锌丝和一般用途圆钢钉先后荣获“浙江省名牌产品”和“浙江省著名商标”称号,钢钉系列产品曾荣获“国家免检产品”称号。产品除销往全国各地外,还远销中东、东南亚、欧美等几十个国家和地区。

2014年,元立把与同行业、同规模先进企业的对标作为工作的重中之重,始终贯彻全年。各厂、各部门都纷纷走出去、请进来,一项项指标去对标,一个个数据去分析,一次次去现场看虚实、探究竟。炼钢厂钢铁料消耗全年下降6.4kg/T, 仅此一项，全年可降低成本5000万元；吨钢加工成本由2013年的347.57元下降到335.6元,全年降低生产成本4070万元;遂昌优带厂2014年的加工成本为224.22元/T, 比2013年的240.32元/T,降低了16.1元/T,全年降低成本1097万元。小轧厂、中轧厂、带钢厂以及两个高线厂,通过对标,合格率、成材率以及加工成本都已达到同行业先进水平。金属制品生产厂的各项指标也在不断进步。此外，通过对标，我们还在全公司范围内进行了定岗定员,优化人力资源配置,减少机关后勤人员,加强一线员工队伍,配置更加合理,运转更加高效,取得较好的效果。

2014年,面对中国经济减速,钢材产能严重过剩,市场需求萎缩的严峻形势，在集团党政班子的坚强领导下,全体元立人发扬“开拓、求实、团结、进取”的元立精神,负重拼搏、迎难而上,在挑战中前行,在困境中跨越。全年生产铁水414万吨,钢430万吨,材352万吨,焦炭138万吨，金属制品233万吨，自发电14.11亿KWH，实现销售收入240亿元，自营出口6214万美元,实现利税10.5亿元,其中,上交税收6.5亿元,利润4亿元。

2015年,集团共有在建和新建项目10个,绝大多数是环保工程和投资小、见效快、收益大的精深加工项目,将为2015年以及今后的发展奠定坚实的基础。

(责任编辑:王怡然　金瑞锋　黄莹莹　杨丽君)

富　阳　区

·概况·

【区划位置】 富阳位于浙江省北部，东接杭州市萧山区,南连诸暨市、西邻桐庐县,北与临安市、余杭区、西湖区毗邻。地理座标为东经119°25'—120°19.5',北纬29°44'45″—30°11'58.5″；市境东西长68.67公里,南北宽50.37公里,总面积1831.2平方公里,平原约占17%,水面5.4%,山丘75.9%,故有“八山半水分半田”之称。富阳距上海200多公里，离杭州萧山国际机场50余公里,区内水陆交通发达。320国道、杭富沿江一级公路、杭千高速公路横贯全境,与沪杭、杭甬、杭宁高速公路相连。富春江水路上通千岛湖,下达杭州湾,经富春江、钱塘江、杭州湾可抵达杭州、上海、宁波、无锡。2014年,富阳撤市设区获批成功,成为杭州市第九区。

【人口与资源】 2014年末户籍总人口66.61万人,增长1.1%。在总人口中,农业人口51.86万人,非农业人口14.75万人。出生人口7244人,出生率10.94‰；死亡人口3629人,死亡率5.48‰,自然增长率5.46‰。全社会从业人员48.44万人,其中第一产业9.01万人,第二产业25.12万人,第三产业14.31万人。

【经济发展】 全年实现生产总值601.5亿元，增长8.3%。其中:第一产业增加值40.0亿元,增长3.0%;第二产业增加值318.8亿元,增长6.6%;第三产业增加值242.7亿元，增长12.0%。三次产业结构由上年的6.7:55.7:37.6调整为6.6:53.0:40.4。按户籍人口计算的人均生产总值90812元,增长7.4%。按2014年平均汇率计算折算为14783美元。全年实现财政总收入88.4亿元,增长6.3%,其中公共财政预算收入49.6亿元,增长7.0%。全年公共财政预算支出57.7亿元,增长9.5%。

【居民生活】 全年城镇常住居民人均可支配收入39954元,增长10.1%;人均生活消费支出25770元,增长10.9%。农村常住居民人均可支配收入22840元,增长11.3%;人均生活消费支出16279元,增长13.2%。年末城乡居民本外币储蓄余额354.74亿元，增长9.1%。人均储蓄余额53558元,增长8.2%。全市私人汽车拥有量94398辆,增长10.6%,全市每百户家庭拥有私人汽车47辆。

【社会保障】 全年新增就业岗位13902个，就业安置人数30485人;帮扶5648名城镇失业人员实现再就业,其中就业困难人员1422名。年末全市城镇登记失业人数7968人,城镇登记失业率2.53%。年末参加养老保险人数达441925人,比上年末净增10358人,机关事业单位、企业职工、城乡居民养老保险人数分别达24952人、324459人、92514人;工伤保险273837人,净增6432人;生育保险165366人,净增4735人;基本医疗保险249764人,净增15529人;城乡居民基本医疗保险431603人,参保率99.72%;失业保险186801人,净增7051人。社保基金累计积余54.1亿元。年末住房公积金缴存登记单位1545户,职工66954人。2014年公积金归集总额76993.3万元,发放公积金个人住房贷款995户,贷款总额37164.1万元,支持职工购房面积11.3万平方米。最低生活保障人数7458人,其中城镇241人。敬老院12所,供养老人481人。福利院1所,床位186张,收养婴幼儿童32人,老人11人。社区服务设施291个。共有"五保"对象482人,集中供养482人,集中供养率100%。全年慈善总会共支出各项救助款4011.8万元。

【城市建设】 城区横凉亭路综合改造基本完工,贯通"断头路"3条,金秋大道、达夫路、江滨西大道景观一期等项目进展顺利,公园路隧道工程动工建设。年末,主城区建成区面积达到25.3平方公里,市区道路长度168公里。全年全社会用电71.2亿千瓦时,增长3.6%,其中居民生活用电5.8亿千瓦时,下降7.2%。全年城区供水总量5658万立方米,市区管道煤气用户达到10万户。市区营运公交车辆274辆,客运总量3167万人次,出租车269辆。年末实有公园17个,公园面积253.2公顷。年末市区园林绿地面积844公顷,市区公共绿地面积323公顷,人均公共绿地面积8.66平方米。建成区绿化覆盖率38.14%。

【环境保护】 全年工业废气中二氧化硫排放达标率100%。工业废水排放量15767万吨,工业废水综合排放达标率100%。城市污水集中处理率达到81.15%。全年空气优良天数326天,优良率达89.3%。主要水系监测断面三类以上比例100%。生活垃圾收集、无害化处理率100%。全年关停淘汰造纸、化工等重污染企业94家,完成66家企业刷卡排污设施建设。顺利通过省级重金属重点防控区整治验收。全市规模以上工业企业综合能源消费量为260.6万吨标准煤,下降1.2%;规模以上工业万元产值综合能耗为0.1983吨标准煤,下降4.7%。单位GDP综合能耗下降率完成上级下达任务。化学需氧量和二氧化硫排放分别降低11.3%和15.6%,氨氮、氮氧化物排放总量持续削减。建成国家级生态乡镇(街道)19个,省级生态乡镇(街道)1个、杭州市级生态乡镇(街道)4个。顺利通过国家级生态市创建技术评估验收。荣获省农村生活污水治理工作优胜县市称号。

【教育科技】 整合组建富阳学院、职业教育中心两大职教集团,富阳中学改扩建等项目有序推进,职业高级中学被评为国家改革示范学校,顺利通过国家义务教育发展基本均衡县市评估验收。年末全市有23个乡镇(街道)成为省和杭州市教育强乡镇,覆盖率达96%。全市学龄儿童入学率100%,初中入学率100%,初中升高中段比例99.93%,高等教育毛入学率58.9%。全市共有幼儿园72所,在园幼儿24614人;小学42所,在校学生44489人;普通中学22所,在校学生32901人。中等职业学校(机构)2所,在校学生8289人。民办学校在校学生6234人。全年普通中小学新增校舍2851平方米。年末拥有专任教师5193人,中小学校每位教师负担学生14.9人。

年末全市杭州市级以上高新技术企业研发中心89家,其中省级以上33家。年末全市累计被认定高新技术企业200家,其中国家级102家。全年规模以上工业企业新产品产值448.8亿元,增长20.8%,新产品产值率达34.2%,比上年提高4.9个百分点。规模以上高新技术产业实现销售产值373.9亿元,增长12.5%。全年组织实施各类科技计划项目237项,其中国家级9项,省级85项。全年专利申请2800项,授权2200项;技术合同交易(吸纳)200项,总金额20000万元。全年引进非富阳籍各类人才1461名。年末全市拥有各类专业技术人员52390人,增长6.1%,其中具有中高级职称的13630人,增长4.3%。

【文化、卫生、体育】 "三馆合一"(博物馆、美术馆、档案馆)、泗洲造纸遗址保护一期、省抗日战争胜利纪念馆等项目稳步推进,整修农村文化礼堂35个。举办第三届郁达夫小说奖、第四届富春江读书节等活动,周雄孝子祭列入第四批国家级非物质文化遗产名录。全年越剧团国内演出158场次,观众47.4万人次。市广播电台每日播音17小时,市电视台每日播出18小时。有线电视用户20.55万户,数字电视用户20.45万户。《富阳日报》全年出版301期,日发行3万份。市图书馆藏书394千册(件),书刊外借65.7万人次。全市县级以上文物保护单位81处(群),其中省级以上5处(群)。年末馆藏全宗档案189个,案卷档案110973卷。开放馆藏全宗档案84个,案卷档案27875卷。

"智慧医疗云"平台建设成效初显,妇保院二期正式投用,医疗卫生中心进入试运行,顺利通过国家慢性病综合防控示范区创建。荣获省红十字工作示范县市称号。年末全市有各类医疗卫生机构489个,医疗床位2652张;其中医院、社区卫生服务中心38个,医疗床位2022张。拥有各类专业技术人员3714人,其中执业医师1588人,执业助理医师221人,注册护士1571人,药剂人员222人,检验人员112人。全年完成无偿献血14100人次,其中流动献血7090人次,献血总量281.977万毫升。全市儿童“五苗”接种率98.18%,“四苗”接种率98.26%,婴儿死亡率1.9‰。计划生育率94.97%。

举办首届富春江全国业余铁人三项积分赛、第八届富春江运动节等活动。全年举办各类群众性体育比赛75场,参赛运动员3.5万人。全市共有体育场馆9个,健身苑点549个。全年新建健身苑点7个、篮球场12个、乒乓球室6个,农村健身设施覆盖率达100%,体育设施达到省级标准行政村276个,体育强乡镇24个。全年我市共获得杭州市级以上各类奖牌167枚,其中金牌68枚、银牌47枚、铜牌52枚。

·非国有经济主要产业·

【农业】 全年实现农林牧渔业总产值56.5亿元,增长5.6%。粮食播种面积33.8万亩,下降1.1%。粮食产量14.6万吨,与去年持平。猪牛羊禽等肉产量53784吨,禽蛋产量7286吨,蚕茧产量2042吨。建成粮食生产功能区1.42万亩,新登省级现代农业综合园区通过验收。年末全市农业龙头企业达117家,其中杭州市级以上56家,实现销售收入59.0亿元。各类农民专业合作社508家。各类名牌农产品69只,其中杭州市级以上34只。“富阳芦笋”获国家地理标志证明商标。全年投入水利建设资金6.3亿元。年末全市拥有农业机械总动力46.2万千瓦。年末耕地有效灌溉面积22.0千公顷。全市各类水库151座,除险加固病险水库4座、山塘50座。

【工业】 全年实现工业总产值1664.4亿元,增长3.1%。其中规模以上工业产值1313.9亿元,增长3.6%,占工业总量的78.9%。实现工业销售产值1650.6亿元,增长4.9%。其中规模以上工业销售产值1303.0亿元,增长4.5%。规模工业产销率达99.2%,比上年上升0.8个百分点。年末全市工业产值超亿元企业229家(按独立法人计算),其中超100亿元企业1家,50亿元以上100亿元以下1家,20亿元以上50亿元以下9家,10亿元以上20亿元以下9家。亿元企业实现工业产值1124.7亿元,占规模工业经济的85.6%。全市682家规模以上工业企业全年实现主营业务收入1304.4亿元,增长5.4%。实现利税94.0亿元,增长20.4%;实现利润60.0亿元,增长24.6%。全市10个工业功能区和1个开发区完成固定资产投资127.5亿元,完成基础设施投入11.7亿元,合同入区企业869家,建成投产企业731家,实现工业产值1026.7亿元,占全市工业总产值的61.7%。

【建筑业、房地产业】 全年实现建筑业增加值25.2亿元,增长5.0%。全市有总承包和专业承包资格的建筑企业128家,实现建筑业产值163.2亿元,增长11.9%;全市除农户建房以外全社会房屋建筑施工面积1268.9万平方米,增长9.0%;竣工面积294.4万平方米,下降13.3%。全年房地产开发完成投资95.8亿元,增长22.0%。房地产住宅施工面积256.9万平方米,增长25.4%。商品房销售面积56.7万平方米,增长13.4%。其中住宅销售50.3万平方米,增长15.8%;实现销售额59.3亿元,下降6.1%。

【商贸业、旅游业】 东方茂商业广场、沃尔玛超市、开元名都大酒店顺利开业。荣获中国电子商务发展百佳县市称号。全年实现社会消费品零售额161.4亿元,增长13.6%。分行业看,批发零售业零售额144.3亿元,增长14.5%;住宿餐饮业零售额17.2亿元,增长5.8%。分区域看,城镇零售额110.0亿元,增长13.3%;农村零售额51.4亿元,增长14.2%。新建(改建)农贸市场1家,年末全市商品交易市场达40个,其中年成交额超亿元市场15个。

年末全市有旅行社18家;星级饭店15家,其中五星级2家。A级景区6个,其中4A级景区4个。全年共接待国内游客797.1万人次,增长13.8%。实现国内旅游收入70.2亿元,增长18.0%。接待入境旅游者2.2万人次,创旅游外汇收入657.4万美元,下降20.6%。各主要旅游景点接待游客449.4万人次,增长17.7%。旅游景点门票收入13781.2万元,增长45.9%。全市乡村旅游共接待游客314.7万人次,实现乡村旅游收入20370.8万元。

【交通、邮电业】 杭黄铁路开工建设,23省道拓宽改造与综合整治项目加快推进。年末全市公路通车里程1933.4公里,其中境内高速公路里程37.3公里。全年全社会货物运输量1120.9万吨,下降1.5%。其中公路运输770万吨,下降8.3%;水路运输350.9万吨,增长17.6%。全年货物周转量139160.5万吨公里,增长

6.4%。其中公路货物周转量93547万吨公里，增长1.3%；水路货物周转量45613.5万吨公里，增长18.3%。全年完成公路旅客运输量1739万人次，增长4.0%。公路旅客周转量90769万人公里，下降5.0%。全年邮电业务总量87562万元，与上年持平。邮政特快专递业务113.95万件，增长62.1%。年末全市固定电话用户14.2万户，下降14.4%。年末全市移动电话用户83.7万户，增长5.7%。全市电话普及率为147.0部/百人。全市国际互联网用户21.6万户，增长7.3%。

【金融、保险业】 引进3家商业银行，完成农村合作银行股份制改革。年末全市金融机构本外币存款余额876.07亿元，增长10.6%；各项贷款余额890.93亿元，增长13.2%。人民币贷款中，短期贷款余额605.99亿元，增长7.2%；中长期贷款余额257.07亿元，增长38.9%，其中个人中长期贷款余额111.45亿元，增长9.1%。

全年保险费收入49263.1万元，增长4.8%。其中财产保险费收入24651万元，增长13.1%；人身保险费收入24612.1万元，下降2.3%。全年各类保险赔款与给付支出18162.6万元，增长2.5%。

·政策措施·

【融入杭州主城增强发展优势】 更加注重规划融入。继续深化杭富一体化发展战略研究，积极对接杭州新一轮总体规划修编，将富阳纳入杭州大都市进行规划布局。进一步优化空间布局、产业布局和功能布局，以规划的前瞻性和科学性引领城市发展。做好经济社会发展规划、城乡规划、土地利用规划、生态环境保护规划等“多规合一”，确保各类规划充分衔接、相互协调、有机统一。更加注重交通融入。积极做好轨道交通富阳线、绕城高速西复线富阳段规划建设，启动春永线改造工程，稳步推进杭黄铁路等项目建设，力争促成杭富沿江公路西湖区段拓宽改造工程尽快动工建设，加快构建富阳与主城区多通道、方便快捷的交通网络体系。更加注重产业融入。以银湖新区和东洲新区为桥头堡，着力加快信息经济、智慧经济、高端装备制造等产业发展。加强与未来科技城、滨江高新区的产业对接联系，积极承接杭州项目、人才、技术等梯度转移，加快形成产业承接、辐射带动、互惠互利的良性发展模式。更加注重民生融入。牢牢把握民生改善主题，以主城区的标准和要求，逐步加大公共财政投入力度，加快推动以保障和改善民生为重点的社会建设，尤其要高度重视、切实保障困难群众、弱势群体和低收入阶层的基本需求，优先向主城区看齐。同时，积极稳妥推进基本公共服务“同城同待遇”，让老百姓切实感受到改革发展带来的实惠，增强“撤市设区”的认同感和归属感。

【推进项目攻坚扩大有效投入】 优化投资结构。在投资取向上，进一步加大对转型升级、生态建设、民生改善等领域的投资强度。在投资主体上，进一步优化政府投资、扩大民间投资、引进市外投资，充分发挥社会投资的积极性。在投资管理上，进一步提高项目履约率、开工率、投产率和贡献率。加快项目推进。明确任务，落实责任，切实做到竞赛常态化、攻坚常态化、督查常态化。充分发挥政府投资的基础性作用和社会投资的主体作用。切实强化项目前期管理，积极争取更多项目列入省市重点建设计划。健全项目综合协调、督查考核机制，进一步完善全市“一盘棋”的征迁政策，净化施工环境，全力推进项目建设。夯实发展平台。按照“主导产业突出、规模效应显现、综合配套齐全”的要求，适度推进平台扩容，不断做大承载能级，不断深化整合提升，加快落地项目建设，推动企业集聚，形成产业集群。努力形成总部楼宇的集聚效应。继续推动乡镇(街道)工业功能区差异化、特色化发展。强化招商引资。坚持全员招商与专业招商并举、内资与外资并重，进一步完善招商政策，继续开展招商引资竞赛年活动。突出精准招商、平台招商、园中园招商和产业链招商，主动对接世界500强、国企央企和行业龙头企业，重点聚焦10亿元以上产业项目，着力引进一批带动力强和影响力大的优质项目。强化全程服务、捆绑考核机制，全力做好项目引进后续服务工作，以项目落地反映招商成绩，以项目产出检验招商实效。深化山海协作、对口支援帮扶工作，积极开展友好城市经济文化交流。破解要素制约。深化资源要素市场化配置扩面改革，逐步建立公共资源政府集中管理、市场公开运作、节约集约使用的运行机制。积极争取、努力拓宽用地空间，保障重点项目用地需求。高度重视金融生态环境建设，完善政银企合作机制，推进普惠金融和企业直接融资。

【加快结构调整推动产业转型】 抓好“一号工程”。按照智慧产业“一核四园”空间布局，深入实施三年行动计划，加快培育智慧经济，努力形成智慧产业集群。以银湖科技新城为主体，加快发展工业设计、信息技术和文化创意等产业，推进银江智谷、雄迈科技等项目建设，支持天安·富春硅谷、颐高圣泓、浙大网新、天鸿文创等企业“二次招商”，打造富春硅谷特色小镇。以东洲新区为主体，依托京东(杭州)电商产业园、大华股份等项目建设,大力发展电子商务、物联网和现代物流等产业,打造智慧物流产业园。以金桥园区为主体,充分发挥国家(富阳)光纤光缆产业园品牌作用,提升发展光通信产业,打造智慧通信产业园。以高新园区为主体,鼓励中泰深冷等企业做大做强,推动浙大中控尽早投产,加快发展高端装备制造等产业,打造智慧技术产业园。以高教园区为主体,加强与杭州科职院等院校的合作交流,培育发展软件开发、3D打印等产业,打造智慧科技孵化园。抓好现代工业。始终高举"工业兴市"大旗不动摇,努力在结构调整、质量效益、自主创新等方面再上新台阶。推进"两化融合"、"腾笼换鸟"和"机器换人",加快发展高端装备制造、生物医药、节能环保等战略性新兴产业,改造提升造纸、铜冶炼、建材等传统优势产业,扶持发展球拍、自行车配件、金属门窗等块状经济。突出科技平台建设和企业创新主体作用,稳步推进产学研结合发展。深化质量强市、标准强市和品牌强市工作,鼓励企业争创名企名牌。坚持培育大企业和扶持小微企业两手抓。抓好现代服务业。继续推进服务业布局优化和业态创新,确保全年服务业增加值增长10%。鼓励引导城市商圈错位发展,加强品牌商业和特色商业引进,切实抓好城东迎宾广场、宝龙城市广场、正和新天地等商贸综合体建设,着力打造中高端商务品牌。加快完善旅游基础设施,提升综合服务功能,探索做好旅游留客文章。继续推进锦绣富春、黄公望隐居地等项目建设,加大龙门古镇、天钟山景区保护开发力度;引导培育乡村特色游、农业采摘游,鼓励发展高端民宿产业,做大民宿经济。推进"放心、便民"消费服务体系建设,促进文化消费、信息消费和健康养老消费。加强房地产监管、服务工作,促进房地产业持续健康发展。抓好现代农业。加大强农惠农富农政策支持力度,着力提升农业综合生产能力、抗风险能力和市场竞争能力。继续推进农业"两区"(粮食生产功能区、现代农业园区)建设。鼓励工商资本投资农业领域,加快培育新型职业农民和现代农业经营主体。扎实推进农业科技创新,强化农技推广服务,提高农业科技含量和设施装备水平。完善农产品质量安全检测和质量追溯体系,推进农业产业标准化。建立健全气象灾害防御有效机制,切实做好森林防火、动植物疫病防控等工作。

【保护生态环境建设美丽富阳】 打好铁腕治水攻坚战。重拳出击治污水,切实推进造纸等重污染行业整治提升,深化"河长制",巩固垃圾河、黑臭河治理成果,加快城市污水处理厂四期、新登污水处理厂二期建设。全力以赴保供水,启动江北第二水厂一期,推进城区旧管网及供水设施升级改造,配合做好千岛湖配供水工程,加快农村饮用水安全工程建设。未雨绸缪防洪水,推进富春江治理工程,着力山塘水库除险加固、重要堤防加固,不断提高防汛抗洪能力。积极应对排涝水,启动青云桥闸建设,完成受降闸主体工程,加河道整治。科学统筹抓节水,严格水资源有偿使用制度,全面实行阶梯水价,推广使用自然水资源微循环节水灌溉技术,切实提高用水效率。打好拆违治违攻坚战。继续深化"无违建"创建,扎实推进"三改一拆",以改带拆,以拆促改,多措并举控违治违,确保新违建"零增长"、存量违建分类处置到位。坚持即拆即清、拆用结合,切实做到宜建则建、宜耕则耕、宜绿则绿。加大日常巡查、媒体曝光和跟踪督办力度,严格落实控违治违长效机制,防止违建回潮反弹。坚持"群众满意、环境改善、资金平衡"原则,稳步推进城中村改造提升。打好节能减排攻坚战。全面开展大气复合型污染和雾霾防治,强化建筑施工、道路扬尘和机动车尾气等专项整治,基本建成"无燃煤区"。深入实施能源消耗"双控"制度,全面推行排污权、用能量市场化交易和重点企业刷卡排污。坚决淘汰落后产能,大力发展循环经济、低碳经济。贯彻执行新《环境保护法》,加大环境执法力度,强化日常检查、突击检查,依法严厉查处偷排、漏排等违法行为。

【完善公共服务促进社会和谐】 协调发展社会事业。深化文化遗产保护体制机制改革,加强公共文化服务标准化建设,大力推进"三馆合一"项目,完成泗洲造纸遗址保护一期工程。优化教育资源布局,全面推进素质教育,提升教育发展质量,争创省教育基本现代化市。鼓励社会资本和知名教育集团联合办学。深化医药卫生体制改革,优化医疗资源配置,保持和发扬中医药特色优势,促进中医药事业协调发展。继续推进健康城市建设,进一步提升基本公共卫生服务水平。加强人口计生工作,促进出生人口性别比更趋合理。深化全民健身工程,推动学校体育场地逐步向社会开放。围绕群众最关心的民生需求,努力办好治水、治气、治堵等10件民生实事。健全社会保障制度。实施更加积极的就业政策,健全公共就业创业服务体系。继续推进全民参保登记,深化社保扩面提质,提高社会保障待遇水平。完善社会养老服务体系,积极鼓励"医养结合",培育发展优质养老产业。加大对困难和特殊群体的救助力度,开展红十字应急救护培训,进一步促进残疾人、慈善事业发展,切实保障妇女、儿童合法权益。创新社会治理体系。深化社会治理体制机制改革,健全维护社会和谐稳定长效机制,积极争创省"平安县(市、区)"。完善社会治安防控体系，依法打击各类违法犯罪活动，不断提升群众安全感。强化网络舆情引导处置，着力化解信访积案，切实解决群众合理诉求。推进服务型社区建设，努力培育社区服务特色品牌。集中开展食品药品安全专项整治，加强消费市场监管，加快构筑全方位、多层次的消费市场安全保障网络。围绕国家安全发展示范城市创建目标，严格落实安全生产责任制，履行政府监管职责，强化企业主体责任，坚决防止较大以上安全生产事故发生。加强国防后备力量、民兵预备役、人防建设和双拥共建，做好外事、对台等工作，开创民族团结、宗教和睦新局面。

【加强自身建设打造法治政府】 坚持民主开放依法行政。坚决贯彻落实中央依法治国方略，严格按照法定权限和程序行使职权、履行职责，做到“法定职责必须为、法无授权不可为”，全面提高依法行政水平。自觉接受市人大及其常委会的法律监督、工作监督和市政协的民主监督，进一步提高人大代表建议和政协委员提案办理质量，着力在提高解决率上下功夫。坚持开门问政，完善群众参与、专家咨询、风险评估、集体讨论决定等行政决策程序，促进决策的科学化、民主化。建立市政府常务会议学法制度，推进和深化政府法律顾问工作，切实做好行政复议、行政应诉。继续开展“公述民评”活动，用好“富阳发布”网络平台，进一步提高政府工作透明度。积极争创省法治县(市、区)工作先进单位。坚持改革创新科学施政。统筹推进各项改革，释放更大改革红利。巩固深化和发展权力清单、责任清单、负面清单改革成果，切实加大对政府部门行使权力、服务事项的监督力度。稳妥推进新一轮政府机构改革，进一步完善政府治理结构。按照“审批最快、服务最优”要求，继续深化行政审批制度改革，全面推进审批标准化、便民化建设，逐步提高“即办件”比例，着力打造行政审批“富阳标杆”。坚持勤政高效为民执政。巩固党的群众路线教育实践活动成果，完善作风建设长效机制，精简会议活动、文件简报，腾出更多时间和精力下基层、察民情、解难题、促落实。继续发扬“白加黑”、“五加二”精神，坚持在执行定位上争高度，在执行节奏上抢速度，在执行方式上抓深度，对既定工作和项目定人员、定措施、定责任、定进度，确保部署有动作、办理有回音、工作有实效。坚持标本兼治廉洁从政。深入推进惩治和预防腐败体系建设，严格落实党风廉政建设责任制，加强反腐机制创新和制度保障，从源头上预防和治理腐败。加强行政监察和审计监督，强化对行政审批、招投标、土地出让、政府采购、国有资产产权交易等重点领域和关键环节的监管，严肃查处各类违法违纪案件。推进节约型机关建设，从严控制“三公”经费，切实降低行政成本。

(杭州市富阳区统计局)

(责任编辑：王怡然　金瑞锋　黄莹莹　杨丽君)

统 计 资 料

浙江省国民经济主要指标(一)

指　标	2009 年	2010 年	2011 年	2012 年	2013 年	2014 年
综　合						
年末常住人口(万人)	5275.50	5446.51	5463.00	5477.00	5498.00	5508.00
人口自然增长率(%)	4.63	4.73	4.07	4.60	4.56	5.00
年末就业人数(万人)	3591.98	3636.02	3674.11	3691.24	3708.73	3714.15
# 在岗职工人数	749.57	812.14	882.51	1022.32	1020.58	1051.03
# 国有单位	191.00	196.48	195.55	211.20	200.23	202.00
城镇集体单位	28.10	27.60	26.54	24.26	20.91	19.20
全省生产总值(亿元)(当年价格)	22990.35	27722.31	32318.85	34665.33	37568.49	40173.03
第一产业(亿元)	1163.08	1360.56	1583.04	1667.88	1784.62	1777.18
第二产业(亿元)	11908.49	14297.93	16555.58	17316.32	18446.65	19175.06
第三产业(亿元)	9918.78	12063.82	14180.23	15681.13	17337.22	19220.79
人均生产总值(元)(当年价格)	43842.00	51711.00	59249.00	63374.00	68462	73002
固定资产投资(亿元)	9906.46	11451.98	14077.25	17095.96	20194.07	23554.76
财政一般预算总收入(亿元)	4122.04	4895.41	5925.00	6408.49	6908.41	7521.70
# 地方(亿元)	2142.51	2608.47	3150.80	3441.23	3796.92	4122.02
财政一般预算支出(亿元)	2653.35	3207.88	3842.59	4161.88	4730.47	5159.57
金融机构人民币存款年末余额(亿元)	44336.49	53441.45	59727.91	64886.28	71986.58	77145.38
金融机构人民币贷款年末余额(亿元)	37997.98	45288.07	51276.64	56982.64	62597.56	68566.32
城乡居民储蓄存款年末余额(亿元)	17833.44	20612.16	23470.25	26406.81	28922.97	30666.41

注:2013 年生产总值为快报数。

浙江省国民经济主要指标(二)

指 标	2009 年	2010 年	2011 年	2012 年	2013 年	2014 年
价格指数(上年=100)						
居民消费价格指数	98.5	103.8	105.4	102.2	102.3	102.1
商品零售价格指数	98.8	103.9	105.5	101.9	101.0	100.9
利用外资						
签订利用外资协议额(亿美元)	176.13	231.39	263.79	266.61	243.84	244.12
实际利用外资(亿美元)	108.77	132.26	153.98	162.23	141.59	157.97
农业						
农林牧渔业增加值(亿元)(当年价格)	1163.08	1360.56	1583.04	1667.88	1787.25	1806.60
主要农产品产量						
粮食(万吨)	789.15	770.67	781.60	769.80	733.95	757.40
棉花(万吨)	2.81	2.94	3.24	2.99	2.80	2.48
油料(万吨)	43.24	39.47	39.85	38.30	37.78	30.66
茶叶(万吨)	16.74	16.27	16.97	17.48	16.86	16.54
蚕茧(万吨)	6.83	6.39	6.53	6.11	5.52	4.70
水果(万吨)	712.41	701.31	712.36	703.84	715.65	714.84
猪、牛、羊肉(万吨)	130.95	134.90	138.82	142.53	141.58	129.87
水产品(万吨)	429.60	477.95	515.81	539.58	550.82	575.06

浙江省国民经济主要指标(三)

指 标	2010 年	2011 年	2012 年	2013 年	2014 年
工业					
工业增加值(亿元)(当年价格)	12657.78	14683.03	15338.02	16368.43	16771.90
主要工业产品产量					
布(亿米)	158.99	146.13	143.22	153.47	156.25
纱(万吨)	214.87	198.77	231.23	239.10	229.98
丝织品(亿米)	3.29	1.98	2.08	2.20	2.16
彩色电视机(万台)	477.03	497.30	573.28	628.62	456.89
家用电冰箱(万台)	889.72	626.79	887.16	939.61	757.78
家用洗衣机(万吨)	1765.02	1775.07	1906.43	1881.38	1592.39
啤酒(万千升)	283.09	281.09	268.21	289.44	267.46
发电量(亿千瓦时)	2496.19	2774.18	2717.32	2883.60	
汽车(辆)	319117	306300	329819	373210	327238
钢(万吨)	1228.53	1329.93	1305.23	1733.15	1748.30
成品钢材(万吨)	2832.60	3141.00	3361.33	3823.44	4170.99
水泥(万吨)	11275.31	12122.29	11539.61	12462.87	12367.51
规模以上工业企业主要财务指标					
固定资产原值(亿元)	19636.32	20721.24	22640.40	24447.22	27197.27
固定资产净值(亿元)	12904.97	13207.32	13957.30	14647.80	16254.31
主营业务收入(亿元)	50536.31	55349.76	57682.73	61305.77	64371.53
利税总额(亿元)	5099.92	5464.52	5321.14	5984.03	6303.09

浙江省国民经济主要指标(四)

指　标	2009 年	2010 年	2011 年	2012 年	2013 年	2014 年
建筑业						
建筑企业数(个)	5392	5627	5969	6286	6634	6725
建筑企业平均从业人数(万人)	530.95	615.65	601.42	677.21	739.18	804.96
建筑业增加值(亿元)(当年价格)	1390.28	1640.15	1872.55	1978.30	2078.22	2467.10
利税总额(亿元)	567.29	711.34	843.06	948.98	1100.32	1198.09
房屋施工面积(万平方米)	105607.4	123587.0	147121.8	166969.2	185017.5	201851.3
房屋竣工面积(万平方米)	40239.7	45099.2	51151.8	55467.8	61549.4	66473.0
交通运输和邮电通信业						
货物周转量(亿吨公里)	5659.78	7117.04	8634.82	9183.30	8949.57	9539.61
旅客周转量(亿人公里)	1152.38	1250.74	1296.25	1317.58	1025.10	1076.76
沿海主要港口货物吞吐量(万吨)	71462	78846	86700	92760	100591	108177
邮电业务总量(亿元)	1666.37	1971.96	897.97	1024.02	1178.60	1684.46
年末固定电话用户数(万户)	2119	1999	1948	1882	1781	1642
年末移动电话用户(万户)	4436	5047	5756	6443	7072	7371
电话普及率(部/百人)	126.5	130.2	140.8	151.4	161.1	164.6
国内贸易和对外经济及旅游						
社会消费品零售总额(亿元)	8622.26	10163.20	11930.60	13588.34	15225.54	17835.34
进出口总额(亿美元)	1877.35	2535.33	3093.78	3124.03	3357.89	3550.49
出口	1330.10	1804.65	2163.49	2245.19	2487.46	2733.29
国际旅游人数(万人)	570.64	684.71	773.69	865.93	866.28	931.03
国际外汇收入(亿美元)	32.24	39.30	45.42	51.52	53.93	57.53

注：邮电业务总量 2008-2010 年按 2000 年不变价计算，2011 年起按 2010 年不变价计算。2013 年起交通按新的口径统计。

浙江省国民经济主要指标(五)

指　标	2009 年	2010 年	2011 年	2012 年	2013 年	2014 年
教育、科技、文化和卫生						
在校学生数						
高等学校(万人)	91.0	93.29	95.93	98.67	101.70	103.87
中等职业学校(万人)	59.02	60.64	61.59	58.40	54.76	50.60
普通中学(万人)	262.3	255.15	244.50	236.88	232.20	228.99
小学(万人)	325.1	333.33	344.06	346.73	349.60	354.50
出版图书数量(万册)	31221	28179	32608	37250	38491	36971
出版报纸数量(万份)	314033	325048	359090	347100	346280	337367
出版杂志数量(万册)	7596	7201	8001	8312	8149	7765
卫生机构(个)	15618	16298	30515	30267	30060	30360
#医院	652	687	731	782	843	935
卫生技术人员(万人)	26.00	28.22	30.69	32.87	35.24	37.55
#医生	10.79	11.45	12.45	13.00	13.83	14.57
卫生机构床位数(万张)	17.02	18.41	19.48	21.33	23.01	24.58
#医院	13.75	15.10	16.29	18.07	19.71	21.35
人民生活						
城镇居民人均可支配收入(元)	24611	27359	30971	34550	37851	40393
农村居民人均纯收入(元)	10007	11303	13071	14552	16106	19373
城镇居民人均住房面积(平方米)	35.10	35.29	36.90	37.10	38.80	40.90
农村居民人均生活用房面积(平方米)	59.29	58.53	60.80	61.50	60.82	61.50

国民经济社会发展结构指标(一)

单位:(%)

指　标	2009 年	2010 年	2011 年	2012 年	2013 年	2014 年
人口						
城乡结构						
城镇	57.9	61.6	62.3	63.2	64.0	64.9
乡村	42.1	38.4	37.7	36.8	36.0	35.1
性别结构						
男	50.9	51.4	51.3	51.5	50.7	51.3
女	49.1	48.6	48.7	48.5	49.3	48.7
就业						
产业结构						
第一产业	18.3	16.0	14.6	14.1	13.7	13.5
第二产业	48.1	49.8	50.9	51.0	50.0	49.7
第三产业	33.6	34.2	34.6	34.9	36.3	36.8
国民核算						
生产总值产业结构						
第一产业	5.1	4.9	4.9	4.8	4.8	4.4
第二产业	51.8	51.6	51.2	50.0	49.1	47.7
第三产业	43.1	43.5	43.9	45.2	46.1	47.9
居民消费结构						
农村居民	22.3	21.9	31.5	32.7		34.9
城镇居民	77.7	78.1	68.5	67.3		65.1
固定资产投资结构						
城镇	69.4	68.2	73.5	71.2	71.5	73.1
乡村	30.6	31.8	26.5	28.8	28.5	26.9
财　政						
财政收入结构						
中央	48.0	46.7	46.8	46.3	45.0	45.2
地方	52.0	53.3	53.2	53.7	55.0	54.8
利用外资						
实际利用外资结构						
对外借款	6.9	13.0	22.9	17.7		
外商直接投资	91.4	83.2	75.8	80.6		
外商其他投资	1.7	3.8	1.3	1.7		

国民经济社会发展结构指标(二)

单位:(%)

指　标	2009 年	2010 年	2011 年	2012 年	2013 年	2014 年
产　业						
农　业						
农林牧渔业产值结构						
农　业	46.9	47.9	45.4	46.3	47.1	48.7
林　业	6.3	5.5	5.3	5.3	5.0	5.2
牧　业	21.6	20.6	21.6	20.7	19.3	16.6
渔　业	23.2	24.0	25.9	25.8	26.7	27.4
农林牧渔服务产值	1.9	1.9	1.8	1.9	1.9	2.1
工　业						
规模以上工业总产值结构						
轻工业	41.9	40.7	38.9	39.3	39.3	38.8
重工业	58.1	59.3	61.1	60.7	60.7	61.2
建筑业						
建筑业总产值结构						
国有企业	1.6	1.0	1.1	1.1	0.6	0.4
集体企业	1.2	1.1	1.0	1.1	0.9	0.8
港澳台商投资企业						
外商投资企业						
其　他	97.2	97.9	97.9	97.8	98.5	98.8
交通运输业						
货运量结构						
按运输方式分						
铁　路	2.3	2.3	2.3	2.0	2.1	1.8
公　路	63.3	60.6	58.5	59.4	57.1	60.5
水　运	34.4	37.1	39.2	38.6	40.8	37.7

国民经济社会发展结构指标(三)

单位:(%)

指　标	2009 年	2010 年	2011 年	2012 年	2013 年	2014 年
国内商业						
社会消费品零售总额构成						
批发和零售业	88.9	89.6	89.5	89.1	89.1	
餐饮业	10.5	10.4	10.5	10.6	10.3	
其他	0.6			0.3	0.6	
对外经济贸易						
出口商品结构						
初级产品	3.5	3.5	4.1	4.5	4.2	3.4
工业制成品	96.5	96.5	95.9	95.5	95.8	96.6
进出口商品结构						
初级产品	25.2	26.3	30.0	31.2	32.8	34.1
工业制成品	74.8	73.7	70.0	68.8	67.2	65.9
国际旅游						
来华旅游人数结构						
外国人	66.2	65.3	66.6	65.9	66.6	66.0
港澳台同胞	33.8	34.7	33.4	34.1	33.4	34.0
教育、科技、文化						
教育						
在校学生结构						
大学生	12.2	13.7	14.0	14.5	14.9	15.1
中学生	44.3	37.4	35.7	34.7	34.0	33.3
小学生	43.5	48.9	50.3	50.8	51.1	51.6

国民经济社会发展结构指标(四)

单位:(%)

指　标	2009 年	2010 年	2011 年	2012 年	2013 年	2014 年
专任教师结构						
大学生	11.4	12.6	12.8	13.0	13.3	13.4
中学生	49.3	45.1	44.6	44.0	43.3	42.6
小学生	39.3	42.3	42.6	43.0	43.4	44.0
生活						
城镇居民消费结构						
食品	33.6	34.3	34.6	35.1	28.2	28.3
衣着	9.7	10.1	10.5	9.8	7.6	7.3
家庭设备用品及服务	5.0	5.1	5.4	5.4	5.1	4.9
医疗保健	5.9	5.8	6.1	5.7	5.3	5.6
交通和通讯	19.7	19.2	18.2	19.2	15.0	16.5
娱乐教育、文化	13.7	14.5	13.8	13.9	9.9	9.7
居住	8.9	7.9	7.4	7.2	26.2	25.3
其他商品和服务	3.5	3.1	4.0	3.7	2.7	2.3
农村居民消费结构						
食品	37.4	35.5	37.6	37.7	31.8	31.9
衣着	6.3	6.3	6.9	7.1	6.3	6.1
家庭设备用品及服务	4.8	4.8	5.5	5.5	5.1	5.1
医疗保健	8.3	7.8	8.8	7.2	7.6	7.4
衣着	11.7	12.7	13.1	14.3	15.6	15.6
娱乐教育、文化	10.9	9.5	8.6	8.6	9.5	9.3
居住	18.5	21.4	17.2	17.3	22.1	22.8
其他商品和服务	2.1	2.0	2.3	2.3	1.9	1.8

各市国民经济主要指标 2014 年(一)

城　市	年末总人口(万人)	生产总值(亿元)	第一产业	第二产业	第三产业
浙东北	**2451.99**	**27406.19**	**1110.33**	**13277.50**	**13018.35**
杭州市	715.76	9206.16	274.35	3845.58	5086.24
宁波市	583.78	7610.28	275.70	3980.41	3354.17
嘉兴市	348.14	3352.60	144.77	1813.67	1394.17
湖州市	263.78	1956.00	120.34	999.10	836.56
绍兴市	443.04	4265.88	194.28	2213.48	1858.12
舟山市	97.49	1015.26	100.90	425.27	489.09
浙西南	**2407.18**	**13065.48**	**643.32**	**6181.37**	**6240.78**
温州市	813.69	4303.05	117.94	2029.70	2155.41
金华市	475.07	3208.20	138.56	1508.36	1561.29
其中:义乌市	76.66	971.47	21.19	369.93	580.34
衢州市	255.67	1115.10	82.64	558.90	473.56
台州市	597.10	3387.38	215.63	1578.85	1592.89
丽水市	265.65	1051.75	88.56	505.57	457.63

各市国民经济主要指标 2014 年(二)

城　市	工业	人均生产总值(元)	全社会从业人员年末数(万人)	社会消费品零售总额(亿元)
浙东北	**11749.73**		**2101.67**	**11275.45**
杭州市	3414.90	129448	654.92	4201.46
宁波市	3533.68	130769	511.50	2992.03
嘉兴市	1636.88	96607	332.29	1347.04
湖州市	901.76	74334	182.97	871.20
绍兴市	1926.32	96437	345.67	1487.14
舟山市	336.20	104239	74.32	376.58
浙西南	**5299.05**		**1590.02**	**6629.52**
温州市	1707.25	53094	567.57	2410.36
金华市	1302.05	67654	345.51	1592.70
其中:义乌市	316.60	127280	94.01	466.58
衢州市	481.57	43740	134.16	503.79
台州市	1374.80	56876	402.15	1646.32
丽水市	433.37	39721	140.63	476.35

各市国民经济主要指标2014年(三)

城　市	固定资产投资(亿元)	出口总额(亿美元)	财政总收入(亿元)	地方财政收入(亿元)
浙东北	**15671.85**	**1902.59**	**5270.07**	**2781.13**
杭州市	4952.70	491.66	1920.11	1027.32
宁波市	3989.46	731.09	1790.89	860.61
嘉兴市	2221.21	236.51	568.09	307.07
湖州市	1242.92	88.06	295.71	167.84
绍兴市	2304.68	297.51	546.34	317.27
舟山市	960.88	57.76	148.93	101.02
浙西南	**7860.71**	**830.95**	**1820.97**	**1047.88**
温州市	3052.81	185.51	612.44	352.53
金华市	1594.79	396.71	461.40	268.87
其中:义乌市	438.18	237.09	119.02	69.68
衢州市	782.10	28.85	126.82	80.32
台州市	1765.93	193.51	485.29	265.21
丽水市	665.08	26.37	135.02	80.96

各市国民经济主要指标2014年(四)

城　市	地方财政支出(亿元)	城乡居民储蓄存款年末余额(亿元)	城镇居民人均可支配收入(元)	农村居民人均纯收入(元)
浙东北	**3056.14**	**18950.55**		
杭州市	961.18	6694.55	44632	23555
宁波市	1000.86	4780.31	44155	24283
嘉兴市	334.90	2701.58	42143	24676
湖州市	224.57	1369.95	38959	22404
绍兴市	346.44	2806.15	43167	23539
舟山市	188.19	598.00	41466	23783
浙西南	**1622.53**	**11715.86**		
温州市	488.98	3883.11	40510	19394
金华市	352.86	3212.58	39807	18544
其中:义乌市	72.23	1165.27	51899	25963
衢州市	191.84	790.06	30583	15354
台州市	371.47	2892.41	39763	19362
丽水市	217.27	937.71	30413	13635

注:人均生产总值按户籍人口计算。

各市、县国民经济主要指标 2014 年(一)

市县名称	土地面积（平方公里）	年末总人口（万人）	生产总值（亿元）			
				第一产业	第二产业	第三产业
杭州市区	4876	525.08	7977.37	156.31	3202.00	4619.06
萧山区	1163	125.54	1727.63	61.60	928.27	737.77
余杭区	1222	92.54	1101.23	45.54	441.25	614.45
富阳区	1808	66.61	601.47	39.93	316.59	244.95
临安市	3124	52.97	431.67	37.50	233.88	160.95
建德市	2364	50.97	298.93	28.65	161.30	108.99
桐庐县	1780	40.84	306.13	21.78	172.13	112.22
淳安县	4452	45.90	192.06	30.11	76.27	85.69
宁波市区	2462	229.64	4589.30	60.12	2340.31	2188.87
鄞州区	1346	85.20	1296.64	39.34	761.82	495.48
余姚市	1501	83.67	804.36	41.34	467.73	295.29
慈溪市	1361	104.59	1109.41	48.48	637.93	423.00
奉化市	1268	48.37	308.99	28.50	140.60	139.89
象山县	1382	54.86	388.08	57.95	180.65	149.49
宁海县	1843	62.64	410.14	39.30	213.20	157.64
温州市区	1138	152.45	1699.70	11.14	811.17	877.39
瑞安市	1350	123.11	676.88	18.96	322.66	335.26
乐清市	1367	128.73	724.69	19.99	388.45	316.25
洞头县	173	13.23	56.45	4.21	20.67	31.57
永嘉县	2677	97.67	312.27	9.91	167.55	134.82
平阳县	1042	88.40	319.62	13.45	143.28	162.89
苍南县	1253	133.18	393.60	27.21	169.74	196.65
文成县	1296	40.24	66.38	6.98	22.00	37.40
泰顺县	1768	36.68	67.95	6.21	22.69	39.05
嘉兴市区	968	86.36	837.91	31.62	395.95	410.33
平湖市	537	49.14	478.21	16.48	289.69	172.03
海宁市	668	67.38	669.09	22.75	379.81	266.53
桐乡市	727	68.68	614.36	29.19	320.35	264.82
嘉善县	507	38.75	402.59	23.65	224.18	154.76
海盐县	508	37.83	350.70	21.06	204.50	125.14
湖州市区	1565	110.65	865.50	42.61	425.16	397.73
德清县	938	43.70	367.50	20.33	206.24	140.92
长兴县	1431	63.05	438.10	31.71	229.99	176.40
安吉县	1886	46.38	284.50	25.69	137.28	121.53
绍兴市区	2965	217.78	2525.71	87.45	1295.60	1142.67

各市、县国民经济主要指标2014年(续表一)

市县名称	土地面积(平方公里)	年末总人口(万人)	生产总值(亿元)	第一产业	第二产业	第三产业
柯桥区	1066	64.98	1138.08	32.92	630.69	474.47
上虞区	1406	78.00	681.03	41.36	372.09	267.58
诸暨市	2311	108.04	981.12	49.09	533.32	398.71
嵊州市	1789	73.31	423.04	37.01	212.84	173.19
新昌县	1214	43.90	333.77	20.74	171.73	141.29
金华市区	2049	95.09	605.98	32.21	240.40	333.37
金东区	658	32.09	149.08	13.85	72.97	62.26
兰溪市	1312	66.09	273.56	23.62	148.57	101.38
东阳市	1747	83.42	439.25	17.38	215.11	206.77
义乌市	1105	76.66	971.47	21.19	369.93	580.34
永康市	1047	59.17	459.51	8.78	281.65	169.09
武义县	1568	33.85	195.28	15.25	106.87	73.16
浦江县	918	39.61	188.59	9.44	109.29	69.86
磐安县	1195	21.19	74.55	10.68	36.54	27.33
衢州市区	2354	84.13	467.68	28.62	220.33	218.74
江山市	2019	61.19	250.17	20.79	135.68	93.70
常山县	1097	34.10	107.09	7.76	54.68	44.65
开化县	2231	35.82	98.39	12.13	41.99	44.27
龙游县	1143	40.42	189.72	13.34	104.31	72.06
舟山市区	1034	70.90	743.54	51.72	313.66	378.17
岱山县	324	18.79	192.33	29.13	99.99	63.21
嵊泗县	97	7.80	78.14	20.05	12.24	45.85
台州市区	1536	158.47	1233.21	43.33	566.08	623.80
温岭市	836	121.80	797.21	58.29	369.86	369.06
临海市	2171	119.04	439.34	38.57	200.10	200.68
玉环县	378	43.02	423.68	26.91	248.57	148.19
三门县	1072	44.06	156.43	22.92	60.99	72.52
天台县	1426	59.84	173.79	12.10	75.65	86.04
仙居县	1992	50.87	155.83	13.50	65.88	76.45
丽水市区	1502	39.99	269.29	16.96	104.80	147.53
龙泉市	3059	29.06	102.61	12.94	47.29	42.37
青田县	2484	53.58	181.77	7.51	106.57	67.69
云和县	978	11.36	50.78	4.30	26.52	19.97
庆云县	1898	20.65	53.15	7.46	23.30	22.38
缙云县	1482	46.39	184.06	9.72	107.03	67.30
遂昌县	2539	23.23	87.37	10.37	38.09	38.91
松阳县	1406	24.06	81.60	12.85	38.76	30.00
景宁自治县	1950	17.33	42.00	6.44	13.42	22.14

各市、县国民经济主要指标 2014 年(二)

市县名称	工业	人均生产总值(元)	社会消费品零售总额(亿元)	固定资产投资(亿元)	财政总收入(亿元)
杭州市区	2837.52	153152	3785.52	4257.22	1686.61
萧山区	852.69	138255	515.65	850.85	243.21
余杭区	400.83	120439	349.43	786.15	240.78
富阳区	291.78	90809	170.79	350.07	88.42
临安市	216.26	81701	141.11	197.51	52.60
建德市	147.18	58695	93.41	143.29	33.32
桐庐县	155.68	75188	117.37	209.64	38.05
淳安县	58.26	41912	64.05	145.05	21.10
宁波市区	2088.45	200743	1619.76	2245.25	1298.94
鄞州区	710.33	153254	404.96	593.33	279.47
余姚市	422.34	96227	388.08	515.62	119.43
慈溪市	587.95	106186	484.86	636.07	196.92
奉化市	118.43	63877	144.65	182.17	55.28
象山县	129.66	71052	188.32	185.20	54.77
宁海县	186.85	65847	166.37	225.16	65.56
温州市区	653.34	113707	1248.71	1040.75	272.04
瑞安市	292.26	55168	298.94	434.97	86.46
乐清市	363.51	56501	273.39	485.90	111.22
洞头县	12.71	36566	20.15	82.34	8.48
永嘉县	138.95	32090	117.22	241.17	40.51
平阳县	119.35	36245	141.64	297.79	36.09
苍南县	139.62	29662	247.53	353.71	41.09
文成县	13.80	16634	30.70	56.50	8.32
泰顺县	10.84	18622	32.08	59.68	8.22
嘉兴市区	352.60	97527	370.14	584.77	168.07
平湖市	276.63	97493	149.66	297.28	90.41
海宁市	329.92	99647	304.01	448.16	108.49
桐乡市	281.62	89718	268.66	372.33	89.05
嘉善县	204.51	104043	151.51	257.63	60.06
海盐县	192.57	92899	103.05	261.04	52.01
湖州市区	380.21	78477	452.11	539.07	114.16
德清县	192.72	84226	121.03	231.97	61.33
长兴县	203.46	69611	185.47	326.61	70.16
安吉县	124.96	61470	112.59	145.26	50.05
绍兴市区	1116.83	116261	839.59	1411.52	348.72

各市、县国民经济主要指标 2014 年(续表二)

市县名称		人均生产总值(元)	社会消费品零售总额(亿元)	固定资产投资(亿元)	财政总收入(亿元)
	工业				
柯桥区	556.29	176077	210.25	576.95	145.09
上虞区	319.09	87342	243.85	409.05	86.70
诸暨市	454.47	90976	316.18	568.77	109.54
嵊州市	194.40	57681	205.62	192.12	41.46
新昌县	160.63	75995	125.75	132.28	46.63
金华市区	196.49	63902	463.95	351.91	102.57
金东区	55.62	46639	103.98	120.11	19.57
兰溪市	138.27	41212	106.49	150.13	37.60
东阳市	165.79	52767	208.81	219.41	70.01
义乌市	316.60	127280	466.58	438.18	119.02
永康市	263.51	78078	161.11	182.52	69.19
武义县	95.13	57535	72.25	112.46	29.18
浦江县	98.03	47718	88.16	91.71	22.78
磐安县	28.24	35308	25.35	48.48	11.05
衢州市区	190.91	55763	196.31	327.35	68.50
江山市	123.06	41051	96.38	151.02	22.08
常山县	44.04	31504	49.27	103.01	10.79
开化县	29.22	27538	57.35	73.76	9.79
龙游县	92.45	46949	104.48	126.96	15.66
舟山市区	245.55	105072	292.24	777.77	122.87
岱山县	86.76	102167	57.66	122.02	18.89
嵊泗县	4.44	100081	26.68	61.08	7.16
台州市区	503.09	77994	664.49	601.53	206.20
温岭市	315.59	65653	430.54	339.61	87.71
临海市	166.31	36999	183.87	251.44	63.33
玉环县	236.02	98721	141.95	135.15	64.48
三门县	43.27	35595	70.50	165.88	21.33
天台县	64.65	29115	85.09	130.74	23.35
仙居县	52.88	30716	69.89	141.59	18.90
丽水市区	83.90	67662	170.08	188.17	50.11
龙泉市	38.84	35385	41.48	76.47	9.19
青田县	97.13	34177	68.85	95.25	20.94
云和县	22.12	44718	20.57	36.03	6.82
庆元县	18.29	25751	25.50	41.23	4.87
缙云县	97.34	39829	58.64	92.00	17.04
遂昌县	33.77	37586	38.05	47.92	9.54
松阳县	33.73	33978	30.84	48.29	6.73
景宁自治县	8.42	24224	22.34	39.71	9.78

各市、县国民经济主要指标 2014 年(三)

市县名称	地方财政收入(亿元)	地方财政支出(亿元)	城乡居民储蓄存款年末余额(亿元)	城镇居民人均可支配收入(元)	农村居民人均纯收入(元)
杭州市区	942.65	807.80	6004.26		
萧山区	133.85	120.20	1205.05	47195	26758
余杭区	148.80	137.12	821.68	45329	26581
富阳区	49.60	57.70	353.85	39954	22840
临安市	28.19	45.66	212.20	37860	21578
建德市	18.70	31.24	181.48	35117	18295
桐庐县	23.91	32.92	174.72	36366	20627
淳安县	13.86	43.56	121.90	30559	13278
宁波市区	597.53	661.13	2652.48	47190	25815
鄞州区	166.22	168.22	766.99	46324	26682
余姚市	64.81	80.47	610.25	41921	24312
慈溪市	100.02	107.89	879.94	43526	25041
奉化市	29.02	47.69	244.19	38755	22033
象山县	33.17	52.74	186.29	40189	22146
宁海县	36.06	50.94	204.16	40664	22209
温州市区	161.31	165.31	1788.60		
瑞安市	48.44	55.31	577.49	43208	21682
乐清市	55.65	61.35	548.49	42610	22668
洞头县	4.50	16.79	22.43	31730	16617
永嘉县	22.31	45.26	274.56	32330	15404
平阳县	22.00	40.58	227.91	33396	15823
苍南县	25.64	49.49	275.26	33585	15471
文成县	6.48	27.32	105.14	27419	11943
泰顺县	6.19	27.58	63.22	26166	11739
嘉兴市区	93.81	108.88	773.01	37673	23689
平湖市	45.68	44.92	336.46	43192	24758
海宁市	60.03	60.68	535.01	44887	25786
桐乡市	49.19	52.42	513.14	41438	25195
嘉善县	31.33	39.60	297.88	43126	25048
海盐县	27.03	28.40	246.08	43618	25101
湖州市区	64.42	94.45	717.39		
德清县	33.71	37.92	237.13	39516	22820
长兴县	40.23	51.41	234.75	39234	22685
安吉县	29.48	40.78	180.68	37963	21562
绍兴市区	201.13	204.82	1728.59		

各市、县国民经济主要指标 2014 年(续表三)

市县名称	地方政财收入(亿元)	地方财政支出(亿元)	城乡居民储蓄存款年末余额(亿元)	城镇居民人均可支配收入(元)	农村居民人均纯收入(元)
柯桥区	82.01	71.42	618.98	46809	26743
上虞区	46.56	50.01	443.48	43569	23018
诸暨市	66.34	74.14	586.51	45790	25583
嵊州市	25.05	34.45	306.76	41058	20749
新昌县	24.75	33.03	184.28	40556	19802
金华市区	63.69	91.55	563.37		
金东区	12.18	13.77	0.00	32351	17929
兰溪市	19.95	33.49	189.23	29766	13890
东阳市	41.48	48.05	420.61	38105	20466
义乌市	69.68	72.23	1165.27	51899	25963
永康市	38.85	40.64	463.42	39432	19849
武义县	15.80	26.31	170.16	28126	12429
浦江县	13.40	21.64	179.05	32719	15141
磐安县	6.01	18.96	61.46	27600	12138
衢州市区	43.49	82.42	319.33	32305	14736
江山市	13.66	30.90	189.19	32022	16659
常山县	7.19	21.41	78.06	25899	13939
开化县	5.77	29.90	81.52	24532	11920
龙游县	10.21	27.31	121.95	31424	15559
舟山市区	83.66	138.56	477.59		
岱山县	11.44	29.87	83.82	36723	23894
嵊泗县	5.92	19.77	36.59	37103	23012
台州市区	115.67	140.51	1235.78	44082	20544
温岭市	47.84	64.51	644.97	41225	21786
临海市	35.26	51.35	368.00	36488	19180
玉环县	29.84	39.97	245.64	47761	22950
三门县	12.77	25.35	103.90	31805	17040
天台县	13.29	26.09	151.59	32257	15765
仙居县	10.56	23.70	142.52	28526	14398
丽水市区	30.62	49.77	233.56	32327	17601
龙泉市	6.14	20.40	76.78	31511	14404
青田县	12.86	29.27	275.15	31256	15546
云和县	3.66	13.29	37.99	28726	12789
庆云县	3.01	18.47	40.28	26224	11762
缙云县	9.49	24.46	119.69	29766	13416
遂昌县	6.00	20.78	62.21	31478	12908
松阳县	4.38	20.14	61.07	26525	12039
景宁自治县	4.80	20.68	30.97	26152	12432

就业和失业人员情况(年底数)

单位:万人

年份	从业人员总数	在岗职工合计	国有单位	城镇集体单位	其他单位
1991	2579.36	492.81	293.41	191.09	8.31
1992	2600.38	491.37	297.96	181.62	11.79
1993	2615.89	502.36	300.59	176.12	25.65
1994	2640.51	500.88	294.13	170.42	36.33
1995	2621.47	498.61	294.59	161.89	42.13
1996	2625.06	495.35	290.22	156.25	48.88
1997	2619.66	482.26	285.05	144.53	52.68
1998	2612.54	455.80	256.61	102.94	96.25
1999	2625.17	427.45	233.15	80.21	114.09
2000	2726.09	398.53	208.19	58.93	131.41
2001	2796.65	372.39	185.36	41.28	145.75
2002	2858.56	367.14	179.67	35.49	151.98
2003	2918.74	373.21	170.40	30.53	172.28
2004	2991.95	447.47	176.44	36.05	234.98
2005	3100.76	522.93	177.93	31.17	313.83
2006	3172.38	590.47	182.27	28.51	379.70
2007	3405.01	641.17	185.94	27.68	427.56
2008	3486.53	689.35	186.98	25.30	477.07
2009	3591.98	749.57	191.00	28.10	530.44
2010	3636.02	812.14	196.48	27.60	588.06
2011	3674.11	882.51	195.55	26.54	660.43
2012	3691.24	1022.32	211.20	24.26	786.85
2013	3708.73	1020.58	200.23	20.91	799.44
2014	3714.15	1051.02	202.00	19.20	829.83

就业和失业人员情况(年底数)(续)

单位:万人

年　份	城镇私营和个体从业人员	乡村从业人员	年末城镇登记失业人员	城镇登记失业率(%)
1991	30.98	2049.22	10.87	2
1992	38.29	2065.04	12.97	2.4
1993	52.54	2052.66	14.68	2.6
1994	82.39	2024.39	16.09	2.6
1995	96.44	2015.45	17.72	2.8
1996	108.99	2010.21	16.22	2.6
1997	110.27	2016.20	18.75	3
1998	122.86	2021.56	19.96	3.3
1999	163.34	2021.24	21.17	3.4
2000	208.56	2106.14	21.82	3.4
2001	236.00	2173.63	23.99	3.7
2002	280.97	2185.87	27.73	4
2003	349.19	2168.74	28.27	3.7
2004	338.11	2144.28	30.14	4.1
2005	373.22	2196.42	28.97	3.7
2006	467.05	2096.49	29.1	3.51
2007	630.48	2107.84	28.6	3.27
2008	685.34	2009.99	31.08	3.49
2009	748.44	2006.63	30.68	3.26
2010	878.59	1845.53	31.13	3.20
2011	916.54	1780.40	31.67	3.12
2012	952.07	1711.01	33.41	3.01
2013	1033.59	1626.07	34.93	3.01
2014	1130.10	1509.91	33.14	2.96

注:城镇登记失业人员、城镇登记失业率数据来自社会保障部门。

按行业和经济类型分的城镇单位就业人员总数

（年底数）

单位：万人

行　业	合　计			国有单位		
	2012	2013	2014	2012	2013	2014
总　计	1070.12	1071.61	1102.68	225.39	212.98	215.28
农、林、牧、渔业	0.82	0.75	0.56	0.55	0.49	0.38
采矿业	1.40	0.97	0.86	0.27	0.14	0.13
制造业	372.48	357.95	350.55	4.36	3.05	2.34
电力、热力、燃气及水生产和供应业	13.30	13.54	13.42	8.80	8.11	6.90
建筑业	294.07	303.23	329.45	6.02	2.73	2.64
批发和零售业	39.26	40.19	41.73	2.79	1.88	1.67
交通运输、仓储及邮政业	29.36	31.37	32.69	13.11	8.86	7.88
住宿和餐饮业	16.32	14.70	13.84	2.04	1.16	1.02
信息传输、软件和信息技术服务业	14.07	15.35	16.44	2.07	1.33	1.32
金融业	36.38	36.32	37.96	5.63	5.07	5.29
房地产业	17.46	17.95	19.75	1.65	1.14	1.13
租赁与商务服务业	29.21	28.81	28.41	9.52	6.79	6.93
科学研究、技术服务业	17.48	15.99	16.10	7.75	7.31	7.19
水利、环境和公共设施管理业	12.90	11.67	11.68	7.09	6.66	6.52
居民服务及其他服务业	2.00	2.19	2.62	0.60	0.58	0.66
教　育	66.24	68.40	70.08	56.55	57.41	58.89
卫生和社会工作	37.37	39.45	41.63	30.69	32.16	34.59
文化、体育和娱乐业	6.74	7.16	7.21	5.52	5.49	5.23
公共管理、社会保障和社会组织	63.26	65.60	67.70	60.38	62.61	64.56

按行业和经济类型分的城镇单位就业人员总数(续)

(年底数)

单位:万人

行业	城镇集体单位			其他单位		
	2012	2013	2014	2012	2013	2014
总　计	**25.74**	**22.27**	**20.25**	**818.99**	**836.36**	**867.14**
农、林、牧、渔业	0.04	0.03	0.01	0.23	0.24	0.17
采矿业	0.27	0.11	0.10	0.86	0.72	0.63
制造业	1.51	1.26	1.04	366.61	353.64	347.18
电力、热力、燃气及水生产和供应业	0.26	0.21	0.21	4.24	5.23	6.31
建筑业	8.21	7.36	7.51	279.85	293.14	319.30
批发和零售业	0.81	0.56	0.52	35.66	37.75	39.54
交通运输、仓储及邮政业	1.09	0.54	0.51	15.17	21.97	24.30
住宿和餐饮业	0.48	0.28	0.23	13.81	13.26	12.60
信息传输、软件和信息技术服务业	0.18	0.11	0.10	11.82	13.91	15.02
金融业	0.42	0.45	0.60	30.33	30.80	32.07
房地产业	0.44	0.30	0.28	15.36	16.52	18.34
租赁与商务服务业	3.12	2.42	2.05	16.58	19.60	19.43
科学研究、技术服务业	0.59	0.42	0.24	9.14	8.26	8.67
水利、环境和公共设施管理业	1.16	0.90	0.87	4.66	4.11	4.29
居民服务及其他服务业	0.30	0.27	0.18	1.10	1.34	1.78
教　育	2.38	2.53	2.14	7.31	8.46	9.04
卫生和社会工作	4.14	4.36	3.56	2.54	2.92	3.48
文化、体育和娱乐业	0.09	0.08	0.05	1.13	1.60	1.94
公共管理、社会保障和社会组织	0.25	0.10	0.05	2.62	2.89	3.09

分行业城镇单位从业人员总数

(2014 年末数)

单位:万人

行　　业	单位从业人员	#女性	在岗职工合计	其他从业人员
总　计	**1102.68**	**360.59**	**1051.02**	**51.65**
农、林、牧、渔业	0.56	0.15	0.54	0.02
采矿业	0.86	0.14	0.77	0.08
制造业	350.55	151.13	346.82	3.73
电力、热力、燃气及水生产和供应业	13.42	3.17	13.18	0.24
建筑业	329.45	22.11	309.48	19.98
批发和零售业	41.73	21.73	39.79	1.94
交通运输、仓储及邮政业	32.69	8.69	31.60	1.09
住宿和餐饮业	13.84	7.64	12.60	1.24
信息传输、软件和信息技术服务业	16.44	6.62	16.25	0.19
金融业	37.96	20.98	31.52	6.45
房地产业	19.75	7.28	18.55	1.19
租赁与商务服务业	28.41	7.99	27.28	1.13
科学研究、技术服务业	16.10	4.75	15.03	1.07
水利、环境和公共设施管理业	11.68	4.61	10.42	1.26
居民服务及其他服务业	2.62	1.27	2.46	0.16
教　育	70.08	42.51	65.77	4.31
卫生和社会工作	41.63	27.37	39.00	2.63
文化、体育和娱乐业	7.21	3.34	6.33	0.88
公共管理、社会保障和社会组织	67.70	19.13	63.64	4.06

分行业城镇单位女性就业人员年末数

单位:万人

	合计			国有单位		
	2012	2013	2014	2012	2013	2014
总 计	**361.15**	**355.36**	**360.59**	**93.28**	**90.83**	**93.98**
农、林、牧、渔业	0.25	0.21	0.15	0.15	0.13	0.09
采矿业	0.23	0.14	0.14	0.05	0.02	0.02
制造业	164.13	154.07	151.13	1.08	0.74	0.54
电力、热力、燃气及水生产和供应业	3.12	3.19	3.17	1.95	1.79	1.45
建筑业	20.35	20.94	22.11	0.41	0.28	0.23
批发和零售业	20.48	21.20	21.73	1.00	0.63	0.53
交通运输、仓储及邮政业	7.59	8.11	8.69	3.57	2.48	2.32
住宿和餐饮业	8.94	8.05	7.64	1.10	0.64	0.55
信息传输、软件和信息技术服务业	5.94	6.27	6.62	0.93	0.54	0.56
金融业	20.30	20.46	20.98	2.98	2.68	2.80
房地产业	7.07	6.68	7.28	0.64	0.44	0.46
租赁与商务服务业	8.06	7.87	7.99	2.42	1.18	1.26
科学研究、技术服务业	4.96	4.74	4.75	2.29	2.14	2.15
水利、环境和公共设施管理业	5.06	4.51	4.61	2.84	2.68	2.62
居民服务及其他服务业	0.77	0.74	1.27	0.22	0.18	0.21
教 育	39.12	40.92	42.51	32.73	33.52	35.01
卫生和社会工作	24.13	25.72	27.37	19.94	21.04	22.77
文化、体育和娱乐业	3.14	3.28	3.34	2.53	2.51	2.41
公共管理、社会保障和社会组织	17.52	18.27	19.13	16.46	17.24	18.01

分行业城镇单位女性就业人员年末数(续)

单位:万人

行　业	城镇集体单位			其他单位		
	2012	2013	2014	2012	2013	2014
总　计	8.48	7.97	6.96	259.39	256.55	259.65
农、林、牧、渔业	0.01	0.01	0.00	0.09	0.08	0.05
采矿业	0.03	0.01	0.01	0.15	0.10	0.10
制造业	0.58	0.46	0.38	162.46	152.88	150.22
电力、热力、燃气及水生产和供应业	0.07	0.06	0.06	1.10	1.34	1.67
建筑业	0.86	0.78	0.76	19.07	19.88	21.12
批发和零售业	0.38	0.28	0.24	19.10	20.30	20.96
交通运输、仓储及邮政业	0.17	0.10	0.09	3.86	5.53	6.28
住宿和餐饮业	0.28	0.17	0.14	7.56	7.25	6.94
信息传输、软件和信息技术服务业	0.09	0.04	0.05	4.92	5.69	6.01
金融业	0.22	0.23	0.30	17.10	17.56	17.88
房地产业	0.16	0.09	0.09	6.26	6.14	6.73
租赁与商务服务业	0.49	0.50	0.39	5.15	6.19	6.35
科学研究、技术服务业	0.14	0.12	0.07	2.52	2.47	2.53
水利、环境和公共设施管理业	0.52	0.35	0.36	1.71	1.49	1.63
居民服务及其他服务业	0.08	0.06	0.06	0.47	0.50	1.01
教　育	1.67	1.85	1.56	4.72	5.55	5.93
卫生和社会工作	2.60	2.81	2.36	1.60	1.87	2.24
文化、体育和娱乐业	0.05	0.04	0.03	0.56	0.73	0.90
公共管理、社会保障和社会组织	0.08	0.02	0.02	0.97	1.01	1.10

分行业年末单位专业技术人员

（2014 年）

单位：万人

行　业	合计	#国有单位	#城镇集体单位
总　计	239.02	95.55	6.45
农、林、牧、渔业	0.14	0.10	
采矿业	0.13	0.01	0.01
制造业	43.21	0.36	0.12
电力、热力、燃气及水生产和供应业	2.99	1.50	0.03
建筑业	45.53	0.55	1.07
交通运输、仓储及邮政业	4.61	0.21	0.05
信息传输、软件和信息技术服务业	3.46	0.72	0.09
批发和零售业	0.92	0.07	0.02
住宿和餐饮业	8.24	0.36	0.02
金融业	15.43	2.83	0.31
房地产业	3.55	0.23	0.05
租赁与商务服务业	3.72	0.64	0.12
科学研究、技术服务和地质勘察业	10.29	4.60	0.13
水利、环境和公共设施管理业	1.59	0.75	0.05
居民服务及其他服务业	0.27	0.07	0.02
教　育	52.08	45.47	1.42
卫生、社会保障和社会福利业	32.23	27.06	2.93
文化、体育和娱乐业	3.29	2.87	0.01
公共管理和社会组织	7.36	7.17	0.01

分行业城镇私营从业人员和个体从业人员人数

（年底数）

单位：万人

行　业	合计			城镇私营			城镇个体		
	2012	2013	2014	2012	2013	2014	2012	2013	2014
总　计	952.07	1033.59	1130.10	286.50	696.71	757.79	333.16	336.88	372.31
农、林、牧、渔业	4.17	5.08	7.01	1.90	1.87	2.50	2.55	3.22	4.52
采矿业	0.60	0.58	0.63	0.12	0.50	0.56	0.09	0.07	0.07
制造业	414.95	450.85	455.85	59.63	372.88	376.69	75.31	77.97	79.16
电力、热力、燃气及水生产和供应业	0.54	1.76	1.95	0.06	1.73	1.92	0.05	0.04	0.03
建筑业	23.52	46.87	51.96	0.85	45.86	50.82	0.96	1.01	1.14
批发和零售业	247.10	263.00	284.84	149.20	95.50	106.24	171.65	167.50	178.60
交通运输、仓储及邮政业	41.36	34.08	37.23	6.12	27.65	30.38	6.98	6.73	6.85
住宿和餐饮业	51.42	49.05	60.07	27.52	17.31	19.91	29.65	31.74	40.16
信息传输、软件和信息技术服务业	17.39	17.67	24.00	0.58	17.12	23.40	0.50	0.54	0.60
金融业	1.75	1.90	2.20	0.01	1.88	2.20	0.01	0.02	0.00
房地产业	16.71	17.70	18.92	2.23	15.52	16.70	2.23	2.18	2.22
租赁与商务服务业	41.54	51.00	64.98	6.79	41.77	54.47	7.80	9.23	10.51
科学研究、技术服务业	7.57	12.58	16.68	0.18	11.23	15.24	1.26	1.35	1.44
水利、环境和公共设施管理业	2.04	2.22	2.58	0.11	2.14	2.50	0.09	0.08	0.08
居民服务及其他服务业	72.17	67.51	86.10	28.18	35.96	43.23	30.54	31.55	42.87
教　育	0.94	1.16	1.62	0.10	0.99	1.36	0.13	0.17	0.26
卫生和社会工作	1.36	1.50	1.85	0.43	0.95	1.23	0.51	0.55	0.62
文化、体育和娱乐业	6.95	8.78	11.60	2.48	5.83	8.44	2.86	2.95	3.16
公共管理、社会保障和社会组织									

按三次产业分的从业人员总数

(年底数)

单位:万人

年份	从业人员总数(万人)			构成(以合计为 100)		
	第一产业	第二产业	第三产业	第一产业	第二产业	第三产业
1988	1282.16	803.67	416.90	51.20	32.10	16.70
1989	1330.74	770.12	422.00	52.70	30.50	16.70
1990	1358.28	762.48	433.70	53.20	29.80	17.00
1991	1366.99	770.86	441.51	53.00	29.90	17.10
1992	1359.49	770.81	470.08	52.30	29.60	18.10
1993	1248.22	886.90	480.77	47.70	33.90	18.40
1994	1193.56	917.87	529.08	45.20	34.80	20.00
1995	1152.15	882.82	586.50	44.00	33.70	22.30
1996	1129.34	886.02	609.70	43.00	33.80	23.20
1997	1113.27	881.42	624.97	42.50	33.60	23.90
1998	1108.81	854.14	649.59	42.40	32.70	24.90
1999	1078.16	784.29	762.73	41.00	29.90	29.10
2000	969.97	966.30	789.82	35.58	35.45	28.97
2001	935.24	1009.55	851.86	33.44	36.10	30.46
2002	885.29	1070.13	903.14	30.97	37.44	31.59
2003	826.03	1201.30	891.41	28.30	41.20	30.50
2004	779.65	1304.94	907.36	26.06	43.61	30.33
2005	759.53	1397.69	943.54	24.50	45.07	30.43
2006	717.81	1452.29	1002.28	22.63	45.78	31.59
2007	683.32	1592.84	1128.85	20.07	46.78	33.15
2008	670.16	1660.04	1156.30	19.22	47.61	33.17
2009	657.95	1726.06	1207.97	18.32	48.05	33.63
2010	581.87	1810.36	1243.79	16.00	49.79	34.21
2011	535.27	1868.83	1270.01	14.57	50.86	34.57
2012	522.01	1880.92	1288.31	14.14	50.96	34.90
2013	506.95	1853.43	1348.35	13.67	49.97	36.36
2014	501.73	1846.32	1366.09	13.51	49.71	36.78

注:按三次产业划分口径从 2000 年开始作调整。

按行业和经济类型分的工业、建筑业企业在岗职工人数

单位：万人

分　类	2009	2010	2011	2012	2013	2014
总　计	468.21	508.44	563.49	657.54	675.69	694.28
采矿业	1.52	1.57	1.41	1.30	0.97	0.86
按经济类型分组						
国有经济单位	0.20	0.20	0.23	0.18	0.14	0.13
城镇集体经济单位	0.38	0.41	0.28	0.27	0.11	0.10
其他各种经济类型	0.94	0.95	0.90	0.85	0.72	0.63
按行业分组						
煤炭开采业和洗选业	0.21	0.22	0.22	0.27		0.00
石油和天然气开采业						
黑色金属矿采选业	0.14	0.14	0.13	0.15	0.14	0.13
有色金属矿采选业	0.19	0.18	0.22	0.09	0.10	0.11
非金属矿采选业	0.98	1.03	0.84	0.80	0.73	0.62
其他矿采选业						0.00
制造业	321.98	338.19	358.73	368.84	357.95	350.55
按经济类型分组						
国有经济单位	5.76	5.66	5.49	4.23	3.05	2.34
城镇集体经济单位	5.72	5.75	4.83	1.47	1.26	1.04
其他各种经济类型单位	310.50	326.78	348.41	363.14	353.64	347.18
按行业分组						
食品加工业	3.37	3.32	3.51	4.19	4.20	3.99
食品制造业	4.46	4.79	4.52	5.21	5.44	5.27
酒、饮料和精制茶制造业	4.45	3.94	4.04	3.78	3.72	3.62
烟草制造业	0.32	0.33	0.35	0.46	0.39	0.38
纺织业	41.11	41.26	47.39	32.81	31.22	30.04
纺织服装、服饰业	36.13	34.84	27.48	37.68	34.64	31.76
皮革、毛皮、羽毛及其制品业	16.64	16.71	15.40	17.05	15.26	13.52
木材加工及木、竹、藤、棕、草制造业	2.55	2.70	2.42	2.39	2.05	1.98
家具制造业	7.87	7.82	9.15	9.63	10.00	10.05
造纸及纸制品业	6.10	6.71	6.68	6.43	5.82	5.41
印刷业和记录媒介的复制业	2.68	2.75	2.85	3.14	2.96	2.86
文教、工美、体育和娱乐用品制造业	5.15	5.21	5.41	8.76	9.07	8.82
石油加工、炼焦和核燃料加工业	0.85	0.91	0.94	0.94	0.92	0.81

按行业和经济类型分的工业、建筑业企业在岗职工人数(续)

单位:万人

分类	2009	2010	2011	2012	2013	2014
化学原料及化学制品制造业	14.44	15.24	15.48	16.62	16.56	16.18
医药制造业	7.23	7.53	8.90	10.15	10.17	10.24
化学纤维制造业	5.82	6.35	7.26	7.64	7.15	7.11
橡胶和塑料制品业	14.64	15.29	16.90	16.35	15.63	15.19
非金属矿物制品业	9.19	9.66	10.27	9.55	9.95	9.45
黑色金属冶炼及压延加工业	4.19	4.43	5.27	6.40	6.46	6.87
有色金属冶炼及压延加工业	3.58	3.59	4.08	4.25	4.48	4.26
金属制品业	12.49	12.51	12.56	13.74	13.11	13.09
通用设备制造	23.07	25.41	30.04	29.81	31.19	31.66
专用设备制造业	9.83	11.38	11.96	12.87	12.46	12.73
汽车制造业				20.55	18.70	20.47
铁路、船舶、航空航天等运输设备制造	18.25	21.83	25.11	6.25	6.03	5.64
电气机械及器材制造业	33.38	36.74	42.30	42.01	38.87	38.49
计算机、通信等电子设备制造业	19.48	22.03	21.93	26.20	27.89	27.19
仪器仪表制造业	6.84	6.95	8.60	7.87	8.28	8.19
其他制造业	7.31	7.34	7.30	4.24	3.42	3.29
废弃资源综合利用业	0.53	0.64	0.60	1.08	1.05	1.06
金属制品、机械和设备修理业				0.52	0.86	0.92
电力、热力、燃气及水生产和供应业	11.30	11.31	11.05	13.09	13.54	13.42
按经济类型分组						
国有经济单位	6.30	6.48	6.27	8.69	8.11	6.90
城镇集体经济单位	0.31	0.33	0.29	0.25	0.21	0.21
其他各种经济类型单位	4.69	4.50	4.49	4.15	5.22	6.31
按行业分组						
电力、热力生产和供应业	8.41	8.34	8.11	9.84	9.97	9.64
煤气生产和供应业	0.44	0.48	0.47	0.57	0.63	0.75
水的生产和供应业	2.45	2.49	2.46	2.68	2.94	3.03
建筑业	133.41	157.38	192.31	274.31	303.23	329.45
按经济类型分组						
国有经济单位	4.16	4.94	3.68	3.02	2.73	2.64
城镇集体经济单位	7.47	6.51	7.14	7.94	7.36	7.51
其他各种经济型单位	121.78	145.93	181.48	263.35	293.14	319.30

注:本表2013年起为就业人员人数。

各市企业年末单位就业人员

单位:万人

城市	年末单位从业人员			#在岗职工			#其他从业人员		
	2012	2013	2014	2012	2013	2014	2012	2013	2014
全省	881.91	877.31	904.71	845.26	838.68	865.76	36.65	38.64	38.94
杭州市	239.01	237.10	247.55	225.59	224.44	233.78	13.41	12.66	13.77
宁波市	148.54	144.38	144.78	142.38	137.18	137.66	6.16	7.20	7.12
温州市	87.14	78.10	79.00	82.70	73.28	75.32	4.44	4.82	3.68
嘉兴市	65.70	66.06	65.94	63.97	64.30	64.09	1.73	1.75	1.85
湖州市	37.98	39.09	40.04	35.15	35.87	36.85	2.83	3.22	3.19
绍兴市	116.25	121.33	124.69	114.43	119.01	122.22	1.82	2.32	2.47
金华市	70.61	71.45	77.09	69.15	69.44	74.91	1.45	2.01	2.18
衢州市	12.72	12.91	13.00	11.72	11.87	11.77	1.00	1.04	1.23
舟山市	12.21	12.72	12.39	11.55	11.95	11.54	0.66	0.77	0.85
台州市	79.16	82.80	89.08	76.60	80.26	86.79	2.56	2.55	2.29
丽水市	9.55	8.32	7.84	8.97	8.01	7.53	0.58	0.31	0.32

各市国有控股企业年末单位就业人员

单位:万人

城市	年末单位从业人员			#在岗职工			#其他从业人员		
	2012	2013	2014	2012	2013	2014	2012	2013	2014
全省	157.45	146.99	148.23	145.60	135.85	136.88	11.85	11.14	11.35
杭州市	67.29	52.45	53.80	63.31	49.91	50.84	3.99	2.55	2.96
宁波市	23.52	25.38	25.48	22.27	24.05	23.82	1.25	1.33	1.66
温州市	13.65	13.92	12.79	10.98	10.67	10.58	2.67	3.25	2.21
嘉兴市	8.43	10.06	10.09	7.90	9.59	9.58	0.53	0.48	0.50
湖州市	5.14	5.35	5.35	4.73	4.89	4.84	0.41	0.45	0.51
绍兴市	7.56	7.50	8.09	7.03	6.96	7.52	0.53	0.54	0.58
金华市	7.14	7.98	8.17	6.51	7.20	7.43	0.63	0.78	0.74
衢州市	5.00	5.05	5.17	4.49	4.51	4.49	0.51	0.54	0.68
舟山市	4.67	4.69	4.89	4.44	4.42	4.51	0.24	0.27	0.37
台州市	9.35	8.67	8.08	8.34	7.78	7.16	1.01	0.89	0.92
丽水市	2.66	2.87	3.10	2.57	2.80	2.88	0.09	0.07	0.22

各市机关年末单位就业人员

单位：万人

城　市	年末单位从业人员			#在岗职工			#其他从业人员		
	2012	2013	2014	2012	2013	2014	2012	2013	2014
全　省	**51.93**	**54.23**	**55.05**	**49.61**	**51.17**	**51.79**	**2.32**	**3.06**	**3.26**
杭州市	9.92	10.39	10.37	9.49	9.68	9.87	0.43	0.70	0.49
宁波市	7.41	7.43	7.39	6.79	7.09	6.85	0.32	0.35	0.55
温州市	7.48	7.98	8.22	7.14	7.59	7.81	0.33	0.40	0.40
嘉兴市	3.00	3.19	3.20	2.87	3.06	3.09	0.13	0.13	0.11
湖州市	2.55	2.68	2.76	2.45	2.55	2.60	0.10	0.13	0.15
绍兴市	3.60	3.59	3.83	3.31	3.29	3.49	0.30	0.30	0.34
金华市	5.47	5.44	5.42	5.30	5.06	4.94	0.17	0.39	0.48
衢州市	2.86	2.94	3.01	2.66	2.68	2.75	0.19	0.26	0.26
舟山市	1.86	1.95	1.92	1.83	1.91	1.89	0.03	0.04	0.03
台州市	4.89	5.26	5.42	4.65	4.93	5.02	0.24	0.33	0.40
丽水市	3.20	3.38	3.52	3.12	3.35	3.48	0.08	0.03	0.05

各市事业年末单位就业人员

单位：万人

城　市	年末单位从业人员			#在岗职工			#其他从业人员		
	2012	2013	2014	2012	2013	2014	2012	2013	2014
全　省	**125.33**	**127.27**	**128.08**	**117.15**	**118.75**	**119.68**	**8.18**	**8.52**	**8.40**
杭州市	29.90	30.35	31.83	27.15	27.69	29.01	2.74	2.66	2.81
宁波市	17.81	18.37	18.45	16.91	17.25	17.31	0.90	1.12	1.14
温州市	15.17	15.78	15.60	14.60	15.07	14.94	0.88	0.71	0.65
嘉兴市	9.48	9.48	9.59	8.99	8.89	9.06	0.49	0.59	0.52
湖州市	6.29	6.27	6.02	5.69	5.73	5.62	0.59	0.54	0.40
绍兴市	10.32	9.92	9.90	9.69	9.34	9.22	0.63	0.58	0.68
金华市	10.73	11.33	10.94	10.14	10.55	10.29	0.59	0.77	0.65
衢州市	4.44	4.61	4.50	4.05	4.21	4.14	0.39	0.40	0.35
舟山市	3.15	3.03	3.29	3.03	2.89	3.13	0.12	0.14	0.16
台州市	12.23	12.23	12.05	11.30	11.30	11.12	0.93	0.93	0.92
丽水市	5.83	5.89	5.93	5.61	5.82	5.82	0.21	0.07	0.11

固定资产投资和房屋建筑面积(2007-2014年)

单位:亿元

指标	2007	2008	2009	2010	2011	2012	2013	2014
投资总额(亿元)	8420.43	9323.00	10742.32	12376.04	14077.25	17095.96	20194.07	23554.76
城镇以上投资	5996.9	6551.10	7454.33	8438.08	10350.45	12180.12	14448.48	17224.62
农村投资	2423.50	2771.90	3288.0	3937.96	3726.80	4915.84	5745.59	6330.15
农户投资	328.30	396.40	434.7	507.75				
非农户投资	2095.20	2375.60	2853.3	3430.21	3726.80	4915.84	5745.59	6330.15
按构成分								
建筑安装工程	4644.26	5332.22	6190.23	7127.41	8006.03	9763.11	11706.72	13709.28
设备工器具购置	1982.14	2122.52	2396.73	2552.90	2428.09	2888.90	3350.52	4038.88
其他费用	1794.03	1868.26	2155.36	2695.73	3643.13	4443.95	5136.83	5806.61
总投资中:住宅投资	1685.07	1883.63	2154.25	2785.53	3289.51	3860.06	4538.08	5169.62
房屋建筑面积(万平方米)								
施工面积	46774.80	50976.90	53252.6	61705.31	66803.51	75484.83	83084.50	89275.10
#住宅	19719.70	20850.8	22408.46	25969.17	24352.17	27208.20	29379.41	31880.05
竣工面积	16373.21	18233.63	18446.67	19899.51	15935.70	16034.39	18881.84	19376.74
#住宅	7760.96	8490.18	8622.27	9177.07	4217.12	4174.13	4692.94	5382.47

注:1、该表统计口径范围2011年前为"全社会投资",2011年起为"固定资产投资",即计划总投资500万元及以上的投资项目和全部房地产开发投资。2、2011年起农村投资不包括农户投资。

各市固定资产投资完成情况

城市	投资额⊖(亿元)		#投资项目		#房地产开发		施工项目个数(个)	
	2013	2014	2013	2014	2013	2014	2013	2014
合 计	20194.07	23554.76	13977.82	16292.38	6216.25	7262.38	43542	46999
杭州市	4263.87	4952.70	2410.59	2651.62	1853.28	2301.08	5320	5445
宁波市	3422.95	3989.46	2299.81	2661.32	1123.14	1328.14	5281	5294
温州市	2618.16	3052.81	1883.79	2243.94	734.37	808.88	8943	9468
嘉兴市	1910.15	2221.21	1399.33	1695.49	510.83	525.72	4608	5437
湖州市	1070.05	1242.92	802.41	900.17	267.64	342.75	2329	2197
绍兴市	2001.99	2304.68	1464.99	1691.17	536.99	613.51	3818	3922
金华市	1364.36	1594.79	979.39	1227.12	384.97	367.67	3745	4430
衢州市	670.72	782.10	581.90	686.94	88.82	95.17	2123	2428
舟山市	750.02	960.88	606.23	735.08	143.79	225.80	1189	1312
台州市	1507.87	1765.93	1054.33	1269.89	453.54	496.05	4262	4783
丽水市	570.42	665.08	451.54	507.45	118.88	157.63	1922	2278

各市固定资产投资完成情况(续)

城市	全投项目个数(个)		房屋施工面积(平方米)		房屋竣工面积(平方米)		新增固定资产(亿元)	
	2013	2014	2013	2014	2013	2014	2013	2014
合 计	22321	27565	830845033	892751003	188818385	193767437	11104.63	15019.67
杭州市	2829	2847	192215433	208775835	36465410	42748723	1955.83	2328.14
宁波市	2884	3128	152802690	157733673	37360247	45069311	2296.64	2748.57
温州市	4433	5779	107357574	123706468	17232054	14674314	1403.79	1920.93
嘉兴市	2464	3392	91838794	95082778	21634795	19188813	1135.71	1652.90
湖州市	1240	1248	33536600	42016541	5878782	6359268	563.17	676.46
绍兴市	2615	2935	87933607	83884570	31523162	30207707	1265.61	1590.24
金华市	1505	2154	51805904	58695814	11972425	11773494	551.01	822.26
衢州市	825	1258	20239713	21311487	5681677	4902367	401.52	440.82
舟山市	498	824	13062480	15267836	2935433	3351738	388.69	859.76
台州市	1988	2717	61274482	65481002	12329783	11948726	768.41	1272.37
丽水市	1040	1283	18777756	20794999	5804617	3542976	374.25	429.12

固定资产投资完成情况(2010–2014年)

单位:万元

指　标	2010	2011	2012	2013	2014
投资额	114519765	140772490	170959606	201940713	235547626
投资项目	84265515	96029011	118696939	139778220	162923797
房地产开发	30254250	44743479	52262667	62162493	72623829
按登记注册类型分					
内资	102950968	128110728	156180169	182586911	215577784
国有	27630205	32134717	40324733	46287638	52256357
集体	2777544	3398169	5566204	6953900	9454882
股份合作	338250	355255	482488	487719	710346
国有联营	403158	602330	123084	103896	220846
集体联营	13751	11653	11848	11329	47469
国有与集体联营	78696	73777	80287	87182	68238
其他联营	8794	80572	5138	6475	18868
国有独资公司	3449096	4345993	5057750	7822482	9730044
其他有限责任公司	33178462	42558798	50172449	56286736	64568049
股份有限公司	41766322	4896013	5985859	6737316	6841252
私营	28982889	37512623	46013048	55131530	68414626
其他	1913491	2140828	2357281	2670708	3246807
港澳台商投资	5787453	6756124	8177416	11265937	12006210
外商投资	5486727	5642006	6052773	7576381	7414307
个体经营	294617	263632	549248	511484	547987

固定资产投资完成情况(2010–2014年)(续)

单位:万元

指标	2010	2011	2012	2013	2014
按国有及非国有情况分					
国有及国有控股企业投资	38877740	44486658	53679178	63659028	72508646
非国有投资	75642025	96285832	117280428	138281685	163038980
# 民间投资	65686496	85128348	105647431	123077157	147578360
按构成分					
建筑工程	58898052	72612161	88032996	106107833	124557660
安装工程	6348574	7448134	9598092	10959390	12535101
设备工器具购置	22623985	24280850	28889033	33505166	40388794
购置旧设备	78766	63940	106750	76212	87039
用于更新的设备	2783067	3237058	4295633	4714917	5398505
其他费用	26649154	36431345	44439485	51368324	58066071
旧建筑物购置费	67555	69112	85453	292858	213391
土地购置费	17787732	25307389	30893726	33748323	40215680
施工项目个数(个)	31653	33216	39099	43542	46999
全投项目个数(个)	14690	16306	19073	22321	27565
房屋施工面积(平方米)	547944313	668035107	754848280	830845033	892751003
房屋竣工面积(平方米)	134697223	159357020	160343891	188818385	193767437
新增固定资产	69074059	78345886	86614408	111046326	150196697
资金来源合计	159075753	206940850	217387775	270013197	304803245
上年末结余资金	18460578	46858630	30436108	36081679	45048348
本年资金来源小计	140615175	160082220	186951667	233931518	259754897
# 国家预算内资金	4586011	6908908	9292982	11886234	14075875
国内贷款	24427586	26071273	27690277	31900187	36152232
债券	19101	98366	221484	106523	90497
利用外资	2387673	2713354	2116560	2442116	2145872
自筹资金	74219446	89439967	109963781	137281044	162314053
其他资金	34975358	34850352	37666583	50315414	44976368

分行业固定资产投资和新增固定资产(一)

单位:万元、%

指　　标	投资额		新增固定资产		固定资产交付使用率	
	2013	2014	2013	2014	2013	2014
按国民经济行业分组						
农林牧渔业	2009775	2635101	1632000	2278291	81	86
农林	786510	1146703	512123	926427	65	81
林业	143660	147193	128243	87194	89	59
畜牧业	140114	153231	99421	144149	71	94
渔业	324318	406873	257679	411717	79	101
农、林、牧、渔服务业	615173	781101	634534	708804	103	91
采矿业	451108	451014	309882	408583	69	91
煤炭采选和洗选业	1819	5521	40	3424	2	62
石油和天然气开采业						
黑色金属矿采选业	9673	6216	6423	4007	66	64
有色金属矿采选业	63351	28318	39124	43003	62	152
非金属矿采选业	374487	391970	263795	353170	70	90
开采辅助活动	778	4489		4029		90
其他采矿业	1000	14500	500	950	50	7
制造业	61338871	68214796	44702192	55881942	73	82
农副食品加工业	827322	1225926	588406	1003091	71	82
食品制造业	699097	666901	364933	663610	52	100
酒、饮料和精制茶制造业	414074	425798	289037	291600	70	68
烟草制品业	134072	202925	418369	38464	312	19
纺织业	4822540	5922177	3276115	4469617	68	75
纺织服装、服饰业	1628979	1676997	1358530	1391348	83	83
皮革、毛皮、羽毛及其制品和制鞋业	983978	1098196	793173	985716	81	90
木材加工及木、竹、藤、棕、草制品业	521285	642192	427242	415190	82	65
家具制造业	842137	1157477	637917	788820	73	68
造纸及纸制品业	1377333	1833921	983390	1512328	71	82
印刷业和记录媒介的复制业	635225	681196	412448	584624	65	86
文教、工美、体育和娱乐用品制造业	1258368	1366750	857271	1073972	68	79
石油加工、炼焦及核燃料加工业	473900	757904	196018	289075	41	38
化学原料及化学制品制造业	4407043	5200661	3101693	3991859	70	77
医药制造业	1622939	1924492	1136828	1547327	70	80
化学纤维制造业	2027448	1666397	9011319	1542259	44	93
橡胶和塑料制品业	3059685	3316253	2207263	2779200	72	84
非金属矿物制品业	2544078	2945545	1733991	2254428	68	77

分行业固定资产投资和新增固定资产(二)

单位:万元、%

指　标	投资额		新增固定资产		固定资产交付使用率	
	2013	2014	2013	2014	2013	2014
黑色金属冶炼及压延加工业	977923	1223991	2507230	1019030	256	83
有色金属冶炼及压延加工业	977010	1155466	582519	1113678	60	96
金属制品业	3718530	3774246	2856341	3210802	77	85
通用设备制造业	6670920	6932219	4864797	5992004	73	86
专用设备制造业	4131722	4381843	2758714	3304580	67	75
汽车制造业	4915002	5913943	2946930	4722203	60	80
铁路、船舶、航空航天和其他运输设备制造业	1516985	1476215	1503263	1696040	99	115
电气机械及器材制造业	5738401	5968706	4354510	5160316	76	86
计算机、通信和其他电子设备制造业	2571572	2459029	1597500	1943068	62	79
仪器仪表制造业	620996	815424	352402	665707	57	82
其他制造业	722479	649428	408129	542499	56	84
废弃资源综合利用业	333894	576426	193527	625540	58	109
金属制品、机械和设备修理业	163934	176152	92387	263947	56	150
电力、热力、燃气及水生产和供应业	8458933	10122662	4476010	10343314	53	102
电力、热力的生产和供应业	6421486	7399246	2779869	7760609	43	105
燃气生产和供应业	662332	647726	587829	877037	89	135
水的生产和供应业	1375115	2075690	1108312	1705668	81	82
建筑业	366467	501974	161523	300721	44	60
房屋建筑业	52237	91666	23604	75837	45	83
土木工程建筑业	286889	382701	114476	196555	40	51
建筑安装业	4294	2300	1680	530	39	23
建筑装饰和其他建筑业	23047	25307	21763	27799	94	110
批发和零售业	4051651	4275330	1689296	2833637	42	66
批发业	1669560	2102398	478621	1234884	29	59
零售业	2382091	2172932	1210675	1598753	51	74
交通运输、仓储和邮政业	14503386	17292358	10049182	9559860	69	55
铁路运输业	970096	1245275	2005476	98652	207	8
道路运输业	9832168	1245275	5485412	5946741	56	52
水上运输业	1795626	11461315	1728446	1933098	96	122
航空运输业	136793	1580402	7001	244016	5	46
管道运输业	18873	212308	11825	30220	63	14
装卸搬运和其他运输服务业	230308	287797	126404	137194	55	48
仓储业	1504952	1841179	683098	1113482	45	60
邮政业	14570	135704	1520	56457	10	42
住宿和餐饮业	2281626	2539818	1247862	1827238	55	72
住宿业	1711487	2137694	868001	1521340	51	71
餐饮业	570139	402124	379861	305898	67	76

分行业固定资产投资和新增固定资产(三)

单位:万元、%

指　　标	投资额		新增固定资产		固定资产交付使用率	
	2013	2014	2013	2014	2013	2014
信息传输、软件和信息技术服务业	1360047	2103496	471451	877657	35	42
电信、广播电视和卫星传输服务	623497	835203	328113	397080	53	48
互联网和相关服务	284600	416113	14707	38043	5	9
软件和信息技术服务业	451950	852180	128631	442534	28	52
金融业	948433	925106	298006	358927	31	39
货币金融服务	660988	746403	249317	347058	38	46
资本市场服务	131732	93773	33598	11281	26	12
保险业	85204	22103	14591	588	17	3
其他金融业	70509	62827	500	0	1	0
房地产业	75183455	88027084	28460611	40825998	38	46
房地产业	75183455	88027084	28460611	40825998	38	46
租赁和商务服务业	3401463	4468509	1383543	2565592	41	57
租赁业	210415	277050	194783	272071	93	98
商务服务业	3191048	4191459	1188760	2293521	37	55
科学研究、技术服务业	867114	914915	600416	689107	69	75
研究与试验发展	220861	254562	68714	208454	31	82
专业技术服务业	337659	463975	146353	362905	43	78
科技推广和应用服务业	308594	196378	385349	117748	125	60
水利、环境和公共设施管理业	17591547	22293467	10183190	14108574	58	63
水利管理业	3860424	4728079	1938185	2336796	50	49
生态保护和环境治理业	615398	1147197	318234	612525	52	53
公共设施管理业	13115725	16418191	7926771	11159253	60	68
居民服务、修理和其他服务业	297284	495432	146092	327323	49	66
居民服务业	210207	356496	130158	273555	62	77
机动车、电子产品和日用产品修理业	55598	58619	8570	14540	15	25
其他服务业	31479	80317	7364	39228	23	49
教育	2533326	3406271	1599969	2025273	63	59
教育	2533326	3406271	1599969	2025273	63	59
卫生和社会工作	1481800	1753865	767180	1208798	52	69
卫生	1185159	1254198	586836	942569	50	75
社会工作	296641	499667	180344	266229	61	53

分行业固定资产投资和新增固定资产(四)

单位：万元、%

指标	投资额		新增固定资产		固定资产交付使用率	
	2013	2014	2013	2014	2013	2014
文化、体育和娱乐业	2689554	2846230	1452334	1799608	54	63
新闻出版业	4103	52591		14999		29
广播、电视、电影和影视录音制作业	162677	253128	64398	175133	40	69
文化艺术业	1427206	1354183	889500	949915	62	70
体育	695207	604167	228816	353405	33	58
娱乐业	400361	582161	269620	306156	67	53
公共管理和社会组织	2124873	2280198	1415587	1976254	67	87
中国共产党机关	15608	6180		6180		100
国家机构	1279988	1214993	794247	987827	62	81
人民政协、民主党派		1490		2890		194
社会保障	9154	60881	16798	26634	184	44
群众团体、社会团体和其他成员组织	368793	258074	318162	292567	86	113
基层群众自治组织	451330	738580	286380	660156	63	89
总　计	201940713	235547626	111046326	150096697	55	64
第一产业	2009775	2635101	1632000	2278291	81	86
第二产业	70615379	79290446	49649607	66934560	70	84
#工业技改投资	46639871	54196790	33030139	45704940	71	84
#装备制造业投资	30048062	31897777	21326844	26958667	71	85
高新技术产业投资	16455363	18288308	9889495	14942772	60	82
战略性新兴产业投资	18872256	21979224	12657241	17612938	67	80
第三产业	129315559	153622079	59764719	80983846	46	53
#高技术服务业投资	2929194	4322502	1399977	2184150	48	51

国有及国有控股经济分行业投资和资金来源(一)

单位:万元

指标	2012	2013	2014
投资总计	53679178	63659028	72508646
第一产业	619016	677336	889022
第二产业	8741863	10311002	12379806
第三产业	44318299	52670690	59239818
按国民经济行业分组			
农林牧渔业	619016	677336	889022
农林	108909	164458	234389
林业	63580	66807	63130
畜牧业	8071	5938	6689
渔业	32242	31695	34337
农、林、牧、渔服务业	406214	408438	550477
采矿业	20557	13941	26766
煤炭采选和洗选业			
石油和天然气开采业			
黑色金属矿采选业	638		
有色金属矿采选业		1600	
非金属矿采选业	5709	11563	26016
开采辅助活动	14210	778	750
其他采矿业			
制造业	2475387	3277496	4226871
农副食品加工业	58612	90194	182455
食品制造业	26102	6665	14142
酒、饮料和精制茶制造业	14338	16911	32595
烟草制品业	123056	131971	201138
纺织业	38924	64335	81860
纺织服装、服饰业	49767	34101	15334
皮革、毛皮、羽毛及其制品和制鞋业	18191	15797	23007
木材加工及木、竹、藤、棕、草制品业	636		2061
家具制造业		5333	4714
造纸及纸制品业	18165	6216	7193
印刷业和记录媒介的复制业	17449	18967	24208
文教、工美、体育和娱乐用品制造业	4800	32134	26320
石油加工、炼焦及核燃料加工业	66205	275110	534486
化学原料及化学制品制造业	538207	454123	423798
医药制造业	79991	144317	225979
化学纤维制造业		7530	15661
橡胶和塑料制品业	211864	254637	174167
非金属矿物制品业	41576	75500	199583

国有及国有控股经济分行业投资和资金来源(二)

单位:万元

指标	2012	2013	2014
黑色金属冶炼及压延加工业	88279	100511	137026
有色金属冶炼及压延加工业	18320	86403	43537
金属制品业	19500	38427	54462
通用设备制造业	120823	204129	175362
专用设备制造业	122420	247655	3211279
汽车制造业	116692	153847	141291
铁路、船舶、航空航天和其他运输设备制造业	223934	297892	409823
电气机械及器材制造业	96501	130217	119724
计算机、通信和其他电子设备制造业	175933	174405	280373
仪器仪表制造业	16996	13550	29500
其他制造业	132647	181163	146700
废弃资源综合利用业	22787	2220	108169
金属制品、机械和设备修理业	12672	13326	70924
电力、热力、燃气及水生产和供应业	6100194	6769052	7855499
电力、热力的生产和供应业	4502120	5045105	5708196
燃气生产和供应业	494508	558979	497943
水的生产和供应业	1103566	1164968	1649360
建筑业	145725	250513	270670
房屋建筑业	11836	8525	13798
土木工程建筑业	127989	235791	246024
建筑安装业		309	530
建筑装饰和其他建筑业	5900	5888	10318
批发和零售业	483734	892910	808247
批发业	252978	471475	474986
零售业	230756	421435	333261
交通运输、仓储和邮政业	11112874	11984159	13648056
铁路运输业	864539	968652	1245275
道路运输业	8083262	9116331	10130592
水上运输业	1055578	1059808	865139
航空运输业	319428	120850	392345
管道运输业	39829	14656	193371
装卸搬运和其他运输服务业	81687	50704	130250
仓储业	665223	643502	668085
邮政业	3328	9656	22999
住宿和餐饮业	328334	264628	297784
住宿业	293717	217562	268782
餐饮业	34617	47066	29002

国有及国有控股经济分行业投资和资金来源(三)

单位:万元

指标	2012	2013	2014
信息传输、软件和信息技术服务业	799673	905737	1045290
电信、广播电视和卫星传输服务	477595	554489	694071
互联网和相关服务	240672	263591	253532
软件和信息技术服务业	81406	87657	97687
金融业	566127	425603	322305
货币金融服务	280064	277571	275653
货币市场服务	36029	50004	13082
保险业	229836	83744	21515
其他金融业	20198	14284	12055
房地产业	12402882	14313362	15828638
房地产业	12402882	14313362	15828638
租赁和商务服务业	751909	1345011	1344887
租赁业	1401	29173	9350
商务服务业	750508	1315838	1335537
科学研究、技术服务业	369030	565936	553171
研究与试验发展	64772	123371	127953
专业技术服务业	161839	241985	349713
科技推广和应用服务业	142419	200580	75505
水利、环境和公共设施管理业	12214731	15576962	18591329
水利管理业	2720586	3418767	4062772
生态保护和环境治理业	266596	558582	957697
公共设施管理业	9227549	11599613	13570860
居民服务、修理和其他服务业	162924	131931	271136
居民服务业	159444	96989	213021
机动车、电子产品和日用产品修理业	3480	34142	34383
其他服务业		800	23732
教育	1702442	2262904	2766481
教育	1702442	2262904	2766481
卫生和社会工作	963771	1090004	1144109
卫生	874580	984207	937113
社会工作	89191	105797	206996

国有及国有控股经济分行业投资和资金来源(四)

单位:万元

指标	2012	2013	2014
文化、体育和娱乐业	1107202	1596264	1349220
新闻出版业	8045	4103	52591
广播、电视、电影和影视录音制作业	86904	65685	119258
文化艺术业	662988	941447	728640
体育	333496	547202	397566
娱乐业	15769	37827	51165
公共管理和社会组织	1352666	1315279	1269165
中国共产党机关	16358	15608	6180
国家机构	1242934	1188835	1146043
人民政协、民主党派			
社会保障	5347	5911	9664
群众团体、社会团体和其他成员组织	49836	62862	91653
基层群众自治组织	38191	42063	15625
自年初累计资金来源合计	59901785	74198540	85412901
上年末结余资金	5638946	6871947	7415825
本年末资金来源小计	54262839	67326539	77997076
#国家预算内资金	8744087	11365136	13069086
国家贷款	12427037	11882755	14688727
债券	209312	103723	81962
利用外资	38310	10413	7610
自筹资金	27750173	36795091	43158945
其他资金	5093920	7169475	6990746

非国有经济分行业投资和资金来源(一)

单位:万元

指标	2012	2013	2014
投资总计	117280428	138281685	163038980
第一产业	965105	1332439	1746079
第二产业	52193463	60304377	66910640
第三产业	64121860	76644869	94382261
按国民经济行业分组			
农林牧渔业	965105	1332439	1746079
农林	368492	622052	912314
林业	58413	76853	84063
畜牧业	140984	134176	146542
渔业	228999	292623	372536
农、林、牧、渔服务业	168217	206735	230624
采矿业	309780	437167	424248
煤炭采选和洗选业	1912	1819	5521
石油和天然气开采业			
黑色金属矿采选业	7050	9637	6216
有色金属矿采选业	17824	61751	28318
非金属矿采选业	273905	362924	365954
开采辅助活动	4300		3739
其他采矿业	4789	1000	14500
制造业	50578458	58061375	63987925
农副食品加工业	665244	737128	1043471
食品制造业	588035	692432	652759
酒、饮料和精制茶制造业	473204	397163	393203
烟草制品业		2101	1787
纺织业	4192112	4758205	5840317
纺织服装、服饰业	1488315	1594878	1661663
皮革、毛皮、羽毛及其制品和制鞋业	780499	968181	1075189
木材加工及木、竹、藤、棕、草制品业	566689	521285	640131
家具制造业	804572	836804	1152763
造纸及纸制品业	1298742	1371207	1826728
印刷业和记录媒介的复制业	501588	616258	656988
文教、工美、体育和娱乐用品制造业	1058111	1226234	1340430
石油加工、炼焦及核燃料加工业	177866	198790	223418
化学原料及化学制品制造业	3713031	3952920	4776863
医药制造业	1174232	1478622	1698513
化学纤维制造业	1710643	2019918	1650736
橡胶和塑料制品业	2512537	2805048	3142086
非金属矿物制品业	2086906	2468578	2745962

非国有经济分行业投资和资金来源(二)

单位:万元

指标	2012	2013	2014
黑色金属冶炼及压延加工业	1141337	877412	1086965
有色金属冶炼及压延加工业	937408	890607	1111929
金属制品业	3342571	3680103	3719784
通用设备制造业	5087501	6466791	6756857
专用设备制造业	2775567	3884067	4060564
汽车制造业	3491449	4761155	5772652
铁路、船舶、航空航天和其他运输设备制造业	1466822	1219093	1066392
电气机械及器材制造业	5388544	5608184	5848982
计算机、通信和其他电子设备制造业	1941972	2397167	2178656
仪器仪表制造业	518365	607446	785924
其他制造业	320892	541316	502728
废弃资源综合利用业	233152	331674	468257
金属制品、机械和设备修理业	140552	150608	105228
电力、热力、燃气及水生产和供应业	1178993	1689881	2267163
电力、热力的生产和供应业	909159	1376381	1691050
燃气生产和供应业	78926	103353	149783
水的生产和供应业	190908	210147	426330
建筑业	126232	115954	231304
房屋建筑业	58909	43712	77868
土木工程建筑业	26411	51098	136677
建筑安装业	13376	3985	1770
建筑装饰和其他建筑业	27536	17159	14989
批发和零售业	2722747	3158741	3467083
批发业	690603	1198085	1627412
零售业	2032144	1960656	1839671
交通运输、仓储和邮政业	2190099	2519227	3644302
铁路运输业	30500	1444	
道路运输业	604881	715837	1330723
水上运输业	856362	735818	715263
航空运输业	4950	15943	136033
管道运输业	4146	4217	18937
装卸搬运和其他运输服务业	136862	179604	157547
仓储业	548213	861450	1173094
邮政业	4185	4914	112705
住宿和餐饮业	1800373	2016998	2242034
住宿业	1363337	1493925	1868912
餐饮业	437036	523073	373122

非国有经济分行业投资和资金来源(三)

单位:万元

指标	2012	2013	2014
信息传输、软件和信息技术服务业	310505	454310	1058206
电信、广播电视和卫星传输服务	104595	69008	141132
互联网和相关服务	13359	21009	162581
软件和信息技术服务业	192551	364293	754493
金融业	362514	522830	602801
货币金融服务	222936	383417	470750
货币市场服务	59239	81728	80691
保险业	2942	1460	588
其他金融业	77397	56225	50772
房地产业	50901606	60870093	72198446
房地产业	50901606	60870093	72198446
租赁和商务服务业	1468550	2056452	3123622
租赁业	17712	181242	267700
商务服务业	1450838	1875210	2855922
科学研究、技术服务业	219914	301178	361744
研究与试验发展	58355	97490	126609
专业技术服务业	107701	95674	114262
科技推广和应用服务业	53858	108014	120873
水利、环境和公共设施管理业	1620979	2014585	3702138
水利管理业	228417	441657	665307
生态保护和环境治理业	42961	56816	189500
公共设施管理业	1349601	1516112	2847331
居民服务、修理和其他服务业	149762	165353	224296
居民服务业	129510	113218	143475
机动车、电子产品和日用产品修理业	16267	21456	24236
其他服务业	3985	30679	56586
教育	295893	270422	639790
教育	295893	270422	639790
卫生和社会工作	288508	391796	609756
卫生	150599	200952	317085
社会工作	137909	190844	292671

非国有经济分行业投资和资金来源(四)

单位:万元

指标	2012	2013	2014
文化、体育和娱乐业	970170	1093290	1497010
新闻出版业	3015		
广播、电视、电影和影视录音制作业	100245	96992	133870
文化艺术业	290713	485759	625543
体育	135575	148005	206601
娱乐业	440622	362534	530996
公共管理和社会组织	820240	809594	1011033
中国共产党机关			
国家机构	79016	91153	68950
人民政协、民主党派			1490
社会保障	400	3243	51217
群众团体、社会团体和其他成员组织	210269	305931	166421
基层群众自治组织	530555	409267	722955
自年初累计资金来源合计	157485990	19581457	219390344
上年末结余资金	24797162	29209732	37632523
本年末资金来源小计	132688828	166604925	181757821
# 国家预算内资金	548895	521098	1006789
国家贷款	15263240	20017432	21463505
债券	12172	2800	8535
利用外资	2078250	2431703	2138262
自筹资金	82213608	100485953	119155108
其他资金	32572663	43145939	37985622

港澳台经济分行业投资和资金来源(一)

单位:万元

指标	2012	2013	2014
投资总计	8177416	11265937	12006210
第一产业	4920	3287	14758
第二产业	3696722	4670190	4789984
第三产业	4475774	6592460	7201468
按国民经济行业分组			
农林牧渔业	4920	3287	14758
农林	1920	2153	14758
林业			
畜牧业			
渔业			
农、林、牧、渔服务业	3000	1134	
采矿业	5240		
煤炭采选和洗选业			
石油和天然气开采业			
黑色金属矿采选业			
有色金属矿采选业			
非金属矿采选业	5240		
开采辅助活动			
其他采矿业			
制造业	3551608	43355696	4410464
农副食品加工业	16625	21006	35574
食品制造业	103491	55919	27494
酒、饮料和精制茶制造业	18261	18183	30597
烟草制品业		2101	1787
纺织业	319344	332124	375925
纺织服装、服饰业	124953	156423	95306
皮革、毛皮、羽毛及其制品和制鞋业	96101	88143	58081
木材加工及木、竹、藤、棕、草制品业	29250	40113	30187
家具制造业	62494	85528	92589
造纸及纸制品业	55118	43542	48053
印刷业和记录媒介的复制业	40500	19674	19313
文教、工美、体育和娱乐用品制造业	88188	71111	50417
石油加工、炼焦及核燃料加工业	4717	171143	256685
化学原料及化学制品制造业	279769	639508	748162
医药制造业	66297	93859	70138
化学纤维制造业	286696	323436	293570
橡胶和塑料制品业	144237	120308	129322
非金属矿物制品业	122617	179086	127483

港澳台经济分行业投资和资金来源(二)

单位:万元

指标	2012	2013	2014
黑色金属冶炼及压延加工业	53315	39924	28300
有色金属冶炼及压延加工业	31917	37511	33308
金属制品业	153393	198690	105345
通用设备制造业	337129	419086	302335
专用设备制造业	182182	256421	420492
汽车制造业	198204	257980	495243
铁路、船舶、航空航天和其他运输设备制造业	27072	18721	17240
电气机械及器材制造业	393356	323066	251346
计算机、通信和其他电子设备制造业	249998	274767	193020
仪器仪表制造业	34002	17807	30333
其他制造业	10376	18634	11516
废弃资源综合利用业	18806	11882	21547
金属制品、机械和设备修理业	3200		9756
电力、热力、燃气及水生产和供应业	137662	334494	379520
电力、热力的生产和供应业	125858	314774	260110
燃气生产和供应业	3204	9930	109752
水的生产和供应业	8600	9790	9658
建筑业	2212		
房屋建筑业			
土木工程建筑业	2212		
建筑安装业			
建筑装饰和其他建筑业			
批发和零售业	147513	130124	131673
批发业	22724	36297	12850
零售业	124789	93827	118823
交通运输、仓储和邮政业	109565	193794	247946
铁路运输业			
道路运输业		14661	42864
水上运输业	55484	51211	56229
航空运输业	14360	22393	31657
管道运输业			
装卸搬运和其他运输服务业	7250	1925	
仓储业	32471	103604	117196
邮政业			
住宿和餐饮业	109086	139613	89845
住宿业	15358	124206	74131
餐饮业	3728	15407	15714

港澳台经济分行业投资和资金来源(三)

单位:万元

指标	2012	2013	2014
信息传输、软件和信息技术服务业	353144	361183	452338
电信、广播电视和卫星传输服务	79003	29152	47302
互联网和相关服务	227839	257123	328881
软件和信息技术服务业	46302	74908	76155
金融业		54539	29162
货币金融服务			8076
货币市场服务			
保险业			
其他金融业		54539	21086
房地产业	3571089	5372340	5851135
房地产业	3571089	5372340	5851135
租赁和商务服务业	110933	204782	270299
租赁业	8307	49977	9074
商务服务业	102626	154805	261225
科学研究、技术服务业	16226	11209	6325
研究与试验发展	1	3601	6325
专业技术服务业	16225	5408	
科技推广和应用服务业		2200	
水利、环境和公共设施管理业	1980	26143	13237
水利管理业			
生态保护和环境治理业			
公共设施管理业	1980	26143	13237
居民服务、修理和其他服务业			113
居民服务业			
机动车、电子产品和日用产品修理业			
其他服务业			113
教育		10089	13305
教育		10089	13305
卫生和社会工作	35704	30187	28221
卫生	35704	30187	16882
社会工作			11339

港澳台经济分行业投资和资金来源(四)

单位:万元

指标	2012	2013	2014
文化、体育和娱乐业	20534	58457	67869
新闻出版业			
广播、电视、电影和影视录音制作业			8494
文化艺术业	3055	12058	4729
体育	2825	4000	1492
娱乐业	14654	42399	53154
公共管理和社会组织			
中国共产党机关			
国家机构			
人民政协、民主党派			
社会保障			
群众团体、社会团体和其他成员组织			
基层群众自治组织			
自年初累计资金来源合计	10840888	16891701	19111334
上年末结余资金	2139097	3830398	6347602
本年末资金来源小计	8701791	13061303	127663732
# 国家预算内资金	2898	11832	2020
国家贷款	1222984	1774867	1957138
债券	9310		8000
利用外资	817956	945111	1229956
自筹资金	4419380	5996191	6419598
其他资金	2229263	4333302	3147020

外商经济分行业投资和资金来源(一)

单位:万元

指标	2012	2013	2014
投资总计	6052773	7576381	7414307
第一产业	3166	3879	5930
第二产业	4191551	5238224	4547877
第三产业	1858056	2334278	2860500
按国民经济行业分组			
农林牧渔业	3166	3879	5930
农林	3166	3219	1500
林业			3160
畜牧业			
渔业			
农、林、牧、渔服务业		660	1270
采矿业	2001		4273
煤炭采选和洗选业			
石油和天然气开采业			
黑色金属矿采选业			
有色金属矿采选业			
非金属矿采选业	2001		4273
开采辅助活动			
其他采矿业			
制造业	4062290	5107182	4425601
农副食品加工业	42468	28010	65740
食品制造业	147414	229009	140101
酒、饮料和精制茶制造业	139821	71176	100427
烟草制品业			
纺织业	170335	187308	247160
纺织服装、服饰业	58853	74388	73516
皮革、毛皮、羽毛及其制品和制鞋业	34222	46802	21325
木材加工及木、竹、藤、棕、草制品业	13073	22891	17611
家具制造业	58973	56667	20136
造纸及纸制品业	191940	177777	237299
印刷业和记录媒介的复制业	10	2700	2641
文教、工美、体育和娱乐用品制造业	42654	41339	79368
石油加工、炼焦及核燃料加工业	17892	37786	
化学原料及化学制品制造业	355018	477714	411729
医药制造业	180114	139910	105900
化学纤维制造业	100914	143185	76619
橡胶和塑料制品业	176728	229517	143150
非金属矿物制品业	73016	103062	71257

外商经济分行业投资和资金来源(二)

单位:万元

指标	2012	2013	2014
黑色金属冶炼及压延加工业	114539	102598	4028
有色金属冶炼及压延加工业	104155	49421	31709
金属制品业	141123	207240	196744
通用设备制造业	365587	401399	345331
专用设备制造业	153516	207235	190274
汽车制造业	753647	1338036	1263671
铁路、船舶、航空航天和其他运输设备制造业	121189	118417	85868
电气机械及器材制造业	261741	305887	223284
计算机、通信和其他电子设备制造业	167652	200097	162504
仪器仪表制造业	44764	72649	101237
其他制造业	4486	17312	0
废弃资源综合利用业	17445	6484	6144
金属制品、机械和设备修理业	9001	10946	828
电力、热力、燃气及水生产和供应业	127260	130342	118003
电力、热力的生产和供应业	87953	118049	88113
燃气生产和供应业	28114	9251	16073
水的生产和供应业	11193	3042	13817
建筑业		700	
房屋建筑业			
土木工程建筑业			
建筑安装业			
建筑装饰和其他建筑业		700	
批发和零售业	182218	191189	115517
批发业		179	21072
零售业	182218	191010	94445
交通运输、仓储和邮政业	109249	135096	386022
铁路运输业			
道路运输业	3325	5856	14013
水上运输业	25509	11751	36655
航空运输业			110995
管道运输业			2700
装卸搬运和其他运输服务业	3932	367	
仓储业	76483	117122	221659
邮政业			
住宿和餐饮业	80876	48686	60930
住宿业	76776	36586	60930
餐饮业	4100	12100	

外商经济分行业投资和资金来源(三)

单位:万元

指标	2012	2013	2014
信息传输、软件和信息技术服务业	20258	26464	73989
电信、广播电视和卫星传输服务	830	5500	26193
互联网和相关服务			
软件和信息技术服务业	19428	20964	47796
金融业	10059	1418	6548
货币金融服务	10059	1418	6548
货币市场服务			
保险业			
其他金融业			
房地产业	1338685	1657206	1871737
房地产业	1338685	1657206	1871737
租赁和商务服务业	48602	123397	94280
租赁业		27275	5389
商务服务业	48602	96122	88891
科学研究、技术服务业	38668	27005	57326
研究与试验发展	18103	26425	24271
专业技术服务业	20565		3212
科技推广和应用服务业		580	29843
水利、环境和公共设施管理业	16840	105963	119286
水利管理业	810	94114	100800
生态保护和环境治理业			1576
公共设施管理业	16030	11849	16910
居民服务、修理和其他服务业	2500	538	600
居民服务业		538	600
机动车、电子产品和日用产品修理业	2500		
其他服务业			
教育	1070	1170	5610
教育	1070	1170	5610
卫生和社会工作			1010
卫生			1010
社会工作			

外商经济分行业投资和资金来源(四)

单位:万元

指标	2012	2013	2014
文化、体育和娱乐业	7710	12172	67585
新闻出版业			
广播、电视、电影和影视录音制作业		5000	
文化艺术业	5490	5310	
体育			
娱乐业	2220	1832	67585
公共管理和社会组织	1321	3974	60
中国共产党机关			
国家机构			
人民政协、民主党派			
社会保障			
群众团体、社会团体和其他成员组织		2774	60
基层群众自治组织	1321	1200	
自年初累计资金来源合计	7095964	9417726	8854295
上年末结余资金	973196	906492	1519465
本年末资金来源小计	6122768	8511234	7334830
# 国家预算内资金	527	1460	8516
国家贷款	634477	579578	539714
债券			0
利用外资	1156778	1367924	715115
自筹资金	3692861	5384042	5041106
其他资金	638125	1178230	1030379

私营个体经济分行业投资和资金来源(一)

单位:万元

指标	2012	2013	2014
投资总计	46562296	55643014	68962613
第一产业	380279	553108	741658
第二产业	22427968	28321290	34669897
第三产业	23754049	26768616	33551058
按国民经济行业分组			
农林牧渔业	380279	553108	741658
农林	140461	261759	418342
林业	28176	34558	37203
畜牧业	50752	73924	79108
渔业	119613	128212	134713
农、林、牧、渔服务业	41277	54655	72292
采矿业	141599	282989	307297
煤炭采选和洗选业	700	10	5118
石油和天然气开采业			
黑色金属矿采选业	7050	7920	4309
有色金属矿采选业	12169	58288	22719
非金属矿采选业	119731	216271	257562
开采辅助活动	800		3089
其他采矿业	1149	500	14500
制造业	21837520	27480542	33363039
农副食品加工业	352870	441092	535966
食品制造业	164483	189547	331588
酒、饮料和精制茶制造业	93218	129891	144639
烟草制品业			
纺织业	1999039	2536837	3355388
纺织服装、服饰业	777358	812151	970977
皮革、毛皮、羽毛及其制品和制鞋业	371423	543758	701286
木材加工及木、竹、藤、棕、草制品业	276951	312399	426134
家具制造业	369411	365999	641849
造纸及纸制品业	385263	689354	1044762
印刷业和记录媒介的复制业	200739	313851	310493
文教、工美、体育和娱乐用品制造业	569054	782703	886862
石油加工、炼焦及核燃料加工业	43901	52929	113534
化学原料及化学制品制造业	1448769	1376818	1671597
医药制造业	270559	381957	406517
化学纤维制造业	555016	549859	518137
橡胶和塑料制品业	1171852	1551863	1878029
非金属矿物制品业	942657	1322558	1683308

私营个体经济分行业投资和资金来源(二)

单位:万元

指标	2012	2013	2014
黑色金属冶炼及压延加工业	502364	463180	650711
有色金属冶炼及压延加工业	461037	466248	744185
金属制品业	1793831	2189471	2286700
通用设备制造业	2330775	3237595	3753882
专用设备制造业	1159355	1849493	2031553
汽车制造业	1247073	1594620	2295015
铁路、船舶、航空航天和其他运输设备制造业	601016	525249	525014
电气机械及器材制造业	2419365	2875620	3612194
计算机、通信和其他电子设备制造业	732805	1119987	931829
仪器仪表制造业	236694	254958	369114
其他制造业	170301	286296	237504
废弃资源综合利用业	138704	191800	271722
金属制品、机械和设备修理业	51673	72459	32550
电力、热力、燃气及水生产和供应业	406063	516727	892084
电力、热力的生产和供应业	332685	419519	683953
燃气生产和供应业	35121	54393	82416
水的生产和供应业	38257	42815	125715
建筑业	42786	41032	107477
房屋建筑业	7306	15373	46427
土木工程建筑业	15511	10394	53791
建筑安装业	11185	2955	1770
建筑装饰和其他建筑业	8784	12310	5489
批发和零售业	1064148	1294655	1827035
批发业	319419	473023	1031156
零售业	744729	821632	795879
交通运输、仓储和邮政业	872202	998842	1356933
铁路运输业			
道路运输业	108351	123875	384325
水上运输业	545368	514829	373138
航空运输业		2900	18950
管道运输业			
装卸搬运和其他运输服务业	63245	60564	55381
仓储业	153028	291760	431431
邮政业	2210	4914	93708
住宿和餐饮业	900326	1001982	11811117
住宿业	667988	752668	960911
餐饮业	232338	249314	220206

私营个体经济分行业投资和资金来源(三)

单位:万元

指标	2012	2013	2014
信息传输、软件和信息技术服务业	105854	211365	348546
电信、广播电视和卫星传输服务	7641		23070
互联网和相关服务	12324	13770	33596
软件和信息技术服务业	85889	197595	291880
金融业	22969	47644	22735
货币金融服务	17089	29081	630
货币市场服务	5880	18563	10969
保险业			
其他金融业			11136
房地产业	19491684	21386690	25756570
房地产业	19491684	21386690	25756570
租赁和商务服务业	539256	812076	1251146
租赁业	9000	64171	45052
商务服务业	530256	747905	1206094
科学研究、技术服务业	49570	107770	134628
研究与试验发展	3716	43054	60217
专业技术服务业	26669	44045	51270
科技推广和应用服务业	19185	20671	23141
水利、环境和公共设施管理业	247740	493472	647717
水利管理业	3725	114389	97773
生态保护和环境治理业	14727	8030	16237
公共设施管理业	229288	371053	533707
居民服务、修理和其他服务业	45071	48399	92787
居民服务业	34569	17997	32142
机动车、电子产品和日用产品修理业	7692	5688	20724
其他服务业	2810	24714	39919
教育	32457	23749	207714
教育	32457	23749	207714
卫生和社会工作	62294	100422	172020
卫生	34536	32114	91652
社会工作	27758	38308	80368

私营个体经济分行业投资和资金来源(四)

单位:万元

指标	2012	2013	2014
文化、体育和娱乐业	248941	234499	533635
新闻出版业			
广播、电视、电影和影视录音制作业	16951	15584	43650
文化艺术业	58242	70343	236865
体育	77761	77463	135774
娱乐业	95987	71109	117346
公共管理和社会组织	71537	7051	18477
中国共产党机关			
国家机构	27893	4249	9500
人民政协、民主党派			
社会保障			
群众团体、社会团体和其他成员组织	43644	2802	8185
基层群众自治组织			792
自年初累计资金来源合计	59516513	72902273	85806363
上年末结余资金	7560358	7735265	9818242
本年末资金来源小计	51956155	65167008	75988121
# 国家预算内资金	63064	80486	162640
国家贷款	5366238	6942655	7922231
债券	2062	500	500
利用外资	86798	92501	74882
自筹资金	34653946	43456254	54429203
其他资金	11784047	14594612	13398665

农村基本情况

2009年-2014年

指 标	2009	2010	2011	2012	2013	2014
农村基层组织						
其中:乡镇政府 (个)	1180	1171	944	929	910	887
#镇政府	735	728	654	650	643	629
村民委员会 (个)	29974	29874	28783	28771	28342	27997
农村住户数、人口、从劳动力						
农村住户数 (万户)	1237.44	1254.22	1263.07	1257.09	1277.94	1275.31
#农业生产户数 (万人)	778.66	762.83	757.50	748.56	733.88	
农村人口 (万人)	3778.86	3813.24	3845.61	3856.87	3993.86	3989.84
农村劳动力资源 (万人)	2495.84	2527.31	2555.38	2571.13	2662.73	2671.84
农村劳动力 (万人)	2321.41	2346.80	2370.79	2380.24	2459.55	2444.71
按性别分						
男	1240.14	1252.80	1256.86	1257.78	1295.88	1296.01
女	1081.27	1094.00	1113.93	1122.46	1163.67	1148.70
农林牧渔业增加值(亿元)	1163.08	1360.56	1583.04	1667.88	1787.25	1806.60
农业(亿元)	627.03	747.66	831.66	887.77	965.43	1000.66
林业(亿元)	85.64	86.89	97.60	103.76	103.32	107.31
牧业(亿元)	181.67	202.24	247.87	248.72	247.42	212.50
渔业(亿元)	250.83	303.38	383.02	402.61	444.17	456.71
服务业(亿元)	17.71	20.39	22.89	25.03	26.90	29.42

农、林、牧、渔业总产值(1981—2014年)

单位:亿元

年 份	农林牧渔业	农业产值	#种植业产值	林业产值	牧业产值	渔业产值	农林牧渔服务业
1981	95.56	69.21	64.48	3.79	16.45	6.11	
1982	118.04	84.61	77.91	4.42	22.88	6.13	
1983	118.68	83.65	74.87	4.77	23.41	6.85	
1984	147.49	102.80	89.93	6.67	27.01	11.01	
1985	174.05	111.20	92.85	8.87	37.84	16.14	
1986	192.04	122.97	101.00	9.26	40.09	19.72	
1987	227.18	141.09	113.91	11.61	48.57	25.91	
1988	280.94	162.80	129.89	14.40	70.33	33.41	
1989	304.50	181.26	145.97	13.60	75.68	33.96	
1990	331.56	199.48	163.92	16.00	75.18	40.90	
1991	363.22	217.21	180.00	17.42	76.78	51.81	
1992	396.93	226.46	179.94	21.01	85.23	64.23	
1993	490.13	274.85	218.01	29.80	92.11	93.37	
1994	690.20	372.97	305.58	41.92	134.78	140.53	
1995	868.76	481.90	407.24	50.02	142.03	194.81	
1996	932.85	517.29	431.90	54.77	155.88	204.92	
1997	1004.88	516.21	426.56	59.26	190.03	239.38	
1998	1003.66	522.98	434.22	59.46	165.85	255.37	
1999	1005.22	519.00	431.57	62.31	157.00	266.91	
2000	1057.07	521.31	446.15	54.48	183.94	297.36	
2001	1053.57	488.59	471.52	60.20	195.94	308.84	
2002	1101.86	511.42	495.72	60.84	205.09	324.51	
2003	1184.04	529.44	515.24	65.67	233.01	337.11	18.81
2004	1332.27	592.59	578.22	78.36	277.89	361.99	21.44
2005	1428.28	654.81	640.20	83.51	285.95	380.81	23.20
2006	1422.60	684.00	669.44	86.04	279.01	347.53	26.03
2007	1597.15	735.92	721.63	95.47	367.60	369.90	28.27
2008	1780.01	813.10	796.12	106.95	418.86	407.82	33.28
2009	1873.40	879.05	864.30	117.64	404.88	435.48	36.35
2010	2172.86	1041.30	1041.30	119.35	448.42	522.18	41.61
2011	2534.90	1152.04	1152.04	134.07	546.33	655.75	46.71
2012	2658.66	1229.36	1229.36	142.14	549.04	687.05	51.08
2013	2837.39	1336.79	1336.79	141.54	546.18	757.97	54.91
2014	2844.59	1385.96	1385.96	147.00	472.23	779.36	60.04

注:(1)本表按当年价格计算。(2)2003年起农林牧渔业总产值中包括服务业产值。(3)2006年及以后年份农林牧渔业总产值已与农业普查数衔接。

农、林、牧、渔业增加值

(2008-2014 年)

单位:亿元

指标	2008	2009	2010	2011	2012	2013	2014
总产值	1780.01	1873.40	2172.86	2534.90	2658.67	2837.39	2844.59
中间消耗	684.05	710.32	812.31	951.86	990.78	1050.14	1037.99
中间物质消耗	560.24	577.60	652.33	741.59	755.68	792.67	769.79
对非物质生产部门的劳务支出	123.81	132.72	159.98	210.27	235.10	257.47	268.20
增加值	1095.96	1163.08	1360.56	1583.04	1667.88	1787.25	1806.60
农业	578.93	627.03	747.66	831.66	887.77	965.43	1000.66
林业	77.85	85.64	86.89	97.60	103.76	103.32	107.31
牧业	188.07	181.87	202.24	247.87	248.72	247.42	212.50
渔业	234.91	250.83	303.38	383.02	402.61	444.17	456.71
服务业	16.20	17.71	20.39	22.89	25.03	26.90	29.42

注：1.农林牧渔业增加值中包括服务业增加值。

2.农林牧渔业增加值已与农普数衔接。

主要农作物产量

指　标	2012年		2013年		2014年	
	公顷产量（公斤）	总产量（万吨）	公顷产量（公斤）	总产量（万吨）	公顷产量（公斤）	总产量（万吨）
粮食作物	6151	769.80	5854	733.95	5979	757.40
#春粮	3512	62.50	3542	63.94	3579	67.86
秋粮	6651	640.48	6245	598.30	6432	618.03
谷物	6750	677.96	6453	647.89	6588	664.18
稻谷	7306	608.26	7001	580.20	7160	590.10
早稻	6038	66.82	6230	71.71	6144	71.50
晚稻及单季稻	7500	541.44	7126	508.49	7327	518.60
#单季晚稻	7718	463.23	7417	439.83	7555	444.00
小麦	3638	27.10	3685	27.83	3769	30.95
大(元)麦	3835	9.89	3659	9.53	3800	9.29
玉米	4700	29.13	4221	26.76	4523	30.09
其他谷物	3771	3.58	3469	3.57	3469	3.75
豆类	2646	36.64	2467	33.80	2541	35.84
大豆	2850	25.21	2565	22.64	2707	24.20
蚕(豌)豆	2107	6.29	2198	6.38	2145	6.79
杂豆	2550	5.14	2425	4.78	2425	4.85
薯类	5075	55.20	4634	52.26	4878	57.38
其中:马铃薯	4065	55.52	4037	23.53	4049	24.68
油料	2022	38.30	2060	37.78	2115	30.66
油菜籽	1938	32.09	1984	31.67	2049	25.90
花生	2882	5.34	2823	5.19	2823	4.01
芝麻	1653	0.87	1700	0.92	1708	0.76
棉花(皮棉)	1429	2.99	1423	2.80	1438	2.48
麻类	2675	0.03	2921	0.03	2644	0.02
糖类	63737	70.14	61955	63.89	62049	62.68
烟叶	2396	0.26	2381	0.25	2369	0.17
蔬菜	29198	1819.81	27971	1764.29	29089	1762.79
果用瓜	28710	291.16	28952	292.53	28326	271.18
#西瓜	30807	238.12	31063	237.21	30292	214.41

各市农、林、牧、渔业增加值

（2014）

单位：亿元

地　　区	农、林、牧、渔业增加值	#农业增加值	#固定资产折旧	#劳动者报酬	中间消耗
全省合计	1806.60	1000.66	145.77	1745.58	1037.99
浙东北	1131.97	615.53	82.29	1099.78	676.05
杭州市	278.33	168.57	12.94	277.24	140.26
宁波市	279.56	155.70	14.17	273.62	152.92
嘉兴市	150.17	89.12	9.44	147.93	98.94
湖州市	126.61	62.74	13.49	113.12	84.79
绍兴市	195.92	132.31	14.13	182.97	101.04
舟山市	101.38	7.09	18.12	104.90	98.10
浙西南	652.50	362.35	63.79	623.32	417.13
温州市	119.89	64.30	8.66	115.24	72.34
金华市	142.02	92.59	14.08	131.49	80.98
其中：义乌市	21.44	15.25	2.14	19.47	9.32
衢州市	83.73	47.25	6.26	81.06	54.94
台州市	217.78	93.28	32.04	206.69	161.56
丽水市	89.08	64.93	2.75	88.84	47.31

注：全省数为省级计算数，与分市相加不等。

各市、县2014年农、林、牧、渔业总产值

单位:万元

市县名称	农林牧渔业总产值	农业产值	林业产值	牧业产值	渔业产值	农林牧渔业服务业产值
杭州市区	2430801	1348405	166821	462940	372142	80493
萧山区	1003972	567507	12038	261262	128355	34810
余杭区	719022	395756	70944	60560	151762	40000
富阳区	564073	319018	83148	127647	29750	4510
建德市	459059	267019	24378	135953	20905	10804
桐庐县	323166	187864	43941	65131	19789	6441
临安市	544044	249133	178091	101684	6943	8193
淳安县	428734	281383	56933	62476	22244	5698
宁波市区	892178	646942	25996	101517	96888	20835
鄞州区	576499	411841	17772	59204	74182	13500
余姚市	631492	426598	33288	113459	52290	5857
慈溪市	722552	455646	4450	93147	150349	18960
奉化市	468363	194997	30603	78829	158657	5277
象山县	1069540	201221	12619	73157	772005	10538
宁海县	540635	169737	18101	73155	276928	2714
温州市区	179444	110538	1583	48932	16870	1521
瑞安市	320840	127186	3421	55389	129686	5158
洞头县	98110	1730	300	1380	94480	220
乐清市	304561	134045	1484	57762	97258	14012
永嘉县	160065	93218	11333	45845	7250	2419
平阳县	240352	95619	4773	54159	81217	4584
苍南县	427765	152935	8830	56729	203151	6120
文成县	100397	81734	6922	9824	825	1092
泰顺县	90752	69359	5174	14946	446	827
嘉兴市区	611089	248486	1014	260584	82885	18120
海宁市	358005	180100	2761	110651	44660	19833
平湖市	260141	145261	1281	55649	36407	21543
嘉善县	486962	307472	331	112387	55501	11271
海盐县	318006	153136	4280	113871	29385	17334
桐乡市	456974	220726	2312	177093	29450	27393
湖州市区	752464	246244	22528	200176	234414	49102
德清县	391574	651139	47337	127030	124303	27765
长兴县	581078	403653	53192	54150	57892	12191
安吉县	388927	245351	91611	27166	20229	4570
绍兴市区	1367786	862248	88100	197140	208763	11535
柯桥区	484762	307457	40845	84867	48388	3205
上虞区	669961	429842	39961	82462	111128	6568

各市、县2014年农、林、牧、渔业总产值(续)

单位:万元

市县名称	农林牧渔业总产值	农业产值	林业产值	牧业产值	渔业产值	农林牧渔业服务业产值
诸暨市	763327	440170	96691	141243	80530	4693
嵊州市	553004	399132	49287	96781	5824	198
新昌县	285415	222688	27460	27672	4395	3200
金华市区	583338	289226	13560	230520	32571	17461
金东区	253973	144401	1802	92118	12895	2757
兰溪市	406722	196088	3288	151522	47999	7825
东阳市	267828	196736	11793	39703	9717	9879
义乌市	307645	205510	6686	75755	15657	4037
永康市	132969	85945	4259	24787	11818	6160
武义县	238676	152740	10839	64334	5963	4800
浦江县	136877	89496	3080	39236	3157	1908
磐安县	155910	124377	15179	14163	365	1826
衢州市区	478552	226356	31744	190721	25313	4418
江山市	368176	172437	17138	164129	10662	2810
常山县	121775	69680	18115	25520	5583	2877
开化县	177482	122449	28071	20501	4911	1550
龙游县	240689	85024	17247	120562	16285	1571
舟山市区	1034418	83828	1580	39217	902808	6985
岱山县	628100	19418	964	8862	597916	940
嵊泗县	332312	1421	47	1354	328142	1348
台州市区	738613	341276	3973	63222	324112	6030
玉环县	506133	64221	873	15368	419638	6033
三门县	452735	93695	3260	28634	326946	200
天台县	183972	121758	13895	43688	3628	1003
仙居县	208145	145531	20324	35522	5208	1560
温岭市	1073148	260973	566	67060	725851	18698
临海市	630636	308723	20142	70301	229198	2272
丽水市区	254341	187453	20805	37777	5984	2322
龙泉市	205410	136102	43490	23276	1675	867
青田县	113807	73385	14397	17490	7459	1076
云和县	68898	54032	5068	6661	1196	1941
庆元县	113975	68493	34777	8592	1745	368
缙云县	149203	91154	17933	37539	1686	891
遂昌县	165888	101906	39877	21922	1174	1009
松阳县	191690	142025	21515	26400	1315	435
景宁县	100674	70610	15148	12599	1317	1000

规模以上工业企业数

单位:个

指　标	2009 年	2010 年	2011 年	2012 年	2013 年	2014
工业企业单位数	59971	64364	34340	36496	39561	40841
按轻重工业分						
轻工业	30118	32002	16888	17987	19497	20019
重工业	29853	32362	17452	18509	20064	20822
按注册登记类型分						
国有企业	304	308	208	228	122	107
集体企业	379	333	126	111	75	69
股份合作企业	1304	947	285	327	336	335
联营企业	22	22	13	14	2	1
外商及港澳台商投资企业	9104	9125	6676	6651	6541	6237
私营企业	41969	46706	22339	23959	26219	27557
其他企业	6889	6923	4693	5206	6266	6535
在总计中:国有及国有控股	728	730	590	645	706	723
按规模分						
大型企业	190	225	621	592	601	598
中型企业	4182	4678	5021	4648	4612	4421
小型企业	55599	59461	27936	29892	32685	34020
微型企业			762	1364	1663	1802

注：1、2011 年起企业规模按新的划分标准划分。2、2011 年起规模以上工业为主营业务收入 2000 万及以上工业企业,后面各表同。

规模以上工业总产值

单位:亿元

指　标	2009 年	2010 年	2011 年	2012 年	2013 年	2014 年
工业总产值	41035.29	51394.20	56403.06	59124.16	62980.29	67039.78
按轻重工业分						
轻工业	17196.43	20896.40	21953.08	23228.18	24720.32	26039.78
重工业	23838.86	30497.80	34452.98	35895.98	38259.97	41000.00
按注册登记类型分						
国有企业	2786.63	3331.26	3528.05	3831.55	3189.69	3243.64
集体企业	123.23	123.12	100.13	91.68	52.33	55.83
股份合作企业	316.04	237.91	162.22	163.62	173.65	180.05
联营企业	15.53	18.80	44.12	57.98	0.78	0.50
外商及港澳台商投资企业	10346.94	13104.16	15151.99	15309.87	15612.75	15993.63
私营企业	17804.88	22792.11	23251.05	24384.66	25792.12	27270.94
其他企业	9624.03	11786.84	14168.50	15284.81	18158.97	20295.19
在总计中:国有及国有控股	5369.11	6721.77	8132.62	8384.48	9016.67	9498.90
按规模分						
大型企业	7348.65	9483.63	17089.96	15886.56	16733.95	16021.55
中型企业	14851.53	18906.70	16961.51	18522.53	18941.26	21135.66
小型企业	18835.12	23003.87	22046.48	23532.65	25863.58	28049.81
微型企业			308.11	1182.42	1441.50	1832.76

主要工业产品产量(一)

产品名称	单位	2010	2011	2012	2013	2014
原煤	万吨	15.05	15.06	15.01		
配混合饲料	万吨	296.03	362.24	453.67	476.03	464.75
食用植物油	万吨	44.59	43.12	37.33	37.44	46.48
罐头	万吨	80.39	53.40	62.00	66.67	61.44
啤酒	万千升	283.09	281.09	268.21	289.44	267.46
黄酒	万千升	72.88	66.20	58.64	65.22	71.01
软饮料	万吨	685.51	856.17	904.37	863.69	859.97
卷烟	万吨	850.98	885.18	901.10	923.47	931.02
纱	万吨	214.87	198.77	231.23	239.10	229.98
布	亿米	158.99	146.13	143.22	153.47	156.25
毛线(绒线)	吨	24433	26504	35314	40858	42888
呢绒	万米	10584	6343	6010	4188	8536
丝	吨	14436	15162	14467	14293	15505
丝织品	亿米	3.29	1.98	2.08	2.20	2.16
机制纸	万吨	1412.31	1531.63	1627.95	1660.52	1693.70
汽油	万吨	305.06	314.95	284.24	285.10	308.46
煤油	万吨	154.56	162.89	156.23	208.97	218.77
柴油	万吨	832.57	870.90	801.76	769.07	713.93
燃料油	万吨	134.66	157.82	115.55	104.12	98.85
焦炭	万吨	325.93	161.74	294.80	296.18	297.21
硫酸	万吨	107.21	102.48	98.98	109.55	176.55

主要工业产品产量(二)

产品名称	单位	2010	2011	2012	2013	2014年
烧碱	万吨	104.61	126.72	140.24	144.05	151.23
纯碱	万吨	11.92	24.36	22.24	25.86	26.97
电石(碳化钙)	万吨	6.48	5.29	4.94	9.44	0.40
合成氨	万吨	49.49	47.25	57.68	57.87	64.52
纯苯	吨	290671	410477	380190	399025	346035
合成洗涤剂	吨	615435	689043	706976	736356	812524
化学原料药	吨	285413	318002	277187	278856	308113
中成药	吨	22857	21384	19894	21167	25950
化学纤维	万吨	1366.13	1505.54	1677.27	1839.31	1987.97
#粘胶纤维	万吨	17.12	14.36	17.49	15.53	13.80
合成纤维	万吨	1346.38	1468.66	1655.96	1822.83	1972.93
轮胎外胎	万条	8697.80	9673.11	10207.54	10979.06	8925.94
塑料制品	万吨	915.57	845.74	948.54	940.38	1054.85
水泥	万吨	11275.31	12122.29	11539.61	12462.87	12367.51
平板玻璃	万重量箱	4090.89	3995.69	2984.31	3591.22	3978.01
生铁	万吨	915.60	1002.17	1006.13	1059.79	1140.28
钢(粗钢)	万吨	1228.53	1329.93	1305.23	1733.15	1748.30
成品钢材	万吨	2832.60	3141.00	3361.33	3823.44	4170.99
十种有色金属	万吨	53.04	53.86	48.23	38.52	35.61
#铜(精炼铜)	吨	297413	311492	293661	262167	298790
锌	吨	90902	71931	32596	44057	51112
铝	吨	150403	153046	153394	77212	4240

主要工业产品产量(三)

产品名称	单位	2010	2011	2012	2013	2014
内燃机(发动机)	万千瓦	4456.57	3182.40	2807.03	4877.14	4712.31
数控机床	台	65456	67237	45707	44976	50976
大中型拖拉机	台	36935	49073	33153	40284	34320
小型拖拉机	台	90119	87146	71674	75722	77978
汽车	辆	319117	306300	329819	373210	327238
#轿车	辆	273738	301059	264504	274461	221312
微型计算机设备	万台	157	155	162	164	191
集成电路	亿块	30	47	44	50	61
摩托车	万辆	230.24	212.97	226.06	205.61	192.06
自行车	万辆	1424.88	1534.95	1499.23	1405.93	1502.24
发电设备	万千瓦	544.42	483.44	460.82	513.51	486.36
交流电动机	万千瓦	2097.86	3620.48	4204.93	4883.18	5622.90
变压器	万千伏安	8320.02	8818.31	8397.44	8977.53	11371.45
家用洗衣机	万台	1765.02	1775.07	1906.43	1881.38	1592.39
家用电冰箱	万台	889.72	626.79	887.16	939.61	757.78
电风扇	万台	678.43	952.72	893.58	815.07	639.09
房间空气调节器	万台	510.81	469.50	509.49	565.03	679.62
灯泡	亿只	45.91	34.21	30.58	37.38	32.52
#彩色电视机	万台	477.03	497.30	573.28	628.62	456.89
表	万只	1258.30	76.96	91.18	99.81	106.01
发电量	亿千瓦小时	2496.19	2774.18	2717.32	2883.60	2822.39

规模以上工业企业主要指标(一)

指　标	合　计			
	2011	2012	2013	2014
企业单位个数(个)	34340	36496	39561	40841
#亏损企业单位数	3442	4509	4934	4747
工业总产值(当年价)	56406.06	59124.16	62980.29	67039.78
出口交货值	11041.75	10967.93	11223.22	11927.07
全部职工年平均数(万人)	734.37	719.01	719.43	722.78
流动资产合计	29870.73	32445.21	35053.39	36136.44
固定资产合计	14623.95	15386.64	16149.64	17801.63
固定资产原值	20721.24	22640.40	24447.22	27197.27
固定资产净值	13207.32	13957.30	14647.80	16254.31
资产总计	50788.85	55654.17	60436.24	64078.22
流动负债合计	27171.78	29213.03	31629.00	32182.52
非流动负债合计	3396.29	3495.33	3734.62	4354.05
所有者权益	19852.48	22076.81	24094.27	26199.51
实收资本	9479.95	10430.63	11431.45	12080.43
主营业务收入	55349.76	57682.73	61305.77	64371.53
主营业务成本	47503.22	49633.01	52430.01	54934.41
主营业务税金及附加	602.68	617.79	668.51	720.20
利润总额	3327.29	3112.65	3561.26	3729.13
本年应交增值税	1534.54	1590.69	1747.94	1844.10
利税总额	5464.52	5321.14	5984.03	6303.09

规模以上工业企业主要指标(二)

指　标	国　有			
	2011	2012	2013	2014
企业单位个数(个)	208	228	122	107
#亏损企业单位数	30	35	8	3
工业总产值(当年价)	3528.05	3831.55	3189.69	3243.64
出口交货值	18.05	31.60	7.09	10.08
全部职工年平均数(万人)	10.75	11.50	9.18	8.47
流动资产合计	695.6	910.52	587.21	422.85
固定资产合计	1626.14	1714.41	1289.67	1826.39
固定资产原值	2758.46	3022.80	2456.31	2985.50
固定资产净值	1534.64	1613.73	1244.08	1597.17
资产总计	2642.4	3258.69	2497.18	2730.20
流动负债合计	899.93	1102.23	887.82	934.63
非流动负债合计	537.12	590.28	500.52	622.05
所有者权益	1194.89	1559.40	1105.11	1169.80
实收资本	296.32	364.03	145.80	139.11
主营业务收入	3530.67	3817.01	3179.76	3248.30
主营业务成本	3029.5	3257.87	2923.75	2947.02
主营业务税金及附加	225.75	241.50	94.09	106.14
利润总额	141.52	172.03	87.23	81.81
本年应交增值税	149.49	171.97	112.77	105.55
利税总额	516.76	585.50	294.63	294.25

规模以上工业企业主要指标(三)

指　标	私　营			
	2011	2012	2013	2014
企业单位个数(个)	22339	23959	26219	27557
#亏损企业单位数	1760	2417	2690	2698
工业总产值(当年价)	23215.05	24384.66	25792.12	27270.94
出口交货值	4583.4	4488.17	4585.31	4930.73
全部职工年平均数(万人)	367.92	359.40	359.82	364.25
流动资产合计	12532.07	13474.69	14280.82	14707.09
固定资产合计	4704.44	4835.51	5084.10	5212.19
固定资产原值	6261.76	6665.31	7267.27	7726.00
固定资产净值	4213.69	4321.29	4601.00	4766.25
资产总计	19660.16	21063.41	22286.05	23305.35
流动负债合计	12007.08	12742.62	13522.94	13782.36
非流动负债合计	765.48	636.57	602.71	662.09
所有者权益	6697.31	7214.04	7633.03	8175.94
实收资本	3188.09	3225.13	3489.50	3625.77
主营业务收入	22496.53	23629.71	24942.60	26194.21
主营业务成本	19532.8	20550.86	21603.44	22653.09
主营业务税金及附加	95.13	97.23	117.77	128.02
利润总额	1223.5	1161.90	1261.68	1313.20
本年应交增值税	574.29	596.69	662.02	712.96
利税总额	1892.93	1855.82	2044.15	2159.46

按行业分的规模以上工业企业主要经济效益指标(一)

(2014年)

单位:亿元

行　业	企业单位数(个)	亏损企业(个)	工业总产值	出口交货值	资产总计	流动资产合计	固定资产合计
总计	40841	4747	67039.78	11927.07	64078.22	36136.44	17801.63
按登记注册类型分	0	0	0	0	0	0	0
# 国有	107	3	3243.64	10.08	2730.20	422.85	1826.39
集体	69	5	55.83	0.72	41.55	24.12	12.50
私营	27557	2698	27270.94	4930.73	23305.35	14707.09	5212.19
港澳台商投资	3142	626	7853.63	1922.00	8109.17	5129.86	1862.14
外商投资	3095	608	8140.00	2510.91	7498.90	4485.02	2190.83
在总计中:轻工业	20019	2346	26039.78	6434.94	24599.75	14915.66	5923.71
重工业	20822	2401	41000.00	5492.12	39478.47	21220.78	11877.91
按工业行业分	0	0	0	0	0	0	0
煤炭开采和洗选业	2	1	0.96	0	0.39	0.25	0.12
黑色金属矿采选业	6	3	13.65	0	16.34	9.41	2.63
有色金属矿采选业	18	2	25.59	0	29.31	12.10	5.95
非金属矿采选业	129	15	148.99	0.36	136.91	52.80	34.58
农副食品加工业	776	95	1070.19	164.15	772.28	470.64	186.47
食品制造业	348	52	543.85	93.64	557.46	315.04	163.33
酒、饮料和精制茶制造业	218	24	489.34	33.69	576.99	312.39	175.96
烟草制品业	3	0	444.48	2.88	390.00	274.60	45.39
纺织业	5027	468	6037.54	1143.22	5352.67	3284.12	1359.46
纺织服装、服饰业	2706	415	2499.31	1034.54	2252.67	1481.49	442.78
皮革、毛皮、羽毛及其制品和制鞋业	1859	126	1580.41	631.70	1113.70	779.17	209.89
木材加工和木、竹、藤、棕、草制品业	476	21	491.60	93.98	321.47	204.09	71.15
家具制造业	739	107	827.93	417.06	772.45	508.07	165.39
造纸和纸制品业	846	124	1211.72	81.01	1511.14	861.13	425.97
印刷和记录媒介的复制业	541	56	390.24	47.55	461.03	272.64	128.32
文教、美工、体育和娱乐用品制造业	1276	150	1349.24	544.90	1069.30	684.05	214.91

按行业分的规模以上工业企业主要经济效益指标(续表一)

(2014 年)

单位:亿元

行　业	企业单位数(个)	亏损企业(个)	工业总产值	出口交货值	资产总计	流动资产合计	固定资产合计
石油加工、炼焦及核燃料加工业	50	12	1819.57	1.70	524.15	229.63	263.55
化学原料及化学制品制造业	1654	201	5887.13	498.73	5383.43	2933.77	1639.02
医药制造业	431	53	1182.60	271.44	1564.55	812.48	407.53
化学纤维制造业	590	73	2588.61	169.50	2198.40	1175.41	589.34
橡胶和塑料制品业	2445	276	2902.25	551.36	2475.98	1479.00	645.73
非金属矿物制品业	1589	185	2111.96	120.86	2379.42	1386.51	647.68
黑色金属冶炼及压延加工业	985	110	2696.59	115.78	1982.34	1170.96	533.90
有色金属冶炼及压延加工业	811	134	2532.09	113.40	1490.30	1010.13	253.97
金属制品业	2473	283	2566.94	652.61	2317.41	1493.10	514.52
通用设备制造业	3968	408	4533.92	983.66	4891.57	3035.97	1002.11
专用设备制造业	1640	181	1661.98	343.84	1922.65	1208.23	405.10
汽车制造业	1753	167	2963.96	441.35	3160.59	1819.32	740.60
铁路船舶航空航天和其他运输设备	594	108	1340.65	573.15	1552.30	874.60	379.86
电气机械及器材制造业	3977	509	6018.47	1411.05	5953.28	3909.07	1045.92
计算机、通信和其他电子设备制造业	1251	162	2705.34	1074.76	2886.22	2004.18	478.27
仪器仪表制造业	620	56	737.36	168.39	890.61	586.98	145.67
其他制造业	329	29	329.37	115.95	299.79	198.17	67.30
废弃资源综合利用业	152	63	379.09	0.68	204.85	138.58	22.68
金属制品、机械和设备修理业	44	10	70.08	30.06	118.44	40.60	49.46
电力、热力生产和供应业	309	16	4291.48	0.12	5326.62	732.58	3699.43
燃气生产和供应业	71	7	441.54	0	327.69	93.23	180.15
水的生产和供应业	135	45	153.54	0	893.31	281.92	457.52

按行业分的规模以上工业企业主要经济效益指标(二)

(2014年)

单位:亿元

行业	固定资产原价	固定资产净值	年末负债合计	流动负债	非流动负债	年末所有者权益合计	实收资本
总计	27197.27	16254.31	37663.38	32182.52	4354.05	26199.51	12080.43
按登记注册类型分	0	0	0	0	0	0	0
# 国有	2985.50	1597.17	1557.24	934.63	622.05	1169.80	139.11
集体	22.07	11.34	15.90	15.13	0.49	25.64	6.54
私营	7726.00	4766.25	15010.08	13782.36	662.09	8175.94	3625.77
港澳台商投资	2896.67	1733.40	4477.59	3984.57	328.69	3599.88	1994.64
外商投资	3496.54	2040.52	3928.76	3519.28	315.55	3555.34	2203.74
在总计中:轻工业	9023.75	5338.99	14434.02	12931.23	1020.26	10055.03	4274.53
重工业	18173.52	10915.33	23229.35	19254.29	3333.79	16144.48	7805.90
按工业行业分	0	0	0	0	0	0	0
煤炭开采和洗选业	0.15	0.12	0.25	0.25	0	0.14	0.06
黑色金属矿采选业	5.82	2.62	5.49	3.96	0.01	10.86	2.53
有色金属矿采选业	8.18	5.61	15.87	14.52	1.05	13.14	7.27
非金属矿采选业	46.03	28.94	87.41	75.06	9.08	49.35	32.26
农副食品加工业	255.69	166.01	473.64	435.17	30.24	295.80	133.21
食品制造业	225.61	150.82	276.85	258.10	11.29	268.31	117.49
酒、饮料和精制茶制造业	295.90	168.96	288.27	259.87	27.10	288.40	120.67
烟草制品业	97.11	45.23	73.84	73.83	0.01	316.16	10.32
纺织业	2224.96	1238.75	3402.05	3046.88	165.78	1915.90	893.27
纺织服装、服饰业	678.50	405.30	1258.12	1188.24	40.98	981.91	415.69
皮革、毛皮、羽毛及其制品和制鞋业	301.07	188.31	696.08	658.12	12.11	411.80	204.64
木材加工和木、竹、藤、棕、草制品业	102.72	66.04	188.40	176.06	4.56	130.06	64.42
家具制造业	232.21	150.55	498.71	468.55	9.97	270.61	168.44
造纸和纸制品业	649.38	384.26	935.28	809.97	92.59	573.11	313.38
印刷和记录媒介的复制业	220.44	119.99	272.67	246.72	17.93	186.45	88.87
文教、美工、体育和娱乐用品制造业	310.05	196.38	639.57	584.26	29.42	423.36	175.68

按行业分的规模以上工业企业主要经济效益指标(续表二)

(2014 年)

单位:亿元

行　　业	固定资产原价	固定资产净值	年末负债合计	流动负债	非流动负债	年末所有者权益合计	实收资本
石油加工、炼焦及核燃料加工业	391.82	190.95	241.21	232.36	6.51	282.94	272.82
化学原料及化学制品制造业	2373.45	1543.43	3078.98	2577.42	407.34	2298.62	1073.14
医药制造业	547.50	346.35	674.82	574.32	94.29	889.35	263.99
化学纤维制造业	887.26	512.65	1381.07	1216.78	122.05	807.78	344.18
橡胶和塑料制品业	1018.85	588.37	1481.44	1354.78	90.77	992.63	440.75
非金属矿物制品业	1007.11	603.30	1459.06	1302.64	122.90	914.75	479.02
黑色金属冶炼及压延加工业	876.08	497.92	1281.53	1135.74	91.44	696.52	411.74
有色金属冶炼及压延加工业	361.33	231.28	994.20	915.85	43.33	486.06	243.36
金属制品业	740.55	472.02	1414.29	1311.14	56.33	886.67	449.15
通用设备制造业	1496.82	925.65	2717.03	2506.55	140.59	2159.58	936.39
专用设备制造业	601.72	370.76	1070.70	988.82	53.52	846.12	386.38
汽车制造业	1038.34	678.70	1909.45	1603.36	275.20	1261.59	568.01
铁路船舶航空航天和其他运输设备	530.11	353.65	1121.03	923.86	114.70	427.75	231.07
电气机械及器材制造业	1545.35	958.20	3545.48	3183.27	272.75	2377.91	1127.56
计算机、通信和其他电子设备制造业	812.48	437.14	1457.10	1338.00	75.85	1408.29	625.35
仪器仪表制造业	225.71	134.62	426.06	398.64	23.92	465.09	178.31
其他制造业	94.34	58.38	172.54	165.81	3.45	126.38	51.85
废弃资源综合利用业	30.41	20.99	163.98	122.70	11.61	39.65	29.57
金属制品、机械和设备修理业	64.26	43.80	74.60	56.68	13.27	43.83	31.07
电力、热力生产和供应业	6032.99	3415.11	3141.65	1613.78	1520.75	2177.33	896.72
燃气生产和供应业	213.33	170.29	203.89	102.20	100.84	123.52	90.42
水的生产和供应业	653.62	382.85	540.77	258.25	260.53	351.77	201.4

按行业分的规模以上工业企业主要经济效益指标(三)

(2014 年)

单位:亿元

行业	主营业务收入	主营业务成本	主营业务税金及附加	利润总额	利税总额	本年应交增值税	全部从业人员年平均人数(万人)
总计	64371.53	54934.41	720.20	3729.13	6303.09	1844.10	722.78
按登记注册类型分	0	0	0	0	0	0	0
# 国有	3248.30	2947.02	106.14	81.81	294.25	105.55	8.47
集体	55.50	47.40	0.39	3.61	6.26	2.26	0.82
私营	26194.21	22653.09	128.02	1313.20	2158.46	712.96	364.25
港澳台商投资	7514.91	6372.14	64.87	474.90	758.26	218.00	87.04
外商投资	7790.59	6460.90	38.54	546.90	796.71	211.44	89.28
在总计中:轻工业	25099.59	20982.90	391.77	1476.66	2658.77	786.92	369.63
重工业	39271.94	33951.51	328.43	2252.47	3644.32	1057.18	353.15
按工业行业分	0	0	0	0	0	0	0
煤炭开采和洗选业	0.83	0.73	0	0.03	0.05	0.02	0
黑色金属矿采选业	12.86	11.36	0.14	-0.11	0.32	0.28	0.17
有色金属矿采选业	25.80	21.12	0.35	1.77	3.73	1.61	0.29
非金属矿采选业	148.58	116.39	4.12	13.44	23.54	5.91	1.08
农副食品加工业	1049.01	954.06	2.59	34.97	53.17	15.54	9.11
食品制造业	559.95	444.30	2.74	51.60	76.02	21.64	6.96
酒、饮料和精制茶制造业	463.05	338.99	10.46	46.14	75.58	18.92	4.92
烟草制品业	420.59	80.86	266.24	37.58	356.20	52.35	0.38
纺织业	5832.14	5160.37	27.86	289.76	475.28	157.16	77.24
纺织服装、服饰业	2392.72	2007.15	13.76	139.97	236.96	82.96	61.62
皮革、毛皮、羽毛及其制品和制鞋业	1516.99	1308.98	8.13	74.53	135.92	53.14	38.19
木材加工和木、竹、藤、棕、草制品业	473.90	411.15	3.96	24.90	40.94	12.02	5.90
家具制造业	785.84	650.86	4.17	40.60	70.56	25.61	17.14
造纸和纸制品业	1099.69	940.48	5.23	55.59	93.43	32.51	12.45
印刷和记录媒介的复制业	381.79	324.43	1.96	20.74	35.09	12.36	6.82
文教、美工、体育和娱乐用品制造业	1307.71	1119.39	6.58	72.70	112.44	32.82	21.92

按行业分的规模以上工业企业主要经济效益指标(续表三)

(2014年)

单位:亿元

行业	主营业务收入	主营业务成本	主营业务税金及附加	利润总额	利税总额	本年应交增值税	全部从业人员年平均人数(万人)
石油加工、炼焦及核燃料加工业	1535.75	1329.94	151.69	41.44	253.23	60.10	0.92
化学原料及化学制品制造业	5928.60	5149.98	19.45	324.34	473.96	129.87	25.13
医药制造业	1092.46	697.73	7.96	131.68	202.10	62.41	12.92
化学纤维制造业	2487.21	2282.94	5.57	114.48	162.30	42.06	12.27
橡胶和塑料制品业	2764.39	2379.00	12.46	151.98	228.82	64.18	34.27
非金属矿物制品业	2041.58	1711.48	11.53	138.57	224.31	74.04	19.71
黑色金属冶炼及压延加工业	2556.25	2360.85	8.21	91.00	144.37	45.08	15.07
有色金属冶炼及压延加工业	2481.83	2334.00	4.82	67.47	106.80	34.46	9.10
金属制品业	2455.42	2117.51	12.36	122.22	196.13	61.26	37.19
通用设备制造业	4348.29	3582.37	21.98	296.18	457.38	138.85	65.22
专用设备制造业	1577.62	1278.94	8.16	113.65	172.34	50.37	24.06
汽车制造业	2833.98	2361.59	28.40	210.22	325.49	83.77	35.80
铁路船舶航空航天和其他运输设备	978.88	878.38	4.21	10.81	33.62	18.49	11.85
电气机械及器材制造业	5822.93	4907.90	24.14	323.49	499.91	151.68	78.34
计算机、通信和其他电子设备制造业	2716.91	2189.69	12.75	259.10	345.31	72.65	39.23
仪器仪表制造业	690.33	522.99	4.30	67.63	98.17	26.16	13.37
其他制造业	311.11	266.81	1.59	15.75	30.37	13.00	6.88
废弃资源综合利用业	357.87	340.84	1.26	2.16	16.23	12.79	1.90
金属制品、机械和设备修理业	56.83	48.81	0.50	0.02	3.20	2.68	1.83
电力、热力生产和供应业	4262.82	3762.71	18.90	319.80	506.71	167.05	10.18
燃气生产和供应业	443.01	414.94	0.85	16.91	21.55	3.72	0.72
水的生产和供应业	156.01	124.35	0.82	6.01	11.56	4.59	2.64

按行业分的规模以上工业企业主要经济效益指标(四)

(2014年)

单位:亿元

行业	每百元固定资产原值实现利税(元)	每百元主营业务收入实现利税(元)	产品销售率(%)	出口交货值占工业销售(%)	新产品产值率(%)
总计	23.18	9.79	96.83	18.37	28.32
按登记注册类型分	0	0	0	0	0
# 国有	9.86	9.06	99.58	0.31	1.03
集体	28.35	11.27	98.61	1.30	1.61
私营	27.95	8.24	96.32	18.77	26.60
港澳台商投资	26.18	10.09	96.33	25.41	32.77
外商投资	22.79	10.23	97.06	31.78	29.45
在总计中:轻工业	29.46	10.59	96.47	25.62	28.20
重工业	20.05	9.28	97.06	13.80	28.40
按工业行业分	0	0	0	0	0
煤炭开采和洗选业	31.67	5.77	96.62	0	10.44
黑色金属矿采选业	5.44	2.46	100.35	0	0
有色金属矿采选业	45.58	14.44	100.39	0	1.49
非金属矿采选业	51.14	15.84	99.94	0.24	1.06
农副食品加工业	20.79	5.07	96.93	15.82	11.96
食品制造业	33.70	13.58	96.52	17.84	24.65
酒、饮料和精制茶制造业	25.54	16.32	96.10	7.16	14.06
烟草制品业	366.80	84.69	94.99	0.68	0.50
纺织业	21.36	8.15	96.98	19.52	24.06
纺织服装、服饰业	34.92	9.90	96.67	42.82	28.62
皮革、毛皮、羽毛及其制品和制鞋业	45.15	8.96	96.37	41.47	28.64
木材加工和木、竹、藤、棕、草制品业	39.85	8.64	97.21	19.66	25.73
家具制造业	30.39	8.98	96.10	52.42	30.74
造纸和纸制品业	14.39	8.50	96.39	6.94	24.67
印刷和记录媒介的复制业	15.92	9.19	97.79	12.46	19.79
文教、美工、体育和娱乐用品制造业	36.27	8.60	96.64	41.78	29.92

按行业分的规模以上工业企业主要经济效益指标(续表四)

(2014年)

单位:亿元

行　　业	每百元固定资产原值实现利税(元)	每百元主营业务收入实现利税(元)	产品销售率(%)	出口交货值占工业销售(%)	新产品产值率(%)
石油加工、炼焦及核燃料加工业	64.63	16.49	98.32	0.10	0.87
化学原料及化学制品制造业	19.97	7.99	96.70	8.76	32.57
医药制造业	36.91	18.50	92.90	24.71	39.21
化学纤维制造业	18.29	6.53	96.09	6.81	31.85
橡胶和塑料制品业	22.46	8.28	97.04	19.58	26.44
非金属矿物制品业	22.27	10.99	97.79	5.85	17.69
黑色金属冶炼及压延加工业	16.48	5.65	95.47	4.50	24.50
有色金属冶炼及压延加工业	29.56	4.30	97.49	4.59	26.65
金属制品业	26.48	7.99	96.16	26.44	25.74
通用设备制造业	30.56	10.52	96.52	22.48	36.82
专用设备制造业	28.64	10.92	96.04	21.54	39.71
汽车制造业	31.35	11.49	96.17	15.48	49.29
铁路船舶航空航天和其他运输设备	6.34	3.43	96.37	44.36	34.79
电气机械及器材制造业	32.35	8.59	96.81	24.22	39.28
计算机、通信和其他电子设备制造业	42.50	12.71	96.87	41.01	50.34
仪器仪表制造业	43.50	14.22	95.20	23.99	48.01
其他制造业	32.20	9.76	94.38	37.30	30.35
废弃资源综合利用业	53.35	4.53	100.38	0.18	14.17
金属制品、机械和设备修理业	4.98	5.63	96.67	44.37	0.17
电力、热力生产和供应业	8.40	11.89	99.61	0	0.49
燃气生产和供应业	10.10	4.87	99.80	0	0
水的生产和供应业	1.77	7.41	97.63	0	0.63

按行业分的规模以上国有及国有控股工业企业主要指标(一)

(2014 年)

单位:亿元

行业	企业单位数(个)	亏损企业(个)	工业总产值	出口交货值	资产总计	流动资产合计	固定资产合计
总计	723	111	9498.90	336.79	9970.37	3130.75	5373.50
按登记注册类型分	0	0	0	0	0	0	0
# 国有	107	3	3243.64	10.08	2730.20	422.85	1826.39
集体	0	0	0	0	0	0	0
私营	1	0	3.21	0	1.72	0.82	0.72
港澳台商投资	30	2	523.91	9.10	344.44	141.08	139.62
外商投资	45	9	575.15	91.12	611.09	233.59	315.31
在总计中:轻工业	203	48	913.04	75.29	1826.27	899.23	564.69
重工业	520	63	8585.85	261.50	8144.10	2331.52	4808.82
按工业行业分	0	0	0	0	0	0	0
煤炭开采和洗选业	0	0	0	0	0	0	0
黑色金属矿采选业	2	2	6.27	0	13.12	6.90	2.33
有色金属矿采选业	2	0	1.26	0	4.97	0.47	3.65
非金属矿采选业	11	2	14.19	0.04	24.86	9.82	6.69
农副食品加工业	17	2	38.41	7.17	28.93	19.20	7.89
食品制造业	10	1	20.36	3.26	15.43	9.42	4.47
酒、饮料和精制茶制造业	8	4	20.10	0.47	88.54	45.39	13.90
烟草制品业	2	0	442.16	2.88	388.04	273.75	44.38
纺织业	12	0	35.99	4.26	51.02	26.05	9.69
纺织服装、服饰业	16	3	15.13	4.28	35.76	25.94	7.72
皮革、毛皮、羽毛及其制品和制鞋业	2	0	0.79	0.46	0.42	0.19	0.21
木材加工和木、竹、藤、棕、草制品业	0	0	0	0	0	0	0
家具制造业	0	0	0	0	0	0	0
造纸和纸制品业	3	3	16.83	0.68	33.16	15.06	13.79
印刷和记录媒介的复制业	16	1	21.17	0.13	24.77	12.47	10.00
文教、美工、体育和娱乐用品制造业	5	1	8.87	0.30	8.29	7.48	0.73

按行业分的规模以上国有及国有控股工业企业主要指标(续表一)

(2014年)

单位:亿元

行　　业	企业单位数(个)	亏损企业(个)	工业总产值	出口交货值	资产总计	流动资产合计	固定资产合计
石油加工、炼焦及核燃料加工业	4	2	1698.63	1.57	438.65	177.36	240.61
化学原料及化学制品制造业	38	5	627.08	21.91	524.26	204.01	234.68
医药制造业	16	1	91.49	37.88	306.34	135.06	92.86
化学纤维制造业	4	0	11.88	1.25	16.24	6.28	6.83
橡胶和塑料制品业	9	2	301.87	71.98	226.60	125.42	68.45
非金属矿物制品业	94	6	320.58	17.31	467.18	180.05	207.31
黑色金属冶炼及压延加工业	14	4	363.28	16.17	522.34	234.93	170.26
有色金属冶炼及压延加工业	7	0	116.37	0.11	48.11	39.27	6.05
金属制品业	12	1	32.36	6.16	43.35	33.95	6.86
通用设备制造业	36	2	168.51	27.34	277.45	164.13	43.56
专用设备制造业	14	4	49.99	8.51	75.40	56.40	6.87
汽车制造业	12	4	129.92	7.14	195.96	86.10	69.88
铁路船舶航空航天和其他运输设备	13	2	128.00	37.22	162.27	93.43	42.88
电气机械及器材制造业	20	2	84.28	4.14	103.85	67.43	15.88
计算机、通信和其他电子设备制造业	25	3	157.05	53.68	241.21	202.07	12.82
仪器仪表制造业	6	0	10.94	0.05	8.30	6.40	1.08
其他制造业	4	2	9.43	0	7.04	6.09	0.68
废弃资源综合利用业	2	0	2.17	0	2.73	0.47	1.57
金属制品、机械和设备修理业	3	0	6.11	0.44	13.41	7.83	4.82
电力、热力生产和供应业	156	7	4034.95	0	4471.19	517.17	3433.49
燃气生产和供应业	28	5	374.30	0	258.33	65.73	147.10
水的生产和供应业	100	40	138.18	0	842.85	268.65	433.52

按行业分的规模以上国有及国有控股工业企业主要指标(二)

(2014年)

单位:亿元

行业	固定资产原价	固定资产净值	年末负债合计	流动负债	非流动负债	年末所有者权益合计	实收资本
总计	8563.81	4894.15	5600.53	3477.30	2091.82	4358.64	1966.06
按登记注册类型分	0	0	0	0	0	0	0
# 国有	2985.50	1597.17	1557.24	934.63	622.05	1169.80	139.11
集体	0	0	0	0	0	0	0
私营	1.08	0.72	0.69	0.69	0	1.02	0.58
港澳台商投资	197.66	136.27	196.19	156.77	39.42	148.25	120.77
外商投资	495.56	303.90	279.67	212.06	65.93	330.43	248.69
在总计中:轻工业	839.22	470.44	812.37	500.61	287.33	1008.51	262.60
重工业	7724.59	4423.71	4788.15	2976.68	1804.49	3350.13	1703.45
按工业行业分	0	0	0	0	0	0	0
煤炭开采和洗选业	0	0	0	0	0	0	0
黑色金属矿采选业	5.09	2.33	3.41	3.41	0.01	9.70	1.76
有色金属矿采选业	4.41	3.60	1.13	1.09	0.05	3.84	3.29
非金属矿采选业	8.76	5.28	20.50	19.63	0.81	4.35	3.42
农副食品加工业	13.33	7.15	17.40	14.98	2.34	11.47	5.94
食品制造业	5.86	3.59	8.78	8.31	0.47	6.65	2.51
酒、饮料和精制茶制造业	24.09	13.17	31.31	15.03	16.28	57.23	7.14
烟草制品业	95.75	44.38	73.38	73.38	0	314.67	9.76
纺织业	16.84	9.60	27.26	23.11	4.15	23.26	3.33
纺织服装、服饰业	11.95	5.75	10.40	7.95	0.15	25.36	4.11
皮革、毛皮、羽毛及其制品和制鞋业	0.46	0.21	0.25	0.25	0	0.18	0.07
木材加工和木、竹、藤、棕、草制品业	0	0	0	0	0	0	0
家具制造业	0	0	0	0	0	0	0
造纸和纸制品业	34.91	13.79	16.18	13.58	2.60	16.98	7.85
印刷和记录媒介的复制业	18.66	10	8.72	8.65	0.07	16.03	7.30
文教、美工、体育和娱乐用品制造业	0.84	0.72	1.71	1.69	0.02	6.58	0.32

按行业分的规模以上国有及国有控股工业企业主要指标(续表二)

(2014 年)

单位:亿元

行　业	固定资产原价	固定资产净值	年末负债合计	流动负债	非流动负债	年末所有者权益合计	实收资本
石油加工、炼焦及核燃料加工业	370.84	176.66	180.95	180.88	0.06	257.71	254.98
化学原料及化学制品制造业	367.02	231.09	278.02	217.68	56.19	246.25	75.84
医药制造业	99.11	63.67	100.08	59.57	40.51	206.26	37.27
化学纤维制造业	11.58	5.76	4.79	4.06	0.42	10.49	7.43
橡胶和塑料制品业	112.55	61.49	153.32	121.43	30.98	73.29	13.77
非金属矿物制品业	300.11	196.50	252.76	195.00	57.68	215.19	119.26
黑色金属冶炼及压延加工业	338.27	166.57	323.38	265.66	57.72	198.96	145.41
有色金属冶炼及压延加工业	5.80	3.56	40.05	36.36	3.69	8.06	1.47
金属制品业	11.50	6.72	29.05	28.38	0.53	14.25	8.63
通用设备制造业	69.28	42.26	142.39	123.97	18.42	135.06	43.96
专用设备制造业	9.66	5.72	53.07	51.12	1.95	22.33	11.86
汽车制造业	86.18	64.06	145.94	110.96	34.98	50.02	68.19
铁路船舶航空航天和其他运输设备	68.50	42.81	105.62	84.64	20.09	56.64	26.00
电气机械及器材制造业	18.93	12.78	83.90	69.85	13.98	19.95	12.95
计算机、通信和其他电子设备制造业	32.20	12.80	166.32	150.22	16.09	71.74	42.63
仪器仪表制造业	1.86	1.08	3.50	3.44	0.04	4.80	2.71
其他制造业	0.83	0.46	4.12	4.10	0.02	2.92	1.82
废弃资源综合利用业	2.34	1.57	0.61	0.48	0.13	2.12	0.57
金属制品、机械和设备修理业	7.06	4.80	7.369	7.17	0.22	6.02	5.09
电力、热力生产和供应业	5619.30	3173.78	2630.83	1261.60	1367.85	1833.88	765.24
燃气生产和供应业	174.89	140.01	162.12	67.78	94.12	96.21	74.97
水的生产和供应业	615.08	360.44	511.19	241.88	249.24	330.18	189.18

按行业分的规模以上国有及国有控股工业企业主要指标(三)

(2014年)

单位:亿元

行业	主营业务收入	主营业务成本	主营业务税金及附加	利润总额	利税总额	本年应交增值税	全部从业人员年平均人数(万人)
总计	9297.00	7884.81	452.65	543.24	1350.71	352.68	32.76
按登记注册类型分	0	0	0	0	0	0	0
# 国有	3248.30	2947.02	106.14	81.81	294.25	105.55	8.47
集体	0	0	0	0	0	0	0
私营	3.21	2.90	0.01	0.18	0.26	0.07	0.03
港澳台商投资	490.80	427.81	32.72	18.76	85.68	34.18	1.05
外商投资	545.46	459.76	2.19	49.86	64.29	12.24	2.56
在总计中:轻工业	900.56	460.50	270.77	71.43	411.58	68.54	8.61
重工业	8396.44	7424.30	181.88	471.82	939.13	284.14	24.15
按工业行业分	0	0	0	0	0	0	0
煤炭开采和洗选业	0	0	0	0	0	0	0
黑色金属矿采选业	6.15	5.15	0.11	-0.29	0.04	0.22	0.12
有色金属矿采选业	1.24	0.72	0.03	0.01	0.18	0.14	0.06
非金属矿采选业	14.53	8.62	0.68	1.92	3.65	1.04	0.26
农副食品加工业	36.77	33.64	0.09	0.68	1.21	0.43	0.64
食品制造业	16.92	12.95	0.10	1.64	2.31	0.57	0.39
酒、饮料和精制茶制造业	21.03	13.99	1.33	2	4.65	1.31	0.56
烟草制品业	418.34	79.73	266.21	36.80	355.16	52.13	0.36
纺织业	36.76	33.36	0.13	1.74	2.64	0.75	0.51
纺织服装、服饰业	14.67	8.99	0.18	1.82	3.81	1.78	0.64
皮革、毛皮、羽毛及其制品和制鞋业	0.78	0.52	0.02	0.18	0.28	0.09	0.02
木材加工和木、竹、藤、棕、草制品业	0	0	0	0	0	0	0
家具制造业	0	0	0	0	0	0	0
造纸和纸制品业	19.79	16.82	0.11	-0.27	0.71	0.86	0.31
印刷和记录媒介的复制业	24.57	21.80	0.06	1.57	2.16	0.50	0.29
文教、美工、体育和娱乐用品制造业	8.48	4.17	0.15	3.94	4.42	0.33	0.04

按行业分的规模以上国有及国有控股工业企业主要指标(续表三)

(2014年)

单位:亿元

行　　业	主营业务收入	主营业务成本	主营业务税金及附加	利润总额	利税总额	本年应交增值税	全部从业人员年平均人数(万人)
石油加工、炼焦及核燃料加工业	1410.40	1216.01	148.93	37.33	244.61	58.35	0.73
化学原料及化学制品制造业	709.63	622.57	2.99	53.77	75.81	19.05	2.61
医药制造业	93.68	61.74	0.52	11.81	16.27	3.93	1.43
化学纤维制造业	11.39	8.52	0.06	1.83	2.37	0.47	0.07
橡胶和塑料制品业	273.03	239.11	1.18	11.89	15.53	2.47	1.69
非金属矿物制品业	319.44	252.63	1.75	38.82	55.57	14.91	2.50
黑色金属冶炼及压延加工业	372.15	349.34	1.19	17.04	26.91	8.68	1.48
有色金属冶炼及压延加工业	123.60	120.42	0.20	0.94	1.81	0.67	0.13
金属制品业	47.26	42.79	0.16	1.26	2.40	0.97	0.17
通用设备制造业	166.63	135.72	0.76	10.98	16.50	4.76	1.70
专用设备制造业	43.14	37.52	0.07	1.43	2.79	1.29	0.46
汽车制造业	128.69	114.57	4.85	-0.90	8.03	4.05	0.86
铁路船舶航空航天和其他运输设备	105.87	93.76	1.06	2.39	4.84	1.38	1.36
电气机械及器材制造业	78.46	63.21	0.27	1.56	3.40	1.48	0.61
计算机、通信和其他电子设备制造业	237.46	218.33	0.44	9.90	14.45	3.50	1.28
仪器仪表制造业	10.12	8.66	0.10	0.38	0.81	0.32	0.09
其他制造业	9.11	8.12	0.02	0.17	0.37	0.18	0.03
废弃资源综合利用业	2.17	0.96	0.02	0.86	1.07	0.19	0.03
金属制品、机械和设备修理业	6.68	5.55	0.03	0.37	0.61	0.21	0.13
电力、热力生产和供应业	4011.45	3571.62	17.61	276.81	453.90	158.52	8.33
燃气生产和供应业	375.71	359.53	0.50	8.85	12.24	2.82	0.42
水的生产和供应业	140.91	113.67	0.74	4.02	9.2	4.3	2.45

按行业分的规模以上国有及国有控股工业企业主要指标(四)

(2014年)

单位:亿元

行　　业	每百元固定资产原值实现利税(元)	每百元主营业务收入实现利税(元)	产品销售率(%)	出口交货值占工业销售(%)	新产品产值率(%)
总计	15.77	14.53	98.57	3.60	10.67
按登记注册类型分	0	0	0	0	0
# 国有	9.86	9.06	99.58	0.31	1.03
集体	0	0	0	0	0
私营	24.17	8.12	100.01	0	0
港澳台商投资	43.34	17.46	93.83	1.85	13.74
外商投资	12.97	11.79	97.96	16.17	18.82
在总计中:轻工业	49.04	45.70	96.33	8.56	13.85
重工业	12.16	11.18	98.81	3.08	10.34
按工业行业分	0	0	0	0	0
煤炭开采和洗选业	0	0	0	0	0
黑色金属矿采选业	0.71	0.59	96.01	0	0
有色金属矿采选业	4.02	14.35	99.74	0	0
非金属矿采选业	41.62	25.09	106.65	0.27	0
农副食品加工业	9.06	3.29	99.89	18.68	6.95
食品制造业	39.37	13.64	83.52	19.17	25.46
酒、饮料和精制茶制造业	19.28	22.09	90.01	2.60	8.58
烟草制品业	370.93	84.90	94.98	0.69	0.44
纺织业	15.67	7.18	95.56	12.39	25.64
纺织服装、服饰业	31.91	25.99	97.71	28.93	0.64
皮革、毛皮、羽毛及其制品和制鞋业	61.81	36.27	98.70	59.24	59.70
木材加工和木、竹、藤、棕、草制品业	0	0	0	0	0
家具制造业	0	0	0	0	0
造纸和纸制品业	2.04	3.60	99.20	4.09	32.00
印刷和记录媒介的复制业	11.57	8.79	100.90	0.63	0.60
文教、美工、体育和娱乐用品制造业	525.48	52.19	90.68	3.73	0

按行业分的规模以上国有及国有控股工业企业主要指标(续表四)

(2014年)

单位:亿元

行　　业	每百元固定资产原值实现利税(元)	每百元主营业务收入实现利税(元)	产品销售率(%)	出口交货值占工业销售(%)	新产品产值率(%)
石油加工、炼焦及核燃料加工业	65.96	17.34	98.28	0.09	0.55
化学原料及化学制品制造业	20.66	10.68	95.15	3.67	30.47
医药制造业	16.42	17.37	103.09	40.16	61.19
化学纤维制造业	20.47	20.81	91.12	11.53	3.45
橡胶和塑料制品业	13.80	5.69	98.31	24.25	33.49
非金属矿物制品业	18.52	17.40	98.63	5.47	15.11
黑色金属冶炼及压延加工业	7.96	7.23	100.10	4.45	16.99
有色金属冶炼及压延加工业	31.14	1.46	100.10	0.09	26.91
金属制品业	20.86	5.08	103.3	18.47	51.50
通用设备制造业	23.81	9.90	99.83	16.25	59.61
专用设备制造业	28.91	6.47	98.37	17.31	39.97
汽车制造业	9.32	6.24	98.64	5.57	71.23
铁路船舶航空航天和其他运输设备	7.06	4.57	98.52	29.51	54.31
电气机械及器材制造业	17.96	4.33	92.85	5.29	61.68
计算机、通信和其他电子设备制造业	44.89	6.09	91.94	37.81	77.52
仪器仪表制造业	43.34	7.98	85.55	0.52	55.96
其他制造业	44.54	4.07	100.76	0	8.58
废弃资源综合利用业	45.62	49.14	100.00	0	0
金属制品、机械和设备修理业	8.58	9.07	100.00	7.19	0.96
电力、热力生产和供应业	8.08	11.32	99.72	0	0.19
燃气生产和供应业	7.00	3.26	99.88	0	0
水的生产和供应业	1.5	6.53	97.44	0	0.1

按行业分的规模以上私营工业企业主要经济指标(一)

(2014年)

单位:亿元

行　　业	企业单位数(个)	#亏损企业(个)	工业总产值	出口交货值	资产总计	流动资产合计	固定资产合计
总计	27557	2698	27270.94	4930.73	23305.35	14707.09	5212.19
按登记注册类型分	0	0	0	0	0	0	0
# 国有	0	0	0	0	0	0	0
集体	0	0	0	0	0	0	0
私营	27557	2698	27270.94	4930.73	23305.35	14707.09	5212.19
港澳台商投资	0	0	0	0	0	0	0
外商投资	0	0	0	0	0	0	0
在总计中:轻工业	14125	1347	13019.76	3157.92	10804.19	6800.54	2517.66
重工业	13432	1351	14251.19	1772.80	12501.16	7906.56	2694.52
按工业行业分	0	0	0	0	0	0	0
煤炭开采和洗选业	2	1	0.96	0	0.39	0.25	0.12
黑色金属矿采选业	4	1	7.37	0	3.23	2.52	0.29
有色金属矿采选业	14	1	22.85	0	22.75	10.71	2.13
非金属矿采选业	79	8	81.82	0.08	74.58	29.20	15.15
农副食品加工业	561	58	600.36	96.04	432.33	261.33	107.62
食品制造业	198	31	152.06	27.23	134.20	76.21	38.87
酒、饮料和精制茶制造业	120	8	156.75	20.75	133.42	77.58	41.54
烟草制品业	0	0	0	0	0	0	0
纺织业	3888	289	4043.90	687.22	3210.14	1964.68	828.47
纺织服装、服饰业	1790	204	1258.01	440.36	1000.37	665.83	196.88
皮革、毛皮、羽毛及其制品和制鞋业	1407	75	976.79	382.20	629.03	441.30	117.26
木材加工和木、竹、藤、棕、草制品业	366	13	312.70	48.96	196.30	123.96	49.12
家具制造业	485	53	380.27	199.90	337.01	222.30	65.58
造纸和纸制品业	612	88	592.22	14.99	605.50	384.09	159.65
印刷和记录媒介的复制业	364	40	202.85	12.76	244.00	143.50	67.28
文教、美工、体育和娱乐用品制造业	908	84	787.29	262.24	662.38	405.17	130.39

按行业分的规模以上私营工业企业主要经济指标(续表一)

(2014 年)

单位:亿元

行业	企业单位数(个)	亏损企业(个)	工业总产值	出口交货值	资产总计	流动资产合计	固定资产合计
石油加工、炼焦及核燃料加工业	30	6	39.24	0.12	17.22	10.53	4.24
化学原料及化学制品制造业	967	92	1405.47	117.77	1237.55	768.90	258.42
医药制造业	196	29	238.03	34.28	232.96	125.65	68.08
化学纤维制造业	432	47	865.40	41.88	688.56	412.21	177.68
橡胶和塑料制品业	1715	166	1552.21	281.81	1185.25	759.97	272.29
非金属矿物制品业	1054	129	1063.42	57.88	1084.41	692.15	245.52
黑色金属冶炼及压延加工业	735	72	1238.85	42.09	708.67	466.80	162.05
有色金属冶炼及压延加工业	569	79	1177.37	24.84	696.40	495.68	115.95
金属制品业	1853	196	1675.69	384.02	1414.13	916.86	316.87
通用设备制造业	2607	222	2247.08	433.29	2195.20	1358.66	477.83
专用设备制造业	1052	94	723.23	123.66	802.21	508.19	174.47
汽车制造业	1075	89	1007.62	142.17	1008.31	615.35	233.80
铁路船舶航空航天和其他运输设备	390	59	515.33	135.80	574.00	345.15	136.85
电气机械及器材制造业	2583	303	2519.57	651.81	2320.39	1536.28	421.43
计算机、通信和其他电子设备制造业	711	72	693.16	143.61	750.28	487.59	131.98
仪器仪表制造业	365	26	252.34	50.28	261.23	176.64	51.52
其他制造业	236	14	160.44	53.78	114.68	74.39	27.08
废弃资源综合利用业	94	39	210.70	0	121.03	83.09	13.73
金属制品、机械和设备修理业	29	6	45.26	18.91	53.23	17.96	23.28
电力、热力生产和供应业	46	2	52.81	0	136.16	42.31	69.01
燃气生产和供应业	12	0	7.64	0	6.80	2.15	3.76
水的生产和供应业	8	2	3.91	0	11.04	1.97	5.99

按行业分的规模以上私营工业企业主要经济指标(二)

(2014 年)

单位:亿元

行业	固定资产原价	固定资产净值	年末负债合计	流动负债	非流动负债	年末所有者权益合计	实收资本
总计	7726.00	4766.25	15010.08	13782.36	662.09	8175.94	3625.77
按登记注册类型分	0	0	0	0	0	0	0
# 国有	0	0	0	0	0	0	0
集体	0	0	0	0	0	0	0
私营	7726.00	4766.25	15010.08	13782.36	662.09	8175.94	3625.77
港澳台商投资	0	0	0	0	0	0	0
外商投资	0	0	0	0	0	0	0
在总计中:轻工业	3777.79	2309.92	7071.93	6526.23	260.93	3676.17	1534.31
重工业	3948.21	2456.33	7938.15	7256.12	401.16	4499.77	2091.46
按工业行业分	0	0	0	0	0	0	0
煤炭开采和洗选业	0.15	0.12	0.25	0.25	0	0.14	0.06
黑色金属矿采选业	0.74	0.28	2.07	0.56	0	1.16	0.77
有色金属矿采选业	3.28	1.83	13.51	12.26	0.94	8.94	3.60
非金属矿采选业	20.81	13.54	43.33	36.56	4.17	31.11	20.67
农副食品加工业	138.42	95.03	259.43	238.16	15.11	171.03	72.92
食品制造业	51.32	34.43	80.61	74.70	4.43	53.23	25.79
酒、饮料和精制茶制造业	60.86	40.17	81.49	78.73	2.27	51.79	22.88
烟草制品业	0	0	0	0	0	0	0
纺织业	1326.91	762.44	2161.30	1936.92	90.82	1027.86	429.56
纺织服装、服饰业	300.57	184.83	610.25	580.18	13.60	382.30	141.57
皮革、毛皮、羽毛及其制品和制鞋业	170.18	109.17	423.80	397.08	6.20	199.98	98.83
木材加工和木、竹、藤、棕、草制品业	65.12	45.33	117.53	109.09	3.94	77.57	31.99
家具制造业	89.81	60.72	226.77	215.92	4.07	108.09	58.68
造纸和纸制品业	233.42	150.51	425.08	395.63	12.27	178.60	95.17
印刷和记录媒介的复制业	110.00	63.13	161.48	144.64	11.41	81.54	36.94
文教、美工、体育和娱乐用品制造业	183.20	120.48	420.22	381.44	20.01	237.30	77.26

按行业分的规模以上私营工业企业主要经济指标(续表二)

(2014年)

单位:亿元

行业	固定资产原价	固定资产净值	年末负债合计	流动负债	非流动负债	年末所有者权益合计	实收资本
石油加工、炼焦及核燃料加工业	6.46	4.13	12.07	11.73	0.04	5.15	4.06
化学原料及化学制品制造业	372.19	239.46	687.94	609.47	50.86	542.12	194.35
医药制造业	92.69	58.51	138.78	124.31	13.17	94.43	42.60
化学纤维制造业	263.78	158.66	484.07	450.80	19.24	205.34	96.38
橡胶和塑料制品业	436.19	249.81	766.31	724.57	22.97	415.98	184.83
非金属矿物制品业	398.48	227.48	698.38	643.76	38.12	380.89	186.75
黑色金属冶炼及压延加工业	233.13	148.45	475.13	448.40	12.24	227.25	109.74
有色金属冶炼及压延加工业	162.29	103.16	480.80	464.93	9.83	214.17	99.64
金属制品业	440.82	287.65	896.23	840.33	25.63	504.14	223.58
通用设备制造业	704.86	438.59	1339.21	1236.21	57.78	840.96	370.33
专用设备制造业	257.69	159.82	493.38	466.57	14.80	305.75	125.15
汽车制造业	328.53	207.89	660.69	590.41	46.14	361.97	130.71
铁路船舶航空航天和其他运输设备	185.04	121.83	415.22	384.34	26.83	158.23	93.11
电气机械及器材制造业	613.72	385.25	1511.63	1391.73	68.07	783.47	390.76
计算机、通信和其他电子设备制造业	195.11	120.94	461.41	415.34	16.20	285.19	134.72
仪器仪表制造业	75.87	47.05	156.21	148.17	5.01	104.33	50.54
其他制造业	39.41	24.95	74.00	70.71	2.19	40.22	20.04
废弃资源综合利用业	18.12	12.51	103.30	72.67	7.68	17.86	13.58
金属制品、机械和设备修理业	33.17	22.93	33.56	26.53	4.97	19.67	7.96
电力、热力生产和供应业	99.59	55.95	83.29	50.59	29.59	51.71	26.32
燃气生产和供应业	5.01	3.47	3.88	3.72	0.17	2.88	1.80
水的生产和供应业	9.07	5.86	7.47	4.97	1.29	3.56	2.13

按行业分的规模以上私营工业企业主要经济指标(三)

(2014年)

单位:亿元

行　　业	主营业务收入	主营业务成本	主营业务税金及附加	利润总额	利税总额	本年应交增值税	全部从业人员年平均人数(万人)
总计	26194.21	22653.09	128.02	1313.20	2159.46	712.96	364.25
按登记注册类型分	0	0	0	0	0	0	0
# 国有	0	0	0	0	0	0	0
集体	0	0	0	0	0	0	0
私营	26194.21	22653.09	128.02	1313.20	2159.46	712.96	364.25
港澳台商投资	0	0	0	0	0	0	0
外商投资	0	0	0	0	0	0	0
在总计中:轻工业	12584.06	10915.37	62.36	604.41	1017.32	349.01	199.42
重工业	13610.15	11737.72	65.66	708.79	1142.14	363.95	164.83
按工业行业分	0	0	0	0	0	0	0
煤炭开采和洗选业	0.83	0.73	0	0.03	0.05	0.02	0
黑色金属矿采选业	6.71	6.20	0.03	0.19	0.28	0.07	0.05
有色金属矿采选业	22.88	19.05	0.29	1.79	3.31	1.23	0.19
非金属矿采选业	81.53	65.50	1.93	7.70	12.65	3.01	0.52
农副食品加工业	581.07	521.06	1.81	23.77	34.49	8.86	5.20
食品制造业	142.79	117.35	0.74	6.67	11.67	4.24	2.47
酒、饮料和精制茶制造业	155.01	118.79	1.20	14.30	21.00	5.45	1.35
烟草制品业	0	0	0	0	0	0	0
纺织业	3911.32	3488.93	19.20	182.83	301.48	99.20	47.91
纺织服装、服饰业	1210.21	1028.80	6.94	69.31	117.54	41.12	28.54
皮革、毛皮、羽毛及其制品和制鞋业	936.44	818.79	4.64	39.31	76.66	32.59	24.66
木材加工和木、竹、藤、棕、草制品业	302.90	260.66	2.72	17.77	28.76	8.24	4.06
家具制造业	359.47	301.40	1.93	15.47	29.06	11.61	8.10
造纸和纸制品业	560.95	486.32	2.92	24.41	43.19	15.79	7.11
印刷和记录媒介的复制业	195.73	166.30	1.05	8.89	16.61	6.66	3.78
文教、美工、体育和娱乐用品制造业	763.39	656.80	4.13	37.45	63.32	21.49	13.42

按行业分的规模以上私营工业企业主要经济指标(续表三)

(2014 年)

单位:亿元

行　　业	主营业务收入	主营业务成本	主营业务税金及附加	利润总额	利税总额	本年应交增值税	全部从业人员年平均人数(万人)
石油加工、炼焦及核燃料加工业	38.88	36.12	0.22	1.04	1.82	0.56	0.12
化学原料及化学制品制造业	1468.90	1247.25	6.22	83.25	129.16	39.44	9.37
医药制造业	209.63	154.24	1.31	17.57	27.23	8.33	3.01
化学纤维制造业	826.05	768.73	2.13	25.80	39.53	11.54	4.89
橡胶和塑料制品业	1490.97	1296.11	6.68	74.01	116.02	35.22	19.50
非金属矿物制品业	1015.52	857.33	5.96	60.47	103.49	36.99	10.76
黑色金属冶炼及压延加工业	1159.95	1061.12	3.40	44.81	71.27	23.01	7.74
有色金属冶炼及压延加工业	1167.07	1085.46	2.79	36.56	59.19	19.81	4.91
金属制品业	1612.49	1386.88	8.22	87.05	136.80	41.31	24.79
通用设备制造业	2137.50	1791.75	10.97	118.75	192.78	62.85	33.77
专用设备制造业	694.72	569.48	4.00	42.70	69.49	22.68	11.99
汽车制造业	986.39	821.73	6.80	62.44	101.68	29.92	16.09
铁路船舶航空航天和其他运输设备	422.78	366.01	1.89	16.70	29.74	11.10	6.26
电气机械及器材制造业	2402.63	2048.22	10.70	109.22	184.40	64.18	39.94
计算机、通信和其他电子设备制造业	655.14	536.31	3.29	44.67	67.69	19.59	12.53
仪器仪表制造业	234.45	184.27	1.50	15.19	25.61	8.87	5.28
其他制造业	153.51	132.04	0.84	7.14	12.04	4.04	3.40
废弃资源综合利用业	189.36	177.06	0.97	5.39	16.94	10.57	0.80
金属制品、机械和设备修理业	33.56	29.64	0.33	-0.04	1.86	1.57	1.15
电力、热力生产和供应业	52.18	37.32	0.24	9.96	11.81	1.61	0.54
燃气生产和供应业	7.36	5.89	0.03	0.27	0.44	0.14	0.05
水的生产和供应业	3.94	2.92	0.01	0.9	0.43	0.04	0.04

按行业分的规模以上私营工业企业主要经济指标(四)

(2014年)

单位:亿元

行业	每百元固定资产原值实现利税(元)	每百元主营业务收入实现利税(元)	产品销售率(%)	出口交货值占工业销售(%)	新产品产值率(%)
总计	27.95	8.24	96.32	18.77	26.60
按登记注册类型分	0	0	0	0	0
# 国有	0	0	0	0	0
集体	0	0	0	0	0
私营	27.95	8.24	96.32	18.77	26.60
港澳台商投资	0	0	0	0	0
外商投资	0	0	0	0	0
在总计中:轻工业	26.93	8.08	96.54	25.12	24.92
重工业	28.93	8.39	96.12	12.94	28.14
按工业行业分	0	0	0	0	0
煤炭开采和洗选业	31.67	5.77	96.62	0	10.44
黑色金属矿采选业	38.21	4.19	104.03	0	0
有色金属矿采选业	100.79	14.45	99.36	0	1.67
非金属矿采选业	60.80	15.52	99.43	0.09	1.82
农副食品加工业	24.91	5.94	96.31	16.61	12.29
食品制造业	22.75	8.18	94.60	18.93	16.98
酒、饮料和精制茶制造业	34.51	13.55	97.02	13.64	20.50
烟草制品业	0	0	0	0	0
纺织业	22.72	7.71	96.94	17.53	21.83
纺织服装、服饰业	39.11	9.71	96.77	36.17	21.36
皮革、毛皮、羽毛及其制品和制鞋业	45.05	8.19	96.49	40.55	26.65
木材加工和木、竹、藤、棕、草制品业	44.17	9.50	96.69	16.19	26.10
家具制造业	32.35	8.08	96.16	54.67	24.40
造纸和纸制品业	18.50	7.70	97.08	2.61	17.25
印刷和记录媒介的复制业	15.10	8.49	97.23	6.47	15.77
文教、美工、体育和娱乐用品制造业	34.56	8.29	97.09	34.31	28.64

按行业分的规模以上私营工业企业主要经济指标(续表四)

(2014年)

单位:亿元

行业	每百元固定资产原值实现利税(元)	每百元主营业务收入实现利税(元)	产品销售率(%)	出口交货值占工业销售(%)	新产品产值率(%)
石油加工、炼焦及核燃料加工业	28.18	4.68	98.47	0.32	12.80
化学原料及化学制品制造业	34.70	8.79	96.71	8.66	34.82
医药制造业	29.38	12.99	88.77	16.22	335.15
化学纤维制造业	14.99	4.79	97.04	4.99	32.29
橡胶和塑料制品业	26.60	7.78	96.72	18.77	27.35
非金属矿物制品业	25.97	10.19	97.46	5.58	13.81
黑色金属冶炼及压延加工业	30.57	6.14	94.80	3.58	16.12
有色金属冶炼及压延加工业	36.47	5.07	97.72	2.16	22.01
金属制品业	31.03	8.48	96.29	23.80	26.10
通用设备制造业	27.35	9.02	95.91	20.10	32.32
专用设备制造业	26.97	10.00	95.75	17.86	37.78
汽车制造业	30.95	10.31	95.97	14.70	40.56
铁路船舶航空航天和其他运输设备	16.07	7.04	91.71	28.73	32.97
电气机械及器材制造业	30.05	7.67	96.00	26.95	32.26
计算机、通信和其他电子设备制造业	34.69	10.33	95.26	21.75	40.99
仪器仪表制造业	33.75	10.92	94.10	21.18	44.22
其他制造业	30.55	7.84	95.78	35.00	21.98
废弃资源综合利用业	93.48	8.95	98.84	0	12.46
金属制品、机械和设备修理业	5.59	5.53	94.87	44.05	0.11
电力、热力生产和供应业	11.86	22.63	98.66	0	1.23
燃气生产和供应业	8.74	5.95	95.23	0	0
水的生产和供应业	4.74	10.9	100	0	19.4

按行业分的规模以上外商和港澳台投资工业企业主要经济指标(一)

(2014年) 单位:亿元

行业	企业单位数(个)	亏损企业(个)	工业总产值	出口交货值	资产总计	流动资产合计	固定资产合计
总计	6237	1234	15993.63	4432.91	15608.07	9614.88	4052.97
按登记注册类型分	0	0	0	0	0	0	0
# 国有	0	0	0	0	0	0	0
集体	0	0	0	0	0	0	0
私营	0	0	0	0	0	0	0
港澳台商投资	3142	626	7853.63	1922	8109.17	5129.86	1862.14
外商投资	3095	608	8140.00	2510.91	7498.90	4485.02	2190.83
在总计中:轻工业	3242	675	6798.40	2138.72	6546.40	4150.58	1589.91
重工业	2995	559	9195.23	2294.19	9061.67	5464.30	2463.06
按工业行业分	0	0	0	0	0	0	0
煤炭开采和洗选业	0	0	0	0	0	0	0
黑色金属矿采选业	0	0	0	0	0	0	0
有色金属矿采选业	0	0	0	0	0	0	0
非金属矿采选业	5	1	4.92	0.25	6.27	1.40	2.12
农副食品加工业	57	14	172.36	45.82	120.99	70.76	31.20
食品制造业	77	11	210.08	26.56	206.93	105.72	80.46
酒、饮料和精制茶制造业	54	8	242.34	5.07	270.23	142.69	94.18
烟草制品业	1	0	2.32	0	1.96	0.85	1.01
纺织业	695	132	1256.41	355.56	1365.19	863.86	345.86
纺织服装、服饰业	736	185	897.18	482.83	828.73	576.72	170.38
皮革、毛皮、羽毛及其制品和制鞋业	213	32	285.42	137.97	256.54	190.01	43.64
木材加工和木、竹、藤、棕、草制品业	63	4	118.38	35.09	76.63	50.89	14.18
家具制造业	150	42	329.31	171.59	311.59	209.72	66.62
造纸和纸制品业	92	14	301.99	49.09	504.08	263.29	129.58
印刷和记录媒介的复制业	35	4	69.42	17.66	79.07	52.10	18.96
文教、美工、体育和娱乐用品制造业	238	52	405.25	230.35	264.79	183.03	57.60

按行业分的规模以上外商和港澳台投资工业企业主要经济指标(续一)

(2014 年)　　单位:亿元

行　　业	企业单位数(个)	亏损企业(个)	工业总产值	出口交货值	资产总计	流动资产合计	固定资产合计
石油加工、炼焦及核燃料加工业	10	3	301.97	0.01	88.28	51.28	15.83
化学原料及化学制品制造业	331	67	1809.75	202.97	1634.47	891.46	564.77
医药制造业	85	13	381.77	78.93	347.97	233.63	78.35
化学纤维制造业	98	21	849.24	56.56	781.33	466.66	220.33
橡胶和塑料制品业	303	66	798.59	190.40	778.21	441.65	227.51
非金属矿物制品业	145	20	273.40	26.40	342.97	203.53	99.98
黑色金属冶炼及压延加工业	83	19	414.98	42.38	297.25	191.26	85.05
有色金属冶炼及压延加工业	69	22	411.29	38.09	310.23	191.68	53.08
金属制品业	298	55	429.77	189.25	405.12	253.09	101.71
通用设备制造业	643	118	1079.70	283.38	1189.42	811.02	248.37
专用设备制造业	304	55	488.08	146.88	585.42	370.68	129.07
汽车制造业	307	45	936.04	172.12	1026.78	602.24	240.11
铁路船舶航空航天和其他运输设备	58	20	213.64	158.88	196.07	119.48	56.31
电气机械及器材制造业	545	108	1295.58	421.08	1188.59	808.93	240.01
计算机、通信和其他电子设备制造业	295	56	1351.91	757.82	1179.68	860.22	193.54
仪器仪表制造业	94	14	183.84	76.09	252.28	170.19	40.62
其他制造业	40	11	65.93	22.87	66.14	46.83	16.05
废弃资源综合利用业	23	13	76.80	0.68	40.32	29.48	1.96
金属制品、机械和设备修理业	5	2	15.36	10.27	47.14	12.62	19.75
电力、热力生产和供应业	48	4	241.44	0	441.78	113.30	306.11
燃气生产和供应业	25	2	74.04	0	86.40	24.57	50.15
水的生产和供应业	12	1	5.12	0	29.23	10.02	8.51

按行业分的规模以上外商和港澳台投资工业企业主要经济指标(二)

(2014 年)　　单位:亿元

行　业	固定资产原价	固定资产净值	年末负债合计	流动负债	非流动负债	年末所有者权益合计	实收资本
总计	6393.21	3773.92	8406.35	7503.85	644.24	7155.22	4198.37
按登记注册类型分	0	0	0	0	0	0	0
# 国有	0	0	0	0	0	0	0
集体	0	0	0	0	0	0	0
私营	0	0	0	0	0	0	0
港澳台商投资	2896.67	1733.40	4477.59	3984.57	328.69	3599.88	1994.64
外商投资	3496.54	2040.52	3928.76	3519.28	315.55	3555.34	2203.74
在总计中:轻工业	2568.36	1458.02	3627.96	3264.80	234.95	2885.18	1667.23
重工业	3824.85	2315.90	4778.39	4239.05	409.29	4270.04	2531.14
按工业行业分	0	0	0	0	0	0	0
煤炭开采和洗选业	0	0	0	0	0	0	0
黑色金属矿采选业	0	0	0	0	0	0	0
有色金属矿采选业	0	0	0	0	0	0	0
非金属矿采选业	3.61	2.09	3.84	2.95	0.88	2.42	3.97
农副食品加工业	49.37	29.29	66.26	56.86	8.47	54.47	31.28
食品制造业	119.17	79.14	113.97	110.17	2.97	93.05	55.36
酒、饮料和精制茶制造业	172.19	92.54	132.14	125.88	6.02	137.93	73.04
烟草制品业	1.36	0.86	0.46	0.45	0.01	1.50	0.56
纺织业	573.25	308.17	750.19	666.77	40.65	602.99	357.93
纺织服装、服饰业	285.90	163.78	422.11	403.57	12.21	402.48	206.90
皮革、毛皮、羽毛及其制品和制鞋业	67.50	40.57	166.23	158.33	3.82	90.89	62.62
木材加工和木、竹、藤、棕、草制品业	25.31	13.16	44.94	41.30	0.46	29.99	20.29
家具制造业	94.41	57.65	202.35	191.96	3.75	107.34	84.91
造纸和纸制品业	229.04	120.55	287.36	219.84	55.09	216.12	159.44
印刷和记录媒介的复制业	32.31	17.46	36.70	33.75	0.95	41.51	19.31
文教、美工、体育和娱乐用品制造业	90.48	53.30	152.88	139.30	7.68	110.56	73.02

按行业分的规模以上外商和港澳台投资工业企业主要经济指标(续二)

(2014年) 单位:亿元

行业	固定资产原价	固定资产净值	年末负债合计	流动负债	非流动负债	年末所有者权益合计	实收资本
石油加工、炼焦及核燃料加工业	26.22	15.90	45.12	43.49	1.62	43.16	29.52
化学原料及化学制品制造业	826.77	523.78	951.27	851.06	83.19	685.39	464.72
医药制造业	113.14	73.99	156.88	146.75	5.90	190.51	83.72
化学纤维制造业	323.29	184.71	493.16	426.13	42.25	277.81	156.81
橡胶和塑料制品业	362.62	205.27	449.81	379.79	57.85	330.81	154.94
非金属矿物制品业	144.04	93.93	200.31	171.31	15.69	141.63	88.83
黑色金属冶炼及压延加工业	170.68	82.99	185.19	162.08	10.02	110.84	95.02
有色金属冶炼及压延加工业	78.93	51.19	194.50	163.47	12.41	108.81	65.13
金属制品业	152.19	95.75	208.80	190.79	9.76	195.82	129.56
通用设备制造业	389.36	236.83	623.30	582.13	24.30	565.38	310.14
专用设备制造业	198.76	118.42	269.42	249.90	17.42	314.82	160.16
汽车制造业	347.56	227.47	521.46	468.10	48.38	503.49	280.72
铁路船舶航空航天和其他运输设备	87.95	55.09	116.86	112.16	2.94	79.44	34.56
电气机械及器材制造业	398.07	225.96	678.14	603.37	61.85	509.19	316.24
计算机、通信和其他电子设备制造业	371.88	181.70	507.85	480.33	16.91	669.59	312.26
仪器仪表制造业	71.82	38.91	95.36	87.82	7.33	157.10	58.33
其他制造业	24.70	14.70	43.71	42.29	0.74	22.42	16.23
废弃资源综合利用业	3.68	1.87	29.70	22.95	0.04	9.27	8.37
金属制品、机械和设备修理业	22.04	14.88	31.04	20.36	8.08	16.10	16.78
电力、热力生产和供应业	466.67	295.34	159.44	105.20	52.90	282.34	229.45
燃气生产和供应业	57.21	48.94	53.51	37.35	15.53	32.89	25.28
水的生产和供应业	11.75	7.76	12.09	5.9	6.18	17.14	12.97

按行业分的规模以上外商和港澳台投资工业企业主要经济指标(三)

(2014年) 单位:亿元

行业	主营业务收入	主营业务成本	主营业务税金及附加	利润总额	利税总额	本年应交增值税	全部从业人员年平均人数(万人)
总计	15305.50	12833.04	103.40	1021.31	1554.97	429.44	176.33
按登记注册类型分	0	0	0	0	0	0	0
# 国有	0	0	0	0	0	0	0
集体	0	0	0	0	0	0	0
私营	0	0	0	0	0	0	0
港澳台商投资	7514.91	6372.14	64.87	474.90	758.26	218	87.04
外商投资	7790.59	6460.90	38.54	546.41	796.71	211.44	89.28
在总计中:轻工业	6505.50	5359.34	34.40	441.39	677.60	201.26	97.32
重工业	8800	7473.70	69	579.92	877.37	228.18	79.01
按工业行业分	0	0	0	0	0	0	0
煤炭开采和洗选业	0	0	0	0	0	0	0
黑色金属矿采选业	0	0	0	0	0	0	0
有色金属矿采选业	0	0	0	0	0	0	0
非金属矿采选业	4.93	2.95	0.38	0.44	1.04	0.22	0.04
农副食品加工业	166.45	153.80	0.27	3.30	6.75	3.18	1.34
食品制造业	200.08	156.69	0.82	17.87	27.44	8.73	2.32
酒、饮料和精制茶制造业	229.88	162.44	6.84	24.28	41.17	10.03	2.20
烟草制品业	2.25	1.13	0.03	0.79	1.04	0.21	0.02
纺织业	1207.27	1048.34	5.34	70.43	111.46	35.59	18.36
纺织服装、服饰业	859.83	725.65	5.09	41.01	76.25	30.09	27.35
皮革、毛皮、羽毛及其制品和制鞋业	274.91	238.93	1.22	12.45	22.64	8.96	6.26
木材加工和木、竹、藤、棕、草制品业	112.24	97.87	0.97	4.79	8.11	2.34	1.17
家具制造业	315.89	260.29	1.58	19.28	30.86	9.88	6.27
造纸和纸制品业	253.76	210.39	1.07	15.72	23.82	7.01	2.34
印刷和记录媒介的复制业	67.55	54.94	0.33	6.57	9.37	2.47	1.03
文教、美工、体育和娱乐用品制造业	391.75	340.22	1.61	18.53	27.09	6.90	5.98

按行业分的规模以上外商和港澳台投资工业企业主要经济指标(续三)

(2014 年) 单位:亿元

行业	主营业务收入	主营业务成本	主营业务税金及附加	利润总额	利税总额	本年应交增值税	全部从业人员年平均人数(万人)
石油加工、炼焦及核燃料加工业	266.64	234.76	30.22	3.54	61.74	27.98	0.14
化学原料及化学制品制造业	1764.99	1535.12	4.37	67.64	111.64	39.62	5.01
医药制造业	346.25	199.82	2.93	50.47	76.05	22.64	3.18
化学纤维制造业	831.98	755.65	1.61	45.46	58.92	11.79	3.07
橡胶和塑料制品业	746.55	634.17	3.23	43.92	61.16	13.95	7.21
非金属矿物制品业	270.71	231.55	1.28	14.09	22.61	7.24	2.74
黑色金属冶炼及压延加工业	413.21	386.34	0.76	9.37	14.76	4.62	1.60
有色金属冶炼及压延加工业	398.01	372.17	0.77	12.26	19.44	6.41	1.48
金属制品业	415.50	361.13	1.91	17.49	27.61	8.18	6.33
通用设备制造业	1054.49	845.76	5.27	87.72	130.82	37.77	13.79
专用设备制造业	472.97	370.58	2.59	42.57	60.41	15.23	6.46
汽车制造业	862.48	703.15	8.79	82.03	117.45	26.62	9.62
铁路船舶航空航天和其他运输设备	145.05	128.63	0.46	4.37	6.87	2.03	1.63
电气机械及器材制造业	1269.19	1069.58	4.86	69.29	102.39	28.17	16.44
计算机、通信和其他电子设备制造业	1312.16	1036.41	5.79	160.26	197.40	31.31	16.35
仪器仪表制造业	176.54	135.99	0.99	18.00	24.64	5.64	3.56
其他制造业	61.64	52.99	0.25	2.41	3.88	1.21	1.38
废弃资源综合利用业	78.91	78.92	0.10	-6.38	-5.39	0.88	0.51
金属制品、机械和设备修理业	13.27	10.77	0.08	-0.44	0.17	0.53	0.17
电力、热力生产和供应业	237.77	166.65	1.21	55.90	68.18	11.07	0.62
燃气生产和供应业	74.39	65.42	0.34	4.64	5.83	0.85	0.29
水的生产和供应业	6	3.84	0.04	1.22	1.6	0.09	0.06

按行业分的规模以上外商和港澳台投资工业企业主要经济指标(四)

(2014 年)

单位:亿元

行　　业	每百元固定资产原值实现利税(元)	每百元主营业务收入实现利税(元)	产品销售率(%)	出口交货值占工业销售(%)	新产品产值率(%)
总计	24.32	10.16	96.70	28.66	31.08
按登记注册类型分	0	0	0	0	0
# 国有	0	0	0	0	0
集体	0	0	0	0	0
私营	0	0	0	0	0
港澳台商投资	26.18	10.09	96.33	25.41	32.77
外商投资	22.79	10.23	97.06	31.78	29.45
在总计中:轻工业	26.38	10.42	96.53	32.59	30.70
重工业	22.94	9.97	96.82	25.77	31.36
按工业行业分	0	0	0	0	0
煤炭开采和洗选业	0	0	0	0	0
黑色金属矿采选业	0	0	0	0	0
有色金属矿采选业	0	0	0	0	0
非金属矿采选业	28.75	21.03	99.73	5.01	1.14
农副食品加工业	13.67	4.05	96.84	27.45	8.59
食品制造业	23.03	13.72	98.24	12.87	14.17
酒、饮料和精制茶制造业	23.91	17.91	99.12	2.11	9.58
烟草制品业	76.10	46.06	96.97	0	11.57
纺织业	19.44	9.23	97.23	29.11	27.15
纺织服装、服饰业	26.67	8.87	97.20	55.37	34.06
皮革、毛皮、羽毛及其制品和制鞋业	33.53	8.23	96.58	50.05	35.71
木材加工和木、竹、藤、棕、草制品业	32.05	7.22	98.02	30.24	23.57
家具制造业	32.69	9.77	95.99	54.28	38.72
造纸和纸制品业	10.40	9.39	94.02	17.29	30.11
印刷和记录媒介的复制业	28.99	13.87	97.31	26.15	38.60
文教、美工、体育和娱乐用品制造业	29.94	6.91	95.41	59.58	34.84

按行业分的规模以上外商和港澳台投资工业企业主要经济指标(续四)

(2014 年) 单位:亿元

行业	每百元固定资产原值实现利税(元)	每百元主营业务收入实现利税(元)	产品销售率(%)	出口交货值占工业销售(%)	新产品产值率(%)
石油加工、炼焦及核燃料加工业	235.49	23.15	89.82	0	0.27
化学原料及化学制品制造业	13.50	6.33	96.74	11.59	21.21
医药制造业	67.22	21.96	92	22.47	23.71
化学纤维制造业	18.23	7.08	94.45	7.05	29.57
橡胶和塑料制品业	16.87	8.19	97.94	24.34	24.46
非金属矿物制品业	15.70	8.35	98.17	9.84	31.83
黑色金属冶炼及压延加工业	8.65	3.57	95.63	10.68	19.91
有色金属冶炼及压延加工业	24.64	4.89	96.81	9.57	26.58
金属制品业	18.14	6.65	96.28	45.73	23
通用设备制造业	33.60	12.41	97.05	27.04	38.40
专用设备制造业	30.40	12.77	98.20	30.65	40.17
汽车制造业	33.79	13.62	95.85	19.18	46.44
铁路船舶航空航天和其他运输设备	7.81	4.74	100.56	73.95	35.69
电气机械及器材制造业	25.72	8.07	97.42	33.36	44.64
计算机、通信和其他电子设备制造业	53.08	15.04	97.37	57.57	47.38
仪器仪表制造业	34.30	13.96	96.29	42.98	42.32
其他制造业	15.69	6.29	97.14	35.70	28.47
废弃资源综合利用业	-146.43	-6.84	103.18	0.86	0.02
金属制品、机械和设备修理业	0.78	1.29	99.91	66.91	0.04
电力、热力生产和供应业	14.61	28.68	99.05	0	1.37
燃气生产和供应业	10.20	7.84	99.20	0	0
水的生产和供应业	11.57	22.65	99.73	0	1.35

全社会用电情况

（2011-2014 年）

单位:万千瓦时

指　　标	2011 年	2012 年	2013 年	2014 年
全社会用电总计	31169134	32105518	34530507	35063863
全行业用电总计	27642805	28186507	30130010	30851838
第一产业	193595	210895	240911	234350
第二产业	24271987	24487542	25981999	26525304
全行业用电按行业分	3177223	3488070	3907100	4092184
农林牧渔业	193595	210895	240911	234350
工业	23831545	24027285	25453614	25972814
采矿业	208909	202208	196307	178179
制造业合计	20130822	20299377	21346741	21911696
电力燃气及水的生产和供应业	3491814	3525700	3910567	3882938
建筑业	440442	460257	528384	552490
交通运输、仓储、邮政业	317771	332122	405215	448770
信息传输、计算机服务软件业	232594	260184	290584	322866
商业、住宿和餐饮业	1118963	1223055	1346738	1388438
金融房地产商务及居民服务业	567553	633225	725133	764908
公共事业及管理组织	940341	1039485	1139431	1167202
城乡居民生活用电合计	3526329	3919011	4400497	4212025
城镇居民	1865688	2083490	2332496	2241231
乡村居民	1660642	1835521	2068001	1970794

建筑业企业主要指标(1990-2014 年)

年　份	建筑业企业单位数(个)	#其他经济类型	建筑业企业平均从业人数(万人)	#其他经济类型	建筑业总产值Θ(亿元)	#其他经济类型
1990	2550		67.37		78.98	
1991	2503		70.46		92.83	
1992	2450	24	75.25	0.68	134.00	1.80
1993	2901	20	97.28	0.50	260.54	1.62
1994	3538	50	127.89	1.11	470.79	4.58
1995	3549	115	144.21	5.17	710.23	35.79
1996	3691	666	145.32	18.24	845.68	104.46
1997	3937	969	141.22	24.21	883.33	154.07
1998	3540	167	142.51	45.17	942.53	306.62
1999	3657	1994	150.63	66.37	1128.28	499.57
2000	3592	3238	165.90	97.14	1383.77	841.47
2001	3370	2595	185.17	140.61	1768.45	1365.60
2002	3210	2801	201.10	171.49	2282.99	1959.72
2003	3514	3131	247.22	218.94	3127.28	2802.02
2004	4053	3756	276.87	256.39	3911.30	3623.30
2005	4226	3942	322.12	302.82	4743.30	4450.60
2006	4482	4234	370.92	353.75	5701.00	5445.70
2007	4688	4465	427.52	411.58	7036.80	6778.30
2008	5259	5042	465.48	451.42	8268.60	8004.50
2009	5392	5185	530.95	517.54	9746.21	9474.70
2010	5627	5419	615.65	602.72	12210.90	11956.22
2011	5969	5771	601.42	590.19	15171.80	14859.10
2012	6286	6087	677.21	663.48	17656.00	17290.00
2013	6634	6500	739.18	728.93	20658.80	20360.10
2014	6725	6611	804.96	795.29	22668.20	22404.58

各地建筑业企业单位数(2007-2014 年)

单位:个

地区	2007	2008	2009	2010	2011	2012	2013	2014
合 计	4333	4728	4855	5111	5430	5726	6066	6185
杭州市	972	1174	1230	1331	1373	1430	1515	1476
宁波市	674	687	729	753	844	922	976	986
温州市	530	561	551	547	593	617	639	652
嘉兴市	245	248	247	271	291	308	325	322
湖州市	188	148	166	178	197	205	216	230
绍兴市	486	530	534	541	572	620	661	707
金华市	497	543	547	583	625	666	687	731
衢州市	129	154	175	197	208	212	226	235
舟山市	103	112	119	118	121	122	133	142
台州市	355	398	385	408	402	411	438	454
丽水市	154	173	172	184	204	213	250	250

各地建筑业企业年末从业人员(2007-2014 年)

单位:万人

地区	2007	2008	2009	2010	2011	2012	2013	2014
合 计	406.53	428.62	487.76	566.16	541.84	640.91	682.34	723.86
杭州市	75.82	80.12	92.30	111.73	91.55	100.29	102.12	105.75
宁波市	50.03	51.38	64.04	74.36	86.68	95.59	107.14	112.42
温州市	28.29	29.11	32.26	36.42	40.44	46.26	52.85	55.12
嘉兴市	15.81	18.86	22.89	30.09	24.67	27.48	24.75	26.47
湖州市	11.57	10.94	12.71	14.13	11.76	16.33	17.54	18.23
绍兴市	112.27	117.86	128.49	143.61	149.26	171.37	180.49	190.31
金华市	54.30	56.39	62.56	73.97	52.92	91.62	95.97	101.81
衢州市	7.57	8.51	9.89	11.98	13.17	14.49	16.44	17.11
舟山市	4.03	4.76	5.30	6.50	6.63	6.41	7.36	8.17
台州市	41.14	45.27	51.17	55.66	57.55	63.28	68.65	78.17
丽水市	5.70	5.42	6.15	7.72	7.20	7.80	9.04	10.31

各地建筑业企业总产值(2007–2014 年)

单位:亿元

地区	2007	2008	2009	2010	2011	2012	2013	2014
合 计	6971.7	8158.7	9588.9	12008.7	14907.4	17332.6	20200.0	22668.2
杭州市	1484.5	1800.5	2110.2	2663.8	3032.5	3307.6	3755.5	3971.4
宁波市	796.4	921.5	1077.7	1425.1	1933.4	2509.1	3135.5	3714.1
温州市	395.6	458.7	540.8	610.8	791.0	964.7	1149.1	1255.2
嘉兴市	237.3	315.5	407.2	589.9	764.3	844.3	942.5	984.7
湖州市	208.0	215.5	283.5	354.2	433.6	464.9	526.7	590.9
绍兴市	2112.6	2413.3	2750.9	3263.4	4212.2	4847.7	5523.3	6178.1
金华市	879.4	995.3	1197.3	1566.7	1914.7	2321.3	2711.6	3044.2
衢州市	106.8	133.8	164.5	225.6	266.6	300.1	371.9	406.0
舟山市	70.6	94.1	103.7	133.8	160.8	163.6	179.8	210.1
台州市	600.5	716.8	852.8	1034.4	1243.5	1448.1	1695.9	2069.8
丽水市	80.2	93.8	100.4	141.1	155.0	161.2	208.2	243.6

各地区按登记注册类型分的建筑业企业单位数

(2014 年)

单位:个

地区	建筑业企业单位数	内资企业	#国有企业	#集体企业	#股份合作企业	#私营企业	港澳台商投资企业	外商投资企业
合 计	6185	6157	42	70	10	4648	22	6
杭州市	1476	1466	13	10	1	1101	7	3
宁波市	986	983	5	3	2	858	2	1
温州市	652	652	4	23	4	408		
嘉兴市	322	322		1	1	276		
湖州市	230	227	8	3		108	3	
绍兴市	707	700		6		521	5	2
金华市	731	728	4	10	1	586	3	
衢州市	235	235	1	1	0	209		
舟山市	142	141	3	2	0	115	1	
台州市	454	453	3	8	1	254	1	
丽水市	250	250	1	3	0	212		

各地区按登记注册类型分的建筑业企业年末从业人员

(2014 年底)

单位:人

地区	年末从业人员	内资企业	#国有企业	#集体企业	#股份合作企业	#私营企业	港澳台商投资企业	外商投资企业
合　计	7238607	7201964	23830	74075	6677	4235696	19884	16759
杭州市	1057484	1053855	7259	1085		487644	2091	1538
宁波市	1124216	1123517	3382	333	4042	88738	676	23
温州市	551220	551220	618	22092	264	283835		
嘉兴市	264713	264713		22	353	206620		
湖州市	182281	182119	4822	1083		57009	162	
绍兴市	1903095	1875993		4612		1152475	11904	15198
金华市	1018050	1013105	2931	4188	1038	528112	4945	
衢州市	171060	171060	403	63		153429		
舟山市	81703	81681	1466	646		59249	22	
台州市	781733	781649	2856	39379	980	395964	84	
丽水市	103052	103052	93	572		92621		

各地区按登记注册类型分的建筑业总产值

(2014 年)

单位:万元

地区	建筑业总产值	内资企业	#国有企业	#集体企业	#股份合作企业	#私营企业	港澳台商投资企业	外商投资企业
合　计	226681864	225210395	920193	1715848	278717	117797233	760173	711296
杭州市	39713876	39505447	437312	19559	3	13332298	164488	43941
宁波市	37141369	37108369	101260	9371	221902	24147665	32865	134
温州市	12552128	12552128	20161	576276	5856	6091479		
嘉兴市	9847473	9847473		338	9420	7209807		
湖州市	5908640	5906142	111961	16692		1578096	2498	
绍兴市	61781500	60608243		126146		33995793	506036	667221
金华市	30442218	30389628	118888	90717	15908	13642133	52590	
衢州市	4059795	4059795	6156	722		3548674		
舟山市	2100896	2100295	56564	11414		1413210	601	
台州市	20698072	20696977	65534	844421	25628	10684508	1095	
丽水市	2435899	2435899	2358	20193		2153569		

建筑业企业财务状况(一)

(2014 年)

单位:万元

指　　标	资产合计	流动资产小计	固定资产小计	流动负债小计	非流动负债合计	负债合计
总计	109322066	88857764	10433547	61693155	2342353	65516847
#特、一、二级企业	94999863	77458669	8505757	54457905	1977733	57687668
#国有及国有控股	10647597	8864414	796556	7305373	764634	8299098
按登记注册类型分组						
内资企业	108616409	88247065	10370277	61289656	2322114	65092559
#国有企业	984095	825589	87305	567733	179619	752925
集体企业	827632	699826	90011	560319	7532	581749
股份合作企业	81328	71613	7389	36490	614	41983
私营企业	53385105	42947907	5829738	27223930	557721	28411306
港、澳、台商投资企业	620732	537731	56797	358800	20283	379633
外商投资企业	84925	72968	6473	44699	–43	44656
按国民经济行业分组						
房屋建筑业	67673172	56306027	5825952	39259997	1302432	41408981
土木工程建筑业	29588658	22668448	3545033	15348464	742714	16676030
建筑安装业	5507993	4512701	563086	3497893	110172	3625591
建筑装饰和其他建筑业	6553243	5370588	499477	3586801	187037	3806245

指　　标	所有者权益合计	工程结算收入	工程结算成本	工程结算税金及附加	管理费用	财务费用
总计	43805219	178571780	161442488	6062562	3535002	1313796
#特、一、二级企业	37312195	162044977	147117175	5495572	2804114	1209626
#国有及国有控股	2348499	10962189	9965386	272823	3822871	45435
按登记注册类型分组						
内资企业	43523851	177593793	160540739	6035281	3513494	1300857
#国有企业	231171	954888	870243	25595	35377	1511
集体企业	245884	1282580	1181817	45220	29909	4278
股份合作企业	39345	154254	141101	4805	2228	–404
私营企业	24973799	93830987	84445816	3307595	1934535	719028
港、澳、台商投资企业	241099	607745	556101	14739	16463	11839
外商投资企业	40269	370241	345649	12542	5044	1099
按国民经济行业分组						
房屋建筑业	26263191	127688918	117001742	4400767	1698908	919296
土木工程建筑业	12912628	36926506	32672609	1252432	1174823	293185
建筑安装业	1882402	6537435	5643225	168878	364319	44299
建筑装饰和其他建筑业	2746999	7418921	6124912	240485	296952	57016

建筑企业财务状况(续一)

(2014 年)

单位:万元

指标	营业利润	利润总额	应交所得税	应付职工薪酬
总计	5707869	5762692	1365223	32171925
#特、一、二级企业	5005743	505696	1176460	29395374
#国有及国有控股	336663	344052	82380	1805731
按登记注册类型分组				
内资企业	5700759	5755117	1356939	31978255
#国有企业	25592	25656	7837	136598
集体企业	24122	23940	8118	312045
股份合作企业	6913	7657	2302	40630
私营企业	3114097	3128924	797208	17112545
港、澳、台商投资企业	1490	2171	6813	76794
外商投资企业	5620	5405	1454	116876
按国民经济行业分组				
房屋建筑业	3627343	3665566	851489	24039620
土木工程建筑业	1438374	1441521	357753	5955453
建筑安装业	301032	309470	74103	898684
建筑装饰和其他建筑业	341120	346135	81878	1278169

国有建筑企业主要经济指标(2009–2014 年)

指　　标	2009	2010	2011	2012	2013	2014
建筑业总产值(亿元)	156.8	125.9	166.1	181.9	125.6	92.0
增加值(亿元)	29.4	25.8	28.7	38.0	35.5	19.7
实现利润总额(亿元)	4.1	3.7	4.5	4.2	7.4	2.6
上缴税金(亿元)	5.0	4.1	5.3	5.2	3.8	2.7
房屋建筑施工面积(万平方米)	556.5	85.2	99.1	80.5	55.7	30.8
房屋建筑竣工面积(万平方米)	140.5	32.0	52.1	38.7	22.1	13.4
计算劳动生产率的平均人数(万人)	6.1	5.0	4.8	5.7	3.1	2.5
年末拥有固定资产合计(亿元)	28.5	15.1	17.6	17.8	17.3	8.7
年末拥有机械设备总功率(万千瓦)	50.0	46.0	54.4	39.7	26.9	13.9
年末拥有机械设备净值(亿元)	9.2	8.6	9.6	7.7	7.2	2.5
全员劳动生产率						
按总产值计算(元/人)	256991	252639	346975	321032	407351	374656
按增加值计算(元/人)	48239	51706	59911	67069	115013	80292
技术装备率(元/人)	16140	19254	28687		24182	10674
动力装备率(千瓦/人)	8.8	10.3	16.3		9.0	5.9
产值利润率　(%)	2.6	2.9	2.7	2.3	5.9	2.8

私营建筑企业主要经济指标(2009-2014 年)

指　标	2009	2010	2011	2012	2013	2014
建筑业总产值(亿元)	4280.6	5935.1	7835.9	9419.2	10837.5	11779.7
增加值(亿元)	866.6	1200.8	1493.0	1976.1	2243.9	2416.3
实现利润总额(亿元)	135.8	186.6	229.5	263.1	303.6	312.9
上缴税金(亿元)	136.3	187.9	266.4	274.3	318.5	341.0
房屋建筑施工面积(万平方米)	44790.2	59529.8	76205.6	87610.2	94297.0	100205
房屋建筑竣工面积(万平方米)	20118.7	24396.2	29478.0	32780.6	34040.0	35940
计算劳动生产率的平均人数(万人)	240.7	306.7	326.6	369.6	391.8	423.2
年末拥有固定资产合计(亿元)	318.9	412.3	533.9	557.3	600.6	583.0
年末拥有机械设备总功率(万千瓦)	760.9	942.6	1093.5	1171.8	1330.4	1406.1
年末拥有机械设备净值(亿元)	175.5	219.2	257.8	278.2	293.5	289.4
全员劳动生产率						
按总产值计算(元/人)	177810	193496	239929	254875	276628	278325
按增加值计算(元/人)	35998	39153	45715	53470	57276	57091
技术装备率(元/人)	7328	7085	7720	7086	7093	6832
动力装备率(千瓦/人)	3.2	3.0	3.3	3.0	3.1	3.3
产值利润率(%)	3.2	3.1	2.9	2.8	2.8	2.7

社会消费品零售总额(1986–2014)

年份	社会消费品零售总额	按地区分			按行业分		
		市	县	县以下	批发和零售业	住宿、餐饮业	其他
1986	203.49	67.15	44.71	91.63	185.26	7.90	10.33
1987	242.58	87.80	45.29	109.49	220.40	9.73	12.45
1988	325.88	132.28	51.23	142.37	298.19	12.55	15.14
1989	346.01	141.80	51.91	152.30	316.71	14.06	15.24
1990	353.75	153.27	48.55	151.93	321.45	15.90	16.40
1991	404.00	184.56	55.79	163.65	366.65	19.07	18.28
1992	493.87	230.23	73.72	189.92	442.64	25.04	26.19
1993	772.11	371.59	112.72	287.80	722.81	40.09	9.21
1994	1133.18	615.40	115.15	402.63	1013.18	55.24	64.76
1995	1472.66	791.45	142.73	538.48	1360.01	85.92	26.73
1996	1776.67	950.80	181.68	644.19	1610.94	115.02	50.71
1997	1951.96	1054.90	193.40	703.66	1759.87	129.88	62.21
1998	2120.78	1150.81	203.92	766.05	1896.93	149.33	74.52
1999	2305.86	1257.49	223.54	824.83	2041.43	188.31	76.12
2000	2553.59	1394.29	250.36	908.94	2235.01	237.67	80.91
2001	2839.59	1594.35	275.10	970.14	2478.04	277.97	83.57
2002	3166.15	1816.22	315.53	1034.40	2736.10	340.34	89.72
2003	3511.26	2224.23	366.42	920.61	2998.92	399.14	113.20
2004	4055.50	2573.23	452.89	1029.38	3525.14	452.78	77.58
2005	4645.85	3056.03	462.00	1127.83	4033.32	534.85	77.69
2006	5357.97	3540.56	522.60	1294.80	4687.61	613.63	56.73
2007	6271.32	4155.19	610.31	1505.83	5488.43	724.04	58.85
2008	7533.30	5021.44	735.99	1775.86	6678.37	804.09	50.85
2009	8666.19	5800.07	843.39	2022.72	7708.05	905.75	52.39
2010	10387.02	9138.46		1248.55	9231.22	1072.46	83.34
2011	12532.80	10547.42		1985.38			
2012	14199.59	11965.63		2233.97			
2013	15970.84	13399.10		2571.73			
2014	17835.34	14933.13		2902.20			

注:1.部分年份数据根据经济普查数据调整。

2.2010年起社会消费品零售总额由于口径变化,分为“城镇”和“乡村”两部分,分别列入原口径中的“市”和“县以下”中。

按登记注册类型分限额以上批发零售贸易业基本情况(一)

指标	法人企业(个)		从业人员(人)	
	2013 年	2014 年	2013 年	2014 年
总计	14603	15852	691577	739077
批发业合计	10387	11157	352019	377490
#国有及国有控股企业投资	403	440	64136	63486
内资企业	10225	10944	341115	364864
国有企业	62	55	9837	10137
集体企业	28	24	837	1057
股份合作企业	24	23	426	418
联营企业				
国有联营企业				
集体联营企业				
其他联营企业				
有限责任公司	2064	2187	97212	104651
国有独资公司	111	112	8231	7551
其他有限责任公司	1953	2075	88981	97100
股份有限公司	158	153	56379	55549
私营企业	7848	8451	175498	192006
私营独资企业	41	48	674	812
私营合伙企业	53	55	606	622
私营有限责任公司	7642	8247	169947	186532
私营股份有限公司	112	101	4271	4040
港、澳、台商投资企业	78	99	6368	6999
合资经营企业	20	25	1894	1667
独资经营企业	56	71	4246	5198
外商投资企业	84	114	4536	5627
中外合资经营企业	29	39	1780	2140
中外合作经营企业				
外资企业	49	71	2093	3240
外商投资股份有限公司	3	1	494	89

按登记注册类型分限额以上批发零售贸易业基本情况(续一)

指标	法人企业(个)		从业人员(人)	
	2013年	2014年	2013年	2014年
零售业合计	4216	4695	339558	361587
#国有及国有控股	358	390	38303	40664
内资企业	4068	4530	298565	318504
国有企业	26	30	1616	1890
集体企业	47	44	2388	2170
股份合作企业	24	29	580	544
联营企业	11	9	196	156
国有联营企业	2	1	37	26
国有与集体联营企业	7	6	132	102
其他联营企业	2	2	27	28
有限责任公司	1220	1359	123927	138419
国有独资公司	97	97	5875	7867
其他有限责任公司	1123	1262	118052	130552
股份有限公司	86	91	30166	23526
私营企业	2625	2931	139091	151113
私营独资企业	109	133	2007	2173
私营合伙企业	30	33	2666	2600
私营有限责任公司	2436	2721	131498	144245
私营股份有限公司	50	44	2920	2095
港、澳、台商投资企业	78	89	18419	19854
合资经营企业	29	28	6124	5814
合作经营企业	1	1	366	543
港、澳、台商独资经营企业	45	57	11529	13327
港、澳、台商投资股份有限公司	2	2	98	90
外商投资企业	70	76	22574	23229
中外合资经营企业	19	20	12553	12314
中外合作经营企业	1	1	50	53
外资企业	49	52	9753	10444

按登记注册类型分限额以上批发零售贸易业商品销售总额(一)

单位:亿元

指标	合计		批发		零售	
	2013 年	2014 年	2013 年	2014 年	2013 年	2014 年
总计	**38399.93**	**43668.16**	**30798.75**	**35571.91**	**7601.19**	**8096.25**
批发业合计	**32035.68**	**36722.92**	30161.11	34847.31	1874.57	1875.61
#国有及国有控股企业投资	8209.69	9935.21	6826.02	8685.79	1383.67	1249.42
内资企业	30910.64	35005.17	29044.61	33142.82	1866.03	1862.35
国有企业	1253.03	1134.48	1212.08	1129.37	40.95	5.11
集体企业	32.43	54.72	31.94	54.00	0.50	0.72
股份合作企业	17.17	15.44	17.07	15.34	0.10	0.10
联营企业						
国有联营企业						
集体联营企业						
国有与集体联营企业						
有限责任公司	11576.30	14154.32	11221.16	13708.15	355.14	446.18
国有独资公司	709.66	933.73	690.33	913.73	19.33	19.99
其他有限责任公司	10866.64	13220.60	10530.83	12794.41	335.81	426.19
股份有限公司	4250.06	4341.72	2993.70	3207.76	1256.37	1133.95
私营企业	13766.14	15273.18	13553.63	14998.08	212.51	275.10
私营独资企业	31.40	31.84	30.04	29.21	1.36	2.63
私营合伙企业	25.25	25.38	25.20	25.27	0.06	0.11
私营有限责任公司	13378.91	14884.66	13185.47	14624.13	193.45	260.53
私营股份有限公司	330.58	331.30	312.92	319.47	17.65	11.83
港澳台商投资企业	393.70	577.92	388.43	570.42	5.27	7.50
合资经营企业	133.60	157.43	132.58	156.33	1.02	1.10
独资经营企业	1.55	1.25	1.55	1.25		
外商投资企业	731.34	1139.83	728.07	1134.07	3.27	5.76
中外合资经营企业	553.11	913.76	550.87	909.71	2.24	4.05
中外合作经营企业						
外资企业	69.25	113.80	68.37	112.21	0.88	1.59
外商投资股份有限公司	12.18	0.60	12.10	0.52	0.08	0.08
零售业合计	6364.25	6945.24	637.64	724.60	5726.61	6220.64
#国有及国有控股企业	1211.37	1258.78	203.17	195.51	1008.20	1063.26
内资企业	5523.36	6049.54	583.30	650.44	4940.07	5399.09
国有企业	23.51	20.93	0.68	1.70	22.83	19.22

按登记注册类型分限额以上批发零售贸易业商品销售总额(续一)

单位:亿元

指标	合计		批发		零售	
	2013 年	2014 年	2013 年	2014 年	2013 年	2014 年
集体企业	47.88	50.69	13.03	14.41	34.84	36.28
股份合作企业	7.35	10.40	0.21	0.29	7.14	10.11
联营企业	8.64	8.40	0.17		8.47	8.40
国有联营企业	1.96	1.76			1.96	1.76
国有与集体联营企业	5.61	5.58	0.17		5.44	5.58
其他联营企业	1.07	1.05			1.07	1.05
有限责任公司	2293.15	2740.02	219.59	306.63	2073.56	2433.39
国有独资公司	86.51	191.00	2.42	52.96	84.09	138.04
其他有限责任公司	2206.64	2549.01	217.18	253.66	1989.46	2298.35
股份有限公司	758.76	588.30	183.57	105.55	585.20	482.74
私营企业	2368.09	2624.39	165.58	220.77	2202.51	2403.62
私营独资企业	27.24	30.44	3.72	5.68	23.53	24.75
私营合伙企业	22.11	20.89	2.26	1.90	19.85	18.98
私营有限责任公司	2247.03	2351.15	156.33	210.36	2090.70	2320.79
私营股份有限公司	71.71	41.92	3.28	2.82	68.43	39.09
港澳台商投资企业	361.17	401.38	21.44	25.94	339.72	375.43
合资经营企业	187.90	186.26	19.62	15.80	168.27	170.47
合作经营企业	7.24	6.09			7.24	6.09
独资经营企业	163.92	207.62	1.82	10.15	162.10	197.47
港、澳、台商投资股份有限公司	1.29	0.98			1.29	0.98
外商投资企业	479.72	494.33	32.90	48.22	446.82	446.11
中外合资经营企业	251.00	260.12	32.88	47.22	218.12	212.90
中外合作经营企业	0.79	0.88			0.79	0.88
外资企业	221.17	226.90	0.01	1.00	221.15	225.90

按登记注册类型分限额以上批发零售贸易企业资产及负债情况(一)

(2014 年)

单位:亿元

指　　标	资产合计			负债合计	所有者权益合计
		固定资产	流动资产		
批发和零售贸易业合计	18648.98	14578.67	983.27	14525.48	4123.83
批发企业合计	15308.45	12266.29	537.56	11971.12	3337.34
#国有及国有控股	2950.97	2291.99	155.69	1856.58	1094.39
内资企业	14562.18	11653.91	522.89	11423.98	3138.21
国有企业	469.90	412.81	32.97	86.39	383.51
集体企业	24.99	20.99	1.97	19.74	5.25
股份合作企业	7.50	6.60	0.43	5.50	2.00
联营企业					
国有联营企业					
集体联营企业					
国有与集体联营企业					
其他联营企业					
有限责任公司	5512.46	4418.10	169.82	4345.49	1166.97
国有独资公司	504.82	341.87	24.74	293.15	211.68
其他有限责任公司	5007.64	4076.23	145.09	4052.34	955.29
股份有限公司	1453.84	866.23	113.94	1027.03	426.82
私营企业	7085.24	5922.48	202.96	5934.49	1150.75
私营独资企业	12.54	11.14	1.07	10.98	1.57
私营合伙企业	3.82	3.75	0.05	3.14	0.68
私营有限责任公司	6859.03	5765.63	197.75	5754.59	1104.45
私营股份有限公司	209.85	141.96	4.09	165.79	44.06
港、澳、台商投资企业	296.49	248.44	8.74	199.30	97.19
与港澳台合资经营企业	39.70	33.45	2.06	28.34	11.36
港澳台商独资企业	253.81	212.49	6.61	169.24	84.57
外商投资企业	449.78	363.94	5.93	347.83	101.94
中外合资经营企业	393.14	313.66	4.00	307.01	86.13
中外合作经营企业					
外资企业	54.92	48.58	1.91	39.85	15.07
外商投资股份有限公司	0.09	0.09	0.00	0.09	0.00
零售企业总计	3340.53	2312.38	445.71	2554.36	786.50
#国有及国有控股	415.64	242.94	64.82	232.47	183.17

按登记注册类型分限额以上批发零售贸易企业资产及负债情况(续一)

(2014 年)

单位:亿元

指　　标	资产合计			负债合计	所有者权益合计
		固定资产	流动资产		
内资企业	2843.97	1996.66	365.62	2216.89	627.40
国有企业	16.91	12.83	1.95	12.24	4.67
集体企业	13.11	7.76	2.78	9.09	4.02
股份合作企业	3.69	2.74	0.37	3.03	0.66
联营企业	0.66	0.41	0.17	0.15	0.51
国有联营企业	0.09	0.05	0.04	0.01	0.08
集体联营					
国有与集体联营企业	0.37	0.27	0.09	0.13	0.24
其他联营企业	0.20	0.09	0.04	0.02	0.18
有限责任公司	1313.94	921.51	163.78	1023.42	290.52
国有独资公司	76.93	41.61	19.32	39.47	37.46
其他有限责任公司	1237.01	879.89	144.46	983.95	253.06
股份有限公司	279.97	143.59	46.08	159.42	120.55
私营企业	1213.94	907.02	149.78	1008.81	205.45
私营独资企业	8.92	7.32	1.05	8.87	0.05
私营合伙企业	12.41	8.04	1.63	10.74	1.67
私营有限责任公司	1165.54	874.49	145.71	972.15	193.72
私营股份有限公司	27.07	17.16	1.40	17.06	10.01
港、澳、台商投资企业	230.21	124.55	36.13	140.09	90.12
与港澳台商合资经营	91.64	58.77	15.59	51.88	39.76
与港澳台商合作经营	3.49	1.89	0.92	0.47	3.02
港澳台独资企业	134.24	63.41	19.37	86.84	47.40
港澳台商股份有限公司	0.50	0.17	0.24	0.52	–0.02
外商投资企业	266.35	191.16	43.97	197.37	68.98
中外合资经营企业	68.62	31.82	23.61	56.51	12.12
中外合作经营企业	1.24	0.59	0.31	0.33	0.91
外资企业	194.05	156.65	19.79	137.27	56.78
外商投资股份有限公司	1.98	1.82	0.11	2.19	–0.21

按登记注册类型分限额以上批发零售贸易企业主要财务指标情况(一)

(2014年)

单位:亿元

指　　标	主营业务收入	主营业务成本	主营业务税金及附加	主营业务利润	销售费用
批发和零售贸易业合计	38870.40	36886.22	104.31	1879.87	925.63
批发企业合计	32926.27	31487.41	83.88	1354.98	597.74
#国有及国有控股	8518.61	8088.04	56.14	374.42	98.11
内资企业	31379.59	30022.59	82.30	1274.69	554.41
国有企业	987.11	778.58	45.63	162.90	12.08
集体企业	52.78	50.59	0.10	2.10	0.93
股份合作企业	13.62	12.91	0.03	0.67	0.31
联营企业					
国有联营企业					
集体联营企业					
国有与集体联营企业					
其他联营企业					
有限责任公司	12633.01	12174.15	19.03	439.83	209.14
国有独资公司	829.28	791.52	4.75	33.02	9.29
其他有限责任公司	11803.72	11382.63	14.28	406.82	199.85
股份有限公司	3643.44	3492.22	2.84	148.38	81.31
私营企业	14018.61	13484.36	14.60	519.65	250.44
私营独资企业	28.46	26.92	0.10	1.44	0.47
私营合伙企业	24.35	23.35	0.03	0.96	0.23
私营有限责任公司	13659.65	13142.93	14.16	502.57	240.99
私营股份有限公司	306.15	291.16	0.31	14.68	8.76
港、澳、台商投资企业	520.33	472.00	0.91	47.42	31.82
与港澳台合资经营企业	137.57	126.43	0.16	10.98	11.66
港澳台商独资企业	358.63	321.59	0.74	36.29	20.07
外商投资企业	1026.35	992.82	0.66	32.88	11.50
中外合资经营企业	821.23	796.38	0.45	24.40	7.31
中外合作经营企业					
外资企业	94.14	86.11	0.09	7.94	4.01
外商投资股份有限公司	0.57	0.51		0.06	0.10
零售企业总计	5944.13	5398.81	20.43	524.89	327.89
#国有及国有控股	1013.23	933.71	2.72	76.80	38.80

按登记注册类型分限额以上批发零售贸易企业主要财务指标情况(二)

(2014 年)

单位:亿元

指　　标	主营业务收入	主营业务成本	主营业务税金及附加	主营业务利润	销售费用
内资企业	5255.67	4805.21	17.02	433.44	267.20
国有企业	19.48	17.01	0.04	2.43	1.26
集体企业	30.24	27.42	0.11	2.71	1.42
股份合作企业	9.09	8.33	0.02	0.75	0.28
联营企业	7.26	6.61	0.01	0.64	0.16
国有联营企业	1.50	1.33		0.17	0.03
集体联营					
国有与集体联营企业	4.77	4.37	0.01	0.39	0.11
其他联营企业	0.99	0.90		0.08	0.02
有限责任公司	2378.62	2162.30	7.82	208.51	139.32
国有独资公司	165.16	150.97	0.41	13.78	6.57
其他有限责任公司	2213.46	2011.32	7.41	194.73	132.75
股份有限公司	508.73	467.30	1.88	39.55	23.09
私营企业	2296.08	2110.80	7.13	178.15	101.58
私营独资企业	27.41	24.98	0.09	2.34	0.92
私营合伙企业	18.92	17.01	0.08	1.83	1.82
私营有限责任公司	2214.28	2037.17	6.78	170.33	97.64
私营股份有限公司	35.47	31.64	0.17	3.65	1.20
其他企业	6.16	5.45	0.01	0.70	0.10
港、澳、台商投资企业	327.92	273.69	1.84	52.38	27.88
与港澳台商合资经营	143.90	118.07	0.86	24.97	10.62
与港澳台商合作经营	5.41	4.49	0.03	0.89	0.26
港澳台独资企业	177.35	150.18	0.95	26.21	16.83
港澳台商股份有限公司	0.92	0.70	0.00	0.21	0.03
外商投资企业	360.54	319.90	1.57	39.07	32.82
中外合资经营企业	154.92	142.12	0.65	12.15	15.57
中外合作经营企业	0.75	0.62		0.12	0.16
外资企业	198.44	171.25	0.90	26.29	16.53
外商投资股份有限公司	4.99	4.80		0.19	0.18

按登记注册类型分限额以上批发零售贸易企业主要财务指标情况(三)

(2014年)

单位:亿元

指　　标	管理费用	财务费用	利润总额	应付职工薪酬	本年应交增值税
批发和零售贸易业合计	514.58	224.45	520.93	504.63	319.41
批发企业合计	336.71	173.22	468.02	298.56	247.45
#国有及国有控股	86.33	0.35	241.21	83.55	76.93
内资企业	320.01	166.71	438.82	286.41	238.71
国有企业	31.97	-9.57	130.77	26.11	33.97
集体企业	0.99	0.18	0.29	0.65	0.22
股份合作企业	0.22	0.09	0.08	0.18	0.23
联营企业					
国有联营企业					
集体联营企业					
国有与集体联营企业					
其他联营企业					
有限责任公司	103.05	55.44	164.32	93.56	83.00
国有独资公司	13.35	1.40	23.88	9.85	5.60
其他有限责任公司	89.70	54.04	140.43	83.71	77.40
股份有限公司	34.51	14.84	56.55	44.89	17.28
私营企业	149.06	105.70	86.11	120.78	103.96
私营独资企业	0.43	0.29	0.32	0.36	0.78
私营合伙企业	0.23	0.07	0.46	0.23	0.06
私营有限责任公司	144.95	101.23	77.34	117.63	95.29
私营股份有限公司	3.46	4.11	7.99	2.55	7.84
港、澳、台商投资企业	10.07	1.39	12.69	6.64	6.28
与港澳台合资经营企业	1.43	0.21	0.48	1.43	1.28
港澳台商独资企业	8.51	1.18	12.28	5.11	4.98
外商投资企业	6.63	5.12	16.50	5.52	2.47
中外合资经营企业	3.52	4.65	15.48	2.70	1.70
中外合作经营企业					
外资企业	2.95	0.40	0.73	2.64	0.68
外商投资股份有限公司	0.00	0.00	-0.05	0.07	
零售企业总计	177.87	51.23	52.92	206.07	71.96
#国有及国有控股	20.40	1.19	28.40	27.58	9.89

按登记注册类型分限额以上批发零售贸易企业主要财务指标情况(四)

(2014 年)

单位:亿元

指　　标	管理费用	财务费用	利润总额	应付职工薪酬	本年应交增值税
内资企业	149.36	46.98	36.01	175.82	61.50
国有企业	0.99	-0.06	0.84	1.23	0.17
集体企业	1.20	0.09	0.78	0.98	0.30
股份合作企业	0.21	0.02	0.29	0.22	0.12
联营企业	0.04		0.45	0.10	0.08
国有联营企业			0.13	0.02	0.03
集体联营					
国有与集体联营企业	0.02		0.26	0.07	0.04
其他联营企业	0.02		0.05	0.01	0.01
有限责任公司	64.86	16.22	23.34	80.32	31.59
国有独资公司	4.14	-0.12	5.17	5.74	1.51
其他有限责任公司	60.72	16.35	18.17	74.58	30.08
股份有限公司	12.49	2.34	11.48	14.46	5.52
私营企业	69.44	28.35	-1.62	78.33	23.71
私营独资企业	0.86	0.15	0.50	0.73	0.28
私营合伙企业	0.45	0.28	0.17	0.98	0.22
私营有限责任公司	66.50	27.34	-3.34	75.64	22.74
私营股份有限公司	1.63	0.58	1.06	0.97	0.47
其他企业	0.13	0.02	0.46	0.17	0.01
港、澳、台商投资企业	16.41	2.54	12.79	15.25	5.81
与港澳台商合资经营	6.41	0.69	9.77	5.93	3.21
与港澳台商合作经营	0.59	0.01	0.05	0.20	0.07
港澳台独资企业	9.08	1.83	2.84	8.98	2.49
港澳台商股份有限公司	0.20	0.02	-0.04	0.04	0.04
外商投资企业	12.11	1.71	4.12	15.01	4.65
中外合资经营企业	3.16	1.16	-1.12	6.80	1.54
中外合作经营企业			0.06	0.04	0.01
外资企业	8.83	0.46	5.34	8.05	3.04
外商投资股份有限公司	0.08	0.08	-0.06	0.06	

限额以上住宿餐饮业基本情况(一)

(2014年)

指标	法人企业(个)	从业人员数(人)	营业额(亿元)
总计	2817	270082	549.97
住宿业	1273	138360	280.03
#国有及国有控股	169	25624	53.27
按登记注册类型分组			
内资企业	1212	124163	239.00
国有企业	77	8889	18.31
集体企业	25	1930	3.47
股份合作企业	7	231	0.48
联营企业	3	390	0.59
国有联营企业			
集体联营企业	1	196	0.12
国有与集体联营企业	2	194	0.47
有限责任公司	367	53577	107.48
国有独资公司	23	4129	7.99
其他有限责任公司	344	49448	99.49
股份有限公司	17	3727	7.69
私营企业	714	55374	100.92
私营独资企业	70	2728	4.25
私营合伙企业	35	1617	2.19
私营有限责任公司	589	48513	89.30
私营股份有限公司	20	2516	5.18
其他企业	2	45	0.06
港、澳、台商投资企业	33	10150	31.87
合资经营企业	14	4937	16.42
合作经营企业	1	70	0.06
独资经营企业	16	4322	13.66
外商投资企业	28	4047	9.15
中外合资经营企业	13	2514	5.70
外资企业	12	1219	2.92
外商投资股份有限公司	1	26	0.08
按住宿行业中类分组			
旅游饭店	867	119449	244.41
一般旅馆	390	17948	33.52

限额以上住宿餐饮业基本情况(二)

(2014年)

指标	法人企业(个)	从业人员数(人)	营业额(亿元)
其他住宿服务	16	963	2.09
餐饮业	1544	131722	269.95
#国有及国有控股	32	7351	15.36
按登记注册类型分组			
内资企业	1508	105290	210.17
国有企业	10	895	3.88
集体企业	2	56	0.10
股份合作企业	4	466	1.01
有限责任公司	221	24166	48.58
国有独资公司	8	101	2.08
其他有限责任公司	213	23154	46.50
股份有限公司	11	3395	7.49
私营企业	1251	75985	148.78
私营独资企业	281	9438	15.78
私营合伙企业	56	2756	4.65
私营有限责任公司	897	57241	118.67
私营股份有限公司	17	6550	9.68
其他企业	8	272	0.29
港、澳、台商投资企业	18	3675	6.79
合资经营企业	8	1565	2.94
合作经营企业			
独资经营企业	9	2058	3.74
外商投资企业	18	22757	52.99
中外合资经营企业	8	19602	42.56
中外合作经营企业			
外资企业	9	3121	10.37
按餐饮行业中类分组			
正餐服务	1426	99439	197.80
快餐服务	48	27560	61.44
饮料及冷饮服务	23	929	1.77
其他餐饮服务	47	3794	8.93

商品交易市场情况(1990 年–2014 年)

年 份	交易市场数(个)	10 亿元以上(个)	100 亿元以上(个)	商品市场成交额(亿元)
1990	3797			161.9
1991	3802			204.6
1992	3865			321.3
1993	4127			651.2
1994	4207			1480.5
1995	4349			2165.7
1996	4388	57	3	2545.3
1997	4488	57	2	2798.0
1998	4619	58	2	3209.6
1999	4347	69	3	3606
2000	4348	68	4	4023
2001	4278	78	6	4652
2002	4293	77	6	4997
2003	4036	93	9	5591
2004	4049	114	9	6384
2005	4008	120	10	7173
2006	4064	125	13	8247
2007	4096	133	15	9325
2008	4087	139	15	9794.0
2009	4194	180	18	10744.9
2010	4146	180	22	12717.3
2011	4212	210	25	14500.0
2012	4297	233	31	15816.6
2013	4316	225	38	17800.0
2014	4321	225	33	19500.0

亿元以上商品交易市场成交情况

指　标	摊位数量(个)			成交额(万元)		
	2012	2013	2014	2012	2013	2014
总　计	**457275**	**463648**	**466119**	**137692506**	**148403313**	**155249661**
食品、饮料、烟酒类	140618	142537	139589	29593084	32716716	34855965
服装鞋帽、针、纺织品类	137715	139300	141746	32457560	36256556	40017654
化妆品类	2551	2396	2496	398068	415477	474033
金银珠宝类	1523	1771	1786	1021761	1995165	1917432
日用品类	23597	24704	24145	4939493	5190424	6016601
五金、电料类	18582	18770	18680	4027544	4828213	4948770
体育、娱乐用品类	1155	1397	1270	216331	302293	285692
书报杂志类	130	263	226	32538	53675	53772
电子出版物及音像制品类	73	93	85	40205	28625	22569
家用电器和音像器材类	4101	3725	3324	669734	726312	430819
中西药品类	744	909	1324	156165	226406	241548
#中草药及中成药类	685	850	1236	141279	211596	217552
文化办公用品类	12540	11224	10906	1704868	1654422	1537831
家具类	13141	13310	13929	2562912	2677526	2629676
通讯器材类	2253	2104	2758	253146	254792	315185
煤炭及制品类	79	81	72	1789101	1930855	1688077
木材及制品类	4746	5046	4969	1232845	1300823	1347348
石油制品及类	30	47	70	917511	1127166	2100453
化工材料及制品类	4381	4518	4228	7801375	8408791	8917291
金属材料类	14760	14480	15827	24739732	22434663	22401259
建筑及装潢材料类	25871	26983	28904	5068344	5265248	5541930
机电产品及设备类	6943	6582	8911	2447310	2440749	23877960
#农机类	11	11	11	3300	4700	4300
汽车类	11812	12614	12242	9153078	10776701	11151991
种子饲料类	183	175	179	59196	62561	41121
棉麻类	197	179	196	898651	759700	643100
其他类	29550	30420	28257	5511954	6569454	5281584

个体经济发展情况

项　目	2011年	2012年	2013年	2014
户数(户)	**2301306**	**2498636**	**2592246**	**2843733**
农、林、牧、渔业	21312	24077	30080	40772
采矿业	633	573	430	402
制造业	448888	482147	471377	511071
电力燃气及水的生产和供应业	617	556	450	424
建筑业	5461	5873	6096	6410
交通运输、仓储及邮政业	87311	91808	83326	86013
信息传输、计算机服务和软件业	4508	3742	4307	4811
批发和零售业	1361851	1490252	1566472	1687008
住宿和餐饮业	135673	143837	158088	199362
房地产业	6431	6546	6201	6476
租赁和商务服务业	25110	29726	35212	43257
居民服务和其他服务业	184041	192927	202973	228316
卫生、社会保障和社会福利业	2369	2574	2764	3148
文化、体育与娱乐业	13085	13651	13760	14881
其他行业	4016	10347	10710	11382
从业人员(人)	**5214880**	**5593201**	**5380824**	**6253197**
农林牧渔业	62227	73922	89011	122512
采矿业	3007	2732	2037	1877
制造业	1513493	1691670	1666704	1906985
电力、燃气及水的生产和供应业	1410	1330	1050	988
建筑业	17646	19670	20347	21928
交通运输、仓储及邮政业	113788	119648	109954	117058
信息传输、计算机服务和软件业	7966	6644	7468	8179
批发和零售业	2542120	2664552	2416126	2751170
住宿和餐饮业	376011	413086	434108	538795
房地产业	23386	23533	22993	23514
租赁和商务服务化	82482	91139	108500	124371
居民服务和其他服务业	422842	419092	433712	559838
卫生、社会保障和社会福利业	5555	6276	6888	7751
文化、体育与娱乐业	35328	38927	39626	43722
其他行业	7619	20980	22300	24509

私营经济发展情况

项　目	2011 年	2012 年	2013 年	2014
户数(户)	719499	775290	936330	1112630
农、林、牧、渔业	10248	11583	19462	24695
采矿业	934	873	829	846
制造业	295146	304903	355799	391476
电力燃气及水的生产和供应业	2185	2226	2444	2555
建筑业	27473	30396	34989	43231
交通运输、仓储及邮政业	14445	15453	17218	20199
信息传输、计算机服务和软件业	20692	21122	23042	30337
批发和零售业	212910	235812	299659	367323
住宿和餐饮业	7931	8639	13021	15572
房地产业	17295	17437	19702	21753
租赁和商务服务业	58486	64963	74786	96451
居民服务和其他服务业	18418	20774	24929	30221
卫生、社会保障和社会福利业	854	916	1142	1467
文化、体育与娱乐业	3789	5225	7362	10866
其他行业	28693	34968	41946	55638
从业人员(人)	8081053	8250462	10337454	11212457
农林牧渔业	64831	73252	124909	155778
采矿业	17938	17493	17330	17265
制造业	4805597	4772748	6034142	5964740
电力、燃气及水的生产和供应业	18678	20773	23587	26021
建筑业	489375	506454	563860	612570
交通运输、仓储及邮政业	112913	112172	134803	151002
信息传输、计算机服务和软件业	151051	127091	148768	192729
批发和零售业	1411244	1563529	1917720	2379473
住宿和餐饮业	95284	92551	146371	148547
房地产业	129338	126462	150589	161350
租赁和商务服务化	432464	443323	554165	716848
居民服务和其他服务业	110017	119471	152910	183963
卫生、社会保障和社会福利业	8109	8389	10069	12609
文化、体育与娱乐业	28847	35565	55109	80951
其他行业	205367	231189	303122	408611

出口总值分类表(2007–2014 年)

单位:万美元

项　目	2007	2008	2009	2010	2011	2012	2013	2014
出口总值	**12827293**	**15426700**	**13301032**	**18046487**	**21634949**	**22451854**	**24874624**	**27332897**
#机电产品	5557980	6804800	5550552	7912485	9242116	9589938	10155084	11249163
总值中:								
国有企业	1896622	1993053	1497457	1822803	2113709	2058912	1932966	1954347
三资企业	4725567	5426543	4477847	5813723	6528698	6298252	6206415	6258027
集体企业	1178304	1238192	899306	1107903	1178390	1029500	936231	898275
私营企业	5009210	6738201	6393095	9259160	11758106	13000168	15726403	18147611
其他企业	17589	30712	33327	42898	56047	65022	72609	74637
总值中:								
工业制成品	12342087	14868136	12831464	17412873	20743661	21443210	23841361	26401846
初级产品	485206	558564	469568	633613	891288	1008644	1033263	931051

进口总值分类表(2007–2014 年)

单位:万美元

项　目	2007	2008	2009	2010	2011	2012	2013	2014
进口总值	**4858341**	**5684227**	**5472456**	**7306824**	**9302827**	8788421	8704246	8171997
#机电产品	1379370	1502351	1189665	1631207	1803721	1590660	1495148	1450632
总值中:								
国有企业	852194	846188	894294	847264	1036810	904531	961541	933934
三资企业	2389784	2933865	2451898	3425816	4263893	4021255	3770510	3419079
集体企业	389369	397254	434019	690342	795269	663920	476642	401151
私营企业	1221395	1495030	1686184	2333907	3196934	3185058	3476978	3381090
其他企业	5599	11889	6061	9494	9921	13656	185575	36743
总值中:								
工业制成品	3832578	4221124	4092752	5388682	6510300	6042550	5849765	5387537
初级产品	1025762	1463103	1379704	1918142	2792527	2745871	2854482	2784460

按行业分的外商直接投资

指　　标	项目		合同外资		实际利用外资	
	2013	2014	2013	2014	2013	2014
总计	1572	1550	2438359	2441203	1415898	1579725
合资企业	434	426	416637	392153	354182	313869
独资企业	1130	1115	1995163	1970647	996766	1205573
第一产业	21	36	13685	34570	8094	8146
第二产业	550	461	914802	953204	620096	592423
#制造业	542	448	896284	930790	904012	570815
纺织业	31	13	47084	32221	35896	29282
化学原料及化学制品制造业	10	14	65629	57341	59151	45573
医药制造业	8	7	20984	6516	28555	5404
通用设备制造业	83	54	111620	104218	64163	55597
专用设备制造业	61	46	98447	68532	61266	40299
通讯设备、计算机及其他电子设备制造业	42	35	74766	51640	58165	47754
#电力、燃气及水的生产和供应业	4	12	8680	19696	7983	18994
#建筑业	4	1	2308	2518	6391	2584
第三产业	1001	1053	1509872	1453429	787708	979156
#交通运输、仓储和邮政业	12	15	66917	48205	93762	28691
信息传输、计算机服务和软件业	79	93	110951	116023	60765	63335
批发和零售业	484	511	267018	356233	107304	179934
住宿和餐饮业	13	16	2121	11565	11271	4948
金融业	29	34	47485	143089	15094	21982
房地产业	59	29	621431	267871	345374	466395
租赁和商务服务业	153	154	191641	202795	85474	90796
科学研究、技术服务和地质勘查业	149	158	170888	232176	60202	92449
水利、环境和公共设施管理业	6	4	10843	20723	3243	17773
居民服务和其他服务业	5	19	-1522	9295	692	3694
教育	1	4	110	697		75
卫生、社会保障和社会福利业	1	3	1951	1794	2108	1848
文化、体育和娱乐业	10	13	20038	42963	2419	7246

旅游事业发展情况(2008–2014 年)

项　目	2008	2009	2010	2011	2012	2013	2014
国内旅游							
人数(万人次)	20900	24410	29500	34295	39124	43439	47875
收入(亿元)	2040	2424	3046	3785	4476	5202	5947
入境旅游							
人数合计(人次)	5396682	5706385	6847102	7736908	8659290	8662817	9310301
#外国人	3661293	3776024	4474054	5150408	5705072	5765720	6144460
港澳同胞	820554	906547	1085362	1173601	1334035	1363811	1485451
台湾同胞	914835	1023814	1287686	1412899	1620183	1533286	1680390
创汇收入(万美元)	**302408**	**322358**	**393020**	**454173**	**51574**	**539293**	**575348**

各市外贸及利用外资情况(2014 年)

城　市	进口总额(亿美元)	出口总额(亿美元)	外国和港澳台地区在华直接投资	
			新签项目(合同)数(个)	实际使用外资金额(万美元)
浙东北	**731.85**	**1902.59**	**1434**	**1471062**
杭州市	188.32	494.66	408	633460
宁波市	315.95	731.09	468	402514
嘉兴市	100.83	236.51	246	249577
湖州市	11.83	88.06	157	98419
绍兴市	49.32	297.51	141	67130
舟山市	65.59	57.76	14	19962
浙西南	**86.09**	**830.95**	**194**	**133659**
温州市	22.31	185.51	43	53267
金华市	18.16	396.71	70	27840
其中:义乌市	4.81	237.09	47	6034
衢州市	15.63	28.85	14	7009
台州市	27.28	193.51	40	27705
丽水市	2.71	26.37	27	17838

民用车辆拥有量

单位:辆

指 标	合计			#个人		
	2012	2013	2014	2012	2013	2014
民用汽车	13085624	14230747	15387832	11712801	12774329	13887192
汽车	7749089	9033044	10132136	6446472	7651464	8710803
载客汽车	6640840	7850003	8959921	5752637	6904639	7977515
#大型	59958	63987	63294	1575	1796	1387
中型	70012	68415	56690	25192	25673	20092
小型	6330596	7538323	8692178	5556215	6708245	7818446
微型	180274	179278	147759	169655	168925	137590
#轿车	4808423	5678484	6479091	4290331	5132858	5915355
载货汽车	1050189	1123643	1115620	673478	725891	713594
#重型	128766	147373	155763	32550	35117	33131
中型	92048	80793	61783	41907	36435	24411
轻型	811633	880200	883194	584212	641462	643374
微型	17742	15277	14880	14809	12877	12678
#普通载货	705588	744102	725774	518807	554895	541531
其它汽车	58060	59398	56595	20357	20934	19694
电车						
#无轨						
摩托车	4951366	4859195	4927493	4921447	4828530	4895531
普通	4636056	4565426	4634552	4607098	4535666	4603455
轻便	315310	293769	292941	314349	292864	292076
拖拉机	341202	290192	276618	341202	290192	276618
#大型	118079			118079		
挂车	43865	48209	51480	3673	4136	4233
其它类型车	102	107	105	7	7	7
机动车驾驶员(人)	13186636	14222312	15830542			
#汽车驾驶员	11144918	12424429	14220871			

水路运输工具年末实有数

指　　标	合　　计			#个　　人		
	2012 年	2013 年	2014 年	2012 年	2013 年	2014 年
机动船　(艘)	18929	17732	17447	12695	11619	11216
净载重量 (吨位)	22512624	23684637	23988753	2893533	2903348	2923723
载客量　(客位)	76854	77531	78133	408	288	236
货船 (艘)	17501	16384	16069	12610	11561	11171
净载重量　(吨位)	22504885	23676660	23980744	2893532	2903348	2923723
客货船(艘)	14	9	9			
净载重量(吨位)	2					
载客量、(客位)	2511	1979	1979			
客船 (艘)	1299	1238	1285	34	24	17
载客量(客位)	74343	75552	76154	408	288	236
拖船 (艘)	115	101	84	51	34	28
驳船 (艘)	655	476	334	337	196	149
净载重量(吨位	97757	90685	64321	27890	25750	20633

人民物质文化生活

项目	2007	2008	2009	2001	2011	2012	2013	2014
城乡居民收入与支出 (元)								
农村居民人均可支配收入	8265	9258	10007	11303	13071	14552	17494	19373
农村居民人均消费支出	6442	7072	7375	8390	9644	10208	12803	14498
城镇居民人均可支配收入	20574	22727	24611	27359	30971	34550	37080	40393
城镇居民人均消费支出	14091	15158	16683	17858	20437	21545	25254	27242
居民消费水平 (元)	12730	14264	15867	18274	21346	22845	24771	26885
农村居民	7169	7881	8571	10273	12371	13724	15458	17281
城镇居民	16986	19002	21204	23655	26856	28259	30101	32186
居民生活质量								
居民人均住房面积 (平方米)								
农村居民	57.06	58.50	59.29	58.53	60.80	61.50	60.82	61.50
城镇居民	34.72	34.33	35.10	35.29	36.90	37.10	38.80	40.90
交通								
农村每百户拥有家用汽车(辆)	3.96	4.74	6.23	7.79	13.40	15.20	18.86	19.18
城镇每百户拥有家用汽车(辆)	13.83	19.61	23.62	26.43	33.73	36.50	38.87	43.45
储蓄								
城乡居民储蓄存款年末余额 (亿元)	11161	14501	17833	20612	23470	26407	28923	30666
平均每人储蓄存款余额 (元)	21651	27821	33804	37845	42962	48214	52606	55676
文化、教育及卫生								
农村每百户拥有彩色电视机 (台	144	150	157	161	168	172	151	157
城镇每百户拥有彩色电视机 (台)	183	177	182	186	185	187	165	173
农村每百户拥有家用电脑 (台)	19.38	23.38	28.64	35.64	43.28	47.77	35.65	39.68
城镇每百户 拥有家用电脑 (台)	73.79	79.93	84.41	89.84	103.57	106.38	89.56	96.01
每百人每天有报纸杂志 (份)	16.0	16.2	16.8	17.0	18.4	17.8	17.7	17.2
学龄儿童入学率 (%)	99.99	99.99	99.99	99.99	99.99	99.99	99.99	99.99
每千人口拥有在校大学生数 (人)	15.70	16.65	17.25	17.13	17.56	18.02	18.51	18.86
每千人口拥有医疗床位数 (张)	3.02	3.09	3.23	3.38	3.57	3.89	4.18	4.47
每千人口拥有医生数 (人)	1.95	1.95	2.05	2.21	2.28	2.37	2.52	2.65
就业								
城镇登记失业率 (%)	3.27	3.49	3.26	3.20	3.12	3.01	3.01	2.96
农村居民家庭每一劳动力负担人数(人)	1.36	1.36	1.36	1.35	1.37	1.37	1.54	1.56
城镇每一就业者负担人数 (人)	1.86	1.96	1.96	1.95	1.95	1.94	1.72	1.74
邮电通信								
电话普及率 (部/每人)	117.2	122.6	126.5	130.2	140.8	151.4	161.1	164.6
固定电话 (部/每人)	47.5	44.9	40.9	36.9	35.6	34.2	32.4	30.0
移动电话 (部/每人)	69.7	77.7	85.6	93.3	105.2	117.2	128.7	134.6

注：1、从 2013 年起，国家统计局开展了城乡一体化住户收支与生活状况调查，与 2013 年前的分城镇和农村住户调查的调查范围、调查方法、指标口径有所不同(以后各表同)。农村居民人均可支配收入 2013 年前为农村居民人均纯收入。2、每百人每天拥有报纸、每千人拥有医疗床位和拥有医生数均按常住人口计算。

分行业单位就业人员年平均工资

单位：元

行业	非私营单位		私营单位		全部单位	
	2013	2014	2013	2014	2013	2014
总计	56571	61572	35302	38689	44319	48145
农林牧渔业	47000	50469	27932	32104	29595	33241
采矿业	46043	49626	33613	37151	37326	40711
制造业	45895	51295	33186	36765	37431	41407
电力、热力、燃气及水生产和供应业	93793	103547	28185	37545	84542	94950
建筑业	43251	46149	39113	42177	40620	43805
批发和零售业	54908	60533	33766	36399	39132	41913
交通运输、仓储和邮政业	64156	70156	38760	45960	54146	60544
住宿和餐饮业	35829	40210	30096	32115	32499	35226
信息传输、软件和信息技术服务业	106946	114908	46003	46590	84965	84983
金融业	124711	130337	60961	52348	120838	125848
房地产业	56607	61529	36664	40348	45874	50107
租赁和商务服务业	52596	57268	37798	40016	43448	45884
科学研究和技术服务业	82352	90368	41481	45350	63419	67465
水利、环境和公共设施管理业	46195	50161	33611	36215	42654	45947
居民服务、修理和其他服务业	44727	46508	27718	32057	30931	34815
教育	74700	80038	34148	36859	72637	76165
卫生和社会工作	86220	95067	44432	51506	84025	92310
文化、教育和娱乐业	73090	78311	32170	31936	53597	54935
公共管理、社会保障和社会组织	80118	85414			80118	85414

各市城乡居民人均可支配收入情况(2013–2014 年)

单位:元

城 市	全体居民		城镇常住居民		农村常住居民	
	2013	2014	2013	2014	2013	2014
杭州市	35763	39237	40925	44632	21208	23555
宁波市	34657	38074	40426	44155	21879	24283
温州市	30602	33478	37266	40510	17549	19394
嘉兴市	31315	34318	38671	42143	22396	24676
湖州市	28717	31510	35750	38959	20257	22404
绍兴市	32191	35335	39567	43167	21307	23539
金华市	28673	31599	36386	39807	16661	18544
衢州市	20342	22436	27981	30583	13811	15354
舟山市	32027	35330	37799	41466	21401	23783
台州市	28215	30950	36480	39763	17523	19362
丽水市	20418	22426	28005	30413	12171	13635

各市城乡居民人均生活消费支出情况(2013–2014 年)

单位:元

城 市	全体居民		城镇常住居民		农村常住居民	
	2013	2014	2013	2014	2013	2014
杭州市	26827	28492	30659	32165	16021	17816
宁波市	21728	24324	25012	27893	14442	16228
温州市	21058	22868	25367	27186	12617	14218
嘉兴市	17842	20307	21105	23032	13443	16163
湖州市	18314	20358	23196	24875	12440	14836
绍兴市	20040	22002	24221	26231	13870	15632
金华市	18932	20954	23508	25627	11806	13520
衢州市	12727	13875	16995	18357	9076	9980
舟山市	21596	23785	25391	27807	14610	16217
台州市	19502	21641	24031	26458	13643	15307
丽水市	15250	16923	20006	21867	10082	11483

专题研究

浙苏民营经济发展比较研究

——为苏州市工商联和商会及民营企业家赴浙考察团所做的专题讲座

■ 单东

苏州工商联和商会的各位领导,各位苏州民营企业家:

大家好!

此次,苏州市工商联和商会率苏州的民营企业家来浙江,考察浙江民营经济的发展情况,我觉得,这是江浙两省民营企业进一步增进了解,加强联系,扩大交流和合作的一个良好契机。

浙江和江苏在社会、经济、文化等方面存在诸多共同点,同时又都是民营经济大省,民营经济发达,苏州有许多浙江籍民营企业家在那里创业,加强民营企业之间的交流,不仅有利于推动两省民营企业的转型升级,而且,对于促进浙江、苏州和江苏的民营经济和区域经济的发展,也具有非常重要的意义。

2012年9月份,我曾带领浙江省政府课题《浙江中小民营企业发展研究》课题组成员去江苏考察民营经济的发展情况,对江苏多个地区的民营企业作了为期一周的调研。我们走访了南京、丹阳、苏州、昆山等地的许多中小民营企业。调研过程中,江苏省经信委、江苏省工商联、南京市经信委、丹阳市发展改革和经济信息化委员会、苏州市经信委、苏州市工商联、昆山市经信委等部门的领导分别向我们详细介绍了江苏全省及各地民营经济的发展情况,以及江苏服务中小民营企业发展的一些举措。这些举措结合江苏当地的实际情况,对于江苏民营经济的发展起到了很好的促进作用。我很高兴苏州的民营企业家来浙江考察。今天,我讲以下几个问题:一、苏州和浙江民营经济发展的一般概况;二、浙江民营经济发展面临的严峻挑战;三、为改善浙江民营经济环境,我们向浙江省政府提出的政策建议。

一、苏州和浙江民营经济发展的一般概况

江苏民营经济发展的实际情况与浙江存在一些差别,比如江苏的民营经济,特别是名闻遐迩的以苏州市为代表的苏南模式,主要是由以前的国有经济和集体经济逐渐转化而来的,而浙江的民营经济几乎都是自发的、原生的,发轫于家庭作坊、家族企业,即通过原始资本积累发展起来的,两省民营经济发展轨迹各异,但是,调研过程中发现,两省的民营企业在发展过程中遇到的难题有诸多相似。江苏的一些政策措施对浙江民营经济的发展也有很好的参考价值,后面我将结合具体举措说明。

您们来这里之前,我对苏州民营经济最近一两年的发展情况又做了一个简要的了解。从有关资料得知,截至2014年3月底,苏州民营经济市场主体总数达到71.29万户,注册资本总额达到10103.13亿元,是江苏省首个民营经济注册资本总额超万亿元的地级市,也成为苏州民营经济发展史上的一个新里程碑。其中,苏州全市民营企业总数和注册资本总额分别为25.89万户、9787.85亿元,个体工商户总数和注册资金总额分别为45.4万户、315.28亿元。根据国家工商总局发布的数据,截至2014年2月底,苏州民营经济市场主体总户数和注册资本总额占全国比重分别为1.23%和2.31%,占全省比重分别为13%和19%。可以说,苏州民营经济发展取得的成就令人瞩目,是很值得浙江学习和借鉴的。

当前,苏州民营经济的发展环境也在不断优化,发展势头也在逐渐猛涨,我简单总结了一下,具体表现为以下几个显著特征:(一)民营经济发展速度持续加快。2010年8月迄今,苏州民营经济发展驶入快车道,平均每8个月净增注册资本1000亿元。(二)外地民资和本地民资竞相投入。截至目前,苏州民营企业中投资人来自苏州本地的有将近24万人,来自外地的有将近

26万人(当然也包括浙江籍的民资企业),从出资分布情况看,来自苏州本地股东出资超过3400亿元,来自外地的股东出资超过3100亿元。(三)规模型民营企业持续增大。截至目前,苏州全市民营企业注册资本超1000万元的有11912户,超5000万元的有2848户,超亿元的有1147户,分别占民营企业总数的4.6%、1.1%和0.44%。(四)民营企业生存质态不断优化。截至目前,苏州全市成立10年以上的民营企业达4.72万户,成立5年以上的民营企业达10.67万户,分别占民营企业总数的18.23%和41.21%。

像苏州民营经济迅速发展一样,浙江的民营经济也经历过一个持续发展壮大的历史阶段。根据我们的调研情况得知,截至2012年底,浙江全省共有各类市场主体350万户,其中个体工商户255万户,民营企业78万户,占内资企业比重的87%。民营企业的生产总值占全省的70%以上,民营经济提供了全省90%左右的就业岗位,贡献了60%以上的税收,可以说,民营经济是浙江经济繁荣的源泉,是社会稳定的基础,是全面建成小康社会的重要保障。而民营企业中,中小民营企业占其总数的99%以上,中小民营企业在浙江民营经济中的重要地位可见一斑。

浙江民营经济的发展虽然与苏州存在许多相似之处,但也有其自身的特点。浙江民营经济发展的几个特征是:

(一)以加工贸易为主

浙江民营经济虽然力量较为雄厚,有阿里巴巴、娃哈哈这样的大型民营企业,但从总体上讲,是以加工型、出口型和中小企业为主,且以低、散、小的劳动密集型企业居多,这与苏州民营经济存在一些差异,苏州大型的民营企业比较多,比如著名的沙钢集团就是杰出的代表。自上世纪八十年代起,浙江承接了大量的外向型劳动密集型产业,浙江人民凭借一双勤劳的手和敢创敢拼的胆气,以及外添几分运气,就能把家庭作坊、个体户慢慢发展起来,并逐渐壮大为企业,成为先富者。家家作坊,户户作业,这些中小企业无需技术,投入很小,只要几个劳动力,便能开工生产。它在改革开放之初,为浙江经济的繁荣发展奠定了基础,是浙江经济发展重要的推动力,也使得浙江一跃而起成为中国经济最发达的地区之一。

(二)产业集群特色明显

这是浙江经济发展的另一个特征,也是浙江民营经济发展的重要特色。它的特点是,在同一区域内,集中发展某一产业,并且有较长的产业链、细化的社会分工、专业化生产和企业之间紧密的关联度。其个性和特色在于小企业大集群,单个企业规模很小,但整合规模较大,小商品大市场,小产品大产业,在国内占据一定比例,形成一定的比较优势。一县一业,一村一品是它最鲜明的特色。绍兴的轻纺、嘉善的木业、海宁的皮革、永康的五金、义乌的小商品、桐乡的羊毛衫、柳市的低压电器等等,都是这些产业集群的代表,在全国乃至国际上都赫赫有名。苏州在打造产业集聚、产业集群方面也很有特色,117个市级特色产业基地,43个面向集聚企业的公共服务平台,以及昆山开发区光电产业园、苏州工业园区、吴江经济技术开发区等三个国家级新型工业化产业示范基地,都在引导民营企业向集约化、规模化发展。

(三)市场与企业互动活跃

浙江民营企业机制活,市场敏感强,应对市场反应快,具备先发的体制机制优势。这些优势具体表现在以下几个方面:与国企比,市场反应速度快;与技术发展比,产品创新速度快;与企业扩张比,管理进步速度快;与外部环境比,全员学习速度快;与自身资源能力比,企业发展速度快。只要看好一个项目,浙江民营企业从决策到融资再到生产,快则一个月,慢则三个月之内就可以完成,完全市场化导向,市场需要什么,企业生产什么,这种快速反应的决策机制、迅速行动的执行能力,成为其制胜市场的突出竞争力。以服装行业为例,浙江服装商人过去特别让人称道的一点,就是他们的对市场反应速度。这些企业对市场反应迅速,如意大利或欧洲发布一个新的流行款式,第二天他们就可以拷贝进行大批量生产。做到"三天出小样,五天成批量,七天上市场"。

(四)浙江企业家的精神

浙江民营企业家具备的精神一直常为世人所称道,像宗庆后、马云等一大批优秀的民营企业家,他们敢于冲破各种僵化观念和陈规陋习的束缚,具有一种钱江大潮弄潮儿的无畏气概,具有第一个"吃螃蟹"的冒险精神,具有"争喝头口水"的超前意识,敢闯敢冒,敢走天下路,敢为天下先,这种精神鼓舞了浙江的民营企业家们,也助推他们开拓进取,不断前行。可以说,哪里有市场哪里就有浙江人,哪里有浙江人哪里就有市场。同时,他们为了实现自己的创业目标,什么苦都能吃,什么脏活、苦活、累活都肯干。白天当老板,晚上睡地板,这些都是浙江民营企业家素质优势的体现。

二、浙江民营经济发展面临严峻挑战

浙江民营企业在提高人民生活水平、促进就业、推进城镇化建设、社会公益建设等等方面，为浙江的经济、社会、文化事业做出了重要的贡献。不过，浙江民营经济现在也面临着发展的诸多困难，尤其是随着资源环境的约束加剧和外部竞争的日趋激烈，浙江民营经济的先发优势已不明显，增长后劲乏力。

自2010年以来，浙江中小民营企业发展十分艰难：海外订单锐减、劳动力和原材料价格不断上升、税负重、融资难、融资贵（据调查，各大银行对中小民营企业的贷款利率在过去几年中普遍上浮30%左右）、生产成本节节攀升，有6.6万家中小民营企业的总产值和利润持续下降，2011年，浙江全省逾144447家中小民营企业倒闭注销。浙江，尤其是温州，甚至出现了中小民营企业的倒闭浪潮。浙江中小民营企业的发展陷入了生死攸关的境地。

中小民营企业经营环境的恶化，引起了浙江省委省政府的高度重视。为了解决中小民营企业的生存危机和促进其再发展，省委省政府及时提出了转型升级。不过，浙江中小民营企业在推动转型升级的过程中，也遇到了一些困难。下面，我主要就这一问题，分几个方面来较为详细地谈一下。

（一）企业税费重

在税收方面，调研过程中，民营企业普遍反映，浙江的税负较广东、上海重。浙江、广东、上海三地的销售税负率分别是10.5%、7.6%、6.7%。浙江一些地区税务部门为了完成考核指标，存在随意摊派税收的现象，有的税务部门在企业交完本年度应交的税款后，还要求企业预交下一年度的税。在深圳调研时，一些浙江民营企业家表示愿意响应浙江省委省政府的号召，回归故乡，但浙江的税费负担高出深圳10%以上，使他们望而却步，放弃了回归浙江的念头。2012年12月1日，浙江省启动“营业税”改“增值税”试点工作，杭州市某镇的中小民营企业反映，“营改增”一刀切，不但没有减轻其税收负担，反而大大加重了他们的负担。除了税收，各项费用负担也很重，一些地方的企业还需要缴纳200多项行政事业性收费。可以说，企业税费重，是较为普遍的现象。苏州市委市政府在减轻中小民营企业税费负担这方面做得比较好。2012年9月我们在苏州调研时了解到，近几年，苏州市中小民营企业的平均税费负担率为4.75%，当地近五成中小企业认为税费负担总体水平尚可接受。在如何减轻民营企业税费负担方面，苏州的经验值得浙江借鉴。

（二）企业融资难

众所周知，金融行业进入门槛高，金融机构基本为国有大银行所垄断，大银行更愿意贷款给大企业，中小民营企业想要从银行融资十分困难，而且，即便银行愿意贷款给中小民营企业，这个融资的成本也很高。民营企业不仅要承担较高的贷款利率（通常是基准利率上浮20%~30%），还需承担贷款过程中的各项隐性成本和隐性风险，如有的银行要求必须先存相当高比例的资金，才能贷款；有的银行以承兑汇票形式发放贷款，企业用承兑汇票贴现，额外增加3%的贴现。总之，银行对小微民营企业的贷款存在很多附加条件。大多数中小微民企是靠租赁的土地和厂房创业的，无担保物，银行为分散风险，于是让民企搞“互保”。“互保”往往导致较大范围的金融风险，一旦有个别企业出现经营困难或倒闭而无法偿还贷款时，就会产生连锁反应，温州在这方面问题尤为严重。苏州市经信委在向我们介绍苏州民营企业融资问题时，也提出了融资难和融资贵的问题。苏州市工商联的领导向我们介绍说，2012年，苏州中小微企业的平均融资成本为12%左右（包括银行利率和担保费率），加上上浮利率、手续费、财务顾问费、票据贴现、搭售理财产品等费用，以及银行开具承兑汇票等因素，企业实际承担的贷款成本在15%左右，苏州的中小企业普遍反映融资成本偏高。融资难、融资贵这一问题的症结都类似，就是：银行贷款难、审批慢、贷款成本高。这方面，江苏和浙江可以多做研究，共同探讨如何解决中小民营企业融资难、融资贵这个难题。

（三）企业创新意愿低

总体而言，长期以来，浙江中小民营企业技术基础薄弱、技术积累不足，普遍采取低技术、低成本的发展战略。技术创新往往对资金的需求量大，同时又存在较大的技术与市场风险。调研发现，中小民营企业由于规模小，财力不足，承受风险能力弱，市场融资难，创新资金往往短缺，因而，采取低技术、低成本的发展战略是企业第一时间考虑到的。不过，有些中小民营企业也在发展过程中逐渐意识到技术创新对企业持续发展的重要性，并逐渐尝试开展各种形式的技术创新活动。但政府对专利等知识产权保护不够，执法力量薄弱，企业创新的成果往往会被产业集群内其他企业无偿获得，创新积极性备受打击。

（四）企业高级人才缺乏

中小民营企业转型升级主要依赖于研发人才和高级技术工人。中小民营企业有其自身发展的局限性，一般来说，企业规模较小，很难承受高级研发人员的雇佣成本,一线高级技术工人流动性大、非常紧缺,企业想对工人进行培训,但又怕培训完,高级技工又跳槽了,人财两空。随着劳动力成本不断攀升,企业面临更大的成本压力。另外,与中西部省份相比,浙江的生活成本高,只能以更高的工资来留人,年薪5万的用工时代已经指日可待。子女的教育升学问题、社会保障等也影响招工问题。浙江省大部分地区2012年年初就出现了比较严重的招工难问题,杭州、宁波等地区更为严重。

(五)市场信心差

利润高的垄断行业"玻璃门"的存在,中小民营企业所能做的是国有企业瓜分后的那些利润并不高的行业,这些年生意越来越不好做,各项成本都在上涨,而利润率却在下降。产业升级、更新换代需要钱,中小民营企业又很难从银行贷到款,升级几乎无从谈起,只能维持在低利润水平,勉强生存。根据我们的调研发现,在民营企业家心中,对中国经济未来发展的信心,对民营企业的发展空间、民间资本未来投资环境的信心,都有减弱的趋势。民营企业家们对中国经济发展的不确定感在增加。担心政策的不稳定性造成资产损失,比如山西煤改。担心自己的财富安全甚至是人身安全,会在未来的某一天受到威胁。如"吴英事件"、湖南的"曾成杰"事件,民营企业家或多或少都存在类似的原罪。一些民营企业家通过移民的方式使自己安心。《法治周末》2012年10月的公开报道显示,"温州民营企业家中,有意向办理投资移民、正在办理和已经办理移民的比例大概在70%左右。"企业家信心不足,裸商群体的出现,其危害不仅仅是当前经济的发展,而且极容易引起社会问题和金融风险等问题,甚至会动摇浙江经济长远发展的根基。

三、为改善浙江民营经济发展环境,我们向浙江省政府提出的政策建议

这些问题的存在,对浙江民营经济的发展造成了诸多隐患。针对以上浙江民营企业发展过程中出现的这些问题,我们课题组向浙江省政府提出了具有针对性的建议:

(一)转变政府职能,发挥社会组织功能

一是建设服务型政府,减少行政审批权。今年以来,国务院已取消和下放了200多项行政审批。浙江省政府要把这些国家下放的审批项目的审批办法贯彻下去、落实到位。对于不需要进行审批的,坚决交给市场去做,释放市场的活力。既要积极主动地放掉该放的权,又要认真负责地管好该管的事,切实从"越位点"退出,把"缺位点"补上,做到简政放权和加强监管齐推进、相协调。

二是减少直接的行政干预,遵循经济规律。减少经济事务和社会事务的政府机构,地方政府官员业绩考核与GDP脱钩。从制度上保障大幅度减少对企业的行政干预。鼓励社会组织积极参与社会事务,放宽对非政府组织建立的审批,并逐步过渡到登记制度。鼓励社区组织、行业同业组织、社会服务组织等的发展。

调研时,苏州市经信委向我们反映,苏州市委市政府结合实际,出台了优化民营企业发展的政策环境的一些实施细则,帮助民营企业学习政策、掌握政策,用足用好政策,切实将各项优惠措施落实到位。这样的服务政策,对于中小民营企业的发展是很有积极意义的。

(二)降低税费水平,减轻企业经营负担

一是落实国家结构性减税政策,降低流转税税率。中国国务院总理李克强2014年5月30日主持召开国务院常务会议,确定进一步减少和规范涉企收费、减轻企业负担。会议认为,减少和规范涉企收费,看住向企业乱伸的手,是深化改革、简政放权、规范市场秩序的重要举措,对于降低经营成本、激励投资创业,意义重大。会议确定,一是正税清费。取消政府提供普遍公共服务或体现一般性管理职能的收费项目。把暂免小微企业管理类、登记类、证照类行政事业性收费改为长期措施。依法将有税收性质的收费基金项目并入相应税种。二是建立涉企收费清单管理制度,所有收费纳入清单,对外公开,接受监督。三是清理规范行政审批前置服务收费。此项税收政策措施对促进中小民营企业转型升级起到积极的作用。

浙江省是"营"改"增"试点省。落实国家结构性减税政策,依据第三产业的比重和行业性质,将现行增值税的税率调整为13%、11%或6%。目前,"营改增"的增值税率已在原17%标准税率、13%低税率基础上,依据第三产业的具体行业不同,新增了11%、6%两个档次低税率。因此,我认为,对于第三产业比重大、特别是"营改增"后加重税负的中小民营企业,应结合第三产业具体行业的性质,使用更低档次的增值税率。

二是理顺制造业和服务业之间的税负平衡。增值税本身属于中性税收,不论税负轻重都应以不干涉经济为前提,而现行增值税(包括"营"改"增"部分)已经偏离了这一基本方向。建议实行双轨制增值税作为过渡措施,即在现行扣税法基础上,对未实行增值税的行业和项目,其购买者可以采取扣额法来扣除,以消除重

复征税,这样,“营”改“增”试点过程中存在的各个问题就会迎刃而解。

三是完善中小民营企业的税收政策。提高中小民营企业年缴纳所得额门槛标准,使中小民营企业享受低税率优惠政策的企业范围扩大。取消创业投资企业优惠政策中的高新技术要求,取消满两年起享受税收优惠政策的限制,使企业在创业初期就能受益,缓解创业难;减少企业“三新”(新技术、新产品、新工艺)研发的税收优惠政策的条件限制;增加对受让方以受让技术实现一定所得税减免的优惠,鼓励企业在自身研发能力弱,或者不能自行研发的情况下,积极引进技术转化为生产能力。

四是规范征税制度,杜绝突击征税。在完善中小民营企业税收法律制度的同时,必须督促执法部门严格执行法律,严厉打击执法者滥用职权,突击收税、提前收税和额外收税的行为。另外,改变税务部门的考核机制,税务部门应以监督企业合法纳税为宗旨,而不应设置税收考核目标,改变现有的目标任务层层摊派的征税方式,实现征税程序的规范化、合法化。

(三)开拓融资渠道,降低企业融资成本

一是推进农信机构市场化改革。建议切实推动、督促省联社等农信机构经营机制的“市场化”,吸引优秀民营企业参股入股。做到“干部能上能下、员工能进能出”;“岗位靠竞争、薪酬按贡献”;“主动出击营销,客户至上,不断按客户需求创新产品”。

二是加快发展村镇银行。发展小型金融机构,建立覆盖广、差异化、效率高的金融服务机构体系。建议完善各项政策,大力发展村镇银行,实现小型金融机构县域的“全覆盖”,提高村镇银行的竞争力度。2013 年 7 月 16 日国务院副总理马凯率“一行三会”的掌门人,召开全攻坚小微企业融资难题会议。最重要的一项决议就是积极发展小型金融机构,建立广覆盖、差异化、高效率的金融服务机构体系。浙江省应该充分利用这样的政策,抓住机遇大力发展村镇银行。

三是支持“电商金融”等金融创新。支持网络金融的发展、创新。支持和鼓励地方金融创新,如德清的“P2C”,台州市农村自发的合作金融组织,一些地方的中小企业转贷基金等。“阿里金融”利用电商数据和网络平台发放小额信用贷款。2013 年 5 月末止,贷款余额已超过 53 亿元,年末可达 100 亿元以上。虽然它是面向全国客户的,但是浙江客户毕竟最多。要关注、研究电商金融、网络金融,尤其是“阿里金融”,支持其发展、创新,并给与必要的帮助。

四是支持小额贷款公司发展。落实《关于小额贷款公司试点的指导意见》中“自然人”的第一位投资人地位,以及资本金下限。鼓励与支持属于民间金融资本的“三种人”主发起的小贷公司。(“三种人”是:“下海”创业的金融业务骨干;民间放贷人及典当、担保公司、投资咨询公司等准金融行业的从业者;将全部资本从工商企业中转移出来改投金融业的原工商企业主。)承认小额贷款公司的金融机构身份,为解决杠杆率问题及有效监管扫清道路,进而发展成为与银行“联姻”的金融公司。

五是努力利用现行资本市场。着力强化对中小民营企业的增信服务和信息服务,鼓励和支持杭州银行等商业银行,形成“中小民营企业-信息和增信服务机构-商业银行”利益共享、风险共担的新机制。用足政策,办好浙江省股权交易中心。证监会主席肖钢表示支持证券公司通过区域性股权转让市场为中小民营企业提供挂牌公司推荐、股权代理买卖等服务。浙江省要抓住机遇走在全国前列。继续鼓励、支持有条件的中小民营企业上市。要尽可能地发展“中小民营企业集合债券”。

苏州在建立投资多元化、融资多渠道的融资服务体系方面做了很多工作。苏州市经信委向我们介绍,截至 2012 年,苏州市已获融资担保许可证的担保公司有 156 家,注册资金 210 亿元,2011 年新增担保额 850 亿元,同比增长 42%,在保余额达 750 亿元,同比增长 37%,为 1.56 万户中小民营企业提供了融资担保。创新“民营企业金融顾问”制度,深化银政企合作,每年都举办银政企合作洽谈会,向银行推荐融资需求项目。多管齐下拓宽中小企业直接融资渠道,累计已有 60 多家中小企业实现了上市直接融资。这些措施对于扶持民营企业做大做强具有积极有效的促进作用。

(四)加强知识产权保护,激发企业创新动力

一是加大知识产权保护力度。知识产权对于产业发展的重要影响日益突出。据浙江省高院提供的资料显示,2008 年至 2012 年,浙江省法院受理的知识产权纠纷案件数量年均增长 77.36%,约为全国的两倍。可见,知识产权保护对浙江省的重要性比对国内其它大多数地区要高出很多。我们在杭州瑞德设计公司调研时,老总李琦向我们反映,目前知识产权的价值无法得到充分体现和保护。现在我们想要实现经济的转型升级,就必须强化知识产权保护。浙江在这方面可以加大力度,在全国范围内做出表率。降低维权成本,努力增大具有知识产权企业的收益。法院对于侵犯知识产权

的案件的审理要从严、从快、从重。并广泛利用媒体宣传法院的判决结果,营造谁开发谁拥有知识产权,谁受益,谁侵害知识产权,谁就面临巨额赔偿的局面。为创新驱动发展战略的实施营造良好氛围。一方面浙江会在知识产权保护上赢得全国典范的声誉和形象,另一方面浙江经济本身还会显著受益于知识产权保护。

二是推进民间技术市场发育。由于技术创新存在着信息不对称的困境,并且当前全国对技术市场中的知识产权的保护不力,推进民间技术市场的发育非常迫切。市场是技术创新中资源配置和利用的有效场所,也是技术创新的立足点。市场环境与市场机制、市场法制的完善对企业技术创新有重要作用。市场环境对于技术创新具有重要影响,甚至在一定程度上决定了技术创新的成败。市场环境本身是国家创新系统的重要内容,它既提供了创新主体的资源配置要素和利用方式,也为企业的技术创新提供了外部条件和环境。推进民间技术市场发育使市场有序、公平竞争、知识产权保护有力,避免或减少对创新成果的随意模仿、仿制、仿冒现象。要加快自主创新成果产业化市场环境的建设。切实做好自主创新成果产业化的知识产权风险评估工作,确保核心技术获得专利保护。加快研究并建立自主创新产品的风险化解机制,推动自主创新产品开拓市场。营造有利于技术创新的市场环境,需要从政策、法律、创新资源配置、市场结构优化等多方面进行改进。

(五)加强人才工作,保障企业智力资源

一是加强企业家的培养,实现企业家队伍的“转型升级”。这方面可以借鉴江苏的经验。在调研江苏民营企业的过程中我们了解到,江苏由政府采购企业家培训项目,面向企业家,举办公益性的学习讲座,让企业家们系统地学习和探讨如何建立学习型企业、如何促进民营企业快速发展等内容。加强对“富二代”的培养。政府出资办“富二代”培训班,支持他们把经营团队建立好,确保企业后继有人。

二是加强研发人员的培养和引进。与产业经济结合起来,大力引进优秀“海外工程师”,推进核心技术和关键工艺研发、新产品设计制造、新材料技术开发。支持企业加强自身研发人员的培养。在“事业留人、待遇留人、感情留人”的基础上,实现“制度留人”。促进高校科技人才向企业流动聚集。将高校科技人才变成企业研发创新的主力军。健全科技人才流动机制,支持高校教师向企业流动。

三是加强职业教育力度,加快高级技工的供给速度。加大职业院校与企业合作支持力度。统筹职业教育资源,依托大型企业、重点院校建设技能型、高技能型人才培养和实训基地。允许营利性职业教育机构实行企业化、股份制运行。充分吸收民间资本,动员全社会力量和资本发展职业教育。着力提升浙江省职业院校的培养层次。同时开展本科及以上层次的应用型技术教育,从而可持续地提高浙江省培养产业工人的质量。

四是创造吸引人才的环境。人才是技术创新最重要的资源,以个人成长促进企业的成长及个人与企业共同成长,是许多创新绩效优良的企业的重要经验。技术创新人力资源管理的基本环节是选拔、培训、激励、绩效评价、人员配置、职业发展和组织结构调整等。其中,竞争性的选拔是许多创新成功企业的重要做法和经验,通过竞争性的选拔更能发现人才。绩效评价、选拔、培训、激励、人员流动均依赖于一个科学公正的评价体系。要建立一套员工广为接受的薪酬体系和奖励体系;要把个人成长、追求成功的愿望与企业的成长和企业追求卓越的愿望有机地统一协调在企业制度体系中。如此,人才的作用得以在企业的成长中充分发挥,企业也因此获得发展效率。

在加大人才引进和培养问题上,苏州做得相当好。苏州市工商联为我们介绍说,近年来,相当多的民营企业从自身实际出发,努力在金融危机下抢得先机,对适合本企业的优秀人才从招聘、使用、保留等方面采取强有力的措施,大力引进和储备优秀人才,为实现转型升级和在更高平台上的发展积蓄力量、做好准备。如恒力集团在引进先进设备和技术的同时,又特聘德国、日本、韩国、中国台湾等地的化纤界资深专家,为企业进行高端差别化产品的研发,为企业实现自主创新和率先发展创造了条件。针对目前苏州市大学毕业生就业难和企业用工难之间的结构性矛盾越来越突出的状况,为了更好地做好人才培养和储备工作,苏州市诸多企业和行业还与院校联合开展了构建实训基地的探索。这些政策措施对于留住人才,当然是很有意义的,也是值得浙江学习的。

(六)优化产业政策,营造企业良好环境

一是切实保护民营企业经营者的利益。湖南等地发生的官员非法侵害民营企业家财产的案例,极大地降低了企业家的安全感。浙江和江苏都要坚决杜绝此类事件的发生。将企业家正常的融资借款与非法集资严格区分开来,不轻易使用“非法集资罪”调查企业家,拘禁企业家,在法律准绳内尊重市场活力和“企业家精神”的发挥。

二是打破“玻璃门”。为什么喊了那么多年的“玻璃门”至今还在喊?因为“新36条”和“老36条”大多条款仍停留在纸上,公平的竞争环境没有建立起来。要想获得民营经济健康、可持续的发展,就必须真正像对待国企那样对待民营企业,全面落实新老36条,争取中小民营企业与国有企业的同等地位。同时,积极引导民营企业参与到公共事业建设、城镇化建设中来。在金融方面,利用好温州金融改革试验区可以先行先试的机会,放宽对金融机构的股比限制,鼓励民间资本发起或参与设立中小金融机构,以增加中小企业融资渠道,优化民营经济的融资环境。

三是鼓励企业运用自动化设备。外来劳动力成本不断攀高,传统的用工方式也难以解决浙江劳动力匮乏的问题。应该出台多种措施——例如税收抵免、加速设备折旧、财政补贴等,鼓励、支持企业采用自动化生产技术,加大“机器换人”的推广力度,在保证生产效率的同时节约成本。江苏省的劳动力供给情况不太清楚,如果存在同样的情况,也适用这个办法。

四是建设产学研协同融合创新中心。建设产学研协同融合创新中心,在税收、行政事业性收费、培训、财政扶持等方面都要有实质性政策支持。将省内小企业创业基地纳入全省中小企业专项发展资金扶持范围,依托高等院校、科研院所的科技优势,支持用于提升创业孵化功能的软硬件建设,积极引导和催化企业的技术创新。

这方面,苏州市委市政府做得很到位,《关于促进中小企业成长的实施意见》(苏府办【2006】37号)、《关于实施民营经济新一轮腾飞计划的意见》(苏府【2007】136号)、《关于加快培育地标型企业的指导意见》(苏府【2009】68号)等多项政策措施,《关于加快民营经济转型升级的若干意见》(苏府 【2011】1号),《关于促进民营企业创新发展的若干意见》(苏府【2012】37号)等指导性政策意见的出台,为民营企业发展提供了良好的政策导向。同时,通过制定具体配套措施,也放大并落实了政策的扶持效应,为民营企业的发展营造了稳定安全的利好氛围。这些细化的政策值得浙江学习。

(七)发展生产性服务业,助力企业转型升级

一是大力发展电子商务等生产性服务业。电子商务能够为各生产和销售环节提供高效服务,这已越来越快地被生产群体、商业群体和消费群体所接受。在中小民营企业转型升级过程中,特别需要大力开展电子商务的运用和创新。浙江的电子商务发展具备明显的先发和规模优势,对中小民营企业的发展起到了促进作用。

二是财政预算中建立生产性服务业发展专项资金。包括科技研发基金等各种专项基金,分行业有针对性地扶持生产性服务业的发展;对生产性服务业实施税收优惠政策和支持性政府采购政策。

三是促进生产性服务业与现代制造业联动发展。以服务于制造业特别是产业集群为立足点,针对产业集群内中小企业多、共性需求大的特点,着力为其提供社会化、专业化的生产性服务,主要包括金融服务、物流服务、信息服务、科技服务、培训服务、会展服务、商务服务和公共服务等方面。

我们的这些建议得到了浙江省政府主管副省长的高度重视。浙江省分管工业经济和民营经济的副省长毛光烈对我们的报告作了如下批示:很有参考价值。请科技厅、经信委、金融办、国税局、地税局、人行、银监局、商务厅参阅。

关于推进民营企业转型升级,苏州市委市政府了也做了很多很有意义的工作。比如,制定和实施产业振兴发展计划和新兴产业跨越工程。先后出台了冶金、装备制造、电子信息、纺织、轻工、石化六大产业调整振兴计划,新材料、医药及生物技术两大产业提升发展计划,以及促进服务外包产业跨越发展实施意见,制定了新能源(风能、太阳能)、医药及生物技术、新型平板显示和智能电网八大战略性新兴产业跨越发展工程。比如,突出抓好节能减排和资源综合利用。苏州市已累计淘汰落后用能设备1816台(套),推进重点节能项目1576项,通过清洁生产审核企业1000多家,关停并转小化工企业952家。

以上是我们在调研过程中发现的浙江民营企业存在的一些问题,以及如何解决这些问题向浙江省政府提出的一些建议。这些建议主要是针对浙江民营企业而言的,但是,浙江民营经济和苏州民营经济在很多方面具有一些相似的特点,希望我们提出的这些建议,对苏州民营经济的发展也能起到一点参考作用。苏州在发展民营经济方面有很多值得我们浙江学习和借鉴的地方,愿我们共同研究探讨如何更好地帮助民营企业转型升级这一问题,促进浙江、江苏民营经济持续健康发展。

我的讲话完了,谢谢大家!

作者简介:浙江省民营经济研究中心主任,浙江省民营经济研究会会长,浙江省现代民营经济研究院院长,中央财经大学博士生导师,浙江财经大学经济学教授、硕士生导师。

必须端正对民营经济的认识

——关于加快民营经济发展的几点思考

■ 葛守昆

改革开放以来，中国的民营经济经历了“野火烧不尽，春风吹又生”和“好雨知时节，当春乃发生”的阶段，从“一颗无人知道的小草”，逐渐成为国民经济中一支重要的新生力量，发展很快，贡献也很大。问题是在对民营经济的认识上，究竟应该具有什么样的地位和权利，如何名正言顺地理清思路、跟进有力的政策措施加快发展？许多方面还比较模糊，有的是只知其一不知其二，有的是知其然却不知其所以然，在一定程度上也成为了影响民营经济发展的重要因素。下面,笔者从理论和宏观层面上谈谈对加快民营经济发展的看法。

确立民营经济主体在市场经济中的重要地位

十八届三中全会提出发挥市场对资源配置的决定性作用，实际上就包含着民营经济在市场经济中具有重要的不可替代的地位和作用。依靠市场配置资源，就意味着大量市场经济主体的存在，有大量的需求方和供给方。否则，通过计划配置资源，市场主体的存在纯属多余。问题是在市场经济条件下，谁是市场的竞争主体？这一点包括经济学者在内，认识并不是很清楚。笔者的观点很明确，市场经济是竞争性的经济，只有竞争性的经济主体才能成为市场的主体，非竞争性的带垄断色彩的企业单位不可能成为市场竞争的主体。市场经济条件下，不仅存在着大量的私有制经济，肯定还存在着部分的公有制经济。但是，这里的公有制有两种：一种是私人资本集合形成的公有制，比如两人或两人以上出资组成的合伙制；另一种则是政府作为所有者的公有制，如国有经济。对政府或国家形态的公有制经济，垄断色彩浓厚，典型存在于市场失灵的领域，属于非竞争性的经济主体。这就决定了现有国有企业必须进行分类改革，确定哪些是继续以国有企业形式存在，哪些必须通过彻底改制成非国有形式的企业。这个界限不能含糊和模糊。继续保留国有企业性质的，必须退出市场竞争，不能一边参与市场竞争，从市场上牟利；一边又保有政策性垄断经营的特征，从政府财政中获取好处。

多年来，一批国有企业在国有控股的前提下大举上市发行股票，大批进入房地产市场，炒地炒房，完全模糊了国有企业的属性。只有那些原来作为国有企业，但通过改制成为非国有企业的企业才能上市发行股票和进入房地产。在严格意义上，真正的国有企业不能上市发行股票，不能进入资本和房地产市场，这类企业主要不是投资商品房，相反应该多建设保障房。还有一种说法很值得商榷，即在垄断领域放开民营资本的投资。在笔者看来，真正作为垄断领域的，是民营资本不愿投资也不宜由民营资本投资的领域，这个领域属于市场失灵的领域，让民营资本介入会带来许多问题。只有那些本来作为垄断领域但不应该垄断的领域，才有一个放开让民营资本投资的需要，不过这时候，民营资本进入的投资领域已经不再是原来属于垄断的领域。

明确市场经济的基本内涵和要求，认真解决国有企业分类改革的问题，实际上就确定了民营经济在市场经济中的重要地位。市场经济的天下，主要是民营经济的天下，民营经济的企业是汪洋大海。民营经济创造的价值在国民经济中的比重应该在80%左右，劳动者90%左右在民营企业就业，民营经济上交的税收也在80%左右，人们的市场需求也主要依靠民营经济生产提供。这是市场经济的基本规定性。否则，市场经济的存在是难以想象的。所以，中国下一阶段民营经济发展一定有很大的空间,有广阔的前景。

确保民营经济主体的基本权利

民营经济在国民经济中具有重要的地位，自然必须保证其基本的权利。

首先，要端正对民营经济性质的认识。笔者认为，只要发展市场经济，必然存在大量的必不可少的民营私有制经济。资本是与市场经济相联系的重要经济范畴，没有资本的市场经济是不可想象的。而今天的民营资本所有者本身就是劳动者，不存在马克思笔下传统意义上的资本与劳动之间的对立。在市场经济社会，资本有偿使用不是剥削，资本无偿使用才是剥削。古人讲，名不正则言不顺，言不顺则事不成。我们必须为民营经济正其名、顺其言，一定不能让发展民营经济是“权宜之计”。

其次，保护民营企业的合法财产不受侵犯。财产权是重要的经济权，是带有根本性的权利。在社会导向上，要对民营经济形成的合法财产给予严格的法律保护，不得平调或摊派。总的是鼓励民营经济扩大资本积累、增加资本投资。有一种模糊认识需要澄清，即民营企业家多年积累的巨额资本是社会的，因为他吃的有限、用的有限，有些企业家自己也这样说。笔者认为，这实际上模糊了资本的所有权和支配权，也与民营经济发展的环境有关，主要还是缺少安全感。所以，有些企业家讲，不赚钱心里不踏实，赚了钱心里还是不踏实。

再次，减少对民营企业的行政干预。作为市场经济的竞争主体，必须保证民营经济自主经营、自我发展的权利。很重要的是，让民营企业家集中精力，一心一意谋发展，减少民营企业发展的外部成本。除了依法纳税以外，要严格禁止对民营企业的“乱摊派、乱收费、乱罚款”，减轻不合理税负。

规范民营经济主体的经营行为

在市场经济条件下，权利和责任必须是对称守衡的。保障民营企业家正当的权利，同时还要规范他们的行为。我们必须走出传统的惯性思维，不等于放手发展就放松管理规范。

处理好劳资之间的利益关系。劳资关系是市场经济条件下基本的经济关系。新形势下劳资关系的平等性、非剥削性，不等于劳资之间没有利益上的矛盾。特别是在一般情况下，资本所有者往往处于有利的强势地位，单纯的劳动者则往往处于不利的弱势地位，劳动者的利益很容易受到伤害。为此，必须积极维护劳动者的合法权益，防止劳动者的利益受到损害。包括劳资之间合同的公平性、合同的严格履行，尤其是切实解决涉及劳动者基本权利的社会保险金的缴纳、依法给予加班工资、防止正常的工资拖欠等。

建立起民营经济良好的社会形象。关键是树立长远的发展理念，增强道德风险意识。倡导民营企业依靠诚实守信，平等竞争和创新创业，坚持“君子爱财、取之有道”。对于铤而走险偷税漏税、坑蒙拐骗、弄虚作假的，必须坚决打击，让其名声扫地，难以在社会上立足。这方面，关键要有好的法制，创造犯罪成本大于犯罪收益的社会环境。

处理好市场与“市长”的关系。民营企业主要是通过自身的努力，包括技术创新和市场开拓，确立自身在市场上的竞争优势和发展优势。市场是民营经济的主战场。但是，近些年来民营经济发展中有一个很不好的现象，就是许多企业主与政府走得太近，一只眼睛盯着市场，一只眼睛盯着“市长”，希望从政府那里获得资源和利益，之间充斥着行贿受贿和官商勾结，既败坏了市场经济正常的竞争秩序，也分散和干扰了民营企业家正常的市场竞争和投资经营。这种状况必须有根本性的改变。

重在政府加快自身改革

加快民营经济的发展与加快政府自身改革有很大关系，在一定意义上，政府自身改革是否到位将决定着民营经济发展的速度和品质。因为在影响民营经济发展的众多矛盾因素中，政府居于矛盾的主要方面。

明确界定政府的职能。在市场经济条件下，政府究竟承担什么样的经济职能，保证公平和效率？核心是两条：一是通过建立健全法制，创造一个平等的竞争秩序；二是调节资源的宏观配置和国民收入的再分配，前者保证资源的有续利用和效率，后者是以公平促进效率。总的是政府存在于市场失灵的领域，企业存在于计划失灵的领域。具体模式是国家——市场——企业，即国家调控市场、市场引导企业。

严格规范政府的行为。政府是面向全社会的，代表的也是全社会的利益。如何保证政府行使好对市场的经济职能，关键是通过法制化来解决政府经济行为的主观随意性，包括将政府的管理条例或者变成法律，或者取消作废，并且在立法过程中，避免“部门化”倾向。特别重要的是强调执法的严肃性，有了法律就要坚决执行，切实做到执法如山。

增加政策的公开性和透明度。政府对企业主要不是“一企一策”，而是“多企一策”。政府主要通过货币政策和财政政策调节市场的总供给和总需求，调节资源配置，体现的是公平和效率。因此必须强化政府政策的公开性和透明度，防止暗箱作业造成的营私舞弊和不平等竞争，切实做到权力在阳光下运行，并接受广泛的社会监督，进而凸显政府政策的正能量效应。

作者简介：作者为江苏省社科院、苏州农村与改革研究院研究员。

——原载《浙江经济》2014年第16期

当前民营经济发展形势和未来五年发展研究重点

■ 庄聪生

摘要：当前民营经济发展既面临难得机遇，又面临严峻挑战。未来五年，是我国全面深化改革、全面建成小康社会关键的五年，也将是民营经济发展大有作为的五年。本文分析了当前民营经济发展形势以及未来五年民营经济发展的研究重点 。

关键词：民营经济；当前形势；未来发展；研究重点

当前，国内外环境十分复杂，我国正处在经济增速换挡期 、经济结构调整期 、前期刺激政策消化期的三期叠加阶段，不稳定不确定，困难依然较多，民营经济发展既面临难得机遇，又面临严峻挑战 。

一 、新常态为民营经济发展创造新契机

习近平总书记最近多次指出：“我国发展仍处于重要战略机遇期，我们要增强信心，从当前我国经济发展的阶段性特征出发，适应新常态，保持战略上的平常心态 。”新常态下民营经济面临新挑战。 新常态的一个重要特征，就是我国经济进入增速换档期，增速由过去十年的平均10%降到今年上半年的7.4% ，从高速增长进入中高速增长阶段。 经济增速“下台阶”，是新常态下经济规律自我作用的结果，意味着粗放发展方式走到了尽头。 过去很长时间，我国依靠廉价劳动力和资源要素投入，使经济增长获得了一定的比较优势，民营企业也乘势发展，在创造就业岗位、促进经济社会发展等方面发挥了不可替代的作用。 但是，随着进入新常态后，民营经济正面临一系列重大挑战。 从外部环境看，部分行业产能严重过剩，市场需求不足，导致企业投资意愿不强、动力不足；融资难融资贵问题没有得到有效缓解，少数能够获得银行贷款的中小微企业付出的实际贷款成本，高出基准利率的几倍；企业生产经营中的能源 、原材料以及土地征用、物流成本 、商铺租金等生产要素成本不断升高，特别是企业劳动力成本近几年持续上升；结构性减税力度较小、覆盖面有限，各种行政事业性收费名目繁多，企业税费负担较重；招工难、用工难问题依然突出 ，技能型人才更加短缺。从自身状况看，面对产业结构 调整的严峻局势以及科技革命、新消费模式的巨大挑战，多数企业自主创新能力不足、技术储备匮乏，产品和服务始终徘徊在产业链和价值链低端；不少企业法人治理结构不完善 、经营管理水平不高 、诚信守法意识和安全生产意识淡薄，难以适应新常态的要求 。

新常态下民营经济面临新机遇。一是城镇化的转型发展。新常态下，城镇消费群体将不断扩大，消费结构不断升级，消费潜力不断释放，从而带来城市基础设施 、公共服务设施和住宅建设等巨大投资需求，助推生产要素优化配置，将为民营经济发展提供强大引擎。二是加快产业结构转型升级 。 据统计，今年上半年我国高技术产业和装备制造业同比增长在12％左右，表明产业结构调整出现了积极变化 。 加快产业结构转型升级，将大大促进劳动生产率和产品附加值的提高，并提升我国民营经济在全球价值链中的位置。三是扩大社会消费需求 。 新常态下，生存型消费将加速转向享受型消费、发展型消费，其中信息消费、休闲旅游、文化娱乐 、医疗保健的比重将大幅上升，这将从供给方面对扩大消费形成巨大拉动，为民营经济进一步发挥扩大内需的作用产生积极影响 。

二 、理论突破为民营经济发展提供新支撑

十八届三中全会作出全面深化改革的重大决定，提出了一系列重大理论观点和政策举措，特别是提出要使市场在资源配置中起决定性作用和更好发挥政府作用，顺应了广大非公有制经济人士的期盼和呼声 。

———“两个都是 ” 为民营经济明确地位作用。三中全会提出 “公有制经济和非公有制经济都是社会

主义市场经济的重要组成部分，都是经济社会发展的重要基础”。这体现了党和国家发展非公有制经济政策的连续性和坚定性。改革开放以来，我们党对非公有制经济的定位经历了一个不断演进的过程，从“有益补充”，到“共同发展”，到“两个毫不动摇”，再到“两个都是”,表明了理论上的不懈探索与深化。截至2014年6月底，我国登记注册的私营企业1377.93万户，个体工商户4648.73万户，民营经济在GDP中的比重超过60%，税收贡献超过50%,在城镇固定资产投资中比重达64.37%，安置了我国80%城镇就业人口和90%新增就业人口。实践充分证明，“两个都是”的提出具有坚定的实践基础，进一步确立了民营经济的重要地位和战略方针。

———“两个不可侵犯”为民营经济发展消除后顾之忧。三中全会提出“公有制经济财产权不可侵犯，非公有制经济财产权同样不可侵犯”，同时还强调要保证各种所有制经济依法平等使用生产要素、公开公平公正参与市场竞争、同等受到法律保护。2013年初，据全国工商联访谈几百位民营企业家的问卷调查显示，43.4%认为“财产不能得到有效保护”是当前“最大的担忧”。不少非公有制经济人士对人身财产安全更为忧虑，“不挣钱心慌，挣钱也心慌，钱挣得越多心越慌”。应当看到，在率先富裕起来的人群中，绝大多数民营企业家的财富是靠自己的勤劳和智慧创造出来的，其劳动成果理应得到社会的认可和尊重。如果不能在全社会树立私有财产不可侵犯的法治理念，不能保护民营企业和出资人的人身财产权益，就无法激发创业创新创富的积极性。三中全会提出“两个不可侵犯”，不仅是理论上的重大突破，也必将在生产要素配置方面消除所有制差别带来的“歧视”和“特权”，进而激发民间投资的巨大潜力，为民营经济持续健康发展注入强大动力。

———“三个鼓励”为民营经济发展指明路径。三中全会提出“鼓励非公有制企业参与国有企业改革，鼓励发展非公有资本控股的混合所有制企业，鼓励有条件的私营企业建立现代企业制度”。同时，还强调指出，“国有资本、集体资本、非公有资本等交叉持股、相互融合的混合所有制经济，是基本经济制度的重要实现形式”。国有企业资本雄厚、装备先进、人才聚集，拥有较强的技术优势和国际竞争力；而民营企业则具有产权明晰、机制灵活、决策迅速、市场反应灵敏、创新意识强等特点。实践证明，国有企业和民营企业各有长处，通过混合所有制的组织形式实现资源整合、优势互补，是企业做强做大做优的重要途径。加快推进混合所有制经济，对国有企业首先意味着要深化改革，而对民营企业则意味着将获得更大的发展空间。

———“三个平等”为民营经济发展确立基调。三中全会提出“坚持权利平等、机会平等、规则平等，废除对非公有制经济各种形式的不合理规定，消除各种隐性壁垒，制定非公有制企业进入特许经营领域具体办法”，强调“实行统一的市场准入制度，在制定负面清单基础上，各类市场主体可依法平等进入清单之外领域”。强调权利平等，就是赋予非公有制经济与公有制经济平等的法律地位和发展权利，为非公有制经济持续健康发展提供了法制保障；强调机会平等，就是赋予非公有制经济平等进入市场的机会，进一步拓宽非公有制经济的准入领域；强调规则平等，就是进一步创造非公有制经济平等参与市场竞争的前提条件，充分体现市场经济的公平竞争原则。这些都彰显了党和国家下决心破除垄断，建设统一开放、竞争有序市场体系和公平开放透明市场规则的信心和魄力。

三、全面深化改革为民营经济发展营造新环境

全面深化改革，是党中央带领全国人民在全面建成小康社会关键时期作出的战略决策。广大民营企业既是改革开放的受益者，也是全面深化改革的实践者。全面深化改革，将为民营经济的健康发展带来无限生机。

———平等使用生产要素将使民营经济“放开”。中国民营企业的生存空间，几乎都来自改革开放。对民营企业而言，放开就是最大的改革。民营经济是市场经济中最富活力、最具潜力、最有创造力的重要力量。改革开放的历史，就是在不断拓展民营经济发展空间中不断创造中国经济奇迹的历史。当前，一些民营企业家感觉投资空间看得见、摸不着，一些企业家抱怨一些领域，市场没有发挥决定性作用，行政命令、自然垄断仍在发挥作用。未来一个时期，按照十八届三中全会要求，将坚持市场化改革趋势不动摇，最大限度地放开市场、放宽政策、放活人才，特别是在金融、石油、电力、铁路、电信、资源开发、公用事业等重点领域改革，坚决打破各种对民间投资制造隐形障碍的“玻璃门”、“弹簧门”、“旋转门”，加快推进国有企业改革，大力发展混合所有制经济，加快构造有效竞争格局，释放民间资本巨大潜力，为

各类所有制经济提供更大发展空间，让民间资本较有“自由意志”地去追逐或配置资本、劳动、人才、管理、技术等生产要素，为打造中国经济升级版增添新动力。李克强总理在达沃斯论坛上开出了三份清单，一是“权力清单”，政府法无授权不可为；二是“负面清单”，企业法无禁止皆可为；三是“责任清单”明确政府不可回避的责任问题。这些对民营经济发展来说，无疑都是重大利好。

———创造公平竞争环境将使民营经济更“放活”。公平是现代市场经济的基本特征，而“经济体制改革的核心问题是处理好政府与市场的关系”。近年来，大力推进政府职能转变，在创造公平竞争环境方面已取得了显著进展。今后，还将加大力度减少政府对微观经济活动的直接干预，打破影响公平竞争的行政垄断，不断优化释放活力的创业环境、一视同仁的竞争环境，在全社会形成鼓励支持民营经济发展的良好氛围。截至目前，国务院已经取消或下放7批共632项行政审批事项，占改革前行政审批项目总数的1/3；实施企业注册资本认缴登记制度以来，至8月份，全国新登记市场主体659万户，其中企业192.7万户，同比增长61%；建立涉企收费清单管理制度，清单外的一律不得收费，清单内的逐步减少数量，市场主体活力得到进一步激发。在投资体制方面，再次修订《政府核准的投资项目目录》，面向社会资本推出一批涉及交通、能源、通信等多个领域的示范项目，加速推进混合所有制，投资主体更加多元。这一系列改革举措，体现了以经济体制改革为重点全面深化改革的内在要求，凸显了使市场在资源配置中起决定性作用和更好发挥政府作用的辩证统一，简政放权正成为持续激发市场活力、优化市场环境的重大举措。

———同等受到法律保护将使民营经济更“放心”。常言道：“有恒产者有恒心”。“恒心”就是对改革开放有信心，对市场经济有信心，对创造财富有信心，但归根结底靠的是法治保障。现在有些企业抱怨对公有财产和私有财产有“亲疏之分”，有些企业家存在“小富即安、大富不安”的思想情绪。这都说明法治环境还不尽人意，民营企业家还不敢放心大胆地去创业创富。可以预见，随着法律法规的不断完善和依法行政、司法公正，民营企业家安心创业、放心创富的环境将进一步改善，越来越多的民营企业将感受到公平和正义。

未来五年，是我国全面深化改革、全面建成小康社会关键的五年，也将是民营经济发展大有作为的五年。中国民营经济研究会将重点围绕以下10个方面开展研究：

1. 深入研究全面深化改革新形势下民营经济发展的机遇和挑战问题。全面深化改革，是我国全面建成小康社会和实现中华民族伟大复兴中国梦的关键抉择和重要法宝。十八届三中全会提出，要使市场在资源配置中起决定性作用和更好发挥政府作用，公有制经济和非公有制经济都是社会主义市场经济的重要组成部分，都是经济社会发展的重要基础，公有制经济财产权不可侵犯，非公有制经济财产权同样不可侵犯，坚持权利平等、机会平等、规则平等，保证各种所有制经济依法平等使用生产要素，公开公平公正参与市场竞争，同等受到法律保护。按照中央提出的改革路线图、任务书和时间表，目前各个领域陆续出台了一系列改革措施，充分彰显党和国家下决心破除垄断，建立统一开放、竞争有序的市场体系和公平开放透明的市场规则，这将为民营经济的持续健康发展带来无限生机。但同时，全面深化改革中关于加强市场监管、严格节能减排、确保安全生产、加强环境保护、建设生态文明、保障消费者和劳动者合法权益等举措，也将对民营经济在内的各种所有制经济发展提出更高更严的要求，民营企业必须主动适应、接受挑战。我们要深入研究全面深化改革给民营经济发展带来的机遇和挑战，引导广大民营企业家积极支持改革、参与改革、推动改革；研究如何利用改革释放出来的红利，充分激发民营经济发展的潜力、活力和创造力；研究如何破除各种不平等待遇，废除各种不合理规定，清除各种隐性壁垒，为民营经济发展创造同等对待、公平竞争、一视同仁的发展环境；研究民营企业如何参与国有企业改革、推动国有资本和民营资本相互融合、发展混合所有制经济，积极探索混合所有制发展的有效形式、实现路径和制度设计，努力增强企业发展后劲；研究全面深化改革对民营经济提出的新要求，引导民营企业全面提升自身素质，增强企业核心竞争力，在新一轮改革中获得更大发展。

2. 深入研究民营经济如何加快转型升级问题。转变经济发展方式是我国经济社会领域的一场深刻变革。我国民营经济虽然经过30多年的快速发展，但总体上还比较粗放，劳动密集型、加工贸易型、资源依赖型、能源消耗型企业居多，高消耗、高污染、高投入、低附加值企业居多，转型升级的任务尤其紧要和迫切。我们要深入了解和研究民营企业在转变发展方式中面临的困难和问题，引导民营企业切实增强转型升级的自觉性。要着重研究如何引导企业把科技创新作为转型升级的重要支撑，加快新技术尤其是关键核心技术研发应用，改造提升传统产业；如何加强资源能源的高效利用，积极发展绿色、循环、低碳经济；如何认识互联网产业化、产业互联网化的辨证关系，探讨传统企业如何适应物联网、云计算、移动互联网等新一代信息技术的挑战，互联网企业如何与传统企业寻找契合点融合发展；如何通过产品创新、技术创新、商业模式创新、管理创新，加快企业转型升级；如何"走出去"开拓市场，充分利用国际国内"两个市场、两种资源"，优化资源和要素配置，把企业做强做优。

3．深入研究如何贯彻两个健康工作主题问题。两个健康工作主题，是在《中共中央国务院关于加强和改进新形势下工商联工作的意见》提出一系列重要理论观点的基础上对工商联工作理论的一个重大创新，是工商联成立60多年来全部工作的实践总结和理论升华，具有鲜明的时代特征、浓郁的中国特色、突出的工商联特性，是新形势下工商联事业发展的基本遵循。各级工商联组织必须以改革创新精神，把两个健康工作主题创造性地贯彻落实到工商联工作的各个方面和各个环节，真正使践行两个健康工作主题的过程，成为对工商联工作再实践、再认识的思想解放过程，成为突出重点、突破难点的工作谋划过程，成为面向基层、重心下移的作风转变过程。要深入研究如何把两个健康工作主题作为经济领域统战工作和工商联工作的出发点和落脚点，贯穿到工作的全部过程和各个环节；如何把围绕中心服务大局，作为践行两个健康工作主题的根本方向；如何把非公有制经济人士思想政治工作，作为践行两个健康工作主题的生命线；如何把"统战性、经济性、民间性"有机统一，作为践行两个健康工作主题的综合优势。

4．深入研究非公有制经济人士"四信"教育实践问题。去年以来，中央统战部和全国工商联在非公有制经济人士中开展了以"民营企业家与中国梦"为主题，以增强对中国特色社会主义的信念、对党和政府的信任、对企业发展的信心、对社会的信誉为主要内容的理想信念教育实践活动，已经成为经济领域统战工作理论研究和实践探索的一个新课题。"四信"实质上是中国特色社会主义道路自信、理论自信、制度自信在非公有制经济领域的形象化和具体化。我们要深入研究"四信"的科学内涵、相互关系、主要载体，以及在思想政治工作中的重要地位作用；深入研究如何理解信念是保持一种向上追求和动力，信任是一种自发内心的感恩和理解，信心是一种执着和担当，信誉是一种责任和形象；深入研究"四信"与企业和企业家的关系，阐明企业发展没有信念就没了灵魂，没有信任就没了支柱，没有信心就没了依托，没有信誉就没了价值；深入研究教育实践活动如何坚持引导教育与自我教育相结合、解决思想困惑与解决实际问题相结合、扩大覆盖面与增强实效性相结合；研究教育实践活动如何在"长、常"两字上下功夫，通过各种有效途径和载体，形成"四信"教育的长效机制，使之经常化、制度化。

5．深入研究中国特色商会组织建设问题。商会既是现代市场体系的重要组成部分，也是现代社会组织的重要类别。十八届三中全会以加快形成政社分开、权责明确、依法自治的现代社会组织体制为目标，提出了一系列社会组织改革发展的重大决策部署。当前，社会组织改革政策即将出台，商会特别是工商联所属商会成为社会关注的一个焦点。我们要深入研究如何把握全面深化改革新形势下商会组织发展的新趋势、新变化和新特点，坚持中国特色，按照中国的特点、中国的实际，坚持独立、坚定自信，走自己的商会发展道路；研究工商联和商会组织的关系如何加强而不能割断，工作渠道如何拓宽而不能切断，切实加强工商联对商会的引导、指导和服务；研究商会工作如何坚持党的领导，发挥思想政治引导功能，确保党的路线方针政策在商会得到贯彻落实；研究商会作为工商联的基层组织，如何坚持统战性、经济性、民间性的有机统一，通过开展理想信念教育、举办各类培训、培养代表人士、做好政治安排、开展党建工作、服务会员企业等工作，促进两个健康。

6．深入研究民营经济法治建设问题。企业作为重要的经济组织和市场主体，既是法治保障的受益者，也是法治中国的建设者。新形势下，加强非公有制企业法治建设，关系到企业的健康、可持续发展，关系到非公有制经济人士对中国特色社会主义的信念、对党和政府的信任、对企业发展的信心以及对社会的信誉，有利于充分激发非公有制经济的活力和创造力，有利于推进法治中国建设。党的十八届四中全会全面研究推进依法治国的重大问题，推动改革在法治轨道上全面深入。要认真学习领会四中全会精神，研究法治中国建设各项方针政策对民营经济的影响，推动实现民营企业合法财产不受侵犯、合法经营不受干扰、人身安全不受损害；研究完善促进民营经济发展的法律法规，消除制度壁垒，推动民营企业在投资、财税、融资、土地、人才等方面享受平等待遇、公平参与市场竞争、同等受到法律保护，推动实现权利平等、机会平等、规则平等；研究建立民营企业法律服务体系，充分发挥工商联作用，维护民营企业合法权益；研究如何帮助民营企业家增强法律意识，提高法律素养，自觉学法知法懂法守法，诚信合法经营，正确处理好政商关系，确保企业依法健康发展。

7．深入研究如何建立第三方评估长效机制问题。第三方评估工作是一项创新性工作，是国务院加强行政体制改革的重要举措，是政府在绩效管理方面的一个重要实践。同时，也为工商联发挥政府管理和服务非公有制经济助手作用拓展了新渠道。开展第三方评估将是今后工商联一项经常性工作。我们要深入研究评估工作的定位和属性，如何真正做到坚持问题导向、坚持客观真实、坚持公正独立；如何做到突出重点，紧紧围绕事关国计民生的重大问题、经济社会发展中的难点问题、政府工作报告的重要内容和重点领域改革的任务来进行评估；如何找准评估依据、选好评估对象、合理采取评估方法、探索采用新的科学评估工具；如何处理好面和点、一般和个别的关系，既对全国的情况进行评估，也选择问题较多的地方进行重点评估；如何把第三方评估作为一项系统工程，针对政策落实中出现的问题，坚持不懈地反复抓下去，直到问题解决为止；如何把督查和评估工作有机结合起来，使评估工作成为督查工作的重要方面和必要补充，弥补督查工作在独立性、公正性和权威性上的不足；探索建立第三方评估长效机制，使评估工作做到制度化、程序化、规范化。

8．深入研究民营企业如何更好履行社会责任问题。履行社会责任对于企业提高核心竞争力、提升品牌形象、吸引优秀人才、树立良好社会信誉、规避各种风险，都具有重要意义。民营企业履行社会责任，不仅是社会各方面的期望，也是企业应尽的义务。我们要深入研究如何科学界定企业社会责任的时代内涵，破除履行社会责任就是做慈善的片面认识；如何科学制定民营企业履行社会责任的标准，引导不同行业和不同规模企业，在发展经济、扩大就业、诚信经营、关爱员工、保护环境、节能减排、安全生产、公益慈善等方面积极履行社会责任；如何摆正履行社会责任与实现企业自身发展的内在关系，引导民营企业家致富思源、富而思进，把履行社会责任作为自觉行动，带头遵纪守法、诚实劳动、合法经营、公平竞争，树立良好社会形象。

9．深入研究如何全面提高企业自身素质问题。全面深化改革对民营经济不仅仅是激励和支持，同时也有规范和约束。在当前复杂形势下，民营企业要在转型升级中赢得先机，不仅要提高经营管理素质，还要提高思想政治素质。我们要深入研究如何引导民营企业在技术创新、商业模式创新、经营管理、市场开拓、品牌建设等方面下功夫，增强市场核心竞争力；如何引导民营企业树立加强底线意识和风险管理意识，建立预防及应对风险与危机的内控制度；如何正确处理家族企业的教育和传承问题，完善内部治理结构，引进高端技术人才和高级管理人才，建立现代企业制度，克服管理专制化、决策随意化、社会信用不足、排斥外来人才等弊端；如何打破体制内人才队伍与民营企业人才队伍之间相对封闭不交流的现状，建立非公有制企业人才的引进、职称评定、考核、奖励等机制；如何把企业文化与经营理念、管理方式等有机结合起来，探索企业文化建设与党建工作的有机结合，不断提高企业的凝聚力和创造力。

10．深入研究工商联工作理论问题。工商联理论是工商联工作实践的升华，工商联事业发展需要科学理论的指导。工商联是以非公有制企业和非公有制经济人士为主体的人民团体和商会组织，是中国特色社会主义的重要部分，《中共中央国务院关于加强和改进新形势工商联工作的意见》对新形势下工商联的性质、地位作用、基本特征、指导思想、基本任务、基本职能等提出了一系列重要论断和理论观点。这既是工商联实践工作的理论概括，也是深入开展工商联工作理论研究的基点。近几年，在广泛实践和深入研究的基础上，我们明确了两个健康工作主题，在工商联"三性"有机统一的基本特征、中国特色商会组织建设、工商联历史研究等方面进行了一些有益探索，但系统性还不够，没有形成工商联工作理论体系。同时，随着工商联地位作用的不断提升，社会影响日益扩大，工商联工作领域也在不断拓展，对中国特色商会组织建设，中小企业健康发展，民营企业践行"义利兼顾、以义为先"理念，新形势下如何加强党对工商联工作的领导，发挥工商联党组领导核心作用等重大问题，都需要从理论上加以阐述，从制度上加以明确，把实践经验上升为理论，构建工商联工作理论体系，以便有效指导工作。

作者简介：庄聪生，全国工商联副主席，民营经济研究会会长。

——原载《江苏省社会主义学院学报》2014年第5期

扶持中小民企创新 加快经济转型升级

■ 毛伟

今年，国务院又出台了一系列措施以进一步扶持小微企业发展，提出要推动大众创业万众创新。对于民营企业比重大、中小企业数量多的浙江而言，扶持中小民营企业创新对加快浙江经济转型升级尤为重要。

以产业发展规划为导向引领中小民企创新。在市场机制下，民营经济的路径依赖阻碍了发展方式的转变，而政府产业发展规划及相关优惠政策，可将产业进步的笼头拨向创新的方向。2012年，国务院印发了“十二五”国家战略性新兴产业发展规划的通知，提出加快培育和发展节能环保、新一代信息技术、生物、高端装备制造、新能源、新材料、新能源汽车等战略性新兴产业。浙江应以此为基础，根据自身特点制定相应的产业发展规划，通过税收优惠政策引领中小型民营企业技术创新。目前，国务院已决定，“在现行对月销售额不超过2万元的小微企业、个体工商户和其他个人暂免征收增值税、营业税的基础上，从今年10月1日至2015年底，将月销售额2—3万元的也纳入暂免征税范围。对小微企业从事国家鼓励类项目，进口自用且国内不能生产的先进设备，免征关税。”在此基础上，浙江省还可以考虑对符合产业发展方向的中小民营科技型企业给予更大的税收优惠，以引导和鼓励中小民企创新。

以高新区建设为依托引吸中小民企创新集聚。产业集聚区建设的重点在于利用这一平台培育产业集聚功能，进而建立起具有较强竞争力的创新型产业集群。然而，目前浙江产业集聚区的规模效应和经济贡献都不高。2011年，全省19家省级以上高新区工业总产值占全省工业总产值比重不到10%，而江苏则占到了20%；2012年，全省15个省级高新技术产业园区的高新技术企业数为516家，只占全部企业数的7.2%。2008-2011年间高新区工业对全省工业增加值的增长贡献度为5.6%，同期江苏高新区的贡献率则高达25%。改变这一现状需要以高新区建设为依托引吸中小民企创新集聚。首先，需要制定合理的产业布局规划，明确主导产业，形成特色产业链，避免不同地区产业集聚区间的恶性竞争和重复建设。其次，必须认识到创新型产业集群的建设是一个长期的系统性的工程，包括建设公共服务平台、培育企业间创新网络、造就区域内创新文化往往需要一个过程，要避免为了短期利益而牺牲长期发展。再次，产业集聚区要重视科技型民营企业的引入。与江苏、广东相比，浙江的区位优势并不明显，走大力引进外资的老路，不利于建立有效的产业竞争优势。目前浙江一大批民营企业已经走上发展技术密集型产业之路，建立以民营企业为主体的创新型产业集群不仅在方向上是正确的，在条件上也是可行的。

搭平台促转化降低中小民企创新成本。创新往往伴随着巨大的失败风险，而中小型民营企业在抵抗风险方面先天不足。政府在进一步提高服务质量、提升决策效率、完善科技管理体系的同时，需重点做好科技平台搭建和科技成果转化工作，以降低中小民企创新风险及成本。一是要以政府为主体，整合生产力促进中心、科技产品孵化器等既有资源，形成地域特色明显、操作简单方便的科技平台，突出企业的科技创新主体地位，为科技创新扫清障碍。政府应当联动企业、高校、科研院等创新主体，搭建相应创新平台，同时构筑专利池，实现专利产业化。二是要完善科技中介市场，搭建科研成果转化桥梁，以需求为导向，以市场为推手，以政策为抓手。现行科技体制下，科技需求和科技供给并不匹配，科研院校所研发的科技成果并不能真正投入企业进行生产。政府在加大鼓励企业自主创新力度的同时，还应搭建科技中介平台，完善科技市场，加大科技成果转化率；建立相应数据库，能够使科技需求与科技供给相对接，实现需求主导，科技供给能够“一对一”满足需求。

多类型资金支持助力中小民企创新。企业创新本质上是一项投资活动，并且比一般性投资项目具有更高的不确定性和失败风险。中小民企业由于资金实力弱小，抗风险能力差，致使企业无意或无力于创新投资。因而,即便是目前科技实力非常强大的国家也都有鼓励企业创新的资金支持政策。概括来说,有三种类型的资金支持方式,即财政补助、商业借贷和风险投资。对企业而言,财政补助成本最为低廉,近似无偿,但也最容易产生道德风险,一些企业可能会拿了钱不干活,白白浪费公共资源。由于商业借贷需要企业提供抵押物,因而资金成本略高于财政补助;政府可以搭建小微企业融资综合服务中心,向企业提供较低利率甚至无息贷款,降低企业创新资金成本。风险投资以企业让度股权为价,具有促进中小企业快速成长的优势,但风险投资的运作较为复杂,政府可以通过参股风险投资基金的方式对中小民企创新间接提供资金支持。归根到底,政府需要对中小民企提供资金支持,并且需要针对产业类型、创新风险选择适当的资金支持方式,也可用多种类型资金支持方式相互配合的手段助力中小民企创新。

作者简介:作者单位为浙江省社会科学院《浙江学刊》编辑部。

——原载《浙江经济》2014 年第 22 期

家族企业的传承与转型发展

■ 单东

30 多年的改革开放,我国经济改革初步实现了从计划经济体制向中国特色的社会主义市场经济的转型。这一转型意义深远,不仅仅是人均 GDP 增长了将近 60 倍,中国的国力和人民的生活水平有了提升,同时,中国的经济结构和社会发展也实现了根本性的变化,其中一个重要的标志就是私营经济部门引人注目的发展,私营经济蓬勃发展,成为了中国经济增长的重要组成部分,而作为非公有制经济的重要组成部分,家族企业的发展和壮大不仅有利于市场化改革的持续深入推进,同时对于促进经济社会的可持续发展起着越来越重要的作用。根据《中国家族企业社会责任报告2013》提供的统计数据显示,以家族企业为主体的民营企业目前贡献了全国大约 60% 的 GDP,提供了 80% 的城镇就业岗位,完成了 75% 以上的技术创新。

当前民营企业在国内各行业全面开花,成为推动中国前进不可小觑的力量。全国工商联发布的首份《中国家族企业发展报告》显示,当前家族企业在民营经济中已占 80%多,浙江民营企业中比重更高,占比约在 90%,随着中国家族企业的快速发展,很多企业已经到了转型的节骨眼上。家族企业是世界范围内普遍存在的企业组织形式,无论在发达国家还是在发展中国家,都具有举足轻重的地位。与发达国家相比,我国的家族企业的管理层结构更像一本盘根错节的家谱,家族企业"富不过三代"现象非常严重。对正值壮年的中国家族企业而言,传承是一个相对较新的课题。中国式家族财富如何传过三代,如何顺利实现企业治理的转型,具有非常重要的意义。

一、家族企业传承与转型发展面临的问题

家族是一种靠血缘或婚姻关系维系的力量,是一个存在于环境中的一个社群。美国著名企业史专家钱德勒先生这样给家族企业下定义:家族企业是"企业创世者及其最亲密的合伙人(和家族)一直掌握有大部分股权。他们与经理人员维持紧密的私人关系,且保留高阶层管理的决策权,特别是有关财务政策、资源分配和高层人员的选拔方面"。

鲁亚曦教授认为"家族企业是以亲情为首要原则,以血缘关系为纽带,以实际的经营控制权为基本手段,以追求家族利益为首要目标的经济组织。"
归纳起来,家族企业有如下主要特点:

一,家族企业以家族的利益为目标。

家族企业是一个典型的以家族利益为目标的群体,但由于家族内部的复杂性,形成一种风险利益共承担的组织形式,这种家族氛围能把家族成员共患难的精神凝聚在一起。

二,企业以血缘关系为组织结构。

在企业发展初期,家族成员几乎很少,只有企业创

始人在努力拼搏,为企业的发展积累经验寻找机会。但是随着企业的规模不断壮大，企业就会随着血缘、婚缘、地缘、学缘、由近亲到远亲、由亲戚到朋友关系等方向延伸,形成一种由内向外的同心网络组织结构。

三,以家族内部为首的权力安排。

在家族企业中企业的最高权力、决策权还是由家族核心成员所掌握,拥有企业的实际控制权,可以看出职位高低和他在家族中地位是成正比关系的。当企业规模比较小时，创业者在企业中往往担负着很多种职务,既是企业员工也是企业最高领导,但随着企业的不断扩大,企业的内部职能从一体化逐渐向多元化转变,首先是劳动岗位分离,其次是管理职能分离,再是最高决策权分离，最后是企业所有权由原来单一化向多元化转变。最终家族成员还是对企业拥有控制权和所有权,只是对企业的职能进行了细分,由原来的一元转变为现在多元化管理模式。

四,以长辈意志为首的管理模式。

一个家族企业的发展，它是由创始人的领导能力和人格魅力以及创业经历、创业精神、智慧、才干和他所做出来的成绩而形成,其经营理念、人品、精神、智慧、交际等都深深地影响着整个企业的未来发展。但是由于企业的权力和决策权比较集中在长辈手中。未来企业兴衰,生存安危也掌握在一人身上。

五,以人治为主的管理方式。

在家族内部中,都存在着直接或间接的复杂关系,在家族企业管理活动中注重的是情感问题。主要是以人治的管理方式,依靠的是个人的经验、智慧、感情和平时人际关系对企业进行管理,随意性比较大。随着全球经济不断发展,规模较大家族企业也相对建立制度,公司内部设立了股东会、董事会、各部门经理的治理结构,但是在执行制度的时候往往是感情大于制度,以感性取代了制度。

以上我们界定了家族企业定义以及边界，但落到实际，问题还要复杂得多，家族企业随着不断发展扩大,它要演变成什么样子？它需要怎么传承与发展？利益结构如何？家族企业与如何跟法人组织形态融合在一起，实现向现代企业制度转型等问题非常值得我们探讨。

说到家族企业的传承,自然会问,传承什么？从大的方面看,传承的内容不外乎两大块,一是物质财富所有权,物质财富传给谁？如何在继承中保值增值？另一方面,是家族企业创业的拼搏精神,良好传统作为企业文化传承下来。传承企业的物质产权及精神财富,核心是接班人的选择问题。

根据美国布鲁克林的家族企业学院的研究，约有70%的家族企业未能传到下一代，很多家族企业如昙花一现。其面临的主要问题就是接班人以及企业高级管理人才的制约和管理的缺陷。这些缺陷主要表现在以下几个方面：

首先，从我国家族企业的在任者对接班人的培养意识和培养规划看,存在缺失。家族企业在权力传承上的管理缺陷表现为家族企业当前在位者的传承意识比较薄弱,不注重传承规划。

传承问题不仅是一种决策,也是一种传递过程,是要经过考察、评估、商讨、董事的意见,一系列审查后作出决定。但是很多老一辈领导在年过半百时,才开始意识到传承的重要性，对传承问题一直是缺乏长远的计划，这样对权力传承必然会产生影响。有调查统计显示，中国绝大部分的家族企业没有意识到传承计划对企业将来的重要性,仅有6.7%的企业主制定了传承计划,而47.3%的企业主认为年纪太轻,没必要提前制定传承计划。根据研究数据看来,中国家族企业对于继任计划的重要性不够重视，没有部署具体的对接班人的培养计划，对企业有可能发生的不确定性或突发事件没有应对机制,仓促选定接班人,其结果是要不就是家族内部闹矛盾,要不就是接班人能力低下,变成扶不起的阿斗,导致家族分裂,危及整体企业的发展。

第二.接班人的选择,需要接班人有接班的才能和接班意愿。

受中国传统文化的影响,“血浓于水”、“子承父业”，让自己的千万家产和用血汗打拼下来的事业,传到自己的亲子女的手里并发扬光大可以说是大多数企业主的梦想。但创业第二代的生而优越,能否有父辈的胆识、能力及吃苦耐劳的精神呢?第二代可能有海外留学的经历或有创业的愿望，但是能力不够或有能力却不愿担起家族企业的重担这时如何办？孩子没有能力挑起企业的重担,当然,学历并不等于能力,一个才德不足的后代往往难以服众和驾驭全局。

据全国工商联《中国家族企业发展报告》显示,在被调查的年龄超过50岁的1014名民营企业家中,子女没有接班意愿的31%,有接班意愿的占35%,虽然有意愿的超过无意愿的，但是年长企业主生的子女不接班意愿仍处在较高水平。调查中,为何会有超过30%的子女不愿“接班”?原因有两点,一是第一代创业者目前大部分年龄在五六十岁,许多人还精力充沛、精神奕奕,还没有真正想“放下担子”,而许多子女都是了解父辈的这种心态,认为现在还不是自己真正接班的时间;二是许多家族企业仍属于传统制造业,目前形势下,这类企业利润空间进一步压缩,许多子女都有海外求学经验,接受的教育更加多元化、眼界更加开阔,具有全球化的视野。这样的形势下,他们更愿意投身金融、新技术等行业,也有些接班前有公务员、教师等职业背景,他们受过非常正规的教育培养,有着更加系统的知识储备。

第三,我国的家族企业,"创业者个人色彩"浓厚以及"家族继承"主导,传承中性别歧视较为严重,影响企业对现代企业制度的融入以及对职业经理人的任用。

中国的家族企业脱胎于传统的农耕文明,即所谓的出生于草根,因此这种小农经济伴随着市场经济的成长,使市场环境缺少了西方社会经过漫长工业文明熏陶和沉淀形成的契约精神。尤其是工业文明的跨越式发展,而西方社会工业化文明的过程是与制造业的崛起和法制化的进程完全同步,使很多作为规则,习惯风俗等的非正式制度未能成为民众的行为规则,所以市场环境还是极其不规范的,带有很强的随意性和盲目性。在工业化进行的同时,上世纪 90 年代中期导入信息化,相当大的一部分人口还没有脱离农耕文明的同时直接进入信息文明。也就是说工业化文明作为制造业的过程或许可以跳跃,但工业化文明带来的规范化习惯其形成过程却是一个逐步积累的漫长阶段。从表面上看,工业化只是一个在制造过程中产业链各方分工合作、协调配合的过程,但事实上,它对企业的运行规范和合作机制的要求极为严格,无论是遵守时间、契约合作,还是标准零配件设计组装、磨合成型都要求方方面面按照相应的契约文件(如合同)等有序完成。工业化文明给社会带来的也自然是规范化的思维习惯,有法可依、有章可循、责权明确、奖惩分明,无论对于产品制造还是对于企业传承都十分重要。

没有跟长期工业文明相匹配的法制文明的积累,缺乏基本的合作规范,导致我国家族企业市场规范缺失,法制不健全,家族企业管理上随意性和主观性便会显得更加突出。当前处于工业化进程中,家族企业规模可以做得很大、行业地位显著,但基础管理依然十分薄弱,缺乏现代企业制度,缺乏科学严谨的决策过程,执行随意、监控不力、奖惩无序,其运作过程中受老板个人性格的影响深远。因此,一旦接班人进入企业决策层,就会对原来的运作机制产生巨大的影响,无论是决策、执行还是市场响应,都会因老板的改变而改变,企业就会面临巨大的震荡,包括人才流失、市场丢失和运作机制失灵,这便成为企业接班人接班的一个重大风险。

多数中国式的家族企业,从被创办的第一天开始起就带有强烈的个人主义色彩,这也是受长期封建式家长作风的影响,在企业内,人治大于制度治理,创始人的价值观更是深值于企业文化当中。对创办人而言,退出企业不仅仅是安排好接棒的后继人选这么简单,还需要抛弃其权力和以往树立起的威信,更意味着个人时代的终结,这个特征在大陆台湾香港两岸三地的家族企业中特别明显。由于受制于根深蒂固的传统思维,中国家族企业中普遍存在"传子不传贤","传男不传女"的思维,但中国的独生子女政策让坚持血脉相传的企业家没有选择的余地,同时人力资本的缺乏也成为企业家面对传承问题时心里的痛。当然这当中也有少数独生女掌门人如娃哈哈集团宗馥莉及新希望集团刘畅在接班过程中展现了优异的能力。在香港,70%的上市公司均由家族成员担任首席执行官一职,而其他如首席财务官、首席运营官及总经理这些职位也通常由家族成员把持。这些家族企业在选择继承人时,首要考虑的是血缘关系和家族利益,而非从企业发展和商业角度来做决定。根据调查,90 % 的中国企业主希望自己的家族人员特别是亲生的子女,能够承担家族企业传承的重任。许多百年老字号的接班人也沿袭这种方式,因为家族成员的接班人往往忠诚度大,不是想到从企业身上搞到什么好处而是千方百计地想把企业做好。根据调查显示,即使在家族第二代不具备掌管企业能力或不具接班意愿的情况下,也只有 30%的家族企业会选择聘用职业经理人。原因出于家族企业家对职业经理人传承自己创办企业的担忧。

第四,我国职业经理市场的缺失是导致我国家族企业不愿意接受家族以外的能人做接班人的主要原因我们说"传承"与"转型",是家族企业发展面临的两个方面,"传承" 强调的是对前一代物质财富和企业文化(精神财富)的继承和发展,而"转型"则更多的是强调家族企业发展向现代企业制度的公司治理模式转化和过渡。

其实自上世纪 70 年代发生的"经理革命"以来,给我们的启示是家族企业的接班未必全部由家族企业成员来完成,完全可以实行"所有权"与"经营权"的两权分离的公司治理模式,也就是说企业资产可能是家族的或家族控股的,但企业的经营完全可以委托职业经理人予以完成。这一举措在欧美、日本等发达国家早已司空见惯和习以为常了,但问题是其前提必须是以完整的职业经理人机制作为保障。中国的职业经理人机制尚未达到能够支撑中国家族企业"所有权"与"经营权"分离的要求，尽管中国已经有了企业法等相应法规，但是系统的法律规范、法律约束和法律保护都还有所欠缺，职业经理人的法律意识和诚信意识从整体上尚有欠缺。

在调查中发现，有些家族企业的创始人明确指出："我把企业交给儿子，他败十年还不至于败光，但是如果交给一个不适当的经理人，可能三年以后这个企业就不知道是谁的了。"所以，在一个法律缺位、诚信缺失的环境下是很难建立起完善的职业经理人体系，民营企业的接班自然更多地考虑家族的血缘纽带，而家族中人力资源的储备和条件就会严重影响企业的可持续发展。

相对于中国，欧美家族企业并不会认为自己是企业绝对唯一的"主人"，而是强调对企业的日常管理权。如果原定接班人并不适合接管企业，他们宁可选择职业经理人来进行企业管理，或者采取专业委任的方法，建立一个由律师、银行家及职业经理人组成的专业管理团队来协助继承人接掌企业。但是这在中国，甚至是在亚洲，家族中普遍更注重血缘和亲缘的联系，通常董事会的主要席位都被家族内部的成员占据而企业营利也常被用来设立各个不同业务板块的子公司，家族兄弟姊妹所控制并传承给他们的子女，而不是分配给股东们；甚至某些企业家拥有二房与三房太太或是非婚生子女，横向纵向拓展家族成员的过程中产生了更多复杂的继承及争产问题。从某种意义上说，亚洲家族企业的管理层结构更像一本盘根错节的家谱，这也是为什么亚洲家族企业"富不过三代"现象尤其严重的原因。

从企业组织成长的规律来看，第一代创业企业家毫无疑问是具备领袖的素质和天赋的，他们是创业者，是打天下的，他们都是改革开放后随着中国企业成长而成熟起来的一代，是时代造就出来的英雄。但是时代在变迁，经济社会已经步人了一个职业经理人的时代。那么怎么克服以上家族企业传承发展中的问题，我们总结几种典型的发展模式，以这些家族企业成功传承作为典型案例提供给大家参考。

二、中国家族企业的传承与转型发展模式

我们先看看国外家族企业转型发展的例子。

1924年，丰田家族创始人丰田佐吉发明"丰田纺织机"，两年后与其两个弟弟成立了丰田自动机制造所，即丰田织机公司，这成为丰田集团的根基，也是丰田汽车公司的发源地。1937年丰田佐吉的长子——丰田喜一郎投资1200万日元成立了丰田自动车工业株式会社。20世纪八九十年代，丰田最大的危机在1995年的2月，接任丰田章一郎的丰田达郎因患高血压而倒下，一时间丰田变成无君之国。丰田章一郎果断地指名副总经理奥田硕接任社长职位，将丰田汽车公司交给外姓人士掌管。此时的丰田受经济危机的影响，利润大幅度下降，公司内部也变得官僚和安于现状。在这种严酷的形势下，奥田硕推出一系列的改革措施，进行了丰田的第二次创业。

首先，废除了终身雇佣制，实行一年聘用合同制，按业绩发送奖金。

其次，为提高丰田的活力和创新能力，大胆启用年轻人，使丰田的管理层焕然一新。

第三，革除了丰田的官僚主义，和效率低下等"大企业病"。在产品研发上，推进环保汽车的研发，1997年，推出的世界上第一台混合动力轿车——普锐斯，2000年进入美国市场，成为当时美国的最新时尚。

第四，丰田公司成功的很重要的原因在于丰田的文化。对创始人的崇拜，是丰田文化的起源。丰田佐吉是一位伟大的发明家，但是更重要的是他将"丰田精神"留给了后人，这就是不断潜心研究、持续改进、艰苦创业、产业报国等精神。每一代丰田人都继承发扬了丰田精神殚精竭虑，为丰田发展呕心沥血。早在1935年，丰田喜一郎就根据丰田佐吉的遗训制订了指引丰田的《丰田纲要》。在以后很长时间之内，《丰田纲领》一直是丰田的基本方针。该纲领是丰田公司的追求、信念、目标、哲学和价值观的总和，体现了丰田文化的本质。《丰田纲要》牢牢地树立在每个丰田员工的心中，因此使得丰田上下形成共同的生活理念、统一的价值观和一致的人生目标。进入21世纪，丰田的全球扩张逐渐提速，如何保持全球丰田的统一文化是丰田21世纪面临的新问题。为了保持全球各地的丰田员工都有一致的价值观及行动规范，2001年，在奥田硕的推动下，一本解释丰田文化的手册发到丰田全球的每一位员工手中，这就是《丰田之道2001》。

再从国内家族企业来看。

根据对当下中国家族企业的发展情况，我想给大家讲几个典型的案例，也代表几个家族企业典型的传承模式，通过讲故事，让大家比较感性地了解我国的家族企业的传承和转型发展：

第一种,以方太为代表的"发扬光大"模式

宁波方太的董事长茅理翔对于家族企业的传承理解特别深刻，他认为传承应该是两个方面的，一个方面,如何传承父辈的创业梦想,创业精神;另一方面,如何充分发挥二代或者三代的创新力、创造力。1985年,45岁的茅理翔第一次创业，创办慈溪无线电厂,86年遇到国家宏观调控,8个月的工资发不出去。这是第一次创业遇到的危机,危机中工人哭的哭,骂的骂,闹的闹,走的走,最后连自己培养的人也离自己而去,面对这场危机,他当时选择了坚持,怎么坚持,让自己的太太从副厂长的职务上下来来跟他共同承担，第一次危机依靠家人顶过去,把企业创业成功而被封为"点火枪大王"。第二次创业是在1994年,当时茅理翔的打火机企业飞翔集团已经做到产销量世界第一，但是因为技术含量低、竞争激烈而面临困境,所以再次创业进入了吸排油烟机制造业。1995年,55岁的茅理翔和儿子茅忠群一起进行二次创业,他的女儿、女婿,一个在医院工作,一个在银行工作,都是国内高薪行业,但为了家族企业,都来一起跟他努力。茅理翔的第三次创业来自对自主品牌的认识和觉醒,在广交会的几百家摊位上,都有他的产品，但是产品没有自主品牌，没有自主技术,因此他打定决心还要进一步创业,这次创业,他打消了儿子茅忠群上海交大研究生毕业要前往美国读博士的念头，说服儿子回来跟他一起再次创业,1996年宁波方太厨具有限公司成立，成功地创立了当今厨房领域领导品牌"方太"。2005年,方太创业十周年之际,创始人茅理翔退休,毕业于上海交通大学的茅忠群(当年37岁)出任总经理职务。茅忠群接班后,茅理翔原来的飞翔集团改名方太集团,产品专攻厨具,方太先后被评为 "中国十大最具潜力商标"、"中国驰名商标"、"2008、2010中国消费者第一理想品牌"等。

围绕这对父子兵的创业精神,很多人都捏把汗,所有的家人都一起共同创业,万一方太不成功怎么办?这不把全家人都坑了吗?茅理翔的回答是肯定的,但他认为也正是这种茅家全家上下通力合作的儿子女儿对他奋斗精神的传承,否则根本就不会有今天的方太。

方太成为消费者心目中的"厨房专家",茅理翔成为家族企业解决好接班人的典型。在1996年茅理翔56岁的时候他主动地把精力放在了传承方面,父子俩边创业、边转型,边传承,完成交接班。在这个过程中,茅理翔充分认识到发挥二代创新力和创造力，通过产品创新,品牌创新,营销创新,管理创新,技术创新、文化创新,最后打造了中国第一品牌,现在这个品牌比西门子还贵,也比西门子好,为国货争光,为家族企业争光。

我们归纳一下,以方太为代表的"发扬光大模式"具有以下特点:

首先,传承文化。儿辈认同父辈的经营理念,将家族企业发扬光大。自小受父辈管理思想熏陶的儿辈在继承父辈的家业后,能够准确把握企业的发展方向。其企业文化中的价值取向、行为规范等通过儿辈更好地传承与发展。

其次,携手并进。通常在儿辈进入企业的初期,父辈会着重培养儿辈接班人的管理能力。子承父业使儿辈在经营管理的过程中，能够从父辈处获得大量宝贵的指点与帮助。

第三,基础扎实。在管理企业遇到问题时,儿辈可及时和父辈沟通，父辈会把几十年经营企业的管理方法、经营经验尽可能传给儿辈。因此,儿辈的管理将如虎添翼,拥有良好的基础。子承父业将家族企业发扬光大这种模式中,接班人对企业的忠诚度有很好的保证,有效地降低了接班人的信用风险。而且,接班人介入企业较早,对企业的经营理念、企业文化、发展目标等理解较深入,有助于儿辈接班后平稳度过过渡期,带领企业更好地发展。

第二种类型的传承,是以横店集团为代表的"转型换代"模式

横店集团从创办于1975年的横店丝厂起家,其创始人是徐文荣。1989年,成立浙江省首家民营企业集团——"浙江横店企业集团公司"。提出"高科技、外向型、多元化、集团化"战略。1993年,更名为"横店集团公司";并以横店集团公司为核心企业组建"横店集团"。1996年,以建造影视拍摄基地为契机,迅速带动并形成以影视为龙头的崭新影视娱乐产业。1999年,成立"横店集团控股有限公司",并对"横店集团公司"以及下属子公司进行公司制改造。2001年8月17日,徐文荣的儿子徐永安接班,37岁的徐永安接过总资产超过150亿元的横店集团新领导人的权杖，任横店集团控股有限公司总裁、横店集团有限公司董事长,提出打造国际化横店的战略目标。如今横店集团已经形成了以工业企业为主体，影视产业和其他新兴产业协调发展,经济效益稳定增长,社会效益日益显著的格局。升级换代的接班模式具有大力改革和战略思维的特点。从日本学成回国的徐永安接班以来,对企业植入全新的管理思想。他改变其父亲以个人权威治理企业的管理模式，按照上市公司的运作模式对横店集团进行

改革。横店集团拥有3家上市公司,并且频繁在资本市场并购重组,表现空前活跃。具有留洋背景的徐永安践行着打造国际化横店的战略目标,通过资本战略和国际化战略,横店集团从一个实业型的工业制造企业发展为实业与金融、影视等服务产业共同发展,推进产业结构优化升级的新型现代企业集团。对家族企业的产业布局进行调整,优化产业结构是升级换代模式的最大优点。家族企业在发展传统优势产业的基础之上,对集团的改革创新是企业发展的动力之源。改革创新有助于企业与时俱进、适应新的市场环境,提升企业的市场竞争力。而且,企业经营的升级换代有助于企业保持领先优势,探寻行业发展中的"蓝海",开拓新的市场空间,进而实现产业价值的增值。

第三种类型是以万向集团为代表的"优势互补型"模式

万向集团始创立于1969年,主要致力于汽车零部件产业。1990年10月,经浙江省人民政府批准,万向集团正式成立,鲁冠球成为万向集团的法人代表。1994年,23岁的鲁伟鼎从父亲鲁冠球手中接任万向集团总裁,他大胆推行现代企业制度,将企业改组上市。1994年1月10日,"万向钱潮"股票在深圳股市上市。此后,在鲁伟鼎的带领下,他除了通过资本扩展万向集团在业内的地盘外,更是将企业的触角伸向业外。"万向系"的版图不断扩张,万向集团从以实业发展为主走向实业与资本(或者说是金融)并重的新阶段。

万向的接班模式实现了父子二人的优势互补,该模式的特点主要表现为:

第一,术业有专攻;

第二,相辅相成,合力攻坚。

优势互补模式的特点在万向的发展历程中有明显的表现,父亲鲁冠球主要负责汽车零配件制造等传统实业,儿子鲁伟鼎着重掌控企业的资本运作和房地产行业。20世纪70年代末,在父辈鲁冠球的领导下万向集团从低层次、多样化产品转型为专业生产万向节;在20世纪80年代,万向又开始从单一生产万向节转型为系列化生产汽车零部件。从20世纪90年代起,特别是鲁伟鼎接班后,万向在专业化生产的基础上,通过资本运作开始形成涉及汽车零部件、农业、金融多元化的企业集团。万向集团在资本市场的运作尤其成功,万向集团陆续成为承德露露的第一大股东以及华冠科技的第一大股东。此外,万向目前控股、参股的上市公司主要有:中色建设、兰宝信息和美国纳斯达克上市公司UAI等。2011年初,鲁伟鼎成为民生保险的董事长。在父子二人的齐心协力下,万向集团成为中国最大的汽车零件供应商、全球汽车零部件生产行业的老大。优势互补模式使得创始人和接班人的才能得到最大程度的发挥。通过合理的管理分工,这个模式不仅能够实现企业的实业发展,还能实现企业的资本发展,为企业的长远发展创造了机遇,符合现代的资本运作规律,实业与虚拟资本互相促进繁荣。

第四种传承模式是以美的为代表的"另辟蹊径"模式

美的集团创业于1968年,其创始人是何享健。1980年,美的正式进入家电业,1981年注册美的品牌。美的集团是一家以家电制造业为主的大型综合性企业集团,旗下拥有美的电器、小天鹅、威员控股等三家上市公司,同时涉足房产、物流等领域,首批荣获"2011国家技术创新示范企业"称号。2009年8月26日,何享健在美的电器董事会上宣布辞去上市公司美的电器董事局主席及董事职务,其职务改由原董事局副主席、总裁方洪波继任(并兼任总裁)。何享健之子何剑锋拒当美的接班人,更愿意"另起炉灶",始终没有在美的集团管理层和董事会任职。1994年,何剑锋在顺德创办现代实业公司,于2002年更名为"盈峰集团"。他不希望继续其父亲在制造业上的成功,转而关注资本市场和金融产业。2007年3月,何剑锋成立深圳市合赢投资管理有限公司,随后从美的电器手中收购了易方达基金管理有限公司25%股权。2008年9月,其掌控的"广东盈峰集团有限公司"正式更名为"广东盈峰投资控股集团有限公司",实现从实业公司向投资公司的转型。随着何享健的退出和何剑锋的自主创业,美的电器的董事会成员完全由职业经理人担任。另辟蹊径的接班模式为儿辈提供了更为自由的发展空间,同时也为传统的家族企业改变经营管理模式,引入职业经理人管理模式创造了条件。

第五种传承类型是以龙盛为代表的"群星璀璨"模式

浙江龙盛控股有限公司创立于1970年6月13日,下辖化工、钢铁、房地产三大块业务,其创始人为阮水龙。2003年,浙江龙盛成功上市,成为国内第一家上市的染料生产企业,也是迄今为止的唯一一家。在1994年2月至2003年10月近10年的时间内,长子阮伟兴一直担任浙江龙盛的总经理;2004年1月至2008年10月担任浙江龙盛薄板有限公司(龙盛控股的核心子公司)董事长。此后由于家族内部矛盾,阮伟兴离开了浙江龙盛,开始大举进军私募股权投资(PE)领域,他的弟弟阮伟祥成为浙江龙盛的接班人。2004年11月,阮水龙力排家族阻力,将阮伟祥提升到总经理的位置,替代了原总经理阮伟兴;2007年4月,阮伟祥从父亲阮水龙的手里接过股份公司董事长一职;2008年6月13日,阮伟祥又接任了党委书记一职,成为浙江龙盛集团股份有限公司的掌门人。群星璀璨的接班模式的核心特点是在家族成员比较多的情况下,将企业拆分为若干企业集团,由不同的儿辈接班掌管。采用群星璀璨的接班模式时,家族成员之间的关系是否和谐是影响模式发挥作用的重要因素。当家族内部出现不和的情况,它将给公司带来负面影响,在公司的经营方面出现较大分歧,阻碍企业的正常运转。群星璀璨的接班模式有助于家族企业朝向更加多元化的方向发展,有助于将家族企业发扬光大。但是在传承家业时未能处理好后代的财产分配问题,导致手足相残的情况时有发生。因此,采用这个接班模式,需要考虑提前制定合理的继承计划和详细的现代制度,保证公平,以免在接班问题上出现家庭内部矛盾。中国家族企业在接班问题上表现出各种不同的情况,以上五种模式是比较普遍的状况,其成败得失也需以实际效果作为衡量标准。

三、中国家族企业传承与转型发展的探索

首先,要保持基业永青,家族企业必须具备以下几个方面的要素:

一个基业永青的企业,往往具备以下要素:

一是诚信。诚信是企业安身立命之本,无信不立,无论是对消费者、供应商、经销商、社会等外部关系来说,还是对企业员工等内部关系来说,都十分重要。

二是学习与适应能力。环境在变、市场在变、消费者在变、竞争对手也在变。长盛不衰的企业必须有超强的学习与适应能力,来顺应环境的变化、市场的升级和消费者的进步。

三是创新的动力。企业家与企业进取心是企业发展的原动力,一旦丧失进取心,企业便因缺乏动力而停滞不前。研究表明,支撑企业家创业的进取心来自五个方面:社会责任感、创造与兴趣、争口气、脱贫致富、贪欲。从理念的先进性上说,“社会责任感”当是最神圣的创业理念。具有这种理念的企业将更多的关注社会责任和社会需求,更多地考虑如何为社会的发展和社会价值的体现贡献自己的力量。这一方面,在日本当以松下幸之助、盛田昭夫等“四圣”为代表。“创造与兴趣”的动机源自企业家对所从事职业的执着与喜欢。无论是乔布斯还是比尔·盖茨,都是出于产品和事业的好奇和探索欲,使他们在企业发展中屡有创新、屡创佳绩,如果兴趣衰竭,则会使创业动力衰竭。“争口气”更多考虑的是在与他人比较、竞争等精神层面的需求。这种需求从某种层面上来说是超越物质的,但这种需求也将因为精神价值的满足而衰竭。“脱贫致富”是一种偏向于物质层面的需求。其原始创业动力非常强劲,但之后随着目标的日益完成而逐步消减。“贪欲”的表现来自很多方面,只要这种“贪欲”是在法律和道德的范畴之内,从经济学角度来讲也无任何可指责的地方。

四是战略的规划设计。长寿企业一定是具有良好又明确的战略规划设计的企业,其战略规划既有相对的恒定性又有适时的修正性。定位清晰、商业模式优越、战略架构合理、执行系统完整、应变及修正功能完备的战略设计是保障企业生命的基础。

以上四个元素,是长寿企业的共有基因,也是我们判断中国家族企业接班成败的核心标准。符合这一标准的企业,能将企业持续发展、永续经营,对于国家民族和中国经济的发展无疑有着积极的影响。

第二,重塑家族企业文化制度

一是对传统儒家文化的糟粕部分应加以摒弃。

一方面,中国传统儒家文化认为,家族的利益高于非家族族群的利益;以血缘、亲情为基础构建的家族企业的关系网络对于其他利益相关者具有排他性。但是随着企业规模的不断扩大,企业对外源性人力资本的需求不断上升,比如西方发达国家的家族企业的家文化仅仅体现在家族对企业最终控制权牢牢的掌握上,企业运作更具开放性,制度化更强。因此,企业主更应当怀有博大的胸怀敢于启用外源型人才。另一方面,儒家文化当中的“中庸之道”与平均主义等思想压抑了企业主持续创新精神的渗透,亦应加以弃除。

二是对于儒家文化精华的部分应加以继承和发扬。

譬如,其提倡的“仁爱”之心告知我们,企业主应当去关心其他普通员工,其一要关心员工的生活,组织各类技能培训,提高员工职业技能;其二要为员工高效工作提供良好的硬件环境;其三要增强员工对企业的认同感和归属感,以便培育出一种同舟共济的企业文化精神。另外,当企业发展成股份公司乃至大型跨国集团时,企业主一人独当的局面不复存在,这时,企业发展的战略决策更应当考虑股东、外在供货商等其他利益相关者的利益。总之企业要努力营造出对内“和为贵”、

对外求共赢的局面。

三是要增强家族企业的社会责任感，把它作为企业的文化制度。

这与当前我国构建社会主义核心价值体系不谋而合。也就是说当国家和人民处于突发灾难之时，家族企业也应挺身而出。凉茶加多宝作为民营企业的典范，在汶川和雅安地震中分别捐款1亿的举动正是企业社会责任感做出的表率。

总而言之，作为企业的灵魂，企业主应树立大局意识，将传统文化中的精华吸收并运用进来，要创新家族企业文化，加快儒家文化和现代企业文化的融合力度，为家族企业的可持续发展提供强大的智力支持和精神保障。

第三，尽量缓和代际价值观冲突

为此，一是加强对子女中华民族传统教育，减轻西方自由文化的负面影响。随着社会经济的发展。家庭教育的功能不断被外化到国内学校乃至国外的教育机构。但是，家庭内部教育也应当得到企业主的重视。尤其是那些中华民族传统美德如勤劳善良、朴素勤俭应当在子辈身上得到继承和发扬。因为只有这样，家族企业才会有不断创新的源泉和动力。作为家族企业中的子辈，也应当审慎接受西方的价值观念。即在重视个性追求的同时，更应当树立家族的荣辱感和使命感，为父辈尽量分担事业的重担，尽量使得自我兴趣点和企业事业相互融合，要借助父辈创造的良好的物质基础和教育平台，努力成才。

二是强化代际之间的情感沟通。情感是人际沟通的润滑剂，只有情感是能在生命中唯一留得下痕迹的东西。任何投入付出过的事，到最后都会转换成为情感，事业、学业都是如此。现实生活中，父辈和子辈之间之所以会产生冲突，往往是源于双方平日的沟通较少，缺乏情感。所以，家族企业主为企业的未来未雨绸缪，也应当在闲暇之时加强对子女的精神关怀，知道子女的真实想法。而子女也应当把父母当作朋友相待，理解父辈打拼家业的不易，分担父母的压力。

第四，完善家族企业产权制度

在家族企业代际传承的过程中，子承父业的模式成为主要方式，但当一些因素导致子女不愿继承父业的情况出现，比如两代人之间经营管理理念发生差异，以及我国独生子女政策导致家族企业无法在子女中优选接班人时，或者存在一些二代不思进取，醉心于享受生活，而企业处于成长阶段和创业阶段的那些家族企业接班压力很大，这样的情况下家族企业的原领导人就必须考虑新的继承模式，所有权继承和经营管理权的继承可以尝试分开，所有权由家族下一代成员继承，而经营权托管给专业的职业经理人团队进行。也就是我们常说的“信托模式”这种现代企业制度发展的主流组织形式。

那么，如何完善集中企业的产权制度？

一是优化产权结构，明晰产权，实现产权多元化。

现代企业制度要求产权明晰，家族企业应顺应时代发展要求进行适度调整，以产权主体的多元化的股份制企业替代单一的产权主体。一方面，可以采用有限公司、股份公司和股份合作公司的组织形式，规避家族企业作坊式发展弊端，同时，吸收外来资金，实现规模经营，增强企业的市场竞争力，促进企业健康发展。要以产权结构多元化的路径选择为条件，以国内资本市场的逐步完善和发展为契机，让企业成为资本市场的主角，发展成公众公司。例如，安徽华星化工(股票代码:002018)作为国内农药龙头企业，原来就具备一定的市场竞争力。后来，在其上市蜕变的过程中，董事长庆祖森在增加了公司对人力资本的吸引力和吸纳能力的同时，更为重要的是厘清了股权结构，使自然股东由263人减至17人，使股权向管理团队集中，并加大了对人力资本的激励；此外该公司又引进了外部战略投资者，引入了外部董事会，使得董事会得以完善，从而加大了对管理层的制衡和监督。由此，公司上市后就蜕变成了公众公司，使其核心竞争力得以加强。结果是其产品出口至40多个国家及地区。华星化工的成功上市转型经验表明，家族企业上市不失为企业依托外部融资、实现企业股权结构清晰、管理架构优化、研发能力升级的好途径。

二是所有权和控制权适度分离，审慎选择人力资本所有者。

杜邦、松下、可口可乐等百年家族企业表明，所有权和经营权的适度分离可以使得企业可持续发展。但是，在我国却可能表现不同的形态。因为职业经理人是人力资本所有者，对其引入会对原有家族企业的管理体制产生冲击。因此企业主常常会对职业经理人表现出一种患得患失的态度，具体体现为在经营中对经理人的行为处处为难，导致企业管理陷入两难境地，这种局面必须改变。

第一，家族企业在引入人力资本时首先不能指望人力资本马上就能转换成实际生产力。需要转变原有观念，设计出有效的管理内部人力资本的激励约束机制，在对人力资本所有者企业剩余控制权的让渡中，一方面要考虑授让方的权利的有效性，更为重要的是确保剩余控制权授让后的安全性。

第二，企业主应加强对人力资本所有者的贡献奖励。例如制定一定的股权激励计划，让关键性岗位的员工共享企业收益，增强人力资本所有者对企业服从市场规律的公开的办事规则的认同，进而吸引更多的人才涌入。在一定物质激励的同时，企业家也应当注重人文关怀，这需要企业家在与员工的关系处理上，转变“一人之上”的传统观念，构建同员工命运相连的合作关系，如采取邀请职业经理人参加家庭聚会等“泛家族化”的措施，努力使人力资本所有者成为“自己人”，同时时常地从精神方面激励人力资本所有者往往能激发人力资本的潜能，实现人力资源的优化配置。

第三，强化约束机制的建设。在约束机制上，要建立以董事会为核心的企业治理机制，股东、董事会、经理层和监事会要权责分明，各司其职，特别是由经理层全面负责的生产经营活动应直接对董事会负责，这样企业主个人独断专行的行为便可以避免，同时也可以摆脱其他家族成员对企业正常运营的干扰。此外要增加外部董事共同参与公司的治理。因为外部董事作为企业决策的建议来源，对于提高家族企业的战略决策能力和质量会有所帮助。

第四，制度安排要因地因时制宜。企业之间的竞争，实际上是制度的竞争，有效的企业制度安排可以大大降低交易成本，提高各个生产要素的使用效率。因此，推动家族式管理向现代企业制度的转变是家族企业发展的趋势及方向。但是我们在将西方现代企业制度进行制度移植时，也应当因地制宜、因时制宜。要注意西方现代企业制度同长久以来形成的我国家族企业治理文化的相容状况，切忌盲目照搬。沈阳和佳道路公司在创业之初依靠亲缘关系网络减少了企业的创业成本和交易成本，随着企业的发展，其引入东方传统文化管理，感恩、和谐的氛围在企业中营造出来，使企业得以更长远的发展。

三是重视继承人培养计划的制定。

企业主重视继承人培养不仅是人力资本投资的需要，也是企业主社会资本产权传承的必然要求。家族企业代际传承成功与否取决于子女是否愿意接班、其综合能力能否足以对企业的发展运筹帷幄。但是目前我国家族企业的代际传承问题却十分突出。特别是在现行独生子女政策下，企业传承困境更为凸显。因此，家族企业应当建立起一份周密的传承计划。在这个家族企业的传承计划中，应当包括选择和培训传承人，传承过程中和接力棒交接后业务战略的制定、父辈离任后的角色确定等方面。具体来说：

首先，加强对传承人的选择和培养。

企业的代际传承，不仅包括股份和地位的传承，也应当包括企业家的创新精神、人脉资本以及特有的经营管理经验的传承。企业家精神作为个体层面社会资本的重要子集，依附于企业家个体身上而难以分离。因此，这些内容的传承要注意两点，第一要看继承人的意愿兴趣和能力；第二是要考虑上一代如何培养下一代。作为企业主应该给后代良好的教育和恰当的历练。让接班人接受正规的教育，同时在企业内部任职，增强对本家族企业的认知度。老板电器总裁任建华任命其子任富佳在接任自己之前，将其安排到内部销售部门进行历练，效果很好。但是接班人一味在企业内部发展，也可能使其落入旧惯例之中。所以接班人年轻时也应该被派到外部去，因为适当的工作经验可以开拓其商界视野，这样才能为将来接管本家族企业可能出现的问题做好准备。

其次，注重家族企业的二次创业。

研究表明，家族企业传承后的二次创业是企业战略转型，避免家族困境，重塑核心能力的过程。在二次创业过程中，继承者可以附着于家族固有的资源和能力，再结合自己的创业动机和兴趣，进行资本拓展，在这个过程中，应当注重融合家族外的金融、人力、文化资本，最终使家族企业内外资源产生互动，产生企业利润持续增长的良性循环和企业跨际价值的实质增长。以上我们讲方太模式的时候也讲了茅理翔成功传承在于一家人跟他同甘共苦并进行第二次创业。同时在二次创业过程中，还应当注重家族企业经济利益和社会利益的结合。沈阳林立集团赵凤利父子践行“感恩社会”的企业理念，建立企业家庭服务行业，在代际传承中就实现了非经济财富和利益最大化的追求，从而成为家族企业二次创业中积极承担社会责任的典型范例。

再次，消除传统陈旧的思想观念。

一方面，父辈应及时转变只有通过男性血缘才能延续家族企业的传统观念，接纳女儿只要有能力也可以接班的思想。特别是在现有计划生育政策中，一些家庭只有女儿的情况下，更应如此。父辈们要认识到无论是儿子、女儿只要有利于家族企业可持续发展成长，就应当放心地把接力棒就交给他们。另一方面，应注重在任者离职后的角色转换。在任者离职后往往因对控制权、声望和社会地位的缺失会感到焦虑，从而会对子女的企业抉择处处掣肘。因此，在任者也应当转变不愿放手的观念，充分信任接棒子女的才华，这样才有利于家族企业的长青发展。

四是增加约束职业经理人的法律供给。

第一，完善公司法中的有关法律条文的规定，对包括职业经理人在内的企业内部人员等各种主要利益主体的地位及行为要做出明确的法律规范，以便使公司法能够对职业经理人发挥应有的法律约束，保证家族企业的稳定发展。

第二，制定专门的职业经理人法。要明确对职业经理人的地位及其责权利等法律规范，这其中，既要对其行为做出应有的法律约束和规范，同时也应当保护其应有利益，以推动职业经理人群体不断壮大。三是在刑法上要加大对家族企业物质资本所有者的私人财产的保护力度，以便纠正和防止职业经理人对家族企业物质资本所有者的私人财产的侵犯。

第五完善社会信用体系，努力提高社会信用水平。

诚信环境是家族企业外部生存环境的重要方面，它在一定程度上影响着企业的可持续发展。因此，我们必须要关注于诚信环境的问题。

一是在政府方面，应努力推动培育市场信用体系建设。在这个过程中，为了保护金融机构等债权人的合法权益，政府应加大执法力度。尤其需要注意的是应在处理家族企业改革、破产或履行信贷合约等方面，维护好金融机构的合法权益。

二是政府要扶持和建立社会信用服务体系。针对民营企业服务的企业，应设置必要的准入标准，以防止过度竞争，为此，可率先由政府出面组织推动，信用服务企业要经政府委托或授权取得经营许可。待条件成熟后，政府才可以与信用服务企业完全脱离，实行市场化、商业化运作。为了实现全国统一的企业和个人信用体系建设，有关部门应积极配合推进，并努力培育民营企业特别是针对家族企业的资信评级市场，提高社会信用水平。

第六，加大对家族企业转型升级的政策支持

一是加大对家族企业转型升级的财政支持。

要统筹安排财政创新资金支持企业持续性发展，要引导家族企业加强技术研发和改造以及人才引进和培养工作，特别是在品牌培育、数字化和信息化建设等方面要加大引导力度，要加快推进特色家族企业转型升级。与此同时，中央及各地方政府也应加强对财政创新资金使用情况的监督，确保财政用于家族企业的创新资金能够按规定及时拨付到其账户中。

二是加大对家族企业绿色发展的政策支持。

应积极引导企业采用科技含量高、资源消耗低、污染排放少的先进技术运用到新上项目中；要鼓励处于第二产业中的家族企业加快节能减排技术改造的工作；要加强对企业节能评估工作的审查；加大淘汰落后产能的力度。尤其要强化对可能产生重污染的家族企业的强制性清洁生产审核，给予实施清洁生产的家族企业以支持资金。

三是加大对家族企业生产设备的更新的制度供给。

例如，凡是符合税法规定的家族企业如果采用新工艺、新技术、新设备和新材料进行技术改造，可按制度规定加速折旧。也可按一定比例实行税额抵免购置环境保护、节能节水和安全生产等专用设备的投资额。

四是营造良好的金融环境。

家族企业作为民营企业的重要组成部分，已成为我国国民经济发展的主力军。对此，金融机构要增加对民营企业的政策供给，全面营造家族企业的小微金融市场环境的良好氛围。要加快地方金融业的发展，特别是对那些支持民营企业的银行机构，要加大政策支持力度。要动员金融机构参与民营企业金融服务，完善企业信贷机制和流程，设立“绿色通道”，增强金融功能，同时要持续创新特色产品，为家族企业提供量身定做的金融产品和服务，此外还要着力强化对民营企业的数字化和信息化服务。另外，在民营企业间接融资机制不断完善的同时，要大力拓展直接融资渠道，切实降低民营企业的融资成本，全面营造良好的环境氛围。

作者简介：浙江省民营经济研究中心主任，浙江省民营经济研究会会长，浙江省现代民营经济研究院院长，中央财经大学博士生导师，浙江财经大学经济学教授、硕士生导师。

浅谈如何完善我国中小企业税收法律制度

■ 陈晶

摘要:中小企业在我国经济发展中的作用日益突出,中小企业的发展离不开国家税收法律的支持。本文从中小企业的发展现状入手,结合发达国家中小企业税收法律制度的立法模式,对完善我国中小企业税收优惠制度提出几点建议。

关键词:中小企业;税收;立法模式

一、我国中小企业发展的现状

改革开放以来，中小企业在我国建立和发展社会主义市场经济过程中发挥了极其重要的作用。有资料显示,目前我国中小企业已超过1 000万家,占全部注册企业数的99%;它们以不足50%的资产,安置了75%的职工就业，其中仅以中小企业为主体的乡镇企业就容纳了1.3亿农村剩余劳动力;每年我国工业新增产值的75%、出口总额的60%以上都来自中小企业;中小企业工业总产值和税额分别占全国企业的60%和40%左右。这足以说明,中小企业的发展不仅有利于保证国家就业目标的实现,而且在促进技术创新、维持市场活力、提高经济效益、促进公平竞争等方面也具有大企业无法替代的作用。20世纪70年代以来,世界各国纷纷采取各种政策措施扶持和保护中小企业的发展，在众多政策措施中,税收政策有着突出的作用。借鉴发达国家在税收政策上扶持中小企业发展的成功经验，对于促进我国中小企业的发展具有重要意义。经济全球化和高新技术的兴起，为中小企业的发展提供了前所未有的机遇,中小企业虽然规模相对较小,产量低,但是量大面广,经营灵活作为一个整体,中小企业在新经济中展现了勃勃生机和旺盛活力，在经济和社会发展中发挥着不可替代的作用"然而,中小企业在市场中处于弱势地位,体现在资金,资源,人力等生产要素的缺乏。

二、国际上对于中小企业税收立法模式概述

在国外，各国政府深刻认识到中小企业的重要作用,对促进中小企业发展的问题越来越重视,多数国家都给予中小企业税收扶持，在税收立法，税收优惠措施,税收征管方面给予中小企业特殊的照顾,如美国,日本，欧盟等国家都在立法的高度给予中小企业税收扶持以促进其发展。为了扶持中小企业的发展,实践经济民主的理念，从税收立法上对中小企业采取一定措施进行扶持是许多国家普遍采取的法律措施，如美国《中小企业法》日本的《中小企业法》等为中小企业税收政策的顺利实施提供了有力的法律保障。就立法模式来看,从各国实践可归纳出三种。一是单行立法模式。此模式的典型代表是美国。此立法模式主要特点是制定一系列扶持和保护中小企业的单行法律。涉及中小企业经济行为的各方各面,如《美国小企业法》、《准时付款法》、《小企业资助法》、《小企业经济政策法》等。二是系统立法模式。此模式的典型代表是日本。该立法模式特点是既有基本法、又有单行法规与之配套;既包括组织法的内容,又包括促进法和行为法的内容。三是分散立法模式。此模式主要为欧洲各国的立法模式,如德国、法国、英国、意大利等。

三、完善我国中小企业税收立法的构想

改革开放后，政府开始颁布一系列法律促进中小企业的发展,如2002年6月制定《中小企业促进法》为中小企业发展提供了法律的保障，致力为中小企业的健康发展提供一个稳定的法制环境。

1.税收法定主义是我国税收法律中的一项重要的基本原则，是指税法主体的权利义务必须由法律加以规定,税法的各类构成要素必须由法律给以明确规定;征纳主体的权利义务只以法律规定为依据，没有法律依据,任何主体不得征税或减免税收。按照税收法定主义的要求,征税主体,纳税人,征税对象,税率等税收要素必须由最高立法机关以法律的形式加以规定，不仅如此,有关课税的对象的内容还必须明确肯定,不能含糊不清,无法适用,否则就会影响法律的效力。

2.新企业所得税法对小型微利企业的税率问题的规定，企业所得税法第二十八硕士学位论文第四章我国促进中小企业发展的税法的优化条规定符合规定条

件的小型微利企业，按20%的税率征收企业所得税，合并了原企业所得税制度中适用于小型企业的两档低税率即对年应纳税所得额在3万元以下的企业，按18%的比例税率征税;对年应纳税所得额在3万一10万元的企业，按27%的比例税率征税，实现了税制的简化，但对应纳所得税3万元以下的小型微利企业实际上是提高了税率，根据国外的经验，如美国，法国对小企业都是实行15%的税率，对小企业的税率都比普通企业税率低十个百分点左右，如英国，日本，所以对我国小企业的税率还可以适当的降低，可以按高新技术企业15%的税率征收小企业的所得税，体现国家的税收的直接扶持。

3.现代税制的复杂，使得纳税人很难凭借自身的能力正确理解税法，依法履行纳税义务，维护自身权利，特别是中小企业纳税人由于资金，人力等方面的不足因此建立和完善税收中介组织，加快推广税务代理，是帮助中小企业纳税人维护自身合法权益，高效迅速的履行纳税义务的重要手段，发挥社会中介服务组织的维权作用，在以申报为核心的现代税收征管方式下，纳税人的遵从成本进一步上升，如果未能正确履行申报义务会依法承担税法责任，因此，借助专业人士的帮助以正确履行纳税义务，已经成为大多数纳税人的选择趋势，税务代理作为社会中介服务组织，在维护纳税人权利过程中所起的作用不容忽视:作为专业人士，他们精通税法，可以准确地为纳税人履行纳税义务，避免各种不必要的税收损失;同时，他们在执业时，地位比较超脱，可以站在公正的立场上，对税务人员的执法行为进行有效的监督，从而促使税务人员不断提高执法水平能够客观，公正执法，确保中小企业纳税人权利不受侵害。

作者简介：作者单位为北京师范大学珠海分校国际商学部。

——原载《现代商业》2014年第4期

浙江省民办养老院发展的思考和实践

■ 张永江

摘要：随着发达国家和中国逐步进入老年化时代，全球迎来了“银发经济”时代，养老需求已经成为经济发展的一个重要驱动力。面对21世纪老龄化的社会结构，如何看待中国社会中的老年群体;如何集中优化资源配置;如何为他们提供较高品质的晚年生活，这都将是中国社会各个阶层和产业即需要关心和考虑的重大社会问题。本论文立足实际，结合浙江省新昌县在建的浙江馨馨养老家园项目，对项目建设过程中存在的问题进行剖析，并提出相应的对策建议。

关键词：民办养老院;需求;扶持;创新

一、社会背景

中华民族有敬老的传统，老年人是过去社会财富的创造者，现在是社会结构中的重要组成部分。人类的进步,科技的发展,人们对养老的要求已不再是过去单纯的有吃有住，而是在努力地追求整体水平的提高,在注重延长生命的过程中追求生活质量的提高。老有所养必须是老有所居，适宜的居住环境是老年人安度晚年的最重要的物质基础 随着老龄化社会的到来，老年养老休闲已逐步成为具有庞大消费需求和发展潜力的市场。

1、全国养老需求持续增加。

全国老龄委办公室副主任朱勇介绍说，我国上世纪50年代“婴儿潮”时的出生人口，现在正在形成第一个老年人口增长高峰。据2010年第六次全国人口普查显示，全国65岁以上人口比重为8.87%,2012年老年抚养比达20.66%。到2050年老年人口将到达4.50亿人，占全体人口的1/3，届时我国将成为超老型社会的国家。我国城市中48.5%的老年人有各种各样显示的养老养生服务需求。其中需要家政服务的占25.22%。护理服务占18.45%，聊天解闷的占13.79%，法律援助站2.25%。目前我国城市养老服务需求总的满足率只有15.9%。

2、老年生活方式和养老观念改变。

随着经济的快速发展，人们的生活条件不断改善，“养儿防老”、“四代同堂”的观念和家庭组合在不断发生变化，而小型“核心家庭”、“三口之家”的比重在不断上升.计划生育造成的当今社会竞争加剧，“421”家庭结构的出现，使中间代承受的压力很大。由于子女在异地或国外等原因，社会上的“空巢家庭”逐渐增多，这部分老年人的养老问题也日趋凸显。

同时，随着老年人观念的变化及社会养老体制的健全，不少老年人对生活质量的要求在不断提升，而不愿与子女同住的独老户的比重也在不断上升，他们和小朋友一样，期望接触更过的同龄人，分享人生、分享喜悦，满足感情上的需求；

3、老年群体存在较强的经济支付能力。

浙江地属老龄化程度高、经济发达、社会保障基本健全的长三角地区，人民生活水平在这些年得到了很大提高。老年人一辈子工作积攒下来的老本、退休养老金，加上年满60周岁可以享受的国家各类政策补助金，老年市场经济支付能力比较强大，这为老年产业的发展提供巨大的商机。此外，多数子女有定期给父母养老费、营养费、生活费等孝行，从而增加了老年群体的支付能力。

随着人口老龄化、高龄化的加剧，失能、半失能老年人的数量还将持续增长，照料和护理问题日益突出，人民群众的养老服务需求日益增长，因此，加快让民营经济参与发展养老产业，加强社会养老服务体系建设已刻不容缓。

二、浙江省民办养老院现状及存在问题

进入新世纪以来，浙江省一直以来都十分重视民营经济的发展，出台了一系列力度很大的政策举措，浙江民营经济发展呈现出实力稳步提升、结构逐渐优化、活力不断增强的良好局面，在一些领域抢占民营经济发展先机，其中也包括养老产业领域，并采取积极的举措吸引一大批浙商落户当地投资兴业。

浙江省是全国最先进人人口老龄化社会的省份之一。据浙江省民政部门预计，到2040年前后，全省老年人口将达到峰值1460万，约占总人口的32%，养老服务压力大。虽然目前我省已初步形成了家庭养老、社区居家养老、机构养老为主的养老格局，但是我省目前入住老年社区和老年公寓的比例仍然比较低，社会养老服务体系建设仍然处于起步阶段，还存在着与新形势、新任务、新需求不相适应的问题，主要表现在：

1、政府方面

(1)缺乏统筹规划，区域、城乡布局不合理；在城镇化建设过程中，政府没有考虑到老年人对环境的需要；

(2)国家、地方出台的优惠政策、财政补贴落实没有到位；1999年的《社会福利机构管理暂行办法》对养老机构的发展具有指导和推动性意义。近年来，地方政府对引导社会资本参与养老产业的热情明显上升，但在扶持方法上，目前仍未形成有效模式。此前民政部门发布的《关于加快发展养老服务业的意见》，也只提出了扶持目标，并没有提出具体扶持措施，政策实施效果有限。另外，养老产业目前面临的多头管理局面也是造成政策上难以有效突破的原因之一；

(3)政府养老公益事业投入仍不足，民间投资规模有限；在新形势下，政府在金融、土地、税收、资金等方面的直接扶持力度不够；

(4)养老服务规范有待完善，需进一步加强对养老行业准入、运营管理、服务、行业自律、市场监管等各个环节的监管。

2、养老机构方面

(1)许多养老机构的人力资源匮乏，内部管理体制、机制不合时宜，经营情况不佳，导致亏损状况；

(2)养老机构床位供需矛盾突出的同时，又有部分养老院因价格定位不准确致使空置率高；

(3)部分养老机构的类型体系过于单一。由于硬件设施简陋、未配套医疗设施，服务队伍专业化程度不高，难以提供照料护理、医疗康复、精神慰藉等多方面养老服务，行业发展缺乏后劲。

三、发展养老机构的思考与实践

中国人口老龄化程度日益严重，养老需求不断增加，政府也从多个层面出台养老政策，积极应对老龄社会的到来。从企业层面来看，目前经营养老事业的企业盈利点并不明确，有的甚至处于长期亏损，宏观愿景与微观现实明显脱节，浙江养老产业亦是如此。如何让处于冰火两重天的养老产业走出困境，健康稳定地发展，必须找到中国养老经营模式的结点并深入转型经营模式是目前急需解决的问题。现结合浙江馨馨假日置业投资有限公司目前投建的浙江馨馨养老家园项目，分析中国的实际情况、吸取发达国家的成熟养老机制的有利元素，从而寻求本项目在浙江未来养老行业的发展机会。

新昌县地处我国经济发达的长三角地区，自然环

境保护良好，旅游资源丰富，是中国山水诗、山水画的发祥地，也是浙东唐诗之路、佛教之旅、茶道之源的精华所在地。县域面积1213平方公里，下辖16个乡镇、街道，415个行政村、13个社区，共有人口43.6万，地貌特征“八山半水分半田”，是典型的山区县。虽然县城规模不大，但已进入全国百强县行列之中，在城市周边选择适于养老的地域，建设服务完善的老年宜居社区，让城中老年人自愿移居安度晚年，这种养老方式可统筹建立服务老人的各项功能体系，促进养老服务专业化、规范化。

浙江馨馨养老家园项目选址于新昌县大市聚镇西山村，是24个浙商回归引进重大项目之一，主要建设内容包括康复医院、颐养院、居家养老公寓及社区综合服务中心等，项目总用地面积210余亩，辅助约541亩农业用地。项目得到了各级领导和有关部门的高度重视和关注，又被立为浙江省重点建设项目，省服务业重大项目计划、省重大产业项目。民办养老机构要健康、持续发展，需要政府、社会和企业的共同努力。

1、养老产业的健康、快速发展，离不开国家政策的支持。

(1)政府要做好养老产业规划，加强老年宜居环境建设的统筹规划。

首先我们要修改有关的法律法规，特别是技术标准要跟上。在养老机构建设过程中，严格按照宜居环境建设的标准同步设计、同步施工、同步验收、同步使用；其次，政府要出台扶持养老产业发展相应的优惠政策，包括优先供地、实施税费减免、提供行政审批绿色通道等，从而让投资商能集中精力安心抓好项目建设质量和运营管理水平；

(2)政府要鼓励推进养老产业的科技创新，引领养老服务业科技创新的发展。

我们国家的养老服务跟发达国家相比，科技含量非常低，基本上都是一些传统的技术。由于科技水平比较低，导致服务业专业化程度不高，专业化程度低就留不住专业人才。对此，政府要积极探索养老产业新模式、新体制，学习美国、日本养老产业较发达国家的先进管理体制和经验，如日本宜居建设，美国养老小镇建设等成功案例，搭建好平台，组织行业间交流，培育智能化、信息化养老社区，引领养老服务业科技创新的发展。

(3)政府要加强市场监管，保障养老产业健康、和谐发展。

民办养老机构作为非公益性的居民服务业，政府应逐步建立综合性的养老服务第三方评估体系，为未来全面建立老年人入院和养老服务需求评估制度，以及进一步明确政府补贴投入的导向等奠定基础。

此外，政府要制定行业标准，通过综合评估项目能提供的硬件设施和管理服务标准来评级设星，从而进一步规范养老院入住价格以及相关的养老房产的销售价格，满足不同消费层次的老年人需求。

2、养老产业的健康、快速发展，民间投资主体要出实招。

马斯洛把人的需要分为生理需要、安全需要、归属和爱的需要、自尊的需要、求知的需要、审美的需要及自我实现的需要七个层次。在这里，我们简单把七大需要归纳为物质需求、精神需求和服务需求。因为顾客需求决定市场，所以投资商必须根据他们不同层次的需要来进行设计、管理和经营，为促进养老产业发展出好招。

浙江馨馨养老家园项目的整体概念构思有别于传统养老概念，在设计和建设的实践过程中，欲将“三位一体”的养老新概念引入本项目，把居家的舒适性，机构服务的优质性和医养的医疗保障性三者结合在一起，开发建设集医疗保健、休闲娱乐、修身学习、度假居住等功能为一体的综合性老年社区。

(1)统筹规划，开发功能多样化、住宅个性化的养老社区。物质需要这里所指的是对养老院提供的公寓模式、总体布局、空间结构、房型大小以及相应的配套功能设施。健康长寿是所有老年人的期望，所以在居住设施的需求方面，老人们最关注医疗保健设施，对于安全和防护措施的需求也是最基本的要求。

浙江馨馨养老家园的老年养生公寓户型设计独具匠心，户户通透格局，依景而望，室内空间规划融入创新高附加设计理念，功能齐全，每栋每层设有一套家政服务用房。社区中的所有建筑及休闲场所都将根据国家绿色节能建筑设计要求进行设计和施工，同时将配备太阳能空气集热系统，地源热泵系统。为保障老年人的医疗、养生需求，公寓内每张床头都设置紧急呼叫按钮，康复医院、颐养院设有完善的生活居住休闲设施及康复、保健、体检等医疗设施，配备食堂、体检室、医务保健室、康复理疗室等，与上海建工医院合作，引进他们先进的医疗、健身、餐饮等管理经验经营模式，为居者提供专业温馨、完善的医疗服务。

(2)建立信息化管理系统，积极打造智能、温馨养老社区。

浙江馨馨养老家园秉承以人为本的原则，尊重客户，以诚待人，并引进人性化、专业化的服务体系，从生活起居到医疗护理，从体育锻炼到营养康复以及心理关怀，针对不同年龄和不同阶层的人群，有专业人士进行配合与服务，针对日常元素的检测数据，提出合适的养生促进建议，为客户奉献诚挚的情感和专业的素养，力求精致养生，安全营养，以确保老年人群体的身心健康。

为保证客户能够在便利安全的社区环境中休闲娱乐养老养生，浙江馨馨养老家园项目特别设计了社区服务智能化系统，分别包含社区服务智能系统、社区医疗联动系统、社区"一卡通"系统工程。通过社区智能化服务设施及系统，客户能够轻松享受社区中的各种特色项目，自如地掌握自己的养生休闲时光。

(3)积极推动休闲与养老有机结合，创设悠闲、有氧养老社区。

1)生活休闲。老年人喜欢优美、安静的环境，所以城郊是建设养老院的最佳选择。要从老人的心理需求出发，根据不同年龄层次的老年人的兴趣爱好、消费需求、休闲方式和生活习惯，针对性地开发相应的养老休闲产品或项目，拓展及完善养老产业链，积极发展老年保险、购物、休闲、保健、娱乐、旅游和老年教育，创造核心特色项目，如老年旅游业提供多元化服务，浙江馨馨养老家园项目中，社区综合服务功能组团设置了临街商业、地下健身，SPA，泳池，报告厅等。为老人们营造良好的学习交流平台、娱乐环境，促进社区成员之间的交流，提高整体经济效益。

2)劳作休闲。退休后离开城市的喧嚣，搬到郊区或是乡村，回归田园生活，如今，这种想法代表了一大批老年人的心声。因此在这一块，浙江馨馨养老家园项目将重点提供老人田园式的养老方式，特别征用了周圈的500多亩农业生态辅助用地，逐步建立以农业生产、农产品加工、观赏、娱乐、采摘、品尝、劳作体验、垂钓、科技示范、农产品交易等为主要目的的果园、菜园、花园、钓鱼场和动物养殖园等。

生命在于运动，让老人们回归到大自然的生活当中，避免了目前养老院老人生活起居单调的弊病。比如，想种庄稼的，能在一分地里种庄稼；想钓鱼的，能在一方养鱼池里喂鱼、钓鱼；想养鸡、鸭的，能在特设的养殖区里饲养家禽；愿意种菜的，能在一片菜地里挥舞锄头，锻炼身体。通过田园式的养老，让居住在社区的老人们可以在享受田园生活带来的宁静和悠闲外，还可以让老人们走出户外，健康身体，亲自种自己喜欢吃的蔬菜，并且可以满足大多数老人都有的泥土情结。

总 结

随着老年人口数量上的增加以及养老观念的逐步变化，社会上也在大力发展着各类养老机构。"养老领域其实是两件事情，一个是社会福利体系范畴的养老事业，另一个才是养老产业。"近年来。政府对养老产业日益重视。相信只要在政府做好制度供给、加强政策引导和扶持的前提下，企业用心做产业，用心服务老人，浙江的民办养老机构必将转型升级，养老产业将成为最富有商机、最具有发展潜力的朝阳产业之一，而我们身边的老人们也必会真正实现老有所养、老有所乐、老有所学、老有所为。

参考文献：

【1】刘丽萍，蒋升濮，陆发安.我国城市养老牧师及其发展研究【J】.改革与战略.2007，(12).

【2】张立伟.上海面临"老龄化社会"挑战【J】.信息导刊.2004,3.

【3】白友涛.城市老年文体和社会话养老服务体系研究【J】.中央附件省委党校学报，2007，(3).

【4】朱永红.现在不宜居 将来大代价【J】浙江老年报.2013，11.

【5】养老产业快速发展 政策扶持是关键，慧择网.

【6】周云，陈明灼.我国养老机构的现状研究，社会科学总论.

作者简介：作者系浙江馨馨假日置业投资有限公司董事长。

我国中小民营企业招聘管理的现状、问题及对策

■ 陈南希

摘要:在中国经济高速发展的环境下,中小民营企业已逐步成为我国经济结构的重要组成部分,对市场经济的发展、和谐社会的构建起到了不可替代的作用和影响。据相关机构数据记载显示,我国中小民营企业的数量已超过3000万家,其每年所创造的企业总产值也在全国企业中占到绝对优势地位,更是为国家创造了80%左右的城镇就业机会,在确保全国经济稳定增长、缓解就业压力、优化经济结构、推进市场竞争等方面发挥了重要的作用。而大量的用工需求也逐渐成为影响中小民营企业运营、成长和可持续发展的重要因素,人才招聘已成为企业管理者必须思考的严峻课题。本文针对中小民营企业的招聘管理现状,对招聘管理存在的问题以及改进建议进行了探讨。

关键词:中小民营企业;招聘管理;就业

一、我国中小民营企业招聘管理现状及存在的问题

(一)招聘管理体系不健全

我国的中小企业管理能力水平整体偏低,对招聘的认识大多停留在缺人——招人的简单理解上,并且通常通过最传统的经验型面试确定候选人,没有健全而适用于本企业的招聘管理流程和体系,造成招聘工作混乱,面试效果不理想,结果难以令人信服。

(二)招聘流程不够客观、透明

中小企业普遍存在"家族式管理"的运作模式,这势必造成大量"任人唯亲、裙带关系"的现象存在,严重影响招聘流程的规范性及透明度。同时也易在企业内部形成负面不良影响,加剧"员工帮派"的现象,降低员工对企业的忠诚度和满意度,影响员工稳定性,使得管理成本大大提高。

(三)招聘管理操作不够规范

中小企业招聘选人的决定权通常由大老板或管理层控制,用人部门或人力资源部的话语权微乎其微,甚至会出现不经由用人部门或人力资源部面试评估,高层直接面试并确定目标人选的情况。招聘管理操作极其不规范,缺乏合理性及公允性。还有的人会因为"关系"或"利益原因"而使根本不符合要求的人"浑水摸鱼",导致招聘失败,为企业带来用工风险。

(四)面试官的专业面试能力及技巧水平有限

由于中小企业面试官大多未经过相关专业培训,他们的专业面试及甄选人才的能力也就很有限。比如面试官的提问太随意,缺乏专业性、多角度性及多维度性。还有些面试官则会受到一些客观因素的影响,比如会根据候选人的学校是否是重点院校来影响自己的判断。同时评价也缺少客观理论依据,经常按照自己感性的判断或直觉来对候选人进行评估,以偏概全,无法准确判断候选人的综合素质及职位匹配程度。而因面试官的失误给企业带来的风险小到因员工胜任力低下而影响部门或企业的工作效率,大到引发员工劳动纠纷甚至阻碍企业内部正常运转,在企业内部造成恶劣影响,其危害不可小视。

(五)选才标准模糊

有的企业盲目追求海归、大型企业工作经历,而忽略内在能力和潜力;有的企业采取"人与人对比"的方法,找像自己、和以前完全不一样或完全一样的人;有的企业只单纯关心用工成本,总是选取期望工资较低的人选等等。其原因要归咎于大部分中小企业没有标准而完善的岗位说明书,对学历、知识、技能、经验、专业及深层次的素质要求等都比较模糊,难以对选才标准提供有效的依据。目标定位不清晰,选来的人当然也就很难让人满意。

二、改善中小民营企业招聘管理现状的建议

(一)建立完善的招聘管理体系

企业必须建立科学完善的招聘管理体系,方能做到精准招聘。而只有招聘管理的各个环节相辅相成,才能形成良性循环。一个完善的招聘体系,应包括以下几个方面:

1. 招聘管理流程与策划

招聘流程确定(制定及实施招聘计划、甄选、体检

录用、招聘评估)、招聘对象素质分析(能力、人格、理念素质分析等)、企业人员需求预测分析、招聘策划。

2. 招聘渠道设计

内部招聘(员工举荐、竞聘等)、外部招聘(社会招聘、猎头招聘、校园招聘、社交媒体招聘、专场招聘会、第三方网站招聘等)。

3. 笔试与面试

笔试及面试的目标、含义、类型、步骤、技巧。

4. 心理测验与评价中心

心理测验(能力倾向测试及人格测试等)、评价中心的种类及应用(无领导小组讨论、文件筐测试、管理游戏、角色扮演)。

5. 人员甄选与录用

人员甄选(程序、步骤等)、人员录用(录用程序、背景调查、入职体检、劳动合同签订等)。

6. 招聘评估

招聘评估指标与方法(录用人员评估、招聘成本效益评估、单位招聘成本评估等)、面试过程评估、测试结果评估(有效性、可靠性)。当然各企业应根据自己的规模、特点等从实际情况出发,设计搭建适合于本企业的招聘管理体系,条件允许的情况下也可向外部人力资源专家征求建议。同时应采用结构化面试的方式,将面试的内容、形式、程序、评分标准及结果的合成与分析等构成要素,按统一制定的标准和要求固化下来,使得面试过程更为规范,面试结果也将更为有效。

(二)招聘标准和要求

1. 招聘流程的控制公平化

企业在招聘人员过程中,应严格按照公司有关程序和制度要求选人用人,使得招聘的规范性能够得到有效保证,公平、公正的原则得以实现。应该打破亲友圈、封闭化的招聘方式,促进民营企业选人制度的转变。这样不仅能为求职者提供平等的竞争机会,也能为企业吸引充足优质的人才资源,为企业发展增添活力,同时增加企业凝聚力,有利于长足的发展和进步。

2. 招聘管理操作规范化

企业应特别重视招聘、选拔人才的工作,在流程操作上应该严格把控,避免不合规、不正当的现象发生。其中用人部门在面试过程中应当承担最主要的甄选责任,因为只有用人部门最了解其空缺岗位所需人员的特性、潜质及技能要求,且录用人选日后也将直接关系到本部门的绩效表现。招聘过程中还应由人力资源部充当辅助角色,计划、安排并统筹管理招聘事宜,同时提供专业性建议并行使监督及跟踪的权力,确保招聘流程的规范性。

3. 对面试官进行必要的培训

把握人才甄选主控权的面试官的专业面试能力和技巧尤为重要,这关系到他能否为企业招聘到合适的人员,满足企业长期稳定发展过程中对人才的需求。合格的面试官应具备以下知识能力:第一,科学的评估方法,准确判断求职者的综合素质;第二,掌握一定的面试技巧,提高选才判断的准确率;第三,行为面试的科学知识,洞悉简历背后的信息;第四,科学的招聘面谈程序,有效利用面试时间;第五,避免及处理面试过程中经常遇到的问题(如偏离主题,封闭式的文化、过度渲染职位以吸引应聘者、应聘者本身不当的情绪反应等)的能力。同时应做到在面试之前收集与职位相关的信息,在面试中做完整的面试记录,在面试结束后做客观、准确的面试评估,从而确保面试的可靠性、有效性及准确性。企业应通过内部或外部培训的方式将以上专业内容教授给面试官,确保其专业能力,将偏差出现的可能性降到最小。

4. 确定选才标准

规范的、可操作的面试评价标准来源于清晰准确的岗位说明书,岗位说明书来源于岗位分析。确定选才标准只要明确该岗位的客观条件和主观条件就可以了。客观指源于事物本身的属性,如年龄、性别、学历、籍贯、健康状况、个人资质等;主观指事物的性质和规律,如求职者的价值观、人品、性格、工作能力、工作经验、综合素质等。根据企业的实际,不要过于追求理想化,当客观条件与主观条件达到统一,就是企业的选才标准。当然任何标准都是阶段性的,应不断随着企业发展而变化,与时俱进。

三、结语

人才是企业的核心资源,而人才招聘是一个专业而系统的过程,它的目的是针对企业发展的状态和趋势,有针对性的获取资质合格、技能达标、认同企业文化、稳定性较强且具备一定发展潜力的员工。为了完善中小企业的招聘,就必须要根据自己的客观实际情况和特点,建立一个有效的、科学的招聘系统,帮助企业在人才竞争日趋激烈的市场中快速而高效的发掘所需人才,使之在市场中立于不败之地,实现长期的发展和壮大。

参考文献：
[1]李中斌. 招聘管理 [M]. 北京：中国社会科学 出版社，2008.
[2]边文霞. 员工招聘实务（第二版）[M]. 北京：机械工业出版社,2011.

作者简介：作者单位为北京卓望公司。

——原载《经济视角》2014年第4期

发展绿色经济 推动民企转型升级

■ 何星灯

摘要：在后危机时代，经济全球化和新经济革命推动着国际性的产业结构调整和产业转移不断加速，新兴行业不断出现，以绿色经济为特征的第三产业发展迅猛增长，只有通过转型升级，民营企业才能迅速占领“利基市场”，并获取新的发展。面对新的机遇和挑战，浙江乐门集团顺势而为，通过发展绿色产业、推进绿色制造、开创“绿色化”国际品牌运作模式等加快产业转型升级，并取得了明显的成效和骄人的业绩。

关键词：绿色经济 转型升级 民营企业

一、发展绿色经济成大势所趋

在应对国际金融危机中，不少国家在政策上突出绿色理念和内涵，谋划后危机时代的发展。2008年底，联合国环境规划署提出绿色新政倡议，呼吁各国政府重视绿色投资在经济恢复中的重要作用。2012年6月在巴西里约热内卢召开的联合国可持续发展大会（简称里约大会）也将绿色经济列为主题之一，重点研究可持续发展和消除贫困背景下的绿色经济。

1. 绿色经济是实现可持续发展的必然要求。

近代以来，经济社会发展取得极大进步，然而环境危机和生态恶化也随之而来，特别是发达国家工业革命和工业化进程给环境和资源带来了极大负面影响，人类为此付出了沉重的代价。传统的经济增长模式主要依靠增加要素投入，消耗自然资源，追求数量扩张来实现。随着资源环境矛盾的日益突出，这种粗放型的经济增长模式已然难以为继。我国国民经济和社会发展“十二五”规划纲要指出，面对日趋强化的资源环境约束，必须增强危机意识，树立绿色、低碳发展理念，以节能减排为重点，健全激励与约束机制，加快构建资源节约、环境友好的生产方式和消费模式，增强可持续发展能力，提高生态文明水平。

2. 绿色经济是推动产业升级的强劲动力。

近年来尤其是国际金融危机之后，西方发达国家经济增长乏力，急于寻找新的经济增长点。发展中国家正处于工业化和城市化快速发展阶段，既面临消除贫困、调整经济结构的艰巨任务，又深受能源、资源和环境因素的制约。绿色经济不仅可以节能减排，更加有效地利用资源，而且能够扩大市场需求，培育新的经济增长点，将促进发展和保护环境很好地结合在一起。《世界自然资源保护大纲》中有一句名言：“地球不是我们从父辈那里继承来的，而是我们从自己的后代那儿借来的。”在世界经济全球化的今天，无论发展中国家还是发达国家，都应当抓住绿色经济发展的契机，减少产业发展对自然环境的破坏和对人类健康的损害，最大限度实现资源的持续利用和生态环境的持续改善，促进世界经济健康复苏、绿色复苏和可持续发展。

3. 绿色经济是推进我国经济转型的重要路径。

2000多年前，中国哲学家就提出“天人合一”、“道法自然”的思想，倡导人与自然和谐相处，这一思想从古绵延至今。新一届政府更是高度重视发展绿色经济，把可持续发展作为国家战略，把建设节约资源、环境友好型社会作为重大任务，把节能减排作为国民经济和社会发展的约束性指标。中国实行最严格的耕地和水资源管理制度，用占世界不足7.9%的耕地和6.5%的淡水资源，养活了占世界1/5的人口。中国坚持植树造林，建成的人工林已达62万平方公里。过去6年中国淘汰了8383万千瓦能耗高、污染重的小火电机组。中国大力发展清洁低碳能源,是世界上水电、风电装机总量最大的国家。2005年以来,在经济快速增长过程中,中国的单位国内生产总值能源消耗降低了21%,主要污染物二氧化硫、化学需氧量排放总量分别下降16%和14%。大力发展绿色经济,不仅是我国加快经济结构调整和转变经济发展方式的自主行动,更是破解能源资源瓶颈制约,实现"四化"协调发展的必然选择。

二、民营企业转型升级面临重大挑战和机遇

目前,浙江民营企业的生产总值占全省的70%以上,民营经济提供了全省90%以上的就业岗位,贡献了60%以上的税收,可以说,民营经济是浙江经济繁荣的源泉,是社会稳定的基础。然而,随着资源环境约束加剧和外部竞争日趋激烈,浙江民营经济的先发优势已不明显,增长后劲乏力。唯有转型升级,才能使民营企业走出困境。如何实现转型升级,再创辉煌,已成为当前一个重大而紧迫的问题。

1.民营经济转型升级需应对的严峻挑战。

后危机时代,转型升级成为中国民营企业唯一出路的观点日渐成为共识,但民营企业要在后危机时代实现转型升级面临的挑战也是前所未有的。当前影响民营企业转型升级的关键问题主要有以下几个方面:

一是企业融资难。长期以来,民营企业尤其是中小民营从银行融资十分困难,不仅要承担较高的贷款利率,还需承担贷款过程中的各项隐性成本和隐性风险,如有的银行要求必须先存相当高比例的资金,以承兑汇票形式发放贷款,等等。大多数民企是靠租赁的土地和厂房创业,或有部分土地厂房,但抵押物不足,银行为分散风险,往往让民企搞"互保"。一旦某个企业出现经营困难而无法偿还贷款时,就会产生连锁反应,导致较大范围的金融风险。

二是创新意愿低。民营企业由于规模小,财力不足,承受风险能力弱,创新资金短缺,普遍采取低技术、低成本发展战略。有些中小民营企业虽逐渐意识到技术创新对企业持续发展的重要性,尝试开展各种形式的技术创新活动,但专利等知识产权保护不够,执法力量薄弱,企业创新的成果往往会被产业集群内其他企业无偿获得,创新积极性备受打击。

三是高级人才缺。中小民营企业转型升级主要依赖于研发人才和高级技术工人。中小民营企业规模小,很难承受高级研发人员的雇佣成本,一线高级技术工人流动性大、非常紧缺。随着劳动力成本不断攀升,企业面临更大的成本压力。此外,子女教育、社会保障等也影响招工问题。

四是市场信心差。由于全球经济衰退导致外部市场不断萎缩,国际贸易摩擦急速升温,以出口型企业为主的沿海地区民营经济,复苏和发展的压力会持续,使得民营企业利润率在下降。调查发现,在民营企业家心中,对中国经济未来发展的信心,民营企业的发展空间、民间资本未来投资环境的信心,似乎都有减弱的趋势。企业家信心不足,产业升级、更新换代均无从谈起。五是治理结构弱。随着民营经济的发展和壮大,家族化管理的弊端逐步显露。一方面企业内部管理制度无法规范化、法制化;另一方面容易造成企业的内部分化,使企业进一步成长受到很大制约。而民营企业本身低层次的产业结构也面临国际竞争压力,块状产业组织方式面临恶性竞争压力,粗放型发展模式面临要素资源瓶颈压力,民营企业传统管理和组织体制及治理机制面临升级压力。

2.民营企业转型升级面临的重大机遇。

虽然民营企业目前面临的困难不亚于危机之初,但挑战中的机遇同样巨大。

一是外部市场日益看好。随着美国经济的复苏态势日渐明显,中国出口环境今后会有所好转,因此,中国企业当前必须更努力地改善产品结构和质量,才能更好地利用下一轮经济扩张周期。事实上,经过危机洗礼,中国出口在一些经济体的市场份额不降反升,一些行业甚至出现了量价齐升的局面。可以预见,在现有国际分工格局尚未根本改变的情况下,中国出口今后一段时期仍具有比较优势和增长潜力。进入新世纪以来,非洲、南美等新兴市场发展也极为迅速,中国的高性价比产品存在非常大的市场空间。民营企业应抓住机遇,适时"走出去",提升参与国际分工的能力和定价权,为可能发生的变化做好准备。

二是内部需求持续旺盛。当前及未来一段时间经济方面将呈现经济低迷与内需升级共存的态势,这将提升食品饮料、餐饮旅游、医药生物等消费类产业的吸引力。一方面,消费类板块稳健的业绩增速将推动其抵抗经济波动,且伴随居民生活水平的提高、老龄化问题的凸显也将令休闲、医疗等方面的需求上升;另一方面,由数据表明促进经济稳定增长的积极因素正在积聚,非制造业经济稳健增长势头,信息服务业、物流业等生产性服务业经营活动和市场需求均有明显回升,投入价格与收费价格指数稳中趋降,没有形成新的通胀因素。转型和消费催生结构性机会,水利建设、节能

环保、电力及电力设备等产业有望催生新的增长点，食品饮料、餐饮旅游、医药生物等消费类产业需求也大幅上升。因此，在经济增长逐渐趋稳的大环境下，广阔的消费市场将为消费类产业发展提供大好环境。

三是政策支持更加有力。大力扶持民营企业发展壮大是国家的长远富强之道，培养一大批具有市场竞争力的民营企业并巩固其市场经济地位，对于国民经济的持续、健康、高速增长以及企业管理社会的构建、中华民族的复兴，实现国家经济战略均具有特别重要的意义。新一届中央政府明确支持民营资本进入金融、能源、电信、基础设施、教育、医疗等行业和领域，促进各类所有制经济公平竞争、共同发展。为促进民营企业快速发展，各级地方政府也将从人才培训、金融支持、采购倾斜、财政扶持、项目建设、税收优惠等诸多方面对民营企业给予更多支持。

三、乐门集团的绿色转型升级之路

2008 年突如其来的全球金融危机以及随之而来全球经济衰退使风头强劲的外贸黯然失色。受大环境影响，中国整体外贸业务开始持续低迷并迅速下滑，正处在快速发展期的以制造业为主打产业的乐门也倍受考验。痛定思痛，乐门快马加鞭，利用起点高、后发优势强的基础，通过大力发展以旅游产业为主的绿色经济来带动实施多元化发展战略加快产业转型升级，并取得了明显的成效和骄人的业绩，为浙江民营企业转型发展探索出了一条可以借鉴的路子。

1.进军旅游产业，大力开拓绿色经济版图。

绿色经济已成为当今社会的一个重要的发展趋势，而旅游业则是目前全球经济中发展势头最强劲和规模最大的产业之一，也是绿色经济中市场潜力最大的产业之一。根据《中国旅游业“十二五”发展规划纲要》，“2015 年中国旅游业总收入目标是 2.5 万亿元人民币，年均增长率为 10%。”据《2014-2018 年中国旅游业市场投资分析及前景预测报告》显示，近年来中国旅游产业规模以每年 20%的速度增长。在内需启动、消费升级以及国民收入不断提高的背景下，中国旅游业正步入黄金发展期。根据规划，“十二五”时期，中国政府将多策并举，把旅游业培育成国民经济的战略性支柱产业。国内旅游行业政策环境持续改善，行业也将迎来一个崭新的发展阶段。

2008 年以前，乐门集团主要以制造业为主，但是随着市场竞争的不断加剧，特别是全球金融危机的影响下，企业经营与利润首次双双出现下滑，单一产业发展的劣势逐步显露并制约着企业的进一步发展。面对严峻危机企业管理层深深地意识到，乐门集团必须立足当前，着眼长远，进一步创新体制机制，不断优化发展环境，大胆创新，加快产业结构调整和产业升级，走出一条符合企业实际的转型升级之路。

依据旅游产业发展的良好态势，乐门加快调整集团产业总体规划和布局，实施多元化发展战略，在不断壮大制造业的基础上，集中一定的人力、物力、财力，大力发展旅游等绿色产业经济，辅助发展旅游地产业务，以旅游业为主的绿色经济已经成为乐门未来一个较长时期发展的重点和新的经济增长点，并以此为契机大力扩展绿色经济版图。迄今为止，乐门集团已经规划投资了湖北沧浪海旅游港、江西九龙湖旅游度假区、江西天柱峰景区等三大旅游综合体项目，其中沧浪海旅游港一期工程已于 2013 年 8 月 8 日正式运营，江西九龙湖旅游度假区的水上项目、江西天柱峰景区的部分景区也分别在今年春节、去年国庆节试运行。财务报表显示三个项目运行情况均比较理想，初步达到预定的目标，为集团的多元化战略作了有益的探索，提供了有力的支撑。

2. 推进绿色制造，提升专业化水平。

根据乐门“集团公司多元化、子公司专业化”的发展思路，在多元化发展同时也兼顾专业化发展路子，实行“两条腿”走路。专业化是企业将绝大部分的经营活动集中于一个业务或行业并以快于过去的增长速度来增加销售额，利润额或市场占有率，能够提升企业核心竞争力。具体来说，就是壮大制造业，即提升现有水暖、卫浴、造纸等产品的附加值，提升其科技含量，发展绿色制造。当时企业在国内外经济环境趋紧的形势下，优者更强、劣者更弱，两极分化、优胜劣汰的现象尤为明显。无论是高新技术产业还是传统产业，无论是大型企业还是中小企业，无论是出口企业还是内销企业，凡是拥有自主知识产权和自有品牌的，不仅没有受到影响，而且掌握了定价的主动权，赢得了发展的新机遇，拓展了市场的新空间；反之，则步履维艰甚至难以为继。因此，乐门转型升级的一项重点工作就是，大力推进绿色制造，打造强势自主品牌，提升自主品牌在产品生产问题中的比重，推动产品和贸易从低端向高端发展，为长远发展增添后劲。

3. 调整运作模式，开创国际品牌运作“绿色化”。

在进行产业结构调整的同时，乐门尝试进行品牌运作模式的调整，推进品牌运作的“绿色化”：通过优化物流配送网络、售后服务体系和提供资金支持,来大幅度节减代理商物流成本和存货成本,提升乐门品牌的市场竞争力。经过深思熟虑,乐门提出开创国际品牌运作模式的决定,根据整个运作思路在俄罗斯、缅甸等设立海外品牌营销中心,通过展会和网络收集的资料建立营销网络,并以俄罗斯市场为中心开拓东欧市场、以缅甸市场为中心辐射东南亚市场,让周边国家的代理商到莫斯科或者缅甸谈生意。

应当看到,尽管乐门实施多元化战略较晚,但起点较高,后发优势明显,特别是三大旅游产业即将步入发展的黄金期,在推进绿色制造和打造绿色品牌运作模式的基础上,只要坚持发展方向,坚定信心,积极应对,主动调整,乐门的发展前景就会更加广阔。

【参考文献】

[1] 郭尔楚.发展绿色经济 实现可持续发展 [N]. 经济日报,2012-06-01.

[2] 蔡灵,高博轩.2014-2018年中国旅游业市场投资分析及前景预测报告[EB/OL]. www.ocn.com.cn,2014-1.

[3] 浙江省统计局. 基于转型升级视角的浙江民营经济发展研究[EB/OL]. http://www.zj.stats.gov.cn/art/2013/1/14/art_281_54103.html, 2013-01-14

[4] 俞海,周国梅.绿色经济:环境优化经济增长的新道路[N].环境经济,2010,(1)

[5] 王敏鸽.浅议绿色经济是我国未来发展的必然选择[J.青春岁月,2013,(17)

[6] 刘洋.论后危机下的浙江民企转型升级[J].经济研究导刊,2012,(15)

作者简介:作者系乐门集团董事长。

发展民营经济需要强化法律保障

■ 别亚楠

摘要:改革开放以来,我国民营经济快速发展,但由于相关的法律保障相对滞后,并且一定范围 内 存在司 法执法不公正现象,使民营企业大多 处于法律保护的弱势地位,制约和影响民营经济的发展 。需要制定和完善平等的法律法规,维护良好的市场秩序,强化民营企业法律意识,保护民营经济的合法权益,促进民营经济的健康发展 。

关键词:民营经济;法律保障;合法权益

改革开放以来,我国民营经济快速发展 。截至 2013 年底,我国登记注册的私营企业户数达 1253. 9 万户 ,个体工商户达 4436. 3 万户 ,民营企业户数已占全国企业户数的 90% 以上;内资民营经济完成固定资产投资额 27 万亿元,占全国城镇固定资产投资的 62% ;规模以上私营工业企业全年实现利润 2 万亿元,比 2012 年增长 14. 8% ,明显高于全国企业平均水平 。可见,民营经济已经成为社会主义市场经济的重要组成部分和我国经济社会发展的重要基础,为富民强国做出了重要贡献 。党的十八届三中全会通过的《中共中央关于全面深化改革若干重大问题的决定》,对鼓励和支持民营经济发展提出一系列新思想、新论断、新举措,为民营经济进一步发展指明方向 ,将引领民营经济实现更好更快发展,这是民营经济发展面临的大好机遇 。为民营经济发展创造良好的市场环境,必须强化法律保障,使相关的法律法规与政策引导共同促进民营经济实现持续健康发展 。

一 、我国民营经济法律保障方面存在的问题

当前，民营经济发展仍然面临诸多困难和问题，尤其是相关民营经济的法律保障建设相对滞后，制约和影响民营经济的发展 。民营企业大多处于弱势地位，有些涉法案件不能公正地维护民营企业的合法权益，影响企业的生存和发展 。

(一) 与民营经济相关的法律法规不完善

我国有关保护民营经济权益的法律法规比较零散，维权制度还不系统 。从法律法规的具体内容看，较少涉及民营企业发展所需要的公平竞争环境和与其他市场主体平等的待遇条款 。如,《私营企业暂行条例》中对私营企业的权利和义务规定得比较笼统，特别对保护其合法财产和其他权益的规定还很薄弱，当企业的权益被侵害或出现经济纠纷时，往往难以得到有效的法律保护 。同时，一些法律制度的不平等也造成民营企业法律保护缺失 。如，在企业破产制度中，全民所有制企业有专门的《企业破产法》予以保护和调整，而民营企业则只能适用于《民事诉讼法》仅有的 8 个高度原则化和抽象化的条文，很难对破产中民营企业实施权益保护 。这些法律法规上的不完善和不平等使民营经济发展难以获得充分的法律保障 。

(二) 司法执法存在不公正现象

市场经济是以市场主体的人格独立和社会平等为基础，要求法律除了拥有最高权威外，还必须奉行主体平等 、权利自由观念，而这种观念反映在司法和执法过程中必须按照法律的规定主持正义，做到公正不偏，实现法律面前人人平等 。但是在一些司法和执法过程中，对民营经济和国有经济存在区别对待现象 。如，当民营企业作为申请人时，可能就会有所懈怠甚至久拖不执，而当采取强制措施时，对民营企业则快速执行 。特别是行政执法人员对民营企业采取“粗暴执法”和“寻租执法”的现象屡见不鲜，这些做法不仅侵害民营企业的合法权益，而且造成民营企业对执法部门的不信任，后果严重。在民营企业和国有企业间发生诉讼时，有时还会出现片面强调保护国有资产而牺牲民营企业利益的不公正司法行为，也严重损害了民营企业的合法权益和平等的市场主体地位 。

(三) 民营企业法律意识不强

在市场经济活动中，有些民营企业自身合法权益受到侵害而未得到法律保护，有些企业违法经营侵害公权益和他人权益而遭受惩处，造成这些现象的重要原因是企业法律意识不强 。一些民营企业法人和经营者不学法 、不懂法 、不依法，就会造成偷税漏税 、行贿政府官员 、制售假冒伪劣产品 、商业欺诈等不正当竞争行为时有发生，更有的民营企业受到惩处时才知道自己在违法经营。一些民营企业明知违法，但为谋利而不惜挺而走险走上犯罪道路。也有些企业不注重法律风险的防范。我国相当数量的民营企业主不熟悉法律，企业没有法律顾问，即使有法律顾问也多为解决事后纠纷，没有使法律防控行为融入到企业经营发展全过程。有些企业在经营过程中不遵守规范化的市场行为模式。如，不按《合同法》对承诺和约束行为进行规范的设定，有的不签订书面合同；有的在签订书面合同时不审查对方的主体资格 、履行能力和代理权限；有的合同条款不具体、不完整，缺少履行期限和违约责任等实际内容，由此引起纷争在所难免，在法律诉讼中也难以取胜 。还有些民营企业特别是中小企业，在面临大量纠纷的情况下，不知也不去寻求必要的法律援助，而行政司法机关对中小民营企业提供法律援助的案件非常少，使这类企业成为法律保障的弱势群体 。

二 、强化民营经济法律保障的对策

大力发展民营经济是社会主义市场经济的必然选择，而民营经济健康发展需要平等市场主体的法律保障，这就需要制定和完善平等的法律法规，维护良好的市场秩序，保护民营经济的合法权益 。

(一) 制定和细化民营经济的相关法律法规

党的十八届三中全会在功能定位上明确了民营经济是社会主义市场经济的重要组成部分，是我国经济社会的重要基础；在财产保护上明确了非公有制经济财产同公有制经济财产一样不可侵犯；在政策待遇上明确了坚持权利平等 、机会平等 、规则平等，并实行统一的市场准入制度，真正把民营经济与其他经济成分共同做为完全平等的市场主体对待。应当根据这些大政方针制定和完善有关法律法规 。一是修订与民营经济密切相关的各类法律法规，让完全平等市场主体的方针体现到国家各级法律法规中 。如，我国制定的《合同法》、《个人独资企业法》、《合伙企业法》、《中小企业促进法》等法律法规已初步构成现代企业法律体系，但其中部分内容却制约民营经济发展 。如，有限责任公司 、控股集团公司的设立门档过高；“监事会”有关条款不清；对现实存在的“有限合伙”无明文规定；缺少较为详尽的适用于民营企业破产情形的法律条文等等 。在修订时应重点解决这些问题，对不符合大政方针和民营经济发展要求的法律法规应及时清理并予以废除。如,《私营企业暂行条例》不仅自身存在很大缺陷,而且许多内容已被后续出台的法律法规所取代。这样的法律法规应予以废止。二是加快有关民营经济发展的立法进程。党的十八届三中全会提出鼓励非公有制企业参与国有企业改革,鼓励发展非公有制经济控股的混合所有制企业,鼓励有条件的私营企业建立现代企业制度。这将引领大批民营企业参与企业间和各类投资者之间的兼并重组。为提供统一、有效的法律保障,应尽快制定《企业兼并重组法》;为增强民营企业的社会信任度,应尽快出台《信用信息披露法》,以维护市场经济的公平竞争。对处于弱势群体的广大中小企业,还应当建立有力的法律援助制度,以维护企业及其职工的民事权利、劳动权利及人身安全权利,通过实施有效的法律援助,推动中小企业发展。

(二) 完善保护和服务民营经济的工作机制

司法和执法部门要树立平等保护和服务民营经济发展的观念,坚持在适用法律和服务标准方面一律平等。一是转变以国有经济为中心的观念,增强对包括民营经济在内的各类市场主体的平等对待、平等保护意识,并落到实处,为民营经济的发展提供良好的司法环境。二是对民营经济的平等保护体现在司法和执法的全过程。不仅在工作态度上要一律平等,在保护措施和工作机制上也要一律平等。建立起平等保护和服务的工作机制,确保民营经济法律地位、法律适用以及法律措施的平等对待。在司法和执法工作中要做到中立公正、不偏不倚,确保法律面前人人平等。三是对平等保护要有正确的认识。任何人都不能凌驾于法律之上,保护和服务民营经济发展,应在法律范围之内,绝不是法律范围之外的"法外开恩"。四是司法执法人员树立良好的工作作风。深刻认识民营企业是纳税人,是国家税收的重要来源,端正司法执法态度,杜绝粗暴执法,更不允许寻租执法。司法执法人员要文明执法,严格依法履行职责,服务民营经济发展。五是提高服务效率。民营经济的发展离不开司法和行政主体的帮助和支持。应强化司法和行政主体的服务意识和行为,彻底消除"衙门作风"和"门难进、脸难看、事难办"的现象,建立起执法公开、公正、规范的工作秩序。行政主体要全面推行办事公示制、服务承诺制、办理时限制、投诉反馈制、失职追究制等行政服务制度,以提高行政效率。司法主体也应建立起相应的工作制度,以提高司法效率和效果。以行政和司法主体工作效率和质量的提高,促进民营经济发展。

(三) 依法维护公平有序的市场秩序

一是按照权利平等、机会平等、规则平等原则,实行统一市场准入制度,从法律角度对市场准入加以明确和解释,严厉打击为保护垄断而设障、使其他市场主体无法获得准入的违法行为,以解决多年来民间资本和民营企业无法进入垄断行业的"玻璃门"和"弹簧门"现象,为这些行业注入竞争活力,也为民营经济提供新的发展机会和空间。二是利用相关法律法规严格规范招投标行为,特别是土地等国家资源和政府参与的招投标,确保民营企业等市场主体拥有平等权利、平等机会。同时,追究违法违规招投标的法律责任,以保证公开透明的招投标机制,避免不正当竞争行为。为建立公平有序的市场交易机制,执法和司法部门应加强市场交易运行的监管,依法严厉打击各种欺行霸市、商业贿赂、制假贩假和垄断经营的违法行为,为民营企业健康发展营造规则平等的市场秩序。

(四) 提高民营企业法律意识

民营企业参与市场竞争必须遵守相关的法律法规,而其对法律法规的认知能力直接关系到其利益的保护。因此,企业经营管理人员需要学习与生产经营相关的产品质量、合同、税收、消费者权益保护等方面的法律法规,提高企业的整体素质。此外,对企业的经营行为进行依法管理,是维护企业和员工权益的安全阀。应确立财产所有权制度,把民法基本原则全面反映到市场交换过程中,防控可能出现的经营风险和法律风险。除了加强民营企业自身法律意识的培养外,在风险防控层面对法律服务的吸收与接纳也同等重要。另外,民营企业还要树立正确的诉讼观念,针对市场交易过程中的矛盾与纠纷,开展调解、仲裁等非诉救济途径的应用,不仅节约司法救济成本,也为处于弱势地位的民营企业提供更广阔的法律保护途径。

参考文献:

[1] 全国登记注册私营企业已超 1200 万户. [EB/OL][2014-02-28]. 新华网.

[2]赵光强. 关于民营企业涉诉案件的调研报告[EB/OL].[2005-03-21]. 法律教育网.

[3] 杨蜜. 民营中小微型企业转型发展面临的障碍及对策[J]. 企业经济, 2012(10): 109-111.

[4] 匡爱民，师帅．完善民营快递行业市场准入法律制度的思考[J]．江西社会科学，2012(8)：137-142.

[5]谭志哲．逻辑与现实：中国民间融资的生成与法律规制[J]. 求索，2012(4)：217－219.

作者简介：作者系吉林大学法学院博士研究生。

——原载《经济纵横》2014年第6期

发展网络经济：民营经济转型升级的不二选择

——以金华为例谈发展网络经济的政府作为

■ 徐进科

内容提要：随着信息技术快速发展和互联网广泛应用，网络经济已经成为当今世界发展最快、创新最活跃、带动力最强、渗透性最广的战略性新兴产业。从世界经济的长期和总体发展趋势来看，网络经济的强势增长已经成为不可阻挡的潮流，也是中小民营企业乃至民营经济转型升级适应发展、增强竞争力的必然趋向。时不我待，广大民营企业应当紧紧抓住机遇，各级政府应当全力支持发展网络经济，推进转型升级，实现新的更大的飞跃。

关键词：民营企业 网络经济 转型升级 政府 作为

网络经济是以信息技术为支撑，以互联网为依托，以生产、分配、交换和消费网络产品为主要内容的新经济形态。随着信息技术快速发展和互联网广泛应用，网络经济已经成为当今世界发展最快、创新最活跃、带动力最强、渗透性最广的战略性新兴产业。在走向信息化的变革中，世界经济结构正在由传统工业经济向现代信息经济、由物质性经济向服务性经济转型。与此相对应的是，资本与财富由工业资本家向信息资本家转移，从世界经济的长期和总体发展趋势来看，网络经济的强势增长已经成为不可阻挡的潮流。

自上个世纪90年代以来，信息化浪潮席卷全球，传统企业的运作和管理模式受到巨大的冲击。在网络经济形态下，传统经济行为的网络化趋势日益明显，网络成为企业价值链上各环节的主要媒介和实现场所。以网络化、知识管理、全球化化为主要特征的新经济已是不可逆转的趋势，企业的生产经营和发展方式必须全方位实施电子商务化，已成为企业发展的必由之路，也是中小民营企业乃至民营经济转型升级适应发展、增强竞争力的必然趋向，时不我待，广大民营企业应当紧紧抓住机遇，各级政府应当全力支持发展网络经济，推进转型升级，实现经济社会发展新的更大的飞跃。

一、发展网络经济是民营企业转型升级的不二选择

民营企业转型升级，融入网络经济的发展潮流一个不二的选择，就是运用和发展电子商务，这是利用以互联网为核心的信息技术，进行商务活动和企业资源管理，它的核心是高效地管理企业的所有信息，帮助企业创建一条畅通于客户、企业内部和供应商之间的信息流，并通过高效率的管理、增值和应用，把客户、企业、供应商连接在一起，以最快的速度、最低的成本响应市场，及时把握商机，不断提高和巩固竞争优势。

第一、降低成本，提高企业的经营管理水平。

随着工业经济的发展，工业制造成本趋于均化，企业必然需要寻找新的利润空间。扩大企业与上下游企业乃至最终消费者的直接接触，减少中间环节，从错综复杂的中介中挤出利润空间是必由之路。要在空间和时间上缩短企业与企业之间、企业与消费者之间的距离，运用互联网通过电子商务是最佳选择。此外，站在企业自身的角度看，从订单、原材料采购、生产、销售、库存、管理等各个环节的协同配合和优化中得出利润，也是一种行之有效的办法，这就需要信息技术来综合处理这些业务。电子商务与传统的中小企业融合，逐步改变传统企业的作业模式，高运行效率和应变速度，为企业的发展带来新的增长空间。

第二、互相合作，提高企业相互间的服务水平。

传统中小企业是一个生产经营实体，在其长期的生产经营中，具有广泛的合作伙伴，包括众多的供应

商、代理商、运输商、服务部门等等,利用信息化手段,传统企业与这些合作伙伴形成了自己的社会关系网络,实现资源共享。在这种网络中,伙伴间彼此合作,互惠互利,共同开拓市场,扩大了单个企业内涵和外沿,形成网络型虚拟企业,实现商流、物流、资金流、信息流的一体化,完成单个企业自身无法单独完成的业务,使各个企业都能专注于强化自身的核心竞争力,提高管理服务水平和社会信誉。

第三、创新方式,提高企业效率和竞争力。

电子商务的实时交互性可以促进企业与客户的良好沟通,从而使企业能够更加及时准确地预测市场需求、了解需求变化状况和发展趋势,提供更为周到的个性化服务。通过对客户信息的分析和挖掘,可以有针对性地提高产品和服务质量,改进现有产品和服务的作业流程,开发新产品,拓展新业务。更为突出的是,电子商务带来了一种新的生产方式——定制生产。由于IT技术的进步,通过电子网络,运用这一创新的生产方式可以专门对每一位顾客设计、生产特定的产品,从而为客户提供一对一的服务。这种按订购生产的模式不仅仅满足客户的需求,更重要的是,将会大大增强中小企业的市场竞争力和赢利能力。

第四、扩展空间,提高企业的市场响应能力。

电子商务是信息技术涉足经济领域的必然产物,它不是独立于传统企业之外的事物,它依托于传统企业,又深刻地改变着传统企业的作业模式,在企业的管理过程中,为企业减少了交易环节、扩大交易范围,缩短生产周期,提高生产效率,拓宽了企业的利润空间。适当的库存量是企业维持正常生产所必需的。中小企业用传统方法采购时,订单的处理周期长、不确定性高,因此企业需要较多的库存来应付可能会出现的交货延迟和交货失误,而库存量的增多,又会增加企业的运营成本,降低企业利润,电子商务环境所提供的大量、及时、准确的市场信息,有利于减少企业库存、减少投资的盲目性,提高中小企业正常的响应能力。

二、推进民营企业发展网络经济的政府作为

近年来,金华市委、市政府充分发挥“有形之手”的积极作用,从发展规划到政策扶持,从人才培育到优化服务予以了全力支持,引导民营企业转变传统经营方式,充分运用互联网拓展营销渠道,创新经济发展方式,以“个转企”工作为契机,推动全市10万多“网商”转型为网络经济企业,实施扶优扶强,以“重点企业培育工程”为突破口,大力推进传统企业进军网上市场,强力推进民营企业发展网络经济,实现生产经营和发展方式的转型升级。

一是充分调研明确发展目标。

市委、市政府在充分调研的基础上提出:到2017年,全市网络经营收入力争突破1300亿元(市区500亿元),年均增长30%以上。其中,信息软件产业主营业务收入力争突破700亿元(市区300亿元),电子商务服务业收入力争突破500亿元(市区200亿元)。电子商务交易额力争突破5000亿元(市区2000亿元)。到2017年,电子商务、网络游戏、视频娱乐等要成为我市重要的新兴产业;各县(市、区)均建成一批各具特色的网络经济园区,全市网络经济集聚区(园区)面积超20平方公里,网络经济楼宇建筑面积超150万平方米,争创省级网络经济产业集聚区。力争通过5至10年努力,全市网络经济发展处于省内领先、国内一流水平,努力打造全国网商集聚中心,争创中国软件名城,基本建成全国网络经济强市。

二是制定并落实发展规划。

基于突飞猛进的发展势头,金华已成为浙江四大电商中心之一和我省电商发展的强大引擎。为构建赶超崛起的重要支点,抢占新经济时代的先机,我省在布局电子商务产业基地功能时明确提出,杭州、金华、宁波、温州等地分别作为浙北、浙中、浙东、浙南电商发展的集中区域,在规划和功能定位上,要适当考虑对周边地区的引领带动作用。为此,市委市政府组织编制了《金华市区网络经济空间布局与发展规划》和《金华网络经济产业集聚区规划》,不仅把网络经济明确列为“一号产业”,还将电子商务产业列入“十二五”期间五大超千亿元产业集群发展计划中,大力提升电子商务产业在全市经济布局中的战略地位。以优化服务为切入点,重点实施空间拓展、规模壮大、项目引领、电商换市、人才支撑和服务提质等六大行动,制定年度计划落实发展规划,推进民营企业的转型升级。

三是搭建平台建立基地。

近两年来,金华市着重谋划电商园区战略布局,搭平台,聚产业。金华电子商务创业园、金东区信息软件创业园、义乌商城创业园、永康电子商务总部中心、浦江邮政跨境电商孵化园……,在新近由省商务厅等10个部门联合发布的《浙江省电子商务产业基地名录》中,全省88个电商基地金华市占了22个,比总数居第二位的杭州多了7个,一跃成为名副其实的浙江电商基地第一大市。我市列入省级名录的22个电商产业基

地，既发挥各自的特色优势，功能互补，又要统筹规划，形成合力。今年将完善和深化市高新技术产业园区电子商务园、浙中信息产业园、金东区信息软件创业园和金华电子商务创业园等重点平台建设。同时，义乌、永康、浦江等地要加快义乌江东淘源电子商务科技园、浦江聚云电子商务创业园等电商园区建设，全市各县(市)也要发展培育一批各具特色的电商集聚区，各电商基地将打特色牌，形成特色。

四是引导企业在园区集聚发展。

近年来，金华市通过创建“中国电子商务创业示范城市”、“中国电子商务创业创新城市”、“国家电子商务示范基地”等“国”字号平台，培育了一批电商产业园区，加快了电商企业向园区集聚。比如，金华市高新技术园区通过培育、扶持5173.com、9158.com、长风信息、中国食品交易网、中国化妆品网、中呼科技等企业做大做强，依靠龙头带动一批，促进了初创型、配套型企业在园区快速集聚。

五是出台政策强力推进。

从发展规划到政策扶持，从人才培育到优化服务，金华市委、市政府近一年来出台全市和市区网络经济各项政策文件就有10多个，其中今年春节后就密集出台了5个。比如，刚出台的市区网络经济企业房租补助办法吸引不少企业关注，这对资金欠缺的网络初创企业无异于雪中送炭。为了申报享受各类扶持政策，网络企业正忙的不亦乐乎。通过政策引导，将结合块状经济和产业集群建设、结合专业批发市场建设特色园区，建设跨境电子商务园区，还要积极筹建农村青年创业园。六是营造网络经济良好的发展环境。借助全球网站联盟大会、工科会等专场对接活动，开展互联网投资环境推介，金华作为国内互联网产业洼地的知名度迅速提升。开展金华网络经济城市形象整体策划和名企、名网、名家评选等活动。同时，还创新招商方式，拓宽招商渠道，通过以商引商、项目招商、风投招商、委托招商等，引进了恒歌网络、盘石科技、电淘电子商务等一批企业。建立与网络经济相配套的智能物流服务体系，优化审批服务、公共服务、法律服务和监管服务等四大方面的服务，健全网上交易统计分析、网上市场监管、网上质量监管和网上诚信系统等四大电子商务系统建设，为网络经济规范健康发展营造良好的发展环境。

网络经济是金华的“一号产业”，如何以网络经济接纳、重构和提升中小企业和传统市场是一个需要深入研究的课题，政府的“有形之手”如何发挥积极作用，强力推进民营经济发展网络经济，促进网络市场和实体市场的深入融合，是重大而现实的课题。党的十八届三中全会提出，市场对资源配置起决定性作用的论断，无疑对民营经济的发展十分利好。而经济发展的一个重要变量和推动力在于政府“有形之手”和市场“无形之手”的协调和衔接。当前和今后发展的趋向是信息化社会，传统的有形市场和民营企业已经受到各种低成本、宽口径、更灵活的网络市场的挑战，因此，将实体市场和网络市场、传统企业与电子商务深度融合、互补发展，顺应网络经济发展趋势，促进民营企业的转型升级，形成可持续的发展态势更具有重要的深远意义。

参考文献：

1、陈佳贵，罗仲伟：网络经济对现代企业的影响[J].中国工业经济，2001(3)．

2、郑怀颖：中小企业如何适应网络经济时代[J].经济师，2002(3)．

3、杭州市工商局网络经济课题调研组.发挥工商职能作用助推网络经济健康发展——杭州网络经济发展调研报告[J].中国工商管理研究,2012,02:45-54.

4、李文侠.网络经济对传统经济冲击的经济学分析[J].商业时代,2012,07:43-44.

5、陈方雨.我国网络消费的现状及发展趋势研究[D].首都经济贸易大学,2013.

6、孙东川，李向荣.网络经济与社会主义市场经济及其他[A].中国系统工程学会.西部开发与系统工程——中国系统工程学会第12届年会论文集[C].中国系统工程学会:,2002:8.

作者简介：作者系金华市委农办调研员、副研究员，浙江省民营经济研究中心特约研究员。

高校毕业研究生到中小民营企业就业问题研究

■ 李海波 梁巧灵

摘要:毕业研究生到中小民营企业就业既能补长“中小民企人才资源缺乏”的短板,又能为研究生就业增加机会和选择,实现“中小民企择人”和“研究生择业”的有效对接。当前影响高校研究生到中小民企就业的原因主要有政策不完善、中小民企对研究生吸引力弱、研究生就业期望远离中小民企等。对此,应加强政府扶持力度,建立并完善保障体系;建立健全中小民企各项制度,增强中小民企对研究生的吸引力;加强教育与指导,营造良好的社会支持环境等,引导和帮助研究生到中小民企建功立业。

关键词:民营企业;毕业研究生;就业;对策

一、问题的提出

当前,高校毕业研究生(本文主要指硕士毕业研究生,下同)就业问题已经成为社会各界关注的热点,毕业研究生就业率低于本专科毕业生就业率已经是不争的事实。全国高等学校学生信息咨询与就业指导中心《全国高校毕业生就业状况》显示,2009 年和 2010 年,硕士生的就业率不敌本科生,就业与学历呈现出倒挂现象。安徽省教育厅公布的 2013 年数据显示,研究生就业率 86.46%,本科生 88.78%,高职高专 88.85%。江苏省教育厅发布的数据显示,2013 届普通高校毕业研究生就业率为 86.37%,本科生为 89.51%,专科生为 91.34%。广西大学招生就业指导中心 2009-2013 年编写的《广西大学毕业生就业情况汇编》显示,近 5 年,广西大学毕业研究生的就业率均低于本科生,且研究生就业率都在 90%以下,最高的是 2013 年 89.65%,而本科毕业生就业率均在 90%以上,最低的是 2009 年 90.88%。根据近三年全国研究生的录取数可以推断未来三年,全国毕业研究生人数还在继续攀升。毕业研究生是国家宝贵的人才资源,而培养研究生只是一个手段,用好研究生,让毕业研究生到相应的岗位就业并发挥作用才是关键。因此,探寻研究生就业“新领域”已经成为一个现实而迫切的课题。

党的十八届三中全会指出,非公有制经济在支撑增长、促进创新、扩大就业、增加税收等方面具有重要作用。国务院在国办发[2013]35 号文件中指出,要大力宣传民营企业、非公有制经济组织对经济社会发展的重要作用,引导高校毕业生到民营企业、非公有制经济组织就业。民营企业(下文简称“民企”)在吸纳就业方面发挥着重要作用,是社会就业“蓄水池”,是稳定扩大就业的主力军。“民营企业中 95%是中小企业,中小企业 95%是民营企业。”当前,随着产业结构的调整,经济发展方式的转变,高学历高层次人才缺乏已成为影响中小民企可持续发展和进一步提升竞争力的重要因素。在 2013 年两会期间,全国人大代表孙明指出,“高素质人才缺乏是民企技术创新中面临的最大问题之一,特别是广大地处非一线城市的民营中小企业,留不住高素质人才”。显而易见,一方面研究生就业难,另一方面中小民企缺乏高素质人才。因此,在以往“硕士研究生以上人才的‘用人大户’主要集中在科研机构、高等院校、企业的研发部门、部分国家机构等几个领域”的局面早已被打破,且这些领域吸纳研究生能力有限的情况下,打通毕业研究生到中小民企就业的渠道,既能增加研究生就业机会和就业选择,又能为中小民企补充高层次人才,进而实现“研究生择业”和“中小民企择人”的“双赢”局面。

二、影响毕业研究生到中小民企就业的原因分析

当今社会,企业竞争的核心是人才的竞争。中小民企在快速发展的同时,出现的融资难、人才短缺、创新力不强、管理水平落后等主要障碍,都直接或间接关涉人才的质和量。当前中小民企招聘毕业研究生的情况不容乐观,招“才”难、留“才”难已是共性问题。高素质人才缺乏是民企在技术创新中所面临的最大问题之一。研究生是高学历高层次人才,在专业技术、创新思路、管理理念等方面都具有较好的优势,是中小民企解决发展问题中重要的甚至是核心的智力保障。尽管众多中小民企需要高素质高层次人

才，毕业研究生急需拓展就业新领域，但研究生到中小民企就业的情况并不乐观。

(一) 毕业研究生到中小民企就业的政策不完善。

2003 年以前，毕业研究生到民企外企就业还要缴纳培养费，那时的毕业研究生人数少，就业供不应求，主要满足国家机关、学校、国企、军队的用人需要。随着就业竞争的日益激烈，这样的规定早已淡出实际工作的视野。近年来,国家充分发挥政策的导向作用,制定和实施了一系列促进高校毕业生就业的积极政策，鼓励和支持高校毕业生到中小企业就业。但就目前的情况来看，还没有专门针对研究生到中小民企就业的国家政策，各级地方政府也少有根据当地中小民企的实际，制定为中小民企吸引毕业研究生、留住毕业研究生的相应政策。甚至，一些与研究生到中小民企就业密切相关的户籍制度、社会保障制度、档案管理制度等方面的政策壁垒还没有完全打破，这些制度性障碍和限制仍然影响着研究生到中小民企就业。而且，作为高校毕业生群体重要组成部分的毕业研究生经常由于其本身的学历优势等原因被忽视在"针对高校毕业生的就业扶持政策之外"，导致很多研究生无法享受政府优惠政策的辐射。另外，有的政策比较笼统,缺乏落实机构和具体措施，停留在宣传层面，有"只打雷、不下雨"的现象。

(二) 中小民企对毕业研究生的吸引力不强。

当前，中小民企的发展现状是其对研究生人才吸引力的主要弱势。整体来看,中小民企还存在一些明显的不足。笔者通过对 135 名广西大学、广西师范学院、广西民族大学、广西医科大学 2013 届毕业研究生进行访谈调查了解到，研究生普遍认为中小民企存在以下几个方面的弱势：第一，大多数民企投资主体单一，经营规模小，破产风险大；第二，国家劳动法律法规执行不足；第三，工作环境较差；第四，薪酬待遇低，福利无保障；第五，缺乏有效的人才激励机制；第六，管理制度不完善等。

这些因素直接影响到研究生"生理需要、安全需要"的基本满足，更难以保障个人价值的实现，极大地挫伤了研究生到民企就业的积极性。另外,中小民企在文化建设方面明显存在不足，缺乏良好的企业文化，很多中小民企的文化就是"老板的文化"、"老板的创业故事"，局限性大，很少能够得到研究生的认同。此外，大多中小民企并未将吸引研究生到企业就业的激励政策落实到位，仍存在企业用工行为不规范、毕业生的合法权益受到威胁等现象，从而影响到毕业研究生到中小民企就业的积极性。

(三) 中小民企对毕业研究生的"认识"存在一定的局限性。

河北、吉林等地的学生在求职过程中遇到一种"怪现象"：高学历人才反而被频频拒绝，研究生就业竟不如本科生甚至专科生。在北京人才市场 2012 年的综合招聘会上，德邦物流的招聘负责人在谈及研究生就业问题时对记者表示："研究生并不是我们招聘的主流。而且，可能他们会要求得比较多。"的确，中小民企在人才储备方面的眼光普遍趋于功利化。笔者在 2013 年 4 月某高校举办的双选会上对 123 家中小民企的调查了解到，其中的 102 家企业招聘的人员基本放在马上能产生效益的生产、销售等环节，而这些岗位需要的人才往往经过短期培训就能胜任岗位，对于涉及企业发展战略和发展方向的高级管理和技术人才，中小民企考虑得较少。另外,中小民企对毕业研究生的定位也不利于招聘研究生。笔者在跟中小民企招聘人员访谈的时候，他们普遍认为研究生心气高、要求多、留住难了解到，在民企只是过渡而已,不如本科生实用。另外,很多中小民企对招入的研究生"只用不养"或者"重用轻养"，导致人才流动性强。门外的人才不进来，进来的人才留不住，留下的人才不安心，这导致民企的人才状况长期处于营养不良或者亚健康状态。

(四) 高校对研究生到中小民企就业的引导不足。

当前，各高校都开始对研究生的择业就业指导做了一系列的工作，但相比本专科学生而言力度不够。以广西大学为例，学校对本科生的就业创业指导开设了一门必修课，而且贯穿大学四年，实现了全程化；而对研究生只是提供了一个网络教学平台给学生自学，成效大不一样。尽管很多研究生都经历了本科阶段，曾经接触过比较系统的就业指导，但随着他们学历的提升，就业的理念在变化，有针对性地引导十分必要。而从择业就业的导向来看，很少有专门引导研究生到中小民企就业的教育辅导活动，学生凭表象看到的都是中小民企的不足，不了解中小民企的优势，这也是大多数研究生坚持到公务员、事业单位和国企工作的原因之一。

(五) 研究生的就业期望不在中小民企。

规模小、风险大、没有安全感是毕业研究生不选择中小民企的主要原因。高学历的研究生，自认为拥有高素质，高能力，尤其是在付出较多的教育成本之后，相当多的研究生及其家庭甚至学校和社会对其寄予过高的期望，认为研究生理所当然就是要进大单位、大企业，享受高工资、高福利。“七成以上的研究生就业首选是有‘编制’公务员或事业单位工作人员。”笔者在对广西 142 名包括行政管理、社会学、哲学、经济学、农学、法学、电气工程等专业 2014 届 毕业研究生进行的调查了解到，70%的 学生期望进入党政机关、科研院所等事业单位或国有企业，不愿意到中小民企就业。 此外,大多数毕业生认为自己已经是研究生了，就业单位的环境、薪水、福利待遇应该比本、专科学生更好，因此择业目标较高 ，少有把民企作为选择对象。 而研究生特别是女生在择业时考虑年龄以及接下来的成家立业等因素，求稳心态占主流，这也导致他们的择业目标远离中小民企。

三、促进毕业研究生到中小民企就业的对策

促进研究生到中小民企就业是顺应时代潮流、解决实际问题的理性选择。 各级政府、中小民企、高校以及社会各界在促进研究生到中小民企就业方面都大有可为。

(一) 政府：扶持中小民企，完善保障体系。

中小民企作为我国社会主义市场经济的重要组成部分,已在国民经济中占有举足轻重的地位。 为保持民企的活力，一方面，政府应加强对中小民企的扶持力度。首先,政府应为中小民企的健康发展扫除障碍，从政策上保障中小民企的权益，引导和鼓励中小民企做强做大，享受“国企待遇”。其次,政府应搭建资金扶助平台，充分运用财政政策和税收政策帮助中小民企有序运转。 在美国，将与小企业密切相关的个人所得税降低 25%，资本收益税下调至 20% ,并规定联邦政府采购合同的 23%必须给小企业;日本的中小企业在遇到经营困难时可以获得财政支持，民企进行技术创新可以得到税收优惠和资金补助。这些做法都值得借鉴。最后，要有针对性地对中小民企开展经营管理、市场营销、法律法规、融资理财等方面的知识培训,通过现场培训、电话会议、网络会议等多种形式帮助中小民企及时了解市场信息，把握经济动向，在经济活动中作出正确的决策。另一方面,政府应进一步完善涵盖养老、医疗、教育、住房等内容保障体系,为研究生到民企就业解除后顾之忧。 首先，政府应加快关于社会保障制度的立法并完善相关法制，为民企的社会保障提供法律支持和制度保障。 其次,要教育引导中小民企主动按要求为员工交纳社会保险，实行必要的劳动保护和福利待遇,保障员工应有的权利。 最后，政府有关部门要进一步加大宣传力度，营造良好的社会氛围,依法推行社会保障制度,进一步维护中小民企员工利益。

(二)企业：健全机制，增强吸引力。

除了规模小、抗风险能力差等客观因素以外，研究生不愿到中小民企就业的主要原因在于其各方面的体制机制不健全 、不完善 ，与国有企业相比缺乏安全感，所以建立健全中小民企的体制机制是吸引研究生去就业的基础性工程。此外，根据研究生的择业心理,加强以下几个方面的建设也至关重要。首先是薪酬上的激励。 研究生是高学历人才，吸引他们到中小民企就业的核心力量就是“可观的薪酬”。 对于有能力胜任重要岗位或极具创造价值的研究生高薪聘请，无疑是一种引才手段。 其次，要加强企业文化建设，实现精神共鸣。企业文化是一个企业全体员工的核心价值观和精神理念，是全体员工的思维模式、行为准则。一种卓越的企业文化会增强企业的凝聚力和战斗力,为企业引才起到无形的作用,同时增强员工的归宿感,发挥他们的积极性和创造力。因而,中小民企要以人为本,努力打造符合公司实际,富有公司特色的企业文化。比如:营造“重视人才”的企业氛围,“因职设岗”和“因人设岗”相结合,并根据研究生的自身优势，安排适合其专长的岗位。最后,加强教育培训,为到中小民企就业的研究生提供塑造自己的机会。人才培训和公司发展是有着密切关系的，将人才培训作为一项高回报的投资确定下来是一项“双赢”的事。中小民企可以通过建立自己的培训基地定期开展培训工作，同时加强与大专院校和科研院所的合作,采取定期培训、邀请专家讲课、到院校进修等方式,大力实施外部培训。中小民企开创有特色的教育培训体系，满足研究生不断成长、自我实现的需要,势必能赢取人才之心,从而留住人才、激发人才的积极性。

(三)高校：引导教育，培养研究生理性的就业观。

作为研究生培养单位的高校必须充分认识到“研究生只到大专院校、科研院所、党政机关和国有企业就业”的时代已经过去了。 在“市场导向、政府调控、学校推荐、毕业生和用人单位双向选择”的就业机制下，毕业研究生分散到各种性质的单位就业将是一种常态,而且从发展趋势来看,在这些以往研究生们比较青睐的单位吸纳能力有限的客观环境下，中小民企必将成为很大一部分研究生的选择 。 所以，在研究生阶

段，开展符合实际情况的教育引导工作势在必行。首先，高校应将就业创业方面的内容作为研究生培养的必备课程确定下来，让学生从理念上、意识上树立正确的择业就业观念。其次，充分发挥导师的作用，引导和帮助研究生把在校期间的学生生涯与将来的职业规划结合起来考虑。最后，要将研究生的培养与社会需要密切结合起来，面向社会办学。可以通过联合培养，将部分学习安排到单位特别是中小民企，让学生了解民企，认识民企，最终促使他们到中小民企建功立业。另外，学校应通过"榜样效应"积极营造研究生到中小民企就业的氛围。最后，学校还应加强与家长的联系与沟通，帮助家长认清形势，理性判断，实现家校联合帮助研究生树立适应社会要求的就业观。

（四）媒体：营造引导社会支持研究生到中小民企就业的氛围。

研究生不到中小民企就业除了本人的原因以外，还有来自家长、亲朋好友以及社会舆论的压力。媒体所营造的舆论氛围对社会大众的引导力是无穷的。"自媒体"时代，媒体的功能被进一步扩大，力量也进一步增强。通过网络、电视、报纸、手机等主流媒体广泛宣传中小民企的优势，宣传毕业研究生到中小民企建功立业的典型案例，在全社会营造支持和鼓励毕业研究生到中小民企就业的氛围，也必将有利于"研究生择业"和"中小民企择人"顺利对接。

参考文献：

[1] 全国研究生就业率不敌本科 160 万研究生待就业[EB/OL].http://career.eol.cn/kuai_xun_4343/20130115/t20130115_893539.shtml，2013-01-15.

[2] 安徽研究生就业不如本科生期待高和扩招造成[EB/OL].http://edu.qq.com/a/20131105/005404.htm，2013 -11-05.

[3] 研究生考公务员稳定编制为就业首选[EB/OL].http://career.eol.cn/kuai_xun_4343/20140102/t20140102_1059486.shtml，2014-01-02.

[4] 童汝根，姚裕群.论民营企业大学生就业服务体系的完善[J].现代经济探讨，2011，(5).

[5] 孙明代表：完善鼓励民企技术创新配套机制[EB/OL].http://roll.sohu.com/20130314/n368735791.shtml，2013 -03-14.

[6] 硕博通吃学历饕餮研究生毕业后四大主要流向[EB/OL].http://career.eol.cn/kuai_xun_4343/20060323/t20060323_156125.shtml，2005-12-27.

[7] 辽宁高校就业研究生去民企外企要交[EB/OL].http://www.eol.cn/zhengce_dd_4502/20060323/t20060323_85432.shtml，2003-12-26.

[8] 研究生就业辉煌不再如往昔[EB/OL].http://news.10jqka.com.cn/20121121/c531040584.shtml，2012-11-21.

作者简介：李海波，广西大学公共管理学院党委副书记；梁巧灵，广西大学公共管理学院行政管理专业 2012 级研究生。

——原载《学术论坛》2014 年第 7 期

基于诺斯制度变迁理论下的浙江省民营经济原因分析

■ 廖明珠

摘要：本文以民营经济大省浙江省为例通过制度变迁理论分别从意识形态，制度变迁和路径依赖三个角度阐述了浙江省民营经济发展的原因，表明了在浙江省民营经济发展过程中意识形态，制度变迁和路径依赖的重要性。为浙江省民营经济现阶段的转型升级提供了一个历史性的制度参考，以及在制度方面对其它地方的民营经济发展发挥一定的示范作用。

关键词：浙江省民营经济　意识形态　制度变迁

1 引言

在我国大陆各省(区,市)中,浙江的“自然资源人均拥有量综合指数”为11.5,仅高于天津市和上海市,居倒数第三位,是典型的“资源小省”。改革开放初期,浙江省获得的国家投资极少,工业化水平低于全国平均水平。在这样的初始环境下,民营经济获得了先发优势,同时也推动了浙江经济向经济大省,经济强省的转变。究其原因,诺斯认为在人类社会发展过程中,重大的制度变迁通常是经过很多次详细且细微的非正式约束的变化积累而行成的,除了战争,革命,等其他一些“间断”的制度变革以外。“在整体上,很多次的这些微小变化形成了根本性的制度变迁。而制度作为一些型塑人们互动关系,人为设计的约束可以被认为是一个社会的博弈规则,其基本上由三个部分:“正式的规则、非正式的约束(行为规范、惯例,自我限定的行事准则)和它们的实施特征组成。制度在社会中具有基础性的作用,而且是决定长期经济绩效的根本因素。

因此在意识形态,强制性制度变迁和诱致性制度变迁的理论框架下,对浙江省民营经济进行总括性分析得出:首先,浙江民营经济是在重商,功利,自立,开放的意识形态与自古以来所形成的经验和习惯的引导下基于民间自发引致逐渐形成的一种块状经济和产业集群的形式,这是民间自发的诱致性制度变迁。其次,当民间形成的企业群落达到一定规模后,政府积极为民营经济的发展创造制度条件,规范民营经济自发形成的块状经济并引导其发展,并进行强制性的制度变迁。同时依靠块状经济路径依赖的规模经济效应,示范学习效应,形成了具有浙江特色的众多专业市场。

2 从诺斯的制度变迁理论具体分析浙江省民营经济发展的原因

2.1 非正式约束——从意识形态角度来分析浙江省民营经济的发展

诺斯认为即使在法治较为完整的一些经济体中,对形塑人们社会选择的约束来说正式规则也只占小部分,大部分则是由人们在社会经济生活中形成的非正式约束组成。这些非正式约束,包括人们的行事准则、行为规范和惯例等,能够潜移默化的对人们的选择产生影响。同时,由于基于文化的非正式约束对正式规则变化的反应较慢,因此在制度的渐进变迁中,非正式制度中的文化因素就起了重要作用,并成为路径依赖的根源。

2.1.1 从历史的角度看浙江——浙江省自古以来重商的意识形态

中国自古以来都有重农抑商的意识形态,直到南宋时期才有了“商业和农业一样重要”的意识并打破了自古以来的“农本商末”的观念,商品经济也因此得到了很大的发展。而商品贸易的扩大和城市商业的繁荣,造就了临安(今杭州)等一大批商业城市,形成了“中心城市——市镇集市——边境贸易——海外市场”的通达商业网络。在这种大环境下南宋时期以及随后出现的永嘉,永康和金华学派等都强调功利,注重事攻,强调实践的重要性,提出义理不能脱离功利,主张“农商一体”。因此永嘉地区(今温州)出现了很多富商,拥有强盛的工商业,而人们的思想意识和行为方式也受到当地繁华的商品经济以及生活习惯的影响,长久以来形成了当地的历史文化传统,并成为路径依赖的根源。

2.1.2 从区位角度和国家政策看浙江——浙江人形成的自立自强与开放创新的意识形态

以温州为例,从地理角度来看,温州地处浙江东南,多山地少农田,农业原始积累少;从区位角度来看,温州处于浙江省的边缘地带,离其区域中心城市上海的距离较远,且闭塞孤立于浙江的其他城市,缺乏大城市的辐射和带动。由于其区域不适合农业生产也没有外援,人地矛盾冲突大,温州人靠抓住任何微小机会来发展自己。这也造就了其自强不息的精神,再加上温州传统的商业意识,也因此千千万万的家庭工坊在温州遍地开花。

而以宁波为例,优越的港口位置使宁波人具备了强烈的开放意识。不仅浙江繁盛的纺织文化,陶瓷文化,渔业文化,旅游文化通过大海得到弘扬和传播。而且在其通过大海与外界进行充分的文化交流与经济贸易中,也造就了宁波人更易接受新鲜事物,善于学习,开放与开拓创新的精神。

2.1.3 从中央的管控覆盖程度看浙江——处于计划经济的边缘,使其更具有自由的思想意识

由于浙江自古以来处于计划经济体制的边缘,国有管控较小,因此当有改革的时候能够当好第一个吃螃蟹的人,更快的抓住改革带来的机遇。也由于思想意识较自由,也更能够适应改革的环境,从而以需求为导向更快的挣脱计划经济的束缚,自发地发展民营经济。

2.1.4 从企业组织来看浙江——浙江人注重地缘,亲缘,人脉,因此有由地缘,亲缘信任构成的集体主义意识

在中国,家族自古以来都是很重要的社会机构,传统中国的人际关系是以血缘为序列,以父子和兄弟为经纬度形成的立体关系网,而几乎与之有联系的所有人的关系都可以纳入到这个关系网中,但不同人之间的关系却是不一样的。在这些特殊关系的交换和组织中,产生了基于人情的信任关系。这些信任关系能够大大的减少交易成本。然而当人们在与人情关系之外的人进行社会经济活动时,不信任感较强,因此交易成本也较高。

改革开放后的浙江私营经济开始大力发展,而由于当地集体经济薄弱,因此使得个体经营者不得不寻找像宗族这样的血缘群体为依托,解决生产和经营中的各种难题。再加上中国特有的户籍制度,在“离土不离乡”的政策背景下,新建的企业要想突破自我发展的障碍,最为经济的方法便是借助血缘或地缘关系。

总之,从非正式规则来看,浙江省在南宋以来商业繁荣的朔造下形成了广泛存在的重商,实干和“功利”意识,也形成了浙江人精致,奢华的生活习惯。根据杜森贝利的相对消费理论,消费者会受过去的消费习惯以及周围的消费水准的影响来决定消费。在浙江,这些精致的消费习惯和生活方式也一直没有脱离其路径依赖。而正是有了这些传统的重商意识氛围的熏陶,以及消费习惯和文化的路径依赖,使得浙江人在缺少国家帮助的情况下,以需求为导向,自立自强的抓住机遇来发展自己。也因此浙江省千千万万的人民群众自力更生,自我创业,办厂。万千的民营企业家积少成多成就了浙江省的“小商品,大市场”的块状经济。这些非正式的规则也逐渐的影响了制度的渐进变迁。

2.2 正式规则——从制度变迁角度分析浙江省民营经济的发展

正式规则能够降低信息,监督以及实施的成本,它是对非正式约束的一种补充,并强化了非正式约束的有效性。研究表明经济持续增长的必要条件是能提供起激励作用的由正式规则和非正式规则共同构成的有效制度框架。制度变迁是低效益制度向高效益制度的进化过程,是一个从制度形成、变化到随着时间变化而被打破的过程。制度变迁分为诱致性制度变迁和强制性制度变迁两个方面,以下便分别从这两个角度来分析浙江省民营经济的发展。

2.2.1 诱致性制度变迁——政府的“无为”,尊重市场主体的首创精神给诱致性制度变迁提供了良好的环境

回顾中国经济史,老子主张无为而治;唐太宗李世民信奉道教,推行老子“无为而治”的政策,减轻老百姓的税收和差役,提倡官吏“去奢从俭”,让老百姓休养生息,藏富于民。并成就了中国历史上有名的“贞观太平盛世!”;司马迁著?货殖列传?提出有为不如“无为”,与民争利不如放开政策使民富足。

回顾改革开放,我们今天的成就也得益于老子的思想,邓小平主张按经济规律办事,还农民的生产经营自主权,打开中国经济改革的大门,减少政府对企业过多的干涉,而无疑,浙江省是改革开放的弄潮儿。浙江省处于计划经济边缘区域。这也决定了浙江有可能成为最具有制度创新性的地方。而当时的实际情况是浙江省是最早允许农民务工经商,允许农民长途贩运,允许对农民开放城乡市场的地方。改革开放初期,浙江地方政府根据当地的经济发展情况,采取默许的方式支持民营经济发展,这种宽松的管理方式,在特定的历史条件下,形成了中央和基层之间的政策缓冲,有利于诱致型制度变迁的萌芽和发展,体现了一种经济民主。20世纪80年代末浙江个体私营企业遇到了重新进行工商登记等问题,浙江省内一些地方政府以前瞻性的眼光,或让企业挂靠有关单位或外资企业或组建股份合作制企业,借助“公家企业”的名义,促使民营企业以“挂户经营”的方式获得了生存机会。1998年,浙江省政府提出了对民营经济要做到“四个不限”,即不限发展比例,不限发展速度,不限经营方式,不限经营规模,使人民群众真正成为社会生产力发展的主体。这就给浙江省民营经济的诱致性制度变迁提供了良好的政治环境。

2.2.2 诱致性制度变迁—— 自发的民营经济制度变迁之浙江省的块状经济模式

根据哈耶克的小政府主义,在自由社会里,政府的大小以及所扮演的角色应该最小化——只要有能力保护每个人的自由、防范侵犯自由的行为即可,以此最大化每个人的自由。这种政府管制下的社会如当时的浙江一样,能最大化的激发出人民的创造力和活力,加上浙江人有重商的传统,开放创新的意识,胆大务实,并且有传统优良的手工业技艺,于是浙江省按照当时的家族组织形式建立了众多的家庭私营工坊,并逐渐的形成了有专业化特色的块状经济区域,形成专业的大市场。由示范效应,周边的地域受到率先形成块状经济的区域的影响,也形成一个个相应的专业市场。根据诺斯和戴维斯的理论,诱致性制度变迁的主体是个人、企业和政府:其中个人、企业是初级行为团体,或称第一行动集团。他们的决策支配了制度安排创新的进程。政

府是次级行动团体,或称第二行动集团,也是一个决策单位,其作用是帮助初级行动团体获取收人进行一些制度安排,推动制度变迁。

2.2.3 强制性制度变迁——坚持有所为,积极出台扶持民营经济发展的各项政策

诺斯认为,在社会经济生活中参与博弈的人信息不完全且非重复博弈的情况下,"那些基于个人主义之间的复杂契约,需要同时具有某种形式的第三方实施。"而政治组织用其强制力量可以履行这一职能,并且在这方面具有巨大的规模经济效应。而同时政治组织也必须公正的进行监管和实施"。这说明了政府强制性制度变迁的重要性。

20世纪90年代以来,浙江省政府先后出台了?关于进一步促进个体,私营经济健康发展的通知?,?关于大力发展个体私营经济等非公有制经济的通知?,?浙江省鼓励和引导非国有投资的若干意见?和?浙江省关于促进和引导民间投资的意见? 放宽了民营企业的市场准入门槛,拓展了民营企业的投资经营领域,消除了民营企业面临的歧视性待遇,使它们与外资投资享受同等的国民待遇。同时,浙江省政府积极建立和完善投资体制及运行机制,鼓励和引导民间资本以独资,合作,参股,特许经营,并购,BOT等多种形式,积极参与到大型基础设施和重大公益型项目中来,构建了多元化的投资竞争主体。这些政策以其正确的功能定位以及其强制能力极大的推动了由民间自发的内源性经济的发展。

参考文献:

[1]道格拉斯·C.诺斯.制度制度变迁与经济绩效[M].杭行,韦森.上海:格致出版社,2014,01,01

[2]刘仁伍.浙江民营经济发展报告[M].谢寿光.北京:社会科学文献出版社,2012,05

[3]陈立旭.论家族文化与浙江企业组织[J].经济评论,2001,05:120—124

[4] 王国平. 南宋的历史贡献与杭州的城市品牌建设[J].中共中央党校学报,2008,05:96-103

作者简介:作者系浙江财经大学硕士研究生。

温州民营中小外贸企业如何实现转型升级

■ 单东

各位企业家大家好!

应温州市政府之约,今天相聚一堂,我想跟各位企业家一起探讨关于温州外贸经济,尤其温州外贸企业如何转型升级的问题。

2013年,受毛省长之托,我们承担了浙江省政府的课题——"浙江中小民营企业发展研究",经过艰苦的调研和写作,我们完成了《浙江中小民营企业转型升级问题研究》的成果。成果得到了省领导的好评,并批示请科技厅、经信委、金融办、人行、银监局商务厅参阅。今天围绕着温州外贸企业的转型升级,我想跟大家一起分享我们的研究成果。

大家知道,温州市是浙江省外贸进出口的主力军,是外贸依存度很高地区,外贸是推动温州生产力发展的一大重要力量。改革开放初期,以民营经济为主体的"温州模式"享誉全国,在中国迈向市场经济的步伐中发挥着排头兵的导向作用。温州人以自己独特的敢为人先、勇于创新的重商文化理念不断创造出一个又一个奇迹。温州至今已拥有了"中国鞋都"、"中国电器之都"、"中国金属外壳打火机生产基地"、"中国印刷城"等35个"国"字号生产基地和165个中国驰名商标。不仅如此,温州民营企业还坚持"引进来,走出去"的发展战略,放眼世界,积极开拓产品的国际化市场销售渠道,树立了一批具有国际竞争力的知名品牌,在世界每个角落都能留下温州人创业的足迹。

世界经济形势是不断变化的。近年来,由于受到各方面的影响,作为中国体制转型期经济发展的最佳路径选择之一的"温州模式"遇到了一些困难和挑战,温州经济的增长速度开始放缓,外贸企业的发展遇到了比较大的瓶颈,要突破瓶颈,出路就在于转型升级,就是着力于在提升企业的综合素质,实现外贸从出口数量拉动为特征向内涵式增长转型,优化外贸经济环境,实现温州外贸和经济的可持续发展。围绕这一主题,今

天，我打算讲以下几个问题：一、温州外贸经济发展的概况；二、温州外贸经济发展面临的严峻挑战；三、为推进温州外贸企业转型升级，我们向温州市委市政府及外贸企业提出的一些政策建议。

一、当前温州外贸经济发展的概况

温州作为一个沿海开放城市，伴随着改革开放比较早地发展外贸经济。尤其是加入世贸组织后，温州经济国际化程度进一步加快。下面我简单地总结一下温州外贸经济的几个特点。

据我观察，温州外向型经济具有以下几个方面的特点。

(一)民营企业是外贸经济的主力军

温州是民营经济最发达的地区，民营经济在温州经济发展中占居举足轻重的地位，这就决定了温州进出口贸易在贸易方式结构和企业类型结构的特点。民营企业在外贸发展中的地位越来越重要。据温州海关统计报告显示，温州私营企业占全市外贸比重超七成。2011 年温州市私营企业进出口货值 155.45 亿美元，同比增长 32.39%，占同期温州市进出口总值的 72.06%；三资企业进出口 23.35 亿美元，同比增长 12.86%；国有企业进出口 20.54 亿美元，同比增长 6.5%；集体企业进出口 16.34 亿美元，同比增长 21.49%。

2013 年，受欧债危机深化和全球经济放缓及国际贸易保护主义抬头等影响，国外市场销售开拓压力较大，出口形势并不理想。但作为温州出口主力的民营企业，同比微增。2013 年温州市民营企业进出口货值 169.8 亿美元，同比增长 2.56%，占外贸进出口总额的 82.4%；而同期国有企业进出口 17.2 亿美元，同比下降 2.91%，占 8.4%；外商投资企业进出口 19 亿美元，同比下降 9.85%，占 9.2%。2014 年 1~10 月份，温州市民营企业进出口同比微增，进出口值为 883.99 亿元，同比增长 2.52%，占同期温州市外贸进出口总值的 83.03%。

(二)外贸企业是温州经济增长的发动机

据统计，2013 年温州市全年外贸进出口总额 206.02 亿美元，比上年增长 0.8%。其中进口总额 24.56 亿美元，下降 10.5%；出口总额 181.46 亿美元，增长 2.6%。外贸依存度为 31.9%，其中出口依存度为 28.1%，分别比上年降低 3.4 和 2.5 个百分点。至 2013 年末，与温州市建立出口和进口贸易关系的国家和地区共计 204 个，拥有进出口经营权企业 5828 家，温州的外向型经济特征很明显。

温州经济对外依存度高。一方面温州制造业已经进入国际市场，同时，温州经济与贸易国或地区紧密关联，对这些国家或地区的经济震荡的反应很敏感。温州企业的贸易往来主要位于欧洲、亚洲和北美洲，同时，拉丁美洲和非洲等新兴市场发展较快。从纵向比较看，温州市对外贸易已经取得长足的发展。例如 2001 年到 2013 年，温州市对外贸易总额从 27.18 亿美元增加到 206.02 亿美元，年均递增 7.14%；出口总额从 20.08 亿美元增加到 181.5 亿美元，年均递增 11.53%；进口总额从 7.10 亿美元增加到 24.5 亿美元，年均递增 1.24%。据温州海关最近统计，2014 年 1–10 月，以美元计价，温州市外贸进出口总值 173.3 亿美元，同比增长 2.91%。其中出口 154.91 亿美元，增长 5.07%；进口 18.38 亿美元，下降 12.25%；贸易顺差 136.53 亿美元，扩大 7.93%；2014 年 10 月份，温州市外贸进出口总值 16.06 亿美元，同比增长 9.28%。其中出口 14.36 亿美元，增长 12.72%；进口 1.7 亿美元，下降 13.12%；贸易顺差 12.66 亿美元，扩大 17.41%。

在温州的外贸企业中，以家庭为主的民营企业占绝大多数，民营企业已经成为温州市对外贸易的经营主体和主要增长点。

(三)温州具有高度分工的制造业产业链和区域产业集群

温州外贸企业以工业为主，主要产业有电气制造业、鞋革制造业、通用设备制造业、电力生产和供应业、塑料制造业、服装制造业、交通运输设备制造业、化学原料及化学制品制造业、金属制品业、黑色金属冶炼及压延加工业等。外贸工业形成了高度专业化分工、社会化配套的产业链，行业链完善，分工细致，进入产业成本低。温州政府很重视产业的整体规划与发展，形成产业集群效应，使温州外贸企业在信息、原料采购、专业人才和产业工人形成别人无法替代的优势。

(四)产业结构层次偏低，出口产品种类、渠道以及客户群同质化情况明显

温州外向型经济起步早，但起点低，外贸企业以中小企业占绝大多数，产品科技含量不足，主要靠成本低和价格低占领国际市场。在外贸出口中，以鞋类、服装、眼镜、合成革和打火机五类轻工产品占据半壁江山，机电类产品出口占 43.76%。在国际市场上，温州产品主要以价取胜，产品同质化，产品创新能力不强和管理相对滞后，压价竞争现象也比较严重。从价值链看，处于价值链的低端，主要还是做代工产品，靠手工劳动，利

润薄,只能赚取廉价的加工费。企业缺乏设计力量,主动权完全掌握在客商手中，这种状况形成了温州生产低成本、低档次产品的形象,主要依赖只需低端产品客户群，极大地制约了向中高档产品跃进的整体产业发展规划,使得温州外贸长期在低端徘徊。

(五)温州土地资源紧张,城市功能区规划布局不够合理,基础设施与经济发展不相匹配

在温州，大小不一的开发区或工业小区与居民区“纵横交错、交融发展”，由于缺乏系统科学的功能规划和工业生产力布局设计，各开发区或工业小区产业同构现象严重,没有形成区域内合理的功能区分、分工协作的产业发展格局。在产业设置上雷同化趋势明显,导致产业布局相对分散，没有形成相对集中的产业布局优势。温州的产业多属于劳动密集型,温州土地资源有限,起步较早的外贸企业规模小而分散,但后续发展壮大后征地很困难,由于租用厂房或厂房狭小,难以形成规模生产,旺季时无法满足需求,失去了不少大宗外贸订单,“用地瓶颈”制约外贸企业的发展,因此近年来温州企业外迁现象比较突出。另外,温州的港口建设,外贸保税物流中心建设滞后，出口货物须经过宁波或上海港转口，这些薄弱的基础设施环节制约了温州外贸企业的发展。

(六)外贸企业高级人才短缺

中小民营企业转型升级主要依赖于研发人才和高级技术工人。中小民营企业有其自身发展的局限性,一般来说,企业规模较小,很难承受高级研发人员的雇佣成本,一线高级技术工人流动性大、非常紧缺,企业想对工人进行培训,但又怕培训完,高级技工又跳槽了,人财两空。随着劳动力成本不断攀升,企业面临更大的成本压力。另外,温州生活成本过高是人才难以留住的重要因素之一,温州属于二线城市,却是一线消费,工资水平不高,房价居高不下。

再有,温州产品在国际市场上属于低端产品,没有定价权,遇到国外经济萧条,贸易壁垒和形形色色的贸易保护主义出现时,温州外贸企业的日子就不好过。可见，外贸经济所面临的短板也提示温州面临着转型升级的挑战。

二、温州外贸经济发展面临严峻挑战

2008 年,金融危机对发展外向型经济的温州可谓是当头一棒,面对复杂多变的国际国内形势,温州外贸企业面临着严峻的挑战。

(一)国际市场需求持续低迷直接导致了温州出口增长受挫

商务部综合司《2013 年中国对外贸易发展环境分析》指出:“发达国家居民消费和企业投资均缺乏增长动力,市场需求总体依然低迷。世贸组织(WTO)统计,2013 年全球贸易量仅增长 3.3%,远低于过去 20 年间5.3% 的水平。春季广交会上,一些大企业表示国际市场需求向好,特别是新兴市场需求旺盛,但中小出口企业和以劳动密集型产品为主的出口企业则反映订单没有明显增长。”近年来由于欧洲、亚洲、非洲和大洋洲市场需求下降,直接导致了温州出口增长下降。

(二)生产要素成本上升和人民币对外升值双重作用的挤压,影响产业竞争力

劳动力成本持续上升，加剧了企业的生存压力。2012 年 10 月~2013 年 10 月,据温州某机构对涉及制造业、金融业、地产业等 10 多个行业领域的温州 52 家大中型企业用工情况进行调研发现，温州薪酬水平排在江浙沪主要城市的第六位，温州地区 2013 年前 10月的平均工资为 3200 元,较去年同期增长了 9.6%,相当于增长 280 元,2014 年的涨薪幅度超过 10%。要素成本持续上升也对产业竞争造成了一定的负面影响。2013 年第二季度,全国主要监测城市住宅、工业地价环比增速分别为 2.06%和 1.25%。在要素成本上升和人民币升值双重影响下，劳动密集型出口产业国际竞争力不断受到削弱，温州一些出口产业被迫将订单向境外转移,缩小了出口增长空间。

从温州商务局网站公布的《温州市 2014 年上半年度外经贸运行调查监测分析》看,出口方面,出口订单景气指数环比上升,短期订单小幅减少,而中长期订单会有小幅增加。企业总体订单转移情况微幅下降,温州由于用地、用工成本比外地高,生产企业外迁、产品外托加工情况加剧，因此生产性出口企业订单外移情况会更严重，据 6 月份温州商务局专项对生产与流通企业分类型监测调查显示,375 家生产型出口企业涉及订单转移企业面占比达 21.1%，转移订单量在企业总订单金额中的比重超过 10%的企业面为 38%,如持续严重,将进一步影响全市正常出口,会带来下半年订单景气下行的压力。另外,在发达国家竞相出台量化宽松政策的情况下,人民币对外升值压力加大,进一步挤压企业利润空间,影响温州企业出口接单的积极性。据统计,2012 年 9 月~2013 年 3 月，人民币实际有效汇率升值了 6.1%。

(三)温州外贸企业融资难

温州外贸民营企业同样面临融资难的问题。温州相关部门2008年12月底对温州全市25227家工业企业调查显示:开工不足的企业7347家,占调查数的29.1%;停工停产2388家、倒闭138家,合计2526家,占调查数的10%,两项相加停工半停工企业达39.1%。2008年,温州全市实现生产总值2424.3亿元,增长率为8.5%,2007年的增率是14%,增速明显下滑,改革开放30年来,温州的GDP增长率第一次低于全国、全省平均水平。到2011~2012年,温州民营企业的融资难问题被放大,一大批优秀的中小民营企业纷纷倒闭,老板跑路一时成为街头巷尾议论的话题。融资难甚至使中小民营企业的发展陷入了生死攸关的境地。

即便银行愿意贷款给中小民营企业,这个融资的成本也很高。民营企业不仅要承担较高的贷款利率(通常是基准利率上浮20%~30%),还需承担贷款过程中的各项隐性成本和隐性风险,如有的银行要求必须先存相当高比例的资金,才能贷款;有的银行以承兑汇票形式发放贷款,企业用承兑汇票贴现,额外增加3%的贴现。总之,银行对中小微民营企业的贷款存在很多附加条件。大多数中小微民企是靠租赁的土地和厂房创业的,无担保物,银行为分散风险,于是让民企搞"互保"。"互保"往往导致较大范围的金融风险,一旦有个别企业出现经营困难或倒闭而无法偿还贷款时,就会产生连锁反应,温州在这方面问题尤为严重。温州进行的金融改革,目的之一是解决中小民营企业融资难、融资贵这个难题。

据海关数据分析显示,影响今年进出口经营困难的原因依然是传统四大压力:一、国外市场需求不稳;二、用工成本大幅增加,但出口售价提高有限;原材料价格不断上涨,导致生产成本大幅上升;三、人民币对外升值导致出口利润减少,出口经营风险加大。

世界市场竞争越来越激烈,即使未来国际经济形势得到好转,我国的出口形势也不会出现明显的变化,温州此前依靠低成本、低附加值、扩大出口规模等传统思路已经不适用,只有转型升级,调整外贸结构,通过产品创新、技术升级,才能提升自己的国际竞争能力和优势。

温州目前的外贸困境,其背后折射的是传统外贸增长方式的局限性和不可持续性,高度依赖于自然资源和劳动力要素大量投入的贸易竞争力,越来越多地受到资源、环境和劳动力供给条件的制约,面临来自其他新兴经济体的强大竞争压力。

三、为了促进温州外贸企业转型升级,给温州市政府及外贸企业所提的建议

目前的外贸形势已引起高层的高度关注。根据国务院指示,商务部正在会同国务院有关部门进一步研究采取支持措施,总的思路是,要为企业提供一个既有利于稳增长,又有利于调结构;既有利于稳定出口,又有利于扩大进口;既有利于降低出口成本,又有利于开拓新市场,发挥技术、品牌、质量、服务综合优势的贸易环境。

我认为可以从企业和政府两个角度来谈谈温州外贸企业的转型升级。

从企业角度,我讲两个方面:

(一)加大自主品牌、增加市场多元化是转型升级的核心问题

企业的转型升级是企业借助价值链以获得技术进步和市场联系从而提高竞争力,向能带来高附加值的经济活动转移的动态过程。

根据我们多年来对升级策略差异性及升级方向的调查研究发现,根据厂商拥有的内部资源和所处的外在环境,不同规模、不同组织型态的企业可以采取最适合的升级策略与行动方案选择,不论是坚持做大做强OEM(贴牌)、往ODM(代工)升级,或是放弃生产,转型为研发型公司,甚至于彻底实施OBM(自创品牌)、自设通路战略,实现真正的功能性升级,不同企业升级策略选择上没有高低之别,策略之间也并不必然形成互斥,但都必需对应到不同的企业组织和竞争环境中。

比如温州典型的产业鞋企,必需从全球鞋企价值链体系的背景下出发,结合本身的比较利益及核心优势出发,有效利用传统产业的优势及温州的配套条件,制定切实可行的转型升级策略,朝着科学、合理的升级方向进行转型,而非采取一味的追求一步登天的"赶超策略",脱离自身的条件和资源,如果执意转型为OBM(自创品牌)品牌公司或渠道商,那么转型升级的成功机率就将大为降低。当然,如果鞋企确实拥有专业的营销及管理人才,也可以寻求进行OBM(自创品牌)的功能性升级。

比如我们温州本土的鞋企康奈集团转型升级就是一个成功的案例。康奈集团在34年的发展历程中经历多次升级发展,基本遵循从"工艺流程升级——产品升级——功能升级——链条升级"这样一个渐进过程的全球价值链中的升级模式。

康奈集团有限公司处于温州整体鞋业产业集群低

附加值的生产环节上,其品牌在国内有相当的知名度,在国际市场上开出了 200 多家品牌专卖店,但在国际上尚不具备品牌影响力,也缺乏走国际高端路线的渠道和网络。但康奈集团有限公司是一家以内销见长的鞋企,主攻国内的中端品牌市场,是一家"天生的 OBM 企业"。(天生的"OBM"企业:这一概念由毛蕴诗教授在《企业升级路径与分析模式》(2009)一文中提出,这类企业它们在进入国内市场时,就采用了自主品牌,有助于企业在国内市场与跨国公司竞争,获取较高的附加价值,并为企业利用自主品牌进入国际市场创造条件。)虽然在国际上走高端路线和解决众多贸易壁垒问题尚待时日,但凭借自身国内鞋业排头兵企业的雄厚实力和康奈品牌在国内几十年积累的销售终端和网络,加上企业强大的品牌运营能力,在国内市场推出高端品牌和高端服务,抢占国际高端鞋业品牌商在中国国内的市场份额成为企业转型升级的突破口。

康奈集团的转型模式属于再生式转型,它的驱动因素是内外环境的变化,变革性质属于技术层面、企业行为及认知领域的全面变革,转型目标是要达到短期效率和长期发展能力的共同提高,造就新的竞争力和持续发展能力,推动企业的跨越式发展。

通过对康奈集团有限公司转型升级路径分析,我们觉得它成功转型升级的成功之处在于:(1)科学规划,实现"整体的转型,系统的升级"。康奈集团有限公司管理层从全局出发、长远考虑,从转型升级开始之初就聘请国内知名的战略管理团队"北大纵横"联合企业的战略发展部门针对企业实际情况,制定了科学的中长期发展计划。2008 年,康奈集团有限公司高层正式决定战略转型,走高端路线,创高端品牌,计划用 2 年时间策划品牌升级;2010 年.康奈集团有限公司成立 30 周年之际,公司对内提出"高端品牌、高端制造、高端产品",对外推出"康奈世家"高端品牌,计划打造一支围绕高端品牌工作的团队,一套围绕高端品牌运作的机制,获得高端品牌产出的成果。为战略转型升级之际能有一支相对成熟的设计团队,从 2008 年开始,公司就动用大量人力、物力、财力,将一部分企业培养的优秀骨干人才输入到国内鞋类设计最活跃的广州,和一部分从上海广州招聘的人才一起接受市场的培训、锻炼和考验,等到高端品牌推出时再将三部分人员组合成新的设计团队。总部研发中心、外贸设计室和广州设计室组成的新团队,强强联合,精益求精,全力打造皮鞋高端品牌"康奈世家"。为使"康奈世家"高端品牌能够顺利运营,尽快推出国内市场并获得持久发展,康奈集团有限公司制定了一套不同于以往的、为高端品牌运作而实施的工作机制,涉及质量管理、绩效管理、薪酬管理、产品订货、营销渠道、终端运营、财务管理、员工培训、战略发展等多个方面,为新战略做配套。在康奈集团品牌战略转型升级过程中,起初的战略定位是全面围绕打造"康奈世家"高端品牌开展工作,实现鞋业的转型升级,但经过一段时间的实践探索,公司高层发现许多推动转型升级的措施打造"康奈世家"高端品牌中可以用,企业主营的中高端皮鞋"康奈"品牌也可以用,因此,康奈集团有限公司的战略转型从一开始的"高端品牌战略"演变发展成"以高端品牌战略为主,同时提升其他品牌档次的战略"。因此企业陆续围绕品牌战略转型升级推出的策略和方法,既针对"康奈世家"高端品牌打造,也以全面提升"康奈"品牌为目的,即康奈集团有限公司后来提出的"整体的转型,系统的升级"。(2)替代跨国公司产品,提升企业技术实力。根据我国其他企业的转型升级经验,对跨国公司产品的替代路径可以是:替代外国进口的产品——替代跨国公司在华生产的产品——替代国外市场上跨国公司的产品。基于微笑曲线理论和全球价值链理论对康奈集团有限公司转型升级路径选择的分析,康奈集团有限公司要向附加值较高的大型跨国品牌鞋企靠近,抢占其在中国国内高端市场的份额,现阶段也就是要先替代外国进口和跨国公司在华生产的产品。为此,公司推出高端品牌"康奈世家",在研发、生产技术上加大投入,逐步打开高端市场大门。在技术实力上,康奈集团有限公司已经达到国际制鞋标准,其与英国全球性鞋类认证机构 SATRA 合作建立了鞋类研发设计中心,试图跻身国际贸易"游戏规则"和国际行业技术标准的制定。近年来,企业有部分生产力长期从事国外大型跨国公司品牌鞋的 OEM(贴牌)和 ODM(代工)订单,积累了丰富的国际高端品牌鞋研发制造技术经验,保证了公司每年外贸鞋出口的质量和数量。高端品牌的推出使企业加快了研发设计和生产技术提升的节奏,有步骤地推出改进措施进一步提高企业技术水平。(3)通过技术跨越,直接进入先进技术领域。在全球化竞争的背景下,发达国家的鞋业品牌商占据了较多的世界前沿技术,拥有技术标准制定的话语权。虽然康奈集团有限公司研发、生产技术实力雄厚,但是如果采取技术跟随方针,继续重复别人走过的技术发展环节和路线,在竞争中必然处于被发达国家知名品牌牵制的被动局面。康奈集团有限公司认识到在研发生产环节上实行"技术跨越"的重要性,在学习国外企业领先技术的基础上,积极开展研发、生产技术突破,在一定程度上占据国际分工的主动权。康奈集团有限公司按照高新技术企业的要求,加大科研投入,根据公司“走出高端品牌”的转型升级目标,研发系统把产品的舒适度定为研究的重点。公司与科研院校进行紧密的产学研合作,开展了多个研究项目,并将成果转化为专利,同时提高了新技术成果推向市场的转化率,较好的满足了市场的需求。在生产技术领域,一方面,公司引进英国 SATRA 检测设备,严格按照国际标准制造品牌鞋,另一方面,为推进转型升级,公司集合生产系统骨干和对外聘请的鞋类生产管理专家对生产系统原先的流水线进行整改,最终研究开发出一条“精益生产线”,以实现生产流程再造,从而避免缺陷提高效率,实现技术跨越。(4)国内市场的天生 OBM(自主品牌)企业。根据毛蕴诗等人(2009)总结的“天生的 OBM 企业”发展路径,这类企业在进入国内市场时,就采用了自主品牌,有利于企业在国内市场与跨国公司竞争,获取较高的附加价值,并为企业利用自主品牌进入国际市场创造条件。康奈集团有限公司创立之初,就采用了“康奈”这一自由品牌不断开拓国内市场。在国际市场的开拓中,借助于海外加盟商模式,在法国、美国、意大利、希腊、比利时和葡萄牙等欧美国家主要城市开设了 90 多家品牌连锁专卖店,以自有品牌行走国际市场。对于“国内市场的天生 OBM 企业”的升级路径,康奈集团有限公司实际上就是选择走一条自有品牌的发展道路。高端品牌和高端定制服务的提出丰富了企业最初选择的自由品牌发展道路,公司要为转型升级在技术研发、生产设计、终端销售等方面不断为提高新品牌的打造注入活力,特别是营销领域的转型发展,在品牌打造中起着至关重要的作用。

多元化经营也是企业的转型升级的重要途径,它是公司在现有经营状态下增加市场或行业差异性的产品或产业的一种经营战略和成长方式。它是企业充分利用企业的各种资源,尽量扩大产品类别和品种,跨行业生产经营多种多样的产品或业务,扩大企业的生产经营范围和市场范围,使企业争取到更大的市场机会,获得更多的利润。多元化战略实施的前提是一个企业在本业经营方面已获得一定行业成功及财务基础的情况下才能进行的。对于许多大型鞋企而言,他们已经透过前期的 OEM 代工过程积累了丰富的产业管理经验和资本财务实力,此时适当的实施多元化战略无疑是提升企业实力和转型升级的好方法。为便于分析说明多元化经营策略在我国制鞋业的具体运用,我们可以水平多元化、垂直多元化、同心多元化和整体多元化四种类型,但是不同类型战略的适用对象及优缺点:比如,整体多元化的类型,指企业向与原产品、技术、市场的生产技术条市场无关的经营范围扩展,实行整体跨行需求产品业多角经营。整体多元化的转型升级属于混合式多元化经营战略,经营的产品与本业不同,如由传统行业跨进高科技行业,这种转型升级的路径比较符合资本及管理能力突出的大型厂商,其战略优势在于避开增长较慢、收益率低的原有行业向收益率高的新兴行业转移,实现由传统产业向高新产业的转型升级,但是其缺陷或者说风险在于隔行如隔山,跨业经营的复杂程度高;且除了资金人才实力雄厚的大公司,一般小企业无法采用。

(二)跨境电商助力外贸企业转型升级

为应对十分严峻的外贸形势,众多外贸企业纷纷“触电”,跨境电子商务正是在整体不利的传统外贸环境中实现逆势增长,成为大陆企业开拓国际市场的新渠道,成为助力外贸企业转型升级的新手段。

跨境电商对外贸转型升级的影响主要表现在以下几个方面:

(1)促进外贸方式向直销转型

跨境电商可以通过电子商务交易与服务平台,实现多国企业 B2B、B2C 的直接交易。与传统国际贸易相比,跨境电子商务进出口环节少、时间短、成本低、效率高。这是因为通过外贸电商的服务,将会使传统贸易中一些重要的中间角色被弱化甚至替代,原来贸易商、批发商等环节的中间成本被挤压甚至完全消失,这部分成本被很大程度转移出来,其中一部分变成生产商的利润,一部分成为电子商务平台的佣金,一部分则成为消费者获得的价格优惠,国际贸易的成本在产品价格中的比重大幅度降低,形成制造商和消费“双赢局面”

(2)促进外贸企业向小单、多生产模式转型

相对于传统贸易而言,跨境电商单笔订单大多是小批量,甚至是单件,这是由于跨境电商实现了单个企业之间或单个企业与单个消费者之间的交易。2008 年的金融危机后,传统的海外进口商出于缓解资金链压力和控制资金风险的考虑,倾向于将大额采购转变为中小额采购、长期采购变为短期采购,单笔订单的金额明显减小,大部分不超过 3 万美金,并集中在消费品行业,在此背景下,互联网的便捷优势使网上小额批发或零售的井喷水到渠成;另一方面,传统外贸“集装箱”式的大额交易正逐渐被小批量、多批次的“碎片化”进出口贸易取代。

小单和大单绝不仅仅是商品数量多少、金额大小的差别，而是在做大批量订单时，不小的库存量会占用大笔的流动资金，要维系和上游供货商的关系，不能缺少资金，过去一个 10 万元的订单，交货期可能是 3 个月，前期给工厂的订金 1 万元可能就要押 3 个月；现在，一个 1000 美元的订单，交货期就 1 周，而这样的订单可能连续好几周都有，付给工厂的订金可能就几千元，这个连续性的订单滚动交货，不必追加订金，而且还有陆续回笼的货款可以做其他项目的支撑。零库存、高周转，每天处理成百上千的订单，直供给世界各地的采购商，这是一种新的外贸业务模型，从这些新型外贸商人身上，我们多少能发现中国外贸升级的端倪

(3)促进外贸企业向品牌和产品创新转型

目前，跨境电子商务的发展，使得知识和技术密集型产品和服务的竞争更加突显，各类高科技产品、开发软件、视听产品、法律服务等产品和服务在政府产业扶持下快速发展。跨境电商的“订制化”与“个性化”已成为清晰的外贸电商发展趋势，同时，跨境零售也基本都是适合航空快递运输、体积较小、附加值较高的商品。随着人力成本、创新成本以及原材料价格的不断上升，中国在低成本制造方面的优势正不断丧失，在外贸企业面临压力的同时，也为企业提供了把压力转化为动力。在这样的大环境下，跨境电子商务可以帮助中国外贸转型，利用电子商务所带来的产品创新寻求贸易的长期可持续发展模式，成为我国这阶段外贸发展的主要课题。

根据以上分析，我们从以下几个方面向温州市政府提出一些建议，以促进温州外贸企业转型升级：

(一)转变政府职能，发挥社会组织功能

一是建设服务型政府，减少行政审批权

政府一定要改变观念，增强服务意识，要下放权利，把促进对外贸易便利化措施常态化。今年以来，国务院已取消和下放了 200 多项行政审批。截至今年 10 月底，浙江省级部门审批事项从 1266 项减少到 492 项。温州市政府要把这些国家和省政府下放的审批项目贯彻落实下去、落实到位。对于不需要进行审批的，坚决交给市场去做，释放市场的活力。既要积极主动地放掉该放的权，又要认真负责地管好该管的事，切实从“越位点”退出，把“缺位点”补上，做到简政放权和加强监管齐推进、相协调。

二是减少直接的行政干预，遵循经济规律

减少经济事务和社会事务的政府机构，地方政府官员业绩考核与 GDP 脱钩。从制度上保障大幅度减少对企业的行政干预。鼓励社会组织积极参与社会事务，放宽对非政府组织建立的审批，并逐步过渡到登记制度。鼓励社区组织、行业同业组织、社会服务组织等的发展。

(二)降低税费水平，减轻企业经营负担

一是落实国家结构性减税政策，降低流转税税率

国务院总理李克强 2014 年 5 月 30 日主持召开国务院常务会议，确定进一步减少和规范涉企收费、减轻企业负担。会议认为，减少和规范涉企收费，看住向企业乱伸的手，是深化改革、简政放权、规范市场秩序的重要举措，对于降低经营成本、激励投资创业，意义重大。

地方政府当前应该做的，一是要正税清费。取消政府提供普遍公共服务或体现一般性管理职能的收费项目。把暂免小微企业管理类、登记类、证照类行政事业性收费改为长期措施。依法将有税收性质的收费基金项目并入相应税种。要建立涉企收费清单管理制度，所有收费纳入清单，对外公开，接受监督。要清理规范行政审批前置服务收费。此项税收政策措施对促进中小民营企业转型升级起到积极的作用。浙江省是“营”改“增”试点省。落实国家结构性减税政策，依据第三产业的比重和行业性质，将现行增值税的税率调整为 13%、11%或 6%。目前，“营改增”的增值税率已在原 17%标准税率、13%低税率基础上，依据第三产业的具体行业不同，新增了 11%、6%两个档次低税率。因此，我认为，对于第三产业比重大、特别是“营改增”后加重税负的中小民营企业，应结合第三产业具体行业的性质，使用更低档次的增值税率。

二是理顺制造业和服务业之间的税负平衡

增值税本身属于中性税收，不论税负轻重都应以不干涉经济为前提，而现行增值税(包括“营”改“增”部分)已经偏离了这一基本方向。建议实行双轨制增值税作为过渡措施，即在现行扣税法基础上，对未实行增值税的行业和项目，其购买者可以采取扣额法来扣除，以消除重复征税，这样，“营”改“增”试点过程中存在的各个问题就会迎刃而解。

三是完善中小民营企业的税收政策

我们在做毛光烈副省长课题的调研过程中，许多企业有以下要求：

希望提高中小民营企业年缴纳所得额门槛标准，使中小民营企业享受低税率优惠政策的企业范围扩大。取消创业投资企业优惠政策中的高新技术要求，取消满两年起才能享受税收优惠政策的限制，应该使企业在创业初期就能受益，这样缓解创业难；减少企业

“三新”(新技术、新产品、新工艺)研发的税收优惠政策的条件限制；增加对受让方以受让技术实现一定所得税减免的优惠，鼓励企业在自身研发能力弱，或者不能自行研发的情况下，积极引进技术转化为生产能力。

四是规范征税制度，杜绝突击征税

在完善中小民营企业税收法律制度的同时，必须督促执法部门严格执行法律，严厉打击执法者滥用职权，突击收税、提前收税和额外收税的行为。另外，改变税务部门的考核机制，税务部门应以监督企业合法纳税为宗旨，而不应设置税收考核目标，改变现有的目标任务层层摊派的征税方式，实现征税程序的规范化、合法化。

(三)开拓融资渠道，降低企业融资成本

一是推进农信机构市场化改革

建议切实推动、督促省联社等农信机构经营机制的“市场化”，吸引优秀民营企业参股入股。做到“干部能上能下、员工能进能出”；“岗位靠竞争、薪酬按贡献”；“主动出击营销，客户至上，不断按客户需求创新产品”。

二是加快发展村镇银行

温州是全国金融综合改革的试点城市，对温州金融改革的评价不一致，说失败的肯定也有，但温州自己知道金融改革的效果到底究竟如何。总的来说，温州应该发展小型金融机构，建立覆盖广、差异化、效率高的金融服务机构体系。建议大力发展村镇银行，实现小型金融机构县域的“全覆盖”，提高村镇银行的竞争力度。2013 年 7 月 16 日国务院副总理马凯率“一行三会”的掌门人，召开全攻坚小微企业融资难题会议。最重要的一项决议就是积极发展小型金融机构，建立广覆盖、差异化、高效率的金融服务机构体系。温州应该充分利用这样的政策，抓住机遇大力发展村镇银行。

三是支持“电商金融”等金融创新

电子商务的重要性被越来越多的人们所认识。在这方面，浙江也走在了全国前列。杭州已经成为跨境电子商务综合试验区。

温州市场辐射很广，非常适合发展电商金融。所以，温州应该积极发展网络金融。温州市政府要鼓励地方金融创新，如德清的“P2C”，一些地方的中小企业转贷基金等。“阿里金融”利用电商数据和网络平台发放小额信用贷款。2013 年 5 月末止，贷款余额已超过 53 亿元。虽然它是面向全国客户的，但是浙江客户毕竟最多。要关注、研究电商金融、网络金融，支持其发展、创新。

四是支持小额贷款公司发展跨境电子商务

温州小额贷款公司起步早，应该积极落实《关于小额贷款公司试点的指导意见》中“自然人”的第一位投资人地位，以及资本金下限。鼓励与支持属于民间金融资本的“三种人”主发起的小贷公司。(“三种人”是：“下海”创业的金融业务骨干；民间放贷人及典当、担保公司、投资咨询公司等准金融行业的从业者；将全部资本从工商企业中转移出来改投金融业的原工商企业主。)承认小额贷款公司的金融机构身份，为解决杠杆率问题及有效监管扫清道路，进而发展成为与银行“联姻”的金融公司。

五是努力利用现行资本市场

着力强化对中小民营企业的增信服务和信息服务，鼓励和支持地方银行等商业银行，形成“中小民营企业 – 信息和增信服务机构–商业银行”利益共享、风险共担的新机制。证监会主席肖钢表示支持证券公司通过区域性股权转让市场为中小民营企业提供挂牌公司推荐、股权代理买卖等服务。温州要抓住机遇走在全国前列。继续鼓励、支持有条件的中小民营企业上市。要尽可能地发展“中小民营企业集合债券”。

(四)加强知识产权保护，激发企业创新动力

一是加大知识产权保护力度

知识产权对于产业发展的重要影响日益突出。据浙江省高院提供的资料显示，2008 年至 2012 年，浙江省法院受理的知识产权纠纷案件数量年均增长 77.36%，约为全国的两倍。可见，知识产权保护对浙江省的重要性比对国内其它大多数地区要高出很多。我们在杭州瑞德设计公司调研时，老总李琦向我们反映，目前知识产权的价值无法得到充分体现和保护。现在我们想要实现经济的转型升级，就必须强化知识产权保护。温州在这方面可以加大力度。在全省作出表率。要降低维权成本，努力增大具有知识产权企业的收益。希望法院对于侵犯知识产权的案件的审理要从严、从快、从重，并广泛利用媒体宣传法院的判决结果，营造谁开发谁拥有知识产权，谁受益，谁侵害知识产权，谁就面临巨额赔偿的局面。为创新驱动发展战略的实施营造良好氛围。

二是推进民间技术市场发育

科技创新是驱动转型升级的重要力量，但技术创新存在着信息不对称的困境，并且当前全国对技术市场中的知识产权的保护不力，推进民间技术市场的发育非常迫切。市场是技术创新中资源配置和利用的有效场所，也是技术创新的立足点。市场环境与市场机

制、市场法制的完善对企业技术创新的重要影响,甚至在一定程度上决定了技术创新的成败。市场环境本身是国家创新系统的重要内容，它既提供了创新主体的资源配置要素和利用方式，也为企业的技术创新提供了外部条件和环境。推进民间技术市场发育使市场有序、公平竞争、知识产权保护有力,要避免或减少温州对他人创新成果的随意模仿、仿制、仿冒现象,打造温州自己的品牌。要加快自主创新成果产业化市场环境的建设。切实做好自主创新成果产业化的知识产权风险评估工作,确保核心技术获得专利保护。加快研究并建立自主创新产品的风险化解机制，推动自主创新产品开拓市场。营造有利于技术创新的市场环境,需要从政策、法律、创新资源配置、市场结构优化等多方面进行改进。

(五)加强人才工作,保障企业智力资源

一是加强企业家的培养,实现企业家队伍的“转型升级”

这方面温州可以借鉴江苏的经验。在调研江苏民营企业的过程中我们了解到，江苏由政府采购企业家培训项目,面向企业家,举办公益性的学习讲座,让企业家们系统地学习和探讨如何建立学习型企业、如何促进民营企业快速发展等内容。加强对“富二代”的培养。政府出资办“富二代”培训班,支持他们把经营团队建立好,确保企业后继有人。温州市委市政府也可以在这方面做些尝试

二是加强研发人员的培养和引进

一方面，要与产业经济结合起来，大力引进优秀“海外工程师”,在这方面,温州要向杭州学习,杭州十分重视引进海归人员。另一方面,要推进核心技术和关键工艺研发、新产品设计制造、新材料技术开发。支持企业加强自身研发人员的培养。在“事业留人、待遇留人、感情留人”的基础上,实现“制度留人”。据说,温州有个传统习惯,温州女子不嫁外来郎。这样,对于留住外来人才就很不利。要促进高校科技人才向企业流动聚集。将高校科技人才变成企业研发创新的主力军。健全科技人才流动机制,支持高校教师向企业流动。

三是加强职业教育力度，加快高级技工的供给速度

加大职业院校与企业合作支持力度。统筹职业教育资源,依托大型企业、重点院校建设技能型、高技能型人才培养和实训基地。允许营利性职业教育机构实行企业化、股份制运行。充分吸收民间资本,动员全社会力量和资本发展职业教育。温州民间资本雄厚,可以在温州创建职业技校或院校，不断提高产业工人的质量。

四是创造吸引人才的环境

人才是技术创新最重要的资源，以个人成长促进企业的成长及个人与企业共同成长，是许多创新绩效优良的企业的重要经验。技术创新人力资源管理的基本环节是选拔、培训、激励、绩效评价、人员配置、职业发展和组织结构调整等。其中,竞争性的选拔是许多创新成功企业的重要做法和经验，通过竞争性的选拔更能发现人才。绩效评价、选拔、培训、激励、人员流动均依赖于一个科学公正的评价体系。要建立一套员工广为接受的薪酬体系和奖励体系;要把个人成长、追求成功的愿望与企业的成长和企业追求卓越的愿望有机地统一协调在企业制度体系中。如此,人才的作用才得以在企业的成长中充分发挥,企业也因此获得发展效率。

(六)优化产业政策,营造企业良好环境

一是切实保护民营企业经营者的利益

湖南等地发生的官员非法侵害民营企业家财产的案例,极大地降低了企业家的安全感。要将企业家正常的融资借款与非法集资严格区分开来,不轻易使用“非法集资罪”调查企业家,拘禁企业家,在法律准绳内尊重市场活力和“企业家精神”的发挥。

二是打破“玻璃门”

为什么喊了那么多年的“玻璃门”至今还在喊？因为“新 36 条”和“老 36 条”大多条款仍停留在纸上,公平的竞争环境没有建立起来。要想获得民营经济健康、可持续的发展，就必须真正像对待国企那样对待民营企业,全面落实新老 36 条,给予中小民营企业与国有企业的同等地位。同时,积极引导民营企业参与到公共事业建设、城镇化建设中来。在金融方面,利用好温州金融改革试验区可以先行先试的机会，放宽对金融机构的股比限制，鼓励民间资本发起或参与设立中小金融机构,以增加中小企业融资渠道,优化民营经济的融资环境。

三是鼓励企业运用自动化设备

外来劳动力成本不断攀高，传统的用工方式也难以解决劳动力匮乏的问题。应该出台多种措施——例如税收抵免、加速设备折旧、财政补贴等,鼓励、支持企业采用自动化生产技术,加大“机器换人”的推广力度,在保证生产效率的同时节约成本。温州如果存在同样的情况,也适用这个办法。

四是建设产学研协同融合创新中心

建设产学研协同融合创新中心,在税收、行政事业

性收费、培训、财政扶持等方面都要有实质性政策支持。将省内中小企业创业基地纳入全省中小企业专项发展资金扶持范围,依托高等院校、科研院所的科技优势,支持用于提升创业孵化功能的软硬件建设,积极引导和催化企业的技术创新。

(七)发展生产性服务业,助力企业转型升级

一是大力发展电子商务(跨境电商)等生产性服务业

电子商务能够为各个生产和销售环节提供高效服务,这已越来越快地被生产群体、商业群体和消费群体所接受。在中小民营企业转型升级过程中,特别需要大力开展电子商务的运用和创新。浙江的电子商务发展具备明显的先发和规模优势,对中小民营企业的发展起到了促进作用。温州市场经济发达,有发展电子商务的有利条件,可以大力推广。跨境电子商务将会成为大陆企业开拓国际市场的新渠道,成为助力外贸企业转型升级的新手段。2013 年 7 月,李克强总理主持召开国务院会议,制定了扶持中国跨境电商发展的“国六条”,并促使商务部迅速出台相关产业扶持政策。2014 年年初,财政部、国家税务总局又发布了《关于跨境电子商务零售出口税收政策的通知》,对跨境电子商务零售出口有关税收优惠政策予以明确,自 2014 年 1 月 1 日起执行。《通知》中还指出,符合条件的电子商务出口企业出口货物可适用增值税、消费税退(免)税政策。专家普遍认为,该政策对促进跨境电商发展有积极影响,主要鼓励传统外贸企业从事跨境电商。从《通知》中对符合跨境电子商务零售出口税收政策的界定来看,利好更偏重于传统外贸企业,通过对跨境电商出口退税政策的制定,鼓励传统外贸企业在线上线下同步发展外贸。这对国内的跨境电商有着推动和利好的作用。

二是温州市政府在财政预算中应该建立生产性服务业发展专项资金

这包括科技研发基金等各种专项基金,分行业有针对性地扶持生产性服务业的发展;对生产性服务业实施税收优惠政策和支持性政府采购政策。

三是促进外贸综合服务业等新业态和商业模式创新

外贸综合服务业是在相对较低的增长形势下异军突起的一种新兴外贸服务业。温州可以大力发展外贸综合服务业。外贸综合服务业企业通过利用电子商务等平台,为大批中小企业提供供应链整合、物流、通关、外汇、融资和退税等一揽子服务,对于促进中小企业出口增长发挥了积极作用。这样的企业发展历史较短,全国为数不多,其中 80%集中在深圳,根据深圳海关统计,深圳市外贸综合服务业 2013 年出口达到 177 亿美元,其中一些较大企业一年的出口量就可达到 30 多亿美元。温州可利用电子商务平台来加大外贸出口。外贸综合服务业这样一种新的业态创新,在提升出口效率,尤其是为中小企业扩大出口提供便利条件等方面,可以发挥非常重要的作用。但调查表明,外贸综合服务业发展也面临着许多制约因素和困难,尤其是相关配套政策落实还存在较大差距。因此,如何完善相关政策体系是今后温州市政府的一个重要课题。

以上也是我们在调研过程中发现的浙江民营企业存在的一些问题,以及针对温州外贸企业转型升级中遇到的问题,以及如何解决这些问题向温州市委市政府和外贸企业提出的一些建议。希望我们提出的这些建议,对温州外贸民营企业的转型升级有一定的参考价值。

最后,祝愿温州的外贸企业和所有民营企业的发展取得更大成就。

我的讲话完了,谢谢大家!

作者简介:单东,浙江省民营经济研究中心主任,浙江省民营经济研究会会长,浙江省现代民营经济研究院院长,浙江财经大学经济学教授、硕士生导师,中央财经大学博士生导师。

我国中小民营企业文化亟待提升

■ 金子晞

摘要：我国中小民营企业寿命偏短，竞争能力较弱，其中一个重要原因是当前中小民营企业对企业文化建设不够重视，企业文化在企业管理中有着很大的作用，企业管理不仅是传统意义上制度的管理，更需要企业文化的建设。因此，我国中小民营企业的企业文化现状亟待提升。

关键词：民营企业；企业文化；内涵；措施

当前，政府出台一系列措施，要加大扶持中小型实体经济发展力度，中小民营企业迎来了前所未有的发展机遇，但是仅靠政策支持，仍无法改变我国民营企业竞争力脆弱，企业生命周期过短的问题。企业缺少适当的企业文化，是中小型企业生存能力脆弱的原因之一。企业文化亟待得到重视与提升。

1、企业文化的内涵

企业文化是一个企业的核心，包含制定企业形象、企业精神、企业经营、发展战略等内容。企业文化是在生产经营活动的实践中形成的。企业文化是企业在自身发展过程中形成的具有企业特色的独特文化管理模式。企业文化必须以人为本，培养员工的积极人性，建立和谐的人际关系，鼓励创新的企业文化，重视产品质量，注重守法诚信。企业文化包括文化观念、价值观念、企业精神、道德规范、行为准则、历史传统、文化环境等。

企业文化不等同于老板文化，企业管理者精神主导一个企业文化的特点，但它不能简单等同于企业文化，企业文化是一个企业的内容丰富的文化体系，而企业管理者精神仅是他本人的精神特点。优秀的企业管理者不一定能形成优秀的企业文化，但优秀的企业文化一定需要一个优秀的企业管理者。

2、企业文化在企业发展中的作用

企业文化是企业成功战略制定与实施关键。企业战略的制定和实施要考虑企业文化的作用。企业战略是企业为寻求和维持自身竞争优势而做出的全局性规划，都是对企业整体性、长期性、基本性问题的计谋，包括竞争战略，也包括营销战略、发展战略、品牌战略、融资战略、技术开发战略、人才开发战略、资源开发战略等。企业文化最重要的作用在于作为企业的价值观，指导企业的经营活动，指导每个员工的行为。当一个企业自身具有很强的文化特色时，会通过企业员工的共同价值观念表现出企业的特殊性，这有利于企业制定符合企业共同信念、别具一格的企业战略，为企业的成功奠定了基础；良好的企业文化可以激发员工的工作热情，凝聚全体员工的意志，更好地实施和管理企业战略。

企业文化是企业制度建立与落实的指引。企业发展需要一个健全的制度体系，管理与约束企业经营活动的行为。企业文化发挥作用是通过文化的认同，对员工形成心理契约，通过相关理念在制度中的体现，以制度进行约束。企业制度是一种具有约束力、强制力的准则，企业文化可以有效增强企业制度的柔性，只有员工自觉接受并遵守企业制度，才能保障制度有效落实，降低管理成本、提高效率。实现企业文化和制度管理相结合，才能从根本上保证企业管理的效果。

企业文化决定良好的企业形象的树立。企业文化是企业形象的灵魂与支柱。企业文化影响着企业形象，企业形象的接受主体是社会，而企业文化则是企业形象的内在素质，企业文化的价值观和精神世界，支配和支撑着企业的形象。良好的企业形象有助于企业获得社会的认同与对企业产品的接受。

企业文化是企业持续发展的动力源。一些知名的民营企业在短时间内轰然倒下的案例，一再说明，如果仅有设备的现代化、技术的现代化，没有好的企业文化，企业员工与企业没有形成共同的价值观与理念，企业就失去持续发展的动力。优秀的企业文化，有利于企业管理创新、技术创新、服务创新，有利于企业生产力的提高。优秀的企业文化，会给企业带来人才，留住人才。提高人才对企业的忠诚度。留住人才，就能为企业发展带来人才红利。

3、目前我国中小民营企业的企业文化现状分析

3.1 健康的中小民营企业的企业文化现状

国家在政策上给予扶持与发展，企业社会地位不断提高，市场竞争性导致民营企业生存意识、努力拼搏的精神要高于一般国营企业，民营企业创新意识、生产效率，普遍高于国企。员工自信度不断提高，自豪感不断增强。民营企业家经过市场的锤炼，民营企业家的优胜劣汰，提高了成功民营企业家的知名度与号召力。民营企业在管理上有更多相对自由，容易接受与实行任人为贤的用人机制，激发了员工的积极性。民营企业员工有强烈的竞争意识，主观能动性普遍较高。民营企业员工对自身企业有较强的忠诚度。

3.2 大部分中小民营企业的企业文化缺失

《中国中小企业管理健康度蓝皮书》(以下简称《蓝皮书》)研究结果显示，2012 年中国中小企业管理健康指数为 61.1，总体处于“亚健康”状态，处于发展稳定期 (10 年以上) 的中小企业管理健康度有所下滑，中小民营企业经过多年的发展，企业已经面临生存困境，急需由过去“放牧式”管理向“标准化、规范化、制度化”管理,促进企业成长期向成熟期转型。一些民营企业在经历过的创业初期的成功发展之后，没有根据企业的进一步发展战略，及时调整管理模式，培育良好的企业文化，在一定程度上导致了我国民营企业寿命较短。目前中小民营企业文化缺失主要表现在以下几个方面:

(1) 管理者对企业文化建设不够重视。在很多中小企业管理者头脑中，企业文化内容、企业文化的作用，知之甚少。他们认为以老板驾驭人的权谋能力，完全可以进行企业的管理，企业文化是给别人看的，是务虚的东西。

(2) 员工企业的归属感不强。《蓝皮书》研究显示,高端人才更多流向大中城市、大中型企事业单位，导致中小企业很难获得发展所必需的核心人才，其原因除了中小企业自身经营风险和不稳定性偏高等因素，还有以下因素：股权分配不合理，员工利益得不到保证。缺少公平的分配机制，一般员工的收入普遍较低,很难有主人翁精神。

(3) 单一的“人治”文化盛行。由于企业历史的原因，以及我国全民法制意识不够普及，导致大部分中小民营企业管理模式处于人治阶段，由企业家一人专断，企业家决定企业的主要管理模式，法治或者说是制度建设停留在原始阶段，因此出现个人意志等同集体意志的现状较为普遍，一个企业家的自己的决策往往造成企业成败。

(4) 企业用人制度缺失。由于中小民营企业，大多是过去的国企改制而来，或者是私人企业引入其他投资人发展而来，企业老板在本企业中，具有很强的威望，企业发展的历史，也就注定了在企业中有很多国企以及家族企业的文化。老板在企业可以一人说了就算，缺乏科学的用人机制，即使有制度，也是流于形式。要么是家族的味道太浓，浓到随处碰到的都是“皇亲国戚”，要么就是派系林立，各个股东都在安插自己的人员，布设在重要岗位。外人进来感觉会受到歧视，得不到公正的对待，部门以及重要岗位普遍存在家族、亲信“空降兵”，一般员工没有自己的成长空间，企业内部勾心斗角，人浮于事，内耗严重，这样的企业是不能持续发展的。

(5) 企业管理者价值观层次不高。一些民营企业家缺乏长远的战略规划，只追求单一的经济效益，只关注短期利益，创新意识不强，胸怀狭窄、表里不一、狂傲自大，在他们主导的企业文化，处于“自我化”，很难形成强大的企业文化，无法形成企业发展的源动力。这样的企业文化只会阻挠企业的发展，甚至导致企业衰败。

(6) 苛刻的考核体系作为管理的唯一手段。很多民营企业老板认为，要以严格的考核制度管理企业、管理员工，“以最低的劳动成本换取企业利益最大化”的管理理念普遍存在，这导致了员工积极性低下，工作创新性缺乏的局面。

(7) 企业文化简单化。一些中小企业老板认为企业文化就是：统一着装，早上晨会喊口号，搞一些文艺活动，发一点节日慰问品。缺少对企业文化形式下的内涵与基础认知。中小民营企业要持续发展，必须建设优秀的企业文化。中小民营企业家是企业文化的掌舵人，要重视企业文化的建设，培育积极的企业精神，建立企业管理者与员工的沟通管道，用制度化管理树立企业“人”的文化，制定激励手段发挥员工的积极性，塑造具有特色的良好企业形象，并在企业发展的不同阶段，进行企业文化的修正与丰富，增强企业竞争力。

参考文献：
[1]普智经盛管理咨询（中国）有限公司．中国民营企业文化现状与发展研究［EB /OL］. http: //manage. org. cn /article /200706 /47429. html, 2007-6-5.
[2] 赛迪经略．中国中小企业管理健康度蓝皮书［R］．赛迪网,2012.

作者简介：金子晞，女，汉族，江苏盐城人，河海大学企业管理学院工商管理专业。

——原载《城市文化》2014 年第 1 期

中小企业融资的国际比较及启示

■ 董雪征

摘要：中小企业对于国民经济的发展起着日益重要的作用，而融资难已成为制约我国中小企业发展的瓶颈。本文通过介绍我国中小企业融资存在的问题，并对美国、日本和韩国的中小企业融资体制进行比较研究，分析美日韩三国中小企业融资的先进经验，并从中得出对建立和完善我国中小企业融资体系的启示。

关键词：中小企业 融资 启示

20 世纪 90 年代以来，我国的中小企业得到了快速的发展，在促进国民经济增长，产业结构升级，扩大劳动就业等方面发挥着日益重要的作用，但融资困难却成为制约中小企业快速、健康发展的重要原因。事实上，这一问题在世界各国中小企业的发展过程中普遍存在。世界上经济发展较为成功的国家无不对中小企业的发展给予高度重视，纷纷采取各种措施完善中小企业融资体系，解决中小企业发展中的融资瓶颈问题。因此，研究中小企业融资的国际经验，对于建立和完善我国中小企业融资体制，解决中小企业资金瓶颈，具有十分重大的现实意义。本文通过对美国、日本和韩国的中小企业融资体制进行比较研究，得出了对建立和完善我国中小企业融资体制的启示。

一、中小企业融资方式及融资难的原因

（一）中小企业融资方式

多数学者在研究融资体制时，将不同国家的主要中小企业融资方式按不同分类方法主要分为两种：

1.内部融资与外部融资

内部融资为同一经济体内的储蓄向投资的转化，具体包括三种形式：资本（除股本）、折旧基金转化为在投资和留存收益转化为新增投资。外部融资指不同经济体之间的储蓄向投资转化，及企业通过一定方式从外部融入资金用于生产经营或投资。

2.直接融资与间接融资

直接融资指企业作为资金需求者向资金供给者直接融通的方式，主要包括股票融资、债券融资、政府拨款、占用其他企业资金、民间借贷以及内部融资等；间接融资，则是指企业通过金融中介机构间接向资金供给者融通资金的方式，主要包括银行或非银行金融机构的贷款、融资租赁、票据贴现等方式。

（二）中小企业融资难的原因

1.中小企业易受环境的影响，规模小，风险大，难以获得投资者的支持。中小企业素质普遍不高，大多为私营企业或合伙企业，管理水平落后，经营风险大，信用观念差，财务制度不健全，信息不透明，使得金融机构不能把握中小企业的贷款风险，增加了放款风险。

2.中小企业资产少，负债能力有限。一般而言，企业的负债能力是由其资本金的大小决定的。从各国的情况来看，美国的中小企业负债水平较低，一般都在 50%以下；而意大利、法国等欧洲国家中小企业的负债水平一般在 50%以上。目前，我国中小企业的资产负债率平均在 70%左右。

3. 资产泡沫化诱使大量资金逃离中小企业。当

前,我国流动性仍属充裕,但存在结构性问题。与中小企业“求资若渴”形成鲜明对比的是,房地产、收藏品、贵金属等领域“钱流涌动”,投机炒作导致部分产品价格畸高,泡沫化现象严重。资产泡沫化呈现的高收益假象,不仅使银行存款“搬家”,而且还诱使许多企业资金逃离实业,加剧了中小企业资金紧张。

4. 我国金融整体发展滞后影响中小企业融资。主要是银行数量少。据统计,美国有8000多家银行,而我国仅300多家;直接融资不发达,仅占18%,远低于发达国家70%的水平;市场准入门槛太高,大量民间资本被拒之门外;信用担保业不成熟;缺乏金融创新。

二、中小企业融资的国际比较

大多数学者在研究融资体制时,以发达国家为主要研究对象,将不同国家的中小企业融资体制分为两大类:一类是证券市场导向型融资模式,即直接融资模式,以美国为代表;另一类是银行导向型融资模式,即间接融资模式,以日本为代表。鉴于20世纪60、70年代以来,新兴市场的崛起给世界经济带来的重大影响,笔者选取韩国为代表,将其在解决中小企业融资问题上的成功经验也纳入到考察范围中。新兴市场经济体在融资体制上呈现出直接融资模式与间接融资模式结合的特点,姑且称之为混合型。

(一)美国的中小企业融资

1.法律保障。美国有一套严密的法律规范,为中小企业创造有力的自由竞争环境。1958年美国国会通过《小企业投资法》后成立了小企业投资公司(Small Business Investment Company,简称SBIC),对中小企业提供长期资金支持,与政府和私人公司合作扶持和培育中小企业。根据《中小企业创新发展法》,美国国会在1982年制定了中小企业创新发展计划,规定所有向其他部门划拨研究与开发费用超过1亿美元的政府有关部门,必须按一定的比例向中小企业创新发展计划提供资金,用于援助其开展科技开发和技术成果转化。另外,《反托拉斯法》、《小企业法》等维持、促进了公正和自由的竞争,保护了中小企业的利益。

2. 专业管理机构。1953年设立中小企业管理局(SBA),为中小企业提供全方位支持。其基本职能是:制定中小企业发展方针;同国会及相关部门沟通;提供资金支持;对立法及其实施情况进行调查分析;提供管理、技术、营销、咨询等多方面的服务。政策方面的倾斜主要包括:(1) SBA向具有较强技术创新能力、发展前景较好的中小企业提供直接贷款。(2)SBA向遭受自然灾害的中小企业提供自然灾害贷款。(3)中小企业的创新研究资助。此外,SBA通过向中小企业提供担保使其获得商业银行贷款。包括:(1)一般担保贷款。对75万美元以下的贷款提供总贷款额75%的担保,对10万美元以下的贷款提供80%的担保。(2)少数民族和妇女所办中小企业的贷款担保。(3)少量的“快速车道”贷款担保。(4)出口及国际贸易企业的贷款担保。

3.发达的资本市场体系。美国的资本市场层次多样,功能完备,使得不同规模、不同需求的企业都可以利用资本市场融资,获得发展的机会。NASDAQ市场的上市条件较低,非常有利于中小企业和高科技企业的上市;而OCT市场则可以为退市公司和更小型公司提供股票转让服务。其中在纳斯达克上市是美国中小企业的一种重要融资渠道,该市场为中小企业的资金运转提供了有力保证。1971年,美国全国证券经纪商协会建立了以高成长的中小企业融资上市为主要目的的、第二板性质的全国证券经纪商协会自动报价系统。由于其融资的灵活性,使得二板市场更符合中小企业尤其是高科技企业的融资需要,极大地促进了中小企业筹资发展。

4.有广泛的民间融资机构。在美国,有多种形式的民间金融机构为中小企业服务,如合作社,这是采用个人或企业投资入股的方式组成的信用机构,为其成员提供贷款,以储蓄为先决条件的储蓄贷款金库也为中小企业提供融资。为了获得高收益,美国民间风险投资公司对进行创新投资的中小企业纷纷投入资金,为那些难以从一般渠道得到贷款的中小企业提供贷款,促进了中小企业的科技开发和创新能力。

(二)日本的中小企业融资

1.法律保障。日本也制定了促进中小企业发展的许多法律和法令,1963年制定了《中小企业基本法》,它是日本中小企业发展的纲领性法规,被称为日本的中小企业宪法,在此基础上制定和修订了《中小企业投资扶持股份公司法》、《中小企业现代化资金扶持法》等法规。这些法律政策有力地促进了日本中小企业的发展,促进了经济的振兴,促进了日本中小企业融资机构的规范发展,提高了其资产质量和经营的安全性,保证了其健康平稳地运作。

2.专门的管理机构。建立全国性的、非盈利性的中小企业政府管理机构，协调领导整个中小企业融资，并以优惠条件向中小企业提供信贷和担保。中小企业由于规模小、自有资本少、信用相对较差，而其贷款数量小、期限短、条件苛刻、利息高、担保要求严格，不利于其向民间金融机构贷款，故在日本主要是都市银行、地方银行以及信用银行等中小银行为中小企业提供贷款支持，日本还设立了专门为中小企业服务的金融机构，即中小企业金融公库、国民金融公库、商工组合中央金库，这些金融机构对中小企业的贷款一般利率较低、期限较长、担保要求较松。此外，日本还有两家服务于产业性中小企业和区域性中小企业的政策性金融机构：环境卫生金融公库和冲绳振兴开发金融公库。政府成立的政策性金融机构是日本对中小企业实行优惠贷款的主渠道。

3. 综合性的中小企业信用保险体系。日本政府在1951年成立信用保证协会；1958年根据《中小企业信用保险公库法》设立了中小企业信用保险公库，为中小企业从民间金融机构借款的债务进行担保；1961年日本建立了机械设备信用保险事业；1984年机械设备信用保险事业并入了中小企业信用保险公库；1999年7月1日，日本政府成立了中小企业综合事业团，将中小企业信用保险公库并入其中。目前，日本中小企业信用补全机制包括信用担保和信用保险两方面。信用担保工作由中小企业综合事业团的信用保证协会承担，信用保险工作由中小企业综合事业团的信用保险公库完成。日本政府的信用担保体系，极大地增强了中小企业从银行获得贷款的能力。

(三)韩国的中小企业融资

1.创业和技术革新的扶持。(1)提供创业资金。根据《中小企业创业支援法》的规定，设立“地方中小企业培育资金”，提供低息并允许分期偿还的贷款。(2)实行减免税收优惠政策。(3 提供技术革新资金扶持。(4)促进中小企业间协作。

2.金融机构贷款支持。规定全国性银行和地方商业银行及外国银行分行有义务向中小企业提供一定比例的贷款；设立产业银行为中小企业提供融资和担保；设立中小企业创建支持公司对中小企业提供融资技术、信息等方面的服务。

3. 危机持扶。由中央政府、地方政府和企业共同出资建立“中小企业共济事业基金”解决资金危机，提供中小企业整体经营的稳定保证。

4.融资担保体系。韩国是亚洲第二个开展中小企业信用担保计划的国家。早在1976年韩国政府就建立了信用担保基金，主要任务是为向金融机构贷款缺乏担保品的中小企业提供信用担保服务。截至2007年6月，已有77个全国性的分支机构。2006年韩国中小企业通过信用担保计划获得的贷款额占中小企业总贷款的37.1%，担保余额达189.16亿美元。此外，韩国政府在信贷担保方面有一个明显的特色，即建立了中小企业共济制度，通过中小企业的相互保证、风险分担的原则，借助成员之间互助的力量，在无须动产及不动产担保下，取得金融机构的贷款。

5.法律保障。为促进中小企业的发展，韩国政府于1986年颁布实施了第一部支持中小企业发展的法律《中小企业支援法》。1995年，韩国政府又将已有的各类中小企业的基本制度综合为“中小企业创业振兴基金”和“中小企业共济事业基金”两个中小企业资金支持制度，这些法规条例对中小企业主管机构的设立和职能及其服务辅导的范围方式、中小企出了具体而明确的规定。

综上，虽然美、日、韩三国中小企业融资各具特色，但也同时表现出以下几个方面共同的成功经验：第一，提供法律保障和组织支持；第二，建立中小企业融资担保制度；第三，中小企业融资创新，如创建和拓展二板市场等。这些举措对于建立和完善我国中小企业融资体制有很大的启示。

三、对我国中小企业融资的启示

1.建立健全法规，为中小企业融资提供法律保障。立法先行是扶持和规范中小企业融资行为的重要措施。《中小企业促进法》的制定，表明我国在以立法形式促进中小企业融资体制的建立完善上，已迈出了重要的一步，为广大中小企业融资、发展提供了原则性的法律保障。但是这远远不够，我们还要制定更为具体的法律法规，如《中小企业信用担保法》、《中小企业融资法》、《中小金融机构法》等，使执法更具可操作性，规范中小企业融资主体的责任范围、融资办法和保障措施。

2.建立专门的政府机构，为中小企业融资提供组织保障。中小企业由于先天不足，在信贷市场交易中处于“弱势”地位，融资困难。这实际上是自发的市场机制缺陷的一种体现，要解决这一矛盾，政府的干预成为必然。我们应该建立起专门的政府机构，为中小企业融资提供组织保障；并赋予已有的政策性金融机构新的职能，即支持中小企业发展。

3. 建立中小企业贷款担保体系。鉴于我国的国情，国家财政不可能对中小企业提供大量的拨款和低息贷款，因此我国应大力发展由中小企业管理局统一负责的中小企业贷款担保体系。我国的信用担保计划可以考虑借鉴美国模式，信用担保机构为中小企业贷款的80%提供担保，商业银行承担20%的余下风险，以激励商业银行向中小企业贷款，而又能规避道德风险。

4.发展风险投资,促进中小企业融资创新。我国根据自身特点建立和完善创业投资机制，采取多种形式扩大中小企业的创业投资资金渠道。一方面,应采取适当措施鼓励外资和民间基金进入风险投资；另一方面,政府不宜直接进行风险投资运作,但应采取适当税收和补贴措施,鼓励风险投资。

5. 鼓励股份制改造，促进中小企业的健全治理结构。股份制本身就是一种融资制度，其实质是令企业的治理结构规范化,以利于股权的转让与交易,从而有利于外部融资。规范的股份制企业治理结构,使潜在股权投资者有保障享有同等的股东股利，从而起到保护投资者的作用。此外,健全的公司治理结构有利于公司财务制度的完善,财务披露的明晰,减少信息不对称,减少银行信贷的风险,鼓励银行对中小企业的贷款。

参考文献：

[1]林鹭，日本中小企业融资及借鉴，[J],现代营销，2007年，第8期。

[2]刘祥达，从欧美国家经验看我国中小企业融资难问题的解决[J]，资本纵横，2003年。

[3]罗鹏，韩国中小企业融资措施对我国中小企业融资路径的启示，[J]，现代商业，2007.

[4] 李年宰，韩国中小企业政策研究，[D]，吉林大学博士论文，2011年12月。

[5]柳斌，美国小企业融资经验对缓解我国中小企业融资困境的启示，金融经济，2007年。

作者简介：作者单位为中德住房储蓄银行风险管理部。

——原载《金融经济》2014年第1期

浙江民营经济发展新特点与转型升级对策建议

■ 王祖强

摘要：民营经济占据浙江经济半壁以上江山，其发展水平决定着浙江经济发展质量和可持续发展能力，是浙江长期占领全国经济制高点的重要因素。当前，浙江民营经济确实面临一些困难和问题。浙江应从营造发展环境、提升发展水平、提高创新能力、强化要素保障等方面入手，再创民营经济体制机制新优势，加快民营经济发展。

关键词：民营经济 体制 转型

1 浙江民营经济发展的新特点

浙江是民营经济的大省，截至2014年9月底，全省共有各类市场主体400.75万户，同比增长9.51%，其中企业119.51万户，同比增长16.35%；私营企业104.89万户，同比增长19.07%；个体工商户274.67万户，同比增长6.77%。

近年来，浙江民营企业虽然遇到诸多困难，但是仍处在良好的发展状态，主要特点是：

1.1 民营经济实力稳步提升

根据全国工商联最新发布的“2013中国民营企业500强”名单显示，浙江139家高居第一，入选榜单的企业在规模和效益上同比均有明显的提高。浙江民营企业积极克服资源要素环境制约，不断适应国内外市场需求变化，企业生产经营继续保持平稳较快发展。民营经济贡献了全省50%以上的税收、60%以上的生产总值、70%以上的外贸出口以及80%以上的新增就业岗位，“五六七八”现象充分说明了民营经济在浙江经济体系中的基础性地位。

1.2 民营经济结构逐渐优化

新的时期,浙江民营企业在发展过程中,落实政府提出的经济转型发展策略,在经济结构升级转型方面,走在了前面,民营企业以其灵活、敏锐的市场洞察力,在环境变化中快速反应,企业竞争力逐渐提高,产品的市场占有率也是稳步提升。且第三产业占比已超过第一与第二产业之和。目前,在规模以上工业中,民营高新技术企业10000多家,实现增加值占民营工业增加值的19%左右;2013年信息经济生产总值达到10000亿元以上,占全省国民生产总值的5.9%。出现了一大批如娃哈哈集团、万向集团、吉利集团等有一定知名度和影响力的跨国公司。

1.3 民营经济发展活力不断增强

浙江民营企业大力加强管理创新和制度创新,加快企业股份制改革和上市步伐。截止2013年底,浙江300余家上市公司中,民营企业占80%以上。同时,浙江民营经济对内对外开放持续扩大,充分利用国际国内两个市场和两种资源,努力在境外建立生产基地、研发中心和营销网络,不断提高对外开放的质量和水平。目前,浙商遍布世界各地,在外浙商有750多万人,其中有150多万人分布在130多个国家和地区。浙江积极实施"浙商回归工程",鼓励浙商回归创业反哺家乡,得到广大浙商的积极响应,为浙江带回了数千亿元的有效投资以及宝贵的智力资源。

1.4 民营经济发展氛围良好

"重商亲商扶商"是浙江的好传统。浙江继续深化政府自身改革,再造民营经济发展新优势。当前,浙江着重推进行政审批制度改革,打造"办事最快、审批最少和服务最优的政府",加快推动政府职能转变,全面提升政府的有效治理能力。加快实施"四张清单一张网"建设,即实施"政府权力清单",全面清理政府权力;实施"政府责任清单",明确政府职责;实施"企业项目投资负面清单",制定核准目录外企业投资项目政府不再审批的具体办法;制定"政府部门专项资金管理清单",省级政府部门一般不再直接向企业分配和拨付资金,也不再直接向企业收取行政事业费;建立省市县三级联动的行政审批"一张网",形成"一站式"网上办理和"全流程"效能监督。

通过改革,增加部门间的协同,加快打造尊重市场和尊重规律的"有限"政府,服务到位、监管到位的"有为"政府,严格依法行政、规范高效运转的"有效"政府。

2 浙江民营经济发展存在的主要问题

当前浙江民营经济发展进入新常态,步入增速换挡、经济结构调整、政策消化三期叠加,发展存在的主要问题表现如下:

2.1 浙江民营企业转型升级速度缓慢

浙江提出转型升级历经10余年,但"小、散、弱"的现象并没有发生实质性改变。全省小微企业占全省企业总数的90%以上。浙江民营企业在市场上仍然是资源要素的竞争,拼的是价格,低端锁定的发展势能和路径依赖惯性过大。低端同质化竞争严重,浙江民营企业造成的国际贸易摩擦越来越多,占全国总数的1/3。浙商文化中短期、功利主义盛行,民营企业家对知识创新、企业转型升级以及长远战略规划普遍缺乏,对知识产权、人才培养不够重视,调研了解到资产规模和销售额1亿左右的民营企业中,不少民营企业家的"土豪气"过重,员工缺少归属感,人才流失严重。

2.2 浙江民营企业发展受资源要素约束严重

随着发展阶段的变化和节能减排硬约束的强化,浙江民营经济发展越来越多地遇到了用地难、融资难、用工难,以及原材料成本、融资成本和工资成本快速上升等问题,使那些靠拼资源、拼环境、拼价格的"三拼"民营企业面临生存的考验。

目前浙江50%的土地指标给大项目,剩下绝大部分用于保障基础设施建设,用于民营中小企业发展的土地资源极少,工业土地价格30-50万元/亩。民营企业的资金来源主要来自自身积累和民间借贷,直接和间接融资都存在较大困难,主要表现为贷款担保难,抵押手续繁,信用中介服务体系发展滞后。虽然出台了信用担保、风险投资等方面的政策,但具体操作在基层落实难。浙江民营企业大多是从个体经济发展起来,大中型企业比例较低。小企业自主创新意识普遍较弱,创新能力较低,拥有知识产权的企业少,贴牌生产企业较为普遍,企业竞争力普遍不强。

2.3 浙江民营经济的"空心化"趋势比较明显

由于土地等资源要素的严重制约,加上外省招商引资的门槛普遍低于浙江等因素,造成了浙江民营企业转而迁往外省甚至是东南亚等国,使浙江经济"空心化"的趋势比较明显。有的民营企业家精神有衰退迹象,有的民营企业管理者年纪过大、观念老旧,接班人培养出现断层。企业产权往往与企业家的个人产权混合在一起,没有形成现代企业所具备的独立和完备的产权制度，一元化产权结构导致摆脱不了家庭血缘关系的干预。由于缺乏具备现代管理理念的经理人，企业的管理缺乏制度化、规范化的程序，管理和决策有较大的随意性。有的企业家热衷于赚快钱、短期钱，将资金投向房地产、矿产等产业，造成资金链断裂，部分社会责任弱化的民营企业家，甚至采取恶意破产、跑路等方式逃避债务，使原本经营还不错的联保企业被拖入困境。

3 促进浙江民营经济转型升级的对策建议

浙江民营经济要积极顺应新常态，新形势下的经济发展趋势，立足浙江实际，结合本地民营企业的特色优势，主动转型，力争实现跨越式发展。

3.1 绘制民营经济发展新蓝图

民营经济在支撑增长、促进创新、扩大就业、增加税收等方面具有重要作用，改革开放后浙江经济的发展史就是民营经济的发展史。应将民营经济发展作为浙江经济社会发展的重要内容，纳入全省经济社会发展总体规划、城镇空间规划和区域土地利用总体规划以及相关专项规划，统筹推进浙江民营经济发展。要站在全局的高度，在总结浙江民营经济前阶段发展经验的基础上，组织力量深化研究浙江民营经济的发展模式、发展路径、体制创新、政策保障等重点问题，引导全社会理解支持民营经济发展。通过全省共同努力，将浙江建设成为全国民营企业转型升级引领区、民间资本市场准入先行区、民间金融综合改革试验区、民营发展环境优化新样板，继续为全国民营经济发展做出新贡献。

3.2 加快促进民营经济转型升级

面对近年来内外环境的迅速变化，浙江省的民营企业在发展过程中也遇到了如下问题，如高素质劳动力短缺、企业核心技术人才流失、融资成本过高、新商业模式的冲击等，这些新矛盾的存在，在很大程度上阻碍了民营经济转型升级的步伐。

对此，应全面实施创新驱动发展战略，下大力气解决根本的结构性问题，加大政府对行业发展的调控力度，鼓励高新技术企业落户，并给予税收方面的优惠，引进外来高素质人才，提高本地区劳动力的基本工资，为企业的发展解决劳动力不足的问题。大力支持新兴产业的发展，布局高端产业，尤其要重视信息经济的发展，坚持协作化、共享化、智能化的经济整合发展方式，嫁接国内外的先进经验和技术以及引进优秀企业、人才、项目，克服老化的蔓延，完成传统产业的升级和改造。总结推广吉利、阿里巴巴等民营企业成长路径，引导民营骨干企业走高端化、品牌化和国际化之路，形成一批带动力大、辐射面广、国际竞争力强的大企业大集团。

3.3 破除民营经济发展资源要素制约

产业集群经济是浙江民营经济发展的主要形态，是集聚集约发展的重要方式，是破解资源要素制约、实现可持续发展的重要途径。要加快块状经济向现代产业集群转变，按照高水平开发、高强度投入、高密度产出的要求规划建设好各类园区，推进绿色企业创建行动，继续深化结构减排、科技减排等措施，有序推进重点行业污染整治，加快解决行业性、结构性的突出环境问题。坚持“停劣上优”、“腾笼换鸟”，“以亩产论英雄”，鼓励和支持民营企业加快形成节约能源资源和保护生态环境的产业结构和增长模式。

3.4 强化民营企业信用建设

政府主动转变职能，减少事先审批，加强事中事后监管，大力打造民营企业信用体系，建设涵盖企业诚信守法、履行社会责任和违法经营行为、交易失信行为等信息记录的政府平台，开放整合各部门信用数据，明确各级政府部门的信息共享规则和开放责任，用制度使企业不敢失信。注重质量、诚实守信是企业的立身之本，也是企业最基本的社会责任。引导民营企业要把追求经济效益和实现社会效益结合起来。要完善企业信用档案，充分发挥政府信用平台监督作用，建立失信企业“黑名单”并实时向社会公开，构建“守信为荣、失信为耻”的社会舆论氛围。严格保护民营企业的知识产权，保护创新的种子，建立更为完备的知识产权侵权的仲裁和惩戒机制，严厉打击和有效遏制知识产权侵权和违法犯罪行为。

3.5 打造民营经济最佳发展环境

消除体制性障碍，鼓励民营经济进入混合所有制国有企业改革、放宽民营资本进入领域。全面和大力创新财税和金融支持体系，促进民营经济“高精尖”发展，助力民营企业稳定发展。积极引导在外浙商资本、资源、人才、信息、技术等优质生产要素回流。

参考文献：

[1]邵慰．浙江民营经济发展面临的挑战及对策[J].商场现代化，2014(09).

[2]许世亮 .浙江中小民营企业人才引进对策研究 [J].中南林业科技大学学报 (社会科学版), 2013(04).

[3]陈金勇,汤湘希,赵华,金成隆 .终极所有权结构差异、两权分离程度与自主创新[J].山西财经大学学报, 2013(10).

[4]石水平 .机会不平等下的家族企业成长与融资决策——来自我国上市公司的经验证据 [J].暨南学报 (哲学社会科学版), 2013(11).

[5]洪峰,戴文涛.政治关联与内部控制质量的债务契约有用性——来自民营企业的经验证据 [J].广东商学院学报,2013(06).

作者简介：王祖强,浙江诸暨人, 经济学博士, 教授, 现任中共浙江省委党校经济学教研部主任、软科学研究所所长, 浙江省 "科学发展观与浙江发展研究中心"特约研究员。

——原载《中小企业管理与科技》2014 年第 12 期

准确理解混合所有制经济有助破解国企改革中的五大难题

■ 黄文忠

发展混合所有制经济有助于破解国企改革中的五大难题。

一是破解公有制和市场经济结合难题

“公有制和市场经济结合”或者讲“建设社会主义市场经济”,二者是同一命题的不同提法。三十多年国企改革历程表明,公有制和市场经济结合确是难题,国企效益依然不够理想就是证伪。以至决定让所有制结构从一元到多元，足以说明市场经济与非公经济之间有着“天然结合”的必然性,市场经济与公有制经济之间的结合存有难度，无疑是一个世纪性世界级难题。1984 年改革重心转向国有企业以来,改革口号从“搞活”、“搞好”到“建立现代企业制度”,改革举措从承包制、租赁制到股份制,所有制结构从“大公纯”到“国有企业比重”“可以减少一些”、“还可以减少一些”，国企资金从吃财政、吃银行到吃股民,无不带有国情所规定的色彩。若说这是“十八般武艺”都用上了并不过分,但是国企效益仍然不理想。因此,必须找到一种接轨国际上通行的现代企业制度。十八届三中全会进而提出“发展混合所有制经济”,让不同所有制经济从宏观上“同时并存”转向微观上在企业内部实现资本融合,无疑是破解结合难题的新思路。因此是公有制和市场经济相结合命题在新时期实践的新发展。发展混合所有制经济就是一种必然选择,是现代市场经济的客观要求。

二是破解社会主义现阶段基本经济制度坚持难题

“公有制主体、多种所有制经济共同发展”,是社会主义现阶段的基本经济制度。进入新世纪以来,由于缺乏有力的数据支持,“公有制主体”几成口号,如同空呼“万岁”一般。这必然影响到对社会主义基本经济特征的认识。社会主义基本经济特征可以概括为社会主义经济公式。马克思公式是:社会主义=单一公有制+单一按劳分配+单一计划经济;恩格斯—列宁公式是:社会主义=单一公有制+单一按劳分配;斯大林、毛泽东公式是马克思公式复归；邓小平把社会主义公式从经典著作推向现实，创立现实社会主义公式=公有制主体+按劳分配主体+市场经济;十八届三中全会进一步发展了现实社会主义公式=混合所有制经济+按要素分配+市场经济，将社会主义市场经济与现代市场经济国际接轨,意味着淡化所有制的社会制度属性。社会主义经济公式从马克思到中国共产党十八届三中全会，经历了从书本到现实，从宏观经济到微观经济的丰富发展历程。可以肯定,发展混合所有制经济既是现代市场经济的客观要求,也是坚持两个“毫不动摇”的必然结果。

可以肯定，发展混合所有制经济有助于突破生产资料所有制的意识形态障碍。公有制、私有制两种经济绝然对立、势不两立(以文革为标志)→平行发展(以12.3中全会提出“一起上”为标志)→混合所有制经济(以18.3中全会为标志)，这一运行轨迹表明所有制情结正在从强化到淡化，社会主义现阶段的所有制结构正在从一元→多元→社会所有制渐进。二次大战后，国际上曾经有一百多位包括诸多著名学者、诺奖得主在内的经济学家，将东西方经济中相互借鉴计划和市场的现象概括为“趋同”。如今所显现的所有制结构发展的规律，已经超越以往的“趋同”，融入到了微观经济当中，笔者以为可以称为新的“趋同”现象。

三是破解先前两个“36条”吸引民营资本进入国企难题

上世纪九十年代国务院两个“36条”出台以来，民营资本进入国企困难依旧，“望资兴叹”，观望的多，进入的少；进入后，有发生产权纠纷的，有被迫退出的，也有被无理剥夺的，令人忘而怯懦。如今，民资可以进入国企领域进一步扩大到军工、金融等部门，的确需要创造新的理论以取代两个“36条”的政策规定。发展混合所有制经济，既是坚持两个“毫不动摇”的必然结果，也是现代市场经济的通常做法。诚然，让民资打破国有资本、“权贵资本”垄断局面并不现实，采用“节外生枝”办法实行公、私企业各拿出利润合资创办新的企业也无法撼动其垄断地位，但毕竟是打破国有资本垄断局面的一种有效赏试。

经济体制改革就是把“计划经济公有制”改造成为“市场经济公有制”。“共产党”这个名称规定了生产资料公有制是必须毫不动摇加以坚持的奋斗目标。仅仅由于社会主义初级阶段生产力水平还远未达到足以支撑单一公有制，因此必须坚持的“毫不动摇”要有两个。生产资料公有制并非社会主义所特有。古代万里长城、大运河也是公有制，只是封建制公有制，为维护封建统治服务。今天美国依照法律规定，国有企业只允许从事邮政、公交、自来水供应、污水处理、博物馆、森林公园、水利工程、航天、养老、医疗保险、存款保险等领域——均为私人所无法做、做不好或无利可图的公益事业——资金大多来源于财政，那是“资本主义公有制”，其目的服从于维护资本主义社会稳定。与原始社会公有制、奴隶制公有制、封建制公有制、资本主义公有制相对应，当然有社会主义公有制。由于社会主义是随生产力发展水平而划分不同阶段的，今天正处在共产主义社会初级阶段的初级阶段，所以需要区分社会主义初级阶段的公有制和发达阶段的公有制，初级阶段的公有制又有改革开放前与改革开放以来的重大差别，笔者因此将其划分为“计划经济公有制”和“市场经济公有制”。结论必然是：经济体制改革就是把“计划经济公有制”改造成为“市场经济公有制”，这是一个过程——计划经济公有制比重从高到低，市场经济公有制比重从低到高——二者此长彼消。显然，近三十年来传统计划经济公有制比重持续下降是一种正常的现象。

四是破除权贵资本垄断局面难题

改革开放经过三十多年以后，在坚持两个“毫不动摇”方针指引下，公有制经济和私有制经济开展平等竞争的氛围中，多种所有制经济无论质和量都实现了提升。另一方面，尤其是出现了这样的状况：非公经济企业的数量增长、GDP比重提高，公有制经济比重相应下降，而一些关系国计民生的国有大企业竟然被少数“权贵”所操纵，出现了垄断局面，少数掌控有色金属、能源等重要资源者常有要挟涨价的情况发生，甚至还有“权贵化”、“世袭化”趋向。据报载有关国家发改委官员家藏亿元现金者已非个案。十八届三中全会严肃指出，当前我国存在着“各种形式的行政垄断”，企业之间存在着“三个不平等”——权利不平等、机会不平等、规则不平等。国有大企业被“权贵”操纵成为“权贵资本”的状况与体现社会主义的本质要求的民主、自由、平等、公正、法治等的核心价值观主题内容明显相悖。因此笔者以为，发展混合所有制经济可以让国资、民资“合二为一”，共同推动经济发展，无疑是改变“权贵资本”垄断局面，坚持两个“毫不动摇”方针，坚持社会主义核心价值观的一项有效举措。

近年，随着“权贵资本”的出现并为害国计民生，人们对“权贵”、“权贵资本”、“权贵资本主义”等的责难也与日俱增。权贵资本都产生在公有制经济尤其是国有大型特大型企业中。这类企业走向垄断，操纵市场，甚至让权力世袭传代。老百姓对此类现象责难甚多。“权贵”，从字面看，是威权与贵族二者含义的叠加，英文俄文都把“权贵主义”和“官家主义”划等号，把“专制主义”和“威权主义”划等号，无疑都是贬义词。笔者考证了俄语中有关“权贵”的含义，也许有助于加深理解。“权贵”的俄文有四个词，按照词义排序依次为：

“Родовитая знатъ”(世袭名门的贵族、世袭贵族的显贵的人们);

“Властъ предержация устар”(古老的执政者权力);

“Аристакратия”(贵族阶级、贵族、特殊阶级);

“Снавники”(高官们、大臣们)。

由此可见,俄文中的“权贵”,含有世袭、执政者、特殊阶级、高官们等意思,足以准确反映出“权贵”的本质特征。吴敬琏先生等中国学者把一些关系国计民生的国有大企业被少数“权贵”所操纵,出现了非规范的市场经济的垄断局面,甚至还有传代和继承一类“权贵化”趋向的现象概括为“权贵资本主义”,批判其专权、世袭、操控市场等封建性野蛮行径,是一个十分贴切的概念。诚然,权贵资本或权贵资本主义不带制度属性,并非资本主义。依据十八届三中全会决定精神,对“权贵资本主义”的非规范市场经济行径,从理论上予以批判,从法制上加以限制,从实践上给予取缔,是很有必要的,也是非常及时很得人心的,笔者因此以为,加强法治和发展混合所有制经济不失为有效的高优选项。

五是打破所有制问题被意识形态化的难题

所有制问题上几十年的经验教训之一就是偏于意识形态作为论处标准。既然如十八届三中全会决定所说“混合所有制经济……是基本经济制度的重要实现形式”,混合所有制经济=基本经济制度,现实社会主义=混合所有制经济,那么,社会主义所有制到底是什么样的?邓小平1985年尖锐指出:迄今“还在摸索之中”的一个大问题,就是“什么是社会主义,如何建设社会主义。”其中有待“摸索”的一个基础性问题就是社会主义生产资料所有制。“摸索”,就是相当时期内无所适从,需要运用“试错法”实践。笔者以为可以从马克思经典中寻找依据。生产力—生产关系规律的作用要求不可抗拒。社会主义是一个动态发展过程,它的不同发展阶段对社会主义所有制的要求自然不可能划一要求。社会主义初级阶段的公有制自然不同于发达阶段的公有制,包括结构和水平。

几十年来,在所有制问题上,总是习惯性地把社会主义所有制理解为社会主义公有制,以至于在中国,公有制一直变得十分意识形态化,而长期内国有制又被看作是公有制化身。国有制=公有制,似乎天经地义。曾经,凡是企图离开上述“天经地义”公式的经济学家,无一能够逃脱扼运。强辞夺理所带来的,一是理论上出现了循环论证——讲社会主义就强调公有制,讲公有制就强调社会主义,于是社会主义就是公有制,建立公有制就是确立社会主义——至于公有化的程度与生产力之间的关联度、公有制的形式、公有制的制度特性、公有制的阶段特点及其实现形式,似乎都无需区分了,只讲公有制一般而忽视公有制特殊;二是实践上追求彻底消灭私有制,以及公有制的不断升级过渡,并且用共产主义社会的公有制拿来裁量现阶段所有制。其结果是,当用生产力标准加以衡量的时候才发现又“付了学费”,却又找不到这种“枉付学费现象”何时才能“到此为止”的钥匙!其实,钥匙就在马克思的书里面!就是社会所有制,只有现代市场经济才具备过渡条件。笔者以为,既然股份制是社会主义公有制的一种实现形式,那么,混合所有制经济作为股份制的高级形式,当然也是社会主义公有制的一种实现形式。社会主义公有制就体现在混合所有制经济当中。就像一则“牛肉汤广告”所示意的那样:“这就是牛肉!”因为牛肉变成了汤,牛肉都在汤里。

顺理成章的是:淡化所有制具有历史必然性。由此决定了:共产党领导下搞市场经济必然成为最大的中国特色,这一特色规定了所要求的公有制,是与国际规范的市场经济相适应的公有制。从原先与传统计划经济相适应的公有制,转向与市场经济相适应的公有制,是一个改革到适应的过程。因此,公有制主体包括数量和质量两个方面,公有制主体的质量需要区别与传统计划经济相适应的公有制,和与市场经济相适应的公有制;仅就公有制主体数量而言,要经历“高—低—高”过程,与市场经济相适应的公有制主体,才是社会主义初级阶段的目标模式。要是在改革开始和中途就要“坚持”公有制主体,否则就是“私有化”,那就无法进行所有制改革了。途中比重下降的是与传统计划经济相适应的公有制,而比重提升的是与市场经济相适应的公有制。两种不同的公有制主体存在着质的差别。曾经对公有制比重下降的担心和划线做法,显然已经没有必要了。淡化所有制是市场经济发展的一个必然趋势。要同时具备上述五个经济功能的,股份合作制、合伙制、一股独大的公司制等企业都不可能。只有货真价实的混合所有制经济才具备上述五个功能。显然,发展混合所有制经济有助于破解国企改革中的五大难题,是以准确把握混合所有制经济的概念为前提条件的。

笔者给出的定义是:混合所有制经济,是不同所有制性质的投资主体共同出资组建的公司企业。准确把握混合所有制经济的概念是深化国企改革的迫切需要。建立混合所有制经济，必然触及企业科层治理结构,改变国企高管“一言堂”局面。从一般企业到混合所有制经济,是质的飞跃。可以肯定,股份有限公司中的公、私投资者共同出资和参与治理的现代企业制度才是混合所有制经济。

混合所有制经济处在一组同心圆的核心部位,因此要求最为“苛刻”。

这个定义表明,建立现代企业制度在先,员工持股在后,员工持股是发展混合所有制经济的一个结果,也不允许以揽资为目的。

混合所有制经济，是当今广泛存在的一种资产组织形式。我国晚清有官股商股进入的股份制航运公司,新中国有公私合营企业;美国有“职工持股计划”——曾被称为“人民资本主义”;日本有“终身雇佣制”。

混合所有制经济不同于混合经济。混合经济是指既有市场调节,又有政府干预的经济。在这种经济制度中,决策结构既有分散的方面又有集中的特征。

混合经济是指全社会经济中的计划经济和市场经济同时并存，或者不同性质所有制经济同时并存的状况，而混合所有制经济是指同一企业内部不同性质所有制股权混合投资相互持股的状况，一般发生在股份有限公司中,公有资本和私有资本融合成企业资本,一旦投入便成为固定资本和流动资本,不可退股。二者存在着宏观经济与微观经济的重大区别，不可混淆。最近,有人把孙中山先生有关“民生主义”——国家、省、县都建设起不同所有制经济共同发展的经济体系——的设想解释为混合所有制经济；也有教授文章中搞混概念的。

如果上述定义可以成立的话，那么有待破解的一个现实问题是：员工持股是发展混合所有制经济的条件还是结果?

党的十八届三中全会强调“积极发展混合所有制经济”。指出:“国有资本、集体资本、非公有资本等交叉持股、相互融合的混合所有制经济,是基本经济制度的重要实现形式……允许更多国有经济和其他所有制经济发展成为混合所有制经济。国有资本投资项目允许非国有资本参股。允许混合所有制经济实行员工持股,形成资本所有者和劳动者利益共同体。”在指出“混合所有制经济”的本质特征即“国有资本、集体资本、非公有资本等交叉持股、相互融合”,混合所有制经济“是基本经济制度的重要实现形式”之后,一连讲了三个“允许”的政策措施——一是“允许更多国有经济和其他所有制经济发展成为混合所有制经济”——指明发展数量即“更多”,二是“国有资本投资项目允许非国有资本参股”——指明允许“参股”到国有资本投资项目当中,三是“允许混合所有制经济实行员工持股”——指明所“允许”的对象和前提——对象是员工,员工持股的前提是混合所有制经济。因此可以肯定:是先建立符合混合所有制经济本质特征的混合所有制经济,即“国有资本、集体资本、非公有资本等交叉持股、相互融合”的混合所有制经济,以此为大前提,才“允许员工持股”,显然,员工持股是发展混合所有制经济的一个结果,而不是发展混合所有制经济的前提条件。有的地方把员工持股作为发展混合所有制经济的前提条件，是一种本末倒置行为,并不符合三中全会文件原意。如果把员工持股作为混合所有制经济的前提条件和标志，那么发展混合所有制经济就会变得非常容易，那就背离了发展混合所有制经济的初衷。有的地方把股份合作制统计为混合所有制经济，以至改革还没有启动就有70%以上的企业成为混合所有制经济了；有的地方政府还确定了限期实现混合所有制经济的定额指标，似乎这是在搞翻牌。笔者以为,只有先建立符合混合所有制经济本质特征的混合所有制经济,即“国有资本、集体资本、非公有资本等交叉持股、相互融合”的混合所有制经济,以此为大前提,才“允许员工持股”。不能把员工持股作为混合所有制经济的标志。

2001年十五届四中全会首次提出“国有大中型企业尤其是优势企业,宜于实行股份制的,要通过规范上市、中外合资和企业相互参股等形式，改为股份制企业,发展混合所有制经济。”中央文献的这一权威论述足以证明：混合所有制经济是不同所有制投资主体共同投资于“国有大中型企业尤其是优势企业”的一个积极结果。因此,笔者以为本文的上述观点能够成立,并且充满自信。

作者简介：黄文忠，上海市委党校经济学教研部(系)前部(系)主任,教授。

中小企业在美国页岩气革命中的作用与启示

■ 孙海泳

举世瞩目的页岩气革命使美国迅速摆脱油气进口大国身份。2012年,美国的能源自给率已达82%。自此,美国不仅重拾能源独立梦想,而且有望成为全球举足轻重的能源出口大国。根据国际能源署(I E A)于2012年进行的预测,到2017年美国将取代俄国成为全球最大的天然气供应国;到2020年前后,美国将成为世界最大的石油生产国;到2030年前后,北美地区将成为石油净出口地区。同时,页岩气革命也为美国重振本土制造业,摆脱金融危机的阴影创造了坚实的基础。因此,页岩气革命堪称21世纪初以来,影响全球能源、工业以及地缘政治格局的最重要事态。值得注意的是,页岩气革命的横空出世,美国中小企业的 技术创新和市场开拓作用功不可没。

中小企业在美国页岩气革命中的作用

美国的页岩气革命的萌芽与成长与中小企业的开拓密不可分。这些中小企业虽然资金实力较小,但拥有专业技术,可以致力于区域业务的勘探并率先步入勘探的前沿领域。据统计,美国页岩气产业中涉及8000多家油气公司,其中7900余家是中小企业,是推动页岩气革命的主体。正如美国肯塔基大学教授伊万·希勒布兰德所言,目前美国经济增长的最大动力就是页岩气革命,当然页岩气革命的发起和政府没有太大关系,和B P或壳牌等大型石油公司没有多大关系;页岩气革命的发生更多的是中小企业开拓市场、追求利润的结果。参与美国 页岩气开发的中小企业一般可分为三类,一是油气公司;二是油田服务类公司;三是设备供应商。独立油气公司对页岩气革命的发生起到了至关重要的推动作用。这些公司既非大型石 油公司的子公司或控股公司,也非政府出资或控股的公司,因此在规模上要比壳牌、B P、埃克森美孚等石油巨头要小得多,但其决策比大公司灵活,风险承受能力又比小石油公司大,其一般仅从事上游的勘探开发业务,敢于推动原有的常规勘探向新的、资本密集的非常规能源开发转移,一旦成功可以获得高额投资回报,如推动了美国页岩气革命的米歇尔能源公司就属于独立石油公司。而切萨皮克能源公司作为美国独立油气公司的典型,依靠自身技术在美国发现了大量非常规油气新储量,因此,从初始投资仅五万美元的小公司发展成为美国第二大天然气生产商。根据2011年4月美国独立石油协会委托知名咨询公司——IHS统计并发布的报告,目前美国至少有1.8万家陆上独立石油公司,这些独立石油公司的钻井总数约为美国钻井总数的94%。

中小企业从美国页岩气开发热潮中获得了可观的利润,尤其是油田服务类公司。由于中小型油田服务类公司掌握核心技术,包括很多石油巨头在内的石油公司会通过外包业务,让油田服务类公司提供相应的专业服务。而现已涉足页岩气领域的大型石油公司如壳牌和B P等在页岩气发展的开始阶段并未成为真正的大赢家。

中小企业在美国页岩气革命中担纲主角的原因

市场机制完善

1978年,美国国会通过了《天然气政策法案》,放松了对天然气价格的管控,使气价的变动完全由市场需求决定,联邦政府只在环保和管道建设方面施加有限的影响。1992年,美国政府禁止天然气生产者同时拥有天然气管网资产,规定管道公司只能从事输送服务,避免出现垂直垄断型产业链。在页岩气市场中,政府对投资者没有资质、规模、能力等方面的准入限制,而矿权管理形成了竞争性招标、有偿转让和勘探成果商品化机制。这避免了大型石油公司对气价和市场的垄断,使具有竞争力的中小企业能够充分参与油气市场中的竞争,并激发技术创新。在页岩气产业链中,大中小企业并存,中小公司和各类基金控制了多数开采区块,并生产了85%的页岩气。正因为如此,清华大学卡内基国际和平基金会中国气候与能源项目主任涂建军表示,由于市场的开放,中小企业的活跃真正推动了美国页岩气产业的发展。

政府的财税支持政策

美国联邦政府以及部分州、地方政府对页岩气勘探、开发实行税收减免及财政补贴等支持政策。在联邦立法层面上，1978年的《天然气政策法案》最早提出对非常规天然气开发的补贴政策。1980年的《原油暴利税法》中规定了非常规能源生产税收减免及财政补贴政策，该政策有效地激励了非常规气井的钻探。1997年的《纳税人减负法案》延续对非常规能源实行税收减免政策。2006年，美国政府出台新的产业政策，当年投产的非常规能源的油气井，在2006至2010年间给予每吨油当量22.05美元的补贴。同时，20世纪80年代以来，美国能源部等机构资助了大量有关页岩气开发的研发项目。此外，拥有页岩气资源的德克萨斯州、宾夕法尼亚州、俄亥俄州政府也陆续颁布了一些激励政策，如自1992年以来，德克萨斯政府对页岩气开发免征生产税，实行每立方米3.5美分的州政府补贴，这一额度占该州年税收的7.5%。

金融支持

与常规油气不同，在页岩气开采过程中，要维持产量就必须不断注入资金，以开发新气井。在天然气价格不变的情况下，只有保持产量，才能维持收益。由于页岩气开发需要持续的融资支撑，美国的投资者不得不通过各种融资渠道获取资金以增加新气井的数量。美国高度发达的金融业可以提供丰富的融资选择，如在风险勘探阶段主要靠股权融资；在勘探完成、投产后，企业可以向银行贷款或发行债券；许多企业还和私募股权基金合作，来加强基础设施建设；此外还可通过项目融资，以项目营运收入偿债，使得当期尚无现金流的公司也可获得长期贷款。在6700余家中小企业的推动和华尔街金融机构的支持下，2012年美国的页岩气勘采支出已达6000亿美元。2013年以来，这一开支继续保持上升势头。

产业内分工与协作机制

在美国的页岩气产业中，技术服务公司的专业化分工与协作促进了页岩气的开发。美国拥有上千家技术服务公司，这些专业公司具有强大的技术实力，因此，页岩气勘探开发中的水平钻井等诸多技术性环节一般都委托专业技术服务公司来完成。在页岩气产业链的各个环节会有物探公司、钻井公司、压裂公司等专业服务公司参与作业。专业技术服务公司在开发过程中的高度分工和相互接替，使得页岩气开采的单个环节投入小、效率高、作业时间短、资金回收快、资本效率高。

美国页岩气产业发展面临的挑战

天然气价格在低位徘徊，盈利企业少

低价天然气给美国为经济社会发展和民生福利改善创造了有利条件。当前美国居民可以享受较低价格天然气消费福利。低价位天然气作为工业原料也为美国制造业提供了成本优势，吸引了大量外资企业前往美国投资。由于天然气产量增长，美国已用天然气来替代火力发电用煤，有效降低了二氧化碳排放量。2012年美国二氧化碳排放量达到1997年以来历史最低水平。由于天然气低价给美国带来了实实在在的收益，美国政府没有提升气价的内在动机。

天然气价格下跌严重影响美国页岩气产业投资者的投资回报。据美国能源信息署数据显示，2010年以来美国天然气价格一直处于低迷状态，2012年美国亨利中心的天然气现货价格平均水平下滑至2.74美元/千立方英尺，同比下降31%。天然气价格下跌使得在美页岩气投资企业亏损严重。伍德麦肯锡公司2013年10月发布了一份在美从事页岩油气作业的石油公司经营状况调研报告，该报告对17家在全球油气领域有重要影响的石油公司在美非常规油气业务进行了综合调研，其中盈利企业仅为六家。盈利的企业多为中小公司，埃克森美孚、B P、壳牌等油气巨头有储量发现，但无经营效益。

环保力度加大，提升了页岩气生产成本

在页岩气开发初期，美国政府并未对开采过程采取环境监管措施。随着开采规模不断扩大和地下水污染等环境问题的显现，环保组织多次呼吁政府，禁止应用水力压裂技术。为此，美国政府逐渐加大了对页岩气开采造成的环境污染控制和预防的力度。2012年，美国环保署(EPA)颁布了一部控制水力压裂技术造成空气污染的法规，这是美国第一个意在控制页岩气开采过程中环境污染的法规。该法规要求到2015年1月，美国境内所有应用水力压裂技术的页岩气井必须安装相关设备，以减少可挥发性有机化合物及有害气体的排放。

由此将会增加页岩气开采成本，对约1.3万口天

然气井产生影响。今后,随着美国政府对页岩气生产调控力度的加大,页岩气生产成本可能还要上升。

中国发展非传统油气产业亟待强化中小企业的作用

美国页岩气产业的大爆发,也强化了中国对非传统天然气开发的关注。根据巴克莱银行研究中心的资料显示,全球页岩气可采储量最多的国家是中国,储量约有25万亿立方米,美国位列阿根廷、墨西哥和南非之后,排名第五,储量约为12万亿至13万亿立方米。

虽然中国的页岩气资源非常丰富,但中石油经济技术研究院的研究成果认为,美国页岩气开发的软硬件条件在中国难以复制。美国拥有丰富的页岩气资源储量、完善的地质测绘资料、完善的市场监管体系、便捷的进入市场的渠道。同时,美国还有相对有利的开采条件,不仅有利于页岩气和页岩油的生成富集,还特别适合采取水力压裂法开采页岩气。此外,美国密集的天然气管网等交通便利条件也有利于页岩气等非常规天然气的勘探开发。美国天 然气管网长度达41.4万千米,相比之下,中国天然气管网的长度约仅为3.6万千米。不容忽视的是,美国等发达国家严格的知识产权保护政策,使得中资企业即使投资于美国页岩气产业,也极难获得核心技术。因此,中国必须根据自身的资源分布、储藏特征,充分依靠自主创新,促进中国页岩气等非传统天然气产业的升级。

鉴于中小企业在美国页岩气革命过程中,尤其是初始阶段的重要作用,中国应充分发挥中小民营企业在非传统天然气产业升级中的作用。当前,中国民营中小企业参与非传统天然 气开发,需要突破技术瓶颈、产权、资金、管理、管网等重重阻碍,同时也面临价格和环保压力等风险。

鉴此,中国需着力在以下方面推动主要包括民企在内的中小企业,在非传统油气市场中发挥更大作用,以提升中国的能力开发和保障能力。

第一,页岩气发展初期具有投入大、规模小、成本高等特点。中国的民营企业在管理水平、资金实力,研发能力、技术水平等方面总体上尚显不足。为推动和鼓励页岩气开发,政府应该研究出台具体的财税支持政策。

第二,出台具体措施,鼓励民间投资广泛参与,形成多元化的投资主体,这不仅可以拓宽页岩气产业的融资渠道,还可以有效地分散投资风险,使得有技术创新潜力的企业能够充分发挥作用。

第三,推动页岩气产业内的合理分工。在美国页岩气革命的发展进程中,中小企业的创新、开拓与协作功不可没,但在中国的页岩气产业中,无论是在探矿权、开采还是服务技术方面,中小型企业的地位都几乎可以忽略。中国的独立油田服务类企业数量极少,油气产业 基本上是屈指可数的几个大型国企的舞台,油田服务类企业也基本归在大型油气公司的名下。

第四,有效的融资渠道是页岩气产业发展必不可缺的条件。不仅需要鼓励和规范民间资本注入非传统天然气产业,还需有效利用外资。

第五,生产商与管道运营商的分离。美国油气产业的生产商和管道运营商分离的做法值得借鉴,有利于破除垄断、鼓励公平竞争和提高管网利用效率。中石化石油勘发研究院教授级高级工程师包书景认为,中国的油气管道目前被两大油气巨头所垄断,而新建管网的投资规模巨大;如果不解决油气管道问题,民企即使能够开采出油气,也无法输送;今后由政府成立管道公司是发展页岩气产业的必然之举。

——原载《国际融资》2014年9月

制度环境视野下的民营经济发展问题探究

■ 薛国友

我国市场经济系统中，民营经济作为其重要的组成部分，在改革开放之后，得到了快速的发展。究其发展情形分析，可以看出制度环境因素在其发展的过程中带来的巨大影响。降低制度对民营经济发展的制约因素，努力营造出适宜民营经济发展的制度环境可以改善发展的不稳定性因素，从而有利于促进民营经济的快速而平稳的发展。而如今，我国市场经济仍处于复杂且变化莫测的环境之中，此时的市场经济制度还有待改善，管理调控能力还不够健全，法制建设依旧处于未完善阶段，那么如何创建促进民营经济生存和发展的制度环境便成了重中之重。

一、制度环境下对民营经济发展的制约因素

(一)严重偏颇的市场准入制度对民营经济的制约

市场准入机制是民营经济在经济发展领域的敲门砖，相较于国有经济领域的全面开花和外资经济的较低准入门槛，民营经济的市场准入门槛就过于高强。在市场准入机制对于不同市场经济实施差异甚大的准入门槛，阻碍了民营经济在相关领域的发展步伐。目前在国家管理层，对于民营经济准入制度实现了相对公平的准入原则。但是由于缺乏系统的且具有权威性的产业投资政策指导意见，在准入门槛的决定上，还未形成与外商准入办法同一层次的政策和法律意见，因而在民营经济准入上无法进入到其他经济组成部分所能参与竞争的领域。如：电信、航空、银行、石化、汽车、证券、烟草等行业。民营企业想要渗入到这些行业，其可能性就目前而言几乎是微乎其微。这些行业基本上都被国有经济所垄断，而由于国有经济缺乏了民营经济的自由和规范化的优点，从而制约了我国整体经济的良性发展。

民营经济是在计划经济的夹缝中慢慢发展起来的，由于在当时属于新兴事物，无法为其提供恰当的制度供给，而只能实行“摸着石头过河”的策略，在发展的过程中进行摸索前进。由于对民营经济的高风险性和产权性质差异性的偏重，也造成了一定程度的偏见和歧视。因而，使得民营经济在市场竞争中处在了不平等的地位。在公共事业和基础设施等领域，对民营经济产生了诸如“玻璃门”的现象，明面上准入，而实际上不准入。通过对从业资格、资本实力以及技术水平等限制要求抬高民营经济的准入门槛，使得民营经济只能望洋兴叹，看得见却摸不着。即使侥幸得以进入，却又会因为行业垄断不断加强的影响，从而被挤出该行业。

(二)缺失和不完善的相关法律法规对民营经济保障方面的制约

法制环境的改善对民营经济的发展可以发挥关键的作用。市场经济也是法制经济，对民营经济立法，促进了民营经济的发展和成熟。完善的法制奠定了民营经济发展的基础，但就目前而言，与民营经济相关的法律法规还有些缺失和不完善，在保障民营经济合法利益方面还处于较为弱势的地位。与其他发达的市场经济体制的国家相比，依然存在着很大的差距。而就我国内部法律而言，对于不同经济制度主体所享有的权利也不尽相同，其中民营经济主体也处于相对较弱的状态。在财产权利上的保障水平低，且保护力度较弱，甚至于在某些合法财产遭受侵犯时依然得不到有效的保护，对民营经济的发展产生了严重的制约甚至破坏。民营投资保护的核心是企业的知识产权保护。而由于我国经济发展相对落后、技术水平还不够高，导致了知识产权保护的起步较晚，虽然已经基本建立起著作权、专利权、商标权为主体的知识产权保护的法律体系，但相较于国际关于知识产权保护的法律制度而言，仍然存在着较大的差距。

民营企业经济立法的滞后以及相关法律法规的缺失，导致了法律适用范围的混乱状态，同时也制约着民营经济的发展。完善民营经济相关的法律法规，为民营经济的发展创造一个公平竞争的平台，在公平公正的法制环境之下，为民营经济的发展提供一个合适的契机，使市场经济达到一种和谐的状态。

(三)融资制度的苛刻对民营经济发展的制约

融资制度对民营经济的融资在改革开放以后缺少相应的调整和转变，以至于民营经济体系在融资方面困难重重。在有限的金融资源中，相当一部分效益较差的国有经济体系占据了很大的比例，而缺乏担保组织的民营企业却没有融资的资质。民间借贷市场的形成

在一定程度上可以弥补金融市场的缺陷，但借贷市场的形成和发展也需要政府部门的推进和相关政策的支持。而这些却正是现今所欠缺的。降低民营经济融资准入的门槛，实现与外资融资准入一致的政策支持，努力建立起多层次的更为健全的资本市场，提高民营经济进入金融机构的待遇，实行平等公正的信贷策略，加大银行对民营企业的信贷比例，按照市场调查到的实际情况，给予信誉效益俱佳的民营企业应有的信贷资金；对信贷资质的评估和申请的条件进行改革和统一；改进相应的上市和证券发行的政策，帮助民营企业获得融资上的优良环境。

(四)税赋制度的差异性对民营经济发展的制约

与国有企业和外资企业相比，对于民营企业的税赋征收过重。而有些关于税收的优惠政策也将民营企业和个体户排除在外。在税赋收缴方面不够透明，致使民营企业对相关税收项目不够明确，且对国家颁布的免税政策也缺乏了解。各地政府为扩大招商引资，对外地的民营企业会给予一定的优惠，导致民营企业纷纷在异地投资。这样的结果，只能造成本地民营企业积极性的挫伤，同时产生了税费的流失。在财会制度上，对民营经济体系同样存在不平等的制度。但在竞争条件，外在评判条件都一致的情况下，却依据了不同的财会制度和税收政策，从而导致了民营经济在付出更多的情况下，竞争力却不如国有经济和外资经济体系，限制了民营经济的发展。

二、制度环境的优化对民营经济发展的促进

(一)树立服务型政府理念

各级政府部门要与时俱进的树立正确的政绩观和科学的发展观，积极主动地加强政府管理制度创新工作，减少对民营经济投资市场的直接干预和调控，为市场经济调控创造优良的条件，实现政府部门的宏观调控。重点扶持民营经济的发展，减少对资本形成的干预倾向和过度竞争，为民营经济可持续地、平稳地、健康地发展创造条件。

1. 扶持政策的制定

制定对民营经济发展有利的相关政策制度，并开展落实制度检查工作，以确保制度实施的规范和公正。

2. 开展服务落实工作

提高政府部门相关人员的服务意识，对相关人员展开服务技能的培训，提升其服务水平和服务质量。

3. 精简审批程序，提升审批效率

加大审批程序精简力度，对程序性相关规定进一步有效地完善，降低行政审批的时间限制，尽最大努力的提升审批相关工作效率。

(二)扩大民营经济准入领域，降低准入门槛

将承诺对外资开放的领域同时对民营经济开放，允许民营经济进入国家法律未明令禁止的相关领域，拓展民营经济的发展空间。加大民营经济对公共事业和基础建设事业的投资力度，降低其进入门槛，并给予一定的政策方面的支持。

对政府经营的事业单位进行有效地改革创新策略，引进民营经济的投入，对国有经济事业中供气、供暖、供水以及公交等领域实现产权多元化，基础设施建设领域也可以面向全国公开招标，降低对民营经济投入的限制。对医疗、教育、体育、文化等公共事业扩大改革，引进民间投资资本。

(三)建立公平公正的法治环境

保障民营经济体系的合法权益，为民营经济制度提供有力的法律依据，针对民营经济发展进程中存在的执法不公等不法现象进行有效地公关。加强行政执法力度，规范司法行为，建立完善的监督体系，坚决杜绝不合理处罚和野蛮执法现象的发生，对有关行政执法人员在民营企业处罚事宜上以权谋私的行为实行有力的惩治处罚措施。

(四)改善融资环境，加大融资制度的改革创新

为民营企业提供优良的融资环境，增加银行信贷对民营经济体系的开放力度。建立健全的融资环境，引进相应的民间资本投入。在中小银行建立完善的组织体系，积极吸纳非公有资金的入股。在农村信用社可通过吸收小企业、个体工商户甚至是农民个人入股，提高对乡镇中小企业的服务。鼓励银行降低对中小企业信贷资质评估的苛刻要求，积极开展融资项目的创新改革，增加对民营企业的信用贷款支持力度。积极构建民营企业直接参与的融资体系，努力完善民营企业的信用担保机制，创建更多更方便灵活的带有商业性质或者互助性质的信用担保机构，减少民营投资风险，建立损失补偿体系，从而促进民营经济的健康发展。

(五)减少税赋制度差异性，增加透明度

采用公平公正的税赋制度，给予民营企业与国有企业、外资企业同等经营条件下的税务优惠政策和相关免税政策。公开税收收缴项目，减少重复税收的发生，在所得税减免政策中，平衡外资企业和民营企业的执行时间，不搞特殊化和差异化税收。对本地企业也同样实行与外地企业相同的优惠税收政策，提高本地企

业投资的积极性。在市场经济系统的不同组成成分实行相同的财会制度,建立平等公正的竞争机制,促进整体经济健康平稳地发展。

(六)内在改革企业制度以适应外在制度环境

创建适宜的企业制度环境以此减少对外在制度环境的依赖,努力提高民营企业的灵活性和竞争力以及适应性能。将所有权和经营权进行有效的分离,以增强企业的决策水平和效率。对规模达到一定程度且具有多样性产权的民营经济体系,政府应积极给予法人治理结构方面的帮助和扶持。同时,各民营企业也要注重自身美好诚信形象的树立和提高,坚决杜绝败坏声誉的行为发生,对企业本身的名誉负起自身的责任。

三、结语

自我国加入 WTO 以后,石化、汽车、交通、电信等行业也将由国有经济垄断状态向市场竞争机制转变,在外资经济向这些行业快速渗透的过程中,民营经济再不加快进入步伐,将会失去占据这些行业领域的市场,从而对我国民族经济的发展产生严重的制约,错失了民营经济快速发展的机遇。因此,在国家相关政策制度改革创新的同时,加强自身制度的建设,增加民营企业自身竞争力,树立诚信经营的美好形象,在国家提供公平公正的制度环境下,进而促进民营经济高速、平稳、可持续、健康的发展。

参考文献:

[1]吴宗杰,刘国华,张红霞,等.我国民营经济发展的制度环境研究 [J]. 经济问题 ,2003(6):27-28.

[2]高娜.制约我国民营经济发展的制度因素 [J]. 长春市委党校学报 ,2010(4):45-47.

[3]廖小波.制度环境视野下的民营经济发展问题探析 [J]. 经济研究导刊 ,2009(33):176-177.

作者简介:薛国友,辽宁朝阳人,本科。研究方向:民营企业管理。

——原载《企业战略》2014 年第 36 期

浅谈我国个体私营经济发展的几点建议

■ 郭涛

摘要: 我国个体私营经济(private economy)在上世纪 80 年代初开始起步发展,随着改革开放的深入,已取得了一些成就,但也走过了一些弯路,目前仍面临着不少矛盾和问题,为此笔者提出个体私营经济发展的一些建议 。

关键词: 个体私营经济;发展;市场;建议

一、发展个体私营经济的重要意义

前国务院总理温家宝在《国务院关于鼓励支持和引导个体私营等非公有制经济发展的若干意见》中指出,我国个体 、私营等非公有制经济是社会主义市场经济的重要组成部分 ,是促进社会生 产力发展的重要力量 ,对经济增长 、扩大就业 、活跃市场、增加财政收入发挥着重要作用。从宏观的角度来看,由各种各样的个体私营企业构成的个体私营 ,不仅繁荣了市场,活跃了经济,为人们提供丰富多彩的生活用品和服务 ,满足了人们日益增长的物质文化生活需要 ,也吸纳了大量的劳动力和人才,解决了众多劳动人口的就业问题,有力地促进了社会的健康稳定 。

二、发展个体私营经济所面临的主要问题

(一)思想观念上仍存在多种错误认识

现阶段社会上对于个体私营经济的发展仍然存在着一些偏见和误区 ,有一部分人还总是带着有色眼镜来看待个体私营经济的发展。

首先是不能正确认识我国社会主义初级阶段的基本国情，把非公有制经济始终看作社会主义市场经济异己力量的“对立论”；其次是无视非公有制经济已发展成为我国国民经济的重要组成部分和新的经济增长点的现实，把非公有制经济当作边角余料，认为派不了大用场，坐不了正席的“补充论”；再次是看不到在整个社会主义初级阶段公有制、非公有制以及混合所有制经济长期并存、共同发展的大势，认为发展非公有制经济是我国当前国有经济效率低下、国有企业困难重重的情况下，为解燃眉之急、应一时之需的“权宜论”。此外，一些人担心个体私营经济发展过快，比重过大，会冲击公有制企业尤其是国有企业的生产与经营，影响公有制经济主导地位的“恐慌论”等。

(二) 缺乏公平、规范的发展环境

由于在思想认识上存在种种偏见和误区，导致个体私营经济在政治上待遇不高，在政策法规上处于受歧视和限制的地位，缺乏公平、规范的发展环境。

首先是缺乏合法财产得到有效保护的法制环境。1988年颁布的《私营企业暂行条例》，其中对个体私营经济的权利和义务规定得十分笼统，对保护个体私营经济合法财产和其他合法权益的规定比较薄弱，使得个体私营经济长期在无法可依、缺乏应有的法律保护下发展和成长。在生产经营过程中，当个体私营经济权益被侵吞、受损害或出现经济纠纷时，难以得到有效的法律保。其次是缺乏行政管理部门服务的政策环境。在行政管理中，个体私营经济成为“唐僧肉”，行政管理部门以收费代管理、代指导的现象比较普。近年来，个体私营经济普遍受到乱收费、乱摊派、乱罚款和强制性的乱集资等“四乱”的侵扰。这一问题尽管在各种所有制企业中都存在，但私营、个体经济尤为突出。笔者在安徽的界首市个体经营户调研中发现，仍有个别执法部门为了完成任务，想尽一切办法到个体商户中以抽检等执法为名进行罚款，如界首市经营品牌皮鞋行业的部分经营户深受乱罚款之害，真是有苦难言。

三、促进个体私营经济发展的几点建议

(一) 解放思想，统一认识，更新观念，营造环境

在认清个体私营经济的地位和作用的基础上，解放思想，统一认识，转变思想观念，促进观念更新，强化宣传，积极营造全民招商引资的浓厚氛围。个体私营经济发展，其一要思想领先，要敢于冲破一切影响发展的陈旧思想观念，敢于突破一切束缚发展的传统框架模式。其二大力发展个体私营经济是由我国社会主义初级阶段的基本国情决定的，是不以人们的意志为转移的。因为个体私营经济是我国国民经济的重要组成部分，是我国社会主义初级阶段的重要经济成分，它与公有制经济一样肩负着社会主义初级阶段所要完成的工业化、商品化、社会化和现代化的历史任务。其三个体工商户和私营企业主，是我国工人、农民和知识分子在市场经济中自身分化、流动的产物。作为社会主义市场经济的重要组成部分，支持和鼓励个体私营经济的发展，就是为社会主义市场经济发展作贡献，就是为社会主义生产力发展作贡献。因此在坚持发展公有制经济的同时，也要理直气壮地支持和鼓励个体私营经济的发展。为此，各级政府要解放思想，统一认识，转变观念，积极为个体私营经济的发展打造良好的发展环境，始终把基础设施建设作为一个战略重点来抓，进一步加大交通、能源、通信、市政等基础设施建设。比如在乡镇新建和扩建集贸市场等，为个体私营经济的发展提供一个良好的经营环境。

(二) 加强对个体私营经济的宏观管理

1. 引导个体私营经济朝着有利于国民经济全局的方向发展

要把个体私营经济的发展纳入国民经济发展计划，要根据国家经济政策和产业政策，加强对个体私营经济的产业投向引导，把其纳入国民经济良性循环的体系中；引导个体私营经济适应经济结构的战略性调整，在国有经济退出的领域中发挥积极作用；鼓励、引导大学生或失业者等自谋职业，在个体私营经济领域得到发展；引导个体私营经济积极参与国际竞争，开拓海外市场。安徽强旺调味食品有限公司成立2003年1月，坐落于皖西北具有“小上海”美誉之称的界首市，是一家专业从事复合调味品的行业，在本市政府的积极引导下，该公司以市场为导向，靠质量求生存，现已成功开发研制出块状复合调味品、粉状复合调味品和颗粒状复合调味品三大系列，拥有十几个国家、地区的产品配方，本公司有着得天独厚的自然环境、优秀的技术力量、独特的生产车间、科学的加工工艺和先进的生产设备，已经获得国家的十几项专利。由于界首市政府积极引导该企业参

于国际竞争，同时公司始终坚持以人为本的发展方针，注重经济效益和社会效益，目前该产品在加工技术、产品开发、生产设备、生产规模等方面居于国内同行业第一的领先地位。产品远远出口于非洲、中东、东南亚、西亚、欧洲、北美、南美等国家，于 2008 年荣获“阜阳市龙头企业”称号，并取得了 HALAL 证书；2009 年通 过 ISO22000 认证 、ISO9000 认证并获得证书 。

2. 加强对个体私营经济从业人员的思想政治教育

要加强对个体私营经济从业人员的思想政治教育和引导，使之成为社会经济发展的积极力量 。首先要及时掌握个体工商户和私营企业主的思想动态、利益要求，重视和加强对个体工商户和私营企业主的政治领导和思想教育。其次要加强个体私营 企业的党建工作，使具备条件的私营企业尽快建立和完善党的基层组织，发挥党的基层组织对个体私营企业的组织和引导作用；要加强对个体私营经济从业人员的世界观、价值观、人生观的教育以及社会主义、爱国主义、法制和职业道德教育，提倡“爱国、敬业、诚信、守法”，讲究职业道德、诚信自律、合法经营、依法纳税，重点培养一支拥护党的领导 、能够与党长期合作 、在同行中有一定经济实力和影响 、热心公益事业 、先富带后富的积极分子队伍，选拔那些经过长期考验、坚决跟党走的代表人物进入人大、政协，到工商联、青联、妇联等任职，引导个体私营经济向良性的方向发展。在这方面，安徽金裕皖酒业公司率先垂范，该公司在企业内部建立基层党组织，定期召开党员大会，其法人段 兆 法 先生任市政协委员，为界首市经济的发展献计献策 。

3. 加强对个体私营经济的业务技术指导

各级党委、政府应根据自身的实际，聘请专家教授来为本地的个体私营经济作技术指导。同时调动各方面的积极性，坚持市场导向与政府引导相结合，引导个体私营经济发展以社会效益为中心，实行大中小并举、总量扩张与质量提高并举的方针，引导个体私营经济不断提高自身素质。首先要教育个体私营经济从业人员加强自身学习，不断提高自身的文化水平、科技水平和管理能力，把握好市场定位，通过技术开发、技术引进、技术改造，推进智力、科技和产品开发，通过更新设备、引进技术和工艺，提高产品的附加值和科技含量，摆脱低水平重复建设的状况。其次要加强对个体私营经济的创业引导，建立必要的产权制度 。

4. 引导个体私营经济发展同城镇化建设相结合

积极引导个体私营经济的发展与农村产业结构调整、小城镇建设以及农民脱贫致富等结合起来，这是加强对个体私营经济的宏观管理，加快城镇化建设的关键。安徽界首市鸭王行政村有着悠久的纺绳历史，界首市委、市政府积极引导纺绳专业户发挥地方特色，在该地成立鸭王工业园区，把当地经济发展同城镇化建设相结合。因为小城镇数量多，分布广，距离农村近，可以兼顾二三产业充分利用民间投资的优势，能有效地降低城市化进程中的风险和成本，吸纳农村剩余劳动力并创造就业机会。在时机成熟的情况下，鼓励在专业市场、专业村和经济园区的基础上建设小城镇。界首市鸭王工业园就是在专业市场上建设的小集镇，大大带动了当地经济的发展。

（三）创造公平竞争的环境

1. 转变政府职能

要从加强政府职能转换的角度，按照对各种所有制一视同仁 、同等对待的原则，对现有的政策法规进行系统清理 。对不符合市场经济要求 、不符合政府职能转变以及对个体私营经济不公平的规定，坚决予以废止或修改，扫清个体私营经济发展的政策性障碍 。

2. 解决个体私营经济的市场准入难的问题

除必须由国家垄断经营和关系到国家安全的行业外，其它领域全部面向个体私营经济开放 。对具有自然垄断特点的行 业，可通过“ 特许权经营 ”拍卖的方 式，向有能力进入者开放，为个体私营经济的发展创造公平竞争的环境。为此在欠发达地区的各级党委 、政府为了繁荣当地经济应做出以下规定：凡是国家没有明令禁止的，都允许个体私营经济生产经营；凡是允许外资经营的，都要向个体私营经济开放；凡是拟向外资开放的，都应率先向个体私营经济开放 。

3. 进一步健全保护个体私营经济合法财产权的法律制度

要明确非公有制企业和个人的合法财产与公有财产一样神圣不可侵犯，对侵占私有财产和侵占公有财产予以同样的司法认定和处罚，切实加强对个体工商户和私营企业主合法财产的保护 。任何组织和个人不得侵犯私人的合法财产，不得非法改变个体私营企业财产的权属关系 。对损害和侵犯个体私营经济权益的行为，要坚决予以查处，构成犯罪的要依法追究其刑事责任 。

4. 继续治理“三乱 ”，切实减轻企业负担为了治理“三乱”，为私营经济的发展保驾护航，为此各地党委、政府召开会议，给一些行政执法部门的不作为和乱作为行为敲了一次警钟。对各类行政性审批和收费主体、项目、标准逐项进行清理；对地方和部门越权立项的收费坚决取消，同时规范收费行为，对行政性收费、罚款收入，实行收支两条线管理；对政府执法机关不能以收定支，在个体私营经济中推行收费明白卡制度，增加收费的透明度；加强收费行为的社会监督和舆论监督，建立“三乱”举报制度，对向企业乱收费、乱罚款、乱摊派的单位和个人，要认真严格查处，决不姑息养奸。

参考文献：

[1] 田克勤. 中国特色社会主义理论与实践研究[M]. 中国人民大学出版社.
[2] 徐志宏，秦宣. 中国特色社会主义理论体系概论[M].中国人民大学出版社.
[3] 刘诗白 .社会主义市场经济理论[M].西南财经大学出版社.
[4] 李兴山，刘潮.西方管理理论的产生与发展[M].现代出版社.
[5] 王珏.市场经济概论[M].中共中央校出版社.
[6] 李辉，邢智毅，刘小岷.我国双向投资的发展阶段及对策[J].湖北经济学院学报，2013，(2):15-20.

作者简介：作者单位为中共界首市委党校。

——原载《湖北经济学院学报（人文社会科学版）》2014 年 1 月。

温州中小企业融资困境原因分析及应对措施

■ 宋佳伟

摘要：从 2006 年开始，温州个别中小企业就显现出了一定的融资压力，如今融资困境已经成为温州中小企业间的普遍现象。以银行为代表的正规金融融资金额有限且渠道不顺畅，而民间借贷利 率甚至高于企业的利润率，并且中小企业融资后资金大量投向了一些非生产领域，不仅加剧了资金的使用风险，还带来了产业空心化的后果。造成温州中小企业融资困境的原因很多，国内外经济环境的恶化直接对其产生严重影响，各家银行对中小企业授信门槛的限制以及民间借贷市场不完善都在不同程度上影响了温州中小企业的融资行为。因此我们要依据温州的实际情况解决问题：一 是强化金融机构的支持；二是政府出台政策支持。 三是提高温州中小企业自身的融资能力，通过加强与完善中小企业自身的机制体制建设，改善外部融资环境。

关键字：中小企业　温州融资困难

2008 年全球金融风波后，温州中小企业融资更加困难，究其原因主要有以下三个方面：一是国家宏观政策的不完善；二是中小企业自身存在缺陷；三是金融体系不完善，银行忽视中小企业。针对上述三个方面的原因，笔者分别从国家政策层面、金融体制改革和中小企业三个层面提出应对措施，以期对解决温州中小企业融资困境问题有所帮助。

一、温州中小企业融资的现状

温州总体经济发展水平高主要得益于温州中小企业经济发展的迅速与壮大 。 温州工业经济的主导行业包括有电气制造业 、鞋革制造业 、塑料制造业 、服装制造业等十大行业，整体来讲绝大多数属于轻工业产业 。仅在温州地区，就形成了 35 个国家级生产基地，截至 2011 年底，温州市规模以上工业企业 8096 家,其中销售产值超亿元企业 800 多家,五亿元以上企业达到 100 余家,十亿元以上企业 50 多家,为当地的生产总值做出了巨大贡献 。 由不同主体投资的企业,其平均总产值存在一定差距,其中外商投资企业平均总产值最高,其次为港澳台商投资的企业,这二者之间产值比较接近,且均高于内资企业的平均产值,通过分析我们得到以下结论：一是引进港澳台商以及外商投资企业的优势比较明显，他们所投资的企业由于资金以及技术等存在着一定的保证，因此企业创造的工业产值也比较可观,在进行外源融资时,外资企业具有更多的融资渠道和更好的信用担保能力；二是内资企业发展仍需继续努力,相比于后两者,内资企业所创造的工业产值存在着一定的差距，由此也可以侧面的反映出内资企业发展过程中存在着一定的资金压力 。

向民间金融组织借贷一般出于两个方面的原因:一是流动资金的需求，通过民间借贷来解决季节性或临时性的资金需要；二是当企业有了一定的资源积累后,会逐步迈入规模扩张阶段,此时就需要大量资金投入到新产品研发或是新设备的引进上，当自有资金和银行信贷无法满足企业的资金需求时，民间借贷就成为温州中小企业的一个普遍选择。 根据 2012 年温州中小企业协会的统计显示,2012 年温州地区的民间融资需求已经达到了 1200 亿元，已经接近了中小企业从金融机构获得的信贷水平，在温州中小企业生产经营过程中,民间金融一直发挥着十分重要的作用。从温州市发改委 2012 年提供的监测数据中发现,不同程度的“缺钱 ”在当地中小企业中有一定的普遍性 。 在其监测的 229 家骨干企业中，认为融资紧张的 占 11.5%,认为融资没有压力的占 22.3%,认为融资有一定压力的高达 66.2%。

来自温州市金融部门的数据表明,相比前两年,当地银行放贷确实有所收紧，但发放总额仍居历史高位。 截至 2013 年 4 月末，温州全市人民币贷款余额为 5681 亿元,同比增长 300 亿元,增量同比减少 140 亿元。 虽然监管部门已经有意识地引导信贷资金,侧重流向那些质地优良的中小企业，数据显示，相比 2008 年的国际金融危机时,小中等规模企业获得的贷款总额增幅达 39.31%、28.06%,远高于大企业 15%的增幅，但上述措施仍没从根本上解决温州中小企业融资难的问题。

二、温州中小企业融资困境的原因分析

（一）国家宏观政策的支持力度不足是温州中小企业融资困难的重要因素

鉴于市场经济体系建设需要逐步完善的过程,当前中小企业普遍还缺乏公平的社会环境和法律法规保障，国家税收政策公平性有待加强 。 中小企业既要缴纳企业所得税,又要缴纳 20%的个人调节税,税赋明显过重;中小企业法律法规建设滞后,缺乏中小企业信贷资金管理法和中小企业信用担保等有关维护中小企业融资合法权益的法律法规。 此外,完整的扶持中小企业发展政策体系仍未建立健全 。 这几年来,针对中小企业贷款难 、担保难的问题,国家虽然颁布了一些新的政策，诸如要求各国有独资商业银行总行成立了中小企业信贷部，人民银行总行颁布了向中小企业倾斜的信贷政策等，但是还未形成完整的支持中小企业发展的金融政策体系，致使中小企业的融资和贷款仍然受到了束缚和影响 。

（二）金融体系不完善是温州中小企业融资困难的直接原因

首先，银行的经营理念和方式不利于温州中小企业。 中小企业贷款具有金额小,频率高,时间急等特点，相对而言银行付出的贷款管理成本相对较高 。此外,商业银行利率浮动幅度小,不利于调动基层商业银行对中小企业贷款投放的积极性 。

其次,温州金融体系过于僵硬,缺少直接面对中小企业的机构 。 虽然工、农、中、建 4 家国有银行和 10 多家全国性商业银行在针对国有大企业的同时也设立了专门面向中小企业的业务部门，但远没有适应和符合温州中小企业发展的政策要求 。

最后,温州金融体系中缺乏有效的担保机制。一是担保机构运作不规范,地区发展不平衡。 二是缺乏风险分散机制,未形成区域性风险分担体系。三是担保机构规模小、担保放大倍率低。四是缺乏资金补偿机制,持续性发展存在困难。五是多头管理造成监管乏力、信息不畅 。

(三)中小企业自身的缺陷是温州中小企业融资难的根本原因

首先，温州很多中小企业往往在缺乏市场调研和

科学论证的情况下盲目投资,导致重复建设现象严重,行业竞争加剧,质量得不到保证。其次,因为中小企业经营稳定性差,有较高的倒闭或歇业比率。再次,温州中小企业财务制度的不规范。最后,温州中小企业在技术创新方面能力低,缺乏竞争力,市场风险高。鉴于上述四点原因,银行部更倾向于将贷款资源投放到大型企业。

三、改善温州中小企业融资的相关对策

长期以来,温州中小企业融资难的状况一直存在。长远来看,随着市场经济体制的完善和成熟,温州中小企业的融资模式将逐步过渡到多元化融资模式。在向多元融资模式过渡中,我们必须逐步优化中小企业的外部融资环境和加强中小企业自身素质建设。具体而言,我们可以从以下三方面来缓解中小企业融资困难。

(一)加快金融机构的改革步伐

首先是温州银行业要更新观念。传统的经营理念认为贷款给大企业和小企业、不论贷款多少,其花费的时间和人力相差无几,可能产生的效益却是不同的。因此,一些中小银行相对于国有独资商业银行来说在追求利润最大化的前提下,更青睐于规模大、资本雄厚、信誉良好的大型企业,而对于为数众多的中小企业持有偏见,不愿予以支持,宁可“批发”,不愿“零售”。对此,金融机构要迅速转变观念,要重视温州中小企业对分散银行资产风险的积极意义,选择优良中小企业作为长期贷款客户群,开发新的业务空间。

其次,要发展中小商业银行。发展中小商业银行,目前可以有两种形式,一是设立中小商业银行,充当中小企业专门的银行;中小商业银行的建立主要是吸收企业法人为股东的股份制银行,要依照商业银行法,独立自主,自我经营,自担风险,接受国家监管机构的监督。二是允许设立或改制为民营银行。有些资产质量较好,管理水平较高的城乡信用社,也可以在改制过程中吸收民间资本改制为民营银行。这也有助于将那些地下或半地下的私人钱庄纳入监管范围。中小城市商业银行和民营银行都要建立有效的进入和退出机制,同时建立保护存款人利益的机制,让符合条件的银行进来,经营不善的倒闭或者被兼并,这样才能真正实现充分竞争。

最后,要进行金融产品创新,扩大对温州中小企业的资金供给。温州中小企业贷款难的主要症结之一在于有效抵押资产少、难以获得有效的担保以及其财务制度不健全,因而必须寻求另外的有效突破。这就要求解放思想和创新信贷方式。银行要根据目标客户的需求,不断创新金融产品,以金融产品敲开银企合作之门,通过合适的金融产品,进一步拓宽温州中小企业融资渠道。在合作方式上,可以采取保全仓库业务(动产质押贷款)、仓单质押贷款、应收账款质押贷款、贸易融资等,随着这些创新贷款方式进一步完善,既可使银行发展业务、控制风险,又可以在一定程度上缓解温州中小企业融资难问题,实现“银企”双赢。

(二)完善中小企业的自身业务水平

从温州中小企业融资现状我们了解到,温州中小企业在最初的发展阶段主要依靠自身内部积累,企业的发展资金大部分来自于资本和内部留存收益。要想改善温州中小企业的融资状况,要想依靠政府支持及银行业的金融改革,温州中小企业自身首先必须做出巨大的变化。

首先,要提高中小企业经营者和管理者的水平。温州中小企业尤其是一些新起步的民营企业,要尽快建立起适应市场经济需要的经营管理模式,吸收专业性的管理和技术人才,建立健全内控制度。完善企业经济责任追究制度,合法经营、规范管理,尽快进入银行的授信范围,取得金融支持。

其次,要建立有效的财务管理制度。要加强制度建设,建立和完善企业的财务管理体系。此外,还要建立内部控制制度,加强企业的财务监督。在企业中推行“事前计划、事中控制、事后分析”的财务管理模式,建立完善的企业内部稽查制度。

最后,要强化信用观念,提高信息可信度和透明度。温州有的中小企业出于偷漏税款和应付上级部门检查等原因,往往存在两本帐、三本帐现象,会计信息严重失真。从融资的角度看,目前温州中小企业财务制度不健全,财务信息虚假已严重阻碍了金融机构对其资金的投入。因此,温州中小企业除应建立起规范的产权制度、财务制度外,还必须建立起规范的信用制度,提高企业财务管理水平,加强财务信息的真实性。只有当温州整个中小企业群体的财务状况透明度改善了,温州中小企业与银行之间的信息不对称的现状才会好转,银行间接融资的渠道才能更加顺畅方便。

(三)强化政府部门的支持力度

温州中小企业的健康发展离不开政策的保护和扶

持,温州市政府应该从经济、法律、税收、担保、技术、市场信息、服务方面为中小企业营造一个有利的环境,比如可以通过优惠税收、增加财政补贴、鼓励直接融资，此外，对于温州中小企业扶持的各项政策、法规和措施可以制定得更具体、更有可操作性。

首先要为温州中小企业提供财政支持和税收优惠。针对温州中小企业融资难问题,应该由温州市政府牵头,设立银监会、担保机构、金融机构等参与的温州中小企业基金，以低息或无息等形式为温州中小企业提供贷款，从一定程度上解决温州中小企业的融资问题。

其次要为温州中小企业融资提供法律和法规的保证。完善的法律法规是对温州中小企业的扶持和帮助的重要保证,因此借鉴发达国家的有效经验,应该有针对性为温州中小企业提供政策引导，建立完善的法律、法规,促进温州中小企业的健康发展。要在在调研取证温州中小企业融资的问题的基础上，结合我国宏观经济政策,结合温州当地实际,制定完善的法律法规体系,做到温州中小企业的发展有法可依,有法必依,促使更多的温州中小企业规范、公平的参与市场竞争。

作者简介:作者单位为广发银行温州分行。

——原载《金融经济》2014 年第 8 期

解决中小企业融资难的国际经验与对策

■ 赖诚成

摘要:中小企业融资 难是经济发展过程中的一个瓶颈,我国现在处于经济转型升级的发展阶段,中小企业为我国经济的发展带来了动力,提高我国经济发展的质量,有利于我国经济的持续、健康发展,但是中小企业的发展却面临着种种困难,导致我国中小企业陷入发展困境。本文借鉴美国、日本、韩国和德国等发达国家的经验，分析了这些国家在发展中小企业过程的先进经验和对策，特别是有些发达国家 和发展中国家的发展情况，与我国既有类似又有差异的特征,本文进一步地结合我国中小企业的发展现状和困难,认为成立政策性金融机构、完善信用担保机制、建立民间金融机构和鼓励资本市场优势等经验都非常有借鉴意义,可以显著的提高我国中小企业的发展动力,解决中小企业融资难的困境。

关键词:中小企业;融资难;国际比较

一、中小企业融资方式的国际比较

从经济发展的过程来看，世界许多国家的中小企业都面临融资难的困境，究其原因，从金融机构的角度来看，金融机构更乐意投资于大型企业、国有企业，特别是在我国,国有企业由于规模大、信誉好、发展机会多等优势,更容易获得金融结构的贷款,而金融机构与其的合作更加密切;而对于中小企业来说,企业的年龄较小,与金融机构的合作并不成熟,同时,企业的发展风险程度更大，中小企业既有可能成长为大型企业,也可能面临着倒闭的风险。本文对比了美国、日本、韩国和德国等发达国家解决中小企业融资难的政策和策略，发现如果从机构设置、风险投资、信用担保、资本市场、法律等层次进行改革,对中小企业的融资情况能够提供一个比较好的解决之道。

1.政策性金融机构

从美国的经验来看,美国在 1958 年就设立了小企业管理局,这个机构的主要功能为：一方面,可以制定全国中小企业的发展方针政策;另一方面,又可以与国会等部门进行沟通，这个部门解决了美国中小企业融资难的问题。这是不是值得我们国家借鉴呢?在中国也可以建立一个类似的政府机构部门。美国的小企业管理局有一些特别的政策,比如重点为技术创新企业、有发展潜力的企业提供融资担保，同时也为中小企业提供一些自然灾害等不可抗力影响的贷款担保。该小企业局在美国还提供了多样化的融资渠道，比如建立了中小企业投资公司、购买投资公司的证券、提供低息贷款等方式。美国政府也为中小企业提供了各种发展机会，主要解决了中小企业融资困难与技术发展瓶颈等问题，提高了美国中小企业的国际竞争力。

从日本的经验来看，日本在1948年成立了中小企业厅，是为日本中小企业服务的最高行政机构，其主要职责为提供中小企业发展的国家政策，对中小企业的重组和兼并提供指导，使得日本的中小企业能够在国家的带领下进行有序的发展。另外，日本还成立了三个国家政策性的金融结构，这三个金融结构专门为中小企业的融资提供帮助，解决了国家商业银行对中小企业过少的贷款问题。第一个是国民金融公库。这个机构主要是提供小额贷款，这些小额贷款能够为中小企业带来借款便利，由于这些小额贷款紧紧为短期贷款，这样防范了由于企业信誉等问题带来的风险。第二个是工商组合金融公库。这个机构为民营企业和官方双方一起组建成立的，服务对象主要为企业团体，那么，要获得工商组合金融公库必须有一个门槛，就是该企业必须为一个团体的一员，这样的话，对于金融公库来说可以减少由于信息不对称而带来的风险，同时，中小企业加入到一个团体，必须现在在中国出现的行业协会或者工业园区，这样，中小企业可以利用团体的优势获得贷款，也可以在发展过程中遇到的何种难题与其他的企业一起合并来处理，更加提高了处理困难的效率，防止单独企业的孤立和

力量的单薄。第三个是中小企业金融公库。这个机构与其他的二个服务的对象不一样，主要提供一些设备的贷款，比如高价的机械设备、重型设备等，在提供设备贷款也就减少了金融机构所面临的风险，因为高价设备在贷款的同时也承担了一定的抵押物的性质，金融机构可以利用设备贷款为中小企业提供帮助，这种方法对于解决中小企业融资难很有好处。那么，早期的日本这三种融资方式对于日本的中小企业的快速发展起到了至关重要的作用。

从韩国的经验来看，韩国政府在1961年便成立了韩国中小企业银行，该银行是韩国政府的一家政策性银行，这种银行主要提供一种高息的贷款，由于风险的增加，通过高利息来降低银行所承担的风险，银行也对最低贷款比例做了规定，中小企业虽然能够获得一定的贷款，但也有承担较高的利息支出，对于发展初期的企业来讲，这是一个比较合适的选择之路。

2.民间金融机构

在美国的发展过程来看，由于美国拥有大量的中小企业，中小企业的融资需求特别旺盛，美国政府的一些 结构虽然提供来一些帮助，但还非常有限，这个时候，在美国出现了许多的民间金融机构，比如美国互助基金，这种机构主要以合作社的方式成立，个人或中小企业都可以加入，个人加入到基金可以获得更多的投资回报也可以获得一定的信用贷款，而中小企业既可以现金贷款，也可以通过企业的股份出售来获得融资，这样可以更容易地获得贷款，而互助基金仅仅对自己的成员提供贷款支持。在日本，民间的金融机构主要有信用公库、劳动公库等，这些民间金融机构对于中小企业的融资提供了更快捷和方便的渠道。

3.风险投资

通过引进风险投资，可以有效解决中小企业的融资难问题，对于一些高成长性的企业来说，通过风险投资可以让企业更快的发展。在美国，1958年成立了中小企业投资公司，该投资公司对中小企业进行风险投资，其资金既可以通过政策性机构获得，获得的资金可以达到四倍且不高于九千万美元，也可以向联邦政府出售其证券获得资金，比较有名的案例是著名的微软公司，在创业初期微软公司是一家仅仅有几个人的小企业，微软公司通过引进风险投资获得了快速的发展。以私募方式建立的私募股权风险投资基金在全美逐渐盛行，主要投资于高科技型中小企业，使中小企业得到了“输血”。

在日本，政府和民间组织成立中小企业投资育成公司，该公司的主要投资方式为提供债券、股权投资和信用担保，这样也为投资者带来了丰厚的报酬，达到互利互赢的局面。而韩国成立了中小企业创业基金，该基金主要向高科技和出口企业提供风险投资。德国除了设立了风险投资公司以外还设立了私营产权投资公司，给予中小企业在税收等方面最大的优惠政策。从美日韩德的经验来看，这些发达国家的风险投资都偏好于投向高风险高收益的高科技企业。

4.信用担保

美国为中小企业提供信用担保的主要机构为小企业管理局和进出口银行，小企业管理局主要针对小企业来进行担保，根据企业的分布状况，美国对小企业划分为全国、州立和社区三个级别，小企业的担保可以根据不同的级别来由相应的财政部门承担；而进出口银行出要为出口企业提供信用担保，比如在抵押仓单、出口融资、资产投资和补充流动资金等方面提供信用支持。日本的信用担保分为中央和地方两个部分，中央政府组建了中小企业信用保证协会，地方团体成立中

小企业信用保险公库。地方的信用担保主要为第一步的贷款担保，而政府的保证协会对地方担保进行再次担保，这样，风险得到了分化，担保体系不断合理和优化。

在韩国，成立的信用担保基金为中小企业提供担保。全国性信用担保基金分为信用担保基金和技术信用担保基金，地方性担保基金是地方政府和金融机构共同出资的，全国性信用担保基金是对地方性担保基金的再担保，形成了双重担保体系。韩国还为中小企业提供免担保物的优惠政策，中小企业无需提供担保物就可以获得贷款，这正是韩国的中小企业供给制度。韩国还设立了其他基金帮助中小企业化解危机，如中小企业创业振兴基金和中小企业共济事业基金。德国的信用担保体系由工会、银行共同出资组成，提供60%-80%的贷款担保。

5.资本市场

在美国，拥有发达的资本市场为中小企业提供服务，比如美国的中小企业大多愿意通过证券市场获得资本融资，据统计，美国的证券融资渠道占到中小企业的融资规模的一半以上。美国的纳斯达克市场凭借较低的准入门槛吸引了大量高科技型中小企业入驻，柜台交易市场主要为中小企业推出和股权转让提供了平台。美国的证券市场提供了多重融资方式，如首次公开发行、股权并购、公司清算等，加速了资本市场流动。为中小企业服务的退出与股权转让的柜台交易市场在日本表现得也十分活跃。韩国参照美国纳斯达克市场，在1996年设立了高斯达克市场，专门针对高新技术型中小企业，强大的资本市场拓宽了中小企业的直接融资渠道，提供了多种融资机会。

6.法律政策

为创造公平自由的融资环境，美国制定了一些列法律法规，有《小企业法》、《小企业资本形成法》、《小企业投资鼓励法》、《反托拉斯法》，其中《中小企业投资法》提出了政府与企业要联合起来帮助中小企业。1982年美国政府推出了中小企业创新发展计划，规定政府部门按一定比例向中小企业提供资金帮助，支持其科研技术开发。日本也设立了大量支持中小企业的法律法规，如《中小企业基本法》、《中小企业防止破产共济法》、《中小企业投资扶持股份公司法》、《中小企业指导法》等。韩国在1986年颁布了《中小企业支援法》，是韩国中小企业法律的鼻祖，地方中小企业培育基金根据这项法律建立，提供低息、可分期的长期贷款，实行税收优惠政策和技术扶持政策。韩国对中小企业发展十分重视，还设立了《小企业法》、《中小企业合作法》、《科技创新特别法》等促进中小企业发展。《反对限制竞争法》是德国的纲领性法规，1974年，修订后，提出鼓励中小企业签订卡特尔协议的内容，以打破大企业的垄断局面，增强中小企业信心力。从上述各国法律法规设定来看，中小企业发展离不开法律对制度和市场的规范作用，法律规范了市场规则，维护了市场秩序，促进了市场的繁荣和稳定。

二、主要的三种融资类型

根据以上四个发达国家的融资方式和特点，可以将融资方式分为市场主导型、政府扶持型和混合型三种类型，美国、德国属于市场主导型融资类型，日本属于政府扶持型融资类型，韩国属于介于市场主导型和政府扶持型之间的混合类型。在市场主导型融资类型中，美国中小企业融资主要以证券市场和短期借款为主要资金来源，中小企业在一个较为公平的融资环境中成长，主张发挥市场功能，弱化政府干预，将政府定位于服务职能，不直接对中小企业进行融资，美国更多地利用资本市场较为活跃的特征为中小企业提供融资支持。德国的中小企业多以银行贷款为主要融资来源，即间接融资为主，德国倾向于大力发展银行对中小企业融资的支持。市场主导型融资类型主要在于创造公平的市场竞争环境，以市场为导向，引导资金融通，这种类型的融资方式有利于压缩政府成本，适用于成熟的市场。政府扶持型的融资类型中的日本则主要倾向于发挥政府的国家职能，实现中小企业的融资活动，通过设立完善的金融体系和信用担保体系，直接向中小企业融资，而不只是提供服务。这种类型下行政成本较高，政府干预较多。混合类型中，韩国既主张发挥市场配置作用，又不放弃政府的引导作用，这种融资类型将市场与政府干预结合起来。

三、我国中小企业融资策略建议

借鉴国际经验，本文对我国中小企业融资做出几点政策建议：

1.建立的 政策性金融机构

我国还没有独立的为中小企业服务的管理机构和政策性银行。虽然一些银行专门设立了中小企业融资部，并开展了针对中小企业的业务，但是仍无法满足中小企业的融资需求，融资门槛较高。以国外经验为借鉴,我国可以设立中国 中小企业政策性银行,建立贷款监督预警机制、信用评价系统和风险管理机制,对中小企业加以扶持 。

2.完善的信用担保机制

我国政府可以建立全国信用担保体系,并将这种体系通过网络化的技术手段达到公开、透明。首先,将我国中小企业的信用情况录入到全国信息库,全国建立联网机制,这样各地的担保和金融机构可以及时和正确地了解中小企业的现状和信用;其次,全国应该建立中小企业的信用担保基金,通过基金的运作来为中小企业提供服务;再次,可以成立抵押物信用担保体系,特别是一些设备投资多的企业来说,这些设备是企业的大部分资产所在,那么设备抵押物就可以成为企业信用的一种抵押物,降低了金融机构的投资风险。通过这三个方法,可以有效地解决我国企业的信用担保机制。

3.鼓励建立民营金融机构

在发达国家的经验中,我们可以看出民间 金融机构可以降低金融结构的投资风险,又可以为中小企业提供便捷的融资渠道,在我们国家,应该打破金融机构过于集中和垄断的情况,允许一部分条件较好的地区成立民营金融机构,民营金融机构由于先天的与中小企业的联系,为中小企业融资提供方便。同时,也打破了我国金融企业的进入壁垒,大量民营金融机构的成立,让市场上的多余资金通过合理的渠道进入到金融行业,防止地下钱庄带来的无监管的混乱情况,民营金融机构的涌现也 增加了国有金融机构的竞争程度,有利于我国国有金融的机构的改革和创新,有利于国有金融机构为市场提供更加高质的服务。 因此,我国应该鼓励各地成立民营金融机构,通过民营金融机构的差异化服务,解决中小企业的融资难问题。

4.发挥资本市场优势

推动三板市场的发展,促进中小企业进行股权转让与退出。建立债权流通与股权流通平台,对信誉高、风险小、业绩好的企业,提供其发行债券、发行股票的机会,拓宽融资渠道。

5.鼓励风险投资

根据我国中小企业自身发展特点,鼓励外资和民间资金参与到中小企业融资中,发挥资金杠杆作用,让新兴高科技企业成长壮大。鼓励创业投资基金、私募股权基金的开展,带动创业积极性,鼓励投资热情。对于成熟的高科技企业,政府可以与银行、企业合作成立风险投资基金,对中小企业进行投资扶持,促进高科技中小企业的发展。

6.健全法律法规

对于我国的中小企业来说,完善的法律法规能够起到保证作用,做到有法可依,这样中小企业的融资便有了法律的保障。《中小企业促进法》是我国为中小企业制定的第一部法律,表明我国已经开启了完善中小企业融资体制的步伐,为我国进一步制定专门针对中小企业的法律奠定了基础。我国应在中小企业融资、中小企业信用担保、中小企业反垄断方面做出可操作性的规范措施。结合我国国情和地方特色,建立自上而下的法律法规体系。

参考文献:

[1]张健华.中小企业融资国际比较及经验[J].中国金融,2011,18:19-22.

[2]郭田勇.中小企业融资的国际比较与借鉴[J].国际金融研究,2003,11:44-48.

[3] 吕博,刘社芳.中小企业融资制度国际比较及启示[J].国际贸易问题,2004,04:62-65.

[4] 赵旭,吴冲锋.基于地区经济发展的中小企业融资国际比较与借鉴 [J].世界经济研究,2004,05:53-57+31.

[5] 林丹丹,贾晓玲.中欧中小企业融资结构与融资政策的比较[J].国际经贸探索,2007,03:21-25.

[6] 章家清,沈才胜.中小企业融资结构的比较分析——基于江苏中小企业的问卷调查 [J].特区经济,2008,03:44-46.

[7]蒋志芬.中小企业融资的国际经验与中小企业融资新思维[J].经济问题,2008,06:103-105.

[8]宋毅成.场外交易市场下中小企业融资能力的国际比较[J].浙江金融,2014,01:20-23+28 .

作者简介:赖诚成,女,天津人,1989 年生,天津外国语大学国际商学院世界经济专业研究生在读硕士。研究方向:金融。

——原载《特区经济》2014 年 8 月

浙江中小民营企业转型升级问题研究

■ 单东

内容提要：中小民营企业在发展经济、改善民生、增加就业、维护稳定等方面发挥了不可替代的作用。当前，转型升级已经成为决定中小民营企业未来发展的关键问题。本文通过浙江省内外大量民营企业的调查，对中小民营企业转型升级问题进行了研究。研究发现，当前中小民营企业的转型升级面临着税费重、融资难、创新意愿低、人才匮乏及市场信心差等一系列问题，在对这些问题进行深入调研的基础上，提出了相应的对策建议。

关键词：民营企业　转型升级　浙江

浙江是中国民营经济最早的发育地之一，也是全国著名的民营经济大省，素有"中小民营企业王国"之美誉。由全国工商联主办的"2012年中国民营企业500强"评选中，浙江省有142家企业入围，蝉联民企大省之首，这已是浙江民企数量连续14年位居全国首位。据统计，截至2012年底，浙江省共有各类市场主体350万户，其中个体工商户255万户，民营企业78万户，占内资企业比重的87%。民营企业的生产总值占全省的70%以上，民营经济提供了全省90%以上的就业岗位，贡献了60%以上的税收，可以说，民营经济是浙江经济繁荣的源泉，是社会稳定的基础，是全面建成小康社会的重要保障。而民营企业中，中小民营企业占其总数的99%以上，由此可见，中小民营企业在浙江民营经济中的重要地位。

然而，随着资源环境的约束加剧和外部竞争的日趋激烈，浙江民营经济的先发优势已不明显，增长后劲乏力。自2010年以来，浙江中小民营企业发展十分艰难：海外订单锐减、劳动力和原材料价格不断上升、税负重、融资难、融资贵（据调查，各大银行对中小民营企业的贷款利率在过去几年中普遍上浮30%左右）、生产成本节节攀升，有6.6万家中小民营企业的总产值和利润持续下降，2011年，全省逾144447家中小民营企业倒闭注销。浙江，尤其是温州，甚至出现了中小民营企业的倒闭浪潮。浙江中小民营企业的发展陷入了生死攸关的境地。

中小民营企业经营环境的恶化，引起了省委省政府的高度重视。为了解决中小民营企业的生存危机和促进其再发展，省委省政府及时提出了转型升级。唯有转型升级，才能使中小民营企业走出困境，再创辉煌。浙江省副省长毛光烈批示的本课题，正是在这一大背景下提出来的。如何实现转型升级，已成为当前一个重大而紧迫的问题，这也就是本课题的主旨所在。

一、浙江民营经济特点、地位和作用

（一）浙江民营经济的特点

第一，以加工贸易为主。浙江民营经济虽然力量雄厚，但从总体上讲，是以加工型、出口型和中小民营企业为主（单东，2009），且以低、散、小的劳动密集型企业居多。上世纪八十年代起，浙江承接了大量的外向型劳动密集型产业，只要人们有勤劳的双手敢创敢拼的胆气和几分运气，就能发展壮大，成为先富者。家家作坊，户户作业。这些中小民营企业无需技术，不需投入，只要几个劳动力，便能开工生产。它在改革开放之初，为浙江经济的繁荣发展奠定了基础，使得浙江一跃而起成为中国经济最发达的地区之一。

第二，产业集群特色明显。浙江经济发展的另一个特征是产业集群明显。它的特点是，在同一区域内，集中发展某一产业，并且有较长的产业链、细化的社会分工、专业化生产和企业之间紧密的关联度等特征，其个性和特色在于小企业大集群，小商品大市场，小产品大产业，这在国内都占据一定比例，形成一定优势。一县一业，一村一品是它最鲜明的特色。如绍兴的轻纺、嘉善的木业、海宁的皮革、永康的五金、义乌的小商品、桐乡的羊毛衫、柳市的低压电器等等，在全国乃至国际上都赫赫有名。

第三，市场与企业互动活跃。浙江民营企业机制活，市场敏感强，应对市场反应快，具备先发的体制机制优势。浙江民营企业与国企比，市场反应速度快；与技术发展比，产品创新速度快；与企业扩张比，管理进步速度快；与外部环境比，全员学习速度快；与自身资源能力比，企业发展速度快。浙江民营企业看好一个项目，从决策到融资再到生产，往往快则一个月慢则三个月之内就可以完成，完全市场化导向，市场需要什么，企业生产什么。这种快速反应的决策机制、迅速行动的执行能力，成为其市场的突出竞争力。拿服装行业来说，浙江服装商人过去特别让人称道的一点，就是他们的对市场的反应速度。如意大利或欧洲发布一个新的流行款式，第二天他们就可以拷贝进行大批量生产。做到“三天出小样，五天成批量，七天上市场”。

第四，企业家精神。浙江涌现出宗庆后、马云等一大批优秀的民营企业家。这些企业家敢于冲破各种僵化观念和陈规陋习的束缚，具有一种钱江大潮弄潮儿的无畏气概，具有第一个“吃螃蟹”的冒险精神，具有“争喝头口水”的超前意识，敢闯敢冒，敢走天下路，敢为天下先。哪里有市场哪里就有浙江人，哪里有浙江人哪里就有市场。同时他们为了实现自己的创业目标，什么苦都能吃，什么脏活、苦活、累活都肯干。白天当老板，晚上睡地板，都是浙江民营企业家精神的体现。

（二）浙江民营经济的地位和作用

第一，提高人们生活水平。国家统计局浙江调查总队发布消息，2012年浙江省城镇居民人均可支配收入为34550元，比上年名义增长11.6%，扣除价格因素影响，实际增长9.2%。浙江省农村居民人均纯收入14552元，比上年名义增长11.3%，扣除价格因素影响，实际增长8.8%。国家统计局此前公布的数据，2012年全国城镇居民人均可支配收入24565元，比上年名义增长12.6%，扣除价格因素实际增长9.6%。全国农村居民人均纯收入7917元，比上年名义增长13.5%；扣除价格因素实际增长10.7%。浙江省城镇居民年可支配收入比全国水平高出40.6%，农村居民人均纯收入比全国水平高出83.8%。浙江经济的主力军是民营经济，可以说对浙江人们生活水平的提高做出最大贡献的是民营经济。

第二，促进了就业。从2008年全国第二次经济普查资料看（第三次经济普查数据2014年公布），浙江民企就业人数1452万人，占全部企业总就业人数的78%。与2004年第一次经济普查比，全省企业新增473万个就业岗位，其中国有、集体、股份合作企业的就业岗位在减少，而民企提供了360多万个新增就业岗位，占全省新增就业岗位的86%。同时，浙江民营经济贡献了全省60%左右的税收。民营企业日益成为就业的主体。2011年开始在全国经济形势都不乐观的情况下，浙江民营企业用工不减反增。2013年浙江省26.7万大学毕业生，民营企业是其就业主体。

第三，推进了城镇化建设。浙江民营企业的异军崛起和专业市场的迅猛发展，不断推进了浙江农村经济的快速发展，形成了具有地方特色的区域经济，并且也增进了小城镇的快速发展，推进了农村城镇化进程。同时，民营经济推动的小城镇发展，在整个农村城镇化的过程中发挥了重要作用：形成新的乡村人居点；推动经济增长方式转变；推动经济体制改革；小城镇增进城乡融合；完善城市化建设网络体系；小城镇是新农村建设的重要载体等。浙江省的民营经济推动的农村城镇化最初的推动力大都来自民营经济的蓬勃兴起，通过民营企业的发展和专业市场的兴起，逐步促进人口、资金和技术的集聚，自发的或在政府指导下形成工业区和开发区，这些开发区经过一段时间的发展和运营，逐渐形成新的城镇建成区，有的地区持续在城镇化的政策指导下发展成特色强镇，有的地区由于地缘关系，逐渐融入附近的大都市，参与到大都市战略中。

第四，集聚财富推进社会建设。民营企业集聚了大量的社会财富，积极参与社会建设，在教育事业、科技事业、文化事业、医疗卫生、体育事业、劳动就业、社会保障、社区建设等方面做出了很多贡献。如浙江民营企业参与农村经济社会事业建设迄今投资已超过200亿元，“反哺工程”、“万家企业结对万个村”等活动，在浙江农村广泛开展。从农民最现实的需求出发，民营企业结对帮助村发展生产、环境整治、扶贫开发、培训就业、慈善助学等，尽可能有效解决农民最关心、最直接、最迫切的问题。再如民营企业加大了对高校科技的投入，每年民营企业资助高校进行科技研发的经费就超过了2亿元。民营企业在为高校办学捐款，捐赠仪器设备等公益事业的投入上每年都花费巨额的资金。

二、当前影响浙江中小民营企业转型升级的关键问题

（一）企业税费重

在税收方面，企业普遍反映，浙江的税负较广东、上海重。浙江、广东、上海三地的销售税负率分别是10.5%、7.6%、6.7%。一些地区税务部门为了完成考核指标，存在随意摊派税收的现象，有的税务部门在企业交完本年度应交的税款后，还要求企业预交下一年度的税。在深圳调研时，一些浙江民营企业家表示愿意响应浙江省委省政府的号召，回归故乡，但浙江的税费负担高出深圳10%以上，使他们望而却步，从而放弃了回归的念头。2012年12月1日，浙江省启动“营业税”改“增值税”试点工作，杭州市某镇的中小民营企业反映，“营改增”不但没有减轻其税收负担，反而大大加重了他们的负担。除了税收，各项费用负担也很重，一些地方的企业还需要缴纳200多项行政事业性收费。

(二)企业融资难

由于金融行业进入门槛高，金融机构基本为国有大银行所垄断，大银行更愿意贷款给大企业，中小民营企业从银行融资十分困难，融资成本高。民营企业不仅要承担较高的贷款利率(通常是基准利率上浮 20%)，还需承担贷款过程中的各项隐性成本和隐性风险，如有的银行要求必须先存相当高比例的资金，才能贷款；有的银行以承兑汇票形式发放贷款，企业用承兑汇票贴现，额外增加 3%的贴现。总之，银行对小微民营企业的贷款存在很多附加条件。大多数中小微民企是靠租赁的土地和厂房创业的，无担保物，银行为分散风险，于是让民企搞“互保”。“互保”往往导致较大范围的金融风险，一旦有个别企业出现经营困难而无法偿还贷款时，就会产生连锁反应，温州在这方面问题尤为严重。

(三)创新意愿低

中小民营企业长期技术基础薄弱、技术积累不足，普遍采取低技术、低成本发展战略。技术创新往往对资金的需求量大，同时又存在较大的技术与市场风险。我们调研发现，中小民营企业由于规模小，财力不足，承受风险能力弱，市场融资难，创新资金往往短缺，普遍采取低技术、低成本发展战略。有些中小民营企业也逐渐意识到技术创新对企业持续发展的重要性，并逐渐尝试开展各种形式的技术创新活动。但专利等知识产权保护不够，执法力量薄弱，企业创新的成果往往会被产业集群内其他企业无偿获得，创新积极性备受打击。

(四)高级人才缺

中小民营企业转型升级主要依赖于研发人才和高级技术工人。中小民营企业规模小，很难承受高级研发人员的雇佣成本，一线高级技术工人流动性大、非常紧缺，企业想对工人进行培训，但又怕培训完，高级技工又跳槽了，人财两空。随着劳动力成本不断攀升，企业面临更大的成本压力。另外，与中西部省份相比，浙江省生活成本高，只能以更高的工资来留人，年薪 5 万的用工时代已经指日可待。子女的教育升学问题、社会保障等也影响招工问题。浙江省大部分地区 2012 年年初就出现了比较严重的招工难问题，杭州、宁波等地区更为严重。

(五)市场信心差

利润高的垄断行业“玻璃门”的存在，中小民营企业所能做的是国有企业瓜分后的那些利润并不高的行业，这些年生意越来越不好做，各项成本都在上涨，而利润率却在下降。产业升级、更新换代需要钱，中小民营企业又很难从银行贷到款，升级无从谈起，只能维持在低利润水平勉强生存。在民营企业家心中，对中国经济未来发展的信心，对民营企业的发展空间、民间资本未来投资环境的信心，似乎都有减弱的趋势。担心政策的不稳定性造成资产损失，比如山西煤改。担心自己的财富安全甚至是人身安全，会在未来的某一天受到威胁。如“吴英事件”、湖南的“曾成杰”事件，很多企业家或多或少都存在类似的原罪。一些企业家通过移民的方式使自己安心。根据《法治周末》的公开报道，“温州民营企业家中，有意向办理投资移民、正在办理和已经办理移民的比例大概在 70%左右。”企业家信心不足，裸商群体的出现，其危害不仅仅是当前经济的发展，而且极容易引起社会问题和金融风险等问题，甚至会动摇浙江经济长远发展的根基。

三、采取有效措施，加快民营企业转型升级

如何破解中小民营企业面临的上述问题呢？

(一)转变政府职能，发挥社会组织功能

一是建设服务型政府，减少审批权。今年以来，国务院已取消和下放了 200 多项行政审批。省政府要把这些国家下放的审批项目的审批办法落实到位。对于不需要进行审批的，坚决交给市场去做，释放市场的活力。既要积极主动地放掉该放的权，又要认真负责地管好该管的事，切实从“越位点”退出，把“缺位点”补上，做到简政放权和加强监管齐推进、相协调。

二是减少直接的行政干预，遵循经济规律。减少经济事务和社会事务的政府机构，地方政府官员业绩考核与 GDP 脱钩。从制度上保障大幅度减少对企业的行政干预。鼓励社会组织积极参与社会事务，放宽对非政府组织建立的审批，并逐步过渡到登记制度。鼓励社区组织、行业同业组织、社会服务组织等的发展。

(二)降低税费水平，减轻企业经营负担

一是落实国家结构性减税政策，降低流转税税率。浙江省是“营”改“增”试点省。落实国家结构性减税政策，依据第三产业的比重和行业性质，将现行增值税的税率调整为 13%、11%或 6%。目前，“营改增”的增值税率已在原 17%标准税率、13%低税率基础上，依据第三产业的具体行业不同，新增了 11%、6%两个档次低税率。因此，对于第三产业比重大、特别是“营改增”后加重税负的中小民营企业，应结合第三产业具体行业的性质，使用更低档次的增值税率。

二是理顺制造业和服务业之间的税负平衡。增值

税本身属于中性税收，不论税负轻重都应以不干涉经济为前提，而现行增值税(包括“营”改“增”部分)已经偏离了这一基本方向。建议实行双轨制增值税作为过渡措施，即在现行扣税法基础上，对未实行增值税的行业和项目，其购买者可以采取扣额法来扣除，以消除重复征税，“营”改“增”试点过程中存在的各个问题就会迎刃而解。

三是完善中小民营企业的税收政策。提高中小民营企业年缴纳所得额门槛标准，使中小民营企业享受低税率优惠政策的企业范围扩大。取消创业投资企业优惠政策中的高新技术要求，取消满两年起享受税收优惠政策的限制，使企业在创业初期就能受益，缓解创业难；减少企业三新研发的税收优惠政策的条件限制；增加对受让方以受让技术实现一定所得税减免的优惠，鼓励企业在自身研发能力弱，或者不能自行研发的情况下，积极引进技术转化为生产能力。

四是规范征税制度，杜绝突击征税。在完善中小民营企业税收法律制度的同时，必须督促执法部门严格执行法律，严厉打击执法者滥用职权，突击收税、提前收税和额外收税的行为。另外，改变税务部门的考核机制，税务部门应以监督企业合法纳税为宗旨，而不应设置税收考核目标，改变现有的目标任务层层摊派的征税方式，实现征税程序的规范化、合法化。

(三)开拓融资渠道，降低企业融资成本

一是推进农信机构市场化改革。建议切实推动、督促省联社等农信机构经营机制的“市场化”，吸引优秀民营企业参股入股。做到“干部能上能下、员工能进能出”；“岗位靠竞争、薪酬按贡献”；“主动出击营销，客户至上，不断按客户需求创新产品”。

二是加快发展村镇银行。发展小型金融机构，建立覆盖广、差异化、效率高的金融服务机构体系。建议完善各项政策，大力发展村镇银行，实现小型金融机构县域的“全覆盖”，提高村镇银行的竞争力度。2013 年 7 月 16 日国务院副总理马凯率“一行三会”的掌门人，召开全攻坚小微企业融资难题会议。最重要的一项决议就是积极发展小型金融机构，建立广覆盖、差异化、高效率的金融服务机构体系。相关的配套支持政策马上要出台，浙江省应该充分利用这样的政策，抓住机遇大力发展村镇银行。

三是支持“电商金融”等金融创新。支持网络金融的发展、创新。支持和鼓励地方金融创新，如德清的“P2C”，台州市农村自发的合作金融组织，一些地方的中小民营企业转贷基金等。“阿里金融”利用电商数据和网络平台发放小额信用贷款。2013 年 5 月末止，贷款余额已超过 53 亿元，年末可达 100 亿元以上。虽然它是面向全国客户的，但是浙江客户毕竟最多。要关注、研究电商金融、网络金融，尤其是“阿里金融”，支持其发展、创新，并给与必要的帮助。

四是支持小额贷款公司发展。落实《关于小额贷款公司试点的指导意见》中“自然人”的第一位投资人地位，以及资本金下限。鼓励与支持属于民间金融资本的“三种人”主发起的小贷公司。(“三种人”是：“下海”创业的金融业务骨干；民间放贷人及典当、担保公司、投资咨询公司等准金融行业的从业者；将全部资本从工商企业中转移出来改投金融业的原工商企业主。)承认小额贷款公司的金融机构身份，为解决杠杆率问题及有效监管扫清道路，进而发展成为与银行“联姻”的金融公司。

五是努力利用现行资本市场。着力强化对中小民营企业的增信服务和信息服务，鼓励和支持杭州银行等商业银行，形成“中小民营企业-信息和增信服务机构-商业银行”利益共享、风险共担的新机制。用足政策，办好浙江省股权交易中心。证监会主席肖钢日前表示支持证券公司通过区域性股权转让市场为中小民营企业提供挂牌公司推荐、股权代理买卖等服务。浙江省要抓住机遇走在全国前列。继续鼓励、支持有条件的中小民营企业上市。要尽可能地发展“中小民营企业集合债券”。

(四)加强知识产权保护，激发企业创新动力

一是加大知识产权保护力度。知识产权对于产业发展的重要影响日益突出。浙江省高院提供的资料显示，2008 年至 2012 年，浙江省法院受理的知识产权纠纷案件数量年均增长 77.36%，约为全国的两倍。可见，知识产权保护对浙江省的重要性比对国内其它大多数地区要高出很多。我们在杭州瑞德设计公司调研时，老总李琦向我们反映，目前，知识产权的价值无法得到充分体现和保护。现在我们想要实现经济的转型升级，就必须强化知识产权保护。浙江可以在这方面加大力度，在全国范围内做出表率。降低维权成本，努力增大具有知识产权企业的收益。法院对于侵犯知识产权的案件的审理要从严、从快、从重。并广泛利用媒体宣传法院的判决结果，营造谁开发谁拥有知识产权，谁受益，谁侵害知识产权，谁就面临巨额赔偿的局面。为创新驱动发展战略的实施营造良好氛围。一方面浙江会在知识产权保护上赢得全国典范的声誉和形象，另一方面浙江经济本身还会显著受益于知识产权保护。

二是推进民间技术市场发育。由于技术创新存在着信息不对称的困境，并且当前全国对技术市场中的知识产权的保护不力，推进民间技术市场的发育非常迫切。市场是技术创新中资源配置和利用的场所，也是技术创新的立足点。市场环境与市场机制、市场法制的完善对企业技术创新有重要作用。市场环境对于技术创新具有重要影响，甚至在一定程度上决定了技术创新的成败。市场环境本身是国家创新系统的重要内容，它既提供了创新主体的资源配置要素和利用方式，也为企业的技术创新提供了外部条件和环境。推进民间技术市场发育使市场有序、公平竞争、知识产权保护有力，避免或减少对创新成果的随意模仿、仿制、仿冒现象。要加快自主创新成果产业化市场环境建设。切实做好自主创新成果产业化的知识产权风险评估工作，确保核心技术获得专利保护。加快研究并建立自主创新产品的风险化解机制，推动自主创新产品开拓市场。市场环境的好坏，无疑直接影响技术创新目的能否实现。营造有利于技术创新的环境，需要从政策、法律、创新资源配置、市场结构优化等多方面进行改进。

(五)加强人才工作，保障企业智力资源

一是加强企业家的培养，实现企业家队伍的“转型升级”。这方面可以借鉴江苏的经验。我们自 2012 年 9 月 17 日起，对江苏民营企业进行了为期一周的调研。调研过程中，我们了解到，江苏由政府采购企业家培训项目，面向企业家，举办公益性的学习讲座，让企业家们系统地学习和探讨如何建立学习型企业、如何促进民营企业快速发展等内容。加强对“富二代”的培养。政府出资办“富二代”培训班，支持他们把经营团队建立好，确保企业持续稳定发展。

二是加强研发人员的培养和引进。与产业经济结合起来，大力引进优秀“海外工程师”，推进核心技术和关键工艺研发、新产品设计制造、新材料技术开发。支持企业加强自身研发人员的培养。在“事业留人、待遇留人、感情留人”的基础上，实现“制度留人”。促进高校科技人才向企业流动聚集。将高校科技人才变成企业研发创新的主力军。健全科技人才流动机制，支持高校教师向企业流动。

三是加强职业教育力度，加快高级技工的供给。加大职业院校与企业合作支持力度。统筹职业教育资源，依托大型企业、重点院校建设技能型、高技能型人才培养和实训基地。允许营利性职业教育机构实行企业化、股份制运行。充分吸收民间资本，动员全社会力量和资本发展职业教育。大力推进浙江省职业院校上层次。开展本科及以上层次应用型技术教育将提高浙江省产业工人的培养质量。

四是创造吸引人才的环境。人才是技术创新最重要的资源，以个人成长促进企业的成长，个人与企业共同成长，是许多创新绩效优良的企业的重要经验。技术创新人力资源管理的基本环节是选拔、培训、激励、绩效评价、人员配置、职业发展和组织结构调整等。其中，竞争性的选拔是许多创新成功企业的重要做法和经验，通过竞争性的选拔更能发现人才。要把个人成长、追求成功的愿望与企业的成长和企业追求卓越的愿望有机地统一协调在企业制度体系中，激励、创新需要拥有一套员工广为接受的薪酬体系和奖励系统。绩效评价、选拔、培训、激励、人员流动均依赖于一个科学公正的评价体系。

(六)优化产业政策，营造企业良好环境

一是切实保护企业经营者利益。湖南等地最近发生的官员非法侵害企业家财产的案例，极大地降低了企业家的安全感。浙江省要坚决杜绝此类事件的发生。将企业家正常的融资借款与非法集资严格区分开来，不轻易使用“非法集资罪”调查企业家，拘禁企业家。二是打破“玻璃门”，真正像对待国企那样对待民营企业。全面落实“民间投资新 36 条”，争取中小民营企业与国有企业的同等地位。积极引导民营企业参与到公共事业建设、城镇化建设中来。在金融方面，利用好温州金融改革试验区可以先行先试的机会，放宽对金融机构的股比限制，鼓励民间资本发起或参与设立中小金融机构。

三是鼓励企业运用自动化设备。外来劳动力成本不断攀高，传统的用工方式也难以解决浙江劳动力匮乏的问题。应该出台多种措施——例如税收抵免、加速设备折旧、财政补贴等，鼓励、支持企业采用自动化生产技术，推进“机器换人”的推广力度。

四是建设产学研协同融合创新中心。建设产学研协同融合创新中心，在税收、行政事业性收费、培训、财政扶持等方面都有实质性政策支持。将浙江省内小企业创业基地纳入全省中小民营企业专项发展资金扶持范围，依托高等院校、科研院所的科技优势，支持用于提升创业孵化功能的软硬件建设。

参考文献：

顾文俊，2013：“当前民营经济转型升级存在的问题及对策探析——以宁波民营经济发展为例”，《中国工商管理研究》,2013,1。
何守超,2012:"金融危机冲击下的民营企业国际化模式转型——基于温州企业的分析",《经济社会体制比较》,2010,2:184-190。
孙章陆,2010:"民营企业应以金融危机为契机加快转型升级",《中外企业家》,2010,8。
吴华财,2013:"民营企业转型升级的基本现状与对策",《中国集体经济》,2013,10。
楼秀峰,2011:"浅谈中小民营企业发展中的瓶颈问题及发展对策",《现代商业》,2011,12。
杨培强,2010:"浙江民营经济转型升级的障碍与对策",《嘉兴学院学报》,2010,5。
吴滨,2012:"浙江民营企业面临的问题与转型升级",《中国信息化》,2012,12。
单东,2011:"中小企业如何走出困境",《浙江经济》,2011,11。

作者简介:单东,浙江财经大学经济学教授、硕士生导师,中央财经大学中国发展和改革研究院博士生导师,浙江省民营经济研究中心主任,浙江省民营经济研究会会长,浙江省现代民营经济研究院院长。

——原载《经济社会体制比较》2014 年第 2 期

民间借贷的成因及化解对策

——以浙江诸暨为例

■ 季韫鑫

摘要:在经济状态不佳的情况下,中小民营企业的融资需求难以从正规金融渠道获得满足,依赖民间 借贷成为其不二选择。但民间 借贷的种种乱象已经成为 危害经济和社会稳定的重要根源。以浙江诸暨为例,其具有个人化和短期化的特点,过渡追求利 润且容易忽视风险,助推了投机之风的泛滥,成因主要在于民间 资本缺乏投资渠道,民营企业融资困难,主管部门监管不到位等。我国应一方面应加强宣传和教育,提高民众风险意识;另一方面,应完善立法,加强监管,同时还应改进金融服务体系,加快利率市场化步伐。

关键词:浙江诸暨;民间借贷;成因;对策建议

诸暨在历史上是有名的越国古都和西施故里,也是中华文化的璀璨名片之一。诸暨市的民营经济异常发达,拥有的经济实体达到 10 万余家,规模以上企业近 3000 家,上市公司、9 家,国家级品牌达 100 多只,形成了以纺织服装、珍珠、袜业、铜加工、机电装备制造及新能源、新材料等六大工业主导产业,县域经济的基本竞争力高居全国的第 13 位。在诸暨,随着近年来企业经营状况的持续低迷,这个昔日的经济百强县的许多企业深陷民间借贷纠纷的漩涡中,甚至像达亨控股集团、洲际橡胶集团这样的知名企业也未能幸免。植根于浙江诸暨的民间借贷,具有存在的必然性,由于规模巨大且难以监管,催生出种种乱象,有必要在剖析其本质特点的基础上,寻找化解其危害性的对策。

一、民间借贷的资金流向

浙江诸暨的民间借贷具有个人化和短期化的特点,过渡追求利润且容易忽视风险,助推了投机之风的泛滥。其流向主要有三个领域。

(一)流向实体经济领域

在诸暨经济的增长因素中,民营经济的贡献异常重要,目前诸暨民营经济对 GDP 的贡献率已高达 80%。尽管如此,资金本来就不宽裕的中小企业依然难以获得银行的青睐,难以获得有力的信贷支持。尤其近年来,国内外市场的需求不断趋紧,原材料的价格持续上涨,生产成本不断提高,资金周转异常困难。在目前货币政策趋紧的环境下,各金融机构对中小企业的信贷支持非常谨慎，使得中小企业的资金供给极其短缺，企业在无法得到银行信贷支持的情况下，只能从民间的借贷市场以高额利息进行融资。

(二)在民间借贷市场上循环，成为单纯的炒钱游戏

近年来，参与炒钱游戏的资金规模有扩大的趋势。这些资金停留在借贷市场不断循环，没有进入实体经济，对经济发展没有丝毫帮助，沦落为炒钱的游戏。参与者只要能拿到高利率，根本不过问资金的流向。在不断加码的金字塔借贷链中，参与者的利益相互交织，以钱生钱。这种现象反而使得实体经济难以获得足够的利润

(三)少部分民间资金涉足房地产、矿业、期货、股市等投资领域

涉足这些领域的民间资本在近年来有介绍的趋势。近年来房地产的行情并不景气，因此投入房地产的资金并不大。期货、股票的行情并不明朗且波动较大，难以吸引大量民间资金的流入。矿业投资门槛较高，且国家限制不断增多，不确定因素较多，因此对民间资本的吸引力也不大。

二、诸暨民间借贷的特点

(一)借贷以经营目的为主

许多中小微企业由于自有资本有限，为了在经济景气较好时谋求更大发展或在经济景气低迷时维持企业的日常经营，不惜以远高于银行的利率从民间资金持有者那里借入贷款。

(二)利率高企且日益隐蔽

目前年利率水平在15%-60%之间，平均利率达35%以上，对于实力较强、信用较好的企业，其生产经营性的借款月利率一般是15%到25%，用于银行贷款周转或临时招标的借款与利率一般是40%，而用于个别非法经营目的的月利率在60%左右甚至更高，不过这部分借款的占比较低。

(三)中介化、组织化趋势明显

以往的民间借贷主要以个人之间为主，但现在已经开始具有鲜明的专业化特点，以寄售行、典当行、投资咨询公司、担保公司等组织形式出现，，虽然它们在名义上是以寄售、投资咨询、担保为经营主业，实质上大都是在经营资金借贷业务。

(四)与非法集资等违法活动时有交织

长期以来，诸暨的民间借贷是以个人信用为基础的“熟人经济”，没有规范性制度约束和外部监管，加上大量民间资本难以向实业输送，只能通过虚拟经济来获得丰厚利润，巨大的需求将利率水平提高到了的疯狂的高位，进一步加剧了资金的狂热涌入，甚至不惜以违法的方式推动这这种恶性游戏，严重扰乱本地的金融稳定和社会秩序 。

三 、诸暨民间借贷的成因

在诸暨，民间借贷之所以如此发达且乱象丛生，既有历史上借贷文化深厚的原因，也有基于现实环境的无奈，概括起来无外乎下列三大原因。

(一)民间资本缺乏投资渠道

诸暨作为民营经济发达的地区，素以“藏富于民”著称，手握大量闲散资金的百姓必然要寻找优质的投资渠道。随着市场经济改革的深化，民营经济虽然从《国务院关于鼓励和引导民间投资健康发展的若干意见》(简称“新36条”)等一些列优惠政策中看到了些许曙光，但在审批、融资等方面的“明宽暗管”依然阻碍着民营经济的发展，无法成为闲散资金眼中优质的投资出路。由于缺乏投资渠道，只能以储蓄为主，但商业银行的利率往往低于通货膨胀率，成为相对的“负利率”。当看似简单却获利更高的投资方式 — —民间借贷出现时，必然成为普通百姓和庞大民间资本眼中的香饽饽。

(二)民营企业融资困难

在近年经济景气不振的大气候影响下，诸暨民营企业遭遇了少有的寒冬，市场不断萎缩，劳动成本不断上升、原材料价格节节攀升等。与此同时，国有大型金融机构出于风险考虑，在经济不景气的时候对中小民营企业的放贷持非常谨慎的态度，资金主要向国有企业或者国家重点支持的产业倾斜，更倾向于给有长期稳定经营史的大企业发放贷款。在经济状况好的时候，银行求着企业放贷，而在经济不好的时候，抽贷惜贷却成了银行一致性行动。尤其是外地银行的快速撤资对企业的打击非常大，外地银行就像攀附在大树上的藤，把当地银行当做风向标，本地银行正常贷款时他们跟着贷款，一旦有异常情况就马上抽贷惜贷。在诸暨，大量中小企业的融资需求无法得到正规金融机构的满足，只能选择地下金融，依赖民间借贷。

(三)主管部门监管不到位

依照目前我国对金融行业的监管模式，银监会、工商管理部门、公安部门等都被赋予了某种程度的监管

只能,但监管职责却较为散乱。如银监部门要对非法吸收公众存款或变相吸收公众存款现象负责,工商管理部门按照“谁审批、谁主管”的原则应该对投资理财、担保公司等中介性机构负责监管等,公安部门也可以对辖区内的非法集资行为予以打击,而实际却很少介入。因此,对于面广量大、定性困难的民间借贷,一致缺少严肃的监管,各职能部门的履职远未到位。工商管理部门大多是在注册或年审等方面进行监管,日常工作中由于借贷的隐蔽性较强而难以监管,银监部门由于县级机构存在人员少职责多的矛盾,对相应承担的民间借贷监管职责存在“无能为力”的问题。

四、化解民间借贷猖獗的对策建议

(一)加强宣传和教育,提高民众风险意识

民间资本之所以如此热衷于短期的投机获利,首先是对这种行为的风险意识不够。总的来说,在诸暨的民间借贷过程中,借贷的程序非常原始,手续过于简单,借贷的凭据不够完整,缺乏法律效力,许多企业及个人在进行借贷活动时,不需要提供必要的抵押担保,凭借双方私人关系及个人信用就可以完成交易。这样就埋下了时刻都可能爆发的风险隐患,尤其是部分具有“高利贷”特点的民间借贷,成为对社会安定产生负面影响的定时炸弹。

因此,需要加强宣传和教育,对民众普及金融知识和法律知识,提高他们的风险意识,增强他们识别风险的能力,提示民间借贷的潜在风险,使他们意识到高收益背后潜藏的高风险,促使他们自发地抵制非法借贷活动,帮助他们学习参照银行贷款的规范化程序,避免出现不必要的摩擦,使得借贷活动有序开展,增进谐和安定因素。通过宣传和教育,消除民族头脑中的过度投机意识,使得民间借贷的利率在合理的利率范围内展开。同时更多地提倡民众将资金投向实业,以实业求发展,以实业求回报。

(二)完善立法,加强监管

在民间借贷中,既有合法的借贷,也有非法的集资,因此要明辩它们之间的界限,完善关于民间借贷的立法,要汲取民间借贷中已经形成的规则和习惯,将合法有效的民间习惯上升为法律。在法律上,要严格划清正常的民间借贷与非法民间借贷(如集资诈骗、洗钱、高利贷、暴力催收等活动)之间的区别。对于合法的民间借贷,要明确利率范围,进行规范和引导,对于非法借贷活动,要依法坚决取缔。

除了完善立法,必须加强监管,改变多头管理的乱象。为了应对当前监管中的种种缺陷,可设立专门的综合监管机构,该机构依托现有的银监局、工商管理、公安等部门体系对民间借贷进行监管。对于民间借贷的经营机构,对其正常开展的业务给予应有的支持,而对于其违法违规的贷款应严厉打击。对于长期及大额的民间借贷,可进行备案登记,保护资金来源合法、利率合规的借贷,取缔涉及高利贷、洗钱等非法的民间借贷。

(三)改进金融服务体系,加快利率市场化步伐

对于金融市场的准入管制要进一步放松,允许民营资本建立小型金融机构,使其形成对正规金融的补充,以多元化、多层次的金融服务体系,满足社会多样化的融资员名 誉实现严格保护。司法实践中,我国法官在“公众人物” 概念的适用对象几乎全部是名人,没有一起采纳“公众人物”抗辩理由的生效裁判适用于官员。这种高度一致的背后,无疑凸显了我国官员名誉权保护的某种困境,虽然在立法中并没有规定对于官员名誉权进行严格保护,但是司法现实表现,确也说明官员与公众人物名誉权保护的不同性。一些学者认为我国司法实践中,公众人物概念的实际使用同美国萨利文原则以及中国学者的论述发生了较大的位移,结论就是萨利文案的公众人物抗辩原则不适用于中国的国情。当然,有的学者,提出了

自愿性公众人物和非自愿性公众人物的分类方法。但笔者认为,公众人物只包括自愿性公众人物,而不包括非自愿性公众人物。因为公众人物的认定,意味着其名誉权可能会受到一定的限制,因此对于公众人物的认定要严格,以避免无限度地扩展公众人物范围,对公民名誉权的不当侵害 。基于公众人物的原因,其家属不应被认定为公众人物,除非他们的家属本身就是公众人物,对他们的名誉权不应当差别保护 。

三 、公众人物的判断标准

公众人物是一个群体性概念,对其没有一个统一的、具体的判断标准,对于公众人物的判断即是重点,也是难点。笔者认为对于公众人物的认定可以参考以下因素:从主观方面看,被认定为社会性公众人物的人应该自愿进入公众视线,主动参与到公共事务中去 。自愿既包括本人积极主动的追求 、希望被他人关注,也包括放任自己被社会大众所熟悉。从客观方面看,被认定为社会性公众人物的人应该具有一定的综合性

的现实社会知名度,处于公共争议的中心,是社会大众关注的焦点。如果仅仅在某一行业或专业范围内为人所知,则不一定能认定为社会性公众人物,只有在本行业或专业范围内极其著名,以致该行业或专业内无人不知无人不晓,才有可能被认定为社会性公众人物;其主动参与的公共事务或引起的公共争议应该与公共利益或公共兴趣相关。也就是说,社会性公众人物的社会行为必须具备公共性。如果其行为是纯粹的私人行为,与公众利益、公众兴趣无关的话,则不能认定为社会性公众人物;有能力与媒体保持不间断的联系和沟通,即社会性公众人物对媒体拥有一定的话语权,能够有效的通过媒体表达自己的意志和观点,也表现为媒体对社会性公众人物不间断地保持关注,经常向社会公众传递该人物的消息 。

参考文献:

[1]约翰·D·泽莱兹尼/张金玺 、赵刚.传播法—自由、限制与现代媒介(第四版)[M].北京:清华大学出版社,2007:122

[2]王利明.人格权与新闻侵权[M].北京:中国政法大学出版社,2000:651

[3]张新宝.名誉权的法律保护[M].北京:中国政法大学出版社,1997:105

[4] 邱小平. 表达自由——美国宪法第一修正案研究[M].北京:大学出版社,2005:156

[5]王利明.人格权法[M].北京:中国人民大学出版社,2009:110

[6]CurtisPublishingCo.v.Butt3,388U.S.1967,p130

[7][美]唐·R·彭伯 / 张金玺、赵刚.大众传媒法[M].北京:中国人民大学出版社,2005,169-170

[8]杨士林.公众人物的名誉权与言论自由的冲突及解决机制[J].法学论坛,2003(6):6

[9]王利明主编.中国民法典·人格权法编与侵权行为法编[M].北京:中国人民大学出版社,2002:42

[10]徐迅,等.新闻侵犯名誉权、隐私权的司法解释建议稿[M].中国人大出版社,2007

[11]张新宝.隐私权的法律保护[M].北京:群众出版社,2004:95

[12]陈志武.媒体、法律与市场[M].北京:中国政法大学出版社,2005:95

[13]徐迅.新闻(媒体)侵权研究新论[M].北京:法律出版社,2009:244—245

[14]周汉华.我国政务公开的实践和探索[M].北京:中国法制出版社,2003:292

[15]魏永征.新闻传播法教程第二版[M].北京:法律出版社,2006:74

[16]魏永征,张鸿霞.考察公众人物概念在中国大众媒介诽谤案件中的应用[J].中国传媒报告.2007(4)

作者简介:作者单位为东华大学信息科学与技术学院。

——原载《商业经济》2014 年第 6 期

论政府对中小企业的人力资源管理服务

——美国的经验及其对我国的启示

■ 刘昕 柴茂昌

摘要:人力资源管理对中小企业的生存和发展都很重要,但由于在规模以及财务力量等方面的缺陷,中小企业在人力资源管理方面通常面临诸多问题,人力资源管理的专业化水平也较低,需要得到政府的大力支持和帮助。美国政府在中小企业人力资源管理服务方面积累 了丰富的实践经验,取得了良好的实践效果。其重要政策措施包括:有针对性的人力资源管理咨询与服务;在线培训服务;劳工法律方面的服务;职位分析和薪酬调查服务。借鉴美国经验,同时结合我国当前实际,我国政府首先应当提供机构、资金方面的保障,其次应当在信息、咨询、培训、法律等方面强化对中小企业的人力资源管理服务,以促进我国中小企业的健康发展。

关键词:中小企业;人力资源管理;服务;政府;美国经验

中小企业在国民经济中占据重要地位，在促进经济增长、增加财政收入、增加社会就业等方面发挥着越来越重要的作用。但是由于自身规模、资金、管理水平、员工的人数和素质等因素的限制，很多中小企业的发展面临较大的困难。近些年来,如何对中小企业进行扶持成为我国政府非常关注的问题之一。2011 年 6 月，我国政府颁布了《中小企业划型标准规定》,首次增加了"微型企业"类别,将中小企业具体划分为中型企业、小型企业和微型企业，这体现出我国政府对发展中小企业的进一步重视。然而,以往对中小企业进行扶持的政策,更多地关注中小企业的注册、融资以及税收等方面的问题，较少关注中小企业面临的独特的人力资源管理问题。而中小企业在人力资源管理方面面临的诸多挑战恰恰需要政府给予积极的帮助。在这方面,美国政府的一些做法值得我们借鉴。

一、中小企业人力资源管理的重要性及其面临的挑战

1.中小企业人力资源管理的重要性

在现代企业中，人力资源管理具有重要的战略地位。在当前人才短缺、国际竞争日益激烈的经营环境中，以战略为导向的人力资源管理对于确保企业战略目标的实现以及获取长期竞争优势具有重要作用。这种情况不仅对大企业而言显而易见，对中小企业也同样如此。事实上，如何通过实施人力资源规划、招募甄选、绩效管理、培训与开发、薪酬管理等人力资源管理实践来获取、留住、开发以及激励企业急需的各类重要人才,充分发挥各类员工的积极性和创造性,是中小企业在生存乃至发展壮大过程中需要 突破的一个重要瓶颈。

诸多调查显示，人力资源管理是影响中小企业能否获得经营成功的关键因素之一。如，Hess （1987）对美国 800 家中小企业的所有者和核心管理人员发放调查问卷，请他们对若干种企业管理活动的重要性加以排序,结果表明,人力资源管理活动的重要性被列在第二位。Andries & Sieben(2005) 对荷兰 168 家快速成长的中小型家族企业进行了对比研究,结果发现,那些成功实现高速成长的中小企业比那些绩效较差的中小企业更为重视培训和开发、绩效评价以及保持员工士气等人力资源管理工作，同时在这些方面做得也更为有效。此外，McEvoy (1984) 和 Baron (2003) 的研究都表明，中小企业的创始人没有能够有效地管理人力资源,是导致企业最终失败的重要因素之一。近些年来，随着我国的劳动力成本上升，农村剩余劳动力的供给逐渐减少,我国很多中小企业,尤其是过去吸纳农村剩余劳动力最多的沿海地区中小企业，已经越来越明显地感觉到人力资源及其管理问题已经成为制约企业生存和发展的最大瓶颈之一 。

2.中小企业人力资源管理的特点及其面临的挑战

尽管人力资源管理对于中小企业如此重要，但由于中小企业规模较小，在人力资源管理方面往往会遭遇 3 个方面的困境：一是由于企业资产规模和人员规模都较小，难以吸引足够的专业人员来实施人力资源管理活动；二是中小企业的经营者可能会把更多的时间和工作重心放在其他一些对企业的生存和发展更为直接的问题上,比如财务、生产、市场营销等等,而不是放在人力资源管理方面;三是中小企业的人力资源管理活动通常更为不正规，它们更倾向于以一种短期导向的、非正式的、被动反应性的方式来处理员工配置、晋升、绩效评价、薪酬管理等方面的问题。Melissa&Stevens (2004) 认为,中小企业的特殊性及其对人力资源管理带来的不利影响 主要表现在两个方面,一个是"小",一个是"新"。"小"是指企业由于规模小、资源有限，缺少专业水平较高的人力资源管理人员,既缺乏实施成本较高的人力资源管理实践的意愿,也缺乏甄选、培育、使用以及留住优秀人才的能力。而"新"则是指中小企业成立的时间短,缺乏经验,不仅在行业中缺乏知名度,难以吸引到人才,而且往往认识不到正规的招募、培训等人力资源管理实践的重要性,导致自身的员工管理系统效能低下。

Kathy (2005) 也直截了当地指出了中小企业面临的最重要的 5 大人力资源管理风险。一是中小企业相对初级的人力资源管理实践存在可能会使他们 处于不利的竞争地位，从而拉大与优秀企业之间的差距;二是中小企业缺乏职业化的人力资源管理专家,在面对纷繁复杂的人员管理问题时力不从心；三是中小企业可能无法很好地应对一些潜在的工作场所法律诉讼，加大企业的潜在风险和可能支付的赔偿；四是中小企业所有者可能不会完全遵守薪酬等方面的法律法规；五是很多中小企业没有使用人力资源管理信息系统,不仅工作效率低下,而且更容易出错。

显然，由于中小企业资源的缺乏以及经营者对人力资源管理问题的不重视，导致很多中小企业在人力资源管理方面存在的问题很多,风险也很大。谌新民等(2002) 通过对广东省 650 余户中小企业进行调查,将

我国中小企业人力资源管理存在的问题概括为以下几个方面:一是人力资源管理与人力资本投资理念滞后,缺乏与企业战略规划相匹配的人力资源管理战略;二是人力资源管理机构设置与人员配备不足,人力资源管理制度不健全,执行不规范;三是人力资源管理实践缺乏合理性,如对员工培训投资不足、绩效评估不完善、薪酬制度不合理等;四是劳资双方之间的信任度低,人员流动率高。此外,刘俊(2000)通过对广东省159家中小企业的人力资源管理状况进行调查也得出了类似的结论。

综上所述,尽管人力资源管理对于中小企业的发展非常重要,但中小企业的人力资源管理水平却总体偏低,人力资源管理工作缺乏专业性。由于这种问题是中小企业本身条件和规模特点决定的,因此很难完全依靠中小企业自身的力量得到解决。在这种情况下,政府就非常有必要对中小企业的人力资源管理提供积极的帮助和扶持,不断提高中小企业人力资源管理水平。事实上,政府通过税收掌握了大量财政资源,有能力也有责任通过对这些资源的优化配置来实现促进经济增长以及实现充分就业等宏观经济目标,而促进中小企业的发展对于政府实现这些总体目标,尤其是经济增长和充分就业具有重要的价值。而有效地帮助中小企业摆脱困扰自身发展中遇到的难以独立解决的人力资源管理难题,则是促进中小企业发展的重要途径之一。政府虽不能直接干预中小企业的内部管理,但可以通过制定相关公共政策、提供相应的公共服务以及必要的信息等措施,来帮助中小企业提高自身的人力资源管理水平。在这方面,美国政府非常重视中小企业在国民经济中的地位和作用,建立了相对完善的中小企业扶持体系,在帮助中小企业提高人力资源管理水平方面也进行了广泛的探索,取得了良好的效果,对我国有一定的借鉴意义。

二、美国政府提供的中小企业人力资源管理服务:内容与方式

美国对中小企业的重视是与工业革命以及资本主义经济发展密不可分的。第二次工业革命使美国的工业化取得突破性进展,钢铁、化工、火车轮船等工业产业发展迅速,规模经济的要求和市场竞争使得大企业成为了主流的企业组织形式。但大企业的迅速发展形成的市场垄断却压缩了中小企业发展的空间,破坏了市场自由竞争。美国从19世纪末就开始注意到这一问题,美国国会于1890年通过的《谢尔曼法》开启了反垄断行为以及联邦政府干预经济的先河。发生在20世纪30年代的经济大萧条让人们对大企业主宰经济的发展模式产生了怀疑,在罗斯福新政时期出台的很多政策都体现了对中小企业的关注。1953年7月,美国国会通过了被视为保护美国中小企业的基本法的《中小企业法》(Small Business Act),确定了中小企业的法律地位和政府对中小企业的基本政策。根据该法案,美国中小企业管理局(Small Business Administration)于同月成立,负责集中统一地制定和实施与中小企业有关的政策,成为政府对中小企业进行扶持的核心机构和力量,并于1998年由副部级机构升格为正部级机构。在美国,中小企业在国民经济中的重要地位已经深入人心,除中小企业管理局之外,很多其他联邦政府机构也在职责和职权范围内积极地为中小企业尽可能地提供各种服务和帮助,人力资源管理就是这种服务和帮助中的一个重要方面。总的来看,美国政府对中小企业的人力资源管理进行服务和扶持的重要政策措施包括:

1.有针对性的人力资源管理咨询与服务

美国中小企业管理局利用其分布在全美各地的分支机构以及有合作关系的社会团体,来对中小企业提供直接的服务和帮助,帮助中小企业解决涉及到"人"的管理方面的各种问题。中小企业管理局的地区办公室负责对中小企业提供咨询和培训服务。在实践中,地区办公室通过与美国中小企业管理局有合作关系的社会团体来具体实施这些活动,这些社会团体包括退休经理服务团、中小企业开发中心、女性创业中心等等。这些咨询和培训服务大部分是免费的,有些也只是收取低廉的费用。

退休经理服务团是一个非营利性组织,被誉为"美国中小企业的顾问"。这些退休经理们经过一定的培训后,利用自己多年的管理经验来帮助中小企业解决在发展中遇到的各种问题,其中就包括人力资源管理方面的问题。退休经理服务团通过以下3种方式提供服务:一是面对面的指导。退休经理服务团在全美共有涵盖62个行业的1.2万多名退休经理人员,在340多个地点开展服务工作。中小企业主可以在线预约合适的退休经理人员在适当的时间举行面对面的交谈。二是在线辅导。退休经理服务团还提供在线的咨询服务,提供这种咨询服务的退休经理人员超过了1500名。三是多媒体资源。退休经理服务团还出版了各种印刷出版物和交互式资源(如在线的模版和工具),向中小企

业传递相关信息,并进行辅导和教育。

此外，美国政府还在全国 50 多个州中与各地的大学、各州经济发展机构合作建立了 1000 多家中小企业开发中心,由中小企业管理局进行管理,提供免费的企业咨询服务和收取少量费用的培训服务。依托大学的知识、资源和专家学者,中小企业开发中心能够提供非常专业的咨询服务和指导，内容涵盖人力资源管理、财务、市场管理等诸多方面。在人力资源管理方面,中小企业开发中心提供的服务包括两类，一是管理咨询服务。中小企业主可以通过电话、网络或者去现场等方式,与当地的中小企业开发中心的专家进行预约。另外中小企业开发中心还开发了一些教学工具和模型,供中小企业使用。二是培训服务。提供培训服务是中小企业开发中心的日常活动，企业可通过服务提供商和培训主题来筛选自己想要参加的培训。这些培训内容丰富,举办的频率很高,如在纽约州中小企业开发中心网站上列出的 2012 年的培训课程就达 150 项之多。

2.在线培训服务

鉴于中小企业缺乏专业的人力资源管理人员和培训资源，中小企业管理局通过信息化、虚拟化的方式来向中小企业提供在线培训，其中涵盖了人力资源管理等方面的内容并提供相应的学习工具和培训资料。中小企业的管理者能够通过加入这种“虚拟校园”,学习人力资源管理专业性的材料，获取一些人力资源管理应用工具，提高自身的专业水平。

中小企业管理局提供的人力资源管理培训在内容上紧密围绕中小企业管理与发展的核心需求，比较重要的主题包括以下几个方面:第一,撰写员工手册,即通过指导人力资源管理人员和提供模板的方式，帮助中小企业编写员工手册;第二,完成法律法规要求中小企业制作或填写的涉及到人力资源管理的一些文件,比如与雇用有关的法律文件;第三,企业领导类课程,其中包括如何成为一名领导者、如何科学制定决策、如何高效管理员工队伍等;第四,其他的主题性介绍,主要介绍一些特定的人力资源管理方面的主题，比如如何开展求职者的背景调查、向员工提供哪些福利计划、如何撰写有效的职位说明书等等。除了以上各部分内容之外，中小企业管理局还提供中小企业最佳实践案例和成长战略等方面的专题，让中小企业了解在现实中其他同类企业是如何通过有效管理获得成功的。

3.劳工法律方面的服务

在美国,几乎每一项人力资源管理活动,从面试、培训、评价,再到薪酬的支付,都要涉及到法律方面的要求。因此,一般企业不得不花很大的精力去处理与人力资源管理有关的各种法律问题。由于这些与雇用以及劳资关系有关的法律非常专业，在中小企业人力资源管理人员的专业水平不足的情况下，中小企业很有可能会面临因 为违法而陷入法律诉讼的风险。为了降低中小企业因遵守法律法规而产生的负担，同时也为了确保法律的有效执行，对于涉及到企业人员雇用以及人力资源管理方面的法律，美国各政府部门为中小企业遵守这些法律提供了大量切实有效的帮助。

比如，美国劳工部为中小企业遵守人员雇用方面的法律提供了不少便利措施。 比如 “雇用法律咨询顾问第一步” 小工具可以帮助中小企业确认自己的企业需要遵循哪些方面的劳工法律。 这一电子法律顾问能够根据中小企业对企业性质、行业和规模等问题的回答,自动生成一个展示“结果 ”的网页,上面列明了对中小企业适用的相关劳工法律，并附有进行更为详细介绍的链接。对于一家典型的中小企业而言,这些的法律可能包括《公平劳工标准法》、《员工测谎保护法》以及《职业安全与健康法》等等。除了提供适用于企业的法律条文及主要内容之外，劳工部还颁布了自己制订的指南,给出了遵守这些法律的相关建议程序。这种指南类似于企业手册，对企业面临的一些实际法律问题提供实用性的指南,内容具体而实用,为中小企业遵循法律规定提供便利的帮助。企业可以根据主题内容 (如工资、雇用、劳资关系等等) 、对象 (如求职者、雇主、员工等) 和地点来查找自己需要了解的相关内容。 如“工时顾问”帮助企业确定在哪些与工作有关的活动上花费的时间属于《公平劳工标准法》认定的“工作时间 ”,从而是必须支付工资的;“加班计算器顾问” 甚至能够根据中小企业提供的信息帮助他们计算出在一个薪酬支付周期中应当支付的加班工资总额。

美国职业安全与健康管理局除了提供类似的指导手册之外，还为中小企业提供免费而专业的现场安全与健康检查服务。中小企业所有者可以与离自己最近的该局地区办公室取得联系，申请政府的安全专家到中小企业里提供检查和咨询服务。安全专家会对中小企业的工作场所进行检查，然后提供一份报告来说明调查结果。如果在咨询和检查过程中发现企业存在安全隐患,这些企业不会被罚款,但是必须承诺及时解决存在的问题。

4.职位分析和薪酬调查服务

职位分析是其他各种人力资源管理职能的一个重要基础和出发点,但是,由于中小企业的自身规模小、正规化程度差、专业性不足、员工流动频繁等原因,这就使他们依靠自身力量完成职位分析工作会遇到很大的障碍。而在职位分析方面,美国政府为中小企业提供的非常重要的一个帮助就是劳工部建立起的职位信息网(O* NET),它使得中小企业能够方便地查找到各种职位上的任职者通常需要履行的工作职责以及具备的能力等任职资格,简化了中小企业进行职位分析的流程,并提高职位分析的科学性。

O* NET 系统吸收了多种职位分析问卷的优点,综合了问卷法和专家访谈法等方法,已经成为了美国应用最为广泛的职位分析工具。O* NET 包含的职业类型多达几百种,并且会根据最新的职位调查结果进行持续更新。O* NET 系统对于与每一个职位相关的内容所做的介绍都非常细致,主要包括:职位概述、职位名称举例、工作任务、相关工具和技术、知识、技能、能力、工作活动、工作环境、受教育程度、相关职位、薪酬水平以及其他一些信息。非常重要的一点是,这些信息全部都是免费公开的。中小企业主可以挑选出最重要的信息,比如职位职责和任职资格等,同时结合自己企业的实际情况加以补充或修改,从而制作出相对科学的职位说明书,大大减轻了管理者进行访谈或者进行问卷调查的时间和精力。因此,相对于大企业而言,O* NET 系统对中小企业的帮助更大。

另外,值得一提的是,美国劳工部建立的 O* NET 系统还提供每一种职位在劳动力市场上的相关信息,比如该职位上的未来预期就业人数以及各地区的薪酬水平,这样,中小企业便可以根据系统中的薪酬数据,来大体确定本企业应当支付给某个特定职位的薪酬基准值。这对于没有能力自行进行薪酬调查或购买薪酬调查结果的中小企业来说,无疑是一种非常有意义的帮助。

三、关于我国政府为中小企业提供人力资源管理服务的政策建议

我国中小企业在发展中面临着来自外部环境和内部自身的约束和限制。具体到人力资源管理方面,中小企业在人力资源管理的各个职能领域都存在这样或那样的问题,比如岗位设置不合理、绩效考核不规范、薪酬体系设计不科学等。与美国相比,我国中小企业人力资源管理面临的问题更为严峻。但目前我国在人力资源管理方面对中小企业的扶持措施是非常有限的,且没有建立起体系,这与我国中小企业对专业的人力资源管理的迫切需求是不相匹配的。

美国政府的实践经验表明,政府能够通过积极扶持中小企业的人力资源管理来帮助中小企业实现生存和发展。借鉴美国政府的经验,结合我国的基本国情,笔者认为,我国政府应该在以下两个方面做出积极的努力,以帮助中小企业不断提高人力资源管理水平,促进中小企业的健康发展。

1.强化认识,为中小企业人力资源管理水平的提高提供机构、资金方面的保障我国对中小企业人力资源管理提供的帮助极其有限,实际上不仅仅是这一个方面的问题,问题的实质在于我国对中小企业在整体上的重视程度不够。近些年来,尽管我国政府对中小企业的扶持力度有所加大,工业与信息化部还专门发布了《"十二五"中小企业成长规划》,但从总体上来看,我国政府对中小企业的发展并没有上升到战略的高度,缺乏具有影响力的专门机构来促进中小企业的发展,对中小企业发展的扶持体系并没有完整地建立起来,扶持措施也非常有限,已有的政策规定也仍然有待继续深化和真正落实,甚至连工商、税收、资金等方面的帮助都很不到位,更遑论人力资源管理这么具体层面的帮助了。

目前,我国管理和服务中小企业发展的主要中央政府部门是工业与信息化部的中小企业司。作为一个司局级单位,中小企业司对国家政策的影响力是不够的,同时也很难通过协调人力资源、财税、工商等各部门来为中小企业的发展营造一个良好的制度环境,因此,笔者建议,成立级别更高的国家中小企业局来负责推动中小企业的发展,制定促进我国中小企业发展的政策框架,并且通过财政拨款以及从社会上筹集资金等方式,对中小企业提供有针对性的综合性帮助和扶持,其中包括人力资源管理方面的帮助。只有这样,我们才能真正强化对中小企业提供服务的政府力量,整合政府的相关职能和资源,提高对中小企业提供的服务的数量和质量,确保中小企业能够真正享有政策扶持。

2.采取措施,为中小企业人力资源管理水平的提高提供切实有效的服务在具体的人力资源管理服务方面,重点可以考虑以下几个方面:

一是提供人力资源管理信息服务。中小企业在进行人力资源管理时需要获得很多基本信息,比如,中小企业在确定员工薪酬时需要获得劳动力市场上的当前薪酬信息,在招收员工时需要获得关于市场上的求职者的信息,此外,还需要了解未来的劳动力市场发展趋

势方面的信息，以判断这些趋势对本企业的未来人力资源管理产生何种影响以规避人力资源风险。中小企业在获得此类人力 资源管理信息方面就存在很多制约 。 而政府完全可以在这些方面为中小企业提供有价值的实用信息，以降低中小企业的人力资源管理成本。比如，政府中小企业管理机构可以利用政府的资源优势，通过科学、全面的调查，建立起使用的职位信息平台以及薪酬数据平台等数据库系统，免费向中小企业开放，从而使中小企业能够以最低的成本更容易、更及时地获得这些信息 。

二是提供人力资源管理咨询服务。由于缺乏专业的人力资源管理人员，再加上没有财力去聘请社会上的咨询公司来帮助自己建立和完善人力资源管理制度，因此，大部分中小企业的人力资源管理体系都不是很健全，在很多具体的人力资源管理事务方面也缺乏足够的经验，即使政府能够提供一些基本的信息，中小企业仍然无法自行建立和完善自身的人力资源管理制度。在这种情况下，如果政府能够组织协调各种政府和社会资源，为中小企业提供快速而实用的人力资源管理咨询服务，则对中小企业的人力资源管理水平提高会起到立竿见影的效果。比如，政府可以组织一批资深的人力资源管理专业人员、高校研究人员等为中小企业提供面对面的咨询服务；另外还可以协调一些人力资源管理服务机构、专家学者以及相应的政府部门等，编制适合于中小企业的各类人力资源管理制度模板以及实施过程中需要的各类表格，上传到自己的网站上，供中小企业免费下载，使中小企业能够在模板的基础上，结合本企业的实际，编制自己的人力资源管理制度和各类表格 。

三是提供培训服务。中小企业往往很难吸引到知识技能水平高且工作经验丰富的员工，在这种情况下，通过提供培训来提高员工的工作能力，就显得非常重要了。然而，恰恰由于专业人员以及财务资源的匮乏，中小企业很难依靠自身力量开展大规模的员工培训工作。 事实上，与大中型企业相比，中小企业的培训投入往往更少，而且培训管理工作做得也更不专业。在这种情况下，如果政府能够通过协调各方力量免费提供中小企业急需的各类培训课程和培训项目，则对中小企业无疑有巨大的现实意义。政府提供的培训课程和项目可能需要涵盖与中小企业的经营相关的各类课程，比如，生产运营、市场营销、财务管理等，其中也应包括人力资源管理方面的相关内容。至于培训的方式，也可以采用课堂培训以及在线培训等各种不同方式。

四是提供人力 资源管理法律服务 近些年来，我国在劳动立法方面发生了很多变化，政府对企业人力资源管理活动的法律约束越来越多，劳动纠纷也大量出现，很多中小企业由于不了解这些法律的具体要求以及一些具体劳动法律条文的变化，陷入很多劳动法律纠纷 。 由于中小企业往往没有能力雇用或聘请专门的劳动法律方面的专业人士，因此，政府如果能够在如何遵守劳动法律以及规避劳动 法律风险等方面对中小企业提供切实有效的指导，则会对中小企业的经营和发展起到积极的作用，同时也有利于整个社会中的和谐劳动法律关系的塑造 。

目前，我国政府在帮助中小企业提升人力资源管理水平方面已经做了一些工作，如，工信部中小企业司开展的中小企业银河培训计划就是针对中小企业管理人员的培训项目，培训主题包括了人力资源管理的多个模块，包括招聘与选拔、培训与开发、绩效考核、薪酬与福利等。 但总体来看，我国政府对中小企业提供的人力资源管理服务仍然只是零散性的，没有成为一个完整的体系，即使是现有的一些课程设置，也存在培训频率较低，培训的时间较短，覆盖范围较窄等缺点。

总之，中小企业对于我国经济发展、充分就业以及社会稳定等目标的实现均具有重要的意义，因此，我们必须重视中小企业的发展问题，全面理解中小企业面临的这种发展瓶颈，力图从主管机构、各种制度、配套的资金和人力投入以及具体的措施方面，努力为中小企业的健康发展创造良好的条件，而有效的人力资源管理服务则可以成为政府促进中小企业发展的一种重要手段。

参考文献:

[1]Hess D. Relevance of Small Business Courses to Management Needs [J]. Journal of Small Business Management, 1987,25 (01) : 26 - 34.

[2]Andries Grip, Inge Sieben. The Effects of Human Resource Management on Small firms ' Productivity and Employeeswages [J] . Applied Economics, 2005, 37: 1047 - 1054.

[3]Mcevoy. Small Business Personnel Practices [J]. Journal of Small Business Management, 1984, 22 (04) : 1 - 9.

[4]Baron. Human Resource Management and Entrepreneurship: Some Reciprocal Benefits of Closer Links [J]. Human Resource Management Review, 2003, 13 (02): 253 - 256.

[5][11] Gary Dessler. Human Resource Management (12th) [M]. Pearson Education Inc., 2009. 664, 665.

[6]Melissa Cardon, Christopher Stevens. Managing Human Resources in Small Organizations: What do We Know [J]. Human Resource Management Review, 2004, 14 (03): 295 - 323.

[7]Kathy Williams. Top HR Compliance Issues for Small Business [J]. Strategic Finance, 2005, February: 21 - 23.

[8]谌新民,张炳申.中小企业人力资源管理研究[J].华南师范大学学报 (社会科学版), 2002,(06): 11 - 22.

[9] 刘俊.广东中小企业人力资源管理现状[J].中国人力资源开发,2004,(04): 88 - 92.

[10]蒋伏心.小企业政策与小企业发展[J].生产力研究,2003,(01): 224 - 226.

[12]刘昕.中小企业的发展障碍及其对策研究[J].学术研究,1999,(03): 4-7.

作者简介:刘昕,教授,博士生导师,中国人民大学公共管理学院。柴茂昌,博士研究生,中国人民大学公共管理学院。

——原载《经济体制改革》2014 年第 4 期

企业社会责任与民营企业文化建设关系分析

■ 潘竞成

摘要: 民营企业这几十年如雨后春笋一般迅速发展，占据了我国 GDP 的半壁江山。但是，我国民营企业市场还存在许多弊端，并且相当地混乱，给不少企业创造了浑水摸鱼、逃避承担社会责任的机会，这在不同程度上都影响着我国经济的健康、和谐发展。因此，建设基于企业社会责任的民营企业文化对现代民营企业自身建设和整个社会的发展都具有很大的意义和价值。本文分析了企业社会责任与企业文化的关系，总结我国民营企业文化中的社会责任现状，进而提出了基于企业社会责任视角建设企业文化的基本思路。

关键词: 民营企业；企业社会责任；企业文化

一、问题的提出

随着中国经济的发展，中国的企业也日新月异。改革开放 40 多年来，我国经济和企业随着社会主义市场经济体制不断发展和完善，而获得前所未有的发展，取得的成就令全世界瞩目。然而在我国综合国力逐渐增强的同时，民营经济已经迅速崛起并在中国国民生产力中担任着举重若轻的地位，这是不容置喙的事实。因此，民营企业以与国营企业不同的管理方式以及经营模式正受到越来越多的人们的关注。但是，不论是企业还是个人的发展，都要探索民营企业文化及其社会责任，因为这有利于提高民营企业竞争力，实现民营企业的健康、和谐、可持续发展。

民营企业与国营企业相比，其自我约束与监管的力度不是很大，往往存在许多不容忽视的问题，例如不少企业家罔顾法律与道德，从事各种快速牟取暴利的行为，企业社会责任的缺失是其中重要问题之一。我们众所周知的，在 2008 年，中国的乳制品企业经历了“问题奶粉”事件的冲击，事件到今天为止还在延续，人们对中国奶粉不再信任；在 2010 年，轰动全国的富士康“十连跳”，给中国民营企业敲响了员工责任的警钟；在 2011 年，双汇爆发“瘦肉精”事件，重创了包括双汇在内众多冷鲜肉品牌，导致生猪肉行业萎靡；2012 年“毒胶囊”事件出现在街头巷尾，引来人们的恐慌……这样的新闻从来就不会停止，这些企业的行为不仅严重地损害了各个方面利益相关者的利益，同时也影响了企业乃至我国市场在国际上的信誉，是社会责任严重的缺失，也是我国企业文化中的的社会责任价值观的缺失。因此，我国民营企业亟需树立企业社会责任思想，其中最有效的方法就是本文提出的建设基于企业社会责任视角的企业文化。将企业社会责任升华到企业的战略高度上，将有利于我国民营企业的长远发展，使民营企业在国际市场上也能够立于不败之地 。

二、企业社会责任与企业文化的关系分析

(一)二者之间的最终目标都是能够使企业发展下去

在企业社会责任使企业再创造盈利的过程中,将对社会和环境的影响考虑在其中，努 力调和各方利益，而优秀的企业文化也拥有着 潜移默化的推动作用，使得企业经济行为符合各方利益相关者的利益。这样 ，能够实现企业与社会及自然的和谐发展。 所以说，企业社会责任与企业文化都是指导企业朝着多方面,照顾各方利益的方向发展 。

(二)企业文化和企业社会责任都是通过企业自身实现的

企业文化与企业社会责任是没有外界的机构监督调整的，相反外界对企业文化与社会责任的认识都是通过企业与其成员所表现的行为中得到的：优秀的企业文化会渗透到员工的骨子里，影响到员工的各个方面；勇于承担社会责任的企业也会在实际行动中，展示出示它不断提高社会效益与增加消费者福利的责任观给利益相关者看。

(三)企业文化与企业社会责任都会在社会中树立一种坚固的形象

因为企业文化和企业社会责任的形成是渐进的，所以二者在很长时间内都不会轻易改变，一旦消费者认同了企业文化或者认识到了企业勇于承担社会责任的话,这种观念就会根深蒂固地存在于消费者的心中。

三、我国民营企业文化中的社会责任现状分析

(一)诚信缺乏

诚信是中华民族的传统美德，也是自古以来商家企业长期维持下去的必备条件，它是具有明显的社会性和实践性的道德范畴。 然而，目前我国作为市场经济基础的信用文明状况正在经历一场考验，部分企业为了追求片面的经济利益，忽略诚实守信这一基本原则，走上了“失信”的道路。 “毒”奶粉事件、双汇瘦肉精事件、“毒” 胶囊事件、假数据假账以及违约毁约等行为层出不穷，屡屡挑战人们的底线，使我国消费者信心越来越下滑。 这不仅给我国市场带来重大的利益损失，也给中国企业在国际上的形象带来不良影响。 诚信缺失已成为了我国企业社会责任问题中最突出的问题，中国市场经济亟需重视诚信。

(二)忽略对资源、环境的保护意识

我们只有一个地球,我们生活在地球上,生活生产都会不可避免地与自然发生关系，企业更是取之自然,用之自然。 随着我国经济的发展，人们保护自然的意识却越来越淡薄了，少部分民营在发展中受利益的驱动，妄想从自然中牟取暴利，经常滥 砍滥伐 、恣意捕杀生物 ；为了能方便自己的利益 ，他们随意排放污水、废气和垃圾。 这破坏了生态平衡 ，造成了资源浪费 ，使自然环境受到严重污染 ，我国经济发展速度与环境破坏程度呈正比 ，经济快速发展 ，环境问题也更加严重 。 保护环境是地球上每一位居民的责任 ，生态环境的破坏会带来难以想象的损害 。

(三)规避法定义务

我国法律给了企业适当的权利，同时也规定了企业应该履行的义务，若想使我国经济有秩序、健康地发展，民营企业在享受利润的时候就应该把履行义务当成企业的基本操守，这也是民营企业承担社会责任的一种体现 。 依法纳税就是企业的义务 ，虽然是义务 ，但仍有不少民营企业企图规避，希望少交一点，因此，偷税漏税现象在我国民营企业中屡见不鲜。

目前我国的税收体制整改得还不完善，部分企业家的社会责任意识淡薄,想尽办法钻法律的空档,挖空心思地变换出不同的偷税漏税办法，没有将义务观念贯彻到底。

(四)漠视劳动者权益,缺乏人文关怀

山西“黑砖窑”事件、富士康“14 连跳”、农民工“开胸验肺”事件在过去几年引起全国人民的广泛关注,我国的劳动关系问题也因此而紧张起来。这些事情使人们注意到了人是企业的宝贵资源，保障员工的基本安全,提高员工的积极性和创造性,民营企业才能扩大规模,越走越远。现代观点认为建立员工健康和安全的标准,营造良好的工作环境,注重员工的人文关怀,尊重人权,是企业应该承担的社会责任。但是,我国大部分民营企业还没有做到这方面要求的标准，漠视国家规定,利用一切办法榨取员工的剩余价值,使员工对企业没有应有的忠诚感和归属感,缺乏人文关怀。

四、企业社会责任视角下的民营企业文化建设的建议

在邓小平提出“走改革开放道路”之后，我国独创的特殊“产物”—民营企业便如雨后春笋般地发展起来。当今，中小民营企业制度创新和发展是理论界、实践界都非常关注的重要问题，迄今为止还未见到对各种“中小民营企业制度创新和发展”理论形成统一认识，笔者在此尝试系统梳理有关“中小民营企业制度创新和发展”理论。只有能够转变为现实的创新才是真正的创新，而且要比过去有所发展，有所进步。发展是事物从出生开始的一个进步变化过程，也是事物的不断更新。创新与发展息息相关，政府应营造良好的制度创新环境，积极鼓励、支持、引导中小民营企业的制度创新。

中小民营企业制度存在的主要问题

目前我国中小民营企业还处于创业阶段，绝大多数中小民营企业都处于创业者的掌控之中，据调查表明，我国中小民营企业主平均年龄只有40.5岁。在当时特殊体制的影响下我国的民营企业特别是中小民营企业具有先天的缺陷，尤其是在企业制度上缺陷比较突出。

家族制度局限，组织结构缺失，职权划分不明确。家族企业始于18世纪英国工业革命时代，家庭所有或经营的企业在全世界企业中约占65%~80%。笔者并不认为世界范围内的家族企业都要转变成非家族式的企业，但是家族企业向现代企业的转化对一国经济的发展至关重要。家族企业并不是落伍的代名词，它更适合市场经济的初创阶段，所以家族规则有利于创业，而不利于发展，也就是说，中国家族式企业发展的核心问题是如何有效融合社会资本，否则就谈不上发展，或者难以逃脱“一代创业、二代守成、三代衰亡”的规律。

其实，我国中小民营企业绝大部分是家族企业，由私营企业和个体工商户发展起来的，企业主大都独揽大权身兼数职，企业中的高层管理职位和重要部门均由企业主及其亲属掌控，使得企业的组织机构具有浓厚的血缘化特征。很多中小民营企业主无暇顾及企业组织机构的建立，对职权的细分和明确界定都不重视。组织制度是企业制度建立的保证。中小民营企业的家族制与现代企业制度之间的矛盾越发突显，传统的家族式管理造成组织结构缺失、职权划分不明确、职责不清、权利模糊。现代企业制度中要求的基本组织制度(如“三会一经理”)在众多中小民营中根本没有建立或纯属虚设。

民营企业的产权界定模糊、结构单一、流动性差。目前，中小民营企业存在产权结构单一且封闭、产权管理中家族式经营的“家企合一”、产权界定模糊不清、产权流动的僵化甚至停滞和产权发展激励不足等诸多弊端，都与缺乏有效的产权法律保障有着密切联系。产权制度是企业制度建立的根本前提。在中小民营企业的发展初期，企业主认为企业的资产是私人财产，根本不存在产权问题，能侥幸安全地度过“婴儿期”。这时单一的产权和高度集中的权利是有利于提高决策效率的，在一定程度上也能够提升企业的凝聚力并降低交易成本。但是随着中小民营企业的进一步发展，内部产权问题开始凸显，甚至连亲兄弟或挚友都反目成仇，产权问题成为阻碍企业壮大的现实问题，企业因此慢慢衰落或四分五裂。产权单一，所有权和控制权的高度集中，很难在企业内部建立起有效的治理结构，不利于引进外来资本，扩大企业规模。产权流动性差，难以吸引外来资本实现规模经济，而且易导致盲目决策和短期行为。这些产权问题造成企业内部发生利益纠葛，影响企业的发展进程，严重的甚至可能会导致企业无法经营下去。

缺乏健全的管理制度。管理制度是现代企业制度的基础，管理的作用无疑非常大，但是管理一直是削弱中国中小民营企业核心竞争力的最重要因素。长期以来，因管理不善而垮台的中小民营企业比比皆是。大多数中小民营企业都面临管理方式排外的瓶颈制约。中小民营企业的企业主身兼数职独揽大权，规模较小，员工数量也不多，大都采取人治的亲情化管理模式。在日常经营上大多以个人理念和经验为主，决策具有很大的随意性，忽视企业管理制度的重要性，容易导致盲目决策。有的企业虽然注意到了企业管理制度的重要性，建立了基本的管理制度，但实际上大多由于缺少执行力而成为摆设。

目前，我国大部分中小民营企业的主要问题是家长式决策机制及管理混乱，主要表现为“家族”和“亲缘化”特征，大都停留在“一言堂”的家长权威之下，经营者既是资产所有者，又是资产经营者，缺乏高效的决策机制，存在决策随意化等问题。这种以家长理念为准则的方式容易造成企业的经营决策出现经验化和模糊化等问题。在遇到重大决策的关键时刻，企业主要么凭借自己的经验，要么模仿别人盲目跟风，这必然会阻碍企业的发展。

企业文化缺失，企业家文化基础薄弱。文化因通过分析我们能够得出企业社会责任是企业运行中的取胜关键，更是企业文化中的“珠穆朗玛峰”。推动企业文化建设，落实企业社会责任的实施，民营企业才能够长期发展。因为,企业文化建设能够在潜移默化中决定民营企业整体规划,反映出企业的愿景。而在企业社会责任视角下建设的企业文化才能得到周围利益相关者、环境社会的响应和支持，这样的企业注定能够在市场上绽放光彩并在积累中传承。

(一)基于企业社会责任建设企业文化的思路

1.认真履行企业的基本责任

企业是以产品和服务为基础产生的，以营利为目的发展的。企业获得利润的前提是生产优质的产品和服务,更加要履行好社会上的基本法律准则,做一个遵纪守法的“公民”,只有这样才能创造出社会财富。有些企业本末倒置，将慈善公益事业放在公司发展的最中心，而忽视了最基本的责任,甚至在经济准则、法律面前出现了错误，这就不是很好地履行了社会责任。

2. 树立企业社会责任意识

企业文化的核心是企业价值观,因此,通过自身文化建设的过程，将企业社会责任融入到企业价值观中，使组织与员工达成共识，自上而下的树立企业社会责任意识这个共同的价值观。然后,将企业文化中的社会责任观念固化到员工工作生活与企业日常经营中，使企业社会责任与企业文化互不分离。企业在完成了基本的责任之后,再树立企业社会责任意识,才能强化自律精神,使员工与组织的行为更加规范。一个树立了企业社会责任的企业才能够处理好与政府、环境、消费者、员工之间的关系。

3. 对企业社会责任事业进行长期的投资

企业文化不是短时间形成的，它需要员工的认同感，而这需要较长时间的适应，同时，若要建设基于企业社会责任的企业文化，就不仅仅是一次企业社会责任投资,而是需要持续不断的经营。通过长期不断的履行企业社会责任，企业社会责任才能够在企业文化中根深蒂固，才能让员工与社会认同企业的社会责任行为。当企业树立企业社会责任之后,根据企业的实际能力,量力而行,分层次逐步去落实。

4. 使企业社会责任循序渐进地扎入企业文化中

企业社会责任的投资不仅仅需要长期持续的进行,同时还需要循序渐进的投资。因为企业文化建设是一个系统工程，在建设企业社会责任视角下的企业文化时需要做出长远规划。一朝一日不会吃成胖子,短时间内急于求成只会让企业文化浮夸,只在表面,而不会得到组织和员工的认同,更不会得到认真贯彻。因此,在建设时,需要有长远的目光,做出整体的规划,将企业社会认真通过企业各个方面逐步融入到企业文化中去，循序渐进，有条不紊，从而使企业文化中的社会责任观念深入人心。

(二)建设基于企业社会责任的企业文化的具体思路

1. 纠正企业文化的认识误区

在前几年企业文化建设成为我国民营企业争相重视的时候，就出现了企业文化认识的误区，随着这几年的发展,这样的错误认识越来越严重。一些企业将不切实际的口号作为企业文化,没有进行认真分析,空洞虚假,这样的企业文化只是追随潮流的表现,缺乏实质内容,根本谈不上是真正的企业文化;还有些企业只以眼前短期利益为目标，在生产经营过程中无视诚信道德，无视利益相关者利益，组织和员工都没有责任意识,这样的企业文化也不是合格的企业文化。要纠正企业文化认识误区，扭转不正确的企业文化，建设真正的、个性的、显示企业特色的企业文化,将企业社会责任融入到企业文化中 。

2. 使诚信成为企业文化的核心

塑造诚实守信企业文化，是企业社会责任落实的重要一步,如果企业有强烈的诚实守信思想,那么企业在履行社会责任时就能够得到更多人的肯定。使诚信成为企业文化的核心,首先要从企业精神方面入手,重视员工日常的诚信教育,提高员工的思想境界,使员工自觉规范自身素质,营造出诚实守信的文化氛围。其次，企业在自身的生产经营上也时刻以诚信的准绳要求自己,完善诚信机制,全方面接受社会的监督,树立良好的信誉形象。

3. 将“以人为本”思想融入企业文化

“以人为本”是企业社会责任中重要的部分,只有将“以人为本”思想融入到企业文化精神,才能够建设出优秀的基于企业文化视角的企业社会责任。民营企业的日常管理都是靠人来决策,知人善用,关注员工的工作和生活,使员工对企业产生归属感、满足感,企业将会收获一笔无形的财富。充分了解员工内心感受,及时沟通,能够激发出员工的积极性和创造性。同时,鼓励员工参与决策,重视员工的意见,使员工自己感觉到备受重视,从而能够留住人才,使员工对组织产生责任感和忠诚感。

4. 建立科学合理绩效考核体系和责任评价体系

以往的绩效考核都是以盈利为标准，可是很多企业忽视了社会责任，这说明建立科学合理的绩效考核体系是十分必要的。在进行绩效考核的时候，要考虑两种指标：财务指标与非财务指标。财务指标就是指日常的盈利情况，非财务指标包括了客户满意度、员工素质、技术创新和对社会的影响与贡献度。两者相结合，才能使企业健康长久，也能使企业充分认识自己，更好地承担社会责任。此外，建立良好的责任评价体系能够引导和约束企业和员工，使企业文化按照社会责任运动的内容去建立。企业可以自己邀请学者和专家讨论，然后建立自己的责任评价体系，也可以根据国际社会责任评价标准 SA8000 进行评价。

5. 企业家参与

企业领导者在企业中很重要，担任总领企业的大责，他的言谈举止都会对企业产生重大影响，他往往是企业文化的缔造者和传播者，是企业文化中的企业精神层面的反映。因此，建设基于企业社会责任视角的企业文化必须要企业家的参与，企业家高瞻远瞩，未雨绸缪，发挥出文化先导作用。在行动方面，企业家必须亲自管理企业社会责任事物，保证企业社会责任工作的每一环节都能够了解，自身做出表率，为员工树立榜样，给企业树立形象，引领企业文化朝着企业社会责任方向前进。

五、结论

在当今世界上，企业社会责任受到众多人的关注，已经成为一种社会潮流。企业发展是在社会基础上，因此企业有必要承担企业社会责任，并将企业社会责任融入到企业文化中，注重民营企业文化的创新与整合，使企业社会责任更好地落实到企业生活的方方面面。虽然本文介绍了企业社会责任与企业文化的基本情况以及如何建设以企业社会责任为视角的企业文化，但是我国在实际行动中仍然存在一些弊端。笔者认为在企业社会责任工作中仍需要注意几点要求：第一，企业社会责任内涵的认定还存在分歧，我国民营企业在实施过程中应该博众取长，结合正反事例，努力建设出完善的企业文化。第二，目前我国的企业社会责任运动还处于初期，国际上的企业社会责任运动与我国国情有一定的差别，不可完全照搬。应该根据我国实际情况来做出行动，使企业的行为既能符合我国的市场准则和法律，又能造福一方。第三，建设基于企业社会责任视角的企业文化需要多管齐下，企业在进行活动的时候如果不能得到来自政府、社会的支持，做出成果也是不容易的。政府需要扶持帮助做出杰出社会责任贡献的企业，使企业有动力继续做下去，也能够吸引更多的企业加入进去；社会需要认可企业的社会责任行为，并支持鼓励企业的行为，使企业在社会中的口碑良好，有利于企业进一步进行企业社会责任工作。

参考文献：

[1]陈丽琳. 企业文化塑造的理论与方法[M].西南财经大学出版社,2011-08.

[2]鲍丽娜 .基于企业社会责任的民营企业文化建设[J].山西财经大学学报, 2007,29(5).

[3] 张洁梅. 我国企业社会责任研究现状述评[J].2013,(1).

[4]岳川博.创建幸福企业[M].北京大学出版社,2011-11.

[5]李雄治,李新杰. 浅议企业社会责任型文化的构建[J]. 经济论坛,2009,(10).

[6]陈佳贵. 中国企业社会责任研究报告[M]. 社会科学文献出版社,2010-11.

[7]杨辉.企业文化创新与社会责任[J].广西电业,2011-08.

[8]寿长华.完善企业文化中社会责任建设之对策[J].石油化工管理干部学院学报,13(2).

[9]王吉鹏.企业文化建设[M].企业管理出版社 2010-07.

[10] 黎友隆. 我国企业文化中社会责任的缺失及对策[J]. 创新,2010,(5).

[11] Thomas M. Mulligan.the Moral Mission of Business [C]//Engle -wood Cliffs.Ethical Theory and Business. 1993.66.

[12] Friedman, M. Social responsibility of business, in An Economist'sProtest: Columns in Political Economy [C].New Jersey:ThomasHorton and Company, 1970.178-199.

[13]Clark,Ian.Globalization and International Corporate Culture The -ory[M].Oxford: New York Oxford University Press,1999.

[14]Adebayo,E. Corporate Social Responsibility Disclosure,Corporate Financial and Social Performance: an Empirical Analysis [D].Nova Southeastern University, 2001.

[15]Deal, T.E.& Kennedy, A.A. Corporate Cultures: The Rights and Rituals of Corporate Life [M].Reading, MA: Addison -Wesley Press, 1982.

作者简介：作者单位为安徽财经大学工商管理学院。

——原载《湖北经济学院学报（人文社会科学版）》2014年1月

浙江中小民营企业转型升级的人才战略研究

■ 邵慰

当前，浙江民营经济从事的产业一般是国民经济中的非主导产业，多为技术含量低、产品附加值低的劳动密集型、资源消耗型和环境污染型的产业。这样的产业分布将民营企业长期排除在主流、新兴及支柱产业之外，必然使民营企业的发展空间有限，并随着技术进步而日益萎缩，最终被社会淘汰。民营企业要实现转型升级，唯一的出路是彻底改变高消耗、低成本和低附加值的粗放型发展方式，走技术创新、集约发展之路。但由于技术创新是一个复杂的系统和过程，参与的主体众多、涉及的因素复杂，民营企业技术创新面临很多的问题和困难，其中最大的瓶颈之一就是人才问题。

一、浙江中小民营企业人才环境的现状

浙江中小民营企业最短缺的是什么呢？是资金？技术？还是市场？其实都不是。资金不足，可以通过融资解决；没有技术，可以引进；市场有限，可以逐步开拓。一言以蔽之，中小企业，最缺乏的不是别的，正是人才！浙江中小民营企业目前的发展瓶颈与人才匮乏有相当大的关系，迫切需要人才几乎成了中小民营企业众口一词的关于人才问题的答案。然而，这种关于“人才荒”的无谓感叹性的答案并不能真正对中小企业的切实发展产生积极意义，要改善中小企业现时的人才状况，需要从中小企业究竟需要什么样的人才和怎样获得这些人才入手，有目的的构建有利于中小企业吸引和留住人才的人才环境。

国内大部分学者和政府机构，都将人才环境粗略的划分成软环境和硬环境两大方面。这样的划分方法使问题简单化，但是并不利于找到优化人才环境的关键因素。为了更深刻的分析浙江中小企业的人才环境问题，这里将人才环境细分为人才经济环境、人才生活环境两个方面。

（一）浙江中小民营企业面临的人才经济环境

经济环境是一个地区的经济制度和经济活动水平，包括经济制度的效率和生产率等，与之相联系的概念可以具体到人口分布、经济周期、通货膨胀、科学技术发展水平等。被认为是一个地区的经济结构、产业布局、资源状况、经济发展水平以及未来经济走势等。从产业布局看：初步核算，2011年，浙江省生产总值为32000亿元，比上年增长9.0%。其中，第一产业增加值1581亿元，第二产业增加值16404亿元，第三产业增加值14015亿元，分别增长3.6%、9.1%和9.4%。人均GDP为58665元（按年平均汇率折算为9083美元），增长7.1%。三次产业增加值结构由上年的4.9:51.6:43.5调整为4.9:51.3:43.8。浙江这种第二产业和第三产业均衡发展的产业布局非常有利于经济的长期发展。从经济结构看：2011年，规模以上工业增加值10878亿元，比上年增长10.9%，轻、重工业增加值分别增长10.0%和11.5%。规模以上工业企业完成出口交货值10940亿元，增长12.3%；出口交货值占销售产值的比重为20.1%，比上年下降1.6个百分点。经济结构呈现出中小企业为主和出口导向型为主的经济结构。在这种结构下虽然会提供大量的就业岗位，但中小企业为主的经济对高端人才的吸引力和承载能力都有限。

（二）浙江中小民营企业面临的人才生活环境

浙江的人才生活环境包括生活中的很多要素，但是我们重点从三个角度来阐释：日常消费、住房和教育。因为这三个方面往往是浙江对人才是否有吸引力的关键因素。第一，日常消费。2011年浙江省全社会单位在岗职工分行业年平均工资35731；人均可支配收

入30971元,人均消费支出20437元。2011年浙江省居民消费价格比上年上涨5.4%,食品类上涨12.1%;商品零售价格上涨5.5%,农业生产资料价格上涨10.8%,工业生产者出厂价格上涨5.0%,工业生产者购进价格上涨8.3%;固定资产投资价格上涨7.5%。从上面的数据可以看出浙江生活的成本还是非常高的,这是人才选择来杭州工作必须考虑的因素。第二,住房因素。从上面的数据可以计算出人均每年能有储蓄10534元。2012年杭州新建商品住宅平均价格为17867元/平方米;宁波新建商品住宅平均价格为13261元/平方米;温州新建商品住宅平均价格达到了35426元/平方米。台州、嘉兴、舟山等城市的住宅价格都超过了1万元/平方米。目前低于一万元/平方米的城市只剩下衢州、丽水、金华等城市,但是金华市下属的义乌、永康、东阳等县城区的住宅价格都在15000元/平方米以上。按照这样的收入和房价标准,即使是较高收入的人才,想在浙江买套房子安家,都是非常困难的事。高房价使人才面临的生活环境变得极其恶劣。人才们只能租房子生活。第三,教育问题。2011年,全省拥有普通高校82所(含筹建2所)。全年研究生招生17565人,在学研究生51846人,毕业生13046人。从高等教育和职业教育的规模上看,不考虑质量,基本上可以满足浙江中小企业人才需求。问题主要集中在义务教育阶段,和全国一样,浙江省实行的也是和户籍紧密相结合的入学政策。来浙江工作的各类人才,如果不能在浙江买房落户口的话,子女入学问题仍然很突出。这使很多人才招的来,但是留不住。

二、浙江中小民营企业转型升级面临的人才问题

省委省政府在引进人才和留住人才上做了很多工作,但是就中小企业而言,目前出台的政策大多数和中小企业没有直接关系,现有的政策对于中小企业吸引和留住人才帮助很小。当前浙江人才政策存在的问题如下:

(一)现有政策集中在高端人才上,对普通人才的政策很少

课题组2012年5月9-10日调研了杭州滨江区高技术服务企业调研。浙江网新恒天软件有限公司和杭州枫惠科技咨询有限公司负责人反映当前的政策主要针对高端人才,对普通人才的政策很少。目前出台的政策,《关于进一步加强高层次专业技术人才队伍建设的若干意见》、《大力引进国内外人才的若干规定》、《关于引进海外高层次留学人才的意见》、《关于大力实施海外优秀创新创业人才引进计划的意见》和《浙江省"海外高层次人才引进计划"暂行办法》等等,大多数是针对高级人才的。而高级人才大多数集中在大型企业或者是高校、科研院所。这样的制度设计有其科学性。一方面,高端人才无疑会带来更多的社会价值和经济价值。引进高层次人才是我省站在更高起点上,继续推进改革开放的重要举措;是建设人才强省,实施更加开放人才政策的有效探索;是赢得高层次人才竞争主动权的战略选择。百年大计,人才第一。在国务院先后批复浙江海洋经济发展示范区、义乌国际贸易综合改革试点、舟山群岛新区和温州市金融综合改革试验区等浙江"四大国家战略"的背景下,引进高层次人才具有重要意义。首先,高层次人才对实施好浙江"四大国家战略",对促进浙江经济在转型升级的基础上实现长期平稳较快发展,推动浙江在全面建成小康社会的基础上迈向基本实现现代化新征程,提供了重要的人力资源支撑。其次,高层次人才既有利于浙江承担更大的发展使命,为全国发展大局做更大的贡献;又有利于浙江加快经济结构调整和转型升级,在科学发展道路上继续走在全国前列;也有利于浙江深化省情认识,不断拓展新的发展空间。再次,高层次人才促进了四大国家战略举措的实施,有利于形成浙江对外开放加速由单向的吸引外资、出口产品为主,转向对内对外开放同步、加速融人国际产经一体化的新格局。另一方面,中小企业不能承受引进和雇佣高层次人才的高成本。毕竟引进人才是要在市场的机制下完成,用人单位是主体,政策只是辅助作用。用人单位要承担起人才的工资、奖金、科研条件、工作场所等很多具体的问题。越是高层次的人才,引进的后续花销就越大。中小企业的承载能力有限,无法提供高级人才的工作条件及高工资和高待遇等生活条件。2012年8月21-23日,课题组赴台州玉环调研。玉环坎门机床厂负责人张慧坚向课题组反映,中小企业用工成本比较高,留不住人才。浙江隆中机械制造有限公司负责人陈绪丰介绍,当前企业科技发展方面有很大的起色,但是人才方面还是很紧缺,拿不出更好的待遇吸引人才,越高层次人才,用工成本越高。中国汽车工程研究院浙江分公司的经理介绍,浙江公司的员工工资远远高于重庆总公司的工资,但是还是吸引不了人才,因为生活成本高。目前公司大学本科以上学历的人不到50%。有很多小微企业经营成本低,甚至连高层次人才基本的工资都不能承受。课题组2012

年10月18-23日在嘉兴和湖州调研。中盈瑞博科技创新有限公司董事长张津化向课题组介绍，目前行业高层次人才年薪最低标准在20万左右，雇佣一个高层次人才远远不够，必须雇佣3-5个人的团队才能发挥作用，这样的话每年薪金部分就需要100万元，对于中小企业来说成本难以承受。浙江省是中国民营经济最早发育的地方之一，被誉为“中小企业王国”。到2010年底，浙江省包括个体工商户在内的各类中小企业，总数达290多万家。解决了全省75%以上的就业。浙江中小企业才是浙江最具有竞争力的来源。如何解决中小企业的人才问题，才是浙江当前人才政策最需要解决的问题。

(二)已有的政策可操作性不强

2012年10月30、31日，11月2日、5日、13日、14日，课题组赴杭州余杭调研。杭州爱立特投资控股有限公司董事长刘明峰，杭州慧安投资管理有限公司董事长沈一慧，杭州瓶窑制版有限公司董事长王荣昌，杭州强力机械有限公司董事长季儒茂等向课题组反映，当前政府出台了一些政策，但是对于中小企业而言，可以享受到的人才政策很少的。关于中小企业的人才方面的政策不多，即使是已有的政策可操作性也不强。在2012年5月份颁布的《浙江省人民政府办公厅关于促进小型微型企业再创新优势的若干意见》关于人才方面的条款仅一条。即第二十条加大创新人才激励。完善激励各类人才创新创业机制，鼓励技术、管理等生产要素参与收益分配。规定到小微企业从事技术研发、成果转让的事业单位高层次人才，评职称可以回原单位评。且不说高校和事业单位与企业评职称的标准大相径庭，就人才的特性而言，人才具有排他性，人才一旦离开了原单位，就和原单位没有任何关系了，现在全省都是定岗定编，原单位不可能给一个已经离开的人评上职称，让他占用一个职称的岗位。所以这种制度的设计根本没有可操作性。《意见》还规定：省内高校、科研院所科技人员在完成本职工作的前提下在职创业的，其收入归个人所有。运用科技创新成果和专利技术创办科技型小微企业的，知识产权等无形资产可按50—70%的比例折算为技术股份。在浙高校、科研院所和国有企事业单位职务发明成果的所得收益，可按一定比例划归参与研发的科技人员及其团队所有。高校、科研院所转化职务科技成果以股份或出资比例等股权形式给予科技人员个人奖励，获奖人在取得股份、出资比例时，暂不缴纳个人所得税等等。这些规定以前就在做了，这次只是重新提了一次，并且没有什么新的推进的举措提出，所以很难在短时间内就见到效果。

《浙江省人才发展“十二五”规划》与中小企业人才相关的部分是：加快培养造就高技能人才。围绕我省先进制造业、现代服务业、战略性新兴产业发展，通过深入组织实施高技能人才建设三年行动计划，培养引进一批企业紧缺急需的技能型人才，基本解决我省高技能人才队伍建设滞后问题，使高技能人才队伍不断满足我省经济社会发展的需要。具体办法就是把高职院校、技工院校作为培养高技能人才的主渠道，加快培养一大批技术技能型、复合技能型和知识技能型高技能人才。完善高技能人才培养平台，重点培育一批国家级、省级示范高职院校、重点技师学院，建设一批特色专业、新兴专业和骨干专业。充分发挥企业在高技能人才队伍建设中的主体作用，切实加强校企合作，加强综合性高技能人才公共实训基地建设。建设一批技能大师工作室。畅通高技能人才引进渠道，全方位贯通高技能人才职业发展通道。鼓励吸纳高校毕业生进入高技能人才队伍，扩大高技能人才规模，大幅度增加高级工总量，提升高技能人才素质。建立完善多元化高技能人才投入保障机制。按照正常的逻辑，一方面职业学校的学生在浙江读书，因天时、地利、人和等因素他们就更愿意在浙江工作。另一方面浙江也确实是好地方，吸引职业院校毕业生工作。但是上面的政策只是从扩大劳动力的供给角度来解决中小企业人才问题的。并没有涉及到让在浙江工作的技工等劳动力如何在浙江生根发芽等具体的政策扶持措施。而这些措施却恰恰是最重要的问题，包括子女入学、户口、住房、医疗等等。

三、加强人才工作促进企业转型升级的建议

(一)加强职业教育的支持力度

没有一流的技工，就没有一流的产品。国家领导人多次强调，要把职业教育纳入经济社会发展规划，促进职业教育在规模、专业设置上与经济社会发展需求相适应。《教育规划纲要》提出了“以提高质量为重点大力发展职业教育、调动行业企业的积极性、加快发展面向农村的职业教育和增强职业教育吸引力”的四项重大任务。人才是浙江经济发展方式全面转变的关键，高级技术工人的水平又是浙江制造业产品质量的基础决定因素。在国务院先后批复浙江海洋经济发展示范区、义乌国际贸易综合改革试点、舟山群岛新区和温州市金融综合改革试验区等浙江“四大国家战略”的背景下，提高高级技工素质则显得更有意义。提高高级技工的

素质国内外普遍采取的做法是加强职业教育的支持力度。结合浙江省的具体情况,我们提出以下建议:

第一,加大职业院校校企合作支持力度。首先,加强教师和技术人员的交流,建设"双师型"教师队伍。教育部已经出台了专业教师到企业实习实践的相关政策,鼓励合作企业为职业院校提供在生产一线见习和实践的机会,使专业教师更多地了解企业技术发展、装备现状及未来学生工作岗位知识和技能需求。合作企业可以积极申请作为职业院校教师开展实践活动的技能培训基地,也可以选派技术人员担任兼职教师,提高职业教育师资水平。其次,共建实训基地,营造培养技能型人才的专业环境氛围。希望参加校企合作的企业能够为合作院校提供企业界主流使用的仪器设备。统筹职业教育资源,依托大型企业、重点院校建设技能型、高技能型人才培养和实训基地。也要通过职业教育基础能力建设、实训基地等项目支持项目学校建设,不断完善相关专业的技能教室和实训场地,提供职业院校学生"学中做,做中学"的教学实践环境,帮助他们养成良好的职业操守和工作习惯,具备较强的工作技能。再次,鼓励企业积极参与到教材的开发建设中来。对于校企合作的教材,确实有推广价值的,省教育厅给予一定的教材编写补贴,并积极推广到全省其他高职院校。

第二,允许营利性职业教育机构实行企业化、股份制运行。技术等其他要素可以通过贸易获得,只有人是不能自由流动的,因此国家之间的竞争主要决定于人力资本的供给。必须利用一切可以利用的方式和途径提高劳动者的工作技能和个人素质,才能让国家立于竞争的不败之地。当前我省面临产业升级和经济转型的艰巨任务,高水平技术工人的有效供给不足已经成为发展的瓶颈。在国家财力有限的情况下,充分吸收民间资本,动员全社会力量和资本发展职业教育,这既是职业教育本身的必然选择,也是经济转型升级实现可持续发展的必然要求。结合国情,我省在现阶段应该实行国家投入和民间资本投入相结合、营利性职业教育机构和非营利性职业教育机构共同发展的方针政策。国家财政投入的职业教育机构归属非营利性教育机构,充分体现其公益性,特别是为未成年人提供学习职业技能的基本保障。社会资本投资的职业教育机构允许其是营利性教育机构。营利性职业教育机构实行企业化、股份制运行,政府放开其在招生规模、收费等方面的管制,让其面向市场自我约束、自我发展。这不仅是尊重职业教育发展规律,也对我省职业教育长远发展有益。

第三,大力推进我省职业院校上层次。教育部正在探索建立包括中职、高职、应用本科、专业硕士等的职业教育体系,尽快解决当前中职与高职脱节的问题。并且已经批准了本科层次的职业技术学院。开展本科及以上层次应用型技术教育将提高我省技术人员的培养质量。我省当前有实力冲击本科层次的高职院校至少有十所。培育和组织有实力的高职院校冲击本科教学层次的职业院校是有必要的。浙江和江苏都是制造业大省,都有很多的职业院校,但是和江苏省相比,我省的职业院校发展还是有很大的差距,应抓住教育部职业院校开展本科层次应用技术教育的试点机会,努力争取实现零的突破。

第四,率先实行中等职业教育免费培训。从2012年秋季学期起,全国对公办中等职业学校全日制正式学籍一、二、三年级在校生中所有农村学生、城市涉农专业学生和家庭经济困难学生免除学费。下一阶段教育部拟对全国的中等职业学校的教师实行免费培训,这对浙江来说是个利好的消息。具有实践经验的专业技术人员和高技能人才担任专兼职教师,持有专业技术资格证书和职业资格证书教师的比例提高,对浙江一线技术工人的能力、素质的提高无疑会有大的帮助。浙江可以在全国率先实行这一举措。具体做法如下:第一,政府组织免费对中职学校教师的培训。依托有条件的大中型企业、高校、技师学院和示范性高职院校,建设2–3个省级职业培训师资培训学院。由政府牵线搭桥大型的制造业企业提供职业培训师资培训学院的教师学员的学习实践基地,首先让中职的教师的技能操作跟的上工业进步的发展。加快培养既能讲授专业知识又能传授操作技能的"一体化"教师队伍。第二,政府购买培训服务免费提供给企业。分行业对技术工人提供短期的免费的培训服务。每期培训的人员员先由企业提出申请并进行推荐,政府按照地区、企业规模等因素分配具体的名额。培训的费用由政府承担。

(二)出台有力措施解决外来打工者子女入学问题

我们在浙江各县市企业调研中发现,中小企业涉及到人才问题最大的困难是如何解决企业子女入学问题,以留住人才。当前我省义务教育阶段入学政策是按学区入学制。要求拟入学学生的户口在学校划定的学区内。入学凭借户口本、房产证。并且要求房产所有人与拟入学学生是监护人与被监护人的关系。这意味着没有浙江的户口没有房产是很难入学的。我省中小企业大部分的工人和技术人员都是外来的打工者。浙江房价这么高,他们很难能利用工资买上房子的。没房子就如不了户口,没有户口和房子孩子就上不了学。有的职工为一些企业工作了十几年，在浙江缴纳了十几年的社会保险,孩子入学问题仍然是个大问题。子女入学问题影响到中小企业人才的稳定问题,为此,特提出以下建议：

第一，为外来务工子女平等享受义务教育权利提供有力的政策保障。对于外来务工人员子女入学问题，全省各地都很重视。这些年,全省认真贯彻“以流入地政府为主、以公办学校为主”的原则,合理配置教育资源，更好地满足了义务教育阶段外来务工人员子女入学的需要。因为缺乏刚性约束,一些地方执行政策时较为敷衍。另外各市地情况也不一样，在微观操作层面上,确实有一定的困难。比如:一些优质的教育资源本地居民的需求尚不能满足，外来务工人员的申请如何受理,准入条件是什么?拒绝的理由又是什么?操作起来很困难。必须从政策层面上以法律法规形式为外来务工子女享受义务教育权利提供政策保障。

第二,坚持以全日制公办中小学为主渠道,充分挖潜、敞开大门、放低门槛,尽最大限度接纳流动人口子女入学。规定在我省工作并缴纳社会保险三年以上其子女可在我省公立学校接受义务教育；入学学区以务工人员工作的工厂所在地的学区学校为准；一些工厂比较集中的地方如果出现生源过剩的情况，则按照就近原则,由当地教育部门负责,将生源向附近其他学校调剂;外来务工人员子女的教育经费投入,由省财政直接拨付;一些生源不足的学校,适当降低缴纳社会保险的时间要求。同时对于户口挂靠在亲友家的拟入学学生,也可以按照就近的原则入学,而不要求一定要房产证、户口本户主是拟入学学生的监护人。

第三，积极扶持和规范管理以接收外来务工子女为主的务工人员子弟学校。首先,这些年随着计划生育政策效果的显现,一些学校生源越来越少,对一些生源严重不足的学校，建设成接受外来人员子女入学的示范学校。其次,由省财政进行资金上的投入,对办学规模大、接收能力强、农民工子女比例超过30%的学校进行重点改造。对接收农民工子女学校的校长、副校长和教师,分层、分类进行系列专题培训,从办学条件、学校管理和教学质量各方面缩小农民工子女与城市学生的差距，逐步为农民工的孩子们能够获得真正的教育公平夯实基础。?再次,科学规划增加教育资源配置,特别是在流入人口比较多的地区，按常住人口规模规划教育资源,布局新建学校;继续支持和帮助民工子女学校改善办学条件,提高办学质量和水平。

第四,开放高中阶段教育。外来人员子女在初中毕业后报读我省中等职业学校的，根据国家规定条件与本县学生一样享受同等免费助学政策。允许在本县毕业的外省籍考生报考高中。在异地高考国家政策尚未出台的情况下,先允许外来人员子女报考我省的高中,待国家政策出台后,异地高考按国家政策执行。

(三)劳动部门建立中小企业人才劳动档案

我们在调研走访中发现，当前中小企业对人才的管理仅仅体现在劳动合同上。用人单位与人才签订劳动合同,然后人才在用人单位工作,用人单位付报酬。当前这种类似于市场买卖交易的管理模式存在弊端。一方面,很多企业反映,有一些恶意跳槽者,工作没几天就跳槽,短短的时间内,更换了很多单位。这样的人给企业增加了很大的招聘成本，而企业无法在人才市场上将这种人甄别出来。另一方面，对于很多人才而言,在一个企业工作一段时间,如果再到另一个企业工作,前期积累的很多东西就没有用了,这对人才诸如职称晋升等很多职业生涯的长远规划非常不利。现在信息技术越来越发达，劳动部门和用人单位有必要为人才建立劳动档案。

第一，劳动保障行政部门与档案行政管理部门尽快制定企业职工档案管理办法，进一步明确企业职工档案管理范围、内容、方式、标准等。使企业职工档案管理更加规范化、科学化。对职工档案的内容、分类、档案用品标准重新进行规范。有条件的地区要利用计算机网络技术,逐步建立职工个人档案与养老保险、失业保险、生育保险、医疗保险、再就业等系统化管理体系,通过科学的管理,为企业提供便利的服务,有效地保障职工和企业利益,充分发挥劳动保障部门的服务职能,提高办事效率,使档案管理工作科学规范化。

第二,用人单位在与劳动者建立劳动关系后,应当及时为劳动者建立个人档案，将劳动者在工作期间的劳动合同、工资福利、任职、奖惩、工种社会保险等资料载入个人档案,妥善保存于劳动部门,并随劳动者的劳动关系转移而转移,确保劳动者个人档案的有效接续。

第三，劳动者在劳动关系存续期间应当要求用人单位为其建立档案,注重收集保存有关资料,作为工作经历的有效凭证,为以后职称晋升、享受社会保险和重新就业提供重要依据。一旦发生劳动争议,档案资料也是处理劳动争议的主要证据,以此维护自己合法权利。

第四,各级劳动保障部门和工会组织,要充分认识为劳动者建立个人档案的重要性,制定统一的标准,严格质量要求,认真实施,切实维护职工的合法权益。制定规范有效的管理制度,加强督促,定期检查,发现问题,及时解决。定期对档案管理人员进行业务培训,不断提高档案管理人员业务水平。针对目前企业职工档案管理存在的诸多问题,在规定时期内对所有企业职工档案进行全面的清理、规范,确保职工档案的完整、真实、准确。

参考文献:

[1]浙江省统计年鉴 2007-2010 年

[2]浙江省人民政府网站

[3]浙江省人才发展"十二五"规划

[4]山东省中长期人才发展规划纲要(2010-2020 年)

[5]江苏省中长期人才发展规划纲要(2010-2020 年)

[6]广东省中长期人才发展规划纲要(2010-2020 年)

[7]浙江深入实施人才强省战略综述,新华网,2010-8-26,http://news.xinhuanet.com/politics/2010 -08/26/c_12488401_4.htm

[8]王慧敏,浙江"生态立省"一张蓝图绘到底,人民日报,2010 年 5 月 10 日

[9] 贾小峰,日本对中小企业的扶持政策,河北大学,2004

[10]吕学朋,中小企业政策支持体系研究,华中农业大学,2001

[11]柯常青,欧盟创新人才培养政策举措,中国人才,2012.2,P51-52.

[12]高松英,树全球化时代日本企业的人才管理,第一资源,2012.2,P35-37.

[13]曲婷,韩国创新人才培养经验及其对中国的启示,中国科技论坛,2012.3,P156-162.

[14]大力加强校企合作 深化职业教育人才培养模式的改革创新 鲁昕在教育部校企合作签约仪式上的讲话,汽车维修与保养,2011.3,P101-102.

[15]郭占恒,努力全面实施"四大国家战略",统计科学与实践,2012.8,P4-6.

[16]张立伟,中小企业人才从何来,现代营销,2009.2,P54-55.

[17] 浙江统计局,2010 年浙江省国民经济和社会发展统计公报,统计科学与实践,2011.3,P19-25.

[18]林丰声,浅谈企业职工档案管理的问题与对策,引进与咨询,2006.1,P59.

作者简介:作者为浙江财经大学经济学副教授。

浙江民营经济持续发展的多元创新思路

■ 刘水

实体经济是一国经济发展的根基,一国经济要立于不败之地,最终取决于实体经济的发展,而不是雾里看花的各种"虚拟"。要推进实体经济的发展,必须排除影响实体经济发展的因素,创造有利于实体经济发展的环境。

党的十八届三中全会对全面深化改革作出重大部署,为民营经济的发展带来了难得的机遇。但民营经济发展的挑战与机遇并存。如何使得民营经济成为浙江走新型工业化道路的主力军,成为浙江经济的强大"引擎"。对这些问题的准确回答,事关浙江民营经济大省向民营经济强省跨越的成败,需亟深入探讨。为此,就当前我省民营经济发展现状与开拓创新发展思路谈几点看法。

一、目前我省民营经济发展特点与制约发展的融资问题

1、发展特点

(1)由传统产业向新兴服务业拓展

长期以来,浙江民营经济主要集中在传统加工制造业和批零贸易、餐饮等传统服务业务,其他领域的比重很低。近年来,随着市场经济的发展和投资环境的改善,民营企业开始积极调整经营策略,主动向新的投资领域进发。目前,民间投资活动已经涉及制造业、房地产业、交通邮电、信息传输和咨询、农林水利、文体教卫、物业管理、营销策划、融资担保等多个领域,同时一些试点的投资经营活动(如民办医院、民办学校、民办

旅游区等)在取得经验后已经逐步铺开。

(2)由家族制向现代企业转变

经验表明,就是在西方成熟的市场经济国家,企业要发展,必须建立与之相适应的企业管理机制。我省民营企业之初多为家族式管理,这管理方式只能适应低级的生产力发展水平。民营企业经过30多年的发展,随着企业资本的不断扩张,企业生产规模的不断扩大,家族式的管理模式已经严重阻碍和制约企业的发展,企业要发展就必须建立现代企业制度,形成规范的公司治理结构。当前,随着我市企业股份制改革的不断深入,民营企业正逐步实现从家族制向现代企业的转变。

(3)由单一化向多元化演变

我省民营企业大多由个体户或小型合伙企业转变而来。企业的投资主体单一,或一个人或二三人。随着企业原始积累过程的完成,生产规模的扩大,资本的高速扩张,单一的投资主体已不适应企业发展,无论从建立现代企业制度,还是从分散投资风险,或是从企业融资,或是决策等诸多方面考虑,投资主体多元化都是民营企业的发展趋势。

2、融资问题

(一)融资渠道不通畅

(1)贷款难。在中国的金融中介中,银行约占90%的份额;而在银行业中,国有商业银行约占金融机构贷款总额的90%。目前国内90%的新增贷款集中在大约10%的优质大中型企业,资金向“大企业、大项目、大城市”集中地趋势十分明显。银行出于风险控制考虑将贷款集中于政府投资的大项目、大工程,期限越放越长,据统计它的中长期货款比例在45%以上。四大国有银行掌控着绝对优势的资金,利润最大化是商业银行经营活动的指导思想,而民营企业与生俱来的弱点造成了很难从大银行获得货款。

(2)担保难。民营企业信用担保体系的缺乏,实力较为薄弱,使得企业求担保困难。银行出于自身规避风险的要求,没有足够的担保,也无法提供信贷支持。相当一部分民营企业为获得资金支持往往采用民间自发的相互担保,甚至不得不开通民间筹资渠道寻求“高利贷”。但自发互保如果出问题,担保方就都有可能被拖垮,风险性很大。

(3)直接融资难。由于我国金融体系中资本市场相对于资金市场发育很不完全,缺少一个多层次的、能够为广大民营企业融资服务的资本市场。国内的主板市场只是国有大中企业和极少部分民营企业的融资俱乐部,国内创业板市场仍旧是“只闻楼梯响,不见有人来”,国外创业板也是远水难解近渴。从现行上市融资、发行债卷的法律法规和政策导向看,民营企业很难通过债权和股权融资等直接融资的渠道获得资金。而且,我国的资本市场是典型的政策主导型市场。长期以来,资本市场是作为国有企业融资及转换的一个具有特定功能的制度。尽管为数极少的特大型效益很好的民企可能争取到上市的指标,但众多中小型企业几乎没有任何机会。

(4)风险投资难。由于没有通畅的退出机制,少了高额的利益回报,风险投资我国陷入一个尴尬的境地,风险投资想投不敢投,民营企业想要要不到,一些风险投资公司不得不把风险资本放到证卷市场的短期炒作上。据调查,目前,民营企业自我融资比例达90.5%,银行贷款仅4.0%,非金融机构为2.6%,其它渠道为2.9%。这意味着民营企业的发展基本上是靠自有资金滚动起来的。民营企业融资渠道狭窄,资金比较缺乏,成为制约民营经济持续发展的“瓶颈”,已难以适应民营经济快速发展的资金需求。

(二)金融培育滞后

(1)信用观念滞后。由于个别民营企业信用观念差,赖银行债务严重,导致银行不良资产增多,贷得越多,损失越大。大部分民营企业主从农民而来其文化经营思想管理水平等素质较低,依赖于靠关系避逃税来发财,难以通过科学管理提高经营效益。当企业遭受市场风险后就容易出现恶意逃废债务情况。

(2)资本市场的高门槛。我省绝大多数民营企业属于中小资本企业,需要与其资本结构相适应的股票、债卷与信贷资本市场,但目前条件下股票、债卷、信贷的资本市场却缺乏层次性,各类融资渠道的入门门槛高,条件苛刻。

(3)金融资源的垄断性。目前国有银行的商业化进程加快了,但国有经济对金融资源的垄断性却未在根本上得到改变。近年来实行债转股、封闭性贷款、核销呆账准备金等措施都是为了搞活国有大中型企业,而民营企业并未从相关金融政策中获得任何好处。

二、我省民营经济发展政策与创新思路及对策

1、打破投资限制

民营经济是从资金、技术门槛低的竞争性产业领域生存并发展起来的。现在的民营经济无论在经济和技术等方面都大为增强,已经具备了进入资金密集产

业的能力，进入的门坎只剩下政策壁垒。启动民间资金，推动民营经济的发展，首先要解禁民营经济进入各类产业的种种政策限制。政府应当寻求制定准入政策的基本原则，切忌哪一领域紧迫了，就只出台关于这一领域的政策。从基本趋势来看，民营经济必将从竞争性产业领域逐步参透到所有产业的可竞争性领域。因此，要深入研究产业内部的可竞争性问题，并在此基础上放开一切可以按市场原则进行运营的产业和亚产业领域，包括道路、桥梁、污水、垃圾处理、电信、邮电等基础设施，乃至于文化、卫生和教育等"软产业"领域，及军工产业等。

2、放宽市场准入

只有公平进入，才能打破垄断，才会体现市场经济特有的魅力。要根据 WTO 规则和市场经济法则，按照下述 3 条原则，全面清理和废除不利于民营企业发展的法律法规、政策规定。一是除国家有特殊规定的以外，所有投资领域，民营资本均可进入；二是凡鼓励和允许外资进入的领域，均鼓励和允许民资进入；三是在实施优惠政策的投资领域，对国有和外资企业实行的各项优惠政策，对民营企业也同样适用。

3、营造"四大环境"

(1)和谐的人文环境

栽好梧桐树，引得凤凰来。我省要建设民营经济强省，首先应构筑良好的外部平台。为此，利用当前大力倡导"和谐创业"的良好氛围，营造和谐的人文环境，改变一些人对民营经济的偏见，甚至有所歧视的观念。要让民营经济在人们的理解和赞赏中放开手脚，大力发展。

(2)公正的法制环境

各级行政管理和执法部门要自觉做到保护国有经济与保护民营经济一视同仁，公平公正对待。民营企业的税费负担较重，在税法中，有些问题还需要合理解决，例如现在的合伙企业和个人独资企业法，都规定要收企业所得税，又要收个人所得税，这是值得商榷的。因为个人独资企业和合伙企业的所有者负无限责任，故应该只收个人所得税，而不应该收企业所得税。加强民营经济合法权益维护，无论是谁，只要侵害了民营企业的合法权益，都要依法追究其责任，使政府职能部门真正转型为服务部门，而不使民企办事难、难办事。

(3)优美的市场环境

加强对民营经济的引导。首先是行业引导。各行业协会、行业办，通过发布行业相关信息，引导行业内投资和经营活动，防止民营经济重复投资和盲目扩大生产规模。其次是政府引导。政府要引导民营企业提高管理水平，建立现代企业制度，逐渐由家族式管理向现代企业管理方式转变，增强企业活力。同时，还要通过改革，解除企业与部门的行政隶属关系，使企业真正成为市场主体，自主经营。

(4)良好的外部环境

积极转变机关工作作风，加强效能建设，进一步规范政府行为，建立高效、廉洁的行政体系，为民营企业提供"一站式"办理服务；加快建设"阳光政府"、"服务型政府"、"高效政府"。同时以"诚信为本"，重建严明的社会诚信体系。对人才要诚恳相待、信守承诺；要"用人不疑、疑人不用"，在企业内部营造诚实守信的人文环境。完善和健全科学公正的奖惩制度，让人才的市场价值得以体现。

4、推行制度创新

制度创新是推进民企"二次创业"，实现民营经济新飞跃的重要保证。一个效率较高的制度的建立，能够减少交易成本，减少个人收益与社会收益之间的差距，激励个人和组织从事生产活动，从而极大地提高生产效率和实现经济增长。完善的企业制度包括产权制度、法人治理结构、内部管理制度、组织结构、契约制度和企业人格化制度等内容。民营企业要积极从创业结构向发展结构转换，按照现代公司的制度框架设计和建立现代企业制度体系。产权是创业的动力，是所有制的核心和主要内容，因此，鼓励民营企业实施产权制度创新尤为重要。上规模民营企业要向更高层次发展，必须按照建立"归属清晰、权责明确、保护严格、流传顺畅"的现代产权制度要求，通过"民民"合作、"民国"合作、"民外"合作、"民智"合作、股份上市等方式，大力推进产权的股份化改造，引入社会资金，加快实现由封闭性的股权结构向开放式的股权结构转变，推动民营企业向真正意义上的现代大企业转变。

5、加快技改步伐

浙江民营经济能否保持高速可持续性发展，关键是看民营企业核心竞争力的培育。核心竞争力不是企业生产某一种产品的能力，而是一种"摸不着、看不见"的知识和能力，可分为核心技术、核心产品和核心能力。它具有价值性、延展性、不可交易性、模仿的高成本性等特点。核心竞争力的培育不是一朝一夕的事，而要站在战略的角度，把握未来。核心竞争力取决于企业的创新能力，要大力加强企业的研发能力，掌握企业自身发展的命脉，这是企业永葆青春、屹立市场不倒的保证。

6、改善投资渠道

为了加快基础设施建设和提高基础设施投、经营的效益，应当采取多种形式拓宽民营资本进入基础设施的渠道。应鼓励民营资本采取联合、联营、集资、入股等方式进入。基础设施项目投资规模大，进入门槛较高，而我省民营资本大多是小额资本，因此，民营资本进入基础设施领域将主要采取联合、联营、集资、入股等方式，但也不排除有实力的单个民营资本独资进入、独资经营。可以实行特许权招标投标、选择项目法人的方式吸引民营资本进入。可采用BOT（建设——运营——移交）、BTO(建设——转让——运营)、TOT(转让——运营——移交)等方式，吸引民营资本投向基础设施领域。对于已经建成的市政项目，可以通过转让给包括民间投资者在内的其他投资主体的方式，把腾出的建设资金用于新的建设项目上。政府可以转让整个项目，如城市道路、桥梁、公共厕所等设施的经营权向民间投资者有偿出让；也可以是转让某个市政企业的全部或部分股权，如供水、燃气、公交等较大企业的部分股权向民营投资者有偿转让；还可以将公用设施的一些无形资产，如桥梁命名权、各种广告位置等，以公开拍卖等方式引入民营投资。在经营性的基础设施项目中引入市场化的经营机制，使原来的政府投资主体逐步部分或整体退出，借此提前收回部分或全部投资，用于再投向新的项目。

7、创新融资方式

(1)是政府主导，社会参与，市场运作。既由政府主导基础设施的目标和条件，集中少量预算内或预算外专项资金作为带动性投资，采取市场运作的手段与操作方式，广泛开拓社会投资渠道吸引民间资本跟进。

(2)是建立产业投资基金。经国家批准，在有条件的地方设立多种形式的城市基础设施投资基金，将分散的民间资本集中起来办大事。可以将一些城市基础设施项目在社会上公开招标招股，投标或入股者无论属于何种经济成分，都可以吸纳产业投资基金作为自己的项目资本金或股本金。

(3)是特许经营权质押贷款。对预期收益比较稳定的经营性基础设施项目，允许以政府授权的特许经营收费权和收益权为质押权益，向金融机构申请质押贷款。

(4)是结合企业制度改革，逐步扩大基础设施项目的股份制经济规模和资产证券化水平。

8、完善资本市场

(1)积极采取措施，扶持符合浙江省产业政策、发展前景看好、特别是科技含量高的民营企业到上海、深圳、国外证券市场直接融资。

(2)引导民营企业进行股份制、股份合作制改造。同时，争取建立地方性的中小企业产权交易市场，为民营企业直接融资提供产权交易场所。

(3)建立健全风险投资机制，完善的风险投资体系，在风险资本与民营企业之间搭建通道，使更多的风险资金投向具有成长性的民营企业。

(4)积极发展融资租赁业务，这是企业进行长期资金融通的一种有效手段。通过融资租赁，企业可以不必依靠自我积累去购买设备，只需用现有的资产、设备以及未来的收益为保证，即可占用并使用设备，利用产生的效益向租赁公司支付租金。对于规模小、缺乏资金的民营企业，发展租赁业务有着较大的现实意义。

9、健全担保体系

借鉴国外与先进省市经验，通过提供财政和政策性金融担保、财政贴息、参股、联合投资、优惠税率以及采用BOT方式等，分散和化解民间投资风险，提高投资者受益预期，引导民间资本加大对投资大、回收期长的基础设施领域的投资力度。为此，可尝试以下三种途径：一是成立中小企业贷款担保基金。要靠财政注入资金和社会发行债卷，也可吸收中小企业出资和会捐资；二是地方政府金融机构和企业共同出资组建担保公司，主要为当地的中小民营企业提供担保。三是成立会员制担保机构，由中小企业联合出资，发挥互保的作用。同时担保机构在为企业担保的同时，可要求企业向中心提供反担保以求风险共担，共同发展。

10、提高间接融资机制开放性，打破银行业垄断

提高间接融资效率和资本市场资源配置效率，降低实体经济融资成本。银行垄断包括行业垄断和价格垄断，必须双管齐下，真正实现借贷利率与市场资金供求结构挂钩。降低银行业进入门槛，使民间资本合法进入并参与竞争，通过引导民间金融资本合法化，逐步改善银行业垄断局面。金融要服务实体经济，必须使资金更多地流向需要融资的企业。对于满足企业多元融资需求，银行间市场的非金融企业债务融资工具有独特优势，一是融资成本低，二是用款方式灵活，三是融资方式多样，四是资金使用效率高。因此，应根据实体经济的结构特点，形成服务于各类企业的合理机制，同时，放开金融业垄断，缓解金融抑制与金融短缺，构建合理有效融资途径。

11、培育市场载体

加大建好工业园区、专业市场、培育特色专业乡

镇。充分利用现有资源,加大投资力度,通过政府引导、市场运作、多元投入、综合开发、滚动发展等形式,加速现有各类工业园区、专业市场、培育特色专业乡镇的改造升级、扩量提档、改变业态、优化质态、走专业化、规模化发展道路。鼓励支持和引导民营企业围绕市场做配套、进入市场搞经营的发展之路。

12、从规模扩张向做精、做优相结合转变

加强企业精细管理,充分利用有限资源,积极采用先进技术和工艺,降低原材料和能源消耗。实施名牌战略,争创知名、著名、驰名商标,提高市场占有率,增加经济效益。鼓励更多的中小企业做精做优,做专做强,形成核心竞争力,形成与大企业配套协作、互动发展格局。

13、从传统运营机制向现代企业制度转变

企业组织结构上,由小而全、小而散向专业化协作和公司化、集团化转变。产权制度上,由自然人产权向现代企业产权制度转变。引导企业打破封闭的产权模式,鼓励企业实施股份制改造,支持有条件的企业开展境内外上市融资。

14、从产业集聚发展向产业集群发展转变

突出民营企业的产业特色及在区位、规模、自然资源等方面的优势,围绕构建现代产业体系加大产业投资,延伸产业链条,发展产业集群。加快用高新技术改造提升传统产业,加快重点行业兼并重组,促进优势产业向高端化和规模化方向发展。重点培育民营大企业、大集团和现代化产业集群型民营企业和企业集团。

15、从投资驱动向创新驱动转变

发挥政府投入的导向和杠杆作用,加快从投资驱动为主向创新驱动转变,通过科技、制度、管理创新,激发民营企业的内在活力,调动民营企业开展自主创新的积极性、主动性和创造性,带动民营企业加大科技投入。

16、建立开放与包容的激活机制

民企要着眼于世界,立足于未来,建立开放包容的企业管理激活机制,改变过去"企业是我的,我说了算"的纯个人意识,尽可能让技术人员、经营管理人员实现股权持有,从经营管理上把他们与企业捆绑,调动其为企业发展出谋划策的热情和动力。这样,使绝大部分员工从制度上,而不仅仅从观念上实现"家庭般的感觉"。同时,建立民主管理制度,鼓励广大员工积极参与企业的经营和管理,激活职工自主创新的动力,强化职工对企业的认同感、归属感和责任感,进而提高企业的凝聚力和向心力。

17、实施人才战略

人才是企业战略资源。人才战略的核心是培养人、吸引人、使用人、发掘人。目前,民营企业吸引人才不仅成本高,而且难以稳住人才,因为专业人才在民营企业中,既无严格行政关系约束,也无完备的市场契约约束。

(1)必须立足岗位,加强人才培养;

(2)建立人才激励机制,做到人尽其才。

(3)从工资、资金等物质利益和经济利益上激励人才的积极性,留住人才。

(4)采取层级工资制、建立技术股、加强员工培训等多种形式,为人才实现价值提供有利的环境。

(5)民营企业作为应在企业体制上做好未来企业人才密集化的准备。

以上各项是促进民营企业转型升级和持续健康发展的重要条件,各级政府部门和民营企业本身都要为上述各项作出努力。

作者简介:作者系杭州宝剑实业集团有限公司董事长。

我国中小民营企业的制度创新与发展

■ 吕如龙

摘要:改革开放以来中国的经济成就与民营企业的发展密不可分,民营企业是在计划经济和市场经济的夹缝中生存和发展起来的。当前,始于 2008 年的全球金融危机的矛盾已开始突显,众多中小民营企业面临诸多挑战,企业制度的不健全严重阻碍着其可持续发展。坚持制度创新,建立现代企业制度是我国中小民营企业发展的必然选择。

关键词:中小民营企业　家族制度　制度创新

素对人们行为和民营企业生产经营活动有着很大影响。企业文化作为一种软管理手段，对树立企业形象、增强凝聚力、调动员工积极性等方面起着重要作用，但是企业家文化的这一特征普遍存在，很多企业主的综合素质不高，缺乏现代企业管理理念和与时俱进的创新精神，因此，企业家文化在当今知识经济时代背景下更突显出本身的局限性。

我国中小民营企业的企业主文化基础普遍薄弱，没有认识到企业文化的重要性，往往过于注重形式而忽略企业文化的建设，所以中小民营企业的企业文化一直停留在原地，不能与时俱进。在某些成功的中小民营企业中，领导的行为对企业文化的影响很大，形成了“老板文化即等于企业文化”现象。然而，文化素质薄弱的老板会限制着企业文化的建设，甚至可能走向倒闭，现实中不乏这种例子。由于企业家忽视企业文化的建设，缺乏长远发展规划，所形成的企业文化层级偏低，缺乏企业凝聚力，这种企业文化将难以支撑民营企业长期发展的要求。

我国中小民营企业制度创新的措施

党的十八届三中全会的精神是全面深化改革，大胆创新制度，这在社会各界引起了强烈反响。这次会议注定将成为中国民营企业发展的“第二个春天”，更为中小民营企业经营者实现梦想创造了条件。会议出台的诸多具体改革方案让人们备受鼓舞。但中共中央党校教授辛鸣指出，让制度体系更加成熟和更加定型化，这个艰巨任务不太好完成，制度定型又意味着什么？它意味着这个社会也定型了，制度成熟和定型只能是逐步渐进的。

明晰产权、优化产权结构。中小民营企业要想可持续发展，建立现代企业制度是关键，股份化是产权明晰之路。产权制度创新是企业制度创新的重中之重，产权制度创新的核心在于明晰产权。首先是明确产权主体，要清晰地知道是谁拥有产权，并确切知道拥有的比例是多少。只有清晰地明确了产权主体，企业主才会把注意力集中到企业的生存和发展上，还有利于减少因为权、责、利不明确而导致的“搭便车行为”。产权归属明晰后就要明确产权责任，只有责任明确才可以提高企业的运行效率，减少风险。其次是科学配置产权结构，逐渐实施产权开放，打破原有的闭关自守理念，逐步实施向社会公众开放股权，引入社会公众股东和法人股东，从而实现产权的社会化与公众化。

对于刚刚创建的企业或规模较小的企业来说，可以采取增资扩股、出让产权、资产转换等形式直接改变产权结构的方式。中小民营企业改革的核心是慢慢摒弃以往的血缘、亲缘、地缘关系下的产权制度，逐渐建立现代企业制度，或考虑在血缘关系不破裂的情况下实现内部多元化，清晰界定出家族中各个投资者的产权和责任。希望集团、正泰集团正是采用了这一方式而成功地明晰了企业内部的产权归属和责任划分。

优化组织结构、科学分配职权。新形势下我国中小民营企业组织制度的问题已经显现，要想优化组织结构，就应慢慢摒弃家族模式，逐步实行股份制和公司制。要按照《公司法》要求使企业主所有权、法人财产权和经营管理权做到既适当分开又相互制约，建立“三会—经理制”(即股东会、董事会、监事会)，四个机构在明确各自的权利和责任的基础上严格实施权责对称的经营决策制度，使其权力机构、决策机构、监督机构和执行机构既相互独立又能相互协作、形成合力。企业既不能一个人独断专行，也不能形成多个中心，使企业逐渐成为真正的公司制企业。

中小民营企业应建立企业内部的市场化组织，加强团队建设，提高员工的积极性和团队的协作能力，从而增强企业的凝聚力和竞争力。在企业内部引入市场交易原则，各部门之间实行独立核算并建立成本和利润中心，促使各部门之间形成竞争和比拼，在一定程度上可以提高企业的综合竞争力。传统的层层分级的职能制度和各部门独立经营的方式限制了企业的发展，降低了企业的经营决策效率和凝聚力，所以中小民营企业应打破这种束缚，构建适应信息流程需要的，以加快信息内部传递为基础，扁平、高效、灵活的新型企业组织，并利用信息技术简化中间管理层。

健全管理制度，建立科学激励、监督机制。管理是企业的重要资源之一，管理制度创新是企业发展和经济增长的重要变量。如果企业之间激励机制是同等的，那么是否管理创新就决定企业优劣。管理没有固定模式，永远没有最优，只有最合适的。“以人为本”的管理理念逐渐被更多的中小民营企业所接受，但是人的先进性必须体现在制度的先进性上，人的作用必须体现在对制度的执行上。

健全管理制度，形成制度化管理模式。我国中小民营企业规模较小，很快达到现代公司治理结构的要求，在现阶段是不太现实的。所以应在我国相关法律的基础上根据企业发展的实际需求，建立健全组织机构，设立执行监事或独立监事，由家族成员或外部专业人才实施监督，并合理分配监督机构中外来专业人员和家族成员的比重，明晰各组织机构职能和责任，从而建立起企业管理制度的基本框架。

激励与监督机制也是企业内部活动的游戏规则，激励与监督机制是责、权、利的统一。由于所有权和经营权的分离，作为企业所有者的股东拥有企业所有权，作为受委托一方的经理拥有企业的经营权，所有者和经营者之间存在不同的利益诉求，这种激励和监督机制可以很好地推动企业的不断发展。企业主要对经营业绩优秀的经理人给予适当的奖励，比如赋予经理人股份的优先购买权，这种激励机制可以在很大程度上提高其经营管理的积极性。此外，中小民营企业管理方式应尽快完成由集权向分权、由专断向民主、由经验向科学、由粗放向精细的转变。

提高企业家素质，建立特色企业文化。民营企业的竞争已发展到文化竞争，在这种形势下根据中小民营企业自身的实际情况来进行“民营企业文化的重塑”，将大大增加民营企业的竞争能力。民营企业文化是民营企业在自己的发展过程中逐渐形成的带有自身特点的文化形象。企业的整体形象、品牌、企业环境等都是企业文化的外在表现，企业的价值观、企业员工的道德观、企业精神等都是企业文化的内在表现。

我国的中小民营企业要想在激烈竞争中生存和持续发展下去，加强企业文化建设就势在必行。海尔集团总裁张瑞敏曾说过，在一个企业的管理中，无形的东西往往比有形的东西更加重要。企业文化是一个企业的灵魂，如果忽视企业文化的建设，那么也就失去了灵魂。目前中小民营企业的文化建设仍不够成熟，在很大程度上限制了企业的发展，较为重要的制约因素是中小民营企业的所有者也就是企业主，他们大都文化基础薄弱，素质较低，对企业文化认识不足，大多不懂企业文化的内涵，往往把企业的经济效益放在第一位而忽略了企业文化的建设，更有甚者都不愿谈及企业文化，认为企业文化没有用处。

中小民营企业主第一要务不是经营，而是学习与修养。1990 年，作为最杰出的新管理大师之一，彼得·圣吉在《第五项修炼—学习型组织的艺术与实务》一书中提出，动态的管理理论是学习型企业对传统领导权威的一种扬弃。作为学习型领导，民营企业主应从传统式管理型企业主向创新型管理的企业家转变。

中小民营企业制度创新实践与选择

目前，中小民营企业制度创新在不断的完善和发展，并没有固定模式可以套用，套用的固定模式也不一定适合企业自身的实际情况，所以制度创新的形式可以是多样的，现行的经验做法也有很多，比如股份合作制改造、公司制改造、联合结盟、外资改造、兼并收购、分离等，笔者在此介绍几个成功的例子，以期为众多中小民营企业制度创新的发展和实践提供参考。

“职工持股会造壳控股”模式。“职工持股会造壳控股”模式是 MBO(Management Buy-outs，管理层收购）模式之一。2013 年美的集团销售额突破 1000 亿元，已成为中国引领家电行业发展的巨头之一。我们很难想象，45 年前这家公司创立之初只不过是生产药瓶盖的一家乡镇企业。

美的的发展历程也是美的不断改制、不断进行制度创新和完善激励机制的过程。1992 年，作为第一个吃螃蟹的企业，美的在全国率先进行股份制改造，并在 1993 年 11 月成为全国第一家上市的乡镇企业，在当时具有很大的带动效应和影响力。1997 年，美的经营遇到了严重困难，空调的销售额从前三甲降到第七位，在关键时刻北窖镇政府决定对美的实行改制，将股东利益和公司经营效益联系在一起，通过模拟股份制改制来促进企业的继续发展。

1999 年 7 月，美的开始筹备进行 MBO，管理层和员工组建收购主体，美的高层管理人员何享健及陈大江等共同出资成立一个新公司，把多余的一些东西放在控股里头，让企业能够度过难关后，再通过它的发展反过来把剥离出来的那些东西逐步逐步加以消化。何享健通过股权受让而持有上市公司的股权，从而成为企业的第一大股东。这种管理层收购的形式在很大程度上调动了职工积极性，同时能解决一部分收购资金不足的问题。这种模式的最大特点是突出了职工的企业主人翁地位，职工能够参与企业管理，这就将职工利益和企业利益紧密联系在一起。MBO 给美的持续发展带来了新的可能，为以后跨越式发展奠定了基础。

“集团公司”模式。“新温州模式”主要是由私营家族企业、分散的个体将自有的资金、技术、厂房、设备等生产要素聚集起来，采取联合、兼并、重组、优化的“折价入股”方式组建集团公司，由单一家族制产权模式向混合型产权结构发展，把不同行业或区域的家族企业链接起来，从而实现专业化分工和协作的联合发展。新温州模式走上了资产经营和资本经营的综合发展道路，成就了一大批具有时代精神和智慧的温州新型企业精英。企业慢慢摒弃传统家族式管理模式，逐步建立了现代企业制度。

民营企业“正泰集团”董事长南存辉“三释股权”与“产权制度进行改革”是中小民营企业的典范。第一次是在1990年，处在十字路口的南存辉打破传统的权力欲望实施了股权改革，完成了家族企业的增资扩股，南存辉100%的股权被稀释为60%。第二次是在1994年正泰集团成立时，南存辉对社会放开股权用社会资本“稀释”家族的股份。正泰利用自身的优势，以自身的无形资产品牌为纽带，股权为手段，对38家加盟企业兼并联合并进行股权改造，至此正泰集团成立。第三次发生在1998年。南存辉突破阻力，毅然决定弱化南氏家族的股权，把家族核心利益让出来，对家族控制的核心层进行股份制改造。

为了吸收和留住优秀的高级人才从而扩大规模和市场份额，在集团内部实行股权配送制度，实行管理入股、技术入股、经营入股，将最优良的资本配送给企业最为优秀的人才，以提高人才的凝聚力和积极性。

在辛苦但成功的十年三“释”股权后，南存辉所拥有的股份从60%降至20%，但是个人资产从100万元增至2.2亿元。当然，南存辉股权无论怎样稀释，永远不会动摇其第一大股东的地位，也就是南氏家族对正泰集团的控制。此外，南存辉还建立健全了“董事会、股东会、监事会”制度，初步形成“母子公司管理体系”。南存辉突破阻力勇于放弃，多次稀释股权，在传统家族企业里着实难能可贵，南存辉被誉为“最具现代企业家气质的温州老板”。

制度创新给远东带来跨越式发展。远东控股集团创建1990年（核心是无锡远东电缆厂），目前员工10000余人，资产200亿。远东能够持续发展的根本原因是制度创新，通过敏锐观察自身经营条件和外部环境的变化，通过产权制度创新借外力得到快速发展。

第一次改制是依托人才拓展市场，转换经营机制。创建之初坚持“先设点经营，后转化生产，逐步实现规模效益”发展思路，新机制为远东发展注入活力，解决引进人才等深层次问题；第二次改制是实现资本有效运营，推行股份合作制。1994年把乡办企业改制为股份制企业，随股本扩大以及资金优化组合，资金运作问题得到解决；第三次改制是走规模效益之路，探索混合型经济模式。1997年中国华能集团等四大国企与远东合作成立江苏新远东电缆有限公司，企业由股份制改为混合型经济，创造广阔市场前景；第四次改制是完善法人治理结构，明晰企业产权制度。远东进一步明晰产权制度，健全董事会、监事会，组建江苏远东控股集团有限公司；第五次改制待发，再度民营化的远东面临微利时代挑战，于是又在酝酿第五次改制与资本市场嫁接。企业要想长期生存发展就要不断调整自己适应环境，寻求发展机遇，远东面临的挑战还是创新，时代在变，企业必须因时而变。

总结

制度创新是目前中小民营企业生存基础，也是企业发展的关键和核心，决定着企业的生死存亡。中小民营企业的制度创新是一个动态过程，如何进行企业的制度创新，制度创新采取什么途径，应立足于企业的自身条件和发展状寻求适合企业自身的制度创新的模式。判断企业制度是否有效，要看企业产权安排是否合理、组织职责划分和组织结构是否合理、管理是否科学、企业文化是否适合本企业的发展。在新形势下，随着我国企业改革的不断深化和市场经济体制趋于完善，面对日趋激烈竞争，原有的制度安排已显现出外部不适应和内部冲突的现象。为此，中小民营企业要想实现新突破和长久发展，必须实行全面的制度创新。

参考文献：

①伍莉：“再论我国民营中小企业制度创新”，《金融与经济》，2008年第11期，第7页。

②储小平：“家族企业研究：一个具有现代意义的话题”，《中国社会科学》，2000年第05期。

③王海鸥：《我国民营企业的制度创新研究》，西安工业大学2010年硕士学位论文，第17页。

④王道高：“完全市场经济条件下民营中小企业制度创新”，《华东经济管理》，2006年第20卷第2期，第94

页。
⑤辛鸣:“全面深化改革,大胆创新制度—十八届三中全会神神解读”,中央电视台特约时政评论员,2013年11月28日。
⑥张东升:“试论民营中小企业的制度创新与发展”,《河南商业高等专科学校学报》,2005年第15卷第5期,第37页。
⑦胡慎言:“浅议中小民营企业制度创新”,《全国商情·经济理论研究》,2007年第8期,第14页。
⑧刘崴:“试论MBO对国有企业产权制度改革的启示”,复旦大学硕士学位论文,2003年,第28页。
⑨熊泽森:“家族制企业制度创新纵谈”,《商场现代化》,2006年第2期,第74页。
⑩刘汉武:“南存辉三释股权”,《电气中国》,2010年11月10日。

作者简介:作者为浙江工商大学博士后、正泰(温州)电气有限公司员工。

——原载《人民论坛》2014年第4期

政府、市场、企业及其边界

——对推进我国非公有制经济更好发展的若干省思

■ 董明

摘要:自我国改革开放以来,坚持并不断完善社会主义市场经济已成为我们在经济层面不可逆转的基本发展面向。由此,毫不动摇地鼓励、支持和引导我国非公有制经济的发展显然就成为题中应有之义。鉴于目前我国非公有制经济发展成就与困惑并存的现实,本文认为,有效推进其更好发展的必要前提就是:切实厘清政府、市场、企业的边界,上帝的归上帝,凯撒的归凯撒,确保各种所有制经济在法律的基本框架内公平竞争,有序发展。

关键词:非公有制经济 政府 市场 边界

一

我国的改革开放迄今已过而立,即使从正式确立社会主义市场经济体制改革方向的1992年算起,至今也已过去了整20余年。虽然改革仍未有穷期,但其中一点则已成为各方共识:中国的改革没有退路,中国的前途在于进一步深化改革,而市场化前进的路向则更是我们没有选择的选择。因此,党的十八大报告明确强调:“经济体制改革的核心问题是处理好政府与市场的关系”,为此,要“更大程度更广范围发挥市场在资源配置中的基础性作用”,要“毫不动摇鼓励、支持、引导非公有制经济发展,保证各种所有制经济依法平等使用生产要素、公平参与市场竞争、同等受到法律保护”。及至一年后的党的十八届三中全会,这一发展路向得到进一步强调与升华:要“建设统一开放、竞争有序的市场体系,使市场在资源配置中起决定性作用”。观照当前我国非公有制经济发展的现况,应该说,这样的判断与政策支持具有极强的针对性。

客观地说,非公有制经济以其卓越的贡献已经成为我国社会主义市场经济的重要组成部分,因而,倘若没有非公经济作为重要的市场主体平等地参与其间,我国的市场化改革不仅难以走到今天,进而,亦终将难成正果。那么,对于如此重要的经济主体,其应有的发展环境是否已然具备?较过去有无实质性改进?回望改革开放以来我国非公经济及其人士的实际发展,概言之,笔者以为,既变,又不变。

所谓变,主要在相对直观的经济层面,他们的总体实力无疑更强大,视野更宽、素质更高,同时,借助信息社会以及全球化程度不断加深之便,其回旋余地也已变得更大。所谓不变,则主要在其政治与社会发展等层面,总的说,其改变相对有限。这可以较清晰地从其政治参与的现况得到佐证。

笔者完成于12年前的国家社科基金课题《政治格局中的私营企业主阶层》,其中对于当时我国私营企业主阶层的政治参与状况做了一个类型化剖析,至今仍然基本适用,即:恢复型的补偿性政治参与、功利型的经济性政治参与、发展型的民主性政治参与。[①]其中,无论当时还是当下,“功利型的经济性政治参与”始终是其最主要的参政动因。易言之,私营企业主们积极参政的最直接目的,正是通过主动的政治参与来反哺其企业发展,即以一种“政治自救”的方式来实现“经济自救”,以此弥补非公有制经济发展中事实上始终不同程度存在的不公平制度与政策安排。时至今日,鉴于长期来政府权力的一惯强大,使得非公经济人士在面对政府公权力时,总体上仍然处于一种小心翼翼的迎合,乃至热衷于被行政吸纳,或者执着于“向官府谋取捕鼠专利而不是自己主动去制造一个更好的捕鼠机!”[②]主要也正是由于这种特点是如此地凸显且坚韧,已促使不少西方学者逐渐改变了他们在我国改革开放之初对于该阶层壮大后可能改变中国政治格局的西方式期许。而在去年,有“民企IT产业教父”之称的联想柳传志关于“从此在商言商,不谈政治”的内部表态,则更将我国民企与政治的关系一时推到了舆论的风口浪尖。

由此,所引发的一个基本问题就是:企业究竟是什么?作为特定社会中的企业,它为社会贡献的边界或者说其进步性到底该如何认识与定位?作为这一企业家群体,他们与政治的关系又该如何看待?

二

首先,人类社会发展至今的一个基本事实是,作为迄今最为广泛高效的经济组织形式,公司已被视为“人类的成就”。前些年在中央电视台曾热播的大型纪录片《公司的力量》,其中所宣示的核心观点就是:公司来了,世界变了。在过去的几个世纪里,公司改写了人与人相处的秩序、国与国竞争的规则。公司正在改变世界的权力结构,以至于人们甚至开始担心,最终有一天,公司会收购国家!的确,现代社会条件下的市场活动,陌生人之间建立信任是基本前提,却也是个难题。而恰恰是企业、利润和企业家的出现,才有效地解决了这个问题。所以,20世纪颇具思想影响力的一位美国女性爱茵·兰德(Ayn Rand,1905-1982)认为,在人类历史上,每个时代都有自己的英雄。在古代,勇士、征服者是英雄,如拿破仑、成吉思汗等。那么,在当下,谁是这个时代的英雄呢?兰德认为,创造者是今天的英雄,这个创造者首先是企业家、工程师、科学家等。因为新时代的这些新英雄不用牺牲他人就能获得以前从不存在的财富。他们不再是掠夺者,而是生产者、创造者。因而,兰德对企业家给予很高的评价,把他们看作时代英雄的道德密码的携带者和传递者。美国经济学家、诺贝尔经济学奖得主罗伯特·蒙代尔也说,“我认为,从历史上看,企业家至少和政治领袖同样重要。那些伟大的企业家们,曾经让欧洲变得强大,让美国变得强大,如今也正让中国变得强大,他们是和政治领袖一样重要的人物。”

当然,与创造者、历史助推者这一正面形象相伴相随的确实还有另一面,因为它也将一切明码标价,在强大利润的蛊惑下,成为千夫所指的商业化的祸首。如2008年一场突如其来的金融海啸正源于某些公司的不端运作。正因此,也让公司深陷功与罪的争辩之中。面对这一特殊的内在张力,对企业来说,怎样的评判才算相对客观公允?笔者以为,以下几点至少应被纳入基本考量范围,并予以客观理性的评价和对待。

第一,毋庸置疑的一点,如前述,现代企业是创造社会财富的主要工具。在以市场为导向的现代经济运行中,还找不到企业的任何替代品。科斯把市场和企业理解为替代关系,认为市场交易成本高才需要企业。而更全面地看,其实企业和市场不仅仅是替代关系,更是互补关系,企业就是市场本身的运行方式。企业通过有效整合社会资源、承担相应责任、为消费者创造价值,这就是其首要的职能,也是其贡献社会最基本的途径。一句话,在合理合法前提下追求其利润的最大化,这就是企业基本的社会责任边界所在,也就是其进步性所在。至于是否主动地刻意地直接服务社会则并非其身份角色的核心要素。以亚当·斯密的观点,他由此带给社会的贡献已经远远大于他个人从中所获得的收益。

第二,企业必定附着在特定的社会之中,与社会形成一种互动互构的关系,因此,作为企业,显然又不仅仅是一个经济组织,同时也是一个社会组织。既然是社会组织,无疑应承担相应社会责任。事实上,自上世纪

①董明:《政治格局中的私营企业主阶层》,北京:中国经济出版社,2002年。

②[美]费正清:《美国与中国》(第四版),张理京译,北京:世界知识出版社,1999年。

后半叶以来，企业的社会责任的确越来越被关注。正如彼德·德鲁克指出的："一个健康的企业和一个病态的社会是很难共存的。" 也就是说，企业承担社会责任，既是社会文明进步的要求，也是企业自身生存和发展的需要。

诚然，在现实社会里，企业家的现实作用的确有积极和消极之分。但究其原因，这在根本上只取决于具体制度的善恶与否。事实上，在中西方哲学传统中，思想家们从来不相信有一种"彻底的恶"：中国儒家认为"人之初，性本善"，而在西方基督神学里，魔鬼本人甚至也是天使出身。20世纪德国著名思想家汉娜·阿伦特认为，"只有一件事情似乎是可以辨别出来的，我们可以说，彻底的恶与一种制度同时出现。"①

因此，如果我们不能首先从制度上检视，也就是首先着眼于加强经济治理的市场化、法治化和民主化建设，而仅仅局限在就企业论企业，那么，相当程度上说，这至少是没有真正切中问题的症结所在。

第三，理性认识政府的作用及其限度，以及今天我们试图解决问题的恰当路径。

在日趋复杂的现代多元社会，政府作为社会正常运行所需基本规则的最主要提供者，其作用无疑是不可或缺的，然而，其功用却也仅限于此，一旦越过这一边界，则往往会走向反面。从人类社会的经济发展来看，迄今人类社会任何一个政府，都没有足够理性与能力来设计、规范、指导乃至替代具体的经济主体异常丰富复杂的活动。哈耶克早就明确指出："我们不仅没有这样包罗万象的价值尺度，而且对任何有才智者而言，去理解竞取可用资源的不同人们的无穷无尽的不同需求，并一一定出轻重，将是不可能的"，"任何人都只能考察有限的领域，认识有限需求的迫切性……他所能关心的种种目标对于所有人的需求而言，仅仅是九牛一毛而已。"②老子《道德经》第57章也道出了与此形成呼应的观点："我无事，而民自富；我无欲，而民自朴"。2013年1月刚辞世、1986年因创立公共选择学派而获诺贝尔经济学奖的布坎南，这位专攻"政府失灵"的巨匠，也以其洞见戳破了凯恩斯主义关于完美无缺政府的假设。在布坎南看来，官员都是自利的，且这种人性还不可改变，那么，唯一可改变的就是游戏规则，而宪法就是这样一套上上策的游戏规则，即：尽量减少、约束政府权力，让权力尽可能退出市场领域。"把错装在政府身上的手换成市场的手"。③这就是政府的作用限度或者边界所在。

三

我国改革开放30多年来，创造了举世瞩目的经济奇迹，其秘诀不是别的，正是坚定不移的市场化改革、权力不断退出市场领域。诚如梁文道所断言，中国的改革开放史，就是国家不断退却的历史。比如，浙江现象或者浙江模式，这里各级地方政府所立下的"首功"，主要的恰恰在于其"无为"，而这在我们这个有着深厚集权传统的国度来说，的确尤其难得也尤显重要。所以，2012年10月公布的《国务院关于第六批取消和调整行政审批项目的决定》中提出的"新两个凡是说"——即，"凡公民、法人或者其他组织能够自主决定，市场竞争机制能够有效调节、行业组织或者中介机构能够自律管理的事项，政府都要退出"，这不仅与布坎南的思想有着强烈共鸣，并且在进一步推动我国市场化发展、正确处理好政府与市场和企业的关系问题上极具方向指引性和现实针对性！而党的十八大报告及党的十八届三中全会决议中的精神也恰是对这一路向的进一步推演。

因为，严格说来，我们的政府如何在经济活动中端正自己的立场与角色，企业家又如何与政府真正平等相处，在今天仍是一个尚未真正破题甚至在正式场合仍带有某种禁忌性的话题。鉴此，笔者以为，我们既要客观地承认反映在非公经济及其人士队伍中显然还存在的某些问题，但我们分析并解决这些问题的恰当路径，则必须超越就事论事的浅表层次，而更应当立足于把了解非公经济及其人士的政治思想、社会责任等现状作为我们洞察问题的一个切入视角，然后，务必以真正打造有限、有效、责任的公共服务型政府为抓手，以提供符合现代市场经济所必需的良序公共产品（主要体现为相应的一系列科学、公正、有效的正式制度供给）为主要内容与落脚点。一旦这些条件都能够制度性地有效落实之后，那么，所谓非公经济人士的思想状

① [美]汉娜·阿伦特：《极权主义的起源》，林骧华译，北京：生活·读书·新知三联书店，2008年。

② [英]哈耶克：《通往奴役之路》，王明毅等译，北京：中国社会科学出版社，1997年，第61页。

③ 2013年3月17日，李克强总理在全国"两会"后的首次中外记者招待会上答记者问。

况、政治属性以及社会贡献等等,其实也将不再是个需要刻意关注的话题,而更主要地转化为守法与不守法之分、经营能力强或能力弱之别。换言之,在经济与政治之间的边界得到必要厘清的前提下,上述问题在相当程度上其实已经疏解为一个相对单纯的经济或法律的问题,而不再是敏感的政治议题。

总之,置于基本规律层面看,执政者最大的美德就是审慎或明智,而不是创造。所以荷尔德林才说:“总是使一个国家变成人间地狱的东西,恰恰是人们试图将其变成天堂。”作为现代政府,其管理之道恰恰在于“管少点,理多点”,真正明智的制度安排是疏而绝非堵。我们既需要已被关进了“制度的笼子”因而受到节制的国家权力,同时也需有作为公民结合体的各种社会组织,而不是仅为原子式的个体呈现。这就要求开放我们的社会,执政党不仅要主动扩大其统治权的参与范围,吸纳体制外的力量,同时,更应允许和鼓励民众自主结社,通过其公开、合法、有规则的活动,以形成一种相对整合的力量而达成与公权力之间的相对均衡。因为,物以类聚,人以群分,这是人难以改变、事实上也无需改变的天性,尤其在利益主体日趋分化和多元化的今天,志同道合是必然的,也是合理的。对于企业家来说,其利益诉求的共通性较普通民众无疑更为凸显,因此,允许并鼓励他们组建或参与各种新兴社团实乃现代社会再正常不过的现象,试图压制则是陈腐至极的观念。这一点上,我们亟需来一次思想的真正解放,也惟有如此,方能有力彰显我们对自己基本制度与能力的应有自信,也才是朝着国家治理能力现代化的方向坚实地迈进了一大步。

作者简介:董明,中共浙江省委党校政治学教研部副主任、教授。

2015年上半年浙江省民营经济形势、问题及对策

■ 单东

一、关于当前浙江经济形势

今年以来,浙江主动适应经济发展新常态,打好转型升级组合拳,全省经济运行呈现高开稳走,稳中有进的良好态势,转型升级成效逐步显现。上半年,全省生产总值19281亿元,按可比价格计算,比去年同期增长8.3%,增速比一季度提高0.1个百分点,比去年同期提高1.1个百分点。分产业看,第一产业增加值763亿元,增长1.2%;第二产业增加值8871亿元,增长5.8%;第三产业增加值9647亿元,增长11.4%。

(一)全省经济形势

浙江省省长李强同志在省社会科学界联合会第七次代表大会上,对我省经济发展做了两个判断。一是,经济进入新常态以后,发展动力正在转换,投资、出口、消费“三驾马车”传统动力在经济增长中的作用开始减弱,改革开放、创新创业等新兴动力不断增强,呈现出此消彼长的态势。二是,经济进入新常态以后,结构调整逐步加快,传统制造业的增幅回落有其必然性。就工业而言,所谓结构优化,就是装备制造业、高新技术产业、战略性新兴产业的比重逐步提高,传统制造业的比重逐步下降。

从全省经济社会发展的宏观数据来看。上半年,浙江省农业生产基本稳定。春粮播种面积为196千公顷,总产量72.3万吨,分别比去年增长3.3%和6.5%。蔬菜、水果、中药材、花卉苗木等效益农业面积扩大、效益提高。工业产销企稳回升。上半年,规模以上工业增加值为6131亿元,增长5%,增速比一季度回落0.1个百分点。大中型企业生产回升明显,小微企业增长较快。上半年,大、中、小微企业工业增加值分别增长3.6%、2.5%和6.9%。固定资产投资增速有所回落。上半年,固定资产投资12134亿元,比去年同期增长12.3%,增速比一季度回落4.7个百分点。其中,民间投资7261亿元,增长9%,占全部投资的65.1%。上半年,房地产开发投资3531亿元,增长7.8%,增幅比一季度回落4.9个百分点,其中住宅投资增长5.7%。商品消费增速回升。上半年,社会消费品零售总额9019亿元,增长

7.7%，增幅比一季度回升0.9个百分点。对外贸易保持增长。据杭州海关统计，上半年，进出口总值10099亿元，同比下降2.5%，其中，出口7944亿元，增长2.3%；进口2154亿元，下降16.8%。经济结构继续优化。服务业增长贡献率大幅提高。从产业结构看，一季度为3.3:45.2:51.4，二季度为3.3:44.7:52.0。居民收入稳定增长。据城乡居民一体化住户抽样调查，上半年，全省居民人均可支配收入为18753元，同比增长8.8%。

(二)全省民营经济形势

目前，全省有2600家民企(包括100家百强民企)。调查结果显示，2015年第二季度浙江民企景气指数为112.81，较去年同期有明显提高，这也表明浙江民营企业发展信心稳定。

首先，浙江民营经济总体增长态势稳定。据了解，全省近七成民企营业收入与去年同比持平或上升，六成民企利润持平，民企总体增长态势稳定。截至今年6月底，浙江民营企业总数达到120.2万户，民营企业增幅为18.4%，民营企业数量持续高速增加。在经济下行压力较大的情况下浙江仍然保持了较为平稳的运行，订单、原材料购进价格等指标总体趋于稳定。数据显示，二季度全省民企原材料购进价格持平的企业比上一季度提高3.16点，而二季度原材料库存偏少的企业增加2.5点，显示价格平稳、产销两旺。

其次是，民营企业主动向“互联网+”靠拢，新兴行业前景被看好。越来越多的浙江民营企业开始运用互联网提升企业运营水平。数据显示，二成以上的民企已经采用互联网运营，四成以上民企已有运用互联网的计划。同时，调查显示民营企业对现代物流、文化创意、现代农业和低碳科技等新兴行业感兴趣。新兴产业的发展得益于抓住了‘互联网+’机遇，顺应了新科技革命和产业革命的发展时代。比如近年来以传统产业为主的萧山、柯桥、慈溪等区域经济发展开始放缓，与此同时，以高新技术产业、互联网产业为主的滨江、余杭的发展明显增速，由此不难看出新兴产业在经济发展中的重要作用。此外，自2014年初浙江启动以降低商事主体登记注册门槛为核心的商事登记制度改革以来，民营经济发展环境逐步改善，新政极大地激发了市场活力和创业热情，截至2015年6月底，浙江共有各类市场主体441.4万户，增幅为12.6%。据此推算，平均12个浙江人里就有一个老板，平均41个浙江人里就有一家企业，这是基于国家顶层设计的“大众创新、万众创业”、中小微企业减税等政策红利激发了创业创新高潮，带来了浙江民营企业综合景气稳中有升。

二、关于浙江民营经济发展存在的问题

(一)运营成本问题

近年来，民营经济面临的最现实最直接的困境，是民营企业成本快速上升。一是民营企业融资困难。长期以来民间投资的资金来源主要是自身积累和民间借贷，从金融机构直接和间接融资都存在较大困难。除少数大企业集团外，中小民营企业贷款难是较为普遍的现象，主要表现为贷款担保难，抵押手续繁，信用中介服务体系发展滞后，融资渠道不多，除了短期信贷以外，其他融资渠道对民营经济的开放度很低。目前国家虽然出台了信用担保、风险投资等方面的政策，但具体操作难，在基层落实难。据了解，目前浙江省有300多万户小微企业和个体工商户，超过60%的企业或个体工商户贷不到款。而占浙江省中小企业总量95%的制造业中小企业，能从银行渠道获得贷款的仅占1%，80%以上依靠自筹资金或民间借贷。二是税负重。目前我省共有19个税种，不同企业所涉及的税种和税率根据其所在行业、经营范围、经营方式和规模等的不同而有所不同。据有关研究部门测算统计，从税收上看，主要包括增值税、营业税、所得税等，渗透到企业的每一个环节。在收费上主要包括教育费附加、水资源费、社会保险费等，据估算，通常交1元税，就要交0.5元至0.7元的费。这是绍兴县一家纺织企业的税费“明细账”：一件报价75元的衣服，面料和辅料成本50元，加工费25元。在这25元加工费中，需缴纳国税3.63元，地方教育附加税0.44元，水利基金0.02元，社保费用2.77元，总的税费6.86元，这样实际的税费负担达到了27.44%。三是用工成本上升。民营经济吸纳了大量的农村转移劳动力，这些劳动力的文化程度较低、专业技能缺乏，与企业不断提升的对技术工人和熟练工人的需求产生了结构性的矛盾。近年来浙江频现招工难、用工荒现象，一方面大量未经职业培训的劳动力就业困难，另一方面企业对技术工人和熟练工人的需求得不到满足，导致这部分工人的用工价格提高，企业用工成本上升。一些服务性行业也存在季节性的用工荒问题。劳动力流动性加大，价格上升，那些依靠廉价劳动力的企业竞争力越来越弱。

(二)自主创新问题

浙江民营企业大多是从个体经济发展起来小企业，大中型企业比例很低。小企业人才、资金、技术、设备等都不如大型企业，自主创新意识普遍较弱，能力较

低;拥有知识产权的企业少,主要靠向别人购买专利生产产品,贴牌生产企业较为普遍。多数企业无意创新,仅以维持生存为目标。一是创新投入不足。多数民营企业很少能从政府部门得到研究开发经费,又由于资信差,寻保难,抵押难,从银行获取贷款也相当困难,从资本市场上直接融资的机会也很小,迫使许多企业不得不寻求利息很高的民间借贷,从而影响到企业在创新活动上的投入力度。二是创新人才储备不足。从第二次经济普查结果看,浙江私人控股企业就业人员中,初中及以下学历的占59.2%,大学本科以上学历的只占4.0%;具有初级、中级、高级技术职称的就业人员分别占5.2%、2.5%和0.6%;高级工、技师、高级技师分别只占0.9%、0.7%和0.3%。偏小的企业规模、较差的工作环境和较少的教育培训计划,民营企业普遍感到严重缺乏创新人才,即使有了人才也会面临人才流失。

(三)管理机制问题

近几年来,浙江一些知名的民营企业如正泰集团、德力西集团、传化集团在不同程度上出现了扬弃家族制并且进行现代企业制度改造的尝试。但浙江民营企业的产权结构比较封闭,绝大多数企业为个人或家族所有和控制,有很强的血缘和地域色彩;与封闭集中的产权结构相适应,绝大多数企业的经营者来源于大股东,经营者由一般股东担任或外聘的比例较低。数据显示,96.6%的有限责任公司的董事长或总经理由最大的股东担任。产权集中导致了决策权、经营权、管理权的集中,最大股东在民营企业的治理结构中占据着支配地位。初级市场经济阶段,家族企业内部关系用血缘、亲情、家庭观念等初级社会规范来维系,可以增强决策的统一性和行为的一致性。但是,随着市场经济的发展和企业规模的扩大,民营企业原先那种所有权与经营权、管理权紧密结合的结构,对企业吸收社会资本以及非股东人力资本特别是社会化、专业化的职业经理人形成了排他性的格局。国外研究资料表明,国外家族企业的寿命一般为23年左右,家族企业能延续至第二代的仅为39%,能延续至第三代的家族企业只有15%。随着企业规模扩大,这种初始的所有和管理模式显然无法适应新情况的需要,而必须通过企业的转制,充分挖掘企业员工的积极性来共同管理企业。

(四)市场准入问题

近些年,浙江各级政府大力改善民营企业的投资经营环境,为民营经济的发展创造了较好的条件,但仍有一些不尽人意的地方。如有些企业反映某些政府职能部门仍存在"门难进、脸难看、事难办"的现象。尤其是现在对民营企业的准入问题,在许多行业或领域还没有真正解决。在目前国企经营的80多个领域中,金融、保险、银行、铁路、电信等近30个产业领域尚未完全向民间资本开放,使得民营企业丧失了很多盈利的渠道。对民营企业的审批制度仍然复杂,一些民营企业还不能得到行政许可证,也不能享受国家对于国有企业进行的政府补贴、配套品和代用品的政策优惠。这都是对新进入市场的民营企业不利的因素。

三、浙江民营经济发展问题应对策略

(一)拓宽融资渠道

政府部门要充分运用自身的经济职能,完善和调整民营经济融资体系,引导和帮助民营企业建立一系列制度来拓宽民营经济融资渠道。加快投融资体制改革,鼓励和引导民间投资,构建民营企业贷款担保机构组织体系,鼓励个体、私营企业建立互助资金和联保制度,通过企业入股、社会筹集和政府支持建立互助资金,发展以市场机制运作的信用担保机构,积极推动居民储蓄投向民营企业贷款担保基金,由保险机构实施或由地方财政出资并及时进行补偿,以保持担保基金金额的动态平衡。支持社会团体、行业协会、企业群体共同出资设立以民营企业信用担保为主要内容的服务机构,为区域内、行业内、群体内的民营企业贷款提供规范有效的担保。一是要加快民营银行的建设,在改善和加强金融监管条件下发展民营中小银行和非银行金融机构。二是要发展产业投资基金,解决民营企业特别是高科技型新兴企业的融资问题。要建立多元化的资本市场融资机制,积极发展企业债券市场和长期票据市场,丰富资本市场的交易品种。三是要鼓励民营企业通过改制,进行股份制、股份合作制改造,制定并执行股票市场统一的上市标准,消除民营企业上市融资的歧视性待遇,加大民营企业通过股票市场直接融资的力度。

(二)推进自主创新

自主创新是推进浙江民营经济产业升级的重要途径。一是要引导和支持大型民营企业开展战略性关键技术和重大装备的研究开发,建立具有国际先进水平的技术创新平台,加大对科技型中小企业技术创新基金等的投入力度,鼓励中小企业自主创新。二是要推进税费改革,加大对企业研究开发投入的税收激励。改善对高新技术企业的信贷服务和融资环境,加大对高新技术产业化的金融支持,发展支持高新技术产业的创业投资和资本市场。三是要建立健全知识产权保护体系,加大保护知识产权的执法力度,为鼓励自主创新和维护权利人合法权益提供有力的法制保障。

(三)走出家族模式

一是要突破“家”的狭隘观念,树立企业长远发展理念。二是要适应管理现代化的要求,实行委托代理制,建立现代企业制度。这是有一定规模的民营企业的必然选择。委托代理制的特点是用人唯贤,而不是用人唯亲,实行科学民主的决策制度,改变过去的“人治”模式。三是要适应企业发展的需要,进行所有权结构调整。这包括明晰产权关系、实现企业产权结构的多元化。这既是获得企业所需资金的主要方式,也是企业能够持续稳定发展的保证。四是要使企业能够适应经济全球化和WTO的要求,民营企业家应提高自身素质。民营企业家只有在不断的自我完善中成长为有远见卓识的企业家,才能实现民营企业由“企业家族化”向“家族企业化”的转变,使我省的民营企业稳健快速地发展。

(四)放宽市场准入

根据诺贝尔经济学奖获得者斯帝格勒的政府管制理论,所谓市场准入包括四个方面:第一是政府补贴要取消,政府对国有企业补贴实际上就是市场准入的不公平。第二是减少行政许可,也就是通常讲的要改革审批制度。第三是配套条件要公平。第四是价格问题。因此,所谓市场准入就要保障上述四个方面的公平。实现民营企业在发展空间上的新突破,凡国有企业、外资企业能进入的领域,民营企业均可进入。以国有资本退出经营性领域为契机,鼓励民营企业以兼并、收购、参股、租赁等多种形式参与国有企业的改革,简化有关审批手续,使民营企业能够真正实现低成本扩张。大力鼓励民营企业技术创新,加大对民营企业技术创新、技术改造项目的财政贴息,推动科研成果在民营企业的产业化和科研人员向民营企业的流动。

作者简介:单东,浙江财经大学经济学教授、硕士生导师,中央财经大学中国发展和改革研究院博士生导师,浙江省民营经济研究中心主任,浙江省民营经济研究会会长,浙江省现代民营经济研究院院长。

如何引爆浙江经济的未来

编者按:浙江是“七山一水二分田”,没有大片黑土地,地下也几乎没有矿产,人均耕地占有量在全国位居最末,能够取得今天的人均GDP超过1万美元的成绩,靠的就是浙江人“敢为人先、特别能创业”的精神。

浙江省省长李强接受《财经国家周刊》记者专访时说,浙江力求通过系列小镇建设,建立新型创业创新生态系统,同时着力提高“制度供给”的供氧量,全力支持创业创新,并在“一带一路”建设中,坚持浙商“走出去”和吸引浙商回归并重,在更大时空支撑浙江经济的未来。

浙江经济的三个衡量标准

《财经国家周刊》:对浙江来说,“新常态”意味着什么?

李强:“新常态”并不是按部就班的发展状态,习总书记所说的“新常态”有3个特点:一是从高速增长转为中高速增长;二是经济结构不断优化升级;三是从要素驱动、投资驱动转向创新驱动。其中很重要的就是人力资本质量与技术进步、创新驱动将取代廉价劳动力和要素规模驱动而成为经济的新引擎,实现从“汗水式增长”到“创新式增长”的转变。

作为浙江而言,如何全面、客观、辩证地看待自己的发展形势,以怎样的视角、眼光、标准来评判,体现出我们对“新常态”的认识水平。正确看待浙江经济,我认为要有“三个基本的衡量标准”:新常态、稳中求进、三条底线。

首先一个标准就是“新常态”。中国经济经历30多年的高速发展后，目前进入增长速度换挡期、结构调整阵痛期、前期政策消化期"三期叠加"，经济运行步入中高速增长轨道。浙江也是从两位数增长逐步回落。1978 年到 2013 年浙江平均增速 12.6%，2005 年到 2013 年平均增长是 10.6%，2011 年到 2014 年平均增长 8%。从趋势看，近几年 8% 左右的中高速增长是一种"新常态"，需要保持平常心，提高容忍度，对经济增速放缓保持战略定力。虽然今年一季度浙江 GDP 增速达到 8.2%，高于去年的 7.6%，我们没有喜出望外，依然正视经济下行的压力并进一步谋划稳增长、促改革、调结构、惠民生的举措。发展不图一时之快，也不忧一时之慢，只要不是大起大落，我认为都是可以接受的。

第二个标准是"稳中求进"。做好浙江的经济工作，最重要的是要以改革统领全局，坚持稳中求进、改中求活、转中求好。浙江明确今年地区生产总值增长 7.5% 左右，一般公共预算收入增长 7.5% 左右。

首先强调稳，它包括增速要稳、物价要稳、就业要稳、社会要稳。增速要稳就是不要像"坐过山车"一样，否则肯定要出问题。稳中求进的"进"，首先是质量和效益有"进"，这是最根本的；其次要在保持质量和效益的基础上改革创新求"进"；第三结是构调整要有"进"；第四环境治理要有"进"；第五民生改善要有"进"。"新常态"下的"稳中求进"，必须坚持发展是硬道理、发展是第一要务。

第三个标准就是"三条底线"。我认为，百姓增收、生态良好、社会平安是整个浙江经济社会的发展底线。

百姓不增收，富不起来，哪怕 GDP 增幅再大，公路建得再好，出口数字再漂亮，照样不会得到百姓的好评，百姓增收是党和政府最重要的目标之一。

老百姓钱再多，但门前屋后是臭水沟、垃圾河，肯定不会说政府好。浙江实施"五水共治"、"三改一拆"，下决心治理环境，有经济倒逼的因素，但生活改善、社会稳定是首位的。在长三角，浙江的比较优势就是青山绿水。长三角是中国经济的发动机，将来还会成为世界经济的发动机，长三角的经济总量和影响力已经有了，但是环境的影响力还不够。在经济相对发达的地方把生态做好了，真正的竞争优势就有了，这也是一种核心竞争力。

环境再好、百姓口袋里再有钱，但房子要装几道铁门，甚至出门要带防身器械，那样的生活也毫无品质。只有同时实现百姓增收、生态良好、社会平安，才能保住发展底线。不管浙江发展快或慢，只要三条底线守住了，浙江的发展就是健康的。

浙商新使命

《财经国家周刊》：最近你带队访问了白俄罗斯、以色列、西班牙等"一带一路"沿线国家，提到浙江要做"一带一路"建设的排头兵。现在各个省都在积极对接"一带一路"，浙江的优势在哪里？怎么在浙商的自身商业意愿和服务国家大局之间取得一个平衡？

李强：要当上排头兵，我想最根本的还是要立足自身比较优势。我们的优势有 3 条：一是区位优势。浙江拥有以宁波－舟山港为龙头的港口群，开辟海外交通、扩大对外贸易，自然条件优越。浙江境内的钱塘江、浙东运河和京杭大运河等内河交通与陆上交通，不仅沟通了浙江腹地，而且连接了江南、华北广大地区。浙江正在积极打造舟山江海联运中心，就是着眼于参与长江经济带和海上丝绸之路建设的重要举措。

二是市场优势。浙江有遍布全球的专业商品市场，从发展潜力看，跨境电子商务将是我们最大的市场优势。浙江电子商务起步早、发展快，已经成为全球电子商务最为活跃、集聚度最高和产业链最为完整的地区之一。杭州正在积极建设跨境电子商务综合试验区，通过与浙商传统市场网络优势相结合，将极大推进贸易便利化，使"一带一路"沿线国家都从中获益。

三是浙商的优势。在"一带一路"沿线，浙籍华人华侨无疑是数量最多、实力最强的中国商人群体。在全国和全球的浙商，分别达到 600 多万和 200 多万，浙商在浙江本土经济之外又创造了一个省外的浙江经济，这是浙江参与"一带一路"建设可以依靠的一支宝贵力量，我认为积极参与到"一带一路"建设中去，应该成为浙商的新使命之一。

我一直认为以浙商为代表的浙江人，是浙江最为珍贵的资源，浙商精神是浙江的巨大财富。浙江是一个自然资源相对匮乏的省份。如果以全国各类资源人均拥有量指数为 100，那么浙江的可利用土地为 40，能源为 0.5，水资源为 90，矿产为 5，综合起来浙江人均资源拥有量综合指数为 11.5，全国倒数第三，所以从发展的自然资源条件来看，浙江没有什么优势。

在这样的自然资源条件下，浙江改革开放以来仍然实现了高速发展。浙江经济总量从全国第 12 位跃居第 4 位，人均 GDP 超过 1.1 万美元，实现了由资源小省到经济大省的跨越。30 多年经济快速发展，浙江靠的是什么？我认为，重要的就是靠改革开放大潮中成长起来的一大批优秀企业家和商人。浙江人把自己变成了资源,变成浙江经济发展最宝贵的财富,这是改革开放30多年来我们最值得总结的经验。在当下这个时间节点上,我认为浙商新使命应该是“科学应对不确定性、积极有为引领创新”。

“梦想小镇”构建众创空间

《财经国家周刊》:今年的浙江省政府工作报告里提出将重点培育和规划建设100个左右的特色小镇,梦想小镇等特色小镇对标发展的是硅谷模式吗?

李强:我之所以给互联网创业小镇取“梦想”这个名字,是希望这里成为天下有创业梦想的年轻人起步的摇篮。我对梦想小镇做了一些描述:应该是一个新型的“众创空间”、一个巨型的孵化器、一个创业青年的社区、一个信息经济的新马达、一个互联网创业的生态圈,但我同时也觉得,梦想小镇刚刚诞生,其实也不用给它太多的定义,发展起来后创业青年们自然会用他们的方式进行描述,我们政府最要紧的就是做好“制度供给”,让资本、技术和信息更好地弥漫在这个空间的空气里。

梦想小镇目前已入驻创业项目240多个,创业人才2100多人,各类投资基金70多家,管理资本逾300亿元,一大批互联网项目让人耳目一新。现在,阿里巴巴“百川计划”首个创业基地、创业先锋营等一批“众创空间”都已落户梦想小镇。梦想小镇提出,3年内要集聚大学生创业者1万名,创业项目2000个,集聚基金(管理)及相关机构300家以上,这个目标很鼓舞人心、若能实现将引爆浙江新一轮新经济创业创新大潮。

这一批特色小镇既非行政区划概念,也非园区概念,而是一个具有明确产业定位、文化特色和旅游功能的项目组合概念,是“产、城、人”三位一体的新型空间。浙江建设一系列特色小镇的目的是打造更有激情的创业系统,以有限的地理空间提供无限的创业服务,汇聚天下创客,也成为天使投资的乐园,我们希望若干年以后在这里诞生下一个马云,下一个阿里巴巴。

梦想小镇只是我们要建设的特色小镇的一种类型,建设特色小镇是今年省政府工作报告中提出的一项重要任务,我在报告中讲到了“在全省建设一批聚焦七大产业、兼顾丝绸黄酒等历史经典产业、具有独特文化内涵和旅游功能的特色小镇”。这也是省委、省政府在“新常态”下作出的推动经济转型升级的一项战略举措。比如,除在杭州余杭区的梦想小镇、上城区的山南基金小镇、西湖区的云计算小镇外,还在建设湖州吴兴区的丝绸文化小镇、南浔区的湖笔小镇等等。推动特色小镇建设是与浙江依靠创新驱动推动经济转型升级的关键阶段密切相关的,这一系列小镇将成为我们七大新兴产业的聚集地,成为制度供给的试验场。

我们要用新理念、新机制、新载体来推进特色小镇,重点是把握4点:一要明确产业定位;二要坚持企业主体,以企业化投资主体主导规划建设,政府主要做好规划引导、政策扶持等服务工作;三要抓好空间布局,每个小镇聚焦一个产业,规划面积合理控制;四要强化项目组合,围绕一个产业做好项目组合,包括一、二、三产项目的组合,生产、生活、生态项目的组合,并彰显文化内涵、创造旅游功能。

至于硅谷模式,我理解就是一个资本和技术创新自由结合的空间,构造起来的也正是一个创业的生态系统。我们要打造的“众创空间”也正是一个新型的创业孵化生态系统,是为大众创新创业者提供良好的工作空间、网络空间、社交空间和资源共享空间的创业服务社区,而绝非简单的房地产空间。“众创空间”已经逐渐成为新常态下经济发展的新平台,特别是像今年国务院提出的,要顺应网络时代推动“大众创业、万众创新”的形势,构建面向人人的“众创空间”等创业服务平台。

“互联网+”与浙江新经济时代

《财经国家周刊》:互联网的发展近些年在浙江呈现出风起云涌之势,阿里巴巴在美上市、世界互联网大会的举办,都极大提升了浙江在互联网等信息经济产业方面的曝光度。从经济结构上看,浙江如何再创发展优势?

李强:互联网时代是一个快鱼吃慢鱼的时代,浙江省的信息经济发展已经具备一定的比较优势,确实随着阿里巴巴的上市、世界互联网大会的举办,浙江全省正在全力打造以互联网为核心的信息经济发展先行区,但同时我们也认识到,在互联网领域,发展是平的,不需要更多的自然资源。如果我们行动迟缓、东张西望,很可能错失良机,我提醒我们的干部和企业家、创业者千万不要“起个大早,赶个晚集”。

我们注重大数据、云计算、移动互联网、互联网金融这些新业态的培育,大力推进电商换市,就是要通过发展电子商务来促进商业模式的改革,拓展市场。

2014 年省委省政府提出要大力发展以互联网为核心的信息经济，这已经成为浙江转型升级的战略选择,除去信息经济外,还包括环保、健康、旅游、时尚、金融、高端装备制造共七大万亿级新兴产业集群。

当今是"互联网+"的时代,无论是经济发展、社会治理,都离不开互联网,任何产业只要拥抱互联网,就能焕发出新的生命力。信息经济包括信息技术产业、互联网应用产业、信息消费、信息化与工业化深度融合发展等内容,这是浙江扩大信息产业和电子商务优势,提升传统制造业、传统商业、传统金融业的一个很好机会。我们必须看到,信息经济崛起是一个时间窗口,抓住了就有机会成为超越者甚至引领者，要像当年抓大包干、发展乡镇企业、加入 WTO 那样,抢抓战略机遇,搭上"信息高铁",拉动浙江经济"爬坡过坎"。

德鲁克有这样一句话:当今企业之间的竞争,不是产品之间的竞争,而是商业模式之间的竞争。去年阿里"11·11"网络购物节全天交易额达到了 571 亿元(约合 93 亿美元)，这说明消费购物在融合了"互联网+"之后,创造出来的新商业模式能量是惊人的。互联网时代下就是如此,企业竞争最底层的是产品,然后是平台,最高层的是生态圈，一个属于企业的生态圈才是企业的核心竞争力,而这个生态圈就是以互联网为载体、以商业模式创新为渠道来构建的。

产业结构与层次，取决于一个地方的人才等要素资源的结构与层次。总的来看,当下的区域间竞争,已经进入了一个生态系统竞争阶段。今年我在政府工作报告就提出,打造更有效率的政务生态系统、更有活力的创业创新生态系统、更有魅力的自然生态系统、更加和谐的社会生态系统。这四个生态系统越好,浙江的可持续发展能力就越强,走在前列的步伐就更加有力。

(责任编辑:王怡然　金瑞锋　黄莹莹　杨丽君)

政 策 法 规

国务院关于扶持小型微型企业健康发展的意见

各省、自治区、直辖市人民政府，国务院各部委、各直属机构：

工商登记制度改革极大地激发了市场活力和创业热情，小型微型企业数量快速增长，为促进经济发展和社会就业发挥了积极作用，但在发展中也面临一些困难和问题。为切实扶持小型微型企业（含个体工商户）健康发展，现提出如下意见。

一、充分发挥现有中小企业专项资金的引导作用，鼓励地方中小企业扶持资金将小型微型企业纳入支持范围。（财政部、发展改革委、工业和信息化部、科技部、商务部、工商总局等部门负责）

二、认真落实已经出台的支持小型微型企业税收优惠政策，根据形势发展的需要研究出台继续支持的政策。小型微型企业从事国家鼓励发展的投资项目，进口项目自用且国内不能生产的先进设备，按照有关规定免征关税。（财政部会同税务总局、工商总局、工业和信息化部、海关总署等部门负责）

三、加大中小企业专项资金对小企业创业基地（微型企业孵化园、科技孵化器、商贸企业集聚区等）建设的支持力度。鼓励大中型企业带动产业链上的小型微型企业，实现产业集聚和抱团发展。（财政部、工业和信息化部、科技部、商务部、工商总局等部门负责）

四、对小型微型企业吸纳就业困难人员就业的，按照规定给予社会保险补贴。自工商登记注册之日起3年内，对安排残疾人就业未达到规定比例、在职职工总数20人以下（含20人）的小型微型企业，免征残疾人就业保障金。（人力资源社会保障部会同财政部、中国残联等部门负责）

五、鼓励各级政府设立的创业投资引导基金积极支持小型微型企业。积极引导创业投资基金、天使基金、种子基金投资小型微型企业。符合条件的小型微型企业可按规定享受小额担保贷款扶持政策。（财政部会同发展改革委、工业和信息化部、证监会、科技部、商务部、人力资源社会保障部等部门负责）

六、进一步完善小型微型企业融资担保政策。大力发展政府支持的担保机构，引导其提高小型微型企业担保业务规模，合理确定担保费用。进一步加大对小型微型企业融资担保的财政支持力度，综合运用业务补助、增量业务奖励、资本投入、代偿补偿、创新奖励等方式，引导担保、金融机构和外贸综合服务企业等为小型微型企业提供融资服务。（银监会会同发展改革委、工业和信息化部、财政部、科技部、商务部、人力资源社会保障部、人民银行、税务总局等部门负责）

七、鼓励大型银行充分利用机构和网点优势，加大小型微型企业金融服务专营机构建设力度。引导中小型银行将改进小型微型企业金融服务和战略转型相结合，科学调整信贷结构，重点支持小型微型企业和区域经济发展。引导银行业金融机构针对小型微型企业的经营特点和融资需求特征，创新产品和服务。各银行业金融机构在商业可持续和有效控制风险的前提下，单列小型微型企业信贷计划。在加强监管前提下，大力推进具备条件的民间资本依法发起设立中小型银行等金融机构。（银监会会同人民银行、发展改革委、财政部、工业和信息化部、科技部、商务部等部门负责）

八、高校毕业生到小型微型企业就业的，其档案可由当地市、县一级的公共就业人才服务机构免费保管。（人力资源社会保障部、工业和信息化部、工商总局等部门负责）

九、建立支持小型微型企业发展的信息互联互通机制。依托工商行政管理部门的企业信用信息公示系统，在企业自愿申报的基础上建立小型微型企业名录，集中公开各类扶持政策及企业享受扶持政策的信息。通过统一的信用信息平台，汇集工商注册登记、行政许可、税收缴纳、社保缴费等信息，推进小型微型企业信用信息共享，促进小型微型企业信用体系建设。通过信息公开和共享，利用大数据、云计算等现代信息技术，推动政府部门和银行、证券、保险等专业机构提供更有效的服务。从小型微型企业中抽取一定比例的样本企业,进行跟踪调查,加强监测分析。(工商总局、发展改革委、税务总局、工业和信息化部、人力资源社会保障部、人民银行、质检总局、统计局等部门负责)

十、大力推进小型微型企业公共服务平台建设,加大政府购买服务力度,为小型微型企业免费提供管理指导、技能培训、市场开拓、标准咨询、检验检测认证等服务。(工业和信息化部会同财政部、科技部、商务部、质检总局等部门负责)

各地区、各部门要结合本地区、本部门实际,在落实好已有的小型微型企业扶持政策的基础上,加大对政策的解读、宣传力度,简化办事流程,提高服务效率。各地区、各部门要确保政策尽快落实,并适时提出进一步措施。

国务院

2014年10月31日

国务院关于促进市场公平竞争维护市场正常秩序的若干意见

各省、自治区、直辖市人民政府,国务院各部委、各直属机构:

按照《中共中央关于全面深化改革若干重大问题的决定》精神、国务院机构改革和职能转变要求,现就完善市场监管体系,促进市场公平竞争,维护市场正常秩序提出以下意见。

一、总体要求

(一)指导思想。

以邓小平理论、"三个代表"重要思想、科学发展观为指导,深入学习领会党的十八大、十八届二中、三中全会精神,贯彻落实党中央和国务院的各项决策部署,围绕使市场在资源配置中起决定性作用和更好发挥政府作用,着力解决市场体系不完善、政府干预过多和监管不到位问题,坚持放管并重,实行宽进严管,激发市场主体活力,平等保护各类市场主体合法权益,维护公平竞争的市场秩序,促进经济社会持续健康发展。

(二)基本原则。

简政放权。充分发挥市场在资源配置中的决定性作用,把该放的权力放开放到位,降低准入门槛,促进就业创业。法不禁止的,市场主体即可为;法未授权的,政府部门不能为。

依法监管。更好发挥政府作用,坚持运用法治思维和法治方式履行市场监管职能,加强事中事后监管,推进市场监管制度化、规范化、程序化,建设法治化市场环境。

公正透明。各类市场主体权利平等、机会平等、规则平等,政府监管标准公开、程序公开、结果公开,保障市场主体和社会公众的知情权、参与权、监督权。

权责一致。科学划分各级政府及其部门市场监管职责;法有规定的,政府部门必须为。建立健全监管制度,落实市场主体行为规范责任、部门市场监管责任和属地政府领导责任。

社会共治。充分发挥法律法规的规范作用、行业组织的自律作用、舆论和社会公众的监督作用,实现社会共同治理,推动市场主体自我约束、诚信经营。

(三)总体目标。

立足于促进企业自主经营、公平竞争,消费者自由选择、自主消费,商品和要素自由流动、平等交换,建设统一开放、竞争有序、诚信守法、监管有力的现代市场体系,加快形成权责明确、公平公正、透明高效、法治保障的市场监管格局,到2020年建成体制比较成熟、制度更加定型的市场监管体系。

二、放宽市场准入

凡是市场主体基于自愿的投资经营和民商事行为,只要不属于法律法规禁止进入的领域,不损害第三方利益、社会公共利益和国家安全,政府不得限制进入。

(四)改革市场准入制度。制定市场准入负面清单,国务院以清单方式明确列出禁止和限制投资经营的行业、领域、业务等,清单以外的,各类市场主体皆可依法平等进入;地方政府需进行个别调整的,由省级政府报经国务院批准。(发展改革委、商务部牵头负责)改革工商登记制度,推进工商注册制度便利化,大力减少前置审批,由先证后照改为先照后证。(工商总局、中央编办牵头负责)简化手续,缩短时限,鼓励探索实行工商营业执照、组织机构代码证和税务登记证"三证合一"登记制度。(县级以上地方各级人民政府负责)完善节能节地节水、环境、技术、安全等市场准入标准。探索对外商投资实行准入前国民待遇加负面清单的管理模式。(发展改革委、商务部牵头负责)

(五)大力减少行政审批事项。投资审批、生产经营活动审批、资质资格许可和认定、评比达标表彰、评估等,要严格按照行政许可法和国务院规定的程序设定;凡违反规定程序设定的应一律取消。(中央编办、法制办、人力资源社会保障部牵头负责)放开竞争性环节价格。(发展改革委牵头负责)省级人民政府设定临时性的行政许可,要严格限定在控制危险、配置有限公共资源和提供特定信誉、身份、证明的事项,并须依照法定程序设定。(省级人民政府负责)对现有行政审批前置环节的技术审查、评估、鉴证、咨询等有偿中介服务事项进行全面清理,能取消的尽快予以取消;确需保留的,要规范时限和收费,并向社会公示。(中央编办、发展改革委、财政部负责)建立健全政务中心和网上办事大厅,集中办理行政审批,实行一个部门一个窗口对外,一级地方政府"一站式"服务,减少环节,提高效率。(县级以上地方各级人民政府负责)

(六)禁止变相审批。严禁违法设定行政许可、增加行政许可条件和程序;严禁以备案、登记、注册、年检、监制、认定、认证、审定、指定、配号、换证等形式或者以非行政许可审批名义变相设定行政许可;严禁借实施行政审批变相收费或者违法设定收费项目;严禁将属于行政审批的事项转为中介服务事项,搞变相审批、有偿服务;严禁以加强事中事后监管为名,变相恢复、上收已取消和下放的行政审批项目。(中央编办、发展改革委、财政部、法制办按职责分工分别负责)

(七)打破地区封锁和行业垄断。对各级政府和部门涉及市场准入、经营行为规范的法规、规章和规定进行全面清理,废除妨碍全国统一市场和公平竞争的规定和做法,纠正违反法律法规实行优惠政策招商的行为,纠正违反法律法规对外地产品或者服务设定歧视性准入条件及收费项目、规定歧视性价格及购买指定的产品、服务等行为。(发展改革委、财政部、商务部牵头负责)对公用事业和重要公共基础设施领域实行特许经营等方式,引入竞争机制,放开自然垄断行业竞争性业务。(发展改革委牵头负责)

(八)完善市场退出机制。对于违反法律法规禁止性规定的市场主体,对于达不到节能环保、安全生产、食品、药品、工程质量等强制性标准的市场主体,应当依法予以取缔,吊销相关证照。(各相关市场监管部门按职责分工分别负责)严格执行上市公司退市制度,完善企业破产制度,优化破产重整、和解、托管、清算等规则和程序,强化债务人的破产清算义务,推行竞争性选任破产管理人的办法,探索对资产数额不大、经营地域不广或者特定小微企业实行简易破产程序。(证监会、法制办按职责分工分别负责)简化和完善企业注销流程,试行对个体工商户、未开业企业以及无债权债务企业实行简易注销程序。(工商总局负责)严格执行金融、食品药品、安全生产、新闻出版等领域违法人员从业禁止规定。抓紧制订试行儿童老年用品及交通运输、建筑工程等领域违法人员从业禁止规定。(人民银行、银监会、证监会、保监会、食品药品监管总局、安全监管总局、新闻出版广电总局、质检总局、交通运输部、住房城乡建设部等部门按职责分工分别负责)

三、强化市场行为监管

依法规范生产、经营、交易等市场行为,创新监管方式,保障公平竞争,促进诚信守法,维护市场秩序。

(九)强化生产经营者主体责任。国务院有关部门要抓紧推动制修订有关条例,完善消费环节经营者首问和赔偿先付制度,建立企业产品和服务标准自我声明公开和监督制度,建立消费品生产经营企业产品安全事故强制报告制度,修订缺陷产品强制召回制度,建立生态环境损害责任制度,提请国务院审议。(工商总局、质检总局、食品药品监管总局、环境保护部、林业局、法制办按职责分工分别负责)试行扩大食品药品、生态环境、安全生产等领域的责任保险,形成风险分担的社会救济机制和专业组织评估、监控风险的市场监督机制。(保监会牵头负责)

(十)强化依据标准监管。加快推动修订标准化法,推进强制性标准体系改革,强化国家强制性标准管理。(质检总局牵头负责)强制性标准严格限定在保障人身健康和生命财产安全、国家安全、生态环境安全的范围。市场主体须严格执行强制性标准,市场监管部门须

依据强制性标准严格监管执法。(各相关市场监管部门按职责分工分别负责)

(十一)严厉惩处垄断行为和不正当竞争行为。依照反垄断法、反不正当竞争法、价格法的有关规定,严肃查处损害竞争、损害消费者权益以及妨碍创新和技术进步的垄断协议、滥用市场支配地位行为;加大经营者集中反垄断审查力度,有效防范通过并购获取垄断地位并损害市场竞争的行为;改革自然垄断行业监管办法,强化垄断环节监管。严厉查处仿冒名牌、虚假宣传、价格欺诈、商业贿赂、违法有奖销售、商业诋毁、销售无合法进口证明商品等不正当竞争行为;依法保护各类知识产权,鼓励技术创新,打击侵犯知识产权和制售假冒伪劣商品的行为。(商务部、发展改革委、工商总局、知识产权局等部门按职责分工分别负责)

(十二)强化风险管理。加强对市场行为的风险监测分析,加快建立对高危行业、重点工程、重要商品及生产资料、重点领域的风险评估指标体系、风险监测预警和跟踪制度、风险管理防控联动机制。(各相关市场监管部门按职责分工分别负责)完善区域产品质量和生产安全风险警示制度。(质检总局、工商总局、安全监管总局按职责分工分别负责)依据风险程度,加强对发生事故几率高、损失重大的环节和领域的监管,防范区域性、行业性和系统性风险。(各相关市场监管部门按职责分工分别负责)

(十三)广泛运用科技手段实施监管。充分利用信息网络技术实现在线即时监督监测,加强非现场监管执法。充分运用移动执法、电子案卷等手段,提高执法效能。(工商总局、质检总局、安全监管总局、食品药品监管总局、环境保护部、文化部、海关总署等部门按职责分工分别负责)利用物联网建设重要产品等追溯体系,形成"来源可查、去向可追、责任可究"的信息链条。(商务部牵头负责)加快完善认定电子签名法律效力的机制。(工业和信息化部、法制办牵头负责)

四、夯实监管信用基础

运用信息公示、信息共享和信用约束等手段,营造诚实、自律、守信、互信的社会信用环境,促进各类市场主体守合同、重信用。

(十四)加快市场主体信用信息平台建设。完善市场主体信用信息记录,建立信用信息档案和交换共享机制。逐步建立包括金融、工商登记、税收缴纳、社保缴费、交通违章、统计等所有信用信息类别、覆盖全部信用主体的全国统一信用信息网络平台。推进信用标准化建设,建立以公民身份号码和组织机构代码为基础的统一社会信用代码制度,完善信用信息征集、存储、共享与应用等环节的制度,推动地方、行业信用信息系统建设及互联互通,构建市场主体信用信息公示系统,强化对市场主体的信用监管。(发展改革委、人民银行牵头负责)

(十五)建立健全守信激励和失信惩戒机制。将市场主体的信用信息作为实施行政管理的重要参考。根据市场主体信用状况实行分类分级、动态监管,建立健全经营异常名录制度,对违背市场竞争原则和侵犯消费者、劳动者合法权益的市场主体建立"黑名单"制度。(工商总局牵头负责)对守信主体予以支持和激励,对失信主体在经营、投融资、取得政府供应土地、进出口、出入境、注册新公司、工程招投标、政府采购、获得荣誉、安全许可、生产许可、从业任职资格、资质审核等方面依法予以限制或禁止,对严重违法失信主体实行市场禁入制度。(各相关市场监管部门按职责分工分别负责)

(十六)积极促进信用信息的社会运用。在保护涉及公共安全、商业秘密和个人隐私等信息的基础上,依法公开在行政管理中掌握的信用信息。拓宽信用信息查询渠道,为公众查询市场主体基础信用信息和违法违规信息提供便捷高效的服务。依法规范信用服务市场,培育和发展社会信用服务机构,推动建立个人信息和隐私保护的法律制度,加强对信用服务机构和人员的监督管理。(发展改革委、人民银行牵头负责)

五、改进市场监管执法

创新执法方式,强化执法监督和行政问责,确保依法执法、公正执法、文明执法。

(十七)严格依法履行职责。行政机关均须在宪法和法律范围内活动,依照法定权限和程序行使权力、履行职责。没有法律、法规、规章依据,市场监管部门不得作出影响市场主体权益或增加其义务的决定;市场监管部门参与民事活动,要依法行使权利、履行义务、承担责任。(各相关市场监管部门按职责分工分别负责)

(十八)规范市场执法行为。建立科学监管的规则和方法,完善以随机抽查为重点的日常监督检查制度,优化细化执法工作流程,确保程序正义,切实解决不执法、乱执法、执法扰民等问题。(工商总局、质检总局、安全监管总局、食品药品监管总局、环境保护部等部门按职责分工分别负责)完善行政执法程序和制度建设,健全市场监管部门内部案件调查与行政处罚决定相对分离制度,规范执法行为,落实行政执法责任制。建立行政执法自由裁量基准制度,细化、量化行政裁量权,公开裁量范围、种类和幅度,严格限定和合理规范裁量权的行使。行政执法过程中,要尊重公民合法权益,不得粗暴对待当事人,不得侵害其人格尊严,积极推行行政指导、行政合同、行政奖励及行政和解等非强制手段,维护当事人的合法权益。(各相关市场监管部门按职责分工分别负责) 推进监管执法职能与技术检验检测职能相对分离,技术检验检测机构不再承担执法职能。(中央编办、质检总局牵头负责)

(十九)公开市场监管执法信息。推行地方各级政府及其市场监管部门权力清单制度,依法公开权力运行流程。公示行政审批事项目录,公开审批依据、程序、申报条件等。(中央编办牵头负责)依法公开监测、抽检和监管执法的依据、内容、标准、程序和结果。除法律法规另有规定外,市场监管部门适用一般程序作出行政处罚决定或者处罚决定变更之日起 20 个工作日内,公开执法案件主体信息、案由、处罚依据及处罚结果,提高执法透明度和公信力。建立健全信息公开内部审核机制、档案管理等制度。(各相关市场监管部门按职责分工分别负责)

(二十)强化执法考核和行政问责。加强执法评议考核,督促和约束各级政府及其市场监管部门切实履行职责。(县级以上地方各级人民政府负责)综合运用监察、审计、行政复议等方式,加强对行政机关不作为、乱作为、以罚代管等违法违规行为的监督。对市场监管部门及其工作人员未按强制性标准严格监管执法造成损失的,要依法追究责任;对市场监管部门没有及时发现、制止而引发系统性风险的,对地方政府长期不能制止而引发区域性风险的,要依法追究有关行政监管部门直至政府行政首长的责任。因过错导致监管不到位造成食品药品安全、生态环境安全、生产安全等领域事故的,要倒查追责,做到有案必查,有错必究,有责必追。不顾生态环境盲目决策,造成严重后果的领导干部,要终身追究责任。(监察部、审计署、法制办按职责分工分别负责)

六、改革监管执法体制

整合优化执法资源,减少执法层级,健全协作机制,提高监管效能。

(二十一)解决多头执法。整合规范市场监管执法主体,推进城市管理、文化等领域跨部门、跨行业综合执法,相对集中执法权。市场监管部门直接承担执法职责,原则上不另设具有独立法人资格的执法队伍。一个部门设有多支执法队伍的,业务相近的应当整合为一支队伍;不同部门下设的职责任务相近或相似的执法队伍,逐步整合为一支队伍。清理取消没有法律法规依据、违反机构编制管理规定的执法队伍。(中央编办牵头负责)

(二十二)消除多层重复执法。对反垄断、商品进出口、外资国家安全审查等关系全国统一市场规则和管理的事项,实行中央政府统一监管。对食品安全、商贸服务等实行分级管理的事项,要厘清不同层级政府及其部门的监管职责,原则上实行属地管理,由市县政府负责监管。要加强食品药品、安全生产、环境保护、劳动保障、海域海岛等重点领域基层执法力量。由基层监管的事项,中央政府和省、自治区政府市场监管部门,主要行使市场执法监督指导、协调跨区域执法和重大案件查处职责,原则上不设具有独立法人资格的执法队伍。设区的市,市级部门承担执法职责并设立执法队伍的,区本级不设执法队伍;区级部门承担执法职责并设立执法队伍的,市本级不设执法队伍。加快县级政府市场监管体制改革,探索综合设置市场监管机构,原则上不另设执法队伍。乡镇政府(街道)在没有市场执法权的领域,发现市场违法违规行为应及时向上级报告。经济发达、城镇化水平较高的乡镇,根据需要和条件可通过法定程序行使部分市场执法权。(中央编办牵头负责)

(二十三)规范和完善监管执法协作配合机制。完善市场监管部门间各司其职、各负其责、相互配合、齐抓共管的工作机制。制定部门间监管执法信息共享标准,打破“信息孤岛”,实现信息资源开放共享、互联互通。(商务部牵头负责)建立健全跨部门、跨区域执法协作联动机制。(各相关市场监管部门按职责分工分别负责)对未经依法许可的生产经营行为,工商行政管理部门和负责市场准入许可的部门要及时依法查处,直至吊销营业执照。(工商总局、负责市场准入许可的部门按职责分工分别负责)

(二十四)做好市场监管执法与司法的衔接。完善案件移送标准和程序,细化并严格执行执法协作相关规定。(各相关市场监管部门按职责分工分别负责)建立市场监管部门、公安机关、检察机关间案情通报机制。市场监管部门发现违法行为涉嫌犯罪的,应当依法移送公安机关并抄送同级检察机关,不得以罚代刑。公安机关作出立案决定的,应当书面通知移送案件的市场监管部门,不立案或者撤销案件决定的,应当书面说明理由,同时通报同级检察机关。公安机关发现违法行为,认为不需要追究刑事责任但依法应当作出行政处理的,要及时将案件移送市场监管部门。(公安部牵头负责)市场监管部门须履行人民法院的生效裁定和判决。对当事人不履行行政决定的,市场监管部门依法强制执行或者向人民法院申请强制执行。(各相关市场监管部门按职责分工分别负责)

七、健全社会监督机制

充分发挥社会力量在市场监管中的作用,调动一切积极因素,促进市场自我管理、自我规范、自我净化。

(二十五)发挥行业协会商会的自律作用。推动行业协会商会建立健全行业经营自律规范、自律公约和职业道德准则,规范会员行为。鼓励行业协会商会制定发布产品和服务标准,参与制定国家标准、行业规划和政策法规。支持有关组织依法提起公益诉讼,进行专业调解。加强行业协会商会自身建设,增强参与市场监管的能力。(民政部牵头负责)限期实现行政机关与行业协会商会在人员、财务资产、职能、办公场所等方面真正脱钩。探索一业多会,引入竞争机制。(发展改革委、民政部牵头负责)加快转移适合由行业协会商会承担的职能,同时加强管理,引导其依法开展活动。(民政部、中央编办牵头负责)

(二十六)发挥市场专业化服务组织的监督作用。支持会计师事务所、税务师事务所、律师事务所、资产评估机构等依法对企业财务、纳税情况、资本验资、交易行为等真实性合法性进行鉴证,依法对上市公司信息披露进行核查把关。(财政部牵头负责)推进检验检测认证机构与政府脱钩、转制为企业或社会组织的改革,推进检验检测认证机构整合,有序放开检验检测认证市场,促进第三方检验检测认证机构发展。(中央编办、质检总局牵头负责)推进公证管理体制改革。(司法部负责)加快发展市场中介组织,推进从事行政审批前置中介服务的市场中介组织在人、财、物等方面与行政机关或者挂靠事业单位脱钩改制。建立健全市场专业化服务机构监管制度。(发展改革委、财政部牵头负责)

(二十七)发挥公众和舆论的监督作用。健全公众参与监督的激励机制,完善有奖举报制度,依法为举报人保密。(各相关市场监管部门按职责分工分别负责)发挥消费者组织调处消费纠纷的作用,提升维权成效。(工商总局牵头负责)落实领导干部接待群众来访制度,健全信访举报工作机制,畅通信访渠道。(信访局牵头负责)整合优化各职能部门的投诉举报平台功能,逐步建设统一便民高效的消费投诉、经济违法行为举报和行政效能投诉平台,实现统一接听、按责转办、限时办结,统一督办,统一考核。(县级以上地方各级人民政府负责)强化舆论监督,曝光典型案件,震慑违法犯罪行为,提高公众认知和防范能力。新闻媒体要严守职业道德,把握正确导向,重视社会效果。严惩以有偿新闻恶意中伤生产经营者、欺骗消费者的行为。(新闻出版广电总局牵头负责)对群众举报投诉、新闻媒体反映的问题,市场监管部门要认真调查核实,及时依法作出处理,并向社会公布处理结果。(各相关市场监管部门按职责分工分别负责)

八、完善监管执法保障

加强制度建设,强化执法能力保障,确保市场监管有法可依、执法必严、清正廉洁、公正为民。

(二十八)及时完善相关法律规范。根据市场监管实际需要和市场变化情况,及时修订完善相关法律法规。梳理取消和下放行政审批项目、加强后续监管措施涉及的法律法规、规章和规范性文件,提出法律修改、废止建议,修改或者废止有关法规、规章和规范性文件。研究技术标准、信用信息和信用报告、备案报告等政府管理方式的适用规则。完善市场监管规范性文件合法性审查机制,健全法规、规章和规范性文件备案审查制度。健全行政复议案件审理机制,推动扩大行政诉讼受案范围。(法制办、各相关市场监管部门按职责分工分别负责)

(二十九)健全法律责任制度。调整食品药品、生态环境、安全生产、劳动保障等领域现行法律制度中罚款等法律责任的规定,探索按日计罚等法律责任形式。扩大市场监管法律制度中惩罚性赔偿的适用范围,依法大幅度提高赔偿倍数。强化专业化服务组织的连带责任。健全行政补偿和赔偿制度,当发生市场监管部门及其工作人员行使职权损害相对人合法权益时,须履行补偿或赔偿责任。(各相关市场监管部门、法制办按职责分工分别负责)

(三十)加强执法队伍建设。在财政供养人员总量不增加的前提下,盘活存量、优化结构,完善待遇、选拔任用等激励保障制度,推动执法力量向基层和一线倾斜。加强执法人员专业培训和业务考核，配备必要的执法装备，提高执法人员综合素质和能力水平。(财政部、人力资源社会保障部、中央编办按职责分工分别负责)全面落实财政保障执法经费制度，市场监管工作经费和能力建设经费全部纳入各级财政预算予以保障，确保监管执法人员工资足额发放。严格执行“收支两条线”制度，严禁下达罚款任务，严禁收费罚没收入按比例返还等与部门利益挂钩或者变相挂钩。(财政部牵头负责)

九、加强组织领导

促进市场公平竞争，完善市场监管体系是一项系统工程，各地区各部门要高度重视、统一思想、狠抓落实，力求取得实效。

(三十一)加强领导，明确分工。各地区各部门要深刻认识完善市场监管体系工作的重大意义，认真落实本意见提出的各项措施和要求。各级人民政府要建立健全市场监管体系建设的领导和协调机制，加强统筹协调、督促落实，明确部门分工任务。各地区各部门要按照职责分工，结合本地区本部门实际，研究出台具体方案和实施办法，细化实化监管措施，落实和强化监管责任。加强新闻宣传和舆论引导，确保市场运行平稳有序。

(三十二)联系实际，突出重点。要把人民群众反映强烈、关系人民群众身体健康和生命财产安全、对经济社会发展可能造成大的危害的问题放在突出位置，着力加强对重点区域、重点领域、重点环节和重点产品的监管，切实解决食品药品、生态环境、安全生产、金融服务、网络信息、电子商务、房地产等领域扰乱市场秩序、侵害消费者合法权益的问题。

(三十三)加强督查，务求实效。各地区各部门要加强对本意见落实工作的监督检查，推动市场监管体系建设，促进市场公平竞争，维护市场正常秩序。国务院办公厅负责对本意见落实工作的统筹协调、跟踪了解、督促检查，确保各项任务和措施落实到位。

国务院

2014年6月4日

国务院关于加快发展生产性服务业促进产业结构调整升级的指导意见

各省、自治区、直辖市人民政府，国务院各部委、各直属机构：

国务院高度重视服务业发展。近年来陆续出台了家庭、养老、健康、文化创意等生活性服务业发展指导意见，服务供给规模和质量水平明显提高。与此同时，生产性服务业发展相对滞后、水平不高、结构不合理等问题突出，亟待加快发展。生产性服务业涉及农业、工业等产业的多个环节，具有专业性强、创新活跃、产业融合度高、带动作用显著等特点，是全球产业竞争的战略制高点。加快发展生产性服务业，是向结构调整要动力、促进经济稳定增长的重大措施，既可以有效激发内需潜力、带动扩大社会就业、持续改善人民生活，也有利于引领产业向价值链高端提升。为加快重点领域生产性服务业发展，进一步推动产业结构调整升级，现提出以下意见：

一、总体要求

(一)指导思想。

以邓小平理论、“三个代表”重要思想、科学发展观为指导，深入贯彻党的十八大和十八届二中、三中全会精神，全面落实党中央、国务院各项决策部署，科学规划布局，放宽市场准入，完善行业标准，创造环境条件，加快生产性服务业创新发展，实现服务业与农业、工业等在更高水平上有机融合，推动我国产业结构优化调整，促进经济提质增效升级。

(二)基本原则。

坚持市场主导。处理好政府和市场的关系，使市场在资源配置中起决定性作用和更好发挥政府作用，鼓励和支持各种所有制企业根据市场需求，积极发展生产性服务业。

坚持突出重点。以显著提升产业发展整体素质和产品附加值为重点,围绕全产业链的整合优化,充分发挥生产性服务业在研发设计、流程优化、市场营销、物流配送、节能降耗等方面的引领带动作用。

坚持创新驱动。建立与国际接轨的专业化生产性服务业体系,推动云计算、大数据、物联网等在生产性服务业的应用,鼓励企业开展科技创新、产品创新、管理创新、市场创新和商业模式创新,发展新兴生产性服务业态。

坚持集聚发展。适应中国特色新型工业化、信息化、城镇化、农业现代化发展趋势,深入实施区域发展总体战略和主体功能区战略,因地制宜引导生产性服务业在中心城市、制造业集中区域、现代农业产业基地以及有条件的城镇等区域集聚,实现规模效益和特色发展。

二、发展导向

以产业转型升级需求为导向,进一步加快生产性服务业发展,引导企业进一步打破"大而全"、"小而全"的格局,分离和外包非核心业务,向价值链高端延伸,促进我国产业逐步由生产制造型向生产服务型转变。

(一)鼓励企业向价值链高端发展。

鼓励农业企业和涉农服务机构重点围绕提高科技创新和推广应用能力,加快推进现代种业发展,完善农副产品流通体系。鼓励有能力的工业企业重点围绕提高研发创新和系统集成能力,发展市场调研、产品设计、技术开发、工程总包和系统控制等业务。加快发展专业化设计及相关定制、加工服务,建立健全重大技术装备第三方认证制度。促进专利技术运用和创新成果转化,健全研发设计、试验验证、运行维护和技术产品标准等体系。重点围绕市场营销和品牌服务,发展现代销售体系,增强产业链上下游企业协同能力。强化期货、现货交易平台功能。鼓励分期付款等消费金融服务方式。推进仓储物流、维修维护和回收利用等专业服务的发展。

(二)推进农业生产和工业制造现代化。

搭建各类农业生产服务平台,加强政策法律咨询、市场信息、病虫害防治、测土配方施肥、种养过程监控等服务。健全农业生产资料配送网络,鼓励开展农机跨区作业、承包作业、机具租赁和维修服务。推进面向产业集群和中小企业的基础工艺、基础材料、基础元器件研发和系统集成以及生产、检测、计量等专业化公共服务平台建设,鼓励开展工程项目、工业设计、产品技术研发和检验检测、工艺诊断、流程优化再造、技能培训等服务外包,整合优化生产服务系统。发展技术支持和设备监理、保养、维修、改造、备品备件等专业化服务,提高设备运行质量。鼓励制造业与相关产业协同处置工业"三废"及社会废弃物,发展节能减排投融资、清洁生产审核及咨询等节能环保服务。

(三)加快生产制造与信息技术服务融合。

支持农业生产的信息技术服务创新和应用,发展农作物良种繁育、农业生产动态监测、环境监控等信息技术服务,建立健全农产品质量安全可追溯体系。鼓励将数字技术和智能制造技术广泛应用于产品设计和制造过程,丰富产品功能,提高产品性能。运用互联网、大数据等信息技术,积极发展定制生产,满足多样化、个性化消费需求。促进智能终端与应用服务相融合、数字产品与内容服务相结合,推动产品创新,拓展服务领域。发展服务于产业集群的电子商务、数字内容、数据托管、技术推广、管理咨询等服务平台,提高资源配置效率。

三、主要任务

现阶段,我国生产性服务业重点发展研发设计、第三方物流、融资租赁、信息技术服务、节能环保服务、检验检测认证、电子商务、商务咨询、服务外包、售后服务、人力资源服务和品牌建设。

(一)研发设计。

积极开展研发设计服务,加强新材料、新产品、新工艺的研发和推广应用。大力发展工业设计,培育企业品牌、丰富产品品种、提高附加值。促进工业设计向高端综合设计服务转变。支持研发体现中国文化要素的设计产品。整合现有资源,发挥企业创新主体作用,推进产学研用合作,加快创新成果产业化步伐。鼓励建立专业化、开放型的工业设计企业和工业设计服务中心,促进工业企业与工业设计企业合作。完善知识产权交易和中介服务体系,发展研发设计交易市场。开展面向生产性服务业企业的知识产权培训、专利运营、分析评议、专利代理和专利预警等服务。建立主要由市场评价创新成果的机制,加快研发设计创新转化为现实生产力。

(二)第三方物流。

优化物流企业供应链管理服务,提高物流企业配送的信息化、智能化、精准化水平，推广企业零库存管理等现代企业管理模式。加强核心技术开发，发展连锁配送等现代经营方式，重点推进云计算、物联网、北斗导航及地理信息等技术在物流智能化管理方面的应用。引导企业剥离物流业务，积极发展专业化、社会化的大型物流企业。完善物流建设和服务标准，引导物流设施资源集聚集约发展，培育一批具有较强服务能力的生产服务型物流园区和配送中心。加强综合性、专业性物流公共信息平台和货物配载中心建设，衔接货物信息，匹配运载工具，提高物流企业运输工具利用效率，降低运输车辆空驶率。提高物流行业标准化设施、设备和器具应用水平以及托盘标准化水平。继续推进制造业与物流业联动发展示范工作和快递服务制造业工作，加强仓储、冷链物流服务。大力发展铁水联运、江海直达、滚装运输、道路货物甩挂运输等运输方式，推进货运汽车(挂车)、列车标准国际化。优化城市配送网络，鼓励统一配送和共同配送。推动城市配送车辆标准化、标识化，建立健全配送车辆运力调控机制，完善配送车辆便利通行措施。在关系民生的农产品、药品、快速消费品等重点领域开展标准化托盘循环共用示范试点。完善农村物流服务体系，加强产销衔接，扩大农超对接规模，加快农产品批发和零售市场改造升级，拓展农产品加工服务。

(三)融资租赁。

建立完善融资租赁业运营服务和管理信息系统，丰富租赁方式，提升专业水平，形成融资渠道多样、集约发展、监管有效、法律体系健全的融资租赁服务体系。大力推广大型制造设备、施工设备、运输工具、生产线等融资租赁服务，鼓励融资租赁企业支持中小微企业发展。引导企业利用融资租赁方式，进行设备更新和技术改造。鼓励采用融资租赁方式开拓国际市场。紧密联系产业需求，积极开展租赁业务创新和制度创新，拓展厂商租赁的业务范围。引导租赁服务企业加强与商业银行、保险、信托等金融机构合作，充分利用境外资金，多渠道拓展融资空间，实现规模化经营。建设程序标准化、管理规范化、运转高效的租赁物与二手设备流通市场，建立和完善租赁物公示、查询系统和融资租赁资产退出机制。加快研究制定融资租赁行业的法律法规。充分发挥行业协会作用，加强信用体系建设和行业自律。建立系统性行业风险防范机制，以及融资租赁业统计制度和评价指标体系。

(四)信息技术服务。

发展涉及网络新应用的信息技术服务，积极运用云计算、物联网等信息技术，推动制造业的智能化、柔性化和服务化，促进定制生产等模式创新发展。加快面向工业重点行业的知识库建设，创新面向专业领域的信息服务方式，提升服务能力。加强相关软件研发，提高信息技术咨询设计、集成实施、运行维护、测试评估和信息安全服务水平，面向工业行业应用提供系统解决方案，促进工业生产业务流程再造和优化。推动工业企业与软件提供商、信息服务提供商联合提升企业生产经营管理全过程的数字化水平。支持工业企业所属信息服务机构面向行业和社会提供专业化服务。加快农村互联网基础设施建设，推进信息进村入户。

(五)节能环保服务。

健全节能环保法规和标准体系，增强节能环保指标的刚性约束，严格落实奖惩措施。大力发展节能减排投融资、能源审计、清洁生产审核、工程咨询、节能环保产品认证、节能评估等第三方节能环保服务体系。规范引导建材、冶金、能源企业协同开展城市及产业废弃物的资源化处理，建立交易市场。鼓励结合改善环境质量和治理污染的需要，开展环保服务活动。发展系统设计、成套设备、工程施工、调试运行和维护管理等环保服务总承包。鼓励大型重点用能单位依托自身技术优势和管理经验，开展专业化节能环保服务。推广合同能源管理，建设“一站式”合同能源管理综合服务平台，积极探索节能量市场化交易。建设再生资源回收体系和废弃物逆向物流交易平台。积极发展再制造专业技术服务，建立再制造旧件回收、产品营销、溯源等信息化管理系统。推行环境污染第三方治理。

(六)检验检测认证。

加快发展第三方检验检测认证服务，鼓励不同所有制检验检测认证机构平等参与市场竞争，不断增强权威性和公信力，为提高产品质量提供有力的支持保障服务。加强计量、检测技术、检测装备研发等基础能力建设，发展面向设计开发、生产制造、售后服务全过程的分析、测试、计量、检验等服务。建设一批国家产业计量测试中心，构建国家产业计量测试服务体系。加强先进重大装备、新材料、新能源汽车等领域的第三方检验检测服务，加快发展药品检验检测、医疗器械检验、进出口检验检疫、农产品质量安全检验检测、食品安全检验检测等服务，发展在线检测，完善检验检测认证服务体系。开拓电子商务等服务认证领域。优化资源配置，引导检验检测认证机构集聚发展，推进整合业务相同或相近的检验检测认证机构。积极参与制定国际检验检测标准，开展检验检测认证结果和技术能力国际互认。培育一批技术能力强、服务水平高、规模效益好、具有一定国际影响力的检验检测认证集团。加大生产性服务业标准的推广应用力度，深化国家级服务业标准化试点。

(七)电子商务。

深化大中型企业电子商务应用，促进大宗原材料网上交易、工业产品网上定制、上下游关联企业业务协同发展，创新组织结构和经营模式。引导小微企业依托第三方电子商务服务平台开展业务。抓紧研究制定鼓励电子商务创新发展的意见。深化电子商务服务集成创新。加快并规范集交易、电子认证、在线支付、物流、信用评估等服务于一体的第三方电子商务综合服务平台发展。加快推进适应电子合同、电子发票和电子签名发展的制度建设。建设开放式电子商务快递配送信息平台和社会化仓储设施网络，加快布局、规范建设快件处理中心和航空、陆运集散中心。鼓励对现有商业设施、邮政便民服务设施等的整合利用，加强共同配送末端网点建设，推动社区商业电子商务发展。深入推进国家电子商务示范城市、示范基地和示范企业建设，发展电子商务可信交易保障、交易纠纷处理等服务。建立健全促进电子商务发展的工作保障机制。加强网络基础设施建设和电子商务信用体系、统计监测体系建设，不断完善电子商务标准体系和快递服务质量评价体系。推进农村电子商务发展，积极培育农产品电子商务，鼓励网上购销对接等多种交易方式。支持面向跨境贸易的多语种电子商务平台建设、服务创新和应用推广。积极发展移动电子商务，推动移动电子商务应用向工业生产经营和生产性服务业领域延伸。

(八)商务咨询。

提升商务咨询服务专业化、规模化、网络化水平。引导商务咨询企业以促进产业转型升级为重点，大力发展战略规划、营销策划、市场调查、管理咨询等提升产业发展素质的咨询服务，积极发展资产评估、会计、审计、税务、勘察设计、工程咨询等专业咨询服务。发展信息技术咨询服务，开展咨询设计、集成实施、运行维护、测试评估、应用系统解决方案和信息安全服务。加强知识产权咨询服务，发展检索、分析、数据加工等基础服务，培育知识产权转化、投融资等市场化服务。重视培育品牌和商誉，发展无形资产、信用等评估服务。抓紧研究制定咨询服务业发展指导意见。依法健全商务咨询服务的职业评价制度和信用管理体系，加强执业培训和行业自律。开展多种形式的国际合作，推动商务咨询服务国际化发展。

(九)服务外包。

把握全球服务外包发展新趋势，积极承接国际离岸服务外包业务，大力培育在岸服务外包市场。抓紧研究制定在岸与离岸服务外包协调发展政策。适应生产性服务业社会化、专业化发展要求，鼓励服务外包，促进企业突出核心业务、优化生产流程、创新组织结构、提高质量和效率。引导社会资本积极发展信息技术外包、业务流程外包和知识流程外包服务业务，为产业转型升级提供支撑。鼓励政府机构和事业单位购买专业化服务，加强管理创新。支持企业购买专业化服务，构建数字化服务平台，实现包括产品设计、工艺流程、生产规划、生产制造和售后服务在内的全过程管理。

(十)售后服务。

鼓励企业将售后服务作为开拓市场、提高竞争力的重要途径，增强服务功能，健全服务网络，提升服务质量，完善服务体系。完善产品“三包”制度，推动发展产品配送、安装调试、以旧换新等售后服务，积极运用互联网、物联网、大数据等信息技术，发展远程检测诊断、运营维护、技术支持等售后服务新业态。大力发展专业维护维修服务，加快技术研发与应用，促进维护维修服务业务和服务模式创新，鼓励开展设备监理、维护、修理和运行等全生命周期服务。积极发展专业化、社会化的第三方维护维修服务，支持具备条件的工业企业内设机构向专业维护维修公司转变。完善售后服务标准，加强售后服务专业队伍建设，健全售后服务认证制度和质量监测体系，不断提高用户满意度。

(十一)人力资源服务和品牌建设。

以产业引导、政策扶持和环境营造为重点，推进人力资源服务创新，大力开发能满足不同层次、不同群体需求的各类人力资源服务产品。提高人力资源服务水平，促进人力资源服务供求对接，引导各类企业通过专业化的人力资源服务提升人力资源管理开发和使用水平，提升劳动者素质和人力资源配置效率。加快形成一批具有国际竞争力的综合型、专业型人力资源服务机构。统筹利用高等院校、科研院所、职业院校、社会培训机构和企业等各种培训资源，强化生产性服务业所需的创新型、应用型、复合型、技术技能型人才开发培训。加快推广中关村科技园区股权激励试点经验，调动科研人员创新进取的积极性。营造尊重人才、有利于优秀人才脱颖而出和充分发挥作用的社会环境。鼓励具有自主知识产权的知识创新、技术创新和模式创新，积极创建知名品牌，增强独特文化特质，以品牌引领消费，带动生产制造，推动形成具有中国特色的品牌价值评价机制。

四、政策措施

从深化改革开放、完善财税政策、强化金融创新、有效供给土地、健全价格机制和加强基础工作等方面，为生产性服务业发展创造良好环境，最大限度地激发企业和市场活力。

(一)进一步扩大开放。

进一步放开生产性服务业领域市场准入，营造公平竞争环境，不得对社会资本设置歧视性障碍，鼓励社会资本以多种方式发展生产性服务业。进一步减少生产性服务业重点领域前置审批和资质认定项目，由先证后照改为先照后证，加快落实注册资本认缴登记制。允许社会资本参与应用型技术研发机构市场化改革。鼓励社会资本参与国家服务业综合改革试点。

引导外资企业来华设立生产性服务业企业、各类功能性总部和分支机构、研发中心、营运基地等。统一内外资法律法规，推进生产性服务业领域有序开放，放开建筑设计、会计审计、商贸物流、电子商务等服务业领域外资准入限制。加快研究制定服务业进一步扩大开放的政策措施，对已经明确的扩大开放要求，要抓紧落实配套措施。探索对外商投资实行准入前国民待遇加负面清单的管理模式。发挥中国(上海)自由贸易试验区在服务业领域先行先试的作用。加强与香港、澳门、台湾地区的服务业合作，加快推进深圳前海、珠海横琴、广州南沙与港澳地区，福建厦门、平潭和江苏昆山与台湾地区的服务业合作试点。

鼓励有条件的企业依托现有产品贸易优势，在境外设立分支机构，大力拓展生产性服务业发展空间。简化境外投资审批程序，进一步提高生产性服务业境外投资的便利化程度。鼓励企业利用电子商务开拓国际营销渠道，积极研究为符合条件的电子商务企业、快递企业提供便利通关措施。加快跨境电子商务通关试点建设。鼓励设立境外投资贸易服务机构，做好境外投资需求的规模、领域和国别研究，提供对外投资准确信息，为企业"走出去"提供咨询服务。

(二)完善财税政策。

尽快将营业税改征增值税试点扩大到服务业全领域。根据生产性服务业产业融合度高的特点，完善促进生产性服务业的税收政策。研发设计、检验检测认证、节能环保等科技型、创新型生产性服务业企业，可申请认定为高新技术企业，享受15%的企业所得税优惠税率。研究适时扩大生产性服务业服务产品出口退税政策范围，制定产品退税目录和具体管理办法。

中央财政和地方财政在各自事权和支出责任范围内，重点支持公共基础设施、市场诚信体系、标准体系建设以及公共服务平台等服务业发展薄弱环节建设，探索完善财政资金投入方式，提高资金使用效率，推动建立统一开放、规范竞争的服务业市场体系。鼓励开发区、产业集群、现代农业产业基地、服务业集聚区和发展示范区积极建设重大服务平台。积极研究自主创新产品首次应用政策，增加对研发设计成果应用的支持。完善政府采购办法，逐步加大政府向社会力量购买服务的力度，凡适合社会力量承担的，都可以通过委托、承包、采购等方式交给社会力量承担。研究制定政府向社会力量购买服务的指导性目录，明确政府购买的服务种类、性质和内容。

(三)创新金融服务。

鼓励商业银行按照风险可控、商业可持续原则，开发适合生产性服务业特点的各类金融产品和服务，积极发展商圈融资、供应链融资等融资方式。支持节能环保服务项目以预期收益质押获得贷款。研究制定利用知识产权质押、仓单质押、信用保险保单质押、股权质押、商业保理等多种方式融资的可行措施。建立生产性服务业重点领域企业信贷风险补偿机制。完善动产抵(质)押登记公示体系，建立健全动产押品管理公司监管制度。支持符合条件的生产性服务业企业通过银行间债券市场发行非金融企业债券融资工具融资，拓宽企业融资渠道。支持商业银行发行专项金融债券，服务小微企业。根据研发、设计、应用的阶段特征和需求，建立完善相应的融资支持体系和产品。搭建方便快捷的融资平台，支持符合条件的生产性服务业企业上市融资、发行债券。对符合条件的中小企业信用担保机构提供担保服务实行免征营业税政策。鼓励融资性担保机构扩大生产性服务业企业担保业务规模。

(四)完善土地和价格政策。

合理安排生产性服务业用地，促进节约集约发展。鼓励工业企业利用自有工业用地兴办促进企业转型升级的自营生产性服务业，经依法批准，对提高自有工业用地容积率用于自营生产性服务业的工业企业，可按新用途办理相关手续。选择具备条件的城市和国家服务业综合改革试点区域，鼓励通过对城镇低效用地的改造发展生产性服务业。加强对服务业发展示范区促进生产性服务业发展与土地利用工作的协同指导。

建立完善主要以市场决定价格的生产性服务业价

格形成机制，规范服务价格。建立科学合理的生产性服务业企业贷款定价机制，加大对生产性服务业重点领域企业的支持力度。加快落实生产性服务业用电、用水、用气与工业同价。对工业企业分离出的非核心业务，在水、气方面实行与原企业相同的价格政策。符合条件的生产性服务业重点领域企业，可申请参与电力用户与发电企业直接交易试点。加强对生产性服务业重点领域违规收费项目的清理和监督检查。

（五）加强知识产权保护和人才队伍建设。

鼓励生产性服务业企业创造自主知识产权，加强对服务模式、服务内容等创新的保护。加快数字版权保护技术研发，推进国家版权监管平台建设。扩大知识产权基础信息资源共享范围，促进知识产权协同创新。加强知识产权执法，加大对侵犯知识产权和制售假冒伪劣商品的打击力度，维护市场秩序，保护创新积极性。加强政府引导，及时发布各类人才需求导向等信息。支持生产性服务业创新团队培养，建立创新发展服务平台。研究促进设计、创意人才队伍建设的措施办法，鼓励创新型人才发展。建设大型专业人才服务平台，增强人才供需衔接。

（六）建立健全统计制度。

以国民经济行业分类为基础，抓紧研究制定生产性服务业及重点领域统计分类，完善相关统计制度和指标体系，明确各有关部门相关统计任务。建立健全有关部门信息共享机制，逐步形成年度、季度信息发布机制。

各地区、各部门要充分认识发展生产性服务业的重大意义，把加快发展生产性服务业作为转变经济发展方式、调整产业结构的重要任务，采取有力措施，确保各项政策落到实处、见到实效。地方各级人民政府要加强组织领导，结合本地实际进一步研究制定扶持生产性服务业发展的政策措施。国务院各有关部门要密切协作配合，抓紧制定各项配套政策和落实政策措施分工的具体措施，营造促进生产性服务业发展的良好环境。发展改革委要加强统筹协调，会同有关部门对本意见落实情况进行督促检查和跟踪分析，每半年向国务院报告一次落实情况，重大问题及时报告。

在推进生产性服务业加快发展的同时，要围绕人民群众的迫切需要，继续大力发展生活性服务业，落实和完善生活性服务业支持政策，拓展新领域，不断丰富健康、家庭、养老等服务产品供给；发展新业态，不断提高网络购物、远程教育、旅游等服务层次水平；培育新热点，不断扩大文化创意、数字家庭、信息消费等消费市场规模，做到生产性服务业与生活性服务业并重、现代服务业与传统服务业并举，切实把服务业打造成经济社会可持续发展的新引擎。

国务院

2014 年 7 月 28 日

国务院办公厅关于进一步加强涉企收费管理减轻企业负担的通知

各省、自治区、直辖市人民政府，国务院各部委、各直属机构：

为贯彻落实党的十八届三中全会精神和国务院的部署要求，进一步推进简政放权，建立权力清单制度，充分发挥市场配置资源的决定性作用，激发企业特别是小微企业的活力，经国务院批准，现就进一步加强涉企收费管理、减轻企业负担有关事项通知如下：

一、建立和实施涉企收费目录清单制度

进一步提高涉企收费政策的透明度，对按照法律、行政法规和国家有关政策规定设立的涉企行政事业性收费、政府性基金和实施政府定价或指导价的经营服务性收费，实行目录清单管理，不断完善公示制度。所有涉企收费目录清单及其具体实施情况纳入各地区、各部门政务公开范畴，通过政府网站和公共媒体实时对外公开，接受社会监督。各地区、各部门必须严格执行目录清单，目录清单之外的涉企收费，一律不得执行。

二、从严审批涉企行政事业性收费和政府性基金项目

自本通知印发之日起，新设立涉企行政事业性收费和政府性基金项目，必须依据有关法律、行政法规的规定。对没有法律、行政法规依据但按照国际惯例或对等原则确需设立的，由财政部会同有关部门审核后报国务院批准。各级财政、价格等部门要不断完善对涉企收费的管理，加强收费管理与产业政策的协调配合，完善收费票据和许可证管理制度，建立多层次监督体系，进一步强化事中和事后监管。

三、切实规范行政审批前置服务项目及收费

全面清理行政审批前置服务项目及收费，对没有法律法规依据的行政审批前置服务项目一律取消。各地区、各部门在公开行政审批事项清单的同时，要将涉及收费的行政审批前置服务项目公开，并引入竞争机制，通过市场调节价格。对个别确需实行政府定价、政府指导价的行政审批前置服务实行政府定价目录管理。对列入政府定价目录的行政审批前置服务要严格核定服务成本，制定服务价格。规范行业协会、中介组织涉企收费行为。

四、坚决查处各种侵害企业合法权益的违规行为

各有关部门要加强协同配合，坚决制止各类针对企业的乱收费、乱罚款和摊派等行为，对违规设立的行政事业性收费、政府性基金和行政审批前置经营服务收费项目，一律取消。严禁擅自提高收费标准、扩大收费范围，严禁以各种方式强制企业赞助捐赠、订购报刊、参加培训、加入社团、指定服务，严禁行业协会、中介组织利用行政资源强制收取费用等行为。一经发现坚决予以曝光，并按照《中华人民共和国价格法》、《禁止向企业摊派暂行条例》、《财政违法行为处罚处分条例》、《价格违法行为行政处罚规定》等法律法规以及党中央国务院关于治理乱收费的有关规定严肃处理，追究有关人员的法律责任。建立企业负担调查信息平台，完善举报和反馈机制，强化社会舆论监督，加大查处力度。

五、全面深化涉企收费制度改革

按照“正税清费”原则，进一步清理取消、整合规范现行涉企行政事业性收费和政府性基金项目，逐步减少项目数量。取消政府提供普遍公共服务或体现一般性管理职能的行政事业性收费项目；结合部门职能调整，合并在不同部门分别设立的相关行政事业性收费项目。取消政策效应不明显、不适应公共财政制度要求的政府性基金项目，依法将具有税收性质的收费基金项目并入相应的税种。建立支持小微企业的长效机制，全面落实已出台的各项收费减免措施，将暂免小微企业管理类、登记类和证照类行政事业性收费改为长期措施。加强涉企收费政策的宣传评估，推动建立和实施第三方评估机制，切实增强收费政策的针对性、时效性。研究完善保护企业权益的相关法律法规。

各地区、各有关部门要充分认识进一步加强涉企收费管理、减轻企业负担的重要意义，充分发挥各级减轻企业负担工作机制的作用，加强组织领导，抓好工作落实。国务院减轻企业负担部际联席会议负责全国范围内的工作指导、组织协调和监督检查，联席会议各成员单位要按照职责分工抓好有关政策的落实。各地区、各有关部门加强涉企收费管理、减轻企业负担工作的落实情况，要及时报送国务院减轻企业负担部际联席会议办公室(设在工业和信息化部)。

国务院办公厅

2014 年 6 月 16 日

国务院关于进一步优化企业兼并重组市场环境的意见

各省、自治区、直辖市人民政府，国务院各部委、各直属机构：

兼并重组是企业加强资源整合、实现快速发展、提高竞争力的有效措施，是化解产能严重过剩矛盾、调整

优化产业结构、提高发展质量效益的重要途径。近年来,我国企业兼并重组步伐加快,但仍面临审批多、融资难、负担重、服务体系不健全、体制机制不完善、跨地区跨所有制兼并重组困难等问题。为深入贯彻党的十八大和十八届二中、三中全会精神,认真落实党中央和国务院的决策部署,营造良好的市场环境,充分发挥企业在兼并重组中的主体作用,现提出以下意见:

一、主要目标和基本原则

(一)主要目标。

1.体制机制进一步完善。企业兼并重组相关行政审批事项逐步减少,审批效率不断提高,有利于企业兼并重组的市场体系进一步完善,市场壁垒逐步消除。

2.政策环境更加优化。有利于企业兼并重组的金融、财税、土地、职工安置等政策进一步完善,企业兼并重组融资难、负担重等问题逐步得到解决,兼并重组服务体系不断健全。

3.企业兼并重组取得新成效。兼并重组活动日趋活跃,一批企业通过兼并重组焕发活力,有的成长为具有国际竞争力的大企业大集团,产业竞争力进一步增强,资源配置效率显著提高,过剩产能得到化解,产业结构持续优化。

(二)基本原则。

1.尊重企业主体地位。有效调动企业积极性,由企业自主决策、自愿参与兼并重组,坚持市场化运作,避免违背企业意愿的“拉郎配”。

2.发挥市场机制作用。发挥市场在资源配置中的决定性作用,加快建立公平开放透明的市场规则,消除企业兼并重组的体制机制障碍,完善统一开放、竞争有序的市场体系。

3.改善政府的管理和服务。取消限制企业兼并重组和增加企业兼并重组负担的不合理规定,解决企业兼并重组面临的突出问题,引导和激励各种所有制企业自主、自愿参与兼并重组。

二、加快推进审批制度改革

(三)取消下放部分审批事项。系统梳理企业兼并重组涉及的审批事项,缩小审批范围,对市场机制能有效调节的事项,取消相关审批。取消上市公司收购报告书事前审核,强化事后问责。取消上市公司重大资产购买、出售、置换行为审批(构成借壳上市的除外)。对上市公司要约收购义务豁免的部分情形,取消审批。地方国有股东所持上市公司股份的转让,下放地方政府审批。

(四)简化审批程序。优化企业兼并重组相关审批流程,推行并联式审批,避免互为前置条件。实行上市公司并购重组分类审核,对符合条件的企业兼并重组实行快速审核或豁免审核。简化海外并购的外汇管理,改革外汇登记要求,进一步促进投资便利化。优化国内企业境外收购的事前信息报告确认程序,加快办理相关核准手续。提高经营者集中反垄断审查效率。企业兼并重组涉及的生产许可、工商登记、资产权属证明等变更手续,从简限时办理。

三、改善金融服务

(五)优化信贷融资服务。引导商业银行在风险可控的前提下积极稳妥开展并购贷款业务。推动商业银行对兼并重组企业实行综合授信,改善对企业兼并重组的信贷服务。

(六)发挥资本市场作用。符合条件的企业可以通过发行股票、企业债券、非金融企业债务融资工具、可转换债券等方式融资。允许符合条件的企业发行优先股、定向发行可转换债券作为兼并重组支付方式,研究推进定向权证等作为支付方式。鼓励证券公司开展兼并重组融资业务,各类财务投资主体可以通过设立股权投资基金、创业投资基金、产业投资基金、并购基金等形式参与兼并重组。对上市公司发行股份实施兼并事项,不设发行数量下限,兼并非关联企业不再强制要求作出业绩承诺。非上市公众公司兼并重组,不实施全面要约收购制度。改革上市公司兼并重组的股份定价机制,增加定价弹性。非上市公众公司兼并重组,允许实行股份协商定价。

四、落实和完善财税政策

(七)完善企业所得税、土地增值税政策。修订完善兼并重组企业所得税特殊性税务处理的政策,降低收购股权(资产)占被收购企业全部股权(资产)的比例限制,扩大特殊性税务处理政策的适用范围。抓紧研究完善非货币性资产投资交易的企业所得税、企业改制重组涉及的土地增值税等相关政策。

(八)落实增值税、营业税等政策。企业通过合并、分立、出售、置换等方式,转让全部或者部分实物资产以及与其相关联的债权、债务和劳动力的,不属于增值税和营业税征收范围,不应视同销售而征收增值税和营业税。税务部门要加强跟踪管理,企业兼并重组工作牵头部门要积极协助财税部门做好相关税收政策的落实。

(九)加大财政资金投入。中央财政适当增加工业转型升级资金规模,引导实施兼并重组的企业转型升级。利用现有中央财政关闭小企业资金渠道,调整使用范围,帮助实施兼并重组的企业安置职工、转型转产。加大对企业兼并重组公共服务的投入力度。各地要安排资金,按照行政职责,解决本地区企业兼并重组工作中的突出问题。

(十)进一步发挥国有资本经营预算资金的作用。根据企业兼并重组的方向、重点和目标,合理安排国有资本经营预算资金引导国有企业实施兼并重组、做优做强,研究完善相关管理制度,提高资金使用效率。

五、完善土地管理和职工安置政策

(十一)完善土地使用政策。政府土地储备机构有偿收回企业因兼并重组而退出的土地,按规定支付给企业的土地补偿费可以用于企业安置职工、偿还债务等支出。企业兼并重组中涉及因实施城市规划需要搬迁的工业项目,在符合城乡规划及国家产业政策的条件下,市县国土资源管理部门经审核并报同级人民政府批准,可收回原国有土地使用权,并以协议出让或租赁方式为原土地使用权人重新安排工业用地。企业兼并重组涉及土地转让、改变用途的,国土资源、住房城乡建设部门要依法依规加快办理相关用地和规划手续。

(十二)进一步做好职工安置工作。落实完善兼并重组职工安置政策。实施兼并重组的企业要按照国家有关法律法规及政策规定,做好职工安置工作,妥善处理职工劳动关系。地方各级人民政府要进一步落实促进职工再就业政策,做好职工社会保险关系转移接续,保障职工合法权益。对采取有效措施稳定职工队伍的企业给予稳定岗位补贴,所需资金从失业保险基金中列支。

六、加强产业政策引导

(十三)发挥产业政策作用。提高节能、环保、质量、安全等标准,规范行业准入,形成倒逼机制,引导企业兼并重组。支持企业通过兼并重组压缩过剩产能、淘汰落后产能、促进转型转产。产能严重过剩行业项目建设,须制定产能置换方案,实施等量或减量置换。

(十四)鼓励优强企业兼并重组。推动优势企业强强联合、实施战略性重组,带动中小企业“专精特新”发展,形成优强企业主导、大中小企业协调发展的产业格局。

(十五)引导企业开展跨国并购。落实完善企业跨国并购的相关政策,鼓励具备实力的企业开展跨国并购,在全球范围内优化资源配置。规范企业海外并购秩序,加强竞争合作,推动互利共赢。积极指导企业制定境外并购风险应对预案,防范债务风险。鼓励外资参与我国企业兼并重组。

(十六)加强企业兼并重组后的整合。鼓励企业通过兼并重组优化资金、技术、人才等生产要素配置,实施业务流程再造和技术升级改造,加强管理创新,实现优势互补、做优做强。

七、进一步加强服务和管理

(十七)推进服务体系建设。进一步完善企业兼并重组公共信息服务平台,拓宽信息交流渠道。培育一批业务能力强、服务质量高的中介服务机构,提高关键领域、薄弱环节的服务能力,促进中介服务机构专业化、规范化发展。发挥行业协会在企业兼并重组中的重要作用。

(十八)建立统计监测制度。加强企业兼并重组的统计信息工作,构建企业兼并重组统计指标体系,建立和完善统计调查、监测分析和发布制度。整合行业协会、中介组织等信息资源,畅通统计信息渠道,为企业提供及时有效的信息服务。

(十九)规范企业兼并重组行为。严格依照有关法律法规和政策,保护职工、债权人和投资者的合法权益。完善国有产权转让有关规定,规范国有资产处置,防止国有资产流失。采取切实措施防止企业通过兼并重组逃废银行债务,依法维护金融债权,保障金融机构合法权益。在资本市场上,主板、中小板企业兼并重组构成借壳上市的,要符合首次公开发行条件。加强上市公司和非上市公众公司信息披露,强化事中、事后监管,严厉查处内幕交易等违法违规行为。加强外国投资者并购境内企业安全审查,维护国家安全。

八、健全企业兼并重组的体制机制

(二十)完善市场体系建设。深化要素配置市场化改革,进一步完善多层次资本市场体系。加快建立现代企业产权制度,促进产权顺畅流转。加强反垄断和反不正当竞争执法,规范市场竞争秩序,加强市场监管,促进公平竞争和优胜劣汰。行政机关和法律法规授权的具有管理公共事务职责的组织,应严格遵守反垄断法,不得滥用行政权力排除和限制竞争。

(二十一)消除跨地区兼并重组障碍。清理市场分割、地区封锁等限制,加强专项监督检查,落实责任追究制度。加大一般性转移支付力度,平衡地区间利益关系。落实跨地区机构企业所得税分配政策,协调解决企业兼并重组跨地区利益分享问题,解决跨地区被兼并企业的统计归属问题。

(二十二)放宽民营资本市场准入。向民营资本开放非明确禁止进入的行业和领域。推动企业股份制改造,发展混合所有制经济,支持国有企业母公司通过出让股份、增资扩股、合资合作引入民营资本。加快垄断行业改革,向民营资本开放垄断行业的竞争性业务领域。优势企业不得利用垄断力量限制民营企业参与市场竞争。

(二十三)深化国有企业改革。深入推进国有企业产权多元化改革,完善公司治理结构。改革国有企业负责人任免、评价、激励和约束机制,完善国有企业兼并重组考核评价体系。加大国有企业内部资源整合力度,推动国有资本更多投向关系国家安全、国民经济命脉的重要行业和关键领域。

九、切实抓好组织实施

(二十四)进一步加大统筹协调力度。充分发挥企业兼并重组工作部际协调小组的作用,解决跨地区跨所有制企业兼并重组和跨国并购中的重大问题,做好重大部署的落实,组织开展政策执行情况评估和监督检查。各有关部门要按照职责分工抓紧制定出台配套政策措施,加强协调配合,完善工作机制,扎实推进各项工作。

(二十五)切实加强组织领导。各地区要按照本意见要求,结合当地实际抓紧制定优化企业兼并重组市场环境的具体方案,建立健全协调机制和服务体系,积极协调解决本地区企业兼并重组中遇到的问题,确保各项政策措施落到实处,有关重大事项及时报告企业兼并重组工作部际协调小组。

国务院

2014 年 3 月 7 日

国务院办公厅关于多措并举着力缓解企业融资成本高问题的指导意见

各省、自治区、直辖市人民政府,国务院各部委、各直属机构:

当前,我国经济形势总体向好,但仍存在不稳定因素,下行压力依然较大,结构调整处于爬坡时期,解决好企业特别是小微企业融资成本高问题,对于稳增长、促改革、调结构、惠民生具有重要意义。当前企业融资成本高的成因是多方面的,既有宏观经济因素又有微观运行问题,既有实体经济因素又有金融问题,既有长期因素又有短期因素,解决这一问题的根本出路在于全面深化改革,多措并举,标本兼治,重在治本。金融部门和金融机构要认真贯彻落实国务院第 49 次、第 57 次常务会议精神,采取综合措施,着力缓解企业融资成本高问题,促进金融与实体经济良性互动。经国务院同意,现提出以下意见:

一、保持货币信贷总量合理适度增长

继续实施稳健的货币政策,综合运用多种货币政策工具组合,维持流动性平稳适度,为缓解企业融资成本高创造良好的货币环境。优化基础货币的投向,适度加大支农、支小再贷款和再贴现的力度,着力调整结构,优化信贷投向,为棚户区改造、铁路、服务业、节能环保等重点领域和“三农”、小微企业等薄弱环节提供有力支持。切实执行有保有控的信贷政策,对产能过剩

行业中有市场有效益的企业不搞“一刀切”。进一步研究改进宏观审慎管理指标。落实好“定向降准”措施，发挥好结构引导作用。（人民银行负责）

二、抑制金融机构筹资成本不合理上升

进一步完善金融机构公司治理，通过提高内部资金转移定价能力、优化资金配置等措施，遏制变相高息揽储等非理性竞争行为，规范市场定价竞争秩序。进一步丰富银行业融资渠道，加强银行同业批发性融资管理，提高银行融资多元化程度和资金来源稳定性。大力推进信贷资产证券化，盘活存量，加快资金周转速度。尽快出台规范发展互联网金融的相关指导意见和配套管理办法，促进公平竞争。进一步打击非法集资活动，维护良好的金融市场秩序。（人民银行、银监会、证监会、保监会、工业和信息化部等负责）

三、缩短企业融资链条

督促商业银行加强贷款管理，严密监测贷款资金流向，防止贷款被违规挪用，确保贷款资金直接流向实体经济。按照国务院部署，加强对影子银行、同业业务、理财业务等方面的管理，清理不必要的资金“通道”和“过桥”环节，各类理财产品的资金来源或运用原则上应当与实体经济直接对接。切实整治层层加价行为，减少监管套利，引导相关业务健康发展。（人民银行、银监会、证监会、保监会、外汇局负责）

四、清理整顿不合理金融服务收费

贯彻落实《商业银行服务价格管理办法》，督促商业银行坚决取消不合理收费项目，降低过高的收费标准。对于直接与贷款挂钩、没有实质服务内容的收费项目，一律予以取消；对于发放贷款收取利息应尽的工作职责，不得再分解设置收费项目。严禁“以贷转存”、“存贷挂钩”等变相提高利率、加重企业负担的行为。规范企业融资过程中担保、评估、登记、审计、保险等中介机构和有关部门的收费行为。在商业银行和相关中介机构对收费情况进行全面深入自查的基础上，在全国范围内加强专项检查。对于检查发现的违规问题，依法依规严格处罚。（银监会、发展改革委等负责）

五、提高贷款审批和发放效率

优化商业银行对小微企业贷款的管理，通过提前进行续贷审批、设立循环贷款、实行年度审核制度等措施减少企业高息“过桥”融资。鼓励商业银行开展基于风险评估的续贷业务，对达到标准的企业直接进行滚动融资，优化审贷程序，缩短审贷时间。对小微企业贷款实施差别化监管。（银监会、人民银行负责）

六、完善商业银行考核评价指标体系

引导商业银行纠正单纯追逐利润、攀比扩大资产规模的经营理念，优化内部考核机制，适当降低存款、资产规模等总量指标的权重。发挥好有关部门和银行股东的评价考核作用，完善对商业银行经营管理的评价体系，合理设定利润等目标。设立银行业金融机构存款偏离度指标，研究将其纳入银行业金融机构绩效评价体系扣分项，约束银行业金融机构存款“冲时点”行为。（银监会、财政部负责）

七、加快发展中小金融机构

积极稳妥发展面向小微企业和“三农”的特色中小金融机构，促进市场竞争，增加金融供给。优化金融机构市场准入，在加强监管前提下，加快推动具备条件的民间资本依法发起设立中小型银行等金融机构。积极稳妥培育立足本地经营、特色鲜明的村镇银行，引导金融机构在基层地区合理布局分支机构和营业网点。（银监会负责）

八、大力发展直接融资

健全多层次资本市场体系，继续优化主板、中小企业板、创业板市场的制度安排。支持中小微企业依托全国中小企业股份转让系统开展融资。进一步促进私募股权和创投基金发展。逐步扩大各类长期资金投资资本市场的范围和规模，按照国家税收法律及有关规定，对各类长期投资资金予以税收优惠。继续扩大中小企业各类非金融企业债务融资工具及集合债、私募债发行规模。降低商业银行发行小微企业金融债和“三农”金融债的门槛，简化审批流程，扩大发行规模。（证监会、人民银行、发展改革委、财政部、银监会、保监会等负责）

九、积极发挥保险、担保的功能和作用

大力发展相关保险产品,支持小微企业、个体工商户、城乡居民等主体获得短期小额贷款。积极探索农业保险保单质押贷款,开展"保险+信贷"合作。促进更多保险资金直接投向实体经济。进一步完善小微企业融资担保政策,加大财政支持力度。大力发展政府支持的担保机构,引导其提高小微企业担保业务规模,合理确定担保费用。(保监会、财政部、银监会、工业和信息化部负责)

十、有序推进利率市场化改革

充分发挥金融机构利率定价自律机制作用,促进金融机构增强财务硬约束,提高自主定价能力。综合考虑我国宏微观经济金融形势,完善市场利率形成和传导机制。(人民银行负责)

从中长期看,解决企业融资成本高的问题要依靠推进改革和结构调整的治本之策,通过转变经济增长方式、形成财务硬约束和发展股本融资来降低杠杆率,消除结构性扭曲。围绕使市场在资源配置中起决定性作用和更好发挥政府作用,继续深化政府职能转变,推进国有企业改革和财税改革,简政放权,打破垄断,硬化融资主体财务约束,提高资金使用效率。落实对小微企业的税收支持政策,切实增强小微企业核心竞争力和盈利能力。引导小微企业健全自身财务制度,提高经营管理水平。各地区、各部门要高度重视降低企业融资成本的相关工作,加强组织领导和分工协作,注重工作实效。对各项任务落实要有布置、有督促、有检查。国务院办公厅对重点任务落实情况进行跟踪督查。各部门有关落实进展情况,由人民银行定期汇总后报国务院。

国务院办公厅
2014 年 8 月 5 日

国务院关于创新重点领域投融资机制鼓励社会投资的指导意见

各省、自治区、直辖市人民政府,国务院各部委、各直属机构:

为推进经济结构战略性调整,加强薄弱环节建设,促进经济持续健康发展,迫切需要在公共服务、资源环境、生态建设、基础设施等重点领域进一步创新投融资机制,充分发挥社会资本特别是民间资本的积极作用。为此,特提出以下意见。

一、总体要求

(一)指导思想。全面贯彻落实党的十八大和十八届三中、四中全会精神,按照党中央、国务院决策部署,使市场在资源配置中起决定性作用和更好发挥政府作用,打破行业垄断和市场壁垒,切实降低准入门槛,建立公平开放透明的市场规则,营造权利平等、机会平等、规则平等的投资环境,进一步鼓励社会投资特别是民间投资,盘活存量、用好增量,调结构、补短板,服务国家生产力布局,促进重点领域建设,增加公共产品有效供给。

(二)基本原则。实行统一市场准入,创造平等投资机会;创新投资运营机制,扩大社会资本投资途径;优化政府投资使用方向和方式,发挥引导带动作用;创新融资方式,拓宽融资渠道;完善价格形成机制,发挥价格杠杆作用。

二、创新生态环保投资运营机制

(三)深化林业管理体制改革。推进国有林区和国有林场管理体制改革,完善森林经营和采伐管理制度,开展森林科学经营。深化集体林权制度改革,稳定林权承包关系,放活林地经营权,鼓励林权依法规范流转。鼓励荒山荒地造林和退耕还林林地林权依法流转。减免林权流转税费,有效降低流转成本。

(四)推进生态建设主体多元化。在严格保护森林资源的前提下,鼓励社会资本积极参与生态建设和保护,支持符合条件的农民合作社、家庭农场(林场)、专业大户、林业企业等新型经营主体投资生态建设项目。对社会资本利用荒山荒地进行植树造林的，在保障生态效益、符合土地用途管制要求的前提下，允许发展林下经济、森林旅游等生态产业。

（五）推动环境污染治理市场化。在电力、钢铁等重点行业以及开发区（工业园区）污染治理等领域，大力推行环境污染第三方治理，通过委托治理服务、托管运营服务等方式，由排污企业付费购买专业环境服务公司的治污减排服务，提高污染治理的产业化、专业化程度。稳妥推进政府向社会购买环境监测服务。建立重点行业第三方治污企业推荐制度。

（六）积极开展排污权、碳排放权交易试点。推进排污权有偿使用和交易试点，建立排污权有偿使用制度，规范排污权交易市场，鼓励社会资本参与污染减排和排污权交易。加快调整主要污染物排污费征收标准，实行差别化排污收费政策。加快在国内试行碳排放权交易制度，探索森林碳汇交易，发展碳排放权交易市场，鼓励和支持社会投资者参与碳配额交易，通过金融市场发现价格的功能，调整不同经济主体利益，有效促进环保和节能减排。

三、鼓励社会资本投资运营农业和水利工程

（七）培育农业、水利工程多元化投资主体。支持农民合作社、家庭农场、专业大户、农业企业等新型经营主体投资建设农田水利和水土保持设施。允许财政补助形成的小型农田水利和水土保持工程资产由农业用水合作组织持有和管护。鼓励社会资本以特许经营、参股控股等多种形式参与具有一定收益的节水供水重大水利工程建设运营。社会资本愿意投入的重大水利工程，要积极鼓励社会资本投资建设。

（八）保障农业、水利工程投资合理收益。社会资本投资建设或运营管理农田水利、水土保持设施和节水供水重大水利工程的，与国有、集体投资项目享有同等政策待遇，可以依法获取供水水费等经营收益；承担公益性任务的，政府可对工程建设投资、维修养护和管护经费等给予适当补助，并落实优惠政策。社会资本投资建设或运营管理农田水利设施、重大水利工程等，可依法继承、转让、转租、抵押其相关权益；征收、征用或占用的，要按照国家有关规定给予补偿或者赔偿。

（九）通过水权制度改革吸引社会资本参与水资源开发利用和保护。加快建立水权制度，培育和规范水权交易市场，积极探索多种形式的水权交易流转方式，允许各地通过水权交易满足新增合理用水需求。鼓励社会资本通过参与节水供水重大水利工程投资建设等方式优先获得新增水资源使用权。

（十）完善水利工程水价形成机制。深入开展农业水价综合改革试点，进一步促进农业节水。水利工程供非农业用水价格按照补偿成本、合理收益、优质优价、公平负担的原则合理制定，并根据供水成本变化及社会承受能力等适时调整，推行两部制水利工程水价和丰枯季节水价。价格调整不到位时，地方政府可根据实际情况安排财政性资金，对运营单位进行合理补偿。

四、推进市政基础设施投资运营市场化

（十一）改革市政基础设施建设运营模式。推动市政基础设施建设运营事业单位向独立核算、自主经营的企业化管理转变。鼓励打破以项目为单位的分散运营模式，实行规模化经营，降低建设和运营成本，提高投资效益。推进市县、乡镇和村级污水收集和处理、垃圾处理项目按行业“打包”投资和运营，鼓励实行城乡供水一体化、厂网一体投资和运营。

（十二）积极推动社会资本参与市政基础设施建设运营。通过特许经营、投资补助、政府购买服务等多种方式，鼓励社会资本投资城镇供水、供热、燃气、污水垃圾处理、建筑垃圾资源化利用和处理、城市综合管廊、公园配套服务、公共交通、停车设施等市政基础设施项目，政府依法选择符合要求的经营者。政府可采用委托经营或转让—经营—转让（TOT）等方式，将已经建成的市政基础设施项目转交给社会资本运营管理。

（十三）加强县城基础设施建设。按照新型城镇化发展的要求，把有条件的县城和重点镇发展为中小城市，支持基础设施建设，增强吸纳农业转移人口的能力。选择若干具有产业基础、特色资源和区位优势的县城和重点镇推行试点，加大对市政基础设施建设运营引入市场机制的政策支持力度。

（十四）完善市政基础设施价格机制。加快改进市政基础设施价格形成、调整和补偿机制，使经营者能够获得合理收益。实行上下游价格调整联动机制，价格调整不到位时，地方政府可根据实际情况安排财政性资金对企业运营进行合理补偿。

五、改革完善交通投融资机制

（十五）加快推进铁路投融资体制改革。用好铁路

发展基金平台,吸引社会资本参与,扩大基金规模。充分利用铁路土地综合开发政策,以开发收益支持铁路发展。按照市场化方向,不断完善铁路运价形成机制。向地方政府和社会资本放开城际铁路、市域(郊)铁路、资源开发性铁路和支线铁路的所有权、经营权。按照构建现代企业制度的要求,保障投资者权益,推进蒙西至华中、长春至西巴彦花铁路等引进民间资本的示范项目实施。鼓励按照"多式衔接、立体开发、功能融合、节约集约"的原则,对城市轨道交通站点周边、车辆段上盖进行土地综合开发,吸引社会资本参与城市轨道交通建设。

(十六)完善公路投融资模式。建立完善政府主导、分级负责、多元筹资的公路投融资模式,完善收费公路政策,吸引社会资本投入,多渠道筹措建设和维护资金。逐步建立高速公路与普通公路统筹发展机制,促进普通公路持续健康发展。

(十七)鼓励社会资本参与水运、民航基础设施建设。探索发展"航电结合"等投融资模式,按相关政策给予投资补助,鼓励社会资本投资建设航电枢纽。鼓励社会资本投资建设港口、内河航运设施等。积极吸引社会资本参与盈利状况较好的枢纽机场、干线机场以及机场配套服务设施等投资建设,拓宽机场建设资金来源。

六、鼓励社会资本加强能源设施投资

(十八)鼓励社会资本参与电力建设。在做好生态环境保护、移民安置和确保工程安全的前提下,通过业主招标等方式,鼓励社会资本投资常规水电站和抽水蓄能电站。在确保具备核电控股资质主体承担核安全责任的前提下,引入社会资本参与核电项目投资,鼓励民间资本进入核电设备研制和核电服务领域。鼓励社会资本投资建设风光电、生物质能等清洁能源项目和背压式热电联产机组,进入清洁高效煤电项目建设、燃煤电厂节能减排升级改造领域。

(十九)鼓励社会资本参与电网建设。积极吸引社会资本投资建设跨区输电通道、区域主干电网完善工程和大中城市配电网工程。将海南联网Ⅱ回线路和滇西北送广东特高压直流输电工程等项目作为试点,引入社会资本。鼓励社会资本投资建设分布式电源并网工程、储能装置和电动汽车充换电设施。

(二十)鼓励社会资本参与油气管网、储存设施和煤炭储运建设运营。支持民营企业、地方国有企业等参股建设油气管网主干线、沿海液化天然气(LNG)接收站、地下储气库、城市配气管网和城市储气设施,控股建设油气管网支线、原油和成品油商业储备库。鼓励社会资本参与铁路运煤干线和煤炭储配体系建设。国家规划确定的石化基地炼化一体化项目向社会资本开放。

(二十一)理顺能源价格机制。进一步推进天然气价格改革,2015年实现存量气和增量气价格并轨,逐步放开非居民用天然气气源价格,落实页岩气、煤层气等非常规天然气价格市场化政策。尽快出台天然气管道运输价格政策。按照合理成本加合理利润的原则,适时调整煤层气发电、余热余压发电上网标杆电价。推进天然气分布式能源冷、热、电价格市场化。完善可再生能源发电价格政策,研究建立流域梯级效益补偿机制,适时调整完善燃煤发电机组环保电价政策。

七、推进信息和民用空间基础设施投资主体多元化

(二十二)鼓励电信业进一步向民间资本开放。进一步完善法律法规,尽快修订电信业务分类目录。研究出台具体试点办法,鼓励和引导民间资本投资宽带接入网络建设和业务运营,大力发展宽带用户。推进民营企业开展移动通信转售业务试点工作,促进业务创新发展。

(二十三)吸引民间资本加大信息基础设施投资力度。支持基础电信企业引入民间战略投资者。推动中国铁塔股份有限公司引入民间资本,实现混合所有制发展。

(二十四)鼓励民间资本参与国家民用空间基础设施建设。完善民用遥感卫星数据政策,加强政府采购服务,鼓励民间资本研制、发射和运营商业遥感卫星,提供市场化、专业化服务。引导民间资本参与卫星导航地面应用系统建设。

八、鼓励社会资本加大社会事业投资力度

(二十五)加快社会事业公立机构分类改革。积极推进养老、文化、旅游、体育等领域符合条件的事业单位,以及公立医院资源丰富地区符合条件的医疗事业单位改制,为社会资本进入创造条件,鼓励社会资本参与公立机构改革。将符合条件的国有单位培训疗养机构转变为养老机构。

(二十六)鼓励社会资本加大社会事业投资力度。

通过独资、合资、合作、联营、租赁等途径,采取特许经营、公建民营、民办公助等方式,鼓励社会资本参与教育、医疗、养老、体育健身、文化设施建设。尽快出台鼓励社会力量兴办教育、促进民办教育健康发展的意见。各地在编制城市总体规划、控制性详细规划以及有关专项规划时,要统筹规划、科学布局各类公共服务设施。各级政府逐步扩大教育、医疗、养老、体育健身、文化等政府购买服务范围,各类经营主体平等参与。将符合条件的各类医疗机构纳入医疗保险定点范围。

(二十七)完善落实社会事业建设运营税费优惠政策。进一步完善落实非营利性教育、医疗、养老、体育健身、文化机构税收优惠政策。对非营利性医疗、养老机构建设一律免征有关行政事业性收费,对营利性医疗、养老机构建设一律减半征收有关行政事业性收费。

(二十八)改进社会事业价格管理政策。民办教育、医疗机构用电、用水、用气、用热,执行与公办教育、医疗机构相同的价格政策。养老机构用电、用水、用气、用热,按居民生活类价格执行。除公立医疗、养老机构提供的基本服务按照政府规定的价格政策执行外,其他医疗、养老服务实行经营者自主定价。营利性民办学校收费实行自主定价,非营利性民办学校收费政策由地方政府按照市场化方向根据当地实际情况确定。

九、建立健全政府和社会资本合作(PPP)机制

(二十九)推广政府和社会资本合作(PPP)模式。认真总结经验,加强政策引导,在公共服务、资源环境、生态保护、基础设施等领域,积极推广PPP模式,规范选择项目合作伙伴,引入社会资本,增强公共产品供给能力。政府有关部门要严格按照预算管理有关法律法规,完善财政补贴制度,切实控制和防范财政风险。健全PPP模式的法规体系,保障项目顺利运行。鼓励通过PPP方式盘活存量资源,变现资金要用于重点领域建设。

(三十)规范合作关系保障各方利益。政府有关部门要制定管理办法,尽快发布标准合同范本,对PPP项目的业主选择、价格管理、回报方式、服务标准、信息披露、违约处罚、政府接管以及评估论证等进行详细规定,规范合作关系。平衡好社会公众与投资者利益关系,既要保障社会公众利益不受损害,又要保障经营者合法权益。

(三十一)健全风险防范和监督机制。政府和投资者应对PPP项目可能产生的政策风险、商业风险、环境风险、法律风险等进行充分论证,完善合同设计,健全纠纷解决和风险防范机制。建立独立、透明、可问责、专业化的PPP项目监管体系,形成由政府监管部门、投资者、社会公众、专家、媒体等共同参与的监督机制。

(三十二)健全退出机制。政府要与投资者明确PPP项目的退出路径,保障项目持续稳定运行。项目合作结束后,政府应组织做好接管工作,妥善处理投资回收、资产处理等事宜。

十、充分发挥政府投资的引导带动作用

(三十三)优化政府投资使用方向。政府投资主要投向公益性和基础性建设。对鼓励社会资本参与的生态环保、农林水利、市政基础设施、社会事业等重点领域,政府投资可根据实际情况给予支持,充分发挥政府投资“四两拨千斤”的引导带动作用。

(三十四)改进政府投资使用方式。在同等条件下,政府投资优先支持引入社会资本的项目,根据不同项目情况,通过投资补助、基金注资、担保补贴、贷款贴息等方式,支持社会资本参与重点领域建设。抓紧制定政府投资支持社会投资项目的管理办法,规范政府投资安排行为。

十一、创新融资方式拓宽融资渠道

(三十五)探索创新信贷服务。支持开展排污权、收费权、集体林权、特许经营权、购买服务协议预期收益、集体土地承包经营权质押贷款等担保创新类贷款业务。探索利用工程供水、供热、发电、污水垃圾处理等预期收益质押贷款,允许利用相关收益作为还款来源。鼓励金融机构对民间资本举办的社会事业提供融资支持。

(三十六)推进农业金融改革。探索采取信用担保和贴息、业务奖励、风险补偿、费用补贴、投资基金,以及互助信用、农业保险等方式,增强农民合作社、家庭农场(林场)、专业大户、农林业企业的贷款融资能力和风险抵御能力。

(三十七)充分发挥政策性金融机构的积极作用。在国家批准的业务范围内,加大对公共服务、生态环保、基础设施建设项目的支持力度。努力为生态环保、农林水利、中西部铁路和公路、城市基础设施等重大工程提供长期稳定、低成本的资金支持。

(三十八)鼓励发展支持重点领域建设的投资基

金。大力发展股权投资基金和创业投资基金，鼓励民间资本采取私募等方式发起设立主要投资于公共服务、生态环保、基础设施、区域开发、战略性新兴产业、先进制造业等领域的产业投资基金。政府可以使用包括中央预算内投资在内的财政性资金，通过认购基金份额等方式予以支持。

（三十九）支持重点领域建设项目开展股权和债权融资。大力发展债权投资计划、股权投资计划、资产支持计划等融资工具，延长投资期限，引导社保资金、保险资金等用于收益稳定、回收期长的基础设施和基础产业项目。支持重点领域建设项目采用企业债券、项目收益债券、公司债券、中期票据等方式通过债券市场筹措投资资金。推动铁路、公路、机场等交通项目建设企业应收账款证券化。建立规范的地方政府举债融资机制，支持地方政府依法依规发行债券，用于重点领域建设。

创新重点领域投融资机制对稳增长、促改革、调结构、惠民生具有重要作用。各地区、各有关部门要从大局出发，进一步提高认识，加强组织领导，健全工作机制，协调推动重点领域投融资机制创新。各地政府要结合本地实际，抓紧制定具体实施细则，确保各项措施落到实处。国务院各有关部门要严格按照分工，抓紧制定相关配套措施，加快重点领域建设，同时要加强宣传解读，让社会资本了解参与方式、运营方式、盈利模式、投资回报等相关政策，进一步稳定市场预期，充分调动社会投资积极性，切实发挥好投资对经济增长的关键作用。发展改革委要会同有关部门加强对本指导意见落实情况的督促检查，重大问题及时向国务院报告。

国务院

2014 年 11 月 16 日

国务院关于进一步促进资本市场健康发展的若干意见

各省、自治区、直辖市人民政府，国务院各部委、各直属机构：

进一步促进资本市场健康发展，健全多层次资本市场体系，对于加快完善现代市场体系、拓宽企业和居民投融资渠道、优化资源配置、促进经济转型升级具有重要意义。20 多年来，我国资本市场快速发展，初步形成了涵盖股票、债券、期货的市场体系，为促进改革开放和经济社会发展作出了重要贡献。但总体上看，我国资本市场仍不成熟，一些体制机制性问题依然存在，新情况新问题不断出现。为深入贯彻党的十八大和十八届二中、三中全会精神，认真落实党中央和国务院的决策部署，实现资本市场健康发展，现提出以下意见。

一、总体要求

（一）指导思想。

高举中国特色社会主义伟大旗帜，以邓小平理论、“三个代表”重要思想、科学发展观为指导，贯彻党中央和国务院的决策部署，解放思想，改革创新，开拓进取。坚持市场化和法治化取向，维护公开、公平、公正的市场秩序，维护投资者特别是中小投资者合法权益。紧紧围绕促进实体经济发展，激发市场创新活力，拓展市场广度深度，扩大市场双向开放，促进直接融资与间接融资协调发展，提高直接融资比重，防范和分散金融风险。推动混合所有制经济发展，完善现代企业制度和公司治理结构，提高企业竞争能力，促进资本形成和股权流转，更好发挥资本市场优化资源配置的作用，促进创新创业、结构调整和经济社会持续健康发展。

（二）基本原则。

资本市场改革发展要从我国国情出发，积极借鉴国际经验，遵循以下原则：

一是处理好市场与政府的关系。尊重市场规律，依据市场规则、市场价格、市场竞争实现效益最大化和效率最优化，使市场在资源配置中起决定性作用。同时，更好发挥政府作用，履行好政府监管职能，实施科学监管、适度监管，创造公平竞争的市场环境，保护投资者合法权益，有效维护市场秩序。

二是处理好创新发展与防范风险的关系。以市场为导向、以提高市场服务能力和效率为目的，积极鼓励和引导资本市场创新。同时，强化风险防范，始终把风险监测、预警和处置贯穿于市场创新发展全过程，牢牢守住不发生系统性、区域性金融风险的底线。

三是处理好风险自担与强化投资者保护的关系。加强投资者教育，引导投资者培育理性投资理念，自担风险、自负盈亏，提高风险意识和自我保护能力。同时，健全投资者特别是中小投资者权益保护制度，保障投资者的知情权、参与权、求偿权和监督权，切实维护投资者合法权益。

四是处理好积极推进与稳步实施的关系。立足全局、着眼长远，坚定不移地积极推进改革。同时，加强市场顶层设计，增强改革措施的系统性、针对性、协同性，把握好改革的力度、节奏和市场承受程度，稳步实施各项政策措施，着力维护资本市场平稳发展。

(三)主要任务。

加快建设多渠道、广覆盖、严监管、高效率的股权市场，规范发展债券市场，拓展期货市场，着力优化市场体系结构、运行机制、基础设施和外部环境，实现发行交易方式多样、投融资工具丰富、风险管理功能完备、场内场外和公募私募协调发展。到2020年，基本形成结构合理、功能完善、规范透明、稳健高效、开放包容的多层次资本市场体系。

二、发展多层次股票市场

(四)积极稳妥推进股票发行注册制改革。建立和完善以信息披露为中心的股票发行制度。发行人是信息披露第一责任人，必须做到言行与信息披露的内容一致。发行人、中介机构对信息披露的真实性、准确性、完整性、充分性和及时性承担法律责任。投资者自行判断发行人的盈利能力和投资价值，自担投资风险。逐步探索符合我国实际的股票发行条件、上市标准和审核方式。证券监管部门依法监管发行和上市活动，严厉查处违法违规行为。

(五)加快多层次股权市场建设。强化证券交易所市场的主导地位，充分发挥证券交易所的自律监管职能。壮大主板、中小企业板市场，创新交易机制，丰富交易品种。加快创业板市场改革，健全适合创新型、成长型企业发展的制度安排。增加证券交易所市场内部层次。加快完善全国中小企业股份转让系统，建立小额、便捷、灵活、多元的投融资机制。在清理整顿的基础上，将区域性股权市场纳入多层次资本市场体系。完善集中统一的登记结算制度。

(六)提高上市公司质量。引导上市公司通过资本市场完善现代企业制度，建立健全市场化经营机制，规范经营决策。督促上市公司以投资者需求为导向，履行好信息披露义务，严格执行企业会计准则和财务报告制度，提高财务信息的可比性，增强信息披露的有效性。促进上市公司提高效益，增强持续回报投资者能力，为股东创造更多价值。规范上市公司控股股东、实际控制人行为，保障公司独立主体地位，维护各类股东的平等权利。鼓励上市公司建立市值管理制度。完善上市公司股权激励制度，允许上市公司按规定通过多种形式开展员工持股计划。

(七)鼓励市场化并购重组。充分发挥资本市场在企业并购重组过程中的主渠道作用，强化资本市场的产权定价和交易功能，拓宽并购融资渠道，丰富并购支付方式。尊重企业自主决策，鼓励各类资本公平参与并购，破除市场壁垒和行业分割，实现公司产权和控制权跨地区、跨所有制顺畅转让。

(八)完善退市制度。构建符合我国实际并有利于投资者保护的退市制度，建立健全市场化、多元化退市指标体系并严格执行。支持上市公司根据自身发展战略，在确保公众投资者权益的前提下以吸收合并、股东收购、转板等形式实施主动退市。对欺诈发行的上市公司实行强制退市。明确退市公司重新上市的标准和程序。逐步形成公司进退有序、市场转板顺畅的良性循环机制。

三、规范发展债券市场

(九)积极发展债券市场。完善公司债券公开发行制度。发展适合不同投资者群体的多样化债券品种。建立健全地方政府债券制度。丰富适合中小微企业的债券品种。统筹推进符合条件的资产证券化发展。支持和规范商业银行、证券经营机构、保险资产管理机构等合格机构依法开展债券承销业务。

(十)强化债券市场信用约束。规范发展债券市场信用评级服务。完善发行人信息披露制度，提高投资者风险识别能力，减少对外部评级的依赖。建立债券发行人信息共享机制。探索发展债券信用保险。完善债券增信机制，规范发展债券增信业务。强化发行人和投资者的责任约束，健全债券违约监测和处置机制，支持债券持有人会议维护债权人整体利益，切实防范道德风险。

(十一)深化债券市场互联互通。在符合投资者适当性管理要求的前提下，完善债券品种在不同市场的交叉挂牌及自主转托管机制，促进债券跨市场顺畅流转。鼓励债券交易场所合理分工、发挥各自优势。促进债券登记结算机构信息共享、顺畅连接，加强互联互通。提高债券市场信息系统、市场监察系统的运行效率，逐步强化对债券登记结算体系的统一管理，防范系统性风险。

(十二)加强债券市场监管协调。充分发挥公司信用类债券部际协调机制作用，各相关部门按照法律法规赋予的职责，各司其职，加强对债券市场准入、信息披露和资信评级的监管，建立投资者保护制度，加大查处债券市场虚假陈述、内幕交易、价格操纵等各类违法违规行为的力度。

四、培育私募市场

(十三)建立健全私募发行制度。建立合格投资者标准体系，明确各类产品私募发行的投资者适当性要求和面向同一类投资者的私募发行信息披露要求，规范募集行为。对私募发行不设行政审批，允许各类发行主体在依法合规的基础上，向累计不超过法律规定特定数量的投资者发行股票、债券、基金等产品。积极发挥证券中介机构、资产管理机构和有关市场组织的作用，建立健全私募产品发行监管制度，切实强化事中事后监管。建立促进经营机构规范开展私募业务的风险控制和自律管理制度安排，以及各类私募产品的统一监测系统。

(十四)发展私募投资基金。按照功能监管、适度监管的原则，完善股权投资基金、私募资产管理计划、私募集合理财产品、集合资金信托计划等各类私募投资产品的监管标准。依法严厉打击以私募为名的各类非法集资活动。完善扶持创业投资发展的政策体系，鼓励和引导创业投资基金支持中小微企业。研究制定保险资金投资创业投资基金的相关政策。完善围绕创新链需要的科技金融服务体系，创新科技金融产品和服务，促进战略性新兴产业发展。

五、推进期货市场建设

(十五)发展商品期货市场。以提升产业服务能力和配合资源性产品价格形成机制改革为重点，继续推出大宗资源性产品期货品种，发展商品期权、商品指数、碳排放权等交易工具，充分发挥期货市场价格发现和风险管理功能，增强期货市场服务实体经济的能力。允许符合条件的机构投资者以对冲风险为目的使用期货衍生品工具，清理取消对企业运用风险管理工具的不必要限制。

(十六)建设金融期货市场。配合利率市场化和人民币汇率形成机制改革，适应资本市场风险管理需要，平稳有序发展金融衍生产品。逐步丰富股指期货、股指期权和股票期权品种。逐步发展国债期货，进一步健全反映市场供求关系的国债收益率曲线。

六、提高证券期货服务业竞争力

(十七)放宽业务准入。实施公开透明、进退有序的证券期货业务牌照管理制度，研究证券公司、基金管理公司、期货公司、证券投资咨询公司等交叉持牌，支持符合条件的其他金融机构在风险隔离基础上申请证券期货业务牌照。积极支持民营资本进入证券期货服务业。支持证券期货经营机构与其他金融机构在风险可控前提下以相互控股、参股的方式探索综合经营。

(十八)促进中介机构创新发展。推动证券经营机构实施差异化、专业化、特色化发展，促进形成若干具有国际竞争力、品牌影响力和系统重要性的现代投资银行。促进证券投资基金管理公司向现代资产管理机构转型，提高财富管理水平。推动期货经营机构并购重组，提高行业集中度。支持证券期货经营机构拓宽融资渠道，扩大业务范围。在风险可控前提下，优化客户交易结算资金存管模式。支持证券期货经营机构、各类资产管理机构围绕风险管理、资本中介、投资融资等业务自主创设产品。规范发展证券期货经营机构柜台业务。对会计师事务所、资产评估机构、评级增信机构、法律服务机构开展证券期货相关服务强化监督，提升证券期货服务机构执业质量和公信力，打造功能齐备、分工专业、服务优质的金融服务产业。

(十九)壮大专业机构投资者。支持全国社会保障基金积极参与资本市场投资，支持社会保险基金、企业年金、职业年金、商业保险资金、境外长期资金等机构投资者资金逐步扩大资本市场投资范围和规模。推动商业银行、保险公司等设立基金管理公司，大力发展证券投资基金。

(二十)引导证券期货互联网业务有序发展。建立健全证券期货互联网业务监管规则。支持证券期货服务业、各类资产管理机构利用网络信息技术创新产品、业务和交易方式。支持有条件的互联网企业参与资本市场，促进互联网金融健康发展，扩大资本市场服务的覆盖面。

七、扩大资本市场开放

(二十一)便利境内外主体跨境投融资。扩大合格境外机构投资者、合格境内机构投资者的范围，提高投资额度与上限。稳步开放境外个人直接投资境内资本市场，有序推进境内个人直接投资境外资本市场。建立健全个人跨境投融资权益保护制度。在符合外商投资产业政策的范围内，逐步放宽外资持有上市公司股份的限制，完善对收购兼并行为的国家安全审查和反垄断审查制度。

（二十二）逐步提高证券期货行业对外开放水平。适时扩大外资参股或控股的境内证券期货经营机构的经营范围。鼓励境内证券期货经营机构实施"走出去"战略，增强国际竞争力。推动境内外交易所市场的连接，研究推进境内外基金互认和证券交易所产品互认。稳步探索B股市场改革。

（二十三）加强跨境监管合作。完善跨境监管合作机制，加大跨境执法协查力度，形成适应开放型资本市场体系的跨境监管制度。深化与香港、澳门特别行政区和台湾地区的监管合作。加强与国际证券期货监管组织的合作，积极参与国际证券期货监管规则制定。

八、防范和化解金融风险

（二十四）完善系统性风险监测预警和评估处置机制。建立健全宏观审慎管理制度。逐步建立覆盖各类金融市场、机构、产品、工具和交易结算行为的风险监测监控平台。完善风险管理措施，及时化解重大风险隐患。加强涵盖资本市场、货币市场、信托理财等领域的跨行业、跨市场、跨境风险监管。

（二十五）健全市场稳定机制。资本市场稳定关系经济发展和社会稳定大局。各地区、各部门在出台政策时要充分考虑资本市场的敏感性，做好新闻宣传和舆论引导工作。完善市场交易机制，丰富市场风险管理工具。建立健全金融市场突发事件快速反应和处置机制。健全稳定市场预期机制。

（二十六）从严查处证券期货违法违规行为。加强违法违规线索监测，提升执法反应能力。严厉打击证券期货违法犯罪行为。完善证券期货行政执法与刑事司法的衔接机制，深化证券期货监管部门与公安司法机关的合作。进一步加强执法能力，丰富行政调查手段，大幅改进执法效率，提高违法违规成本，切实提升执法效果。

（二十七）推进证券期货监管转型。加强全国集中统一的证券期货监管体系建设，依法规范监管权力运行，减少审批、核准、备案事项，强化事中事后监管，提高监管能力和透明度。支持市场自律组织履行职能。加强社会信用体系建设，完善资本市场诚信监管制度，强化守信激励、失信惩戒机制。

九、营造资本市场良好发展环境

（二十八）健全法规制度。推进证券法修订和期货法制定工作。出台上市公司监管、私募基金监管等行政法规。建立健全结构合理、内容科学、层级适当的法律实施规范体系，整合清理现行规章、规范性文件，完善监管执法实体和程序规则。重点围绕调查与审理分离、日常监管与稽查处罚协同等关键环节，积极探索完善监管执法体制和机制。配合完善民事赔偿法律制度，健全操纵市场等犯罪认定标准。

（二十九）坚决保护投资者特别是中小投资者合法权益。健全投资者适当性制度，严格投资者适当性管理。完善公众公司中小投资者投票和表决机制，优化投资者回报机制，健全多元化纠纷解决和投资者损害赔偿救济机制。督促证券投资基金等机构投资者参加上市公司业绩发布会，代表公众投资者行使权利。

（三十）完善资本市场税收政策。按照宏观调控政策和税制改革的总体方向，统筹研究有利于进一步促进资本市场健康发展的税收政策。

（三十一）完善市场基础设施。加强登记、结算、托管等公共基础设施建设。实现资本市场监管数据信息共享。推进资本市场信息系统建设，提高防范网络攻击、应对重大灾难与技术故障的能力。

（三十二）加强协调配合。健全跨部门监管协作机制。加强中小投资者保护工作的协调合作。各地区、各部门要加强与证券期货监管部门的信息共享与协同配合。出台支持资本市场扩大对外开放的外汇、海关监管政策。地方人民政府要规范各类区域性交易场所，打击各种非法证券期货活动，做好区域内金融风险防范和处置工作。

（三十三）规范资本市场信息传播秩序。各地区、各部门要严格管理涉及资本市场的内幕信息，确保信息发布公开公正、准确透明。健全资本市场政策发布和解读机制，创新舆论回应与引导方式。综合运用法律、行政、行业自律等方式，完善资本市场信息传播管理制度。依法严肃查处造谣、传谣以及炒作不实信息误导投资者和影响社会稳定的机构、个人。

国务院

2014年5月8日

浙江省人民政府办公厅关于打造“浙江制造”品牌的意见

各市、县(市、区)人民政府,省政府直属各单位:

为深入贯彻省委十一届三次、四次、五次全会精神,联动推进标准强省、质量强省、品牌强省战略,深入实施知名企业、知名品牌、知名企业家培育工程,加快推进经济转型升级,经省政府同意,现就打造“浙江制造”品牌提出如下意见:

一、重要意义

浙江是制造业大省,相当一批产业和产品的市场占有率、出口规模居全国前列。但也要看到,当前我省制造业总体仍处于产业链的中低端,存在核心竞争力和自主创新能力不强、知名品牌不多、质量效益不够理想等问题,亟待转型升级和创新发展。打造“浙江制造”品牌是以标准和认证为抓手,通过高标准的运用实施来引领“浙江制造”的高品质发展,对符合高标准、高品质要求的浙江产品进行“浙江制造”认证。通过持续和整体培育,努力形成集质量、技术、服务、信誉为一体,市场与社会公认的“浙江制造”区域综合品牌。各地、各有关部门要切实提高思想认识,把打造“浙江制造”品牌作为实施创新驱动发展战略、促进质量效益提升和打造浙江经济“升级版”的一项重要举措抓紧抓好,不断提升“浙江制造”的整体品质形象和竞争能力,推动我省由工业大省向工业强省、制造大省向制造强省、品牌大省向品牌强省迈进。

二、总体要求

(一)主要目标。按照“企业主体、市场认可、社会参与、政府监管”要求,综合运用经济、科技、法律、行政等手段,着力构建“浙江制造”品牌培育、发展和保护机制,形成一批品质卓越、技术自主、管理先进、美誉度高、带动力大、竞争力强,占据国内市场话语权和比肩国际先进水平的“浙江制造”品牌。到2017年,“浙江制造”标准体系基本完善,认证制度得到市场认可,工作推进机制不断健全,品牌培育成效显著,发展和保护的制度框架基本形成,质量认证的国际互认取得成效,产业技术工人培养体系逐步完善;“浙江制造” 品牌企业导入卓越绩效管理率达到100%,年营业收入总额超过5000亿元;“浙江制造”产品100%采用国际标准、国外先进标准或关键指标达到国际先进水平,100%拥有自主知识产权,自主品牌出口比重大幅提升,市场占有率位居同行业领先。

(二)基本原则。

——坚持标准引领,以质取胜。以质量为核心,加强“浙江制造”高标准体系建设,建立健全相应的质量管理体系,塑造优质优价的自主品牌形象,提升“浙江制造”核心竞争力和国际国内美誉度。

——坚持市场主导,政府引导。把充分发挥市场在资源配置中的决定性作用和更好发挥政府作用有机结合起来,牢固确立企业主体地位,引导企业增强品牌意识和品牌培育、经营、管理、营销能力,提高产品质量和技术含量;支持行业协会和优势企业制订先进制造标准,推行第三方认证,鼓励发挥科研机构和学术团体的作用;加强政府引导、政策推动和部门监管,加大对“浙江制造”品牌的培育和保护力度。

——坚持突出重点,分步推进。以市场需求为导向,以瞄准国际先进水平为目标,根据我省产业发展现状和特点,确定重点培育扶持的行业、企业和产品,分类指导、试点先行、梯次推进“浙江制造”品牌建设。

三、重点任务

(一)构建“浙江制造”标准体系。实施“浙江制造”标准提升工程,逐步形成“浙江制造”高标准体系。制订“浙江制造”管理标准,统一规范“浙江制造”在创新性、先进性、带动性和责任性等方面的基本要求。研制形成一系列国际先进、国内一流、拥有自主知识产权的“浙江制造”产品标准。鼓励“浙江制造”品牌企业主导和参与国际、国内先进标准的制(修)订。

(二)创新“浙江制造”认证模式。按照“企业自主申明+第三方认证+政府监管”的思路,建立“浙江制造”认证模式。支持企业自愿申报“浙江制造”认证。鼓励国内外高信誉认证机构开展“浙江制造”认证,加快推进国际互认。认证机构应当对其认证的“浙江制造”品牌实施有效的跟踪调查,对于不能持续符合认证要求的,应暂停使用认证标志直至撤销认证证书,并予公布。认证机构未及时采取纠正措施给消费者造成损失的,应当与生产者、销售者共同承担连带责任。强化认证市场监管特别是对“浙江制造”认证后的监管,确保“浙江制造”认证的权威性和有效性。

(三)引导企业培育“浙江制造”品牌。按照品质优异和技术自主创新、管理创新、制造方式创新、商业模式创新的要求,以传统优势产业、高新技术产业、高端装备制造业和战略性新兴产业为重点,以行业龙头骨干企业、中小企业“隐形冠军”、现代产业集群为主体,梯次选择一批制造业企业为培育对象,逐步实施“浙江制造”品牌企业培育工程,促进企业加大质量提升、品牌培育和市场开拓力度,形成更多的国际国内先进品牌。鼓励和支持“浙江制造”品牌企业应用第三方电子商务平台等渠道,进一步拓展国内外市场。

(四)强化“浙江制造”品牌保护和服务。加大“浙江制造”品牌保护力度,建立完善企业自我保护、政府依法监管和司法维权保障“三位一体”的品牌保护体系。探索建立跨区域联合执法机制,依法严厉打击伪造、变造、买卖“浙江制造”认证标识的侵权违法行为;侵权信息纳入“信用浙江”征信平台的企业不良信用信息收集和发布内容,供公众查询。推进政府立法工作,进一步优化品牌培育的法制环境。加强集研发设计、检验认证、金融服务、电子商务、标准计量、培训咨询等为一体的公共服务平台建设,为企业提高产品质量、加强科技创新、开拓市场、打造品牌提供信息咨询、战略指导、法律援助等服务。

(五)推进“浙江制造”人才队伍建设。建立完善由职业院校、成人学校、社会培训机构、公共实训基地、技师工作站和行业企业等共同参与的技能人才培养体系,为打造“浙江制造”品牌输送一大批高素质产业技术工人。大力支持“浙江制造”品牌企业培养国际标准化专业人才,争取国际和国家级专业标准化技术委员会、分技术委员会或标准制订工作组落户浙江,不断提升我省国际标准话语权。

四、保障措施

(一)加强组织领导。在省质量强省工作领导小组领导下,建立打造“浙江制造”品牌工作推进协调机制,由省发改委、省经信委、省科技厅、省人力社保厅、省商务厅、省工商局、省质监局等部门共同参与。各市、县(市、区)政府和省级有关部门要结合实际,制订相应实施办法和配套政策措施,确保打造“浙江制造”品牌工作顺利推进。打造“浙江制造”品牌工作纳入省政府对市、县(市、区)政府的质量工作考核内容。

(二)加强政策扶持。省工业和信息化、战略性新兴产业、商务促进等专项资金在安排市县资金时,对打造“浙江制造”品牌工作成效明显的市县予以倾斜。加大对“浙江制造”品牌企业的融资支持,优先将“浙江制造”品牌企业列入上市后备企业。支持“浙江制造”品牌推广应用,获得“浙江制造”认证的产品优先纳入“浙江制造精品”目录,在政府采购、政府性投资及补助、国有企业投资等项目中,同等条件下优先采购。支持“浙江制造”品牌“走出去”,对“浙江制造”品牌企业的境外商标注册、境外广告项目、境外展览项目、境外机构项目等,享受促进外经贸发展相关资金扶持。加大标准化资金对“浙江制造”标准制(修)订工作和“浙江制造”品牌企业主导制(修)订国际标准、国家标准的支持力度。鼓励、支持在浙江登记注册、实施卓越绩效管理、为打造“浙江制造”品牌作出杰出贡献的企业、质量管理团队和个人,参评浙江省人民政府质量奖。

(三)加强宣传引导。充分利用广播、电视、报刊、网络等媒介,加大对打造“浙江制造”品牌工作宣传力度,营造良好的社会舆论氛围。注重总结、推广“浙江制造”品牌培育工作中的好经验、好做法,挖掘培育“浙江制造”品牌企业成功案例,充分发挥典型的示范带动作用,引领更多的企业迈入“浙江制造”先进行列,促进质量效益提升和产业转型升级。

浙江省人民政府办公厅

2014年9月12日

浙江省人民政府办公厅关于推进现代农资经营服务体系建设的意见

各市、县(市、区)人民政府,省政府直属各单位:

为转变农资经营服务方式,增强综合服务功能,帮助农民发展现代农业,经省政府同意,现就推进现代农资经营服务体系建设提出如下意见:

一、总体要求

以科学发展观为指导,以服务农民、助推现代农业发展为宗旨,按照市场主导、政府推动、主体多元和经营服务专业、优质、高效的要求,完善农资连锁经营网络,创新服务方式,丰富服务内涵,增强服务能力,推动农资经营企业从单一经销商向综合服务商转型,推进农业现代化建设。到2020年基本建成农资连锁经营、物流配送、农技服务等实体经营服务网络与“智慧农资”服务平台线上线下有机结合、覆盖全程、便捷高效的现代农资经营服务体系,努力保障农资市场供应充足、价格平稳、质量可靠、服务配套。

二、主要任务

(一)提升农资连锁网络经营服务水平。各地要顺应现代农业发展要求,将农资经营服务纳入基层农业公共服务中心建设范畴,新建和改建的基层农业公共服务中心特别是示范性农业公共服务中心应设立专门的农资供应场地;尚未具备条件的基层农业公共服务中心应设立农资供应宣传窗口,并尽可能在附近设立农资供应站(点)作为指定服务点。引导农资经营门店提升规范化经营管理水平,提高连锁配送率。从2014年起,通过改造门店基础设施、引进农技服务专业人才、购置病虫检测专用设备等途径,每年改造提升200家连锁经营门店,使其成为集农资商品供应配送、农民培训咨询、农技服务等功能于一体以及经营高效、服务优质、管理规范的示范店;同时,要引导乡镇农资示范店配设庄稼医院。

(二)推进农资现代物流配送体系建设。按照现代农业发展趋势和城乡商业网点布局,建立健全农资现代物流配送体系。在主要农资商品集散地和铁路沿线建立省级农资配送中心和仓储物流中心、县级建立区域性配送中心、乡镇示范店建设配送点,提高农资商品配送率。加强与现代农业园区、粮食生产功能区内种养大户、家庭农场、农民专业合作社、农业龙头企业等经营服务主体的对接,开展直接配送服务,减少流通环节。

(三)完善“智慧农资”服务平台。支持供销社系统以现有农资经营服务网络和“中农在线”电子商务服务平台为依托,利用物联网、地理信息系统、移动通信终端等现代信息技术,打造集在线庄稼医院、农技培训、市场信息发布、智能化农业生产设施示范推广、优质农资商品展示展销、农资商品质量追溯于一体的“智慧农资”服务平台,为农民提供质优价平的农资商品和快捷高效的服务。智慧农资服务平台要与农业、工商、质监、物价等部门建设的有关信息化平台有效对接、互联互通,实现农产品价格和农资市场供求及价格、病虫测报、农资商品质量等相关信息共享。

(四)培育农资经营服务龙头企业。支持农资经营服务龙头企业以收购、兼并、联合合作等方式实行跨区域发展,做大做强经营服务;通过控股、参股等方式,与上游农资生产企业开展合作,与农业生产经营主体建立紧密型利益联结机制;积极开展与农业生产密切相关的农机具、农药供应以及粮食、蔬菜、水果等农产品购销业务,延伸产业链。有条件的农资龙头企业要积极探索农业金融服务,使其成为农资供应、农业社会化服务、农产品购销、农业金融服务为一体的综合服务商。

(五)创新服务组织和方式。支持农资经营服务企业创办领办农作物病虫害统防统治、测土配方施肥、农机耕作、农村金融服务等专业合作社或公司,为农业生产经营提供便利的全程服务。支持农资经营服务企业与农产品生产基地、种养大户、家庭农场、农民专业合作社、农业龙头企业建立紧密合作关系,组织开展直供配送、新品种试验示范、技术承包、全程托管等服务,促进农资先进适用技术入户到田。支持农资经营服务企业围绕农业主导产业和当地特色优势产业,直接参与建设产品特色鲜明、品牌效应突出、经济效益明显、体制机制创新的现代农业项目,发挥示范引领作用。

三、保障措施

（一）加强队伍建设。鼓励农业科技人员和高校毕业生到县以下农资经营企业工作，解决基层农资科技人员断层问题。对吸纳就业的单位，按相关规定给予社保补贴和税费减免等政策支持。经学校正式录取并属于农业种养范围的农学、植物保护专业的学生免缴学费。进一步加强对基层农资经营服务人员的培训，提高从业者的专业技能和服务水平，属于农村"两创"实用人才培训范围的，享受千万农民素质提升工程补助政策。经由人力资源和社会保障部认可的中华供销合作总社职业技能鉴定的庄稼医生，以及按规定取得职业技能鉴定证书的农业植保工，可申领农药经营许可证。

（二）加强政策扶持。经认定的农资经营服务龙头企业，可享受农业龙头企业的相关扶持政策。采取政府购买服务的方式，支持农资经营服务龙头企业参与农业公益性服务。财政部门要加大对农资经营服务体系建设的投入，在"智慧农资"服务平台建设、农资科技研发和成果转化、基本农药集中配送和废弃农药包装物回收处理、农化车辆配备、科技示范基地建设等方面予以支持。将符合条件的农资检测、装卸等设施配备列入农机具购置补贴范围。金融机构要对农资经营服务企业参与土地流转、现代农业项目建设给予贷款、授信、担保、结算等支持，降低门槛和费用，拓宽农资龙头企业多元化融资渠道。推动有实力的农资龙头企业对接多层次资本市场，争取上市挂牌融资。探索农资龙头企业创新相关农业金融的方式和途径。积极支持农资物流配送中心建设，切实落实建设用地指标，作为经营性商业用地的，土地招拍挂出让前，所在区域有工业交易地价的，可参照市场地价水平、所在区域基准地价和工业用地最低价标准等确定出让底价，土地出让后严禁擅自改变用途；确需改变用途、性质或者进行转让的，应当符合土地利用总体规划并经依法批准。对农资物流配送中心自有的（包括自用和出租）大宗商品仓储设施用地，在2014年12月31日前可减按所属土地等级适用税额标准的50%计征城镇土地使用税。对农业项目区内直接用于农产品生产或直接辅助农产品种养业生产的设施用地，按农用地管理。

（三）简化办证程序。农资连锁经营企业设立非公司企业法人或非法人分支机构，可持总部出具的文件，直接到所在地工商行政管理机关申请登记注册，免办工商登记核转手续。农资连锁经营龙头企业下属连锁分部（含控股及参股的连锁公司、直营门店、加盟门店等），经营与连锁经营龙头企业相同范围、品种的农资商品，可由连锁经营龙头企业统一到相关安监部门办理危险化学品经营许可证，各连锁分部不再重复办理。

（四）加强市场监管。各地要建立健全公安、农业、工商、质监、供销等部门协调联动机制，加强联合执法，避免多头、重复检查。着力推进农资信用体系建设，健全农资商品质量溯源体系，完善农资经营企业诚信档案和进货索证索票制度，实施信用等级分类监管，促进农资经营服务企业依法诚信经营。

（五）加强组织领导。现代农资经营服务体系建设是农业社会化服务体系建设的重要组成部分，也是服务农民、建设现代农业的重要举措。各地要切实加强组织领导，采取有力政策措施，加大支持力度，落实用地等保障。各有关部门要认真履行职责，优化服务，共同推进我省现代农资经营服务体系建设。

《浙江省人民政府办公厅关于促进农资连锁经营网络建设的若干意见》（浙政办发〔2007〕58号）同时废止。

浙江省人民政府办公厅

2014年4月10日

浙江省人民政府办公厅关于加快融资租赁业发展的意见

各市、县（市、区）人民政府，省政府直属各单位：

为进一步支持融资租赁业发展，充分发挥融资租赁在现代融资服务体系中的功能和作用，强化中小企业融资支撑，推进全省创新创业和实体经济发展，现就加快发展融资租赁业提出如下意见：

一、重要意义

融资租赁是集融资与融物、贸易与技术服务于一体的现代商业模式,在缓解中小企业融资困难、推动经济转型升级、提高对外开放水平等方面具有独特作用,已经成为我国现代服务业的新兴领域和重要组成部分。作为与实体经济联结最为紧密的融资手段,融资租赁在欧美发达国家被誉为"朝阳产业"及"新经济的促进者",国内发达省市也正在加快发展。我省融资租赁业曾经领跑全国,在服务民营经济、服务中小企业、服务基础建设等领域发挥了重要作用。面对周边省市融资租赁业迅速发展的态势,我省还存在行业认知度不高、政策体系不完善、市场渗透率偏低、业务模式及服务领域拓展不够等突出问题。在当前深入实施四大国家战略举措、加快发展方式转变、大力推进创新型省份建设的重要时期,支持和促进融资租赁业发展,充分发挥其在推进产融结合、"机器换人" 和转型升级等方面的独特作用,对于浙江经济社会发展而言,具有十分重要的战略意义。

本意见所述融资租赁机构包括金融租赁公司、外商投资融资租赁公司、内资试点融资租赁公司。

二、总体目标

围绕"产融结合、实业强省"的目标要求,建立完善融资租赁扶持政策体系,积极培育市场主体及相关机构,逐步拓宽服务领域,有效控制行业风险,不断提升融资租赁业发展水平和在全省经济社会发展中的贡献度。力争到 2017 年,形成一批品牌知名度高、市场竞争力强、经营方式创新的融资租赁骨干企业,全省融资租赁业的市场渗透率达到 7%以上,全行业融资租赁资产规模占全国比重达到 10%以上,融资租赁成为全社会投融资体系中的重要组成部分。

三、主要任务

(一)加强行业规划引导。围绕全省经济发展战略规划融资租赁业布局,鼓励融资租赁先发地区发挥优势,加快打造融资租赁业发展集聚区,强化融资租赁服务对四大国家战略举措的支撑和促进作用。支持工业制造、大型工程及基础建设等具有产业背景的大型企业和服务运营商、各类投资机构等非厂商机构进入融资租赁行业,促进投资主体多元化。

(二)培育融资租赁市场主体。鼓励各地吸引境内外投资商来我省设立融资租赁企业,支持融资租赁企业在省内设立特殊项目公司。引导各类融资租赁机构在海关特殊监管区域集聚发展。支持省内融资租赁企业通过兼并重组、增资扩股,形成一批实力雄厚、竞争优势突出、业务能力强的骨干企业,提高融资租赁行业整体实力。

(三)促进产融结合产业联动。鼓励融资租赁企业支持我省重点培育产业发展,优先开展节能环保、信息技术、高端装备制造、新能源、新材料、生物医药等新兴产业融资租赁业务,加大对科技型企业、中小微企业的融资服务力度。鼓励融资租赁企业开展基础设施租赁业务,参与交通、通信、供电、供水、供气、污水处理等基础设施建设。鼓励融资租赁企业优先采购符合条件的浙江设备作为标的物,带动我省装备制造业发展,实现产业联动。

(四)创新融资租赁经营模式。鼓励融资租赁企业依托产业背景集中发展优势业务,突出经营特色,实现差异化发展。加快业务创新,借鉴发达国家经验,支持采用离岸业务、单体项目公司业务、跨境租赁业务、出口设备保税租赁业务等多种业务模式开展融资租赁业务,提升企业发展能力。引导融资租赁企业优化产品组合、交易结构、租金安排、风险控制等设计,创新盈利模式,提升服务能力。

(五)提高融资租赁企业风险防范能力。指导融资租赁企业加强风险控制体系和内控管理制度建设,建立健全客户风险评估机制,增强风险防范能力,强化资产管理能力,积极稳妥发展售后回租业务,严格控制经营风险。建立市场预警机制,定期发布行业发展报告,加强信息引导。推动融资租赁信用担保体系建设,支持融资性担保公司开展融资租赁债权担保业务,鼓励保险公司开发租赁保险产品。

(六)加快融资租赁相关产业发展。研究出台鼓励政策,加快建立程序标准化、规范化、高效运转的租赁物与闲置设备流通市场,完善融资租赁资产退出机制。支持设立融资租赁相关的中介服务机构,带动为融资租赁业提供专业咨询、技术服务、鉴定评估、资产交易等服务的相关服务业发展。

四、保障措施

(一)加强组织领导。各地、各有关部门要充分认识融资租赁业对于促进我省经济社会发展的重要意义,要把发展融资租赁业作为支持实体经济、推进创业创新的重要手段,多途径提升融资租赁业的社会认知度。

省商务厅要会同省级有关部门，加强行业促进政策体系建设，协调解决行业发展重大问题。

（二）优化发展环境。

1、强化服务意识。加强对融资租赁行业的服务力度，优化发展环境，为引进、设立融资租赁企业及其开展业务提供政策支持与服务便利。

2、完善融资租赁相关登记公示制度。融资租赁企业与承租人签订租赁合同、开展租赁业务，就租赁物申请相关权属登记的，登记部门应当依法及时办理；国家未有明确登记机关的，在全国融资租赁企业管理信息系统及中国人民银行征信中心融资租赁登记公示系统中办理融资租赁物权属状态的登记公示，有关部门要优化服务；融资租赁企业根据融资租赁合同等依法申请土地、房屋抵押和股权质押登记为相应的融资租赁债务提供担保的，登记部门可以参照金融机构的抵、质押方式，依法办理抵、质押登记等有关手续。

3、建立健全融资租赁行业信用体系。融资租赁行业的交易信用信息纳入企业诚信建设体系范畴，完善承租企业信用数据库，探索开展接入中国人民银行征信系统试点；允许融资租赁企业使用政府、银行等相关信用数据库，建立良好的市场秩序。

（三）加大财税政策支持。

1、引导融资租赁行业加快发展。省商务促进专项资金将融资租赁行业纳入支持范围，引导融资租赁企业为省内企业转型升级、节能减排和环境整治等重点领域提供融资租赁服务，对融资租赁行业发展工作考核优秀的市、县（市、区）给予奖励，鼓励各地支持新设融资租赁企业，支持运转规范、实力雄厚的融资租赁企业增资扩股，并对业绩突出的融资租赁企业给予一定的财政奖励。

2、鼓励企业融资租赁先进设备。引导融资租赁支持实体经济发展，对企业通过融资租赁方式实施的技术改造项目，经信、科技、财政等部门要提高对设备融资租赁的扶持力度，优先安排技改贴息资金等。经国家有关部门批准，融资租赁企业购置环境保护、节能节水和安全生产等专用设备，列入企业所得税优惠名录范围内的，由承租方实际使用，符合融资租赁条件，并在融资租赁合同中约定租赁期届满时租赁设备所有权转移给承租方企业的，该设备投资额的10%可以从承租方企业当年的应纳税额中抵免，当年不足抵免的，可以在以后5个纳税年度结转抵免。

3、支持计提风险准备金。融资租赁企业应于每年年度终了对承担风险和损失的资产计提风险准备金。对于正常业务，风险准备余额原则上不得低于风险资产期末余额的1%；对于风险业务，比照金融租赁公司五级分类法分类分级并提取相应的风险准备金。融资租赁企业发生的资产损失，可按相关规定在税前扣除。

（四）加大金融支持。

1、深化金融体制改革，鼓励社会资本依法设立融资租赁商业保理公司、融资租赁担保公司和融资租赁产业基金，支持融资租赁公司开展商业保理业务试点。

2、支持融资租赁企业通过上市、在浙江股权交易中心挂牌融资、发行债券等方式，拓宽直接融资渠道。支持融资租赁公司通过信托方式融资、转让租赁资产。鼓励融资租赁企业通过资产证券化等方式盘活租赁资产。支持融资租赁公司通过短期外债融通外汇资金，利用中长期外债拓展融资渠道。支持保险企业用债权、股权或者债权转股权等方式投资融资租赁业。各有关部门和监管机构要在外债指标、资金使用、统计监测等方面给予支持。

3、银行、信托、保险、担保等机构要加强与融资租赁企业合作，开发租赁保理、供应商租赁等创新型产品，增强融资租赁业的金融服务功能。

（五）加强行业组织和人才队伍建设。要充分发挥省租赁业协会作用，支持协会搭建包括融资租赁资产交易、资产登记、行业诚信建设等功能的行业综合服务信息平台，增强行业协会在行业自律、监督、协调、服务等方面的功能。加强人才队伍建设，支持各地实施人才引进奖励政策。

（六）加强行业监管。加快建立内、外资统一的融资租赁行业监管制度，完善内资融资租赁试点企业评估和退出机制，进一步加强行业指导与管理。加强日常监管信息化手段，建立融资租赁企业行业统计制度、综合评价体系和分级管理体系，融资租赁企业不得脱离租赁从事吸收存款、发放贷款、受托发放贷款等金融业务，严禁融资租赁企业借融资租赁的名义开展非法集资活动。商务行政主管部门要会同税务、金融、外汇等有关部门加强市场监管，及时研究解决行业发展中出现的新情况、新问题，为融资租赁行业持续、快速、健康发展创造良好条件。

浙江省人民政府办公厅

2014年8月8日

浙江省人民政府关于发展民办养老产业的若干意见

各市、县(市、区)人民政府,省政府直属各单位:

根据《国务院关于加快发展养老服务业的若干意见》(国发〔2013〕35号),结合我省实际,现就发展民办养老产业提出如下意见:

一、发挥社会力量的主体作用

(一)发挥市场在养老服务领域资源配置中的决定性作用,积极鼓励引导社会力量发展养老产业,为老年人提供方便可及、价格合理的各类养老服务和产品。

(二)建立公开、透明、平等、规范的养老服务业准入制度,营造平等参与、公平竞争的市场环境。凡是法律法规没有明令禁入的养老服务领域,都要向民间资本开放。

(三)进一步规范养老机构设立许可程序,简化审批手续,及时发布机构设置和规划布局调整等信息,为社会力量兴办养老机构做好指导和服务工作。有条件的地方应将养老机构设立许可纳入当地行政审批服务中心实行窗口统一受理。

简化对养老机构内设医疗机构以及康复医院、老年病医院、护理院等老龄型医疗机构的立项、开办、执业资格、医保定点等审批手续。

(四)以县(市、区)为单位,编制社会力量兴办养老机构指南,推出一批带动性强、示范性好的优质项目。有条件的地方应采取招标等方式确定举办或运行主体。

二、切实保障民办养老机构用地

(五)优先优惠供应民办养老机构建设用地。按国家有关规定,落实社会力量举办养老机构建设用地优惠政策。对省政府确定的以划拨方式供地的非营利性养老服务设施示范项目,确需新增用地的,省在年度用地计划中重点予以保障。对民间资本参与投资并列入省重大产业项目库的示范项目,按规定给予计划指标奖励。

民间资本举办的非营利性养老机构与政府举办的养老机构享有相同的土地使用政策,可以依法使用国有划拨土地或者农民集体所有的土地。对营利性养老机构建设用地,参照成本逼近法或收益还原法进行地价评估后,采取租赁、招标拍卖挂牌出让方式供地。通过招拍挂出让有偿方式取得的民办养老机构用地,可确定为商服用地——其他商服用地(养老机构用地)。原以行政划拨方式供地的,可依法办理土地出让手续,经评估确定后,以补缴土地出让金或以租赁、作价出资(入股)等方式处置。核发划拨决定书、签订租赁合同或出让合同时,应当规定或者约定建设用地使用权不得分割转让(转租),不得改变土地用途。对擅自改变养老设施用地用途、容积率等土地使用条件搞房地产开发的,由市县国土资源部门依法依约收回建设用地使用权。

鼓励社会力量对闲置的医院、学校、企业厂房、商业设施、农村集体房屋及其他可利用的社会资源,进行整合改造后用于养老服务。在符合土地利用总体规划和相关城乡规划前提下,允许利用村集体建设用地建设农村养老机构。对利用集体所有的山坡荒地或其他不影响城乡规划的建设用地建设并用于民办非营利性养老机构的,应当优先办理土地审批手续。

民办非营利性养老机构停办后,其通过行政划拨方式取得的土地使用权由政府收回或经批准后转由其他民办非营利性养老机构使用。

三、加大资金扶持力度

(六)加大财政投入和扶持力度。省财政对用房自建、床位数达到20张及以上、符合相关文件规定资质条件的民办非营利性养老机构,按核定床位一次性给予每张床位6000元补助;对租用用房且租用期3年以上、床位数达到20张及以上的民办非营利性养老机构,按核定床位给予每张床位每年1000元补助,连续补助3年。属于护理型民办养老服务机构,待其护理老人入住率达到60%及以上,在一次性床位建设补贴的基础上,按核定床位每张额外增加2000元补助;租用用房床位每张额外增加1000元补助。各地要建立财政资金扶持制度,加大社会筹资力度,配套安排相应的建设和购买服务资金,支持民办养老服务发展。

要充分利用服务业发展专项资金和引导资金,支持发展居家养老服务业。中小企业发展专项资金要对符合条件的养老服务企业给予积极扶持。

(七)建立向非营利性养老服务机构购买服务制

度，省财政对服务失能、失智老年人的非营利性养老机构、居家养老服务组织，从 2015 年开始按一定标准购买服务。

（八）对民办养老机构接收政府购买养老服务对象、农村五保或城镇“三无”对象入住的，老年人原享受的养老服务补贴及各类补助经费应予转入。

（九）加快培育连锁化、规模化、集团化的养老服务机构。对其中的示范性机构，地方政府根据财力，可给予一次性奖励。

四、积极支持融资信贷需求

（十）进一步加大财政贴息、风险补偿等政策扶持力度，支持和鼓励银行业金融机构加大对养老服务业的信贷投入。充分利用中小企业、科技创新、创业投资等方面的扶持资金，发挥福彩公益金、医疗卫生资金投入合力，引导民间资本加速进入养老服务领域。

鼓励银行业金融机构加大对养老服务机构及其建设项目信贷支持力度，合理利率定价，满足养老服务业信贷需求。对招用毕业 2 年以内高校毕业生、登记失业人员、就业困难人员、城镇复退军人等符合小额担保贷款条件的人员达到机构现有在职职工总数 20%（超过 100 人的机构达到 10%）以上，并签订 1 年以上期限劳动合同的民办养老服务机构，根据招用人数，可给予最高不超过 200 万元的贴息贷款，贷款期限不超过 2 年，并可享受 50%贷款利息的贴息，贴息所需经费从促进就业资金中列支。

拓展市场化融资渠道，支持养老服务企业上市融资。支持采取股份制、股份合作制等形式发展养老机构，探索政府和社会资本合作（PPP）建设养老机构模式。

（十一）银行业金融机构应不断创新金融服务品质与方式，积极改进信贷担保方式，支持养老服务业的可持续发展。允许养老机构利用有偿取得的土地使用权、产权明晰的房产等固定资产办理抵押贷款，国土资源、房产管理部门应予办理抵押登记手续。支持养老机构以包括股权融资在内的各种方式筹集建设发展资金，各级财政出资的融资性担保机构应优先为符合条件的营利性养老机构提供担保。对产权明晰、管理规范、诚信度高、偿债能力强的民办养老机构及其建设项目，银行业金融机构应通过多种方式给予信贷支持。

五、落实税费优惠政策

（十二）鼓励有条件的养老服务机构兼并重组、做大做强，对其在合并、分立、兼并等过程中发生实物资产以及与其相关联的债权、债务和劳动力一并转让涉及的不动产、土地使用权转移行为，不征收营业税。进一步落实国家扶持小微企业相关税收优惠政策，对符合条件的小型微利养老服务企业，按照《财政部、国家税务总局关于小型微利企业所得税优惠政策有关问题的通知》（财税〔2011〕117 号）、《财政部、国家税务总局关于暂免征收部分小微企业增值税和营业税的通知》（财税〔2013〕52 号）和《国家税务总局关于暂免征收部分小微企业增值税和营业税有关问题的公告》（国家税务总局 2013 年第 49 号）规定，给予相应扶持。

中小型居家养老服务企业缴纳城镇土地使用税确有困难的，可按有关规定报经当地地税行政主管部门批准，给予定期减免城镇土地使用税的照顾；因有特殊困难，不能按期缴纳税款的，可依法申请在 3 个月内延期缴纳；对符合条件的员工制居家养老服务企业在政策有效期内按规定给予免征营业税的支持政策。

（十三）民办非营利性养老机构依法享有与公办养老机构同等的税费优惠政策。营利性养老机构提供养护服务取得的收入免征营业税。营利性养老机构取得的养老服务收入直接用于改善养老条件的，其后 5 年缴纳的税收地方留成部分由同级财政给予减半补助。

（十四）企事业单位、社会团体以及个人通过具有公益性捐赠税前扣除资格的公益性社会团体或县级以上人民政府及其部门向民办非营利性养老机构的捐赠，在计算所得税应纳税所得额时按规定扣除。民办营利性养老机构通过具备公益性捐赠税前扣除资格的公益性社会团体或县级以上人民政府及其部门用于公益事业的捐赠支出，计算应纳税所得额时按规定扣除。

（十五）民办养老机构免缴城市基础设施配套费。对非营利性养老机构建设免征有关行政事业性收费，对营利性养老机构建设减半征收有关行政事业性收费。对民办养老机构免征水利建设基金，接纳残疾老年人达到一定比例的免征残疾人就业保障金。民办养老机构和居家养老服务组织用电、用水、用气（燃气）等与居民用户实行同价，并免收相应的配套费；向城市污水集中处理设施排放达标污水、按规定缴纳污水处理费的，不再征收污水排污费。

除法律法规明确的收费项目外，不得对民办养老机构另行收费。凡收费标准设置上、下限的，按有利于民办养老机构发展收取。

（十六）实行积极的价格政策。在统一收费项目基础上，民办非营利性养老服务机构的收费标准实行政府指导价管理，民办营利性养老服务机构的收费标准由其自主确定。

(十七)对集中研发、生产养老服务用品的养老服务产业园区，经有关部门审核批准，享受相关优惠政策。

(十八)居家养老服务企业、进行社区服务业登记或到社区备案的居家养老服务组织和机构，享受家庭服务业相关扶持优惠政策。

(十九)境内外资本举办养老机构享有同等的税费等优惠政策。

六、确保投资者权益

(二十)凡捐资举办的非营利性养老机构,所有净资产归社会所有,机构停办后,由行政许可部门负责统筹,继续用于养老服务事业;其余民办非营利性养老机构、居家养老服务组织,出资者拥有实际出资额(含存续期间追加投资额)的财产所有权。

(二十一)对民办非营利性养老机构、居家养老服务组织,在扣除举办成本、预留单位发展基金以及提取其他有关费用后,如当年仍有收支结余,经养老服务机构决策机构同意并经审计符合规定的，可以从收支结余中提取一定比例用于奖励举办人，年奖励总额不超过以举办人累积出资额为基数的同期银行一年期贷款基准利率2倍利息额;投入满5年后,在保证不撤资、不影响法人财产稳定的前提下,经单位决策机构同意,出资人产(股)权份额可以转让、继承、赠与。

(二十二)民办非营利性养老机构、居家养老服务组织经依法清算后，其资产增值部分主要以捐赠形式纳入当地政府养老发展专项基金，经养老服务机构决策机构同意并经审计符合规定的，可对举办人给予一次性奖励,奖励总额不超过资产增值部分的10%。

七、扶持老年社区和老年地产建设

(二十三)鼓励社会力量参与老年住宅、老年公寓等老年生活设施建设。对按老年人居住建筑设计标准建设、有相应的护理服务团队、配有一定规模的养老护理机构的新开发老年住宅和老年公寓项目，各地要积极保障合理用地需求，并在收取城市基础设施配套费等方面给予适当优惠，其配套的养老护理机构独立登记后享受相应的扶持政策。对老年地产涉及的物业开发、持续运营、护理服务、市场培育、资本运作等方面，给予鼓励引导。

八、加强人才队伍建设和保障

(二十四)鼓励引导高校和中职学校老年服务与管理、老年护理等专业或专业方向的毕业生到民办养老服务机构就业。从2013年起,上述专业方向的毕业生进入非营利养老服务机构就业满5年，省财政按相关规定给予一次性入职奖补。各地财政要建立相应的入职奖补制度。

(二十五)将民办养老服务机构负责人、养老护理员及其他各类提供养老服务的组织从业人员纳入政府培训教育规划，在培训名额、培训经费等方面给予保障。符合条件的民办机构可认定为培训基地。

(二十六)探索在民办非营利性养老服务机构中设立公益性岗位，吸引有就业意愿的城乡就业困难人员从事养老服务工作。

(二十七)鼓励公办养老机构从业人员到民办养老机构中任职。公办养老机构正式在编在岗的从业人员经组织批准,选派到民办养老机构工作的,应签订劳动合同,人事关系及个人档案转入当地的人才服务中心。合同期满,在编制许可、岗位空缺情况下,经民政、人力社保部门批准后可重新聘用为公办养老机构正式在编人员,任职工龄予以连续计算。

(二十八)建立多领域的养老服务人才联动机制。鼓励专业医师到民办养老机构规范开展多点执业。将民办养老机构纳入护理类专业实习基地范围，鼓励高校和中职学校学生到民办养老机构实习实训，并按照所在地有关政策给予实习实训补贴。鼓励民办养老机构引入社会工作人才。对在民办养老机构就业的专业技术人员执行与公办机构相同的执业资格、注册考核政策。

(二十九)对各类民办居家养老服务机构,按现有政策给予社保补贴。各类创业孵化基地要优先吸纳居家养老服务机构,提供创业营业用房和相关政策扶持,并根据其吸纳就业情况，给予一定数额的种子资金和一定期限的房租补贴。

(三十)提高养老服务从业人员的薪酬待遇。人力社保、民政部门在每年6月底前向社会公布当地护理人员职位工资指导价位，督促指导民办养老服务机构落实护理人员待遇。建立护理员特殊岗位津贴制度,对取得《养老护理员职业资格证书》并从事养老护理岗位工作的人员，按照初级、中级、高级、技师不同等级，由当地财政给予一次性奖励或相应补贴。

浙江省人民政府

2014年4月25日

浙江省人民政府办公厅关于全面开展村经济合作社股份合作制改革的意见

各市、县（市、区）人民政府，省政府直属各单位：

为深化农村产权制度改革，发展村级集体经济，增加农民财产性收入，经省政府同意，现就全面开展村经济合作社股份合作制改革提出如下意见：

一、总体要求

以党的十八届三中全会和省委十三届四次、五次全会精神为指导，围绕保护和增进村集体经济组织及其成员合法权益的目标，坚持依法、自愿、民主、公正和集体所有制性质不变、村级集体经济组织功能不变、财务管理体制不变的原则，按照归属清晰、权能完整、管理科学、流转顺畅、运营高效的要求，以确权确股为基础、赋权活权为重点，完善配套制度，创新运行机制，全面推进村经济合作社股份合作制改革。到2014年底，全省50%以上的村经济合作社完成股份合作制改革；到2015年底，全面完成改革任务，基本建立农村集体资产股权流转交易市场体系；到2017年，基本建立起“确权到人（户）、权跟人（户）走”的农村集体产权制度体系，实现社员对集体资产产权长久化、定量化享有，促进村级集体经济发展和农民增收。

二、规范改革程序

（一）精心制订方案。各县（市、区）要在全面调查摸底的基础上，制订改革推进方案，排出改革时间表，将改革计划和责任落实到乡镇（街道）和村经济合作社。村股份合作制改革实施方案须经社员（代表）会议讨论通过后，由村经济合作社向乡镇政府（街道办事处）提出申请，经审核批准后实施，同时报县级主管部门备案。

（二）科学量化资产。充分运用农村集体“三资”管理成果，进一步完善清产核资工作。在资产量化上，一般只将经营性净资产纳入折股量化范围，实行“确权确股”。对经营性资产较少的村，可将公益性资产、土地（家庭承包地、农村宅基地除外）等资源性资产折股，采用“确权确股不确股值”的方式。

（三）依法界定成员。严格依照《浙江省村经济合作社组织条例》规定，按照“宽接收、广覆盖”的原则，由全体社员（代表）会议讨论决定集体资产股权享受人员边界，并编制社员名册，经公示无异议后，报乡镇政府和县级主管部门备案。

（四）合理设置股权。以设“人口股”为主、“农龄股”等为辅，或将农龄贡献折算到人口股中。在“人口股”中男女享有平等股权。设“农龄股”或折算农龄贡献时，不应设置男女有别的农龄年限。股东分社员和非社员两类，具有人口股的为社员股东，享有选举权、被选举权和股份分红权益；不具有人口股的为非社员股东，仅享有股份分红权益。股权坚持“权跟人（户）走”，生不增、死不减、可继承。股权量化和具体设置方案，由县（市、区）根据当地实际，提出指导性意见，经社员（代表）会议民主讨论决定。

（五）健全组织机构。改革实施方案经批准后，在设置股权、确股到人（户）等工作的基础上，召开股份经济合作社成立大会，讨论通过《股份经济合作社章程》，成立村股份经济合作社，建立健全社员股东（代表）大会、董事会、监事会等组织机构，依法行使原村经济合作社资产的所有权和经营管理权。

（六）办理变更手续。由县（市、区）政府依法颁发《浙江省村经济合作社证明书》，凭该证明书办理股份经济合作社组织机构代码证，开立或变更银行账户、刻制印章、领购票据、订立合同，原村经济合作社不再保留。简化登记管理，股份经济合作社按照《浙江省村经济合作社组织条例》的规定，执行村经济合作社工商注册登记管理办法。原以村经济合作社名义登记的土地、房产等资产，准予办理相应更名手续。原村经济合作社的债权债务，由新成立的村股份经济合作社继承和承担。

三、创新运行机制

（一）完善经营机制。建立健全以集体资产保值增值为主要内容的经济责任制，实行经营管理绩效与经营者收入挂钩。总结推广经营班子年薪制、风险抵押金制以及外聘职业经理人、独立董事等经营管理机制。引导有条件的股份经济合作社探索股权激励机制，激发经营者的积极性。对村集体资产进行重大投融资、整体出租、抵质押贷款等事项，由股东大会或由股东大会授权的股东代表大会决定。

（二）规范财务制度。股份经济合作社继续执行村集体经济组织财务会计制度，实行会计委托代理制。年度财务预决算和收益分配方案须经股东大会审议通过，并报乡镇政府（街道办事处）备案。严格实行财务“阳光”公开制度，接受监事会和全体股东的监督，同时接受农村集体经济审计主管部门的审计监督。规范股权收益分配，在有净收益的前提下，按规定提取公积金、公益金和福利费用后，实行按股分红。

（三）创新发展方式。引导和鼓励股份经济合作社根据自身资产和自然资源状况，运用项目制、现金配股、土地入股等方式，与股东、相关市场主体发展混合所有制经济。对已撤村建居、集体土地全部征收、旧村改造全面完成、社会保障和社会事务管理与城市完全接轨的股份经济合作社，可探索公司化等方式提高市场化运营水平。

四、促进股权流转

（一）搭建流转交易平台。以市或县（市、区）为单位，依托和整合服务平台，按照统一设计、分级受理、体系互联、信息互通、上下互补、各有侧重的思路，建立农村产权流转交易中心，制订股权交易规则和管理办法，规范股权交易行为，培育农村集体资产评估、担保等组织，优化流转交易服务。

（二）建立股权流转机制。在保障农民集体经济组织成员权利的基础上，积极赋予并落实股份经济合作社股东对集体资产股份转让、担保、退出等权能。制订股权流转管理办法，建立股权流转机制。努力创新农民个人拥有的集体股权流转交易途径，探索在县域范围内开展股权流转交易，积极稳妥开展有偿退出试点。

（三）优化金融服务。涉农金融机构要创新金融产品和金融服务，积极开发村级集体资产股权质押贷款等业务，合理确定贷款期限，合理利率定价，简化审贷程序，激活农村产权要素，实现农村集体资产股权权能。

五、加强政策支持

认真落实各级扶持村级集体经济发展的财政政策，支持股份经济合作社申报实施财政支持农业生产和新农村建设等各类支农项目，不断拓展财政支持领域。加强用地政策支持，因地制宜实施农村土地征收村级留用地政策。优化税费政策，按现行政策落实股份经济合作社办理有关更名手续中土地、房屋等权属变更税费优惠政策，落实股份经济合作社发展集体经济物业项目的税费减免政策。对股份经济合作社通过公益性社会团体或县级以上人民政府及其部门，用于公益事业的捐赠支出，在年度利润12%以内部分，准予在计算应纳税所得额时扣除。

六、强化组织保障

各级政府要把村经济合作社股份合作制改革作为农村改革的重要任务来抓，加强组织领导，明确工作责任，完善协调机制，并将改革任务列入新农村建设考核。建立健全村党组织领导下，村民委员会、村务监督委员会、村股份经济合作社各司其职、协调配合的村级组织管理体系。农村集体经济主管部门要加强业务指导、农村集体“三资”监管和农村集体经济审计；财政、税务、人力社保等部门要落实支持农村集体经济发展、推进股份合作制改革的相关政策；其他相关部门都要认真履行职责，积极支持配合，共同推进村经济合作社股份合作制改革。

浙江省人民政府办公厅

2014年8月21日

浙江省人民政府办公厅关于优化市场环境促进企业兼并重组的若干意见

各市、县(市、区)人民政府,省政府直属各单位:

为贯彻落实《国务院关于进一步优化企业兼并重组市场环境的意见》(国发〔2014〕14 号),进一步促进、规范企业兼并重组活动,推动资源优化配置,培育具有国际竞争力的大企业、大集团,加快调整产业结构,实现经济转型升级,经省政府同意,现提出如下意见:

一、强化产业政策引导。鼓励块状经济的龙头企业围绕完善分工协作体系开展兼并重组,带动中小企业"专精特新"发展,加快形成协同制造的优势;鼓励汽车、钢铁、水泥、船舶、医药、光伏、电子信息等重点行业企业围绕提高产业集中度、延伸产业链开展兼并重组,整合品牌资源和创新资源,加快做强做大;鼓励"三名"培育试点企业围绕建立完善境内外生产、研发、资源和服务体系,积极参与全球资源整合配置;鼓励上市公司充分发挥资本市场优势,开展并购重组和产业整合。支持企业通过兼并重组优化资金、技术、人才、管理等生产要素配置,实施业务流程再造和技术升级改造,实现优势互补。被兼并重组企业原享受的高新技术企业、省级重点企业研究院、资源综合利用、驰名商标、著名品牌等优惠政策,兼并重组后仍符合相关条件的,经相关行政主管部门审核确认后,可由实施兼并重组的企业按规定继续享受;被兼并重组企业承担的各级科研项目,兼并重组后仍符合相关条件的,经本级科技行政主管部门审核确认后,可继续承担。

二、减轻企业税费负担。企业在兼并重组中涉及的房产过户,免收房屋交易手续费。兼并重组后存续企业的性质及适用税费优惠条件未发生改变的,可按规定享受兼并重组前该企业剩余期限的税费优惠政策。落实国家有关兼并重组增值税、营业税、土地增值税、契税等优惠政策,符合特殊性税务处理政策要求的,兼并重组中股权支付部分,暂不确认重组所得。

三、加大财政扶持力度。对兼并重组后企业总部(或区域独立法人总部)和税收迁转到浙江境内、本省企业并购省外或境外企业等重大并购活动,新增财政贡献的,当地政府可给予一定奖励。兼并重组后企业实施的技术改造、技术创新、"两化"融合等符合产业政策的项目,可优先列入各级政府年度重点项目计划,享受相关领域的扶持政策,省工业和信息化相关专项资金给予重点支持。鼓励有条件的市、县(市、区)结合已有的企业应急互助周转金设立并购奖励基金,积极创新扶持企业兼并重组的政策。

四、优化企业融资服务。鼓励各地建立并购贷款风险补偿机制,引导商业银行在风险可控的前提下积极稳妥开展并购贷款业务,并购贷款工作纳入各级政府对金融机构的年度考核评价体系。鼓励商业银行对兼并重组后的企业实行综合授信。支持证券公司、信托基金、资产管理公司、股权投资基金、产业投资基金等参与企业兼并重组,向企业提供直接投资、委托贷款、过桥贷款等融资支持。鼓励有条件的企业、投资机构和上市公司发起设立市场化运作的并购基金,加快清理对并购基金申请贷款的限制性规定,进一步提高企业兼并重组能力。

五、完善土地使用政策。依法依规处置企业兼并重组中的有关土地问题。企业兼并重组中涉及的划拨土地符合国土资源部《划拨用地目录》的,经县级以上人民政府批准可继续以划拨方式使用;不符合的,依法实行有偿使用,划拨土地使用权价格可依法作为土地使用权人的权益。兼并重组过程中,凡符合不改变土地用途等条件的,按规定补缴土地出让金并完税后,可按规定办理变更土地登记手续。因历史原因导致房地产权证书不全的,在兼并重组中可根据有关规定申请补办相关手续。在符合城镇控制性详细规划、不改变土地用途的前提下,兼并重组后企业扩大生产性用房,或通过新建、扩建、翻建多层厂房,经依法批准提高现有工业用地容积率的,不再增收土地价款,并减免相应的城市基础设施配套费。

六、做好职工安置工作。被兼并重组企业所在地政府要积极做好职工社会保险关系转移接续、劳动关系处理、生活保障、遗留问题处理等工作,鼓励实施兼并重组企业与被兼并重组企业职工采用多种形式协商解决劳动关系,切实保障职工合法权益。被兼并重组企业拖欠的各项社会保险费、离退休人员医药费、职工补偿金、工伤待遇和残疾人补助费及住房公积金等应在实施兼并重组前予以清算补交,不足部分由实施兼并重组企业清偿。兼并重组企业因退出土地而从政府土地储备机构取得的土地补偿费,可以用于企业安置职工、偿还债务等支出。对依法参加社会保险并采取有效措施稳定职工队伍的兼并重组企业给予稳定岗位补贴，所需资金从失业保险基金中列支。支持实施兼并重组企业开展对留用人员的转岗、转业和技能培训，当地政府可从职业培训资金中给予一定的补贴。

七、简化相关审批许可。从简限时办理企业兼并重组涉及的工商登记、生产许可、资产权属证明等变更手续。对兼并重组中涉及环评、安评、能评、资质证明、资产权属证明等相关批准文件的变更，在主要条件不变的情况下应予直接办理变更手续。

八、消除体制机制障碍。落实跨地区总分机构企业所得税分配政策，企业跨县(市、区)兼并重组的，在不违背国家有关法律法规和政策规定的前提下，各地可协商企业兼并重组后的财税利益分成（不含上缴中央和省部分)。落实国家外汇管理局有关跨国公司外汇资金集中运营管理规定，放松对国内跨国并购企业的外汇管制。鼓励金融机构建立境外投资保险制度，深化银企合作参与跨国并购活动。支持民营企业通过参股、控股、资产收购等多种方式，参与国有企业、事业单位的改制重组，放宽对民营资本参与国有企业改革在股权比例方面的限制。规范和完善国有资产转让处置规定，推动省市县三级经营性国有资产在产权清晰的基础上开展联合重组。调整完善国有股权结构，竞争类企业国有股权比例不设下限。

九、优化用能排污指标配置。对同一设区市范围内兼并重组行为，经相关部门批准，允许实施兼并重组企业直接继承使用被兼并重组企业的用能量、排污总量等指标，也可用作有偿转让和交易。凡是省内跨设区市范围开展兼并重组的，允许实施兼并重组企业冲抵使用被兼并重组企业的相关指标，上述指标区域之间的转移由两地政府协商确定。产能严重过剩行业的企业兼并重组，须制订产能减量置换方案，实施能耗总量、排污总量、产能总量减量置换。

十、健全公共服务体系。加快建立企业兼并重组公共信息服务平台，做好与国家兼并重组公共信息服务平台的对接，进一步拓宽企业兼并重组信息交流渠道，及时向企业提供战略咨询、法规政策、资产评估及兼并重组个案等专业咨询服务。加快完善产权市场体系的功能，强化产权交易品种和服务内容的创新，推进浙江产权交易所成为全省联网的区域性产权交易平台；完善发展浙江股权交易中心，为挂牌企业的兼并重组提供专业化、个性化服务；鼓励本省产权、股权交易机构加强与省外机构的交流合作，努力为各类企业兼并重组依法高效处理资产关系提供便捷通道。兼并重组企业利益相关方自愿申请司法重组的，由司法机关给予辅导帮扶。

十一、培育专业服务机构。鼓励引进和培养熟悉国内国际企业并购业务和法律程序的专业人才，对引进的专业人才和创业团队符合相关条件的，可享受省级人才引进政策。扶持、引进一批熟练掌握企业兼并重组政策和业务流程的中介服务机构，提供专业化的兼并重组审计评估、律师、会计、拍卖、财务顾问、投行、产权经纪等中介服务。通过政府购买服务的形式，定期举办企业兼并重组业务培训，强化企业并购前的指导、并购中的协调和并购后的服务，提高企业并购的质量。

十二、强化监测预警工作。开展企业风险监测、统计分析和预警工作，建立风险分类处置机制和救济机制，防范风险跨企业、跨领域传递，提高企业兼并重组风险管控能力。积极指导企业制订境外并购风险应对预案，防范债务风险。加强对企业兼并重组政策执行情况的评估和监督检查，重视对企业兼并重组典型案例的总结和宣传，进一步营造良好的舆论氛围和社会环境。

十三、加强组织领导。在省工业转型升级领导小组框架内，建立省促进企业兼并重组工作协调机制，由省经信委牵头，省发改委、省财政厅、省人力社保厅、省国土资源厅、省商务厅、省国资委、省国税局、省地税局、省工商局、省金融办、人行杭州中心支行、浙江银监局、浙江证监局等相关部门参加，负责统筹抓好国发〔2014〕14 号文件的落实工作，协调解决企业兼并重组中的重大问题，研究有关政策和配套措施，督促落实地方和部门职责分工，着力推进省级层面重大兼并重组项目。各地政府也要建立相应的工作体系，指导协调、督促推进本地区企业兼并重组有关工作。

对于国发〔2014〕14 号文件已有明确规定而本意见未作规定事项，请遵照国发〔2014〕14 号文件规定执行。各市、县(市、区)政府和省级有关部门要依据国发〔2014〕14 号文件和本意见，抓紧制订专项配套政策和具体实施办法。

浙江省人民政府办公厅

2014 年 12 月 12 日

浙江省人民政府办公厅关于印发浙江省深化推进新型建筑工业化促进绿色建筑发展实施意见的通知

各市、县(市、区)人民政府,省政府直属各单位:

《浙江省深化推进新型建筑工业化促进绿色建筑发展实施意见》已经省政府同意,现印发给你们,请认真贯彻执行。

推进新型建筑工业化是建筑业转型升级的必由之路,对加快建筑业发展方式转变、减少建筑污染、实现环境友好、促进节能降耗、提高资源利用效率、推动绿色建筑发展具有重要意义。根据《国务院办公厅关于转发发展改革委住房城乡建设部绿色建筑行动方案的通知》(国办发〔2013〕1号)要求,为深化推进全省新型建筑工业化,促进绿色建筑发展,现提出如下意见:

一、明确发展重点任务

(一)明确工作目标。大力推广适合工业化生产的装配整体式混凝土建筑、装配整体式钢结构建筑及适合工业化项目建设的实用技术。积极推行住宅建筑全装修,逐年提高成品住宅比例。在工程实践中及时总结形成先进成熟、安全可靠的建筑体系并加以推广应用。政府投资的国家机关、学校、医院、博物馆、科技馆、体育馆等建筑,杭州市、宁波市的保障性住房,以及单体建筑面积超过2万平方米的机场、车站、宾馆、饭店、商场、写字楼等大型公共建筑,全面执行绿色建筑标准,并积极实施新型建筑工业化。

到2015年底,各市要开展部品构件基地建设,形成与本区域相适应的新型建筑工业化生产能力;大力推进新型建筑工业化示范工程项目建设,各设区市新开工建设新型建筑工业化项目面积不少于5万平方米。自2016年起,全省每年新开工建设新型建筑工业化项目面积应达到300万平方米以上,并逐年增加,每年增加的比例不低于10%;绍兴市作为住房城乡建设部建筑产业现代化试点及国家住宅产业现代化综合试点城市,每年新开工建设新型建筑工业化项目面积至少达到100万平方米;杭州市、宁波市每年新开工建设新型建筑工业化项目面积至少达到50万平方米;其他各设区市每年新开工建设新型建筑工业化项目面积至少达到20万平方米。自2020年起,全省每年新开工建设新型建筑工业化项目面积应达到500万平方米以上。

建筑单体装配化率(墙体、梁柱、楼板、楼梯、阳台等结构中预制构件所占的比重)应不低于15%,并逐年提高。到2020年,力争建筑单体装配化率达到30%以上。

(二)落实责任主体。各地政府是推进所辖区域新型建筑工业化的责任主体,要把新型建筑工业化作为实施创新驱动发展战略的重要领域,加大推动力度。要编制科学合理的发展规划,制订相应的激励扶持政策措施,统筹协调推进本地区新型建筑工业化发展,提高建筑业发展质量和水平,实现建筑业可持续发展。省里将对各地推进新型建筑工业化年度工作目标实行责任制管理。

(三)确定重点领域。按照突出重点和不同区域分类推进的原则,各地政府应将中心城区、大型居住社区和郊区新城等列为新型建筑工业化重点推进区域,并可根据需要,逐年扩大区域范围。在每年保障性住房等政府投资项目及商品住房建设用地供地面积中,落实一定比例面积的新型建筑工业化项目。省里重点推动杭州市、宁波市、绍兴市等新型建筑产业基础良好的地区开展试点示范,先行先试。

二、加快培育有效市场

(四)加大项目推动。推动具备条件的政府投资性项目率先示范应用新型建筑工业化。保障性住房项目每年至少要有30%采用新型建筑工业化方式建设,并逐年提高比例。学校、医院等公共建筑要优先采用装配式建设技术。积极引导房地产项目采用新型建筑工业化方式建设。

(五)培育龙头企业。引导省内大型项目开发企业、施工总承包特级企业和行业内有一定影响的部品构件生产企业转变发展方式,形成一批规模较大、带动作用较强且增长较快的新型建筑工业化项目开发、施工及部品构件生产龙头企业。省工业转型升级财政专项资金和省战略性新兴产业财政专项资金加大对部品构件创新和技改项目支持力度。

（六）提升质量品牌。鼓励企业制订新型建筑工业化品牌发展战略，加快质量基础能力建设，提升新型建筑工业化项目建设及部品构件产品质量。加大对新型建筑工业化项目创优夺杯的支持力度，新型建筑工业化项目可优先参与各类工程建筑领域的评奖评优以及申报国家绿色建筑、康居示范工程等。

（七）加强推广力度。建立政府、媒体、企业与公众相结合的推广机制，定期组织推广活动，并提高公众对发展节能、省地、环保型住宅及公共建筑的认识，增强全社会对新型建筑工业化的认知度、认同度。支持有影响力的展览会或行业峰会落户浙江，强化业内交流与合作，向社会推介优质、诚信、放心的技术、产品和企业。

三、规范提升行业发展

（八）优化审批服务。引导项目开发、工程设计、部品构件生产、施工安装、建筑装修和运营维护企业建立新型建筑工业化产业联盟。对于参与新型建筑工业化项目建设的开发和施工单位，可通过“绿色通道”优先办理资质升级、续期、预售许可等相关手续。对采用新型建筑工业化建设并以出让方式取得土地使用权，领取土地使用证和建设工程规划许可证的商品房，投入开发建设的资金达到工程建设总投资的25%以上，或完成基础工程达到正负零的标准，并已确定施工进度和竣工交付日期的情况下，可向房地产管理部门办理预售登记，领取商品房预售许可证。

（九）加快标准制订。加快建立和完善省新型建筑工业化标准体系，制订适合我省建筑技术的设计、施工、装修、验收、部品构件生产等标准，形成规范统一的地方标准体系。加快制订新型建筑工业化补充计价依据，据此作为政府投资新型建筑工业化项目增量投资额度的依据。

（十）提升设计质量。充分发挥设计先导作用，鼓励采用装配式结构技术体系，项目设计深度要符合工厂化生产、装配化施工的要求。推广BIM（建筑信息模型）技术在新型建筑工业化中的应用，提升综合设计能力。对以新型建筑工业化方式建设的政府投资项目，允许适当提高设计收费标准，可按国家设计标准高限收费。对新型建筑工业化项目，在设计审查时可通过“绿色通道”优先办理。

（十一）改进招标管理。鼓励采用设计、部品构件生产、土建施工、设备安装和建筑装修一体化的工程总承包模式。对采用新型建筑工业化方式建设的政府和国有投资项目，可采用邀请招标或直接委托的方式确定建筑设计单位。鼓励各地建立新型建筑工业化承包商名录，对采用新型建筑工业化方式建设的项目，在工程招投标时，同等条件下可优先选择名录内的企业。

四、加强金融财税扶持

（十二）完善金融服务。改进和完善对新型建筑工业化领域的金融服务，鼓励新型建筑工业化骨干企业通过发行股票、债券等方式融资，增强资本实力。引导支持开展产业并购，开发产业链金融产品，带动产业链中小企业专业化发展。金融机构可对引进、消化吸收、自主创新研发大型专用先进设备的新型建筑工业化生产企业，优先给予信贷支持。支持采用新型建筑工业化方式建设的BT项目。对引进大型专用先进设备的新型建筑工业化基地，其所属企业可享受与工业企业相同的贷款贴息等优惠政策。对购买采用新型建筑工业化方式建设的住宅的消费者，在个人住房贷款服务、贷款利率等方面给予支持，如采用公积金贷款，可优先放贷。

（十三）实行专项补助。各级政府要进一步加大对新型建筑工业化的投入，整合政府相关专项资金，逐步增加建筑节能专项资金，重点支持新型建筑工业化技术创新、示范基地和示范项目建设等。对获得国家绿色建筑二星（含2A住宅性能认定）和三星（含3A住宅性能认定）标识的新型建筑工业化项目，按照财政部、住房城乡建设部《关于加快推动我国绿色建筑发展的实施意见》（财建〔2012〕167号）规定给予财政奖励。

（十四）实施税费优惠。对企业为开发新型建筑工业化新技术、新产品、新工艺发生的研究开发费用，符合条件的可以在计算应纳税所得额时加计扣除。企业在提供建筑业务的同时销售自产部品构件的，对部品构件销售收入征收增值税，建筑安装业务收入征收营业税，符合政策条件的给予税收优惠。对在新型建筑工业化项目中使用预制的墙体部分，经相关部门认定，视同新型墙体材料，可优先返还预缴的新型墙体材料专项基金和散装水泥专项资金。

五、落实项目保障服务

（十五）加强土地保障。各地要将新型建筑工业化基地建设纳入相关规划，优先合理安排用地。对采用新型建筑工业化方式建设的项目，在规划设计条件中应明确新型建筑工业化有关内容和要求，并在土地划拨决定书或土地出让合同中予以约定，同时明确相关部门的监管责任。对以出让方式供地的新型建筑工业化项目，可按土地出让合同约定分期缴纳土地出让金，分期缴纳土地出让金的期限按照国家有关政策规定执行。

（十六）鼓励项目应用。对于申请采用新型建筑工业化方式建设的项目，预制外墙、叠合外墙墙体预制部分的建筑面积不计入容积率，但是超过实施新型建筑工业化的各单体正负零以上地面计容建筑面积3%的，超过部分计入容积率，房屋销售、登记时，根据现行房屋测绘规定执行。

（十七）增强科技支撑。将新型建筑工业化技术研究列为科技重点攻关方向，集中力量攻克关键材料、基础部件、施工工艺及装备等核心技术。对于实施新型建筑工业化项目并参与编制省级及以上新型建筑工业化技术标准的企业，鼓励其申报高新技术企业，享受相关科技创新扶持政策。鼓励知识产权转化应用，对取得发明专利的研发成果，通过网上技术市场交易并以技术入股、技术转让、授权使用等形式在省内转化实现产业化的，市、县（市、区）经审核可按技术合同成交额10—20%的比例给予产业化经费补助，省科技厅从成果转化专项等资金中按成果交易实际支付总额的10%给予补助。

（十八）强化人才培养。开展新型建筑工业化企业和管理部门相关人员的分类培训，培育新型建筑工业化实用技术人员。高校应增设相关课程，加快培养新型建筑工业化急需的高端人才。要依托试点、示范工程，通过企业内部培训，培养具备相关专业技术及生产、操作经验的职业技术工人。各地要积极探索和建立新型建筑工业化人才引进机制，加强高层次管理人员的培育和储备。

（十九）确保运输畅通。各级公安和交通运输部门在所辖职能范围内，对运输超大、超宽部品构件（预制混凝土及钢构件等）运载车辆，在物流运输、交通通畅方面依法给予支持。

（二十）严格监督管理。各地要对区域内新型建筑工业化项目实施情况进行监督管理，加快建立动态监管和行业统计制度。对已享受相关扶持政策或专项资金支持但未按照施工图设计文件实施的项目，应取消政策扶持，责令责任单位限期退回或补交相关资金，并对有关责任单位和责任人依法予以处罚。

浙江省人民政府办公厅

2014年12月22日印发

杭州市人民政府关于加快分布式光伏发电应用促进产业健康发展的实施意见

各区、县（市）人民政府，市政府各部门、各直属单位：

为进一步加快我市分布式光伏发电应用，促进光伏产业健康发展，根据《国务院关于促进光伏产业健康发展的若干意见》（国发〔2013〕24号）和《浙江省人民政府关于进一步加快光伏应用促进产业健康发展的实施意见》（浙政发〔2013〕49号）精神，现提出如下实施意见：

一、总体思路

坚持以科学发展观为指导，以打造“低碳城市”和建设“美丽杭州”为契机，围绕优化能源消费结构、实现节能减排和促进光伏产业健康有序发展的目标，以低成本、高性能、品牌化、差异性为产业发展主导方向，加快推进分布式光伏发电应用，以应用促技术进步、促产业链协作、促产业转型升级，提升我市光伏产业整体实力和竞争能力。

二、发展目标

2014—2015年，在完成省分配给我市目标任务的基础上，全市新增光伏发电装机容量年均200兆瓦左右，到2015年总装机容量达到550兆瓦以上，培育一批具有创新优势和市场竞争力的产品制造商、系统集成商和运营服务商，形成一批分布式光伏发电示范产业园区、示范项目等，提升光伏产业发展水平，降低光伏发电成本，力争使我市成为全省乃至全国重要的光伏研发、制造和规模化应用的示范基地。

三、加快推进分布式光伏发电应用

按照“自发自用、余量上网、电网调节”的原则，鼓励在工业园区、市内建筑、新农村示范区、城乡道路配套设施等建(构)筑屋顶建设分布式光伏发电系统，鼓励同等条件下优先采购本地企业生产的光伏组件、支架、电气设备、储能系统等产品。

(一)大力推进工业园区光伏发电应用。全市各类工业园区(包括经济技术开发区、工业功能区、高新技术产业园、软件园等）要率先开展分布式光伏发电应用，符合条件的要积极申报国家分布式光伏发电规模化应用示范区。对可开发屋顶面积较少的工业园区，要因地制宜地建设小型分布式光伏发电系统。

(二)积极推进单体建筑屋顶光伏发电应用。优先支持在市内工业厂房、商业综合体、专业市场、大型公共建筑等建筑屋顶建设兆瓦级的规模化分布式光伏发电系统。支持在学校等事业单位建筑屋顶建设小型分布式光伏发电系统。工业企业年综合能耗超过3000吨标煤、商业企业年用电量超过300万千瓦时，且具备建设条件的现有屋顶应改造建设分布式光伏发电系统，新建项目应同步配套设计、建设分布式光伏发电系统。

(三)推动光伏下乡，开展低密度住宅光伏发电应用试点。积极支持发展与农业生产、农民生活相结合的分布式光伏发电应用。在新农村示范区、美丽乡村等改造示范项目建设中，具备条件的项目应同步规划建设光伏发电应用项目。支持农居连片进行光伏发电应用开发改造，建设与绿色设施农业相结合的光伏生态农业大棚、种(养)殖场等光伏发电项目。选择部分低密度住宅小区集中连片建设居民光伏发电应用试点，并逐步扩大应用规模。

(四)推进光电建筑一体化应用，组织开展连片设施光伏照明试点。在不影响城市景观的前提下，鼓励屋顶面积在2000平方米以上且符合光伏发电要求的新建建筑物，按照光伏建筑一体化的要求进行同步规划、设计、施工和验收。凡符合光伏建筑一体化发电系统建设条件的在建或已建成建筑屋顶，均鼓励补建和改建光伏发电系统。积极推广光伏玻璃幕墙、顶棚、光伏瓦等的使用。在道路交通信号设施、公园和居民区道路照明、高速公路服务区照明、公交车站和公共自行车棚照明等方面，开展光伏照明试点。

四、促进光伏产业健康有序发展

(一)加强企业技术创新。围绕低成本、高效率、大容量、国产化的要求，突出产业链关键共性技术研发，突破核心装备国产化瓶颈，大幅提升生产工艺水平，加强产业协作配套，为分布式光伏发电应用提供质优价廉的产品和技术，进一步提升我市光伏产业的整体竞争力。重点支持高效率晶硅电池及新型薄膜电池、关键材料的研发和产业化，提高光伏逆变器、跟踪系统、集中监控以及智能电网等的技术和装备水平，增强光伏发电的系统集成技术能力。

(二)促进企业做强做优。鼓励骨干企业充分发挥产业链优势，实施跨地区兼并重组；支持科技型成长性中小企业实施差异化发展战略。严格执行国家关于光伏制造行业的规范和要求，严控单纯扩大产能的低水平新上项目，加快淘汰落后产能。加强光伏产品标准化和市场规范化建设，探索实施光伏产品市场准入制度，禁止不符合标准和恶意低价抛售的产品进入市场，努力营造公平、公开、公正的市场环境。

(三)促进产业集聚发展。优化全市光伏产业布局，引导各类发展和创新资源要素向工业园区集中，努力建设国家级新能源产业基地。充分发挥我市光伏配套产业的突出优势，引导相关区、县(市)结合本地产业特点，实现错位发展。积极发展太阳能光热发电装备产业。

五、完善并网管理和服务

(一)加强配套电网建设。电网企业要确保配套电网与光伏发电项目同步建成、同步并网。接入公共电网的配套电网工程、接入用户侧的分布式光伏发电引起的公共电网改造部分由电网企业按国家规定建设。

(二)优化并网审批流程和运行服务。电力部门要简化分布式光伏发电的电网接入方式和管理程序，公布分布式光伏发电并网服务流程，明确申报材料的内容和办理时限，建立简便、快捷、高效的并网服务体系。

电网企业要进一步优化系统调度运行，优先保障光伏发电运行，确保光伏发电项目及时并网，除涉及电网安全运行等特殊原因外，不得限发限并。电力部门要完善分布式光伏发电项目并网管理体系，积极创造条件便于低压并网，对分布式光伏发电项目发电余量上网部分进行全额收购，免收系统备用容量费和相关服务费用。电网企业要做好分布式光伏发电项目发电量和上网电量的计量和统计工作，建立双向电费计量信息管理系统，按月转拨补贴资金、代收并转拨业主用电费用。对家庭光伏发电系统实行一站式并网接入服务。对不需要政府补贴的分布式光伏发电项目，如具备接入电网运行条件，可放开规模建设。

六、加大政策扶持力度

(一)实行分布式光伏发电电量补贴。在列入国家光伏发电年度规模计划的前提下，经批准，在年度扶持资金预算额度内，对本市企业(单位、居民)在市域范围内新建的分布式光伏发电项目，经市发改委和市经信委确认并下达任务目标书的，可根据项目建成后的实际发电效果，在国家、省有关补贴的基础上，按其实际发电量由市级财政再给予 0.1 元/千瓦时的补贴，各区、县(市)政府配套补贴不低于市级补贴额度。补贴期限暂定为 2014—2015 年。已享受国家“金太阳”、“光电建筑一体化”资助的项目不再重复补贴。市级财政的补贴资金在市工业和科技统筹资金中列支。

(二)加大节能政策支持。对参与建设分布式光伏发电项目的企业，在执行有序用电计划时可根据其发电规模予以优先支持。分布式光伏发电量可计入当地政府和用户节能量，可抵扣企业新上项目用能指标，并可作为用能指标进行交易，不纳入能源消费总量考核。居民自发自用发电量不纳入阶梯电价适用范围。企业业主自行投资建设并运行的分布式光伏发电项目可申请节能技改项目资助。

(三)支持企业开拓市场。支持本市光伏企业在本省以外投资建设光伏电站，项目建成并网发电后符合有关政策规定的可按总集成总承包政策给予一定资助。

(四)加大企业技术创新支持力度。鼓励本市光伏企业积极创建省级重点企业研究院。对企业围绕提高光电转换效率、光伏发电系统集成、新一代光伏产品、光伏发电并网、光伏材料等关键技术领域实施的技术创新和技术改造项目，在市工业和科技统筹资金中优先安排资助，并对落户规划布点园区内的项目按照相关政策的规定给予倾斜和支持。

(五)加大金融支持力度。金融机构要继续实施“有保有压”的信贷政策，创新金融产品和服务，支持具有自主知识产权、技术先进、发展潜力大的光伏生产企业做大做强，支持其正常生产经营和技术创新等方面的合理融资需求，支持分布式光伏发电项目发展。引导创投、风投机构投资成长型光伏企业和光伏发电运营企业。支持优势企业开展兼并重组和上市融资，拓展融资渠道。研究探索建立政府引导、银行等金融机构参与的分布式光伏发电专项资金池，加大对分布式光伏发电项目的资金支持力度。

七、加强组织领导，落实保障措施

(一)加强统筹协调。由杭州市新能源产业发展领导小组及其办公室负责统筹协调全市分布式光伏发电应用工作，促进光伏产业健康有序发展。各区、县(市)要建立健全相应的组织机构，做好本地区分布式光伏发电应用和产业发展工作，制定具体的推进方案，确保完成省下达的目标任务。

(二)明确责任分工。要进一步明确各部门的责任分工，抓紧制定相关配套管理办法和实施方案。市各相关部门要充分发挥各自职能，加强协调配合，形成工作合力，加快推进分布式光伏发电在全市各领域的应用。行业协会等中介机构要充分发挥作用，加强行业自律，规范市场秩序。

(三)确保资金落实。要加大市工业和科技统筹资金、可再生能源发展资金、低碳城市示范试点资金、新农村建设资金、建筑节能资金等专项资金对分布式光伏应用和光伏产业发展的扶持力度，认真落实国家、省关于分布式光伏应用和光伏产业发展的税收优惠政策。

本实施意见自公布之日起 30 日后施行，由市经信委负责牵头组织实施，有效期至 2015 年 12 月 31 日止。

杭州市人民政府

2014 年 2 月 10 日

杭州市人民政府关于进一步促进社会资本举办医疗机构发展的实施意见

各区、县(市)人民政府,市政府各部门、各直属单位:

为贯彻落实《中共中央关于全面深化改革若干重大问题的决定》、《国务院关于促进健康服务业发展的若干意见》(国发〔2013〕40 号)、国家卫生计生委《关于加快发展社会办医的若干意见》(国卫体改发〔2013〕54 号)和《浙江省人民政府关于促进民营医疗机构加快发展的意见》(浙政发〔2013〕46 号)等文件精神,结合我市实际,现就进一步促进社会资本举办医疗机构,推动我市民营医疗机构健康发展提出以下实施意见。

一、明确社会资本举办医疗机构的基本原则和主要目标

(一)基本原则。

1.统筹规划,共同发展。完善区域卫生规划和医疗机构设置规划,充分调动各方积极性,坚持公立医疗机构和民营医疗机构共同发展。

2.平等准入,完善政策。坚持公开、公平、公正原则,实行统一的准入制度,消除政策障碍,营造民营医疗机构良性发展的新环境。

3.正确引导,依法监管。鼓励社会资本举办非营利性医疗机构,支持举办营利性医疗机构;加强行业监管,规范执业行为,依法维护民营医疗机构和人民群众的合法权益。

(二)主要目标。建立健全适应社会主义市场经济要求的医疗服务体系,鼓励和引导社会资本举办医疗机构,加快民营医疗机构发展,满足人民群众多层次的医疗服务需求。努力构建“政府主导、社会参与、办医主体多元、办医形式多样”的医疗服务体系,建立与我市经济社会发展水平相适应、公立医疗机构和民营医疗机构共同发展的多元化办医新格局。到“十二五”末,民营医疗机构床位数占全市医疗机构总床位数的 20%以上,整体医疗服务质量和水平得到明显提高。

二、放宽社会资本举办医疗机构的准入条件

(一)科学合理制订规划,下放社会办医审批权限。市及区、县(市)在制定和调整本地区域卫生规划、医疗机构设置规划和其他医疗卫生资源配置规划时,要给民营医疗机构发展留出空间,明确鼓励和引导社会资本举办民营医疗机构的区域、类别、专业、规模等。在符合规划的前提下,举办民营医疗机构不受区域、距离等限制。

对具备相应资质的民营医疗机构,应按照规定予以批准,并加快办理审批手续,简化审批流程,提高审批效率。由社会资本投资举办的床位不超过 250 张的综合医院、专科医院、康复医院、疗养院、专科疾病防治院、护理院,以及床位不超过 150 张的中医医院、中西医结合医院等医疗机构的设置审批权限下放至各区、县(市)卫生行政部门。社会资本新举办的医疗机构,应按规定向市卫生行政部门备案,其执业验收、床位核定、变更名称、增设诊疗科目等按审批权限办理。

(二)鼓励社会资本举办各类医疗机构。投资主体可自主申办营利性或非营利性医疗机构。优先支持社会资本举办上规模、高层次的达到二级甲等医院以上建设标准的综合医院,老年医疗、护理、康复、精神卫生、儿科、产科等非营利性专科医院,中医或中西医结合医疗机构,以及在新建城区、开发区、大型住宅区、中心镇等医疗资源配置相对薄弱区域举办医疗机构。鼓励有资质人员依法开办个体诊所。

(三)调整和新增医疗资源优先保障社会资本进入。今后我市需要调整和新增医疗资源时,在符合相关准入标准、具备相应资质的条件下,优先考虑社会资本进入;同一项目同一区块出现多个投资主体同时申请时,应通过公平竞争的方式确定举办主体。

(四)支持民营医疗机构做大、做强。引导民营医疗机构向专业化、规范化发展。引导有条件的民营医疗机构向高水平、高技术含量的大型医疗集团发展,实施品牌发展战略,树立良好的社会信誉,增加竞争力。鼓励和支持民营医疗机构加强临床科研和学科、人才队伍建设。

(五)支持社会资本参与公立医院改制。积极稳妥地推进公立医院改制,适度降低公立医院的比重,严格控制公立医院的不合理扩张。优先选择并支持具有办医经验、社会信誉好的社会资本通过合资合作、收购兼

并、融资租赁等多种形式,参与公立医院改制重组。公立医院改制要确保国有资产不流失，并切实维护职工合法权益。

(六)合理确定民营医疗机构执业范围。除性病、计划生育、产科等科目应符合相应规定外,民营医疗机构的类别、诊疗科目、床位设置、技术准入等,只要符合准入条件的均不受限制。

(七)鼓励境外资本举办医疗机构。进一步扩大对外开放，将境外资本举办医疗机构调整为允许类外商投资项目。在符合相关规定条件下支持境外医疗机构、企业和其他经济组织在我市以合资或合作形式设立医疗机构，鼓励和支持境外名院名企在我市设立合资或合作医疗机构。境外资本既可举办营利性医疗机构,也可以举办非营利性医疗机构。

香港、澳门特别行政区和台湾地区以及国际知名品牌医疗实体出资在我市举办医疗机构,按省、市有关规定享受优先支持政策。香港和澳门医疗服务提供者依法经内地主管部门批准,可以在我市设立独资医院。

三、进一步改善执业环境,支持民营医疗机构发展

(一)民营医疗机构税收和价格政策。民营医疗机构用水、用电、用气、用热实行与公立医疗机构同价政策。非营利性民营医疗机构建设免征有关行政事业性收费，营利性民营医疗机构建设减半征收有关行政事业性收费。民营医疗机构提供的医疗服务价格实行市场调节价,药品执行政府规定的相关价格政策。

非营利性民营医疗机构与公立医疗机构享有同等的税收待遇。营利性民营医疗机构按国家规定缴纳企业所得税,免征营业税。医疗收入直接用于改善医疗卫生条件的,其自用房产、土地自取得执业许可资格之日起,3 年内免征房产税、城镇土地使用税。前 3 年取得的医疗收入直接用于改善医疗卫生条件，且财务制度健全、核算准确的,可申请免征自产自用制剂的增值税等;按照前 3 年缴纳的企业所得税(地方留成部分)额度,营利性民营医疗机构通过项目申请的形式,由同级财政给予专项资金补助。后 5 年缴纳的企业所得税(地方留成部分),营利性民营医疗机构通过项目申请的形式,由同级财政给予减半补助。

民营医疗机构通过公益性社会团体或县级以上政府及其部门用于公益事业的捐赠支出，在年度利润总额 12%以内的部分,准予在计算应纳税所得额时扣除。

(二)民营医疗机构医保定点政策。民营医疗机构与公立医疗机构在医保定点管理上一视同仁。符合医保定点管理相关规定的民营医疗机构，可按规定申请成为基本医疗保险、工伤保险、生育保险等社会保障定点服务单位,执行与公立医疗机构相同的政策。

(三)民营医疗机构人事和社会保障政策。民营医疗机构依据国家相关法律法规,享有用工自主权。其招聘录用的人员必须依法签订劳动合同，建立法定劳动关系。

民营医疗机构医务人员应参加各项社会保险。民营医疗机构应为其医务人员缴纳单位部分的社会保险费,医务人员本人应缴纳个人部分的社会保险费。民营医疗机构医务人员参加企业职工基本养老保险的,按照当地企业职工基本养老保险缴费标准参保并享受相应养老待遇。民营医疗机构聘用具有当地户籍、国家规定执业资格、在劳动年龄内、符合事业单位进人条件的卫生技术人员,经当地人力社保、编制、卫生行政部门审核同意，民营医疗机构可为其选择参加事业单位养老保险，按照当地事业单位养老保险统筹标准参保缴费。同时,应在领取事业单位养老金前,按当时的标准一次性缴纳退休后至本地区平均寿命年限有关退休人员养老保险基金不承担的各项补贴,并委托社保代发、享受相应待遇。具体办法由市人力社保、编制、财政、卫生行政部门共同研究制定。积极鼓励民营医疗机构为参加职工基本养老保险的医务人员建立企业年金等补充保险制度,进一步提高其退休待遇。

政府所属人才服务机构应切实做好民营医疗机构医务人员的人事档案管理等相关工作，为其提供职称评定、户籍挂靠、劳动关系衔接等人事代理服务。

鼓励人才合理流动。积极探索建立卫生技术人员在公立和民营医疗机构间合理流动机制，具体实施办法另行制订；卫生技术人员在不同举办主体医疗机构的养老保险缴费年限予以合并计算。

鼓励和支持符合条件的医师多点执业，为民营医疗机构提供技术支撑。具体实施办法按省、市有关文件规定执行。

民营医疗机构引进的人才,符合条件的,可按相关规定享受人才房政策。

(四)民营医疗机构科研、学术和培训政策。民营医疗机构在本市科研课题招标及成果鉴定、临床重点学科建设、医学院校临床教学基地及住院医师规范化培训基地资格认定、职工专业技术和职业技能培训、职称评定和职业技能鉴定等方面与公立医疗机构享受同等

政策。

本市医学类行业协会、学术组织和医疗机构评审委员会等平等吸纳具备相应资质的民营医疗机构参与,保证相应的比例,保障民营医疗机构医务人员享有承担与其学术水平和专业能力相适应的领导职务和专业职务的机会。

民营医疗机构卫生技术人员的培养纳入医疗卫生人才继续教育、技能人才职业技能培训、全科医生培养培育、住院医师规范化培训及医院管理培训等。

(五)民营医疗机构大型设备配置政策。民营医疗机构按照批准的执业范围、医院等级、服务人口数量等,合理配置大型医用设备。民营医疗机构配置大型医用设备配额单列并向其倾斜。

各级卫生部门在审批民营医疗机构及其开设的诊疗科目时,对其执业范围内需配备的大型医用设备一并审批,对符合配置标准和使用资质的予以支持。

(六)民营医疗机构发展财政扶持政策。各级政府要安排资金扶持民营医疗机构发展,加大政府购买医疗服务力度,扩大政府购买医疗服务范围,建立政府购买服务公平机制,鼓励民营医疗机构参与公平竞争;民营医疗机构完成基本公共卫生任务、完成重大传染病、群体性不明原因疾病、重大食物和职业中毒以及因自然灾害、事故灾难或社会安全等事件引起的突发公共卫生任务、政府各项指令性任务的,给予其与公立医疗机构同样的补贴;对民营医疗机构的重点学科建设、高层次人才培养等方面给予扶持。

主城区范围内,对为满足基本医疗服务需求,符合卫生发展规划的,三年内立项新建的自建用房(含自购产权)、床位数达到 200 张以上的非营利性综合医院(中医医院)和 100 张以上的非营利性专科医院(不含美容、整形、牙科、性病等非基本医疗服务医院及非基本医疗服务床位),在取得《医疗机构执业许可证》和《民办非企业单位登记证书》并投入使用后,年床位使用率大于 70%的,经考核验收后,按其投资额的 10%给予一次性补助。

主城区范围内,对租赁房屋新建的非营利性民营医院,租赁期五年以上且达到前款规模的,按每张床 1 万元给予一次性奖励补助,其中 50%的奖励在 5 年后兑现;现有非营利性民营医院达到前款规模和相应要求的,根据出院病人数,给予每人次一定额度的补助,具体补助额度及办法另行制定。

上述奖励所需经费由市、区两级财政按税收收入比例分级承担。

对于社会资本举办上规模、高层次的达到二级甲等医院以上建设标准的非营利性综合医院和我市紧缺专业的非营利性专科医院,在房屋建设、设备、管理、服务等方面给予积极扶持。

(七)民营医疗机构土地使用政策。民营医疗机构选址应符合我市及各地土地利用总体规划和相关城乡规划,用地纳入当年度国有建设用地计划,合理确定用地规模,优先支持社会资本举办符合政府鼓励方向医疗机构的建设用地。非营利性民营医疗机构享受与公立医疗机构相同的土地使用政策,可以划拨方式取得土地使用权,土地使用权不得抵押,未经批准不得转让、出租。非营利性医疗机构不得擅自改变土地用途,如确需改变的,应依法办理相关审批手续。非营利性民营医疗机构停办后,其通过划拨方式取得的土地使用权由政府收回或转由其他非营利性民营医疗机构使用,地上建筑物根据市场评估价格予以补偿。非营利性民营医疗机构原通过有偿使用方式获得土地使用权的,其土地用途(医卫慈善用地)、土地使用权取得方式不变。

营利性民营医疗机构建设用地实行有偿使用。严禁民营医疗机构擅自改变土地用途。民营医疗机构因扩建、迁建需要,可依法申请使用新土地、退出原有土地,原有土地及地上建筑物补偿应全额用于办医。

民营医疗机构在性质改变和产权转让时,其土地资产按获得方式不同进行分类处置。

1.以划拨方式提供土地使用权的。

(1)非营利性民营医疗机构自取得《医疗机构执业许可证》之日起 5 年后自愿保留非营利性性质,且土地用途不改变的,其土地使用方式仍可保留划拨,土地开发费(成本部分)按照“谁出资、谁所有”的原则界定。

(2)非营利性民营医疗机构自取得《医疗机构执业许可证》之日起 5 年后经相关审批部门批准,注销后重新申办为营利性医疗机构的,应按规定办理土地有偿使用手续,并缴纳土地出让金(或土地租金);土地开发费(成本部分)按照“谁出资、谁所有”的原则界定。

(3)非营利性民营医疗机构在产权转让时,其土地用途仍为医卫慈善用地的,所得土地开发费(成本部分)按照“谁出资、谁所有”的原则界定。产权转让后,非营利性民营医疗机构医疗机构性质仍保留非营利性质的,土地按《划拨用地目录》规定继续保留划拨;其医疗机构性质不再保留非营利性性质的,土地应按规定办理有偿使用手续,并缴纳土地出让金(或土地租金)。

(4)非营利性民营医疗机构在使用土地过程中,不得改变土地使用条件；如改变土地使用条件或改变为经营性用地,其土地使用权按照有关规定,由政府收回后以招标、拍卖或挂牌等方式公开出让。

2.以出让、租赁等有偿使用方式取得土地使用权的,按国家、省、市城镇国有土地使用权转让、租赁的有关规定办理；未按土地使用权出让合同规定的期限和条件投资开发、利用土地的,土地使用权不得转让。

(八)民营医疗机构变更经营性质及退出政策。非营利性民营医疗机构原则上不得转变为营利性医疗机构,确需转变的,应注销后进行清算,再重新申办,并根据其经营性质报经原审批部门批准及依法办理相关手续;营利性民营医疗机构转变为非营利性医疗机构,可提出申请并依法办理变更手续。民营医疗机构经营性质变更后，按规定分别执行国家有关价格和税收等政策。

民营医疗机构如发生产权变更，可按有关规定处置相关资产。民营医疗机构如发生停业或破产,按照有关规定处理。鼓励民营医疗机构捐赠。

(九)民营医疗机构投融资政策。营利性民营医疗机构可以利用有偿取得的土地使用权、产权明晰的房产等固定资产为自身债务提供担保,申请贷款,国土资源、房产管理部门应予办理抵押登记手续。支持民营医疗机构以股权融资、项目融资等方式筹集建设发展资金。

四、加强监管与服务,促进民营医疗机构持续健康发展

(一)引导民营医疗机构规范执业。民营医疗机构要严格按法律法规依法执业，按相应许可开展医疗服务,严禁超范围服务和医疗欺诈行为。规范民营医疗机构医疗广告发布行为,严禁发布虚假、违法医疗广告。

加强对民营医疗机构的医疗质量监管。民营医疗机构要建立健全质量管理体系，切实加强医疗质量管理。卫生部门要把民营医疗机构纳入医疗质量控制评价体系,通过日常监督管理、医疗机构校验和医师定期考核等手段，对民营医疗机构医疗质量及其医务人员执业情况进行检查、评估和审核。建立社会监督机制，将医疗质量和患者满意度纳入对民营医疗机构日常监管范围。发挥医疗保险对医保定点机构的激励约束作用,促进民营医疗机构提高服务质量,降低服务成本。

加强对民营医疗机构药品质量监管。民营医疗机构要严格执行《药品管理法》和《医疗机构药品监督管理办法(试行)》等法律法规,建立健全药品质量管理体系，完善药品购进、储存及使用等环节的质量管理制度。市场监管(药品监管)和卫生部门要将药房规范化管理纳入民营医疗机构执业管理,加强日常监督管理。

指导监督民营医疗机构建立内部价格管理制度。民营医疗机构要建立医疗服务成本核算和成本控制管理制度,合理确定医疗服务价格水平;建立医药价格投诉管理制度,认真接待和受理价格咨询和投诉,及时解决存在的问题；协助和配合价格主管部门开展执法检查。

(二)促进民营医疗机构守法经营。民营医疗机构要严格按照登记的经营性质开展经营活动,使用财政、税务部门监制的符合医疗卫生行业特点的票据，执行国家规定的财务会计制度，依法进行会计核算和财务管理。严格执行国家药品和医疗服务价格政策,按规定做好医药价格公示工作,并接受相关部门的监督检查。非营利性民营医疗机构所得收入除规定的合理支出外,只能用于医疗机构的继续发展。对违反经营目的、收支结余用于分红或变相分红的，主管部门要责令限期改正;情节严重的,按规定责令停止执业,并依法追究法律责任。营利性民营医疗机构所得收益可用于投资者经济回报。民营医疗机构要按照临床必需的原则为患者提供适当的医疗服务，严禁诱导治疗和过度治疗。卫生部门应加强监管,对不当谋利、损害患者合法权益的,要依法惩处并追究法律责任。价格主管部门对价格违法行为要依法严肃查处。财政、卫生、工商、民政等相关部门要进一步完善和落实营利性和非营利性医疗机构财务、会计制度及登记管理办法。要充分发挥会计师事务所对民营医疗机构的审计监督作用。

(三)加强对民营医疗机构的技术指导。允许公立医疗机构与非营利性民营医疗机构之间开展技术合作、对口帮扶、托管和集团化等方式加强合作与支持。新组建的组织应当符合医疗机构名称规范，按程序报批和注册。

(四)提高民营医疗机构的管理水平。鼓励民营医疗机构推行现代化医院管理制度，建立规范的法人治理结构,加强成本控制和质量管理,聘用职业院长负责医院管理。鼓励民营医疗机构采用各种方式聘请或委托国内外具备医疗机构管理经验的专业机构，在明确权责关系的前提下参与医院管理,提高管理效率。支持社会资本举办医院管理公司提供专业化的服务。

(五)加强民营医疗机构信息化建设。保障民营医疗机构与公立医疗机构在政策知情和信息、数据等公

共资源共享方面的同等权利，将民营医疗机构的信息化建设纳入各级卫生信息平台规划。民营医疗机构要按照相关规定，规范信息化建设，重点落实医院管理、医疗质量管理、电子病历、药品质量管理等信息化建设内容。

（六）培育民营医疗机构增强社会责任感。民营医疗机构要增强社会责任意识，坚持以病人为中心，加强医德医风建设，大力弘扬救死扶伤精神，加强医务人员职业道德建设和人文精神教育，做到诚信执业。鼓励民营医疗机构通过设立救助基金、开展义诊等多种方式回报社会。进一步培育和完善民营医疗机构行业协会，充分发挥其在行业自律和维护民营医疗机构合法权益等方面的积极作用。

（七）建立和完善民营医疗机构投诉渠道。民营医疗机构可以采取行政诉讼、行政复议等形式，维护自身权益。可以向上级有关部门投诉，接到投诉的部门应依法及时处理，并按规定将处理结果反馈投诉的民营医疗机构。

本实施意见自发布之日起30日后执行。前发文件与本实施意见不一致的，以本实施意见为准。萧山区、余杭区和五县（市）可结合本地实际参照执行。

杭州市人民政府

2014年5月29日

（责任编辑：王怡然　金瑞锋　黄莹莹　杨丽君）

附 录

2014年中国民营企业500强

序号	企业名称	省区市	所属行业	营收总额(万元)
1	苏宁控股集团	江苏省	零售业	27,981,265
2	联想控股有限公司	北京市	计算机、通信等电子设备制造业	24,403,077
3	山东魏桥创业集团有限公司	山东省	纺织业	24,138,650
4	华为投资控股有限公司	广东省	计算机、通信等电子设备制造业	23,902,500
5	正威国际集团有限公司	广东省	有色金属冶炼和压延加工业	23,382,562
6	江苏沙钢集团有限公司	江苏省	黑色金属冶炼和压延加工业	22,803,606
7	中国华信能源有限公司	上海市	批发业	20,998,533
8	大连万达集团股份有限公司	辽宁省	房地产业	18,664,000
9	浙江吉利控股集团有限公司	浙江省	汽车制造业	15,842,925
10	万科企业股份有限公司	广东省	房地产业	13,541,879
11	恒力集团有限公司	江苏省	化学原料和化学制品制造业	13,534,917
12	雨润控股集团有限公司	江苏省	食品制造业	12,997,856
13	美的集团股份有限公司	广东省	电气机械和器材制造业	12,126,518
14	新疆广汇实业投资(集团)有限责任公司	新　疆	零售业	10,923,638
15	中天钢铁集团有限公司	江苏省	黑色金属冶炼和压延加工业	10,509,107
16	海亮集团有限公司	浙江省	有色金属冶炼和压延加工业	10,043,837
17	广厦控股集团有限公司	浙江省	房屋建筑业	9,078,628
18	杭州娃哈哈集团有限公司	浙江省	酒、饮料和精制茶制造业	7,827,855
19	浙江恒逸集团有限公司	浙江省	化学原料和化学制品制造业	7,806,579
20	新希望集团有限公司	四川省	农、林、牧、渔服务业	7,789,271
21	西安迈科金属国际集团有限公司	陕西省	批发业	7,726,111
22	山东晨曦集团有限公司	山东省	批发业	7,512,471
23	北京建龙重工集团有限公司	北京市	黑色金属冶炼和压延加工业	7,300,434
24	三一集团有限公司	湖南省	专用设备制造业	7,224,984
25	河北新华联合冶金投资有限公司	河北省	黑色金属冶炼和压延加工业	6,628,908
26	苏宁环球集团有限公司	江苏省	房地产业	6,615,000
27	三胞集团有限公司	江苏省	零售业	6,546,007
28	浙江荣盛控股集团有限公司	浙江省	化学纤维制造业	6,503,560
29	庞大汽贸集团股份有限公司	河北省	零售业	6,398,528
30	山东东明石化集团有限公司	山东省	石油加工、炼焦和核燃料加工业	6,206,184
31	陕西东岭工贸集团股份有限公司	陕西省	批发业	6,084,083
32	天能集团	浙江省	电气机械和器材制造业	5,666,097
33	超威集团	浙江省	电气机械和器材制造业	5,573,237
34	雅戈尔集团股份有限公司	浙江省	纺织服装、服饰业	5,325,026

序号	企业名称	省市区	所属行业	营收总额(万元)
35	江苏西城三联控股集团有限公司	江苏省	黑色金属冶炼和压延加工业	5,308,871
36	比亚迪股份有限公司	广东省	汽车制造业	5,286,328
37	上海复星高科技(集团)有限公司	上海市	综合	5,204,104
38	山东新希望六和集团有限公司	山东省	畜牧业	5,203,602
39	盛虹控股集团有限公司	江苏省	化学纤维制造业	5,134,714
40	青山控股集团有限公司	浙江省	黑色金属冶炼和压延加工业	5,081,412
41	河北津西钢铁集团股份有限公司	河北省	黑色金属冶炼和压延加工业	5,079,253
42	天津荣程联合钢铁集团有限公司	天津市	黑色金属冶炼和压延加工业	5,030,457
43	中天发展控股集团有限公司	浙江省	房屋建筑业	5,016,315
44	江苏南通三建集团有限公司	江苏省	房地产业	4,956,966
45	华盛江泉集团有限公司	山东省	黑色金属冶炼和压延加工业	4,856,057
46	新奥集团股份有限公司	河北省	燃气生产和供应业	4,828,009
47	玖龙纸业(控股)有限公司	广东省	造纸和纸制品业	4,823,712
48	奥克斯集团有限公司	浙江省	电气机械和器材制造业	4,806,871
49	四川省川威集团有限公司	四川省	黑色金属冶炼和压延加工业	4,749,288
50	江苏新长江实业集团有限公司	江苏省	黑色金属冶炼和压延加工业	4,720,593
51	通威集团有限公司	四川省	农副食品加工业	4,611,678
52	新华联集团有限公司	湖南省	石油加工、炼焦和核燃料加工业	4,525,846
53	科创控股集团有限公司	四川省	医药制造业	4,520,000
54	远大物产集团有限公司	浙江省	商务服务业	4,519,400
55	日照钢铁控股集团有限公司	山东省	黑色金属冶炼和压延加工业	4,380,513
56	盾安控股集团有限公司	浙江省	专用设备制造业	4,363,204
57	红豆集团有限公司	江苏省	纺织服装、服饰业	4,351,833
58	华泰集团有限公司	山东省	造纸和纸制品业	4,310,219
59	海澜集团有限公司	江苏省	纺织服装、服饰业	4,300,569
60	银亿集团有限公司	浙江省	批发业	4,210,593
61	内蒙古鄂尔多斯投资控股集团有限公司	内蒙古	综合	4,206,200
62	山东如意科技集团有限公司	山东省	纺织业	4,110,528
63	临沂新程金锣肉制品集团有限公司	山东省	农副食品加工业	4,084,626
64	江阴澄星实业集团有限公司	江苏省	化学原料和化学制品制造业	4,084,185
65	浙江桐昆控股集团有限公司	浙江省	化学纤维制造业	4,064,012
66	深圳市爱施德股份有限公司	广东省	批发业	4,039,918
67	四川宏达(集团)有限公司	四川省	有色金属矿采选业	4,035,897
68	中太建设集团股份有限公司	河北省	房屋建筑业	4,012,872
69	修正药业集团	吉林省	医药制造业	4,001,780
70	亿利资源集团有限公司	内蒙古	综合	3,923,827
71	重庆龙湖企业拓展有限公司	重庆市	房地产业	3,914,310
72	江苏南通二建集团有限公司	江苏省	房屋建筑业	3,852,631
73	双胞胎(集团)股份有限公司	江西省	农副食品加工业	3,733,080
74	东方希望集团有限公司	上海市	有色金属冶炼和压延加工业	3,720,000
75	山东泰山钢铁集团有限公司	山东省	黑色金属冶炼和压延加工业	3,700,495
76	江苏申特钢铁有限公司	江苏省	黑色金属冶炼和压延加工业	3,656,785

序号	企业名称	省市区	所属行业	营收总额(万元)
77	内蒙古伊泰集团有限公司	内蒙古	煤炭开采和洗选业	3,646,355
78	江苏金浦集团有限公司	江苏省	化学原料和化学制品制造业	3,642,983
79	正邦集团有限公司	江西省	农业	3,604,589
80	山东大海集团有限公司	山东省	电气机械和器材制造业	3,600,523
81	云南中豪置业有限责任公司	云南省	房地产业	3,561,248
82	江苏永钢集团有限公司	江苏省	黑色金属冶炼和压延加工业	3,553,556
83	山东京博控股股份有限公司	山东省	石油加工、炼焦和核燃料加工业	3,540,123
84	新疆特变电工集团有限公司	新　疆	专用设备制造业	3,533,083
85	山东太阳纸业股份有限公司	山东省	造纸和纸制品业	3,515,118
86	四川科伦实业集团有限总司	四川省	医药制造业	3,507,582
87	新世纪控股集团有限公司	浙江省	商务服务业	3,500,000
88	宁波金田投资控股有限公司	浙江省	有色金属冶炼和压延加工业	3,482,392
89	浙江前程投资股份有限公司	浙江省	批发业	3,441,091
90	腾邦投资控股有限公司	广东省	软件和信息技术服务业	3,393,608
91	江苏阳光集团有限公司	江苏省	纺织业	3,372,436
92	九州通医药集团股份有限公司	湖北省	批发业	3,343,805
93	华勤橡胶工业集团有限公司	山东省	橡胶和塑料制品业	3,327,163
94	正泰集团股份有限公司	浙江省	电气机械和器材制造业	3,322,428
95	江西萍钢实业股份有限公司	江西省	黑色金属冶炼和压延加工业	3,321,783
96	德力西集团有限公司	浙江省	电气机械和器材制造业	3,315,360
97	万达控股集团有限公司	山东省	有色金属冶炼和压延加工业	3,280,802
98	浙江中成控股集团有限公司	浙江省	房屋建筑业	3,280,045
99	金龙精密铜管集团股份有限公司	河南省	有色金属冶炼和压延加工业	3,258,333
100	物美控股集团有限公司	北京市	零售业	3,253,710
101	亚邦投资控股集团有限公司	江苏省	化学原料和化学制品制造业	3,205,036
102	百度在线网络技术(北京)有限公司	北京市	互联网和相关服务	3,194,392
103	亨通集团有限公司	江苏省	电气机械和器材制造业	3,121,035
104	嘉晨集团有限公司	辽宁省	黑色金属冶炼和压延加工业	3,116,567
105	四川德胜集团钒钛有限公司	四川省	黑色金属冶炼和压延加工业	3,103,549
106	利华益集团股份有限公司	山东省	石油加工、炼焦和核燃料加工业	3,100,653
107	上海人民企业(集团)有限公司	上海市	金属制品业	3,093,624
108	天津宝迪农业科技股份有限公司	天津市	食品制造业	3,061,847
109	天狮集团有限公司	天津市	医药制造业	3,048,834
110	和润集团有限公司	浙江省	农副食品加工业	3,037,857
111	山东金诚石化集团有限公司	山东省	石油加工、炼焦和核燃料加工业	3,032,125
112	天瑞集团股份有限公司	河南省	非金属矿物制品业	3,031,635
113	重庆市金科投资控股(集团)有限责任公司	重庆市	房地产业	3,027,247
114	宁夏宝塔石化集团有限公司	宁　夏	石油加工、炼焦和核燃料加工业	3,018,131
115	江苏扬子江船业集团公司	江苏省	铁路、船舶等运输设备制造业	3,009,256
116	人民电器集团有限公司	浙江省	电气机械和器材制造业	2,978,871
117	大汉控股集团有限公司	湖南省	综合	2,915,493
118	江苏省苏中建设集团股份有限公司	江苏省	房屋建筑业	2,910,523

序号	企业名称	省市区	所属行业	营收总额(万元)
119	晟通科技集团有限公司	湖南省	有色金属冶炼和压延加工业	2,897,897
120	双良集团有限公司	江苏省	化学原料和化学制品制造业	2,877,518
121	浙江昆仑控股集团有限公司	浙江省	综合	2,861,083
122	山东金岭集团有限公司	山东省	化学原料和化学制品制造业	2,856,039
123	东方集团实业股份有限公司	黑龙江省	综合	2,836,391
124	福佳集团有限公司	辽宁省	化学原料和化学制品制造业	2,827,561
125	波司登股份有限公司	江苏省	纺织服装、服饰业	2,807,323
126	江苏金辉铜业集团有限公司	江苏省	有色金属冶炼和压延加工业	2,782,507
127	丰立集团有限公司	江苏省	废弃资源综合利用业	2,760,240
128	中基宁波集团股份有限公司	浙江省	商务服务业	2,759,217
129	河北普阳钢铁有限公司	河北省	黑色金属冶炼和压延加工业	2,743,957
130	宁夏天元锰业有限公司	宁 夏	有色金属冶炼和压延加工业	2,742,963
131	南京丰盛产业控股集团有限公司	江苏省	土木工程建筑业	2,735,398
132	杭州锦江集团有限公司	浙江省	有色金属冶炼和压延加工业	2,729,972
133	西王集团有限公司	山东省	农副食品加工业	2,712,007
134	亿达集团有限公司	辽宁省	房地产业	2,704,884
135	四川蓝光实业集团有限公司	四川省	房地产业	2,703,943
136	郑州宇通集团有限公司	河南省	汽车制造业	2,698,448
137	天正集团有限公司	浙江省	电气机械和器材制造业	2,686,149
138	百兴集团有限公司	江苏省	商务服务业	2,683,581
139	山东玉皇化工有限公司	山东省	化学原料和化学制品制造业	2,681,915
140	东营方圆有色金属有限公司	山东省	有色金属冶炼和压延加工业	2,679,225
141	山东科达集团有限公司	山东省	综合	2,651,912
142	维维集团股份有限公司	江苏省	食品制造业	2,618,069
143	华芳集团有限公司	江苏省	纺织业	2,604,977
144	重庆力帆控股有限公司	重庆市	汽车制造业	2,601,570
145	唐山国丰钢铁有限公司	河北省	黑色金属冶炼和压延加工业	2,575,331
146	山河建设集团有限公司	湖北省	房屋建筑业	2,562,964
147	武安市裕华钢铁有限公司	河北省	黑色金属冶炼和压延加工业	2,560,125
148	河北新武安钢铁集团明芳钢铁有限公司	河北省	黑色金属冶炼和压延加工业	2,550,818
149	浙江宝业建设集团有限公司	浙江省	房屋建筑业	2,536,892
150	安徽国购投资集团	安徽省	综合	2,524,297
151	中球冠集团有限公司	浙江省	批发业	2,513,618
152	浙江龙盛控股有限公司	浙江省	化学原料和化学制品制造业	2,510,021
153	宁波富邦控股集团有限公司	浙江省	综合	2,496,565
154	江苏法尔胜泓昇集团有限公司	江苏省	金属制品业	2,496,089
155	上海华冶钢铁集团有限公司	上海市	黑色金属冶炼和压延加工业	2,491,360
156	稻花香集团	湖北省	酒、饮料和精制茶制造业	2,486,100
157	河北文丰钢铁有限公司	河北省	黑色金属冶炼和压延加工业	2,471,542
158	传化集团有限公司	浙江省	化学原料和化学制品制造业	2,439,341
159	河北新金钢铁有限公司	河北省	黑色金属冶炼和压延加工业	2,432,613
160	金鼎重工股份有限公司	河北省	有色金属冶炼和压延加工业	2,430,000

序号	企业名称	省市区	所属行业	营收总额(万元)
161	天津友发钢管集团股份有限公司	天津市	金属制品业	2,408,312
162	远东控股集团有限公司	江苏省	电气机械和器材制造业	2,404,890
163	隆鑫控股有限公司	重庆市	通用设备制造业	2,398,180
164	卓尔控股有限公司	湖北省	综合	2,393,000
165	江苏新华发集团有限公司	江苏省	通用设备制造业	2,386,861
166	天津领先控股集团有限公司	天津市	批发业	2,378,236
167	江苏华厦融创置地集团有限公司	江苏省	房地产业	2,358,390
168	浙江新湖集团股份有限公司	浙江省	综合	2,343,468
169	山东汇丰石化集团有限公司	山东省	石油加工、炼焦和核燃料加工业	2,308,565
170	西林钢铁集团有限公司	黑龙江省	黑色金属冶炼和压延加工业	2,300,966
171	四川金广实业(集团)股份有限公司	四川省	黑色金属冶炼和压延加工业	2,296,626
172	山东九羊集团有限公司	山东省	黑色金属冶炼和压延加工业	2,263,536
173	上海龙昂国际贸易有限公司	上海市	批发业	2,240,719
174	江苏文峰集团有限公司	江苏省	零售业	2,240,347
175	江苏高力集团有限公司	江苏省	房地产业	2,225,150
176	澳洋集团有限公司	江苏省	纺织业	2,221,545
177	东岳集团有限公司	山东省	化学原料和化学制品制造业	2,215,911
178	西子联合控股有限公司	浙江省	专用设备制造业	2,210,849
179	精功集团有限公司	浙江省	金属制品业	2,209,287
180	四川省达州钢铁集团有限责任公司	四川省	黑色金属冶炼和压延加工业	2,207,619
181	江苏三房巷集团有限公司	江苏省	化学纤维制造业	2,159,372
182	步步高投资集团股份有限公司	湖南省	零售业	2,119,148
183	河北新武安钢铁集团文安钢铁有限公司	河北省	黑色金属冶炼和压延加工业	2,108,552
184	晶龙实业集团有限公司	河北省	计算机、通信等电子设备制造业	2,108,352
185	天地龙控股集团有限公司	江苏省	金属制品业	2,104,856
186	通鼎集团有限公司	江苏省	电气机械和器材制造业	2,101,530
187	荣盛控股股份有限公司	河北省	房地产业	2,100,398
188	天津塑力线缆集团有限公司	天津市	电气机械和器材制造业	2,097,285
189	浙江元立金属制品集团有限公司	浙江省	金属制品业	2,088,428
190	香江集团有限公司	广东省	综合	2,082,239
191	银海万向控股集团有限公司	北京市	批发业	2,078,736
192	山东昌华实业发展有限公司	山东省	农副食品加工业	2,078,096
193	新城控股集团有限公司	江苏省	房地产业	2,077,126
194	辽宁忠旺集团有限公司	辽宁省	有色金属冶炼和压延加工业	2,049,444
195	融信(福建)投资集团有限公司	福建省	房地产业	2,048,570
196	天士力控股集团有限公司	天津市	医药制造业	2,046,300
197	君华集团有限公司	广东省	房地产业	2,029,276
198	江苏新海石化有限公司	江苏省	石油加工、炼焦和核燃料加工业	2,027,708
199	威高集团有限公司	山东省	医药制造业	2,020,593
200	内蒙古伊东资源集团股份有限公司	内蒙古	煤炭开采和洗选业	2,019,417
201	南通化工轻工股份有限公司	江苏省	批发业	2,017,587
202	国能商业有限公司	上海市	批发业	2,015,616

序号	企业名称	省市区	所属行业	营收总额(万元)
203	上海均和集团有限公司	上海市	批发业	2,000,807
204	广东圣丰集团有限公司	广东省	橡胶和塑料制品业	1,981,376
205	东兆长泰投资集团有限公司	北京市	土木工程建筑业	1,953,944
206	富海集团有限公司	山东省	石油加工、炼焦和核燃料加工业	1,945,510
207	卧龙控股集团有限公司	浙江省	电气机械和器材制造业	1,916,811
208	湖南博长控股集团有限公司	湖南省	黑色金属冶炼和压延加工业	1,902,388
209	河南龙成集团有限公司	河南省	黑色金属冶炼和压延加工业	1,901,343
210	银泰商业(集团)有限公司	浙江省	零售业	1,898,071
211	苏州金螳螂企业(集团)有限公司	江苏省	建筑装饰和其他建筑业	1,893,939
212	龙信建设集团有限公司	江苏省	房屋建筑业	1,886,876
213	深圳海王集团股份有限公司	广东省	医药制造业	1,884,858
214	红狮控股集团有限公司	浙江省	非金属矿物制品业	1,874,900
215	江苏三木集团有限公司	江苏省	化学原料和化学制品制造业	1,874,635
216	攀华集团有限公司	江苏省	金属制品业	1,856,663
217	浙江富冶集团有限公司	浙江省	有色金属冶炼和压延加工业	1,840,959
218	中国庆华能源集团有限公司	北京市	煤炭开采和洗选业	1,838,209
219	福星集团控股有限公司	湖北省	综合	1,806,066
220	河北新武安钢铁集团烘熔钢铁有限公司	河北省	黑色金属冶炼和压延加工业	1,805,421
221	福晟集团有限公司	福建省	土木工程建筑业	1,802,213
222	金澳科技(湖北)化工有限公司	湖北省	石油加工、炼焦和核燃料加工业	1,786,000
223	江苏省镔鑫特钢材料有限公司	江苏省	黑色金属冶炼和压延加工业	1,778,988
224	上海圆迈贸易有限公司	上海市	零售业	1,772,390
225	攀枝花钢城集团有限公司	四川省	黑色金属冶炼和压延加工业	1,763,852
226	宁波神化化学品经营有限责任公司	浙江省	有色金属矿采选业	1,756,331
227	广州立白企业集团有限公司	广东省	化学原料和化学制品制造业	1,749,933
228	宜华企业(集团)有限公司	广东省	家具制造业	1,745,810
229	金花投资控股集团有限公司	陕西省	零售业	1,745,285
230	南通四建集团有限公司	江苏省	房屋建筑业	1,740,188
231	河北新武安钢铁集团鑫汇冶金有限公司	河北省	黑色金属冶炼和压延加工业	1,725,667
232	山东昊龙集团有限公司	山东省	综合	1,724,928
233	浙江大东南集团有限公司	浙江省	橡胶和塑料制品业	1,709,949
234	江苏南通六建建设集团有限公司	江苏省	房屋建筑业	1,706,190
235	上海绿地建设(集团)有限公司	上海市	房屋建筑业	1,701,899
236	福建恒安集团有限公司	福建省	综合	1,690,460
237	富通集团有限公司	浙江省	计算机、通信等电子设备制造业	1,675,861
238	奥康集团有限公司	浙江省	皮革、羽毛及其制品和制鞋业	1,668,811
239	云南惠嘉进出口有限公司	云南省	批发业	1,667,834
240	大华(集团)有限公司	上海市	房地产业	1,657,828
241	升华集团控股有限公司	浙江省	化学原料和化学制品制造业	1,655,603
242	大自然钢业集团有限公司	浙江省	黑色金属冶炼和压延加工业	1,654,312
243	常州东方特钢有限公司	江苏省	黑色金属冶炼和压延加工业	1,653,316
244	海汇集团有限公司	山东省	专用设备制造业	1,650,866

序号	企业名称	省市区	所属行业	营收总额(万元)
245	华南物资集团有限公司	重庆市	批发业	1,648,714
246	成都蛟龙港	四川省	综合	1,645,960
247	江苏天工集团有限公司	江苏省	黑色金属冶炼和压延加工业	1,642,828
248	广西盛隆冶金有限公司	广　西	有色金属冶炼和压延加工业	1,628,429
249	新华锦集团	山东省	批发业	1,628,378
250	大全集团有限公司	江苏省	电气机械和器材制造业	1,621,221
251	东辰控股集团有限公司	山东省	化学原料和化学制品制造业	1,606,892
252	山东五征集团	山东省	汽车制造业	1,600,321
253	天津华北集团有限公司	天津市	有色金属冶炼和压延加工业	1,591,527
254	贵阳宏益房地产开发有限公司	贵州省	房地产业	1,587,536
255	香驰控股有限公司	山东省	农副食品加工业	1,582,570
256	河南联合煤炭化工集团有限公司	河南省	批发业	1,566,876
257	浙江海天建设集团有限公司	浙江省	房屋建筑业	1,562,790
258	新八建设集团有限公司	湖北省	房屋建筑业	1,562,651
259	大生(福建)农业有限公司	福建省	批发业	1,557,082
260	上海均瑶(集团)有限公司	上海市	综合	1,552,399
261	永鼎集团有限公司	江苏省	电气机械和器材制造业	1,548,170
262	河南济源钢铁(集团)有限公司	河南省	黑色金属冶炼和压延加工业	1,547,363
263	大亚科技集团有限公司	江苏省	木材加工和木竹藤棕草制品业	1,535,589
264	研祥高科技控股集团有限公司	广东省	计算机、通信等电子设备制造业	1,534,967
265	震雄铜业集团有限公司	江苏省	有色金属冶炼和压延加工业	1,529,199
266	山西潞宝集团	山西省	石油加工、炼焦和核燃料加工业	1,525,799
267	日照兴业集团有限公司	山东省	批发业	1,524,381
268	通州建总集团有限公司	江苏省	房屋建筑业	1,517,726
269	江苏大明金属制品有限公司	江苏省	金属制品业	1,515,000
270	欧美投资集团有限公司	山东省	批发业	1,513,594
271	上海胜华电缆(集团)有限公司	上海市	电气机械和器材制造业	1,511,500
272	天津聚龙嘉华投资集团有限公司	天津市	农副食品加工业	1,510,242
273	浙江金田阳光投资有限公司	浙江省	商务服务业	1,490,400
274	海外海集团有限公司	浙江省	商务服务业	1,487,226
275	山东万通石油化工集团有限公司	山东省	石油加工、炼焦和核燃料加工业	1,474,687
276	江苏集群信息产业集团	江苏省	软件和信息技术服务业	1,473,116
277	江苏天裕能源化工集团有限公司	江苏省	石油加工、炼焦和核燃料加工业	1,466,006
278	山东远通汽车贸易集团有限公司	山东省	零售业	1,466,000
279	泰地控股集团有限公司	浙江省	综合	1,459,921
280	江苏邗建集团有限公司	江苏省	房屋建筑业	1,455,182
281	中天科技集团有限公司	江苏省	电气机械和器材制造业	1,452,771
282	华峰集团有限公司	浙江省	化学原料和化学制品制造业	1,451,348
283	金发科技股份有限公司	广东省	化学原料和化学制品制造业	1,442,598
284	万马联合控股集团有限公司	浙江省	零售业	1,437,214
285	山西安泰控股集团有限公司	山西省	黑色金属冶炼和压延加工业	1,434,773
286	常熟市龙腾特种钢有限公司	江苏省	黑色金属冶炼和压延加工业	1,431,830

序号	企业名称	省市区	所属行业	营收总额(万元)
287	河南黄河实业集团股份有限公司	河南省	非金属矿物制品业	1,426,832
288	包商银行股份有限公司	内蒙古	货币金融服务	1,423,297
289	中利科技集团股份有限公司	江苏省	电气机械和器材制造业	1,410,885
290	福中集团有限公司	江苏省	综合	1,408,500
291	浙江翔盛集团有限公司	浙江省	化学纤维制造业	1,393,928
292	中经汇通有限责任公司	广东省	互联网和相关服务	1,393,369
293	江苏飞达控股集团有限公司	江苏省	黑色金属冶炼和压延加工业	1,390,877
294	江苏华宏实业集团有限公司	江苏省	化学纤维制造业	1,383,209
295	常州天合光能有限公司	江苏省	电气机械和器材制造业	1,379,063
296	龙元建设集团股份有限公司	浙江省	房屋建筑业	1,373,954
297	新凤鸣集团股份有限公司	浙江省	化学纤维制造业	1,369,098
298	山东胜通集团股份有限公司	山东省	金属制品业	1,367,556
299	诸城外贸有限责任公司	山东省	食品制造业	1,365,337
300	华立集团股份有限公司	浙江省	综合	1,363,509
301	沈阳远大企业集团	辽宁省	建筑装饰和其他建筑业	1,362,617
302	山东创新金属科技股份有限公司	山东省	有色金属冶炼和压延加工业	1,362,300
303	杭州滨江房产集团股份有限公司	浙江省	房地产业	1,359,288
304	森马集团有限公司	浙江省	纺织服装、服饰业	1,359,206
305	江苏沃得机电集团有限公司	江苏省	通用设备制造业	1,356,525
306	浙江中南建设集团有限公司	浙江省	房屋建筑业	1,354,908
307	宗申产业集团有限公司	重庆市	铁路、船舶和其他运输设备制造业	1,352,189
308	江苏金峰水泥集团有限公司	江苏省	非金属矿物制品业	1,352,145
309	中浪环保股份有限公司	浙江省	批发业	1,350,441
310	宁波建工股份有限公司	浙江省	房屋建筑业	1,349,933
311	山西通达(集团)有限公司	山西省	汽车制造业	1,343,542
312	浙江明日控股集团股份有限公司	浙江省	零售业	1,340,762
313	晶科能源有限公司	江西省	电气机械和器材制造业	1,340,091
314	重庆市博赛矿业(集团)有限公司	重庆市	有色金属冶炼和压延加工业	1,338,434
315	康美药业股份有限公司	广东省	医药制造业	1,335,873
316	重庆市中科控股有限公司	重庆市	房屋建筑业	1,335,274
317	蓝思科技股份有限公司	湖南省	计算机、通信等电子设备制造业	1,335,165
318	曙光控股集团有限公司	浙江省	房屋建筑业	1,334,610
319	武汉市金马凯旋家具投资有限公司	湖北省	综合	1,334,238
320	河南省淅川铝业(集团)有限公司	河南省	有色金属冶炼和压延加工业	1,330,507
321	红太阳集团有限公司	江苏省	化学原料和化学制品制造业	1,327,563
322	东方建设集团有限公司	浙江省	房屋建筑业	1,325,805
323	三花控股集团有限公司	浙江省	电气机械和器材制造业	1,324,082
324	方大特钢科技股份有限公司	江西省	黑色金属冶炼和压延加工业	1,321,466
325	河南众品食业股份有限公司	河南省	农副食品加工业	1,312,070
326	山东寿光鲁清石化有限公司	山东省	石油加工、炼焦和核燃料加工业	1,311,769
327	中厦建设集团有限公司	浙江省	房屋建筑业	1,310,667
328	万丰奥特控股集团有限公司	浙江省	汽车制造业	1,305,567

序号	企业名称	省市区	所属行业	营收总额(万元)
329	河南森源集团有限公司	河南省	电气机械和器材制造业	1,303,359
330	中设建工集团有限公司	浙江省	房屋建筑业	1,295,782
331	天津市通源钢铁集团有限公司	天津市	综合	1,289,435
332	华太建设集团有限公司	浙江省	房屋建筑业	1,287,247
333	浙江东南网架集团有限公司	浙江省	土木工程建筑业	1,282,531
334	中兴建设有限公司	江苏省	房屋建筑业	1,276,408
335	五洋建设集团股份有限公司	浙江省	房屋建筑业	1,276,197
336	绿都控股集团有限公司	浙江省	房地产业	1,273,632
337	群升集团有限公司	浙江省	综合	1,272,763
338	江西济民可信集团有限公司	江西省	医药制造业	1,266,486
339	浙江长业控股集团有限公司	浙江省	房屋建筑业	1,266,000
340	福建永荣控股集团有限公司	福建省	化学纤维制造业	1,262,320
341	江苏新时代控股集团有限公司	江苏省	有色金属冶炼和压延加工业	1,260,442
342	华仪电器集团有限公司	浙江省	电气机械和器材制造业	1,259,436
343	沂州集团有限公司	山东省	非金属矿物制品业	1,258,013
344	浙江勤业建工集团有限公司	浙江省	房屋建筑业	1,250,655
345	广州海印实业集团有限公司	广东省	租赁业	1,244,975
346	内蒙古黄河能源科技集团有限责任公司	内蒙古	石油加工和核燃料加工业	1,241,409
347	云南力帆骏马车辆有限公司	云南省	汽车制造业	1,239,344
348	鄂尔多斯市乌兰煤炭(集团)有限责任公司	内蒙古	煤炭开采和洗选业	1,238,648
349	内蒙古源通煤化集团有限责任公司	内蒙古	煤炭开采和洗选业	1,234,602
350	重庆小康控股有限公司	重庆市	汽车制造业	1,233,782
351	广西洋浦南华糖业集团股份有限公司	广　西	食品制造业	1,228,262
352	利时集团股份有限公司	浙江省	橡胶和塑料制品业	1,228,197
353	江苏中信建设集团有限公司	江苏省	房屋建筑业	1,225,987
354	广州美涂士投资控股有限公司	广东省	综合	1,224,315
355	青岛世纪瑞丰集团有限公司	山东省	批发业	1,220,000
356	中发实业(集团)有限公司	黑龙江省	保险业	1,215,759
357	浙江亚厦装饰股份有限公司	浙江省	建筑装饰和其他建筑业	1,214,295
358	中博建设集团有限公司	浙江省	房屋建筑业	1,211,685
359	方远建设集团股份有限公司	浙江省	房屋建筑业	1,203,869
360	天洁集团有限公司	浙江省	专用设备制造业	1,199,865
361	金正大生态工程集团股份有限公司	山东省	化学原料和化学制品制造业	1,199,216
362	人本集团有限公司	浙江省	通用设备制造业	1,196,303
363	兴乐集团有限公司	浙江省	电气机械和器材制造业	1,196,184
364	浙江航民实业集团有限公司	浙江省	纺织业	1,192,954
365	江河创建集团股份有限公司	北京市	建筑装饰和其他建筑业	1,190,205
366	唐人神集团股份有限公司	湖南省	畜牧业	1,183,713
367	华升建设集团有限公司	浙江省	房屋建筑业	1,182,720
368	华泽集团有限公司	湖南省	酒、饮料和精制茶制造业	1,182,300
369	内蒙古明华能源集团有限公司	内蒙古	批发业	1,180,497
370	月星集团有限公司	江苏省	零售业	1,180,395

序号	企业名称	省市区	所属行业	营收总额(万元)
371	江苏常发实业集团有限公司	江苏省	通用设备制造业	1,180,000
372	浙江栋梁新材股份有限公司	浙江省	有色金属冶炼和压延加工业	1,178,634
373	浙江天宇交通建设集团有限公司	浙江省	综合	1,178,524
374	冠壹实业集团有限公司	福建省	综合	1,167,936
375	金猴集团有限公司	山东省	皮革、毛皮、羽毛及其制品和制鞋业	1,162,349
376	天颂建设集团有限公司	浙江省	房屋建筑业	1,162,327
377	深圳市怡亚通供应链股份有限公司	广东省	装卸搬运和运输代理业	1,162,294
378	江苏华地国际控股集团有限公司	江苏省	零售业	1,161,532
379	润东汽车集团有限公司	江苏省	零售业	1,157,339
380	连云港兴鑫钢铁有限公司	江苏省	黑色金属冶炼和压延加工业	1,156,318
381	浙江康桥汽车工贸集团股份有限公司	浙江省	零售业	1,155,626
382	山东尧王控股集团	山东省	综合	1,154,506
383	云南奥宸房地产开发有限公司	云南省	房地产业	1,154,000
384	中昂地产(集团)有限公司	北京市	房地产业	1,153,914
385	山东荣信煤化有限责任公司	山东省	石油加工、炼焦和核燃料加工业	1,153,609
386	花园集团有限公司	浙江省	综合	1,151,499
387	红楼集团有限公司	浙江省	商务服务业	1,150,749
388	福耀玻璃工业集团股份有限公司	福建省	非金属矿物制品业	1,150,121
389	浙江协和集团有限公司	浙江省	黑色金属冶炼和压延加工业	1,142,835
390	三鼎控股集团有限公司	浙江省	纺织业	1,136,471
391	春和集团有限公司	浙江省	铁路、船舶和其他运输设备制造业	1,133,306
392	重庆新鸥鹏地产(集团)有限公司	重庆市	房地产业	1,131,003
393	四川省乐山市福华农科投资集团	四川省	化学原料和化学制品制造业	1,127,516
394	浙江中富建筑集团股份有限公司	浙江省	房屋建筑业	1,126,526
395	盘锦北方沥青燃料有限公司	辽宁省	石油加工、炼焦和核燃料加工业	1,125,517
396	骆驼集团股份有限公司	湖北省	汽车制造业	1,118,280
397	博发控股集团	黑龙江省	专用设备制造业	1,118,247
398	广州东凌实业集团有限公司	广东省	农副食品加工业	1,118,242
399	新七建设集团有限公司	湖北省	房屋建筑业	1,115,278
400	浙江富春江通信集团有限公司	浙江省	计算机、通信等电子设备制造业	1,108,155
401	高深(集团)有限公司	云南省	橡胶和塑料制品业	1,106,253
402	河北立中有色金属集团	河北省	有色金属冶炼和压延加工业	1,106,246
403	湖北三宁化工股份有限公司	湖北省	化学原料和化学制品制造业	1,100,800
404	天津亿联投资控股集团有限公司	天津市	房地产业	1,097,600
405	祐康食品集团有限公司	浙江省	食品制造业	1,097,465
406	上海春秋国际旅行社(集团)有限公司	上海市	商务服务业	1,096,365
407	湖南九龙经贸集团有限公司	湖南省	批发业	1,094,727
408	南通建工集团股份有限公司	江苏省	房屋建筑业	1,086,687
409	胜达集团有限公司	浙江省	造纸和纸制品业	1,085,409
410	江苏吴中集团有限公司	江苏省	综合	1,083,019
411	湖北枝江酒业集团	湖北省	酒、饮料和精制茶制造业	1,082,917
412	杭州华三通信技术有限公司	浙江省	计算机、通信等电子设备制造业	1,081,810

序号	企业名称	省市区	所属行业	营收总额(万元)
413	洛阳颐和今世福珠宝集团有限公司	河南省	批发业	1,081,713
414	江苏上上电缆集团有限公司	江苏省	电气机械和器材制造业	1,070,581
415	杭州诺贝尔集团有限公司	浙江省	非金属矿物制品业	1,068,563
416	歌山建设集团有限公司	浙江省	房屋建筑业	1,067,781
417	浙江国泰建设集团有限公司	浙江省	房屋建筑业	1,064,711
418	江苏中南建筑产业集团有限责任公司	江苏省	房屋建筑业	1,063,567
419	华翔集团股份有限公司	浙江省	汽车制造业	1,063,515
420	杭州宏胜饮料集团有限公司	浙江省	酒、饮料和精制茶制造业	1,063,302
421	南通华新建工集团有限公司	江苏省	房屋建筑业	1,061,430
422	河南金汇不锈钢产业集团	河南省	黑色金属冶炼和压延加工业	1,061,130
423	华丰建设股份有限公司	浙江省	房屋建筑业	1,058,042
424	太平鸟集团有限公司	浙江省	零售业	1,057,219
425	振石控股集团有限公司	浙江省	黑色金属冶炼和压延加工业	1,055,597
426	深圳市兖峰能源投资控股有限公司	广东省	综合	1,055,110
427	陕西黄河矿业(集团)有限责任公司	陕西省	煤炭开采和洗选业	1,054,612
428	内蒙古双欣能源化工有限公司	内蒙古	煤炭开采和洗选业	1,054,559
429	上海奥盛投资控股(集团)有限公司	上海市	金属制品业	1,052,932
430	永兴特种不锈钢股份有限公司	浙江省	黑色金属冶炼和压延加工业	1,052,345
431	武汉康顺集团有限公司	湖北省	批发业	1,050,956
432	江苏国强镀锌实业有限公司	江苏省	金属制品业	1,050,000
433	中亿丰建设集团股份有限公司	江苏省	房屋建筑业	1,046,553
434	金海重工股份有限公司	浙江省	铁路、船舶和其他运输设备制造业	1,045,130
435	邯郸市正大制管有限公司	河北省	黑色金属冶炼和压延加工业	1,044,701
436	苏州市相城区江南化纤集团有限公司	江苏省	纺织业	1,036,153
437	南通五建建设工程有限公司	江苏省	房屋建筑业	1,036,073
438	内蒙古恒东能源集团有限责任公司	内蒙古	煤炭开采和洗选业	1,035,024
439	杭叉集团股份有限公司	浙江省	通用设备制造业	1,033,539
440	辽宁曙光汽车集团股份有限公司	辽宁省	汽车制造业	1,030,000
441	河南金利金铅有限公司	河南省	有色金属冶炼和压延加工业	1,026,882
442	得力集团有限公司	浙江省	文教、工美、体育和娱乐用品制造业	1,025,786
443	海马汽车集团股份有限公司	海南省	汽车制造业	1,023,523
444	宁夏宝丰集团有限公司	宁　夏	综合	1,022,198
445	浙江建华集团有限公司	浙江省	批发业	1,020,611
446	农夫山泉股份有限公司	浙江省	酒、饮料和精制茶制造业	1,019,561
447	浙江暨阳建设集团有限公司	浙江省	房屋建筑业	1,018,810
448	浙江展诚建设集团有限公司	浙江省	房屋建筑业	1,018,365
449	海天塑机集团有限公司	浙江省	专用设备制造业	1,016,717
450	天津立业钢铁集团有限公司	天津市	批发业	1,016,411
451	港龙控股集团有限公司	江苏省	房地产业	1,015,089
452	建业住宅集团(中国)有限公司	河南省	房地产业	1,005,324
453	歌尔声学股份有限公司	山东省	计算机、通信等电子设备制造业	1,004,881
454	宁波申洲针织有限公司	浙江省	纺织服装、服饰业	1,004,722

序号	企业名称	省市区	所属行业	营收总额(万元)
455	南通新华建筑集团有限公司	江苏省	房屋建筑业	1,002,878
456	陕西荣民集团	陕西省	综合	1,000,532
457	星星集团有限公司	浙江省	电气机械和器材制造业	994,546
458	湖北东圣化工集团有限公司	湖北省	化学原料和化学制品制造业	994,304
459	柳桥集团有限公司	浙江省	皮革、羽毛及其制品和制鞋业	994,002
460	山东中海化工集团有限公司	山东省	石油加工、炼焦和核燃料加工业	993,029
461	正太集团有限公司	江苏省	房屋建筑业	989,359
462	德华集团控股股份有限公司	浙江省	木材加工和木竹藤棕草制品业	987,679
463	万事利集团有限公司	浙江省	纺织服装、服饰业	987,180
464	汇宇控股集团	浙江省	房地产业	986,582
465	天津现代集团有限公司	天津市	房地产业	986,212
466	永泰能源股份有限公司	山西省	煤炭开采和洗选业	984,326
467	法派集团有限公司	浙江省	纺织服装、服饰业	983,100
468	致远控股集团有限公司	浙江省	有色金属冶炼和压延加工业	982,568
469	齐鲁特钢有限公司	山东省	黑色金属冶炼和压延加工业	981,144
470	九鼎建设股份有限公司	浙江省	酒、饮料和精制茶制造业	979,380
471	深圳市朗华供应链服务有限公司	广东省	商务服务业	975,235
472	无锡兴达泡塑新材料股份有限公司	江苏省	化学原料和化学制品制造业	973,413
473	新龙药业集团	湖北省	批发业	972,077
474	兴惠化纤集团有限公司	浙江省	纺织业	965,566
475	徐龙食品集团有限公司	浙江省	农副食品加工业	964,857
476	浙江东杭控股集团有限公司	浙江省	批发业	963,990
477	浙江兴日钢控股集团有限公司	浙江省	黑色金属冶炼和压延加工业	963,977
478	山东传洋集团有限公司	山东省	黑色金属冶炼和压延加工业	963,381
479	日照中瑞物产有限公司	山东省	零售业	960,693
480	伟星集团有限公司	浙江省	综合	958,039
481	天津市恒兴钢业有限公司	天津市	有色金属冶炼和压延加工业	955,113
482	铜陵精达铜材(集团)有限责任公司	安徽省	金属制品业	954,973
483	内蒙古满世投资集团有限公司	内蒙古	煤炭开采和洗选业	952,731
484	腾达建设集团股份有限公司	浙江省	土木工程建筑业	952,129
485	富丽达集团控股有限公司	浙江省	化学纤维制造业	946,188
486	无锡市凌峰铜业有限公司	江苏省	有色金属冶炼和压延加工业	945,286
487	天津开发区四达石化产品经销有限公司	天津市	批发业	943,900
488	杭州东恒石油有限公司	浙江省	批发业	942,026
489	浙江鸿翔控股集团有限公司	浙江省	房屋建筑业	937,925
490	兴源轮胎集团有限公司	山东省	橡胶和塑料制品业	937,159
491	广博集团	浙江省	印刷和记录媒介复制业	934,116
492	开元旅业集团有限公司	浙江省	综合	926,120
493	湖南金龙国际集团	湖南省	有色金属冶炼和压延加工业	921,437
494	江苏江中集团有限公司	江苏省	房屋建筑业	920,665
495	锦联控股集团有限公司	辽宁省	水上运输业	920,182
496	云南玉溪玉昆钢铁有限公司	云南省	黑色金属冶炼和压延加工业	918,875

序号	企业名称	省市区	所属行业	营收总额(万元)
497	公元塑业集团有限公司	浙江省	橡胶和塑料制品业	918,114
498	江苏弘盛建设工程集团有限公司	江苏省	房屋建筑业	914,301
499	福建省金纶高纤股份有限公司	福建省	化学纤维制造业	913,000
500	北京明天投资有限公司	北京市	房地产业	912,226

2014年度浙江省优秀民营企业名单

万利建设有限公司
浙江南旋针纺有限公司
浙江省长兴铁狮耐火材料有限公司
浙江华良投资管理有限公司
杭州小拇指汽车维修科技股份有限公司
浙江长城电子科技集团有限公司
(浙江长城电工科技股份有限公司)
浙江省新昌县佳艺实业有限公司
杭州神弓电子实业有限公司
浙江荣荣实业有限公司
明盛控股集团有限公司
浙江金华威邦塑胶有限公司
浙江怡创印染有限公司
丰隆液压有限公司
浙江意达电器有限公司
浙江天井塑业有限公司
宁海县雷鸟厨具制品有限公司
浙江山川科技股份有限公司
台州德尔福汽车部件有限公司
浙江宝盈物资集团股份有限公司
浙江美大实业股份有限公司
中交物产集团有限公司
望洲集团有限公司
浙江联合中小企业资本管理有限公司
万邦工程管理咨询有限公司
宁波盈鑫纺织品有限公司
浙江皮意纺织有限公司
杭州腾信堂投资管理咨询有限公司
强龙家具股份有限公司
永嘉科信小额贷款股份有限公司
浙江和泓集团有限公司
浙江三禾竹木有限公司
浙江欣业建设集团有限公司
浙江侨鸣光电有限公司
杭州华利实业集团有限公司
浙江玉汽运输集团有限公司
杭州玛莉亚妇产医院有限公司
浙江维康药业有限公司
华东控股集团有限公司
浙江松乐机电有限公司
宁波宁创金融科技有限公司
浙江阮仕珍珠股份有限公司
浙江东阳商业集团有限公司
杭州广通劳务承包有限公司
浙江鸿森机械有限公司
宁波富佳实业有限公司
三生(中国)健康产业有限公司
浙江浙北药业有限公司
浙江东方环保集团有限公司
东港工贸集团有限公司(台州市前进化工有限公司)
江河建设集团有限公司
浙江志城房地产有限公司
浙江金路达皮具有限公司
浙江求是工程咨询监理有限公司
浙江鑫永利卡环有限公司
天行集团有限公司
杭州诺贝尔集团有限公司
浙江隆皓农林科技有限公司
宁波雅戈尔服饰有限公司
浙江中洁管道有限公司
中马集团有限公司
宁波和信制药设备有限公司
杭州申银石油化工有限公司
宁波东洲电力通信器材有限公司
浙江新曙光建设有限公司
浙江寿仙谷医药股份有限公司

浙江沃尔德电力电子有限公司
浙江星博生物科技有限公司
嘉兴金州聚合材料有限公司
浙江板桥清园环保集团有限公司
杭州新港石油化工有限公司
上虞兴诚家俱有限公司
浙江合盛硅业有限公司
华东电缆有限公司
广利集团有限公司
远扬控股集团股份有限公司
宁波铜钱桥食品开发有限公司
浙江求是科教设备有限公司
浙江富德漆业有限公司
金华荣胜工具厂
浙江洁美电子科技股份有限公司
八方控股集团有限公司
海外海集团有限公司
浙江亚星光电科技有限公司
浙江泓能光电科技股份有限公司
舟山恒尊新型墙体材料有限公司
浙江欧诗漫集团有限公司
舟山市鲨鱼制药机械有限公司
浙江富春江环保热电股份有限公司
温州市博弘电器有限公司
杭州杰森贸易有限公司
湖州大地物流有限公司
浙江佳源房地产集团有限公司
伟星集团有限公司
浙江春晖集团有限公司
浙江宝鑫薄板有限公司
浙江和君服装有限公司
杭州东方文化园旅业集团有限公司
杭州西湖生物材料有限公司
浙江盈亿机械有限公司
西纳维思(杭州)服装服饰有限公司
浙江达柏林阀门有限公司
衢州醉根艺品有限公司
杭州凯斯特化工有限公司
杭州博联智芯科技有限公司
浙江福隆鼎玻璃科技有限公司
浙江三和食品科技有限公司
杭州天阳工程咨询有限公司
浙江通天星集团股份有限公司
浙江日盛净化设备有限公司
慈溪福山纸业橡塑有限公司
宁波市江东双田食品有限公司
裕业集团有限公司
东方永安集团有限公司
浙江一诚包装有限公司
绿田机械股份有限公司
浙江长征职业技术学院
盛华建设有限公司
浙江浙天通信工程有限公司
浙江嘉联电梯有限公司

(责任编辑:王怡然　金瑞锋　黄莹莹　杨丽君)